# 어문회
# 한자능력
# 검정시험

## 한 권으로 끝내기

# 3급

**SD에듀**
(주)시대고시기획

# 어문회 한자능력검정시험 3급
## 한 권으로 끝내기

## Always **with you**

사람의 인연은 길에서 우연하게 만나거나 함께 살아가는 것만을 의미하지는 않습니다.
책을 펴내는 출판사와 그 책을 읽는 독자의 만남도 소중한 인연입니다.
**SD에듀**는 항상 독자의 마음을 헤아리기 위해 노력하고 있습니다. 늘 독자와 함께하겠습니다.

# 머리말

PREFACE

**복잡하고 어려운 한자를 어떻게 하면 쉽고 재미있게 익혀
자유자재로 사용하게 할까를 연구 주제로 삼아
오랜 세월 노력하고 있습니다.**

**이 책은 이런 점이 다릅니다.**

**1** 한자 학습법과 기초를 분명히 알고 익히시도록 '한자 3박자 연상 학습법'과 '한자의 기초'를 먼저 설명했습니다.

**2** '한자 3박자 연상 학습법'으로 글자 분명히 익히기, 각 글자의 대표적인 단어와 고사성어를 직역과 의역으로 풀어보기, 유의자, 반대자, 약자, 실전 모의고사 등 한국어문회 3∼8급에 해당하는 모든 것을 한 권에 담아 쉽고도 재미있게 익힐 수 있도록 했습니다.

**3** 한자 초보부터 중급 수준의 분들이 쉽게 익히도록 했고, 어문회뿐만 아니라 여러 한자 시험 시행처에서 주관하는 3∼8급에 해당하는 내용도 수록했습니다.

**4** 한자 몇 자 익히는 차원이 아니라 어떤 한자라도 자신 있게 분석해 보고 뜻을 생각해 볼 수 있는 안목이 길러지도록 했습니다.

**5** 세상의 이치를 꿰뚫어 만들어진 한자의 어원을 생각하는 과정을 통해서 세상의 진리를 발견하고 어떻게 살 것인가를 터득하게 했습니다.

**6** 한자 어원 풀이, 단어나 고사성어 풀이 등등 모든 내용을 그냥 나열만 하지 않고 바로바로 이해되도록 자상하게 설명했습니다.

**7** 사전이 필요 없이 이 책만으로 완전히 끝내도록 했습니다.

**8** 급수 시험만 보고 나면 잊어버리고 마는 방식이 아니라 이해가 바탕이 된 분명한 한자 실력으로 정확하고 풍부한 어휘력을 향상시켜 자유로운 언어 활동은 물론 중국 한자나 일본 한자, 한국어능력시험에도 도움이 되도록 했습니다.

아무쪼록 여러분의 한자 학습이 쉽고 재미있었으면 좋겠습니다.

**여러분을 사랑하는 저자 올림**

# 책의 구성 & 학습법

## 책의 구성

본 교재는 3급 배정한자 1,817자를 공통점이 있는 한자들끼리 묶어 총 400개의 그룹으로 나눈 뒤(001번~400번) '한자 3박자 연상 학습법'에 따라 공부할 수 있도록 구성하였습니다.

**277** | **군휘휘운[軍揮輝運] – 軍으로 된 한자** ❶

**軍** 8급 / 총 9획 / 車

덮어서(冖) 차(車)까지 위장한 군사니 **군사 군** ❷

+ 冖(덮을 멱)

**軍歌(군가)** 군인들이 부르는 노래.
**軍隊(군대)** (일정한 질서를 갖고 조직된) 군사의 집단.

+ 歌(노래 가), 隊(무리 대, 군대 대)

**揮** 4급 / 총 12획 / 手(扌)

손(扌) 휘둘러 군사(軍)를 지휘하여 흩어지게 하니
**휘두를 휘, 지휘할 휘, 흩어질 휘**

+ 군대는 모여 있으면 포탄 한 발에 모두 당할 수 있으니 흩어져 있어야 하지요.

**揮毫(휘호)** 붓을 휘둘러 글씨를 쓰거나 그림을 그림.
**指揮(지휘)** 지시해 일을 하도록 시킴.
**揮發(휘발)** 보통 온도에서 액체가 기체로 되어 날아 흩어지는 현상. ❹

+ 毫(가는 털 호, 붓 호), 指(손가락 지, 가리킬 지), 發(쏠 발, 일어날 발)

**輝** 3급 / 총 15획 / 車

빛(光)에 군사(軍)의 계급장이 빛나니 **빛날 휘**

+ 光(빛 광)

**輝光(휘광)** 빛이 남. 또는 찬란한 빛.
*輝煌燦爛(휘황찬란) (정신을 빼앗길 만큼) 눈부시게 빛남.

+ 煌(빛날 황), 燦(빛날 찬), 爛(빛날 란, 무르익을 란)

❸

**運** 6급 / 총 13획 / 辵(辶)

군사(軍)들이 갈(辶) 때는 차도 운전하여 옮기니 **운전할 운, 옮길 운**
또 삶을 옮기는 운수니 **운수 운**

+ 辶(뛸 착, 갈 착)

**運動(운동)** 옮겨 다니며 움직임.
**吉運(길운)** 좋은 운수.

+ 動(움직일 동), 吉(길할 길, 상서로울 길)

❶ **제목:** 공통부분으로 된 한자, 연결 고리로 된 한자, 비슷하여 혼동되는 한자 등 서로 관련된 한자들을 모아 묶은 그룹의 제목입니다.

❷ **어원 풀이:** 어원을 철저히 분석하여 원래의 어원에 충실하면서도 가장 쉽게 이해되도록 간단명료하게 풀었습니다. 이 어원을 그대로만 외지 마시고 참고하여 더 나은 어원도 생각해 보며 한자를 익히면 보다 분명하게 익혀집니다.

❸ **기준한자:** 같은 제목으로 묶인 한자들 중 제일 먼저 나오는 한자는 아래 한자들의 기준이 되는 글자입니다. 어떻게 관련된 글자들이며, 이 기준자의 왼쪽, 오른쪽, 위, 아래 순으로 무엇이 붙어서, 어떤 뜻의 글자가 되었는지 생각하면서 익히세요.

❹ **활용어휘:** 일상생활이나 교과서에서 자주 사용되는 어휘, 한자능력검정시험에 자주 출제되는 어휘들을 뽑아 수록하였습니다.

## 3박자 연상 학습법에 따른 학습법

### 1박자 학습

첫 번째로 나온 한자는 아래에 나온 한자들의 기준이 되는 '기준 한자'이며, 1박자 학습 시엔 기준 한자부터 오른쪽에 설명되어 있는 생생한 어원과 함께 익힙니다. (또한 배정급수/총획/부수가 표시되어 있으니 함께 참고하며 익히세요.)

**8급 / 총 9획 / 車**

**덮어서(冖) 차(車)까지 위장한 군사니 군사 군**

+ 冖(덮을 멱)

**軍歌(군가)** 군인들이 부르는 노래.
**軍隊(군대)** (일정한 질서를 갖고 조직된) 군사의 집단.

+ 歌(노래 가), 隊(무리 대, 군대 대)

### 2박자 학습

기준 한자를 중심으로 연결 고리로 된 다른 한자들(첫 번째 한자 아래에 나온 한자들)을 오른쪽의 생생한 어원과 함께 자연스럽게 연상하며 익힙니다.

**4급 / 총 12획 / 手(扌)**

**손(扌) 휘둘러 군사(軍)를 지휘하여 흩어지게 하니**
**휘두를 휘, 지휘할 휘, 흩어질 휘**

+ 군대는 모여 있으면 포탄 한 발에 모두 당할 수 있으니 흩어져 있어야 하지요.

**揮毫(휘호)** 붓을 휘둘러 글씨를 쓰거나 그림을 그림.
**指揮(지휘)** 지시해 일을 하도록 시킴.
**揮發(휘발)** 보통 온도에서 액체가 기체로 되어 날아 흩어지는 현상.

+ 毫(가는 털 호, 붓 호), 指(손가락 지, 가리킬 지), 發(쏠 발, 일어날 발)

**3급 / 총 15획 / 車**

**빛(光)에 군사(軍)의 계급장이 빛나니 빛날 휘**

+ 光(빛 광)

**輝光(휘광)** 빛이 남. 또는 찬란한 빛.
*輝煌燦爛(휘황찬란)** (정신을 빼앗길 만큼) 눈부시게 빛남.

+ 煌(빛날 황), 燦(빛날 찬), 爛(빛날 란, 무르익을 란)

**6급 / 총 13획 / 辵(辶)**

**군사(軍)들이 갈(辶) 때는 차도 운전하여 옮기니 운전할 운, 옮길 운**
**또 삶을 옮기는 운수니 운수 운**

+ 辶(뛸 착, 갈 착)

**運動(운동)** 옮겨 다니며 움직임.
**吉運(길운)** 좋은 운수.

+ 動(움직일 동), 吉(길할 길, 상서로울 길)

### 3박자 학습

어원을 중심으로 한자들을 자연스럽게 연상하며 익히는 것과 함께, 일상생활이나 시험에서 자주 출제되는 어휘들을 익히도록 합니다.

# 한자능력검정시험 소개

## 자격 정보

| 구분 | 내용 |
|---|---|
| 주관 | 한국어문회 |
| 시행 | 한국한자능력검정회 |
| 공인 자격 | ❶ 국가공인자격 : 특급, 특급Ⅱ, 1급, 2급, **3급**, **3급Ⅱ**<br>❷ 민간자격 : 4급, 4급Ⅱ, 5급, 5급Ⅱ, 6급, 6급Ⅱ, 7급, 7급Ⅱ, 8급 |

## 급수 배정

| 급수 | 읽기 | 쓰기 | 수준 및 특성 |
|---|---|---|---|
| 1급 | 3,500 | 2,005 | 국한혼용 고전을 불편 없이 읽고, 연구할 수 있는 수준<br>(초급 상용한자＋준상용한자 도합 3,500자, 쓰기 2,005자) |
| 2급 | 2,355 | 1,817 | 상용한자를 활용하는 것은 물론 인명지명용 기초한자 활용 단계<br>(상용한자＋인명지명용 한자 도합 2,355자, 쓰기 1,817자) |
| 3급 | 1,817 | 1,000 | 고급 상용한자 활용의 중급 단계<br>(상용한자 1,817자－교육부 1,800자 모두 포함, 쓰기 1,000자) |
| 4급 | 1,000 | 500 | 중급 상용한자 활용의 고급 단계(상용한자 1,000자, 쓰기 500자) |
| 5급 | 500 | 300 | 중급 상용한자 활용의 초급 단계(상용한자 500자, 쓰기 300자) |
| 6급 | 300 | 150 | 기초 상용한자 활용의 고급 단계(상용한자 300자, 쓰기 150자) |

※ 1～8급－특급과 Ⅱ가 붙은 급수는 제외했습니다.
※ 시험 정보는 변동될 수 있으므로 반드시 시행처 홈페이지에서 확인하세요.

## 우대사항

- 자격기본법 제27조에 의거 국가자격 취득자와 동등한 대우 및 혜택을 받습니다.
- 육군간부 승진 고과에 반영됩니다.
- 경제5단체, 신입사원 채용 때 전국 한자능력검정시험 응시를 권고(3급 응시요건, 3급 이상 가산점)하고 있습니다.
- 2005학년도 대학수학능력시험부터 '漢文'이 선택과목으로 채택되었습니다.
- 경기도교육청 유치원, 초등학교, 특수학교(유치원·초등)교사 임용시험에 가산점을 반영하고 있습니다.

# 20일 완성 학습 플래너

**STUDY PLANNER**

한자능력검정시험에 합격하려면 1,817자의 한자를 읽을 수 있고, 그중 1,000자의 한자를 쓸 수 있어야 합니다. 학습량이 너무 많아 막막한가요? '20일 완성 학습 플래너'로 한자 공부 스케줄을 계획해 보세요. 하루하루, 차근차근 따라가다 보면 어느새 합격은 가까워져 있을 거예요.

☑ 달성 개수를 채워가며 학습해 봅시다.

| 날짜 | 달성 | 학습 범위 |
| --- | --- | --- |
| 1日 | ☐ | 제1편+Day 1 |
| 2日 | ☐ | Day 1 복습/Day 2+1. 고사성어(가가호호~구밀복검) |
| 3日 | ☐ | Day 2 복습/Day 3+1. 고사성어(구사일생~막상막하) |
| 4日 | ☐ | Day 3 복습/Day 4+1. 고사성어(막역지간~불립문자) |
| 5日 | ☐ | Day 4 복습/Day 5+1. 고사성어(박장대소~생면부지) |
| 6日 | ☐ | Day 5 복습/Day 6+1. 고사성어(생불여사~우왕좌왕) |
| 7日 | ☐ | Day 6 복습/Day 7+1. 고사성어(우유부단~일필휘지) |
| 8日 | ☐ | Day 7 복습/Day 8+1. 고사성어(일희일비~지록위마) |
| 9日 | ☐ | Day 8 복습/Day 9+1. 고사성어(지리멸렬~풍전등화) |
| 10日 | ☐ | Day 9 복습/Day 10+1. 고사성어(피해망상~희노애락) |
| 11日 | ☐ | Day 10 복습/Day 11+2. 약자 |
| 12日 | ☐ | Day 11 복습/Day 12+3. 동음이의어 |
| 13日 | ☐ | Day 12 복습/Day 13+4. 일자다음자, 5. 유의자[價(값 가)~聯(이을 련)] |
| 14日 | ☐ | Day 13 복습/Day 14+5. 유의자[繫(맬 계)~刻(새길 각)] |
| 15日 | ☐ | Day 14 복습/Day 15+5. 유의자[毛(털 모)~昏(저물 혼)] |
| 16日 | ☐ | Day 15 복습/Day 16+5. 유의자[愛(사랑 애)~願(원할 원)] |
| 17日 | ☐ | Day 16 복습/Day 17+6. 반대자/상대자[佳(아름다울 가)~怒(성낼 노)] |
| 18日 | ☐ | Day 17 복습/Day 18+7. 반대어/상대어(가결~전담) |
| 19日 | ☐ | Day 18 복습/Day 19+8. 한자음의 장단 |
| 20日 | ☐ | Day 19 복습/Day 20+실전 모의고사 3회 |

# 이 책의 목차

CONTENTS

# 1 편

## 어려운 한자
## 이렇게 정복하세요.

# 한자 3박자 연상 학습법

## 1. 한자 3박자 연상 학습법의 바탕이 된 학습법

### (1) 어원(語源)으로 풀어 보기

한자에는 비교적 분명한 어원이 있는데, 어원을 모른 채 한자와 뜻만을 억지로 익히니 잘 익혀지지 않고 어렵기만 하지요.

한자의 어원을 생각하는 방법은 아주 간단합니다. 한자를 보았을 때 부수나 독립된 한자로 나눠지지 않으면 그 한자만으로 왜 이런 모양에 이런 뜻의 한자가 나왔는지 생각해 보고, 부수나 독립된 한자로 나눠지면 나눠진 한자들의 뜻을 합쳐 보면 되거든요. 그래도 어원이 생각나지 않을 때는 상상력을 동원하여 나눠진 한자의 앞뒤나 가운데에 말을 넣어 보면 되고요.

> **예** 4고(古姑枯苦) – 오랠 고, 옛 고(古)로 된 한자
> 많은(十) 사람의 입(口)에 오르내린 이야기는 이미 오래된 옛날이야기니 **오랠 고, 옛 고(古)**
> 여자(女)가 오래(古)되면 시어머니나 할미니 **시어미 고, 할미 고(姑)**
> 나무(木)가 오래(古)되면 마르고 죽으니 **마를 고, 죽을 고(枯)**
> 풀(卄) 같은 나물도 오래(古)되면 쇠어서 쓰니 **쓸 고(苦)**
> 또 맛이 쓰면 먹기에 괴로우니 **괴로울 고(苦)**

### (2) 공통 부분으로 익히기

한자에는 여러 한자가 합쳐져 만들어진 한자가 많고, 부수 말고도 많은 한자에 공통 부분이 있으니 이 공통 부분에 여러 부수를 붙여 보는 방법도 유익합니다.

> **예** 5망맹(亡忘忙妄芒盲) – 망할 망(亡)으로 된 한자
> 머리(亠)를 감추어야(乚) 할 정도로 망하여 달아나니 **망할 망, 달아날 망(亡)**
> 또 망하여 죽으니 **죽을 망(亡)**
> 망한(亡) 마음(心)처럼 잊으니 **잊을 망(忘)**
> 마음(忄)이 망할(亡) 정도로 바쁘니 **바쁠 망(忙)**
> 그릇된 생각이나 행동으로 정신이 망한(亡) 여자(女)처럼 망령되니 **망령될 망(妄)**
> 풀(卄)이 망가진(亡) 티끌이니 **티끌 망(芒)**
> 망한(亡) 눈(目)이면 장님이니 **장님 맹(盲)**

이 한자들을 찾으려면 잊을 망(忘)과 바쁠 망(忙)은 마음 심(心)부에서, 망령될 망(妄)은 여자 녀(女)부에서, 티끌 망(芒)은 초 두(卄)부에서, 장님 맹(盲)은 눈 목(目)부에서 찾아야 하고, 서로 연관 없이 따로따로 익혀야 하니 어렵고 비효율적이지요.

그러나 부수가 아니더라도 여러 한자의 공통인 망할 망(亡)을 고정해 놓고, 망한 마음(心)처럼 잊으니 잊을 망(忘), 마음(忄)이 망할 정도로 바쁘니 바쁠 망(忙), 그릇된 생각이나 행동으로 정신이 망한 여자(女)처럼 망령되니 망령될 망(妄), 풀(卄)이 망가진 티끌이니 티끌 망(芒), 망한 눈(目)이면 장님이니 장님 맹(盲)의 방식으로 이해하면 한 번에 여러 한자를 쉽고도 재미있게 익힐 수 있지요.

### (3) 연결 고리로 익히기

한자에는 앞 한자에 조금씩만 붙이면 새로운 뜻의 한자가 계속 만들어져 여러 한자를 하나의 연결 고리로 꿸 수 있는 경우가 많습니다.

> 예 도인인인(刀刃忍認)
> 옛날 칼을 본떠서 **칼 도(刀)**
> 칼 도(刀)의 날(丿) 부분에 점(丶)을 찍어서 **칼날 인(刃)**
> 칼날(刃)로 심장(心)을 위협하는 것 같은 상황도 참으니 **참을 인(忍)**
> 남의 말(言)을 참고(忍) 들어 알고 인정하니 **알 인, 인정할 인(認)**

옛날 칼을 본떠서 칼 도(刀), 칼 도(刀)에 점 주(丶)면 칼날 인(刃), 칼날 인(刃)에 마음 심(心)이면 참을 인(忍), 참을 인(忍)에 말씀 언(言)이면 알 인, 인정할 인(認)이 되지요.

### (4) 비슷한 한자 어원으로 구별하기

한자에는 비슷한 한자가 많아서 혼동되는 경우가 많은데, 이것도 어원으로 구분하면 쉽고도 분명하게 구분되어 오래도록 잊히지 않습니다.

> 예 분분(粉紛)
> 쌀(米) 같은 곡식을 나눈(分) 가루니 **가루 분(粉)**
> 실(糸)을 나누면(分) 헝클어져 어지러우니 **어지러울 분(紛)**
>
> 예 여노서노(如奴恕怒)
> 여자(女)의 말(口)은 대부분 부모나 남편의 말과 같으니 **같을 여(如)**
> 여자(女)의 손(又)처럼 힘들게 일하는 종이니 **종 노(奴)**
> 예전과 같은(如) 마음(心)으로 용서하니 **용서할 서(恕)**
> 일이 힘든 종(奴)의 마음(心)처럼 성내니 **성낼 노(怒)**

### (5) 그림으로 생각해 보기

한자가 부수나 독립된 한자로 나눠지지 않으면 이 한자는 무엇을 본떠서 만들었는지 생각해 보세요. 본뜬 물건이 있으면 상형(象形)이고, 본뜬 물건이 없고 보이지 않는 무슨 일을 추상하여 만들었으면 지사(指事)로 된 한자지요. [한자를 만드는 원리인 육서(六書)는 바로 뒤에 나오는 한자의 기초 참고]

> 예 상형(象形)으로 된 한자
> 가지 달린 나무를 본떠서 **나무 목(木)**
> 높고 낮은 산을 본떠서 **산 산(山)**
>
> 예 지사(指事)로 된 한자
> 일정한 기준(一)보다 위로 오르는 모양을 생각하여 **위 상, 오를 상(上)**
> 일정한 기준(一)보다 아래로 내리는 모양을 생각하여 **아래 하, 내릴 하(下)**

### (6) 한 한자에 여러 뜻이 있으면 그 이유를 생각해서 익히기

한자도 처음 만들어질 때는 한 한자에 하나의 뜻이었지만 생각이 커지고 문화가 발달할수록 더 많은 한자가 필요하게 되었어요. 그럴 때마다 새로운 한자를 만든다면 너무 복잡해지니 이미 있던 한자에 다른 뜻을 붙여 쓰게 되었지요.

그러나 아무렇게 붙여 쓰는 것이 아니고 그런 뜻이 붙게 된 이유가 분명히 있으니 무조건 외는 것보다는 "이 한자는 왜 이런 뜻으로도 쓰일까"를 생각하여 "아하! 그래서 이 한자에 이런 뜻이 붙었구나!"를 스스로 터득하면서 익히면 훨씬 효과적이지요.

앞 (1)에 나왔던 쓸 고, 괴로울 고(苦)의 경우도 '쓸 고'면 쓸 고지 어찌 '괴로울 고'의 뜻도 될까? 조금만 생각해도 맛이 쓰면 먹기에 괴로우니 '괴로울 고(苦)'가 되었음을 금방 알게 되지요.

⑺ 한자마다 반드시 예(例)까지 알아두기

한자를 익히면 반드시 그 한자가 쓰인 예(例)까지, 자주 쓰이는 낱말이나 고사성어 중에서 적절한 예(例)를 골라 익히는 습관을 들이세요. 그러면 "어? 이 한자가 이런 말에도 쓰이네!" 하면서 그 한자를 더 분명히 알 수 있을뿐더러 그 한자가 쓰인 단어들까지도 정확히 알 수 있으니, 정확하고 풍부한 어휘력(語彙力)을 기를 수 있는 지름길이죠.

단어 풀이도 무조건 의역으로 된 사전식으로 무조건 외지 마시고, 먼저 아는 한자를 이용하여 직역(直譯)해 보고 다음에 의역(意譯)해 보는 습관을 들이세요. 그래야 한자 실력도 쑥쑥 늘어나고 단어의 뜻도 분명히 알 수 있거든요.

  + 직역(直譯) - '곧게 번역함'으로, 한자대로 충실히 번역함.
  + 의역(意譯) - '뜻으로 번역함'으로, 개개의 한자나 단어, 구절에 구애되지 않고 전체의 뜻을 살리는 번역.
  + 直(곧을 직, 바를 직), 譯(번역할 역), 意(뜻 의)

## 2. 한자 3박자 연상 학습법

이상 일곱 가지 방법을 종합하여 〈한자 3박자 연상 학습법(LAM : Learning for Associative Memories)〉을 만들었습니다.

한자 3박자 연상 학습법이란 어렵고 복잡한 한자를 무조건 통째로 익히지 않고 부수나 독립된 한자로 나누어 ① 머리에 쏙쏙 들어오는 생생한 어원으로, ② 동시에 관련된 한자들도 익히면서, ③ 그 한자가 쓰인 단어들까지 생각해 보는 방법이지요.

이렇게 외워진 한자를 좀 더 체계적으로 오래 기억하려면 ① 제목을 중심 삼아 외고, ② 그 제목을 보면서 각 한자들은 어떤 공통점과 차이점으로 이루어진 한자들인지 구조와 어원으로 떠올려 보고, ③ 각 한자들이 쓰인 단어들은 무엇인지 생각해 보세요.

그래서 어떤 한자를 보면 그 한자와 관련된 한자들로 이루어진 제목이 떠오르고, 그 제목에서 각 한자들의 어원과 단어들까지 떠올릴 수 있다면 이미 그 한자는 완전히 익히신 것입니다.

## 3. 기대되는 효과

이런 방식으로 한자를 익히면 복잡하고 어려운 한자에 대하여 자신감을 넘어 큰 재미를 느끼며, 한자 3박자 연상 학습법이 저절로 익혀져 한자 몇 자 아는 데 그치지 않고, 어떤 한자를 보아도 자신 있게 분석해 보고 뜻을 생각해 볼 수 있게 됩니다.

또 일상생활에서 만나는 어려운 단어의 뜻을 막연히 껍데기로만 알지 않고 분명하게 아는 습관이 길러져, 정확하고 풍부한 어휘력(語彙力)이 생기고, 정확하고 풍부한 어휘력을 바탕으로 자신(自信)있는 언어생활(言語生活), 나아가 자신(自信)있는 사회생활(社會生活)을 하게 되며, 더 나아가 중국어나 일본어도 70% 이상 한 셈이 됩니다.

# 한자의 기초

## 1. 육서(六書)

한자는 육서(六書)라는 원리로 만들어졌어요. 그래서 이 六書만 제대로 이해하면 아무리 복잡한 한자라도 쉽게 익힐 수 있습니다.

### (1) 상형(象形) +象(코끼리 상, 모양 상, 본뜰 상), 形(모양 형)

눈에 보이는 구체적인 사물의 모양(形)을 본떠서(象) 만든 그림과 같은 한자.

예 山(높고 낮은 산을 본떠서 산 산)

### (2) 지사(指事) +指(손가락 지, 가리킬 지), 事(일 사, 섬길 사)

눈에 안 보이는 개념이나 일(事)을 점이나 선으로 나타낸(指) 부호와 같은 한자.

예 上[일정한 기준(一) 보다 위로 오르는 모양을 생각하여 위 상, 오를 상]

### (3) 회의(會意) +會(모일 회), 意(뜻 의)

이미 만들어진 둘 이상의 한자가 뜻(意)으로 모여(會) 만들어진 한자, 즉 뜻만 모은 한자.

예 日 + 月 = 明 (해와 달이 같이 있는 듯 밝으니 밝을 명)
　 女 + 子 = 好 (여자에게 자식이 있으면 좋으니 좋을 호)

### (4) 형성(形聲) +形(모양 형), 聲(소리 성)

이미 만들어진 둘 이상의 한자가 일부는 뜻(形)의 역할로, 일부는 음(聲)의 역할로 결합하여 만들어진 한자, 즉 뜻과 음으로 이루어진 한자.

예 言 + 靑 = 請 [형부(形部)인 말씀 언(言)은 뜻을, 성부(聲部)인 푸를 청(靑)은 음을 나타내어 '청할 청 (請)'이라는 한자가 나옴] +部(나눌 부, 거느릴 부)

> **TIP**
>
> 1. 형성(形聲)에서 뜻을 담당하는 부분을 형부(形部), 음을 담당하는 부분을 성부(聲部)라고 하는데 실제 한자를 분석해 보면 성부(聲部)가 음만 담당하는 것이 아니라 뜻도 담당하고 있음을 알 수 있지요. 위에서 예로 든 청할 청(請)도 '말(言)을 푸르게(靑), 즉 희망 있게 청하니 청할 청(請)'으로 풀어지네요.
>
> 2. **그러면 會意와 形聲은 어떻게 구분할까?**
> 합해서 새로 만들어진 한자의 독음이 합해진 한자들의 어느 한쪽과 같으면 형성(形聲), 같지 않으면 회의 (會意)로 구분하세요.

## (5) 전주(轉注) +轉(구를 전), 注(물댈 주, 쏟을 주)

　　이미 있는 한자의 뜻을 유추, 확대하여 다른 뜻으로 굴리고(轉) 끌어내어(注) 쓰는 한자. 하나의 한자에 여러 뜻이 있는 것은 모두 전주(轉注) 때문입니다.

예 樂(원래 '노래 악'이었으나 노래는 누구나 즐기니 '즐길 락', 노래는 누구나 좋아하니 '좋아할 요'로 의미가 확장됨)

## (6) 가차(假借) +假(거짓 가, 임시 가), 借(빌릴 차)

　　본래의 뜻과는 상관없이 비슷한 음의 한자를 임시로(假) 빌려(借) 외래어를 표기하는 한자. 가차에는 아시아(亞細亞), 러시아(俄羅斯)처럼 비슷한 음의 한자를 빌려다 표현하는 경우와, 미국(美國), 영국(英國)처럼 새로 이름 지어 부르는 경우가 있지요.

> **정리**
>
> **상형(象形)·지사(指事)**는 맨 처음에 만들어져 더 이상 쪼갤 수 없는 기본자로, 象形은 눈에 보이는 것을 본떠서 만든 한자, 指事는 눈에 안 보이는 것을 지시하여 만든 한자고, **회의(會意)·형성(形聲)**은 이미 만들어진 한자를 둘 이상 합하여 새로운 뜻의 한자를 만든 합성자로, 會意는 뜻으로, 形聲은 뜻과 음으로 합쳐진 한자며(실제로는 형성자도 뜻으로 합쳐서 만듦), **전주(轉注)·가차(假借)**는 이미 있는 한자를 다른 용도로 사용하는 운용자로, 轉注는 하나의 한자를 여러 뜻으로, 假借는 음만 빌려 외래어를 표기하는 경우를 말하지요.

> **한자를 익힐 때는**
>
> 한자가 부수나 독립되어 쓰이는 한자로 나눠서 나눠지지 않으면 상형(象形)이나 지사(指事)로 된 한자니, 무엇을 본떠서 만들었는지 생각하여 본뜬 물건이 나오면 象形이고, 본뜬 물건이 나오지 않으면 무엇을 지시하여 만든 指事로 알면 되고, 부수나 독립되어 쓰이는 한자로 나눠지면 회의(會意)와 형성(形聲)으로 된 한자니, 나눠서 그 뜻을 합쳐보면 그 한자의 뜻을 알 수 있고, 하나의 한자가 여러 뜻으로 쓰이는 전주(轉注)도 아무렇게나 붙여 쓰는 것이 아니고 그런 뜻이 붙게 된 이유가 분명히 있으니 무조건 외는 시간에 '어찌 이 한자에 이런 뜻도 있을까'를 생각하면 그 이유가 생각나고 이렇게 이유를 생각하여 한자를 익히면 절대 잊히지 않지요. 그리고 뜻과는 상관없이 음만 빌려 외래어를 표시했으면 가차(假借)고요.

## 2. 부수의 명칭

부수는 한자를 만드는 기본 한자들로, 그 부수가 붙어서 만들어진 한자의 뜻을 짐작하게 하고, 옥편에서 모르는 한자를 찾을 때 길잡이 역할도 합니다. 부수의 명칭은 놓이는 위치에 따라 다음 일곱 가지로 구분되니 명칭만은 알아두세요.

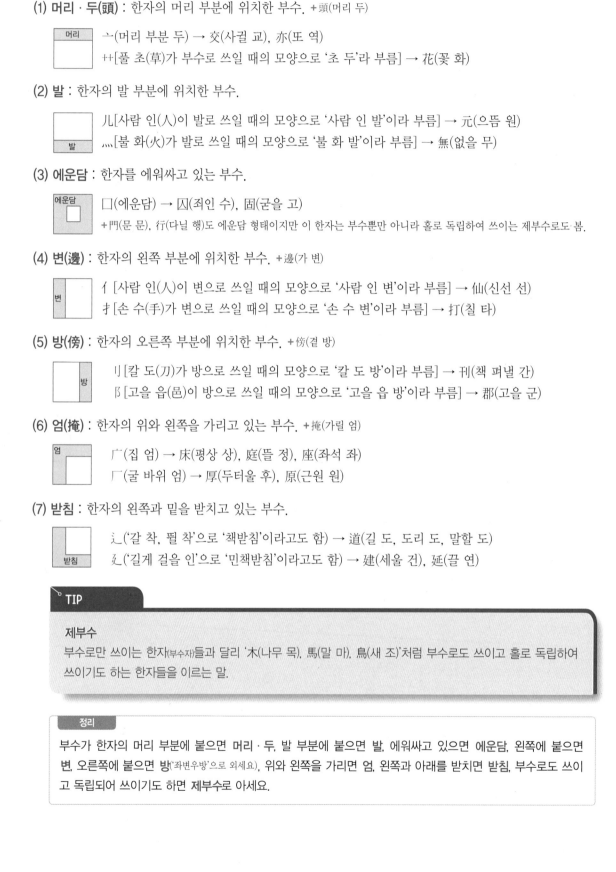

**(1) 머리 · 두(頭)** : 한자의 머리 부분에 위치한 부수. +頭(머리 두)

> ⼇(머리 부분 두) → 交(사귈 교), 亦(또 역)
> ⺾[풀 초(草)가 부수로 쓰일 때의 모양으로 '초 두'라 부름] → 花(꽃 화)

**(2) 발** : 한자의 발 부분에 위치한 부수.

> 儿[사람 인(人)이 발로 쓰일 때의 모양으로 '사람 인 발'이라 부름] → 元(으뜸 원)
> 灬[불 화(火)가 발로 쓰일 때의 모양으로 '불 화 발'이라 부름] → 無(없을 무)

**(3) 에운담** : 한자를 에워싸고 있는 부수.

> 囗(에운담) → 囚(죄인 수), 固(굳을 고)
> +門(문 문), 行(다닐 행)도 에운담 형태이지만 이 한자는 부수뿐만 아니라 홀로 독립하여 쓰이는 제부수로도 봄.

**(4) 변(邊)** : 한자의 왼쪽 부분에 위치한 부수. +邊(가 변)

> 亻[사람 인(人)이 변으로 쓰일 때의 모양으로 '사람 인 변'이라 부름] → 仙(신선 선)
> 扌[손 수(手)가 변으로 쓰일 때의 모양으로 '손 수 변'이라 부름] → 打(칠 타)

**(5) 방(傍)** : 한자의 오른쪽 부분에 위치한 부수. +傍(곁 방)

> 刂[칼 도(刀)가 방으로 쓰일 때의 모양으로 '칼 도 방'이라 부름] → 刊(책 펴낼 간)
> 阝[고을 읍(邑)이 방으로 쓰일 때의 모양으로 '고을 읍 방'이라 부름] → 郡(고을 군)

**(6) 엄(掩)** : 한자의 위와 왼쪽을 가리고 있는 부수. +掩(가릴 엄)

> 广(집 엄) → 床(평상 상), 庭(뜰 정), 座(좌석 좌)
> 厂(굴 바위 엄) → 厚(두터울 후), 原(근원 원)

**(7) 받침** : 한자의 왼쪽과 밑을 받치고 있는 부수.

> 辶('갈 착, 뛸 착'으로 '책받침'이라고도 함) → 道(길 도, 도리 도, 말할 도)
> 廴('길게 걸을 인'으로 '민책받침'이라고도 함) → 建(세울 건), 延(끌 연)

> **TIP**
>
> **제부수**
> 부수로만 쓰이는 한자(부수자)들과 달리 '木(나무 목), 馬(말 마), 鳥(새 조)'처럼 부수로도 쓰이고 홀로 독립하여 쓰이기도 하는 한자들을 이르는 말.

> **정리**
>
> 부수가 한자의 머리 부분에 붙으면 머리 · 두, 발 부분에 붙으면 발, 에워싸고 있으면 에운담, 왼쪽에 붙으면 변, 오른쪽에 붙으면 방('좌변우방'으로 외세요), 위와 왼쪽을 가리면 엄, 왼쪽과 아래를 받치면 받침, 부수로도 쓰이고 독립되어 쓰이기도 하면 제부수로 아세요.

# 3. 한자의 필순

## (1) 기본 순서

① 왼쪽부터 오른쪽으로 쓴다.

예 川( ノ 川 川), 外( ノ ク タ 列 外)

② 위에서 아래로 쓴다.

예 三( 一 二 三), 言( 一 二 三 글 言 言 言)

## (2) 응용 순서

① 가로획과 세로획이 교차될 때는 가로획을 먼저 쓴다.

예 十( 一 十), 土( 一 十 土)

② 좌·우 대칭을 이루는 한자는 가운데를 먼저 쓰고 좌·우의 순서로 쓴다.

예 小( 亅 小 小), 水( 亅 才 水 水)

③ 에운담과 안으로 된 한자는 에운담부터 쓴다.

예 同( 丨 冂 冂 同 同 同), 用( ノ 刀 月 月 用), 固( 丨 冂 冂 門 門 固 固 固)

④ 가운데를 꿰뚫는 획은 맨 나중에 쓴다.

예 中( 丨 冂 口 中), 平( 一 丆 丆 丕 平), 事( 一 丆 丆 耳 肀 事 事 事)

⑤ 허리를 끊는 획은 맨 나중에 쓴다.

예 子( 乛 了 子), 女( 乚 女 女)

⑥ 삐침과 파임이 만날 때는 삐침을 먼저 쓴다.

예 人( ノ 人), 文( 丶 亠 ナ 文), 交( 丶 亠 亠 六 交 交)

⑦ 오른쪽 위의 점은 맨 나중에 찍는다.

예 犬( 一 ナ 大 犬), 代( ノ 亻 代 代 代), 成( ノ 厂 厂 厉 成 成 成)

⑧ 뒤에서 아래로 에워싼 획은 먼저 쓴다.

예 刀( 乛 刀), 力( 乛 力)

⑨ 받침으로 쓰이는 한자는 다음 두 가지로 구분한다.

㉠ 달릴 주(走)나 면할 면(免)은 먼저 쓴다.

예 起( 一 十 土 丰 走 走 起 起 起 起), 勉( ノ 勹 勹 负 免 免 免 勉 勉)

㉡ 뛸 착, 갈 착(辶)이나 길게 걸을 인(廴)은 맨 나중에 쓴다.

예 近( 一 厂 斤 斤 沂 沂 近 近), 廷( 一 二 千 壬 任 廷 廷)

# 03 부수 익히기

부수는 214자가 있는데 제2편 한자 익히기에서 필요할 때마다 익히기로 하고 여기서는 많이 쓰이는 부수 위주로, 한 글자가 여러 모습으로 쓰이는 경우와 비슷하여 혼동되는 부수를 한 항목에 넣어 알기 쉽게 풀어 봅니다.

## 1. 인인인(人 亻 儿)

(1) 다리 벌리고 서 있는 사람의 모양을 본떠서 **사람 인(人)**

(2) 사람 인(人)이 한자의 변으로 쓰일 때의 모양으로 **사람 인 변(亻)**

(3) 사람 인(人)이 한자의 발로 쓰일 때의 모양으로 **사람 인 발(儿)**
또 사람이 무릎 꿇고 절하는 모양에서 겸손하고 어진 마음을 지녔다고 생각하여 **어진사람 인(儿)**

> **부수자를 독음으로 옥편에서 찾을 때**
>
> 부수는 원래 한자 그대로, 또는 다른 모습으로 변하여 사용되고, 명칭도 앞에서 설명한 대로 '머리 · 변 · 발' 등
> 을 붙여 말하니. 부수자를 독음으로 옥편에서 찾을 때 부수 명이 원래 한자의 독음과 다르면 원래 한자의 독음
> 으로 찾아야 합니다.
> 여기서 '사람 인 변'과 '사람 인 발'은 부수 명이므로 옥편을 찾으려면 원래 한자 '사람 인(人)'의 독음 '인'에서
> 찾아야 하기 때문에 제목을 '인인인(人 亻 儿)'으로 붙였어요. 뒤에 나오는 제목도 다 이런 식입니다.

## 2. 심심심(心 忄 㣺)

(1) 마음이 가슴에 있다고 생각하여 사람의 심장을 본떠서 **마음 심(心)**
또 심장이 있는 몸의 중심이니 **중심 심(心)**

(2) 마음 심(心)이 한자의 변으로 쓰일 때의 모양으로 **마음 심 변(忄)**

(3) 마음 심(心)이 한자의 발로 쓰일 때의 모양으로 **마음 심 발(㣺)**
+ 마음 심(心) 그대로 발로 쓰일 때도 있어요.

## 3. 도도비비(刀 刂 匕 比)

(1) 옛날 칼을 본떠서 **칼 도(刀)**

(2) 칼 도(刀)가 한자의 방으로 쓰일 때의 모양으로 **칼 도 방(刂)**

(3) 비수를 본떠서 **비수 비(匕)**
또 비수처럼 입에 찔러 먹는 숟가락이니 **숟가락 비(匕)**
+ 비수(匕首) – 짧고 날카로운 칼.

(4) 두 사람이 나란히 앉은 모양을 본떠서 **나란할 비(比)**
또 나란히 놓고 견주니 **견줄 비(比)**

## 4. 수빙수수빙(水 氷 水 氵 冫)

(1) 잠겨 있는 물에 물결이 이는 모양을 본떠서 **물 수(水)**

(2) 한 덩어리(丶)로 물(水)이 얼어붙은 얼음이니 **얼음 빙(氷)**

(3) 물 수(水)가 한자의 발로 쓰일 때의 모양으로 **물 수 발(水)**

(4) 물 수(水)가 한자의 변으로 쓰일 때의 모양으로, 점이 셋이니 **삼 수 변(氵)**

(5) 얼음 빙(氷)이 한자의 변으로 쓰일 때의 모양으로, 점이 둘이니 **이 수 변(冫)**
  + 물(氵)이 얼면 한 덩어리인데 두 점으로 쓴 것은 한자의 균형을 잡기 위해서지요.


## 5. 화화주(火 灬 丶)

(1) 불이 활활 타는 모양을 본떠서 **불 화(火)**

(2) 불 화(火)가 한자의 발로 쓰일 때의 모양으로 **불 화 발(灬)**

(3) 점의 모양을 본떠서 **점 주(丶)**
  또 불이 타면서 튀는 불똥의 모양으로도 보아 **불똥 주(丶)**


## 6. 엄엄녁(厂 广 疒)

(1) 언덕에 바위가 튀어 나와 그 밑이 굴처럼 생긴 굴 바위 모양을 본떠서 **굴 바위 엄, 언덕 엄(厂)**

(2) 굴 바위 엄, 언덕 엄(厂) 위에 점(丶)을 찍어,
  언덕이나 바위를 지붕 삼아 지은 바위 집 모양을 나타내어 **집 엄(广)**

(3) 나무 조각(爿)에 머리 부분(亠)을 기대야 할 정도로 병드니 **병들 녁(疒)**
  + 爿[나무 조각 장(爿)의 약자], 亠(머리 부분 두)


## 7. 척인착삼[彳 廴 辵(辶) 彡]

(1) 사거리를 본떠서 만든 다닐 행(行)의 왼쪽 부분으로 **조금 걸을 척(彳)**

(2) 구불구불한 길을 다리를 끌며 길게 걷는다는 데서 조금 걸을 척(彳)의 내리그은 획을 더 늘여서
  **길게 걸을 인(廴)**

(3) 길게 걸을 인(廴)에 점(丶)을 찍어 가거나 뛴다는 뜻을 나타내어 **갈 착, 뛸 착(辵, = 辶)**
  + '책받침'이라고도 부르는데, 원래는 '쉬엄쉬엄 갈 착(辵)'이 부수로 쓰일 때의 모양이니 '착받침'을 잘못 부르는 말이지요.
  + 위에 점이 둘이면 아래를 한 번 구부리고, 위에 점이 하나면 아래를 두 번 구부립니다.

(4) 머리털이 가지런히 나있는 모양을 본떠서 **터럭 삼(彡)**

## 8. 철(초)초초입공[屮 艸 ⺾ 卄 廾]

(1) 풀의 싹이 돋아 나오는 모양을 본떠서 **싹 날 철, 풀 초(屮)**

(2) 풀은 하나만 나지 않고 여러 개가 같이 나니 싹 날 철, 풀 초(屮) 두 개를 이어서 **풀 초(艸)**
+ 지금은 한자로는 '풀 초(草)'로, 부수로는 변형된 모양의 '초 두(⺾)'로 씁니다.

(3) 풀 초(艸, = 草)가 부수로 쓰일 때의 모양으로, 주로 한자의 머리에 쓰이므로 머리 두(頭)를 붙여 **초 두(⺾)**

(4) 열 십(十) 둘을 합쳐서 **스물 입(卄 = 廿)**
+ 아래를 막아 써도 같은 뜻입니다.

(5) 두 손으로 받쳐 든 모양을 본떠서 **받쳐 들 공(廾)**


## 9. 곤궐별을을( ㅣ ㅣ ノ 乙 乚 )

(1) 위에서 아래를 뚫는 모양을 본떠서 **뚫을 곤( ㅣ )**

(2) 구부러진 갈고리 모양을 본떠서 **갈고리 궐( 亅 )**

(3) 우측 위에서 좌측 아래로 삐친 모양을 본떠서 **삐침 별( ノ )**

(4) 목과 가슴 사이가 굽은 새 모양을 본떠서 **새 을, 굽을 을(乙)**

(5) 새 을(乙)의 변형된 모양으로 **새 을, 굽을 을(乚)**
+ 갈고리 궐( 亅 )과 새 을(乙)의 변형인 을(乚)은 갈고리의 구부러진 방향으로 구분하세요.


## 10. 감경방혜[凵 冂 匚 匸( ㄴ )]

(1) 입 벌리고 있는 모양, 또는 빈 그릇을 본떠서 **입 벌릴 감, 그릇 감(凵)**

(2) 멀리 떨어져 있는 성의 모양을 본떠서 **멀 경, 성 경(冂)**
+ 좌우 두 획은 문의 기둥이고 가로획은 빗장을 그린 것이지요.

(3) 네모난 상자나 모난 그릇의 모양을 본떠서 **상자 방(匚)**

(4) 뚜껑을 덮어 감춘다는 데서 뚜껑을 덮은 상자 모양을 본떠서 **감출 혜, 덮을 혜(匸, =ㄴ)**
+ 상자 방(匚)은 모나게 쓴 한자고, 감출 혜, 덮을 혜(匸, = ㄴ)는 모나지 않은 것으로 구분하세요.


## 11. 사요사현(厶 幺 糸 玄)

(1) 사사로이 팔로 나에게 끌어당기는 모양에서 **사사 사, 나 사(厶)**

(2) 갓 태어난 아기 모양을 본떠서 **작을 요, 어릴 요(幺)**
+ 실 사(糸)의 일부분이니 작다는 데서 '작을 요(幺)'라고도 합니다.

(3) 실을 감아 놓은 실타래 모양에서 **실 사, 실 사 변(糸)**

(4) 머리(亠) 아래 작은(幺) 것이 검고 오묘하니 **검을 현, 오묘할 현(玄)**

## 12. 부부읍읍(阜 阝 邑 阝)

(1) 흙이 쌓여 있는 언덕을 본떠서 **언덕 부(阜)**

(2) 언덕 부(阜)가 한자의 변으로 쓰일 때의 모양으로 **언덕 부 변(阝)**

(3) 일정한 경계(口)의 땅(巴 : 뱀 파, 땅 이름 파)에 사람이 사는 고을이니 **고을 읍(邑)**

(4) 고을 읍(邑)이 한자의 방으로 쓰일 때의 모양으로 **고을 읍 방(阝)**

> ✛ 阝는 한자의 어느 쪽에 쓰이느냐에 따라 그 뜻과 명칭이 달라집니다.
> 阝가 한자의 왼쪽에 쓰이면 언덕 부(阜)가 부수로 쓰인 경우로 '언덕 부 변',
> 오른쪽에 쓰이면 고을 읍(邑)이 부수로 쓰인 경우로 '고을 읍 방'이라 부르지요.

## 13. 촌수견(寸 扌 犭)

(1) 손목에서 맥박이 뛰는 곳까지를 가리켜서 **마디 촌(寸)**
또 마디마디 살피는 법도니 **법도 촌(寸)**

(2) 손 수, 재주 수, 재주 있는 사람 수(手)가 한자의 변으로 쓰일 때의 모양으로 **손 수 변(扌)**

(3) 개 견(犬)이 부수로 쓰일 때의 모양으로 **큰 개 견(犭)**
또 여러 짐승을 나타낼 때도 쓰이는 부수니 **개 사슴 록 변(犭)**

## 14. 패견(현)혈수[貝 見 頁 首]

(1) 조개를 본떠서 **조개 패(貝)**
또 인쇄술이 발달하기 전에는 조개껍질을 돈 같은 재물로 썼으니,
돈과 재물을 뜻하는 부수로도 쓰여 **돈 패, 재물 패(貝)**

(2) 눈(目)으로 사람(儿)이 보거나 뵈니 **볼 견, 뵐 현(見)**

(3) 머리(一)에서 이마(丿)와 눈(目)이 있는 얼굴 아래 목(八)까지의 모양을 본떠서 **머리 혈(頁)**

(4) 머리털(䒑) 아래 이마(丿)와 눈(目)이 있는 머리니 **머리 수(首)**
또 머리처럼 위에 있는 우두머리니 **우두머리 수(首)**

## 15. 시시의의(示 ネ 衣 衤)

(1) 하늘 땅(二)에 작은(小) 기미가 보이니 **보일 시(示)**
또 이렇게 기미를 보이는 신이니 **신 시(示)**
+ 부수로 쓰이면 신, 제사 등과 신이 내려주는 인간의 길흉화복 등을 의미합니다.

(2) 보일 시, 신 시(示)가 한자의 변으로 쓰일 때의 모양으로 **보일 시, 신 시 변(ネ)**

(3) 동정과 옷고름이 있는 저고리를 본떠서 **옷 의(衣)**

(4) 옷 의(衣)가 한자의 변으로 쓰일 때의 모양으로 **옷 의 변(衤)**
+ 보일 시, 신 시 변(ネ)과 옷 의 변(衤)은 비슷하지만 전혀 다른 뜻이니 잘 구분하세요.

## 16. 시호호로(尸 戶 虍 耂)

(1) 사람이 누워 있는 모양을 본떠서 **주검 시, 몸 시(尸)**
+ 사람이나 집과 관련된 한자에 쓰입니다.

(2) 한 짝으로 된 문을 본떠서 **문 호(戶)**
또 옛날 집들은 대부분 문이 한 짝씩 달린 집이었으니 **집 호(戶)**
+ 두 짝으로 된 문은 '문 문(門)'

(3) 입을 크게 벌리고 서 있는 범의 모양을 본떠서 **범 호 엄(虍)**

(4) 늙을 로(老)가 부수로 쓰일 때의 모양으로,
흙(土)에 지팡이(丿)를 짚으며 걸어야 할 정도로 늙으니 **늙을 로 엄(耂)**
+ 老 : 흙(土)에 지팡이(丿)를 비수(匕)처럼 꽂으며 걸어야 할 정도로 늙으니 '늙을 로'

## 17. 두면멱혈(亠 宀 冖 穴)

(1) 옛날 갓을 쓸 때 상투를 튼 머리 부분 모양을 본떠서 **머리 부분 두(亠)**

(2) 지붕으로 덮여 있는 집을 본떠서 **집 면(宀)**

(3) 보자기로 덮은 모양을 본떠서 **덮을 멱(冖)**

(4) 오래된 집(宀)에 나누어진(八) 구멍이니 **구멍 혈(穴)**
또 구멍이 길게 파인 굴이니 **굴 혈(穴)**

## 18. 장편알(사)[爿 片 歹(歺)]

(1) 나무를 세로로 나눈 왼쪽 조각을 본떠서 **나무 조각 장(爿)**

(2) 나무를 세로로 나눈 오른쪽 조각을 본떠서 **조각 편(片)**

(3) 하루(一) 저녁(夕) 사이에 뼈 앙상하게 죽으니 **뼈 앙상할 알, 죽을 사 변(歹, = 歺)**
+ 歺 : 점(卜)쳐 나온 날 저녁(夕)에 뼈 앙상하게 죽으니 '뼈 앙상할 알, 죽을 사 변'
+ 夕(저녁 석), 卜(점 복)

## 19. 궤수(几 殳)

(1) 안석이나 책상의 모양을 본떠서 **안석 궤, 책상 궤(几)**
  + 안석 – 앉을 때 몸을 기대는 도구.

(2) 안석(几) 같은 것을 손(又)에 들고 치니 **칠 수(殳)**
  또 들고 치는 창이나 몽둥이니 **창 수, 몽둥이 수(殳)**


## 20.지복쇠(치)[支 攴(攵) 夂]

(1) 많은(十) 것을 손(又)으로 잡아 다루고 가르니 **다룰 지, 가를 지(支)**
  + 十(열 십, 많을 십), 又(오른손 우, 또 우)

(2) 점(卜)칠 때 오른손(又)에 회초리 들고 툭툭 치니 **칠 복(攴)**
  + 이리(丿)저리(一) 엇갈리게(乂) 친다는 데서 '칠 복(攵)'과 같이 쓰입니다.

(3) 두 정강이(夂)를 뒤에서 밀며 천천히 걷는 모양을 본떠서 **천천히 걸을 쇠, 뒤져올 치(夂)**
  + 칠 복(攴, = 攵)은 4획, 천천히 걸을 쇠, 뒤져올 치(夂)는 3획입니다.


## 21. 예부효발(乂 父 爻 癶)

(1) 이리저리 베어 다스리는 모양이 어지니 **벨 예, 다스릴 예, 어질 예(乂)**

(2) 사람이 알아야 할 것을 조목조목 나누어(八) 어질게(乂) 가르치는 아비니 **아비 부(父)**
  + 八(여덟 팔, 나눌 팔)

(3) 서로 교차하여 사귐을 뜻하여 **사귈 효(爻)**
  또 사귀며 좋은 점을 본받으니 **본받을 효(爻)**

(4) 발을 좌우로 벌리고 걸어가는 모양을 본떠서 **걸을 발, 등질 발(癶)**


## 22. 목망명혈[目 网(罓, 皿) 皿 血]

(1) 둥글고 눈동자 있는 눈을 본떠서 **눈 목(目)**

(2) 양쪽 기둥에 그물을 얽어 맨 모양을 본떠서 **그물 망(网, = 罓, 皿)**

(3) 받침 있는 그릇을 본떠서 **그릇 명(皿)**

(4) 고사 지낼 때 희생된 짐승의 피(丿)를 그릇(皿)에 담아 놓은 모양에서 **피 혈(血)**

## 23. 익과(弋 戈)

(1) 주살을 본떠서 **주살 익(弋)**

   + 주살 – 줄을 매어 쏘는 화살. 원래 '줄살'에서 ㄹ이 빠져 이루어진 말.

(2) 몸체가 구부러지고 손잡이 있는 창을 본떠서 **창 과(戈)**


## 24. 자구(自 臼)

(1) (얼굴이 자기를 대표하니) 얼굴에서 잘 드러나는 이마(′)와 눈(目)을 본떠서 **자기 재(自)**
   또 자기 일은 스스로 해야 하니 **스스로 재(自)**
   또 모든 것은 자기로부터 비롯되니 **부터 재(自)**

(2) 곡물을 찧을 때 사용하는 절구를 본떠서 **절구 구(臼)**


## 25. 천천(川 巛)

(1) 물이 굽이굽이 흐르는 내를 본떠서 **내 천(川)**

(2) 내 천(川)이 부수로 쓰일 때의 모양으로 개미허리 같다하여 **개미허리 천(巛)**


## 26. 시치(豕 豸)

(1) 일(一)은 등이고 나머지는 머리와 다리와 꼬리로, 서 있는 돼지 모양을 본떠서 **돼지 시(豕)**

(2) 사나운 짐승이 먹이를 잡기 위해 몸을 웅크리고 있는 모양을 본떠서 **사나운 짐승 치(豸)**
   또 지렁이 같은 발 없는 벌레의 총칭으로 **발 없는 벌레 치(豸)**


## 27. 유아력(격)[禸 襾 鬲]

(1) 성(冂)처럼 사사로이(厶) 남긴 발자국을 본떠서 **발자국 유(禸)**
   + 冂(멀 경, 성 경), 厶(사사 사, 나 사)

(2) 뚜껑(覀)을 덮으니(冂) **덮을 아(襾)**
   + 覀(뚜껑의 모양), 冂('멀 경, 성 경'이지만 여기서는 덮은 모양으로 봄)

(3) 하나(一)의 구멍(口)이 성(冂)처럼 패이고(八) 아래를 막은(丅) 솥의 모양에서 **솥 력, 막을 격(鬲)**
   + 口(입 구, 말할 구, 구멍 구), 八(여덟 팔, 나눌 팔)

# 2편

## 한자 익히기

3급 배정한자(DAY 1 ~ DAY 20)

| 001 | 산선 출졸굴[山仙 出拙屈] - 山, 出로 된 한자 |

8급 / 총 3획 / 山

높고 낮은 산봉우리를 본떠서 **산 산**

**山林(산림)** 산과 숲. 또는 산에 있는 숲.
**江山(강산)** 강과 산.

+ 林(수풀 림), 江(강 강)

5급 / 총 5획 / 人(亻)

**사람(亻)**이 **산(山)**처럼 높은 것에만 신경 쓰고 살면 신선이니 **신선 선**

+ 세상을 살다보면 해결해야 할 일이 많은데, 산처럼 높은 것에만 신경 쓰고 살면 신선이라고 했네요.
+ 亻 - 사람 인(人)이 글자의 왼쪽에 붙는 부수인 변으로 쓰일 때의 모양으로 '사람 인 변'

**神仙(신선)** 도(道)를 닦아서 신통력을 얻은 사람.
**仙境(선경)** ① 신선이 사는 곳. ② 속세와 떨어진 깨끗한 곳.

+ 神(귀신 신, 신비할 신), 道(길 도, 도리 도, 말할 도, 행정 구역의 도), 境(지경 경, 형편 경)

7급 / 총 5획 / 凵

(높은 데서 보면) **산(山)** 아래로 또 **산(山)**이 솟아나고 나가니
**날 출, 나갈 출**

**出家(출가)** '집을 나옴'으로, 집을 나와 중이 됨.
*出嫁(출가) 처녀가 시집을 감.
**家出(가출)** (가족과의 불화 등으로) 집을 나감.

+ 家(집 가, 전문가 가), 嫁(시집갈 가), 글자 순서를 바꾸어도 대부분 같은 뜻이지만 出家와 家出처럼 다른 뜻으로 쓰이는 경우도 있습니다.
+ 이 책은 3~8급 글자를 위주로 만든 책이기에 3~8급 글자로 된 단어를 중심으로 넣었으나 부득이 3~8급 이외의 글자로 된 단어를 넣어야 할 경우에는 단어 앞에 *표를 넣어 구분하였으니 참고만 하세요.

3급 / 총 8획 / 手(扌)

(정성 없이) **손(扌)**재주로만 만들어 **내면(出)** 못나니 **못날 졸**

+ 扌 - 손 수, 재주 수, 재주 있는 사람 수(手)가 글자의 왼쪽에 붙는 부수인 변으로 쓰인 때의 모양으로 '손 수 변'

**拙作(졸작)** ① 못난 작품. ② 자기의 작품을 겸손히 이르는 말.
**拙速(졸속)** '못나게 빨리만 함'으로, 너무 서둘러 어설픔.

+ 作(지을 작), 速(빠를 속)

몸(尸)이 **나가려고(出)** 굽은 곳에서는 굽히니 **굽을 굴, 굽힐 굴**

+ 尸(주검 시, 몸 시) - 제목번호 268 참고

**屈曲(굴곡)** (이리저리) 굽어 있음.
**百折不屈(백절불굴)** 백 번 꺾어도 굽히지 않음.

+ 曲(굽을 곡, 노래 곡), 百(일백 백, 많을 백), 折(꺾을 절), 不(아닐 불·부)

4급 / 총 8획 / 尸

---

**002**     **곡속유용[谷俗裕容]** - 谷으로 된 한자

양쪽으로 **벌어지고(八) 벌어져(八) 구멍(口)**처럼 패인 골짜기니 **골짜기 곡**

+ 八('사람 인'이지만 여기서는 여덟 팔, 나눌(八)팔의 변형), 口(입 구, 말할 구, 구멍 구)

**溪谷(계곡)** 시냇물이 흐르는 골짜기.
**深山幽谷(심산유곡)** 깊은 산의 아득한 골짜기.

+ 溪(시내 계), 深(깊을 심), 幽(숨을 유, 아득할 유)

3급II / 총 7획 / 谷

**사람(亻)**이 **골짜기(谷)**처럼 낮은 것에만 신경 쓰면 저속하니 **저속할 속**
또 저속한 사람들이 모여 사는 속세니 **속세 속**
또 **사람(亻)**이 같은 **골짜기(谷)**에 살면서 이룬 풍속이니 **풍속 속**

**低俗(저속)** (품위가) 낮고 속됨.
**俗世(속세)** 저속하거나 평범한 사람들의 세상.
**民俗(민속)** 민간의 풍속.

+ 低(낮을 저), 世(세대 세, 세상 세), 民(백성 민)

4급II / 총 9획 / 人(亻)

**옷(衤)**이 **골짜기(谷)**처럼 주름지게 넉넉하니 **넉넉할 유**

+ 衤 - 옷 의(衣)가 글자의 왼쪽에 붙는 부수인 변으로 쓰일 때의 모양으로 '옷 의 변'

**裕福(유복)** '넉넉한 복'으로, 살림이 넉넉함.
**富裕(부유)** (재산이) 넉넉함.

+ 福(복 복), 富(부자 부, 넉넉할 부)

3급II / 총 12획 / 衣(衤)

**집(宀)**안일로 **골짜기(谷)**처럼 주름진 얼굴이니 **얼굴 용**
또 **집(宀)**에서처럼 마음씀이 **골짜기(谷)**처럼 깊어 무엇이나 받아들이고
용서하니 **받아들일 용, 용서할 용**

+ 宀 - 지붕을 본떠 만든 부수자로, 집을 나타내어 '집 면'

**容貌(용모)** 얼굴 모양.
**許容(허용)** 허락하여 받아들임.
**容恕(용서)** 잘못이나 죄를 꾸짖거나 벌하지 않고 덮어줌.

+ 貌(모양 모), 許(허락할 허), 恕(용서할 서)

4급II / 총 10획 / 宀

5급 / 총 10획 / 水(氵)

**물(氵) 흐르는 골짜기(谷)에서 목욕하니 목욕할 욕**

+ 氵 – 물 수(水)가 글자의 왼쪽에 붙는 부수인 변으로 쓰일 때의 모양으로 '삼 수 변'

> *沐浴(목욕) 온몸을 씻음.
> **海水浴(해수욕)** '바닷물로 하는 목욕'으로, 바닷물에서 헤엄을 치거나 즐기며 놂.

+ 沐(목욕할 목), 海(바다 해), 水(물 수)

3급II / 총 11획 / 欠

**골짜기(谷)처럼 크게 하품(欠)하며 잠자기를 바라니 바랄 욕**

+ 欠(하품 흠, 모자랄 흠) – 제목번호 130 참고

> **欲求(욕구)** 무엇을 구하고 싶은 마음.
> **欲求不滿(욕구불만)** 바라고 구하는 것이 차지 않음.

+ 求(구할 구), 不(아닐 불·부), 滿(찰 만)

3급II / 총 15획 / 心

**바라는(欲) 마음(心)이 많으면 욕심이니 욕심 욕**

+ 心(마음 심, 중심 심)

> **慾心·欲心(욕심)** 무엇을 탐내는 마음.
> **慾望(욕망)** (무엇을 하거나 가지고자 하는) 바람.

+ 望(바랄 망, 보름 망)

水

8급 / 총 4획 / 水

**잠겨 있는 물에 물결이 이는 모양을 본떠서 물 수**

+ 글자의 왼쪽에 붙는 부수인 변으로 쓰일 때는 氵으로 점이 셋이니 '삼 수 변', 글자의 아래에 붙는 부수인 발로 쓰일 때는 氺으로 '물 수 발'이라 부릅니다.

> **食水(식수)** 먹는 물.
> **冷水(냉수)** 찬물. ↔ 온수(溫水)

+ 食(밥 식, 먹을 식, 먹이 사), 冷(찰 랭), 溫(따뜻할 온, 익힐 온)

氷

5급 / 총 5획 / 水

**한 덩어리(丶)로 물(水)이 얼어붙은 얼음이니 얼음 빙**

+ 글자의 변으로 쓰일 때는 冫으로 점이 둘이니 '이 수 변'이라 부릅니다.

> **氷水(빙수)** 얼음물.
> **解氷(해빙)** 얼음이 풀림. ↔ 결빙(結氷)

+ 解(해부할 해, 풀 해), 結(맺을 결)

**6급 / 총 5획 / 水**

높은 산 **한 방울(丶)**의 **물(水)**이 길고 오래 흘러 강과 바다를 이루니
**길 영, 오랠 영**

+ 물 수(水)에 점 주, 불똥 주(丶)를 한 덩어리로 얼어붙음을 강조하기 위해서 처음 쓰는 왼쪽에 붙이면 '얼음 빙(氷)', 물이 솟아나는 높은 산을 나타내기 위하여 위에 붙이면 '길 영, 오랠 영(永)'으로 구분하세요.

> **永遠(영원)** '길고 멂'으로, 언제까지나 계속되어 끝이 없음.
> **永遠不滅(영원불멸)** 영원히 멸하지 않음.

+ 遠(멀 원), 不(아닐 불 · 부), 滅(꺼질 멸, 멸할 멸)

---

**3급 / 총 8획 / 水(氵)**

**물(氵)**에 **오래(永)** 있으려고 헤엄치니 **헤엄칠 영**

+ 참 溺 = 氵 + 弱(약할 약) → 물(氵)에 약하여(弱) 빠지니 '물에 빠질 익' – 2급

> **水泳(수영)** 헤엄.
> **背泳(배영)** (위를 향하여 반듯이 누워) 등으로 치는 헤엄.

+ 背(등 배, 등질 배)

---

**3급 / 총 12획 / 言**

**말(言)**을 길게**(永)** 빼서 읊으니 **읊을 영 (= 咏)**

+ 동 咏 – 입(口)을 오래(永) 벌리고 읊으니 '읊을 영' – 특급
+ 言(말씀 언), 口(입 구, 말할 구, 구멍 구)

> **詠歎(영탄)** 탄식하듯이 (소리를 길게 뽑아) 읊음.
> **詠歌(영가)** 시가를 읊음.

+ 歎(탄식할 탄, 감탄할 탄), 歌(노래 가)

---

## 005 일왈 목차월[日曰 目且月] – 日, 目과 비슷한 한자

**8급 / 총 4획 / 日**

해의 둥근 모양과 가운데 흑점을 본떠서 **해 일**
또 해가 뜨고 짐으로 구분하는 날이니 **날 일**

+ 해 일, 날 일(日)처럼 둥근 것을 본떠서 만들어도 한자는 네모입니다. 한자가 만들어질 때는 나무나 돌 또는 뼈 같은 딱딱한 곳에 글자를 새겼으니 둥글게 새기기보다 모나게 새기기가 좋았기 때문이지요.

> **日光(일광)** 햇빛.
> **今日(금일)** '오늘날'로, '오늘'의 한자어.

+ 光(빛 광), 今(이제 금, 오늘 금)

---

**3급 / 총 4획 / 曰**

**입(口)**으로 **소리(一)** 내며 가로니 **가로 왈**

+ 가로다 – '말하다'를 예스럽게 이르는 말.
+ 세로로 길면 해 일, 날 일(日), 가로로 길면 가로 왈(曰) – 해처럼 둥근 것은 어디로 길쭉해도 되지만 입은 가로로 길쭉하기 때문에 이렇게 만들었네요.

> **曰可曰否(왈가왈부)** (어떤 일에 대하여) 옳거니 그르거니 하고 말함.

+ 可(옳을 가, 가히 가, 허락할 가), 否(아닐 부, 막힐 비)

둥글고 눈동자 있는 눈을 본떠서 **눈 목**

또 눈으로 보니 **볼 목**

또 눈으로 잘 볼 수 있게 만든 항목이니 **항목 목**

**6급 / 총 5획 / 目**

> **注目(주목)** 눈길을 쏟아 (관심을 갖고) 봄.
> **目標(목표)** '보는 표시'로, 목적으로 삼는 곳.
> **項目(항목)** 어떤 기준으로 나눈 일의 가닥.

+ 注(물댈 주, 쏟을 주), 標(표시할 표, 표 표), 項(목 항, 조목 항)

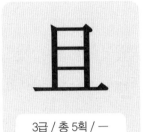

그릇(一)에 음식을 **또또 쌓아올린 모양**(且)을 본떠서 **또 차**

또 또 구해야 할 정도로 구차하니 **구차할 차**

+ 一('한 일'이지만 여기서는 그릇으로 봄)

> **重且大(중차대)** 무겁고 또한 큼.
> **苟且(구차)** ① 살림이 몹시 가난함. ② 말이나 행동이 떳떳하지 못함.

**3급 / 총 5획 / 一**

+ 重(무거울 중, 귀중할 중, 거듭 중), 大(큰 대), 苟(구차할 구, 진실로 구)

초승달을 본떠서 **달 월**

또 **고기 육(肉)**이 부수로 쓰일 때의 모양으로 **육 달 월**

+ 달은 둥글 때보다 이지러진 모양으로 더 많이 보이니 초승달의 모양을 본떠서 '달 월(月)'입니다. 또 고기 육(肉)이 글자의 왼쪽에 붙는 부수인 변으로 쓰일 때의 모양으로도 보는데 이때는 '육 달 월'이라 부르지요. 글자의 왼쪽에 붙은 月은 대부분 '육 달 월'입니다.

> **明月(명월)** 밝은 달.
> **月刊(월간)** 매달 한 번씩 간행함. 또는 그 책.

**8급 / 총 4획 / 月**

+ 刊(책 펴낼 간)

---

**006** 　**창창 모미간[昌唱 冒眉看] – 昌, 目으로 된 한자**

해(日)처럼 밝게 분명히 **말하면(曰)** 빛나니 **빛날 창**

+ 대도가 분명한 사람이 빛나고 좋지요.

> **昌盛(창성)** '빛나고 성함'으로, 번성하여 잘됨.
> **繁昌(번창)** 번성하여 (한창 잘되어) 빛남.

**3급Ⅱ / 총 8획 / 日**

+ 盛(성할 성), 繁(번성할 번)

---

입(口)으로 **빛나게(昌)** 노래 부르니 **노래 부를 창**

> **唱歌(창가)** 노래 부름. 또는 그 노래.
> **合唱(합창)** (여러 사람이 소리를) 맞추어 노래함. 또는 그 노래.

**5급 / 총 11획 / 口**

+ 歌(노래 가), 合(합할 합, 맞을 합)

**冒**

3급 / 총 9획 / 冂

아무 것이나 **말하고(曰) 눈(目)**으로 보면 위험을 무릅쓰니 **무릅쓸 모**

+ 부수가 冂(멀 경, 성 경)임이 특이합니다.

**冒頭(모두)** 말이나 글의 첫머리.
**冒險(모험)** 위험을 무릅쓰고 도전함.

+ 頭(머리 두, 우두머리 두), 險(험할 험)

---

**眉**

3급 / 총 9획 / 目

**눈썹(尸)**이 **눈(目)** 위에 있음을 본떠서 **눈썹 미**

**眉間(미간)** 눈썹 사이.
**白眉(백미)** '흰 눈썹'으로, 여럿 가운데에서 가장 뛰어난 사람이나 훌륭한 물건을 비유적으로 이르는 말.
+ 중국 촉한(蜀漢) 때 마씨(馬氏) 다섯 형제가 모두 재주가 있었는데 그중에서도 흰 눈썹이 난 마량(馬良)이 가장 뛰어났다는 데서 유래.

+ 間(사이 간), 白(흰 백, 밝을 백, 깨끗할 백, 아뢸 백)

---

**看**

4급 / 총 9획 / 目

**(눈이 부시거나 더 잘 보려고 할 때) 손(手)**을 **눈(目)** 위에 얹고 보니 **볼 간**

+ 手[손 수, 재주 수, 재주 있는 사람 수(手)의 변형] - 제목번호 183 참고

**看板(간판)** (상점 등에서 사람들이) 보도록 내건 널조각.
**看護(간호)** (환자나 부상자를) 보살펴 보호함.

+ 板(널빤지 판), 護(보호할 호)

---

**007**　명맹 붕붕[明盟 朋崩] - 明, 朋으로 된 한자

**明**

6급 / 총 8획 / 日

**해(日)**와 **달(月)**이 함께 있는 듯 밝으니 **밝을 명, 성씨 명**

+ 성씨는 어떤 어원으로 붙여진 것이 아니라, 글자가 만들어진 어원과 상관없이 우연히 붙여 쓰는 것이기에 성씨에 대한 어원은 풀지 않았습니다.
+ 日(해 일, 날 일)

**明朗(명랑)** (우울한 빛이 없이 활발하여) 밝음.
**鮮明(선명)** 깨끗하고 밝음.

+ 朗(밝을 랑), 鮮(고울 선, 깨끗할 선, 싱싱할 선)

---

**盟**

3급II / 총 13획 / 皿

**분명히(明) 그릇(皿)**에 물 떠 놓고 맹세하니 **맹세할 맹**

+ 皿(그릇 명), 옛날에는 그릇에 물을 떠 놓고 천지신명께 빌고 맹세했지요.

**盟誓(맹서 → 맹세)** ① 신 앞에서 약속함. ② 장래를 두고 약속함.
**盟約(맹약)** (굳게) 맹세한 약속.

+ 誓(맹세할 서), 約(묶을 약, 약속할 약)

**몸(月)**과 **몸(月)**이 비슷한 벗들의 무리니 **벗 붕, 무리 붕**

+ 月(달 월, 육 달 월)

> **朋友(붕우)** 벗.
> **朋黨(붕당)** 뜻이 같은 사람끼리 모인 집단.

+ 友(벗 우), 黨(무리 당)

3급 / 총 8획 / 肉(月)

DAY
01

**산(山)**처럼 무거운 것이 **무리(朋)**지어 누르면 무너지니 **무너질 붕**

+ 山(산 산)

> **崩壞(붕괴)** (허물어져) 무너짐.
> **崩城之痛(붕성지통)** '성이 무너지는 아픔'으로, 단단히 믿었던 성이 무너지듯 임금이나 아버지 또는 남편이 죽음을 이르는 말.

+ 壞(무너질 괴), 城(재 성, 성 성), 之(갈 지, ~의 지, 이 지), 痛(아플 통)

3급 / 총 11획 / 山

---

**008** 조조조 의사[組祖租 宜査] - 且로 된 한자

**실(糸)**을 겹치고 **또(且)** 겹쳐 짜니 **짤 조**

+ 糸(실 사 변) - 제목번호 231 참고

> **組成(조성)** 짜 맞추어 만듦.
> **組織(조직)** ① (베를) 짬. ② (어떤 목적을 달성하기 위하여) 일정한 지위와 역할을 지닌 사람이나 물건이 모인 집합체.

+ 成(이룰 성), 織(짤 직)

4급 / 총 11획 / 糸

**보면(示) 또(且)** 절해야 하는 할아버지니 **할아버지 조**
또 할아버지 위로 대대의 조상이니 **조상 조**

+ 示(보일 시, 신 시) - 제목번호 111 참고

> **祖父(조부)** 할아버지.
> **祖上(조상)** 할아버지 위로 대대의 어른.

+ 父(아버지 부), 上(위 상, 오를 상)

7급 / 총 10획 / 示

**벼(禾)**로 **또(且)** 세금을 내니 **세금 조, 세낼 조**

+ 禾(벼 화) - 제목번호 072 참고
+ 옛날에는 세금을 벼로 냈답니다.

> **租稅(조세)** 국민들에게 받아들이는 세금.
> **租借(조차)** 세금을 내고 빌림.

+ 稅(세낼 세, 세금 세), 借(빌릴 차)

3급 II / 총 10획 / 禾

### 집(宀)처럼 또(且)한 생활하기에 마땅하니 마땅할 의

+ 宀(집 면)

**宜當(의당)** 옳고 마땅함.
**時宜(시의)** 시기에 마땅함.

+ 當(마땅할 당, 당할 당), 時(때 시)

3급 / 총 8획 / 宀

### 나무(木)까지 또(且) 조사하니 조사할 사

+ 木(나무 목) - 제목번호 060 참고

**調査(조사)** 사물의 내용을 자세히 살핌.
**檢査(검사)** 검사하여 옳고 그름을 가려냄.

+ 調(고를 조, 어울릴 조, 가락 조), 檢(검사할 검)

5급 / 총 9획 / 木

---

**009** 　단단득[旦但得] - 旦으로 된 한자

### 해(日)가 지평선(一) 위로 떠오르는 아침이니 아침 단

+ 一('한 일'이지만 여기서는 지평선으로 봄)

**元旦(원단)** 설날 아침.
**早旦(조단)** 이른 아침. 조조(早朝).

+ 元(으뜸 원, 원래 원), 早(일찍 조), 朝(아침 조, 조정 조, 뵐 조)

3급Ⅱ / 총 5획 / 日

### 사람(亻)은 아침(旦)이면 다만 그날 일만 생각하니 다만 단

+ 亻(사람 인 변)

**非但(비단)** (부정하는 말 앞에서) '다만'의 뜻. 단지(但只).
**但書(단서)** '다만의 글'로, 조건과 예외를 나타내는 글.
+ 端緒(단서) 어떤 일의 실마리.

+ 非(어긋날 비, 아닐 비, 나무랄 비), 只(다만 지), 書(쓸 서, 글 서, 책 서), 端(끝 단, 단정할 단, 실마리 단), 緒(실마리 서)

3급Ⅱ / 총 7획 / 人(亻)

### 걸어가(彳) 아침(旦)부터 법도(寸)에 맞게 일하면 무엇이나 얻으니 얻을 득

+ 彳(조금 걸을 척), 寸(마디 촌, 법도 촌) - 제목번호 184 참고

**所得(소득)** '얻은 바로', 어떤 일의 결과로 얻은 정신적, 물질적 이익.
**得意揚揚(득의양양)** 뜻하는 바를 이루어 뽐냄.

+ 所(장소 소, 바 소), 意(뜻 의), 揚(날릴 양, 높일 양)

4급Ⅱ / 총 11획 / 彳

DAY
01

1급 / 총 6획 / 二

**하늘(一)**과 **땅(一)** 사이에 **햇(日)**빛이 뻗치고 펴지니 **뻗칠 긍, 펼 선**

+ 一('한 일'이지만 여기서는 하늘과 땅으로 봄)
+ 이 책은 3~8급 글자를 익히는 책이지만 다른 글자의 어원 풀이를 위하여 3~8급 이외의 글자를 인용한 곳도 있습니다.

3급Ⅱ / 총 9획 / 心(忄)

**마음(忄)**이 항상 무엇으로 **뻗어가듯(亘)** 항상이니 **항상 항**

+ 忄(마음 심 변)

**恒常(항상)** 늘.
**恒久(항구)** '항상 오래'로, 변하지 아니하고 오래.

+ 常(항상 상, 보통 상, 떳떳할 상), 久(오랠 구)

4급 / 총 9획 / 宀

**집(宀)**에서 **펴(亘)** 베푸니 **펼 선, 베풀 선, 성씨 선**

+ 유 宜(옳을 의, 마땅할 의) - 제목번호 008 참고
+ 宀(집 면), 유 - 글자 형태가 유사한 글자.

**宣告(선고)** 선언하여 널리 알림.
**宣敎(선교)** 종교를 선전하여 널리 폄.

+ 告(알릴 고, 뵙고 청할 곡), 敎(가르칠 교)

7급 / 총 3획 / 夕

**초승달(月)** 일부가 구름에 가려져 있는 모양을 본떠서 **저녁 석**

+ 초승달을 본떠서 '달 월(月)'을 만들었으니, 초승달 일부가 구름에 가려져 있는 모양으로 '저녁 석(夕)'을 만든 것이지요.

**夕陽(석양)** 저물녘의 햇볕.
**朝夕(조석)** '아침저녁'으로, 항상.

+ 陽(볕 양, 드러날 양), 朝(아침 조, 조정 조, 뵐 조)

6급 / 총 6획 / 夕

**(세월이 빨라) 저녁(夕)**과 **저녁(夕)**이 거듭되어 많으니 **많을 다**

**多福(다복)** 복이 많음. 많은 복.
**多讀(다독)** 많이 읽음.

+ 福(복 복), 讀(읽을 독, 구절 두)

못자리의 **벼(禾)**가 **많이(多)** 자라면 옮겨 심듯 옮기니 **옮길 이**

+ 禾(벼 화), 벼는 일단 못자리에 씨앗을 뿌렸다가 어느 정도 자라면 본 논에 옮겨 심지요.

**移動(이동)** 옮기어 움직임. 위치를 변경함.
＊移徙(이사) 옮겨 감.

+ 動(움직일 동), 徙(옮길 사)

4급II / 총 11획 / 禾

---

**저녁(夕)**에 보이지 않아 **입(口)**으로 부르는 이름이니 **이름 명**
또 이름이 모두에게 알려지도록 이름나니 **이름날 명**

+ 口(입 구, 말할 구, 구멍 구), 사회생활이 별로 없었던 옛날에는 어두울 때나 이름을 사용했답니다.

**姓名(성명)** 성(姓)과 이름(名)을 아울러 이르는 말.
**名曲(명곡)** 이름난 노래.

+ 姓(성씨 성, 백성 성), 曲(굽을 곡, 노래 곡)

7급 / 총 6획 / 口

---

**쇠(金)**로 **이름(名)**을 새기니 **새길 명**

+ 金(쇠 금, 금 금, 돈 금, 성씨 김) - 제목번호 338 참고

**銘心(명심)** (잊지 않도록) 마음에 깊이 새김.
**感銘(감명)** 깊이 느끼어 마음속에 새겨짐.

+ 心(마음 심, 중심 심), 感(느낄 감, 감동할 감)

3급II / 총 14획 / 金

---

| 012 | 각격락략로 각객락[各格絡略路 閣客落] – 各으로 된 한자 |

(세상의 만물의 이름이 각각 다르니) **이름 명(名)**을 변형시켜 **각각 각**

**各各(각각)** 따로따로. 제각각.
**各個擊破(각개격파)** (적을) 각각 하나씩 쳐서 깨뜨림(무찌름).

+ 個(낱 개), 擊(칠 격), 破(깨질 파, 다할 파)

6급 / 총 6획 / 口

---

**나무(木)**로 **각각(各)**의 물건을 만드는 격식이니 **격식 격**
또 격식에 맞게 헤아리니 **헤아릴 격**

+ 木(나무 목)

**格式(격식)** 격에 맞는 일정한 방식.
**格物致知(격물치지)** 사물의 이치를 헤아려(연구하여) 지식을 이룸(완전하게 함).

+ 式(법 식, 의식 식), 物(물건 물), 致(이룰 치, 이를 치), 知(알 지)

5급 / 총 10획 / 木

**絡**

3급 II / 총 12획 / 糸

실(糸)로 **각각(各)**의 맥락을 이으니 **맥락 락, 이을 락**

+ 糸(실 사, 실 사 변) — 제목번호 231 참고

**脈絡(맥락)** '잇는 맥'으로, ① 혈관의 계통. ② 사물의 연결. 줄거리.
**連絡(연락)** '잇고 이음'으로, 소식 같은 것을 전함.

+ 脈(혈관 맥, 줄기 맥), 連(이을 련)

---

**略**

4급 / 총 11획 / 田

밭(田)의 경계를 **각각(各)**의 발걸음으로 간략히 정하여 빼앗으니
**간략할 략, 빼앗을 략**

+ 田(밭 전, 논 전) — 제목번호 051 참고
+ 길이를 재는 자가 귀했던 옛날에는 밭의 경계를 발걸음으로 간략히 정하거나 빼앗기도 했다는 데서 만들어진 글자.

**略歷(약력)** 간단히 적은 지내온 내력.
**侵略(침략)** (남의 나라를) 침범하여 빼앗음.

+ 歷(지낼 력, 책력 력, 겪을 력), 侵(침범할 침)

---

**路**

6급 / 총 13획 / 足(⻊)

발(⻊)로 **각각(各)** 걸어 다니는 길이니 **길 로**

+ ⻊[발 족, 넉넉할 족(足)의 변형] — 제목번호 243 참고

**路邊(노변)** 길가.
**迷路(미로)** (갈피를 잡을 수 없이) 헷갈리는 길.

+ 邊(끝 변, 가 변), 迷(헷갈릴 미)

---

**閣**

3급 II / 총 14획 / 門

문(門)이 **각(各)** 방향에 있는 누각이니 **누각 각**
또 **각(各)** 부문(門)의 일을 맡은 관료들의 모임인 내각이니 **내각 각**

+ 門(문 문) — 제목번호 263 참고

**樓閣(누각)** 사방이 탁 트이게 높이 지은 다락집.
**內閣(내각)** 국가의 행정권을 담당하는 최고 기관. [수상 및 여러 장관으로 조직되는 합의체]

+ 樓(다락 루, 누각 루, 층 루), 內(안 내, 나인 나)

---

**客**

5급 / 총 9획 / 宀

집(宀)에 온 **각각(各)** 다른 손님이니 **손님 객**

+ 宀(집 면)

**不請客(불청객)** 청하지 않았는데 찾아온 손님.
**客觀(객관)** (자기와의 관계를 떠나) 손님의 입장에서 봄. ↔ 주관(主觀)

+ 不(아닐 불·부), 請(청할 청), 觀(볼 관), 主(주인 주)

**落**

5급 / 총 13획 / 草(艹)

풀(艹)에 맺힌 물(氵)방울이 **각각(各)** 떨어지니 **떨어질 락**
또 떨어져 여기저기 형성된 마을이니 **마을 락**

+ 艹(초 두) - 제목번호 078 참고

**落心(낙심)** (소원이 이루어지지 않아) 떨어지는(실망하는) 마음.
**落葉(낙엽)** 나뭇잎이 떨어짐. 또는 그 잎.

+ 心(마음 심, 중심 심), 葉(잎 엽)

---

**013** 일이삼사오[一二三四五] - 숫자

---

**一**

8급 / 총 1획 / 一

나무토막 하나를 옆으로 놓은 모양에서 **한 일**

**一念(일념)** 오직 한 가지 생각.
**同一(동일)** (다른 것과 비교하여) 똑같음.

+ 念(생각 념), 同(한가지 동, 같을 동)

---

**二**

8급 / 총 2획 / 二

나무토막 두 개를 옆으로 놓은 모양에서 **둘 이**

**二輪車(이륜차)** 바퀴가 둘 달린 차.
**一人二役(일인이역)** 한 사람이 두 역할을 함.

+ 輪(바퀴 륜, 둥글 륜, 돌 륜), 車(수레 거, 차 차), 役(부릴 역)

---

**三**

8급 / 총 3획 / 一

나무토막 세 개를 옆으로 놓은 모양에서 **석 삼**

**三南(삼남)** 남쪽의 충청도·전라도·경상도를 통틀어 이르는 말.
**二人三脚(이인삼각)** 두 사람이 한쪽 다리를 묶어 세 다리로 달리는 경기.

+ 南(남쪽 남), 脚(다리 각)

---

**四**

8급 / 총 5획 / 囗

에워싼(囗) 부분을 사방으로 **나누어(八) 넉 사**

+ 囗[에운담, 나라 국(國)의 약자], 八(여덟 팔, 나눌 팔)

**四季(사계)** 네 계절.
**四君子(사군자)** 동양화에서 매화·난초·국화·대를 그린 그림. 또는 그 소재.

+ 季(끝 계, 계절 계), 君(임금 군, 남편 군, 그대 군), 子(아들 자, 첫째 지지 자, 자네 자, 접미사 자)

**열(十)을 둘(二)로 나눈(丨) 다섯이니 다섯 오**

+ 十(열 십, 많을 십), 丨('뚫을 곤'이지만 여기서는 나누는 모양으로 봄)

**五行(오행)** 우주 간의 다섯 원기로, 금목수화토(金木水火土).
**五感(오감)** 시(視), 청(聽), 후(嗅), 미(味), 촉(觸)의 다섯 가지 감각.

+ 行(다닐 행, 행할 행, 항렬 항), 感(느낄 감, 감동할 감), 視(볼 시), 聽(들을 청), 嗅(냄새 맡을 후), 味(맛 미), 觸(닿을 촉)

8급 / 총 4획 / 二

**014** 륙칠팔구십[六七八九十] - 숫자

**머리(亠)를 중심으로 나눠지는(八) 방향이 동서남북상하의 여섯이니 여섯 륙**

+ 亠('머리 부분 두'지만 여기서는 하늘로 봄), 八(여덟 팔, 나눌 팔)

**六旬(육순)** ① 예순 날. ② 예순 살.

+ 旬(열흘 순)

8급 / 총 4획 / 八

**하늘(一)의 북두칠성 모양(乚)을 본떠서 일곱 칠**

+ 一('한 일'이지만 여기서는 하늘로 봄)

**七夕(칠석)** 음력 칠월 초이렛날의 저녁. [은하의 서쪽에 있는 직녀와 동쪽에 있는 견우가 오작교에서 일 년에 한 번 만난다는 전설이 있음]

+ 夕(저녁 석)

8급 / 총 2획 / 一

두 손을 네 손가락씩 위로 편 모양에서 **여덟 팔**
또 양쪽으로 잡아당겨 나누는 모양으로도 보아 **나눌 팔**

**八角亭(팔각정)** 여덟 모로 지은 정자.
**八達(팔달)** ① 길이 팔방으로 통하여 있음. ② 모든 일에 정통함.

+ 角(뿔 각, 모날 각, 겨눌 각), 亭(정자 정), 達(이를 달, 통달할 달)

8급 / 총 2획 / 八

**열 십(十)의 가로줄을 구부려 하나가 모자란 아홉이라는 데서 아홉 구**
또 아홉은 한 자리 숫자 중에서 제일 크고 많으니 **클 구, 많을 구**

**十九孔炭(십구공탄)** 19개의 구멍이 뚫린 연탄.
**九折羊腸(구절양장)** '많이 꺾인 양의 창자'로, 꾸불꾸불한 양의 창자처럼 일이나 앞길이 매우 험난함을 이르는 말.

+ 孔(구멍 공, 공자 공, 성씨 공), 炭(숯 탄, 석탄 탄), 折(꺾을 절), 羊(양 양), 腸(창자 장)

8급 / 총 2획 / 乙(乚)

**十中八九(십중팔구)** '열 가운데 여덟이나 아홉'으로, 거의 모두. 대부분.

+ 中(가운데 중, 맞힐 중)

8급 / 총 2획 / 十

---

### 吾

**다섯(五)** 손가락, 즉 손으로 자신을 가리키며 **말하는(口)** 나니 **나 오**

+ 口(입 구, 말할 구, 구멍 구)

**吾等(오등)** 우리들.
**吾鼻三尺(오비삼척)** '내 코(콧물)가 석자'로, 자신의 일이 급하여 남을 도와줄 겨를이 없음을 이르는 말.

+ 等(같을 등, 무리 등, 차례 등), 鼻(코 비, 비롯할 비), 尺(자 척 – 1자는 약 30.3㎝)

3급 / 총 7획 / 口

---

### 悟

**마음(忄)**에 **나(吾)**를 알고 깨달으니 **깨달을 오**

+ 忄 – 마음 심(心)이 글자의 왼편에 붙는 부수인 변으로 쓰일 때의 모양으로 '마음 심 변'

**覺悟(각오)** ① 마음을 단단히 먹고 받아들이거나 해낼 작정을 함. ② 도리를 깨쳐 앎.
**悔悟(회오)** 뉘우치고 깨달음.

+ 覺(깨달을 각), 悔(뉘우칠 회)

3급Ⅱ / 총 10획 / 心(忄)

---

### 半

**나누어(八) 둘(二)**로 **가른(丨)** 반이니 **반 반**

+ 八(여덟 팔, 나눌 팔), 丨('뚫을 곤'이지만 여기서는 가르는 모양으로 봄)

**過半(과반)** 반이 넘음. 반수 이상.
**折半(절반)** 반절로 꺾음(나눔). 또는 그 반.

+ 過(지날 과, 지나칠 과, 허물 과), 折(꺾을 절)

6급 / 총 5획 / 十

---

### 伴

**사람(亻)**의 **반(半)**쪽은 짝이니 **짝 반**
또 짝을 따르니 **따를 반**

+ 사람은 반쪽으로 되었으니 둘이 합쳐야 온전한 사람이 된다고 하지요. 그래서 둘이 합쳐 온전한 원을 이루자고 결혼식에서 둥근 모양의 반지를 주고받는답니다.

**伴侶者(반려자)** 짝이 되는 사람.
**同伴者(동반자)** (어떤 행동을 할 때) 짝이 되어 함께하는 사람.
**隨伴(수반)** ① 붙좇아서 따름. ② 어떤 일과 더불어 생김.

+ 侶(짝 려), 者(놈 자, 것 자), 同(한 가지 동, 같을 동), 隨(따를 수)

3급 / 총 7획 / 人(亻)

**반(半)을 칼( 刂 )로 자르듯이 딱 잘라 판단하니 판단할 판**

+ 半[반 반(半)의 변형]
+ 刂 – 칼 도(刀)가 글자의 오른쪽에 붙는 방으로 쓰일 때의 모양으로 '칼 도 방'

> **判決(판결)** 판단하여 결정함.
> **談判(담판)** (어떤 문제를) 서로 이야기하여 결판을 내림.

+ 決(터질 결, 결단할 결), 談(말씀 담)

4급 / 총 7획 / 刀(刂)

---

**016** 소소첨[小少尖] – 小로 된 한자

---

**하나( 丨 )를 나누어(八) 작으니 작을 소**

+ 반 大(큰 대) – 제목번호 106 참고
+ 丨('갈고리 궐'이지만 여기서는 하나로 봄), 八(여덟 팔, 나눌 팔)

> **小路(소로)** 작은 길.
> **縮小(축소)** 작게 줄임.

+ 路(길 로), 縮(줄일 축)

8급 / 총 3획 / 小

**작은(小) 것이 또 떨어져 나가( 丿 ) 적으니 적을 소**
**또 나이가 적으면 젊으니 젊을 소**

+ 반 多(많을 다), 老(늙을 로)

> **減少(감소)** 줄어서 적어짐.
> **男女老少(남녀노소)** '남자와 여자, 늙은이와 젊은이'로, 모든 사람을 이르는 말.

+ 減(줄어들 감, 덜 감), 男(사내 남), 女(여자 녀), 老(늙을 로)

7급 / 총 4획 / 小

**위는 작고(小) 아래로 갈수록 커져(大) 뾰족하니 뾰족할 첨**

> **尖端(첨단)** 뾰족한 끝. 유행이나 시대 흐름의 맨 앞장.
> **尖銳(첨예)** 날카롭고 뾰족함.

+ 端(끝 단, 단정할 단, 실마리 단), 銳(날카로울 예)

3급 / 총 6획 / 小

33

7급 / 총 4획 / 一

**하나(一)의 작은(小) 잘못도 해서는 아니 되니 아닐 불 · 부**

+ 아닐 불 · 부(不)는 'ㄷ, ㅈ'으로 시작하는 글자 앞에서는 '부'로 발음됩니다.

**不滿(불만)** (마음에) 차지 않아 언짢음.
**不當(부당)** 마땅하지(이치에 맞지) 않음.

+ 滿(찰 만), 當(마땅할 당, 당할 당)

3급 / 총 8획 / 木

**나무(木)로 만든 그릇이 아닌(不) 잔이니 잔 배**

+ 속 盃 – 그릇(皿)이 아닌(不) 잔이니 '잔 배'
+ 木(나무 목), 皿(그릇 명) – 제목번호 357 참고

**乾杯(건배)** '잔을 말림(비움)'으로, 잔에 있는 술을 다 마심.
**祝杯(축배)** 축하의 뜻으로 마시는 술잔.

+ 乾(하늘 건, 마를 건), 祝(빌 축, 축하할 축)

4급 / 총 7획 / 口

**아니(不)라고 말하니(口) 아닐 부**
**또 아니 되게 막히니 막힐 비**

+ 口(입 구, 말할 구, 구멍 구)

**可否(가부)** ① 옳고 그름의 여부. ② 찬성과 반대의 여부.
**否塞(비색)** (운수가) 꽉 막힘.

+ 可(옳을 가, 가히 가, 허락할 가), 塞(막을 색, 변방 새)

3급Ⅱ / 총 7획 / 水(氵)

**물(氵)로 인하여 돌이 작아진(少) 모래니 모래 사 (= 砂)**

+ 동 砂 – 돌(石)이 작아진(少) 모래니 '모래 사' - 특급Ⅱ
+ 少('적을 소, 젊을 소'지만 여기서는 '작을 소'의 뜻으로 봄), 石(돌 석)

**沙漠(사막)** 초목이 없이 모래만 깔린 들.
**黃沙(황사)** 누런 모래.

+ 漠(사막 막), 黃(누를 황)

4급 / 총 7획 / 女

**여자(女)가 젊으면(少) 묘하고도 예쁘니 묘할 묘, 예쁠 묘**

+ 女(여자 녀) - 제목번호 139 참고

**妙技(묘기)** 묘한 기술.
**妙案(묘안)** 뛰어나게 좋은 생각.

+ 技(재주 기), 案(책상 안, 생각 안, 계획 안)

손(扌)으로 필요한 부분만 **적게(少)** 뽑아 베끼니 **뽑을 초, 베낄 초**

+ 扌(손 수 변)

> **抄錄(초록)** (필요한 것만) 뽑아 기록함.
> **抄本(초본)** (원본을 추려) 베낀 문서.

3급 / 총 7획 / 手(扌)

+ 錄(기록할 록), 本(근본 본, 뿌리 본, 책 본)

벼(禾)에 붙은 **적은(少)** 까끄라기니 **까끄라기 묘**

또 까끄라기처럼 작은 단위인 초니 **초 초**

+ 禾(벼 화)

> **秒速(초속)** 1초 동안의 속도.
> **秒針(초침)** 시계에서 초를 가리키는 바늘.

3급 / 총 9획 / 禾

+ 速(빠를 속), 針(바늘 침)

집(宀)에 온 한(一) **젊은이(少)**는 재물(貝)을 가지고 온 손님이니 **손님 빈**

+ 宀(집 면), ⺌[적을 소, 젊을 소(少)의 획 줄임], 貝(조개 패, 재물 패, 돈 패) - 제목번호 358 참고

> **貴賓(귀빈)** 귀한 손님.
> **迎賓館(영빈관)** 손님을 맞이하는 집.

3급 / 총 14획 / 貝

+ 貴(귀할 귀), 迎(맞이할 영), 館(집 관, 객사 관)

**적은(少)** 것까지도 눈(目)여겨 살피니 **살필 성**

또 사물을 **적게(少)** 보며(目) 줄이니 **줄일 생**

+ 目(눈 목, 볼 목, 항목 목) - 제목번호 005 참고

> **反省(반성)** (스스로) 돌이켜 살핌.
> **省略(생략)** 간략하게 줄임.

6급 / 총 9획 / 目

+ 反(거꾸로 반, 뒤집을 반), 略(간략할 략, 빼앗을 략)

---

**019** 소(초)소삭[肖消削] - 肖로 된 한자

작은(小) 몸(月)이니 **작을 소**

또 **작아도(小) 몸(月)**은 부모를 닮으니 **닮을 초**

+ 月(달 월, 육 달 월)

> **肖像畫(초상화)** (사람의 얼굴이나 몸의) 모습과 닮게 그린 그림.
> **不肖(불초)** '(부모와) 닮지 않음'으로, ① 못나고 어리석음. 또는 그러한 사람. ② 어버이의 이름을 더럽힐 만큼 어리석고 못난 자식을 말함.

3급Ⅱ / 총 7획 / 肉(月)

+ 像(모양 상, 본뜰 상), 畫(그림 화, 그을 획)

35

6급 / 총 10획 / 水(氵)

## 물(氵)로 작아지게(肖) 끄거나 삭이니 끌 소, 삭일 소
### 또 열정을 삭이고 물러서니 물러설 소

+ 氵(삼 수 변)

消火(소화) 불을 끔.
消化(소화) ① 먹은 음식을 삭임. ② 배운 것을 잘 익혀 자기 것으로 만듦.
消極的(소극적) (자진해서 하지 않고) 물러서기만 하는. ↔ 적극적(積極的)

+ 火(불 화), 化(될 화, 변화할 화, 가르칠 화), 極(끝 극, 다할 극), 的(과녁 적, 맞힐 적, 밝을 적, 접미사 적), 積(쌓을 적)

3급 II / 총 9획 / 刀(刂)

## 작아지게(肖) 칼(刂)로 깎으니 깎을 삭

+ 刂 – 칼 도(刀)가 글자의 오른쪽에 붙는 부수인 방으로 쓰일 때의 모양으로 '칼 도 방'

削髮(삭발) 머리털을 깎음.
削減(삭감) 깎아서 줄임.

+ 髮(터럭 발, 머리털 발), 減(줄어들 감, 덜 감)

---

**020** 계침 지지기[計針 支枝技] – 十, 支로 된 한자

6급 / 총 9획 / 言

## 말(言)로 많이(十) 세며 꾀하니 셀 계, 꾀할 계

+ 言(말씀 언) – 제목번호 172 참고, 十(열 십, 많을 십)

計算(계산) (수나 어떤 일을 헤아려) 셈함.
凶計(흉계) 흉한 꾀.

+ 算(셈할 산), 凶(흉할 흉, 흉년 흉)

4급 / 총 10획 / 金

## 쇠(金)를 많이(十) 갈아 만든 바늘이니 바늘 침

+ 동 鍼 – 쇠(金)를 거의 다(咸) 갈아서 만든 바늘이니 '바늘 침' – 1급
+ 金(쇠 금, 금 금, 돈 금, 성씨 김), 咸(다 함) – 제목번호 316 참고

時針(시침) (시계에서) 시를 나타내는 짧은 바늘.
針葉樹(침엽수) 바늘처럼 생긴 잎을 가진 나무.

+ 時(때 시), 葉(잎 엽), 樹(세울 수, 나무 수)

## 支

4급II / 총 4획 / 支

**많은(十) 것을 손(又)으로 다루고 가르니 다룰 지, 가를 지**
**또 갈라 지출하니 지출할 지**

+ 유 攴(칠 복, = 攵)
+ 又(오른손 우, 또 우) - 제목번호 191 참고

*支撑(지탱) 다루어 버팀.
**支店(지점)** (본점에서) 갈라져 나온 가게.
**支出(지출)** 어떤 목적을 위하여 돈을 지급하는 일.

+ 撑(버틸 탱), 店(가게 점), 出(날 출, 나갈 출)

DAY 01

## 枝

3급II / 총 8획 / 木

**나무(木)줄기에서 갈라져(支) 나온 가지니 가지 지**

+ 木(나무 목)

**枝葉(지엽)** '가지와 잎'으로, 사물의 중요하지 않은 부분. ↔ 근본(根本)
**金枝玉葉(금지옥엽)** '금으로 된 가지와 옥으로 된 잎'으로, ① 임금의 가족을 높여 이르는 말. ② 귀한 자손을 이르는 말.

+ 葉(잎 엽), 根(뿌리 근), 本(근본 본, 뿌리 본, 책 본), 金(쇠 금, 금 금, 돈 금, 성씨 김), 玉(구슬 옥)

## 技

5급 / 총 7획 / 手(扌)

**손(扌)으로 무엇을 다루는(支) 재주니 재주 기**

+ 扌(손 수 변)

**技術(기술)** 말이나 일을 솜씨 있게 하는 재주.
**特技(특기)** 특별한 재주.

+ 術(재주 술, 기술 술), 特(특별할 특)

---

### ▶ TIP

**〈약어 정리〉**
원, 속, 약, 참, 동, 반 등 약어는 이 책의 앞부분 약어 정리를 참고하세요.

**〈급외자, 참고자, 3급 외 한자〉**
이 책은 글자마다 어문회의 해당 급수 표시를 했는데 간혹 나오는 '급외자'는 급수 시험에는 포함되지 않지만 다른 한자 어원 풀이를 위하여 인용한 한자이고, '참고자'는 실제 사용되는 않지만 같은 어원으로 된 한자들을 참고하여 가정해 본 한자이고, '3급 외 한자'는 3급까지 익히는 책이지만 어원 풀이를 위하여 인용한 2급, 1급, 특급II, 특급 한자입니다.

**〈주에 없는 글자 풀이는 앞부분을 보세요.〉**
사전 없이도 이 책만으로 혼자서 쉽고 재미있게 익힐 수 있도록 거의 모든 한자에 주를 달았지만, 바로 앞에 나온 한자나 보통 수준이라면 다 알 수 있는 쉬운 한자, 자주 반복되는 한자는 주를 생략한 경우도 있습니다.
내용을 읽다가 주에 없는 한자는 바로 앞부분을 참고하세요.

# 구조로 한자 되짚어 보기

DAY 01

### 001 산선 출졸굴[山仙 出拙屈] - 山, 出로 된 한자

높고 낮은 산의 모양을 본떠서 산 산[山],
산 산[山] 앞에 사람 인 변[亻]이면 신선 선[仙], 아래에 산 산[山]이면 나올 출, 나갈 출[出],
나올 출, 나갈 출[出] 앞에 손 수 변[扌]이면 못날 졸[拙], 위에 주검 시, 몸 시[尸]면 굽을 굴, 굽힐 굴[屈]

### 002 곡속유용[谷俗裕容] - 谷으로 된 한자

여덟 팔, 나눌 팔[八]의 변형 둘[八人] 아래에 입 구, 말할 구, 구멍 구[口]면 골짜기 곡[谷],
골짜기 곡[谷] 앞에 사람 인 변[亻]이면 저속할 속, 속세 속, 풍속 속[俗], 옷 의 변[衤]이면 넉넉할 유[裕], 위에 집 면[宀]이면 얼굴 용, 받아들일 용, 용서할 용[容]

### 003 욕 욕욕[浴 欲慾] - 浴과 欲으로 된 한자

골짜기 곡[谷] 앞에 삼 수 변[氵]이면 목욕할 욕(浴), 뒤에 하품 흠, 모자랄 흠[欠]이면 바랄 욕[欲],
바랄 욕[欲] 아래에 마음 심, 중심 심[心]이면 욕심 욕[慾]

### 004 수빙 영영영[水氷 永泳詠] - 水, 永으로 된 한자

잠겨있는 물에 물결이 이는 모양을 본떠서 물 수[水],
물 수[水]에 점 주, 불똥 주[丶]를 앞에 붙이면 얼음 빙[氷], 위에 붙이면 길 영, 오랠 영[永],
길 영, 오랠 영[永] 앞에 삼 수 변[氵]이면 헤엄칠 영[泳], 말씀 언[言]이면 읊을 영[詠]

### 005 일왈 목차월[日曰 目且月] - 日, 目과 비슷한 한자

해의 둥근 모양과 가운데 흑점을 본떠서 해 일, 날 일[日], 입[口]에서 소리[一]가 나오는 모양을 본떠서 가로 왈[曰],
둥글고 눈동자 있는 눈을 본떠서 눈 목, 볼 목, 항목 목[目], 그릇[一]에 음식을 또 또 쌓아올린 모양을 본떠서 또 차, 구차할 차[且], 초승달을 본떠서 달 월, 육 달 월[月]

### 006 창창 모미간[昌唱 冒眉看] - 昌, 目으로 된 한자

해 일, 날 일[日] 아래에 가로 왈[曰]이면 빛날 창[昌],
빛날 창[昌] 앞에 입 구, 말할 구, 구멍 구[口]면 노래 부를 창[唱],
눈 목, 볼 목, 항목 목[目] 위에 가로 왈[曰]이면 무릅쓸 모[冒], 눈썹의 모양이면 눈썹 미[眉], 손 수[手]의 변형[龵]이면 볼 간[看]

## 007 명맹 붕붕[明盟 朋崩] - 明, 朋으로 된 한자

해 일, 날 일[日] 뒤에 달 월, 육 달 월[月]이면 밝을 명[明],
**밝을 명[明]** 아래에 그릇 명[皿]이면 맹세할 맹[盟],
달 월, 육 달 월[月] 둘이면 벗 붕, 무리 붕[朋],
**벗 붕, 무리 붕[朋]** 위에 산 산[山]이면 무너질 붕[崩]

## 008 조조조 의사[組祖租 宜査] - 且로 된 한자

**또 차, 구차할 차[且]** 앞에 실 사 변[糸]이면 짤 조[組], 보일 시, 신 시[示]면 할아버지 조, 조상 조[祖], 벼 화[禾]면 세금 조, 세낼 조[租],
위에 집 면[宀]이면 마땅할 의[宜], 나무 목[木]이면 조사할 사[査]

## 009 단단득[旦但得] - 旦으로 된 한자

해 일, 날 일[日] 아래에 한 일[一]이면 아침 단[旦],
**아침 단[旦]** 앞에 사람 인 변[亻]이면 다만 단[但], 앞에 조금 걸을 척[彳], 아래에 마디 촌, 법도 촌[寸]이면 얻을 득[得]

## 010 긍(선)항선[亘恒宣] - 亘으로 된 한자

일[一]과 일[一] 사이에 해 일, 날 일[日]이면 뻗칠 긍, 펼 선[亘],
**뻗칠 긍, 펼 선[亘]** 앞에 마음 심 변[忄]이면 항상 항[恒], 위에 집 면[宀]이면 펼 선, 베풀 선[宣]

## 011 석 다이 명명[夕 多移 名銘] - 夕과 多, 名으로 된 한자

초승달[月] 일부가 구름에 가려 있는 모양을 본떠서 저녁 석[夕],
저녁 석[夕] 아래에 저녁 석[夕]이면 많을 다[多], **많을 다[多]** 앞에 벼 화[禾]면 옮길 이[移],
저녁 석[夕] 아래에 입 구, 말할 구, 구멍 구[口]면 이름 명, 이름날 명[名],
**이름 명, 이름날 명[名]** 앞에 쇠 금, 금 금, 돈 금, 성씨 김[金]이면 새길 명[銘]

## 012 각격락략로 각객락[各格絡略路 閣客落] - 各으로 된 한자

이름 명[名]을 변형시켜 각각 각[各],
**각각 각[各]** 앞에 나무 목[木]이면 격식 격, 헤아릴 격[格], 실 사, 실 사 변[糸]이면 이을 락[絡], 밭 전[田]이면 간략할 략, 빼앗을 략[略], 발 족, 넉넉할 족[足]의 변형[⻊]이면 길 로[路], 위에 문 문[門]이면 누각 각, 내각 각[閣], 집 면[宀]이면 손님 객[客],
앞에 삼 수 변[氵], 위에 초 두[艹]면 떨어질 락, 마을 락[落]

## 013 일이삼사오[一二三四五] - 숫자

나무토막 하나를 옆으로 놓은 모양에서 한 일[一], 두 개를 옆으로 놓은 모양에서 둘 이[二], 세 개를 옆으로 놓은 모양에서 석 삼[三], 에운담[囗]에 여덟 팔, 나눌 팔[八]이면 넉 사[四], 열[十]을 둘[二]로 나눈[丨] 다섯이니 다섯 오[五]

## 014 륙칠팔구십[六七八九十] - 숫자

머리 부분 두[亠] 아래에 여덟 팔, 나눌 팔[八]이면 여섯 륙[六], 하늘[一]의 북두칠성 모양[乚]을 본떠서 일곱 칠[七], 두 손을 네 손가락씩 위로 편 모양에서 여덟 팔, 나눌 팔[八], 열 십[十]의 가로줄을 구부려 하나가 모자란 아홉이라는 데서 아홉 구, 클 구, 많을 구[九], 한 일[一]에 뚫을 곤[丨]이면 열 십, 많을 십[十]

## 015 오오 반반판[吾悟 半伴判] - 吾, 半으로 된 한자

다섯 오[五] 아래에 입 구, 말할 구, 구멍 구[口]면 나 오[吾],
나 오[吾] 앞에 마음 심 변[忄]이면 깨달을 오[悟],
여덟 팔, 나눌 팔[八]과 둘 이[二]에 뚫을 곤[丨]이면 반 반[半],
반 반[半] 앞에 사람 인 변[亻]이면 짝 반, 따를 반[伴], 뒤에 칼 도 방[刂]이면 판단할 판[判]

## 016 소소첨[小少尖] - 小로 된 한자

갈고리 궐[亅]에 여덟 팔, 나눌 팔[八]이면 작을 소[小],
작을 소[小] 아래에 삐침 별[丿]이면 적을 소, 젊을 소[少], 큰 대[大]면 뾰족할 첨[尖]

## 017 불(부)배부(비)[不杯否] - 不로 된 한자

한 일[一] 아래에 작을 소[小]면 아닐 불, 아닐 부[不], 아닐 불, 아닐 부[不] 앞에 나무 목[木]이면 잔 배[杯], 아래에 입 구, 말할 구, 구멍 구[口]면 아닐 부, 막힐 비[否]

## 018 사묘초묘(초) 빈성(생)[沙妙抄秒 賓省] - 少로 된 한자

적을 소, 젊을 소[少] 앞에 삼 수 변[氵]이면 모래 사[沙], 여자 녀[女]면 묘할 묘, 예쁠 묘[妙], 손 수 변[扌]이면 뽑을 초, 베낄 초[抄], 벼 화[禾]면 까끄라기 묘, 초 초[秒],
적을 소, 젊을 소[少]의 변형[少] 위에 집 면[宀]과 한 일[一], 아래에 조개 패, 재물 패, 돈 패[貝]면 손님 빈[賓],
적을 소, 젊을 소[少] 아래에 눈 목, 볼 목, 항목 목[目]이면 살필 성, 줄일 생[省]

## 019 소(초)소삭[肖消削] - 肖로 된 한자

작을 소[小] 아래에 달 월, 육 달 월[月]이면 작을 소, 닮을 초[肖],
작을 소, 닮을 초[肖] 앞에 삼 수 변[氵]이면 끌 소, 삭일 소, 물러설 소[消], 뒤에 칼 도 방[刂]이면 깎을 삭[削]

## 020 계침 지지기[計針 支枝技] - 十, 支로 된 한자

열 십, 많을 십[十] 앞에 말씀 언[言]이면 셈할 계, 꾀할 계[計], 쇠 금, 금 금, 돈 금, 성씨 김[金]이면 바늘 침[針], 아래에 오른손 우, 또 우[又]면 다룰 지, 가를지, 지출할 지[支], 다룰 지, 가를 지, 지출할 지[支] 앞에 나무 목[木]이면 가지 지[枝], 손 수 변[扌]이면 재주 기[技]

# 확인문제

**01~04** 다음 漢字의 훈(뜻)과 음(소리)를 쓰시오.

01. 銘 (                 )

02. 恒 (                 )

03. 慾 (                 )

04. 崩 (                 )

DAY
01

**05~08** 다음 훈음에 맞는 漢字를 쓰시오.

05. 짤 조 (                 )

06. 얻을 득 (                 )

07. 옮길 이 (                 )

08. 판단할 판 (                 )

**09~12** 다음 漢字語의 讀音을 쓰시오.

09. 削髮 (                 )

10. 貴賓 (                 )

11. 抄錄 (                 )

12. 尖銳 (                 )

**13~14** 다음 문장에서 밑줄 친 낱말을 漢字로 쓰시오.

13. 용기가 있어야 용서도 할 수 있다.          (                 )

14. 아침에 먹은 밥이 아직 소화되지 않았다. (                 )

**15~16** 다음 문장에서 漢字로 표기된 낱말의 讀音을 쓰시오.

15. 그는 迫力 있는 사나이다.   (                 )

16. 식수 苦渴로 어려움을 겪었다. (                 )

**17~18** 다음 뜻풀이에 맞는 낱말을 漢字로 쓰시오.

17. 격에 맞는 일정한 방식. (                 )

18. 많이 읽음.           (                 )

**19~20** 다음 漢字語의 뜻을 쓰시오.

19. 組成 (                 )

20. 宜當 (                 )

## 정답

| | | | | |
|---|---|---|---|---|
| 01. 새길 명 | 05. 組 | 09. 삭발 | 13. 容恕 | 17. 格式 |
| 02. 항상 항 | 06. 得 | 10. 귀빈 | 14. 消化 | 18. 多讀 |
| 03. 욕심 욕 | 07. 移 | 11. 초록 | 15. 박력 | 19. 짜 맞추어 만듦. |
| 04. 무너질 붕 | 08. 判 | 12. 첨예 | 16. 고갈 | 20. 옳고 마땅함. |

**021** 단선탄전[單禪彈戰] – 單으로 된 한자

식구의 **입들(口口)**을 먹여 살리기 위해 **밭(田)**에 **많이(十)** 나가 일하는
혼자니 **홀 단**

+ 약 単 – 반짝이는 불꽃(⺍)처럼 밭(田)에 많이(十) 나가 일하는 혼자니 '홀 단'
+ 口(입 구, 말할 구, 구멍 구), 田(밭 전, 논 전), 十(열 십, 많을 십), 홀 – 낱. 하나.

**單價(단가)** 낱개의 값.
**單數(단수)** 하나인 수. 홀수(홀수). ↔ 복수(複數)

+ 價(값 가, 가치 가), 數(셀 수, 두어 수, 자주 삭, 운수 수), 複(겹칠 복)

4급Ⅱ / 총 12획 / 口

---

**보는(示)** 것이 **하나(單)**뿐인 고요한 선이니 **선 선**

+ 약 禅
+ 示(보일 시, 신 시), 礻(보일 시, 신 시 변), 선(禪) – 마음을 한곳에 모아 고요히 생각하는 일.

**坐禪(좌선)** 조용히 앉아서 하는 수행.
**面壁參禪(면벽참선)** (아무 것도 보지 않으려고) 벽만 향하고 고요함에 빠져 도를 닦음.

+ 坐(앉을 좌), 面(얼굴 면, 향할 면, 볼 면, 행정 구역의 면), 壁(벽 벽), 參(참여할 참, 석 삼)

3급Ⅱ / 총 17획 / 示

---

**활(弓)**의 화살처럼 총에서 **하나(單)**씩 탄알이 튕겨 나가니 **탄알 탄, 튕길 탄**

+ 약 弹
+ 弓(활 궁), 한자가 만들어지던 당시에는 화약이 없었으니 활의 구조로 탄알을 쏘았겠지요.

**彈丸(탄환)** 총탄·포탄 따위의 총칭.
**彈力(탄력)** ① 튕기는 힘. ② 본디 상태로 돌아가려는 힘.

+ 丸(둥글 환, 알 환), 力(힘 력)

4급 / 총 15획 / 弓

---

**홀로(單) 창(戈)** 들고 싸우니 **싸울 전**
또 싸우면 무서워 떠니 **무서워 떨 전**

+ 약 戦, 战 – 점령하려고(占) 창(戈) 들고 싸우니 '싸울 전'
　　　또 싸우면 무서워 떠니 '무서워 떨 전'
+ 戈(창 과) – 제목번호 304 참고, 占(점칠 점, 점령할 점)

**戰亂(전란)** 전쟁으로 세상이 어지러움.
**戰友(전우)** 전장(戰場)에서 승리를 위해 생활과 전투를 함께하는 동료.

+ 亂(어지러울 란), 友(벗 우), 場(마당 장, 상황 장)

6급 / 총 16획 / 戈

---

**42**

**많은(十) 사람의 입에 오르내린 말(口)**은 이미 오래된 옛날이야기니
오랠 고, 옛 고

+ 口(입 구, 말할 구, 구멍 구)

**古物(고물)** ① 낡은 오래된 물건. ② 시대에 뒤져 쓸모없이 된 사람을 놀리는 말.
**東西古今(동서고금)** '동양이나 서양이나 예나 지금이나'로, 언제 어디서나.

+ 物(물건 물), 東(동쪽 동, 주인 동), 西(서쪽 서), 今(이제 금, 오늘 금)

6급 / 총 5획 / 口

DAY
02

**여자(女)가 오래(古)**되면 시어머니나 할미니 시어미 고, 할미 고
또 (세월이 빨라) 할미가 되는 것은 잠깐이니 **잠깐 고**

+ 女(여자 녀)

**姑婦(고부)** 시어머니와 며느리.
**姑息(고식)** (당장에는 탈이 없는) 잠깐의 쉼.

+ 婦(아내 부, 며느리 부), 息(쉴 식, 숨 쉴 식, 자식 식)

3급Ⅱ / 총 8획 / 女

**나무(木)도 오래(古)**되면 마르고 죽으니 마를 고, 죽을 고

+ 木(나무 목)

**枯渴(고갈)** (물이) 말라서 없어짐.
**枯木(고목)** 말라죽은 나무.

+ 渴(목마를 갈)

3급 / 총 9획 / 木

**에워싸(口) 오래(古)** 두면 굳으니 굳을 고
또 굳은 듯 진실로 변치 않으니 **진실로 고**

+ 口[에운담, 나라 국(國)의 약자]

**固守(고수)** 굳게 지킴.
**固所願(고소원)** 진실로 바라는 바.

+ 守(지킬 수), 所(장소 소, 바 소), 願(원할 원)

5급 / 총 8획 / 口

**오래(古)된 고기(月)**도 즐겨 먹었던 오랑캐니 오랑캐 호

+ 중국의 변방에 살던 오랑캐들은 가축을 길렀기에 주로 육식을 했다는 데서 유래된 글자.
  미개한 종족이란 뜻으로 멸시하여 이르는 말로도 쓰입니다.
+ 月(달 월, 육 달 월)

**胡亂(호란)** 호인(胡人)들이 일으킨 난.
**胡桃(호도)** '오랑캐 복숭아'로, '호두'라고도 함.

+ 亂(어지러울 란), 桃(복숭아 도)

3급Ⅱ / 총 9획 / 肉(月)

**湖**

5급 / 총 12획 / 水(氵)

물(氵)이 **오랜(古)** 세월(月) 고여 있는 호수니 **호수 호**

> **湖水(호수)** 땅이 우묵하게 들어가 물이 괴어 있는 곳.
> **江湖(강호)** ① 강과 호수. ② 세상(世上)을 비유적으로 이르는 말.

+ 水(물 수), 江(강 강), 世(세대 세, 세상 세), 上(위 상, 오를 상)

---

**直**

7급 / 총 8획 / 目

**많이(十) 눈(目)**으로 **감춰진(ㄴ)** 부분까지 살펴도 곧고 바르니
**곧을 직, 바를 직**

+ 十(열 십, 많을 십), 目(눈 목, 볼 목, 항목 목), ㄴ(감출 혜, 덮을 혜, = 匸)

> **直線(직선)** 곧은 줄. ↔ 곡선(曲線)
> **正直(정직)** (마음이) 바르고 곧음.

+ 線(줄 선), 曲(굽을 곡, 노래 곡), 正(바를 정)

---

**植**

7급 / 총 12획 / 木

**나무(木)**를 **곧게(直)** 세워 심으니 **심을 식**

+ 木(나무 목)

> **植木(식목)** 나무를 심음.
> **移植(이식)** (식물 등을) 옮겨 심음.

+ 移(옮길 이)

---

**値**

3급Ⅱ / 총 10획 / 人(亻)

**사람(亻)**이 **바르게(直)** 평가하여 매긴 값이니 **값 치**

> **價値(가치)** 값. 값어치.
> **近似値(근사치)** (정확하지는 않아도 정가에 거의) 가까운 값. 근삿값.

+ 價(값 가, 가치 가), 近(가까울 근, 비슷할 근), 似(같을 사, 닮을 사)

## 悳

2급 / 총 12획 / 心

### 바르게(直) 마음(心) 씀이 덕이니 덕 덕

+ 덕 덕, 클 덕(德)의 고자(古字).
+ 고자(古字) - (옛날에는 많이 쓰였으나 지금은 잘 쓰이지 않는) 옛 글자.
+ 덕(德) - 공정하고 남을 넓게 이해하고 받아들이는 마음이나 행동.
+ 心(마음 심, 중심 심), 古(오랠 고, 옛 고), 字(글자 자)

## 德

5급 / 총 15획 / 彳

### 행실(彳)이 덕스러우니(悳) 덕 덕
### 또 덕이 있으면 크게 쓰이니 클 덕

+ 덕 덕(悳)의 변형에 행실을 강조하는 조금 걸을 척(彳)을 붙여 덕 덕, 클 덕(德)을 만들었네요.
+ 悳[덕 덕(悳)의 변형]에 쓰인 罒은 '그물 망'이지만 여기서는 눈 목(目)을 눕혀 놓은 모양으로 봄.

> **恩德(은덕)** 은혜의 덕.
> **德用(덕용)** 크게 쓰임.

+ 恩(은혜 은), 用(쓸 용)

## 聽

4급 / 총 22획 / 耳

### 귀(耳)로 왕(王)처럼 덕스러운(悳) 소리만 들으니 들을 청

+ 약 聴 - 귀(耳)로 덕스러운(悳) 소리만 들으니 '들을 청'
+ 耳(귀 이), 王(임금 왕, 으뜸 왕, 구슬 옥 변), 悳[덕 덕(悳)의 변형(悳)의 획 줄임]

> **聽衆(청중)** (강연, 설교 등을) 듣는 군중.
> **視聽(시청)** 보고 들음.

+ 衆(무리 중), 視(볼 시)

## 廳

4급 / 총 25획 / 广

### 집(广) 중 백성들의 의견을 들어(聽) 처리하는 관청이니 관청 청

+ 약 庁 - 집(广) 중 장정(丁)들이 일하는 관청이니 '관청 청'
+ 广(집 엄), 丁(고무래 정, 못 정, 장정 정, 넷째 천간 정)

> **廳長(청장)** 관청(廳)의 우두머리.
> **廳舍(청사)** 관청의 사무실로 쓰는 집(건물).

+ 長(길 장, 어른 장), 舍(집 사)

7급 / 총 6획 / 自

(얼굴이 자기를 대표하니) 얼굴에서 잘 드러나는 **이마(丿)와 눈(目)**을 본떠서 **자기 자**

또 자기 일은 스스로 해야 하니 **스스로 자**

또 모든 것의 시작은 자기로부터니 **부터 자**

+ 丿[삐침 별(丿)의 변형이지만 여기서는 이마로 봄], 目(눈 목, 볼 목, 항목 목)

**自作(자작)** 자기가 지음.
**自動(자동)** 스스로 작동함.
**自初至終(자초지종)** 처음부터 끝까지(의 과정).

+ 作(지을 작), 動(움직일 동), 初(처음 초), 至(이를 지, 지극할 지), 終(다할 종, 마칠 종)

4급Ⅱ / 총 10획 / 心

**자기(自)**를 **마음(心)**으로 생각하며 쉬니 **쉴 식**

또 쉬면서 전하는 소식이니 **쉴 식, 소식 식**

또 쉬면서 가쁜 숨을 고르며 숨 쉬니 **숨 쉴 식**

또 노후에 쉬도록 돌보아 주는 자식이니 **자식 식**

+ 心(마음 심, 중심 심)

**休息(휴식)** (일의 도중에 잠깐) 쉼.
**歎息(탄식)** 한탄하며 한숨을 쉼.
**子息(자식)** ① 아들과 딸의 총칭. ② '놈'보다 낮추어 욕하는 말.

+ 休(쉴 휴), 歎(탄식할 탄, 감탄할 탄), 子(아들 자, 첫째 지지 자, 자네 자, 접미사 자)

3급 / 총 10획 / 自

**자기(自)** 집을 찾을 때 **개(犬)**가 맡는 냄새니 **냄새 취**

+ 犬(개 견) - 제목번호 108 참고

**體臭(체취)** 몸에서 나는 냄새.
**惡臭(악취)** 악한(고약한) 냄새.

+ 體(몸 체), 惡(악할 악, 미워할 오)

5급 / 총 14획 / 鼻

**자기(自)의 밭(田)**처럼 생긴 얼굴에 **받쳐 든(廾)** 모양으로 우뚝 솟은 코니 **코 비**

또 코로 숨을 쉬기 시작하는 것으로부터 생명이 비롯하니 **비롯할 비**

+ 田(밭 전, 논 전), 廾(받쳐 들 공)

**鼻炎(비염)** 콧속에 나는 염증.
**鼻祖(비조)** 맨 처음으로 시작한 사람.

+ 炎(불꽃 염, 더울 염, 염증 염), 祖(할아버지 조, 조상 조)

**邊**

4급II / 총 19획 / 辵(辶)

(어려움에 봉착해도) **스스로(自) 구멍(穴)** 뚫린 **방향(方)**을 찾아 **가다(辶)**보면 이르는 끝이나 가니 **끝 변, 가 변**

+ 약 边 – 칼(刀)처럼 날카롭게 뻗어 간(辶) 끝이나 가니 '끝 변, 가 변'
　边 – 힘(力) 있게 뛰어가면(辶) 이르는 끝이나 가니 '끝 변, 가 변'
+ 穴(구멍 혈, 굴 혈) – 제목번호 038, 方(모 방, 방향 방, 방법 방) – 제목번호 330 참고, 辵[뛸 착, 갈 착(辶, 辶)이 줄어든 모양], 刀(칼 도), 力(힘 력)

> **多邊化(다변화)** '많은 가로 됨'으로, 일의 모양이나 방법이 다양하고 복잡해짐. 또는 그렇게 되게 함.
> **海邊(해변)** 바닷가.

+ 多(많을 다), 化(될 화, 변화할 화, 가르칠 화), 海(바다 해)

---

**026** 면전수 도도[面前首 道導] – 面, 前, 首와 道로 된 한자

**面**

7급 / 총 9획 / 面

**머리(一)와 이마(丿)와 눈코 있는 얼굴**을 본떠서 **얼굴 면**
또 얼굴 향하고 볼 정도의 작은 행정구역이니
**향할 면, 볼 면, 행정 구역의 면**

> **面談(면담)** 얼굴을 맞대고 이야기를 나눔.
> **喜色滿面(희색만면)** 기쁜 빛이 얼굴에 참(가득함).

+ 談(말씀 담), 喜(기쁠 희), 色(빛 색), 滿(찰 만)

**前**

7급 / 총 9획 / 刀(刂)

**머리털(丷) 세우며 몸(月)에 칼(刂)**을 차고 서는 앞이니 **앞 전**

+ 月(달 월, 육 달 월), 刂(칼 도 방)

> **前面(전면)** 앞면. ↔ 후면(後面)
> + 全面(전면) ① 모든 방면. ② 하나의 면 전체.
> **前進(전진)** 앞으로 나아감. ↔ 후퇴(後退)

+ 面(얼굴 면, 향할 면, 볼 면, 행정 구역의 면), 後(뒤 후, 늦을 후), 全(온전할 전), 進(나아갈 진), 退(물러날 퇴)

**首**

5급 / 총 9획 / 首

**머리털(丷) 아래 이마(丿)와 눈(目)** 있는 머리를 본떠서 **머리 수**
또 머리처럼 위에 있는 우두머리니 **우두머리 수**

> **首尾(수미)** 머리와 꼬리.
> **首席(수석)** 우두머리 자리. 일등.

+ 尾(꼬리 미, 끝 미), 席(자리 석)

**머리(首) 향하고 가는(辶) 길이니 길 도**
또 가는 길처럼 사람이 지켜야 할 도리니 도리 도
또 도리에 맞게 말하니 **말할 도, 행정 구역의 도**

7급 / 총 13획 / 辶(辶)

**鐵道(철도)** '철길'로, 기찻길.
**道德(도덕)** 인간으로서 마땅히 지켜야 할 도리.
**唱道(창도)** 말하여 이끎(앞장서서 외침).

+ 鐵(쇠 철), 德(덕 덕, 클 덕), 唱(노래 부를 창)

**도리(道)와 법도(寸)에 맞게 인도하니 인도할 도**

+ 寸(마디 촌, 법도 촌)

**引導(인도)** ① 끌어 인도함. ② 가르쳐 일깨움.
**指導(지도)** (어떤 목적이나 방향으로 남을) 가르쳐 이끎.

4급Ⅱ / 총 16획 / 寸

+ 引(끌 인), 指(손가락 지, 가리킬 지)

---

| 027 | **백백박박박[白伯拍泊迫] – 白으로 된 한자** |

**빛나는(丿) 해(日)처럼 희고 밝으니 흰 백, 밝을 백**
또 흰색처럼 깨끗하니 **깨끗할 백**
또 깨끗하게 분명히 아뢰니 **아뢸 백, 성씨 백**

+ 아뢰다 – 말씀드려 알리다.

8급 / 총 5획 / 白

**白色(백색)** 흰 빛깔.
**明白(명백)** '밝고 밝음'으로, (의심할 바 없이) 아주 뚜렷함.
**潔白(결백)** (행동이나 마음씨가) 깨끗하여 아무 허물이 없음.
**告白(고백)** (숨김없이 사실대로) 알림.

+ 色(빛 색), 明(밝을 명), 潔(깨끗할 결), 告(알릴 고, 뵙고 청할 곡)

**사람(亻) 머리가 흴(白) 정도로 나이든 맏이나 우두머리니**
**맏 백, 우두머리 백**

+ 亻(사람 인 변), 대체적으로 머리가 흰 사람이 어른이지요.

**伯父(백부)** 큰아버지.
**伯仲之勢(백중지세)** 서로 비슷하여 우열을 가리기 어려운 형세.

3급Ⅱ / 총 7획 / 人(亻)

+ 父(아버지 부), 仲(버금 중, 중개할 중), 之(갈 지, ~의 지, 이 지), 勢(형세 세, 권세 세)

### 손(扌)으로 무엇을 아뢰려고(白) 치니 **칠 박**

4급 / 총 8획 / 手(扌)

+ 扌(손 수 변)

> **拍手(박수)** 손뼉을 침.
> **拍掌大笑(박장대소)** 손뼉을 치면서 크게 웃음.

+ 手(손 수, 재주 수, 재주 있는 사람 수), 掌(손바닥 장), 大(큰 대), 笑(웃을 소)

---

### 물(氵)이 하얗게(白) 보이도록 배들이 항구에 대고 묵으니 **배 댈 박, 묵을 박**
### 또 물(氵)로 깨끗이(白) 씻으면 마음도 산뜻하니 **산뜻할 박**

3급 / 총 8획 / 水(氵)

+ 옛날 배는 돛을 달았고 돛은 대부분 흰색이었으니, 물이 하얗게 보임은 배들이 모여 묵는 것이지요. 여기서 '묵다'는 일정한 곳에서 나그네로 날짜를 보낸다는 뜻.

> *碇泊(정박) 배가 닻을 내리고 머무름.
> **宿泊(숙박)** 여관이나 주막에서 묵음.
> **淡泊(담박)** (마음이나 맛이) 맑고 산뜻함.

+ 碇(닻 정), 宿(잘 숙, 오랠 숙, 별자리 수), 淡(맑을 담, 깨끗할 담)

---

### 하얗게(白) 질린 얼굴로 뛰어갈(辶) 정도로 핍박하니 **핍박할 박**

3급Ⅱ / 총 9획 / 辵(辶)

> *逼迫(핍박) ① 형세가 절박함. ② 바싹 죄어서 몹시 괴롭게 굶.
> **迫力(박력)** '닥치는 힘'으로, 강하게 일을 밀고 나가는 힘.
> **迫頭(박두)** (기일이나 시간이) 머리까지(가까이) 닥쳐옴.

+ 逼(닥칠 핍), 力(힘 력), 頭(머리 두, 우두머리 두)

---

## 028 백황 백금면 숙(수)축[百皇 帛錦綿 宿縮] – 白, 帛, 宿으로 된 한자

### 하나(一)부터 시작하여 소리치는(白) 단위는 일백이니 **일백 백**
### 또 일백이면 많으니 **많을 백**

7급 / 총 6획 / 白

+ 물건을 셀 때 속으로 세다가도 큰 단위에서는 소리침을 생각하고 만들어진 글자.

> **一當百(일당백)** '한 사람이 백 사람을 당해냄'으로, 매우 용감함.
> **百貨店(백화점)** (한 건물 안에서) 많은 물건을 진열, 판매하는 종합 소매점.

+ 當(마땅할 당, 당할 당), 貨(재물 화, 물품 화), 店(가게 점)

---

### 밝은(白) 지혜로 왕(王)들을 거느리는 황제니 **황제 황**

3급Ⅱ / 총 9획 / 白

+ 王(임금 왕, 으뜸 왕, 구슬 옥 변) – 제목번호 100 참고

> **皇帝(황제)** 왕이나 제후를 거느리고 나라를 통치하는 임금.
> **皇太子(황태자)** 황제를 계승할 황제의 아들.

+ 帝(임금 제), 太(클 태), 子(아들 자, 첫째 지지 자, 자네 자, 접미사 자)

DAY
02

## 帛

1급 / 총 8획 / 巾

**하얀(白) 수건(巾)** 같은 비단이니 **비단 백**

또 비단에 싸 보내는 폐백이니 **폐백 백**

+ 巾(수건 건), 하얀 누에고치에서 뽑은 실로 짠 베가 비단입니다.

---

## 錦

3급II / 총 16획 / 金

**금(金)처럼 귀한 비단(帛)**이니 **비단 금**

+ 金(쇠 금, 금 금, 돈 금, 성씨 김) – 제목번호 338 참고

> *錦衾(금금) 비단 이불.
> **錦上添花(금상첨화)** '비단 위에 꽃을 더함'으로, 그렇지 않아도 좋은데 그 위에 더 좋은 것을 보태는 것. ↔ 설상가상(雪上加霜)

+ 衾(이불 금), 添(더할 첨), 花(꽃 화), 雪(눈 설, 씻을 설), 加(더할 가), 霜(서리 상)

---

## 綿

3급II / 총 14획 / 糸

**실(糸)**을 뽑아 **흰(白) 수건(巾)** 같은 천을 짜는 솜이니 **솜 면**

또 가는 실이 촘촘한 솜처럼 자세하게 이어지니 **자세할 면, 이어질 면**

+ 糸(실 사, 실 사 변)

> **純綿(순면)** 순수하게 솜에서 뽑은 실로만 짠 직물.
> **周到綿密(주도면밀)** 주의가 두루 미쳐 자세하고 빈틈이 없음.
> **綿綿(면면)** (끊이지 아니하고 끝없이) 이어져 있음.

+ 純(순수할 순), 周(두루 주, 둘레 주), 到(이를 도, 주도면밀할 도), 密(빽빽할 밀, 비밀 밀)

---

## 宿

5급 / 총 11획 / 宀

**집(宀)**에 **사람(亻)**이 **많이(百)** 묵으며 자니 **잘 숙**

또 자는 것처럼 오래 머물러 있는 별자리니 **오랠 숙, 별자리 수**

+ 宀(집 면), 亻(사람 인 변)

> **宿食(숙식)** 자고 먹는 것.
> **宿願(숙원)** 오랫동안 품어 온 소원.
> **星宿(성수)** 모든 별자리의 별들.

+ 食(밥 식, 먹을 식, 먹이 사), 願(원할 원), 星(별 성)

---

## 縮

4급 / 총 17획 / 糸

**실(糸)**은 **잠재우듯(宿)** 눌러두면 줄어드니 **줄어들 축**

> **縮小(축소)** 줄여 작게 함.
> **伸縮性(신축성)** ① 물체가 늘어나고 줄어드는 성질. ② 일의 형편에 따라 적절하게 대처할 수 있는 성질.

+ 小(작을 소), 伸(늘일 신), 性(성품 성, 바탕 성, 성별 성)

**泉**

4급 / 총 9획 / 水(氵)

### 하양도록(白) 맑은 물(水)이 나오는 샘이니 샘 천

+ 水(물 수) – 제목번호 004 참고

> **溫泉(온천)** 더운물이 나오는 샘.
> **冷泉(냉천)** 찬물이 나오는 샘.

+ 溫(따뜻할 온, 익힐 온), 冷(찰 랭)

---

**線**

6급 / 총 15획 / 糸

### 실(糸)이 샘(泉)의 물줄기처럼 길게 이어지는 줄이니 줄 선

> **直線(직선)** 곧은 줄. ↔ 곡선(曲線)
> **線路(선로)** (차나 전차의) 줄 같은 길.

+ 直(곧을 직, 바를 직), 曲(굽을 곡, 노래 곡), 路(길 로)

---

**原**

5급 / 총 10획 / 厂

### 바위(厂) 밑에 샘(泉)도 있는 언덕이니 언덕 원
### 또 바위(厂) 밑 샘(泉)이 물줄기의 근원이니 근원 원

+ 厂(굴 바위 엄, 언덕 엄), 泉[샘 천(泉)의 변형]

> **原價(원가)** '근원 값'으로, 생산하는 데 들어간 값. 생산가.
> **原則(원칙)** 근원적인(기본적인) 법칙.

+ 價(값 가, 가치 가), 則(곧 즉, 법칙 칙)

---

**源**

4급 / 총 13획 / 水(氵)

### 물(氵)이 솟아나는 근원(原)이니 근원 원

+ 氵(삼 수 변)

> **根源 · 根原(근원)** '뿌리가 되는 근원'으로, ① 물줄기가 나오기 시작하는 곳. ② 사물이 비롯되는 근본이나 원인.
> **起源 · 起原(기원)** 사물이 생긴 근원.

+ 根(뿌리 근), 起(일어날 기, 시작할 기)

---

**願**

5급 / 총 19획 / 頁

### 근원(原)적으로(원래) 머릿(頁)속은 잘되기를 원하니 원할 원

+ 頁(머리 혈) – 제목번호 363 참고

> **所願(소원)** 원하는 바.
> **所願成就(소원성취)** 원하는 바를 이룸.

+ 所(장소 소, 바 소), 成(이룰 성), 就(나아갈 취, 이룰 취)

4급II / 총 6획 / 日

해(日)가 **지평선(一)**에 **떠오르는( | )** 아침 일찍이니 **일찍 조**

+ 유 旱(가물 한) - 제목번호 033 참고

> **早期(조기)** 이른 시기.
> **早退(조퇴)** (정해진 시간보다) 일찍 물러감.

+ 期(기간 기, 기약할 기), 退(물러날 퇴)

7급 / 총 10획 / 草(艹)

**(대부분의) 풀(艹)**은 **이른(早)** 봄에 돋아나니 **풀 초**

+ 부수로 쓰일 때는 4획인 艹의 형태로 대부분 글자의 머리 부분에 쓰이므로 머리 두(頭)를 붙여 '초 두'라 부릅니다. 艹를 약자로 쓸 때는 3획의 艹.

> **山川草木(산천초목)** '산과 내와 풀과 나무'로, 자연을 가리킴.
> **草家(초가)** 풀(볏짚이나 갈대 따위)로 지붕을 인 집.

+ 山(산 산), 川(내 천), 木(나무 목), 家(집 가, 전문가 가)

5급 / 총 8획 / 十

**점(卜)**치듯 미리 생각하여 **일찍(早)**부터 일하면 높고 뛰어나니
**높을 탁, 뛰어날 탁**
또 높게 만든 탁자니 **탁자 탁, 성씨 탁**

+ 卜(점 복) - 제목번호 234 참고

> **卓越(탁월)** 남보다 월등히 뛰어남.
> **卓子(탁자)** 높게 만든 책상이나 식탁 따위.

+ 越(넘을 월, 월나라 월), 子(아들 자, 첫째 지지 자, 자네 자, 접미사 자)

7급 / 총 3획 / 十

무엇을 강조하는 **삐침 별(丿)**을 **열 십, 많을 십(十)** 위에 찍어서
**일천 천, 많을 천, 성씨 천**

+ 한자에서는 삐침 별(丿)이나 점 주, 불똥 주(丶)로 무엇이나 어느 부분을 강조합니다.

> **千里眼(천리안)** '천 리 밖의 것도 볼 수 있는 눈'으로, 사물을 꿰뚫어 볼 수 있는 뛰어난 관찰력을 비유적으로 이르는 말.
> **一騎當千(일기당천)** '혼자서 말 타고 천 명을 당함'으로, 매우 힘이 셈 또는 무예(武藝)가 매우 뛰어남을 이르는 말.

+ 里(마을 리, 거리 리), 眼(눈 안), 騎(말 탈 기), 當(마땅할 당, 당할 당), 武(군사 무, 무기 무), 藝(재주 예, 기술 예)

## 于

3급 / 총 3획 / 二

**입술(二)에서 입김이 나오도록( ) ) 말하는 어조사니 어조사 우**

+ 二('둘 이'지만 여기서는 입술의 모양으로 봄), 어조사(語助辭) – '말을 도와주는 말'로, 뜻 없이 다른 말의 기운만 도와주는 말.
+ 語(말씀 어), 助(도울 조), 辭(말씀 사, 글 사, 물러날 사)

> **于今(우금)** 지금에 이르기까지. '지금까지'로 순화.
> **于先(우선)** (무엇을 하기 전에) 먼저.

+ 今(이제 금, 오늘 금), 先(먼저 선)

---

## 干

4급 / 총 3획 / 干

**손잡이 있는 방패를 본떠서 방패 간**

**또 방패로 무엇을 범하면 얼마간 정도 마르니 범할 간, 얼마 간, 마를 간**

> **干戈(간과)** '방패와 창'으로, 병기(兵器)를 통틀어 이르는 말.
> **干涉(간섭)** '범하여 미침'으로, 남의 일에 참견함을 이르는 말.
> **若干(약간)** 조금. 얼마쯤.
> **干潮(간조)** '마른 조수'로, 바다에서 조수가 빠져나가 해수면이 가장 낮아진 상태.

+ 戈(창 과), 兵(군사 병), 器(그릇 기, 기구 기), 涉(건널 섭), 若(만약 약, 같을 약, 반야 야), 潮(조수 조)

---

## 午

7급 / 총 4획 / 十

**방패 간(干) 위에 삐침 별( ) )을 그어서**

**(전쟁터에서 말이 아주 중요한 동물임을 나타내어) 말 오**

**또 말은 일곱째 지지니 일곱째 지지 오**

**또 일곱째 지지는 시간으로 낮이니 낮 오**

+ 12지지인 '자축인묘진사오미신유술해'의 처음인 자시(子時)는 밤 11시부터 새벽 1시까지 니, 두 시간씩 일곱째는 낮 11시부터 오후 1시까지로 오시(午時)지요.

> **正午(정오)** '바른 오시'로, 오시의 한 중앙인 12시.
> **午後(오후)** '오시 후'로, 오시의 한 중앙인 낮 12시 이후.

+ 正(바를 정), 後(뒤 후, 늦을 후)

---

## 牛

5급 / 총 4획 / 牛

**뿔 있는 소를 본떠서 소 우**

> **牛乳(우유)** 소에서 짜낸 젖.
> **牛馬車(우마차)** 소나 말이 끄는 수레.

+ 乳(젖 유), 馬(말 마), 車(수레 거, 차 차)

3급II / 총 6획 / 水(氵)

물(氵)이 (체온을 지키려고) **방패(干)** 역할을 하는 땀이니 **땀 한**

+ 우리 몸은 추우면 움츠리고 더우면 땀을 내 자동으로 체온을 조절하는 기능이 있답니다.

**發汗(발한)** (한방에서, 병을 다스리기 위하여) 땀을 내는 일.
**不汗黨(불한당)** (나쁜 일을 하고도) 땀도 나지 않는(파렴치한) 무리.

+ 發(쏠 발, 일어날 발), 不(아닐 불·부), 黨(무리 당)

3급 / 총 10획 / 車

**수레(車)** 위를 **방패(干)**처럼 덮어 처마가 있게 만든 수레나 집이니
**처마 헌, 수레 헌, 집 헌**

+ 車(수레 거, 차 차) – 제목번호 276 참고

**軒燈(헌등)** 처마에 다는 등.

+ 燈(등불 등)

3급II / 총 7획 / 肉(月)

**몸(月)**에서 **방패(干)** 구실을 하는 간이니 **간 간**

+ 月(달 월, 육 달 월), 간은 몸의 화학 공장으로 몸에 필요한 여러 효소를 만들고, 몸에 들어온 독을 풀어 주는 역할을 한다고 하지요. 영어로도 간(肝)을 liver, 즉 생명을 주는 것이라고 합니다.

**肝炎(간염)** 간에 생긴 염증.
**肝腸(간장)** 간과 창자.

+ 炎(불꽃 염, 더울 염, 염증 염), 腸(창자 장)

3급II / 총 5획 / 刀(刂)

(옛날에는) **방패(干)** 같은 널빤지에 **칼(刂)**로 글자를 새겨 책을 펴냈으니
**책 펴낼 간**

+ 刂(칼 도 방), 활자가 없던 시대에는 널빤지에 칼로 글자를 새겨 책을 펴냈답니다.

**刊行(간행)** 인쇄하여 펴냄.
**創刊(창간)** (신문·잡지 등을) 처음 펴냄.

+ 行(다닐 행, 행할 행, 항렬 항), 創(비롯할 창, 시작할 창)

**旱**

3급 / 총 7획 / 日

해(日)를 **방패(干)**로 막아야 할 정도로 가무니 **가물 한**

+ 日(해 일, 날 일)

**旱害(한해)** 가뭄으로 인한 피해.
**大旱(대한)** 큰 가뭄.

+ 害(해칠 해, 방해할 해), 大(큰 대)

---

**岸**

3급Ⅱ / 총 8획 / 山

산(山)의 바위(厂)가 **방패(干)**처럼 깎인 언덕이니 **언덕 안**

+ 山(산 산), 厂(굴 바위 엄, 언덕 엄)

**沿岸(연안)** '물 따라 있는 언덕'으로, 강이나 바닷가의 일대를 말함.
**海岸線(해안선)** 바닷가 언덕의 길게 뻗은 선.

+ 沿(물 따라갈 연, 따를 연), 海(바다 해), 線(줄 선)

---

**南**

8급 / 총 9획 / 十

많은(十) 성(冂)마다 양쪽('')으로 열리는 **방패(干)** 같은 문이 있는 남쪽이니 **남쪽 남, 성씨 남**

+ 冂(멀 경, 성 경) − 제목번호 244 참고
+ 대부분의 성은 남쪽을 향하여 짓고 남쪽에 방패처럼 넓은 문이 있지요.

**南半球(남반구)** 적도를 경계로 지구를 반으로 나누었을 때의 남쪽 부분.
**南向(남향)** 남쪽을 향함. 또는 그 방향.

+ 半(반 반), 球(둥글 구, 공 구), 向(향할 향, 나아갈 향)

---

**盾**

2급 / 총 9획 / 目

**방패(干)**를 보완하여(丿) 눈(目)까지 보호하게 만든 방패니 **방패 순**

+ 目(눈 목, 볼 목, 항목 목)
+ 방패 순(盾)은 방패 간(干)을 더 좋게 개량한 것으로 구분하세요.

---

**循**

3급 / 총 12획 / 彳

조금씩 거닐며(彳) **방패(盾)** 들고 돌거나 좇으니 **돌 순, 좇을 순**

+ 彳(조금 걸을 척)

**循環(순환)** '고리처럼 돎'으로, 일련의 변화 과정을 되풀이함.
**循次(순차)** 차례를 좇음.
+ 順次(순차) 돌아오는 차례.

+ 環(고리 환), 次(버금 차, 차례 차, 번 차), 順(순할 순)

7급 / 총 5획 / 干

### 방패(干)의 나누어진(八) 면처럼 평평하니 **평평할 평**
또 평평하듯 아무 일 없는 평화니 **평화 평**

+ 八(여덟 팔, 나눌 팔)

**平等(평등)** '평평하고 같음'으로, 차별 없이 고르고 한결같음.
**平和(평화)** 평온하고 화목함.

+ 等(같을 등, 무리 등, 차례 등), 和(화목할 화, 화할 화)

---

4급 / 총 12획 / 言

### 말(言)로 공평하게(平) 평하니 **평할 평**

+ 言(말씀 언), 평(評)하다 – 좋고 나쁨이나 잘되고 못됨, 옳고 그름 따위를 분석하여 논하는 일.

**評價(평가)** ① 물건 값을 헤아려 매김. 또는 그 값. ② 사물의 가치나 수준 따위를 평함. 또는 그 가치나 수준.
**品評(품평)** 물건이나 작품의 좋고 나쁨을 평함.

+ 價(값 가, 가치 가), 品(물건 품, 등급 품, 품위 품)

---

3급 / 총 5획 / 丿

### (평평하지 않도록) 평평할 평(平) 위에 변화를 주어서 **어조사 호**

**斷乎(단호)** 끊을 것은 끊고 결심한 것은 과단성 있게 처리하는 모양.
**不亦說乎(불역열호)** 또한 기쁘지 않으리오?

+ 斷(끊을 단, 결단할 단), 亦(또 역), 說(달랠 세, 말씀 설, 기쁠 열)

---

4급II / 총 8획 / 口

### 입(口)으로 호(乎)하고 입김이 나도록 부르니 **부를 호**

+ 口(입 구, 말할 구, 구멍 구)

**呼名(호명)** 이름을 부름.
**呼出(호출)** ① 불러냄. ② 소환.
**歡呼聲(환호성)** 기뻐서 부르짖는 소리.

+ 名(이름 명, 이름날 명), 出(날 출, 나갈 출), 歡(기뻐할 환), 聲(소리 성)

# 許

5급 / 총 11획 / 言

남의 **말(言)**을 듣고 밝은 **낮(午)**처럼 명백하게 허락하니 **허락할 허, 성씨 허**

+ 言(말씀 언)

**許諾(허락)** (청하고 바라는) 바를 들어줌.
**許可(허가)** (금지, 제한되어 있는 것을) 할 수 있도록 허락함.

+ 諾(허락할 락·낙), 可(옳을 가, 가히 가, 허락할 가)

---

# 年

8급 / 총 6획 / 干

**낮(午)**이 숨은(乀) 듯 가고오고 하여 해가 바뀌고 먹는 나이니 **해 년, 나이 년**

+ 乀[감출 혜, 덮을 혜(乚, 匚)의 변형]

**送年(송년)** 해를 보냄.
**芳年(방년)** (20세 전후 여자의) 꽃다운 나이.

+ 送(보낼 송), 芳(꽃다울 방)

# 先

8급 / 총 6획 / 人(儿)

(소를 몰 때) **소(土)**는 **사람(儿)** 앞에 먼저 가니 **먼저 선**

+ 土[소 우(牛)의 변형], 儿(사람 인 발, 어진사람 인), 소를 몰 때는 소를 앞에 세우지요.

**先輩(선배)** (같은 분야에서 지위, 학력 등이 자기보다) 앞선 사람.
**先拂(선불)** 돈을 미리 지불함.

+ 輩(무리 배), 拂(떨칠 불)

---

# 洗

5급 / 총 9획 / 水(氵)

**물(氵)**로 **먼저(先)** 씻으니 **씻을 세**

+ 氵(삼 수 변)

**洗練(세련)** '씻고 익힘'으로, 익숙하여 어색한 데가 없음.
**洗禮(세례)** '씻는 예'로, 죄악을 씻는 표시로 행하는 의식.

+ 練(익힐 련), 禮(예도 례)

---

# 贊

3급Ⅱ / 총 19획 / 貝

**먼저(先) 먼저(先) 재물(貝)**로 돕고 찬성하니 **도울 찬, 찬성할 찬**

+ 貝(조개 패, 재물 패, 돈 패) – 제목번호 358 참고

**協贊(협찬)** 찬성하여 도움.
**贊成(찬성)** 옳다고 동의함.

+ 協(도울 협), 成(이룰 성)

## 讚

4급 / 총 26획 / 言

**말(言)로 도우며(贊) 칭찬하고 기리니 칭찬할 찬, 기릴 찬**

+ 言(말씀 언)

**稱讚(칭찬)** 잘 한다고 추어주거나 좋은 점을 들어 기림.
**讚揚(찬양)** (훌륭함을) 기리어 날림(드러냄).

+ 稱(일컬을 칭), 揚(날릴 양, 높일 양)

---

## 告

5급 / 총 7획 / 口

**소(牛)고기를 차려 놓고 입(口)으로 알리거나 뵙고 청하니 알릴 고, 뵙고 청할 곡**

+ 牛[소 우(牛)의 변형], 口(입 구, 말할 구, 구멍 구)

**告白(고백)** '알려 말함'으로, 숨김없이 사실대로 말함.
**出必告(출필곡)** 나갈 때는 반드시 뵙고 청함(아룀).

+ 白(흰 백, 밝을 백, 깨끗할 백, 아뢸 백), 出(날 출, 나갈 출), 必(반드시 필)

---

## 浩

3급Ⅱ / 총 10획 / 水(氵)

**물(氵)이 알리듯이(告) 소리 내며 크고 넓게 흐르니 클 호, 넓을 호**

+ 氵(삼 수 변)

**浩然(호연)** 마음이 크고 넓음.
**浩蕩(호탕)** '넓고 큼'으로, 성격이 시원시원하고 활달함.

+ 然('그러할 연'으로 형용사 뒤에서는 뜻 없이 형용사의 뜻만 강조함), 蕩(방탕할 탕, 쓸어버릴 탕, 넓고 클 탕)

---

## 造

4급Ⅱ / 총 11획 / 辵(辶)

**계획을 알리고(告) 가서(辶) 지으니 지을 조**

+ 辶(뛸 착, 갈 착)

**造作(조작)** 지어서 만듦.
**創造(창조)** (없던 물건을) 처음으로 만듦.

+ 作(지을 작), 創(비롯할 창, 시작할 창)

총 3획 / 부수자

지붕으로 덮여 있는 집을 본떠서 **집 면**

+ 유 宀 – 보자기로 덮은 모양을 본떠서 '덮을 멱'

**DAY**

**02**

3급II / 총 6획 / 宀

**지붕(宀)과 들보와 기둥(于)이 있는 집을 본떠서 집 우**
또 집처럼 만물이 살아가는 우주니 **우주 우**

+ 于('어조사 우'지만 여기서는 들보와 기둥의 모양으로 봄), 들보 – 기둥과 기둥 사이를 잇는 나무.

> **宇宙(우주)** 온 세계를 둘러싸고 있는 공간.
> **宇內(우내)** 천하(天下 - 하늘 아래 온 세상).

+ 內(안 내, 나인 나), 天(하늘 천), 下(아래 하, 내릴 하)

3급II / 총 8획 / 宀

**지붕(宀)부터 말미암아(由) 지어진 집이니 집 주**
또 집처럼 여러 공간을 가진 하늘도 뜻하여 **하늘 주**

+ 由(까닭 유, 말미암을 유) – 제목번호 051 참고

> **宇宙船(우주선)** 우주 공간을 비행하기 위한 비행 물체.
> **宇宙基地(우주기지)** 우주선이나 인공위성을 발사하는 기지.

+ 船(배 선), 基(터 기, 기초 기), 地(땅 지, 처지 지)

4급II / 총 10획 / 宀

**집(宀) 여러 칸이 등뼈(呂)처럼 이어진 집이나 궁궐이니 집 궁, 궁궐 궁**

+ 呂 – 등뼈가 서로 이어진 모양을 본떠서 '등뼈 려' – 2급
+ 천자가 거처하는 황궁은 9,999칸, 임금이 거처하는 궁궐은 999칸, 대부의 집은 99칸까지 지었답니다.

> **宮闕(궁궐)** 임금이 거처하는 집. 대궐.
> **宮殿(궁전)** 임금이나 왕족이 사는 큰 집.

+ 闕(대궐 궐), 殿(대궐 전, 큰 집 전)

7급 / 총 6획 / 子

**집(宀)에서 자식(子)이 배우고 익히는 글자니 글자 자**

+ 子(아들 자, 첫째 지지 자, 자네 자, 접미사 자) – 제목번호 145 참고

> **字源(자원)** 글자가 만들어진 근원.
> **十字架(십자가)** (기독교도를 상징하는) 十자 모양으로 꾸민 것.

+ 源(근원 원), 架(시렁 가, 꾸밀 가)

**穴**

3급II / 총 5획 / 穴

(오래된) 집(宀)에 나누어진(八) 구멍이니 **구멍 혈**
또 구멍이 길게 파인 굴이니 **굴 혈**

+ 八(나눌 팔, 여덟 팔)

**穴見(혈견)** 구멍처럼 좁은 의견.
**穴居(혈거)** 동굴 속에서 삶.

+ 見(볼 견, 뵐 현), 居(살 거)

---

**究**

4급II / 총 7획 / 穴

(보이지 않는) 굴(穴)의 많은(九) 부분까지 들어가 찾으며 연구하니 **연구할 구**

+ 九(아홉 구, 클 구, 많을 구)

**硏究(연구)** (어떤 일이나 사물에 대하여) 깊이 있게 조사하고 생각하여 진리를 따져 보는 일.
**探究(탐구)** 찾고 연구함.

+ 硏(갈 연, 연구할 연), 探(찾을 탐)

---

**空**

7급 / 총 8획 / 穴

굴(穴)처럼 만들어(工) 속이 비니 **빌 공**
또 크게 빈 공간은 하늘이니 **하늘 공**

+ 工(장인 공, 만들 공, 연장 공) - 제목번호 296 참고

**空白(공백)** (아무 것도 없이) 비어 깨끗함.
**蒼空(창공)** 푸른 하늘.

+ 白(흰 백, 밝을 백, 깨끗할 백, 아뢸 백), 蒼(푸를 창)

---

**窓**

6급 / 총 11획 / 穴

구멍(穴)처럼 사사로운(厶) 마음(心)으로 벽에 뚫어 만든 창문이니
**창문 창**

+ 厶(사사로울 사, 나 사) - 제목번호 215 참고

**窓門(창문)** 벽이나 지붕에 낸 작은 문.
**窓口(창구)** '창구멍'으로, ① 조그마하게 낸 창. ② 손님을 응대하거나, 문서 · 물품 · 금전의 출납 따위를 담당하는 부서.

+ 門(문 문), 口(입 구, 말할 구, 구멍 구)

---

**突**

3급II / 총 9획 / 穴

구멍(穴)에서 개(犬)가 갑자기 튀어나와 부딪치니 **갑자기 돌, 부딪칠 돌**
또 집에서 갑자기 내민 굴뚝이니 **내밀 돌, 굴뚝 돌**

+ 犬(개 견) - 제목번호 108 참고

**突發(돌발)** 갑자기 (일이) 일어남.
**衝突(충돌)** 서로 마주 부딪침. 다툼.

+ 發(쏠 발, 일어날 발), 衝(부딪칠 충, 찌를 충)

DAY
02

## 心

7급 / 총 4획 / 心

(마음이 가슴에 있다고 생각하여) 심장을 본떠서 **마음 심**
또 심장이 있는 몸의 중심이니 **중심 심**

+ 心이 글자의 왼쪽에 붙는 부수인 변으로 쓰일 때는 '마음 심 변(忄)', 글자의 아래에 붙는 발로 쓰일 때는 '마음 심 발(忄)'이고, 心 그대로 발로 쓰일 때도 있습니다.

**心身(심신)** 마음과 몸.
**都心(도심)** 도시의 중심부.

+ 身(몸 신), 都(도읍 도, 모두 도, 성씨 도)

## 必

5급 / 총 5획 / 心

**하나(丿)**에만 매달리는 **마음(心)**으로 반드시 이루니 **반드시 필**

+ 丿('삐침 별'이지만 여기서는 하나로 봄)

**必勝(필승)** 반드시 이김.
**生必品(생필품)** 살아가는 데 반드시 필요한 물건.

+ 勝(이길 승, 나을 승), 生(날 생, 살 생, 사람을 부를 때 붙이는 접사 생), 品(물건 품, 등급 품, 품위 품)

## 祕

4급 / 총 10획 / 示

**신(示)**처럼 **반드시(必)** 모습을 숨겨서 신비로우니 **숨길 비, 신비로울 비**

+ 俗 秘 - 옛날 곡식이 귀하던 시절에 벼(禾)는 반드시(必) 숨겨야 한다는 데서 '숨길 비' 또 드러내지 않고 숨긴 듯 신비로우니 '신비로울 비' - 특급 Ⅱ
+ 示(보일 시, 신 시), 禾(벼 화)

**祕密(비밀)** 숨겨 남에게 공개하지 아니하는 일.
**神祕(신비)** (사람의 지혜로는 도저히 이해할 수 없는) 신묘한 비밀.

+ 神(귀신 신, 신비할 신)

## 密

4급Ⅱ / 총 11획 / 宀

**집(宀)**을 **반드시(必) 산(山)**에 짓고 산다면 빽빽할 정도로 많은 비밀이 있으니 **빽빽할 밀, 비밀 밀**

+ 宀(집 면), 山(산 산)

**密林(밀림)** (나무가) 빽빽한 숲. 정글.
**密輸(밀수)** (법을 어기고) 비밀히 하는 수입이나 수출.

+ 林(수풀 림), 輸(보낼 수, 나를 수)

## 蜜

3급Ⅱ / 총 14획 / 虫

**집(宀)**에 **반드시(必) 벌레(虫)** 중 벌이 저장하고 있는 꿀이니 **꿀 밀**

+ 虫(벌레 충) - 제목번호 337 참고

**蜜語(밀어)** 달콤한 말. 남녀 간의 정담.
**口蜜腹劍(구밀복검)** '입에는 꿀, 배에는 칼'로, 말로는 친한 듯 하지만 속으로는 해칠 생각이 있음을 이르는 말.

+ 語(말씀 어), 腹(배 복), 劍(칼 검)

7급 / 총 3획 / 口

말하는 입이나 구멍을 본떠서 **입 구, 말할 구, 구멍 구**

**口味(구미)** 입맛.
**出入口(출입구)** 나가고 들어오는 구멍.

+味(맛 미), 出(날 출, 나갈 출), 入(들 입)

5급 / 총 9획 / 口

여러 사람이 **말하여(品)** 정한 물건의 등급과 품위니
**물건 품, 등급 품, 품위 품**

+口(입 구, 말할 구, 구멍 구)

**品目(품목)** 물건의 이름을 적은 목록.
**上品(상품)** 높은 등급.
**品位(품위)** 사람이나 물건이 지닌 좋은 인상.

+目(눈 목, 볼 목, 항목 목), 上(위 상, 오를 상), 位(자리 위, 위치 위)

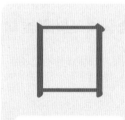

총 3획 / 부수자

사방을 에워싼 **에운담(□)** 모양에서 **에운담**
또 **나라 국(國)**의 약자

+에우다 - 사방을 빙 둘러싸다.
+나라 국(國)의 약자는 国인데 □으로도 씁니다. 그러나 정식 약자는 国이니 시험에서는
　国으로 답하세요. - 제목번호 306 참고

4급 II / 총 6획 / □

축을 중심으로 돌아가는 모양에서 **돌 회**
또 돌면서 돌아오는 횟수니 **돌아올 회, 횟수 회**

**回轉(회전)** 빙빙 돎.
**回答(회답)** (물음에) 돌아온 답.
**一回(일회)** 한 번.

+轉(구를 전), 答(대답할 답, 갚을 답)

# 구조로 한자 되짚어 보기

## 021 단선탄전[單禪彈戰] - 單으로 된 한자

입 구, 말할 구, 구멍 구 둘[口口] 아래에 밭 전[田]과 열 십, 많을 십[十]이면 홀 단[單],
**홀 단[單]** 앞에 보일 시, 신 시[示]면 고요할 선[禪], 활 궁[弓]이면 튕길 탄, 탄알 탄[彈],
뒤에 창 과[戈]면 싸울 전, 무서워 떨 전[戰]

## 022 4고 호호[古姑枯固 胡湖] - 古, 胡로 된 한자

열 십, 많을 십[十] 아래에 입 구, 말할 구, 구멍 구[口]면 오랠 고, 옛 고[古],
**오랠 고, 옛 고[古]** 앞에 여자 녀[女]면 시어미 고, 할미 고, 잠깐 고[姑], 나무 목[木]이면 마를 고, 죽을 고[枯], 둘레에 에운담[口]
이면 굳을 고, 진실로 고[固], 뒤에 달 월, 육 달 월[月]이면 오랑캐 호[胡], **오랑캐 호[胡]** 앞에 삼 수 변[氵]이면 호수 호[湖]

## 023 직식치[直植値] - 直으로 된 한자

열 십, 많을 십[十] 아래에 눈 목, 볼 목, 항목 목[目]과 감출 혜, 덮을 혜[乚]면 곧을 직, 바를 직[直], **곧을 직, 바를 직[直]** 앞에 나
무 목[木]이면 심을 식[植], 사람 인 변[亻]이면 값 치[値]

## 024 덕덕 청청[悳德 聽廳] - 悳, 聽으로 된 한자

곧을 직, 바를 직[直] 아래에 마음 심, 중심 심[心]이면 덕 덕[悳],
**덕 덕[悳]의 변형[惪]** 앞에 조금 걸을 척[彳]이면 덕 덕, 클 덕[德], 귀 이[耳]와 임금 왕, 으뜸 왕, 구슬 옥 변[王]이면 들을 청[聽],
**들을 청[聽]** 위에 집 엄[广]이면 관청 청[廳]

## 025 자식취 비변[自息臭 鼻邊] - 自로 된 한자

삐침 별[丿] 아래에 눈 목, 볼 목, 항목 목[目]이면 자기 자, 스스로 자, 부터 자[自],
**자기 자, 스스로 자, 부터 자[自]** 아래에 마음 심, 중심 심[心]이면 쉴 식, 숨 쉴 식, 자식 식[息], 개 견[犬]이면 냄새 취[臭], 밭 전
[田]과 받쳐 들 공[廾]이면 코 비, 비롯할 비[鼻], 구멍 혈, 굴 혈[穴]과 모 방, 방향 방, 방법 방[方], 뛸 착, 갈 착[辶]이면 끝 변, 가
변[邊]

## 026 면전수 도도[面前首 道導] - 面, 前, 首와 道로 된 한자

머리[亠]와 이마[丿]와 눈코 있는 얼굴을 본떠서 얼굴 면, 향할 면, 볼 면, 행정 구역의 면[面], 머리털 세운 모양[䒑] 아래에 달 월,
육 달 월[月]과 칼 도 방[刂]이면 앞 전[前], 머리털 세운 모양[䒑] 아래에 이마[丿]와 눈[目]있는 머리를 본떠서 머리 수, 우두머리
수[首], **머리 수, 우두머리 수[首]** 아래에 뛸 착, 갈 착[辶]이면 길 도, 도리 도, 말할 도, 행정 구역의 도[道], **길 도, 도리 도, 말할
도, 행정 구역의 도[道]** 아래에 마디 촌, 법도 촌[寸]이면 인도할 도[導]

## 027 백백박박박[白伯拍泊迫] – 白으로 된 한자

삐침 별[丿] 아래에 해 일, 날 일[日]이면 흰 백, 밝을 백, 깨끗할 백, 아뢸 백, 성씨 백[白],

**흰 백, 밝을 백, 깨끗할 백, 아뢸 백, 성씨 백[白]** 앞에 사람 인 변[亻]이면 맏 백, 우두머리 백[伯], 손 수 변[扌]이면 칠 박[拍], 삼 수 변[氵]이면 배댈 박, 묵을 박, 산뜻할 박[泊],

아래에 뛸 착, 갈 착[辶]이면 닥칠 박[迫]

## 028 백황 백금면 숙(수)축[百皇 帛錦綿 宿縮] – 白, 帛, 宿으로 된 한자

**흰 백, 밝을 백, 깨끗할 백, 아뢸 백[白]** 위에 한 일[一]이면 일백 백, 많을 백[百], 아래에 임금 왕, 으뜸 왕, 구슬 옥 변[王]이면 황제 황[皇], 수건 건[巾]이면 비단 백, 폐백 백[帛],

**비단 백, 폐백 백[帛]** 앞에 쇠 금, 금 금, 돈 금, 성씨 김[金]이면 비단 금[錦], 실 사, 실 사 변[糸]이면 솜 면, 자세할 면, 이어질 면[綿],

집 면[宀] 아래에 사람 인 변[亻]과 일백 백, 많을 백[百]이면 잘 숙, 오랠 숙, 별 자리 수[宿], **잘 숙, 오랠 숙, 별 자리 수[宿]** 앞에 실 사, 실 사 변[糸]이면 줄어들 축[縮]

## 029 천선 원원원[泉線 原源願] – 泉, 原으로 된 한자

흰 백, 밝을 백, 깨끗할 백, 아뢸 백[白] 아래에 물 수[水]면 샘 천[泉],

**샘 천[泉]** 앞에 실 사, 실 사 변[糸]이면 줄 선[線], 샘 천[泉]의 변형[泉] 위에 굴 바위 엄, 언덕 엄[厂]이면 언덕 원, 근원 원[原],

**언덕 원, 근원 원[原]** 앞에 삼 수 변[氵]이면 근원 원[源], 뒤에 머리 혈[頁]이면 원할 원[願]

## 030 조초탁[早草卓] – 早로 된 한자

해 일, 날 일[日] 아래에 한 일[一]과 뚫을 곤[丨]이면 일찍 조[早],

**일찍 조[早]** 위에 초 두[艹]면 풀 초[草], 점 복[卜]이면 높을 탁, 뛰어날 탁, 탁자 탁, 성씨 탁[卓]

## 031 천우간 오우[千于干 午牛] – 千, 午와 비슷한 한자

열 십, 많을 십[十] 위에 삐침 별[丿]이면 **일천 천, 많을 천[千]**, 둘 이[二]에 갈고리 궐[亅]이면 어조사 우[于], 손잡이 있는 방패를 본떠서 방패 간, 범할 간, 얼마 간, 마를 간[干],

방패 간, 범할 간, 얼마 간, 마를 간[干] 위에 삐침 별[丿]이면 **말 오, 일곱째지지 오, 낮 오[午]**,

뿔 있는 소를 본떠서 소 우[牛]

## 032 한헌간간[汗軒肝刊] – 干으로 된 한자

**방패 간, 범할 간, 얼마 간, 마를 간[干]** 앞에 삼 수 변[氵]이면 땀 한[汗], 수레 거, 차 차[車]면 처마 헌, 수레 헌, 집 헌[軒], 달 월, 육 달 월[月]이면 간 간[肝], 뒤에 칼 도 방[刂]이면 책 펴낼 간[刊]

## 033 한안남 순순[旱岸南 盾循] – 干, 盾으로 된 한자

**방패 간, 범할 간, 얼마 간, 마를 간[干]** 위에 해 일, 날 일[日]이면 가물 한[旱], 산 산[山]과 굴 바위 엄, 언덕 엄[厂]이면 언덕 안[岸], 열 십, 많을 십[十]과 멀 경, 성 경[冂], 여덟 팔, 나눌 팔[八]이면 남쪽 남[南],

앞에 삐침 별[丿], 아래에 눈 목, 볼 목, 항목 목[目]이면 방패 순[盾], **방패 순[盾]** 앞에 조금 걸을 척[彳]이면 돌 순, 좇을 순[循]

## 034 평평 호호[平評 乎呼] – 平, 乎로 된 한자

방패 간, 범할 간, 얼마 간, 마를 간[干] 중간에 여덟 팔, 나눌 팔[八]이면 평평할 평, 평화 평[平], **평평할 평, 평화 평[平]** 앞에 말씀 언[言]이면 평할 평[評],
평평할 평, 평화 평[平]의 위에 변화를 주어서 어조사 호[乎], **어조사 호[乎]** 앞에 입 구, 말할 구, 구멍 구[口]면 부를 호[呼]

## 035 허년[許年] – 午로 된 한자

말 오, 일곱째 지지 오, 낮 오[午] 앞에 말씀 언[言]이면 허락할 허[許], 중간에 감출 혜, 덮을 혜[ㄴ]의 변형[ㄥ] 이면 해 년, 나이 년[年]

## 036 선세 찬찬 고(곡)호조[先洗 贊讚 告浩造] – 先, 贊, 告로 된 한자

소 우[牛]의 변형[𠂉] 아래에 사람 인 발, 어진사람 인[儿]이면 먼저 선[先], **먼저 선[先]** 앞에 삼 수 변[氵]이면 씻을 세[洗],
먼저 선 둘[先先] 아래에 조개 패, 재물 패, 돈 패[貝]면 도울 찬, 찬성할 찬[贊], **도울 찬, 찬성할 찬[贊]** 앞에 말씀 언[言]이면 칭찬할 찬, 기릴 찬[讚],
소 우[牛]의 변형[𠂉] 아래에 입 구, 말할 구, 구멍 구[口]면 알릴 고, 뵙고 청할 곡[告],
**알릴 고, 뵙고 청할 곡[告]** 앞에 삼 수 변[氵]이면 클 호, 넓을 호[浩],
아래에 뛸 착, 갈 착[辶]이면 지을 조[造]

## 037 면우주궁자[宀宇宙宮字] – 宀으로 된 한자

지붕으로 덮여 있는 집을 본떠서 집 면[宀],
**집 면[宀]** 아래에 어조사 우[于]면 집 우, 우주 우[宇], 까닭 유, 말미암을 유[由]면 집 주, 하늘 주[宙], 등뼈 려, 음률 려[呂]면 궁궐 궁[宮], 아들 자, 첫째 지지 자, 자네 자, 접미사 자[子]면 글자 자[字]

## 038 혈구공창돌[穴究空窓突] – 穴로 된 한자

집 면[宀] 아래에 여덟 팔, 나눌 팔[八]이면 구멍 혈, 굴 혈[穴],
**구멍 혈, 굴 혈[穴]** 아래에 아홉 구, 클 구, 많을 구[九]면 연구할 구[究], 장인 공, 만들 공, 연장 공[工]이면 빌 공, 하늘 공[空], 사사로울 사, 나 사[厶]와 마음 심, 중심 심[心]이면 **창문 창[窓]**, 개 견[犬]이면 갑자기 돌, 부딪칠 돌, 내밀 돌, 굴뚝 돌[突]

## 039 심 필비 밀밀[心 必秘 密蜜] – 心과 必, 宓로 된 한자

마음이 가슴에 있다고 생각하여 심장을 본떠서 마음 심[心], 또 심장이 있는 몸의 중심이니 중심 심[心], **마음 심, 중심 심[心]**에 삐침 별[丿]이면 반드시 필[必],
**반드시 필[必]** 앞에 보일 시, 신 시[示]면 숨길 비, 신비로울 비[秘], **집 면[宀]과 반드시 필[必]** 아래에 산 산[山]이면 **빽빽할 밀, 비밀 밀[密]**, 벌레 충[虫]이면 꿀 밀[蜜]

## 040 구품 국회[口品 囗回] – 口, 囗으로 된 한자

말하는 입이나 구멍을 본떠서 입 구, 말할 구, 구멍 구[口], **입 구, 말할 구, 구멍 구[口]** 셋이면 물건 품, 등급 품, 품위 품[品],
사방을 에운 모양에서 에운담[囗], 나라 국[國]의 약자[囗], **에운담[囗]** 안에 입 구, 말할 구, 구멍 구[口]면 돌 회, 돌아올 회, 횟수 회[回]

# 확인문제

**01~04** 다음 漢字의 훈(뜻)과 음(소리)를 쓰시오.

01. 蜜 (              )            02. 乎 (              )

03. 岸 (              )            04. 錦 (              )


**05~08** 다음 훈음에 맞는 漢字를 쓰시오.

05. 일백 백 (              )        06. 얼굴 면 (              )

07. 코 비 (              )          08. 덕 덕 (              )


**09~12** 다음 漢字語의 讀音을 쓰시오.

09. 坐禪 (              )           10. 姑婦 (              )

11. 價値 (              )           12. 體臭 (              )


**13~14** 다음 문장에서 밑줄 친 낱말을 漢字로 쓰시오.

13. 나는 정직한 사람이다. (              )

14. 나는 사랑을 고백했다. (              )


**15~16** 다음 문장에서 漢字로 표기된 낱말의 讀音을 쓰시오.

15. 배가 항구에 碇泊했다. (              )

16. 이 책은 한국에서 刊行되었다. (              )


**17~18** 다음 뜻풀이에 맞는 낱말을 漢字로 쓰시오.

17. 평온하고 화목함. (              )

18. 이름을 부름. (              )


**19~20** 다음 漢字語의 뜻을 쓰시오.

19. 造作 (              )

20. 探究 (              )


**정답**

| | | | | |
|---|---|---|---|---|
| 01. 꿀 밀 | 05. 百 | 09. 좌선 | 13. 正直 | 17. 平和 |
| 02. 어조사 호 | 06. 面 | 10. 고부 | 14. 告白 | 18. 呼名 |
| 03. 언덕 안 | 07. 鼻 | 11. 가치 | 15. 정박 | 19. 지어서 만듦. |
| 04. 비단 금 | 08. 德 | 12. 체취 | 16. 간행 | 20. 찾고 연구함. |

| 041 | 곤 수온 인인은[困 囚溫 因姻恩] – 困과 囚, 因으로 된 한자 |

4급 / 총 7획 / 口

### 에워싸인(口) 나무(木)처럼 곤하니 곤할 곤

+ 木(나무 목), 곤(困)하다 – 기운이 없이 나른하다.

> **貧困(빈곤)** 가난해서 살림이 곤란함.
> **困境(곤경)** 곤란한 지경(경우).

+ 貧(가난할 빈), 境(지경 경, 형편 경)

3급 / 총 5획 / 口

### 에워싸여(口) 갇힌 사람(人)은 죄인이니 죄인 수

+ 人(사람 인)

> **罪囚(죄수)** 허물이 있어 감옥에 갇힌 사람.
> **死刑囚(사형수)** 사형선고를 받은 죄인.

+ 罪(죄지을 죄, 허물 죄), 死(죽을 사), 刑(형벌 형)

6급 / 총 13획 / 水(氵)

### 물(氵)을 죄인(囚)에게도 그릇(皿)으로 떠 주는 마음이 따뜻하니 따뜻할 온
또 따뜻하도록 여러 번 반복하여 익히니 익힐 온, 성씨 온

+ 약 温 – 물(氵)이 해(日)가 비친 그릇(皿)에 있으면 따뜻하니 '따뜻할 온'
또 따뜻하도록 여러 번 반복하여 익히니 '익힐 온, 성씨 온'
+ 氵(삼 수 변), 皿(그릇 명)
+ 여러 번 문지르면 따뜻해지듯이 반복하여 익힌다는 데서 '익힐 온'입니다.

> **溫情(온정)** 따뜻한 인정. ↔ 냉정(冷情)
> **溫故知新(온고지신)** 옛것을 익히고 그것을 미루어 새것을 앎.

+ 情(뜻 정, 정 정), 冷(찰 랭), 故(연고 고, 옛 고), 知(알 지), 新(새로울 신)

5급 / 총 6획 / 口

### 에워싼(口) 큰(大) 울타리에 말미암아 의지하니
말미암을 인, 의지할 인

+ 大(큰 대), 사회가 안정되지 않았던 옛날에는 크고 튼튼한 울타리에 많이 의지하였겠지요.

> **因緣(인연)** 말미암아 알게 되는 기회.
> **原因(원인)** 일이 말미암아 일어나는 근본.

+ 緣(인연 연), 原(언덕 원, 근원 원)

# 姻

3급 / 총 9획 / 女

## 여자(女)가 의지할(因) 남자에게 시집가니 **시집갈 인**

+ 女(여자 녀)

**姻戚(인척)** 외가와 처가에 딸린 겨레붙이.
**婚姻(혼인)** 장가들고 시집가는 일.

+ 戚(겨레 척), 婚(결혼할 혼), 겨레붙이 – 같은 핏줄을 이어받은 사람.

---

# 恩

4급II / 총 10획 / 心

## 의지하도록(因) 마음(心) 써 주는 은혜니 **은혜 은**

+ 心(마음 심, 중심 심)

**恩惠(은혜)** 베풀어 주는 혜택.
**恩人(은인)** 은혜를 베푼 사람.

+ 惠(은혜 혜), 人(사람 인)

---

## 042    아악(오)[亞惡] – 亞로 된 한자

# 亞

3급II / 총 8획 / 二

## (신체적 능력이 보통사람보다 부족한) 두 곱사등이를 본떠서 **버금 아, 다음 아**

+ 약 亜 – 버금 아, 다음 아(亞)를 쉽게 써서 '버금 아, 다음 아'
+ '버금'은 으뜸의 바로 아래로, '다음, 두 번째(the second in order)'의 뜻입니다.

**亞流(아류)** '두 번째 흐름'으로, 독창성 없이 뛰어난 작가의 작품을 모방만 하는 것. 또는 그런 사람.
**亞熱帶(아열대)** '열대 다음 지대'로, 열대와 온대의 중간 지대.

+ 流(흐를 류, 번져나갈 류), 熱(더울 열), 帶(찰 대, 띠 대)

---

# 惡

5급 / 총 12획 / 心

## (최선이 아닌) 다음(亞)을 생각하는 마음(心)이 악하니 **악할 악**
## 또 악은 모두 미워하니 **미워할 오**

+ 약 悪
+ 무슨 나쁜 짓을 하는 것만이 악이 아니라 최선을 다하지 않고 '이것이 안 되면 다음 것 하지.'식으로 다음을 생각하는 마음이 제일 큰 악이지요.

**惡用(악용)** 잘못 씀. 나쁜 일에 씀. ↔ 선용(善用)
**憎惡(증오)** 몹시 미워함.

+ 한자는 글자마다 뜻이 있어 조사나 어미의 첨가 없이 홀로 쓸 수 있으니 얼마든지 글자를 바꾸어 필요한 말을 만들어 쓸 수 있습니다. 위에 나온 악용(惡用)도 글자를 바꾸어 잘 쓰면 선용(善用), 잘못 쓰면 오용(誤用), 쓸모 있으면 유용(有用), 쓸모가 없으면 무용(無用)이 되네요.
+ 用(쓸 용), 善(착할 선, 좋을 선, 잘할 선), 憎(미워할 증), 誤(그르칠 오), 有(가질 유, 있을 유), 無(없을 무)

**亶**

특급 II / 총 13획 / 亠

머리(亠) 돌려(回) 아침(旦)부터 열중하는 많은 믿음이니
**많을 단, 믿음 단**

+ 亠(머리 부분 두), 回(돌 회, 돌아올 회, 횟수 회), 旦(아침 단) – 제목번호 009 참고

---

**壇**

5급 / 총 16획 / 土

흙(土)을 많이(亶) 쌓아 만든 제단이나 단상이니 **제단 단, 단상 단**

+ 土(흙 토)

> **壇上(단상)** (교단·강단 등의) 단 위.
> **教壇(교단)** (교사나 교수가) 가르칠 때 올라서는 단상.

+ 上(위 상, 오를 상), 教(가르칠 교)

---

**檀**

4급 II / 총 17획 / 木

나무(木) 중 단단하여 많이(亶) 사용하는 박달나무니 **박달나무 단**

+ 단군 신화에서 환웅이 태백산(지금의 묘향산) 신단수(神檀樹) 아래로 내려오는데, 신단수(神檀樹)는 박달나무니 단군(檀君)에도 박달나무 단(檀)을 씁니다.

> **檀君(단군)** 우리 겨레의 시조로 받들어지는 임금. [기원전 2333년 아사달(阿斯達)에 도읍하여 고조선(古朝鮮)을 세워 약 2,000년 동안 나라를 다스렸다고 함]
> **檀紀(단기)** '단군기원'의 준말.

+ 君(임금 군, 남편 군, 그대 군), 紀(벼리 기, 질서 기, 해 기, 기록할 기)

**吳**

2급 / 총 7획 / 口

입(口) 벌리고 목 젖히며(乁) 큰(大)소리쳤던 오나라니
**큰소리칠 화, 오나라 오, 성씨 오**

+ 口(입 구, 말할 구, 구멍 구), 乁(목을 뒤로 젖힌 모양), 오(吳)나라 – 중국 춘추 시대의 나라.

---

**娛**

3급 / 총 10획 / 女

여자(女)들이 큰소리치며(吳) 즐거워하니 **즐거워할 오**

> **娛樂(오락)** (놀이·게임·노래·춤 등으로) 즐겁게 노는 일.
> **娛樂室(오락실)** 오락에 필요한 시설이 되어 있는 방.

+ 樂(노래 악, 즐길 락, 좋아할 요), 室(집 실, 방 실, 아내 실)

DAY
03

## 誤

4급 II / 총 14획 / 言

말(言)할 때 큰소리(吳)로 허풍떨며 자신을 그르치니 **그르칠 오**

+ 言(말씀 언)

**誤答(오답)** 잘못된 대답을 함. 또는 그런 대답.
**誤發(오발)** (총기를) 잘못 씀.

+ 答(대답할 답, 갚을 답), 發(쏠 발, 일어날 발)

---

**045** 소조조 구구[喿操燥 區驅] – 喿, 區로 된 한자

## 喿

급외자 / 총 13획 / 口

많은 입들(品)처럼 나무(木) 위에서 새 떼 지어 우니 **새 떼 지어 울 소**

+ 品('물건 품, 등급 품, 품위 품'이지만 여기서는 많은 입들의 모양으로 봄)

---

## 操

5급 / 총 16획 / 手(扌)

손(扌)으로 새 떼 지어 우는(喿) 것처럼 어지러운 일을 잡아 다루니
**잡을 조, 다룰 조**

+ 扌(손 수 변)

**操心(조심)** '마음을 잡음'으로, 잘못이나 실수가 없게 마음을 씀.
**操縱(조종)** '잡았다 놓았다 함'으로, 마음대로 다루어 부림.

+ 心(마음 심, 중심 심), 縱(세로 종, 놓을 종)

---

## 燥

3급 / 총 17획 / 火

불(火)에 새 떼 지어 우는 소리(喿)를 내며 타거나 마르니
**탈 조, 마를 조**

+ 火(불 화), 풀이나 나무가 마르거나 탈 때는 소리가 나지요.

**焦燥(초조)** '타고 탐'으로, 몹시 애를 태우는 모양.
**無味乾燥(무미건조)** '맛이 없고 마르고 탐'으로, 재미나 취미가 없고 메마름.

+ 焦(탈 초, 볶을 초), 無(없을 무), 味(맛 미), 乾(하늘 건, 마를 건)

---

## 區

6급 / 총 11획 / 匚

감추려고(匚) 물건(品)을 나누니 **나눌 구**
또 나눠 놓은 구역이니 **구역 구**

+ 약 区 – 감추려고(匚) 베어(乂) 나누니 '나눌 구'
또 나눠 놓은 구역이니 '구역 구'
+ 匚(감출 혜, 덮을 혜, = ㄴ), 乂(벨 예, 다스릴 예, 어질 예)

**區分(구분)** 구별하여 나눔.
**區劃(구획)** (토지 따위의) 경계를 갈라 정하는 것.

+ 分(나눌 분, 단위 분, 단위 푼, 신분 분, 분별할 분, 분수 분), 劃(그을 획, 계획할 획)

# 驅

3급 / 총 21획 / 馬

**말(馬)**을 어느 **구역(區)**으로 몰아 달리니 **몰 구, 달릴 구**

+ 속 駆
+ 馬(말 마)

**驅迫(구박)** 몰고 다그침.
**驅步(구보)** 달음질.

+ 迫(닥칠 박), 步(걸음 보)

---

046 중중 충환 사리사[中仲 忠患 史吏使] – 中, 忠, 史로 된 한자

# 中

8급 / 총 4획 / ㅣ

**사물(口)**의 가운데를 **뚫어(ㅣ)** 맞히니 **가운데 중, 맞힐 중**

+ 口('입 구, 말할 구, 구멍 구'지만 여기서는 사물의 모양으로 봄), ㅣ(뚫을 곤)

**中央(중앙)** ① 사물의 한 가운데. ② 중심이 되는 중요한 곳.
**的中(적중)** ① (화살이) 과녁을 맞힘. ② (예상이나 추측, 또는 목표 따위에 꼭) 들어맞음.

+ 央(가운데 앙), 的(과녁 적, 맞힐 적, 밝을 적, 접미사 적)

# 仲

3급Ⅱ / 총 6획 / 人(亻)

**사람(亻) 가운데(中)** 두 번째인 버금이니 **버금(둘째) 중**
또 **사람(亻) 가운데(中)**에서 중개하니 **중개할 중**

+ 亻(사람 인 변)

**伯仲(백중)** ① 맏형과 둘째 형. ② 서로 비슷하여 우열을 가리기 힘듦.
**仲介(중개)** 제삼자로서 당사자 사이에 서서 일을 주선함.

+ 伯(맏 백, 우두머리 백), 介(끼일 개)

# 忠

4급Ⅱ / 총 8획 / 心

**가운데(中)**서 우러나는 **마음(心)**으로 대하는 충성이니 **충성 충**

+ 心(마음 심, 중심 심)

**忠誠(충성)** 참마음에서 우러나오는 정성.
**忠告(충고)** (남의 허물을) 충심으로 알림(타이름).

+ 誠(정성 성), 告(알릴 고, 뵙고 청할 곡)

# 患

5급 / 총 11획 / 心

**가운데(中) 가운데(中)**에 맺혀 있는 **마음(心)**은 근심이니 **근심 환**

**患者(환자)** 병을 앓는 사람.
**憂患(우환)** 근심걱정.

+ 者(놈 자, 것 자), 憂(근심할 우)

71

**史**

5급 / 총 5획 / 口

### 중립(史)을 지키며(乀) 써야 하는 역사니 역사 사

+ 역사는 어느 쪽으로도 치우치지 않는 중립을 지키는 사람이 사실대로 써야 하지요.
+ 史[가운데 중, 맞힐 중(中)의 변형], 乀[파임 불(乀)의 변형이지만 여기서는 지키다의 뜻으로 봄]

**歷史(역사)** 인류 사회의 변천·흥망의 기록.
**略史(약사)** 간략하게 줄여서 적은 역사.

+ 歷(지낼 력, 책력 력, 겪을 력), 略(간략할 략, 빼앗을 략)

**吏**

3급Ⅱ / 총 6획 / 口

### 한(一)결같이 중립(史)을 지키며(乀) 일해야 하는 관리니 관리 리

**官吏(관리)** 관직에 있는 사람.
**淸白吏(청백리)** 청렴결백한 관리.

+ 官(관청 관, 벼슬 관), 淸(맑을 청), 白(흰 백, 밝을 백, 깨끗할 백, 아뢸 백)

**使**

6급 / 총 8획 / 人(亻)

### 사람(亻)이 관리(吏)로 하여금 일을 하도록 부리니 하여금 사, 부릴 사

+ 亻(사람 인 변)

**使命(사명)** '하여금 하도록 한 명령'으로, 맡겨진 임무.
**勞使(노사)** 노동자와 사용자를 아울러 이르는 말.

+ 命(명령할 명, 목숨 명, 운명 명), 勞(수고할 로, 일할 로)

---

**047** 경(갱)경편(변)[更硬便] – 更으로 된 한자

**更**

4급 / 총 7획 / 曰

### 한(一) 번 말(曰)하면 사람(乆)들은 고치거나 다시 하니 고칠 경, 다시 갱

+ 曰(가로 왈), 乆[사람 인(人)의 변형]
+ 한 번 말하면 좋은 사람은 고치지만, 그렇지 못한 사람은 다시 하지요.

**變更(변경)** 다르게 바꾸어 새롭게 고침.
**更生(갱생)** 다시 살아남.

+ 變(변할 변), 生(날 생, 살 생, 사람을 부를 때 쓰는 접사 생)

**硬**

3급Ⅱ / 총 12획 / 石

### 돌(石)처럼 다시(更) 굳어 단단하니 굳을 경, 단단할 경

+ 石(돌 석)

**強硬(강경)** '강하고 단단함'으로, 버티어 굽힘이 없음.
**硬化(경화)** 단단하게 됨.

+ 強(강할 강, 억지 강), 化(될 화, 변화할 화, 가르칠 화)

**便**

7급 / 총 9획 / 人(亻)

### 사람(亻)이 잘못을 고치면(更) 편하니 **편할 편**
### 또 누면 편한 똥오줌이니 **똥오줌 변**

+ 편할 편(便)에 어찌 '똥오줌 변'이란 뜻도 있을까요? 조금만 생각해 봐도 누면 편한 것이 똥오줌이니 그런 것임을 알게 되지요. 이처럼 한 글자에 둘 이상의 뜻이 있으면 반드시 그런 뜻이 붙은 이유가 있으니 무조건 외는 시간에 왜 그럴까를 생각해 보세요. 이해가 바탕이 되면 저절로 익혀지고 잊히지 않습니다.

> **便利(편리)** 편하고 이로움.
> **便所(변소)** 대소변을 보는 곳.

+ 利(이로울 리, 날카로울 리), 所(장소 소, 바 소)

---

**048**    **설활화 사사[舌活話 舍捨] – 舌, 舍로 된 한자**

**舌**

4급 / 총 6획 / 舌

### 혀(千)가 입(口)에서 나온 모양을 본떠서 **혀 설**

+ 千('일천 천, 많을 천'이지만 여기서는 내민 혀의 모양으로 봄)

> **舌戰(설전)** '혀 싸움'으로, 말다툼을 비유한 말.
> **毒舌(독설)** '독한 혀'로, 남을 해치는 몹쓸 말.

+ 戰(싸울 전, 무서워 떨 전), 毒(독할 독, 독 독)

---

**活**

7급 / 총 9획 / 水(氵)

### 물(氵)기가 혀(舌)에 있어야 사니 **살 활**

+ 氵(삼 수 변)

> **活魚(활어)** 산 물고기.
> **活路(활로)** (고난을 헤치고) 살아나갈 수 있는 길.

+ 魚(물고기 어), 路(길 로)

---

**話**

7급 / 총 13획 / 言

### 말(言)을 혀(舌)로 하는 말씀이나 이야기니 **말씀 화, 이야기 화**

+ 言(말씀 언)

> **話術(화술)** 말하는 기술. 말재주.
> **實話(실화)** 실지로 있었던 사실의 이야기.

+ 術(재주 술, 기술 술), 實(열매 실, 실제 실)

---

**舍**

4급 II / 총 8획 / 舌

### 사람(人)이 입속의 혀(舌)처럼 깃들여 사는 집이니 **집 사**

+ 人(사람 인)

> **舍監(사감)** 기숙사에서 기숙생을 관리하는 사람.
> **黨舍(당사)** '정당의 집'으로, 정당 사무소로 쓰는 건물.

+ 監(볼 감), 黨(무리 당)

---

### 손(扌)으로 집(舍) 밖에 버리니 버릴 사

+ ⟨유⟩ 拾(열 십, 주울 습) – 제목번호 115 참고
+ 扌(손 수 변)

**喜捨(희사)** (남을 위하여) 기꺼이 재물을 내놓음.
**四捨五入(사사오입)** 4 이하는 버리고 5 이상은 들임. 반올림.

+ 喜(기쁠 희), 入(들 입)

049　감심 모모매[甘甚 某謀媒] – 甘, 某로 된 한자

4급 / 총 5획 / 甘

### (단맛을 느끼는) 혀 앞부분(甘)에 일(一)을 그어서 달 감
### 또 단맛은 먹기 좋아 기쁘니 기쁠 감

**甘味(감미)** 단맛.
**甘受(감수)** (책망이나 괴로움 따위를 불만 없이) 기쁘게 받음.

+ 味(맛 미), 受(받을 수)

3급II / 총 9획 / 甘

### 달콤한(甘) 짝(匹)들의 사랑이 심하니 심할 심

+ 甘[달 감, 기쁠 감(甘)의 변형], 匹(짝 필, 하나 필, 단위 필) – 제목번호 121 참고

**甚難(심난)** 심히 어려움.
**極甚(극심)** 극히 심함.

+ 難(어려울 난, 비난할 난), 極(끝 극, 다할 극)

3급 / 총 9획 / 木

### 달콤한(甘) 나무(木) 열매는 아무나 찾으니 아무 모

+ 아무 – 꼭 누구라고 말하거나, 꼭 무엇이라고 지정하지 않고 가리킬 때 쓰는 말.

**某年(모년)** 아무(어떤) 해.
**某處(모처)** 아무 곳.

+ 年(해 년, 나이 년), 處(곳 처, 살 처, 처리할 처)

3급II / 총 16획 / 言

### 말(言)이나 행동을 아무(某)도 모르게 꾀하고 도모하니
### 꾀할 모, 도모할 모

+ 言(말씀 언)

**謀議(모의)** (어떤 일을) 꾀하고 의논함.
**謀利輩(모리배)** (옳지 못한 방법으로) 이로움만을 꾀하는 사람의 무리. 또는 그런 사람.

+ 議(의논할 의), 利(이로울 리, 날카로울 리), 輩(무리 배)

# 媒

3급II / 총 12획 / 女

**여자(女)를 아무(某)에게 소개하며 중매하니 중매할 매**

+ 女(여자 녀)

**中媒(중매)** 중간에서 혼인이 이루어지도록 하는 일.
**媒體(매체)** ① 어떤 작용을 다른 곳으로 전하는 구실을 하는 물체. ② 어떤 일을 전달하는 데 매개가 되는 것.

+ 中(가운데 중, 맞힐 중), 體(몸 체)

---

**050**    4기[其欺期基] - 其로 된 한자

# 其

3급II / 총 8획 / 八

**단(甘) 것을 받침대(丌)에 올려 유인하는 그니 그 기**

+ 甘[달 감, 기쁠 감(甘)의 변형], 丌[무엇을 받친 모양인 '대 기(丌)'의 변형]

**其實(기실)** '그것의 실제는'으로, 실제의 사정. '사실은'으로 순화.
**其他(기타)** '그것과 다름'으로, 그 밖에 다른.

+ 實(열매 실, 실제 실), 他(다를 타, 남 타)

# 欺

3급 / 총 12획 / 欠

**그런(其) 저런 허황된 말을 하며 모자라게(欠) 속이니 속일 기**

+ 欠(하품 흠, 모자랄 흠), 태도를 보면 그 마음을 알 수 있지요.

*欺瞞(기만) 그럴 듯하게 속여 넘김.
**詐欺(사기)** (나쁜 꾀로) 남을 속임.

+ 瞞(속일 만), 詐(속일 사)

# 期

5급 / 총 12획 / 月

**그(其) 달(月)이 차고 이지러진 것을 보고 기간을 정하고 기약했으니
기간 기, 기약할 기**

+ 月(달 월, 육 달 월), 달은 늘 모양이 변하니 달의 어떤 모양일 때 다시 만나자고 할 수 있지요.

**期間(기간)** 어느 때부터 다른 어느 때까지의 사이.
**期約(기약)** 때를 정하여 약속함.

+ 間(사이 간), 約(묶을 약, 약속할 약)

# 基

5급 / 총 11획 / 土

**그(其) 바탕에 흙(土)을 다진 터나 기초니 터 기, 기초 기**

+ 土(흙 토), 터 - ① 공사를 하거나 하였던 자리. ② 일의 토대.

**基幹(기간)** 본바탕이 되는 줄기. 기간산업(基幹産業).
**基礎(기초)** '터와 주춧돌'로, 사물의 밑바탕.

+ 幹(간부 간, 줄기 간), 産(낳을 산, 생산할 산), 業(업 업, 일 업), 礎(주춧돌 초, 기초 초)

사방을 **경계 짓고(口) 나눈(十)** 밭이나 논의 모양에서 **밭 전, 논 전**

**田園(전원)** 논밭과 동산. 시골.
**田畓(전답)** 밭과 논.

+ 園(동산 원), 畓(논 답)

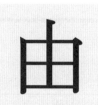

**밭(田)**에 **싹( | )**이 나는 것은 씨앗을 뿌린 까닭으로 말미암으니
**까닭 유, 말미암을 유**

+ | ('뚫을 곤'이지만 여기서는 돋아나는 싹으로 봄)

**由來(유래)** '말미암아 옴'으로, (사물이나 일이) 말미암아 생겨난 까닭.
**理由(이유)** 까닭. 사유.

+ 來(올 래), 理(이치 리, 다스릴 리)

**밭(田)**에 씨앗을 뿌리면 **뿌리( | )**가 먼저 나듯 처음 나온 첫째니
**첫째 갑, 첫째 천간 갑**
또 싹이 날 때 뒤집어 쓴 껍질 같은 갑옷이니 **껍질 갑, 갑옷 갑**

+ | ('뚫을 곤'이지만 여기서는 아래로 뻗는 뿌리로 봄)

**甲種(갑종)** 첫째 종류.
**鐵甲(철갑)** 쇠로 만든 갑옷.

+ 種(씨앗 종, 종류 종), 鐵(쇠 철)

속마음을 **아뢰어(曰) 펴듯( | )** 소리 내는 원숭이니 **아뢸 신, 펼 신, 원숭이 신**
또 원숭이는 아홉째 지지니 **아홉째 지지 신**

+ 曰(가로 왈), | ('뚫을 곤'이지만 여기서는 펴는 모양으로 봄)

**申告(신고)** (해당 기관에 일정한 사실을) 펴서 알림.
**上申(상신)** 상부기관이나 윗사람에게 아룀.

+ 告(알릴 고, 뵙고 청할 곡), 上(위 상, 오를 상)

사람(亻)이 펴(申) 늘이니 **펼 신, 늘일 신**

+ 유 仲(버금 중, 중개할 중) – 제목번호 046 참고
+ 申은 속마음을 펴 아뢴다는 뜻이고, 伸은 물건을 길게 펴 늘인다는 뜻입니다.

**伸張(신장)** (물체의 크기나 세력 따위가) 늘어남. 또는 늘어나게 함.
+ 身長(신장) '몸길이'로, 사람의 키.
**伸縮(신축)** 늘이고 줄임.

+ 張(벌릴 장, 베풀 장, 성씨 장), 身(몸 신), 長(길 장, 어른 장), 縮(줄어들 축)

**神**

6급 / 총 10획 / 示

신(示) 중 모습을 **펴(申)** 나타난다는 귀신이니 **귀신 신**
또 귀신처럼 신비하고 깨어있는 정신이니 **신비할 신, 정신 신**

+ 示(보일 시, 신 시)
+ 神은 보이지 않지만 가끔 어떤 모습으로 나타난다고도 하지요.

> **神童(신동)** (재주와 지혜가 남달리 뛰어난) 신 같은 아이.
> **神秘(신비)** (사람의 지혜로는 도저히 이해할 수 없는) 신묘한 비밀.

+ 童(아이 동), 秘(숨길 비, 신비로울 비)

**坤**

3급 / 총 8획 / 土

흙(土)이 **펴진(申)** 땅이니 **땅 곤**

+ 土(흙 토)

> **乾坤(건곤)** 하늘과 땅. 천지(天地).

+ 乾(하늘 건, 마를 건), 天(하늘 천), 地(땅 지, 처지 지)

---

**052**　　묘답 답답[苗畓 畓踏] – 田, 畓으로 된 한자

**苗**

3급 / 총 9획 / 草(艹)

풀(艹)처럼 씨앗을 심은 **밭(田)**에서 나는 싹이니 **싹 묘**

+ 유 笛(피리 적) – 제목번호 059 참고
+ 艹(초 두)

> **苗木(묘목)** (옮겨심기 위해 가꾼) 어린 나무.
> **育苗(육묘)** 싹을 기름.

+ 木(나무 목), 育(기를 육)

**畓**

3급 / 총 9획 / 田

물(水)을 **밭(田)**에 넣어 만든 논이니 **논 답**

+ 水(물 수)

> **田畓(전답)** 밭과 논.
> **門前沃畓(문전옥답)** 문 앞의(집에서 가까운) 기름진 논.

+ 門(문 문), 前(앞 전), 沃(기름질 옥)

**沓**

특급II / 총 8획 / 水

물(水)이 **햇(日)**볕에 증발하여 활발하게 합하니
**활발할 답, 합할 답**

+ 日(해 일, 날 일)
+ 3급 외 한자지만 어원 해설을 위한 참고용임.

**踏**

3급II / 총 15획 / 足(⻊)

### 발(⻊)을 활발하게(沓) 움직여 밟으니 밟을 답

+ ⻊[발 족, 넉넉할 족(足)의 변형]

> **踏査(답사)** (실지로 가서) 밟으며 조사함.
> **踏襲(답습)** (앞사람이 남긴 일을 그대로) 밟아 이음.

+ 査(조사할 사), 襲(엄습할 습, 이어받을 습)

---

**053** 개계 위위[介界 胃謂] - 介, 胃로 된 한자

**介**

3급II / 총 4획 / 人

### 사람(人) 사이(丿l)에 끼이니 끼일 개

+ 人(사람 인)

> **介入(개입)** (직접 관계되지 않은 일에) 끼어듦.
> **媒介(매개)** (양편 사이에) 끼어들어 일어나게 함.

+ 入(들 입), 媒(중매할 매)

---

**界**

6급 / 총 9획 / 田

### 밭(田) 사이에 끼어(介) 있는 경계니 경계 계
### 또 여러 나라의 경계로 나누어진 세계니 세계 계

+ 田(밭 전, 논 전), 세계 지도를 보면 세계가 여러 나라의 경계로 나뉘어져 있지요.

> **境界(경계)** (일이나 물건이 어떤 표준 밑에) 서로 이어 맞닿은 자리.
> **世界(세계)** 지구상의 모든 나라. 우주.

+ 境(지경 경, 형편 경), 世(세대 세, 세상 세)

---

**胃**

3급II / 총 9획 / 肉(月)

### 밭(田)처럼 넓어 몸(月)에서 음식물을 담아 소화시키는 밥통이니 밥통 위

+ 유 冃(무릅쓸 모) - 제목번호 006 참고
+ 月(달 월, 육 달 월)

> **胃痛(위통)** 위가 아픈 증세.
> **胃腸(위장)** 위와 장을 아울러 이르는 말.

+ 痛(아플 통), 腸(창자 장)

---

**謂**

3급II / 총 16획 / 言

### 말(言)을 위(胃)가 음식을 소화시키듯이 이해되게 이르니 이를 위

+ 이르다 - ① (어떤 장소나 시간에) 닿다. 미치다. - 至(이를 지, 지극할 지), ② 말하다. 알아듣거나 깨닫게 하다. - 謂, ③ (정해진 시간보다) 빠르다. - 早(일찍 조). 여기서는 ② 의 뜻.

> **所謂(소위)** 이른바.
> **云謂(운위)** 일러 말함.

+ 所(장소 소, 바 소), 云(이를 운, 말할 운)

급외자 / 총 9획 / 田

**한(一)** 사람의 **입(口)**은 **밭(田)**에서 난 곡식만으로도 차니
**찰 복**

---

5급 / 총 14획 / 示

**신(示)**이 **채워준다는(畐)** 복이니 **복 복**

+ 示(보일 시, 신 시)

**祝福(축복)** 복을 빎.
**幸福(행복)** 욕구가 충족되어 부족감이 없는 상태. ↔ 불행(不幸)

+ 祝(빌 축, 축하할 축), 幸(행복할 행, 바랄 행)

---

3급 / 총 12획 / 巾

**수건(巾)** 같은 천의 가로로 **찬(畐)** 넓이니 **넓이 폭**

+ 巾(수건 건) – 제목번호 162 참고

**大幅(대폭)** 큰 폭. 큰 규모.
**步幅(보폭)** '걷는 폭'으로, 발자국과 발자국 사이의 거리.

+ 大(큰 대), 步(걸음 보)

---

4급 II / 총 11획 / 刀(刂)

**차(畐)** 있는 재산을 **칼(刂)**로 잘라내어 버금(다음)을 예비하니
**버금 부, 예비 부**

+ '버금'은 으뜸의 바로 아래로, '다음, 두 번째'의 뜻.

**副統領(부통령)** 대통령 다음의 직위.
**副業(부업)** '예비 일'로, 본업의 여가를 이용하여 하는 벌이.

+ 統(묶을 통, 거느릴 통), 領(거느릴 령, 우두머리 령), 業(업 업, 일 업)

---

**집(宀)**에 재물이 **차(畐)** 넉넉한 부자니 **넉넉할 부, 부자 부**

+ 宀(집 면)

**貧富(빈부)** 가난함과 부유함.
**豊富(풍부)** 넉넉하고 많음.

+ 貧(가난할 빈), 豊(풍년 풍, 풍성할 풍)

# 細
4급II / 총 11획 / 糸

**실(糸)처럼 밭(田)이랑이 가느니 가늘 세**

+ 糸(실 사, 실 사 변)

**細菌(세균)** (현미경으로만 볼 수 있는) 아주 미세한 균.
**細密(세밀)** 자세하고 꼼꼼함.

+ 菌(버섯 균, 세균 균), 密(빽빽할 밀, 비밀 밀)

# 累
3급II / 총 11획 / 糸

**밭(田)이랑이나 실(糸)타래처럼 여러 갈래로 쌓이니 여러 루, 쌓일 루**
**또 여러 번 하여 폐 끼치니 폐 끼칠 루**

+ 누(累) – 남의 잘못으로 말미암아 받게 되는 정신적인 괴로움이나 물질적인 손해.

**累次(누차)** 여러 차례.
**累積(누적)** 포개어 쌓음.

+ 次(다음 차, 차례 차, 번 차), 積(쌓을 적)

# 思
5급 / 총 9획 / 心

**나눠 놓은 밭(田)처럼 마음(心)으로 요모조모 생각하니 생각할 사**

+ 心(마음 심, 중심 심)

**思想(사상)** 생각. 의견.
**思慕(사모)** 생각하고 그리워함.

+ 想(생각할 상), 慕(사모할 모)

# 男
7급 / 총 7획 / 田

**밭(田)에서 힘(力)써 일하는 사내니 사내 남**

+ 力(힘 력)

**美男(미남)** 아름답게 생긴 남자.
**無男獨女(무남독녀)** 아들 없는 집안의 외동딸.

+ 美(아름다울 미), 無(없을 무), 獨(홀로 독, 자식 없을 독), 女(여자 녀)

# 畏
3급 / 총 9획 / 田

**(농부는) 밭(田)의 농작물이 갑자기 변함(𠂇)을 두려워하니 두려워할 외**

+ 𠂇[변화할 화, 될 화(化)의 변형]. 농부는 애써 기른 농작물이 병이 들거나 태풍에 쓰러질 것을 두려워하지요.

**畏敬(외경)** 두려워할 정도로(진심으로) 공경함.
**畏驚(외경)** 두려워하며 놀람.

+ 敬(공경할 경), 驚(놀랄 경)

**里**

7급 / 총 7획 / 里

먹을거리를 생산하는 **전(田)**답이 있는 **땅(土)**에 형성되었던 마을이니 **마을 리**
또 거리를 재는 단위로도 쓰여 **거리 리**

+ 숫자 개념이 없었던 옛날에는 어느 마을에서 어느 마을까지의 몇 배 정도로 거리를 셈하다가 후대로 오면서 1리는 400m, 10리는 4km로 정하여 쓰게 되었습니다.

> **里長(이장)** '마을의 어른'으로, 마을의 사무를 맡아보는 사람.
> **不遠千里(불원천리)** 천리를 멀다고 여기지 않음.

+ 長(길 장, 어른 장), 遠(멀 원), 千(일천 천, 많을 천)

---

**理**

6급 / 총 11획 / 玉(王)

**왕(王)**이 **마을(里)**을 이치에 맞게 다스리니 **이치 리, 다스릴 리**

+ 王(임금 왕, 으뜸 왕, 구슬 옥 변), 원래는 구슬(王)을 가공할 때 여기저기 흩어진 마을(里)처럼 여기저기 있는 무늬가 잘 나타나도록 이치에 맞게 잘 다스린다는 데서 '이치 리, 다스릴 리(理)'입니다.

> **合理(합리)** 이치에 맞음. ↔ 불합리(不合理)
> **處理(처리)** (사건이나 사무를) 다스림(마무리하여 끝냄).

+ 合(합할 합, 맞을 합), 不(아닐 불 · 부), 處(곳 처, 살 처, 처리할 처)

---

**埋**

3급 / 총 10획 / 土

**흙(土)**으로 **마을(里)** 부근에 묻으니 **묻을 매**

+ 土(흙 토)

> **埋沒(매몰)** 보이지 않게 묻거나 묻힘.
> **生埋葬(생매장)** ① 산 채로 땅에 묻음. ② 멀쩡한 사람에게 허물을 씌워 몰아냄.

+ 沒(빠질 몰, 다할 몰, 없을 몰), 生(날 생, 살 생, 사람을 부를 때 쓰는 접사 생), 葬(장사지낼 장)

---

**裏**

3급 II / 총 13획 / 衣

마치 **옷(衣)**으로 둘러싸인 **마을(里)**처럼 무엇으로 싸인 속이니 **속 리(= 裡)**

+ 동 裡 – 1급
+ 衣(옷 의), 衤(옷 의 변)

> **裏面(이면)** (표면에 나타나지 않는) 내부의 사실.
> **表裏不同(표리부동)** 겉과 속이 같지 않음.

+ 面(얼굴 면, 향할 면, 볼 면, 행정 구역의 면), 表(겉 표), 同(한 가지 동, 같을 동)

---

**量**

5급 / 총 12획 / 里

**아침(旦)**마다 그 날 가야 할 **거리(里)**를 헤아리니 **헤아릴 량**
또 헤아려 담는 용량이니 **용량 량**

+ 旦(아침 단) – 제목번호 009 참고

> **計量器(계량기)** 양을 헤아리는 기구.
> **降雨量(강우량)** 내린 비의 양.

+ 計(셈할 계, 꾀할 계), 器(그릇 기, 기구 기), 降(내릴 강, 항복할 항), 雨(비 우)

DAY
03

**쌀(米)** 등의 곡식을 먹을 만큼 **헤아려(量)** 들여놓는 양식이니 **양식 량**

**糧食(양식)** 먹고 살 거리. 식량.
**軍糧米(군량미)** 군대의 양식으로 쓰는 쌀.

+ 食(밥 식, 먹을 식, 먹이 사), 軍(군사 군), 米(쌀 미)

4급 / 총 18획 / 米

---

**많은(千) 마을(里)**에서 모은 것이라 무겁고 귀중하니 **무거울 중, 귀중할 중**
또 무겁고 귀중하여 거듭 다루니 **거듭 중**

+ 千(일천 천, 많을 천)

**重量(중량)** 무게.
**重要(중요)** 귀중하고 필요함.
**重複(중복)** 거듭하거나 겹침.

+ 量(헤아릴 량, 용량 량), 要(중요할 요, 필요할 요), 複(겹칠 복)

7급 / 총 9획 / 里

---

**벼(禾)** 같은 곡식에서 **귀중한(重)** 것은 씨앗이니 **씨앗 종**
또 씨앗처럼 나누어 두는 종류니 **종류 종**
또 씨앗을 심으니 **심을 종**

+ 禾('벼 화'로 곡식을 대표함)

**種子(종자)** 씨앗.
**種類(종류)** 사물을 나누는 갈래.

+ 子(아들 자, 첫째 지지 자, 자네 자, 접미사 자), 類(무리 류, 닮을 류)

5급 / 총 14획 / 禾

---

**쇠(金)**로 만들어 **거듭(重)** 치는 쇠북이니 **쇠북 종**
또 **쇠(金)**로 만들어 **거듭(重)** 사용하는 술잔이니 **술잔 종**

+ 金(쇠 금, 금 금, 돈 금, 성씨 김)

**鐘路(종로)** 서울 광화문 네거리에서 동대문에 이르는 큰 거리.
**茶鍾(차종)** 차를 따라 마시는 종지. 한글로 쓸 때는 '찻종'으로 씀.

+ 路(길 로), 茶(차 다 · 차)

4급 / 총 17획 / 金

---

**무거운(重)** 것도 **힘(力)**쓰면 움직이니 **움직일 동**

+ 力(힘 력)

**言動(언동)** 말과 행동.
**生動感(생동감)** 살아 움직이는 느낌.

+ 言(말씀 언), 生(날 생, 살 생, 사람을 부를 때 쓰는 접사 생), 感(느낄 감, 감동할 감)

7급 / 총 11획 / 力

# 押

3급 / 총 8획 / 手(扌)

**손(扌)으로 제일(甲) 힘주어 누르거나 압수하니 누를 압, 압수할 압**

*押釘(압정) 눌러서 박는 못.
**押收(압수)** 법원이 증거물, 또는 몰수해야 할 물건이라고 생각되는 것을 가져가는 강제 처분.

+ 釘(못 정), 收(거둘 수)

---

# 卑

3급 II / 총 8획 / 十

**찢어진(丿) 갑옷(甲)을 입은 많은(十) 병사처럼 낮고 천하니 낮을 비, 천할 비**

+ 丿('삐침 별'이지만 여기서는 찢어진 모양으로 봄), 甲[첫째 갑, 첫째 천간 갑, 껍질 갑, 갑옷 갑(甲)의 변형], 十(열 십, 많을 십)

**卑屈(비굴)** '낮게 굽힘'으로, 겁이 많고 줏대가 없이 천박함.
**卑賤(비천)** (신분이나 지위가) 낮고 천함.

+ 屈(굽을 굴, 굽힐 굴), 賤(천할 천)

DAY
03

---

# 婢

3급 II / 총 11획 / 女

**여자(女) 중 신분이 낮은(卑) 여자 종이니 여자 종 비**

+ 女(여자 녀)

**奴婢(노비)** 사내종과 여자 종의 총칭.
**婢妾(비첩)** 여자 종으로서 첩이 된 사람.

+ 奴(종 노, 남을 흉하게 부르는 접미사 노), 妾(첩 첩)

---

# 碑

4급 / 총 13획 / 石

**돌(石)을 깎아 낮게(卑) 세운 비석이니 비석 비**

**碑石(비석)** 돌로 만든 비.
**記念碑(기념비)** 기념하기 위하여 세운 비석.

+ 石(돌 석), 記(기록할 기, 기억할 기), 念(생각 념)

6급 / 총 8획 / 水(氵)

### 물(氵)처럼 열매를 짬으로 **말미암아(由)** 나오는 기름이니 **기름 유**

+ 氵(삼 수 변), 由(까닭 유, 말미암을 유) - 제목번호 051 참고

**原油(원유)** 뽑은 그대로의 기름.
**精油(정유)** 원유를 정제함. 또는 정제한 기름.

+ 原(언덕 원, 근원 원), 精(정밀할 정, 찧을 정)

3급 / 총 8획 / 手(扌)

### 손(扌)으로 **말미암아(由)** 뽑으니 **뽑을 추**

+ 扌(손 수 변)

**抽出(추출)** 뽑아냄.
*抽籤(추첨) 제비를 뽑음.

+ 出(날 출, 나갈 출), 籤(제비 첨)

笛

3급Ⅱ / 총 11획 / 竹(⺮)

### 대(⺮)로 **말미암아(由)** 소리 나게 만든 피리니 **피리 적**

+ 유 苗(싹 묘) - 제목번호 052 참고
+ ⺮[대 죽(竹)이 부수로 쓰일 때의 모양]

**汽笛(기적)** (기차나 배 따위에서) 증기를 내뿜는 힘으로 경적 소리를 내는 장치. 또는 그 소리.
**警笛(경적)** 경계를 위하여 울리는 고동. 또는 그 소리.

+ 汽(김 기), 警(경계할 경, 깨우칠 경)

寅

3급 / 총 11획 / 宀

### 집(宀)에서 **하나(一)**의 일로 **말미암아(由)** 마음이 **나눠짐(八)**은 삼가니 **삼갈 인**
### 또 삼가 조심해야 하는 범이니 **범 인**
### 또 범은 셋째 지지니 **셋째 지지 인**

+ 宀(집 면), 八(여덟 팔, 나눌 팔), 범 - 호랑이.

**寅念(인념)** 삼가 생각함.
**寅時(인시)** (하루 24시간을 12지지로 나타낸) 십이시의 셋째 시. 오전 3시부터 5시까지의 동안.

+ 念(생각 념), 時(때 시)

4급Ⅱ / 총 14획 / 水(氵)

### 물(氵)처럼 **삼가는(寅)** 모양으로 펴고 설명하니 **펼 연, 설명할 연**

+ 자신의 모양을 그릇에 맞추고, 항상 아래로 임하며, 채우고 넘쳐야 다음으로 흐르는 물처럼 상대의 수준에 맞게 설명하여 분명히 알아야 다음으로 넘어가지요.

**演技(연기)** ① (관객 앞에서 연극·노래·춤·곡예 따위의) 재주를 나타내 보임. 또는 그 재주.
② (어떤 목적이 있어) 일부러 남에게 보이기 위하여 하는 말이나 행동.
**演題(연제)** 연설의 제목.

+ 技(재주 기), 題(제목 제, 문제 제)

8급 / 총 4획 / 木

### 가지 달린 나무를 본떠서 **나무 목**

**木器(목기)** 나무로 만든 그릇.
**伐木(벌목)** 나무를 침(벰).

+ 器(그릇 기, 기구 기), 伐(칠 벌)

7급 / 총 6획 / 人(亻)

### 사람(亻)이 **나무(木)** 옆에서 쉬니 **쉴 휴**

+ 유 休[몸 체(體)의 약자] – 제목번호 169 참고
+ 亻(사람 인 변), 나무는 산소와 피톤치드가 많이 나와 건강에 좋지요. 나무 옆에서 쉬면 녹색 샤워를 한 셈이네요.

**休戰(휴전)** 하던 전쟁을 얼마 동안 쉼.
**公休日(공휴일)** 공식적으로 쉬는 날.

+ 戰(싸울 전, 무서워 떨 전), 公(공평할 공, 대중 공, 귀공자 공), 日(해 일, 날 일)

6급 / 총 5획 / 木

### 나무 목(木) 아래, 즉 뿌리 부분에 일(一)을 그어 나무에서는 뿌리가
### 제일 중요한 근본임을 나타내어 **뿌리 본, 근본 본**
### 또 근본을 적어 놓은 책이니 **책 본**

+ 나무는 뿌리가 성해야 잘 자라니 묘목을 고를 때도 뿌리가 성한 것을 골라야 합니다.

**根本(근본)** '뿌리와 뿌리'로, 사물이 생기는 본바탕.
**本性(본성)** 근본의(본래의) 성품.
**原本(원본)** 베끼거나 고친 것에 대하여 근본이 되는 서류나 문건 따위.

+ 根(뿌리 근), 性(성품 성, 바탕 성, 성별 성), 原(언덕 원, 근원 원)

床

4급Ⅱ / 총 7획 / 广

### 집(广)처럼 **나무(木)**로 받쳐 만든 평상이니 **평상 상**

+ 广 – 언덕(厂)을 지붕 삼아 지은 바위 집 모양을 나타내어 '집 엄'
+ 厂 – 언덕에 바위가 튀어나와 그 밑이 굴처럼 생긴 굴 바위 모양을 본떠서 '굴 바위 엄, 언덕 엄'

**平床(평상)** 나무로 만든 침상의 하나.
**寢床(침상)** 누워 잘 수 있게 만든 평상.

+ 平(평평할 평, 평화 평), 寢(잘 침)

# 구조로 한자 되짚어 보기

**DAY 03**

## 041 곤 수온 인인은[困 囚溫 因姻恩] – 困과 囚, 因으로 된 한자

에운담[囗] 안에 나무 목[木]이면 곤란할 곤[困], 사람 인[人]이면 죄인 수[囚],
죄인 수[囚] 앞에 삼 수 변[氵], 아래에 그릇 명[皿]이면 따뜻할 온, 익힐 온[溫].
에운담[囗] 안에 큰 대[大]면 말미암을 인, 의지할 인[因], 말미암을 인, 의지할 인[因] 앞에 여자 녀[女]면 시집갈 인[姻], 아래에
마음 심, 중심 심[心]이면 은혜 은[恩]

## 042 아악(오)[亞惡] – 亞로 된 한자

[신체적 능력이] 보통사람보다 못한 두 곱사등이를 본떠서 버금 아, 다음 아[亞], 버금 아, 다음 아[亞] 아래에 마음 심, 중심 심
[心]이면 악할 악, 미워할 오[惡]

## 043 단단단[亶壇檀] – 亶으로 된 한자

머리 부분 두[亠] 아래에 돌 회, 돌아올 회, 횟수 회[回]와 아침 단[旦]이면 많을 단, 믿음 단[亶], 많을 단, 믿음 단[亶] 앞에 흙 토
[土]면 제단 단, 단상 단[壇], 나무 목[木]이면 박달나무 단[檀]

## 044 화(오)오오[吳娛誤] – 吳로 된 한자

입 구, 말할 구, 구멍 구[口] 아래에 목 젖히는 모양[ㄴ]과 큰 대[大]면 큰소리칠 화, 오나라 오, 성씨 오[吳], 큰소리칠 화, 오나라
오, 성씨 오[吳] 앞에 여자 녀[女]면 즐거워할 오[娛], 말씀 언[言]이면 그르칠 오[誤]

## 045 소조조 구구[巢操燥 區驅] – 巢, 區로 된 한자

물건 품, 등급 품, 품위 품[品] 아래에 나무 목[木]이면 새 떼 지어 울 소[巢], 새 떼 지어 울 소[巢] 앞에 손 수 변[扌]이면 잡을 조,
다룰 조[操], 불 화[火]면 탈 조, 마를 조[燥].
감출 혜, 덮을 혜[匚] 속에 물건 품, 등급 품, 품위 품[品]이면 나눌 구, 구역 구[區], 나눌 구, 구역 구[區] 앞에 말 마[馬]면 몰 구,
달릴 구[驅]

## 046 중중 충환 사리사[中仲 忠患 史吏使] – 中, 忠, 史로 된 한자

입 구, 말할 구, 구멍 구[口]에 뚫을 곤[丨]이면 가운데 중, 맞힐 중[中],
가운데 중, 맞힐 중[中] 앞에 사람 인 변[亻]이면 버금 중, 중개할 중[仲], 아래에 마음 심, 중심 심[心]이면 충성 충[忠], 충성 충
[忠] 위에 가운데 중, 맞힐 중[中]이면 근심 환[患],
가운데 중, 맞힐 중[中]의 변형[史]에 파임 불[乀]이면 역사 사[史], 한 일[一]과 파임 불[乀]이면 관리 리[吏], 관리 리[吏] 앞에 사
람 인 변[亻]이면 하여금 사, 부릴 사[使]

## 047 경(갱)경편(변)[更硬便] – 更으로 된 한자

한 일[一] 아래에 가로 왈[曰]과 사람 인[人]의 변형[乀]이면 고칠 경, 다시 갱[更],
고칠 경, 다시 갱[更] 앞에 돌 석[石]이면 단단할 경[硬], 사람 인 변[亻]이면 편할 편, 똥오줌 변[便]

## 048 설활화 사사[舌活話 舍捨] – 舌, 舍로 된 한자

일천 천, 많을 천[千] 아래에 입 구, 말할 구, 구멍 구[口]면 혀 설[舌],
혀 설[舌] 앞에 삼 수 변[氵]이면 살 활[活], 말씀 언[言]이면 말씀 화, 이야기 화[話],
위에 사람 인[人]이면 집 사[舍], 집 사[舍] 앞에 손 수 변[扌]이면 버릴 사[捨]

## 049 감심 모모매[甘甚 某謀媒] – 甘, 某로 된 한자

[단맛을 느끼는] 쭉 내민 혀 앞부분[甘]에 一을 그어서 달 감, 기쁠 감[甘],
달 감, 기쁠 감[甘]의 변형[匹] 아래에 짝 필, 단위 필[匹]이면 심할 심[甚],
달 감, 기쁠 감[甘] 아래에 나무 목[木]이면 아무 모[某], 아무 모[某] 앞에 말씀 언[言]이면 꾀할 모, 도모할 모[謀], 여자 녀[女]면
중매 매[媒]

## 050 4기[其欺期基] – 其로 된 한자

달 감, 기쁠 감[甘]의 변형[丌] 아래에 대 기[丌]면 그 기[其],
그 기[其] 뒤에 하품 흠, 모자랄 흠[欠]이면 속일 기[欺], 달 월, 육 달 월[月]이면 기간 기, 기약할 기[期], 아래에 흙 토[土]면 터
기, 기초 기[基]

## 051 전유갑 신신신곤[田由甲 申伸神坤] – 田, 申으로 된 한자

에운담[囗] 안에 열 십, 많을 십[十]이면 밭 전[田], 밭 전[田]에 뚫을 곤[丨]을 위에 붙이면 까닭 유, 말미암을 유[由], 아래에 붙이
면 첫째 갑, 첫째 천간 갑, 갑옷 갑[甲],
가로 왈[曰]에 뚫을 곤[丨]이면 아뢸 신, 펼 신, 원숭이 신, 아홉째 지지 신[申],
아뢸 신, 펼 신, 원숭이 신, 아홉째 지지 신[申] 앞에 사람 인 변[亻]이면 늘일 신[伸], 보일 시, 신 시[示]면 귀신 신, 신비할 신
[神], 흙 토[土]면 땅 곤[坤]

## 052 묘답 답답[苗畓 沓踏] – 田, 沓으로 된 한자

밭 전[田] 위에 초 두[艹]면 싹 묘[苗], 물 수[水]면 논 답[畓],
해 일, 날 일[日] 위에 물 수[水]면 활발할 답, 합할 답[沓],
활발할 답, 합할 답[沓] 앞에 발 족, 넉넉할 족[足]의 변형[𧾷]이면 밟을 답[踏]

## 053 개계 위위[介界 胃謂] – 介, 胃로 된 한자

사람 인[人] 아래에 [丿|]이면 끼일 개[介], 끼일 개[介] 위에 밭 전[田]이면 경계 계, 세계 계[界],
밭 전[田] 아래에 달 월, 육 달 월[月]이면 밥통 위[胃], 밥통 위[胃] 앞에 말씀 언[言]이면 이를 위[謂]

## 054 복복폭부부[畐福幅副富] - 畐으로 된 한자

한 일[一] 아래에 입 구, 말할 구, 구멍 구[口]와 밭 전[田]이면 찰 복[畐],
**찰 복[畐]** 앞에 보일 시, 신 시[示]면 복 복[福], 수건 건[巾]이면 넓이 폭[幅],
뒤에 칼 도 방[刂]이면 버금 부, 예비 부[副], 위에 집 면[宀]이면 넉넉할 부, 부자 부[富]

## 055 세루 사남외[細累 思男畏] - 田으로 된 한자

**밭 전[田]** 앞에 실 사, 실 사 변[糸]이면 가늘 세[細], 아래에 실 사, 실 사 변[糸]이면 여러 루, 쌓일 루, 폐 끼칠 루[累], 마음 심,
중심 심[心]이면 생각할 사[思], 힘 력[力]이면 사내 남[男], 변화할 화, 될 화[化]의 변형[ㄍ]이면 두려워할 외[畏]

## 056 리리매리 량량[里理埋裏 量糧] - 里, 量으로 된 한자

밭 전[田] 아래에 흙 토[土]면 마을 리, 거리 리[里],
**마을 리, 거리 리[里]** 앞에 임금 왕, 으뜸 왕, 구슬 옥 변[王]이면 이치 리, 다스릴 리[理], 흙 토[土]면 묻을 매[埋], 마을 리, 거리
리[里]를 옷 의[衣] 속에 넣으면 속 리[裏].
마을 리, 거리 리[里] 위에 아침 단[旦]이면 헤아릴 량, 용량 량[量],
**헤아릴 량, 용량 량[量]** 앞에 쌀 미[米]면 양식 량[糧]

## 057 중종종동[重種鍾動] - 重으로 된 한자

마을 리, 거리 리[里] 위에 일천 천, 많을 천[千]이면 무거울 중, 귀중할 중, 거듭 중[重],
**무거울 중, 귀중할 중, 거듭 중[重]** 앞에 벼 화[禾]면 씨앗 종, 종류 종[種], 쇠 금, 금 금, 돈 금, 성씨 김[金]이면 쇠북 종, 술잔 종
[鍾], 뒤에 힘 력[力]이면 움직일 동[動]

## 058 압 비비비[押 卑婢碑] - 押과 卑로 된 한자

첫째 갑, 첫째 천간 갑, 갑옷 갑[甲] 앞에 손 수 변[扌]이면 누를 압, 압수할 압[押],
첫째 갑, 첫째 천간 갑, 갑옷 갑[甲]의 변형[甶] 위에 삐침 별[丿], 아래에 열 십, 많을 십[十]이면 낮을 비, 천할 비[卑], **낮을 비,
천할 비[卑]** 앞에 여자 녀[女]면 여자 종 비[婢], 돌 석[石]이면 비석 비[碑]

## 059 유추적 인연[油抽笛 寅演] - 由, 寅으로 된 한자

**까닭 유, 말미암을 유[由]** 앞에 삼 수 변[氵]이면 기름 유[油], 손 수 변[扌]이면 뽑을 추[抽], 위에 대 죽[竹]이면 피리 적[笛],
위에 집 면[宀]과 한 일[一], 아래에 여덟 팔, 나눌 팔[八]이면 삼갈 인, 범 인, 셋째 지지 인[寅], **삼갈 인, 범 인, 셋째 지지 인[寅]**
앞에 삼 수 변[氵]이면 펼 연, 설명할 연[演]

## 060 목휴본상[木休本床] - 木으로 된 한자

가지 달린 나무를 본떠서 나무 목[木], **나무 목[木]** 앞에 사람 인 변[亻]이면 쉴 휴[休],
중간에 한 일[一]이면 뿌리 본, 근본 본, 책 본[本], 위에 집 엄[广]이면 평상 상, 책상 상[床]

# 확인문제

**01~04** 다음 漢字의 훈(뜻)과 음(소리)를 쓰시오.

01. 甚 (                )　　　02. 媒 (                )

03. 欺 (                )　　　04. 坤 (                )

**05~08** 다음 훈음에 맞는 漢字를 쓰시오.

05. 기름 유 (                )　　　06. 평상 상 (                )

07. 양식 량 (                )　　　08. 복 복 (                )

**09~12** 다음 漢字語의 讀音을 쓰시오.

09. 姻戚 (                )　　　10. 娛樂 (                )

11. 焦燥 (                )　　　12. 驅迫 (                )

**13~14** 다음 문장에서 밑줄 친 낱말을 漢字로 쓰시오.

13. 농사를 지을 때는 종자를 잘 선택해야 한다. (                )

14. 그는 항상 생동감이 넘친다.　　　　　　 (                )

**15~16** 다음 문장에서 漢字로 표기된 낱말의 讀音을 쓰시오.

15. 그의 입장은 아주 强硬하였다.　　　　 (                )

16. 그는 아끼는 물건을 기꺼이 喜捨하였다. (                )

**17~18** 다음 뜻풀이에 맞는 낱말을 漢字로 쓰시오.

17. 마을의 사무를 맡아보는 사람. (                )

18. 내린 비의 양.　　　　　　 (                )

**19~20** 다음 漢字語의 뜻을 쓰시오.

19. 貧富 (                            )

20. 累積 (                            )

## 정답

| | | | | |
|---|---|---|---|---|
| 01. 심할 심 | 05. 油 | 09. 인척 | 13. 種子 | 17. 里長 |
| 02. 중매할 매 | 06. 床 | 10. 오락 | 14. 生動感 | 18. 降雨量 |
| 03. 속일 기 | 07. 糧 | 11. 초조 | 15. 강경 | 19. 가난함과 부유함. |
| 04. 땅 곤 | 08. 福 | 12. 구박 | 16. 희사 | 20. 포개어 쌓음. |

---

**061** 림삼금 마마 출술술[林森禁 麻磨 朮術述] – 林, 麻, 朮로 된 한자

**林**

7급 / 총 8획 / 木

**나무(木)**와 **나무(木)**가 우거진 수풀이니 **수풀 림**

**林野(임야)** 숲이 있는 산이나 들.
**山林(산림)** 산의 수풀.

+ 野(들 야, 거칠 야), 山(산 산)

---

**森**

3급Ⅱ / 총 12획 / 木

**나무(木)**가 **수풀(林)**보다 더 빽빽하니 **빽빽할 삼**
또 **나무(木)**가 **수풀(林)**처럼 엄숙하게 늘어선 모양에서 **엄숙한 모양 삼**

**森羅萬象(삼라만상)** 우주 사이에 벌여 있는 온갖 사물과 현상.
**森嚴(삼엄)** 무서우리만큼 질서가 바로 서고 엄숙함.

+ 羅(벌일 라, 비단 라, 성씨 라), 萬(일만 만, 많을 만), 象(코끼리 상, 모양 상, 본뜰 상), 嚴(엄할 엄)

---

**禁**

4급Ⅱ / 총 13획 / 示

**수풀(林)**은 **보기(示)**만 할 뿐 함부로 베지 못하도록 금하니 **금할 금**

+ 示(보일 시, 신 시)

**禁忌(금기)** 금하여 꺼림.
**禁止(금지)** 금하여 그치도록(못하게) 함.

+ 忌(꺼릴 기), 止(그칠 지)

---

**麻**

3급Ⅱ / 총 11획 / 麻

**집(广)** 주위에 **수풀(朮)**처럼 빽빽이 기르는 삼이니 **삼 마**
또 삼에 있는 성분의 마약이니 **마약 마**

+ 여기서 삼은 인삼(人蔘)이나 산삼(山蔘)과 다른 것으로, 베를 짜는 식물의 한 종류. 삼은 껍질을 벗겨 가공하여 삼베를 짜고 그 잎은 마약 성분이 있는 대마초(大麻草)로, 재배하려면 허가를 받아 집 인근에 심어야 하니 글자에 집 엄(广)이 들어갑니다.
+ 朮[수풀 림(林)의 변형], 蔘(인삼 삼), 草(풀 초)

**麻布(마포)** 삼베.
**麻醉(마취)** 약물로 감각이나 정신을 잃게 함.

+ 布(베 포, 펼 포, 보시 보), 醉(취할 취)

## 磨

3급II / 총 16획 / 石

삼(麻) 껍질을 벗기려고 **돌(石)**에 문지르듯이 가니 **갈 마**

+ 石(돌 석), 삼 껍질 중 섬유질이 아닌 겉껍질을 벗기려고 돌에 문지르지요.

**研磨(연마)** 갈고 닦음.
**磨滅(마멸)** 갈리어 닳아 없어짐.

+ 研(갈 연, 연구할 연), 滅(꺼질 멸, 멸할 멸)

## 朮

특급II / 총 5획 / 木

여러 갈래로 나뉘어 여는 차조를 본떠서 **차조 출**
또 여러 갈래로 뻗어가는 삽주뿌리를 본떠서 **삽주뿌리 출**

+ 차조 – 찰기가 있는 조. 삽주 – 국화과의 여러해살이풀로 뿌리는 한약재로 쓰입니다.

## 術

6급 / 총 11획 / 行

삽주뿌리(朮)처럼 여러 갈래로 뻗어 **가는(行)** 재주와 기술이니
**재주 술, 기술 술**

+ 行(다닐 행, 행할 행, 항렬 항) – 제목번호 197 참고

**術策(술책)** (어떤 일을 꾸미는) 재주와 꾀.
**技術(기술)** 말이나 일을 솜씨 있게 하는 재주.

+ 策(채찍 책, 꾀 책), 技(재주 기)

## 述

3급II / 총 9획 / 辵(辶)

삽주뿌리(朮)가 뻗어**가듯(辶)** 한 방향으로 말하거나 책 쓰니
**말할 술, 책 쓸 술**

**陳述(진술)** 자세하게 말함.
**著述(저술)** 책을 씀. 또는 그 책.

+ 陳(벌여놓을 진, 묵을 진), 著(글 지을 저, 드러날 저, 붙을 착, 입을 착)

---

**062**    말 미미매[末 未味妹] – 末과 未로 된 한자

## 末

5급 / 총 5획 / 木

나무(木)에서 **긴 가지(一)** 끝이니 **끝 말**

+ 一('한 일'이지만 여기서는 나뭇가지로 봄)

**結末(결말)** 끝을 맺음. 또는 일을 맺는 끝.
**本末(본말)** 사물의 근본과 대수롭지 않은 일.

+ 結(맺을 결), 本(근본 본, 뿌리 본, 책 본)

**4급II / 총 5획 / 木**

나무(木)에서 **짧은 가지(一)**니 아직 자라지 않았다는 데서
**아닐 미, 아직 ~ 않을 미, 여덟째 지지 미**

+ 미(未)는 아닐 불·부(不)나 없을 막, 말 막, 가장 막(莫)처럼 완전부정사로 해석해서는
안 되고 가능성을 두어 '아직 ~ 아니다'로 해석해야 합니다. 나무 목(木) 위에 가지를 나타내
는 一이 길면 끝 말(末), 짧으면 아닐 미, 아직 ~ 않을 미, 여덟째 지지 미(未)입니다.

**未完成(미완성)** 아직 완성이 덜 됨.
**未成年(미성년)** 아직 성년(만 20세)이 되지 않은 나이. 또는 그런 사람.

+ 完(완전할 완), 成(이룰 성), 年(해 년, 나이 년)

**4급II / 총 8획 / 口**

입(口)으로 **아니(未)** 삼키고 보는 맛이니 **맛 미**

**甘味(감미)** 달콤한 맛.
**口味(구미)** 입맛.

+ 甘(달 감, 기쁠 감), 口(입 구, 말할 구, 구멍 구)

**4급 / 총 8획 / 女**

여자(女)가 나이를 **아니(未)** 먹은 누이니 **누이 매**

+ 女(여자 녀), 누이 – 남자가 여자 형제를 이르는 말로, 손아래 여자.

**姉妹(자매)** (여자끼리의) 언니와 아우.
**男妹(남매)** '사내와 누이'로, 오라버니와 누이. 오누이.

+ 姉(손위 누이 자), 男(사내 남)

---

**063** **주주주수[朱株珠殊] – 朱로 된 한자**

**4급 / 총 6획 / 木**

**삐침(ノ)** 아직 자라지 **않은(未)** 어린 싹은 붉으니 **붉을 주, 성씨 주**

+ 나무나 풀의 어린 싹은 대부분 붉지요.
+ ノ[삐침 별(ノ)의 변형이지만 여기서는 작은 모양]

**朱紅(주홍)** 붉은빛과 누런빛의 중간으로 붉은 쪽에 가까운 색.
**朱黃(주황)** 빨강과 노랑의 중간색.

+ 紅(붉을 홍), 黃(누를 황)

**3급II / 총 10획 / 木**

나무(木)의 **붉은(朱)** 뿌리 부분만 남은 그루터기니 **그루터기 주**
또 그루터기 같은 뿌리로 나무를 세는 그루니 **그루 주**
또 나무를 세듯이 자본을 세는 주식이니 **주식 주**

**守株待兔(수주대토)** '그루터기를 지키며 토끼를 기다림'으로, 융통성 없는 사람을 비웃어
이르는 말. [나무 등걸에 걸려 죽은 토끼를 보고 다시 토끼가 걸리기를 마냥 기다렸다는 고사에서 온 말]
**株價(주가)** 주식의 값.

+ 守(지킬 수), 待(대접할 대, 기다릴 대), 兔(토끼 토), 價(값 가, 가치 가)

## 珠
3급II / 총 10획 / 玉(王)

**구슬(王) 중 붉은(朱)** 구슬이나 진주니 **구슬 주, 진주 주**

+ 王(임금 왕, 으뜸 왕, 구슬 옥 변)

> **珠玉(주옥)** 구슬과 옥.
> **眞珠·珍珠(진주)** 조개의 체내에서 형성되는 구슬 모양의 분비물 덩어리.

+ 玉(구슬 옥), 眞(참 진), 珍(보배 진)

## 殊
3급II / 총 10획 / 歹

**죽어서도(歹) 붉은(朱)** 피가 흐름은 보통과 다르니 **다를 수**

+ 歹(뼈 부서질 알, 죽을 사 변) – 제목번호 343 列의 주 참고

> **特殊(특수)** 특별히 다름.
> **殊常(수상)** 보통과 달리 이상함.

+ 特(특별할 특), 常(항상 상, 보통 상, 떳떳할 상)

---

**064** 자자(척)책 속속[束刺策 束速] – 束, 束으로 된 한자

DAY 04

## 束
급외자 / 총 6획 / 木

**나무(木)에 덮인(冖)** 듯 붙어 있는 가시니
**가시 자**

+ 木(나무 목), 冖(덮을 멱)

## 刺
3급II / 총 8획 / 刀(刂)

**가시(束)나 칼(刂)로** 찌르니 **찌를 자, 찌를 척**

+ 刂(칼 도 방)

> **刺客(자객)** (사람을 몰래) 칼로 찔러 죽이는 사람.
> **刺殺(척살)** (칼 따위로) 찔러 죽임.

+ 客(손님 객), 殺(죽일 살, 빠를 쇄, 감할 쇄)

## 策
3급II / 총 12획 / 竹(⺮)

**대(⺮)로 만든, 가시(束)처럼** 아픈 채찍이니 **채찍 책**
또 채찍질할 때 다치지 않게 신경 써야 하는 꾀니 **꾀 책**

+ ⺮[대 죽(竹)이 부수로 쓰일 때의 모양]

> **策勵(책려)** 채찍질하며 힘쓰게 함.
> **妙策(묘책)** 묘한 꾀.

+ 勵(힘쓸 려), 妙(묘할 묘, 예쁠 묘)

**5급 / 총 7획 / 木**

## 나무(木)를 묶으니(口) 묶을 속

+ 口('입 구, 말할 구, 구멍 구'지만 여기서는 묶어 놓은 모양으로 봄)

**拘束(구속)** (마음대로 못하게) 잡아 묶음.
*束縛(속박) (몸을 자유롭지 못하게) 얽어맴.

+ 拘(잡을 구), 縛(묶을 박)

**6급 / 총 11획 / 辵(辶)**

## (신발 끈을) 묶고(束) 뛰면(辶) 빠르니 빠를 속

**速度(속도)** 빠른 정도. 빠르기.
**速讀(속독)** 빠른 속도로 읽음.

+ 度(법도 도, 정도 도, 헤아릴 탁), 讀(읽을 독, 구절 두)

---

**065** 　동동진[東凍陳] – 東으로 된 한자

**8급 / 총 8획 / 木**

## 나무(木) 사이로 해(日)가 떠오르는 동쪽이니 동쪽 동
## 또 옛날에 동쪽에 앉았던 주인이니 주인 동

+ 유 柬(가릴 간, 편지 간), 束(묶을 속)
+ 옛날에는 신분에 따라 앉는 방향이 달라서 임금은 북쪽, 신하는 남쪽, 주인은 동쪽, 손님은 서쪽에 자리하고 앉았답니다.

**東洋(동양)** '동쪽 큰 바다'로, 동쪽 아시아 일대. [중국과 인도의 문화권에 속하는 대부분의 아시아 지역] ↔ 서양(西洋)
**東問西答(동문서답)** '동쪽을 물으니 서쪽을 답함'으로, 물음과는 전혀 상관없는 엉뚱한 대답을 이르는 말.

+ 洋(큰 바다 양, 서양 양), 問(물을 문), 西(서쪽 서), 答(대답할 답, 갚을 답)

**3급Ⅱ / 총 10획 / 氷(冫)**

## 얼음(冫)은 동쪽(東)에 더 많이 어니 얼 동

+ 冫(이 수 변), 아침 햇살만 잠깐 비치는 동쪽으로 향한 언덕이 서쪽보다 얼음이 더 많이 언다는 데서 만들어진 글자.

**凍傷(동상)** 얼어서 살갗이 상함.
**解凍(해동)** 얼었던 것이 녹아서 풀림.

+ 傷(상할 상), 解(해부할 해, 풀 해)

**3급Ⅱ / 총 11획 / 阜(阝)**

## 언덕(阝)의 동쪽(東)에 햇살이 퍼지듯 늘어놓아 묵으니
## 늘어놓을 진, 묵을 진

+ 阝(언덕 부 변), 묵다 – 일정한 곳에서 나그네로 머무르다.

**陳列(진열)** (여러 사람에게 보이기 위하여) 쭉 벌여 놓음.
**陳腐(진부)** '묵어서 썩음'으로, 케케묵고 낡음.

+ 列(벌일 렬, 줄 렬), 腐(썩을 부)

**來**

7급 / 총 8획 / 人

### 나무(木) 밑으로 두 사람(人人)이 오니 **올 래**

+ [약] 来 – 한(一) 톨의 쌀(米)이라도 구하려고 오니 '올 래'
+ 米(쌀 미), 옛날에는 쌀이 귀했답니다.

> **往來(왕래)** 가고 옴.
> **將來(장래)** ① 앞으로 닥쳐올 날. 미래. ② 앞날의 전망.

+ 往(갈 왕), 將(장수 장, 장차 장, 나아갈 장)

---

**麥**

3급Ⅱ / 총 11획 / 麥

### (봄이) 오면(夾) 천천히(夊) 거두는 보리니 **보리 맥**

+ [약] 麦 – 주인(龶)이 천천히(夊) 거두는 보리니 '보리 맥'
+ 夾['낄 협'이지만 여기서는 올 래(來)의 변형으로 봄], 夊(천천히 걸을 쇠, 뒤져 올 치), 龶[주인 주(主)의 변형]
+ 보리는 가을에 심어 여름이 오기 전 늦은 봄에 거두지요.

> **麥類(맥류)** 보리 종류를 통틀어 이르는 말로, 보리·귀리·밀 따위.
> **麥芽(맥아)** '보리 싹'으로, 엿기름.

+ 類(무리 류, 닮을 류), 芽(싹 아)

DAY

04

---

**嗇**

1급 / 총 13획 / 口

### 재물이 오면(來) 돌아(回)가지 않게 아끼니 **아낄 색**

+ 來[올 래(來)의 변형], 回(돌 회, 돌아올 회, 횟수 회)

---

**墻**

3급 / 총 16획 / 土

### 흙(土)으로 재물을 아끼는(嗇) 사람이 높게 쌓은 담이니 **담 장** (= 牆)

+ [동] 牆 – 나무 조각(爿)으로 재물을 아끼는(嗇) 사람이 높게 막은 담이니 '담 장' – 특급Ⅱ
+ 土(흙 토), 爿(나무 조각 장, 장수 장 변)

> **墻外(장외)** 담 밖.
> **越墻(월장)** 담을 넘음.

+ 外(밖 외), 越(넘을 월, 월나라 월)

保

4급II / 총 9획 / 人(亻)

(말로 화를 입는 경우가 많아) **사람(亻)**은 **입(口)**을 말 없는 **나무(木)**처럼 지키고 보호하니 **지킬 보, 보호할 보**

+ 亻(사람 인 변), 口(입 구, 말할 구, 구멍 구)

> **保健(보건)** 건강을 지킴.
> **保身(보신)** 몸을 보호함.

+ 健(건강할 건), 身(몸 신)

果

6급 / 총 8획 / 木

**과실(田)**이 **나무(木)** 위에 열린 모양을 본떠서 **과실 과**
또 과실은 그 나무를 알 수 있는 결과니 **결과 과**

+ 田('밭 전, 논 전'이지만 여기서는 과실의 모양으로 봄)

> **果實(과실)** 나무의 열매.
> **結果(결과)** ① 과실을 맺음. 또는 그 과실. ② 어떤 원인으로 생긴 결말.

+ 實(열매 실, 실제 실), 結(맺을 결)

課

5급 / 총 15획 / 言

**말(言)**을 들은 **결과(果)**로 세금을 매기고 부과하니 **매길 과, 부과할 과**
또 **말(言)**로 연구한 **결과(果)**를 적으며 공부하는 과정이니
**공부할 과, 과정 과**

+ 言(말씀 언)

> **課稅(과세)** 세금을 부과함.
> **課外(과외)** 정해진 학과 과정이나 근무 시간 밖.

+ 稅(세낼 세, 세금 세), 外(밖 외)

# 相

5급 / 총 9획 / 目

나무(木)처럼 마주서서 서로의 모습을 보니(目)
**서로 상, 모습 상, 볼 상**

또 임금과 서로 자주 소통하는 재상이니 **재상 상**

+ 재상(宰相) – 임금을 돕고 모든 관원을 지휘하고 감독하는 이품 이상의 벼슬.
+ 目(눈 목, 볼 목, 항목 목), 宰(주관할 재, 재상 재)

> **相扶相助(상부상조)** 서로서로 도움.
> **眞相(진상)** 사물의 참된 모습. 실제의 형편.
> **觀相(관상)** 사람의 얼굴로 그의 운명, 성격, 수명 따위를 판단하는 일.
> **首相(수상)** '우두머리 재상'으로, 국무총리. 영의정.

+ 扶(도울 부), 助(도울 조), 眞(참 진), 觀(볼 관), 首(머리 수, 우두머리 수)

# 想

4급 II / 총 13획 / 心

서로(相) 마음(心)으로 생각하니 **생각할 상**

+ 心(마음 심, 중심 심)

> **想像(상상)** (마음속으로) 모습을 생각함.
> **空想(공상)** (객관성이 없는) 빈 (헛된) 상상.

+ 像(모양 상, 본뜰 상), 空(빌 공, 하늘 공)

# 染

3급 II / 총 9획 / 木

물(氵)속에 넣고 많이(九) 나무(木)로 휘저으며 물들이니 **물들일 염**

+ 九(아홉 구, 클 구, 많을 구)

> **感染(감염)** ① 병원체가 몸에 옮음. ② (남의 나쁜 버릇이나 다른 풍습 따위가) 옮아서 그대로 따라하게 됨.
> **染色(염색)** (실이나 천에) 물을 들임. ↔ 탈색(脫色)

+ 感(느낄 감, 감동할 감), 色(빛 색), 脫(벗을 탈)

# 梁

3급 II / 총 11획 / 木

물(氵)의 양쪽(ノ丶)에 칼(刀)로 나무(木)를 잘라 올려놓은 다리나 들보니
**다리 량, 들보 량, 성씨 양**

+ 樑 – 나무(木)로 만든 들보(梁)나 다리니 '들보 량, 다리 량' – 2급
+ 들보 – 기둥과 기둥 위에 들려 올린 나무로, 튼튼하고 굵은 나무를 사용하니 '대들보'라고도 합니다.

> **橋梁(교량)** 물을 건너게 만든 다리.
> **棟梁之材(동량지재)** '기둥이나 들보가 될 만한 재목'으로, 한 집안이나 나라를 맡아 다스릴 만한 인재.

+ 橋(다리 교), 棟(기둥 동), 之(갈 지, ~의 지, 이 지), 材(재목 재, 재료 재)

**棄**

3급 / 총 12획 / 木

머릿(亠)속의 사심(厶)을 하나(一)의 그릇(凵)에 담아 **나무(木)** 위로 던져버리니 **버릴 기**

+ 약 弃 – 머릿(亠)속의 사심(厶)을 받쳐 들어(廾) 버리니 '버릴 기'
+ 亠(머리 부분 두), 厶(사사로울 사, 나 사), 凵(입 벌릴 감, 그릇 감), 廾(받쳐 들 공)

**棄權(기권)** (투표 등에서) 자기의 권리를 버리고 행사하지 아니함.
**棄兒(기아)** 아이를 내다 버림. 또는 버려진 아이.

+ 權(권세 권), 兒(아이 아)

---

**069** 씨지 혼혼[氏紙 昏婚] – 氏, 昏으로 된 한자

---

**氏**

4급 / 총 4획 / 氏

(사람의 씨족은 나무뿌리 뻗어가듯 번지니) 나무뿌리가 지상으로 나온 모양을 본떠서
**성 씨, 뿌리 씨**

+ 氏는 사람의 성(姓)이나 이름 밑에 붙이여 상대방을 존대하는 말로도 쓰입니다. 남을 보통으로 부르거나 낮추어 부를 때는 성씨 가(哥)를 붙여 쓰고요.

**姓氏(성씨)** '성(姓)'을 높여 부르는 말.
**氏族(씨족)** 공동의 조상을 가진 혈족 단체.

+ 姓(성씨 성, 백성 성), 族(겨레 족)

---

**紙**

7급 / 총 10획 / 糸

(나무의 섬유질인) **실(糸)**이 나무**뿌리(氏)**처럼 엉겨서 만들어지는 종이니
**종이 지**

+ 糸(실 사, 실 사 변)

**紙幣(지폐)** 종이에 인쇄하여 만든 화폐.
**便紙(편지)** 소식을 알리기 위해 쓴 글.

+ 幣(돈 폐, 폐백 폐), 便(편할 편, 똥오줌 변)

---

**昏**

3급 / 총 8획 / 日

나무**뿌리(氏)** 아래로 **해(日)**가 지며 저물고 어두우니 **저물 혼, 어두울 혼**

+ 日(해 일, 날 일)

**黃昏(황혼)** 누렇게 저녁노을이 끼고 어두워지는 때.
**昏亂(혼란)** 어둡고 어지러움.

+ 黃(누를 황), 亂(어지러울 란)

---

**婚**

4급 / 총 11획 / 女

**여자(女)**와 **저문(昏)** 저녁에 결혼했으니 **결혼할 혼**

+ 女(여자 녀), 옛날에는 주로 저녁에 결혼했답니다.

**婚期(혼기)** 결혼하기에 적당한 기간(나이).
**婚談(혼담)** 결혼을 시키기 위하여 오고 가는 말.

+ 期(기간 기, 기약할 기), 談(말씀 담)

특급 / 총 5획 / 氏

나무는 **뿌리(氏)**가 있는 **밑(一)**이 근본이니 **밑 저, 근본 저**

+ 一('한 일'이지만 여기서는 밑으로 봄)
+ 나무는 뿌리가 성해야 잘 자라니 뿌리가 있는 밑이 근본이지요.

---

4급II / 총 7획 / 人(亻)

사람(亻)이 **밑(氐)**에 있어 낮으니 **낮을 저**

> **低價(저가)** 싼 값.
> **低俗(저속)** (품위가) 낮고 속됨.

+ 價(값 가, 가치 가), 俗(저속할 속, 속세 속, 풍속 속)

---

抵

3급II / 총 8획 / 手(扌)

손(扌)으로 **밑(氐)**바닥까지 거슬러 막으니 **거스를 저, 막을 저**
또 막음에 당하니 **당할 저**

+ 扌(손 수 변)

> **抵抗(저항)** (어떤 힘이나 권위 따위를) 막아서 대항함.
> **抵觸(저촉)** '막음에 닿음'으로, (법률·규칙 등에) 위반되거나 거슬림.

+ 抗(막을 항), 觸(닿을 촉, 범할 촉)

---

底

4급 / 총 8획 / 广

집(广)의 **밑(氐)**부분이니 **밑 저**

+ 广(집 엄), 낮을 저(低)는 주로 높낮이가 낮다는 말이고, 밑 저(底)는 눈에 보이지 않는 밑 부분을 가리킵니다.

> **底力(저력)** '밑의 힘'으로, 사람이 속으로 간직하고 있는 강한 힘.
> **底意(저의)** '밑의 뜻'으로, 마음속에 감추고 있는 생각.

+ 力(힘 력), 意(뜻 의)

DAY
04

8급 / 총 5획 / 氏

**모인(冖) 여러 씨(氏)족들로 이루어진 백성이니 백성 민**

+ 冖('덮을 멱'이지만 여기서는 모인 모양으로 봄), 氏(성 씨, 뿌리 씨)

**平民(평민)** '평범한 백성'으로, (벼슬이 없는) 일반인.
**國利民福(국리민복)** 국가의 이익과 국민의 행복.

+ 平(평평할 평, 평화 평), 國(나라 국), 利(이로울 리, 날카로울 리), 福(복 복)

3급Ⅱ / 총 10획 / 目

**눈(目) 감고 백성(民)들은 잠자니 잠잘 면**

+ 目(눈 목, 볼 목, 항목 목)

**睡眠(수면)** ① 잠을 잠. ② 활동을 쉼.
**不眠症(불면증)** 잠을 이루지 못하는 증세.

+ 睡(잘 수), 不(아닐 불·부), 症(증세 증)

4급Ⅱ / 총 11획 / 目

**눈(目)동자를 멈추고(艮) 바라보는 눈이니 눈 안**

+ 艮(멈출 간, 어긋날 간) - 제목번호 338 참고

**眼鏡(안경)** '눈의 거울'로, 시력이 나쁜 눈을 잘 보이게 하기 위해 만든 물건.
**眼科(안과)** 눈병을 연구·치료하는 의학의 한 분과.

+ 鏡(거울 경), 科(조목 과, 과목 과)

4급Ⅱ / 총 10획 / 肉(月)

**몸(月)에서 언덕(厂)으로 뻗은 나무뿌리(氏) 같은 혈관이니 혈관 맥**
**또 혈관 같은 줄기니 줄기 맥**

+ 약 脉 - 몸(月)에서 길게(永) 이어지는 혈관이니 '혈관 맥'
    또 혈관 같은 줄기니 '줄기 맥'
+ 月(달 월, 육 달 월), 厂(굴 바위 엄, 언덕 엄), 氏[성 씨, 뿌리 씨(氏)의 변형], 永(길 영, 오랠 영)

*脈搏(맥박) '혈관을 침'으로, 심장 운동에 의한 동맥의 움직임.
**山脈(산맥)** '산줄기'로, 여러 산이 뻗쳐 줄기를 이룬 지대.

+ 搏(잡을 박, 칠 박)

派

4급 / 총 9획 / 水(氵)

**물(氵)이 바위(厂) 속으로 뻗은 나무뿌리(氏)처럼 갈라져 흐르는 물갈래니**
**물갈래 파**
**또 물갈래처럼 나눠지는 파벌이니 파벌 파**

**派生(파생)** (사물이 어떤 주제로부터) 갈려 나와 생김.
*派閥(파벌) 개별적인 이해관계에 따라 따로 갈라진 사람의 집단.

+ 生(날 생, 살 생, 사람을 부를 때 쓰는 접사 생), 閥(문벌 벌)

## 禾

3급 / 총 5획 / 禾

**익어서 고개 숙인 벼의 모양을 본떠서 벼 화**

+ 벼는 모든 곡식을 대표하여 곡식과 관련되는 여러 한자에 두루 쓰입니다.

## 米

6급 / 총 6획 / 米

**벼(禾)를 찧으면 알(丶)로 톡 튀어나오는 쌀이니 쌀 미**

+ 米의 글자 구조를 보아 八, 十, 八로 보아 '팔십(八十) 팔(八)번의 손이 가야 생산되는 쌀이니 쌀 미(米)'라고도 합니다.
+ 米[벼 화(禾)의 변형], 丶('점 주, 불똥 주'지만 여기서는 쌀알로 봄)

> **米飮(미음)** 쌀을 푹 끓여 마실 수 있게 만든 음식.
> **白米(백미)** 흰쌀.

+ 飮(마실 음), 白(흰 백, 밝을 백, 깨끗할 백, 아뢸 백)

## 采

특급 / 총 7획 / 采

**분별하여(丿) 품질대로 쌀(米)을 나누니 분별할 변, 나눌 변**

+ 丿('삐침 별'이지만 여기서는 분별하는 모양으로 봄), 옛날에는 쌀이 모든 물물 교환의 기준이었고 곡식의 대표였으니 이런 어원이 가능하지요.

**DAY**
**04**

## 竊

3급 / 총 22획 / 穴

**구멍(穴) 뚫어(采) 물건이 있을 것이라 점(卜)친 안(內)에 성(冂) 같은 금고를 열고 사사로이(厶) 훔치니 훔칠 절**

+ 약 窃 – 구멍(穴)으로 모두(切) 훔치니 '훔칠 절'
+ 穴(구멍 혈, 굴 혈), 卜(점 복), 內[안 내, 나인 나(內)의 속자], 冂(멀 경, 성 경), 厶(사사로울 사, 나 사), 切(모두 체, 끊을 절, 간절할 절)

> **竊盜(절도)** (남의 재물을 몰래) 훔침. 또는 그런 사람.
> *剽竊(표절) (시나 글, 노래 따위를 지을 때에 남의 작품 일부를) 몰래 따다 씀.

+ 盜(훔칠 도), 剽(빼앗을 표, 빠를 표)

## 番

6급 / 총 12획 / 田

**나눈(采) 밭(田)에 차례로 붙인 번지니 차례 번, 번지 번**

+ 田(밭 전, 논 전)

> **當番(당번)** 번을 드는 차례에 당함. 또는 번을 드는 사람.
> **地番(지번)** 땅 번지.

+ 當(마땅할 당, 당할 당), 地(땅 지, 처지 지)

**播**

3급 / 총 15획 / 手(扌)

손(扌)으로 씨를 차례**차례(番)** 뿌리니 **뿌릴 파**
또 뿌려서 널리 퍼뜨리니 **퍼뜨릴 파**

**播種(파종)** (논밭에 곡식의) 씨앗을 뿌림.
**傳播(전파)** 널리 전하여 퍼뜨림.

+ 種(씨앗 종, 종류 종), 傳(전할 전, 이야기 전)

**審**

3급Ⅱ / 총 15획 / 宀

집(宀)에 **번지(番)**를 정하기 위하여 살피니 **살필 심**

+ 宀(집 면)

**審判(심판)** (옳고 그름이나 우열, 승패 따위를) 살펴서 판단함.
**審査(심사)** 살펴 조사함.

+ 判(판단할 판), 査(조사할 사)

---

**073** 사화질향 추수 리리[私和秩香 秋愁 利梨] – 禾, 秋, 利로 된 한자

**私**

4급 / 총 7획 / 禾

벼(禾) 같은 곡식을 소유함이 **사사로우니(厶) 사사로울 사**

+ 厶(사사로울 사, 나 사) – 제목번호 215 참고

**私有(사유)** 개인이 사사로이 가짐.
**公平無私(공평무사)** 공평하고 사사로움이 없음.

+ 有(가질 유, 있을 유), 公(공평할 공, 대중 공, 귀공자 공), 平(평평할 평, 평화 평), 無(없을 무), 私(사사로울 사)

**和**

6급 / 총 8획 / 口

벼(禾) 같은 곡식을 나누어 **입(口)**으로 같이 먹으면 화목하니 **화목할 화**

**和睦(화목)** 뜻이 맞고 정다움.
**和解(화해)** (다툼을 그치고) 화목하게 풂.

+ 睦(화목할 목), 解(해부할 해, 풀 해)

**秩**

3급Ⅱ / 총 10획 / 禾

볏(禾)단을 **잃어(失)**버리지 않도록 차례로 쌓으니 **차례 질**

+ 失(잃을 실), 차례로 쌓아두면 잃어버렸는지도 금방 알 수 있지요.

**秩序(질서)** 사물의 바른 차례.
**無秩序(무질서)** 차례가 없음.

+ 序(먼저 서, 차례 서), 無(없을 무)

# 香

4급II / 총 9획 / 香

## 벼(禾)가 햇(日)빛에 익어 가며 나는 향기니 향기 향

+ 日(해 일, 날 일)

香氣(향기) 향기로운 냄새.
香水(향수) 향기를 풍기는 물.

+ 氣(기운 기, 대기 기), 水(물 수)

---

# 秋

7급 / 총 9획 / 禾

## 벼(禾)가 불(火)처럼 붉게 익어 가는 가을이니 가을 추

+ 火(불 화)

秋收(추수) 가을에 익은 곡식을 거두어 들임. 가을걷이.
春夏秋冬(춘하추동) 봄 · 여름 · 가을 · 겨울의 네 철.

+ 收(거둘 수), 春(봄 춘), 夏(여름 하), 冬(겨울 동)

---

# 愁

3급II / 총 13획 / 心

## 가을(秋)에 느끼는 마음(心)은 주로 근심이니 근심 수

+ 추워지는 날씨에 겨울나기 걱정이나 또 한 해가 간다는 슬픈 마음 등 가을(秋)에 느끼는 마음(心)은 주로 근심이지요.

憂愁(우수) 근심과 걱정.
鄕愁(향수) 고향이 그리워 느끼는 근심(슬픔).

+ 憂(근심할 우), 鄕(시골 향, 고향 향)

---

# 利

6급 / 총 7획 / 刀(刂)

## 벼(禾)를 낫(刂)으로 베어 수확하면 이로우니 이로울 리
## 또 이로움에는 모두 날카로우니 날카로울 리

+ 刂('칼 도 방'이지만 여기서는 낫으로 봄)

利己心(이기심) 자기 이익만을 꾀하는 마음.
銳利(예리) (연장이나 판단력이) 날카롭고 정확함.

+ 己(몸 기, 자기 기), 心(마음 심, 중심 심), 銳(날카로울 예)

---

# 梨

3급 / 총 11획 / 木

## 이로운(利) 나무(木) 열매는 배니 배 리

+ 배는 식용 · 약용으로도 많이 쓰이니 이롭지요.

梨花(이화) 배꽃.
烏飛梨落(오비이락) '까마귀 날자 배 떨어짐'으로, 어떤 일이 우연히 일어나는 것을 비유한 말.

+ 花(꽃 화), 烏(까마귀 오), 飛(날 비, 높을 비, 빠를 비), 落(떨어질 락)

## 乃

3급 / 총 2획 / ノ

(세월이 빨라) 사람은 **지팡이(ノ)**에 의지할 **허리 굽은(乃)** 사람으로 곧 이에 늙으니 **곧 내, 이에 내**

+ 이에 - 이리하여 곧.
+ ノ('삐침 별'이지만 여기서는 지팡이로 봄), 세월은 빠르고 인생은 짧으니, 백 년을 살아도 삼만 육천오백일밖에 안 되네요.

**人乃天(인내천)** 사람이 곧 하늘. [천도교의 기본 사상]
**終乃(종내)** 결국. 마침내. 끝내.

+ 天(하늘 천), 終(다할 종, 마칠 종)

## 秀

4급 / 총 7획 / 禾

**벼(禾)**는 심으면 **곧(乃)** 자라 이삭이 빼어나니 **빼어날 수**

**秀才(수재)** 재주가 빼어난(뛰어난) 사람.
**優秀(우수)** 여럿 중에서 가장 빼어남.

+ 才(재주 재, 바탕 재), 優(우수할 우, 배우 우, 머뭇거릴 우)

## 誘

3급II / 총 14획 / 言

**말(言)**을 **빼어나게(秀)** 잘하며 꾀니 **꾈 유**

+ 言(말씀 언)

**誘惑(유혹)** 꾀어서 정신을 어지럽게 함.
**誘引(유인)** (주의나 흥미를 유발시켜) 꾀어 이끎.

+ 惑(유혹할 혹, 미혹할 혹), 引(끌 인)

## 透

3급II / 총 11획 / 辵(辶)

**빼어나게(秀)** 노력해 **가면(辶)** 통하니 **통할 투**

+ 辶(뛸 착, 갈 착)

**透明(투명)** (속까지) 통하여 밝음.
**透視圖(투시도)** (안 보이는 곳도) 통하여 보이게 그린 그림.

+ 明(밝을 명), 視(볼 시), 圖(그림 도, 꾀할 도)

## 及

3급II / 총 4획 / 又

**곧(乃)** 이르러 **미치니(乀)** 이를 급, **미칠 급**

+ 乀('파임 불'이지만 여기서는 이르러 미치는 모양으로 봄)

**及第(급제)** '차례에 이름'으로, 과거나 시험에 합격됨. ↔ 낙제(落第 - 차례에 떨어짐)
**及其也(급기야)** 그것에 이르러서는. 마침내.

+ 第(차례 제), 落(떨어질 락), 其(그 기), 也(어조사 야)

실(糸)을 이을(及) 때 따지는 등급이니 **등급 급**

+ 糸(실 사, 실 사 변), 실을 이을 때는 아무 실이나 잇지 않고 굵기나 곱기의 등급을 따져 차례로 잇지요.

**級數(급수)** 기술 따위를 우열에 따라 매긴 등급.
+ **給水(급수)** 물을 공급함. 또는 그 물.
**進級(진급)** 등급 · 계급 · 학급 등이 오름.

+ 數(셀 수, 두어 수, 자주 삭, 운수 수), 給(줄 급), 水(물 수), 進(나아갈 진)

6급 / 총 10획 / 糸

---

입(口)으로 공기를 폐까지 **이르도록(及)** 들이쉬어 마시니
**숨 들이쉴 흡, 마실 흡**

**吸收(흡수)** 빨아들임.
**吸煙(흡연)** 담배를 피움.

+ 收(거둘 수), 煙(연기 연, 담배 연)

4급Ⅱ / 총 7획 / 口

---

**075** 위계리 력력 제제[委季李 曆歷 齊濟] – 委와 비슷한 한자와 厤, 齊로 된 한자

---

벼(禾) 같은 곡식을 **여자(女)**에게 맡기고 의지하니 **맡길 위, 의지할 위**

+ 禾('벼 화'로 곡식의 대표), 지금도 살림은 여자에게 맡기지요.

**委員(위원)** (일의 처리를) 위임받은 사람.
**委任(위임)** (일이나 처리를) 남에게 맡김.

+ 員(관원 원, 사람 원), 任(맡을 임, 성씨 임)

4급 / 총 8획 / 女

---

벼(禾)의 **아들(子)** 같은 열매가 맺는 줄기 끝이니 **끝 계**
또 (달력이 없었던 옛날에) 벼(禾) 열매(子)가 익어 감을 보고 짐작했던 계절이니
**계절 계**

+ 子(아들 자, 첫째 지지 자, 자네 자, 접미사 자), '끝 계(季)'는 형제 중 막내로 쓰이고, 보통 말하는 끝은 끝 종(終)이나 끝 말(末)로 씁니다.

**伯仲叔季(백중숙계)** 伯은 맏이, 仲은 둘째, 叔은 셋째, 季는 막내로, 사형제의 차례를 이르는 말.
**季節(계절)** 일 년을 넷으로 나눈 한 철.

+ 伯(맏 백, 우두머리 백), 仲(버금 중, 중개할 중), 叔(작은아버지 숙, 아저씨 숙), 節(마디 절, 절개 절, 계절 절)

4급 / 총 8획 / 子

**나무(木)에 열린 아들(子)처럼 귀한 오얏이니 오얏 리, 성씨 리**

+ 글자의 어원으로 보면 옛날에는 오얏이 매우 귀했던가 봐요. 오얏은 '자도(紫桃)'에서 온 말인 '자두'의 사투리입니다.
+ 紫(자줏빛 자), 桃(복숭아 도)

**李下不整冠(이하부정관)** '오얏나무(자두나무) 아래에서 갓을 고쳐 쓰지 마라'로, (실제는 갓을 고쳐 쓰려고 손을 올린 것이지만 오얏을 따 먹는 것으로 오해받을 수 있으니) 오해받을 짓은 하지 말라는 뜻.

+ 下(아래 하, 내릴 하), 整(가지런할 정), 冠(갓 관)

6급 / 총 7획 / 木

---

**굴 바위(厂) 밑에 벼들(禾禾)을 쌓아 놓고 살면서 날(日)을 보는 책력이니 책력 력**

+ 厂(굴 바위 엄, 언덕 엄)

**冊曆(책력)** 천체를 측정하여 해와 달의 움직임과 절기를 적어 놓은 책.
**陽曆(양력)** 지구가 태양의 둘레를 공전하는 시간을 365일로 정하여 만든 달력. 태양력(太陽曆)의 준말.

+ 冊(책 책, 세울 책), 陽(볕 양, 드러날 양), 太(클 태)

3급Ⅱ / 총 16획 / 日

---

**굴 바위(厂) 밑에 벼들(禾禾)을 쌓아 놓고 멈춰서(止) 겨울을 지내며 보는 책력이니 지낼 력, 책력 력**
**또 지내며 겪으니 겪을 력**

+ 止(그칠 지) - 제목번호 237 참고

**歷史(역사)** 지내온 일을 적어 놓은 것.
**經歷(경력)** 겪어 지내 온 일들.

+ 史(역사 사), 經(지날 경, 날실 경, 글 경)

5급 / 총 16획 / 止

---

**벼이삭이 패서 가지런한 모양을 본떠서 가지런할 제**

+ 약 斉 - 무늬(文)가 세로(丿丨)로 가로(=)로 가지런하니 '가지런할 제'
+ 文(무늬 문, 글월 문)

**齊唱(제창)** (여러 사람이) 다 같은 소리로 부름.
**修身齊家(수신제가)** (먼저 자기) 몸과 마음을 닦아 수양하고 (다음에) 집안을 가지런히 함(다스림).

+ 唱(노래 부를 창), 修(닦을 수, 다스릴 수), 身(몸 신), 家(집 가, 전문가 가)

3급Ⅱ / 총 14획 / 齊

---

**물(氵)살이 가지런할(齊) 때 건너거나 빠진 사람을 구제하니 건널 제, 구제할 제**

+ 약 済
+ 氵(삼 수 변)

**救濟(구제)** '도와 건너게 함'으로, 불행이나 재해를 만난 사람을 도와줌.
**救世濟民(구세제민)** 어지러운 세상과 고통 받는 민중을 구제함.

+ 救(구원할 구, 도울 구), 世(세대 세, 세상 세), 民(백성 민)

4급Ⅱ / 총 17획 / 水(氵)

# 粉

4급 / 총 10획 / 米

## 쌀(米) 같은 곡식을 나눈(分) 가루니 가루 분

+ 米(쌀 미), 分(나눌 분, 단위 분, 단위 푼, 신분 분, 분별할 분, 분수 분)

**粉食(분식)** 가루로 된 음식.
**粉乳(분유)** 가루우유.

+ 食(밥 식, 먹을 식, 먹이 사), 乳(젖 유)

---

# 精

4급Ⅱ / 총 14획 / 米

## 쌀(米)을 푸른(靑)빛이 나도록 정밀하게 찧으니 정밀할 정, 찧을 정

+ 靑(푸를 청, 젊을 청) – 제목번호 102 참고

**精讀(정독)** 정밀하게 읽음.
**精米所(정미소)** 벼를 찧어 쌀을 만드는 곳.

+ 讀(읽을 독, 구절 두), 米(쌀 미), 所(장소 소, 바 소)

---

# 粧

3급Ⅱ / 총 12획 / 米

## 쌀(米)가루 바르듯 집(广)에 흰 흙(土)을 발라 단장하니 단장할 장

+ 广(집 엄), 土(흙 토)

**丹粧(단장)** 붉게(곱게) 꾸밈.
**粧飾(장식)** 매만져 꾸밈. 또는 그 꾸밈새.

+ 丹(붉을 단, 꽃 이름 란), 飾(꾸밀 식)

DAY
04

---

# 菊

3급Ⅱ / 총 12획 / 草(++)

## 풀(++) 중 싸인(勹) 속에 쌀(米)알 모양의 꽃을 피우는 국화니 국화 국

+ ++(초 두), 勹(쌀 포)

**菊花(국화)** 국화과의 여러해살이풀로, 꽃이 가을에 핌.
**山菊(산국)** 산국화.

+ 花(꽃 화)

---

# 迷

3급 / 총 10획 / 辵(辶)

## 사방으로 뚫린 길(米)에서 어디로 갈지(辶) 미혹하니 미혹할 미

+ 米('쌀 미'지만 여기서는 사방으로 뚫린 길의 모양으로 봄)

**迷惑(미혹)** 헷갈리어 갈팡질팡 헤맴.
**迷兒(미아)** '헷갈리는 아이'로, 혼잡한 곳에서 보호자를 잃어버린 아이.

+ 惑(유혹할 혹, 미혹할 혹), 兒(아이 아)

4급Ⅱ / 총 4획 / 斗

자루 달린 국자를 본떠서 **국자 두**
또 국자처럼 곡식을 퍼 올려 되는 말이니 **말 두**

+ 지금은 물건의 양을 그램(g)이나 킬로그램(kg)으로 표시하지만, 얼마 전까지만 해도 되 (升 - 되 승)나 말(斗)에 곡식을 담아 헤아렸어요. 열 되가 한 말이고 한 말은 8kg입니다.

**斗酒不辭(두주불사)** '말술도 사양하지 않음'으로, 주량이 매우 큼을 말함.
**泰山北斗(태산북두)** ① 태산(泰山)과 북두칠성을 아울러 이르는 말. ② 세상 사람들로 부터 존경받는 사람을 비유적으로 이르는 말.

+ 酒(술 주), 辭(말씀 사, 글 사, 물러날 사), 泰(클 태, 편안할 태)

6급 / 총 9획 / 禾

**벼(禾)의 양을 말(斗)로 헤아려 품질과 용도에 따라 나눈 조목이니 조목 과**
또 지식을 조목조목 나누어 설명한 과목이니 **과목 과**

**科目(과목)** (가르치거나 배워야 할 지식을 세분하여) 분류한 조목. 교과목.
**科擧(과거)** 과목으로 관리를 뽑는 옛날의 시험 제도.

+ 目(눈 목, 볼 목, 항목 목), 擧(들 거, 행할 거, 일으킬 거)

5급 / 총 10획 / 斗

**쌀(米)의 양을 말(斗)로 헤아려 무엇을 만드는 재료로 쓰거나 값을 지불하니**
**헤아릴 료, 재료 료, 값 료**

+ 옛날부터 벼와 쌀은 곡식의 대표로 물물 교환의 기준이었습니다.

**思料(사료)** 생각하여 헤아림.
**材料(재료)** 물건을 만드는 원료.
**無料(무료)** 값이나 요금이 없음.

+ 思(생각할 사), 材(재목 재, 재료 재), 無(없을 무)

3급Ⅱ / 총 11획 / 斗

되고 **남은(余) 곡식을 말(斗)에 담아 비스듬히 기울이니**
**비스듬할 사, 비낄 사, 기울 사**

+ 余[나 여, 남을 여(餘)의 속자], 되다 - 말·되·홉 따위로 가루·곡식·액체 따위의 분 량을 헤아리다. 비끼다 - 비스듬히 놓이거나 늘어지다.

**斜線(사선)** 비스듬하게 그은 줄. 빗금.
**傾斜(경사)** 비스듬히 기울어짐. 또는 그 정도나 상태.

+ 線(줄 선), 傾(기울 경)

**실(糸)처럼 얽힌(乚) 것을 풀려고 모여서 살피니 얽힐 규, 모일 규, 살필 규**

+ 糸(실 사, 실 사 변)

3급 / 총 8획 / 糸

**紛糾(분규)** 이해(利害)나 주장이 뒤얽혀서 말썽이 많고 시끄러운 것.
**糾合(규합)** (어떤 목적을 이루기 위해 사람을 끌어) 모아 합침.
**糾明(규명)** (일의 원인이나 진실 등을) 살펴서 밝힘.

+ 紛(어지러울 분), 利(이로울 리, 날카로울 리), 害(해칠 해, 방해할 해), 合(합할 합, 맞을 합)

3급 / 총 5획 / 口

**입(口)**이 **얽히도록(丩)** 크게 부르짖으며 우니 **부르짖을 규, 울 규**

> **叫彈(규탄)** 잘못을 꼬집어 말함.
> **絶叫(절규)** (고통스럽거나 슬프거나 억울하여) 죽도록(애타게) 부르짖음.

+ 彈(튕길 탄, 탄알 탄), 絶(끊을 절, 죽을 절, 가장 절)

4급Ⅱ / 총 6획 / 攵(攴)

**줄기에 얽힌(丩)** 열매를 **쳐(攵)** 거두니 **거둘 수**

+ 약 收 – 줄기에 얽힌(丩) 열매를 또(又) 거두니 '거둘 수'
+ 丩[서로 얽힌 모양에서 얽힐 구(丩)의 변형], 攵(칠 복, = 攴)

> **收縮(수축)** 오그라들거나 줄어듦. ↔ 이완(弛緩)
> **收穫(수확)** 곡식을 거두어 들임.

+ 縮(줄어들 축), 弛(늦출 이), 緩(느슨할 완, 느릴 완), 穫(거둘 확)

---

**078**  초입공 화필[++ 卄 廾 華 畢] – ++와 비슷한 부수와 ++로 된 한자

총 4획 / 부수자

**풀 초(草)**가 부수로 쓰일 때의 모양으로 주로 글자의 머리 부분에 붙으니 **머리 두(頭)**를 붙여서 **초 두**

+ 약자일 때는 가로획이 붙은 3획인 艹 형태입니다. '두'는 글자의 머리 부분에 붙는 부수 이름이기에 제목을 원래 글자의 독음인 '초'로 했지만 어원 풀이에서는 색 조정을 하지 않았습니다.

특급Ⅱ / 총 3획 / 十

**열 십, 많을 십(十)** 둘을 합쳐서 **스물 입**(= 廿)

+ 아랫부분을 막아 써도 같은 글자.

총 3획 / 부수자

양손으로 물건을 받쳐 든 모양을 본떠서 **받쳐 들 공**

풀(艹) 하나(一) 풀(艹) 하나(一)마다 시(十)월의 바람에 단풍 들어 화려하게 빛나니 **화려할 화, 빛날 화**

+ 꽃보다 단풍이 아름답지요.

**華麗(화려)** 번화하고 고움.
**榮華(영화)** 권력과 부귀를 마음껏 누리는 일.

+ 麗(고울 려, 빛날 려), 榮(영화 영, 성할 영)

4급 / 총 10획 / 草(艹)

밭(田)의 풀(艹) 한(一) 포기도 시(十)월이 되면 자라기를 마치니 **마칠 필**

+ 田(밭 전, 논 전)

**畢竟(필경)** 끝장에 가서는. 마침내.
**檢査畢(검사필)** 검사를 마침.

+ 境(지경 경, 형편 경), 檢(검사할 검), 査(조사할 사)

3급Ⅱ / 총 11획 / 田

---

풀(艹)이 난 땅(一) 아래로 해(日)가 지면 이미 옛날이니 **옛 석**

+ 초 두(艹)는 원래 4획인데 여기서는 3획의 약자(艹)로 보고 푼 것.

**昔日(석일)** 옛날.
**今昔(금석)** 지금과 옛적.

+ 日(해 일, 날 일), 今(이제 금, 오늘 금)

3급 / 총 8획 / 日

마음(忄)에 어렵던 옛날(昔)을 생각하며 아끼고 가엾게 여기니
**아낄 석, 가엾을 석**

+ 忄(마음 심 변), 가엾다 - 마음이 아플 만큼 안되고 처연하다.

**哀惜(애석)** 슬프고 아까움.
**惜別(석별)** 가여운(아쉬운) 이별.

+ 哀(슬플 애), 別(나눌 별, 다를 별)

3급Ⅱ / 총 11획 / 心(忄)

사람(亻)이 오래(昔) 사귀면 돈도 빌려주고 빌리니 **빌릴 차**

**借名(차명)** (남의) 이름을 빌림.
**借用(차용)** (돈이나 물건을) 빌려 씀.

+ 名(이름 명, 이름날 명), 用(쓸 용)

3급Ⅱ / 총 10획 / 人(亻)

## 錯

3급Ⅱ / 총 16획 / 金

쇠(金)가 오래(昔)되면 녹이 섞여 어긋나니 **섞일 착, 어긋날 착**

+ 金(쇠 금, 금 금, 돈 금, 성씨 김)

**錯雜(착잡)** (갈피를 잡을 수 없이) 뒤섞여 어수선함.
**錯覺(착각)** 실제와 어긋나게(다르게) 깨닫거나 생각함.

+ 雜(섞일 잡), 覺(깨달을 각)

---

## 籍

4급 / 총 20획 / 竹(⺮)

대(⺮) 조각에 쟁기(耒)로 밭갈 듯 글을 새겨 **오랫**(昔)동안 남도록 만든 서적이나 문서니 **서적 적, 문서 적**

+ ⺮[대 죽(竹)이 부수로 쓰일 때의 모양], 耒(가래 뢰, 쟁기 뢰), 종이가 없던 옛날에는 대 조각에 글을 새겨 문서나 책을 만들었답니다.

**書籍(서적)** 책.
**戶籍(호적)** 한 집안의 호주를 중심으로 그 가족들의 본적지·성명·생년월일 등 신분에 관한 것을 적은 공문서.

+ 書(쓸 서, 글 서, 책 서), 戶(문 호, 집 호)

---

**080** 공공홍공 이익 폭(포)폭[共供洪恭 異翼 暴爆] – 共, 異, 暴으로 된 한자

---

## 共

6급 / 총 6획 / 八

많은(卄) 사람이 마당(一)에서 일을 나누어(八) 함께하니 **함께 공**

+ 卄('스물 입'이지만 여기서는 '많은'의 뜻으로 봄), 一('한 일'이지만 여기서는 마당으로 봄), 八(여덟 팔, 나눌 팔)

**共同(공동)** (둘 이상의 사람이) 일을 같이 하거나 같은 자격으로 참여함.
**自他共認(자타공인)** 자기나 남이 함께(모두) 인정함.

+ 同(한가지 동, 같을 동), 自(자기 자, 스스로 자, 부터 자), 他(다를 타, 남 타), 認(알 인, 인정할 인)

---

## 供

3급Ⅱ / 총 8획 / 人(亻)

사람(亻)이 함께(共) 살려고 서로 주면서 이바지하니 **줄 공, 이바지할 공**

**供給(공급)** (물건을) 제공하어 줌.
**提供(제공)** 바치어 이바지함. 쓰라고 줌.

+ 給(줄 급), 提(끌 제, 내놓을 제)

---

## 洪

3급Ⅱ / 총 9획 / 水(氵)

물(氵)이 넘쳐 여러 가지와 함께(共) 넓게 흐르는 홍수니
**넓을 홍, 홍수 홍, 성씨 홍**

**洪規(홍규)** 넓고 큰 책략.
**洪水(홍수)** ① 큰 물. ② 넘쳐흐를 정도로 많은 사물을 비유하는 말.

+ 規(법 규), 水(물 수)

---

**恭**

3급II / 총 10획 / 心(忄)

여럿이 **함께(共)** 사는 **마음(忄)**처럼 공손하니 **공손할 공**

+ 忄[마음 심, 중심 심(心)이 글자의 아래에 붙는 부수인 발로 쓰일 때의 모양으로 '마음 심 발']

> *恭遜(공손) 공경하고 겸손함.
> **恭敬(공경)** 공손히 공경함.

+ 遜(겸손할 손, 뒤떨어질 손), 敬(공경할 경)

---

**異**

4급 / 총 11획 / 田

**밭(田)**은 **함께(共)** 있어도 주인도 다르고 심어진 곡식도 다르니 **다를 이**

+ 田(밭 전, 논 전)

> **異見(이견)** '다르게 봄'으로, 서로 다른 의견.
> **異色(이색)** ① 다른 빛. ② 보통의 것과 색다름.

+ 見(볼 견, 뵐 현), 色(빛 색)

---

**翼**

3급II / 총 17획 / 羽

**깃(羽)**이 몸의 서로 **다른(異)** 쪽에 있는 날개니 **날개 익**
또 두 날개가 함께 움직여 나는 것을 도우니 **도울 익**

+ 羽(깃 우, 날개 우) - 제목번호 398 참고

> **左翼(좌익)** ① (새·비행기 등의) 왼쪽 날개. ② 급진적 또는 사회주의적·공산주의적인 경향. 또는 그러한 단체.
> *輔翼(보익) 도와서 바르게 이끎.

+ 左(왼쪽 좌), 輔(도울 보)

---

**暴**

4급II / 총 15획 / 日

(서로 상극인) **해(日)**와 **함께(共) 물(氺)**이 만난 듯 사나우니 **사나울 폭·포**
또 사나우면 잘 드러나니 **드러날 폭**

+ 오행(五行)에서 불과 물은 상극(相剋)으로, 해도 불에 해당하니 이런 어원이 가능하지요. '사납다'의 뜻으로 쓰일 때는 단어에 따라 '폭'과 '포' 둘로 읽습니다.
+ 氺(물 수 발), 相(서로 상, 모습 상, 볼 상, 재상 상), 剋(이길 극)

> **暴風雨(폭풍우)** 몹시 사나운 비바람.
> **暴惡(포악)** (성질이) 사납고 모짊.
> **暴露(폭로)** (비밀이) 드러남.

+ 風(바람 풍, 풍속·경치·모습·기질·병 이름 풍), 雨(비 우), 惡(악할 악, 미워할 오), 露(이슬 로, 드러날 로)

---

**爆**

4급 / 총 19획 / 火

**불(火)**을 붙이면 **사납게(暴)** 터지니 **터질 폭**

+ 火(불 화)

> **爆發(폭발)** 불이 일어나며 갑작스럽게 터짐.
> + 暴發(폭발) '사납게 일어남'으로, ① 속에 쌓여 있던 감정 따위가 일시에 세찬 기세로 나옴. ② 힘이나 열기 따위가 갑작스럽게 퍼지거나 일어남. ③ 어떤 사건이 갑자기 벌어짐.
> **爆破(폭파)** 폭발시켜서 파괴함.

+ 發(쏠 발, 일어날 발), 破(깨질 파, 다할 파)

**DAY 04**

## 061 림삼금 마마 출술술[林森禁 麻磨 朮術述] – 林, 麻, 朮로 된 한자

나무 목[木] 둘이면 수풀 림[林], 수풀 림[林] 위에 나무 목[木]이면 빽빽할 삼, 엄숙한 모양 삼[森], 아래에 보일 시, 신 시[示]면 금할 금[禁].

수풀 림[林]의 변형[林] 위에 집 엄[广]이면 삼 마, 마약 마[麻], 삼 마, 마약 마[麻] 아래에 돌 석[石]이면 갈 마[磨].

여러 갈래로 뻗어가는 삽주뿌리를 본떠서 삽주뿌리 출[朮], 삽주뿌리 출[朮]에 다닐 행, 행할 행, 항렬 항[行]이면 재주 술, 기술 술[術], 뛸 착, 갈 착[辶]이면 말할 술, 책 쓸 술[述]

## 062 말 미미매[末 未味妹] – 末과 未로 된 한자

나무 목[木] 위에 한 일[一]을 길게 그어서 끝 말[末],

짧게 그어서 아닐 미, 아직 ~ 않을 미, 여덟째 지지 미[未], 아닐 미, 아직 ~ 않을 미, 여덟째 지지 미[未] 앞에 입 구, 말할 구, 구멍 구[口]면 맛 미[味], 여자 녀[女]면 누이 매[妹]

## 063 주주주수[朱株珠殊] – 朱로 된 한자

삐침 별[丿]을 아닐 미, 아직 ~ 않을 미, 여덟째 지지 미[未] 앞에 붙여서 붉을 주[朱],

붉을 주[朱] 앞에 나무 목[木]이면 그루터기 주, 그루 주, 주식 주[株], 임금 왕, 으뜸 왕, 구슬 옥 변[王]이면 구슬 주, 진주 주[珠], 뼈 부서질 알, 죽을 사 변[歹]이면 다를 수[殊]

## 064 자자(척)책 속속[束刺策 束速] – 束, 束으로 된 한자

나무 목[木]에 덮을 멱[冖]이면 가시 자[束], 가시 자[束] 뒤에 칼 도 방[刂]이면 찌를 자, 찌를 척[刺], 위에 대 죽[竹]이면 채찍 책, 꾀 책[策].

나무 목[木] 중간에 입 구, 말할 구, 구멍 구[口]면 묶을 속[束], 묶을 속[束] 아래에 뛸 착, 갈 착[辶]이면 빠를 속[速]

## 065 동동진[東凍陳] – 東으로 된 한자

나무 목[木] 중간에 해 일, 날 일[日]이면 동쪽 동, 주인 동[東],

동쪽 동, 주인 동[東] 앞에 이 수 변[冫]이면 얼 동[凍], 언덕 부 변[阝]이면 늘어놓을 진, 묵을 진[陳]

## 066 래맥 색장[來麥 嗇墻] – 來, 嗇으로 된 한자

나무 목[木] 중간에 사람 인 둘[人人]이면 올 래[來],
**올 래[來]**의 변형[來] 아래에 천천히 걸을 쇠, 뒤져 올 치[夂]면 보리 맥[麥],
올 래[來]의 변형[來] 아래에 돌 회, 돌아올 회, 횟수 회[回]면 아낄 색[嗇],
**아낄 색[嗇]** 앞에 흙 토[土]면 담 장[墻]

## 067 보 과과[保 果課] – 保와 果로 된 한자

나무 목[木] 위에 입 구, 말할 구, 구멍 구[口], 앞에 사람 인 변[亻]이면 지킬 보, 보호할 보[保],
나무 목[木] 위에 밭 전[田]이면 과실 과, 결과 과[果], **과실 과, 결과 과[果]** 앞에 말씀 언[言]이면 부과할 과, 공부할 과, 과정 과[課]

## 068 상상 염량기[相想 染梁棄] – 相, 木으로 된 한자

나무 목[木] 뒤에 눈 목, 볼 목, 항목 목[目]이면 서로 상, 모습 상, 볼 상, 재상 상[相],
**서로 상, 모습 상, 볼 상, 재상 상[相]** 아래에 마음 심, 중심 심[心]이면 생각할 상[想],
**나무 목[木]** 위에 삼 수 변[氵]과 아홉 구, 클 구, 많을 구[九]면 물들일 염[染], 삼 수 변[氵]과 칼 도[刀]와 점 주 둘[丶丶]이면 다리 량, 들보 량[梁], 머리 부분 두[亠]와 사사로울 사, 나 사[厶], 입 벌릴 감, 그릇 감[凵], 한 일[一], 뚫을 곤[丨]이면 버릴 기[棄]

## 069 씨지 혼혼[氏紙 昏婚] – 氏, 昏으로 된 한자

나무뿌리가 지상으로 나온 모양을 본떠서 성 씨, 뿌리 씨, 사람을 부를 때 붙이는 씨[氏],
**성 씨, 뿌리 씨, 사람을 부를 때 붙이는 씨[氏]** 앞에 실 사, 실 사 변[糸]이면 종이 지[紙],
아래에 해 일, 날 일[日]이면 저물 혼, 어두울 혼[昏], **저물 혼, 어두울 혼[昏]** 앞에 여자 녀[女]면 결혼할 혼[婚]

## 070 4저[氐低抵底] – 氐로 된 한자

성 씨, 뿌리 씨, 사람을 부를 때 붙이는 씨[氏] 아래에 한 일[一]이면 밑 저, 근본 저[氐], **밑 저, 근본 저[氐]** 앞에 사람 인 변[亻]이면 낮을 저[低], 앞에 손 수 변[扌]이면 막을 저[抵], 위에 집 엄[广]이면 밑 저[底]

## 071 민면 안 맥파[民眠 眼 脈派] – 民으로 된 한자와 眼, 氐으로 된 한자

성 씨, 뿌리 씨, 사람을 부를 때 붙이는 씨[氏] 위에 덮을 멱[冖]이면 백성 민[民],
**백성 민[民]** 앞에 눈 목, 볼 목, 항목 목[目]이면 잘 면[眠],
눈 목, 볼 목, 항목 목[目] 뒤에 멈출 간, 어긋날 간[艮]이면 눈 안[眼],
**굴 바위 엄, 언덕 엄[厂]과 성 씨, 뿌리 씨, 사람을 부를 때 붙이는 씨[氏]의 변형[氐]** 앞에 달 월, 육 달 월[月]이면 혈관 맥, 줄기 맥[脈], 삼 수 변[氵]이면 물갈래 파, 파벌 파[派]

## 072 화미 변절 번파심[禾米 采竊 番播審] – 禾米와 采, 番으로 된 한자

익어서 고개 숙인 벼를 본떠서 벼 화[禾], 벼 화[禾]의 변형[米]에 점 주, 불똥 주[丶]면 쌀 미[米], 쌀 미[米] 위에 삐침 별[丿]이면 분별할 변, 나눌 변[采],
**분별할 변, 나눌 변[采]** 우측에 점 복[卜]과 안 내, 나인 나[內]의 속자[内], 멀 경, 성 경[冂], 사사로울 사, 나 사[厶], 위에 구멍 혈, 굴 혈[穴]이면 훔칠 절[竊],
아래에 밭 전[田]이면 차례 번, 번지 번[番], **차례 번, 번지 번[番]** 앞에 손 수 변[扌]이면 씨 뿌릴 파, 퍼뜨릴 파[播], 위에 집 면[宀]이면 살필 심[審]

## 073 사화질향 추수 리리[私和秩香 秋愁 利梨] - 禾, 秋, 利로 된 한자

벼 화[禾] 뒤에 사사로울 사, 나 사[厶]면 사사로울 사[私], 입 구, 말할 구, 구멍 구[口]면 화목할 화, 화할 화[和], 잃을 실[失]이면 차례 질[秩], 아래에 해 일, 날 일[日]이면 향기 향[香],

벼 화[禾] 뒤에 불 화[火]면 가을 추[秋], **가을 추[秋]** 아래에 마음 심, 중심 심[心]이면 근심 수[愁],

벼 화[禾] 뒤에 칼 도 방[刂]이면 이로울 리, 날카로울 리[利], **이로울 리, 날카로울 리[利]** 아래에 나무 목[木]이면 배 리[梨]

## 074 내 수유투 급급흡[乃 秀誘透 及級吸] - 乃와 秀, 及으로 된 한자

삐침 별[丿]에 굽은 모양[㇉]이면 이에 내, 곧 내[乃],

**이에 내, 곧 내[乃]** 위에 벼 화[禾]면 빼어날 수[秀],

**빼어날 수[秀]** 앞에 말씀 언[言]이면 꾈 유[誘], 아래에 뛸 착, 갈 착[辶]이면 통할 투[透],

이에 내, 곧 내[乃]에 파임 불[乀]이면 이를 급, 미칠 급[及], **이를 급, 미칠 급[及]** 앞에 실 사, 실 사 변[糸]이면 등급 급[級], 입 구, 말할 구, 구멍 구[口]면 숨 들이쉴 흡, 마실 흡[吸]

## 075 위계리 력력 제제[委季李 曆歷 齊濟] - 委와 비슷한 한자와 厤, 齊로 된 한자

벼 화[禾] 아래에 여자 녀[女]면 맡길 위, **의지할 위[委]**, 아들 자, 첫째 지지 자, 자네 자, 접미사 자[子]면 끝 계, 계절 계[季], 나무 목[木] 아래에 아들 자, 첫째 지지 자, 자네 자, 접미사 자[子]면 오얏 리, 성씨 리/이[李],

**굴 바위 엄, 언덕 엄[厂]과 벼 화 둘[秝]** 아래에 해 일, 날 일[日]이면 책력 력[曆], 그칠 지[止]면 지낼 력, 책력 력, 겪을 력[歷],

벼이삭이 패서 가지런한 모양을 본떠서 가지런할 제[齊], **가지런할 제[齊]** 앞에 삼 수 변[氵]이면 건널 제, 구제할 제[濟]

## 076 분정장국미[粉精粧菊迷] - 米로 된 한자

쌀 미[米] 뒤에 나눌 분, 단위 분, 단위 푼, 신분 분, 분별할 분, 분수 분[分]이면 가루 분[粉], 푸를 청, 젊을 청[靑]이면 정밀할 정, 찧을 정[精], 집 엄[广]과 흙 토[土]면 단장할 장[粧],

위에 초 두[艹]와 쌀 포[勹]면 국화 국[菊], 아래에 뛸 착, 갈 착[辶]이면 미혹할 미[迷]

## 077 두과료사 규규수[斗科料斜 糾叫收] - 斗, 丩로 된 한자

자루 달린 국자를 본떠서 국자 두[斗], 또 국자처럼 곡식을 퍼 올려 되는 말이니 말 두[斗],

**국자 두, 말 두[斗]** 앞에 벼 화[禾]면 조목 과, 과목 과, 과정 과[科], 쌀 미[米]면 헤아릴 료, 재료 료, 값 료[料], 나 여, 남을 여[餘]의 속자[余]면 비스듬할 사, 기울 사[斜],

**얽힐 구[丩]** 앞에 실 사 변[糸]이면 얽힐 규, 모일 규, 살필 규[糾], 입 구, 말할 구, 구멍 구[口]면 부르짖을 규[叫], 뒤에 칠 복[攵]이면 거둘 수[收]

## 078 초입공 화필[艹卄廾 華畢] - 艹와 비슷한 부수와 艹로 된 한자

풀 초[草]가 부수로 쓰일 때의 모양으로 주로 한자의 머리 부분에 붙으니 머리 두[頭]를 붙여서 초 두[艹], 열 십, 많을 십[十] 둘을 합쳐서 스물 입[卄, = 廿], 양손으로 물건을 받쳐 든 모양을 본떠서 받쳐 들 공[廾].

**초 두[艹]** 아래에 한 일[一], 초 두[艹]와 한 일[一]에 열 십, 많을 십[十]이면 화려할 화, 빛날 화[華], 위에 밭 전[田], 아래에 한 일[一]과 열 십, 많을 십[十]이면 마칠 필[畢]

## 079 석석차착적[昔惜借錯籍] – 昔으로 된 한자

초 두[艹]와 한 일[一] 아래에 해 일, 날 일[日]이면 옛 석[昔],
옛 석[昔] 앞에 마음 심 변[忄]이면 아낄 석, 가엾을 석[惜], 사람 인 변[亻]이면 빌릴 차[借], 쇠 금, 금 금, 돈 금, 성씨 김[金]이면
섞일 착, 어긋날 착[錯],
앞에 가래 뢰, 쟁기 뢰[耒], 위에 대 죽[竹]이면 서적 적, 문서 적[籍]

## 080 공공홍공 이익 폭(포)폭[共供洪恭 異翼 暴爆] – 共, 異, 暴으로 된 한자

스물 입[廿] 아래에 한 일[一]과 여덟 팔, 나눌 팔[八]이면 함께 공[共],
함께 공[共] 앞에 사람 인 변[亻]이면 줄 공, 이바지할 공[供], 삼 수 변[氵]이면 넓을 홍, 홍수 홍[洪], 아래에 마음 심 발[㣺]이면
공손할 공[恭],
위에 밭 전[田]이면 다를 이[異], 다를 이[異] 위에 깃 우, 날개 우[羽]면 날개 익, 도울 익[翼], 함께 공[共] 위에 해 일, 날 일[日],
아래에 물 수 발[氺]이면 사나울 폭, 사나울 포, 드러날 폭[暴], 사나울 폭, 사나울 포, 드러날 폭[暴] 앞에 불 화[火]면 폭발할 폭
[爆]

**116**

# 확인문제

**01~04** 다음 漢字의 훈(뜻)과 음(소리)를 쓰시오.

01. 凍 (                )      02. 麥 (                )

03. 染 (                )      04. 棄 (                )

**05~08** 다음 훈음에 맞는 漢字를 쓰시오.

05. 금할 금 (                )      06. 끝 말 (                )

07. 묶을 속 (                )      08. 종이 지 (                )

**09~12** 다음 漢字語의 讀音을 쓰시오.

09. 森嚴 (                )      10. 陳述 (                )

11. 特殊 (                )      12. 妙策 (                )

**13~14** 다음 문장에서 밑줄 친 낱말을 漢字로 쓰시오.

13. 나는 그에게 화해를 청했다. (                )

14. 노력한 만큼 진급도 빠르다. (                )

**15~16** 다음 문장에서 漢字로 표기된 낱말의 讀音을 쓰시오.

15. 그는 抵抗하지도 않았지만 용서를 구걸하지도 않았다. (                )

16. 어린 시절에 대한 鄕愁는 누구에게나 있다. (                )

**17~18** 다음 뜻풀이에 맞는 낱말을 漢字로 쓰시오.

17. 가루로 된 음식. (                )

18. 물건을 만드는 원료. (                )

**19~20** 다음 漢字語의 뜻을 쓰시오.

19. 收縮 (                )

20. 惜別 (                )

## 정답

| | | | | |
|---|---|---|---|---|
| 01. 얼 동 | 05. 禁 | 09. 삼엄 | 13. 和解 | 17. 粉食 |
| 02. 보리 맥 | 06. 末 | 10. 진술 | 14. 進級 | 18. 材料 |
| 03. 물들일 염 | 07. 束 | 11. 특수 | 15. 저항 | 19. 오그라들거나 줄어듦. |
| 04. 버릴 기 | 08. 紙 | 12. 묘책 | 16. 향수 | 20. 가여운(아쉬운) 이별. |

**081** 4근 근한난탄(菫僅謹勤 莫漢難歎) – 菫, 莫으로 된 한자

**菫**

급외자 / 총 11획 / 土

(너무 끈끈하여) **스물(卄) 한(一)** 번이나 **입(口)**으로 **하나(一)**같이 숨 헐떡이며 걸어야 할 진**흙(土)**이니 **진흙 근**

+ 진흙은 너무 끈끈하여 걷기 힘들지요.
+ 卄(스물 입) – 아래를 막아 써도 같은 뜻이지만 보다 분명히 하려고 卄과 一을 나누어 풀었어요.

**僅**

3급 / 총 13획 / 人(亻)

**사람(亻)**이 **진흙(菫)** 길을 겨우 가니 **겨우 근**

**僅僅(근근)** 겨우. 가까스로. 근근이.
**僅少(근소)** 아주 적어서 얼마 되지 않음.

+ 少(적을 소, 젊을 소)

**謹**

3급 / 총 18획 / 言

**말(言)**을 **진흙(菫)** 길 갈 때처럼 조심하고 삼가니 **삼갈 근**

+ 言(말씀 언), 진흙길을 갈 때는 빠지지 않도록 조심하며 가려 디뎌야 하지요.

**謹賀(근하)** 삼가 축하함.
**謹愼(근신)** (반성하고 들어앉아) 언행을 삼감.

+ 賀(축하할 하), 愼(삼갈 신)

**勤**

4급 / 총 13획 / 力

**진흙(菫)** 같은 어려움 속에서도 **힘(力)**써 부지런하게 하는 일이니 **부지런할 근, 일 근**

+ 유 勸(권할 권) – 제목번호 397 참고
+ 力(힘 력)

**勤勉(근면)** 부지런하게 힘씀.
**退勤(퇴근)** '일에서 물러남'으로, 직장에서 근무를 마치고 나옴.

+ 勉(힘쓸 면), 退(물러날 퇴)

**堇**

참고자 / 총 11획 / 卄(廿)

너무 끈끈하여 **스물(卄) 한(一)** 번이나 **말하며(口) 하나(一)**같이
**크게(大)** 힘써 걸어야 할 진흙이니 진흙 근

+ 堇[진흙 근(菫)의 변형]

---

**漢**

7급 / 총 14획 / 水(氵)

**물(氵)**과 **진흙(堇)**이 많은 곳(중국 양자강 유역)에 세운 한나라니 **한나라 한**
또 남을 흉하게 부르는 접미사로도 쓰여 **남을 흉하게 부르는 접미사 한**

+ 한나라는 진나라를 이은 중국 두 번째의 통일 왕국이고, 여태까지의 중국 역사를 창조해
낸 중국 최고의 제국이기 때문에 옛날 중국을 대표하는 말로도 쓰이고 있습니다.

**漢字(한자)** 중국에서 만들어 오늘날에도 쓰고 있는 문자.
**怪漢(괴한)** 정체를 알 수 없고 행동이 수상쩍은 사내.

+ 字(글자 자), 怪(괴이할 괴)

---

**難**

4급 II / 총 19획 / 隹

**진흙(堇)**에 빠진 **새(隹)**는 날기 어려우니 **어려울 난**
또 어려우면 남을 비난하니 **비난할 난**

+ 隹(새 추) – 제목번호 389 참고
+ 일이 힘들거나 살기 어려우면 자기 탓으로 여기지 않고 대부분 남을 비난하지요.

**難解(난해)** 풀기 어려움.
**非難(비난)** (남의 잘못이나 흠 따위를) 책잡아 나쁘게 함.

+ 解(해부할 해, 풀 해), 非(어긋날 비, 아닐 비, 나무랄 비)

DAY
05

---

**歎**

4급 / 총 15획 / 欠

**진흙(堇)**에 빠짐을 **하품(欠)**하듯 입 벌려 탄식하니 **탄식할 탄**
또 탄식하듯이 입 벌리며 감탄하니 **감탄할 탄**

+ 欠(하품 흠, 모자랄 흠) – 제목번호 130 참고

**感歎(감탄)** 감동하여 찬탄함.
**恨歎(한탄)** (원망하거나 뉘우침이 있을 때) 한숨짓는 탄식.

+ 感(느낄 감, 감동할 감), 恨(한할 한)

# 庶

3급 / 총 11획 / 广

**집(广)에 스물(卄) 한(一) 곳**, 즉 많은 곳에 **불(灬)**을 때며 모여 사는 여러 백성이니 **여러 서, 백성 서**

또 일반 백성처럼 대했던 첩의 아들이니 **첩의 아들 서**

+ 广(집 엄), 卄(스물 입, = 卄), 灬(불 화 발), 계급 제도가 있었던 옛날에는 본부인의 아들을 적자(嫡子), 첩의 아들을 서자(庶子)라 부르며 차별하였지요.

> **庶務(서무)** 여러 가지 일반적인 사무. 또는 그 일을 맡은 사람.
> **庶民(서민)** 사회적 특권이나 경제적인 부를 누리지 못하는 일반 사람.
> **庶子(서자)** 첩에게서 난 아들. ↔ 적자(嫡子)

+ 務(일 무, 힘쓸 무), 民(백성 민), 子(아들 자, 첫째 지지 자, 자네 자, 접미사 자), 嫡(본마누라 적)

# 席

6급 / 총 10획 / 巾

**여러(产) 사람이 앉도록 수건(巾)**을 깐 자리니 **자리 석**

+ 产[여러 서, 백성 서, 첩의 아들 서(庶)의 획 줄임], 巾(수건 건)

> **座席(좌석)** ① 앉는 자리. ② 여러 사람이 모인 자리.
> **缺席(결석)** 자리에 나오지 않음. ↔ 출석(出席)

+ 座(자리 좌, 위치 좌), 缺(이지러질 결, 빠질 결), 出(날 출, 나갈 출)

# 度

6급 / 총 9획 / 广

**여러(产) 사람이 손(又)**으로 법도에 따라 정도를 헤아리니 **법도 도, 정도 도, 헤아릴 탁**

+ 又(오른손 우, 또 우) – 제목번호 191 참고

> **制度(제도)** 제정된 법규.
> **速度(속도)** 빠르기의 정도.
> **度地(탁지)** 토지의 면적을 헤아림.

+ 制(제도 제, 억제할 제), 速(빠를 속)

# 渡

3급Ⅱ / 총 12획 / 水(氵)

**물(氵)** 깊이를 **헤아려(度)** 건너니 **건널 도**

> **渡江(도강)** 강을 건너는 것.
> **過渡期(과도기)** (한 단계에서 다음 단계로) 넘어가는 중간 시기.

+ 江(강 강), 過(지날 과, 지나칠 과, 허물 과), 期(기간 기, 기약할 기)

# 黃

6급 / 총 12획 / 黃

이십(廿) 일(一) 년이나 지남으로 **말미암아(由) 팔(八)**방이
황무지로 변하여 누르니 **누를 황, 성씨 황**

+ 廿(스물 입, = 卄), 由(까닭 유, 말미암을 유) – 제목번호 051 참고

**黃沙(황사)** 누런 모래.
**黃昏(황혼)** 해가 지고 어둑어둑할 때.

+ 沙(모래 사), 昏(어두울 혼)

# 橫

3급 II / 총 16획 / 木

나무(木)가 **누렇게(黃)** 죽어 가로로 제멋대로 쓰러지니
**가로 횡, 제멋대로 할 횡**

+ 나쁜 방법으로 취득하는 것을 '가로채다'라고 하듯이, 가로 횡(橫)에도 '제멋대로 할 횡'의
뜻이 있습니다.

**橫斷步道(횡단보도)** (보행자가 차도를) 가로로 끊어서 걷는 길.
**橫領(횡령)** (공금을) 제멋대로 가짐.

+ 斷(끊을 단, 결단할 단), 步(걸음 보), 道(길 도, 도리 도, 말할 도, 행정 구역의 도), 領(거
느릴 령, 우두머리 령)

# 廣

5급 / 총 15획 / 广

집(广) 아래 **누런(黃)** 들판이 넓으니 **넓을 광**

+ 약 広 – 집(广) 안에 사사로이(厶) 이용하는 땅이 넓으니 '넓을 광'
+ 广(집 엄), 厶(사사로울 사, 나 사)

**廣告(광고)** 널리 알림.
**廣場(광장)** 너른 마당.

+ 告(알릴 고, 뵙고 청할 곡), 場(마당 장, 상황 장)

# 鑛

4급 / 총 23획 / 金

쇠(金)가 함유된 **넓은(廣)** 쇳돌이니 **쇳돌 광**

+ 약 鉱
+ 金(쇠 금, 금 금, 돈 금, 성씨 김)

**鑛山(광산)** 유용한 쇳돌을 캐내는 산.
**鑛石(광석)** 유용한 금속이 많이 섞여 있는 돌.

+ 石(돌 석)

# 擴

3급 / 총 18획 / 手(扌)

손(扌)으로 **넓게(廣)** 넓히니 **넓힐 확**

+ 약 拡

**擴大(확대)** 늘여 크게 함.
**擴張(확장)** (범위, 규범, 세력 등을) 늘여 넓힘.

+ 大(큰 대), 張(벌릴 장, 베풀 장, 성씨 장)

**121**

# 世

7급 / 총 5획 / 一

(한 세대를 30년으로 봐서) **열 십(十)** 셋을 합치고
(세대는 서로 연결되어 있다는 데서) 아랫부분을 연결하여 **세대 세**
또 세대들이 모여 사는 세상도 뜻하여 **세상 세**

**世代(세대)** ① 같은 시대에 살면서 공통의 의식을 가지는 비슷한 연령층의 사람들. ② 어린아이가 성장하여 부모 일을 계승할 때까지의 기간. 약 30년. ③ 한 생물이 생겨나서 생존을 끝마칠 때까지의 사이.
**世態(세태)** 세상의 모양.

+ 代(대신할 대, 세대 대), 態(모양 태)

# 葉

5급 / 총 13획 / 草(++)

**풀(++)**처럼 **세대(世)**마다 **나무(木)**에 나는 잎이니 **잎 엽**

+ 여기서 세대는 풀이 돋아나서 씨앗을 맺고 죽는 1년 정도를 가리킵니다.

**葉書(엽서)** '잎에 적은 글'로, 우편엽서의 준말.
**葉茶(엽차)** (열매나 줄기가 아닌) 잎을 따서 만든 차.

+ 書(쓸 서, 글 서, 책 서), 茶(차 차 · 다)

# 蝶

3급 / 총 15획 / 虫

**벌레(虫)** 중 **잎(葉)** 같은 날개를 가진 나비니 **나비 접**

+ 虫(벌레 충), 枼[잎 엽(葉)의 획 줄임]

**蝶舞(접무)** 나비춤. [나비가 나는 모양을 흉내 낸 춤]
**蝶泳(접영)** 나비처럼 헤엄침. 버터플라이.

+ 舞(춤출 무), 泳(헤엄칠 영)

## 卉

1급 / 총 5획 / 十

많이(十) 받쳐 든(廾) 것처럼 수북하게 풀이 많으니
**풀 훼, 많을 훼**

+ 十(열 십, 많을 십), 廾(받쳐 들 공)

## 奔

3급II / 총 8획 / 大

발걸음을 **크고(大) 많이(卉)** 내딛으며 달리거나 달아나니
**달릴 분, 달아날 분**

+ 大(큰 대)

**奔走(분주)** 몹시 바쁘게 뛰어다님.
**狂奔(광분)** ① (어떤 목적을 이루기 위하여) 미친 듯이 날뜀. ② 미친 듯이 뛰어 달아남.

+ 走(달릴 주, 도망갈 주), 狂(미칠 광)

## 賁

특급II / 총 12획 / 貝

**많은(卉) 재물(貝)**을 들여 크게 꾸미니
**클 분, 꾸밀 비**

+ 貝(조개 패, 재물 패, 돈 패)

## 墳

3급 / 총 15획 / 土

**흙(土)**으로 **크게(賁)** 쌓은 무덤이니 **무덤 분**

+ 土(흙 토)

**墳墓(분묘)** 무덤.
**古墳(고분)** 옛무덤.

+ 墓(무덤 묘), 古(오랠 고, 옛 고)

## 憤

4급 / 총 15획 / 心(忄)

**마음(忄)**이 **크게(賁)** 쓰이도록 분하니 **분할 분**

+ 忄(마음 심 변)

**憤慨(분개)** 몹시 화를 냄. 매우 분하게 여김.
**憤怒(분노)** 분하여 성을 냄.

+ 慨(슬퍼할 개), 怒(성낼 노)

## 弄

3급II / 총 7획 / 廾

**구슬(王)**을 **받쳐 들고(廾)** 희롱하듯 가지고 노니
**희롱할 롱, 가지고 놀 롱**

+ 王(임금 왕, 으뜸 왕, 구슬 옥 변), 廾(받쳐 들 공)

**戲弄(희롱)** (말이나 행동으로) 실없이 놀리는 것.
*嘲弄(조롱) (우습거나 형편없는 존재로 여겨) 비웃고 놀리는 것.

+ 戲(놀 희, 희롱할 희), 嘲(비웃을 조)

## 算

7급 / 총 14획 / 竹(⺮)

**대(⺮)**로 **눈(目)**알처럼 깎아 만든 주판을 **받쳐 들고(廾)** 하는 셈이니
**셈 산**

+ ⺮[대 죽(竹)이 부수로 쓰일 때의 모양], 目(눈 목, 볼 목, 항목 목), 주판 - 옛날 셈을 하는 데 쓰였던 도구. 수판. 주산.

**算數(산수)** 셈법과 수의 성질을 가르치는 학과목.
**加算(가산)** 더하여 셈함. ↔ 감산(減算)

+ 數(셀 수, 두어 수, 자주 삭, 운수 수), 加(더할 가), 減(줄어들 감, 덜 감)

## 戒

4급 / 총 7획 / 戈

**창(戈)**을 **받쳐 들고(廾)** 적을 경계하니 **경계할 계**

+ 戈(창 과) - 제목번호 304 참고

**警戒(경계)** (잘못되는 일이 일어나지 않도록 미리) 조심함.
**戒律(계율)** 승려나 신도가 지켜야 할 행동 규범.

+ 警(경계할 경, 깨우칠 경), 律(법률 률, 음률 률)

## 械

3급II / 총 11획 / 木

**나무(木)**로 죄지은 사람을 **경계(戒)**하고 벌주기 위하여 만든 형틀이니 **형틀 계**
또 형틀처럼 만든 기계니 **기계 계**

+ 木(나무 목)

**機械(기계)** 여러 부품으로 조립된 도구.
**器械(기계)** 도구와 기물. 또는 간단한 기계(機械)를 통틀어 이르는 말.

+ 機(베틀 기, 기계 기, 기회 기), 器(그릇 기, 기구 기)

**특급Ⅱ / 총 2획 / 丿**

이리저리 베어 다스리는 모양이 어지니
**벨 예, 다스릴 예, 어질 예**

---

**1급 / 총 4획 / 爻**

육효가 서로 엇갈린 점괘를 본떠서 **점괘 효**
또 서로 교차하여 사귀며 좋은 점을 본받으니 **사귈 효, 본받을 효**

+ 육효(六爻) – 주역(周易)의 괘를 이루는 6개의 가로 그은 획.
+ 주역(周易) – 유학 경전의 하나.

---

**8급 / 총 4획 / 父**

사람이 알아야 할 것을 조목조목 **나누어(八) 어질게(乂)** 가르치는 아버지니
**아버지 부**

+ 八(여덟 팔, 나눌 팔)

**父母(부모)** 아버지와 어머니.
**祖父(조부)** 할아버지.

+ 母(어미 모, 어머니 모), 祖(할아버지 조, 조상 조)

DAY 05

---

**머릿(亠)**속의 생각을 **다스려(乂)** 무늬처럼 써 놓은 글월이니
**무늬 문, 글월 문, 성씨 문**

+ 亠(머리 부분 두), 글월 – 글이나 문장.

**文樣(문양)** 무늬.
+ 紋樣(문양) 무늬의 생김새.
**文盲(문맹)** 글을 (읽거나 쓸 줄) 모름. 또는 그런 사람.

+ 樣(모양 양), 紋(무늬 문), 盲(눈멀 맹, 장님 맹, 무지할 맹)

**7급 / 총 4획 / 文**

---

**3급Ⅱ / 총 10획 / 糸**

**실(糸)**로 **글(文)**처럼 수놓은 무늬니 **무늬 문**

+ 참 紊(어지러울 문) – 2급
+ 糸(실 사 변)

**指紋(지문)** 손가락 끝마다 안에 있는 무늬.
**波紋(파문)** ① 물결 모양의 무늬. ② 어떠한 일의 영향.

+ 指(손가락 지, 가리킬 지), 波(물결 파)

**움푹 패이고(凵) 베인(乂) 모양이 흉하니 흉할 흉**
또 먹을 것이 없어 흉하게 살아야 할 흉년이니 흉년 흉

+ 凵('입 벌릴 감, 그릇 감'이지만 여기서는 움푹 패인 모양으로 봄)

凶器(흉기) 사람을 살상(殺傷)할 때 쓰는 연장.
凶年(흉년) 농작물이 잘 되지 않은 해.

+ 器(그릇 기, 기구 기), 殺(죽일 살, 빠를 쇄, 감할 쇄), 傷(상할 상), 年(해 년, 나이 년)

5급 / 총 4획 / 凵

---

**몸(月)의 흉한(凶) 것을 감싼(勹) 가슴이니 가슴 흉**

+ 月(달 월, 육 달 월), 勹(쌀 포), 가슴은 간, 심장, 허파 등 중요한 장기를 감싸 보호하지요.

胸部(흉부) 가슴 부분.
胸像(흉상) 인체의 머리에서 가슴 부분까지를 나타낸 조각상이나 초상화.

+ 部(마을 부, 나눌 부, 거느릴 부), 像(모양 상, 본뜰 상)

3급Ⅱ / 총 10획 / 肉(月)

---

**088** **4교효[交校較郊效] - 交로 된 한자**

---

**(옛날에는) 머리(亠)에 갓을 쓰고 아버지(父)는 사람을 사귀거나 오고갔으니
사귈 교, 오고갈 교**

+ 亠(머리 부분 두), 父(아버지 부), 사람을 맞을 때는 옷을 단정하게 입지요.

交際(교제) (어떤 사람이 누구와) 서로 사귐.
交換(교환) (이것과 저것을) 서로 바꿈.

+ 際(때 제, 사귈 제), 換(바꿀 환)

6급 / 총 6획 / 亠

---

**나무(木)에 지주를 교차(交)시켜 바로잡듯이 바르게 가르치는 학교니 학교 교**
또 글을 바로잡아 교정보니 교정볼 교
또 사병을 바로잡아 지휘하는 장교니 장교 교

+ 木(나무 목), 지주 - 받침대. 의지할 수 있는 근거나 힘을 비유하는 말.

學校(학교) 학생에게 교육을 실시하는 기관.
校正(교정) 교정쇄와 원고를 대조하여 잘못된 부분을 바르게 고침.
將校(장교) 군인 신분 상 소위 이상의 간부.

+ 學(배울 학), 正(바를 정), 將(장수 장, 장차 장, 나아갈 장)

8급 / 총 10획 / 木

---

**차(車)를 오고가며(交) 타 보고 다른 차와 비교하니 비교할 교**

+ 車(수레 거, 차 차) - 제목번호 276 참고

比較(비교) 둘 이상을 견주어 차이·우열·공통점 등을 살피는 것.
日較差(일교차) (기온·습도·기압 따위의) 하루 동안의 최곳값과 최젓값의 차이.

+ 比(나란할 비, 견줄 비), 日(해 일, 날 일), 差(다를 차, 어긋날 차)

3급Ⅱ / 총 13획 / 車

**郊**

3급 / 총 9획 / 邑(阝)

사귀듯(交) 고을(阝)에 붙어 있는 들이나 교외니 **들 교, 교외 교**

+ 阝(고을 읍 방)

**近郊(근교)** 도시의 가까운 변두리에 있는 마을이나 들.
**郊外(교외)** 논밭이 비교적 많은 도시의 주변.
+校外(교외) 학교의 밖.

+ 近(가까울 근, 비슷할 근), 外(밖 외), 校(학교 교, 교정볼 교, 장교 교)

---

**效**

5급 / 총 10획 / 攴(攵)

좋은 분과 **사귀어(交)** 자신을 **치며(攵)** 본받으면 효험이 있으니
**본받을 효, 효험 효**

+ 攵(칠 복, = 攴)

**效則(효칙)** 본받아 법으로 삼음.
**失效(실효)** 효력을 잃음.

+ 則(곧 즉, 법칙 칙), 失(잃을 실)

---

DAY

05

**089**　　구사함 수수 학각[臼寫陷 叟搜 學覺] – 臼, 叟, 學으로 된 한자

---

**臼**

1급 / 총 6획 / 臼

절구를 본떠서 **절구 구**

+ 절구 – 곡식을 찧거나 떡을 치기도 하는 기구. 통나무나 돌, 쇠 등으로 속을 우묵하게 만듦.

---

**寫**

5급 / 총 15획 / 宀

**집(宀)**에 **절구(臼)**와 아궁이에 **싸여(勹)** 있는 **불(灬)**을 소재로 그리니
**그릴 사**
또 그리듯이 베끼니 **베낄 사**

+ 약 写 – 덮어(冖) 놓고 주어진(与) 대로만 그리고 베끼니 '그릴 사, 베낄 사'
+ 宀(집 면), 勹(쌀 포), 灬(불 화 발), 与(줄 여, 더불 여, 참여할 여)

**寫本(사본)** 원본을 베낌. 또는 베낀 책이니 서류. ↔ 원본(原本)
**複寫(복사)** (원본을) 베낌.

+ 本(근본 본, 뿌리 본, 책 본), 原(언덕 원, 근원 원), 複(겹칠 복)

---

**陷**

3급Ⅱ / 총 11획 / 阜(阝)

**언덕(阝)**에 **사람(⺈)**이 짐승을 잡으려고 **절구(臼)**처럼 파 놓은 함정이니
**함정 함**
또 함정에 빠져 꿈이 무너지니 **빠질 함, 무너질 함**

+ 阝(언덕 부 변), ⺈[사람 인(人)의 변형]

*陷穽(함정) ① 짐승을 잡기 위하여 파 놓은 구덩이. ② 상대가 곤경에 처하도록 미리 짜 놓은 계략.
**謀陷(모함)** 꾀를 써서 남을 어려운 처지에 빠뜨림.
**陷落(함락)** ① (땅이) 꺼져서 내려앉음. ② 성이나 요새, 진지 따위를 무너뜨림.

+ 穽(함정 정), 謀(꾀할 모, 도모할 모), 落(떨어질 락)

---

특급 / 총 10획 / 又

절구(臼)에 절굿공이( | )를 손(又)으로 들고 절구질하는 늙은이니
**늙은이 수**

+ | ('뚫을 곤'이지만 여기서는 절굿공이로 봄), 又(오른손 우, 또 우)

---

3급 / 총 13획 / 手(扌)

손(扌)으로 **늙은이(叟)**처럼 더듬어 찾으니 **찾을 수**

+ 늙으면 잘 보이지도 않고 감각도 둔해지니 더듬거리지요.

> **搜査(수사)** 찾고 조사함.
> **搜所聞(수소문)** (세상에 떠도는) 소문을 찾아 살핌.

+ 査(조사할 사), 所(장소 소, 바 소), 聞(들을 문)

---

8급 / 총 16획 / 子

절구(ㅌㅋ)같은 교실에서 친구도 **사귀며(爻)** 덮인(冖) 책을 펴 놓고
**아들(子)**이 글을 배우니 **배울 학**

+ 약 学 – 점점(⺍) 더 많은 글자(字)를 배우니 '배울 학'
+ ㅌㅋ[절구 구(臼)의 변형], 冖(덮을 멱), 子(아들 자, 첫째 지지 자, 자네 자, 접미사 자), 字(글자 자)

> **學校(학교)** 학생에게 교육을 실시하는 기관.
> **勉學(면학)** 배움에 힘씀.

+ 勉(힘쓸 면)

---

4급 / 총 20획 / 見

배우고(壆) 보면서(見) 이치를 깨달으니 **깨달을 각**

+ 약 覚 – 점(丶) 점(丶) 점(丿) 덮인(冖) 것을 보고(見) 깨달으니 '깨달을 각'
+ 壆 [배울 학(學)의 획 줄임], 見(볼 견, 뵐 현)

> ***覺醒(각성)** ① 깨어 정신을 차림. ② 깨달아 앎.
> **自覺(자각)** 스스로 깨달음.

+ 醒(깰 성), 自(자기 자, 스스로 자, 부터 자)

128

## 舁

급외자 / 총 10획 / 臼

**절구(臼)를 받쳐(廾) 마주 드니 마주 들 여**

+ 廾[받쳐 들 공(廾)의 변형], 절구는 커서 혼자는 못 들고 여럿이 마주 들어야 하지요.

## 輿

3급 / 총 17획 / 車

**마주 들고(舁) 가는 수레(車) 같은 가마니 수레 여, 가마 여**
**또 가마를 드는 사람들의 무리니 무리 여**

+ 舁[마주 들 여(舁)의 변형], 車(수레 거, 차 차)

> **喪輿(상여)** 죽은 사람을 태우고 가는 가마.
> **輿論(여론)** 무리(여러 사람들)의 공통된 말이나 평.

+ 喪(초상날 상, 잃을 상), 論(논할 론, 평할 론)

## 興

4급 II / 총 16획 / 臼

**마주 들어(舁) 같이(同) 일하면 흥하고 흥겨우니 흥할 흥, 흥겨울 흥**

+ 약 兴 - 점(丶)점(丶)점(丶) 함께(一) 나누어(八) 일하면 흥하고 흥겨우니
  '흥할 흥, 흥겨울 흥'
+ 同(한 가지 동, 같을 동) - 제목번호 244 참고, 八(여덟 팔, 나눌 팔)

> **復興(부흥)** (쇠퇴하였던 것이) 다시 일어남.
> **興味(흥미)** ① (흥을 느끼는) 재미. ② (대상에 끌려) 관심을 가지는 감정.

+ 復(다시 부, 회복할 복), 味(맛 미)

## 與

4급 / 총 14획 / 臼

**마주 들어(舁) 주며(与) 더불어 참여하니 줄 여, 더불 여, 참여할 여**

+ 약 与 - 하나(一)씩 작은 그릇(勹)에 나누어 주며 더불어 참여하니 '줄 여, 더불 여, 참여
  할 여'
+ 더불다 - ① 둘 이상의 사람이 함께하다. ② 무엇과 같이 하다.
+ 与[줄 여, 더불 여, 참여할 여(与)의 변형], 勹[구기 작, 작은 그릇 작(勺)의 변형]

> **贈與稅(증여세)** 증여 받은 사람에게 물리는 세금.
> **與民同樂(여민동락)** 백성과 더불어 같이 즐김.
> **與黨(여당)** 섬낭 정치에서, 정권을 잡고 있는 정당. ↔ 야당(野黨)

+ 贈(줄 증), 稅(세낼 세, 세금 세), 民(백성 민), 同(한 가지 동, 같을 동), 黨(무리 당), 野
  (들 야, 거칠 야)

## 擧

5급 / 총 18획 / 手

**더불어(與) 손(手)으로 들어 일으키니 들 거, 일으킬 거**

+ 약 挙 - 점(丶)점(丶)점(丿) 하나(一)씩 나누어(八) 손(手)에 들고 행하여 일으키니
  '들 거, 행할 거, 일으킬 거'

> **擧手(거수)** 손을 듦.
> **擧事(거사)** 큰일을 일으킴.

+ 手(손 수, 재주 수, 재주 있는 사람 수), 事(일 사, 섬길 사)

DAY
05

**譽**

3급II / 총 21획 / 言

더불어(與) 함께 **말하여**(言) 기리니 **기릴 예**

+ 약 誉 – 점(丶)점(丶)점(丿) 하나(一)씩 나누어(八) 말하며(言) 기리니 '기릴 예'
+ 기리다 – 뛰어난 업적이나 바람직한 정신, 위대한 사람 따위를 칭찬하고 기억하다.

> **名譽(명예)** '이름을 기림'으로, 뛰어남을 인정받는 어엿한 이름이나 자랑.
> **榮譽(영예)** 빛나는 명예.

+ 名(이름 명, 이름 날 명), 榮(영화 영, 성할 영)

---

**091** 사사 지지[士仕 志誌] – 士, 志로 된 한자

---

**士**

5급 / 총 3획 / 士

**열**(十)까지 **하나**(一)를 배우면 아는 선비니 **선비 사**
또 선비 같은 군사나 사람의 칭호나 직업에 붙이는 말이니
**군사 사, 칭호나 직업에 붙이는 말 사**

+ 선비 – 학식이 있고 예절바르며 의리와 원칙을 지키고 고결한 인품을 지닌 사람을 말함.

> **士氣(사기)** '선비 기운'으로, 의욕이나 자신감 따위로 충만하여 굽힐 줄 모르는 기세.
> **壯士(장사)** (기개와 체질이) 굳센 사람.

+ 氣(기운 기, 대기 기), 壯(군셀 장, 장할 장)

---

**仕**

5급 / 총 5획 / 人(亻)

**사람**(亻)이 **선비**(士)처럼 벼슬하여 백성을 섬기니 **벼슬할 사, 섬길 사**

> **仕途(사도)** 벼슬길.
> **奉仕(봉사)** '받들어 섬김'으로, (국가나 사회, 또는 남을 위하여) 자신을 돌보지 않고 애씀.

+ 途(길 도), 奉(받들 봉)

---

**志**

4급II / 총 7획 / 心

**선비**(士) 같은 **마음**(心)의 뜻이니 **뜻 지**

+ 뜻 지(志)는 이상을 향한 높은 뜻이고, 뜻 의(意)는 말이나 글 속에 들어 있는 의미를 말합니다.

> **意志(의지)** 마음의 뜻.
> **志操(지조)** '뜻을 잡음'으로, 곧은 뜻과 절조.

+ 意(뜻 의), 操(잡을 조, 다룰 조)

---

**誌**

4급 / 총 14획 / 言

**말**(言)이나 **뜻**(志)을 기록하여 만든 책이니 **기록할 지, 책 지**

+ 言(말씀 언)

> **日誌(일지)** 그날그날의 일을 적은 기록. 또는 그 책.
> **校誌(교지)** 학교에서 편집·발행하는 책.

+ 日(해 일, 날 일), 校(학교 교, 교정볼 교, 장교 교)

5급 / 총 6획 / 口

**선비(士)처럼 말하면(口)** 길하고 상서로우니
**길할 길, 상서로울 길, 성씨 길**

+ 길하다 – 운이 좋거나 일이 상서롭다.
+ 상서(祥瑞)롭다 – 복되고 좋은 일이 있을 듯하다.
+ 士(선비 사, 군사 사, 칭호나 직업 이름에 붙이는 말 사), 口(입 구, 말할 구, 구멍 구), 祥(상서로울 상), 瑞(상서로울 서)

> **吉凶(길흉)** 좋은 일과 언짢은 일.
> **吉兆(길조)** 상서로운 조짐.

+ 凶(흉할 흉, 흉년 흉), 兆(조짐 조, 조 조)

3급Ⅱ / 총 13획 / 鼓

**좋게(吉) 받쳐 놓고(⺍) 두 손으로 갈라(支) 두드리는 북이니**
**두드릴 고, 북 고**

+ 吉(길할 길, 상서로울 길), ⺍[받쳐 들 공(廾)의 변형], 支(다룰 지, 가를 지, 지출할 지)

> **鼓舞(고무)** '북을 쳐서 춤추게 함'으로, 더 잘하도록 북돋우는 것.
> **勝戰鼓(승전고)** 싸움에 이겼을 때 치는 북소리.

+ 舞(춤출 무), 勝(이길 승, 나을 승), 戰(싸울 전, 무서워 떨 전)

**나무(木)로 좋게(吉) 받쳐(⺍) 법도(寸)에 맞게 세우니 세울 수**
또 세워 심는 나무니 **나무 수**

+ 木(나무 목), 寸(마디 촌, 법도 촌)

> **樹立(수립)** (국가·정부·제도·계획 등을) 세움.
> **有實樹(유실수)** 열매가 있는(열리는) 나무.

+ 立(설 립), 有(가질 유, 있을 유), 實(열매 실, 실제 실)

6급 / 총 16획 / 木

**DAY**
**05**

**좋은(吉) 음식을 받쳐 들고(ㅛ) 입(口)으로 먹으면 기쁘니 기쁠 희**

> **喜悲(희비)** 기쁨과 슬픔.
> **歡喜(환희)** 즐겁고 기쁨.

+ 悲(슬플 비), 歡(기뻐할 환)

4급 / 총 12획 / 口

8급 / 총 3획 / 土

### 많이(十) 땅(一)에 있는 흙이니 **흙 토**

+ 열까지 안다는 데서 십(十)을 크게 쓰면 선비 사, 군사 사, 칭호나 직업 이름에 붙이는 말
사(士), 넓은 땅을 나타내기 위하여 아래(一)를 넓게 쓰면 흙 토(土)로 구분하세요.

**土地(토지)** 땅. 흙. 논밭.
**土沙(토사)** 흙과 모래.

+ 地(땅 지, 처지 지), 沙(모래 사)

3급 II / 총 6획 / 口

### 입(口)을 흙(土)에 대고 토하니 **토할 토**

*嘔吐(구토) 위 속의 음식물을 토함.
**實吐(실토)** 사실대로 내용을 모두 밝히어 말함.

+ 嘔(노래할 구, 토할 구), 實(열매 실, 실제 실)

3급 II / 총 7획 / 土

### 흙(土) 위에 두 사람(人人)이 앉으니 **앉을 좌**

**坐像(좌상)** 앉아 있는 모양의 그림이나 조각.
**坐定(좌정)** (자리를) 정하여 앉음.

+ 像(모양 상, 본뜰 상), 定(정할 정)

4급 / 총 10획 / 广

### 집(广)에서 앉는(坐) 자리나 위치니 **자리 좌, 위치 좌**

+ 广(집 엄)

**座席(좌석)** ① 앉는 자리. ② 여러 사람이 모인 자리.
**權座(권좌)** '권력의 자리'로, 특히 통치권을 가지고 있는 지위.

+ 席(자리 석), 權(권세 권)

2급 / 총 12획 / 土

### 흙(土)이 많이 쌓여 **우뚝하게(兀) 높으니 높을 요**
### 또 높이 추앙하는 요임금이니 **요임금 요**

+ [속] 堯 - 많은(十) 풀(卄)을 우뚝하게(兀) 쌓아 높으니 '높을 요'
또 높이 추앙하는 요임금이니 '요임금 요'
+ 十(열 십, 많을 십), 卄[초 두(艹)의 약자], 兀(우뚝할 올)

**曉**

3급 / 총 16획 / 日

해(日)가 **높이(堯)** 떠오르는 새벽이니 **새벽 효**
또 해(日)처럼 **높이(堯)** 깨달으니 **깨달을 효**

+ 약 暁
+ 日(해 일, 날 일)

**曉星(효성)** ① 샛별. ② 매우 드문 존재를 비유하여 이르는 말.
**曉得(효득)** 깨달아서 얻음(앎).

+ 星(별 성), 得(얻을 득)

---

**燒**

3급II / 총 16획 / 火

불(火)이 **높이(堯)** 타오르도록 불사르니 **불사를 소**

+ 약 焼
+ 火(불 화)

**燒却(소각)** (어떤 물건을) 불살라 없애 버림.
**燒失(소실)** 불에 타서 잃어버림.

+ 却(물리칠 각), 失(잃을 실)

---

**圭**

2급 / 총 6획 / 土

(천자가 제후를 봉할 때 주는 신표로)
영토를 뜻하는 **흙 토(土)**를 두 번 반복하여 **홀 규, 영토 규**
또 홀을 만드는 서옥이니 **서옥 규**

+ 제후 – 천자의 영토 일부를 맡아 다스리는 일종의 지방 관리, 서옥 – 품질 좋은 옥.
+ 홀(笏 – 홀 홀) – 예전에 중국에서 천자가 제후를 봉하거나 신을 모실 때 썼던 물건.

---

**桂**

3급II / 총 10획 / 木

나무(木) 중 **서옥(圭)**처럼 아름다운 계수나무니 **계수나무 계, 성씨 계**

+ 계수나무는 녹나무 과의 교목으로 특이한 향기가 있어 가지와 껍질(계피)은 약재 · 과자 ·
요리 · 향료의 원료로 쓰입니다.

**桂冠(계관)** 월계관. 고대 그리스에서 경기에 우승한 사람에게 씌우던 계수나무 가지로
만든 관으로, '우승의 영예, 가장 명예스러운 지위'를 비유적으로 이르는 말.
**桂皮(계피)** 계수나무 껍질. [향수, 향료의 원료 및 약재로 씀]

+ 冠(갓 관), 皮(가죽 피)

---

**佳**

3급II / 총 8획 / 人(亻)

사람(亻)이 **서옥(圭)**처럼 아름다우니 **아름다울 가**

+ 유 住(살 주, 사는 곳 주) – 제목번호 101 참고

**佳約(가약)** ① 아름다운 약속. ② 부부(夫婦)가 되자는 약속.
**絶世佳人(절세가인)** 세상에서 가장 아름다운 사람(여인).

+ 約(묶을 약, 약속할 약), 絶(끊을 절, 죽을 절, 가장 절), 世(세대 세, 세상 세)

**街**

4급II / 총 12획 / 行

### 다닐(行) 수 있게 흙을 돋워(圭) 만든 거리니 거리 가

+ 圭['홀 규, 영토 규, 서옥 규'지만 여기서는 흙 토(土)를 반복했으니 흙을 돋운 모양으로 봄]

> **街路燈(가로등)** 길거리를 밝힌 등.
> **街路樹(가로수)** 길거리에 심은 나무.

+ 路(길 로), 燈(등불 등), 樹(세울 수, 나무 수)

---

**封**

3급II / 총 9획 / 寸

### 영토(圭)를 마디마디(寸) 나누어 봉하니 봉할 봉

+ 봉하다 – ① 문 · 봉투 · 그릇 따위를 열지 못하게 꼭 붙이거나 싸서 막다. ② 임금이 신하에게 영지를 내려주고 영주(領主)로 삼다. 여기서는 ②의 뜻.
+ 寸(마디 촌, 법도 촌), 領(거느릴 령, 우두머리 령), 主(주인 주)

> **封鎖(봉쇄)** 봉하여 꼭 잠금.
> *封套(봉투) 편지를 넣고 봉하는 덮개.

+ 鎖(쇠사슬 쇄, 자물쇠 쇄), 套(덮개 투)

---

**卦**

1급 / 총 8획 / 卜

### 서옥(圭)처럼 점(卜)치면 반짝이며 나오는 점괘니 점괘 괘

+ 卜(점 복) – 제목번호 234 참고

---

**掛**

3급 / 총 11획 / 手(扌)

### 손(扌)으로 점괘(卦)를 기록하여 거니 걸 괘

> **掛念(괘념)** '걸어놓은 생각'으로, 마음에 두고 잊지 아니함.
> **掛圖(괘도)** 벽에 걸게 만든 그림.

+ 念(생각 념), 圖(그림 도, 꾀할 도)

---

**厓**

특급II / 총 8획 / 厂

### 굴 바위(厂) 아래 땅(圭)은 언덕이니 언덕 애

+ 厂(굴 바위 엄, 언덕 엄)

---

**涯**

3급 / 총 11획 / 水(氵)

### 물(氵)과 맞닿은 언덕(厓) 같은 물가니 물가 애
또 물가는 땅의 끝이니 끝 애

> **生涯(생애)** '사는 끝'으로, 살아 있는 한평생 동안.
> **天涯(천애)** 하늘의 끝. 아득히 떨어진 타향. [이 세상에 살아있는 부모나 혈육이 없음을 '천애(天涯)의 고아'라고 함]

3급II / 총 8획 / 土

많은(千) 풀(艹)잎이 흙(土)바닥에 드리우니 드리울 수

+ 千(일천 천, 많을 천), 艹[초 두(艹)의 약자]

垂直(수직) '곧게 드리움'으로, 직선과 직선, 직선과 평면, 평면과 평면 등이 서로 만나 직각을 이루는 상태. ↔ 수평(水平)
懸垂幕(현수막) (선전문 따위를 적어) 걸어 드리운 장막.

+ 直(곧을 직, 바를 직), 平(평평할 평, 평화 평), 懸(매달 현, 멀 현), 幕(장막 막)

3급 / 총 13획 / 目

눈(目)꺼풀을 아래로 드리우고(垂) 졸거나 자니 졸 수, 잘 수

+ 目(눈 목, 볼 목, 항목 목)

睡眠(수면) ① 잠을 잠. ② 활동을 쉼.
午睡(오수) 낮잠.

+ 眠(잘 면), 午(말 오, 일곱째 지지 오, 낮 오)

4급 / 총 11획 / 邑(阝)

드리워(垂) 고을(阝)까지 전달하는 우편이니 우편 우

+ 阝(고을 읍 방)

郵送(우송) 우편으로 보냄.
郵票(우표) (우편 요금을 납부한 표시로) 우편물에 붙이는 증표.

+ 送(보낼 송), 票(표 표)

급외자 / 총 3획 / 丿

[천(千) 번이나 굽실거리며 부탁한다는 데서]
일천 천(千)을 굽혀서 부탁할 탁, 의탁할 탁

3급 / 총 6획 / 手(扌)

손(扌)으로 의탁하여(乇) 받치거나 미니 받칠 탁, 밀 탁

*托鉢(탁발) [불교] 도를 닦는 승려가 경문을 외면서 집집마다 다니며 동냥하는 일.
無依無托 · 無依無託(무의무탁) 몸을 의지하고 맡길 곳이 없음.

+ 鉢(바리때 발), 無(없을 무), 依(의지할 의), 託(부탁할 탁)

**지붕(宀)** 아래 **의탁하여(乇)** 사는 집이니 **집 택·댁**

+ 宀(집 면), '댁'은 남의 집을 높여 이르는 말.

> **住宅(주택)** 사람이 살 수 있도록 지은 집.
> **~宅(댁)** 결혼한 부인을 부르거나 남의 집을 높여 부를 때 쓰는 말.

+ 住(살 주, 사는 곳 주)

5급 / 총 6획 / 宀

---

**096**　룩룩목 예예열세[坴陸睦 埶藝熱勢] – 坴, 埶로 된 한자

---

**흙(土)**에 **사람(儿)**이 또 **흙(土)**을 쌓아 만든 언덕이니 **언덕 륙**

+ 土(흙 토), 儿(사람 인 발, 어진사람 인)

급외자 / 총 8획 / 土

---

**언덕(阝)**과 **언덕(坴)**이 이어지는 뭍이니 **뭍 륙, 성씨 륙**

+ 阝(언덕 부 변), 뭍 – 지구 표면에서 바다를 뺀 나머지 부분.

> **陸地(육지)** 물에 잠기지 않은 지구 거죽의 땅. 뭍.
> **陸軍(육군)** 육지에서의 전투를 맡은 군대.

+ 地(땅 지, 처지 지), 軍(군사 군)

5급 / 총 11획 / 阜(阝)

---

**눈(目)**을 **언덕(坴)**처럼 높이 뜨고 대하며 화목하니 **화목할 목, 성씨 목**

+ 싫으면 눈을 아래로 뜨거나 작게 뜨지만 기쁘거나 좋으면 눈을 빛내며 크게 뜨고 높이 우러러 보지요.

> **和睦(화목)** 서로 뜻이 맞아 친하고 정다움.
> **親睦(친목)** 서로 친하여 화목함.

+ 和(화목할 화, 화할 화), 親(어버이 친, 친할 친)

3급Ⅱ / 총 13획 / 目

---

**흙(土)**을 **사람(儿)**이 파서 **흙(土)**에다 **둥근(丸)** 씨앗을 심으니
**심을 예**

+ 丸(둥글 환, 알 환) – 제목번호 160 참고

급외자 / 총 11획 / 土

# 藝

4급II / 총 19획 / 草(⺾)

**초목(⺾)을 심고(埶) 이용하는 방법을 말하는(云) 재주와 기술이니**
**재주 예, 기술 예**

+ 약 芸 – 초목(⺾)을 심고 이용하는 방법을 말하는(云) 재주와 기술이니 '재주 예, 기술 예'
+ 云(이를 운, 말할 운)

**書藝(서예)** 글씨를 붓에 의해 조형적으로 쓰는 예술.
**藝術(예술)** 미를 창조하고 표현하려고 하는 인간 활동. 또는 그 작품.

+ 書(쓸 서, 글 서, 책 서), 術(재주 술, 기술 술)

---

# 熱

5급 / 총 15획 / 火(灬)

**심어(埶) 놓은 불(灬)씨라도 있는 듯 더우니 더울 열**

+ 유 熟(익을 숙) – 제목번호 176 참고
+ 灬(불 화 발), 성냥이나 라이터가 없었던 옛날에는 불씨를 재 속에 심어 놓고 사용했답니다.

**熱望(열망)** 열렬히 바람. 진심으로 원함.
**解熱(해열)** 열을 풀어 내림.

+ 望(바랄 망, 보름 망), 解(해부할 해, 풀 해)

---

# 勢

4급II / 총 13획 / 力

**심어(埶) 놓은 초목이 힘(力)차게 자라나는 형세의 권세니 형세 세, 권세 세**

**勢力(세력)** 남을 누르고 자기 마음대로 할 수 있는 힘.
**強勢(강세)** 강한 기세.

+ 力(힘 력), 強(강할 강, 억지 강)

---

**097** **생성성성산[生性姓星産] – 生으로 된 한자**

# 生

8급 / 총 5획 / 生

**사람(ⅇ)이 흙(土)에 나서 사니**
**날 생, 살 생, 사람을 부를 때 쓰는 접사 생**

+ ⅇ [사람 인(人)의 변형], 土(흙 토)

**生日(생일)** 태어난 날. 탄생일.
**生命(생명)** ① 목숨. ② 사물의 유지되는 기간.
**學生(학생)** 글을 배우는 사람.

+ 日(해 일, 날 일), 命(명령할 명, 목숨 명, 운명 명), 學(배울 학)

---

# 性

5급 / 총 8획 / 心(忄)

**마음(忄)에 나면서(生)부터 생긴 성품이고 바탕이니 성품 성, 바탕 성**
**또 바탕이 다른 남녀의 성별이니 성별 성**

**性品(성품)** 사람의 성질이나 됨됨이.
**個性(개성)** 낱낱의 물건이 가지고 있는 독특한 성질.
**性別(성별)** 남녀나 암수의 구별.

+ 品(물건 품, 등급 품, 품위 품), 個(낱 개), 別(나눌 별, 다를 별)

여자(女)가 자식을 **낳아(生)** 다른 사람과 구별하기 위하여 붙인 성씨니
**성씨 성**

또 나라의 여러 성씨들이 모인 백성이니 **백성 성**

**姓名(성명)** 성과 이름.
**百姓(백성)** ① '국민'의 예스러운 말. ② 문벌이 높지 않은 보통 사람.

+ 名(이름 명, 이름날 명), 百(일백 백, 많을 백)

7급 / 총 8획 / 女

---

해(日)가 진 뒤에 **빛나는(生)** 별이니 **별 성**

**星星(성성)** 하늘의 별처럼 머리털이 희뜩희뜩한 모양.
**星行夜歸(성행야귀)** 별이 있는 이른 아침에 가서 밤늦게 귀가함.

+ 行(다닐 행, 행할 행, 항렬 항), 夜(밤 야), 歸(돌아갈 귀, 돌아올 귀)

4급 II / 총 9획 / 日

---

머리(亠) 받치고(丷) 바위(厂)에 의지하여 새끼를 **낳으니(生)** **낳을 산**
또 아이를 낳듯이 물건을 생산하니 **생산할 산**

+ 圖 産 – 글(文) 공부를 바위(厂) 밑에서 전념하여 좋은 작품을 써 내니(生) '낳을 산'
+ 亠(머리 부분 두), 厂(굴 바위 엄, 언덕 엄), 文(무늬 문, 글월 문)

**産業(산업)** (인간 생활에 필요한 여러 가지 재화를) 생산하는 사업.
**産母(산모)** 아이를 갓 낳은 여자.

+ 業(업 업, 일 업), 母(어미 모, 어머니 모)

5급 / 총 11획 / 生

---

## 098    로로효자고[耂老孝者考] – 耂로 된 한자

늙을 로(老)가 부수로 쓰일 때의 모양으로,
**흙(土)**에 **지팡이(丿)**를 짚으며 걸어야 할 정도로 늙으니 **늙을 로 엄**

+ 丿('삐침 별'이지만 여기서는 지팡이로 봄)

총 4획 / 부수자

---

老

**흙(土)**에 **지팡이(丿)**를 **비수(匕)**처럼 꽂으며 걸어야 할 정도로 늙으니
**늙을 로**

+ 匕(비수 비, 숟가락 비) – 제목번호 333 참고

**男女老少(남녀노소)** '남자와 여자, 늙은이와 젊은이'로, 모든 사람.
**敬老(경로)** 노인을 공경함.

+ 男(사내 남), 女(여자 녀), 少(적을 소, 젊을 소), 敬(공경할 경)

7급 / 총 6획 / 老

**138**

# 孝

7급 / 총 7획 / 子

늙은(耂) 부모를 **아들(子)**이 받드는 효도니 **효도 효**

+ 子(아들 자, 첫째 지지 자, 자네 자, 접미사 자)

> **孝子(효자)** 효도하는 아들.
> **孝誠(효성)** 마음을 다해 부모를 섬기는 정성.

+ 誠(정성 성)

---

# 者

6급 / 총 9획 / 耂

**노인(耂)**이 낮추어 **말하는(白)** 놈이나 것이니 **놈 자, 것 자**

+ 白(흰 백, 밝을 백, 깨끗할 백, 아뢸 백), 글의 문맥으로 보아 사람을 말할 때는 '놈'이나 '사람', 물건을 말할 때는 '것'으로 해석합니다. '놈'이나 '계집'이 요즘은 욕(辱)으로 쓰이지만 옛날에는 남자 · 여자를 보통으로 일컫는 말이었어요. 辱(욕될 욕, 욕 욕)

> **患者(환자)** 병을 앓는 사람.
> **同伴者(동반자)** (인생길이나 어느 곳을) 함께 가는 사람.

+ 患(근심 환), 同(한가지 동, 같을 동), 伴(짝 반, 따를 반)

---

# 考

5급 / 총 6획 / 耂

**노인(耂)**처럼 **크게(丂)** 살피고 생각하니 **살필 고, 생각할 고**

+ 丂 [공교할 교, 교묘할 교(丂)의 변형이지만 여기서는 큰 대(大)의 변형으로 봄]

> **考慮(고려)** 살피고 헤아림.
> **考察(고찰)** 살피고 살핌.

+ 慮(생각할 려), 察(살필 찰)

---

**099** 제서도 서저(착)[諸緒都 屠著] - 者로 된 한자

# 諸

3급II / 총 16획 / 言

**말(言)**로도 **사람(者)**들이 처리하는 모든 여러 일이니
**모든 제, 여러 제, 성씨 제**

+ 言(말씀 언)

> **諸般(제반)** 여러 가지. 모든 것.
> **諸君(제군)** 여러분. 그대들.

+ 般(옮길 반, 일반 반), 君(임금 군, 남편 군, 그대 군)

---

# 緒

3급II / 총 15획 / 糸

(실은 실마리를 찾아야 풀어 쓸 수 있기 때문에)
**실(糸)** 가진 **사람(者)**에게 중요한 실마리니 **실마리 서**

+ 糸(실 사, 실 사 변), 실마리 - ① 감겨 있거나 헝클어진 실의 첫머리. ② 일이나 사건을 풀어 나갈 수 있는 첫머리.

> **緒論(서론)** (본론에 들어가기 전의) 실마리가 되는 말.
> **緒言(서언)** '실마리 말'로, 어떤 글의 머리말.

+ 論(논할 론, 평할 론), 言(말씀 언)

**都**

5급 / 총 12획 / 邑(阝)

사람(者)이 사는 고을(阝)의 도읍이니 **도읍 도**
또 도읍은 사람이 많아 모두 모인 것 같으니 **모두 도, 성씨 도**

+ 阝(고을 읍 방)

**都邑(도읍)** ① 서울(한 나라의 중앙 정부가 있는 곳). ② 조금 작은 도시.
**都合(도합)** 모두 합한 셈.

+ 邑(고을 읍), 合(합할 합, 맞을 합)

---

**暑**

3급 / 총 13획 / 日

해(日)가 사람(者) 위에 있는 듯 더우니 **더울 서**

**避暑(피서)** (시원한 곳으로 가) 더위를 피함.
*酷暑(혹서) 심한 더위.

+ 避(피할 피), 酷(심할 혹)

---

**著**

3급II / 총 13획 / 草(++)

초(++)야에 묻혀 사는 **사람(者)**도 유명한 글을 지으면 드러나니
**글 지을 저, 드러날 저**
또 (옛날에는) **풀(++)**로 **사람(者)**이 옷을 만들어 붙게 입었으니
**붙을 착, 입을 착**

+ 초야(草野) – '풀이 난 들'로, 외딴 시골을 이르는 말.
+ '붙을 착, 입을 착'으로는 주로 着을 씁니다.

**著者(저자)** 책을 지은 사람.
**著名(저명)** 이름이 드러남. 유명함.

+ 者(놈 자, 것 자), 名(이름 명, 이름날 명)

---

## 100 왕옥주 임임임 정정성[王玉主 壬任賃 呈程聖] – 王, 壬, 呈으로 된 한자

**王**

8급 / 총 4획 / 玉(王)

하늘(一) · 땅(一) · 사람(一)의 뜻을 두루 꿰뚫어(丨) 보는 임금이니
**임금 왕**
또 임금처럼 그 분야에서 으뜸이니 **으뜸 왕, 성씨 왕**
또 **구슬 옥(玉)**이 부수로 쓰일 때의 모양으로 **구슬 옥 변**

+ 一('한 일'이지만 여기서는 하늘 · 땅 · 사람으로 봄), 丨(뚫을 곤)

**王冠(왕관)** 임금의 머리에 쓰는 관.
**王固執(왕고집)** '으뜸 고집'으로, 고집이 몹시 심한 사람. 또는 아주 심한 고집.

+ 冠(갓 관), 固(굳을 고, 진실로 고), 執(잡을 집, 집행할 집)

**임금 왕(王) 우측에 점(丶)을 찍어서 구슬 옥, 성씨 옥**

+ 원래는 구슬 세(三) 개를 끈으로 꿰어(丨) 놓은 모양(王)이었으나 임금 왕(王)과 구별하기 위하여 점 주(丶)를 더하여 '구슬 옥(玉)'입니다. 그러나 임금 왕(王)은 부수로 쓰이지 않으니, 구슬 옥(玉)이 부수로 쓰일 때는 원래의 모양인 王으로 쓰고 '구슬 옥 변'이라 부르지요.

> **白玉(백옥)** 흰빛이 나는 옥.
> **玉稿(옥고)** '옥처럼 훌륭한 원고'로, 다른 사람의 원고를 높여 이르는 말.

+ 白(흰 백, 밝을 백, 깨끗할 백, 아뢸 백), 稿(볏짚 고, 원고 고)

4급 II / 총 5획 / 玉

---

(임금보다 더 책임감을 가지는 사람이 주인이니)

**점(丶)을 임금 왕(王) 위에 찍어서 주인 주**

+ 그래서 그런지 '왕인정신'이라는 말은 없지만 '주인정신'이란 말은 있네요.
+ 한자에서는 점 주(丶)나 삐침 별(丿)로 어느 부분이나 무엇을 강조하기도 합니다.

> **主人(주인)** ① 한 집안의 주되는 사람. ② 물건의 임자.
> **民主主義(민주주의)** 백성을 주인으로 삼는 정치를 하는 제도.

+ 民(백성 민), 義(옳을 의, 의로울 의)

7급 / 총 5획 / 丶

---

**삐뚤어진(丿) 선비(士)는 간사하여 나중에 큰 죄업을 짊어지니**
**간사할 임, 짊어질 임, 아홉째 천간 임**
**또 위쪽이 가리키는(丿), 네 방위(十)로 표시된 지도(一)의 북방이니**
**북방 임**

+ 丿(삐침 별), 士(선비 사, 군사 사, 칭호나 직업 이름에 붙이는 말 사)

> *壬辰倭亂(임진왜란) 1592년(임진년)에 일본의 침입으로 비롯된 6년간의 전란.

+ 辰(별 진, 날 진, 다섯째 지지 진), 倭(왜국 왜), 亂(어지러울 란)

3급 II / 총 4획 / 士

---

**사람(亻)이 어떤 일을 짊어져(壬) 맡으니 맡을 임, 성씨 임**

+ 유 仕(벼슬할 사, 섬길 사) - 제목번호 091 참고

> **任期(임기)** 임무를 맡는 일정한 기간.
> **任務(임무)** 맡은 일.

+ 期(기간 기, 기약할 기), 務(일 무, 힘쓸 무)

5급 / 총 6획 / 人(亻)

---

**맡은(任) 일을 하고 품삯(貝)을 받는 품팔이니 품삯 임, 품팔이 임**
**또 무엇을 맡기고(任) 재물(貝)을 빌리니 빌릴 임**

+ 貝(조개 패, 재물 패, 돈 패)

> **賃金(임금)** 노동자가 노동하고 받는 보수.
> **賃借(임차)** 요금을 주고 물건을 빌려 씀.

+ 金(쇠 금, 금 금, 돈 금, 성씨 김), 借(빌릴 차)

3급 II / 총 13획 / 貝

2급 / 총 7획 / 口

입(口)에 맞는 음식을 **짊어지고(壬)** 가서 보이고 드리니
**보일 정, 드릴 정**

---

4급II / 총 12획 / 禾

벼(禾)를 얼마나 **드릴(呈)** 것인지 법으로 정한 정도니 **법 정, 정도 정**
또 법에 맞는 길이니 **길 정**

+ 禾(벼 화), 옛날에는 물물 교환의 기준이 벼나 쌀이었답니다.

> **規程(규정)** 조목별로 정해 놓은 표준.
> **程度(정도)** (사물의 성질이나 가치를 양이나 우열 등에서 본) 분량이나 수준.

+ 規(법 규), 度(법도 도, 정도 도, 헤아릴 탁)

---

귀(耳)를 **보이듯(呈)** 기울여 잘 들어주는 성스러운 성인이니
**성스러울 성, 성인 성**

+ 耳(귀 이), 자기주장을 내세우지 않고 남의 말을 많이 들어주는 분이 성스럽고 성인(聖人)이지요.

> **聖心(성심)** 성스러운 마음.
> **聖人(성인)** 덕과 지혜가 뛰어나 모든 사람의 스승이 될 만한 사람.

+ 心(마음 심, 중심 심)

---

**142**

# 구조로 한자 되짚어 보기

## 081 4근 근한난탄(堇僅謹勤 莫漢難歎) – 堇, 莫으로 된 한자

스물 입[廿] 아래에 한 일[一] 입 구, 말할 구, 구멍 구[口] 한 일[一] 흙 토[土]면 진흙 근[堇], **진흙 근[堇]** 앞에 사람 인 변[亻]이면 겨우 근[僅], 말씀 언[言]이면 삼갈 근[謹], 뒤에 힘 력[力]이면 부지런할 근, 일 근[勤],
스물 입[廿] 아래에 한 일[一] 입 구, 말할 구, 구멍 구[口] 한 일[一], 큰 대[大]면 진흙 근[莫], **진흙 근[莫]** 앞에 삼 수 변[氵]이면 한나라 한, 남을 흉하게 부르는 접미사 한[漢], 뒤에 새 추[隹]면 어려울 난, 비난할 난[難], 하품 흠, 모자랄 흠[欠]이면 탄식할 탄, 감탄할 탄[歎]

## 082 서석 도(탁)도[庶席 度渡] – 庶, 度으로 된 한자

집 엄[广] 아래에 스물 입[廿]과 한 일[一], 불 화 발[灬]이면 여러 서, 백성 서, 첩의 아들 서[庶], **여러 서, 백성 서, 첩의 아들 서[庶]의 획 줄임[庶]** 아래에 수건 건[巾]이면 자리 석[席], 오른손 우, 또 우[又]면 법도 도, 정도 도, 헤아릴 탁[度], **법도 도, 정도 도, 헤아릴 탁[度]** 앞에 삼 수 변[氵]이면 물 건널 도[渡]

## 083 황횡 광광확[黃橫 廣鑛擴] – 黃, 廣으로 된 한자

스물 입[廿]과 한 일[一] 아래에 까닭 유, 말미암아[由]와 여덟 팔, 나눌 팔[八]이면 누를 황[黃], **누를 황[黃]** 앞에 나무 목[木]이면 가로 횡, 제멋대로 할 횡[橫],
위에 집 엄[广]이면 넓을 광[廣], **넓을 광[廣]** 앞에 쇠 금, 금 금, 돈 금, 성씨 김[金]이면 쇳돌 광[鑛], 손 수 변[扌]이면 넓힐 확[擴]

## 084 세 엽접[世 葉蝶] – 世, 葉으로 된 한자

(한 세대를 30년으로 봐서) 열 십(十) 셋과 아래 부분을 연결하여 세대 세, 세상 세[世],
**세대 세, 세상 세[世]** 위에 초 두[艹], 아래에 나무 목[木]이면 잎 엽[葉],
**잎 엽[葉]의 획 줄임[葉]** 앞에 벌레 충[虫]이면 나비 접[蝶]

## 085 훼분 분(비)분분[卉奔 賁墳憤] – 卉, 賁으로 된 한자

열 십, 많을 십[十] 아래에 받쳐 들 공[廾]이면 풀 훼, 많을 훼[卉], **풀 훼, 많을 훼[卉]** 위에 큰 대[大]면 달릴 분, 달아날 분[奔], 아래에 조개 패, 재물 패, 돈 패[貝]면 클 분, 꾸밀 비[賁],
**클 분, 꾸밀 비[賁]** 앞에 흙 토[土]면 무덤 분[墳], 마음 심 변[忄]이면 분할 분[憤]

## 086 롱산 계계[弄算 戒械] - 廾, 戒로 된 한자

받쳐 들 공[廾] 위에 임금 왕, 으뜸 왕, 구슬 옥 변[王]이면 희롱할 롱, 가지고 놀 롱[弄], 대 죽[竹]과 눈 목, 볼 목, 항목 목[目]이면 셈 산[算],

창 과[戈]면 경계할 계[戒], 경계할 계[戒] 앞에 나무 목[木]이면 형틀 계, 기계 계[械]

## 087 예효부 문문 흉흉[乂爻父 文紋 凶胸] - 乂, 文, 凶으로 된 한자

이리저리 베어 다스리는 모양이 어지니 벨 예, 다스릴 예, 어질 예[乂],

벨 예, 다스릴 예, 어질 예[乂] 위에 벨 예, 다스릴 예, 어질 예[乂]면 점괘 효, 수효 효, 사귈 효, 본받을 효[爻], 여덟 팔, 나눌 팔[八]이면 아비 부[父], 머리 부분 두[亠]면 무늬 문, 글월 문[文], 무늬 문, 글월 문[文] 앞에 실 사, 실 사 변[糸]이면 무늬 문[紋], 입 벌릴 감, 그릇 감[凵] 안에 벨 예, 다스릴 예, 어질 예[乂]면 흉할 흉, 흉년 흉[凶],

흉할 흉, 흉년 흉[凶] 위에 쌀 포[勹], 앞에 달 월, 육 달 월[月]이면 가슴 흉[胸]

## 088 4교효[交校較郊效] - 交로 된 한자

머리 부분 두[亠] 아래에 아비 부[父]면 사귈 교, 오고갈 교[交],

사귈 교, 오고갈 교[交] 앞에 나무 목[木]이면 학교 교, 교정볼 교, 장교 교[校], 수레 거, 차 차[車]면 비교할 교[較], 뒤에 고을 읍 방[阝]이면 들 교, 교외 교[郊], 칠 복[攵]이면 본받을 효, 효험 효[效]

## 089 구사함 수수 학각[臼寫陷 叟搜 學覺] - 臼, 叟, 學으로 된 한자

절구를 본떠서 절구 구[臼], 절구 구[臼] 위에 집 면[宀], 아래에 쌀 포[勹]와 불 화 발[灬]이면 그릴 사, 베낄 사[寫], 사람 인[人]의 변형[⺈], 앞에 언덕 부 변[阝]이면 함정 함, 빠질 함, 무너질 함[陷],

절구 구[臼]에 뚫을 곤[丨]과 아래에 오른손 우, 또 우[又]면 늙은이 수[叟], 늙은이 수[叟] 앞에 손 수 변[扌]이면 찾을 수[搜],

절구 구[臼]의 변형[𦥑] 사이에 점괘 효, 수효 효, 사귈 효, 본받을 효[爻], 아래에 덮을 멱[冖]과 아들 자, 첫째 지지 자, 자네 자, 접미사 자[子]면 배울 학[學], 배울 학[學]의 획 줄임[⺡] 아래에 볼 견, 뵐 현[見]이면 깨달을 각[覺]

## 090 여여흥 여거예[舁輿興 與擧譽] - 舁, 與로 된 한자

절구 구[臼] 아래에 받쳐 들 공[廾]이면 마주 들 여[舁], 마주 들 여[舁]의 변형[𦥑] 안에 수레 거, 차 차[車]면 가마 여, 무리 여[輿], 같을 동[同]이면 흥할 흥, 흥겨울 흥[興], 줄 여, 더불 여, 참여할 여[与]의 변형[⿰]이면 줄 여, 더불 여, 참여할 여[與],

줄 여, 더불 여, 참여할 여[與] 아래에 손 수, 재주 수, 재주 있는 사람 수[手]면 들 거, 행할 거, 일으킬 거[擧], 말씀 언[言]이면 가릴 예, 명예 예[譽]

## 091 사사 지지[士仕 志誌] - 士, 志로 된 한자

열 십, 많을 십[十] 아래에 한 일[一]을 짧게 쓰면 선비 사, 군사 사, 칭호나 직업에 붙이는 말 사[士],

선비 사, 군사 사, 칭호나 직업에 붙이는 말 사[士] 앞에 사람 인 변[亻]이면 벼슬할 사, 섬길 사[仕], 아래에 마음 심, 중심 심[心]이면 뜻 지[志],

뜻 지[志] 앞에 말씀 언[言]이면 기록할 지, 책 지[誌]

## 092 길고수희[吉鼓樹喜] - 吉로 된 한자

선비 사, 군사 사, 칭호나 직업에 붙이는 말 사[士] 아래에 입 구, 말할 구, 구멍 구[口]면 길할 길, 상서로울 길[吉],
**길할 길, 상서로울 길[吉]** 아래에 받친 모양[䒑], 뒤에 다룰 지, 가를 지, 지출할 지[支]면 두드릴 고, 북 고[鼓], 아래에 받친 모양
[䒑] 앞에 나무 목[木], 뒤에 마디 촌, 법도 촌[寸]이면 세울 수, 나무 수[樹], 아래에 받친 모양[䒑]과 입 구, 말할 구, 구멍 구[口]
면 기쁠 희[喜]

## 093 토토 좌좌 요효소[土吐 坐座 堯曉燒] - 土, 坐, 堯로 된 한자

열 십, 많을 십[十] 아래에 한 일[一]을 길게 쓰면 흙 토[土], **흙 토[土]** 앞에 입 구, 말할 구, 구멍 구[口]면 토할 토[吐],
흙 토[土] 위에 사람 인 둘[人人]이면 앉을 좌[坐], **앉을 좌[坐]** 위에 집 엄[广]이면 자리 좌, 위치 좌[座],
흙 토 셋[垚] 아래에 우뚝할 올[兀]이면 높을 요, 요임금 요[堯], **높을 요, 요임금 요[堯]** 앞에 해 일, 날 일[日]이면 새벽 효, 깨달
을 효[曉], 불 화[火]면 불사를 소[燒]

## 094 규계가가봉 괘괘 애애[圭桂佳街封 卦掛 厓涯] - 圭, 卦, 厓로 된 한자

흙 토[土] 둘을 위아래로 쓰면 홀 규, 영토 규, 서옥 규[圭],
**홀 규, 영토 규, 서옥 규[圭]** 앞에 나무 목[木]이면 계수나무 계, 성씨 계[桂], 사람 인 변[亻]이면 아름다울 가[佳], 다닐 행, 행할
행, 항렬 항[行]이면 거리 가[街],
뒤에 마디 촌, 법도 촌[寸]이면 봉할 봉[封], 점 복[卜]이면 점괘 괘[卦], **점괘 괘[卦]** 앞에 손 수 변[扌]이면 걸 괘[掛],
홀 규, 영토 규, 서옥 규[圭] 위에 굴 바위 엄, 언덕 엄[厂]이면 언덕 애[厓], **언덕 애[厓]** 앞에 삼 수 변[氵]이면 물가 애, 끝 애[涯]

## 095 수수우 탁탁택(댁)[垂睡郵 乇托宅] - 垂, 乇으로 된 한자

일천 천, 많을 천[千] 아래에 초 두[艹]와 흙 토[土]면 드리울 수[垂], **드리울 수[垂]** 앞에 눈 목, 볼 목, 항목 목[目]이면 졸 수, 잘
수[睡], 뒤에 고을 읍 방[阝]이면 우편 우[郵],
천[千] 번이나 굽실거리며 부탁한다는 데서 일천 천, 많을 천[千]을 굽혀서 부탁할 탁, 의탁할 탁[乇], **부탁할 탁, 의탁할 탁[乇]** 앞
에 손 수 변[扌]이면 받칠 탁, 맡길 탁[托], 위에 집 면[宀]이면 집 택, 집 댁[宅]

## 096 륙륙목 예예열세[坴陸睦 埶藝熱勢] - 坴, 埶로 된 한자

흙 토[土] 아래에 사람 인 발, 어진사람 인[儿]과 흙 토[土]면 언덕 륙[坴],
**언덕 륙[坴]** 앞에 언덕 부 변[阝]이면 육지 륙[陸], 눈 목, 볼 목, 항목 목[目]이면 화목할 목[睦],
우측에 둥글 환[丸]이면 심을 예[埶], **심을 예[埶]** 위에 초 두[艹], 아래에 이를 운, 말할 운[云]이면 재주 예, 기술 예[藝], 아래에
불 화 발[灬]이면 더울 열[熱], 힘 력[力]이면 기세 세[勢]

## 097 생성성성산[生性姓星産] - 生으로 된 한자

사람 인[人]의 변형[丿] 아래에 흙 토[土]면 날 생, 살 생, 사람을 부를 때 쓰는 접사 생[生],
**날 생, 살 생, 사람을 부를 때 쓰는 접사 생[生]** 앞에 마음 심 변[忄]이면 성품 성, 바탕 성, 성별 성[性], 여자 녀[女]면 성씨 성, 백
성 성[姓], 위에 해 일, 날 일[日]이면 별 성[星], 머리 부분 두[亠]와 받치는 모양[丿]과 굴 바위 엄, 언덕 엄[厂]이면 낳을 산[産]

## 098  로로효자고[耂老孝者考] – 耂로 된 한자

흙 토[土]에 삐침 별[丿]이면 늙을 로 엄[耂], 늙을 로 엄[耂] 아래에 비수 비, 순가락 비[匕]면 늙을 로[老], 아들 자[子]면 효도 효[孝], 흰 백, 밝을 백, 깨끗할 백, 아뢸 백[白]이면 놈 자, 것 자[者], 큰 대[大]의 변형[丂]이면 살필 고, 생각할 고[考]

## 099  제서도 서저(착)[諸緒都 暑著] – 者로 된 한자

놈 자, 것 자[者] 앞에 말씀 언[言]이면 모든 제, 여러 제, 성씨 제[諸], 실 사, 실 사 변[糸]이면 실마리 서[緒], 뒤에 고을 읍 방[阝]이면 도시 도, 모두 도[都],
위에 해 일, 날 일[日]이면 더울 서[暑], 초 두[艹]면 글 지을 저, 드러날 저, 붙을 착, 입을 착[著]

## 100  왕옥주 임임임 정정성[王玉主 壬任賃 呈程聖] – 王, 壬, 呈으로 된 한자

한 일 셋[三]에 뚫을 곤[丨]이면 임금 왕, 으뜸 왕, 구슬 옥 변[王], 임금 왕, 으뜸 왕, 구슬 옥 변[王] 우측에 점 주, 불똥 주[丶]면 구슬 옥[玉], 위에 점 주, 불똥 주[丶]면 주인 주[主],
삐침 별[丿] 아래에 선비 사, 군사 사, 칭호나 직업 이름에 붙이는 말 사[士]면 간사할 임, 짊어질 임, 아홉째 천간 임, 북방 임[壬], 간사할 임, 짊어질 임, 아홉째 천간 임, 북방 임[壬] 앞에 사람 인 변[亻]이면 맡을 임[任], 맡을 임[任] 아래에 조개 패, 재물 패, 돈 패[貝]면 품삯 임, 빌릴 임[賃], 간사할 임, 짊어질 임, 아홉째 천간 임, 북방 임[壬] 위에 입 구, 말할 구, 구멍 구[口]면 보일 정, 드릴 정[呈], 보일 정, 드릴 정[呈] 앞에 벼 화[禾]면 법 정, 정도 정[程], 귀 이[耳]면 성스러울 성, 성인 성[聖]

흙 토[土]에 삐침 별[丿]이면 늙을 로 엄[耂], 늙을 로 엄[耂] 아래에 비수 비, 순가락 비[匕]면 늙을 로[老], 아들 자[子]면 효도 효[孝], 흰 백, 밝을 백, 깨끗할 백, 아뢸 백[白]이면 놈 자, 것 자[者], 큰 대[大]의 변형[丂]이면 살필 고, 생각할 고[考]

# 확인문제

DAY

05

**01~04** 다음 漢字의 훈(뜻)과 음(소리)를 쓰시오.

01. 僅 (　　　　　)　　　　02. 渡 (　　　　　)

03. 擴 (　　　　　)　　　　04. 蝶 (　　　　　)

**05~08** 다음 훈음에 맞는 漢字를 쓰시오.

05. 자리 석 (　　　　　)　　06. 넓을 광 (　　　　　)

07. 잎 엽 (　　　　　)　　　08. 깨달을 각 (　　　　　)

**09~12** 다음 漢字語의 讀音을 쓰시오.

09. 墳墓 (　　　　　)　　　10. 戲弄 (　　　　　)

11. 波紋 (　　　　　)　　　12. 近郊 (　　　　　)

**13~14** 다음 문장에서 밑줄 친 낱말을 漢字로 쓰시오.

13. 아이가 갑자기 열이 올라 해열제를 먹었다. (　　　　　)

14. 관광 산업의 발달로 인구가 증가하고 있다. (　　　　　)

**15~16** 다음 문장에서 漢字로 표기된 낱말의 讀音을 쓰시오.

15. 백방으로 搜所聞해 보았으나 끝내 찾지 못했다. (　　　　　)

16. 어머니께 잘못을 實吐하고 용서를 구했다. (　　　　　)

**17~18** 다음 뜻풀이에 맞는 낱말을 漢字로 쓰시오.

17. 사람이 살 수 있도록 지은 집. (　　　　　)

18. 육지에서의 전투를 맡은 군대. (　　　　　)

**19~20** 다음의 뜻을 쓰시오.

19. 燒失 (　　　　　　　　　)

20. 封鎖 (　　　　　　　　　)

---

**정답**

| | | | | |
|---|---|---|---|---|
| 01. 겨우 근 | 05. 席 | 09. 분묘 | 13. 解熱 | 17. 住宅 |
| 02. 건널 도 | 06. 廣 | 10. 희롱 | 14. 産業 | 18. 陸軍 |
| 03. 넓힐 확 | 07. 葉 | 11. 파문 | 15. 수소문 | 19. 불에 타서 잃어버림. |
| 04. 나비 접 | 08. 覺 | 12. 근교 | 16. 실토 | 20. 봉하여 꼭 잠금. |

## 101    주주주왕[注住柱往] - 主로 된 한자

### 물(氵)을 한쪽으로 주(主)로 대고 쏟으니 물 댈 주, 쏟을 주

+ 氵(삼 수 변), 主(주인 주)

> **注油(주유)** 기름을 넣음.
> **注目(주목)** 눈길을 쏟아(관심을 갖고) 봄.

+ 油(기름 유), 目(눈 목, 볼 목, 항목 목)

6급 / 총 8획 / 水(氵)

### 사람(亻)이 주인(主) 되어 사는 곳이니 살 주, 사는 곳 주

+ 유 佳(아름다울 가) - 제목번호 094, 隹(새 추) - 제목번호 389 참고

> **住居(주거)** (일정한 지역에 자리 잡고) 삶.
> **住所(주소)** 사는 장소.

+ 居(살 거), 所(장소 소, 바 소)

7급 / 총 7획 / 人(亻)

### 나무(木) 중 주인(主)처럼 큰 역할을 하는 기둥이니 기둥 주

+ 木(나무 목), 기둥이 집을 받치는 제일 중요한 역할을 하니 주인 역할을 하는 셈이지요.

> **石柱(석주)** 돌기둥.
> **電柱(전주)** 전선을 매기 위하여 세운 기둥. '전봇대, 전신주'라고도 함.

+ 石(돌 석), 電(번개 전, 전기 전)

3급II / 총 9획 / 木

### 걸어서(彳) 주인(主)에게 가니 갈 왕

+ 彳(조금 걸을 척)

> **往來(왕래)** 가고 옴.
> **往復(왕복)** 갔다가 돌아옴.

+ 來(올 래), 復(다시 부, 돌아올 복)

4급II / 총 8획 / 彳

특급 II / 총 4획 / 冂

성(冂)은 세로(丨)로 가로(一)로 보아도 둥근 둘레니 **둥글 원, 둘레 원**
또 일본 화폐 단위로도 쓰여 **일본 화폐 단위 엔**

8급 / 총 8획 / 靑

주(龶)된 둘레(円)의 색은 푸르니 **푸를 청**
또 푸르면 젊으니 **젊을 청**

+ 약 靑 – 주(龶)된 몸(月)의 마음은 언제나 푸르고 젊으니 '푸를 청, 젊을 청'
+ 靑이 들어간 한자를 약자로 쓸 때는 円 부분을 月로 씁니다.
+ 龶[주인 주(主)의 변형], 月(달 월, 육 달 월)

> **靑山(청산)** 푸른 산.
> **靑春(청춘)** 스무 살 안팎의 젊은 나이. 청년.

+ 山(산 산), 春(봄 춘)

4급 II / 총 10획 / 糸

주(龶)된 실(糸)의 색은 희니 **흴 소**
또 흰색은 모든 색의 바탕이 되고 요소가 되며 소박하니
**바탕 소, 요소 소, 소박할 소**

+ 처음 뽑아낼 때의 실은 대부분 흰색입니다.

> **素服(소복)** 하얗게 차려 입은 한복.
> **素材(소재)** 예술 작품의 바탕이 되는 재료.
> **要素(요소)** (사물의 성립, 효력 등에) 꼭 필요한 성분. 또는 근본 조건.
> **素朴(소박)** 꾸밈이나 거짓이 없이 수수한 그대로임.

+ 服(옷 복, 먹을 복, 복종할 복), 材(재목 재, 재료 재), 要(중요할 요, 필요할 요), 朴(순박할 박, 성씨 박)

DAY

06

毒

4급 II / 총 8획 / 母

주인(龶)이나 어머니(母)는 강하고 독하니 **독할 독**
또 독한 독이니 **독 독**

+ 母(말 무) – 제목번호 143 참고
+ 여자는 약하지만 어머니는 강하다는 말처럼 주인이나 어머니가 되면 강하고 독해지지요.

> **毒感(독감)** 지독한 감기.
> **消毒(소독)** '독을 삭임'으로, 병의 감염이나 전염을 예방하기 위하여 병원균을 죽이는 일.

+ 感(느낄 감, 감동할 감), 消(끌 소, 삭일 소, 물러설 소)

**情**

5급 / 총 11획 / 心(忄)

마음(忄)을 푸르게(靑), 즉 희망 있게 베푸는 뜻이며 정이니 **뜻 정, 정 정**

+ 약 情
+ 푸를 청, 젊을 청(靑)이 들어간 한자는 대부분 '푸르고 맑고 희망이 있고 젊다'는 좋은 의미입니다.

**情談(정담)** (마음속에서 우러나는) 다정한 이야기.
**多情多感(다정다감)** 정도 많고 느낌도 많음. 감수성이 풍부함.

+ 談(말씀 담), 多(많을 다), 感(느낄 감, 감동할 감)

**淸**

6급 / 총 11획 / 水(氵)

물(氵)이 푸른(靑)빛이 나도록 맑으니 **맑을 청**

+ 약 淸
+ 너무 맑으면 푸른빛이 납니다.

**淸潔(청결)** 맑고 깨끗함.
**淸掃(청소)** 깨끗이 쓺(치움).

+ 潔(깨끗할 결), 掃(쓸 소)

**請**

4급 II / 총 15획 / 言

말(言)로 푸르게(靑), 즉 희망 있게 청하니 **청할 청**

+ 약 請
+ 言(말씀 언)

**請婚(청혼)** 결혼하기를 청함.
*請託(청탁) (권력 있는 사람에게) 청하여 부탁함.

+ 婚(결혼할 혼), 託(부탁할 탁, 맡길 탁)

**晴**

3급 / 총 12획 / 日

흐리다가 해(日)가 푸른(靑) 하늘에 드러나며 날이 개니 **날 갤 청**

+ 약 晴

**晴天(청천)** 맑게 갠 하늘.
**快晴(쾌청)** 하늘이 구름 한 점 없이 상쾌하도록 맑음.

+ 天(하늘 천), 快(쾌할 쾌)

5급 / 총 11획 / 貝

주인(龶)이 꾸어간 **돈(貝)**을 갚으라고 꾸짖으며 묻는 책임이니
**꾸짖을 책, 책임 책**

+ 龶[주인 주(主)의 변형], 貝(조개 패, 재물 패, 돈 패)

**責望(책망)** '꾸짖으며 바람'으로, 잘못을 고치도록 꾸짖음. 또는 그 일.
**責任(책임)** 맡아 해야 할 임무.
**問責(문책)** 책임을 물음.

+ 望(바랄 망, 보름 망), 任(맡을 임, 성씨 임), 問(물을 문)

---

債

3급II / 총 13획 / 人(亻)

사람(亻)이 **책임지고(責)** 갚아야 할 빚이니 **빚 채**

**債務(채무)** (돈을 빌린 사람이) 빚을 갚아야 할 의무.
**債權(채권)** (돈을 빌려준 사람이) 빚을 받을 권리.

+ 務(일 무, 힘쓸 무), 權(권세 권)

---

積

4급 / 총 16획 / 禾

벼(禾)를 **책임지고(責)** 묶어 쌓으니 **쌓을 적**

+ 요즘은 벼를 콤바인으로 한 번에 수확하지만 옛날에는 일일이 손으로 수확했어요. 익은 벼는 제때에 베어서 말려 묶어 쌓아 놓고 타작에 대비해야 하므로, 이 과정에서 잘못하여 비를 맞추면 안 되지요.

**山積(산적)** (물건이나 일이) 산더미같이 쌓임.
**積金(적금)** '돈을 쌓음'으로, 일정 기간 동안 일정 금액을 불입한 다음에 찾는 저금.

+ 金(쇠 금, 금 금, 돈 금, 성씨 김)

---

績

4급 / 총 17획 / 糸

실(糸)을 **책임지고(責)** 맡아 길쌈하니 **길쌈할 적**

+ 糸(실 사, 실 사 변), 길쌈하다 – 실을 뽑아 옷감을 짜다.

**奇績(기적)** 세상에 드문 신기로운 공적.
**成績(성적)** '이루어진 짜임'으로, 일이나 사업 등의 결과.

+ 奇(기이할 기, 홀수 기, 성씨 기), 成(이룰 성)

---

蹟

3급II / 총 18획 / 足(⻊)

발(⻊)로 **책임(責)**을 다하면서 남긴 자취니 **자취 적**

+ ⻊[발 족, 넉넉할 족(足)의 변형]

**史蹟(사적)** 역사상 중대한 사건이나 시설의 자취.
**遺蹟(유적)** 어떤 곳에 남아 있는 옛사람의 흔적.

+ 史(역사 사), 遺(남길 유, 잃을 유)

8급 / 총 2획 / 人

다리 벌리고 서 있는 사람을 본떠서 **사람 인**

+ 사람은 서로 의지하고 살아야 한다는 데서 서로 기대는 모양으로 사람 인(人)을 만들었다 고도 해요. 글자의 변으로 쓰일 때는 '사람 인 변(亻)', 글자의 발로 쓰일 때는 '사람 인 발, 어진사람 인(儿)'입니다.

> **巨人(거인)** (몸이나 어느 분야에서 업적이) 큰 사람.
> **愛人(애인)** 사랑하는 사람. 또는 남을 사랑함.

+ 巨(클 거), 愛(사랑 애, 즐길 애, 아낄 애)

7급 / 총 2획 / 入

**사람(人)**이 머리 숙이고 들어가는 모양을 본떠서 **들 입**

> **入口(입구)** 들어가는 문. ↔ 출구(出口)
> **出入(출입)** 나감과 들어옴.

+ 口(입 구, 말할 구, 구멍 구), 出(날 출, 나갈 출)

3급Ⅱ / 총 3획 / 丿

(무엇에 걸리면 잘 갈 수 없어 시간이 오래 걸리니)
**무엇(丿)**에 **걸린(一) 사람(人)** 모양을 본떠서 **오랠 구**

> **永久(영구)** 길고 오램.
> **耐久性(내구성)** 오래 참는 성질.

+ 永(길 영, 오랠 영), 耐(참을 내, 견딜 내), 性(성품 성, 바탕 성, 성별 성)

3급Ⅱ / 총 7획 / 犬(犭)

**개(犭)**가 **왕(王)**이나 된 것처럼 날뛰며 미치니 **미칠 광**

+ 犭(큰 개 견, 개 사슴 록 변)

> **狂犬(광견)** 미친개.
> **狂亂(광란)** 미쳐 날뜀.

+ 犬(개 견), 亂(어지러울 란)

7급 / 총 6획 / 入

조정에 **들어가(入) 왕(王)**이 되면 모든 것이 갖추어져 온전하니
**온전할 전, 성씨 전**

+ 俗 仝 - 사람(人)이 왕(王)이 되면 모든 것이 갖추어져 온전하니 '온전할 전, 성씨 전'
+ 王(임금 왕, 으뜸 왕, 구슬 옥 변)

> **完全(완전)** 부족함 없이 온전함.
> **全體(전체)** 대상의 모두. ↔ 부분(部分)

+ 完(완전할 완), 體(몸 체), 部(마을 부, 나눌 부, 거느릴 부), 分(나눌 분, 단위 분, 단위 푼, 신분 분, 분별할 분, 분수 분)

8급 / 총 3획 / 大

### 양팔 벌려(一) 사람(人)이 큼을 나타내어 **큰 대**

+ 一('한 일'이지만 여기서는 양팔 벌린 사람의 모양으로 봄)

**大量(대량)** 많은 분량.
**巨大(거대)** 엄청나게 큼.

+ 量(헤아릴 량, 용량 량), 巨(클 거)

天

7급 / 총 4획 / 大

### 세상에서 **제일(一) 큰(大)** 것은 하늘이니 **하늘 천**

**天地(천지)** 하늘과 땅. 온 세상.
**天壤之差(천양지차)** 하늘과 땅 사이와 같이 엄청난 차이.

+ 地(땅 지, 처지 지), 壤(흙 양, 땅 양), 之(갈 지, ~의 지, 이 지), 差(다를 차, 어긋날 차)

夫

7급 / 총 4획 / 大

### 한(一) 가정을 거느릴 정도로 **큰(大)** 사내나 남편이니 **사내 부, 남편 부**

**農夫(농부)** 농사를 직업으로 삼는 사람.
**夫婦(부부)** 남편과 아내.

+ 農(농사 농), 婦(아내 부, 며느리 부)

3급II / 총 7획 / 手(扌)

### 손(扌)으로 **남편(夫)**을 도우니 **도울 부**

+ 扌(손 수 변)

**扶養(부양)** (생활 능력이 없는 사람의 생활을) 돕고 기름.
**相扶相助(상부상조)** 서로서로 도움.

+ 養(기를 양), 相(서로 상, 모습 상, 볼 상, 재상 상), 助(도울 조)

替

3급 / 총 12획 / 日

### 두 사내(夫夫)가 말하며(曰) 바꾸니 **바꿀 체**

+ 曰(가로 왈)

**交替(교체)** 갈아 바꿈.
**移替(이체)** 옮기고 바꿈.

+ 交(사귈 교, 오고 갈 교), 移(옮길 이)

## 莫

3급II / 총 11획 / 草(艹)

풀(艹)에는 해(日)처럼 큰(大) 영향을 끼치는 것이 없으니

가리지 말라는 데서 **없을 막, 말 막**

또 풀(艹)에는 해(日)가 가장 큰(大) 영향을 끼치니 **가장 막**

+ 艹(초 두), 日(해 일, 날 일), 大(큰 대)

> **莫論(막론)** '논함이 없음'으로, 이것저것 따지고 가려 말하지 아니함.
> **莫重(막중)** 가장 중요함.

+ 論(논할 론, 평할 론), 重(무거울 중, 귀중할 중, 거듭 중)

## 漠

3급II / 총 14획 / 水(氵)

물(氵)이 **없으면(莫)** 되는 사막이니 **사막 막**

또 사막처럼 아무것도 없어 막막하니 **막막할 막**

> **沙漠(사막)** 모래로 뒤덮이고 식물이나 물이 거의 없는 넓은 벌판.
> **漠漠(막막)** 멀어서 아득한 모양.

+ 沙(모래 사)

## 模

4급 / 총 15획 / 木

나무(木)로 **없어질(莫)** 것을 대비하여 본보기로 본떠 만든 법이니

**본뜰 모, 법 모**

또 본떠 만들면 아무리 잘해도 차이가 나서 모호하니 **모호할 모**

+ 木(나무 목)

> **模倣(모방)** 흉내 내어 본뜸.
> **模範(모범)** 본받을 만한 규범.
> *曖昧模糊(애매모호) 확실하지 못하여 알 수 없음.

+ 倣(본뜰 방), 範(법 범, 본보기 범), 曖(흐릴 애, 가릴 애), 昧(어두울 매), 糊(풀 호, 모호할 호)

## 募

3급 / 총 13획 / 力

**없는(莫)** 힘(力)을 보충하려고 사람을 모으니 **모을 모**

+ 力(힘 력)

> **募金(모금)** 기부금 따위를 모음.
> **應募(응모)** 모집에 응함.

+ 金(쇠 금, 금 금, 돈 금, 성씨 김), 應(응할 응)

## 暮

3급 / 총 15획 / 日

**없어지듯(莫)** 해(日)가 넘어가 저무니 **저물 모**

> **日暮(일모)** 날이 저묾.
> **歲暮(세모)** '한 해가 저묾'으로, 한 해의 마지막 때. 연말(年末).

+ 歲(해 세, 세월 세), 年(해 년, 나이 년), 末(끝 말)

## 慕
3급Ⅱ / 총 15획 / 心(小)

제 정신이 **없을(莫)** 정도의 **마음(小)**으로 사모하니 **사모할 모**

+ 小(마음 심 발)

**思慕(사모)** 생각하고 그리워함.
**戀慕(연모)** 그리워하고 사모함.

+ 思(생각할 사), 戀(사모할 련)

## 墓
4급 / 총 14획 / 土

**없는(莫)** 것처럼 **흙(土)**으로 덮어놓은 무덤이니 **무덤 묘**

+ 土(흙 토)

**墓所(묘소)** 산소. 무덤.
**省墓(성묘)** '묘를 살핌'으로, 조상의 산소를 찾아가서 살피어 돌봄.

+ 所(장소 소, 바 소), 省(살필 성, 줄일 생)

## 幕
3급Ⅱ / 총 14획 / 巾

**없는(莫)** 것처럼 **수건(巾)** 같은 천으로 가린 장막이니 **장막 막**

+ 巾(수건 건)

**幕舍(막사)** '장막 집'으로, 임시로 간단하게 지은 집.
**園頭幕(원두막)** (과수를 지키려고) 동산(밭) 머리에 지은 막.

+ 舍(집 사), 園(동산 원), 頭(머리 두, 우두머리 두)

---

**108** 태견 왕우 장[太犬 尤尤 丈] - 大, 尤으로 된 한자와 丈

## 太

6급 / 총 4획 / 大

**큰 대(大)** 아래에 **점(丶)**을 찍어 더 큼을 나타내어 **클 태, 성씨 태**

+ 丶(점 주, 불똥 주)

**太初(태초)** '크게 처음'으로, 천지가 생겨난 맨 처음.
**太平(태평)** 크게 평화로움.

+ 初(처음 초), 平(평평할 평, 평화 평)

## 犬

4급 / 총 4획 / 犬

**(주인을) 크게(大) 점(丶)**찍어 따르는 개니 **개 견**

+ 글자의 왼쪽에 붙는 부수인 변으로 쓰일 때는 '큰 개 견(犭)'인데, 개나 사슴 등 여러 짐승을 나타낼 때도 쓰이니 '개 사슴 록 변'으로도 부릅니다.

**愛犬(애견)** 개를 사랑함. 또는 사랑하는 개.
**狂犬(광견)** 미친개.

+ 愛(사랑 애, 즐길 애, 아낄 애), 狂(미칠 광)

[양팔 벌리고(一) 다리 벌린 사람(人)을 본떠서]

큰 대(大)의 한 획을 구부려 절름발이를 나타내어 **굽을 왕, 절름발이 왕**

총 3획 / 부수자

굽고(尢) 점(丶)까지 있어 더욱 허물이니 **더욱 우, 허물 우**

**尤妙(우묘)** 더욱 묘함.
**尤悔(우회)** 허물과 뉘우침.

+ 妙(묘할 묘, 예쁠 묘), 悔(후회할 회)

3급 / 총 4획 / 尢

많이(ナ) 지팡이(乀)를 이용하는 어른이니 **어른 장**
또 어른 키 정도의 길이니 **길이 장**

+ ナ[열 십, 많을 십(十)의 변형], 乀('파임 불'이지만 여기서는 지팡이로 봄), 1丈은 성인 남자 키 정도의 길이.

**丈夫(장부)** 다 자란 씩씩한 남자.
**氣高萬丈(기고만장)** '기운 높기가 만 길'로, ① 펄펄 뛸 만큼 대단히 성이 남. ② 일이 뜻대로 잘될 때, 우쭐하여 뽐내는 기세가 대단함.

+ 夫(사내 부, 남편 부), 氣(기운 기, 대기 기), 高(높을 고, 성씨 고), 萬(일만 만, 많을 만)

3급II / 총 3획 / 一

---

**109** 옥수곡기 연연[獄獸哭器 然燃] – 犬, 然으로 된 한자

개(犭)와 개(犬)를 풀어 놓고 무슨 말(言)을 하는지 감시하는 감옥이니
**감옥 옥**

+ 犭(큰 개 견, 개 사슴 록 변), 言(말씀 언)

**獄死(옥사)** (감옥살이 하다가) 감옥에서 죽음.
**投獄(투옥)** 감옥에 던짐(가둠).

+ 死(죽을 사), 投(던질 투)

3급II / 총 14획 / 犬(犭)

입(口)과 입(口)을 밭(田)에 대고 먹이를 찾아 한(一) 입(口)에 먹는
개(犬) 같은 짐승이니 **짐승 수**

+ 약 獣 – 눈빛을 빛내며(丷) 밭(田)에서 먹이를 찾아 한(一) 입(口)에 먹는 개(犬) 같은 짐승이니 '짐승 수'

**禽獸(금수)** 날짐승과 들짐승.
**猛獸(맹수)** 사나운 짐승.

+ 禽(날짐승 금), 猛(사나울 맹)

3급II / 총 19획 / 犬

## 哭
3급II / 총 10획 / 口

여러 사람의 **입(口口)**이 **개(犬)**처럼 소리 내어 슬프게 우니 **울 곡**

**哭聲(곡성)** 우는 소리.
**痛哭(통곡)** (소리를 크게 내어) 아프게 슬피 욺.

+ 聲(소리 성), 痛(아플 통)

## 器
4급II / 총 16획 / 口

여러 마리 **개(犬)**의 **입들(品)**이 둘러싸고 먹이를 먹는 그릇이나 기구니 **그릇 기, 기구 기**

**食器(식기)** 음식을 담아 먹는 그릇.
**武器(무기)** 전투에 쓰이는 기구의 총칭.

+ 食(밥 식, 먹을 식, 먹이 사), 武(군사 무, 무기 무)

## 然
7급 / 총 12획 / 火(灬)

**고기(夕)**를 보면 **개(犬)**가 **불(灬)**처럼 열 내며 달려가듯 순리에 맞게 그러하니 **그러할 연**

+ 夕[달 월, 육 달 월(月)의 변형], 灬[불 화(火)가 글자의 아래에 붙는 부수인 발로 쓰일 때의 모양으로 '불 화 발']

**然後(연후)** 그러한 뒤.
**當然(당연)** 마땅히 그러함.

+ 後(뒤 후, 늦을 후), 當(마땅할 당, 당할 당)

## 燃
4급 / 총 16획 / 火

**불(火)**처럼 **그렇게(然)** 타거나 태우니 **불탈 연, 태울 연**

**燃燒(연소)** 불에 탐.
**可燃性(가연성)** 가히 불에 타는 성질.

+ 燒(불사를 소), 可(옳을 가, 가히 가, 허락할 가), 性(성품 성, 바탕 성, 성별 성)

**DAY**
**06**

---

**110**　명후 염압[冥厚 厭壓] - 日, 厭으로 된 한자

## 冥
3급 / 총 10획 / 冖

**덮이는(冖) 해(日)** 때문에 오후 **여섯(六)** 시 정도면 어두우니 **어두울 명**
또 어두우면 저승 같고 아득하니 **저승 명, 아득할 명**

+ 冖(덮을 멱), 六(여섯 륙), 계절에 따라 조금씩 다르지만 평균 여섯 시 정도면 어두워지지요.

**冥福(명복)** 죽은 뒤에 저승에서 받는 행복.
**冥想(명상)** 고요히 눈을 감고 깊이 생각함. 또는 그 생각.

+ 福(복 복), 想(생각할 상)

**厚**

4급 / 총 9획 / 厂

굴 바위(厂) 같은 집에서도 날(日)마다 자식(子)을 돌보는 부모의 정성이
두터우니 **두터울 후**

+ 厂(굴 바위 엄, 언덕 엄), 두텁다 – 신의 · 믿음 · 관계 · 인정 따위가 굳고 깊다.

**厚德(후덕)** (언행이) 어질고 두터움. 또는 그러한 덕행. ↔ 박덕(薄德)
\*濃厚(농후) '짙고 두터움'으로, ① 맛 · 빛깔 · 성분 따위가 매우 짙음. ② 어떤 경향이나 기색 따위가 뚜렷함.

+ 德(덕 덕, 클 덕), 薄(엷을 박), 濃(짙을 농)

---

**厭**

2급 / 총 14획 / 厂

굴 바위(厂) 밑에서 해(日)와 달(月)도 보지 못하고 개(犬)처럼 살아감은
싫어하니 **싫어할 염**

+ 日(해 일, 날 일), 月(달 월, 육 달 월)

---

**壓**

4급Ⅱ / 총 17획 / 土

싫은(厭) 것을 흙(土)으로 덮어 누르니 **누를 압**

+ 약 压 – 굴 바위(厂)가 흙(土)을 누르니 '누를 압'
+ 土(흙 토)

**壓倒(압도)** (우세한 힘이나 재주로) 눌러 꼼짝 못하게 함.
**壓勝(압승)** 눌러 이김.

+ 倒(넘어질 도), 勝(이길 승, 나을 승)

---

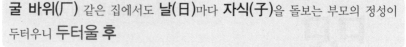

**111** 시사사내(나) 종숭[示社祀奈 宗崇] – 示, 宗으로 된 한자

**示**

5급 / 총 5획 / 示

하늘 땅(二)에 작은(小) 기미가 보이니 **보일 시**
또 이렇게 기미를 보이는 신이니 **신 시**

+ 글자의 변으로 쓰일 때는 '보일 시, 신 시 변(礻)'이니, 옷 의(衣)가 부수로 쓰일 때의 모양
인 '옷 의 변(衤)'과 혼동하지 마세요.

**示範(시범)** 모범을 보임.
**明示(명시)** 분명하게 나타내 보임. ↔ 암시(暗示)

+ 範(법 범, 본보기 범), 明(밝을 명), 暗(어두울 암)

---

**社**

6급 / 총 8획 / 示

신(示) 중에 토지(土)를 주관하는 토지신이니 **토지신 사**
또 토지신께 제사 지낼 때처럼 모이니 **모일 사**

+ 社稷(사직) ① 토신(土神)과 곡신(穀神). ② 나라 또는 조정.
+ 옛날 농경 시대에 나라를 세우면 반드시 제단을 쌓고 토지신과 곡식신께 제사 지냈다는
데서 유래.

**社交(사교)** 여러 사람이 모여 서로 사귐.
**社屋(사옥)** 회사의 건물.

+ 稷(기장 직, 곡식신 직), 土(흙 토), 神(귀신 신, 신비할 신), 穀(곡식 곡), 交(사귈 교, 오
고 갈 교), 屋(집 옥)

## 祀
3급II / 총 8획 / 示

**신(示)께 뱀(巳)처럼 엎드려 올리는 제사니 제사 사**

+ 巳(뱀 사, 여섯째 지지 사)

**祭祀(제사)** 신령. 또는 죽은 사람의 넋에게 음식을 바치면서 추모하는 일.
**合祀(합사)** 둘 이상의 혼령을 한곳에 모아 제사 지냄.

+ 祭(제사 제, 축제 제), 合(합할 합, 맞을 합)

---

## 奈
3급 / 총 8획 / 大

**(자기 잘못이) 커(大) 보이니(示) 어찌할까에서 어찌 내·나**

+ 大(큰 대)

**奈何(내하)** 어찌하오?
**莫無可奈(막무가내)** 달리 어찌할 수 없음.

+ 何(어찌 하, 무엇 하), 莫(없을 막, 말 막, 가장 막), 無(없을 무), 可(옳을 가, 가히 가, 허락할 가)

---

## 宗
4급II / 총 8획 / 宀

**집(宀) 중 조상의 신(示)을 모시는 종가니 종가 종**
**또 종가는 그 집안의 으뜸이며 마루니 으뜸 종, 마루 종**

+ 宀(집 면), 마루 – 일의 근원. 근본.

**宗家(종가)** 한 문중에서 맏이로만 이어 온 큰집.
**宗敎(종교)** '으뜸 가르침'으로, 절대자를 믿고 숭배하는 일.

+ 家(집 가, 전문가 가), 敎(가르칠 교)

---

## 崇
4급 / 총 11획 / 山

**산(山)처럼 종갓(宗)집을 높이며 공경하니 높일 숭, 공경할 숭**

**崇高(숭고)** 숭엄하고 고상함.
**崇拜(숭배)** 우러러 공경함.

+ 高(높을 고, 성씨 고), 拜(절 배)

---

**112** 　제제찰[祭際察] – 祭로 된 한자

## 祭
4급II / 총 11획 / 示

**고기(夕)를 손(ㅅ)으로 신(示)께 올리는 제사니 제사 제**
**또 제사처럼 많은 사람이 모여 즐기는 축제니 축제 제**

+ 夕[달 월, 육 달 월(月)의 변형], ㅅ[오른손 우, 또 우(又)의 변형], 示(보일 시, 신 시)

**祭物(제물)** ① 제사에 쓰는 음식. ② '희생물'의 비유.
**祝祭(축제)** 어떤 일을 축하하여 벌이는 즐거운 행사.

+ 物(물건 물), 祝(빌 축, 축하할 축)

**際**

4급II / 총 14획 / 阜(阝)

언덕(阝)에서 **제사(祭)** 지낼 즈음이니 **즈음 제**
또 시간이나 장소의 어떤 즈음인 때나 경계니 **때 제, 경계 제**
또 좋을 즈음에는 모두 모여 즐겁게 사귀니 **사귈 제**

+ 시제(時祭) – 음력 10월에 5대 이상의 조상 무덤에 가족들이 모여 지내는 제사.
+ 阝(언덕 부 변), 時(때 시)

> **此際(차제)** 이때. 이즈음.
> **交際(교제)** 만나서 서로 사귐. ↔ 절교(絶交)

+ 此(이 차), 交(사귈 교, 오고 갈 교), 絶(끊을 절, 죽을 절, 가장 절)

---

**察**

4급II / 총 14획 / 宀

집(宀)에서 **제사(祭)**를 살피니 **살필 찰**

+ 宀(집 면)

> *診察(진찰) (의사가 환자의 병 증세를) 진찰하고 살핌.
> **警察(경찰)** ① 경계하며 살핌. ② '경찰관'의 준말.

+ 診(진찰할 진), 警(경계할 경, 깨우칠 경)

---

**113** 춘봉주태[春奉奏泰] – 夫로 된 한자

---

**春**

7급 / 총 9획 / 日

하늘 땅(二)에 점점 **크게(大)** 해(日)가 느껴지는 봄이니 **봄 춘**

+ 二('둘 이'지만 여기서는 하늘과 땅의 모양으로 봄), 大(큰 대)
+ 봄에는 해가 북쪽으로 올라오기 시작하여 더욱 크게 느껴지지요.

> **春困(춘곤)** 봄철의 나른하고 졸리는 기운.
> **靑春(청춘)** 스무 살 안팎의 젊은 나이를 이르는 말.

+ 困(곤란할 곤), 靑(푸를 청, 젊을 청)

---

**奉**

5급 / 총 8획 / 大

하늘 땅(二) 같이 **큰(大)** 분을 **많이(夫)** 받드니 **받들 봉, 성씨 봉**

+ 夫[일천 천, 많을 천(千)의 변형]

> **奉養(봉양)** (부모나 조부모와 같은 웃어른을) 받들어 모심.
> **奉仕(봉사)** '받들어 섬김'으로, (국가나 사회, 또는 남을 위하여) 자신을 돌보지 않고 애씀.

+ 養(기를 양), 仕(벼슬할 사, 섬길 사)

---

**奏**

3급II / 총 9획 / 大

하늘 땅(二) 같은 **위대(大)**한 분께 **예쁜(夭)** 것을 드리며 아뢰니 **아뢸 주**

+ 夭(젊을 요, 예쁠 요, 일찍 죽을 요) – 제목번호 178 참고

> **伴奏(반주)** '따르면서 아룀'으로, 성악에 맞추어 보조적인 연주를 함.
> **奏效(주효)** 아뢰어서 효력이 나타남.

+ 伴(짝 반, 따를 반), 效(본받을 효, 효험 효)

3급|| / 총 10획 / 水(氺)

하늘 땅(二) 같이 **큰(大) 물(氺)**줄기를 이용하면 살기가 크게 편안하니
**클 태, 편안할 태**

+ 氺(물 수 발)

**泰然(태연)** (마땅히 머뭇거리거나 두려워할 상황에서) 태도나 기색이 아무렇지도 않은 듯이 예사
로움.
**國泰民安(국태민안)** 나라가 태평하고 백성이 편안함.

+ 然(그러할 연), 國(나라 국), 民(백성 민), 安(어찌 안, 편안할 안)

---

6급 / 총 4획 / 人

**사람(人)**이 **하나(一)**같이 **모여드는(ㄱ)** 때가 바로 이제 오늘이니
**이제 금, 오늘 금**

+ ㄱ[이를 급, 미칠 급(及)의 변형]

**今時初聞(금시초문)** 이제 처음으로 들음.
**今日(금일)** 오늘.

+ 時(때 시), 初(처음 초), 聞(들을 문), 日(해 일, 날 일)

---

3급 / 총 7획 / 口

**입(口)**으로 **지금(今)** 읊으니 **읊을 음**

**吟味(음미)** (시나 노래를) 읊으며 그 맛을 봄.
**吟風弄月(음풍농월)** 맑은 바람과 밝은 달을 대상으로 시를 짓고 흥취를 자아내어 즐겁게 놂.

+ 味(맛 미), 風(바람 풍, 풍속 · 경치 · 모습 · 기질 · 병 이름 풍), 弄(희롱할 롱, 가지고 놀
롱), 月(달 월, 육 달 월)

**DAY**
**06**

---

3급|| / 총 12획 / 玉(王)

**구슬(王)**과 **구슬(王)**이 **지금(今)** 부딪친 듯 맑은 소리를 내는 거문고니
**거문고 금**

+ 王(임금 왕, 으뜸 왕, 구슬 옥 변)

**心琴(심금)** '마음의 거문고'로, 외부의 자극을 받아 움직이는 마음.
\*琴瑟(금슬) ① 거문고와 비파. ② 부부간의 애정.

+ 心(마음 심, 중심 심), 瑟(비파 슬, 거문고 슬)

---

3급|| / 총 7획 / 口

**지금(今) 입(口)**에 머금으니 **머금을 함**

+ 口(입 구, 말할 구, 구멍 구)

**含量(함량)** '머금은 양'으로, 포함되어 있는 성분의 양.
**包含(포함)** '싸서 머금음'으로, 속에 들어 있거나 함께 넣음.

+ 量(헤아릴 량, 용량 량), 包(쌀 포)

**念**

5급 / 총 8획 / 心

### 지금(今) 마음(心)에 있는 생각이니 **생각 념**

+心(마음 심, 중심 심)

**念慮(염려)** (마음을 놓지 못하고 늘) 생각함.
**念願(염원)** (마음속으로) 생각하고 원함.

+慮(생각할 려), 願(원할 원)

---

**合**

6급 / 총 6획 / 口

### 사람(人)이 하나(一)같이 말할(口) 정도로 뜻이 합하여 맞으니 **합할 합, 맞을 합**

**合同(합동)** 합하여 같이 함.
**合格(합격)** 어떤 조건이나 격식에 맞음.

+同(한가지 동, 같을 동), 格(격식 격, 헤아릴 격)

---

**拾**

3급Ⅱ / 총 9획 / 手(扌)

### 두 손(扌)을 합하여(合) 주우니 **주울 습** 또 두 손(扌)의 손가락을 합하면(合) 열이니 **열 십**

+ 윤 捨(버릴 사) – 제목번호 048 참고
+ 열 십(拾)으로는 주로 계약서를 쓸 때 숫자를 위조하지 못하게 하려고 씁니다.

**拾得(습득)** 주움.
**收拾(수습)** (어수선하게 흐트러진 물건을) 주워 거둠.

+得(얻을 득), 收(거둘 수)

---

**給**

5급 / 총 12획 / 糸

### 실(糸)을 합치듯(合) 이어 주니 **줄 급**

+糸(실 사, 실 사 변)

**月給(월급)** 일한 삯을 달마다 받는 돈.
**給食(급식)** (학교나 공장 등에서 아동·종업원에게) 식사를 제공함.

+月(달 월, 육 달 월), 食(밥 식, 먹을 식, 먹이 사)

---

**答**

7급 / 총 12획 / 竹(⺮)

### 대(⺮)쪽에 글을 써 뜻에 맞게(合) 대답하고 갚으니 **대답할 답, 갚을 답**

+⺮[대 죽(竹)이 부수로 쓰일 때의 모양], 종이가 없던 시절에는 대쪽에 글을 써서 주고받았답니다.

**應答(응답)** (물음에) 응하여 대답함.
**報答(보답)** (은혜를) 갚음.

+應(응할 응), 報(알릴 보, 갚을 보)

## 塔

3급 II / 총 13획 / 土

**흙(土)에 풀(++)을 합하여(合) 이겨 쌓은 탑이니 탑 탑**

+ 옛날에는 흙으로도 탑을 쌓았는데, 더 견고하도록 황토 흙(土)에 풀(++)을 넣어 반죽하여 쌓았지요.

> **石塔(석탑)** 돌로 쌓은 탑. 돌탑.
> **佛塔(불탑)** 절에 세운 탑.

+ 石(돌 석), 佛(부처 불)

---

**116** 첨검검 험험검[僉儉檢 險驗劍] – 僉으로 된 한자

## 僉

1급 / 총 13획 / 人

**사람(人)이 하나(一)같이 입들(口口)을 다물고 둘(人人)씩 모두 다 모이니 모두 첨, 다 첨**

+ 약 佥 – 사람(人)들은 모두 다 하나(一)같이 입(口)으로 말하며 사람(人)을 사귀니 '모두 첨, 다 첨'

## 儉

4급 / 총 15획 / 人(亻)

**사람(亻)은 대부분 다(僉) 검소하니 검소할 검**

+ 약 俭

> **儉素(검소)** 사치하지 않고 수수함.
> **勤儉(근검)** 부지런하고 검소함.

+ 素(흴 소, 바탕 소, 요소 소, 소박할 소), 勤(부지런할 근, 일 근)

## 檢

4급 II / 총 17획 / 木

**(좋은 나무를 찾기 위해) 나무(木)를 모두(僉) 검사하니 검사할 검**

+ 약 检

> **檢査(검사)** (일정한 기준에 따라 사물의 상태를) 조사함.
> **檢事(검사)** '일을 검사함'으로, 범죄의 수사·공소의 제기·형 집행의 감독 등을 행하는 사법 검찰관.

+ 査(조사할 사), 事(일 사, 섬길 사)

## 險

4급 / 총 16획 / 阜(阝)

**언덕(阝)처럼 다(僉) 험하니 험할 험**

+ 약 险
+ 阝(언덕 부 변)

> **險難(험난)** ① 위험하고 어려움. ② 험하여 고생이 됨.
> **險路(험로)** 험한 길.

+ 難(어려울 난, 비난할 난), 路(길 로)

**4급II / 총 23획 / 馬**

### 말(馬)을 다(僉) 타 보며 시험하니 **시험할 험**

+ 약 験
+ 馬(말 마)

> **試驗(시험)** 재능, 실력 등을 일정한 절차에 따라 알아보는 일.
> **實驗(실험)** ① 실제로 시험함. ② 실제의 경험.

+ 試(시험할 시), 實(열매 실, 실제 실)

---

**3급II / 총 15획 / 刀(刂)**

### 양쪽 다(僉) 칼날이 있는 칼(刂)이니 **칼 검**

+ 약 劍
+ 칼날이 양쪽으로 된 칼은 '칼 검(劍)', 한쪽만 있는 칼은 '칼 도(刀)'.
+ 刂(칼 도 방)

> **劍道(검도)** 검술을 닦는 무예의 한 부문.
> **劍術(검술)** (무술에서) 칼을 쓰는 기술.

+ 道(길 도, 도리 도, 말할 도, 행정 구역의 도), 術(재주 술, 기술 술)

---

**117** 탐빈[貪貧] - 貪과 비슷한 한자

**3급 / 총 11획 / 貝**

### 지금(今) 앞에 재물(貝)이 있으면 탐내니 **탐낼 탐**

+ 今(이제 금, 오늘 금), 貝(조개 패, 재물 패, 돈 패)

> **貪慾(탐욕)** (지나치게) 탐내는 욕심.
> **小貪大失(소탐대실)** 작은 것을 탐내다가 큰 것을 잃음.

+ 慾(욕심 욕), 小(작을 소), 大(큰 대), 失(잃을 실)

---

**4급II / 총 11획 / 貝**

### 나눈(分) 재물(貝)이면 몫이 적어 가난하니 **가난할 빈**

+ 조개(貝) 한 마리도 나누어(分) 먹을 정도로 가난하니 '가난할 빈(貧)'이라고도 합니다.

> **貧困(빈곤)** 가난하여 살기 곤란함.
> **貧富(빈부)** 가난함과 부유함.

+ 困(곤란할 곤), 富(부자 부, 넉넉할 부)

3급II / 총 10획 / 草(艹)

풀(艹)처럼 **사람(人)**이 **나뭇(木)**잎을 끓여 마시는 차니 **차 차 · 다**

+ 艹(초 두)

**綠茶(녹차)** 푸른빛이 나도록 말린 차.
*茶菓(다과) 차와 과자.

+ 綠(푸를 록), 菓(과자 과)

3급 / 총 7획 / 人

(다 가고) **사람(人) 한(一)** 명만 **나무(木)** 위에 남아 있는 나니 **나 여**, 성씨 여
또 **남을 여(餘)**의 속자

+ 朩[나무 목(木)의 변형]

**余等(여등)** 우리들.
**余輩(여배)** '우리'를 문어적으로 이르는 말.

+ 等(무리 등, 같을 등, 차례 등), 輩(무리 배)

4급II / 총 16획 / 食(飠)

먹고(飠) 남으니(余) **남을 여**

+ 약 余
+ 飠(밥 식, 먹을 식 변)

**餘談(여담)** '남은 말씀'으로, 용건이나 본 줄거리와 관계없이 하는 이야기.
**餘暇(여가)** 남는 시간. 짬. 틈. 겨를.

+ 談(말씀 담), 暇(겨를 가, 한가할 가)

3급II / 총 10획 / 彳

조금씩 걸으며(彳) **남은(余)** 일을 천천히 하니
**천천히 할 서, 성씨 서**

+ 彳(조금 걸을 척)

**徐行(서행)** (자동차·열차 등이) 천천히 감.
**徐步(서보)** 천천히 걸음.

+ 行(다닐 행, 행할 행, 항렬 항), 步(걸음 보)

4급II / 총 10획 / 阜(阝)

언덕(阝)에 **남은(余)** 적을 제거하여 더니 **제거할 제, 덜 제**
또 덜듯이 나누는 나눗셈이니 **나눗셈 제**

+ 阝(언덕 부 변)

**除去(제거)** 없애거나 사라지게 함.
**削除(삭제)** 깎아 없앰. 지워 버림.
**加減乘除(가감승제)** 더하고 빼고 곱하고 나누기.

+ 去(갈 거, 제거할 거), 削(깎을 삭), 加(더할 가), 減(줄어들 감, 덜 감), 乘(탈 승, 대 승, 곱할 승)

**敍** 3급 / 총 11획 / 攴(攵)

남은(余) 것을 털어(攴) 펴며 차례로 베푸니 **펼 서, 차례 서, 베풀 서**

+ 약 敍, 叙 - 내(余) 마음을 또(又) 펴며 차례로 베푸니 '펼 서, 차례 서, 베풀 서'
+ 攴(칠 복, = 攵), 又(오른손 우, 또 우)

> **敍述(서술)** 펴서 말함.
> **追敍(추서)** (죽은 분을) 추모하여 관직의 자리를 수여함.

+ 述(말할 술, 책 쓸 술), 追(쫓을 추, 따를 추)

---

**途** 3급Ⅱ / 총 11획 / 辵(辶)

여유 있게(余) 걸어 다닐(辶) 수 있도록 만든 길이니 **길 도**

+ 辶(뛸 착, 갈 착)

> **途中(도중)** '길 가운데'로, 일의 중간.
> **中途(중도)** 하던 일의 도중(途中).

+ 中(가운데 중, 맞힐 중)

---

**塗** 3급 / 총 13획 / 土

물(氵)을 남은(余) 흙(土)에 부어 이겨 바르는 진흙이니 **바를 도, 진흙 도**

+ 진흙 - ① 빛깔이 붉고 차진 흙. ② 질척질척하게 짓이겨진 흙.

> **塗色(도색)** 색칠.
> **塗炭(도탄)** '진구렁에 빠지고 숯불에 탐'으로, 몹시 곤궁하여 고통스러운 지경을 이르는 말.

+ 色(빛 색), 炭(숯 탄, 석탄 탄)

---

## 119 인복건개 재존 료료[仁伏件個 在存 寮僚] - 亻, 寮로 된 한자

**仁** 4급 / 총 4획 / 人(亻)

사람(亻)은 둘(二)만 모여도 어질어야 하니 **어질 인**

+ 亻(사람 인 변)

> **仁愛(인애)** 어진 마음으로 사랑함.
> **仁慈(인자)** 어질고 자애로움.

+ 愛(사랑 애, 즐길 애, 아낄 애), 慈(사랑 자, 어머니 자)

---

**伏** 4급 / 총 6획 / 人(亻)

사람(亻)이 개(犬)처럼 엎드리니 **엎드릴 복**

+ 犬(개 견)

> **伏乞(복걸)** 엎드려 빎. 애걸복걸(哀乞伏乞).
> **起伏(기복)** 일어났다 엎드렸다 함. 올라갔다 내려갔다 함.

+ 乞(빌 걸), 哀(슬플 애), 起(일어날 기, 시작할 기)

**件**

5급 / 총 6획 / 人(亻)

### 사람(亻)이 소(牛)를 팔아 사는 물건이니 물건 건
### 또 사람(亻)이 소(牛)에 받친 사건이니 사건 건

+ 牛(소 우), 옛날에는 소를 집집마다 길렀고, 소를 팔아 필요한 물건을 샀지요.

> **物件(물건)** (자연적으로나 인공적으로 되어) 존재하는 모든 유형의 것.
> **事件(사건)** ① 관심이나 주목을 끌 만한 일. ② '소송 사건'의 준말.

+ 物(물건 물), 事(일 사, 섬길 사)

---

**個**

4급Ⅱ / 총 10획 / 人(亻)

### 사람(亻) 성격이 굳어져(固) 개인행동을 하는 낱낱이니 낱 개
### 또 낱낱이 세는 개수니 개수 개

+ 箇 – 대(竹)처럼 성질이 굳은(固) 낱낱이니 '낱 개', 또 낱낱이 세는 개수니 '개수 개' – 1급
+ 固(굳을 고, 진실로 고), 竹(대 죽)

> **個性(개성)** 낱낱의 물건이 가지고 있는 독특한 성질.
> **個人(개인)** (국가나 사회, 단체 등을 구성하는) 낱낱의 사람.

+ 性(성품 성, 바탕 성, 성별 성)

---

**在**

6급 / 총 6획 / 土

### 한(一) 사람(亻)에게 땅(土)이 있으니 있을 재

+ 土('흙 토'지만 여기서는 땅으로 봄)

> **在學(재학)** 학교에 적(籍)을 두고 있음.
> **在庫(재고)** 창고에 있음.

+ 學(배울 학), 籍(서적 적, 문서 적), 庫(곳집 고, 창고 고)

---

**存**

4급 / 총 6획 / 子

### 한(一) 사람(亻)에게 아들(子)이 있으니 있을 존

+ 子(아들 자, 첫째 지지 자, 자네 자, 접미사 자)

> **共存(공존)** (둘 이상의 사물이) 함께 있음.
> **生存(생존)** 살아 있음.

+ 共(함께 공), 生(살 생, 날 생, 사람을 부를 때 쓰는 접사 생)

---

**寮**

급외자 / 총 12획 / 小

### 크게(大) 양쪽(丶 丿)에 해(日)처럼 작은(小) 것까지 보이도록
### 햇불을 피워 밝으니 햇불 료, 밝을 료

**僚**

3급 / 총 14획 / 人(亻)

사람(亻) 중 불 **밝히고(尞)** 함께 일하는 동료니 **동료 료**

**同僚(동료)** 같은 곳에서 같은 일을 보는 사람.
**官僚(관료)** 직업적인 관리. 또는 그들의 집단.

+ 同(한가지 동, 같을 동), 官(관청 관, 벼슬 관)

---

**乍**

특급Ⅱ / 총 5획 / 丿

사람(亻)이 하나( | ) 둘(二)을 세는 잠깐이니 **잠깐 사**

+ 亻[사람 인(人)의 변형]

---

**詐**

3급 / 총 12획 / 言

말(言)을 **잠깐(乍)** 사이에 꾸며대며 속이니 **속일 사**

+ 言(말씀 언)

**詐欺(사기)** (꾀로 남을) 속임.
**詐稱(사칭)** (관직·성명 따위를) 속여서 일컬음.

+ 欺(속일 기), 稱(일컬을 칭)

---

**作**

6급 / 총 7획 / 人(亻)

사람(亻)이 **잠깐(乍)** 사이에 무엇을 지으니 **지을 작**

**作名(작명)** (사람이나 물건에) 이름을 지어 붙임.
**作心三日(작심삼일)** 작정한 마음이 삼 일을 가지 못함.

+ 名(이름 명, 이름날 명), 心(마음 심, 중심 심), 日(해 일, 날 일)

---

**昨**

6급 / 총 9획 / 日

하루 **해(日)**가 **잠깐(乍)** 사이에 넘어가고 되는 어제니 **어제 작**

**昨日(작일)** 어제.
**昨年(작년)** 지난해. ↔ 내년(來年)

+ 年(해 년, 나이 년), 來(올 래)

# 구조로 한자 되짚어 보기

## 101 주주주왕[注住柱往] – 主로 된 한자

주인 주[主] 앞에 삼 수 변[氵]이면 물댈 주, 쏟을 주[注], 사람 인 변[亻]이면 살 주, 사는 곳 주[住], 나무 목[木]이면 기둥 주[柱], 조금 걸을 척[彳]이면 갈 왕[往]

## 102 원(엔) 청소독[円 靑素毒] – 円과 主의 변형(主)으로 된 한자

멀 경, 성 경[冂]에 뚫을 곤[丨]과 한 일[一]이면 **둥글 원, 둘레 원, 일본 화폐단위 엔[円]**, 
**주인 주[主]의 변형[主]** 아래에 둥글 원, 둘레 원, 일본 화폐단위 엔[円]이면 푸를 청, 젊을 청[靑], 실 사, 실 사 변[糸]이면 흴 소, 바탕 소, 요소 소, 소박할 소[素], 어미 모[母]면 독할 독, 독 독[毒]

## 103 정청청청[情淸請晴] – 靑으로 된 한자

**푸를 청, 젊을 청[靑]** 앞에 마음 심 변[忄]이면 뜻 정, 정 정[情], 삼 수 변[氵]이면 맑을 청[淸], 말씀 언[言]이면 청할 청[請], 해 일, 날 일[日]이면 날 갤 청[晴]

## 104 책채적적적[責債積績蹟] – 責으로 된 한자

주인 주[主]의 변형[主] 아래에 조개 패, 재물 패, 돈 패[貝]면 꾸짖을 책, 책임 책[責], 
**꾸짖을 책, 책임 책[責]** 앞에 사람 인 변[亻]이면 빚 채[債], 벼 화[禾]면 쌓을 적[積], 실 사, 실 사 변[糸]이면 짤 적[績], 발 족, 넉넉할 족[足]의 변형[⻊]이면 자취 적[蹟]

## 105 인입구 광전[人入久 狂全] – 人과 비슷한 한자와 王으로 된 한자

다리 벌리고 서 있는 사람을 본떠서 **사람 인[人]**, 사람[人]이 머리 숙이고 들어가는 모양을 본떠서 들 입[入], 무엇[丿]에 걸린[⌐] 사람[人] 모양을 본떠서 오랠 구[久], 
**임금 왕, 으뜸 왕, 구슬 옥 변[王]** 앞에 큰 개 견, 개 사슴 록 변[犭]이면 미칠 광[狂], 위에 들 입[入]이면 온전할 전[全]

## 106 대천 부부체[大天 夫扶替] – 大, 夫로 된 한자

한 일[一]에 사람 인[人]이면 큰 대[大], **큰 대[大]** 위에 한 일[一]이면 하늘 천[天], 
하늘 천[天]의 위가 뚫어지면 사내 부, 남편 부[夫], **사내 부, 남편 부[夫]** 앞에 손 수 변[扌]이면 도울 부[扶], 사내 부, 남편 부 둘[夫夫] 아래에 가로 왈[曰]이면 바꿀 체[替]

## 107 막막모 모모모묘막[莫漠模 募暮慕墓幕] - 莫으로 된 한자

초 두[艹] 아래에 해 일, 날 일[日]과 큰 대[大]면 없을 막, 말 막, 가장 막[莫],
**없을 막, 말 막, 가장 막[莫]** 앞에 삼 수 변[氵]이면 사막 막, 막막할 막[漠], 나무 목[木]이면 본보기 모, 본뜰 모, 모호할 모[模],
아래에 힘 력[力]이면 모집할 모[募], 해 일, 날 일[日]이면 저물 모[暮], 마음 심 발[㣺]이면 사모할 모[慕], 흙 토[土]면 무덤 묘[墓],
수건 건[巾]이면 장막 막[幕]

## 108 태견 왕우 장[太犬 尢尤 丈] - 大, 尢으로 된 한자와 丈

점 주, 불똥 주[丶]를 **큰 대[大]** 아래에 붙이면 클 태[太], 우측 위에 붙이면 개 견[犬],
큰 대[大]의 한 획을 구부려 절름발이를 나타내어 굽을 왕, 절름발이 왕[尢],
**굽을 왕, 절름발이 왕[尢]** 우측 위에 점 주, 불똥 주[丶]면 더욱 우, 허물 우[尤],
열 십, 많을 십[十]의 변형[㐅]에 파임 불[㇏]이면 어른 장, 길이 장[丈]

## 109 옥수곡기 연연[獄獸哭器 然燃] - 犬, 然으로 된 한자

**개 견[犬]** 앞에 큰 개 견, 개 사슴 록 변[犭]과 말씀 언[言]이면 감옥 옥[獄], 입 구, 말할 구, 구멍 구 둘[口口] 아래에 밭 전[田], 한
일[一]과 입 구, 말할 구, 구멍 구[口]면 짐승 수[獸],
위에 입 구, 말할 구, 구멍 구 둘[口口]이면 울 곡[哭], 위와 아래에 입 구, 말할 구, 구멍 구 둘[口口]씩 이면 그릇 기, 기구 기[器],
앞에 달 월, 육 달 월[月]의 변형[夕]과 아래에 불 화 발[灬]이면 그러할 연[然], **그러할 연[然]** 앞에 불 화[火]면 불탈 연[燃]

## 110 명후 염압[冥厚 厭壓] - 日, 厭으로 된 한자

**해 일, 날 일[日]** 위에 덮을 멱[冖], 아래에 여섯 륙[六]이면 어두울 명, 저승 명, 아득할 명[冥], 위에 굴 바위 엄, 언덕 엄[厂], 아
래에 아들 자, 첫째 지지 자, 자네 자, 접미사 자[子]면 두터울 후[厚],
굴 바위 엄, 언덕 엄[厂] 아래에 해 일, 날 일[日]과 달 월, 육 달 월[月], 개 견[犬]이면 싫어할 염[厭], **싫어할 염[厭]** 아래에 흙 토
[土]면 누를 압[壓]

## 111 시사사내(나) 종숭[示社祀奈 宗崇] - 示, 宗으로 된 한자

둘 이[二] 아래에 작을 소[小]면 보일 시, 신 시[示],
**보일 시, 신 시[示]** 뒤에 흙 토[土]면 토지 신 사, 모일 사[社], 뱀 사, 여섯째 지지 사[巳]면 제사 사[祀], 위에 큰 대[大]면 어찌 내,
어찌 나[奈], 집 면[宀]이면 종가 종, 으뜸 종[宗],
**종가 종, 으뜸 종[宗]** 위에 산 산[山]이면 높일 숭, 공경할 숭[崇]

## 112 제제찰[祭際察] - 祭로 된 한자

달 월, 육 달 월[月]의 변형[夕]과 오른손 우, 또 우[又]의 변형[癶] 아래에 보일 시, 신 시[示]면 제사 제, 축제 제[祭], **제사 제, 축
제 제[祭]** 앞에 언덕 부 변[阝]이면 즈음 제, 사귈 제[際], 위에 집 면[宀]이면 살필 찰[察]

## 113 춘봉주태[春奉奏泰] - 夫로 된 한자

**둘 이[二]와 큰 대[大]** 아래에 해 일, 날 일[日]이면 봄 춘[春], 일천 천, 많을 천[千]의 변형[丰]이면 받들 봉[奉], 젊을 요, 예쁠
요, 일찍 죽을 요[夭]면 아뢸 주[奏], 물 수 발[氺]이면 클 태, 편안할 태[泰]

## 114 금음금함념[今吟琴含念] - 今으로 된 한자

사람 인[人] 아래에 한 일[一]과 이를 급, 미칠 급[及]의 변형[ㄱ]이면 이제 금, 오늘 금[今], 이제 금, 오늘 금[今] 앞에 입 구, 말할 구, 구멍 구[口]면 읊을 음[吟],
위에 임금 왕, 으뜸 왕, 구슬 옥 변 둘[王王]이면 거문고 금[琴],
아래에 입 구, 구멍 구, 말할 구[口]면 머금을 함[含], 마음 심, 중심 심[心]이면 생각 념[念]

## 115 합(홉)습(십)급 답탑[合拾給 答塔] - 合으로 된 한자

사람 인[人] 아래에 한 일[一]과 입 구, 말할 구, 구멍 구[口]면 합할 합, 맞을 합, 홉 홉[合],
합할 합, 맞을 합, 홉 홉[合] 앞에 손 수 변[扌]이면 주울 습, 열 십[拾], 실 사, 실 사 변[糸]이면 줄 급[給],
위에 대 죽[竹]이면 대답할 답, 갚을 답[答], 앞에 흙 토[土], 위에 초 두[艹]면 탑 탑[塔]

## 116 첨검검 험험검[僉儉檢 險驗劍] - 僉으로 된 한자

사람 인[人] 아래에 한 일[一]과 입 구, 말할 구, 구멍 구 둘[口口], 사람 인 둘[人人]이면 모두 첨, 다 첨[僉],
모두 첨, 다 첨[僉] 앞에 사람 인 변[亻]이면 검소할 검[儉], 나무 목[木]이면 검사할 검[檢], 언덕 부 변[阝]이면 험할 험[險], 말 마
[馬]면 시험할 험[驗], 뒤에 칼 도 방[刂]이면 칼 검[劍]

## 117 탐빈[貪貧] - 貪과 비슷한 한자

조개 패, 재물 패, 돈 패[貝] 위에 이제 금, 오늘 금[今]이면 탐낼 탐[貪],
나눌 분, 단위 분, 단위 푼, 신분 분, 분별할 분, 분수 분[分]이면 가난할 빈[貧]

## 118 차(다) 여여서제서 도도[茶 余餘徐除敍 途塗] - 茶와 余로 된 한자

초 두[艹] 아래에 사람 인[人]과 나무 목[木]이면 차 차, 차 다[茶],
사람 인[人] 아래에 한 일[一]과 나무 목[木]이면 나 여, 남을 여[餘]의 약자[余],
나 여, 남을 여[餘]의 약자[余] 앞에 밥 식, 먹을 식 변[飠]이면 남을 여[餘], 조금 걸을 척[彳]이면 천천히 할 서, 성씨 서[徐], 언덕
부 변[阝]이면 제거할 제, 덜 제, 나눌 제[除],
뒤에 칠 복[攵]이면 펼 서, 차례 서, 베풀 서[敍], 아래에 뛸 착, 갈 착[辶]이면 길 도[途],
앞에 삼 수 변[氵], 아래에 흙 토[土]면 바를 도, 진흙 도[塗]

## 119 인복건개 재존 료료[仁伏件個 在存 寮僚] - 亻, 寮로 된 한자

사람 인 변[亻] 뒤에 둘 이[二]면 어질 인[仁], 개 견[犬]이면 엎드릴 복[伏], 소 우[牛]면 물건 건, 사건 건[件], 굳을 고, 진실로 고
[固]면 낱 개[個],
중간에 한 일[一], 뒤에 흙 토[土]면 있을 재[在], 중간에 한 일[一], 뒤에 아들 자, 첫째 지지 자, 자네 자, 접미사 자[子]면 있을 존
[存],
큰 대[大] 양쪽에 점 주, 불똥 주[丶丶], 아래에 해 일, 날 일[日]과 작을 소[小]면 횃불 료, 밝을 료, 밝힐 료[寮], 횃불 료, 밝을 료,
밝힐 료[寮] 앞에 사람 인 변[亻]이면 동료 료[僚]

## 120 사사작작[乍詐作昨] - 乍로 된 한자

사람 인[人]의 변형[亻]에 뚫을 곤[丨]과 둘 이[二]면 잠깐 사[乍],
잠깐 사[乍] 앞에 말씀 언[言]이면 속일 사[詐], 사람 인 변[亻]이면 지을 작[作], 해 일, 날 일[日]면 어제 작[昨]

# 확인문제

01~04 다음 漢字의 훈(뜻)과 음(소리)를 쓰시오.

01. 柱 (　　　　　　) 　　02. 晴 (　　　　　　)

03. 蹟 (　　　　　　) 　　04. 狂 (　　　　　　)

05~08 다음 훈음에 맞는 漢字를 쓰시오.

05. 청할 청 (　　　　　) 　　06. 쌓을 적 (　　　　　)

07. 두터울 후 (　　　　　) 　　08. 살필 찰 (　　　　　)

09~12 다음 漢字語의 讀音을 쓰시오.

09. 扶養 (　　　　　) 　　10. 園頭幕 (　　　　　)

11. 應募 (　　　　　) 　　12. 丈夫 (　　　　　)

13~14 다음 문장에서 밑줄 친 낱말의 漢字로 쓰시오.

13. 나는 검소와 절약의 미덕을 실천하였다. (　　　　　)

14. 나는 어떤 험난한 시련도 이겨내겠다. (　　　　　)

15~16 다음 문장에서 漢字로 표기된 낱말을 讀音을 쓰시오.

15. 나라 없는 백성은 禽獸보다도 못하다. (　　　　　)

16. 눈을 감고 冥想에 잠기다. (　　　　　)

17~18 다음 뜻풀이에 맞는 낱말을 漢字로 쓰시오.

17. 어떤 조건이나 격식에 맞음. (　　　　　)

18. (은혜를) 갚음. (　　　　　)

19~20 다음 漢字語의 뜻을 쓰시오.

19. 奏效 (　　　　　　　　　)

20. 含量 (　　　　　　　　　)

## 정답

01. 기둥 주 　　05. 請 　　09. 부양 　　13. 儉素 　　17. 合格
02. 날갤 청 　　06. 積 　　10. 원두막 　　14. 險難 　　18. 報答
03. 자취 적 　　07. 厚 　　11. 응모 　　15. 금수 　　19. 아뢰어서 효력이 나타남.
04. 미칠 광 　　08. 察 　　12. 장부 　　16. 명상 　　20. 포함되어 있는 성분의 양.

**121** 인아광극필[儿兒光克匹] – 儿으로 된 한자

## 儿

급외자/총 2획/人(儿)

**사람 인(人)**이 글자의 발로 쓰일 때의 모양으로 **사람 인 발**
또 사람이 무릎 꿇고 절하는 모양에서 겸손하고 어진 마음을 지녔다고 생각하여
**어진사람 인**

---

## 兒

5급 / 총 8획 / 人(儿)

**절구(臼)**처럼 머리만 커 보이는 **아이(儿)**니 **아이 아**

+ 약 児 – 태어난 지 일(丨) 일(日) 정도 되는 사람(儿)은 아이니 '아이 아'
+ 臼(절구 구) – 제목번호 089 참고, 丨('뚫을 곤'이지만 여기서는 숫자 1로 봄)

> **兒童(아동)** 어린아이.
> **孤兒(고아)** 부모를 여의어 몸 붙일 곳이 없는 아이.

+ 童(아이 동), 孤(외로울 고, 부모 없을 고)

---

## 光

6급 / 총 6획 / 人(儿)

**조금(小)**씩 **땅(一)**과 **사람(儿)**에게 비치는 빛이니 **빛 광**
또 빛으로 말미암은 경치니 **경치 광**

+ 小(작을 소), 一('한 일'이지만 여기서는 땅으로 봄)

> **光復(광복)** (잃었던) 빛을 회복함(도로 찾음).
> **風光(풍광)** 경치.

+ 復(다시 부, 돌아올 복), 風(바람 풍, 풍속·경치·모습·기질·병 이름 풍)

---

## 克

3급II / 총 7획 / 人(儿)

**오래(古)** 참은 **사람(儿)**이 능히 이기니 **능할 극, 이길 극**

+ 古(오랠 고, 옛 고) – 제목번호 022 참고

> **克己(극기)** 몸의 욕망이나 충동·감정 따위를 의지로 눌러 이김.
> **克服(극복)** ① (어려움을) 능히 굴복시킴. ② (악조건이나 고생 따위를) 능히 이겨냄.

+ 己(몸 기, 자기 기), 服(옷 복, 먹을 복, 복종할 복)

**匹**

3급 / 총 4획 / 匚

**감싸주는(匚) 어진사람(儿)이 진정한 짝이니 짝 필**
또 (한 필 두 필 하고) 하나씩 천(베)이나 말을 세는 단위니 **하나 필, 단위 필**

+ 匚(감출 혜, 덮을 혜, = ㄴ), 疋(발 소, 필 필) – 제목번호 243 참고

> **配匹(배필)** 부부로서의 짝.
> **馬匹(마필)** 말.

+ 配(나눌 배, 짝 배), 馬(말 마), 匹(짝 필, 하나 필, 단위 필)

---

**122** 형황축경[兄況祝競] – 兄으로 된 한자

**兄**

8급 / 총 5획 / 人(儿)

**동생을 말하며(口) 지도하는 사람(儿)이 형이고 어른이니**
**형 형, 어른 형**

> **兄弟(형제)** 형과 아우.
> **兄夫(형부)** 언니의 남편. ↔ 제부(弟夫)

+ 弟(아우 제, 제자 제), 夫(사내 부, 남편 부)

**況**

4급 / 총 8획 / 水(氵)

**물(氵)이 점점 불어나서 위험한 상황을 하물며 형(兄)이 모르겠는가에서**
**상황 황, 하물며 황**

+ 㓚 況 – 얼음이 언 상황을 하물며 형이 모르겠는가에서 '상황 황, 하물며 황'
+ 형이 동생을 데리고 물놀이 갔을 때를 생각하고 만든 글자.

> **狀況(상황)** (일이 되어 가는) 과정이나 형편.
> **況且(황차)** '하물며'라는 뜻의 접속 부사.

+ 狀(모습 상, 문서 장), 且(또 차, 구차할 차)

**祝**

5급 / 총 10획 / 示

**신(示)께 입(口)으로 사람(儿)이 비니 빌 축**
또 좋은 일에 행복을 빌며 축하하니 **축하할 축**

+ 示(보일 시, 신 시)

> **祝福(축복)** 앞날의 행복을 빎.
> **祝賀(축하)** 기뻐하고 즐거워한다는 뜻으로 인사하는 것.

+ 福(복 복), 賀(축하할 하)

**競**

5급 / 총 20획 / 立

**마주 서서(立立) 두 형(兄兄)들이 다투며 겨루니 다툴 경, 겨룰 경**

+ 立(설 립) – 제목번호 153 참고

> **競技(경기)** (일정한 규칙 아래) 기술을 겨룸.
> **競買(경매)** (같은 종류의 물건을 파는 사람이 많을 때) 경쟁을 시켜서 (가장 싸게 팔겠다고 하는 사람에게서) 물건을 삼. ↔ 경매(競賣)

+ 技(재주 기), 買(살 매), 賣(팔 매)

5급 / 총 4획 / 人(儿)

하늘과 땅(二) 사이에 **사람(儿)**이 원래 으뜸이니
**원래 원, 으뜸 원, 성씨 원**

+ 二('둘 이'지만 여기서는 하늘과 땅으로 봄)

**壯元(장원)** 씩씩하게 으뜸으로 뽑힘. 또는 뽑힌 사람.
**復元(복원)** 원래의 모습이나 상태로 회복함.

+ 壯(굳셀 장, 씩씩할 장), 復(다시 부, 돌아올 복)

---

冠

3급 II / 총 9획 / 冖

덮어(冖)쓰는 것 중 **으뜸(元)**으로 여겨 **법도(寸)**에 맞게 머리에 쓰는 갓이니
**갓 관**

+ 冖(덮을 멱), 寸(마디 촌, 법도 촌)
+ 갓 - 예전에, 어른이 된 남자가 머리에 쓰던 의관의 하나.

**王冠(왕관)** 임금이 쓰는 관.
**金冠(금관)** 금으로 만든 관.

+ 王(임금 왕, 으뜸 왕, 구슬 옥 변), 金(쇠 금, 금 금, 돈 금, 성씨 김)

---

完

5급 / 총 7획 / 宀

**집(宀)**을 **으뜸(元)**으로 잘 지으면 모든 것이 갖추어져 완전하니 **완전할 완**

+ 宀(집 면)

**完成(완성)** 완전히 다 이룸.
**補完(보완)** (부족한 것을) 보충하여 완전하게 함.

+ 成(이룰 성), 補(기울 보)

---

5급 / 총 10획 / 阜(阝)

**언덕(阝)**에 **완전하게(完)** 지은 집이나 관청이니 **집 원, 관청 원**

+ 阝(언덕 부 변)

**院内(원내)** 원(院) 자가 붙은 각종 기관의 안.
**院長(원장)** 원(院) 자가 붙은 기관의 우두머리.

+ 内(안 내, 나인 나), 長(길 장, 어른 장)

DAY
07

見

5급 / 총 7획 / 見

## 눈(目)으로 사람(儿)이 보거나 뵈니 볼 견, 뵐 현

+ 目(눈 목, 볼 목, 항목 목), 뵈다 – ① 웃어른을 대하여 보다. ② '보이다'의 준말.

**見聞(견문)** 보고 들음. 또는 그 지식.
**謁見(알현)** 지체가 높고 귀한 사람을 찾아뵙는 일.

+ 聞(들을 문), 謁(뵐 알, 아뢸 알)

現

6급 / 총 11획 / 玉(王)

## 옥(王)돌을 갈고 닦으면 이제 바로 무늬가 보이고(見) 나타나니 이제 현, 나타날 현

+ 王(임금 왕, 으뜸 왕, 구슬 옥 변)

**現金(현금)** 현재 있는 돈.
**出現(출현)** (없던 것이나 숨겨져 있던 것이) 나타남.

+ 金(쇠 금, 금 금, 돈 금, 성씨 김), 出(날 출, 나갈 출)

規

5급 / 총 11획 / 見

## 사내(夫)가 눈여겨보아야(見) 할 법이니 법 규

+ 夫(사내 부, 남편 부), 혈기 왕성한 사내는 자칫 법을 어길 수 있으니 조심해야 하지요.

**法規(법규)** 지켜야 할 규범.
**規格(규격)** 일정한 규정에 들어맞는 격식.

+ 法(법 법), 格(격식 격, 헤아릴 격)

視

4급Ⅱ / 총 12획 / 見

## 보고(示) 또 보며(見) 살피니 볼 시, 살필 시

+ 示(보일 시, 신 시)

**重視(중시)** (어떤 대상을) 중요하게 여김. ↔ 경시(輕視)
**視察(시찰)** 돌아다니며 실제의 사정을 살핌.

+ 重(무거울 중, 귀중할 중, 거듭 중), 輕(가벼울 경), 察(살필 찰)

寬

3급Ⅱ / 총 15획 / 宀

## 집(宀)에 풀(艹)까지 살펴보는(見) 점(丶)이 너그러우니 너그러울 관

+ 약 寛 – 집(宀)에 풀(艹)까지 살펴봄(見)이 너그러우니 '너그러울 관'
+ 宀(집 면), 艹(초 두), 丶(점 주, 불똥 주)

**寬待(관대)** 너그럽게 대함.
**寬大(관대)** (마음이) 너그럽고 큼.
**寬容(관용)** 너그럽게 용서함.

+ 待(대접할 대, 기다릴 대), 大(큰 대), 容(얼굴 용, 받아들일 용, 용서할 용)

머릿(亠)속에 **사사로운(厶)** 생각을 **사람(儿)**이 가득 차게 채우니
**가득 찰 충, 채울 충**

5급 / 총 6획 / 人(儿)

+ 亠(머리 부분 두), 厶(사사로울 사, 나 사)

**充滿(충만)** 가득 참.
**充電(충전)** (축전지 등에) 전기를 채움.

+ 滿(찰 만), 電(번개 전, 전기 전)

**쇠(金)**에 총알을 **채워(充)** 쏘는 총이니 **총 총**

4급Ⅱ / 총 14획 / 金

+ 金(쇠 금, 금 금, 돈 금, 성씨 김)

**銃擊(총격)** 총으로 침(사격함).
**銃殺(총살)** 총으로 (쏘아) 죽임.

+ 擊(칠 격), 殺(죽일 살, 빠를 쇄, 감할 쇄)

**실(糸)**을 그릇에 채워(充) 헝클어지지 않게 묶어 거느리니
**묶을 통, 거느릴 통**

4급Ⅱ / 총 12획 / 糸

+ 糸(실 사, 실 사 변)

**統一(통일)** 여럿을 하나로 묶음.
**統治(통치)** 거느려 다스림.

+ 治(다스릴 치)

요모조모 **나누어(八)** 생각하여 **형(兄)**이 마음을 바꾸니 **바꿀 태**

2급 / 총 7획 / 人(儿)

+ [약] 兊 – 나누어(八) 사사로이(厶) 사람(儿)이 바꾸니 '바꿀 태'
+ [속] 兌 – 요보(丶)조모 생각하여 형(兄)이 마음을 바꾸니 '바꿀 태'
+ 八(여덟 팔, 나눌 팔), 요모조모 – 사물의 요런 면 조런 면.

슬픈 일도 **마음(忄)** **바꿔(兌)** 생각하면 기쁘니 **기쁠 열**

3급Ⅱ / 총 10획 / 心(忄)

+ 忄(마음 심 변)

**喜悅(희열)** 기쁨.
**悅樂(열락)** 기뻐하고 즐거워함.

+ 喜(기쁠 희), 樂(노래 악, 즐길 락, 좋아할 요)

# 說

5급 / 총 14획 / 言

(알아듣도록) **말(言)**을 **바꾸어(兌)** 가면서 달래고 말씀해 주면 기쁘니
## 달랠 세, 말씀 설, 기쁠 열

+ 言(말씀 언)

**遊說(유세)** 자기, 또는 자기가 속한 정당(政黨)의 주장을 선전하며 돌아다님.
**說明(설명)** (내용을 잘 알 수 있도록) 분명하게 말함.
**不亦說乎(불역열호)** 또한 기쁘지 않으리오?

+ 遊(놀 유, 여행할 유), 政(다스릴 정), 黨(무리 당), 明(밝을 명), 亦(또 역), 乎(어조사 호)

---

# 稅

4급 II / 총 12획 / 禾

(다른 곡식을 수확했어도) **벼(禾)**로 **바꾸어(兌)** 냈던 세금이니 **세금 세**

+ 옛날에는 벼나 쌀, 포목(布木)이 물물 교환의 기준이었답니다.
+ 禾(벼 화), 포목(布木) – 베와 무명, 布(베 포, 펼 포, 보시 보)

**稅金(세금)** 조세로 바치는 돈.
**稅入(세입)** 세금으로 받아들인 수입.

+ 金(쇠 금, 금 금, 돈 금, 성씨 김), 入(들 입)

---

# 銳

3급 / 총 15획 / 金

무딘 **쇠(金)**를 **바꾸어(兌)** 날카로우니 **날카로울 예**

+ 쇠도 사용하면 무디어지니 바꿔 끼워야 하지요.

**銳利(예리)** ① 끝이 뾰족하거나 날이 선 상태. ② 관찰이나 판단이 정확하고 날카로움.
**尖銳(첨예)** 뾰족하고 날카로움.

+ 利(이로울 리, 날카로울 리), 尖(뾰족할 첨)

---

# 脫

4급 / 총 11획 / 肉(月)

벌레가 **몸(月)**을 **바꾸려고(兌)** 허물을 벗으니 **벗을 탈**

+ 月(달 월, 육 달 월)

**離脫(이탈)** 벗어나 떨어짐. 관계를 끊음.
**脫出(탈출)** (일정한 환경이나 구속에서) 벗어나감.

+ 離(헤어질 리), 出(날 출, 나갈 출)

---

# 閱

3급 / 총 15획 / 門

**문(門)** 안에서 하나씩 **바꿔(兌)** 가며 검열하니 **검열할 열**

+ 門(문 문)

**檢閱(검열)** 검사하고 열람함.
**校閱(교열)** (문서의 어구나 글자의 잘못된 부분을 살피고) 교정하여 검열함.

+ 檢(검사할 검), 校(학교 교, 교정볼 교, 장교 교)

## 尤

급외자 / 총 4획 / 宀

무엇에 **덮인(宀)** 듯 집 안에 **사람(儿)**이 머물러 머뭇거리니
**머무를 유, 머뭇거릴 유**

+ 宀(덮을 멱), 儿[사람 인 발, 어진사람 인(儿)의 변형]

## 枕

3급 / 총 8획 / 木

**나무(木)**로 머리가 **머물러(尤)** 베도록 만든 베개니 **베개 침**

+ 옛날에는 나무토막으로 베개(목침)를 만들어 베고 잤지요.

**木枕(목침)** 나무로 만든 베개.
**枕木(침목)** ① 길고 큰 물건의 밑을 괴는 나무토막. ② 선로 밑에 까는 목재.

+ 木(나무 목)

## 沈

3급Ⅱ / 총 7획 / 水(氵)

**물(氵)**에 **머물러(尤)** 잠기니 **잠길 침, 성씨 심**

**浮沈(부침)** ① (물 위에) 떠올랐다 잠겼다 함. ② (세력 따위가) 성하고 쇠함을 비유적으로 이르는 말.
**沈沒(침몰)** 잠겨 빠짐.

+ 浮(뜰 부), 沒(빠질 몰, 다할 몰, 없을 몰)

## 深

4급Ⅱ / 총 11획 / 水(氵)

**물(氵)**에 **덮여(宀) 사람(儿)**과 **나무(木)**도 보이지 않게 깊으니
**깊을 심**

+ 氵(삼 수 변), 宀(덮을 멱), 儿(사람 인 발, 어진사람 인), 木(나무 목)

**深夜(심야)** 깊은 밤.
**水深(수심)** 물의 깊이.

+ 夜(밤 야)

**DAY**
**07**

## 探

4급 / 총 11획 / 手(扌)

**손(扌)**으로 **덮여(宀)**있는 **사람(儿)**과 **나무(木)**를 찾으니
**찾을 탐**

+ 扌(손 수 변)

**探究(탐구)** 진리, 학문 따위를 파고들어 깊이 연구함.
**探査(탐사)** (알려지지 않은 사물을) 찾아 조사함.

+ 究(연구할 구), 査(조사할 사)

## 兎
3급II / 총 8획 / 人(儿)

귀가 긴 토끼가 꼬리 내밀고 앉아 있는 모양을 본떠서 **토끼 토**

+ 兔는 본자, 兎와 兎는 속자 – 모두 귀가 긴 토끼가 꼬리를 내밀고 앉아 있는 모양.
+ 兎는 兔의 속자지만 兎가 들어간 글자들을 고려하여 兎로 표제자를 삼았습니다.

> *兎死狗烹(토사구팽) '토끼를 잡고 나면 사냥개는 삶아져 주인에게 먹히게 됨'으로, 적국을 정복한 뒤에 전공(戰功)이 있었던 충신이 죽임을 당하게 됨을 비유한 말. [필요할 때는 소중히 여기다가 쓸모가 없어지면 버리는 것의 비유]

+ 死(죽을 사), 狗(강아지 구, 개 구), 烹(삶을 팽), 戰(싸울 전, 무서워 떨 전), 功(공 공, 공로 공)

## 逸
3급II / 총 11획 / 辶(辶)

토끼(兎)처럼 약한 짐승은 도망가(辶) 숨는 것이 뛰어난 꾀며 그래야 편안하니 **숨을 일, 뛰어날 일, 편안할 일**

+ 辶(뛸 착, 갈 착)

> **逸話(일화)** (아직 세상에 알려지지 않은) 숨은 이야기.
> **逸品(일품)** 아주 뛰어난 물건.
> **安逸(안일)** 편안함.

+ 話(말씀 화, 이야기 화), 品(물건 품, 등급 품, 품위 품), 安(어찌 안, 편안할 안)

## 免
3급II / 총 7획 / 人(儿)

덫에 걸린 토끼(兎)가 꼬리(丶)만 잘리고 죽음을 면하니 **면할 면**

+ 丶('점 주, 불똥 주'지만 여기서는 꼬리로 봄), 면하다 – 어떤 상태나 처지에서 벗어나다.

> **免稅(면세)** 세금을 면제함.
> **免除(면제)** (책임이나 의무를) 면하여 지움.

+ 稅(세낼 세, 세금 세), 除(제거할 제, 덜 제, 나눗셈 제)

## 晚
3급II / 총 11획 / 日

해(日)가 면하여(免) 넘어가 늦으니 **늦을 만**

+ 글자 구조가 晚 = 日(해 일, 날 일) + 免이니, '해가 비추는 일을 그만두고 넘어간 늦은 시간'으로 이해해 주세요.

> *晚餐(만찬) '늦은 밥'으로, 저녁 식사.
> **晚學(만학)** 나이가 들어 뒤늦게 공부함. 또는 그 공부.

+ 餐(먹을 찬, 밥 찬), 學(배울 학)

## 勉
4급 / 총 9획 / 力

책임을 면하려고(免) 힘(力)쓰니 **힘쓸 면**

> **勉學(면학)** 힘써 공부함. 배움에 힘씀.
> **勤勉(근면)** 부지런히 힘씀.

+ 學(배울 학), 勤(부지런할 근, 일 근)

6급 / 총 9획 / 心

위험을 느껴 아무 **사람(ク)**이나 **손(⺕)**을 잡는 **마음(心)**처럼 급하니
**급할 급**

+ ⺕[고슴도치 머리 계, 오른손 우(⺕)의 변형], 心(마음 심, 중심 심)

**急速(급속)** (사물의 발생이나 진행 등이) 급하고 빠름.
**急行(급행)** ① '급행열차'의 준말. ↔ 완행(緩行) ② 급히 감.

+ 速(빠를 속), 行(다닐 행, 행할 행, 항렬 항), 緩(느슨할 완, 느릴 완)

3급Ⅱ / 총 7획 / 水(氵)

**물(氵)**에 **사람(ク)**이 **또(又)** 빠져 다하여 없으니
**빠질 몰, 다할 몰, 없을 몰**

+ 又(오른손 우, 또 우), 沒은 중국어에서 영어 'not'처럼 부정사로 쓰입니다.

**沒入(몰입)** 빠져듦.
**沒殺(몰살)** 다 죽임.
**沒人情(몰인정)** 인정이 없음.

+ 入(들 입), 殺(죽일 살, 빠를 쇄, 감할 쇄), 情(뜻 정, 정 정)

특급Ⅱ / 총 9획 / 大

**성(冂)**의 위아래에서 **사람들(ク儿)**이 **크게(大)** 일하는 모양이 빛나고
크니 **빛날 환, 클 환**

+ ク[사람 인(人)의 변형], 冂(멀 경, 성 경), 儿(사람 인 발, 어진사람 인), 大(큰 대)

3급Ⅱ / 총 12획 / 手(扌)

**손(扌)**으로 **빛나게(奐)**, 즉 분명하게 바꾸니 **바꿀 환**

**換氣(환기)** 공기를 바꿈.
+ 喚起(환기) (사라져 가는 기억을) 불러일으킴.
**交換(교환)** 서로 바꿈.

+ 氣(기운 기, 대기 기), 喚(부를 환), 起(일어날 기, 시작할 기), 交(사귈 교, 오고 갈 교)

詹

특급Ⅱ / 총 13획 / 言

**사람들(ク儿)**이 **언덕(厂)** 위아래에 이르러 **말하며(言)** 살피니
**이를 첨, 살필 첨**

+ 厂(굴 바위 엄, 언덕 엄)

DAY
07

181

# 擔

4급II / 총 16획 / 手(扌)

짐을 손(扌)으로 살펴(詹) 메거나 맡으니 멜 담, 맡을 담

+ 약 担 - 손(扌)으로 아침(旦)마다 짐을 메거나 맡으니 '멜 담, 맡을 담'
+ 扌(손 수 변), 旦(아침 단)

**分擔(분담)** (일을) 나누어서 멤(맡음).
**負擔(부담)** (어떤 일에 의무나 책임을) 지고 맡음.

+ 分(나눌 분, 단위 분, 단위 푼, 신분 분, 분별할 분, 분수 분), 負(짐질 부, 패할 부, 빚질 부)

---

## 130 흠(결)취연 차자자자[欠吹軟 次恣姿資] - 欠, 次로 된 한자

---

# 欠

1급 / 총 4획 / 欠

사람(人)이 기지개 켜며 하품하는 모양에서 하품 흠
또 하품하며 나태하면 능력이 모자라니 모자랄 흠
또 이지러질 결, 빠질 결(缺)의 약자

+ 缺(이지러질 결, 빠질 결) - 제목번호 249 참고

---

# 吹

3급II / 총 7획 / 口

입(口)으로 하품(欠)하듯 입 벌리고 입김을 부니 불 취

**吹笛(취적)** 피리를 붊.
**鼓吹(고취)** '북을 치고 피리를 붊'으로, 용기와 기운을 북돋워 줌.

+ 笛(피리 적), 鼓(북 고)

---

# 軟

3급II / 총 11획 / 車

차(車)에 흠(欠)이 없어 달림이 부드럽고 연하니 부드러울 연, 연할 연

+ 車(수레 거, 차 차)

**軟弱(연약)** 연하고 약함.
**軟骨(연골)** (결합 조직의 하나로서, 뼈와 함께 몸을 지탱하는) 무른 뼈. 물렁뼈.

+ 弱(약할 약), 骨(뼈 골)

---

# 次

4급II / 총 6획 / 欠

두(二) 번이나 하품(欠)하며 미루는 버금(다음)이니 버금 차
또 버금으로 이어지는 차례와 번이니 차례 차, 번 차

+ 버금 - 으뜸의 바로 아래. 또는 그런 지위에 있는 사람이나 물건.

**次期(차기)** 다음 기. 또는 다음 기회.
**次例(차례)** 나가는 순서.
**數次(수차)** 여러 번.

+ 期(기간 기, 기약할 기), 例(법식 례, 보기 례), 數(셀 수, 두어 수, 자주 삭, 운수 수)

**3급 / 총 10획 / 心**

본심 **다음(次)**가는 대충의 **마음(心)**으로 방자하게 마음대로니
**방자할 자, 마음대로 자**

+ 心(마음 심, 중심 심)

> **放恣(방자)** 일관된 태도가 없이 제멋대로임.
> **恣意(자의)** '방자한 뜻'으로, 이럴 수도 있고 저럴 수도 있는 종잡을 수 없는 생각.

+ 放(놓을 방), 意(뜻 의)

---

**4급 / 총 9획 / 女**

심성 **다음(次)**으로 **여자(女)**가 가꿔야 할 것은 맵시나 모습이니
**맵시 자, 모습 자**

+ 심성(心性) – 마음의 성품(씀씀이), 性(성품 성, 바탕 성, 성별 성)

> **姿勢(자세)** ① 몸을 가누는 모양. ② 무슨 일에 대하는 마음가짐.
> **姿態(자태)** 몸가짐과 맵시.

+ 勢(형세 세, 권세 세), 態(모양 태)

---

**資**

**4급 / 총 13획 / 貝**

사업에서 사람 **다음(次)**으로 중요한 것은 **재물(貝)**이니 재물 자
또 재물의 정도로 따지는 신분이니 **신분 자**

+ 貝(조개 패, 재물 패, 돈 패)

> **資金(자금)** 사업을 하는 데에 쓰는 돈.
> **資格(자격)** 어떤 신분이나 지위를 가지는 데에 필요한 조건이나 능력.

+ 金(쇠 금, 금 금, 돈 금, 성씨 김), 格(격식 격, 헤아릴 격)

---

**朔**

**3급 / 총 10획 / 月**

(그믐달이 없어지고) **거꾸로 선(屰)** 모양의 **달(月)**이 생기는 초하루니 **초하루 삭**
또 초하루면 새로 바뀌는 달이니 **달 삭**

+ 屰 – 사람이 거꾸로 선 모양에서 '거꾸로 설 역'
+ 달은 차서 보름달을 거쳐 그믐달이 되었다가 다시 거꾸로 선(반대의) 모양으로 초승달이 되지요.

> **朔望(삭망)** 음력 초하루와 보름.
> **滿朔(만삭)** (아이 낳을) 달이 다 참.

+ 望(바랄 망, 보름 망), 滿(찰 만)

---

**厥**

**3급 / 총 12획 / 厂**

**언덕(厂)**은 **거꾸로(屰) 흠(欠)**있게 파 보아도 돌 그것뿐이니 **그 궐**

+ 厂(굴 바위 엄, 언덕 임), 欠(하품 흠, 모자랄 흠)

> **厥初(궐초)** 그 처음.
> **厥後(궐후)** 그 뒤.

+ 初(처음 초), 後(뒤 후, 늦을 후)

### 거꾸로(屰) 가며(辶) 거스르고 배반하니 거스를 역, 배반할 역

+ 辶(뛸 착, 갈 착, = 辶)

> **逆境(역경)** '거스르는 형편'으로, 일이 순조롭지 않아 매우 어렵게 된 처지나 환경.
> **逆行(역행)** (일정한 순서·체계·방향 등을) 거슬러 행함. ↔ 순행(順行)

+ 境(지경 경, 형편 경), 行(다닐 행, 행할 행, 항렬 항), 順(순할 순)

4급II / 총 10획 / 辵(辶)

---

### 날(日)을 묶어 싼(勹) 단위인 열흘이니 열흘 순

+ 勹 - 사람[人]이 몸 구부려 싸니 '쌀 포'

> **上旬(상순)** 초하루부터 열흘까지의 사이.
> **七旬(칠순)** ① 일흔 날. ② 일흔 살.

+ 上(위 상, 오를 상), 七(일곱 칠)

3급II / 총 6획 / 日

### 죽은(歹) 뒤 열흘(旬) 안에 따라 죽으니 따라 죽을 순

+ 歹(뼈 부서질 알, 죽을 사 변) - 제목번호 343 列의 주 참고

> **殉國(순국)** '나라를 따라 죽음'으로, 나라를 위하여 목숨을 바침.
> **殉職(순직)** '직무에 따라 죽음'으로, 직무를 다하다가 목숨을 잃음.

+ 國(나라 국), 職(벼슬 직, 맡을 직)

3급 / 총 10획 / 歹

---

### 해(日)를 피해 둘러싸인(勹) 곳에 사람(人)이 숨으면(乚) 어찌 더위가 그쳐 다하지 않겠는가에서 어찌 갈, 그칠 갈, 다할 갈

+ 日(해 일, 날 일), 乚(감출 혜, 덮을 혜 = 匸)

특급II / 총 9획 / 日

### 몸에 물(氵)이 다한(曷) 듯 목마르니 목마를 갈

+ 氵(삼수변)

> **渴望(갈망)** 목마른 사람이 물을 찾듯이 간절히 바람.
> **渴症(갈증)** 목이 말라 물을 먹고 싶은 증상.

+ 望(바랄 망, 보름 망), 症(증세 증)

3급 / 총 12획 / 水(氵)

## 謁

3급 / 총 16획 / 言

말(言)을 다하려고(曷) 찾아가 뵙고 아뢰니 **뵐 알, 아뢸 알**

+ 言(말씀 언)

> **拜謁(배알)** '절하고 아룀'으로, 지체 높은 분을 만나 뵘.
> **謁見(알현)** (높은 어른을) 뵙고 아룀.

+ 拜(절 배), 見(볼 견, 뵐 현)

---

### 133    작작약적[勺酌約的] – 勺으로 된 한자

1급 / 총 3획 / 勹

싸(勹) 한 점(丶)의 물이나 담을 수 있는 구기 같은 작은 그릇이니
**구기 작, 작은 그릇 작**

+ 쌀 포(勹) 안에 점 주, 불똥 주(丶)를 찍기도 하고 한 일(一)을 넣기도 합니다.
+ 구기 – 자루가 달린 술 등을 푸는 용기.
+ 器(그릇 기, 기구 기), 작(勺) – 용량의 하나로, 한 홉의 10분의 1.

---

## 酌

3급 / 총 10획 / 酉

술(酉)을 작은 그릇(勺)으로 떠서 술잔에 따르니 **술 따를 작**
또 술 따를 때는 상대의 술 실력을 참작하니 **참작할 작**

+ 酉(술 그릇 유, 술 유, 닭 유, 열째 지지 유) – 제목번호 261 참고

> **對酌(대작)** 서로 마주 대하여 술을 마심.
> **參酌(참작)** 참고하여 알맞게 헤아림.

+ 對(상대할 대, 대답할 대), 參(참여할 참, 석 삼)

---

## 約

5급 / 총 9획 / 糸

실(糸)로 작은(勺) 매듭을 맺듯이 맺고 약속하니 **맺을 약, 약속할 약**

+ 糸(실 사, 실 사 변)

> **要約(요약)** (말이나 글에서) 중요한 것만 맺음(묶음).
> **約婚(약혼)** 결혼하기로 약속함.

+ 要(중요할 요, 필요할 요), 婚(결혼할 혼)

---

## 的

5급 / 총 8획 / 白

하얗게(白) 싼(勹) 판에 점(丶) 찍어 만든 과녁을 맞히니 **과녁 적, 맞힐 적**
또 과녁은 잘 보이도록 만들어 밝으니 **밝을 적**
또 '그 성격을 띠는, 그에 관계된, 그 상태로 된'의 뜻을 더하는 접미사니
**접미사 적**

+ 白(흰 백, 밝을 백, 깨끗할 백, 아뢸 백), 丶(점 주, 불똥 주)

> **標的(표적)** '표시한 과녁'으로, 목표가 되는 물건.
> **的中(적중)** (화살이) 과녁에 맞음.
> **的確(적확)** 밝고 확실함. 틀림없음.
> + 正確(정확) 바르고 확실함.

+ 標(표시할 표, 표 표), 中(가운데 중, 맞힐 중), 確(굳을 확, 확실할 확), 正(바를 정)

包

4급 II / 총 5획 / 勹

### 싸고(勹) 또 뱀(巳)처럼 긴 실로 묶어 싸니 쌀 포

+ 巳(뱀 사, 여섯째 지지 사) – 제목번호 147 참고

> **小包(소포)** 작게 싼 우편물의 한 종류.
> **包裝(포장)** 물건을 싸서 꾸림.

+ 小(작을 소), 裝(꾸밀 장)

抱

3급 / 총 8획 / 手(扌)

### 손(扌)으로 싸(包) 안으니 안을 포

> **抱擁(포옹)** 품에 껴안음. 얼싸안음.
> **懷抱(회포)** 마음속에 품은 생각.

+ 擁(껴안을 옹), 懷(품을 회)

胞

4급 / 총 9획 / 肉(月)

### 몸(月)을 싸고(包) 있는 세포니 세포 포

+ 月(달 월, 육 달 월)

> **同胞(동포)** '같은 세포'로, 같은 피를 이어받은 같은 민족.
> *僑胞(교포) 다른 나라에 살고 있는 자기 민족.

+ 同(한 가지 동, 같을 동), 僑(객지에 살 교)

飽

3급 / 총 14획 / 食(飠)

### 음식(飠)으로 싸인(包)듯 배부르니 배부를 포

+ 飠(밥 식, 먹을 식 변)

> **飽食(포식)** 배불리 먹음.
> **飽滿(포만)** '배부르고 참'으로, 가득 참.

+ 食(밥 식, 먹을 식, 먹이 사), 滿(찰 만)

砲

4급 II / 총 10획 / 石

### 돌(石)을 싸서(包) 던지는 대포니 대포 포

+ 옛날의 대포는 돌을 멀리 던지기 위하여 만든 도구였답니다.

> **大砲(대포)** ① 화약의 힘으로 포탄을 멀리 쏘는 큰 화기. ② 허풍이나 거짓말을 비유하여 이르는 말.
> **砲手(포수)** ① 총으로 짐승을 잡는 사람. ② 대포를 쏘는 군인.

+ 手(손 수, 재주 수, 재주 있는 사람 수) .

**句**

4급II / 총 5획 / 口

몇 단어씩 **싸서(勹) 입(口)**으로 읽기 좋게 나눠놓은 글귀니 **글귀 구**
또 **구부리고(勹) 구멍(口)**으로 들어가는 모양처럼 굽으니 **굽을 구**

+ 勹 (쌀 포), 口(입 구, 말할 구, 구멍 구)

**句節(구절)** 구와 절. 한 토막의 말이나 글.
**句句節節(구구절절)** '구마다 절마다'로, 글의 모든 구절.

+ 글에서 句와 節은 둘 이상의 단어로 이루어진 것은 같지만, 주어와 술어 관계를 갖추지 못한 것은 句, 주술 관계를 갖춘 것이면 節이라 합니다.
+ 節(마디 절, 절개 절, 계절 절)

---

**拘**

3급II / 총 8획 / 手(扌)

**손(扌)**을 **구부려(句)** 잡으니 **잡을 구**

+ 扌(손 수 변)

**拘束(구속)** '잡아 묶음'으로, 행동이나 의사의 자유를 제한함.
**拘引(구인)** 잡아끌고 감.

+ 束(묶을 속), 引(끌 인)

---

**狗**

3급 / 총 8획 / 犬(犭)

**개(犭)** 중 몸이 잘 **구부러지는(句)** 강아지니 **강아지 구, 개 구**

+ 犭(큰 개 견, 개 사슴 록 변), 강아지는 어려서 몸이 잘 구부러지지요.

**泥田鬪狗(이전투구)** '진흙탕에서 싸우는 개'로, 자기의 이익을 위하여 비열하게 다툼을 비유적으로 이르는 말.
**一日之狗 不知畏虎(일일지구 부지외호)** 하룻강아지 범 무서운 줄 모름.

+ 泥(진흙 니), 田(밭 전, 논 전), 鬪(싸울 투), 不(아닐 불·부), 知(알 지), 畏(두려워할 외), 虎(범 호)

---

**苟**

3급 / 총 9획 / 草(艹)

**풀(艹)**처럼 **굽어(句)** 사는 모양이 구차하니 **구차할 구**
또 구차하지만 진실로 구하니 **진실로 구**

+ 艹(초 두)

**苟且(구차)** 군색스럽고 구구함. 가난함.
**苟命徒生(구명도생)** 구차스럽게 목숨을 부지하여 살아감.

+ 且(또 차, 구차할 차), 命(명령할 명, 목숨 명, 운명 명), 徒(한갓 도, 걸을 도, 무리 도), 生(날 생, 살 생, 사람을 부를 때 쓰는 접사 생)

**DAY**
**07**

---

**極**

4급II / 총 13획 / 木

**나무(木)** 옆에서, **하나(一)**의 **글귀(句)**를 **또(又) 한(一)** 번 끝까지 다하여 익히니 **끝 극, 다할 극**

+ 木(나무 목), 又(오른손 우, 또 우)

**極限(극한)** 궁극의 한계.
**極盡(극진)** 마음과 힘을 다함.

+ 限(한계 한), 盡(다할 진)

敬

5급 / 총 13획 / 攵(攴)

**진실한(苟)** 마음이면 **채찍질(攵)**해도 공경하니 **공경할 경**

+ 攵(칠 복, = 攴)

> **恭敬(공경)** 공손히 섬김. 삼가 예를 표시함.
> **尊敬(존경)** 높여 공경함.

+ 恭(공손할 공), 尊(높일 존)

警

4급II / 총 20획 / 言

**진실한(苟)** 마음으로 **채찍질(攵)**하며 **말(言)**로 경계하고 깨우치니 **경계할 경, 깨우칠 경**

+ 言(말씀 언)

> **警戒(경계)** 잘못이 없도록 주의시킴.
> **警鐘(경종)** 깨우쳐 주기 위하여 치는 종.

+ 戒(경계할 계, 깨우칠 계), 鐘(쇠북 종, 종치는 시계 종)

驚

4급 / 총 23획 / 馬

**진실한(苟)** 마음으로 **채찍질(攵)**해도 **말(馬)**은 놀라니 **놀랄 경**

+ 馬(말 마)

> **驚異(경이)** 놀랍도록 이상함.
> **驚天動地(경천동지)** '하늘을 놀라게 하고 땅을 뒤흔든다'로, 세상을 몹시 놀라게 함.

+ 異(다를 이), 天(하늘 천), 動(움직일 동), 地(땅 지, 처지 지)

**勿**

3급II / 총 4획 / 勹

싸(勹) 놓은 것을 털어 버리면(丿丿) 없으니 **없을 물**
또 이처럼 털어 버리지 말라는 데서 **말 물**

+ 丿('삐침 별'이지만 여기서는 터는 모양으로 봄)

**勿論(물론)** 논할 것도 없이.
**勿驚(물경)** '놀라지 마라' 또는 '놀랍게도'로, 엄청난 것을 말할 때에 미리 내세우는 말.

+ 論(논할 론, 평할 론), 驚(놀랄 경)

**物**

7급 / 총 8획 / 牛(牜)

소(牜)를 팔아 없애서(勿) 사는 물건이니 **물건 물**

+ 牜(소 우 변), 옛날에는 소가 집안의 재산 목록 1호였으니 큰일이 있으면 소를 팔아서 그 돈으로 필요한 물건을 샀지요.

**生物(생물)** 살아 있는 물건.
**巨物(거물)** 큰 인물이나 물건.

+ 生(날 생, 살 생, 사람을 부를 때 쓰는 접사 생), 巨(클 거)

**均**

4급 / 총 7획 / 土

흙(土)덩이를 없애고(勻) 평평하게 고르니 **평평할 균, 고를 균**

+ 土(흙 토), 勻['적을 균, 두루 균'이지만 여기서는 말 물, 없을 물(勿)의 변형으로 봄]

**平均(평균)** '평평함'으로, (많고 적음이 없이) 균일함.
**均等(균등)** (차별 없이) 고르고 같음. ↔ 차등(差等)

+ 平(평평할 평, 평화 평), 等(같을 등, 무리 등, 차례 등), 差(다를 차, 어긋날 차)

**忽**

3급II / 총 8획 / 心

없던(勿) 마음(心)이 문득 떠오르니 **문득 홀**
또 계획 없는(勿) 마음(心)으로 대하여 소홀하니 **소홀할 홀**

+ 心(마음 심, 중심 심)

**忽然(홀연)** 갑자기. 문득.
**疏忽(소홀)** 대수롭지 않고 예사임.
**忽待(홀대)** 소홀히 대접함.

+ 然(그러할 연), 疏(트일 소, 성길 소), 待(대접할 대, 기다릴 대)

**易**

4급 / 총 8획 / 日

해(日)가 구름에 가려 없어(勿)졌다 나타났다 하듯 쉽게 바꾸니
**쉬울 이, 바꿀 역**
또 사서삼경의 하나로, 점치는 주역(周易)도 나타내어 **주역 역, 점칠 역**

+ 주역(周易) - 중국의 점에 관한 책으로 五經(오경)의 하나.

**安易(안이)** 편안하고 쉬움.
**交易(교역)** (주로 나라들 사이에서 물건을 사고팔고 하며) 서로 바꿈.

+ 安(어찌 안, 편안할 안), 交(사귈 교, 오고 갈 교)

DAY

07

189

**賜**

3급 / 총 15획 / 貝

### 재물(貝)을 쉽게(易) 주니 줄 사

+ 貝(조개 패, 재물 패, 돈 패)

**下賜(하사)** (임금이 신하에게, 또는 윗사람이 아랫사람에게 돈이나 물품을) 내려 줌.
**厚賜(후사)** (물품 따위를) 후하게 줌.

+ 下(아래 하, 내릴 하), 厚(두터울 후)

---

**138** 4양 장장창탕상[易陽揚楊 場腸暢湯傷] - 易으로 된 한자

**易**

특급 / 총 9획 / 日

### 아침(旦)마다 없던(勿) 해가 떠서 비치는 볕과 햇살이니 **볕 양, 햇살 양**

+ 旦(아침 단) - 제목번호 009 참고

**陽**

6급 / 총 12획 / 阜(阝)

### 언덕(阝) 위를 비추는 **볕(昜)**이니 **볕 양**
### 또 볕이 비추면 드러나니 **드러날 양**

+ 阝(언덕 부 변)

**陽地(양지)** 볕이 바로 드는 땅.
**陽刻(양각)** (글자나 그림 따위를) 도드라지게 새김. 돋을새김. ↔ 음각(陰刻)

+ 地(땅 지, 처지 지), 刻(새길 각, 시각 각), 陰(그늘 음)

---

**揚**

3급Ⅱ / 총 12획 / 手(扌)

### 손(扌)으로 **햇살(昜)**처럼 빛나게 날리고 높이니 **날릴 양, 높일 양**

**讚揚(찬양)** (훌륭함을) 기리고 높임.
**高揚(고양)** (어떤 정신·의식·분위기 등을) 북돋우어 높임.

+ 讚(칭찬할 찬, 기릴 찬), 高(높을 고)

---

**楊**

3급 / 총 13획 / 木

### 나뭇(木)가지가 **햇살(昜)**처럼 퍼져 늘어지는 버들이니 **버들 양, 성씨 양**

**楊柳(양류)** 버드나무.
**垂楊(수양)** '수양버들'의 준말. 가지가 아래로 드리워진 버드나무.

+ 양(楊)은 개울가에 많이 나는 갯버들, 류(柳)는 가지가 가늘고 길게 늘어져 관상용으로 많이 심는 수양버들.
+ 柳(버들 류), 垂(드리울 수)

## 場
7급 / 총 12획 / 土

흙(土)이 **햇살(昜)**처럼 넓게 퍼진 마당이니 **마당 장**
또 마당에서 벌어지는 상황이니 **상황 장**

+ 土(흙 토)

**場所(장소)** 어떤 일을 하거나 할 수 있는 공간.
**入場(입장)** 장내(場內)로 들어가는 것.
**立場(입장)** 당면하고 있는 상황.

+ 所(장소 소, 바 소), 入(들 입), 立(설 립)

---

## 腸
4급 / 총 13획 / 肉(月)

몸(月)속에 **햇살(昜)**처럼 넓게 퍼져 있는 창자니 **창자 장**

+ 月(달 월, 육 달 월)

**胃腸(위장)** 위와 장을 아울러 이르는 말.
**大腸(대장)** 큰창자.

+ 胃(밥통 위)

---

## 暢
3급 / 총 14획 / 日

넓게 **펴지는(申) 햇살(昜)** 덕분에 화창하니 **화창할 창**

+ 申(아뢸 신, 펼 신, 원숭이 신, 아홉째 지지 신) – 제목번호 051 참고

**和暢(화창)** (날씨나 바람이) 온화하고 화창함.
**流暢(유창)** (말을 하거나 글을 읽는 것이) 물 흐르듯 화창함(거침이 없음).

+ 和(화목할 화, 화할 화), 流(흐를 류, 번져나갈 류)

---

## 湯
3급II / 총 12획 / 水(氵)

물(氵)을 **햇살(昜)** 같은 불로 끓인 국이니 **끓일 탕, 국 탕**

**湯藥(탕약)** 달여서 먹는 약.
*蔘鷄湯(삼계탕) 어린 닭의 내장을 빼고 인삼을 넣어 곤 보약.

+ 藥(약 약), 蔘(인삼 삼), 鷄(닭 계)

---

## 傷
4급 / 총 13획 / 人(亻)

**사람(亻)**과 **사람(ケ)**은 **햇살(昜)**에 피부가 상하니 **상할 상**

+ ケ [사람 인(人)의 변형]

**傷處(상처)** 살갗이 다친 상태. 또는 그 자리.
**重傷(중상)** 몹시 다침.

+ 處(곳 처, 살 처, 처리할 처), 重(무거울 중, 귀중할 중, 거듭 중)

**女**

8급 / 총 3획 / 女

두 손 모으고 앉아 있는 여자 모양을 본떠서 **여자 녀**

**男女(남녀)** 남자와 여자.
**女兒(여아)** 여자아이.

+ 男(사내 남), 兒(아이 아)

---

**汝**

3급 / 총 6획 / 水(氵)

물(氵)을 떠 주었던 **여자(女)**가 바로 너였으니 **너 여, 성씨 여**

**汝輩(여배)** 너희들.

+ 輩(무리 배)

---

**好**

4급Ⅱ / 총 6획 / 女

**여자(女)**에게 **자식(子)**이 있으면 좋으니 **좋을 호**

+ 子(아들 자, 첫째 지지 자, 자네 자, 접미사 자)

**愛好(애호)** 사랑하며 좋아함.
**好評(호평)** 좋은 평판.

+ 愛(사랑 애, 즐길 애, 아낄 애), 評(평할 평)

---

**如**

4급Ⅱ / 총 6획 / 女

**여자(女)**의 말(口)은 대부분 부모나 남편의 말과 같으니 **같을 여**

+ 口(입 구, 말할 구, 구멍 구), 옛날 여자들은 대부분 부모나 남편의 뜻을 따랐음을 생각하고 만들어진 글자.

**如一(여일)** 하나같음. 변함없이 그대로임.
**如前(여전)** 전과 같음(다름이 없음).

+ 前(앞 전)

---

**恕**

3급Ⅱ / 총 10획 / 心

예전과 **같은(如)** 마음(心)으로 용서하니 **용서할 서**

+ 心(마음 심, 중심 심)

**容恕(용서)** 죄나 잘못을 꾸짖거나 벌하지 아니하고 덮어 줌.
**寬恕終興(관서종흥)** 너그럽게 용서하면 뒤가 흥함(좋음).

+ 容(얼굴 용, 받아들일 용, 용서할 용), 寬(너그러울 관), 終(다할 종, 마칠 종), 興(흥할 흥, 흥겨울 흥)

**奴**

3급Ⅱ / 총 5획 / 女

여자(女)의 손(又)처럼 힘들게 일하는 종이니 **종 노**
또 종처럼 남을 흉하게 부르는 접미사니 **남을 흉하게 부르는 접미사 노**

+ 又(오른손 우, 또 우), 주로 남자 종에 쓰이고, 여자 종은 '여자 종 비(婢)'가 따로 있습니다. 매국노(賣國奴)·수전노(守錢奴)처럼 남을 흉하게 부르는 접미사로도 쓰입니다.

**奴婢(노비)** 종. 사내종과 여자 종의 총칭.
**賣國奴(매국노)** 나라를 팔아먹는 행위를 한 놈.

+ 賣(팔 매), 國(나라 국), 守(지킬 수), 錢(돈 전)

---

**怒**

4급Ⅱ / 총 9획 / 心

일이 힘든 **종(奴)**의 **마음(心)**처럼 성내니 **성낼 노**

*忿怒(분노) 분개하여 화를 냄.
**怒發大發(노발대발)** 몹시 노하여 펄펄 뛰며 성을 냄.

+ 忿(성낼 분), 發(쏠 발, 일어날 발)

---

## 140 안안연[安案宴] – 安으로 된 한자

**安**

7급 / 총 6획 / 宀

집(宀)에서 **여자(女)**가 살림하면 어찌 편안하지 않을까에서
**어찌 안, 편안할 안**

+ 宀(집 면), 女(여자 녀)

**安寧(안녕)** 건강하고 편안함.
**安否(안부)** 편안함과 그렇지 못함. 또는 그에 대한 소식.

+ 寧(어찌 녕, 편안할 녕), 否(아닐 부, 막힐 비)

---

**案**

5급 / 총 10획 / 木

편안하게(安) 공부하도록 **나무(木)**로 만든 책상이니 **책상 안**
또 책상에서 짠 생각이나 계획이니 **생각 안, 계획 안**

+ 木(나무 목)

**案席(안석)** 책상처럼 벽에 세워 놓고 앉을 때 몸을 기대는 방석.
**案件(안건)** 생각해 보아야 할(토의하거나 조사해야 할) 사건.
**方案(방안)** (일을 처리하거나 해결하여 나갈) 방법이나 계획.

+ 席(자리 석), 件(사건 건), 方(모 방, 방향 방, 방법 방)

---

**宴**

3급Ⅱ / 총 10획 / 宀

좋은 **날(日)**을 맞아 **편안하게(安)** 베푸는 잔치니 **잔치 연**

+ 집(宀)에서 날(日)마다 여자(女)를 데리고 베푸는 잔치니 '잔치 연'이라고도 합니다.

**祝賀宴(축하연)** 축하하는 잔치.
**宴會(연회)** (축하, 위로, 환영, 석별 따위를 위하여 여러 사람이) 모여 베푸는 잔치.

+ 祝(빌 축, 축하할 축), 賀(축하할 하), 會(모일 회)

# 구조로 한자 되짚어 보기

## 121 인아광극필[儿兒光克匹] – 儿으로 된 한자

사람 인[人]이 한자의 발로 쓰일 때의 모양으로 사람 인 발[儿], 또 사람이 무릎 꿇고 절하는 모양에서 겸손하고 어진 마음을 지녔다고 생각하여 어진사람 인[儿].
**사람 인 발, 어진사람 인[儿]** 위에 절구 구[臼]면 아이 아[兒], 작을 소[小]의 변형[⺍]과 한 일[一]이면 빛 광, 경치 광[光], 오랠 고, 옛 고[古]면 능할 극, 이길 극[克], 감출 혜, 덮을 혜[匚]면 짝 필, 단위 필[匹]

## 122 형황축경[兄況祝競] – 兄으로 된 한자

사람 인 발, 어진사람 인[儿] 위에 입 구, 말할 구, 구멍 구[口]면 형 형, 어른 형[兄].
**형 형, 어른 형[兄]** 앞에 삼 수 변[氵]이면 상황 황, 하물며 황[況], 보일 시, 신 시[示]면 빌 축, 축하할 축[祝], 형 형, 어른 형 둘[兄兄] 위에 설 립 둘[立立]이면 다툴 경, 겨룰 경[競]

## 123 원관 완원[元冠 完院] – 元, 完으로 된 한자

둘 이[二] 아래에 사람 인 발, 어진사람 인[儿]이면 원래 원, 으뜸 원[元].
**원래 원, 으뜸 원[元]** 뒤에 마디 촌, 법도 촌[寸], 위에 덮을 멱[冖]이면 갓 관[冠],
위에 집 면[宀]이면 완전할 완[完], **완전할 완[完]** 앞에 언덕 부 변[阝]이면 집 원, 관청 원[院]

## 124 견(현)현 규시관[見現 規視寬] – 見으로 된 한자

눈 목, 볼 목, 항목 목[目] 아래에 사람 인 발, 어진사람 인[儿]이면 볼 견, 뵐 현[見].
**볼 견, 뵐 현[見]** 앞에 임금 왕, 으뜸 왕, 구슬 옥 변[王]이면 이제 현, 나타날 현[現], 사내 부, 남편 부[夫]면 법 규[規], 보일 시, 신 시[示]면 볼 시, 살필 시[視], 위에 집 면[宀]과 초 두[卄], 우측에 점 주, 불똥 주[丶]면 너그러울 관[寬]

## 125 충총통[充銃統] – 充으로 된 한자

머리 부분 두[亠] 아래에 사사로울 사, 나 사[厶]와 사람 인 발, 어진사람 인[儿]이면 가득 찰 충, 채울 충[充], **가득 찰 충, 채울 충[充]** 앞에 쇠 금, 금 금, 돈 금, 성씨 김[金]이면 총 총[銃], 실 사, 실 사 변[糸]이면 묶을 통, 거느릴 통[統]

## 126 태열세(설 · 열) 세예탈열[兌悅說 稅銳脫閱] – 兌로 된 한자

여덟 팔, 나눌 팔[八] 아래에 형 형, 어른 형[兄]이면 바꿀 태, 기뻐할 태[兌].
**바꿀 태, 기뻐할 태[兌]** 앞에 마음 심 변[忄]이면 기쁠 열[悅], 말씀 언[言]이면 달랠 세, 말씀 설, 기쁠 열[說], 벼 화[禾]면 세금 세[稅], 쇠 금, 금 금, 돈 금, 성씨 김[金]이면 날카로울 예[銳], 달 월, 육 달 월[月]이면 벗을 탈[脫], 위에 문 문[門]이면 검열할 열[閱]

**194**

## 127 유침침(심) 심탐[尤枕沈 深探] - 尤, 冘으로 된 한자

덮을 멱[冖]에 사람 인 발, 어진사람 인[儿]이면 머무를 유, 머뭇거릴 유[尤], **머무를 유, 머뭇거릴 유[尤]** 앞에 나무 목[木]이면 베개 침[枕], 삼 수 변[氵]이면 잠길 침, 성씨 심[沈],
**덮을 멱[冖] 아래에 사람 인 발, 어진사람 인[儿]과 나무 목[木]의** 앞에 삼 수 변[氵]이면 깊을 심[深], 손 수 변[扌]이면 찾을 탐[探]

## 128 토일 면만면[兔逸 免晩勉] - 兔, 免으로 된 한자

귀가 긴 토끼가 꼬리 내밀고 앉아있는 모양을 본떠서 토끼 토[兔],
**토끼 토[兔]** 아래에 뛸 착, 갈 착[辶]이면 숨을 일, 뛰어날 일, 편안할 일[逸],
토끼 토[兔]에서 점 주, 불똥 주[丶]를 빼면 면할 면[免],
**면할 면[免]** 앞에 해 일, 날 일[日]이면 늦을 만[晩], 뒤에 힘 력[力]이면 힘쓸 면[勉]

## 129 급몰 환환 첨담[急沒 奐換 詹擔] - ⺈, 奐, 詹으로 된 한자

**사람 인[人]의 변형[⺈]** 아래에 고슴도치 머리 계, 오른손 우[彐]의 변형(⺕)과 마음 심, 중심 심[心]이면 급할 급[急], 오른손 우, 또 우[又], 앞에 삼 수 변[氵]이면 빠질 몰, 다할 몰, 없을 몰[沒],
사람 인[人]의 변형[⺈] 아래에 멀 경, 성 경[冂], 사람 인 발, 어진사람 인[儿], 큰 대[大]면 빛날 환[奐], **빛날 환[奐]** 앞에 손 수 변[扌]이면 바꿀 환[換],
사람 인[人]의 변형[⺈] 아래에 굴 바위 엄, 언덕 엄[厂]과 사람 인 발, 어진사람 인[儿], 말씀 언[言]이면 살필 첨[詹], **살필 첨[詹]** 앞에 손 수 변[扌]이면 멜 담, 맡을 담[擔]

## 130 흠(결)취연 차자자자[欠吹軟 次恣姿資] - 欠, 次로 된 한자

기지개 켜며 사람[人]이 하품하는 모양에서 하품 흠[欠], 또 하품하며 나태하면 능력이 모자라니 모자랄 흠, 이지러질 결, 빠질 결[缺]의 약자[欠], **하품 흠, 모자랄 흠, 이지러질 결, 빠질 결[缺]의 약자[欠]** 앞에 입 구, 말할 구, 구멍 구[口]면 불 취[吹], 수레 거, 차 차[車]면 연약할 연, 연할 연[軟], 이 수 변[冫]이면 다음 차, 차례 차, 번 차[次],
**다음 차, 차례 차, 번 차[次]** 아래에 마음 심, 중심 심[心]이면 방자할 자, 마음대로 자[恣], 여자 녀[女]면 모습 자[姿], 조개 패, 재물 패, 돈 패[貝]면 재물 자, 신분 자[資]

## 131 삭궐역[朔厥逆] - 屰으로 된 한자

사람이 거꾸로 선 모양에서 거꾸로 설 역[屰], **거꾸로 설 역[屰]** 뒤에 달 월, 육 달 월[月]이면 초하루 삭, 달 삭[朔], 하품 흠, 모자랄 흠, 이지러질 결, 빠질 결[缺]의 약자[欠], 위에 굴 바위 엄, 언덕 엄[厂]이면 그 궐[厥], 아래에 뛸 착, 갈 착[辶]이면 거스를 역, 배반할 역[逆]

## 132 순순 갈갈알[旬殉 曷渴謁] - 旬, 曷로 된 한자

쌀 포[勹] 안에 해 일, 날 일[日]이면 열흘 순[旬], **열흘 순[旬]** 앞에 뼈 앙상할 알, 죽을 사 변[歹]이면 따라 죽을 순[殉],
해 일, 날 일[日] 아래에 쌀 포[勹]와 사람 인[人], 감출 혜, 덮을 혜[匸]면 어찌 갈, 그칠 갈, 다할 갈[曷], **어찌 갈, 그칠 갈, 다할 갈[曷]** 앞에 삼 수 변[氵]이면 마를 갈[渴], 말씀 언[言]이면 뵐 알, 아뢸 알[謁]

## 133 작작약적[勺勺酌約的] - 勺으로 된 한자

쌀 포[勹] 안에 점 주, 불똥 주[丶]면 작은 그릇 작[勺],
**작은 그릇 작[勺]** 앞에 술 그릇 유, 술 유, 닭 유, 열째 지지 유[酉]면 술 따를 작, 참작할 작[酌], 실 사, 실 사 변[糸]이면 맺을 약, 약속할 약[約], 흰 백, 밝을 백, 깨끗할 백, 아뢸 백[白]이면 맞힐 적, 과녁 적, 밝을 적, 접미사 적[的]

## 134 5포[包抱胞飽砲] – 包로 된 한자

쌀 포[勹] 안에 뱀 사, 여섯째 지지 사[巳]면 쌀 포[包]. 쌀 포[包] 앞에 손 수 변[扌]이면 안을 포[抱], 달 월, 육 달 월[月]이면 세포 포[胞], 밥 식, 먹을 식 변[飠]이면 배부를 포[飽], 돌 석[石]이면 대포 포[砲]

## 135 4구극[句拘狗苟極] – 句로 된 한자

쌀 포[勹] 안에 입 구, 말할 구, 구멍 구[口]면 글귀 구, 굽을 구[句].
글귀 구, 굽을 구[句] 앞에 손 수 변[扌]이면 잡을 구[拘], 큰 개 견, 개 사슴 록 변[犭]이면 강아지 구, 개 구[狗], 위에 초 두[艹]면 구차할 구, 진실로 구[苟], 앞에 나무 목[木], 뒤에 오른손 우, 또 우[又], 위아래에 한 일[一]이면 끝 극, 다할 극[極]

## 136 경경경[敬警驚] – 敬으로 된 한자

구차할 구, 진실로 구[苟] 뒤에 칠 복[攵]이면 공경할 경[敬].
공경할 경[敬] 아래에 말씀 언[言]이면 경계할 경, 깨우칠 경[警], 말 마[馬]면 놀랄 경[驚]

## 137 물물균홀 이(역)사[勿物均忽 易賜] – 勿, 易으로 된 한자

쌀 포[勹]에 삐침 별 둘[丿丿]이면 없을 물, 말 물[勿].
없을 물, 말 물[勿] 앞에 소 우 변[牛]이면 물건 물[物], 흙 토[土]면 평평할 균, 고를 균[均], 아래에 마음 심, 중심 심[心]이면 문득 홀, 소홀할 홀[忽].
위에 해 일, 날 일[日]이면 쉬울 이, 바꿀 역, 점칠 역, 주역 역[易], 쉬울 이, 바꿀 역, 점칠 역, 주역 역[易] 앞에 조개 패, 재물 패, 돈 패[貝]면 줄 사[賜]

## 138 4양 장장창탕상[昜陽揚楊 場腸暢湯傷] – 昜으로 된 한자

없을 물, 말 물[勿] 위에 아침 단[旦]이면 볕 양, 햇살 양[昜].
볕 양, 햇살 양[昜] 앞에 언덕 부 변[阝]이면 볕 양, 드러날 양[陽], 손 수 변[扌]이면 날릴 양, 높일 양[揚], 나무 목[木]이면 버들 양[楊], 흙 토[土]면 마당 장, 상황 장[場], 달 월, 육 달 월[月]이면 창자 장[腸], 펼 신, 아뢸 신, 원숭이 신, 아홉째 지지 신[申]이면 화창할 창[暢], 삼 수 변[氵]이면 끓일 탕, 국 탕[湯], 사람 인 변[亻]과 위에 사람 인[人]의 변형[丿]이면 상할 상[傷]

## 139 녀여호 여서 노노[女汝好 如恕 奴怒] – 女, 如, 奴로 된 한자

두 손 모으고 앉아있는 여자 모양을 본떠서 여자 녀[女].
여자 녀[女] 앞에 삼 수 변[氵]이면 너 여, 성씨 여[汝], 뒤에 아들 자, 첫째 지지 자, 자네 자, 접미사 자[子]면 좋을 호[好], 입 구, 말할 구, 구멍 구[口]면 같을 여[如].
같을 여[如] 아래에 마음 심, 중심 심[心]이면 용서할 서[恕].
여자 녀[女] 뒤에 오른손 우, 또 우[又]면 종 노, 남을 흉하게 부르는 접미사 노[奴].
종 노, 남을 흉하게 부르는 접미사 노[奴] 아래에 마음 심, 중심 심[心]이면 성낼 노[怒]

## 140 안안연[安案宴] – 安으로 된 한자

집 면[宀] 아래에 여자 녀[女]면 어찌 안, 편안할 안[安].
어찌 안, 편안할 안[安] 아래에 나무 목[木]이면 책상 안, 생각 안, 계획 안[案].
가운데에 해 일, 날 일[日]이면 잔치 연[宴]

# 확인문제

**01~04** 다음 漢字의 훈(뜻)과 음(소리)를 쓰시오.

01. 枕 (          )          02. 免 (          )

03. 換 (          )          04. 吹 (          )

**05~08** 다음 훈음에 맞는 漢字를 쓰시오.

05. 상할 상 (          )          06. 좋을 호 (          )

07. 완전할 완 (          )          08. 총 총 (          )

**09~12** 다음 漢字語의 讀音을 쓰시오.

09. 克服 (          )          10. 寬待 (          )

11. 悅樂 (          )          12. 尖銳 (          )

**13~14** 다음 문장에서 밑줄 친 낱말을 漢字로 쓰시오.

13. 친구들로부터 조경과 신뢰를 받아 왔다. (          )

14. 국가는 모두에게 균등한 기회를 주어야 한다. (          )

**15~16** 다음 문장에서 漢字로 표기된 낱말의 讀音을 쓰시오.

15. 생김새가 軟弱하고 섬세하다. (          )

16. 자유와 평화를 渴望하다. (          )

DAY
07

**17~18** 다음 뜻풀이에 맞는 낱말을 漢字로 쓰시오.

17. 한 토막의 말이나 글. (          )

18. 마음과 힘을 다함. (          )

**19~20** 다음 漢字語의 뜻을 쓰시오.

19. 參酌 (                    )

20. 懷抱 (                    )

### 정답

| | | | | |
|---|---|---|---|---|
| 01. 베개 침 | 05. 傷 | 09. 극복 | 13. 尊敬 | 17. 句節 |
| 02. 면할 면 | 06. 好 | 10. 관대 | 14. 均等 | 18. 極盡 |
| 03. 바꿀 환 | 07. 完 | 11. 열락 | 15. 연약 | 19. 참고하여 알맞게 헤아림. |
| 04. 불 취 | 08. 銃 | 12. 첨예 | 16. 갈망 | 20. 마음속에 품은 생각. |

## 141 간처타 첩접[姦妻妥 妾接] - 女, 妾으로 된 한자

姦
3급 / 총 9획 / 女

**세 여자(姦)를 사귀며 간사하게 간음하니 간사할 간, 간음할 간**

+ 奸邪(간사) – 성질이 간교하고 행실이 바르지 못함.
+ 奸(간사할 간), 邪(간사할 사)

**姦淫(간음)** 부부가 아닌 남녀가 성적 관계를 맺음.
**強姦(강간)** 억지로 간음함.

+ 淫(음란할 음), 強(굳셀 강, 억지 강)

---

妻
3급 II / 총 8획 / 女

**많이(十) 손(⺕) 써 주는 여자(女)는 아내니 아내 처**

+ 十(열 십, 많을 십), ⺕[고슴도치 머리 계, 오른손 우(⺕)의 변형]

**妻家(처가)** 아내의 본집.
**妻兄(처형)** 아내의 언니.

+ 家(집 가, 전문가 가), 兄(형 형, 어른 형)

---

妥
3급 / 총 7획 / 女

**손톱(爫)을 가꿈도 여자(女)에게는 온당하니 온당할 타**

+ 穩當(온당) – 사리에 어그러지지 아니하고 알맞음.
+ 爫(손톱 조), 穩(평온할 온), 當(마땅할 당, 당할 당)

**妥結(타결)** 의견이 대립된 양편에서 서로 양보하여 일을 마무름.
**妥當(타당)** (사리에) 마땅하고 온당함.

+ 結(맺을 결)

---

妾
3급 / 총 8획 / 女

**서(立) 있는 본부인 아래에 있는 여자(女)는 첩이니 첩 첩**

+ 立(설 립), 첩(妾) – 본처 외에 데리고 사는 여자.

**妻妾(처첩)** 아내와 첩.
**小妾(소첩)** 여자가 자기를 낮추어 이르는 말.

+ 妻(아내 처), 小(작을 소)

## 接

**4급II / 총 11획 / 手(扌)**

손(扌)으로 **첩(妾)**처럼 친절하게 오는 손님을 주인에게 이어주고 대접하니
**이을 접, 대접할 접**

**接觸(접촉)** 이어서 닿음.
**待接(대접)** (음식을 차리거나 마땅한 예로) 손님을 맞음.

+ 觸(닿을 촉), 待(대접할 대, 기다릴 대)

---

## 婁

**특급II / 총 11획 / 女**

쌓이게(毌) 여자(女)가 끌어다 쌓으니 **끌 루, 쌓을 루**

+ 毌(쌓인 모양)

---

## 樓

**3급II / 총 15획 / 木**

나무(木)를 쌓아(婁) 만든 다락이나 누각이니 **다락 루, 누각 루**
또 다락처럼 이어진 층이니 **층 루**

+ [약] 楼 - 땔나무(木)와 쌀(米)을 여자가 넣어 두는 다락이나 누각이니 '다락 루, 누각 루'
　　　　또 다락처럼 이어진 층이니 '층 루'
+ 木(나무 목), 米(쌀 미)

**樓閣(누각)** 사방이 탁 트이게 높이 지은 집.
**望樓(망루)** 멀리 바라보기 위해 높이 지은 누각.

+ 閣(누각 각, 내각 각), 望(바랄 망, 보름 망)

---

## 數

**7급 / 총 15획 / 攴(攵)**

쌓인(婁) 물건을 치면서(攵) 세는 두어 개니 **셀 수, 두어 수**
또 세듯이 자주 닥쳐오는 운수니 **자주 삭, 운수 수**

+ [약] 数 - 쌀(米)자루를 여자(女)가 치면서(攵) 세는 두어 개니 '셀 수, 두어 수'
　　　　또 세듯이 자주 닥쳐오는 운수니 '자주 삭, 운수 수'
+ 攵(칠 복, = 攴)

**數脈(삭맥)** (정상 이상으로) 자주 뛰는 맥박.
**運數(운수)** 인간의 힘을 초월한 운명.

+ 脈(혈관 맥, 줄기 맥), 運(운전할 운, 옮길 운, 운수 운)

---

## 屢

**3급 / 총 14획 / 尸**

몸(尸)에 실력이 쌓이도록(婁) 자주 반복하니 **자주 루(누)**

+ [약] 屡 - 몸(尸)을 위하여 쌀(米)로 여자(女)가 밥을 짓는 것처럼 자주니 '자주 루(누)'
+ 尸(주검 시, 몸 시)

**屢屢(누누)** 여러 번. 자꾸.
**屢次(누차)** 여러 차례.

+ 次(다음 차, 차례 차, 번 차)

1급 / 총 4획 / 毋

### 여자 녀(口)에 금지와 부정을 나타내는 十를 붙여 **말 무, 없을 무**

+ 口[여자 녀(女)의 변형]

8급 / 총 5획 / 母

### 여자(口) 중 젖(ㆍㆍ)을 드러낸 어미니 **어미 모, 어머니 모**

+ 위아래로 점(ㆍ) 둘이 있어 젖을 나타내면 '어미 모(母)', 안 된다는 금지의 가위표(十)가 있으면 '말 무, 없을 무(毋)'로 구분하세요.

> **子母(자모)** 아들과 어머니.
> **母情(모정)** (자식에 대한) 어머니의 정.

+ 子(아들 자, 첫째 지지 자, 자네 자, 접미사 자), 情(뜻 정, 정 정)

7급 / 총 7획 / 母

### 사람(ㆍ)이 매양 어머니(母)를 생각하듯 매양(항상)이니 **매양 매, 항상 매**

+ ㆍ[사람 인(人)의 변형], 매양 – 번번이. 매 때마다. 항상.

> **每日(매일)** 날마다.
> **每時間(매시간)** 한 시간마다.

+ 日(해 일, 날 일), 時(때 시), 間(사이 간)

3급 / 총 11획 / 攵(攴)

### 항상(每) 치며(攵) 지도하면 행동이 민첩하니 **민첩할 민**

+ 攵(칠 복, = 攴)

> **敏捷(민첩)** 재빠르고 날쌤.
> **敏感(민감)** 자극에 빠르게 반응을 보이거나 쉽게 영향을 받음.
> **銳敏(예민)** (감각 등이) 예리하고 민감함.

+ 捷(이길 첩, 빠를 첩), 感(느낄 감, 감동할 감), 銳(날카로울 예)

3급 II / 총 17획 / 糸

### (실 뽑는 집에서) 민첩하게(敏) 실(糸)을 뽑아내면 번성하니 **번성할 번**

+ 糸(실 사, 실 사 변)

> **繁盛(번성)** ① 한창 성하게 일어나 퍼짐. ② 나무나 풀이 무성함.
> **繁榮(번영)** 번성하고 영화롭게 잘됨.
> **農繁期(농번기)** 농사일로 바쁜 시기.

+ 盛(성할 성), 榮(영화 영, 성할 영), 農(농사 농), 期(기간 기, 기약할 기)

3급Ⅱ / 총 11획 / 木

### 나무(木) 중 항상(每) 가까이하는 매화나무니 매화나무 매

+ 매화는 추위 속에서 피어나는 절개 있는 꽃으로 사군자(四君子)의 으뜸이고, 열매는 여러 용도로 쓰여 많이 심어 가꾸며, 그림으로도 그려 항상 가까이 했답니다.

> **梅花(매화)** 매화나무 꽃.
> **梅實(매실)** 매화나무 열매.

+ 花(꽃 화), 實(열매 실, 실제 실)

3급 / 총 9획 / 人(亻)

### (인격수양이 덜 된) 사람(亻)은 항상(每) 쉽게 남을 업신여기니 업신여길 모

> **侮辱(모욕)** 업신여겨 욕되게 함.
> **受侮(수모)** 모욕을 받음. 창피당함.

+ 辱(욕될 욕, 욕 욕), 受(받을 수)

7급 / 총 10획 / 水(氵)

### 물(氵)이 항상(每) 있는 바다니 바다 해

+ 큰 바다는 '큰 바다 양, 서양 양(洋)' – 제목번호 375 참고

> **海流(해류)** 바닷물의 흐름.
> **海難(해난)** 항해 중에 만나는 재난.

+ 流(흐를 류, 번져나갈 류), 難(어려울 난, 비난할 난)

3급Ⅱ / 총 10획 / 心(忄)

### 지내 놓고 마음(忄)으로는 항상(每) 뉘우치니 뉘우칠 회

> **後悔(후회)** 이전의 잘못을 깨치고 뉘우침.
> **悔改(회개)** (잘못을) 뉘우치고 고침.

+ 後(뒤 후, 늦을 후), 改(고칠 개)

DAY
08

**201**

7급 / 총 3획 / 子

아들이 두 팔 벌린 모양을 본떠서 **아들 자**
또 옛날에는 아들을 첫째로 여겼으니 **첫째 지지 자**
또 아들처럼 편하게 부르는 2인칭 대명사 자네니 **자네 자**
또 아들처럼 만들어져 나오는 물건의 뒤에 붙이는 접미사니 **접미사 자**

**子孫(자손)** 아들과 손자.
**卓子(탁자)** 높게 만든 책상이나 식탁 따위.

+ 孫(손자 손), 卓(높을 탁, 뛰어날 탁, 탁자 탁)

3급 / 총 2획 / 亅

**아들(子)**이 양팔 붙이고 모체에서 나온 모양으로
나왔으니 고통을 마쳤다는 데서 **마칠 료**

**完了(완료)** (어떤 일을) 완전히 마침.
**終了(종료)** (일을) 끝마침.

+ 完(완전할 완), 終(다할 종, 마칠 종)

3급 / 총 4획 / 亅

서로 주고받는 모양에서 **줄 여 (≒ 與)**
또 주는 나를 뜻하여 **나 여 (≒ 余)**
또 **미리 예(豫)**의 약자

+ 與 – 제목번호 090, 余 – 제목번호 118, 豫 – 제목번호 380 참고

**予奪(여탈)** 주는 일과 빼앗는 일.

+ 奪(빼앗을 탈)

6급 / 총 11획 / 里

**마을(里)**에서 **나(予)**에게 먹을거리를 주는 들이니 **들 야**
또 들에서 일한 듯 손발이 거치니 **거칠 야**

+ 里(마을 리, 거리 리) – 제목번호 056 참고

**平野(평야)** 평평한 들.
**野性(야성)** '거친 성질'로, 산야에서 제멋대로 자란 것 같은 성질.

+ 平(평평할 평, 평화 평), 性(성품 성, 바탕 성, 성별 성)

序

5급 / 총 7획 / 广

**집(广)**에서도 **내(予)**가 먼저 지켜야 하는 차례니 **먼저 서, 차례 서**

+ 广(집 엄)

**序論(서론)** '먼저 논함'으로, 본론에 앞서 실마리가 되는 논설.
**秩序(질서)** 사물의 차례나 순서.

+ 論(논할 론, 평할 론), 秩(차례 질)

2급 / 총 5획 / 矛

손잡이 있는 창을 본떠서 **창 모**

---

3급II / 총 9획 / 木

### 창(矛)에 쓰이는 **나무(木)**처럼 탄력 있고 부드러우니 **부드러울 유**

**柔軟性(유연성)** 부드럽고 연한 성질.
**溫柔(온유)** 성격이 따뜻하고 부드러움.

+ 軟(부드러울 연, 연할 연), 性(성품 성, 바탕 성, 성별 성), 溫(따뜻할 온, 익힐 온)

---

4급II / 총 11획 / 力

### 창(矛)으로 적을 **치듯이(攵) 힘(力)**을 다하여 일에 힘쓰니 **일 무, 힘쓸 무**

+ 攵(칠 복, = 攴), 力(힘 력)

**任務(임무)** 맡은 일.
**勤務(근무)** 일에 힘씀.

+ 任(맡을 임, 성씨 임), 勤(부지런할 근, 일 근)

---

3급 / 총 19획 / 雨

### 비(雨)가 **힘차게(務)** 내릴 때 생기는 안개니 **안개 무**

+ 雨(비 우) - 제목번호 290 참고

**霧散(무산)** 안개가 걷히듯 흩어짐.
*噴霧器(분무기) 액체를 안개처럼 뿜어내는 기구.

+ 散(흩어질 산), 噴(뿜을 분), 器(그릇 기, 기구 기)

4급 / 총 4획 / 子

**새끼(子) 새(乚)가 자라는 구멍이니 구멍 공**
또 구멍으로도 세상 이치를 꿰뚫어 보았던 공자니 **공자 공, 성씨 공**

+ 공자(孔子) – 중국 춘추 전국 시대의 사상가 · 학자. (B.C. 551~B.C. 479)
+ 乚[새 을, 둘째 천간 을, 둘째 을, 굽을 을(乙)이 부수로 쓰일 때의 모양]

> **十九孔炭(십구공탄)** 19개의 구멍이 뚫린 연탄.
> **孔孟(공맹)** 공자와 맹자.

+ 炭(숯 탄, 연탄 탄)

3급II / 총 8획 / 子

**자식(子) 중 첫째로 알고 그릇(皿)에 목욕시키며 기르는 맏이니 맏 맹**
또 공자의 제자 중 맏이인 맹자니 **맹자 맹, 성씨 맹**

+ 皿(그릇 명), 맏 – 첫째.
+ 맹자(孟子) – 중국 춘추 전국 시대의 사상가 · 학자. (B.C. 372~B.C. 289)

> **孟夏(맹하)** 초여름. 음력 4월을 달리 이르는 말. [음력을 썼던 옛날에는 1·2·3월이 봄이고, 4·5·6월이 여름이었는데, 이렇게 각 계절 석 달 중 첫 달에 孟을 붙여 말했음]
> **孟母三遷(맹모삼천)** 맹자의 어머니가 (맹자에게 훌륭한 교육 환경을 만들어 주기 위해) 세 번 이사한 일. 삼천지교(三遷之敎)라고도 함.

+ 夏(여름 하), 母(어미 모, 어머니 모), 遷(옮길 천), 敎(가르칠 교)

3급II / 총 11획 / 犬(犭)

**개(犭)를 고를 때 첫째(孟)로 꼽는 날램과 사나움이니 날랠 맹, 사나울 맹**

+ 犭(큰 개 견, 개 사슴 록 변)

> **猛犬(맹견)** 몹시 사나운 개.
> **勇猛(용맹)** 날래고 사나움.

+ 犬(개 견), 勇(날랠 용)

承

4급II / 총 8획 / 手

**아들(子) 둘(二)이 양쪽(𠃌人)에서 부모를 받들며 대를 이으니**
**받들 승, 이을 승**

+ 부수가 手네요.

> **承繼(승계)** (조상이나 선임자의 뒤를) 받들어 이음.
> **傳承(전승)** (문화 따위를) 전하여 이음.

+ 繼(이을 계), 傳(전할 전, 이야기 전)

丞

1급 / 총 6획 / 一

**학문을 마친(了) 사람이 양쪽(𠂇人)에서 받들어(一) 도우니 도울 승**
또 이렇게 임금을 도왔던 정승이니 **정승 승**

+ 정승(政丞) – '다스림을 도움'으로, 조선 시대 의정부의 영의정 · 좌의정 · 우의정을 일컫던 말.
+ 政(다스릴 정)

풀(艹) 성분의 도움(丞)을 받으려고 불(灬)에 찌니 **찔 증**

+ 灬(불 화 발), 풀을 쪄서 나온 즙이나 향기를 약으로 이용하지요.

**水蒸氣(수증기)** 물이 기체로 된 상태.
**汗蒸幕(한증막)** (건강을 위하여) 땀이 나도록 뜨겁게 찌는 곳.

+ 氣(기운 기, 대기 기), 汗(땀 한), 幕(장막 막)

3급 II / 총 14획 / 草(艹)

---

**147** 기이사 기기비배 개기[己已巳 記紀妃配 改忌] – 己已巳와 己로 된 한자

---

사람이 엎드려 절하는 모양에서 **몸 기, 자기 기, 여섯째 천간 기**

**克己(극기)** 몸의 욕망이나 충동·감정 따위를 의지로 눌러 이김.
**知己(지기)** '자기를 알아줌'으로, 서로 마음이 통하는 벗을 이르는 말.

+ 克(능할 극, 이길 극), 知(알 지)

5급 / 총 3획 / 己

---

밭갈이를 이미 끝낸 쟁기 보습의 모양에서 **이미 이**
또 갈라 끊는 뜻의 '따름'으로도 쓰여 **따름 이**

+ 쟁기 – 논밭을 가는 농기구, 보습 – 쟁기에서 땅속으로 들어가는 쇠 부분.

**已往(이왕)** 이미 지나감.
**已發之矢(이발지시)** '이미 쏘아 놓은 화살'로, 이왕에 시작한 일이라 중도에 그만두기 어려운 형편을 비유적으로 이르는 말.

+ 往(갈 왕), 發(쏠 발, 일어날 발), 之(갈 지, ~의 지, 이 지), 矢(화살 시)

3급 II / 총 3획 / 己

---

몸을 사리고 꼬리를 든 뱀의 모양에서 **뱀 사, 여섯째 지지 사**

+ 사람이 엎드려 절하는 모양에서 '몸 기, 자기 기, 여섯째 천간 기(己)', 己의 한쪽이 약간 올라가면 '이미 이, 따름 이(已)', 완전히 붙으면 '뱀 사, 여섯째 지지 사(巳)'로 구분하세요.

**巳初(사초)** 사시(巳時)의 첫 무렵.

+ 初(처음 초), 時(때 시), 사시(巳時) – 하루 24시간을 십이지지(地支)로 나눈 시간의 여섯째 시로, 오전 아홉 시부터 열한 시까지.

3급 / 총 3획 / 己

DAY 08

---

말(言) 중에 자기(己)에게 필요한 부분은 기록하거나 기억하니
**기록할 기, 기억할 기**

+ 言(말씀 언)

**記錄(기록)** (어떤 사실을) 기록함. 또는 그 글.
**記念(기념)** 마음에 기억하여 생각함.

+ 錄(기록할 록), 念(생각 념)

7급 / 총 10획 / 言

**紀**

4급 / 총 9획 / 糸

실(糸)에서 **몸(己)**처럼 중요한 벼리니 **벼리 기**

또 벼리처럼 중요한 질서나 해니 **질서 기, 해 기**

또 벼리처럼 중요한 것은 기록하니 **기록할 기**

+ 벼리 – 그물의 위쪽 코를 꿰어 오므렸다 폈다 하는 줄로 그물에서 제일 중요한 부분.

**軍紀(군기)** 군대에서의 질서.
**西紀(서기)** '서력기원(西曆紀元)'의 준말.
**紀行文(기행문)** 여행하며 보고 듣고 느낀 것을 쓴 글.

+ 軍(군사 군), 西(서쪽 서), 曆(책력 력), 元(원래 원, 으뜸 원), 行(다닐 행, 행할 행, 항렬 항), 文(무늬 문, 글월 문), 서력(西曆) – 서양 달력, 기원(紀元) – '원래의 해'로, 연대를 계산할 때 기초가 되는 해.

---

**妃**

3급II / 총 6획 / 女

여자(女) 중 **자기(己)**처럼 귀중하게 모셔야 할 왕비나 아내니
**왕비 비, 아내 비**

+ 女(여자 녀)

**王妃(왕비)** 임금의 아내.
**妃氏(비씨)** 왕비로 간택된 아가씨를 높여 이르던 말.

+ 王(임금 왕, 으뜸 왕, 구슬 옥 변), 氏(성 씨, 뿌리 씨)

---

**配**

4급II / 총 10획 / 酉

(혼례식에서) **술(酉)**을 **자기(己)**와 나누어 마신 짝이니 **나눌 배, 짝 배**

+ 酉(술 그릇 유, 술 유, 닭 유, 열째 지지 유)

**配列(배열)** (일정한 차례나 간격에 따라) 나누어 벌려 놓음.
**配匹(배필)** 부부로서의 짝.

+ 列(벌일 렬, 줄 렬), 匹(짝 필, 하나 필, 단위 필)

---

**改**

5급 / 총 7획 / 攵(攴)

**자기(己)**를 치며(攵) 허물을 고치니 **고칠 개**

+ 攵(칠 복, = 攴)

**改善(개선)** (나쁜 점을) 고쳐 좋게 함.
**改良(개량)** (나쁜 점을) 고쳐 좋게 함.

+ 善(착할 선, 좋을 선, 잘할 선), 良(좋을 량, 어질 량)

---

**忌**

3급 / 총 7획 / 心

**자기(己)**를 마음(心)으로 생각하면 아무 일이나 함부로 못하고 꺼리니
**꺼릴 기**

+ 心(마음 심, 중심 심), 자기를 생각하면 아무 일이나 함부로 못하지요.

**忌克(기극)** '꺼리어 이김'으로, 남의 재능을 시샘하여 그보다 나으려고 다툼.
**禁忌(금기)** 금하여 꺼림.

+ 克(능할 극, 이길 극), 禁(금할 금)

## 選

5급 / 총 16획 / 辵(辶)

뱀들(巳巳)처럼 어울려 **함께(共) 가(辶)** 가려 뽑으니 **가릴 선, 뽑을 선**

+ 辶(뛸 착, 갈 착)

> **選擧(선거)** 뽑아 일으킴.
> **選拔(선발)** 가려 뽑음.

+ 擧(들 거, 행할 거, 일으킬 거), 拔(뽑을 발)

## 巷

3급 / 총 9획 / 己

**함께(共)** 다니는 **뱀(巳)**처럼 길게 뻗은 거리니 **거리 항**

+ 共(함께 공), 巳(뱀 사, 여섯째 지지 사)

> **巷間(항간)** 보통 민중들 사이.
> **巷說(항설)** 항간에서 뭇사람 사이에 떠도는 말.

+ 間(사이 간), 說(달랠 세, 말씀 설, 기쁠 열)

## 港

4급II / 총 12획 / 水(氵)

**물(氵)**에 **거리(巷)**의 차들처럼 배가 드나드는 항구니 **항구 항**

> **港口(항구)** '뱃길의 입구'로, 배를 댈 수 있도록 설비한 곳.
> **歸港(귀항)** (배가 출발하였던) 항구로 돌아오거나 돌아감.

+ 口(입 구, 말할 구, 구멍 구), 歸(돌아올 귀, 돌아갈 귀)

## 巴

1급 / 총 4획 / 己

**뱀(巳)**에 먹이 내려가는 **볼록한 모양(丨)**을 본떠서 **뱀 파**
또 **뱀(巳)** 꼬리처럼 생긴 땅 이름이니 **꼬리 파, 땅 이름 파**

+ 丨('뚫을 곤'이지만 여기서는 볼록한 모양으로 봄), 뱀은 먹이를 통째로 삼켜 내려가는 부분이 볼록하지요.

## 把

3급 / 총 7획 / 手(扌)

**손(扌)**으로 **뱀(巴)**을 잡으니 **잡을 파**

> *把握(파악) ① 손에 꼭 잡아 쥠. ② (어떠한 대상에 대한) 내용이나 성질을 바로 이해하여 확실하게 앎.
> **把守兵(파수병)** 잡아서 지키는 병사. 보초(步哨).

+ 握(쥘 악), 守(지킬 수), 兵(군사 병), 步(걸음 보), 哨(보초 설 초)

**DAY**
**08**

**207**

**肥**

3급II / 총 8획 / 肉(月)

몸(月)이 뱀(巴) 먹이 먹는 모양처럼 불룩하게 살쪄 기름지니
**살찔 비, 기름질 비**
또 (식물을) 살찌게 하는 거름이니 **거름 비**

+ 月(달 월, 육 달 월)

**肥大(비대)** 살찌고 몸이 큼.
**肥滿(비만)** 살쪄서 몸이 뚱뚱한 상태.

+ 滿(찰 만)

---

**邑**

7급 / 총 7획 / 邑

일정한 **경계(口)의 땅(巴)**에 있는 고을이니 **고을 읍**

+ 口('입 구, 말할 구, 구멍 구'지만 여기서는 경계로 봄), 글자의 왼쪽에 붙는 阝는 언덕 부
(阜)가 글자의 변으로 쓰일 때의 모양으로 '언덕 부 변', 글자의 오른쪽에 붙는 阝은 고을
읍(邑)이 부수로 쓰일 때의 모양으로 '고을 읍 방'이라 부릅니다.

**邑內(읍내)** 고을 안.
**都邑(도읍)** ① 서울. ② 그 나라 수도를 정함. ③ 작은 도시.

+ 內(안 내, 나인 나), 都(도읍 도, 모두 도, 성씨 도)

---

**色**

7급 / 총 6획 / 色

사람(ク)이 뱀(巴)을 보고 놀라는 얼굴빛이니 **빛 색**

+ ク[사람 인(人)의 변형], 옛날에는 뱀이 많아 자주 나타났답니다.

**色盲(색맹)** 색을 잘못 보는 상태. 또는 그러한 증상이 있는 사람.
**赤色(적색)** 붉은색.

+ 盲(눈멀 맹, 장님 맹, 무지할 맹), 赤(붉을 적, 벌거벗을 적)

---

**絶**

4급II / 총 12획 / 糸

실(糸) 자르듯 **사람(ク)이 뱀(巴)**을 끊으면 죽으니 **끊을 절, 죽을 절**
또 잡념을 끊고 하나에만 열중하여 가장 뛰어나니 **가장 절**

+ ク[사람 인(人)의 변형]

**絶交(절교)** 교제를 끊음. 단교(斷交).
**絶命(절명)** 목숨이 끊어짐. 죽음.
**絶景(절경)** 가장 아름다운 경치.

+ 交(사귈 교, 오고 갈 교), 斷(끊을 단, 결단할 단), 命(명령할 명, 목숨 명, 운명 명), 景(볕
경, 경치 경, 클 경)

208

총 2획 / 부수자

사람이 무릎 꿇은 모양을 본떠서 **무릎 꿇을 절**
또 부절이나 병부의 반쪽을 본떠서 **병부 절(= 卩)**

+ 민은 무릎 꿇은 모습, 卩은 병부의 모습인데 둘 다 같이 무릎 꿇은 모습이나 병부로 봅니다.
+ 부절(符節)은 인쇄술이 발달하기 전에 대(竹)나 옥(玉)으로 만든 일종의 신분증이고, 병부(兵符)는 병사를 동원하는 문서로 똑같이 만들거나 하나를 둘로 나누어 가졌다가 필요 시 맞춰 보았답니다.
+ 符(부절 부, 부호 부, 들어맞을 부), 節(마디 절, 절개 절, 계절 절), 竹[대 죽(竹)이 부수로 쓰일 때의 모양], 玉(구슬 옥), 兵(군사 병)

4급 / 총 5획 / 犬(犭)

개(犭)처럼 **무릎 꿇어야(민)** 할 정도로 죄를 범하니 **범할 범**

+ 犭(큰 개 견, 개 사슴 록 변)

> **犯人(범인)** (죄를) 범한 사람.
> **犯罪(범죄)** 죄를 범하는 일. 또는 그 죄.

+ 罪(죄지을 죄, 허물 죄)

4급 / 총 15획 / 竹(竹)

대(竹)로 둘러친 **수레(車)**에 범인을 **무릎 꿇려(민)** 압송하며 법의 엄중함을 본보기로 보이니 **법 범, 본보기 범**

+ 옛날에 죄인의 호송 방법을 생각하고 만들어진 글자.

> **模範(모범)** 본받아 배울 만함. 본보기.
> **示範(시범)** 모범을 보임.

+ 模(본뜰 모, 법 모, 모호할 모), 示(보일 시, 신 시)

3급 II / 총 11획 / 彳

가다가(彳) 정오(午)쯤 그쳐(止) **무릎 꿇고(卩)** 쉬게 하며
말을 어거하고 다스리니 **어거할 어, 다스릴 어**

+ 어거(馭車)하다 - 수레를 메운 소나 말을 부리어 몰다.
+ 彳(조금 걸을 척), 午(말 오, 일곱째 지지 오, 낮 오), 止(그칠 지), 卩(무릎 꿇을 절, 병부 절, = 민), 馭(말 부릴 어)

> **制御(제어)** (알맞은 동작을 하도록) 조절함.
> **御命(어명)** 임금의 명령.

+ 制(제도 제, 억제할 제), 命(명령할 명, 목숨 명, 운명 명)

**DAY**
**08**

3급 / 총 4획 / 厂

굴 바위(厂) 밑에 **무릎 꿇어야(민)** 할 정도의 재앙이니 **재앙 액**

+ 厂(굴 바위 엄, 언덕 엄)

> **厄運(액운)** 액을 당할 운수.
> **橫厄(횡액)** 뜻밖에 당하게 되는 재앙.

+ 運(운전할 운, 옮길 운, 운수 운), 橫(가로 횡, 제멋대로 할 횡)

사람(ク)에게 재앙(厄)이 닥치면 위험하니 **위험할 위**

+ ク[사람 인(人)의 변형]

> **危險(위험)** 해로움이나 손실이 생길 우려가 있음. 또는 그런 상태. ↔ 안전(安全)
> **危急(위급)** 위험하고 급함.

+ 險(험할 험), 安(어찌 안, 편안할 안), 全(온전할 전), 急(급할 급)

4급 / 총 6획 / 卩(㔾)

---

날이 **하얀(白) 비수(匕)** 앞에 곧 **무릎 꿇으니(卩) 곧 즉**

+ 則(곧 즉, 법칙 칙) – 제목번호 358 참고
+ 俗 即 – 잘못을 멈추고(艮) 곧 무릎 꿇으니(卩) '곧 즉'
+ 白(흰 백, 밝을 백, 깨끗할 백, 아뢸 백), 匕(비수 비, 숟가락 비), 艮[멈출 간, 어긋날 간(艮)의 변형]

> **卽刻(즉각)** 당장에 곧.
> **卽興(즉흥)** 바로 그 자리에서 일어나는 흥취.

+ 刻(새길 각, 시각 각), 興(흥할 흥, 흥겨울 흥)

3급 II / 총 9획 / 卩(㔾)

---

대(竹)에 좋게(良) **무릎 꿇은(卩)** 모양으로 생기는 마디니 **마디 절**
또 마디마디 곧은 절개니 **절개 절**
또 마디처럼 나눠지는 계절이나 명절이니 **계절 절, 명절 절**

+ 竹[대 죽(竹)이 부수로 쓰일 때의 모양], 艮[좋을 량, 어질 량(良)의 변형]

> **句節(구절)** (긴 글의 한 부분인) 토막글.
> **節槪(절개)** 신념이나 의리 따위를 굽히거나 변하지 않는 성실한 태도. 특히 지조와 정조를 깨끗하게 지키는 여자의 품성.
> **季節(계절)** 한 해를 날씨에 따라 나눈 그 한 철.

+ 句(글귀 구, 굽을 구), 槪(대개 개, 대강 개, 절개 개), 季(끝 계, 계절 계)

5급 / 총 15획 / 竹(竹)

---

저녁(夕)에 **무릎 꿇은(㔾)** 것처럼 구부리고 뒹구니
**뒹굴 원**

+ 夕(저녁 석)

급외자 / 총 5획 / 夕

# 怨

4급 / 총 9획 / 心

뒹굴며(夗) 마음(心)으로 원망하니 **원망할 원**

**怨聲(원성)** 원망하는 소리.
**宿怨(숙원)** 오래된 원한.

+ 聲(소리 성), 宿(잘 숙, 오랠 숙, 별자리 수)

---

# 服

6급 / 총 8획 / 肉(月)

몸(月)을 잘 **다스려(𠬝)** 보호하려고 옷도 입고 밥도 먹으며 상관의 명령에도 복종하니 **옷 복, 먹을 복, 복종할 복**

+𠬝 – 무릎 꿇도록(卩) 손(又)으로 잡아 다스리니 '다스릴 복' – 어원 해설을 위한 참고자로 실제 쓰이지는 않습니다.

**洋服(양복)** 서양식으로 만든 남자 옷.
**服用(복용)** 약을 먹음.
**服從(복종)** 남의 명령이나 의사에 따름.

+ 洋(큰 바다 양, 서양 양), 用(쓸 용), 從(좇을 종, 따를 종)

---

# 報

4급Ⅱ / 총 12획 / 土

다행히(幸) 재산을 잘 **다스려(𠬝)** 소식도 알리고 은혜도 갚으니 **알릴 보, 갚을 보**

+ 幸(행복할 행, 바랄 행, 다행 행), 又(오른손 우, 또 우)

**速報(속보)** 빨리 알리는 것. 또는 그 보도.
**報答(보답)** (은혜를) 갚음.

+ 速(빠를 속), 答(대답할 답, 갚을 답)

---

## 151  란 묘경류 류무[卵 卯卿柳 留貿] – 卵과 卯로 된 한자

# 卵

4급 / 총 7획 / 卩

물고기에 **두 개씩 있는 알주머니(⚬⚬→卵)**를 본떠서 **알 란**

**鷄卵(계란)** 달걀.
**産卵(산란)** 알을 낳음.

+ 鷄(닭 계), 産(낳을 산, 생산할 산)

---

# 卯

3급 / 총 5획 / 卩

(봄기운이 왕성하여) **두 문짝을 활짝 열어 놓은 모양(屵屵→卯)**을 본떠서 **왕성할 묘**
또 귀를 쫑긋 세운 토끼로도 보아 **토끼 묘**
또 토끼는 넷째 지지니 **넷째 지지 묘**

**卯飮(묘음)** 해장술을 마심.

**3급 / 총 12획 / 卩**

의욕이 **왕성하고(卯)** 어진(卩) 사람이 하는 벼슬이니 **벼슬 경**

+ 유 鄕(시골 향, 고향 향) – 제목번호 227 참고
+ 장관 이상의 벼슬로, 임금이 신하를 부르는 말이나 상대를 높이는 말로도 쓰입니다.
+ 卩[좋을 량, 어질 량(良)의 변형으로, 밥 식, 먹을 식 변(飠)과 다름]

**公卿大夫(공경대부)** 조선 시대에 공경(公卿)과 대부(大夫)를 아울러 이르던 말. 벼슬이 높은 사람들.

+ 公(공평할 공, 대중 공, 귀공자 공), 夫(사내 부, 남편 부)

---

**4급 / 총 9획 / 木**

나무(木) 중 **왕성하게(卯)** 자라 늘어지는 버들이니 **버들 류, 성씨 유**

+ 버드나무는 생명력이 강하여 굵은 줄기를 그냥 꽂아도 살고, 가지를 쳐 주어도 금방 왕성하게 자랍니다.

**楊柳(양류)** 버드나무.
**花柳界(화류계)** '꽃과 버들의 세계'로, 노는계집들의 사회를 말함.

+ 楊(버들 양), 花(꽃 화), 界(경계 계, 세계 계)

---

**4급Ⅱ / 총 10획 / 田**

**왕성하게(卯)** 일하려고 밭(田)에 머무르니 **머무를 류**

+ 田(밭 전, 논 전), 卯[왕성할 묘, 토끼 묘, 넷째 지지 묘(卯)의 변형]

**留學(유학)** 외국에 머물러 공부함.
+ 遊學(유학) 타향에서 공부함.
**留任(유임)** 그 자리나 직위에 머물러 있음.

+ 學(배울 학), 遊(놀 유, 여행할 유), 任(맡을 임, 성씨 임)

---

**3급Ⅱ / 총 12획 / 貝**

**왕성하게(卯)** 재물(貝)을 무역하며 바꾸니 **무역할 무, 바꿀 무**

+ 貝(조개 패, 재물 패, 돈 패)

**貿易(무역)** 서로 물건을 팔고 사거나 교환함.
**密貿易(밀무역)** (세관을 통하지 않고) 비밀히 하는 무역.

+ 易(쉬울 이, 바꿀 역), 密(빽빽할 밀, 비밀 밀)

---

**152** **앙앙억영 인[卬仰抑迎 印] – 卬으로 된 한자**

**특급 / 총 4획 / 卩**

상자(匚)에 **무릎 꿇고(卩)** 높이 바라니 **높을 앙**

+ 匚[상자 방(匚)의 변형]

**3급 II / 총 6획 / 人(亻)**

### 사람(亻)이 높이(卬) 우러르니 **우러를 앙**

**信仰(신앙)** (절대자를) 믿고 우러름.
**推仰(추앙)** (높이) 받들어 우러름.

+ 信(믿을 신, 소식 신), 推(밀 추, 밀 퇴)

**3급 II / 총 7획 / 手(扌)**

### 손(扌)으로 높은(卬) 것을 누르니 **누를 억**

**抑壓(억압)** (위력이나 위엄으로) 남을 누름.
**抑制(억제)** ① 억눌러서 일어나지 못하게 함. ② 억지로 못하게 함.

+ 壓(누를 압), 制(제도 제, 억제할 제)

**4급 / 총 8획 / 辵(辶)**

### 높은(卬) 사람을 가서(辶) 맞이하니 **맞이할 영**

**迎接(영접)** 손님을 맞아 대접함.
**歡迎(환영)** 기쁘게 맞이함.

+ 接(이을 접, 대접할 접), 歡(기뻐할 환)

**4급 II / 총 6획 / 卩**

### 공문서를 올릴(卬) 때 한(一)결같이 찍는 도장이니
### 찍을 인, 도장 인, 성씨 인

**刻印(각인)** 도장을 새김. 또는 새겨 만든 도장.
**印刷(인쇄)** 글이나 그림을 종이, 천 등에 박아냄.

+ 刻(새길 각, 시각 각), 刷(인쇄할 쇄)

---

| 153 | 립병위읍 병보보[立竝位泣 並普譜] – 立, 並으로 된 한자 |

DAY
08

**7급 / 총 5획 / 立**

### 사람이 팔다리 벌리고 땅(一)에 서 있는 모양에서 **설 립**

+ 一('한 일'이지만 여기서는 땅으로 봄)

**獨立(독립)** (남에게 의존하지 않고) 홀로 섬.
**自立(자립)** (남의 힘을 빌리지 않고) 스스로 섬.

+ 獨(홀로 독, 자식 없을 독), 自(자기 자, 스스로 자, 부터 자)

3급 / 총 10획 / 立

## 둘이 **나란히 서니(立立)** 나란히 설 병

+ 약 竝 - 竝을 나누면 설 립(立)이 둘이지요.

竝行(병행) ① 나란히 감. ② 아울러 행함.
竝列(병렬) ① 여럿을 나란히 벌여 세움. ② 두 개 이상의 전지를 같은 극끼리 연결함.
↔ 직렬(直列)

+ 行(다닐 행, 행할 행, 항렬 항), 列(벌일 렬, 줄 렬), 直(곧을 직, 바를 직)

5급 / 총 7획 / 人(亻)

## 사람(亻)이 **서(立)** 있는 자리니 **자리 위**

位置(위치) (사람이나 물건이) 있는 자리.
方位(방위) 어떤 방향의 위치.

+ 置(둘 치), 方(모 방, 방향 방, 방법 방)

3급 / 총 8획 / 水(氵)

## 물(氵)이 **서(立)** 있는 모양으로 눈물 흘리며 우니 **울 읍**

+ 누워서 울어도 물은 서 있는 모양이지요.

感泣(감읍) 느껴서(감동하여) 욺.
泣訴(읍소) 눈물로 하소연함.

+ 感(느낄 감, 감동할 감), 訴(하소연할 소)

급외자 / 총 8획 / 一

## 둘이 나란히 선 모습을 생각하고 만든 나란히 설 병(竝)을 합쳐서 **나란히 설 병(並)**의 약자

+ 竝 가운데를 세로로 나누면 설 립(立)이 둘이지요.

4급 / 총 12획 / 日

## 나란히(並) 해(日)처럼 비춤이 넓으니 **넓을 보** 또 널리 통하면 보통이니 **보통 보**

普及(보급) 널리 펴서 알리거나 사용하게 함.
普通(보통) '널리 통함'으로, 특별하지 않고 예사로운 것을 말함.

+ 及(이를 급, 미칠 급), 通(통할 통)

3급Ⅱ / 총 19획 / 言

## 말(言)로 널리(普) 계보를 따져 정리한 족보나 악보니 **족보 보, 악보 보**

+ 言(말씀 언)

族譜(족보) 한 족속의 계보를 적은 책.
樂譜(악보) 음악의 곡조를 일정한 기호를 써서 기록한 것.

+ 族(겨레 족), 樂(노래 악, 즐길 락, 좋아할 요)

6급 / 총 12획 / 立

서서(立) 마을(里)에 노는 사람은 주로 아이니 **아이 동**

+ 立(설 립)
+ 어른들은 일터에 나가고 노는 사람은 주로 아이들임을 생각하고 만들어진 글자.

**童心(동심)** 어린이의 마음. 어린이처럼 순진한 마음.
**童話(동화)** 동심(童心)을 바탕으로 지은 이야기.

+ 心(마음 심, 중심 심), 話(말씀 화, 이야기 화)

특급II / 총 20획 / 金

쇳(金)소리가 아이(童) 소리처럼 맑은 쇠북이니 **쇠북 종**
또 쇠북처럼 종치는 시계니 **종치는 시계 종**

+ 金(쇠 금, 금 금, 돈 금, 성씨 김)

6급 / 총 16획 / 見

서(立) 있는 나무(木)를 돌보듯(見) 자식을 보살피는 어버이니 **어버이 친**
또 어버이처럼 친하니 **친할 친**

**兩親(양친)** '두 어버이'로, 아버지와 어머니. 부모(父母).
**親密(친밀)** 지내는 사이가 아주 친하고 가까움.

+ 兩(두 량, 짝 량, 냥 냥), 密(빽빽할 밀, 비밀 밀)

6급 / 총 13획 / 斤

서(立) 있는 나무(木)를 도끼(斤)로 잘라 새로 만들어 새로우니 **새로울 신**

+ 斤(도끼 근, 저울 근) – 제목번호 299 참고

**新銳(신예)** 새롭고 기세나 힘이 뛰어남. 또는 그런 사람.
**斬新(참신)** 나쁜 것을 베어 버리고 새롭게 만듦.

+ 銳(날카로울 예), 斬(죽일 참, 벨 참)

DAY

08

龍

3급 / 총 16획 / 龍

머리 세우고(立) 몸(月)을 꿈틀거리며(乚) 하늘로 오르는 용이니
**용 룡, 성씨 용**

+ 약 竜 – 머리 세우고(立) 몸을 길게 펴며(电) 하늘로 오르는 용이니 '용 룡'
+ 月(달 월, 육 달 월), 乚(꿈틀거리며 오르는 모양으로 봄), 电[아뢸 신, 펼 신, 원숭이 신, 아홉째 지지 신(申)의 변형], 용은 전설 속의 동물로 신성하게 여겼지요.

**恐龍(공룡)** '두려운 용'으로, 중생대 쥐라기와 백악기에 걸쳐 번성하였던 거대한 파충류를 통틀어 이르는 말.
**臥龍(와룡)** ① 누워 있는 용. ② 아직은 초야(草野)에 묻혀 있는 큰 인물을 비유직으로 이르는 말.

+ 恐(두려울 공), 臥(누울 와), 草(풀 초), 野(들 야, 거칠 야)

**襲**

3급II / 총 22획 / 衣

용(龍)이 갑자기 비를 내려 **옷(衣)**을 젖게 하듯 엄습하거나 이어받으니
**엄습할 습, 이어받을 습**

+ 衣(옷 의)

*掩襲(엄습) 가리고 불시에 습격함.
**襲擊(습격)** 갑자기 적을 들이침.
**踏襲(답습)** '밟아 이어받음'으로, 옛것을 좇아 그대로 함.

+ 掩(가릴 엄), 擊(칠 격), 踏(밟을 답)

---

**155**   음암 의억억[音暗 意億憶] - 音, 意로 된 한자

---

**音**

6급 / 총 9획 / 音

서서(立) 말하듯(曰) 내는 소리니 **소리 음**

+ 曰(가로 왈) - 제목번호 005 참고

**音讀(음독)** 소리 내어 읽음.
**音響(음향)** 물체에서 나는 소리와 그 울림.

+ 讀(읽을 독, 구절 두), 響(울릴 향)

---

**暗**

4급II / 총 13획 / 日

해(日)가 지고 **소리(音)**만 들릴 정도로 어두우니 **어두울 암**
또 어둡게 몰래 하니 **몰래 암**

+ 日(해 일, 날 일)

**明暗(명암)** 밝음과 어두움. 행복과 불행.
**暗去來(암거래)** (법을 어기면서) 몰래 물품을 사고파는 행위.

+ 明(밝을 명), 去(갈 거, 제거할 거), 來(올 래)

---

**意**

6급 / 총 13획 / 心

**소리(音)**를 듣고 **마음(心)**에 생각되는 뜻이니 **뜻 의**

+ 心(마음 심, 중심 심)

**同意(동의)** '같은 뜻'으로, 어떤 의견에 찬성함.
**萬事如意(만사여의)** 모든 일이 뜻대로 됨.

+ 同(한가지 동, 같을 동), 萬(일만 만, 많을 만), 事(일 사, 섬길 사), 如(같을 여)

---

**億**

5급 / 총 15획 / 人(亻)

너무 커서 **사람(亻)**이 **뜻(意)**을 생각해 보는 억이니 **억 억**

+ 億은 1초에 하나를 세는 속도로 3년 이상을 쉬지도 않고 자지도 않고 세어야 하는 큰 수
입니다.

**億萬長者(억만장자)** 수억의 돈을 가진 부자.
**億兆(억조)** 억과 조. 셀 수 없을 만큼 많은 수.

+ 長(길 장, 어른 장), 者(놈 자, 것 자), 兆(조짐 조, 조 조)

# 憶

3급II / 총 16획 / 心(忄)

## 마음(忄)속에 뜻(意)을 기억하고 생각하니 **기억할 억, 생각할 억**

+ 忄(마음 심 변)

> **記憶(기억)** (마음속에) 기록하여 잊지 않고 외워둠.
> **追憶(추억)** 기억을 쫓아(돌이켜) 생각함.

+ 記(기록할 기, 기억할 기), 追(쫓을 추, 따를 추)

---

# 章

6급 / 총 11획 / 立

## 소리(音)를 적은 글자 열(十)개 정도면 되는 문장이나 글이니 **문장 장, 글 장**

+ 十(열 십, 많을 십)

> **文章(문장)** 생각이나 느낌을 글자로 기록하여 나타낸 것.
> **印章(인장)** 도장(圖章).

+ 文(무늬 문, 글월 문), 印(찍을 인, 도장 인, 성씨 인), 圖(그림 도, 꾀할 도)

---

# 障

4급II / 총 14획 / 阜(阝)

## 위험한 언덕(阝)에 글(章)을 붙여 막으니 **막을 장**

+ 阝(언덕 부 변)

> **障害(장해)** 막아서 해를 끼침.
> **保障(보장)** '지키고 막음'으로, 침해받지 않도록 지켜 줌.

+ 害(해칠 해, 방해할 해), 保(지킬 보)

---

# 竟

3급 / 총 11획 / 立

## 소리(音)치며 사람(儿)이 마침내 일을 다 했음을 알리니 **마침내 경, 다할 경**

+ 儿(사람 인 발, 어진사람 인)
+ 어려운 일을 끝내고는 그동안 힘들었다고, 마침내 다했다고 기뻐하며 소리치지요.

> **畢竟(필경)** 끝장에 가서는. 마침내.
> **究竟(구경)** ① 사물을 연구해 가다가 마침내 도달한 곳. ② 끝에 가서는. 결국.

+ 畢(마칠 필), 究(연구할 구, 다할 구)

---

# 境

4급II / 총 14획 / 土

## 땅(土)이 다한(竟) 지경이니 **지경 경**
## 또 어떤 지경에 이른 형편이니 **형편 경**

+ 土('흙 토'지만 여기서는 땅으로 봄)

> **地境(지경)** ① 땅의 경계. ② 어떠한 처지나 형편.
> **境界(경계)** (일이나 물건이 어떤 표준 밑에) 서로 이어 맞닿은 자리.

+ 地(땅 지, 처지 지), 界(경계 계, 세계 계)

**鏡**

4급 / 총 19획 / 金

쇠(金)를 닦으면 **마침내(竟)** 광채 나면서 비추는 거울이니 **거울 경**

+ 金(쇠 금, 금 금, 돈 금, 성씨 김), 유리가 없던 옛날에는 쇠로 거울을 만들었답니다.

> **銅鏡(동경)** 구리로 만든 거울.
> **鏡臺(경대)** 거울을 달아 세운 화장대.

+ 銅(구리 동), 臺(대 대, 누각 대)

---

157 **부배배부[咅倍培部]** – 咅로 된 한자

**咅**

급외자 / 총 8획 / 口

서서(立) 입(口)으로 뱉는 침처럼 갈라지니 **침 부, 갈라질 부**

---

**倍**

5급 / 총 10획 / 人(亻)

사람(亻)이 둘로 **가른(咅)** 곱이고 갑절이니 **곱 배, 갑절 배**

> **倍加(배가)** 갑절로 늘리거나 늘어남.
> **倍率(배율)** (망원경, 현미경 등의) 확대율.

+ 加(더할 가), 率(비율 률, 거느릴 솔, 솔직할 솔)

---

**培**

3급 II / 총 11획 / 土

흙(土)을 **갈라(咅)** 잘게 부수어 나무가 잘 자라도록 북돋우니 **북돋울 배**

+ 土(흙 토)

> **培養(배양)** ① 식물을 가꾸어 기름. ② 사람을 길러 냄.
> **栽培(재배)** (식물을) 북돋워 기름.

+ 養(기를 양), 栽(재배할 재)

---

**部**

6급 / 총 11획 / 邑(阝)

갈라놓은(咅) 것처럼 고을( 阝)의 여기저기 나눠진 마을이니
**나눌 부, 마을 부**
또 나눠진 마을을 함께 거느리니 **거느릴 부**

+ 阝(고을 읍 방)

> **部落(부락)** (시골의 몇 집씩) 나뉘고 떨어져 이루어진 마을.
> **部品(부품)** '나누어진 물건'으로, 기계 따위의 어떤 부분에 쓰는 물품.

+ 落(떨어질 락), 品(물건 품, 등급 품, 품위 품)

### 서(立) 있는 곳이 **십자가(十)** 위인 것처럼 고생하니 **고생할 신**
또 먹기에 고생스럽도록 매우니 **매울 신, 여덟째 천간 신, 성씨 신**

3급 / 총 7획 / 辛

**辛勝(신승)** (경기 따위에서) 고생하여(힘들게) 겨우 이김.
**香辛料(향신료)** 음식에 향기롭거나 매운 맛을 더하는 조미료.

+ 勝(이길 승, 나을 승), 香(향기 향), 料(헤아릴 료, 재료 료, 값 료)

### 집(宀)안일을 **고생하며(辛)** 주관하니 **주관할 재**
또 나랏일을 주관하는 재상이니 **재상 재**

3급 / 총 10획 / 宀

+ 주관(主管) - 어떤 일을 책임지고 맡아 관리함.
+ 宀(집 면)

**主宰(주재)** 중심이 되어 맡아 처리함. 또는 그 사람.
**宰相(재상)** 임금을 돕고 모든 관원을 지휘 감독하는 2품 이상의 벼슬. 또는 그 자리에 있는 사람.

+ 主(주인 주), 相(서로 상, 모습 상, 볼 상, 재상 상)

### 어려운 일 틈(辛辛)에 끼어서도 **말(言)**을 잘하며 따지니
**말 잘할 변, 따질 변**

4급 / 총 21획 / 辛

+ 言(말씀 언), 辛 둘을 어려운 일 틈으로 보았습니다.

**達辯(달변)** '통달한 말'로, 매우 능란한 말.
**辯護(변호)** (남의 이익을 위하여) 말로 따져 보호함.

+ 達(이를 달, 통달할 달), 護(보호할 호)

### 어려운 일 틈(辛辛)에 끼어 **칼(刂)**로 딱 자르듯이 시비를 분별하니
**분별할 변**

3급 / 총 16획 / 辛

+刂 [칼 도 방(刂)의 변형], '방'은 원래 글자의 오른쪽에 붙는 부수인데 여기서는 가운데에 붙었네요.

**辨明(변명)** (잘못이 없음을) 분별하여 밝힘.
**辨償(변상)** (끼친 손해를) 분별하여 물어 줌.

+ 明(밝을 명), 償(갚을 상, 보상할 상)

**DAY**
**08**

## 辟

특급 / 총 13획 / 辛

몸(尸)과 입(口)으로 백성들의 **어려움(辛)**을 물리치는 임금이니
**물리칠 벽, 임금 벽**

또 물리치고 한쪽으로 치우치니 **치우칠 벽**

+ 尸(주검 시, 몸 시), 口(입 구, 말할 구, 구멍 구), 辛(고생할 신, 매울 신)

## 壁

4급Ⅱ / 총 16획 / 土

물리치려고(辟) 흙(土)으로 쌓아 막은 벽이니 **벽 벽**

**壁畫(벽화)** 벽에 그린 그림.
**壁紙(벽지)** 벽을 도배하는 종이.

+ 畫(그림 화, 그을 획), 紙(종이 지)

## 避

4급 / 총 17획 / 辵(辶)

치우친(辟) 곳으로 **뛰어가(辶)** 피하니 **피할 피**

**避難(피난)** 재난을 피함.
**避暑(피서)** 더위를 피함.

+ 難(어려울 난, 비난할 난), 暑(더울 서)

##

급외자 / 총 10획 / ㅣ

매울 신(辛) 위에 **점 셋(ⵯ)**을 더 붙여 풀 무성한 모양을 나타내어
**풀 무성할 착**

## 業

5급 / 총 13획 / 木

풀 무성한(芉) 곳에 있는 **나무(木)**와 같이 이미 정해진 업이고 일이니
**업 업, 일 업**

+ 업(業) – ① 몸과 입과 뜻으로 짓는 선악의 소행. ② 직업.

**業報(업보)** 선악의 행위로 말미암은 과보(果報).
**就業(취업)** 일에 나아감. 취직(就職).

+ 報(알릴 보, 갚을 보), 果(과실 과, 결과 과), 就(나아갈 취, 이룰 취), 職(벼슬 직, 맡을 직), 과보(果報) – 결과에 따른 갚음.

**220**

**對**

6급 / 총 14획 / 寸

풀 무성하듯(丵) 많은 사람이 자리(一)에 앉아 정해진 **법도(寸)**에 따라
상대하고 대답하니 **상대할 대, 대답할 대**

+ 약 차 − 글(文)로 법도(寸)에 따라 상대하고 대답하니 '상대할 대, 대답할 대'
+ 一('한 일'이지만 여기서는 자리로 봄), 寸(마디 촌, 법도 촌), 文(무늬 문, 글월 문)

**對話(대화)** 상대하여 이야기함.
**對答(대답)** (묻는 말에) 대하여 답함.

+ 話(말씀 화, 이야기 화), 答(대답할 답, 갚을 답)

---

**160** 행 환집[幸 丸執] − 幸과 丸으로 된 한자

**幸**

6급 / 총 8획 / 干

하나(一)만 바꿔 생각하면 **고생(辛)**도 행복하니 **행복할 행**
또 행복은 누구나 바라니 **바랄 행**

+ 모든 것은 마음먹기에 따라 달라져, 조금만 바꿔 생각하면 고생도 행복이 되지요.

**幸運(행운)** 행복한 운수. 좋은 운수. ↔ 불운(不運)
**幸福(행복)** 욕구가 충족되어 부족감이 없는 상태. ↔ 불행(不幸)

+ 運(운전할 운, 옮길 운, 운수 운), 福(복 복)

---

**丸**

3급 / 총 3획 / 丶

많은(九) 것들이 **점(丶)**처럼 둥글둥글한 알이니 **둥글 환, 알 환**

+ 九(아홉 구, 클 구, 많을 구), 丶(점 주, 불똥 주)

**丸藥(환약)** 둥글게 만든 약.
**彈丸(탄환)** '탄알'로, 총탄 · 포탄 따위의 총칭.

+ 藥(약 약), 彈(탄알 탄, 튕길 탄)

---

**執**

3급 II / 총 11획 / 土

다행히(幸) 좋은 **환(丸)**약을 구하여 잡으니 **잡을 집**
또 잡아서 집행하니 **집행할 집**

**執權(집권)** 권력을 잡음.
**執行(집행)** 잡아서 실제로 행함.

+ 權(권세 권), 行(다닐 행, 행할 행, 항렬 항)

# 구조로 한자 되짚어 보기

## 141  간처타 첩접[姦妻妥 妾接] – 女, 妾으로 된 한자

여자 녀[女] 셋이면 간사할 간, 간음할 간[姦], **여자 녀[女]** 위에 열 십, 많을 십[十]과 고슴도치 머리 계, 오른손 우[크]의 변형[⺕]
이면 아내 처[妻], 손톱 조[爫]면 온당할 타[妥],
설 립[立]이면 첩 첩[妾], **첩 첩[妾]** 앞에 손 수 변[扌]이면 이을 접, 대접할 접[接]

## 142  루루수(삭)루[婁樓數屢] – 婁로 된 한자

쌓인 모양[毌]에 여자 녀[女]면 끌 루, 쌓을 루[婁],
**끌 루, 쌓을 루[婁]** 앞에 나무 목[木]이면 다락 루, 누각 루, 층 루[樓], 뒤에 칠 복[攵]이면 셀 수, 두어 수, 자주 삭, 운수 수[數],
위에 주검 시, 몸 시[尸]면 자주 루[屢]

## 143  무 모매민번[毋 母每敏繁] – 毋와 母에서 연결고리로 된 한자

여자 녀[女]의 변형에 가위표가 있으면 말 무, 없을 무[毋],
젖을 드러낸 모양이면 어미 모[母], **어미 모[母]** 위에 사람 인[人]의 변형[⺧]이면 매양 매, 항상 매[每], **매양 매, 항상 매[每]** 뒤에
칠 복[攵]이면 민첩할 민[敏], **민첩할 민[敏]** 아래에 실 사, 실 사 변[糸]이면 번성할 번[繁]

## 144  매모해회[梅侮海悔] – 每로 된 한자

**매양 매, 항상 매[每]** 앞에 나무 목[木]이면 매화나무 매[梅], 사람 인 변[亻]이면 업신여길 모[侮], 삼 수 변[氵]이면 바다 해[海],
마음 심 변[忄]이면 뉘우칠 회[悔]

## 145  자료 여(예)야서 모유 무무[子了 予野序 矛柔 務霧] – 子了와 予, 矛, 務로 된 한자

아들이 두 팔 벌린 모양을 본떠서 아들 자, 첫째 지지 자, 자네 자, 접미사 자[子], **아들 자, 첫째지지 자, 자네 자, 접미사 자[子]**에
서 일[一]을 빼면 **마칠 료[了]**,
좌우 손으로 주고받는 모양에서 줄 여, 나 여, 미리 예[豫]의 약자[予], **줄 여, 나 여, 미리 예[豫]의 약자[予]** 앞에 마을 리, 거리 리
[里]면 들 야, 거칠 야[野], 위에 집 엄[广]이면 먼저 서, 차례 서[序],
손잡이 있는 창을 본떠서 **창 모[矛]**, 창 모[矛] 아래에 나무 목[木]이면 부드러울 유[柔],
뒤에 칠 복[攵]과 힘 력[力]이면 일 무, 힘쓸 무[務], **일 무, 힘쓸 무[務]** 위에 비 우[雨]면 안개 무[霧]

222

## 146 공맹맹 승 승증[孔孟猛 承 丞蒸] - 子와 丞으로 된 한자

아들 자, 첫째 지지 자, 자네 자, 접미사 자[子] 뒤에 새 을, 둘째 천간 을, 둘째 을, 굽을 을[乙]이 부수로 쓰일 때의 모양[乚]이면 구멍 공, 공자 공, 성씨 공[孔],
아래에 그릇 명[皿]이면 맏 맹, 맹자 맹[孟], 맏 맹, 맹자 맹[孟] 앞에 큰 개 견, 개 사슴 록 변[犭]이면 날랠 맹, 사나울 맹[猛],
양쪽에서 받드는 모양[氶] 사이에 아들 자, 첫째 지지 자, 자네 자, 접미사 자[子]와 둘 이[二]면 받들 승, 이을 승[承],
양쪽에서 받드는 모양[氶] 사이에 마칠 료[了], 아래에 한 일[一]이면 도울 승, 정승 승[丞], 도울 승, 정승 승[丞] 위에 초 두[艹],
아래에 불 화 발[灬]이면 찔 증[蒸]

## 147 기이사 기기비배 개기[己已巳 記紀妃配 改忌] - 己已巳와 己로 된 한자

사람이 엎드려 절하는 모양에서 몸 기, 자기 기, 여섯째 천간 기[己], 몸 기, 자기 기, 여섯째 천간 기[己]의 한 쪽이 약간 올라가면 이미 이, 따름 이[已], 완전히 붙으면 뱀 사, 여섯째 지지 사[巳], 몸 기, 자기 기, 여섯째 천간 기[己] 앞에 말씀 언[言]이면 기록할 기, 기억할 기[記], 실 사, 실 사 변[糸]이면 벼리 기, 질서 기, 해 기, 기록할 기[紀], 여자 녀[女]면 왕비 비, 아내 비[妃], 술 그릇 유, 술 유, 닭 유, 열째 지지 유[酉]면 나눌 배, 짝 배[配],
뒤에 칠 복[攵]이면 고칠 개[改], 아래에 마음 심, 중심 심[心]이면 꺼릴 기[忌]

## 148 선 항항 파파비읍 색절[選 巷港 巴把肥邑 色絶] - 選과 巷, 巴, 色으로 된 한자

뱀 사, 여섯째 지지 사[巳] 둘[巳巳] 아래에 함께 공[共]과 뛸 착, 갈 착[辶]이면 뽑을 선[選], 뱀 사, 여섯째 지지 사[巳] 위에 함께 공[共]이면 거리 항[巷], 거리 항[巷]의 변형[巷] 앞에 삼 수 변[氵]이면 항구 항[港],
뱀 사, 여섯째 지지 사[巳]에 뚫을 곤[丨]이면 뱀 파, 꼬리 파, 땅이름 파[巴], 뱀 파, 꼬리 파, 땅이름 파[巴] 앞에 손 수 변[扌]이면 잡을 파[把], 달 월, 육 달 월[月]이면 살찔 비, 기름질 비, 거름 비[肥], 위에 입 구, 말할 구, 구멍 구[口]면 고을 읍[邑],
위에 사람 인[人]의 변형[⺈]이면 빛 색[色], 빛 색[色] 앞에 실 사, 실 사 변[糸]이면 끊을 절, 죽을 절, 가장 절[絶]

## 149 절범범어 액위[㔾(卩)犯範御 厄危] - 㔾(卩), 厄으로 된 한자

사람이 무릎 꿇은 모양을 본떠서 무릎 꿇을 절[㔾], 또 부절이나 병부의 반쪽을 본떠서 병부 절[卩], 무릎 꿇을 절[㔾] 앞에 큰 개 견, 개 사슴 록 변[犭]이면 범할 범[犯], 수레 거, 차 차[車], 위에 대 죽[竹]이면 법 범, 본보기 범[範],
병부 절[卩] 앞에 조금 걸을 척[彳], 말 오, 일곱째 지지 오, 낮 오[午]와 그칠 지[止]면 말 몰 어, 다스릴 어, 임금 어[御],
무릎 꿇을 절[㔾] 위에 굴 바위 엄, 언덕 엄[厂]이면 재앙 액[厄], 재앙 액[厄] 위에 사람 인[人]의 변형[⺈]이면 위험할 위[危]

## 150 즉절 원원 복보[卽節 夗怨 服報] - 卩, 夗, 𠬝으로 된 한자

병부 절[卩] 앞에 흰 백, 밝을 백, 깨끗할 백, 아뢸 백[白]과 비수 비, 숟가락 비[匕]면 곧 즉[卽], 앞에 어질 량, 좋을 량[良]의 변형[皀] 위에 대 죽[竹]이면 마디 절, 절개 절, 계절 절[節], 무릎 꿇을 절[㔾] 앞에 저녁 석[夕]이면 뒹굴 원[夗], 뒹굴 원[夗] 아래에 마음 심, 중심 심[心]이면 원망할 원[怨],
병부 절[卩] 뒤에 오른손 우, 또 우[又]면 다스릴 복[𠬝], 다스릴 복[𠬝] 앞에 달 월, 육 달 월[月]이면 옷 복, 먹을 복, 복종할 복[服], 행복할 행, 바랄 행[幸]이면 알릴 보, 갚을 보[報]

## 151 란 묘경류 류무[卵 卯卿柳 留貿] – 卵과 卯로 된 한자

물고기에 두 개씩 있는 알주머니를 본떠서 알 란[卵], [봄기운이 왕성하여] 두 문짝을 활짝 열어 놓은 모양을 본떠서 왕성할 묘[卯], 또 귀를 쫑긋 세운 토끼로도 보아 토끼 묘[卯], 또 토끼는 넷째 지지니 넷째 지지 묘[卯].
**왕성할 묘, 토끼 묘, 넷째 지지 묘[卯]** 사이에 좋을 량, 어질 량[良]의 변형[皀]이면 벼슬 경[卿], 앞에 나무 목[木]이면 버들 류, 성씨 류/유[柳].
왕성할 묘, 토끼 묘, 넷째 지지 묘[卯]의 변형[丣] 아래에 밭 전[田]이면 머무를 류[留], 조개 패, 재물 패, 돈 패[貝]면 무역할 무, 바꿀 무[貿]

## 152 앙앙억영 인[印仰抑迎 印] – 印으로 된 한자

상자 방[匚]의 변형[匚] 뒤에 병부 절[卩]이면 높을 앙[卬].
**높을 앙[卬]** 앞에 사람 인 변[亻]이면 우러를 앙[仰], 손 수 변[扌]이면 누를 억[抑], 아래에 뛸 착, 갈 착[辶]이면 맞이할 영[迎], 중간에 한 일[一]이면 찍을 인, 도장 인[印]

## 153 립병위읍 병보보[立竝位泣 並普譜] – 立, 並으로 된 한자

사람이 팔다리 벌리고 땅[一]에 서있는 모양에서 설 립[立].
**설 립[立]** 둘이면 나란히 설 병[竝], 설 립[立] 앞에 사람 인 변[亻]이면 자리 위[位], 삼 수 변[氵]이면 울 읍[泣], 나란히 설 병[竝]을 붙여 써서 나란히 설 병[竝]의 약자[並].
**나란히 설 병[竝]의 약자[並]** 아래에 해 일, 날 일[日]이면 넓을 보, 보통 보[普].
**넓을 보, 보통 보[普]** 앞에 말씀 언[言]이면 족보 보, 악보 보[譜]

## 154 동종 친신 룡(용)습[童鐘 親新 龍襲] – 童, 亲, 龍으로 된 한자

설 립[立] 아래에 마을 리, 거리 리[里]면 아이 동[童].
**아이 동[童]** 앞에 쇠 금, 금 금, 돈 금, 성씨 김[金]이면 쇠북 종, 종치는 시계 종[鐘].
**설 립[立] 아래 나무 목[木]** 뒤에 볼 견, 뵐 현[見]이면 어버이 친, 친할 친[親], 도끼 근, 저울 근[斤]이면 새로울 신[新].
설 립[立] 아래 달 월, 육 달 월[月], 뒤에 꿈틀거리며 하늘로 오르는 모양[巳]이면 용 룡[龍].
**용 룡[龍]** 아래에 옷 의[衣]면 습격할 습, 이어받을 습[襲]

## 155 음암 의억억[音暗 意億憶] – 音, 意로 된 한자

설 립[立] 아래에 가로 왈[曰]이면 소리 음[音].
**소리 음[音]** 앞에 해 일, 날 일[日]이면 어두울 암, 몰래 암[暗], 아래에 마음 심, 중심 심[心]이면 뜻 의[意].
**뜻 의[意]** 앞에 사람 인 변[亻]이면 억 억[億], 마음 심 변[忄]이면 기억할 억, 생각할 억[憶]

## 156 장장 경경경[章障 竟境鏡] – 章, 竟으로 된 한자

소리 음[音] 아래에 열 십, 많을 십[十]이면 문장 장, 글 장[章].
**문장 장, 글 장[章]** 앞에 언덕 부 변[阝]이면 막을 장[障].
소리 음[音] 아래에 사람 인 발, 어진사람 인[儿]이면 마침내 경, 다할 경[竟].
**마침내 경, 다할 경[竟]** 앞에 흙 토[土]면 경계 경, 형편 경[境], 쇠 금, 금 금, 돈 금, 성씨 김[金]이면 거울 경[鏡]

## 157 부배배부[咅倍培部] – 咅로 된 한자

설 립[立] 아래에 입 구, 말할 구, 구멍 구[口]면 침 부, 갈라질 부[咅],
**침 부, 갈라질 부[咅]** 앞에 사람 인 변[亻]이면 곱 배, 갑절 배[倍], 흙 토[土]면 북돋을 배[培], 뒤에 고을 읍 방[阝]이면 나눌 부,
마을 부, 거느릴 부[部]

## 158 신재 변변[辛宰 辯辨] – 辛, 辛辛으로 된 한자

설 립[立] 아래에 열 십, 많을 십[十]이면 고생할 신, 매울 신[辛],
**고생할 신, 매울 신[辛]** 위에 집 면[宀]이면 주관할 재, 재상 재[宰],
**고생할 신, 매울 신[辛]** 둘[辛辛] 사이에 말씀 언[言]이면 말 잘할 변[辯], 칼 도 방[刂]의 변형[刂]이면 분별할 변[辨]

## 159 벽벽피 착업대[辟壁避 丵業對] – 辟, 丵으로 된 한자

고생할 신, 매울 신[辛] 앞에 주검 시, 몸 시[尸]와 입 구, 말할 구, 구멍 구[口]면 물리칠 벽, 임금 벽, 치우칠 벽[辟], **물리칠 벽,
임금 벽, 치우칠 벽[辟]** 아래에 흙 토[土]면 벽 벽[壁], 뛸 착, 갈 착[辶]이면 피할 피[避].
고생할 신, 매울 신[辛] 위에 점 셋[丶丶丶]을 붙여 풀 무성할 착[丵], **풀 무성할 착[丵]** 아래에 나무 목[木]이면 업 업, 일 업[業],
아래에 한 일[一]과 뒤에 마디 촌, 법도 촌[寸]이면 상대할 대, 대답할 대[對]

## 160 행 환집[幸 丸執] – 幸과 丸으로 된 한자

고생할 신, 매울 신[辛] 위에 한 일[一]을 붙이면 행복할 행, 바랄 행[幸], 아홉 구, 클 구, 많을 구[九]에 점 주, 불똥 주[丶]면 둥글
환, 알 환[丸], **둥글 환, 알 환[丸]** 앞에 행복할 행, 바랄 행[幸]이면 잡을 집, 집행할 집[執]

# 확인문제

**01~04** 다음 漢字의 훈(뜻)과 음(소리)를 쓰시오.

01. 妻 (                )     02. 妥 (                )
03. 樓 (                )     04. 敏 (                )

**05~08** 다음 훈음에 맞는 漢字를 쓰시오.

05. 위험할 위 (                )     06. 원망할 원 (                )
07. 알 란     (                )     08. 머무를 류 (                )

**09~12** 다음 漢字語의 讀音을 쓰시오.

09. 屢次 (                )     10. 繁榮 (                )
11. 侮辱 (                )     12. 悔改 (                )

**13~14** 다음 문장에서 밑줄 친 낱말을 漢字로 쓰시오.

13. 그들은 사소한 말다툼으로 절교하였다.     (                )
14. 그는 타의 모범이 되었다.                  (                )

**15~16** 다음 문장에서 漢字로 표기된 낱말의 讀音을 쓰시오.

15. 그는 강건과 溫柔를 겸비했다.             (                )
16. 그는 勇猛과 지략을 겸비한 장수이다.      (                )

**17~18** 다음 뜻풀이에 맞는 낱말을 漢字로 쓰시오.

17. 이미 지나감. (                )
18. 가려 뽑음.  (                )

**19~20** 다음 漢字語의 뜻을 쓰시오.

19. 霧散 (                            )
20. 水蒸氣 (                          )

**정답**

| | | | | |
|---|---|---|---|---|
| 01. 아내 처 | 05. 危 | 09. 누차 | 13. 絶交 | 17. 已往 |
| 02. 온당할 타 | 06. 怨 | 10. 번영 | 14. 模範 | 18. 選拔 |
| 03. 다락 루 | 07. 卵 | 11. 모욕 | 15. 온유 | 19. 안개가 걷히듯 흩어짐. |
| 04. 민첩할 민 | 08. 留 | 12. 회개 | 16. 용맹 | 20. 물이 기체로 된 상태. |

**226**

| 161 | 역역역 택택석[睪譯驛 擇澤釋] - 睪으로 된 한자 |

급외자 / 총 13획 / 目

### 그물(罒) 쳐 놓고 걸리기를 바라며(幸) 엿보니 엿볼 역

+ 罒(그물 망, = 网, 罓), 幸(행복할 행, 바랄 행)
+ 위가 그물 망(罒)이지만, 부수는 눈 목(目)입니다.
+ 엿볼 역(睪)이 들어간 한자를 약자로 쓸 때는 睪 부분을 자 척(尺)으로 씁니다.

---

譯

3급Ⅱ / 총 20획 / 言

### 말(言)을 엿보아(睪) 번역하니 번역할 역

+ 약 訳 - 말(言)을 자(尺)로 재듯 살펴 번역하니 '번역할 역'
+ 言(말씀 언)

> **飜譯(번역)** (다른 나라의 언어로) 바꾸어 옮기는 것.
> **通譯(통역)** (말과 말 사이를) 통하여 번역함.

+ 飜(뒤집을 번, 나부낄 번, 번역할 번), 通(통할 통)

---

驛

3급Ⅱ / 총 23획 / 馬

### 말(馬)을 엿보아(睪) 갈아타는 역이니 역 역

+ 약 駅 - 말(馬)을 자(尺)로 재듯 살펴 골라 타는 역이니 '역 역'
+ 馬(말 마), 옛날의 역(驛)은 출장 나온 중앙 관리의 말을 바꿔 주거나 중앙과 지방 관청의 문서를 전달하는 일을 했습니다.

> **簡易驛(간이역)** 간단하고 쉽게 이용할 수 있는 작은 역.
> **終着驛(종착역)** 마지막으로 도착하는 역.

+ 簡(편지 간, 간단할 간), 易(쉬울 이, 바꿀 역), 終(다할 종, 마칠 종), 着(붙을 착)

---

4급 / 총 16획 / 手(扌)

### 손(扌)으로 엿보아(睪) 가리니 가릴 택

+ 약 択 - 손(扌)으로 자(尺)를 재어 가리니 '가릴 택'

> **擇一(택일)** (여럿 가운데서) 하나를 고름.
> **擇日(택일)** 좋은 날을 고름.
> **選擇(선택)** 골라서 뽑음.

+ 日(해 일, 날 일), 選(가릴 선, 뽑을 선)

**물( 氵 )을 엿보아( 睪 ) 막아둔 연못이니 연못 택**
**또 연못물처럼 여러모로 잘 쓰이게 주는 은혜니 은혜 택**

+ 약 沢 – 물( 氵 ) 깊이를 자( 尺 )로 재며 가두어 두는 연못이니 '연못 택'
또 연못물처럼 여러모로 잘 쓰이게 주는 은혜니 '은혜 택'

> **惠澤(혜택)** 은혜와 덕택.
> **潤澤(윤택)** ① 윤기 있는 광택. ② 살림이 넉넉함.

+ 惠(은혜 혜), 潤(젖을 윤, 윤택할 윤)

3급Ⅱ / 총 16획 / 水( 氵 )

---

**나누고( 采 ) 엿보아( 睪 ) 푸니 풀 석**

+ 약 釈 – 나누어( 采 ) 자( 尺 )로 재며 푸니 '풀 석'
+ 采(분별할 변, 나눌 변) – 제목번호 072 참고

> **釋放(석방)** (구속하였던 것을) 풀어 놓아줌.
> **解釋(해석)** 어려운 말을 쉬운 말로 풂.

+ 放(놓을 방), 解(해부할 해, 풀 해)

3급Ⅱ / 총 20획 / 采

---

| **162** | 건 시자폐 대체[巾 市姉肺 帶滯] – 巾과 市, 帶로 된 한자 |

**성( 冂 )처럼 사람( ㅣ )이 몸에 두르는 수건이니 수건 건**

+ 冂(멀 경, 성 경), ㅣ('뚫을 곤'이지만 여기서는 사람으로 봄)

1급 / 총 3획 / 巾

---

**머리( 亠 )를 수건( 巾 )으로라도 꾸미고 가는 저자나 시내니 저자 시, 시내 시**

+ 亠(머리 부분 두), 저자 – 시장에서 물건을 파는 가게. 또는 그런 가게가 열리는 시장. 옛날에는 모자처럼 수건을 두르고 시장에 갔던가 봐요.

> **市內(시내)** 도시의 안. 또는 시의 구역 안.
> **市街地(시가지)** 도시의 큰 거리.

+ 內(안 내, 나인 나), 街(거리 가), 地(땅 지, 처지 지)

7급 / 총 5획 / 巾

---

**여자( 女 ) 중 시내( 市 )에도 다닐 정도로 자란 손위 누이니 손위 누이 자**

+ 원 姊 – 여자( 女 ) 중 교묘하게( 丂 ) 사람( 亻 )을 잘 다스리는 손위 누이니 '손위 누이 자'
+ 속자인 姉로 많이 씁니다.
+ 丂(공교할 교, 교묘할 교) – 제목번호 298 巧의 주 참고, 亻[사람 인( 人 )의 변형]

> **姉妹(자매)** (여자끼리의) 언니와 아우.
> **姉兄(자형)** 손위 누이의 남편.

+ 妹(손아래 누이 매), 兄(형 형, 어른 형)

4급 / 총 8획 / 女

**몸(月)**에서 **시장(市)**처럼 바쁜 허파니 **허파 폐**

+ 月(달 월, 육 달 월), 저자 시, 시내 시(市)를 여기서는 4획으로 보았네요. 허파는 숨을 쉬어야 하니 바쁘지요.

**肺病(폐병)** 폐에 생기는 병.
**肺炎(폐염 → 폐렴)** 폐에 생기는 염증.

+ 病(병 병, 근심할 병), 炎(불꽃 염, 더울 염, 염증 염)

3급 II / 총 8획 / 肉(月)

---

장식을 꿰어 만든 **끈(卅)**으로 **덮어(冖) 수건(巾)**처럼 둘러차는 띠니
**찰 대, 띠 대**

+ 冖(덮을 멱)

**帶妻僧(대처승)** '아내를 찬 중'으로, 아내를 두고 살림하는 중.
**腰帶(요대)** 허리띠.

+ 妻(아내 처), 僧(중 승), 腰(허리 요)

4급 II / 총 11획 / 巾

---

**물(氵)**이 **띠(帶)** 모양의 둑에 막혀 머무르니 **막힐 체, 머무를 체**

**滯症(체증)** ① 막혀서(체하여) 소화가 잘 안 되는 증세. ② (교통 따위의) '소통이 막힘'을 비유하여 이르는 말.
**停滯(정체)** (사물의 흐름이) 더 나아가지 못하고 한곳에 머물러 막힘.

+ 症(증세 증), 停(머무를 정)

3급 II / 총 14획 / 水(氵)

---

| 163 | 포(보) 희희[布 希稀] – 布와 希로 된 한자 |
|---|---|

**많이(𠂇)** 사용하는 **수건(巾)**처럼 베를 펴니 **베 포, 펼 포**
또 불교에서 펴 베푸는 보시니 **보시 보**

+ 𠂇['열 십, 많을 십(十)'의 변형]

\*布袋(포대) 베로 만든 자루.
**宣布(선포)** '펴고 폄'으로, 세상에 널리 펴 알림.
**布施(보시)** 자비심으로 남에게 재물이나 불법을 베풂.

+ 袋(자루 대), 宣(펼 선, 베풀 선), 施(행할 시, 베풀 시)

4급 II / 총 5획 / 巾

---

찢어진(乂) 베(布)옷이면 새 옷을 바라니 **바랄 희**

+ 乂(벨 예, 다스릴 예, 어질 예) – 제목번호 087 참고

**希望(희망)** (앞일에 대하여 어떤 기대를 가지고) 바람.
**希求(희구)** 바라고 구함.

+ 望(바랄 망, 보름 망), 求(구할 구)

4급 II / 총 7획 / 巾

벼(禾)는 바라는(希)만큼 수확하기가 드무니 **드물 희**

또 드물어 희미하니 **희미할 희**

+ 禾(벼 화)

**稀貴(희귀)** 드물어서 진귀함.
**稀薄(희박)** '드물고 엷음'으로, 일이 그렇게 될 가망이 적음.

+ 貴(귀할 귀), 薄(엷을 박)

---

**164** 제 방방[帝 旁傍] – 帝와 旁으로 된 한자

머리 부분(亠)을 받치고(丷) 덮어(冖) 수건(巾) 같은 면류관을 쓴 임금이니 **임금 제**

+ 亠(머리 부분 두), 冖(덮을 멱), 巾(수건 건)

**皇帝(황제)** 제국(帝國)의 군주.
**帝國(제국)** 황제가 통치하는 나라.

+ 皇(황제 황), 國(나라 국)

서(立) 있는 **사방(方)**의 곁을 두루 보니 **곁 방, 두루 방**

+ 立[설 립(立)의 변형], 方(모 방, 방향 방, 방법 방), 두루 – 빠짐없이 골고루.

사람(亻)이 **두루(旁)** 마음 써야 하는 곁이니 **곁 방**

+ 가까울수록 더욱 조심하며 신경 써야 하지요.

**傍觀(방관)** (직접 참여하거나 상관하지 않고) 곁에서 봄.
**傍聽客(방청객)** 곁에서 듣는 사람.

+ 觀(볼 관), 聽(들을 청), 客(손님 객)

3급 II / 총 9획 / 巾

쌀인(自) 듯 많은 군사를 거느리고 **깃발(巾)**을 든 장수니 **장수 수**

+ 약 帅 - 칼(刂)을 수건(巾)으로 닦으며 위험을 대비하는 장수니 '장수 수'
+ 自 - 비스듬히(丿) 흙이 쌓여(自) 있는 모양에서 '쌓일 퇴, 언덕 퇴'로, '쌓일 퇴, 언덕 퇴(堆)'의 원자인 垍의 획 줄임, 巾('수건 건'이지만 여기서는 깃발로 봄), 刂[칼 도 방(刂)의 변형]

**元帥(원수)** '으뜸 장수'로, 군인의 가장 높은 계급.
**將帥(장수)** 군사를 거느리는 우두머리.

+ 元(으뜸 원, 원래 원), 將(장수 장, 장차 장, 나아갈 장)

4급 II / 총 10획 / 巾

쌀이듯(自) 많은 제자들이 빙 **둘러(帀)** 있는 스승이나 전문가니
**스승 사, 전문가 사**
또 **쌀이듯(自) 많이 둘러싼(帀)** 군사니 **군사 사**

+ 약 师 - 장수(帅)와 한(一) 가지로 엄해야 하는 스승이나 전문가니 '스승 사, 전문가 사'
  또 장수(帅)가 하나(一) 같이 거느리는 군사니 '군사 사'
+ 帀 - 머리(一)에 수건(巾) 두른 모양에서 '두를 잡'
+ 一('한 일'이지만 여기서는 머리로 봄)

**師弟(사제)** 스승과 제자.
**醫師(의사)** 면허를 얻어 의술과 약으로 병을 진찰·치료하는 사람.
**師團(사단)** 육군에서 군단의 아래고 연대의 위인 군대 편성의 단위.

+ 弟(아우 제, 제자 제), 醫(의원 의), 團(둥글 단, 모일 단)

3급 II / 총 10획 / 辵(辶)

언덕(自)까지 쫓아서 따라**가니(辶)** 쫓을 추, 따를 추

+ '쫓다'는 주로 물질적인 것에, '좇다'는 주로 정신적인 것에 쓰입니다.

**追擊(추격)** 쫓아가서 침.
**追從(추종)** (아무런 목적이나 비판 없이) 따라서 좇음.

+ 擊(칠 격), 從(좇을 종, 따를 종)

3급 / 총 14획 / 辵(辶)

중심(中)되는 한(一) 사람을 뽑아 언덕(自) 너머로 **가게(辶)** 보내니 보낼 견

+ 유 遺(남길 유, 잃을 유) - 제목번호 362 참고
+ 中(가운데 중, 맞힐 중), 自[쌓일 퇴, 언덕 퇴(堆)의 본 자(自)의 획 줄임]

**派遣(파견)** (일정한 임무를 주어) 어느 곳에 보냄.

+ 派(물갈래 파, 파별 파)

4급 II / 총 8획 / 宀

(옛날에) 집(宀)이 높은 언덕(自)에 있으면 주로 관청이었으니 관청 관
또 관청에 근무하는 벼슬이니 벼슬 관

**官權(관권)** 관청의 권력.
**官吏(관리)** 관직에 있는 사람. 벼슬아치.

+ 權(권세 권), 吏(관리 리)

DAY
**09**

**231**

**館**

3급II / 총 17획 / 食(飠)

출장 가면 **먹고(飠)** 묵을 수 있도록 **관리(官)**들을 위해 지은 집이나 객사니
**집 관, 객사 관**

+ 약 舘 – 집(舍) 중 관리(官)들을 위해 지은 집이나 객사니 '집 관, 객사 관'
+ 객사(客舍) – ① 객지의 숙소. ② 고려·조선 시대에 다른 곳에서 온 관원을 묵게 하던 곳.
+ 飠(밥 식, 먹을 식 변), 舍(집 사), 客(손님 객)

**旅館(여관)** 여행객이 묵는 집.
**會館(회관)** 집회를 목적으로 지은 건물.

+ 旅(군사 려, 나그네 려), 會(모일 회)

**管**

4급 / 총 14획 / 竹(⺮)

**대(⺮)**가 **벼슬(官)**한 것처럼 좋게 쓰인 대롱이나 피리니 **대롱 관, 피리 관**
또 피리 구멍을 잘 조정하여 불듯 잘 관리하니 **관리할 관**

+ ⺮[대 죽(竹)이 부수로 쓰일 때의 모양]

**血管(혈관)** 혈액을 몸의 각부로 보내는 관.
**管理(관리)** ① 사람을 통제하고 지휘·감독하는 것. ② 시설이나 물건의 유지·개량 따위를 꾀하는 것. ③ 일을 맡아 처리하는 것.

+ 血(피 혈), 理(이치 리, 다스릴 리)

---

**166** 5적[商摘滴敵適] – 商으로 된 한자

**商**

급외자 / 총 11획 / 口

**머리 부분(亠)**을 받친(丷) **성(冂)** 모양으로 **오래(古)**된 밑동이나 뿌리니
**밑동 적, 뿌리 적**

+ 亠(머리 부분 두), 丷(받친 모양으로 봄), 冂(멀 경, 성 경), 古(오랠 고, 옛 고), 밑동 – 나무줄기의 밑부분으로 사물의 제일 중요한 부분을 가리키기도 함.

**摘**

3급II / 총 14획 / 手(扌)

**손(扌)**으로 과일의 **밑동(商)**을 따니 **딸 적**

**摘發(적발)** '따서 일으킴'으로, 숨은 것을 들추어냄.
**指摘(지적)** '가리켜 땀'으로, 어떠한 사물을 정하여 가리킴.

+ 發(쏠 발, 일어날 발), 指(손가락 지, 가리킬 지)

**滴**

3급 / 총 14획 / 水(氵)

**물(氵)**이 **밑동(商)**으로 떨어지는 물방울이니 **물방울 적**

+ 나무에 비가 오면 먼저 잎이나 줄기에 머물렀다가 방울져 떨어지지요.

**滴水(적수)** 떨어지는 물방울.
**餘滴(여적)** 글을 다 쓰거나 그림을 다 그리고 난 뒤에 남은 먹물.

+ 水(물 수), 餘(남을 여)

**232**

**敵**

4급II / 총 15획 / 攵(攴)

뿌리(啇)까지 치는(攵) 원수니 원수 적

+ 攵(칠 복, = 攴)

> **敵軍(적군)** 적의 군대.
> **對敵(대적)** 적과 맞서서 싸움.

+ 軍(군사 군), 對(상대할 대, 대답할 대)

**適**

4급 / 총 15획 / 辵(辶)

뿌리(啇)가 알맞은 곳으로 뻗어가듯(辶) 알맞은 곳으로 가니
알맞을 적, 갈 적

> **適當(적당)** 알맞고 마땅함.
> **適性(적성)** (어떤 사물에) 알맞은 성질.

+ 當(마땅할 당, 당할 당), 性(성품 성, 바탕 성, 성별 성)

---

## 167 두단두기 투투[豆短頭豈 鬥鬪] – 豆, 鬥로 된 한자

**豆**

4급II / 총 7획 / 豆

제기(祭器)를 본떠서 제기 두
또 제기처럼 둥근 콩이니 **콩 두**

+ 제기(祭器) – 제사 때 쓰는 그릇.
+ 祭(제사 제, 축제 제), 器(그릇 기, 기구 기)

> **豆腐(두부)** 콩으로 만든 식품의 한 가지.
> **豆油(두유)** 콩에서 짜낸 기름.

+ 腐(썩을 부), 油(기름 유)

**短**

6급 / 총 12획 / 矢

화살(矢)이 콩(豆)만하여 짧고 모자라니 **짧을 단, 모자랄 단**

+ 矢(화살 시) – 제목번호 320 참고

> **長短(장단)** ① 길고 짧음. ② 장점과 단점. ③ 곡조의 빠르고 느림.
> **短點(단점)** 잘못되고 모자라는 점. ↔ 장점(長點)

+ 長(길 장, 어른 장), 點(점 점, 불 켤 점)

**頭**

6급 / 총 16획 / 頁

콩(豆)처럼 둥근 머리(頁)니 머리 두
또 조직의 머리가 되는 우두머리니 **우두머리 두**

+ 頁(머리 혈)

> **頭痛(두통)** 머리가 아픔.
> **頭領(두령)** 여러 사람을 거느리는 우두머리.

+ 痛(아플 통), 領(거느릴 령, 우두머리 령)

**豈**

3급 / 총 10획 / 豆

어찌 **산(山)**에 **콩(豆)**을 심을까에서 **어찌 기**

> **豈敢(기감)** 어찌 감(敢)히.

+ 敢(용감할 감, 감히 감)

---

**鬥**

총 10획 / 부수자

두 **임금(王王)**이 발을 뻗어(丨 丿) 싸우니 **싸울 투**

+ 王(임금 왕, 으뜸 왕, 구슬 옥 변)

---

**鬪**

4급 / 총 20획 / 鬥

**싸움(鬥)**은 제기(豆)의 음식이 **법도(寸)**에 맞지 않을 때도 일어나니
**싸울 투**

+ 제사를 요즘은 약식으로도 지내지만, 옛날에는 정해진 제물을 정해진 절차에 맞게 차려 정해진 절차에 따라 엄숙하게 지냈는데 그런 법도에 맞지 않으면 싸운다고 했네요.

> **鬪病(투병)** 병과 싸움.
> **鬪志(투지)** 싸우고자 하는 뜻.

+ 病(병 병, 근심할 병), 志(뜻 지)

---

**168** 발계 발폐 등등증[癶癸 發廢 登燈證] - 癶, 發, 晉으로 된 한자

**癶**

총 5획 / 부수자

등지고 걸어가는 모양에서 **등질 발, 걸을 발**

---

**癸**

3급 / 총 9획 / 癶

등지고(癶) **하늘(天)**의 뜻을 헤아리는 북방이니
**북방 계, 헤아릴 계, 열째 천간 계, 월경 계**

+ 우리가 사는 북반구에서는 대부분 북쪽을 등지고 남쪽을 향하여 하늘을 관측하지요.

> **癸丑日記(계축일기)** 조선 광해군 5년(1613 : 계축년)에 광해군이 아우 영창 대군을 죽이고 인목 대비를 서궁(西宮)에 가두었을 때의 정경을 한 궁녀가 기록한 글. 서궁록(西宮錄)이라고도 함.

+ 丑(소 축, 추할 추, 둘째 지지 축), 記(기록할 기, 기억할 기), 西(서쪽 서), 宮(집 궁, 궁궐 궁), 錄(기록할 록)

## 發

6급 / 총 12획 / 癶

### 걸어가(癶) 활(弓)과 창(殳)을 쏘면 전쟁이 일어나니 쏠 **발**, 일어날 **발**

+ 약 発 - 걸어가(癶) 두(二) 사람(儿)이 활을 쏘면 싸움이 일어나니 '쏠 발, 일어날 발'
+ 弓(활 궁), 殳(칠 수, 창 수, 몽둥이 수), 儿(사람 인 발, 어진사람 인)

> **發射(발사)** (총·대포·로켓 등을) 쏨.
> **發生(발생)** (어떤 것이) 일어나 생김.

+ 射(쏠 사), 生(날 생, 살 생, 사람을 부를 때 쓰는 접사 생)

---

## 廢

3급Ⅱ / 총 15획 / 广

### 집(广)에 활을 쏘면(發) 부서지고 폐하니 부서질 **폐**, 폐할 **폐**

+ 약 廃
+ 폐(廢)하다 - ① 있던 제도·기관·풍습 따위를 버리거나 없애다. ② 해 오던 일을 중도에 그만두다. ③ 물건 따위를 쓰지 아니하고 버려두다.

> **廢家(폐가)** 부서진 집.
> **廢業(폐업)** 영업을 그만둠.

+ 家(집 가, 전문가 가), 業(업 업, 일 업)

---

## 登

7급 / 총 12획 / 癶

### 걸어서(癶) 제기(豆)처럼 높은 곳에 오르니 오를 **등**
### 또 문서에 올려 기재하니 기재할 **등**

> **登山(등산)** 산에 오름.
> **登錄(등록)** 올려 기록함.

+ 山(산 산), 錄(기록할 록)

---

## 燈

4급Ⅱ / 총 16획 / 火

### 불(火)을 올려(登) 켠 등불이니 등불 **등**

+ 약 灯 - 불(火)을 고무래(丁) 같은 등잔에 올려 켠 등불이니 '등불 등'
+ 火(불 화), 丁(고무래 정, 못 정, 장정 정, 넷째 천간 정)

> **消燈(소등)** 등불이나 전등을 끔. ↔ 점등(點燈)
> **街路燈(가로등)** 길거리를 밝히는 등.

+ 消(끌 소, 삭일 소, 물러설 소), 點(점 점, 불 켤 점), 街(거리 가), 路(길 로)

---

## 證

4급 / 총 19획 / 言

### 말(言)로 높은 데 올라(登)서서 떳떳하게 증명하는 증거니
### 증명할 **증**, 증거 **증**

+ 약 証 - 말(言)로 바르게(正) 증명하니 '증명할 증'
+ 正(바를 정)

> **證明(증명)** (그것이 진실인지 아닌지) 증거를 들어서 밝힘.
> **證言(증언)** (사실을) 증명하는 말.

+ 明(밝을 명), 言(말씀 언)

5급 / 총 6획 / 曰

대바구니의 굽은 모양을 본떠서 **굽을 곡**
또 굽은 듯 소리가 올라가고 내려가는 노래니 **노래 곡**

+ 유 由(까닭 유, 말미암을 유) – 제목번호 051 참고

**曲線(곡선)** 구부러진 선.
**名曲(명곡)** 이름난 노래.

+ 線(줄 선), 名(이름 명, 이름날 명)

---

5급 / 총 8획 / 八

굽은(曲) 것도 종류별로 **나누어(八)** 법으로 만든 책이니 **법 전, 책 전**
또 법으로 물건을 저당잡히니 **저당잡힐 전**

+ 曲 [굽을 곡, 노래 곡(曲)의 변형], 八(여덟 팔, 나눌 팔)

*典型(전형) (어떤 부류의) 모범이나 본보기가 될 만한 것.
**法典(법전)** 법을 모은 책.
*典當鋪(전당포) 물건을 잡고 돈을 빌려주어 이익을 취하는 곳.

+ 型(본보기 형), 法(법 법), 鋪(가게 포)

---

4급II / 총 13획 / 豆

상다리가 **굽을(曲)** 정도로 **제기(豆)**에 음식을 차리는 풍년이니 **풍년 풍**
또 풍년이 든 듯 풍성하니 **풍성할 풍**

+ 원자는 제기에 음식을 풍성하게 차린 모양을 본뜬 豐이지만 약자인 豊으로 많이 씁니다.

**豊年(풍년)** 농사가 잘된 해.
**豊富(풍부)** 넉넉하고 많음.

+ 年(해 년, 나이 년), 富(부자 부, 넉넉할 부)

---

6급 / 총 18획 / 示

**신(示)** 앞에 **풍성한(豊)** 음식을 차리는 것은 신에 대한 예도니 **예도 례**

+ 약 礼 – 신(礻) 앞에 몸 구부리고(乚) 표하는 예도니 '예도 례'
+ 示(보일 시, 신 시), 乚 [새 을, 둘째 천간 을, 굽을 을(乙)이 부수로 쓰일 때의 모양], 礻(보일 시, 신 시 변)

**禮節(예절)** 예의범절. 일상생활에서 모든 예의와 법도에 맞는 절차.
**禮拜(예배)** (공경한 마음으로) 예의를 갖추어 절함.

+ 節(마디 절, 절개 절, 계절 절), 拜(절 배)

---

4급 / 총 10획 / 骨

살 속에 들어 있는 뼈의 모양에서 **뼈 골**

**骨折(골절)** 뼈가 부러짐.
**骨材(골재)** '뼈가 되는 재료'로, 콘크리트나 모르타르를 만드는 데 쓰는 모래나 자갈 따위의 재료.

+ 折(꺾을 절), 材(재목 재, 재료 재)

### 뼈(骨)마디로 풍성하게(豊) 이루어진 몸이니 몸 체

+ [약] 体 – 사람(亻)에게 근본(本)은 몸이니 '몸 체'
+ 本(뿌리 본, 근본 본, 책 본)

> **身體(신체)** 사람의 몸.
> **體驗(체험)** (자기가) 몸소 경험함. 또는 그러한 경험.

+ 身(몸 신), 驗(경험할 험)

6급 / 총 23획 / 骨

---

### 옛날 갓을 쓸 때 상투를 튼 머리 부분 모양을 본떠서 **머리 부분 두**

총 2획 / 부수자

---

### 머리(亠)에 물건을 이고(丷) 다니며 성(冂)안에서 사람(儿)이 말하며(口) 장사하니 **장사할 상**
### 또 장사하듯 이익을 헤아리니 **헤아릴 상**

+ 亠(머리 부분 두), 丷(머리에 인 모양으로 봄), 冂(멀 경, 성 경), 儿(사람 인 발, 어진사람 인), 口(입 구, 말할 구, 구멍 구)

> **商店(상점)** 물건을 파는 가게.
> **商量(상량)** 헤아려 생각함.

+ 店(가게 점), 量(헤아릴 량, 용량 량)

5급 / 총 11획 / 口

---

### 종이(囗)에 말하듯(口) 머리(亠) 돌리며(回) 그림을 그리고 꾀하니
### 그림 도, 꾀할 도

+ [약] 図 – 일정한 지면(囗)을 점점(丶)이 다스려(乂) 그림을 그리고 꾀하니 '그림 도, 꾀할 두'
+ 囗[에운담, 나라 국(國)의 약자지만 여기서는 종이로 봄], 口(입 구, 말할 구, 구멍 구), 回(돌 회, 돌아올 회, 횟수 회), 乂(벨 예, 다스릴 예, 어질 예), 꾀하다 – 어떤 일을 이루려고 뜻을 두거나 힘을 쓰다.

> **地圖(지도)** 지구 표면의 일부. 또는 전체의 상태를 일정한 비율로 줄여서 평면 위에 나타낸 그림.
> **試圖(시도)** (어떤 일을) 시험 삼아 꾀함.

+ 地(땅 지, 처지 지), 試(시험할 시)

6급 / 총 14획 / 口

DAY
09

**237**

**卒**

5급 / 총 8획 / 十

우두머리(亠) 밑에 모인 **사람들(人人)**의 **많은(十)** 무리는 졸병이니
**졸병 졸**
또 졸병은 전쟁에서 앞장서야 하기 때문에 갑자기 죽어 생을 마치니
**갑자기 졸, 죽을 졸, 마칠 졸**

+ 얍 卆 – 많고(九) 많은(十) 졸병이니 '졸병 졸'
+ 十(열 십, 많을 십), 九(아홉 구, 클 구, 많을 구)

> **卒兵(졸병)** 지위가 낮은 병사.
> **卒倒(졸도)** 갑자기 의식을 잃고 쓰러짐.
> **卒逝(졸서)** 죽음.
> **卒業(졸업)** 학업 과정을 마침.

+ 兵(병사 병), 倒(넘어질 도), 逝(죽을 서), 業(업 업, 일 업)

**醉**

3급Ⅱ / 총 15획 / 酉

술(酉)기운에 **졸병(卒)**이 된 듯 취하니 **취할 취**

+ 얍 酔
+ 酉(술 그릇 유, 술 유, 닭 유, 열째 지지 유) – 제목번호 261 참고

> **醉客(취객)** 술에 취한 사람.
> **心醉(심취)** '마음이 취함'으로, 어느 방면으로 마음이 쏠리어 열중함.

+ 客(손님 객), 心(마음 심, 중심 심)

**夜**

6급 / 총 8획 / 夕

**머리(亠)** 두르고 **사람(亻)**이 자는 **저녁(夕)**부터 **이어진(乀)** 밤이니 **밤 야**

+ 亻(사람 인 변), 夕(저녁 석), 乀 [파임 불(乀)의 변형이지만 여기서는 이어진 모양으로 봄]

> **夜景(야경)** 밤경치.
> **夜間(야간)** 밤사이.

+ 景(볕 경, 경치 경, 클 경), 間(사이 간)

**液**

4급Ⅱ / 총 11획 / 水(氵)

물(氵)이 **밤(夜)**처럼 어두운 진액이나 즙이니 **진액 액, 즙 액**

> **血液(혈액)** 피.
> **液肥(액비)** 액체로 된 거름.

+ 血(피 혈), 肥(살찔 비, 거름 비)

**머리(亠)를 감추어야(ㄴ) 할 정도로 망하여 달아나니 망할 망, 달아날 망**
또 망하여 죽으니 죽을 망

+ 亠(머리 부분 두), ㄴ(감출 혜, 덮을 혜, = 匚)

亡身(망신) '몸을 망침'으로, 지위와 명망을 잃음.
逃亡(도망) ① 몰래 피해 달아남. ② 쫓기어 달아남.
死亡(사망) 죽음.

+ 身(몸 신), 逃(달아날 도), 死(죽을 사)

5급 / 총 3획 / 亠

---

**마음(忄)이 망(亡)할 정도로 바쁘니 바쁠 망**

忙中閑(망중한) 바쁜 가운데 한가로움.
公私多忙(공사다망) 공적으로나 사적으로 많이 바쁨.

+ 中(가운데 중, 맞힐 중), 閑(한가할 한), 公(공평할 공, 대중 공, 귀공자 공), 私(사사로울 사), 多(많을 다)

3급 / 총 6획 / 心(忄)

---

**풀(艹)까지 물(氵)에 잠겨 없어져(亡) 망망하고 아득하니**
**망망할 망, 아득할 망**

+ 艹(초 두), 망망(茫茫)하다 - ① 넓고 멀다. ② 막연하고 아득하다.

茫茫大海(망망대해) 망망한 큰 바다.
茫然(망연) 멍하고 있는 모양.

+ 海(바다 해), 然(그러할 연)

3급 / 총 10획 / 草(艹)

---

**망가진(亡), 즉 이지러진 달(月)을 보고 왕(王) 같은 보름달이 되는**
**보름을 바라니 바랄 망, 보름 망**

+ 月(달 월, 육 달 월), 王(임금 왕, 으뜸 왕, 구슬 옥 변)
+ 보름 - 음력의 매월 15일. 이때 둥근 보름달이 뜨지요.

所望(소망) 바라는 바. 희망.
望月(망월) 보름달.

+ 所(장소 소, 바 소)

5급 / 총 11획 / 月

---

**그물(罒)로 고기를 잡아 죽여(亡) 없으니 없을 망**

+ 유 岡(산등성이 강) - 제목번호 356 참고
+ 罒 [그물 망(网, = 罓, 皿)의 변형]

罔極(망극) (은혜가) 끝이 없음.
罔測(망측) (이치에 맞지 않아) 헤아릴 수 없음.

+ 極(끝 극, 다할 극), 測(헤아릴 측)

3급 / 총 8획 / 网(罒)

**忘** 3급 / 총 7획 / 心

망한(亡) 마음(心)처럼 잊으니 잊을 망

+ 忙과 忘의 구분 - 글자의 구성 성분은 같지만 연결 순서가 다르니 순서대로 풀어서 '마음(忄)이 망할(亡) 정도로 바쁘면 바쁠 망(忙)', '망한(亡) 마음(心)이면 잊을 망(忘)'으로 구분하세요.

**忘年會(망년회)** 연말에 그 해의 괴로움을 잊자고 갖는 모임.
**忘却(망각)** 잊어버림.

+ 年(해 년, 나이 년), 會(모일 회), 却(물리칠 각)

**妄** 3급II / 총 6획 / 女

그릇된 생각이나 행동으로 정신이 **망한(亡) 여자(女)**처럼 망령되니 **망령될 망**

+ 女(여자 녀)

**妄靈(망령)** 정신이 흐려서 말과 행동이 정상을 벗어난 상태.
**妄言(망언)** 망령되게 말함. 또는 그런 말.

+ 靈(신령스러울 령, 신령 령), 言(말씀 언)

**盲** 3급II / 총 8획 / 目

**망한(亡) 눈(目)**처럼 눈먼 장님이니 **눈멀 맹, 장님 맹**
또 장님처럼 보지 못하여 무지하니 **무지할 맹**

+ 目(눈 목, 볼 목, 항목 목)

**盲人(맹인)** 눈으로 사물을 전혀 볼 수 없는 사람.
**文盲(문맹)** 배우지 못하여 글을 읽거나 쓸 줄을 모름. 또는 그런 사람.

+ 文(무늬 문, 글월 문)

---

**172** 언신어[言信語] – 言으로 된 한자

**言** 6급 / 총 7획 / 言

**머리(亠)**로 **두(二)** 번 생각하고 **입(口)**으로 말하는 말씀이니 **말씀 언**

+ 亠(머리 부분 두), 한 번 한 말은 되돌릴 수 없으니 말은 잘 생각하고 해야 하지요.

**言動(언동)** 말과 행동.
**言約(언약)** 말로써 약속함.

+ 動(움직일 동), 約(묶을 약, 약속할 약)

**信** 6급 / 총 9획 / 人(亻)

**사람(亻)**이 **말한(言)** 대로 행하면 믿으니 **믿을 신**
또 믿을 만한 소식이니 **소식 신**

**信念(신념)** 자기가 옳다고 믿는 생각.
**書信(서신)** 글로 전하는 소식.

+ 念(생각 념), 書(쓸 서, 글 서, 책 서)

語

7급 / 총 14획 / 言

**말(言)로 나(吾)의 뜻을 알리는 말씀이니 말씀 어**

+ 吾(나 오) - 제목번호 015 참고

**語感(어감)** 말에서 오는 느낌.
**語源(어원)** (어떤) 말이 생겨난 근원.

+ 感(느낄 감, 감동할 감), 源(근원 원)

---

**173** 해해핵각[亥該核刻] – 亥로 된 한자

亥

3급 / 총 6획 / 亠

**돼지의 머리(亠)와 뼈대 모양을 본떠서 돼지 해**
**또 돼지는 열두째 지지니 열두째 지지 해**

**亥時(해시)** 하루 24시간을 2시간씩 나눈 12시의 열두째 시간으로, 오후 9시부터 11시까지의 동안.

+ 時(때 시)

---

該

3급 / 총 13획 / 言

**말(言)을 살찐 돼지(亥)처럼 넓게 갖추어 바로 그것이라 하니**
**넓을 해, 갖출 해, 그 해**

**該博(해박)** 여러 방면으로 학식이 넓음.
**該敏(해민)** 널리 갖추어져 영리함.
**該當(해당)** 관계가 되거나 관련이 있는 바로 그것.

+ 博(넓을 박), 敏(민첩할 민), 當(마땅할 당, 당할 당)

---

核

4급 / 총 10획 / 木

**나무(木) 열매에서 돼지(亥)가죽처럼 단단한 껍질로 둘러싸인 씨나 알맹이니**
**씨 핵, 알맹이 핵**

+ 木(나무 목)

**核心(핵심)** 가장 중요하거나 중심이 되는 부분.
**核武器(핵무기)** 원자핵의 분열 반응이나 융합 반응으로 말미암아 일어나는 핵에너지를 응용한 무기를 통틀어 이르는 말.

+ 心(마음 심, 중심 심), 武(군사 무, 무기 무), 器(그릇 기, 기구 기)

---

刻

4급 / 총 8획 / 刀(刂)

**돼지(亥) 뼈에 칼(刂)로 새기니 새길 각**
**또 눈금을 새겨 나타내는 시각이니 시각 각**

+ 刂(칼 도 방), 하루 24시간을 96각법으로 계산하면 1각(刻)은 15분입니다.

**木刻(목각)** (그림이나 글씨 따위를) 나무에 새김.
**時時刻刻(시시각각)** 시간의 흐름에 따라.

+ 木(나무 목), 時(때 시)

6급 / 총 10획 / 高

**지붕(亠)**과 **창틀(口)**과 **몸체(冂)**와 **출입구(口)** 있는 높은 누각을 본떠서
**높을 고, 성씨 고**

**崇高(숭고)** 숭엄하고 고상함.

+ 崇(높일 숭, 공경할 숭)

3급Ⅱ / 총 15획 / 禾

**벼(禾)**를 수확하여 **높이(高)** 쌓아 놓은 볏짚이니 **볏짚 고**
또 볏짚이 무엇의 재료가 되듯 책의 재료가 되는 원고니 **원고 고**

+ 禾(벼 화), 볏짚을 이용하여 여러 가지 생활 도구를 만들지요.

**稿料(고료)** '원고료(原稿料)'의 준말.
**投稿(투고)** (신문사, 잡지사 등에) 원고를 던짐(보냄).

+ 料(헤아릴 료, 재료 료, 값 료), 原(언덕 원, 근원 원), 投(던질 투)

3급Ⅱ / 총 14획 / 豕

**힘센(亠) 멧돼지(豕)**처럼 굳세고 뛰어난 호걸이니 **굳셀 호, 호걸 호**

+ 亠 [높을 고(高)의 획 줄임], 豕(돼지 시) - 제목번호 378 참고

**豪傑(호걸)** 재주와 용기가 뛰어난 사람.
**強豪(강호)** (세력이나 실력이) 강하고 굳셈. 또는 그런 사람.

+ 傑(뛰어날 걸, 호걸 걸), 強(강할 강, 억지 강)

3급 / 총 11획 / 毛

**높게(亠)** 자란 가는 **털(毛)**이니 **가는 털 호**
또 가는 털로 만든 붓이니 **붓 호**

+ 毛(털 모)

**秋毫(추호)** (털 짐승은 가을에 가는 털로 털갈이를 하니) 가을의 가는 털처럼 매우 가늘고 적음을
말함. ['추호도 그런 생각은 없다' 식으로 쓰임]
**揮毫(휘호)** 붓을 휘둘러 글씨를 쓰거나 그림을 그림.

+ 秋(가을 추), 揮(휘두를 휘, 지휘할 휘, 흩어질 휘)

3급 / 총 8획 / 亠

**높은(亠)** 학문을 배운 **아들(子)**이 행복을 누리니 **누릴 향**

+ 亠 [높을 고(高)의 획 줄임], 子(아들 자, 첫째 지지 자, 자네 자, 접미사 자)

**享樂(향락)** 즐거움을 누림.
**享有(향유)** 누려서 가짐.

+ 樂(노래 악, 즐길 락, 좋아할 요), 有(가질 유, 있을 유)

**높은(ㅗ) 학문을 마치면(了) 만사가 형통하니 형통할 형**

+ 了(마칠 료)

> **亨通(형통)** 일이 뜻과 같이 잘되어 감.
> **萬事亨通(만사형통)** 모든 일이 뜻대로 통함.

+ 通(통할 통), 萬(일만 만, 많을 만), 事(일 사, 섬길 사)

3급 / 총 7획 / ㅗ

**높이(ㅎ) 지어 장정(丁)들이 쉬도록 한 정자니 정자 정**

+ ㅎ [높을 고(高)의 획 줄임], 정(亭) – 명사 아래 붙어서 정자(亭子)의 뜻을 나타내는 말.

> **亭子(정자)** 경치 좋은 곳에 지은 집.

+ 子(아들 자, 첫째 지지 자, 자네 자, 접미사 자)

3급Ⅱ / 총 9획 / ㅗ

**사람(亻)이 정자(亭)에 머무르니 머무를 정**

> **停止(정지)** 동작을 멈춤.
> **停車場(정거장)** (손님이 타고 내리도록) 차가 머무는 곳.

+ 止(그칠 지), 車(수레 거, 차 차), 場(마당 장, 상황 장)

5급 / 총 11획 / 人(亻)

---

**176** 돈곽 숙숙[敦郭 孰熟] – 亨, 孰으로 된 한자

**행복을 누리도록(享) 치면서(攵) 가르치는 부모의 마음처럼 도타우니**
**도타울 돈**

+ 攵(칠 복, = 攴), 도탑다 – 서로의 관계에 사랑이나 인정이 많고 깊다.

> **敦篤(돈독)** 인정이 도타움.
> **敦厚(돈후)** 인정이 많고 후함.

+ 篤(도타울 독), 厚(두터울 후)

3급 / 총 12획 / 攴(攵)

**행복을 누리도록(享) 고을(阝)마다 쌓은 성곽이니 성곽 곽**
**또 성곽의 둘레니 둘레 곽**

+ 阝(고을 읍 방), 성곽이 있으면 적이 침범하지 못하니 행복을 누릴 수 있지요.

> **城郭(성곽)** ① 내성(內城)과 외성(外城)을 통틀어 이르는 말. ② 성.
> **輪郭(윤곽)** ① 일어나 사건의 대체적인 줄거리. ② 사물의 테두리나 대강의 모습.

+ 城(재 성, 성 성), 內(안 내, 나인 나), 外(밖 외), 輪(바퀴 륜, 둥글 륜, 돌 륜)

3급 / 총 11획 / 邑(阝)

DAY
09

243

행복을 **누리며(享)** **둥글게(丸)** 살기를 바라는 누구니 **누구 숙**

+ 유 埶(잡을 집, 집행할 집) − 제목번호 160 참고
+ 丸(둥글 환, 알 환)

**孰誰(숙수)** 누구. 어떤 사람.
*孰能禦之(숙능어지) '누가 능히 이것을 막으리요?'로, 막기 어려움을 이르는 말.

+ 誰(누구 수), 能(능할 능), 禦(막을 어), 之(갈 지, ~의 지, 이 지)

3급 / 총 11획 / 子

누구(孰)나 불(灬)에는 익으니 **익을 숙**
또 몸에 익도록 익혀 익숙하니 **익숙할 숙**

+ 유 熱(더울 열) − 제목번호 096 참고, 灬(불 화 발)

**熟成(숙성)** (충분히) 익어서 이루어짐.
**熟達(숙달)** 익숙하고 통달함.

+ 成(이룰 성), 達(이를 달, 통달할 달)

3급Ⅱ / 총 15획 / 火(灬)

---

## 177 경량량략취 경영[京諒涼掠就 景影] − 京, 景으로 된 한자

**높은(亠)** 곳에도 **작은(小)** 집들이 많은 서울이니 **서울 경**

+ 亠 [높을 고(高)의 획 줄임], 小(작을 소), 요즘은 정비되어 좋아졌지만 옛날에는 고지대에 달동네가 많았어요.

**歸京(귀경)** 서울로 돌아감. ↔ 귀향(歸鄕)
**上京(상경)** (시골에서) 서울로 올라옴.

+ 歸(돌아올 귀, 돌아갈 귀), 鄕(시골 향, 고향 향), 上(위 상, 오를 상)

6급 / 총 8획 / 亠

**말(言)**도 **서울(京)**서는 살펴서 해야 믿으니 **살필 량, 믿을 량**

+ 言(말씀 언)

**諒知(양지)** 살펴서 앎.
**諒解(양해)** (사정을 잘) 살펴서 이해함.

+ 知(알 지), 解(해부할 해, 풀 해)

3급 / 총 15획 / 言

**물(氵)** 있는 곳은 **서울(京)**도 서늘하니 **서늘할 량**

+ 약 涼 − 얼음(冫)이 얼면 서울(京)도 서늘하니 '서늘할 량'
+ 氵(삼 수 변), 冫(이 수 변)
+ 원자는 涼인데 속자인 凉을 많이 씁니다.

**淸涼(청량)** 맑고 서늘함.
**納涼(납량)** 시원한 곳으로 들어감.

+ 淸(맑을 청), 納(들일 납, 바칠 납)

3급 / 총 11획 / 水(氵)

**掠**

3급 / 총 11획 / 手(扌)

손(扌)으로도 **서울(京)**에서는 잘 노략질하니 **노략질할 략**

*擄掠(노략) 떼를 지어 다니며 재물을 빼앗음.
**掠奪(약탈)** 폭력을 써서 빼앗음.

+ 擄(노략질할 로), 奪(빼앗을 탈)

---

**就**

4급 / 총 12획 / 尢

(벼슬자리가 많은) **서울(京)**로 **더욱(尤)** 나아가 꿈을 이루니
**나아갈 취, 이룰 취**

+ 尤(더욱 우, 허물 우) - 제목번호 108 참고

**就任(취임)** (어떤 직책을) 나아가 맡음. ↔ 이임(離任)
**成就(성취)** (목적한 바를) 이룸.

+ 任(맡을 임, 성씨 임), 離(헤어질 리), 成(이룰 성)

---

**景**

5급 / 총 12획 / 日

**햇(日)**볕이 **서울(京)**을 비추면 드러나는 경치가 크니
**볕 경, 경치 경, 클 경**

**景致(경치)** 자연의 아름다운 모습.
**景福(경복)** 큰 복. 경복궁(景福宮).

+ 致(이룰 치, 이를 치), 福(복 복), 宮(집 궁, 궁궐 궁)

---

**影**

3급II / 총 15획 / 彡

**빛(景)**을 가려 **머릿결(彡)**처럼 아른거리는 그림자니 **그림자 영**

+ 彡(터럭 삼, 긴머리 삼)

**影像(영상)** 그림으로 나타낸 모습.
**影響(영향)** '그림자까지 올림'으로, 한 가지 사물로 인하여 다른 것에 작용이 미치는 결과.

+ 像(모양 상, 본뜰 상), 響(울릴 향)

---

**178** 요소첨 교교교[夭笑添 喬橋矯] – 夭, 喬로 된 한자

**夭**

1급 / 총 4획 / 大

위(丿)로 크게(大) 자라나는 모양이 젊고 예쁘니 **젊을 요, 예쁠 요**
또 기울어(丿) 큰(大) 뜻을 펼치지 못하고 일찍 죽으니 **일찍 죽을 요**

# 笑

4급II / 총 10획 / 竹(⺮)

**대(⺮)가 구부러지듯 젊은(夭) 사람이 허리 굽혀 웃으니 웃을 소**

+ ⺮[대 죽(竹)이 부수로 쓰일 때의 모양]

**談笑(담소)** (스스럼없이) 웃으며 이야기함.
**微笑(미소)** (소리 내지 않고) 작게 웃음.

+ 談(말씀 담), 微(작을 미)

---

# 添

3급 / 총 11획 / 水(氵)

**물(氵)오른 젊은이(夭)의 마음(⺗)처럼 기쁨을 더하니 더할 첨**

+ ⺗(마음 심 발)

**添加(첨가)** 더하고 보탬.
**添削(첨삭)** (시문·답안 등에 말을) 보태거나 삭제하여 고침.

+ 加(더할 가), 削(깎을 삭)

---

# 喬

1급 / 총 12획 / 口

**젊은(夭) 사람이 높이(冏) 올라가 높으니 높을 교**

+ 冏[높을 고(高)의 획 줄임]

---

# 橋

5급 / 총 16획 / 木

**나무(木)를 높이(喬) 걸쳐 만든 다리니 다리 교**

+ 木(나무 목), 건축 자재가 귀했던 옛날에는 다리도 나무로 놓았답니다.

**架橋(가교)** 다리를 놓음.
**橋梁(교량)** 다리.

+ 架(시렁 가, 꾸밀 가), 梁(들보 량, 다리 량)

---

# 矯

3급 / 총 17획 / 矢

**화살(矢)을 높이(喬) 쏘려고 곧게 바로잡으니 바로잡을 교**

+ 矢(화살 시)

**矯正(교정)** (틀어지거나 굽은 것을) 곧게 바로잡음.
**矯導(교도)** 바로잡아 인도함.

+ 正(바를 정), 導(인도할 도)

# 衣

6급 / 총 6획 / 衣

동정과 옷고름 있는 저고리를 본떠서 **옷 의**

**衣服(의복)** 옷.
**衣裳(의상)** ① 저고리와 치마. ② 옷.

+ 服(옷 복, 먹을 복, 복종할 복), 裳(치마 상)

# 依

4급 / 총 8획 / 人(亻)

사람(亻)은 옷(衣)에 의지하니 **의지할 의**

**依他(의타)** 남에게 의지함.
**依託(의탁)** (어떤 것에 몸이나 마음을) 의지하여 맡김.

+ 他(다를 타, 남 타), 託(부탁할 탁, 맡길 탁)

# 表

6급 / 총 8획 / 衣

흙(土)이 옷(衣)에 묻은 겉이니 **겉 표, 성씨 표**

+ 土(흙 토)

**表面(표면)** 겉면.
**表出(표출)** 겉으로 드러냄.

+ 面(얼굴 면, 향할 면, 볼 면, 행정 구역의 면), 出(날 출, 나갈 출)

# 哀

3급Ⅱ / 총 9획 / 口

옷(衣)으로 입(口)을 가리고 울 정도로 슬프니 **슬플 애**

**哀歡(애환)** 슬픔과 기쁨.
**喜怒哀樂(희노애락)** 기쁨과 성냄과 슬픔과 즐거움.

+ 歡(기뻐할 환), 喜(기쁠 희), 怒(성낼 노), 樂(노래 악, 즐길 락, 좋아할 요)

# 衰

3급Ⅱ / 총 10획 / 衣

옷(衣)을 추하게(丑) 입은 듯 기운이 쇠하니 **쇠할 쇠**
또 쇠한 모양으로 입는 상복이니 **상복 최**

+ 丑(소 축, 추할 추, 둘째 지지 축), 상복 - 사람이 죽었을 때 상주가 입는 옷.

**老衰(노쇠)** 늙고 쇠약한 것.
**衰弱(쇠약)** 쇠하여 약함.

+ 老(늙을 노), 弱(약할 약)

DAY

**09**

**袁**

2급 / 총 10획 / 衣

한(一) 벌씩 옷(衣)을 식구(口) 수대로 챙기니 옷 챙길 **원**, 성씨 **원**

+ 口('입 구, 말할 구, 구멍 구'지만 여기서는 식구로 봄)

---

**遠**

6급 / 총 14획 / 辶(辶)

옷 챙겨(袁) 가야(辶) 할 만큼 머니 멀 **원**

+ 辶(뛸 착, 갈 착)

> **遠近(원근)**　멀고 가까움.
> **永遠不滅(영원불멸)**　영원히 멸하지 않음.

+ 近(가까울 근, 비슷할 근), 永(길 영, 오랠 영), 不(아닐 불·부), 滅(꺼질 멸, 멸할 멸)

---

**園**

6급 / 총 13획 / 口

옷 챙겨(袁) 싸듯 울타리를 친(口) 동산이니 동산 **원**

+ 口[에운담, 나라 국(國)의 약자]

> **公園(공원)**　관광이나 자연 보호를 위하여 지정된 지역.
> **果樹園(과수원)**　과일나무를 전문적으로 재배하는 곳.

+ 公(공평할 공, 대중 공, 귀공자 공), 果(과실 과, 결과 과), 樹(세울 수, 나무 수)

---

**制**

4급Ⅱ / 총 8획 / 刀(刂)

소(牛)고기나 천(巾)을 칼(刂)로 잘라 마름질하는 제도니
마름질 **제**, 제도 **제**
또 제도에 맞도록 억제하고 절제하니 억제할 **제**, 절제할 **제**

+ 마름질하다 – 옷감이나 재목 따위를 치수에 맞도록 재거나 자르다.
+ 牛(소 우), 巾('수건 건'이지만 여기서는 천으로 봄), 刂(칼 도 방)

> **制度(제도)**　제정된 법규.
> **制動(제동)**　움직임을 억제함.

+ 度(법도 도, 정도 도, 헤아릴 탁), 動(움직일 동)

---

**製**

4급Ⅱ / 총 14획 / 衣

제도(制)에 따라 옷(衣)을 지어 만드니 지을 **제**, 만들 **제**

+ 衣(옷 의)

> **製作(제작)**　(사람이 어떤 물건이나 창작물을) 지음.
> **手製(수제)**　손으로 만듦. 또는 그 물건.

+ 作(지을 작), 手(손 수, 재주 수, 재주 있는 사람 수)

# 구조로 한자 되짚어 보기

**DAY 09**

## 161 역역역 택택석[睪譯驛 擇澤釋] – 睪으로 된 한자

행복할 행, 바랄 행[幸] 위에 그물 망[罒]이면 엿볼 역[睪], **엿볼 역[睪]** 앞에 말씀 언[言]이면 번역할 역[譯], 말 마[馬]면 역 역[驛], 손 수 변[扌]이면 가릴 택[擇], 삼 수 변[氵]이면 연못 택, 은혜 택[澤], 나눌 변[釆]이면 풀 석, 석가모니 석, 불교 석[釋]

## 162 건 시자폐 대체[巾 市姉肺 帶滯] – 巾과 市, 帶로 된 한자

멀 경, 성 경[冂]에 뚫을 곤[丨]이면 수건 건[巾], 수건 건[巾] 위에 머리 부분 두[亠]면 시장 시, 시내 시[市], **시장 시, 시내 시[市]** 앞에 여자 녀[女]면 손위 누이 자[姉], 달 월, 육 달 월[月]이면 허파 폐[肺],
수건 건[巾] 위에 장식을 꿰어 만든 끈 모양[卌]과 덮을 멱[冖]이면 찰 대, 띠 대[帶],
**찰 대, 띠 대[帶]** 앞에 삼 수 변[氵]이면 막힐 체, 머무를 체[滯]

## 163 포(보) 희희[布 希稀] – 布와 希로 된 한자

열 십, 많을 십[十]의 변형[ナ] 아래에 수건 건[巾]이면 베 포, 펼 포, 보시 보[布], 베 포, 펼 포, 보시 보[布] 위에 벨 예, 다스릴 예, 어질 예[乂]면 바랄 희[希], **바랄 희[希]** 앞에 벼 화[禾]면 드물 희[稀]

## 164 제 방방[帝 旁傍] – 帝와 旁으로 된 한자

머리 부분 두[亠]와 받친 모양[丷] 덮을 멱[冖] 아래에 수건 건[巾]이면 제왕 제[帝],
머리 부분 두[亠]와 받친 모양[丷] 덮을 멱[冖] 아래에 모 방, 방향 방, 방법 방[方]이면 곁 방, 두루 방, 넓을 방[旁], **곁 방, 두루 방, 넓을 방[旁]** 앞에 사람 인 변[亻]이면 곁 방[傍]

## 165 수사추견 관관관[帥師追遣 官館管] – 自, 官으로 된 한자

**쌓일 퇴, 언덕 퇴[自]** 뒤에 수건 건[巾]이면 장수 수[帥], 두를 잡[帀]이면 스승 사, 전문가 사, 군사 사[師], 아래에 뛸 착, 갈 착[辶]이면 쫓을 추, 따를 추[追], 쌓일 퇴, 언덕 퇴[自]의 획 줄임[目] 위에 가운데 중, 맞힐 중[中]과 한 일[一], 아래에 뛸 착, 갈 착[辶]이면 보낼 견[遣], 쌓일 퇴, 언덕 퇴[自]의 획 줄임[目] 위에 집 면[宀]이면 관청 관, 벼슬 관[官], **관청 관, 벼슬 관[官]** 앞에 밥 식, 먹을 식 변[飠]이면 집 관, 객사 관[館], 위에 대 죽[竹]이면 대롱 관, 피리 관, 관리할 관[管]

## 166 5적[啇摘滴敵適] − 啇으로 된 한자

머리 부분 두[亠] 아래에 받친 모양[丷]과 멀 경, 성 경[冂], 오랠 고, 옛 고[古]면 밑동 적, 뿌리 적[啇], **밑동 적, 뿌리 적[啇]** 앞에 손 수 변[扌]이면 딸 적[摘], 삼 수 변[氵]이면 물방울 적[滴], 뒤에 칠 복[攵]이면 원수 적[敵], 아래에 뛸 착, 갈 착[辶]이면 알맞을 적, 갈 적[適]

## 167 두단두기 투투[豆短頭豈 鬥鬭] − 豆, 鬥로 된 한자

제기[祭器]를 본떠서 제기 두[豆], 또 제기처럼 둥근 콩이니 콩 두[豆], **제기 두, 콩 두[豆]** 앞에 화살 시[矢]면 짧을 단, 모자랄 단[短], 뒤에 머리 혈[頁]이면 머리 두, 우두머리 두[頭], 위에 산 산[山]이면 어찌 기[豈],
임금 왕, 으뜸 왕, 구슬 옥 변[王] 둘 양쪽에 뚫을 곤[丨]이면 싸울 투[鬥], **싸울 투[鬥]** 안에 제기 두, 콩 두[豆]와 마디 촌, 법도 촌[寸]이면 싸울 투[鬭]

## 168 발계 발폐 등등증[癶癸 發廢 登燈證] − 癶, 發, 登으로 된 한자

등지고 걸어가는 모양에서 등질 발, 걸을 발[癶] 아래에 하늘 천[天]이면 북방 계, 헤아릴 계, 열째 천간 계, 월경 계[癸], 활 궁[弓]과 칠 수, 창 수, 몽둥이 수[殳]면 쏠 발, 일어날 발[發], **쏠 발, 일어날 발[發]** 위에 집 엄[广]이면 부서질 폐, 폐할 폐[廢],
등질 발, 걸을 발[癶] 아래에 제기 두, 콩 두[豆]면 오를 등, 기재할 등[登], **오를 등, 기재할 등[登]** 앞에 불 화[火]면 등불 등[燈], 말씀 언[言]이면 증명할 증[證]

## 169 곡전 풍례 골체[曲典 豊禮 骨體] − 曲, 豊, 骨로 된 한자

대바구니의 굽은 모양을 본떠서 굽을 곡[曲], 또 굽은 듯 소리가 올라가고 내려가는 노래니 노래 곡[曲], **굽을 곡, 노래 곡[曲]**의 변형[曲] 아래에 여덟 팔, 나눌 팔[八]이면 법 전, 책 전, 전당잡힐 전[典],
굽을 곡, 노래 곡[曲] 아래에 제기 두, 콩 두[豆]면 풍성할 풍[豊], **풍성할 풍[豊]** 앞에 보일 시, 신 시[示]면 예도 례[禮],
살 속에 들어 있는 뼈의 모양에서 뼈 골[骨], **뼈 골[骨]** 뒤에 풍성할 풍[豊]이면 몸 체[體]

## 170 두상도 졸취 야액[亠啇圖 卒醉 夜液] − 亠, 卒, 夜로 된 한자

옛날 갓을 쓸 때 상투를 튼 머리 부분 모양에서 머리 부분 두[亠], **머리 부분 두[亠]** 아래에 머리에 인 모양[丷]과 멀 경, 성 경[冂], 어진사람 인, 사람 인 발[儿], 입 구, 말할 구, 구멍 구[口]면 장사할 상, 헤아릴 상[啇], 종이의 모양[囗]에 입 구, 말할 구, 구멍 구[口]와 머리 부분 두[亠], 돌 회, 돌아올 회, 횟수 회[回]면 그림 도, 꾀할 도[圖],
머리 부분 두[亠] 아래에 사람 인 둘[人人]과 열 십, 많을 십[十]이면 졸병 졸, 갑자기 졸, 죽을 졸, 마칠 졸[卒], **졸병 졸, 갑자기 졸, 죽을 졸, 마칠 졸[卒]** 앞에 술 그릇 유, 술 유, 닭 유, 열째 지지 유[酉]면 취할 취[醉],
머리 부분 두[亠] 아래에 사람 인 변[亻]과 저녁 석[夕], 파임 불[乀]이면 밤 야[夜], **밤 야[夜]** 앞에 삼 수 변[氵]이면 진액 액, 즙 액[液]

## 171 5망 망망맹[亡忙茫望罔 忘妄盲] − 亡으로 된 한자

머리 부분 두[亠] 아래에 감출 혜, 덮을 혜[匸]면 망할 망, 달아날 망, 죽을 망[亡],
**망할 망, 달아날 망, 죽을 망[亡]** 앞에 마음 심 변[忄]이면 바쁠 망[忙], 앞에 삼 수 변[氵], 위에 초 두[艹]면 망망할 망, 아득할 망[茫], 뒤에 달 월, 육 달 월[月], 아래에 임금 왕, 으뜸 왕, 구슬 옥 변[王]이면 바랄 망, 보름 망[望], 위에 그물 망[网]의 변형[罒]이면 없을 망[罔],
아래에 마음 심, 중심 심[心]이면 잊을 망[忘], 여자 녀[女]면 망령될 망[妄], 눈 목, 볼 목, 항목 목[目]이면 장님 맹, 무지할 맹[盲]

## 172 언신어[言信語] - 言으로 된 한자

머리 부분 두[亠] 아래에 둘 이[二]와 입 구, 말할 구, 구멍 구[口]면 말씀 언[言],
**말씀 언[言]** 앞에 사람 인 변[亻]이면 믿을 신, 소식 신[信], 뒤에 나 오[吾]면 말씀 어[語]

## 173 해해핵각[亥該核刻] - 亥로 된 한자

돼지의 머리[亠]와 뼈대 모양을 본떠서 돼지 해[亥], 또 돼지는 열두째 지지니 열두째 지지 해[亥], **돼지 해, 열두째 지지 해[亥]** 앞에 말씀 언[言]이면 넓을 해, 갖출 해, 그 해[該], 나무 목[木]이면 씨 핵, 알맹이 핵[核], 뒤에 칼 도 방[刂]이면 새길 각, 시각 각[刻]

## 174 고고 호호[高稿 豪毫] - 高, 亯로 된 한자

지붕[亠]과 창틀[口]과 몸체[冂]와 출입구[口] 있는 높은 누각을 본떠서 높을 고[高],
**높을 고[高]** 앞에 벼 화[禾]면 볏짚 고, 원고 고[稿], **높을 고[高]의 획 줄임[亠]** 아래에 돼지 시[豕]면 호걸 호, 굳셀 호[豪], 털 모[毛]면 가는 털 호, 붓 호[毫]

## 175 향형 정정[享亨 亭停] - 亯, 亭으로 된 한자

**높을 고[高]의 획 줄임[亠]** 아래에 아들 자, 첫째 지지 자, 자네 자, 접미사 자[子]면 누릴 향[享], 마칠 료[了]면 형통할 형[亨],
높을 고[高]의 획 줄임[亠] 아래에 고무래 정, 못 정, 장정 정, 넷째 천간 정[丁]이면 정자 정[亭], **정자 정[亭]** 앞에 사람 인 변[亻]이면 머무를 정[停]

## 176 돈곽 숙숙[敦郭 孰熟] - 享, 孰으로 된 한자

**누릴 향[享]** 뒤에 칠 복[攵]이면 도타울 돈[敦], 고을 읍 방[阝]이면 성곽 곽, 둘레 곽[郭], 둥글 환, 알 환[丸]이면 누구 숙[孰], **누구 숙[孰]** 아래에 불 화 발[灬]이면 익을 숙, 익숙할 숙[熟]

## 177 경량량략취 경영[京諒涼掠就 景影] - 京, 景으로 된 한자

높을 고[高]의 획 줄임[亠] 아래에 작을 소[小]면 서울 경[京], **서울 경[京]** 앞에 말씀 언[言]이면 살필 량, 믿을 량[諒], 삼 수 변[氵]이면 서늘할 량[涼], 손 수 변[扌]이면 노략질할 략[掠], 뒤에 더욱 우, 허물 우[尤]면 나아갈 취, 이룰 취[就], 위에 해 일, 날 일[日]이면 볕 경, 경치 경, 클 경[景],
**볕 경, 경치 경, 클 경[景]** 뒤에 터럭 삼, 긴머리 삼[彡]이면 그림자 영[影]

## 178 요소첨 교교교[夭笑添 喬橋矯] - 夭, 喬로 된 한자

삐침 별[丿] 아래에 큰 대[大]면 젊을 요, 예쁠 요, 일찍 죽을 요[夭],
**젊을 요, 예쁠 요, 일찍 죽을 요[夭]** 위에 대 죽[⺮]이면 웃을 소[笑], 앞에 삼 수 변[氵], 아래에 마음 심 발[小]이면 더할 첨[添], 아래에 높을 고[高]의 획 줄임[咼]이면 높을 교[喬],
**높을 교[喬]** 앞에 나무 목[木]이면 다리 교[橋], 화살 시[矢]면 바로잡을 교[矯]

## 179 의의표애쇠(최)[衣依表哀衰] - 衣로 된 한자

동정과 옷고름 있는 저고리를 본떠서 옷 의[衣],

**옷 의[衣]** 앞에 사람 인 변[亻]이면 의지할 의[依], 위에 흙 토[土]면 겉 표[表], 사이에 입 구, 말할 구, 구멍 구[口]면 슬플 애[哀],

소 축, 추할 추, 둘째 지지 축[丑]이면 쇠할 쇠, 상복 최[衰]

## 180 원원원 제제[袁遠園 制製] - 袁, 制로 된 한자

옷 의[衣] 위에 한 일[一], 가운데에 입 구, 말할 구, 구멍 구[口]면 옷 챙길 원, 성씨 원[袁],

**옷 챙길 원, 성씨 원[袁]** 아래에 뛸 착, 갈 착[辶]이면 멀 원[遠], 둘레에 에운담[囗]이면 동산 원, 밭 원[園],

소 우[牛] 아래에 수건 건[巾], 뒤에 칼 도 방[刂]이면 제도 제, 억제할 제[制],

**제도 제, 억제할 제[制]** 아래에 옷 의[衣]면 지을 제, 만들 제[製]

동정과 옷고름 있는 저고리를 본떠서 옷 의[衣],

**옷 의[衣]** 앞에 사람 인 변[亻]이면 의지할 의[依], 위에 흙 토[土]면 겉 표[表], 사이에 입 구, 말할 구, 구멍 구[口]면 슬플 애[哀],

소 축, 추할 추, 둘째 지지 축[丑]이면 쇠할 쇠, 상복 최[衰]

# 확인문제

01~04 다음 漢字의 훈(뜻)과 음(소리)를 쓰시오.

01. 傍 (                    )　　　　02. 帥 (                    )

03. 遣 (                    )　　　　04. 摘 (                    )

05~08 다음 훈음에 맞는 漢字를 쓰시오.

05. 가릴 택 (                    )　　　06. 바랄 희 (                    )

07. 임금 제 (                    )　　　08. 원수 적 (                    )

09~12 다음 漢字語의 讀音을 쓰시오.

09. 飜譯 (                    )　　　　10. 潤澤 (                    )

11. 釋放 (                    )　　　　12. 停滯 (                    )

13~14 다음 문장에서 밑줄 친 낱말을 漢字로 쓰시오.

13. 어떤 일이 있어도 소원을 성취하고야 말겠다. (                    )

14. 도로가 막히기 전에 서둘러 귀경했다.　　　(                    )

15~16 다음 문장에서 漢字로 표기된 낱말의 讀音을 쓰시오.

15. 포장마차 안은 醉客으로 만원이었다.　　　　(                    )

16. 한 해를 마무리하는 요즘 忘年會로 들떠 있다. (                    )

17~18 다음 뜻풀이에 맞는 낱말을 漢字로 쓰시오.

17. 숭엄하고 고상함. (                    )

18. 동작을 멈춤.　　(                    )

19~20 다음 漢字語의 뜻을 쓰시오.

19. 享樂 (                                    )

20. 茫然 (                                    )

## 정답

| | | | | |
|---|---|---|---|---|
| 01. 곁 방 | 05. 擇 | 09. 번역 | 13. 成就 | 17. 崇高 |
| 02. 장수 수 | 06. 希 | 10. 윤택 | 14. 歸京 | 18. 停止 |
| 03. 보낼 견 | 07. 帝 | 11. 석방 | 15. 취객 | 19. 즐거움을 누림. |
| 04. 딸 적 | 08. 敵 | 12. 정체 | 16. 망년회 | 20. 멍하게 있는 모양. |

DAY

10

| 181 | 천 순순 걸걸[舛 舜瞬 桀傑] – 舛과 舜, 桀로 된 한자 |
| --- | --- |

**저녁(夕)**에는 어두워 **하나(一)**씩 **덮어(ㄴ)** 꿰어도(丨) 어긋나니
**어긋날 천**

+ 夕(저녁 석), ㄴ[감출 혜, 덮을 혜(匸, ㄴ)의 변형], 丨(뚫을 곤)

특급Ⅱ / 총 6획 / 舛

**손톱(爫)** 같은 잎에 **덮여(一)** 어긋나게(舛) 여기저기 꽃피는 무궁화니
**무궁화 순**
또 중국에서 성군(聖君)으로 꼽히는 순임금도 일컬어 **순임금 순**

+ 요순(堯舜) – ① 중국 고대의 성군(聖君)인 요임금과 순임금. ② 성군(聖君)을 비유하여 이르는 말.
+ 爫(손톱 조), 一(덮을 멱), 堯(높을 요, 요임금 요), 聖(성인 성, 성스러울 성), 君(임금 군, 남편 군, 그대 군)

2급 / 총 12획 / 舛

**눈(目)** 깜짝할 사이에 **무궁화(舜)**는 피고 지니 **눈 깜짝할 순**

+ 目(눈 목, 볼 목, 항목 목)

> **瞬間(순간)** 극히 짧은 시간. 어떤 일이 일어난 바로 그때. 찰나.
> **一瞬間(일순간)** 지극히 짧은 동안.

+ 間(사이 간)

3급Ⅱ / 총 17획 / 目

**어긋난(舛)** 사람을 **나무(木)** 위에 매달아 벌줌이 사나우니 **사나울 걸**
또 사납기로 대표적인 걸임금이니 **걸임금 걸**

+ 걸주(桀紂) – (폭군의 대표적인) 하(夏)나라의 걸왕(桀王)과 은(殷)나라의 주왕(紂王)을 일컫는 말.
+ 木(나무 목), 紂(주임금 주)

2급 / 총 10획 / 木

사람(亻)이 사납게(桀) 무엇에 열중하여 뛰어나니 **뛰어날 걸**
또 재주와 용기가 뛰어난 호걸이니 **호걸 걸**

4급 / 총 12획 / 人(亻)

+ 속 杰 – 나무(木)가 불(灬)타듯이 열성적이면 뛰어나니 '뛰어날 걸'

**傑作(걸작)** ① 뛰어난 작품. 명작(名作). ② 말이나 행동이 유별나게 우스꽝스러워 이목을 끄는 사람을 이르는 말.
**傑出(걸출)** 남보다 훨씬 뛰어난 사람.
**豪傑(호걸)** 재주와 용기가 뛰어난 사람.

+ 作(지을 작), 出(날 출, 나갈 출), 豪(굳셀 호, 호걸 호)

---

**182** 린린련 무무[粦隣憐 無舞] – 粦, 無로 된 한자

쌀(米)처럼 작은 불이 어긋나게(舛) 다니며 반짝이는 반딧불이니
**반딧불 린**

급외자 / 총 12획 / 米

+ 米(쌀 미)

---

언덕(阝)에 반딧불(粦)이 어우러져 반짝이듯 어우러져 사는 이웃이니
**이웃 린**

3급 / 총 15획 / 阜(阝)

+ 阝(언덕 부 변)

**善隣(선린)** 이웃과 사이좋게 지냄.
**遠親不如近隣(원친불여근린)** 멀리 사는 친척은 가까이 사는 이웃만 같지 못함.

+ 善(착할 선, 좋을 선, 잘할 선), 遠(멀 원), 親(어버이 친, 친할 친), 如(같을 여), 近(가까울 근, 비슷할 근)

---

마음(忄)에 반딧불(粦) 깜빡이듯 불쌍히 여기는 마음이 드니
**불쌍히 여길 련**

3급 / 총 15획 / 心(忄)

+ 忄(마음 심 변)

**可憐(가련)** 신세가 딱하고 가여움.
**同病相憐(동병상련)** '같은 병의 환자끼리 서로 가엾게 여김'으로, 어려운 사람끼리 동정하고 도움.

+ 可(옳을 가, 가히 가, 허락할 가), 同(한가지 동, 같을 동), 病(병 병, 근심할 병), 相(서로 상, 모습 상, 볼 상, 재상 상)

사람(ㅅ)이 장작더미를 **쌓아서(卌)** 그 밑에 **불(灬)**을 지핀 모양으로 불타면 없으니 **없을 무**

+ 약 无 – 하늘(一)과 땅(一)에 사람(ㄥ) 하나 없으니 '없을 무'
  旡 – 하나(一)도 숨은(ㄴ) 사람(ㅅ)이 없으니 '없을 무'
+ ㅅ[사람 인(人)의 변형], 灬(불 화 발), ㄥ[사람 인 발, 어진사람 인(儿)의 변형], ㄴ[감출 혜, 덮을 혜(匚, ㄴ)의 변형]

> **無能(무능)** (무엇을 할) 능력이 없음.
> **無識(무식)** 아는 것이 없음.

+ 能(능할 능), 識(알 식, 기록할 지)

---

정신**없이(無)** 발을 **어긋나게(舛)** 디디며 춤추니 **춤출 무**

+ 無[없을 무(無)의 획 줄임]

> **舞踊(무용)** '춤추고 뜀'으로, 음악에 맞추어 몸을 율동적으로 움직여 감정과 의지를 표현하는 예술. 춤.
> **歌舞(가무)** ① 노래와 춤. ② 노래하면서 추는 춤.

+ 踊(뛸 용), 歌(노래 가)

---

| **183** | **모수 배방 재재재[毛手 拜邦 才材財]** – 毛手와 拜邦, 才로 된 한자 |

짐승의 꼬리털을 본떠서 **털 모**

> **毛織(모직)** 털실로 짠 피륙.
> **毛皮(모피)** 짐승의 털이 붙은 가죽.

+ 織(짤 직), 皮(가죽 피)

---

손가락을 편 손을 본떠서 **손 수**
또 손으로 하는 재주나 재주 있는 사람을 가리켜서
**재주 수, 재주 있는 사람 수**

+ 글자의 왼쪽에 붙는 부수인 변으로 쓰일 때는 '손 수 변(扌)'

> **束手無策(속수무책)** 손이 묶인 듯이 어찌할 꾀가 없음(꼼짝 못함).
> **手法(수법)** (일을 다루는) 재주나 방법.
> **選手(선수)** ① 경기에 출전하는 사람. ② 어떤 일을 능숙하게 하거나 버릇으로 자주 하는 사람을 빗대어 이르는 말.

+ 束(묶을 속), 無(없을 무), 策(채찍 책, 꾀 책), 法(법 법), 選(가릴 선, 뽑을 선)

# 拜

4급Ⅱ / 총 9획 / 手(扌)

손(手)과 손(手)을 하나(一)로 모으고 하는 절이니 **절 배**

+ 手, 手[손 수, 재주 수, 재주 있는 사람 수(手)의 변형]

**歲拜(세배)** (섣달그믐이나 정초에 하는) 해가 바뀌는 인사.
**崇拜(숭배)** 우러러 공경함.

+ 歲(해 세, 세월 세), 崇(높일 숭, 공경할 숭)

---

# 邦

3급 / 총 7획 / 邑(阝)

풀 무성하듯(丰) 고을(阝)이 번성하여 이루어지는 나라니 **나라 방**

+ 丰[풀 무성할 봉, 예쁠 봉, 풍성할 풍(丰)의 변형] - 제목번호 189 참고, 阝(고을 읍 방)

**友邦(우방)** '벗 나라'로, 서로 가까이 사귀고 있는 나라.
**異邦人(이방인)** 다른 나라 사람.

+ 友(벗 우), 異(다를 이)

---

6급 / 총 3획 / 제부수

땅(一)에 초목(丨)의 싹(丿)이 자라나듯이 사람에게 있는 재주와 바탕이니
**재주 재, 바탕 재**

+ 초목은 처음에는 작지만 자라면 꽃도 피고 열매도 맺고 큰 재목도 되는 것처럼 사람에게
도 그런 재주와 바탕이 있다는 데서 만들어진 글자.

**秀才(수재)** 재주가 빼어난 사람. ↔ 둔재(鈍才)
**才能(재능)** 재주와 능력.

+ 秀(빼어날 수), 鈍(둔할 둔), 能(능할 능)

---

# 材

5급 / 총 7획 / 木

나무(木) 중 무엇의 바탕(才)이 되는 재목이나 재료니 **재목 재, 재료 재**

**材木(재목)** ① 재료로 쓰는 나무. ② '큰일을 할 인물'을 비유하여 이르는 말.
**材料(재료)** 물건을 만드는 바탕으로 쓰이는 것.

+ 木(나무 목), 料(헤아릴 료, 재료 료, 값 료)

---

5급 / 총 10획 / 貝

돈(貝) 버는 재주(才)가 있어 늘어나는 재물이니 **재물 재**

+ 조개 패, 재물 패(貝)는 재물을 뜻하는 부수, 재물 재(財)는 재물을 나타내는 한자.

**財物(재물)** 돈이나 값나가는 물건을 통틀어 일컫는 말.
**蓄財(축재)** 재물을 모아서 쌓음.

+ 物(물건 물), 蓄(모을 축, 쌓을 축)

8급 / 총 3획 / 寸

손목(寸)에서 **맥박(丶)**이 뛰는 곳까지의 마디니 **마디 촌**
또 마디마디 살피는 법도니 **법도 촌**

+ 1촌은 손목에서 손가락 하나를 끼워 넣을 수 있는 거리에 있는 맥박이 뛰는 곳까지로, 손가락 하나의 폭인 약 3cm입니다.

**寸刻(촌각)** 아주 짧은 시간.
**寸志(촌지)** '마디(조그마한) 뜻'으로, 자기 마음을 낮추어 이르는 말.

+ 刻(새길 각, 시각 각), 志(뜻 지)

---

7급 / 총 7획 / 木

**나무(木)**를 마디**마디(寸)** 이용하여 집을 지은 마을이니 **마을 촌**

**村落(촌락)** 시골의 (몇 집씩) 떨어져 이루어진 마을.
**農村(농촌)** 농업을 생업으로 하는 마을.

+ 落(떨어질 락), 農(농사 농)

---

討

3급 / 총 10획 / 言

**말(言)**로 마디**마디(寸)** 치며 토론하니 **칠 토, 토론할 토**

+ 言(말씀 언)

**討伐(토벌)** 군대를 보내어 침.
**討論(토론)** 어떤 문제에 대하여 여러 사람이 의견을 내세워 그것의 정당함을 논함. 또는 그 논의.

+ 伐(칠 벌), 論(논할 론, 평할 론)

---

守

4급 II / 총 6획 / 宀

**집(宀)**에서도 **법도(寸)**는 지키니 **지킬 수**

+ 宀(집 면)

**守護(수호)** 지키고 보호함.
**守舊(수구)** 묵은 관습이나 제도를 그대로 지키고 따름. ↔ 보수(保守)

+ 護(보호할 호), 舊(오랠 구, 옛 구)

3급II / 5획 / 人(亻)

사람(亻)들은 촌(寸)수 가까운 친척끼리 서로 주기도 하고 부탁도 하니
**줄 부, 부탁할 부**

**發付(발부)** (증서·영장 따위를) 발행하여 줌.
**付託(부탁)** (일을) 청하거나 맡김.

+ 發(쏠 발, 일어날 발), 託(부탁할 탁, 맡길 탁)

3급II / 총 8획 / 阜(阝)

언덕(阝)이 산에 **부탁하는(付)** 모양으로 붙어 가까이 하니
**붙을 부, 가까이 할 부**

+ 阝(언덕 부 변)

**附錄(부록)** (본문의 끝에) 덧붙이는 기록.
**附近(부근)** (어떤 곳을 중심으로) 가까운 곳.

+ 錄(기록할 록), 近(가까울 근, 비슷할 근)

3급II / 총 11획 / 竹(⺮)

대(⺮)쪽에 글을 써 **주었다가(付)** 나중에 증거로 삼는 부절이나 부호니
**부절 부, 부호 부**

또 부절처럼 들어맞으니 **들어맞을 부**

+ ⺮[대 죽(竹)이 부수로 쓰일 때의 모양]

**符節(부절)** 예전에, 돌이나 대나무·옥 따위로 만들어 신표로 삼던 물건. [주로 사신들이 가지고 다녔으며 둘로 갈라서 하나는 조정에 보관하고 하나는 본인이 가지고 다니면서 신분의 증거로 사용하였음]
**符號(부호)** 어떠한 뜻을 나타내기 위하여 정한 기호.
**符合(부합)** (어떤 현상이나 대상이) 서로 꼭 들어맞음.

+ 節(마디 절, 절개 절, 계절 절), 號(부르짖을 호, 이름 호, 부호 호), 合(합할 합, 맞을 합)

4급II / 총 8획 / 广

집(广)에서 문서를 주고(付)받는 관청이 있는 마을이니 **관청 부, 마을 부**
또 집(广)에서 줄(付) 물건을 넣어 두는 창고니 **창고 부**

+ 广(집 엄), '마을 부'로는 옛날 행정 구역의 하나로 쓰였습니다.

**政府(정부)** (국가를) 다스리는 관청.
**府尹(부윤)** 조선 시대 지방 관청인 부(府)의 우두머리. 지금의 시장(市長)에 해당함. 종2품.
**府庫(부고)** 문서나 재물을 넣어 두는 창고.

+ 政(다스릴 정), 尹(다스릴 윤, 벼슬 윤), 庫(곳집 고, 창고 고)

3급II / 총 14획 / 肉

창고(府)에 있는 고기(肉)도 오래 두면 썩으니 **썩을 부**

+ 肉(고기 육) - 제목번호 245 참고

*腐蝕(부식) 썩어서 문드러짐.
**腐敗(부패)** ① 썩음. ② (법규, 제도 등이) 문란해 바르지 못함.

+ 蝕(좀먹을 식), 敗(패할 패)

DAY
10

**4급Ⅱ / 총 6획 / 寸**

땅(土)에 법도(寸)를 지키며 수도하거나 일하도록 지은 절이나 관청이니
**절 사, 관청 시**

+ 어느 사회에나 규칙이 있지만 절 같은 사원(寺院)이 더욱 엄격하지요.
+ 土(흙 토)

> **寺院(사원)** 절·교회 등의 종교 기관.
> **寺刹(사찰)** 절.
> *司僕寺(사복시) 궁중의 가마나 말에 관한 일을 맡아보던 관아.

+ 院(집 원, 관청 원), 刹(짧은 시간 찰, 절 찰), 司(맡을 사, 벼슬 사), 僕(종 복)

---

**4급Ⅱ / 총 13획 / 言**

말(言)을 아껴 절(寺)에서처럼 경건하게 지은 시니 **시 시**

+ 시는 말을 아끼고 경건하게 지으니 시를 '언어(言語)의 사원(寺院)'이라고도 하지요.
+ 言(말씀 언), 語(말씀 어)

> **詩人(시인)** 시를 짓는 사람.
> **童詩(동시)** 어린이가 지은 시. 또는 어린이를 위한 시.

+ 童(아이 동)

---

**7급 / 총 10획 / 日**

(해시계로 시간을 재던 때에) 해(日)의 위치에 따라 절(寺)에서 종을 쳐서 알리던
때니 **때 시**

+ 요즘에도 절에는 종을 쳐 시간을 알리는 곳이 있지요.

> **年月日時(연월일시)** 해·달·날·시.
> **同時多發(동시다발)** 같은 시간에 많이 발생함.

+ 年(해 년, 나이 년), 月(달 월, 육 달 월), 同(한 가지 동, 같을 동), 多(많을 다), 發(쏠 발, 일어날 발)

---

**3급Ⅱ / 총 8획 / 人(亻)**

사람(亻)이 절(寺)에서 부처님을 모시듯 모시니 **모실 시**

> **侍女(시녀)** 시중드는 여자.
> **嚴妻侍下(엄처시하)** '엄한 아내를 모시고 있는 아래'로, 아내에게 쥐여사는 남자를 조롱하는 말.

+ 女(여자 녀), 嚴(엄할 엄), 妻(아내 처), 下(아래 하, 내릴 하)

---

**4급 / 총 9획 / 手(扌)**

손(扌)에 절(寺)에서 염주를 가지듯 가지니 **가질 지**

+ 扌(손 수 변)

> **持病(지병)** (오랫동안 낫지 않아) 늘 가지고 있는 병.
> **持久力(지구력)** 가지고 오래 버티는 힘.

+ 病(병 병, 근심할 병), 久(오랠 구), 力(힘 력)

**待**

6급 / 총 9획 / 彳

천천히 걸어(彳) 절(寺)에 가며 뒤에 오는 사람을 대접하여 같이 가려고 기다리니 **대접할 대, 기다릴 대**

+ 彳(조금 걸을 척)

> **待接(대접)** 음식을 차려서 손님을 대접함.
> **待期(대기)** (준비를 마치고) 때를 기다림.

+ 接(이을 접, 대접할 접), 期(기간 기, 기약할 기)

---

**特**

6급 / 총 10획 / 牛(牜)

소(牜)가 절(寺)에 가는 일처럼 특별하니 **특별할 특**

+ 牜[소 우(牛)가 부수로 쓰일 때의 모양으로 '소 우 변']

> **特別(특별)** 보통과 구별되게 다름.
> **特技(특기)** 특별한 재주.
> **特惠(특혜)** 특별한 혜택.

+ 別(나눌 별, 다를 별), 技(재주 기), 惠(은혜 혜)

---

**等**

6급 / 총 12획 / 竹(⺮)

대(⺮)가 절(寺) 주변에 같은 무리를 이루고 서 있는 차례니 **같을 등, 무리 등, 차례 등**

+ ⺮[대 죽(竹)이 부수로 쓰일 때의 모양]

> **等號(등호)** (두 식, 또는 두 수가) 같음을 나타내는 부호.
> **吾等(오등)** 우리들.
> **一等(일등)** (순위 등급에서) 첫째.

+ 號(부르짖을 호, 이름 호, 부호 호), 吾(나 오)

---

## 187 신궁 사사[身窮 射謝] – 身, 射로 된 한자

**身**

6급 / 총 7획 / 身

아이 밴 여자의 몸(🧍→ 身)을 본떠서 **몸 신**

> **全身(전신)** 온몸.
> **身長(신장)** '몸길이'로, 사람의 키.

+ 全(온전할 전), 長(길 장, 어른 장)

---

**窮**

4급 / 총 15획 / 穴

굴(穴) 속에서 몸(身)을 활(弓)처럼 웅크리고 사는 모양이 곤궁하니 **곤궁할 궁**
또 곤궁함을 벗어나려고 최선을 다하니 **다할 궁**

+ 곤궁(困窮) – ① 가난하여 살림이 구차함. ② 처지가 이러지도 저러지도 못하게 난처하고 딱함. 穴(구멍 혈, 굴 혈), 弓(활 궁), 困(곤할 곤)

> **窮乏(궁핍)** 몹시 가난하고 궁함.
> **窮理(궁리)** 마음속으로 이리저리 따져 깊이 생각함.

+ 乏(가난할 핍), 理(이치 리, 다스릴 리)

활이나 총을 몸(身)에 대고 조준하여 손마디(寸)로 당겨 쏘니 쏠 사

**4급 / 총 10획 / 寸**

射擊(사격) (총 등을) 쏘아 침.
注射(주사) 약액을 주사기에 넣어 생물체 속에 직접 주입하는 일.

+ 擊(칠 격), 注(물 댈 주, 쏟을 주)

말(言)을 쏘듯이(射) 갈라 끊어 분명하게 사례하고 사절하며 비니
**사례할 사, 사절할 사, 빌 사**

+ 言(말씀 언)

謝禮(사례) 고마운 뜻을 상대에게 예의를 갖추어 나타냄.
謝絕(사절) 요구나 제의를 받아들이지 않고 물리침.
謝罪(사죄) 지은 죄에 대하여 용서를 빎.

**4급II / 총 17획 / 言**

+ 禮(예도 례), 絕(끊을 절, 죽을 절, 가장 절), 罪(죄지을 죄, 허물 죄)

---

**188** 수주[壽鑄] – 壽로 된 한자

선비(士)도 하나(一)같이 장인(工)도 하나(一)같이 입(口)으로 먹으며
마디마디(寸) 이어가는 목숨이고 나이니 **목숨 수, 나이 수**
또 목숨을 이어 장수하니 **장수할 수**

**3급II / 총 14획 / 士**

+ 약 寿 – 예쁘게(丰) 법도(寸)를 지키며 이어가는 목숨이고 나이니 '목숨 수, 나이 수'
　　　　또 목숨을 이어 장수하니 '장수할 수'
+ 士(선비 사, 군사 사, 칭호나 직업 이름에 붙이는 말 사), 一[한 일(一)의 변형], 工(장인 공, 만들 공, 연장 공), 丰[풀 무성할 봉, 예쁠 봉, 풍성할 풍(丰)의 변형]

壽命(수명) 생물의 목숨. 또는 살아 있는 기간.
天壽(천수) 하늘로부터 타고난 수명.
無病長壽(무병장수) 병 없이 오래 삶.

+ 命(명령할 명, 목숨 명, 운명 명), 天(하늘 천), 病(병 병, 근심할 병), 長(길 장, 어른 장)

쇠(金)를 오래(壽) 녹여 틀에 부어 만드니 **쇠 부어 만들 주**

+ 약 鋳
+ 金(쇠 금, 금 금, 돈 금, 성씨 김)

鑄物(주물) 쇠붙이를 녹인 쇳물을 일정한 틀 속에 부어 굳혀 만든 물건.
鑄貨(주화) 쇠붙이를 녹여 화폐를 만드는 것. 또는 그 화폐.

**3급II / 총 22획 / 金**

+ 物(물건 물), 貨(재물 화, 물품 화)

262

특급 / 총 4획 / ㅣ

풀이 무성하게 자라 예쁘니 **풀 무성할 봉, 예쁠 봉**
또 재물이 **삼(三)**대까지 **이어질( ㅣ )** 정도로 풍성하니 **풍성할 풍**

---

급외자 / 총 7획 / 夂

**뒤져 오더라도(夂) 예쁜(丰)** 것을 이끌어 만나니
**이끌 봉, 만날 봉**

+ 夂(천천히 걸을 쇠, 뒤져 올 치)

---

3급II / 총 10획 / 山

**산(山)**의 양끝이 **만나는(夆)** 봉우리니 **봉우리 봉**

**連峰(연봉)** 죽 이어져 있는 산봉우리.
**最高峰(최고봉)** ① 가장 높은 봉우리. ② 어느 분야에서 가장 뛰어남을 비유하여 이르는 말.

+ 連(이을 련), 最(가장 최), 高(높을 고, 성씨 고)

---

3급 / 총 13획 / 虫

**벌레(虫)** 중 **만나(夆)** 무리지어 사는 벌이니 **벌 봉**

+ 虫(벌레 충), 벌은 여왕을 중심으로 수만 마리가 모여 삽니다.

**蜂起(봉기)** 벌떼처럼 떼 지어 일어남.
**養蜂(양봉)** (꿀을 받을 목적으로) 벌을 기름.

+ 起(일어날 기, 시작할 기), 養(기를 양)

---

3급II / 총 11획 / 辶(辶)

필요한 물건이나 사람을 **이끌고(夆) 가서(辶)** 만나니 **만날 봉**

**逢着(봉착)** 맞닥뜨림. 당면함.
**相逢(상봉)** 서로 만남.

+ 着(붙을 착), 相(서로 상, 모습 상, 볼 상, 재상 상)

DAY
10

契
3급II / 총 9획 / 大

어지럽지(丰) 않도록 **칼(刀)**로 **크게(大)** 새겨서 확실하게 맺으려고 애쓰니
맺을 계, 애쓸 결, 부족 이름 글

+ 刀(칼 도)

**契機(계기)** '맺은 기회'로, 어떤 일이 일어나거나 변화·결정되도록 하는 근거나 기회. 동기.
**契約(계약)** '맺어 묶음'으로, 약속을 말함.
**契丹(글단 → 거란)** 5세기 중엽부터 내몽골에 살던 유목 민족.

+ 機(베틀 기, 기계 기, 기회 기), 約(묶을 약, 약속할 약), 丹(붉을 단, 꽃 이름 란)

潔
4급II / 총 15획 / 水(氵)

**물(氵)**로 **어지럽게(丰)** 더러워진 **칼(刀)**과 **실(糸)**을 씻어 깨끗하니
깨끗할 결

+ 糸(실 사, 실 사 변)

**純潔(순결)** 순수하고 깨끗함.
**淸潔(청결)** 맑고 깨끗함.

+ 純(순수할 순), 淸(맑을 청)

憲
4급 / 총 16획 / 心

**집(宀)**이나 나라의 **어지러운(丰)** 일을 **법망(罒)**으로 다스리기 위해
**마음(心)**을 다해 만든 법이니 법 헌

+ 법망(法網) - 범죄자에 대한 제재를 물고기에 대한 그물로 비유하여 이르는 말.
+ 罒(그물 망, = 网, 㓁), 法(법 법), 網(그물 망)

**憲法(헌법)** 국가 기관의 조직 및 작용에 대한 기본적 원칙과 국민의 기본적 권리·의무 등을 규정한 근본법.
**違憲(위헌)** 헌법에 위반됨. ↔ 합헌(合憲)

+ 違(어길 위), 合(합할 합, 맞을 합)

害
5급 / 총 10획 / 宀

**집(宀)**에서 **어지럽게(丰)** 말하며(口) 해치고 방해하니
해칠 해, 방해할 해

+ 宀(집 면), 丰['풀 무성할 봉, 예쁠 봉, 풍성할 풍(丰)'의 변형 - 무성하니 어지럽다는 뜻도 된 것]

**害蟲(해충)** (인간 생활에) 해를 끼치는 벌레. ↔ 익충(益蟲)
**妨害(방해)** (무슨 일을) 제대로 하지 못하게 함.

+ 蟲(벌레 충), 益(더할 익, 유익할 익), 妨(방해할 방)

割
3급II / 총 12획 / 刀(刂)

**해(害)** 되는 것을 **칼(刂)**로 베어 나누니 벨 할, 나눌 할

+ 刂(칼 도 방)

**割引(할인)** (일정한 값에서) 얼마간의 값을 베어서 끌어내림.
**分割(분할)** 나누어 쪼갬.

+ 引(끌 인), 分(나눌 분, 단위 분, 단위 푼, 신분 분, 분별할 분, 분수 분)

3급 / 총 2획 / 又

주먹을 쥔 오른손을 본떠서 **오른손 우**
또 오른손은 또또 자주 쓰이니 **또 우**

**又況(우황)** 또 하물며.
**日新又日新(일신우일신)** '날로 새롭고 또 날로 새로움'으로, 나날이 발전함. 줄여서
'일일신(日日新)'이라고 함.

+ 況(상황 황, 하물며 황), 日(해 일, 날 일), 新(새로울 신)

---

5급 / 총 4획 / 又

**자주(ナ) 손(又)**잡으며 사귀는 벗이니 **벗 우**

+ 벗 붕, 무리 붕(朋)은 몸을 나타내는 육 달 월(月) 둘로 되었으니 같은 또래의 벗, 즉 동기
  (同期)의 벗이고, 벗 우(友)는 자주 손잡으며 사귀는 벗이니 같은 뜻의 벗, 즉 동지(同志)
  의 벗을 나타냅니다.
+ ナ['열 십, 많을 십(十)'의 변형], 同(한 가지 동, 같을 동), 期(기간 기, 기약할 기), 志(뜻 지)

**交友(교우)** 벗을 사귐. 또는 그 벗.
**敎友(교우)** 같은 종교를 믿는 벗.
**校友(교우)** 같은 학교를 다니거나 다녔던 벗.

+ 交(사귈 교, 오고갈 교), 敎(가르칠 교), 校(학교 교, 교정볼 교, 장교 교)

---

6급 / 총 4획 / 又

굴 **바위(厂)**처럼 덮인 것을 **손(又)**으로 거꾸로 뒤집으니
**거꾸로 반, 뒤집을 반**

+ 厂('굴 바위 엄, 언덕 엄'이지만 여기서는 가린 모양으로 봄)

**反對(반대)** (남의 의견에 따르지 않고) 거꾸로 대함.
**違反(위반)** 법률, 명령, 약속 따위를 지키지 않고 어김.

+ 對(상대할 대, 대답할 대), 違(어길 위, 잘못할 위)

---

3급II / 총 8획 / 心(忄)

**마음(忄)**이 **또(又) 흙(土)**처럼 흩어짐은 괴이하니 **괴이할 괴**

+ 忄(마음 심 변), 土(흙 토)

**怪異(괴이)** 이상야릇함.
**怪物(괴물)** 괴상하게 생긴 물체.

+ 異(다를 이), 物(물건 물)

---

3급II / 총 10획 / 木

여러 사람의 **손들(叒)**이 잎을 따 누에를 먹이는 **뽕나무(木)**니
**뽕나무 상**

+ 약 桒 - 많이(十) 풀(艹)잎을 따서 누에를 먹이는 뽕나무(木)니 '뽕나무 상'

**桑果(상과)** 뽕나무 열매. 오디.
**桑田碧海(상전벽해)** '뽕나무밭이 변하여 푸른 바다가 됨'으로, 세상일의 변천이 심함의
비유.

+ 果(과실 과, 결과 과), 碧(푸를 벽), 海(바다 해)

**DAY**
**10**

**5급 / 총 8획 / 木**

나무(木)를 톱으로 켜면 **반대(反)**쪽으로 벌어지면서 생기는 널빤지니
**널빤지 판**

+ 木(나무 목)

**板子(판자)** 널빤지.
**板書(판서)** 칠판에 글을 씀.

+ 子(아들 자, 첫째 지지 자, 자네 자, 접미사 자), 書(쓸 서, 글 서, 책 서)

---

**版**

**3급Ⅱ / 총 8획 / 片**

나무 **조각(片)**에 글자를 새겨 **뒤집어(反)** 인쇄하는 판목이니
**인쇄할 판, 판목 판**

+ 片(조각 편)

**出版(출판)** (서적 등을) 인쇄하여 펴냄.
**版木(판목)** 인쇄를 위하여 그림이나 글씨를 새긴 나무. 또는 그런 재료로 쓰는 목판.

+ 出(날 출, 나갈 출)

---

**販**

**3급 / 총 11획 / 貝**

**재물(貝)**을 **거꾸로(反)** 주며 팔고 장사하니 **팔 판, 장사할 판**

+ 貝(조개 패, 재물 패, 돈 패)

**販路(판로)** (상품이) 팔리는 방면이나 길.
**共販(공판)** 공동으로 판매함.

+ 路(길 로), 共(함께 공)

---

**叛**

**3급 / 총 9획 / 又**

**반(半)**씩 나누어도 **거꾸로(反)** 배반하니 **배반할 반**

+ 半[반 반(半)의 변형]

**背叛(배반)** (믿음과 의리를) 등지고 돌아섬.
**叛逆(반역)** 배반하고 거스름.

+ 背(등 배, 등질 배), 逆(거스를 역)

---

**3급 / 총 8획 / 辶(辶)**

**거꾸로(反) 가듯(辶)** 돌이켜 돌아오니 **돌이킬 반, 돌아올 반**

+ 反(거꾸로 반, 뒤집을 반)

**返還(반환)** 도로 돌려줌.
**返送(반송)** 돌려보냄.

+ 還(돌아올 환), 送(보낼 송)

4급 / 총 8획 / 又

손위(上)로 아버지보다 **작은(小) 또(又)** 다른 작은아버지나 아저씨니
**작은아버지 숙, 아저씨 숙**
또 **위(上)**부터 **작게(小) 또(又)** 또 열린 콩이니 **콩 숙**

+ '콩 숙'으로는 위에 초 두(艹)를 붙인 菽, 앞부분만 쓴 尗 모두 동자입니다. - 제목번호
 313 戚의 주 참고
+ 上(위 상, 오를 상), 小(작을 소)

**叔姪(숙질)** 아저씨와 조카.
**叔父(숙부)** 아버지의 남동생을 이르는 말. 작은아버지.

+ 姪(조카 질), 父(아버지 부)

3급II / 총 11획 / 水(氵)

**물(氵)**로만 자란 **콩(叔)**나물처럼 깨끗하고 맑으니 **맑을 숙**

**貞淑(정숙)** (여자로서 행실이) 곧고 맑음.
**淑女(숙녀)** ① 교양과 예의를 갖춘 정숙한 여자. ② 성년이 된 여자.

+ 貞(곧을 정)

寂

3급II / 총 11획 / 宀

**집(宀)**에 **아저씨(叔)**만 있는 듯 고요하고 쓸쓸하니 **고요할 적, 쓸쓸할 적**

+ 宀(집 면)

*寂寞(적막) ① 고요하고 쓸쓸함. ② 의지할 데 없이 외로움.
**靜寂(정적)** 움직임이 없이 조용함.

+ 寞(쓸쓸할 막), 靜(고요할 정)

督

4급II / 총 13획 / 目

**아저씨(叔)**가 **보고(目)** 감독하니 **감독할 독**

+ 目(눈 목, 볼 목, 항목 목)

**監督(감독)** 보살펴 단속함. 또는 그렇게 하는 사람.
**督促(독촉)** (빨리 하도록) 감독하여 재촉함.

+ 監(볼 감), 促(재촉할 촉)

DAY

10

4급II / 총 8획 / 又

### 귀(耳)로 듣고 손(又)으로 취하여 가지니 취할 취, 가질 취

+ 원래는 적군을 죽이고 그 전공을 알리기 위하여 귀(耳)를 잘라 손(又)으로 취하여 가져온다는 데서 생긴 글자. 일본에 가면 임진왜란 때 잘라간 귀를 묻은 이총(耳塚)이 있답니다.
+ 耳(귀 이), 又(오른손 우, 또 우), 塚(무덤 총)

**取捨選擇(취사선택)** (여럿 가운데서) 취하고 버릴 것을 선택함.
**取得(취득)** (어떤 물건이나 자격 등을 자기 것으로) 가짐.

+ 捨(버릴 사), 選(가릴 선, 뽑을 선), 擇(가릴 택), 得(얻을 득)

5급 / 총 12획 / 曰

### (무슨 일을 결정할 때) 여러 사람의 말(曰)을 취하여(取) 들음이 가장 최선이니 가장 최

+ 曰(가로 왈)

**最高(최고)** ① 가장 높음. ② 제일임.
**最善(최선)** 가장 좋거나 훌륭한 것.

+ 高(높을 고, 성씨 고), 善(착할 선, 좋을 선, 잘할 선)

4급 / 총 15획 / 走

### 달려가(走) 취할(取) 정도로 느끼는 재미와 취미니 재미 취, 취미 취

+ 走(달릴 주, 도망갈 주) - 제목번호 240 참고

**趣味(취미)** (마음에 끌려 일정한 방향으로 쏠리는) 흥미.
**趣向(취향)** 취미가 쏠리는 방향.

+ 味(맛 미), 向(향할 향, 나아갈 향)

3급II / 총 5획 / 皮

### 언덕(厂)처럼 둘러싸인 것을 손(又)으로 벗기는 가죽이니 가죽 피, 성씨 피

+ 厂['굴 바위 엄, 언덕 엄(厂)'의 변형],丨('뚫을 곤'이지만 여기서는 칼로 봄)

*皮膚(피부) 동물 몸의 겉을 싼 가죽.
**毛皮(모피)** 털가죽.

+ 膚(살갗 부), 毛(털 모)

### 벗겨 간(彳) 저 가죽(皮)이니 저 피

+ 彳(조금 걸을 척), 자기를 중심으로 가까운 것은 이 차(此), 먼 것은 저 피(彼)입니다.

**彼此(피차)** ① 저것과 이것. 저 일과 이 일. ② 서로.
**彼我(피아)** 저와 나. 저편과 이편.

+ 此(이 차), 我(나 아)

3급II / 총 8획 / 彳

## 被

3급II / 총 10획 / 衣(衤)

옷(衤)을 살**가죽(皮)**에 닿도록 입으니 **입을 피**
또 입은 것처럼 무슨 일을 당하니 **당할 피**

+ 衤(옷 의 변), 피(被) - (어떤 명사 앞에 쓰이어) 동작을 받거나 입는 뜻을 나타내는 말.

**被害(피해)** 해를 입음.
**被告(피고)** (소송에서) 고소를 당한 사람.

+ 害(해칠 해, 방해할 해), 告(알릴 고, 뵙고 청할 곡)

## 波

4급II / 총 8획 / 水(氵)

**물(氵)**의 **가죽(皮)**에서 치는 물결이니 **물결 파**

+ 물의 표면이 가죽인 셈이지요.

*波濤(파도) 큰 물결.
**波及(파급)** '물결이 미침'으로, 점차 전하여 널리 퍼짐.

+ 濤(물결 도), 及(이를 급, 미칠 급)

## 疲

3급II / 총 10획 / 疒

**병든(疒)** 것처럼 살**가죽(皮)**에 드러나도록 피곤하니 **피곤할 피**

+ 疒(병들 녁), 피곤하면 얼굴빛부터 달라지지요.

**疲困(피곤)** 몸이 지쳐 고달픔.
**疲勞(피로)** 몸이나 정신이 지쳐 나른함.

+ 困(곤란할 곤), 勞(수고할 로, 일할 로)

---

**196**    5위[韋偉緯違圍] - 韋로 된 한자

## 韋

2급 / 총 9획 / 韋

잘 다룬 가죽을 본떠서 **가죽 위**
또 다룸가죽은 부드러워 잘 어긋나니 **어긋날 위**

.

## 偉

5급 / 총 11획 / 人(亻)

보통 **사람(亻)**과 달리(韋) 크고 훌륭하니 **클 위, 훌륭할 위**

**偉大(위대)** 뛰어나고 훌륭함.
**偉人(위인)** 훌륭한 사람.

## 緯

**3급 / 총 15획 / 糸**

### 실(糸) 중 날실과 **어긋나게(韋)** 짜는 씨실이니 **씨실 위**

+ 베를 짤 때는 날실의 엇갈린 사이에 씨실을 담은 북이 왔다 갔다 하지요. 길게 늘어뜨린 쪽의 실을 날실 경(經), 좁은 쪽의 실을 씨실 위(緯)라 합니다.

> **經緯(경위)** '날실과 씨실'로, 사건의 전말. 일이 되어 온 내력.
> **緯度(위도)** 적도에서 남북으로 각각 평행하게 나누어 지구 표면을 측정하는 좌표.

+ 度(법도 도, 정도 도, 헤아릴 탁)

---

## 違

**3급 / 총 13획 / 辵(辶)**

### 어긋나게(韋) 가며(辶) 어기고 잘못하니 **어길 위, 잘못할 위**

+ 辶(뛸 착, 갈 착)

> **違反(위반)** (법령·제약·약속 등을) 어겨 거꾸로 함.
> **違約(위약)** 약속을 어김.

+ 反(거꾸로 반, 뒤집을 반), 約(묶을 약, 약속할 약)

---

## 圍

**4급 / 총 12획 / 口**

### 가죽(韋)으로 둘레를 **에워싸니(口)** **둘레 위, 에워쌀 위**

+ 약 囲 – 우물틀(井)처럼 둘레를 에워싸니(口) '둘레 위, 에워쌀 위'
+ 口[에운담, 나라 국(國)의 약자], 井(우물 정, 우물틀 정)

> **周圍(주위)** 둘레. 환경.
> **包圍(포위)** 주위를 둘러쌈.

+ 周(두루 주, 둘레 주), 包(쌀 포)

---

## 行

**6급 / 총 6획 / 行**

### 사람이 다니며 일을 행하는 사거리를 본떠서 **다닐 행, 행할 행**
### 또 (친척의 이름에서 돌려) 다니며 쓰는 항렬이니 **항렬 항**

> **行動(행동)** 몸을 움직임. 또는 그 동작.
> **行列(항렬)** 같은 혈족에서 갈라져 나간 계통 사이의 대수(代數) 관계. 형제 관계를 같은 항렬이라 함.
> **行列(행렬)** ① 여럿이 줄서서 감. ② 어떤 수를 몇 개의 행과 열로 나열한 표

+ 動(움직일 동), 列(벌일 렬, 줄 렬)

---

## 衝

**3급 II / 총 15획 / 行**

### 무거운(重) 물건을 들고 **갈(行)** 때처럼 잘 볼 수 없으면 부딪치고 찌르니
### **부딪칠 충, 찌를 충**

+ 重(무거울 중, 귀중할 중, 거듭 중) – 제목번호 057 참고

> **衝突(충돌)** 서로 마주 부딪침. 다툼.
> **衝天(충천)** '하늘을 찌름'으로, 높이 솟아 하늘을 찌를 듯함.

+ 突(갑자기 돌, 부딪칠 돌, 내밀 돌, 굴뚝 돌), 天(하늘 천)

**衛**

4급II / 총 15획 / 行

서로 **어긋나게(韋)** 바꿔 **다니며(行)** 지키니 **지킬 위**

+ 일정한 시간마다 서로 엇갈리게 다니며 지켜야 빈틈이 없지요.

**防衛(방위)** 막아서 지킴.
**守衛(수위)** 관청 등의 경비를 맡은 사람.

+ 防(둑 방, 막을 방), 守(지킬 수)

---

**衡**

3급II / 총 16획 / 行

**물고기(魚)**처럼 떠서 **움직이는(行)** 저울대니 **저울대 형**

+ 魚[물고기 어(魚)의 변형]. 옛날 저울은 막대에 추를 다는 구조였는데, 이 때 추가 물고기처럼 움직이지요.

**均衡(균형)** (어느 한쪽으로 치우침 없이) 고르게 평평함.
**平衡(평형)** (어느 편으로도 넘어지거나 기울어지지 않은) 평평한 상태.

+ 均(고를 균), 平(평평할 평, 평화 평)

---

| 198 | 간건간한 조조묘[卓乾幹韓 朝潮廟] – 卓, 朝로 된 한자 |
|-----|-----|

**卓**

참고자 / 총 8획

나무 사이에 **해(日)** 돋는 모양에서 **해 돋을 간**

+ 어원 해설을 위해 추정해 본 글자로 실제 쓰이지는 않습니다.

---

**乾**

3급II / 총 11획 / 乙

**해 돋아(卓) 사람(亻)**과 **새(乙)** 등을 살게 하는 하늘이니 **하늘 건**
또 해 돋은 하늘에 물건은 마르니 **마를 건**

+ 亻[사람 인(人)의 변형], 乙(새 을, 둘째 천간 을, 둘째 을, 굽을 을)

**乾坤(건곤)** 하늘과 땅. 천지(天地).
**乾燥(건조)** 습기나 물기를 말림.

+ 坤(땅 곤), 天(하늘 천), 地(땅 지, 처지 지), 燥(탈 조, 마를 조)

---

**幹**

3급II / 총 13획 / 干

**해 돋을(卓)** 때부터 **사람(人)**과 **방패(干)**를 관리하는 간부니 **간부 간**
또 나무에서 간부처럼 중요한 줄기니 **줄기 간**

+ 干(방패 간, 범할 간, 얼마 간, 마를 간) – 제목번호 031 참고

**幹部(간부)** 조직체나 기관의 책임자나 지휘자.
**幹線(간선)** (도로·철도 등의) 주요 구간을 연결하는 선. ↔ 지선(支線)

+ 部(마을 부, 나눌 부, 거느릴 부), 線(줄 선), 支(다룰 지, 가를 지, 지출할 지)

# 韓

8급 / 총 17획 / 韋

**해 돋는(卓) 동쪽의 위대한(韋) 한국이니 한국 한, 성씨 한**

+ 韋['가죽 위, 어길 위'지만 여기서는 '클 위, 위대할 위(偉)'의 획 줄임으로 봄]

**大韓民國(대한민국)** 우리나라의 국호(國號).

+ 民(백성 민), 國(나라 국), 號(부르짖을 호, 이름 호, 부호 호)

---

# 朝

6급 / 총 12획 / 月

**해는 뜨는데(卓) 아직 달(月)도 있는 아침이니 아침 조**
**또 (신하는) 아침마다 조정에 나가 임금을 뵈었으니 조정 조, 뵐 조**

+ 月(달 월, 육 달 월), 그믐이 가까워지면 아침까지 달이 있지요.

**朝飯(조반)** 아침밥.
**朝廷(조정)** 임금이 나라의 정치를 의논·집행하는 곳.
**朝會(조회)** ① 왕조 때, 신하들이 아침마다 임금을 뵙던 일. ② 주로 학교에서 수업 시작 전에 나누는 아침 인사.

+ 飯(밥 반), 廷(조정 정), 會(모일 회)

---

# 潮

4급 / 총 15획 / 水(氵)

**바다에서 물(氵)이 아침(朝)저녁으로 불었다 줄었다 하는 조수니 조수 조**

**潮水(조수)** 주기적으로 들었다가 나갔다가 하는 바닷물.
**潮流(조류)** ① 바닷물의 흐름. ② 시세의 동향.

+ 流(흐를 류, 번져 나갈 류)

---

# 廟

3급 / 총 15획 / 广

**집(广) 중 아침(朝)마다 제사 지내는 사당이니 사당 묘**

+ 속 庙 - 집(广) 중 말미암은(由) 조상께 제사 지내는 사당이니 '사당 묘'
+ 사당 - 조상의 신주(神主)를 모셔 놓은 집.
+ 广(집 엄), 由(까닭 유, 말미암을 유), 神(귀신 신, 신비할 신), 主(주인 주)

**宗廟(종묘)** 역대 왕과 왕비의 위패(位牌)를 모셔 두는 왕실의 사당.
**廟社(묘사)** 종묘(宗廟)와 사직(社稷)을 아울러 이르는 말.
+ 墓祀(묘사) 묘에서의 제사.

+ 宗(종가 종, 으뜸 종, 사당 종), 位(자리 위, 신 위), 牌(패 패, 명찰 패), 社(토지신 사, 모일 사), 稷(기장 직, 곡식신 직), 社稷(사직) - 제목번호 111 社의 주 참고, 墓(무덤 묘), 祀(제사 사)

# 有

7급 / 총 6획 / 肉(月)

많이(𠂇) 고기(月)를 가지고 있으니 **가질 유, 있을 유**

+ 𠂇['열 십, 많을 십(十)'의 변형], 月(달 월, 육 달 월)

> **所有(소유)** '가진 바로', 가지고 있음.
> **有罪(유죄)** 죄가 있음.

+ 所(장소 소, 바 소), 罪(죄지을 죄, 허물 죄)

# 右

7급 / 총 5획 / 口

자주(𠂇) 써서 말(口)에 잘 움직이는 오른쪽이니 **오른쪽 우**

+ 유 石(돌 석), 古(오랠 고, 옛 고)
+ 요즘은 어느 손이나 잘 써야 하지만 옛날에는 주로 오른손을 썼고, 습관이 되어서 대부분의 일을 오른손으로 했지요.

> **左右(좌우)** '왼쪽과 오른쪽'으로, 주변을 뜻함.
> **座右銘(좌우명)** '자리 우측에 새김'으로, 늘 옆에 갖추어 두고 가르침으로 삼는 말이나 문구.

+ 座(자리 좌, 위치 좌), 銘(새길 명)

# 左

7급 / 총 5획 / 工

(목수는 왼손에 자를 들고 오른손에 연필이나 연장을 듦을 생각하여)
많이(𠂇) 자(工)를 쥐는 왼쪽이니 **왼쪽 좌**
또 왼쪽은 낮은 자리도 뜻하여 **낮은 자리 좌**

+ 工(자를 본떠서 만들어진 글자로 '장인 공, 만들 공, 연장 공'이지만 여기서는 본떠 만든 '자'로 봄)
+ 예전에 중국에서 오른쪽을 숭상하고 왼쪽을 멸시하였던 데서 유래.

> **右往左往(우왕좌왕)** 이리저리 왔다 갔다 하며 일이나 방향을 종잡지 못함.
> **左傾(좌경)** ① 왼쪽으로 기울어짐. ② (사회주의·공산주의 따위의) 좌익 사상에 물듦.
> **左遷(좌천)** 낮은 관직이나 지위로 떨어지거나 외직으로 전근됨을 이르는 말.

+ 往(갈 왕), 傾(기울 경), 遷(옮길 천)

# 佐

3급 / 총 7획 / 人(亻)

사람(亻)이 왼쪽(左)에서 도우니 **도울 좌**

> **佐飯(좌반 → 자반)** ① 물고기를 소금에 절인 반찬. ② 해산물이나 나물 종류에 간장이나 찹쌀 풀을 발라서 말린 것을 굽거나 기름에 튀긴 반찬.
> **補佐(보좌)** 상관을 도와 일을 처리함.

+ 飯(밥 반), 補(기울 보)

# 灰

4급 / 총 6획 / 火

많이(𠂇) 불(火)타고 남은 재니 **재 회**

+ 火(불 화)

> **灰色(회색)** 검은색과 흰색의 중간 색깔.
> **灰心(회심)** 재처럼 고요히 사그라져 외부의 유혹을 받지 아니하는 마음.

+ 色(빛 색), 心(마음 심, 중심 심)

**DAY**

**10**

**炭**

5급 / 총 9획 / 火

산(山)에 묻혀 있는 **재(灰)** 같은 숯이나 석탄이니 **숯 탄, 석탄 탄**

+ 山(산 산), 灰[재 회(灰)의 변형]

**炭鑛(탄광)** 석탄을 캐내는 광산.
**煉炭(연탄)** 가루 석탄을 반죽하여 만든 연료.

+ 鑛(쇳돌 광), 煉(단련할 련, 불에 달굴 련)

---

**200** 고 약(야)락 타(수)타수[苦 若諾 隋墮隨] – 苦와 若, 隋로 된 한자

---

**苦**

6급 / 총 9획 / 草(++)

**풀(++)**, 즉 나물도 **오래(古)**되면 쇠어서 쓰니 **쓸 고**
또 맛이 쓰면 먹기에 괴로우니 **괴로울 고**

+ ++(초 두), 쇠다 – 채소가 너무 자라서 줄기나 잎이 뻣뻣하고 억세게 되다.

**苦杯(고배)** ① 쓴 술잔. ② 쓰라린 경험을 비유적으로 이르는 말.
**苦樂(고락)** 괴로움과 즐거움.

+ 杯(잔 배), 樂(노래 악, 즐길 락, 좋아할 요)

---

**若**

3급Ⅱ / 총 9획 / 草(++)

**풀(++)**이 만약 들쭉날쭉하다면 자주 쓰는 **오른(右)**손으로 잘라 같게 하니
**만약 약, 같을 약, 반야 야**
또 쑥쑥 자라는 **풀(++)**이나 힘센 **오른(右)**손처럼 젊으니 **젊을 약**

+ 右(오른쪽 우)

**萬若(만약)** 만일.
**明若觀火(명약관화)** 밝기가 불을 보는 것 같음.
**般若(반야)** 대승 불교에서, 만물의 참다운 실상을 깨닫고 불법을 꿰뚫는 지혜.

+ 萬(일만 만, 많을 만), 觀(볼 관), 火(불 화), 般(옮길 반, 일반 반)

---

**諾**

3급Ⅱ / 총 16획 / 言

청하는 **말(言)**과 **같이(若)** 허락하고 대답하니
**허락할 락(낙), 대답할 락(낙)**

+ 言(말씀 언)

**許諾(허락)** (청하고 바라는) 바를 들어줌.
**唯唯諾諾(유유낙낙)** '유(唯)는 빠른 대답, 낙(諾)은 느린 대답'으로, 일의 좋고 나쁨을 가리지 않고 무조건 따름이나 두말없이 승낙함을 이르는 말.

+ 許(허락할 허), 唯(대답할 유, 오직 유)

---

**隋**

2급 / 총 12획 / 阜(阝)

**언덕(阝)** 아래 **낮은 자리(左)**로 **몸(月)**이 떨어지니 **떨어질 타**
또 중심에서 멀리 떨어져 있던 수나라니 **수나라 수**

+ 阝(언덕 부 변), 左(왼쪽 좌, 낮은 자리 좌), 月(달 월, 육 달 월), 수(隋)나라 – 옛날 중국에 있던 나라.

# 墮

3급 / 총 15획 / 土

## 떨어져(隋) 흙(土)에 빠지니 떨어질 타, 빠질 타

+ 약 隋 – 언덕(阝) 아래에 있는(有) 흙(土)으로 떨어져 빠지니 '떨어질 타, 빠질 타'
+ 土(흙 토)

> **墮落(타락)** 나쁜 행실에 빠짐.
> **墮罪(타죄)** 죄에 빠짐. 또는 죄인이 됨.

+ 落(떨어질 락), 罪(죄지을 죄, 허물 죄)

# 隨

3급Ⅱ / 총 16획 / 阜(阝)

## (약간) 떨어져(隋) 가며(辶) 따르니 따를 수

+ 약 隨 – 언덕(阝)까지라도 뜻이 있는(有) 분을 따라가니(辶) '따를 수'
+ 누구를 따라갈 때는 약간 뒤져서 가지요.

> **隨行員(수행원)** 따라다니며 돕거나 신변을 보호하는 사람.
> **隨意契約(수의계약)** (경쟁에 의하지 않고) 뜻에 따라 일방적으로 상대방을 골라 체결하는 계약. ↔ 경쟁계약(競爭契約)

+ 行(다닐 행, 행할 행, 항렬 항), 員(관원 원, 사람 원), 意(뜻 의), 契(맺을 계, 애쓸 결, 부족 이름 글), 約(묶을 약, 약속할 약), 競(다툴 경, 겨룰 경), 爭(다툴 쟁)

---

## TIP

**〈한자에 많이 쓰인 소재들〉**

한자가 만들어지던 시절을 생각하면 한자의 어원이 보다 쉽게 이해됩니다.

한자가 만들어지던 시절에 많이 쓰인 소재로 된 한자들을 뽑아보면 대강 다음과 같은데, 이 한자들을 부수로 이용하여 많은 한자들이 만들어졌지요.

① 사람과 몸과 관련된 한자 – 사람 인(人), 입 구(口), 눈 목(目), 귀 이(耳), 손 수(手), 발 족(足), 이 치(齒), 마음 심(心), 육 달 월(月), 아들 자(子), 여자 녀(女) 등.

② 먹고 입고 말하고 힘쓰는 것과 관련된 한자 – 밥 식(食), 옷 의(衣), 말씀 언(言), 힘 력(力) 등.

③ 생활에 큰 영향을 미치는 우주와 관련된 한자 – 해 일(日), 달 월(月), 별 성(星), 비 우(雨), 산 산(山), 물 수(水), 내 천(川) 등.

④ 대부분 농사를 지어서 농사와 곡식과 관련된 한자 – 밭 전(田), 마을 리(里), 벼 화(禾), 쌀 미(米), 보리 맥(麥) 등.

⑤ 전쟁을 많이 했기에 당시에 쓰던 무기와 관련된 한자 – 칼 도(刀), 활 궁(弓), 화살 시(矢), 주살 익(弋), 창 과(戈), 창 모(矛), 방패 간(干) 등.

⑥ 당시 주요 소재였던 것으로 된 한자 – 나무 목(木), 대 죽(竹), 풀 초(草), 실 사(絲), 돌 석(石), 흙 토(土) 등.

⑦ 실생활과 밀접한 동물로 된 한자 – 양 양(羊), 소 우(牛), 돼지 시(豕), 말 마(馬), 사슴 록(鹿), 범 호(虎), 원숭이 우(禺), 새 조(鳥), 물고기 어(魚) 등.

⑧ 집이나 당시 생활 도구로 된 한자 – 집 면(宀), 문 문(門), 방 방(房), 불 화(火), 실 사(糸), 말 두(斗), 배 주(舟) 등.

# 구조로 한자 되짚어 보기

## 181 천 순순 걸걸[舛 舜瞬 桀傑] – 舛과 舜, 桀로 된 한자

저녁 석[夕] 뒤에 한 일[一], 감출 혜, 덮을 혜[ㄴ]와 뚫을 곤[丨]이면 어긋날 천[舛],
어긋날 천[舛] 위에 손톱 조[爫]와 덮을 멱[冖]이면 무궁화 순, 순임금 순[舜], 무궁화 순, 순임금 순[舜] 앞에 눈 목, 볼 목, 항목 목[目]이면 눈 깜짝할 순[瞬],
어긋날 천[舛] 아래에 나무 목[木]이면 사나울 걸, 걸 임금 걸[桀], 사나울 걸, 걸 임금 걸[桀] 앞에 사람 인 변[亻]이면 뛰어날 걸, 호걸 걸[傑]

## 182 린린련 무무[粦隣憐 無舞] – 粦, 無로 된 한자

어긋날 천[舛] 위에 쌀 미[米]면 반딧불 린[粦], 반딧불 린[粦] 앞에 언덕 부 변[阝]이면 이웃 린[隣], 마음 심 변[忄]이면 불쌍히 여길 련[憐],
사람 인[人]의 변형[𠂉]과 장작더미를 쌓은 모양[卌] 밑에 불 화 발[灬]이면 없을 무[無], 없을 무[無]의 획 줄임[無] 아래에 어긋날 천[舛]이면 춤출 무[舞]

## 183 모수 배방 재재재[毛手 拜邦 才材財] – 毛手와 拜邦, 才로 된 한자

짐승의 꼬리털을 본떠서 털 모[毛], 손가락을 편 손을 본떠서 손 수[手], 또 손으로 하는 재주나 재주 있는 사람을 가리켜서 재주 수, 재주 있는 사람 수[手],
손 수, 재주 수, 재주 있는 사람 수[手]의 변형 둘[扌, 扌]에 한 일[一]이면 절 배[拜], 풀 무성할 봉, 예쁠 봉, 풍성할 풍[丰]의 변형[扌] 뒤에 고을 읍 방[阝]이면 나라 방[邦],
한 일[一]에 갈고리 궐[亅]과 삐침 별[丿]이면 재주 재, 바탕 재[才], 재주 재, 바탕 재[才] 앞에 나무 목[木]이면 재목 재, 재료 재[材], 조개 패, 재물 패, 돈 패[貝]면 재물 재[財]

## 184 촌촌토수[寸村討守] – 寸으로 된 한자

손목[十]에서 맥박[丶]이 뛰는 곳까지의 마디니 마디 촌[寸], 또 마디마디 살피는 법도니 법도 촌[寸], 마디 촌, 법도 촌[寸] 앞에 나무 목[木]이면 마을 촌[村], 말씀 언[言]이면 칠 토, 토론할 토[討], 위에 집 면[宀]이면 지킬 수[守]

## 185 부부부 부부[付附符 府腐] – 付, 府로 된 한자

마디 촌, 법도 촌[寸] 앞에 사람 인 변[亻]이면 줄 부, 부탁할 부[付], 줄 부, 부탁할 부[付] 앞에 언덕 부 변[阝]이면 붙을 부, 가까이 할 부[附], 위에 대 죽[竹]이면 부절 부, 부호 부[符], 집 엄[广]이면 관청 부, 마을 부, 창고 부[府],
관청 부, 마을 부, 창고 부[府] 아래에 고기 육[肉]이면 썩을 부[腐]

## 186 사(시)시시시 지대특등[寺詩時侍 持待特等] – 寺로 된 한자

마디 촌, 법도 촌[寸] 위에 흙 토[土]면 절 사, 관청 시[寺].
절 사, 관청 시[寺] 앞에 말씀 언[言]이면 시 시[詩], 해 일, 날 일[日]이면 때 시[時], 사람 인 변[亻]이면 모실 시[侍], 손 수 변[扌]이면 가질 지[持], 조금 걸을 척[彳]이면 대접할 대, 기다릴 대[待], 소 우 변[牜]이면 특별할 특[特], 위에 대 죽[⺮]이면 같을 등, 무리 등, 차례 등[等]

## 187 신궁 사사[身窮 射謝] – 身, 射로 된 한자

아이 밴 여자의 몸을 본떠서 몸 신[身], 몸 신[身] 뒤에 활 궁[弓], 위에 구멍 혈[穴]이면 곤궁할 궁, 다할 궁[窮], 몸 신[身] 뒤에 마디 촌, 법도 촌[寸]이면 쏠 사[射].
쏠 사[射] 앞에 말씀 언[言]이면 사례할 사, 사절할 사, 빌 사[謝]

## 188 수주[壽鑄] – 壽로 된 한자

선비 사, 군사 사, 칭호나 직업에 붙이는 말 사[士] 아래에 한 일[一]의 변형[乛], 장인 공, 만들 공, 연장 공[工], 한 일[一], 입 구, 말할 구, 구멍 구[口], 마디 촌, 법도 촌[寸]이면 목숨 수, 나이 수, 장수할 수[壽].
목숨 수, 나이 수, 장수할 수[壽] 앞에 쇠 금, 금 금, 돈 금, 성씨 김[金]이면 쇠 부어 만들 주[鑄]

## 189 봉(풍) 4봉[丰 夆峰蜂逢] – 丰과 夆으로 된 한자

석 삼[三]에 뚫을 곤[丨]이면 풀 무성할 봉, 예쁠 봉, 풍성할 풍[丰], 풀 무성할 봉, 예쁠 봉, 풍성할 풍[丰] 위에 천천히 걸을 쇠, 뒤져 올 치[夂]면 이끌 봉, 만날 봉[夆].
이끌 봉, 만날 봉[夆] 앞에 산 산[山]이면 산봉우리 봉[峰], 벌레 충[虫]이면 벌 봉[蜂], 아래에 뛸 착, 갈 착[辶]이면 만날 봉[逢]

## 190 계(글)결 헌 해할[契潔 憲 害割] – 丰, 害로 된 한자

풀 무성할 봉, 예쁠 봉, 풍성할 풍[丰] 뒤에 칼 도[刀], 아래에 큰 대[大]면 맺을 계, 부족 이름 글[契], 풀 무성할 봉, 예쁠 봉, 풍성할 풍[丰] 뒤에 칼 도[刀], 아래에 실 사, 실 사 변[糸], 앞에 삼 수 변[氵]이면 깨끗할 결[潔].
집 면[宀] 아래에 풀 무성할 봉, 예쁠 봉, 풍성할 풍[丰]의 변형[丰]과 그물 망[罒], 마음 심, 중심 심[心]이면 법 헌[憲].
집 면[宀] 아래에 풀 무성할 봉, 예쁠 봉, 풍성할 풍[丰]의 변형[丰]과 입 구, 말할 구, 구멍 구[口]면 해칠 해, 방해할 해[害], 해칠 해, 방해할 해[害] 뒤에 칼 도 방[刂]이면 벨 할, 나눌 할[割]

## 191 우우반괴상[又友反怪桑] – 又로 된 한자

주먹을 쥔 오른손을 본떠서 오른손 우[又], 또 오른손은 또또 자주 쓰이니 또 우[又].
오른손 우, 또 우[又] 위에 열 십, 많을 십[十]의 변형[𠂇]이면 벗 우[友], 굴 바위 엄, 언덕 엄[厂]이면 거꾸로 반, 뒤집을 반[反], 아래에 흙 토[土], 앞에 마음 심 변[忄]이면 괴이할 괴[怪], 오른손 우, 또 우 셋[叒] 아래에 나무 목[木]이면 뽕나무 상[桑]

## 192 판판판 반반[板版販 叛返] – 反으로 된 한자

거꾸로 반, 뒤집을 반[反] 앞에 나무 목[木]이면 널조각 판[板], 조각 편[片]이면 인쇄할 판, 판목 판[版], 조개 패, 재물 패, 돈 패[貝]면 팔 판, 장사할 판[販], 반 반[半]이면 배반할 반[叛], 아래에 뛸 착, 갈 착[辶]이면 돌이킬 반, 돌아올 반[返]

## 193 숙숙적독[叔淑寂督] - 叔으로 된 한자

위 상, 오를 상[上] 아래에 작을 소[小], 뒤에 오른손 우, 또 우[又]면 작은아버지 숙, 아저씨 숙[叔], 작은아버지 숙, 아저씨 숙[叔] 앞에 삼 수 변[氵]이면 맑을 숙[淑], 위에 집 면[宀]이면 고요할 적, 쓸쓸할 적[寂], 아래에 눈 목, 볼 목, 항목 목[目]이면 감독할 독[督]

## 194 취최취[取最趣] - 取로 된 한자

귀 이[耳] 뒤에 오른손 우, 또 우[又]면 취할 취, 가질 취[取], 취할 취, 가질 취[取] 위에 가로 왈[曰]이면 가장 최[最], 아래에 달릴 주, 도망갈 주[走]면 재미 취, 취미 취[趣]

## 195 피피피파피[皮彼被波疲] - 皮로 된 한자

가죽[广]을 칼[丨] 들고 손[又]으로 벗기는 모양에서 가죽 피[皮],
가죽 피[皮] 앞에 조금 걸을 척[彳]이면 저 피[彼], 옷 의 변[衤]이면 입을 피, 당할 피[被], 삼 수 변[氵]이면 물결 파[波], 병들 녁[疒]이면 피곤할 피[疲]

## 196 5위[韋偉緯違圍] - 韋로 된 한자

잘 다듬어진 가죽을 본떠서 가죽 위[韋], 또 서로 반대 방향으로 어기는 모양에서 어길 위[韋], 가죽 위, 어길 위[韋] 앞에 사람 인 변[亻]이면 클 위, 훌륭할 위[偉], 실 사, 실 사 변[糸]이면 씨실 위[緯], 아래에 뛸 착, 갈 착[辶]이면 어길 위, 잘못 위[違], 둘레에 에운담[囗]이면 둘레 위, 에워쌀 위[圍]

## 197 행(항)충위형[行衝衛衡] - 行으로 된 한자

사람이 다니며 일을 행하는 사거리를 본떠서 다닐 행, 행할 행[行], 또 [친척의 이름에서 돌려] 다니며 쓰는 항렬이니 항렬 항[行], 다닐 행, 행할 행, 항렬 항[行] 사이에 무거울 중, 귀중할 중, 거듭 중[重]이면 부딪칠 충, 찌를 충[衝], 가죽 위, 어길 위[韋]면 지킬 위[衛], 물고기 어[魚]의 변형[䰠]이면 저울대 형[衡]

## 198 간건간한 조조묘[𠦝乾幹韓 朝潮廟] - 𠦝, 朝로 된 한자

해 돋을 간[𠦝] 뒤에 사람 인[人]의 변형[𠂉]과 새 을, 둘째 천간 을, 둘째 을, 굽을 을[乙]이면 하늘 건, 마를 건[乾], 사람 인[人]과 방패 간[干]이면 간부 간, 줄기 간[幹], 가죽 위, 어길 위[韋]면 한국 한[韓], 달 월, 육 달 월[月]이면 아침 조, 조정 조, 뵐 조[朝], 아침 조, 조정 조, 뵐 조[朝] 앞에 삼 수 변[氵]이면 조수 조[潮], 위에 집 엄[广]이면 사당 묘[廟]

## 199 유우 좌좌 회탄[有右 左佐 灰炭] - 𠂇, 左, 灰로 된 한자

열 십, 많을 십[十]의 변형[𠂇] 아래에 달 월, 육 달 월[月]이면 가질 유, 있을 유[有], 입 구, 말할 구, 구멍 구[口]면 오른쪽 우[右], 장인 공, 만들 공, 연장 공[工]이면 왼쪽 좌, 낮은 자리 좌[左], 왼쪽 좌, 낮은 자리 좌[左] 앞에 사람 인 변[亻]이면 도울 좌[佐], 열 십, 많을 십[十]의 변형[𠂇] 아래에 불 화[火]면 재 회[灰], 재 회[灰]의 변형[灰] 위에 산 산[山]이면 숯 탄, 석탄 탄[炭]

## 200 고 약(야)락 타(수)타수[苦 若諾 隋墮隨] - 苦와 若, 隋로 된 한자

초 두[艹] 아래에 오랠 고, 옛 고[古]면 쓸 고, 괴로울 고[苦], 오른쪽 우[右]면 만약 약, 같을 약, 반야 야, 젊을 약[若], 만약 약, 같을 약, 반야 야, 젊을 약[若] 앞에 말씀 언[言]이면 허락할 락, 대답할 락[諾],
언덕 부 변[阝]과 왼쪽 좌, 낮은 자리 좌[左] 아래에 달 월, 육 달 월[月]이면 떨어질 타, 수나라 수[隋], 떨어질 타, 수나라 수[隋] 아래에 흙 토[土]면 떨어질 타, 빠질 타[墮], 뛸 착, 갈 착[辶]이면 따를 수[隨]

# 확인문제

01~04 다음 漢字의 훈(뜻)과 음(소리)를 쓰시오.

01. 瞬 (                    )                    02. 隣 (                    )

03. 憐 (                    )                    04. 邦 (                    )

05~08 다음 훈음에 맞는 漢字를 쓰시오.

05. 가장 최 (                    )              06. 물결 파 (                    )

07. 지킬 위 (                    )              08. 조수 조 (                    )

09~12 다음 漢字語의 讀音을 쓰시오.

09. 友邦 (                    )                 10. 討論 (                    )

11. 付託 (                    )                 12. 附錄 (                    )

13~14 다음 문장에서 밑줄 친 낱말을 漢字로 쓰시오.

13. 취미 삼아 하는 일이 직업이 될 수 있다. (                    )

14. 나는 한자를 쉽게 익히는 책을 출판했다. (                    )

15~16 다음 문장에서 漢字로 표기된 낱말의 讀音을 쓰시오.

15. 그 꿈이 오늘의 이 일과 符合이 되는 것만 같아. (                    )

16. 할아버지, 無病長壽하십시오.                  (                    )

17~18 다음 뜻풀이에 맞는 낱말을 漢字로 쓰시오.

17. 헌법에 위반됨. (                    )

18. 순수하고 깨끗함. (                    )

19~20 다음 漢字語의 뜻을 쓰시오.

19. 蜂起 (                    )

20. 最高峰 (                    )

DAY
10

### 정답

| | | | | |
|---|---|---|---|---|
| 01. 눈 깜짝할 순 | 05. 最 | 09. 우방 | 13. 趣味 | 17. 違憲 |
| 02. 이웃 린 | 06. 波 | 10. 토론 | 14. 出版 | 18. 純潔 |
| 03. 불쌍히 여길 련 | 07. 衛 | 11. 부탁 | 15. 부합 | 19. 벌떼처럼 떼 지어 일어남. |
| 04. 나라 방 | 08. 潮 | 12. 부록 | 16. 무병장수 | 20. 가장 높은 봉우리. |

---

**201** 석척(탁) 연파벽[石拓 研破碧] – 石으로 된 한자

---

**石**

6급 / 총 5획 / 石

**언덕(丆)** 밑에 있는 **돌(口)**을 본떠서 **돌 석, 성씨 석**

+丆[굴 바위 엄, 언덕 엄(厂)의 변형], 口('입 구, 말할 구, 구멍 구'지만 여기서는 돌로 봄)

**石器(석기)** 돌로 만든 기구.
**鐵石(철석)** '쇠와 돌'로, 굳고 단단함을 비유하여 이르는 말.

+器(그릇 기, 기구 기), 鐵(쇠 철)

---

**拓**

3급Ⅱ / 총 8획 / 手(扌)

**손(扌)으로 돌(石)**을 치워 땅을 넓히니 **넓힐 척**
또 **손(扌)으로 돌(石)**에 새겨진 글씨를 눌러서 박으니 **박을 탁**

**開拓(개척)** ① 황무지를 일구어 논밭을 만드는 것. ② (새로운 영역이나 운명, 진로 등을) 열어 나가는 것.
**拓本(탁본)** (비석 등에 새긴 문자나 무늬를) 그대로 박아 낸 것.

+開(열 개), 本(뿌리 본, 근본 본, 책 본)

---

**研**

4급Ⅱ / 총 11획 / 石

**돌(石)**을 **방패(干)**와 **방패(干)**를 이은 것처럼 평평하게 가니 **갈 연**
또 갈고 닦듯이 연구하니 **연구할 연**

+약 研 – 돌(石)의 표면을 한(一)결같게 받쳐 들고(廾) 가니 '갈 연'
　　또 갈고 닦듯이 연구하니 '연구할 연'
+干(방패 간, 범할 간, 얼마 간, 마를 간) – 제목번호 031 참고. 廾(받쳐 들 공)

**研磨(연마)** ① (금속·보석·유리·돌 따위를) 갈고 닦아서 표면을 반질반질하게 함. ② 학문이나 지식·기능 따위를 힘써 배우고 닦음.
**研修(연수)** (학업 등을) 연구하고 닦음.

+磨(갈 마), 修(닦을 수, 다스릴 수)

---

**破**

4급Ⅱ / 총 10획 / 石

**돌(石) 가죽(皮),** 즉 돌 표면처럼 단단하면 잘 깨지니 **깨질 파**
또 깨져 생명이 다하니 **다할 파**

+皮(가죽 피)

**破損(파손)** 깨져 못 쓰게 되거나 깨뜨려 못 쓰게 함.
**讀破(독파)** ① 글을 막힘없이 죽 읽어 내림. ② 책을 모조리 다 읽음.

+損(덜 손, 잃을 손), 讀(읽을 독, 구절 두)

---

**碧**

3급II / 총 14획 / 石

옥(王)으로 된 흰(白) 돌(石)은 희다 못해 푸르니 **푸를 벽**

+ 王(임금 왕, 으뜸 왕, 구슬 옥 변)

**碧溪水(벽계수)** 푸르고 맑은 시냇물.
**碧眼(벽안)** ① 눈동자가 파란 눈. ② 서양 사람.

+ 溪(시내 계), 眼(눈 안)

---

**202** | 계(우)진 구(귀·균) 축(추)윤 군군군[彐盡 龜 丑尹 君郡群] – 彐, 君으로 된 한자

---

**彐**

총 3획 / 부수자

고슴도치 머리 모양을 본떠서 **고슴도치 머리 계**
또 오른손의 손가락을 편 모양으로도 보아 **오른손 우**

+ 오른손 주먹을 쥔 모양(🤚)을 본떠서 '오른손 우, 또 우(又)', 오른손 손가락을 편 모양
(🖐)을 본떠서 '오른손 우(彐)'입니다.
+ 彐는 변형된 모습인 彑나 ヨ으로도 많이 쓰입니다.

---

**盡**

4급 / 총 14획 / 皿

손(彐)에 부젓가락(ㅗ)을 들고 불(灬) 있는 화로 그릇(皿)을 뒤적이면
꺼져 다하니 **다할 진**

+ 약 尽 – 자(尺)로 금을 재면서 한 점(丶) 한 점(丶) 최선을 다하니 '다할 진'
+ 불을 뒤적이면 산소가 들어가 금방 다 타버리고 꺼지지요.
+ 灬(불 화 발), 皿(그릇 명), 尺(자 척), 丶(점 주, 불똥 주), 부젓가락 – 불을 뒤적이는 젓
가락 모양의 막대.

**極盡(극진)** (마음과 힘을) 다함.
**未盡(미진)** 아직 다하지 못함.

+ 極(끝 극, 다할 극), 未(아닐 미, 아직 ~ 않을 미, 여덟째 지지 미)

---

**龜**

3급 / 총 16획 / 龜

거북의 **머리(ク)**와 등판(⿱), 등뼈( l )와 꼬리(ㄴ), 양쪽 다리(彐 乚)를
본떠서 **거북 구·귀**
또 갈라진 거북 등처럼 터지니 **터질 균**

+ 약 亀 – 머리(ク)와 등판(曰)과 몸(曰)속에 꼬리(ㄴ)가 난 거북이니 '거북 구·귀'
또 갈라진 거북 등처럼 터지니 '터질 균'
+ ク[사람 인(人)의 변형이지만 여기서는 거북의 머리로 봄]

**龜鑑(귀감)** 거울로 삼아 본받을 만한 모범. 본보기.
***龜裂(균열)** ① 거북의 등딱지 모양으로 갈라짐. 또는 그 갈라진 금이나 틈. ② 사람과 사람 사이에 생긴 틈.

+ 鑑(거울 감), 裂(찢어질 렬, 터질 렬)

## 丑

3급 / 총 4획 / 一

**오른손(彐)**에 쥔 **고삐(丨)**에 매인 소처럼 추하니 **소 축, 추할 추**
또 소는 12지지(地支)의 둘째니 **둘째 지지 축**

+ 彐[고슴도치 머리 계, 오른손 우(彐)의 변형], 丨('뚫을 곤'이지만 여기서는 소고삐로 봄),
丑은 주로 12지지에 쓰이고, '소'의 뜻으로는 소 우(牛)를 씁니다.

> **丑時(축시)** (옛날 하루 24시간을 12지지로 나타낼 때에) 12시의 둘째 시로, 오전 1시부터 3시까지의 동안.

+ 時(때 시)

## 尹

2급 / 총 4획 / 尸

**오른손(彐)**에 **지휘봉(丿)**을 들고 다스리는 벼슬이니
**다스릴 윤, 벼슬 윤, 성씨 윤**

+ 丿('삐침 별'이지만 여기서는 지휘봉으로 봄)
+ 부수가 주검 시, 몸 시(尸)임이 특이하네요.

## 君

4급 / 총 7획 / 口

**다스리며(尹) 입(口)**으로 명령하는 임금이니 **임금 군**
또 임금처럼 섬기는 남편이나 그대니 **남편 군, 그대 군**

> **君臣(군신)** 임금과 신하.
> **郎君(낭군)** (젊은 아내가) '남편'을 정답게 일컫는 말.
> **君不見(군불견)** 그대는 보지 못하였는가?

+ 臣(신하 신), 郎(사내 랑), 見(볼 견, 뵐 현)

## 郡

6급 / 총 10획 / 邑(阝)

**임금(君)**이 다스리는 **고을(阝)**이니 **고을 군**

+ 阝(고을 읍 방)

> **郡守(군수)** '군을 지킴'으로, 한 군의 행정을 맡아보는 으뜸 관직.
> **郡民(군민)** 그 군에 사는 백성.

+ 守(지킬 수), 民(백성 민)

## 群

4급 / 총 13획 / 羊

**임금(君)**을 따르는 **양(羊)** 떼처럼 많은 무리니 **무리 군**

+ 羊(양 양)

> **群衆(군중)** 모여 있는 사람의 무리.
> **學群(학군)** (입시 제도의 개편에 따라 지역별로 나누어 설정한 몇 개의) 중학교 또는 고등학교의 무리.

+ 衆(무리 중), 學(배울 학)

특급II / 총 6획 / 聿

### 오른손(⺕)에 잡고 쓰는 붓을 본떠서 붓 율

+ ⺕[고슴도치 머리 계, 오른손 우(⺕)의 변형], 붓대는 대로 만드니 대 죽(⺮)을 붙인 '붓 필(筆)'로 많이 씁니다.

DAY

11

4급II / 총 9획 / 彳

### 행할(彳) 법을 붓(聿)으로 적어 놓은 법률이니 법률 률
### 또 법률처럼 일정하게 반복되는 음률이니 음률 률

+ 彳('조금 걸을 척'으로, 여기서는 '어떤 일을 행하다' 뜻)

> 戒律(계율) '경계하는 법률'로, (승려나 신도가) 지켜야 할 행동 규범.
> 音律(음률) 소리와 음악의 가락.

+ 戒(경계할 계), 音(소리 음)

---

**筆**

5급 / 총 12획 / 竹(⺮)

### 대(⺮)로 붓대를 만든 붓(聿)이니 붓 필
### 또 붓으로 쓰는 글씨니 글씨 필

> *筆筒(필통) 필기구를 담아두는 통.
> 筆答(필답) 글씨로 써서 대답함.

+ 筒(통 통), 答(대답할 답, 갚을 답)

---

**建**

5급 / 총 9획 / 廴

### 붓(聿)으로 길게 써 가며(廴) 계획을 세우니 세울 건

+ 廴(길게 걸을 인)

> 建物(건물) '세운 물건'으로, 여러 종류의 집을 통틀어 이르는 말.
> 再建(재건) (이미 없어졌거나 허물어진 것을) 다시 일으켜 세움.

+ 物(물건 물), 再(다시 재, 두 번 재)

---

**健**

5급 / 총 11획 / 人(亻)

### 사람(亻)은 몸을 바로 세워야(建) 건강하니 건강할 건

> 健康(건강) 병 없이 좋은 기능을 가진 상태.
> 強健(강건) 강하고 건강함.

+ 康(편안할 강), 強(강할 강, 억지 강)

6급 / 총 10획 / 日

**붓(聿)으로 말하듯(曰) 쓰니 쓸 서**
또 써 놓은 글이나 책이니 **글 서, 책 서**

+ 聿[붓 율(聿)의 변형], 曰(가로 왈)

**書記(서기)** 기록을 맡아보는 사람.
**書畵(서화)** 글씨와 그림.

+ 記(기록할 기, 기억할 기), 畵(그림 화, 그을 획)

---

6급 / 총 11획 / 日

**붓(聿)으로 해(日) 하나(一)를 보고 그릴 수 있는 낮이니 낮 주**

+ 약 昼 – 한 자(尺) 이상 아침(旦) 해가 올라온 낮이니 '낮 주'

**晝間(주간)** 낮 동안. ↔ 야간(夜間)
**白晝(백주)** 밝은 대낮.

+ 間(사이 간), 夜(밤 야), 白(흰 백, 밝을 백, 깨끗할 백, 아뢸 백)

---

6급 / 총 12획 / 田

**붓(聿)으로 밭(田) 하나(一)를 그린 그림이니 그림 화**
또 그림 그리듯이 그으니 **그을 획**

+ 속 畫 – 붓(聿)으로 밭(田)의 경계(凵)를 그린 그림이니 '그림 화'
　　　　 또 그림 그리듯이 그으니 '그을 획'
+ 약 画 – 하나(一)를 대상으로 말미암아(由) 입 벌리고(凵) 그린 그림이니 '그림 화'
+ 田(밭 전, 논 전), 凵('입 벌릴 감, 그릇 감'이지만 여기서는 경계로 봄), 由(까닭 유, 말미암을 유)

**畵家(화가)** 그림을 전문으로 그리는 사람.
**畵順(획순)** (글자의) 획을 긋는 순서. 필순(筆順)

+ 家(집 가, 전문가 가), 順(순할 순), 筆(붓 필, 글씨 필)

---

3급Ⅱ / 총 14획 / 刀(刂)

**그려서(畵) 칼(刂)로 나누듯이 긋고 계획하니 그을 획, 계획할 획**

+ 원래는 그림 화, 그을 획(畵)이었는데 칼로 긋고 계획한다는 데서 칼 도 방(刂)을 더 붙인 글자입니다.

**劃一(획일)** 하나의 줄을 그은 듯이 모두가 한결같음. 또는 가지런함.
**計劃(계획)** '꾀를 그음'으로, (어떤 일을 하기 전에) 미리 생각한 내용.

+ 計(셈할 계, 꾀할 계)

DAY
11

2급 / 총 8획 / 禾

### 벼(禾)를 손(⼑)으로 잡으니 **잡을 병**

+ 禾(벼 화) – 제목번호 072 참고

3급Ⅱ / 총 10획 / 八

### (많이) 나뉜(八) 것을 한(一) 손(⼑)에 두 개(丨丨)씩 나누어(八) 잡으며 겸하니 **겸할 겸**

+ 八(여덟 팔, 나눌 팔)

> **兼備(겸비)** (두 가지 이상의 것을) 겸하여 갖춤.
> **兼任(겸임)** (둘 이상의 직무를) 겸하여 맡음. ↔ 전임(專任)

+ 備(갖출 비), 任(맡을 임, 성씨 임), 專(오로지 전, 마음대로 할 전)

3급Ⅱ / 총 17획 / 言

### 말(言)이 학식과 인품을 **겸비한(兼)** 사람처럼 겸손하니 **겸손할 겸**

+ 言(말씀 언), 兼[겸할 겸(兼)의 변형]

> *謙遜(겸손) 남을 존중하고 자기를 내세우지 않는 태도.
> **謙虛(겸허)** 겸손하여 빈 것처럼 행동함.

+ 遜(겸손할 손, 뒤떨어질 손), 虛(빌 허, 헛될 허)

3급 / 총 13획 / 女

### 여자(女) 둘을 겸하여(兼) 사귀면 싫어하고 의심하니 **싫어할 혐, 의심할 혐**

> **嫌惡(혐오)** (어떤 대상을) 싫어하고 미워함.
> **嫌疑(혐의)** (범죄 사실이 있으리라는) 의심.

+ 惡(악할 악, 미워할 오), 疑(의심할 의)

廉

3급 / 총 13획 / 广

### 집(广) 살림까지 겸하여(兼) 생활이 검소하고 청렴하니 **청렴할 렴**
또 (이익을 조금 남기고) 청렴하게 팔면 값싸니 **값쌀 렴, 성씨 염**

+ 广(집 엄)

> **清廉(청렴)** 성품이 고결하고 탐욕이 없음.
> **低廉(저렴)** (물건 값이) 낮고 쌈.

+ 清(맑을 청), 低(낮을 저)

285

한쪽은 **고슴도치 머리(⺕)**처럼 펴지게 하고, 다른 한쪽은 **덮어(冖)** **수건(巾)** 같은 천으로 묶어 손잡이를 만든 비니 **비 추**

+ 冖(덮을 멱), 巾(수건 건)

급외자 / 총 8획 / 巾

---

**손(扌)**에 **비(帚)** 들고 쓰니 **쓸 소**

**淸掃(청소)** 깨끗이 쓺.
**掃蕩(소탕)** 쓸어 죄다 없애 버림.

+ 淸(맑을 청), 蕩(방탕할 탕, 쓸어버릴 탕, 넓고 클 탕)

4급II / 총 11획 / 手(扌)

---

**여자(女)** 중 **비(帚)** 들고 집일을 하는 아내나 며느리니 **아내 부, 며느리 부**

**新婦(신부)** 갓 결혼했거나 결혼하는 여자.
**姑婦(고부)** 시어머니와 며느리.

+ 新(새로울 신), 姑(시어미 고, 할미 고, 잠깐 고)

4급II / 총 11획 / 女

---

**쌓이고(自) 그쳐(止)** 있던 잡념을 **비(帚)**로 쓸어 내고 본심으로 돌아오거나 돌아가니 **돌아올 귀, 돌아갈 귀**

+ 약 歸 – 두 번(丿)이나 비(帚)로 쓸어 내고 본심으로 돌아오거나 돌아가니
　　'돌아올 귀, 돌아갈 귀'
+ 自 – 비스듬히(丿) 흙이 쌓여(目) 있는 모양에서 '쌓일 퇴, 언덕 퇴'로, '쌓일 퇴, 언덕 퇴
　　(堆)'의 원자인 垍의 획 줄임.
+ 止(그칠 지), 丬[刀칼 도 방(刂)의 변형이지만 여기서는 두 번으로 봄]

**歸家(귀가)** 집으로 돌아옴.
**歸路(귀로)** 돌아오는 길.

4급 / 총 18획 / 止

---

**사람(亻)**이 **비(⺕)**를 **오른손(又)**에 들고 조금씩 쓸어 나가듯이 남의 땅을 침노하니 **침노할 침**

+ ⺕ [비 추(帚)의 획 줄임], 又(오른손 우, 또 우), 침노하다 – 불법으로 침범하다.

**侵攻(침공)** 침범하여 침.
**侵略(침략)** (남의 나라를) 침범하여 땅을 빼앗음.

+ 攻(칠 공), 略(간략할 략, 빼앗을 략)

4급II / 총 9획 / 人(亻)

**浸**

3급II / 총 10획 / 水(氵)

물(氵)이 비(⼹)를 오른손(又)에 들고 조금씩 쓸어 나가듯이 점점 잠겨 적시니 잠길 침, 적실 침

**浸水(침수)** (집·논밭·도로 등이) 물에 잠김.
**浸透(침투)** '적셔 통함'으로, ① 액체 따위가 스며들어 뱀. ② 세균이나 병균 따위가 몸속에 들어옴. ③ 어떤 사상이나 현상, 정책 따위가 깊이 스며들어 퍼짐.

+ 水(물 수), 透(통할 투)

**寢**

4급 / 총 14획 / 宀

집(宀)에서 나무 조각(爿)으로 만든 침대에 비(⼹)를 손(又)에 들고 쓸고 닦은 다음에 누워 자니 잘 침

+ 宀(집 면), 爿(나무 조각 장, 장수 장 변)

**寢臺(침대)** 사람이 누워 잘 수 있게 만든 가구.
**就寢(취침)** 잠자리에 듦.

+ 臺(대 대, 누각 대), 就(나아갈 취, 이룰 취)

---

**207** 당당(탕) 혜혜 혜[唐糖 彗慧 惠] – 唐, 彗로 된 한자와 惠

**唐**

3급II / 총 10획 / 口

집(广)에서라도 손(⼹)에 회초리(丨) 들고 입(口)으로 갑자기 소리치면 황당하니 갑자기 당, 황당할 당, 당나라 당

+ 广(집 엄), ⼹[고슴도치 머리 계, 오른손 우(又)의 변형], 丨('뚫을 곤'이지만 여기서는 회초리로 봄)

**唐突(당돌)** '갑자기 부딪침'으로, 윗사람 앞에서 어려워하거나 삼가지 않고 제 주장이나 의견을 주제넘게 내세우는 태도.
**荒唐(황당)** 말이나 행동 따위가 참되지 않고 터무니없음.

+ 突(갑자기 돌, 부딪칠 돌, 내밀 돌, 굴뚝 돌), 荒(거칠 황)

**糖**

3급II / 총 16획 / 米

쌀(米)밥에 엿기름을 넣으면 갑자기(唐) 바뀌어 되는 사탕이니 사탕 당 · 탕

+ 米(쌀 미)

**糖分(당분)** 단맛이 나는 성분.
**雪糖(설탕)** '눈처럼 하얀 사탕'으로, 맛이 달고 물에 잘 녹는 무색의 결정.

+ 分(나눌 분, 단위 분, 단위 푼, 신분 분, 분별할 분, 분수 분), 雪(눈 설, 씻을 설)

**彗**

1급 / 총 11획 / ⼹

풀 무성한 가지 두 개(丰丰)를 묶어 손(⼹)으로 묶어 만든 비니 비 혜
또 빗자루 모양으로 꼬리를 끌며 날아가는 혜성이니 혜성 혜

+ 혜성(彗星) – ① 빛나는 긴 꼬리를 끌고 태양을 도는 별. 꼬리 별.
② 어떤 분야에서 갑자기 뛰어나 드러남.
+ 丰(풀 무성할 봉, 예쁠 봉, 풍성할 풍), 星(별 성)

잡념을 **비(彗)**로 쓸어버린 **마음(心)**처럼 밝고 지혜로우니 **밝을 혜, 지혜 혜**

> **慧眼(혜안)** '밝은 눈'으로, 사물의 본질이나 현상을 슬기롭게 꿰뚫어 보거나 훤히 예측하는 눈. 안목.
> **智慧(지혜)** 삶의 경험이 풍부하거나 세상 이치를 잘 알아 일을 바르게 처리하는 마음. 슬기.

+ 眼(눈 안), 智(지혜 지)

3급II / 총 15획 / 心

언행을 **삼가고(叀)** 어진 **마음(心)**으로 베푸는 은혜니 **은혜 혜**

+ 叀 – 차(車)에 점(丶) 찍는 일은 삼가니 '삼갈 전' – 실제 사용되지는 않음.
+ 車[수레 거, 차 차(車)의 변형]

> **恩惠(은혜)** 사람이나 신(神)이 누구에게 베푸는 도움이나 고마운 일.
> **惠澤(혜택)** 베푸는 이로움이나 이익.

+ 恩(은혜 은), 神(귀신 신, 신비할 신), 澤(연못 택, 은혜 택)

4급II / 총 12획 / 心

한(一) **입(口)**이라도 더 먹이기 위해 **손(⼹)**에 **갈고리( 亅 )**도 들고 하는 일이니 **일 사**
또 일하며 섬기니 **섬길 사**

+ 亅(갈고리 궐)

> **事理(사리)** 일의 이치.
> **事大(사대)** ① 약자가 강자를 붙좇아 섬김. ② 작은 나라가 큰 나라를 섬김.

+ 理(이치 리, 다스릴 리)

7급 / 총 8획 / 亅

**집(广)**에서 **손(⼹)**으로 **사람(人)**이 세어 보는 별이나 나이니
**별 경, 나이 경, 일곱째 천간 경**

+ 广(집 엄), 人(사람 인)

3급 / 총 8획 / 广

**손(⼹)**으로 **만들어(工) 입(口)**으로 마디**마디(寸)** 평가하며 흠을 찾으니
**찾을 심**
또 누구나 흠을 찾아 말함이 보통이니 **보통 심**

+ 工(장인 공, 만들 공, 연장 공), 寸(마디 촌, 법도 촌)

> **尋訪(심방)** 찾아 방문함.
> **尋常(심상)** 대수롭지 않고 보통임.

+ 訪(찾을 방), 常(항상 상, 보통 상, 떳떳할 상)

3급 / 총 12획 / 寸

손(⺕)으로 노(丨)를 깊은 **연못**(淵)에서 저을 때처럼 엄숙하니 **엄숙할 숙**

+ 약 肅 – 손(⺕)으로 자루를 뚫어(丨) 쌀(米)의 품질을 이쪽(丿) 저쪽(丨)으로 검사할 때처럼 엄숙하니 '엄숙할 숙'
+ ⺕[고슴도치 머리 계, 오른손 우(⺕)의 변형], 丨('뚫을 곤'이지만 여기서는 배를 젓는 노로 봄), 淵[연못 연(淵)의 획 줄임], 米(쌀 미), 잘못하면 물에 빠지니 엄숙해야지요.

> **嚴肅(엄숙)** ① 장엄하고 정숙함. ② 위풍 있고 엄중함.
> **肅然(숙연)** 고요하고 엄숙함.

+ 嚴(엄할 엄), 然(그러할 연)

---

**209** 조 과고 쟁정정 부부유[爪 瓜孤 爭淨靜 孚浮乳] – 爪와 瓜, 爭, 孚로 된 한자

손톱 모양을 본떠서 **손톱 조**

+ 부수로 쓰일 때는 ⺥ 모양으로 길이가 짧습니다.

---

넝쿨에 오이가 열린 모양을 본떠서 **오이 과**

---

**자식**(子)이 부모를 잃어 말라 버린 줄기에 **오이**(瓜)만 앙상하게 매달린 모양처럼 외로우니 **외로울 고**
또 외롭게 부모가 없으니 **부모 없을 고**

+ 子(아들 자, 첫째 지지 자, 자네 자, 접미사 자)

> **孤獨(고독)** ① 외로움. ② 부모 없는 어린아이와 자식 없는 늙은이.
> **孤兒(고아)** 부모를 여의어 몸 붙일 곳이 없는 아이.

+ 獨(홀로 독, 자식 없을 독), 兒(아이 아)

---

**손톱**(⺥)도 세우고 **오른손**(⺕)에 **갈고리**(亅)도 들고 다투니 **다툴 쟁**

+ 약 争 – 사람(ク)이 오른손(⺕)에 갈고리(亅)를 들고 다투니 '다툴 쟁'
+ ⺕[오른손 우, 고슴도치 머리 계(⺕)의 변형], 亅(갈고리 궐), ク[사람 인(人)의 변형]

> **爭取(쟁취)** 싸워서 취함(가짐).
> **競爭(경쟁)** (같은 목적에 서로) 겨루어 다툼.

+ 取(취할 취, 가질 취), 競(다툴 경, 겨룰 경)

3급II / 총 11획 / 水(氵)

**물(氵)로 경쟁하듯(爭) 씻어 깨끗하니 깨끗할 정**

+ 약 浄

> **淸淨(청정)** 맑고 깨끗함.
> **淨化(정화)** 깨끗하게 함.

+ 淸(맑을 청), 化(될 화, 변화할 화, 가르칠 화)

---

4급 / 총 16획 / 靑

**푸르게(靑), 즉 공정하게 경쟁하면(爭) 불평이 없어 고요하니 고요할 정**

+ 약 静
+ 靑(푸를 청, 젊을 청) - 제목번호 102 참고

> **鎭靜(진정)** 가라앉아 조용해짐.
> **靜中動(정중동)** 고요함 가운데 움직임이 있음. ↔ 동중정(動中靜)

+ 鎭(누를 진, 진압할 진), 中(가운데 중, 맞힐 중), 動(움직일 동)

---

특급II / 총 7획 / 子

**새가 발톱(爫)으로 알(子)을 품어 굴리며 알 까게 알 속의 새끼를 기르니 알 깔 부, 기를 부**

+ 子('아들 자, 첫째 지지 자, 자네 자, 접미사 자'지만 여기서는 알로 봄), 알은 품으면서 적당히 굴려 고루 따뜻하게 해야 부화되지요.

---

浮

3급II / 총 10획 / 水(氵)

**물(氵)에 새가 알 깔(孚) 때의 모양으로 뜨니 뜰 부**

> **浮上(부상)** ① 물 위로 떠오름. ② 어떤 현상이 보통 때보다 더 큰 관심을 끌거나 불우한 처지에 있던 사람이 갑자기 좋은 자리로 올라서는 일.
> **浮沈(부침)** ① (물 위에) 떠올랐다 잠겼다 함. ② (세력 따위가) 성(盛)하고 쇠(衰)함을 비유적으로 이르는 말.

+ 沈(잠길 침, 성씨 심), 盛(성할 성), 衰(쇠할 쇠)

---

乳

4급 / 총 8획 / 乙(乚)

**기를(孚) 때 꼭지(乚)로 먹이는 젖이니 젖 유**

+ 乚[새 을, 둘째 천간 을, 둘째 을, 굽을 을(乙)이 부수로 쓰일 때의 모양이지만 여기서는 꼭지로 봄]

> **乳兒(유아)** 젖 먹는 아이. 젖먹이.
> **母乳(모유)** 어머니의 젖.

+ 兒(아이 아), 母(어미 모, 어머니 모)

2급 / 총 8획 / 采

손(爫)으로 **나무(木)**를 캐니 **캘 채**
또 가려서 꾸민 풍채니 **풍채 채**

4급 / 총 11획 / 手(扌)

손(扌)으로 가려 **캐니(采)** 가릴 **채**, 캘 **채**

+ 손으로 캔다는 데서 采에 손 수 변(扌)을 붙여 만든 글자.

> **採用(채용)** 인재(人材)를 가려서(뽑아서) 씀.
> **採集(채집)** 캐서 모음.

+ 用(쓸 용), 材(재목 재, 재료 재), 集(모일 집, 모을 집, 책 집)

3급Ⅱ / 총 11획 / 彡

**캔(采)** 나물의 **머릿결(彡)**처럼 빛나는 채색 무늬니 **채색 채, 무늬 채**

+ 彡(터럭 삼, 긴 머리 삼)

> **彩色(채색)** ① 여러 가지의 고운 빛깔. ② 그림 따위에 색을 칠함.
> **多彩(다채)** '많은 무늬'로, ① 여러 가지 빛깔이 어울려 아름다움. ② 계획이나 일들이 많고 호화스러움.

+ 色(빛 색), 多(많을 다)

3급Ⅱ / 총 12획 / 草(++)

**풀(++)**에서 골라 **캐는(采)** 나물이니 **나물 채**

+ ++(초 두)

> **菜蔬(채소)** 온갖 푸성귀.
> **山菜(산채)** 산에서 나는 나물.

+ 蔬(나물 소, 채소 소), 山(산 산)

특급Ⅱ / 총 9획 / 爪(爫)

손(爫)으로 **한(一)** 명의 **벗(友)**을 이에 끌어당기니
**이에 원, 끌 원, 당길 원**

+ 爫('손톱 조'지만 여기서는 손으로 봄), 友(벗 우), 이에 – 이리하여 곧.

### 손(扌)으로 당겨(爰) 도우니 **도울 원, 당길 원**

+ 유 授(줄 수, 가르칠 수) – 제목번호 212 참고

**援護(원호)** 도와주며 보살핌.
**援助(원조)** 도와줌.

+ 護(보호할 호), 助(도울 조)

4급 / 총 12획 / 手(扌)

### 실(糸)을 당기면(爰) 늘어나 느슨하니 **느슨할 완**

또 느슨하게 행동하여 느리니 **느릴 완**

+ 糸(실 사, 실 사 변)

**緩行(완행)** 느리게 감.
**緩急(완급)** 느린 것과 빠른 것.

+ 行(다닐 행, 행할 행, 항렬 항), 急(급할 급)

3급Ⅱ / 총 15획 / 糸

### 햇(日)빛을 끌어당긴(爰) 듯 따뜻하니 **따뜻할 난**

+ 煖 – 불(火)을 끌어당긴(爰) 듯 따뜻하니 '따뜻할 난'

**暖帶(난대)** 아열대(열대와 온대의 중간 지대).
**異常暖冬(이상난동)** 보통과 다르게 따뜻한 겨울.

+ 帶(찰 대, 띠 대), 異(다를 이), 常(항상 상, 보통 상, 떳떳할 상), 冬(겨울 동)

4급Ⅱ / 총 13획 / 日

---

**212** **수수 애[受授 愛]** – 受로 된 한자와 愛

### 손톱(爫)처럼 덮어(冖) 손(又)으로 받으니 **받을 수**

+ 爫('손톱 조'지만 여기서는 손으로 봄), 冖(덮을 멱), 又(오른손 우, 또 우)

**受難(수난)** 어려움을 받음(당함).
**受賞(수상)** 상을 받음.

+ 難(어려울 난, 비난할 난), 賞(상줄 상, 구경할 상)

4급Ⅱ / 총 8획 / 又

### 손(扌)으로 받도록(受) 주거나 가르치니 **줄 수, 가르칠 수**

+ 扌(손 수 변)

**授與(수여)** (증서·상장·상품 등을) 줌.
**授受(수수)** 주고받음.
**授業(수업)** 학업을 가르침.

+ 與(줄 여, 더불 여, 참여할 여), 業(업 업, 일 업)

4급Ⅱ / 총 11획 / 手(扌)

**6급 / 총 13획 / 心**

손톱(爫)처럼 **덮어주며**(冖) **마음**(心)으로 **서서히 다가가는**(夂) 사랑이니
**사랑 애**

또 사랑하여 즐기고 아끼니 **즐길 애, 아낄 애**

+ 夂(천천히 걸을 쇠, 뒤져 올 치)

**愛好(애호)** 사랑하고 좋아함.
**愛讀(애독)** 즐겨서 읽음.
**愛着(애착)** 아끼고 사랑하는 대상에 정이 붙어 그것과 떨어질 수 없음. 또는 그런 마음.

+ 好(좋을 호), 讀(읽을 독, 구절 두), 着(붙을 착)

---

**213** 사란 위위[辭亂 爲僞] - 𤔔, 爲로 된 한자

---

**4급 / 총 19획 / 辛**

손(爫)에 **창**(ㄱ) 들고 **성**(冂)을 지키는 군인들이 **사사로운**(厶) 욕심으로
**또**(又) **매서운**(辛) 말씀이나 글을 쓰고 물러나니 **말씀 사, 글 사, 물러날 사**

+ 약 辞 - 혀(舌)로 매서운(辛) 말씀이나 글을 쓰고 물러나니 '말씀 사, 글 사, 물러날 사'
+ 爫('손톱 조'지만 여기서는 손으로 봄), ㄱ(창 모(矛)의 획 줄임), 冂(멀 경, 성 경), 厶(사사로울 사, 나 사), 又(오른손 우, 또 우), 辛(매울 신, 고생할 신)

**辭典(사전)** 어휘를 해설한 책.
**祝辭(축사)** 축하하는 글.
**辭讓(사양)** (받을 것을) 안 받거나 자리를 남에게 내어줌.

+ 典(법 전, 책 전, 저당잡힐 전), 祝(빌 축, 축하할 축), 讓(양보할 양)

---

**4급 / 총 13획 / 乙(乚)**

손(爫)에 **창**(ㄱ) 들고 **성**(冂)을 지키는 군인들이 **사사로운**(厶) 욕심으로
**또**(又) **새**(乚) 떼처럼 난리를 일으켜 어지러우니 **어지러울 란**

+ 약 乱 - 혀(舌)로 아무 말이나 새(乚)처럼 지저귀면 어지러우니 '어지러울 란'
+ 乚[새 을, 둘째 천간 을, 둘째 을, 굽을 을(乙)이 부수로 쓰일 때의 모양]

**亂動(난동)** 질서를 어지럽히며 함부로 행동함. 또는 그러한 행동.
**昏亂(혼란)** 어둡고 어지러움.
**混亂(혼란)** 섞여 어지러움.

+ 動(움직일 동), 昏(어두울 혼, 저물 혼), 混(섞일 혼)

---

**4급Ⅱ / 총 12획 / 爪(爫)**

손톱(爫) 하나(丿)로라도 허리 **구부리며**(⺕) **불**(灬)처럼 뜨겁게 일하고
위하니 **할 위, 위할 위**

+ 약 為 - 점(丶) 하나(丿)까지 허리 구부리며(⺕) 불(灬)처럼 뜨겁게 일하고 위하니
'할 위, 위할 위'
+ 丿('삐침 별'이지만 여기서는 하나로 봄), ⺕(구부리는 모양으로 봄), 灬(불 화 발)

**當爲(당위)** 마땅히 하여야 하는 것.
**爲人設官(위인설관)** 어떤 사람을 위하여 벼슬자리를 새로 마련함.

+ 當(마땅할 당, 당할 당), 設(세울 설, 베풀 설), 官(관청 관, 벼슬 관)

(순리에 따르지 않고) **사람( 亻)**이 꾸며서 **하는(爲)** 일은 거짓이니 **거짓 위**

+ 약 偽

**眞僞(진위)** 참과 거짓.
**僞善(위선)** 겉으로만 착한 체함.　　　　　　　또는 겉치레로 보이는 선행(善行).

+ 眞(참 진), 善(착할 선, 좋을 선, 잘할 선), 行(다닐 행, 행할 행, 항렬 항)

3급Ⅱ / 총 14획 / 人(亻)

---

**214** 음작은 도칭균[淫爵隱 稻稱菌] - 爫, 禾로 된 한자

---

**물( 氵)** 묻은 **손톱(爫)**으로 간사하게(壬) 굴며 음란하니 **음란할 음**

+ 壬(간사할 임, 짊어질 임) - 제목번호 100 참고

**淫亂(음란)** 음탕하고 난잡함.
**淫蕩(음탕)** [주색(酒色)에 마음을 빼앗겨 행실이] 음란하고 방탕함.

+ 蕩(방탕할 탕, 쓸어버릴 탕, 넓고 클 탕), 酒(술 주), 色(빛 색)

3급Ⅱ / 총 11획 / 水(氵)

---

**손(爫)**에 **법망(罒)**을 잡고 **머물러(艮) 마디마디(寸)** 성실히 일하는 벼슬이니
**벼슬 작**
또 **손(爫)**에 **그릇(罒)**을 잡고 **머물러(艮)** 조금씩(寸) 따라 마시는 술잔이니
**술잔 작**

+ 爫('손톱 조'지만 여기서는 손으로 봄), 罒(그물 망), 艮[멈출 간, 어긋날 간, 괘 이름 간(艮)의 변형], 寸(마디 촌, 법도 촌), '술잔 작'의 어원 풀이에서는 그물 망(罒)을 그릇 명(皿)의 변형으로 본 것.

**高官大爵(고관대작)** 높고 큰 벼슬자리. 또는 그 벼슬아치.
**獻爵(헌작)** (제사 때) 술잔을 올림. 진작(進爵).

+ 高(높을 고, 성씨 고), 官(관청 관, 벼슬 관), 獻(바칠 헌), 進(나아갈 진)

3급 / 총 18획 / 爪(爫)

---

**언덕( 阝)**을 **손톱(爫)**처럼 움푹 패게 **만들어(工)** 손(彐)과 **마음(心)**까지
숨으니 **숨을 은**
또 숨은 듯 들려오는 소리나 풍기는 향기가 **은은할 은**

+ 약 隠 - 언덕( 阝)의 손톱(爫)처럼 패인 곳에 손(彐)과 마음(心)까지 숨으니 '숨을 은'
　　　또 숨은 듯 들려오는 소리나 풍기는 향기가 '은은할 은'
+ 阝(언덕 부 변), 工(장인 공, 만들 공, 연장 공), 彐[고슴도치 머리 계, 오른손 우(彐)의 변형]

**隱密(은밀)** '숨은 비밀'로, 행적이 표면에 나타나지 않음.
**隱隱(은은)** ① 겉으로 뚜렷하게 드러나지 아니하고 어슴푸레하며 흐릿함. ② 소리가 아득하여 들릴 듯 말 듯 함.

+ 密(빽빽할 밀, 비밀 밀)

4급Ⅱ / 총 17획 / 阜( 阝)

**稻**

3급 / 총 15획 / 禾

(옛날에는 벼를 절구에 넣어 찧었으니) **벼 화(禾)**에 **절구 요(舀)**를 붙여서 **벼 도**

+ 舀 – 손(爫)으로 절구(臼)에서 곡식을 찧어 퍼내는 절구니 '퍼낼 요, 절구 요'
+ 禾(벼 화), 爫('손톱 조'지만 여기서는 손으로 봄), 臼(절구 구)

**稻熱病(도열병)** 벼에 생기는 병의 한 가지.

+ 熱(더울 열), 病(병 병, 근심할 병)

**稱**

4급 / 총 14획 / 禾

**벼(禾)**를 **손(爫)**으로 **땅(土)**에서 **들어(冂)** 달며 무게를 일컬으니 **일컬을 칭**

+ [약] 称 – 벼(禾)의 양을 사람(亻)이 조금(小)씩 재며 일컬으니 '일컬을 칭'
+ 冂('멀 경, 성 경'이지만 여기서는 들어 올리는 모양으로 봄), 亻[사람 인(人)의 변형], 小(작을 소)

**尊稱(존칭)** 높여서 부르는 칭호.
**稱頌(칭송)** (공덕을) 일컬어 기림.

+ 尊(높일 존), 頌(기릴 송)

**菌**

3급Ⅱ / 총 12획 / 草(艹)

**풀(艹)**처럼 **창고(口)**의 **벼(禾)** 같은 곡식이 썩은 곳에 생기는 버섯이나 세균이니 **버섯 균, 세균 균**

+ 口[에운담, 나라 국(國)의 약자]

**細菌(세균)** (현미경으로만 볼 수 있는) 아주 미세한 균.
**滅菌(멸균)** 세균을 죽임. 살균(殺菌).

+ 細(가늘 세), 滅(꺼질 멸, 멸할 멸), 殺(죽일 살, 빠를 쇄, 감할 쇄)

---

**215** 　 사 이사[厶 以似] – 厶와 以로 된 한자

**厶**

총 2획 / 부수자

팔로 사사로이 나에게 끌어당기는 모양에서 **사사로울 사, 나 사**

+ 지금은 부수로만 쓰이고 '사사롭다'의 뜻으로는 사사로울 사(私)를 씁니다.

**以**

5급 / 총 5획 / 人

**사사로운(㇄)** 욕심 까닭에 **사람(人)으로서(써)**의 가치를 잃으니 **써 이, 까닭 이**

+ ㇄[사사로울 사, 나 사(厶)의 변형], 써 – '그것을 가지고', '그것으로 인하여'의 뜻을 지닌 접속 부사.

**以熱治熱(이열치열)** 열로써 열을 다스림.
**所以(소이)** 어떤 행위를 하게 된 까닭.

+ 熱(더울 열), 治(다스릴 치), 所(장소 소, 바 소)

**사람(亻)**들은 태어날 때부터 **써(以)** 같거나 닮으니 **같을 사, 닮을 사**

**似而非(사이비)** '같은 것 같으나 아님'으로, 겉으로는 비슷하나 본질은 완전히 다름을 이르는 말.
**類似(유사)** 서로 비슷함.

+ 而('말 이을 이'로, '~이면서, 이나'의 뜻), 非(어긋날 비, 아닐 비, 나무랄 비), 類(무리 류, 닮을 류)

3급 / 총 7획 / 人(亻)

---

**216** 태(이·대) 시치태태[台 始治殆怠] - 台로 된 한자

**사사로운(厶) 말(口)**들처럼 무수히 뜬 별이니 **별 태**
또 **사사로운(厶) 말(口)**들에도 나는 기쁘니 **나 이, 기쁠 이**
또 **사사로이(厶) 입(口)** 다물고 이르는 누각이나 정자니
**누각 대, 정자 대(臺)**의 약자

+ 臺 - 제목번호 223 참고, 口(입 구, 말할 구, 구멍 구)

2급 / 총 5획 / 口

---

**여자(女)**가 **기뻐하며(台)** 결혼을 시작하는 처음이니 **처음 시**

**始作(시작)** '처음 지음'으로, 무엇을 처음으로 하거나 쉬었다가 다시 함.
**始初(시초)** 맨 처음.

+ 作(지을 작), 初(처음 초)

6급 / 총 8획 / 女

---

**물(氵)**을 **기쁘게(台)** 사용하도록 잘 다스리니 **다스릴 치**

+ 수리시설이 미비했던 옛날에는 물로 인한 패해가 많았으니, 치산치수(治山治水)가 지도자의 큰 임무였답니다.

**治療(치료)** (병을) 다스려 낫게 함.
**治安(치안)** 편안하게 다스림.

+ 療(병 고칠 료), 安(어찌 안, 편안할 안)

4급Ⅱ / 총 8획 / 水(氵)

---

**죽을지(歹)** 모르고 우선 당장 **기쁜(台)** 것만 찾아다니면 거의 위태하니
**거의 태, 위태할 태**

+ 歹(뼈 부서질 알, 죽을 사 변), 나쁜 곳은 달콤하여 많이 뛰어들지만 결국 위태로운 지경에 빠지지요.

**殆半(태반)** 거의 절반.
**危殆(위태)** 형세가 매우 어려움.

+ 半(반 반), 危(위험할 위)

3급Ⅱ / 총 9획 / 歹

누각(台)에서 놀기만 하는 **마음(心)**처럼 게으르니 **게으를 태**

+ 心(마음 심, 중심 심)

**怠慢(태만)** 게으르고 느림.
**怠業(태업)** 맡은 일을 게을리 함.

+ 慢(게으를 만, 오만할 만), 業(업 업, 일 업)

3급 / 총 9획 / 心

DAY

11

---

**217** 지공분(푼)송[只公分送] - 八로 된 한자

입(口)으로 다만 **팔자(八)**타령만 하니 **다만 지**

+ [유] 兄(형 형, 어른 형) - 제목번호 122 참고
+ 팔자(八字) - 사람의 한 평생의 운수. 사주팔자에서 유래한 말로, 사람이 태어난 해와 달과 날과 시간을 간지(干支)로 나타내면 여덟 글자가 되는데, 이 속에 일생의 운명이 정해져 있다고 봄.

**只今(지금)** 바로 현재. 화자(話者)가 말하는 시점을 뜻함.
 + 至今(지금) 예로부터 오늘에 이르기까지.
**但只(단지)** 다만. 오직. 겨우.

+ 今(이제 금, 오늘 금), 話(말씀 화, 이야기 화), 者(놈 자, 것 자), 至(이를 지, 지극할 지), 但(다만 단)

3급 / 총 5획 / 口

나눔(八)에 **사사로움(厶)** 없이 공평하니 **공평할 공**
또 공평한 사람이 대중에게 통하고 귀공자니 **대중 공, 귀공자 공**

+ 八(여덟 팔, 나눌 팔)

**公平無私(공평무사)** 공평하고 사사로움이 없음.
**公開(공개)** (어떤 사실을) 대중에게 엶(알림).
**貴公子(귀공자)** ① 귀한 집안의 남자. ② 생김새나 몸가짐 등이 고상한 남자.

+ 平(평평할 평, 평화 평), 無(없을 무), 私(사사로울 사), 開(열 개), 貴(귀할 귀), 子(아들 자, 첫째 지지 자, 자네 자, 접미사 자)

6급 / 총 4획 / 八

여덟(八) 번이나 **칼(刀)**로 나누니 **나눌 분**
또 나누어 놓은 단위나 신분이니 **단위 분·푼, 신분 분**
또 나누어 분별할 줄 아는 분수니 **분별할 분, 분수 분**

**兩分(양분)** 둘로 나눔.
**一分一秒(일분일초)** 아주 짧은 시간.
**分錢(푼전)** '푼돈'으로, 적은 액수로 나뉜 돈.
**身分(신분)** 사람의 법률상 지위나 자격.

+ 兩(두 량, 짝 량, 냥 냥) 秒(까끄라기 초, 초 초), 錢(돈 전), 身(몸 신)

6급 / 총 4획 / 刀

**送**

4급II / 총 10획 / 辵(辶)

나누어(八) 하늘(天) 아래 어디로 **가게(辶)** 보내니 **보낼 송**

+ 八(여덟 팔, 나눌 팔), 辶(뛸 착, 갈 착)

**送金(송금)** 돈을 보냄.
**送別(송별)** 떠나는 사람을 이별하여 보냄.

+ 金(쇠 금, 금 금, 돈 금, 성씨 김), 別(나눌 별, 다를 별)

---

**松**

4급 / 총 8획 / 木

나무(木) 중 **귀공자(公)**처럼 모양도 빼어나고 두루 쓰이는 소나무니
**소나무 송**

+ 木(나무 목)

**松林(송림)** 소나무 수풀.
**靑松(청송)** 사시사철 잎이 푸른 소나무.

+ 林(수풀 림), 靑(푸를 청, 젊을 청)

---

**訟**

3급II / 총 11획 / 言

말하여(言) **공평하게(公)** 판정받으려고 송사하니 **송사할 송**

+ 言(말씀 언)

**訟事(송사)** 소송(訴訟 - 판결을 법원에 요구함. 또는 그런 절차).
**使無訟(사무송)** (서로 타협하여) 소송이 없도록 함.

+ 事(일 사, 섬길 사), 訴(하소연할 소, 소송할 소), 使(하여금 사, 부릴 사), 無(없을 무)

---

**頌**

4급 / 총 13획 / 頁

**대중(公)**들이 **머리(頁)** 들어 칭송하니 **칭송할 송**

+ 頁(머리 혈)

**稱頌(칭송)** 칭찬하여 기림.
**讚頌(찬송)** (아름다움과 덕을) 기리고 칭송함.

+ 稱(일컬을 칭), 讚(칭찬할 찬, 기릴 찬)

---

**翁**

3급 / 총 10획 / 羽

**두루(公)** 새의 **깃(羽)**처럼 수염 난 늙은이니 **늙은이 옹**

+ 羽(날개 우, 깃 우) – 제목번호 398 참고

**老翁(노옹)** 늙은 남자.
**塞翁之馬(새옹지마)** '변방 늙은이의 말'로, 인생의 길흉화복은 변화가 많아서 예측하기가
어렵다는 말.
+ 유래는 뒤의 고사성어 부분 참고

+ 老(늙을 로), 塞(막을 색, 변방 새), 馬(말 마)

**去**

5급 / 총 5획 / 厶

어떤 **땅(土)**으로 **사사로이(厶)** 가니 **갈 거**
또 가서 제거하니 **제거할 거**

+ 土(흙 토), 厶(사사로울 사, 나 사)

> **去年(거년)** 간(지난) 해.
> **除去(제거)** 없애거나 사라지게 함.

+ 年(해 년, 나이 년), 除(제거할 제, 덜 제, 나눗셈 제)

DAY 11

**法**

5급 / 총 8획 / 水(氵)

**물(氵)**이 **흘러가듯(去)** 순리에 맞아야 하는 법이니 **법 법**

> **立法(입법)** 법을 세움(만듦).
> **遵法(준법)** 법을 지킴.

+ 立(설 립), 遵(따라갈 준, 좇을 준)

**蓋**

3급Ⅱ / 총 14획 / 草(++)

**풀(++)**을 **제거하듯(去)** 베어 **그릇(皿)**을 덮으니 **덮을 개**
또 옛날에는 대개 풀로 덮었으니 **대개 개**

+ 약 盖 - 양(㚪)고기 담은 그릇(皿)을 뚜껑으로 덮으니 '덮을 개'
  또 덮개는 대개 그릇마다 있으니 '대개 개'
+ ++(초 두), 皿(그릇 명), 㚪[양 양(羊)의 변형]

> **覆蓋(복개)** 뚜껑이나 덮개를 덮음.
> **蓋然性(개연성)** 대개 그러한 성질.

+ 覆(덮을 복, 뒤집을 복), 然(그러할 연), 性(성품 성, 바탕 성, 성별 성)

**却**

3급 / 총 7획 / 卩

**가서(去) 무릎 꿇려(卩)** 물리치니 **물리칠 각**

+ 卩(무릎 꿇을 절, 병부 절, = 㔾)

> **退却(퇴각)** 패하여 뒤로 물러남.
> **忘却(망각)** (어떤 사실을) 완전히 잊어버림.

+ 退(물러날 퇴), 忘(잊을 망)

**脚**

3급Ⅱ / 총 11획 / 肉(月)

**몸(月)**이 **물러갈(却)** 때 구부려 쓰는 다리니 **다리 각**

+ 月(달 월, 육 달 월)

> **橋脚(교각)** 다리를 받치는 기둥.
> **脚線美(각선미)** 다리 선에서 느끼는 아름다움.

+ 橋(다리 교), 線(줄 선), 美(아름다울 미)

# 鬼

3급II / 총 10획 / 鬼

귀신 형상을 생각하고 만들어서 **귀신 귀**

+ 甶는 머리, 儿은 다리, 厶는 사악함을 나타냄.

**鬼神(귀신)** 눈에 보이지 않는 신령. 죽은 이의 영혼.
**鬼才(귀재)** 귀신같은 재능. 또는 그런 재능을 가진 사람.

+ 神(귀신 신, 신비할 신), 才(재주 재, 바탕 재)

# 愧

3급 / 총 13획 / 心(忄)

**마음(忄)**에 **귀신(鬼)**에게 벌 받을 것을 걱정하며 부끄러워하니
**부끄러워할 괴**

+ 부끄러운 일을 저지르면 사람들은 모른다 해도 모든 것을 안다는 하늘이나 신에게는 부끄럽지요.

**自愧之心(자괴지심)** 스스로 부끄러워하는 마음.
**慚愧(참괴)** 부끄러워하는 것.

+ 自(자기 자, 스스로 자, 부터 자), 慙(부끄러울 참)

# 塊

3급 / 총 13획 / 土

**흙(土)**이 **귀신(鬼)**처럼 이상한 모양으로 뭉쳐진 덩어리니 **덩어리 괴**

+ 土(흙 토)

**金塊(금괴)** 금덩이.
**銀塊(은괴)** 은덩이.

+ 金(금 금, 쇠 금, 돈 금, 성씨 김), 銀(은 은)

# 魂

3급II / 총 14획 / 鬼

(몸속에 살아서) **말한다는(云) 귀신(鬼)** 같은 넋이니 **넋 혼**
또 넋처럼 깊은 마음이니 **마음 혼**

+ 云(이를 운, 말할 운) – 제목번호 291 참고

**招魂(초혼)** 혼을 불러들임.
**鬪魂(투혼)** 끝까지 투쟁하려는 기백.

+ 招(부를 초), 鬪(싸울 투)

# 구조로 한자 되짚어 보기

DAY
11

## 201 석척(탁) 연파벽[石拓 研破碧] - 石으로 된 한자

언덕[厂] 밑에 있는 돌[口]을 본떠서 돌 석[石],
**돌 석[石]** 앞에 손 수 변[扌]이면 넓힐 척, 박을 탁[拓], 뒤에 방패 간, 범할 간, 얼마 간, 마를 간 둘[幵]이면 갈 연, 연구할 연[研],
가죽 피[皮]면 깨질 파, 다할 파[破], 위에 임금 왕, 으뜸 왕, 구슬 옥 변[王]과 흰 백, 밝을 백, 깨끗할 백, 아뢸 백[白]이면 푸를 벽
[碧]

## 202 계(우)진 구(귀·균) 축(추)윤 군군군[彐盡 龜 丑尹 君郡群] - 彐, 君으로 된 한자

고슴도치 머리 모양을 본떠서 고슴도치 머리 계[彐], 또 오른손의 손가락을 편 모양으로도 보아 **오른손 우[彐], 고슴도치 머리 계,
오른손 우[彐]의 변형(⺕)**, 뚫을 곤[ㅣ]과 한 일[一] 불 화 발[灬] 아래에 그릇 명[皿]이면 다할 진[盡],
거북의 모양을 본떠서 거북 구, 거북 귀, 터질 균[龜],
고슴도치 머리 계, 오른손 우[彐]의 변형(⺕)에 뚫을 곤[ㅣ]이면 소 축, **추할 추, 둘째 지지 축[丑]**, 삐침 별[丿]이면 다스릴 윤, 벼
슬 윤[尹], 다스릴 윤, 벼슬 윤[尹] 아래에 입 구, 말할 구, 구멍 구[口]면 임금 군, 남편 군, 그대 군[君],
**임금 군, 남편 군, 그대 군[君]** 뒤에 고을 읍 방[阝]이면 고을 군[郡], 양 양[羊]이면 무리 군[群]

## 203 율률필 건건[聿律筆 建健] - 聿, 建으로 된 한자

오른손[⺕]에 잡고 쓰는 붓을 본떠서 붓 율[聿], **붓 율[聿]** 앞에 조금 걸을 척[彳]이면 법률 률, 음률 률[律], 위에 대 죽[竹]이면 붓
필, 글씨 필[筆], 아래에 길게 걸을 인[廴]이면 세울 건[建], **세울 건[建]** 앞에 사람 인 변[亻]이면 건강할 건[健]

## 204 서주 화(획)획[書晝 畫劃] - 붓 율(聿)의 변형(⺻)과 畫로 된 한자

**붓 율[聿]의 변형[⺻]** 아래에 가로 왈[曰]이면 쓸 서, 글 서, 책 서[書], 해 일, 날 일[日]과 한 일[一]이면 낮 주[晝], 밭 전[田]과 한
일[一]이면 그림 화, 그을 획[畫],
**그림 화, 그을 획[畫]** 뒤에 칼 도 방[刂]이면 그을 획[劃]

## 205 병겸 겸혐렴[秉兼 謙嫌廉] - 秉兼과 兼의 변형(兼)으로 된 한자

벼 화[禾] 중간에 고슴도치 머리 계, 오른손 우[彐]의 변형(⺕)이면 잡을 병[秉], 여덟 팔, 나눌 팔[八] 아래에 한 일[一], 고슴도치
머리 계, 오른손 우[彐]의 변형(⺕), 뚫을 곤 둘[ㅣㅣ]과 여덟 팔, 나눌 팔[八]이면 겸할 겸[兼], **겸할 겸[兼]의 변형[兼]** 앞에 말씀
언[言]이면 겸손할 겸[謙], 여자 녀[女]면 싫어할 혐, 의심할 혐[嫌], 집 엄[广]이면 청렴할 렴, 값쌀 렴[廉]

## 206 추소부귀 침침침[帚掃婦歸 侵浸寢] - 帚, 寺로 된 한자

고슴도치 머리 계, 오른손 우[ㅋ]의 변형(⇒) 아래에 덮을 멱[冖]과 수건 건[巾]이면 비 추[帚],
**비 추[帚]** 앞에 손 수 변[扌]이면 쓸 소[掃], 여자 녀[女]면 아내 부, 며느리 부[婦], 쌓일 퇴, 언덕 퇴[自]와 그칠 지[止]면 돌아올 귀,
돌아갈 귀[歸],
**비 추[帚]의 획 줄임[⺕]** 아래에 오른손 우, 또 우[又]의 앞에 사람 인 변[亻]이면 침범할 침[侵], 삼 수 변[氵]이면 잠길 침, 적실
침[浸],
위에 집 면[宀], 앞에 나무 조각 장[뉘]이면 잘 침[寢]

## 207 당당(탕) 혜혜 혜[唐糖 彗慧 惠] - 唐, 彗로 된 한자와 惠

집 엄[广] 아래에 고슴도치 머리 계, 오른손 우[ㅋ]의 변형(⇒), 뚫을 곤[丨]과 입 구, 말할 구, 구멍 구[口]면 갑자기 당, 황당할 당,
당나라 당[唐], **갑자기 당, 황당할 당, 당나라 당[唐]** 앞에 쌀 미[米]면 사탕 당, 사탕 탕[糖],
풀 무성할 봉, 예쁠 봉, 풍성할 풍 둘[丰丰] 아래에 고슴도치 머리 계, 오른손 우[ㅋ]의 변형(⇒)이면 비 혜, 혜성 혜[彗], **비 혜, 혜
성 혜[彗]** 아래에 마음 심, 중심 심[心]이면 밝을 혜, 지혜 혜[慧],
삼갈 전[叀] 아래에 마음 심, 중심 심[心]이면 은혜 혜[惠]

## 208 사경심숙[事庚尋肅] - ⇒로 된 한자

**고슴도치 머리 계, 오른손 우[ㅋ]의 변형(⇒)** 위에 한 일[一]과 입 구, 말할 구, 구멍 구[口], 세로로 갈고리 궐[丨]이면 일 사, 섬길
사[事], 집 엄[广]과 중간에 사람 인[人]이면 나이 경, 일곱째 천간 경[庚], 아래에 장인 공, 만들 공, 연장 공[工]과 입 구, 말할 구,
구멍 구[口], 마디 촌, 법도 촌[寸]이면 찾을 심, 보통 심[尋], 연못 연[淵]의 획 줄임[開]과 뚫을 곤[丨]이면 엄숙할 숙[肅]

## 209 조 과고 쟁정정 부부유[爪 瓜孤 爭淨靜 孚浮乳] - 爪와 瓜, 爭, 孚로 된 한자

손톱 모양을 본떠서 손톱 조[爪],
넝쿨에 오이가 열린 모양을 본떠서 오이 과[瓜], **오이 과[瓜]** 앞에 아들 자[子]면 외로울 고, 부모 없을 고[孤],
손톱 조[爫]와 고슴도치 머리 계, 오른손 우[ㅋ]의 변형(⇒)에 갈고리 궐[丨]이면 다툴 쟁[爭], **다툴 쟁[爭]** 앞에 삼 수 변[氵]이면
깨끗할 정[淨], 푸를 청, 젊을 청[靑]이면 고요할 정[靜],
손톱 조[爫] 아래에 아들 자, 첫째 지지 자, 자네 자, 접미사 자[子]면 알 깔 부, 기를 부[孚], **알 깔 부, 기를 부[孚]** 앞에 삼 수 변
[氵]이면 뜰 부[浮], 뒤에 새 을, 둘째 천간 을, 둘째 을, 굽을 을[乙]이 부수로 쓰일 때의 모양[乚]이면 젖 유[乳]

## 210 4채[采採彩菜] - 采로 된 한자

손톱 조[爫] 아래에 나무 목[木]이면 가릴 채, 캘 채, 모양 채[采],
**가릴 채, 캘 채, 모양 채[采]** 앞에 손 수 변[扌]이면 가릴 채, 캘 채[採], 뒤에 터럭 삼, 긴 머리 삼[彡]이면 채색 채, 무늬 채[彩], 위
에 초 두[艹]면 나물 채[菜]

## 211 원원완난[爰援緩暖] - 爰으로 된 한자

손톱 조[爫] 아래에 한 일[一]과 벗 우[友]면 이에 원, 끌 원, 당길 원[爰], **이에 원, 끌 원, 당길 원[爰]** 앞에 손 수 변[扌]이면 도울
원[援], 실 사, 실 사 변[糸]이면 느슨할 완, 느릴 완[緩], 해 일, 날 일[日]이면 따뜻할 난[暖]

## 212 수수 애[受授 愛] – 受로 된 한자와 愛

손톱 조[爫] 아래에 덮을 멱[冖]과 오른손 우, 또 우[又]면 받을 수[受],
받을 수[受] 앞에 손 수 변[扌]이면 줄 수, 가르칠 수[授],
손톱 조[爫] 아래에 덮을 멱[冖]과 마음 심, 중심 심[心], 천천히 걸을 쇠, 뒤져 올 치[夊]면 사랑 애, 즐길 애, 아낄 애[愛]

## 213 사란 위위[辭亂 爲僞] – 𤔔, 爲로 된 한자

손톱 조[爫] 아래에 창 모[矛]의 획 줄임[マ], 멀 경, 성 경[冂], 사사로울 사, 나 사[厶], 오른손 우, 또 우[又]의 뒤에 매울 신, 고생할 신[辛]이면 말씀 사, 글 사, 물러날 사[辭], 새 을[乙]이 부수로 쓰일 때의 모양[乚]이면 어지러울 란[亂],
손톱 조[爫] 아래에 삐침 별[丿]과 구부린 모양[彐], 불 화 발[灬]이면 할 위, 위할 위[爲],
할 위, 위할 위[爲] 앞에 사람 인 변[亻]이면 거짓 위[僞]

## 214 음작은 도칭균[淫爵隱 稻稱菌] – 爫, 禾로 된 한자

손톱 조[爫] 아래에 간사할 임, 짊어질 임[壬], 앞에 삼 수 변[氵]이면 음란할 음[淫],
그물 망[罒]과 멈출 간, 어긋날 간, 괘 이름 간[艮]의 변형[艮], 마디 촌, 법도 촌[寸]이면 벼슬 작, 술잔 작[爵], 장인 공, 만들 공, 연장 공[工], 고슴도치 머리 계, 오른손 우[彐]의 변형(⺕), 마음 심, 중심 심[心], 앞에 언덕 부 변[阝]이면 숨을 은, 은은할 은[隱],
벼 화[禾] 뒤에 손톱 조[爫]와 절구 구[臼]면 벼 도[稻], 손톱 조[爫]와 흙 토[土], 멀 경, 성 경[冂]이면 일컬을 칭[稱],
초 두[艹] 아래에 에운담[口]과 벼 화[禾]면 버섯 균, 세균 균[菌]

## 215 사 이사[厶 以似] – 厶와 以로 된 한자

팔로 사사로이 나에게 끌어당기는 모양에서 사사로울 사, 나 사[厶],
사사로울 사, 나 사[厶]의 변형[𠂤] 뒤에 사람 인[人]이면 써 이, 까닭 이[以],
써 이, 까닭 이[以] 앞에 사람 인 변[亻]이면 같을 사, 닮을 사[似]

## 216 태(이 • 대) 시치태태[台 始治殆怠] – 台로 된 한자

사사로울 사, 나 사[厶] 아래에 입 구, 말할 구, 구멍 구[口]면 별 태, 나 이, 기쁠 이, 누각 대, 정자 대[臺]의 약자[台], 별 태, 나 이, 기쁠 이, 누각 대, 정자 대[臺]의 약자[台] 앞에 여자 녀[女]면 처음 시[始], 삼 수 변[氵]이면 다스릴 치[治], 뼈 부서질 알, 죽을 사 변[歹]이면 거의 태, 위태할 태[殆],
아래에 마음 심, 중심 심[心]이면 게으를 태[怠]

## 217 지공분(푼)송[只公分送] – 八로 된 한자

여덟 팔, 나눌 팔[八] 위에 입 구, 말할 구, 구멍 구[口]면 다만 지[只], 아래에 사사로울 사, 나 사[厶]면 공평할 공, 대중 공, 귀공자 공[公], 칼 도[刀]면 나눌 분, 단위 분, 단위 푼, 신분 분, 분별할 분, 분수 분[分], 하늘 천[天]과 뛸 착, 갈 착[辶]이면 보낼 송[送]

## 218 송송송옹[松訟頌翁] – 公으로 된 한자

공평할 공, 대중 공, 귀공자 공[公] 앞에 나무 목[木]이면 소나무 송[松], 말씀 언[言]이면 소송할 송[訟], 뒤에 머리 혈[頁]이면 칭송할 송[頌], 아래에 날개 우, 깃 우[羽羽]면 늙은이 옹[翁]

## 219 거법개 각각[去法蓋 却脚] – 去, 却으로 된 한자

흙 토[土] 아래에 사사로울 사, 나 사[厶]면 갈 거, 제거할 거[去],
**갈 거, 제거할 거[去]** 앞에 삼 수 변[氵]이면 법 법[法], 위에 초 두[艹], 아래에 그릇 명[皿]이면 덮을 개, 대개 개[蓋],
뒤에 병부 절[卩]이면 물리칠 각[却], **물리칠 각[却]** 앞에 달 월, 육 달 월[月]이면 다리 각[脚]

## 220 귀괴괴혼[鬼愧塊魂] – 鬼로 된 한자

귀신 형상을 생각하고 만들어서 귀신 귀[鬼],
**귀신 귀[鬼]** 앞에 마음 심 변[忄]이면 부끄러워할 괴[愧], 흙 토[土]면 덩어리 괴[塊], 말할 운[云]이면 넋 혼, 마음 혼[魂]

흙 토[土] 아래에 사사로울 사, 나 사[厶]면 갈 거, 제거할 거[去],
갈 거, 제거할 거[去] 앞에 삼 수 변[氵]이면 법 법[法], 위에 초 두[艹], 아래에 그릇 명[皿]이면 덮을 개, 대개 개[蓋],
뒤에 병부 절[卩]이면 물리칠 각[却], 물리칠 각[却] 앞에 달 월, 육 달 월[月]이면 다리 각[脚]

# 확인문제

**01~04** 다음 漢字의 훈(뜻)과 음(소리)를 쓰시오.

01. 淨 (                    )
02. 浮 (                    )
03. 菜 (                    )
04. 僞 (                    )

**05~08** 다음 훈음에 맞는 漢字를 쓰시오.

05. 숨을 은 (                    )
06. 다스릴 치 (                    )
07. 보낼 송 (                    )
08. 칭송할 송 (                    )

**09~12** 다음 漢字語의 讀音을 쓰시오.

09. 龜鑑 (                    )
10. 計劃 (                    )
11. 兼備 (                    )
12. 浸透 (                    )

**13~14** 다음 문장에서 밑줄 친 낱말을 漢字로 쓰시오.

13. 아버지가 사 오신 그 책들을 단숨에 독파했다. (                    )
14. 회사의 재건을 위하여 모든 사원들이 노력했다. (                    )

**15~16** 다음 문장에서 漢字로 표기된 낱말의 讀音을 쓰시오.

15. 활로를 開拓하기 위해 동분서주하였다. (                    )
16. 청산리 碧溪水야 수이 감을 자랑마라. (                    )

**17~18** 다음 뜻풀이에 맞는 낱말을 漢字로 쓰시오.

17. 모여 있는 사람의 무리. (                    )
18. 아직 다하지 못함. (                    )

**19~20** 다음 漢字語의 뜻을 쓰시오.

19. 幼兒 (                    )
20. 眞僞 (                    )

## 정답

| | | | | |
|---|---|---|---|---|
| 01. 깨끗할 정 | 05. 隱 | 09. 귀감 | 13. 讀破 | 17. 群衆 |
| 02. 뜰 부 | 06. 治 | 10. 계획 | 14. 再建 | 18. 未盡 |
| 03. 나물 채 | 07. 送 | 11. 겸비 | 15. 개척 | 19. 어린아이 |
| 04. 거짓 위 | 08. 頌 | 12. 침투 | 16. 벽계수 | 20. 참과 거짓. |

---

**221** | 진 참(삼)참 육철[珍 參慘 育徹] – 珍과 參, 育으로 된 한자

4급 / 총 9획 / 玉(王)

**옥(王)을 사람(人)의 머릿털(彡)처럼 작은 부분까지 정교하게 다듬어 만든 보배니 보배 진**

+ 약 珎 – 구슬(王)처럼 사람(亻)들이 좋아하는 작은(小) 보배니 '보배 진'
+ 王(임금 왕, 으뜸 왕, 구슬 옥 변), 亻[사람 인(人)의 변형], 小(작을 소)

> **珍貴(진귀)** 보배롭고 귀중함.
> **珍風景(진풍경)** '보배 같은 풍경'으로, 구경거리라 할 만한 희한한 광경.

+ 貴(귀할 귀), 風(바람 풍, 풍속·경치·모습·기질·병 이름 풍), 景(볕 경, 경치 경, 클 경)

---

5급 / 총 11획 / ム

**장식품(厽)을 사람(人)이 머리(彡)에 꽂고 행사에 참여하니 참여할 참**
**또 사람 인(人)에 사사로울 사(厶)와 삐침 별(丿)을 셋씩 썼으니 석 삼**

+ 약 参 – 사사로이(厶) 크게(大) 머리(彡)를 꾸미고 행사에 참여하니 '참여할 참'
  또 사사로울 사(厶)와 큰 대(大)에 삐침 별(丿)을 셋씩 썼으니 '석 삼'
+ 厽('사사로울 사, 나 사' 셋이지만 여기서는 머리에 장식품을 꽂은 모양으로 봄), 彡(터럭 삼, 긴 머리 삼), '석 삼'으로는 변조하면 안 되는 계약서 등에 쓰입니다.

> **參加(참가)** 참여하여 더함.
> **參席(참석)** 자리에 참여함.

+ 加(더할 가), 席(자리 석)

---

3급 / 총 14획 / 心(忄)

**(직접 하지 못하고) 마음(忄)으로만 참여한(參) 듯 참혹하니 참혹할 참**

+ 약 惨

> *惨酷(참혹) ① 비참하고 끔찍함. ② 지나칠 정도로 한심함.
> **慘變(참변)** '슬픈 변화'로, 뜻밖에 당하는 끔찍하고 비참한 재앙이나 사고.
> **悲慘(비참)** (차마 볼 수 없을 정도로) 슬프고도 처참함.

+ 酷(심할 혹, 독할 혹), 變(변할 변), 悲(슬플 비)

---

7급 / 총 8획 / 肉(月)

**머리(亠)부터 내(厶) 몸(月)처럼 기르니 기를 육**

+ 亠(머리 부분 두), 月(달 월, 육 달 월)

> **育成(육성)** 길러 이루게(자라게) 함.
> **育兒(육아)** 어린아이를 기름.

+ 成(이룰 성), 兒(아이 아)

**徹**

3급II / 총 15획 / 彳

걸을(彳) 때부터 **기르기(育)**를 **치며(攵)** 엄하게 하면 사리에 통하고 뚫으니 **통할 철, 뚫을 철**

+ 彳(조금 걸을 척), 攵(칠 복, = 攴)

**透徹(투철)** '뚫어 통함'으로, 마음속에 철저하게 자리 잡은 상태.
**徹底(철저)** '아래까지 뚫음'으로, 속속들이 투철하여 빈틈이 없음.

+ 透(통할 투), 底(밑 저)

---

**至**

4급II / 총 6획 / 至

하나(一)의 **사사로운(厶)** 땅(土)에 이르니 **이를 지**
또 이르러 돌봄이 지극하니 **지극할 지**

+ 厶(사사로울 사, 나 사), 土(흙 토)

**自初至終(자초지종)** 처음부터 끝에 이르기까지(의 과정).
**至極(지극)** 이르러 정성을 다함. 더없이 극진함.

+ 自(자기 자, 스스로 자, 부터 자), 初(처음 초), 終(다할 종, 마칠 종), 極(끝 극, 다할 극)

---

**姪**

3급 / 총 9획 / 女

딸(女)처럼 **이르러(至)** 보살펴야 하는 조카니 **조카 질**

**姪女(질녀)** 조카딸.
**叔姪(숙질)** 아저씨와 조카.

+ 叔(작은아버지 숙, 아저씨 숙)

---

**致**

5급 / 총 10획 / 至

**지성으로(至)** 치며(攵) 지도하면 꿈을 이루고 목표에 이르니
**이룰 치, 이를 치**

+ 攵(칠 복, = 攴)

**致富(치부)** '부를 이룸'으로, 재물을 모아 부자가 됨.
**致命打(치명타)** 치명적인(죽을 지경에 이를 정도의) 타격.

+ 富(부자 부, 넉넉할 부), 命(명령할 명, 목숨 명, 운명 명), 打(칠 타)

---

**室**

8급 / 총 9획 / 宀

집(宀) 중 **이르러(至)** 쉬는 집이나 방이니 **집 실, 방 실**
또 주로 집에서 살림하는 아내도 가리켜서 **아내 실**

+ 宀(집 면)

**室內(실내)** ① 집이나 방의 안. ② 남의 아내를 이르는 말.
**小室(소실)** '작은 아내'로, 첩. 또는 첩의 집.

+ 內(안 내, 나인 나), 小(작을 소)

## 屋

5급 / 총 9획 / 尸

**몸(尸)이 이르러(至) 쉬는 집이니 집 옥**

+ 尸(주검 시, 몸 시)

> **家屋(가옥)** 사람이 사는 집.
> **社屋(사옥)** 회사의 건물.

+ 家(집 가, 전문가 가), 社(토지신 사, 모일 사)

## 臺

3급Ⅱ / 총 14획 / 至

**좋게(吉) 덮어서(冖) 꾸며 이르는(至) 대나 누각이니 대 대, 누각 대**

+ 약 台 – 사사로이(厶) 입(口) 다물고 이르는 누각이나 정자니 '누각 대, 정자 대' – 제목 번호 216 참고
+ 吉(길할 길, 상서로울 길), 冖(덮을 멱), 대 – 높고 평평한 건축물.

> **靑瓦臺(청와대)** '푸른 기와를 얹은 대'로, 현재 대통령이 사는 곳.
> **臺詞(대사)** 배우가 누각(무대)에서 하는 말.

+ 靑(푸를 청, 젊을 청), 瓦(기와 와, 질그릇 와, 실패 와), 詞(말 사, 글 사)

## 到

5급 / 총 8획 / 刀(刂)

**무사히 목적지에 이르려고(至) 위험을 대비하여 칼(刂)을 가지고 이를 정도로 주도면밀하니 이를 도, 주도면밀할 도**

+ 刂(칼 도 방)

> **到達(도달)** (목적한 곳에) 이르러 닿음.
> **周到綿密(주도면밀)** (주의가) 두루 이르러(미쳐) 자세하고 빈틈이 없음.

+ 達(이를 달, 통달할 달), 周(두루 주, 둘레 주), 綿(솜 면, 자세할 면, 이어질 면), 密(빽빽할 밀, 비밀 밀)

## 倒

3급Ⅱ / 총 10획 / 人(亻)

**사람(亻)에 이르는(至) 것이 칼(刂)이면 찔려 넘어지고 거꾸로 되니 넘어질 도, 거꾸로 도**

> **卒倒(졸도)** 갑자기 정신을 잃고 쓰러짐.
> **倒置(도치)** (차례나 위치가) 뒤바뀜.

+ 卒(졸병 졸, 갑자기 졸, 죽을 졸, 마칠 졸), 置(둘 치)

총 3획 / 부수자

작고 어린 아기 모습을 본떠서 **작을 요, 어릴 요**

---

3급Ⅱ / 총 5획 / 幺

DAY
12

아직 **작은(幺) 힘(力)**이면 어리니 **어릴 유**

+ 力(힘 력)

> *幼稚(유치) ① 나이가 어림. ② 학문이나 기술 등이 미숙함.
> **幼兒(유아)** 어린아이.

+ 稚(어릴 치), 兒(아이 아)

---

3급Ⅱ / 총 9획 / 幺

**산(山)**속에 **작고(幺) 작은(幺)** 것이 잘 보이지 않게 숨어 그윽하니
**숨을 유, 그윽할 유**

+ 그윽하다 - 깊숙하여 아늑하고 고요하다.

> **幽靈(유령)** '숨어 있는 신령'으로, ① 죽은 사람의 혼령이 생전의 모습을 나타낸 형상. ② 실제로 없고 헛된 것.
> **深山幽谷(심산유곡)** 깊은 산의 그윽한(으슥한) 골짜기.

+ 靈(신령스러울 령, 신령 령), 深(깊을 심, 성씨 심), 谷(골짜기 곡)

---

7급 / 총 9획 / 彳

조금씩 걷고(彳) 조금(幺)씩 천천히 걸으면(夊) 뒤지고 늦으니
**뒤 후, 늦을 후**

+ 彳(조금 걸을 척), 夊(천천히 걸을 쇠, 뒤져 올 치)

> **前後(전후)** ① 앞 뒤. ② 처음과 마지막. ③ 쯤.
> **後繼(후계)** 뒤를 이음.

+ 前(앞 전), 繼(이을 계)

---

3급Ⅱ / 총 17획 / 水(氵)

**물(氵)**이 **햇(日)**빛이나 **작고(幺) 작은(幺) 불(灬)**빛처럼 스며들어 젖으니
**젖을 습**

+ 灬(불 화 발)

> **濕氣(습기)** 젖어 축축한 기운.
> **高溫多濕(고온다습)** 높은 기운에 많은 습도.

+ 氣(기운 기, 대기 기), 高(높을 고, 성씨 고), 溫(따뜻할 온, 익힐 온), 多(많을 다)

3급 / 총 12획 / 幺

(아직은) **작고(幺) 작게(幺)** 보이는 **창(戈)**과 **사람(人)**이지만 몇이나 되는지 살피는 기미니 **몇 기, 기미 기**

+ 戈(창 과)

**幾十(기십)** 몇 십.
**幾微·機微(기미)** (앞일에 대한 다소 막연한 예상이나 짐작이 들게 하는) 몇 가지 작은 조짐. 낌새.

+ 微(작을 미)

4급 / 총 16획 / 木

**나무(木) 몇(幾)** 개로 얽어 만든 베틀이니 **베틀 기**
또 베틀 같이 짜인 기계나 기회니 **기계 기, 기회 기**

+ 베틀 - 베를 짜는 틀.
+ 木(나무 목)

**機械(기계)** 여러 부품으로 조립된 도구.
**機智(기지)** 기회에 따라 재치 있게 대응하는 지혜.

+ 械(기계 계), 智(지혜 지)

3급Ⅱ / 총 15획 / 田

서울에서 **얼마(幾)** 떨어지지 않은 **밭(田)** 같은 땅이 경기니 **경기 기**

+ 幾[몇 기, 기미 기(幾)의 획 줄임], 田(밭 전, 논 전)

**京畿(경기)** 왕도(王都)의 둘레 500리(里) 이내의 땅.

+ 京(서울 경), 王(임금 왕, 으뜸 왕, 구슬 옥 변), 都(도읍 도, 모두 도, 성씨 도)

4급 / 총 20획 / 糸

**실(糸)**로 **상자(𠃊)** 속이나 밖을 **조금씩 계속(㒭)** 이으니 **이을 계**

+ [약] 継 - 실(糸)로 감춰(𠃊) 놓은 쌀(米)이 나오지 않도록 터진 곳을 이으니 '이을 계'
+ 𠃊[상자 방(匚)의 변형], 𠃊(감출 혜, 덮을 혜, = 匚), 米(쌀 미)

**繼續(계속)** (끊어지지 않고) 앞과 뒤를 이어 나감.
**繼走(계주)** 이어달리기.

+ 續(이을 속), 走(달릴 주, 도망갈 주)

4급Ⅱ / 총 18획 / 斤

**상자(𠃊)**의 물건을 **조금씩 계속(㒭)** 꺼내어 **도끼(斤)**로 끊으니 **끊을 단**
또 끊듯이 무슨 일을 결단하니 **결단할 단**

+ [약] 断 - 감춰(𠃊) 놓은 쌀(米)이 나오도록 도끼(斤)로 끊으니 '끊을 단'
　　　　또 끊듯이 무슨 일을 결단하니 '결단할 단'
+ 斤(도끼 근, 저울 근) - 제목번호 299 참고

**斷念(단념)** (무엇에 대한) 생각을 끊음.
**勇斷(용단)** 용감하게 결단을 내림.

+ 念(생각 념), 勇(날랠 용)

3급 / 총 10획 / 大

손톱(爫)으로 세상의 **작고(幺) 큰(大)** 일을 어찌할까에서 **어찌 해**
또 **손톱(爫)**으로라도 **작고(幺) 큰(大)** 일을 해야 하는 종이니 **종 해**

+ 爫(손톱 조), 幺(작을 요, 어릴 요)

---

3급Ⅱ / 총 13획 / 水(氵)

DAY 12

**물(氵)**이라고 **어찌(奚)** 말할 수 없는 작은 시내니 **시내 계**

> **溪谷(계곡)** 시냇물 흐르는 골짜기.
> **淸溪(청계)** 맑고 깨끗한 시내.

+ 谷(골짜기 곡), 淸(맑을 청)

---

4급 / 총 21획 / 鳥

(닭은 날지 못하니) **어찌(奚) 새(鳥)**란 말인가에서 **닭 계**

+ 鳥(새 조) – 제목번호 388 참고

> **養鷄(양계)** 닭을 기름.
> **鬪鷄(투계)** 닭싸움. 싸움닭.

+ 養(기를 양), 鬪(싸울 투)

---

4급Ⅱ / 총 13획 / 邑(阝)

**어린(幺)** 시절 **흰(白)**쌀밥을 **숟가락(匕)**으로 먹으며 살던 시골 **고을(阝)**이 고향이니 **시골 향, 고향 향**

+ 유 卿(벼슬 경) – 제목번호 151 참고
+ 약 鄕
+ 幺[자을 요, 어릴 요(幺)의 변형], 白(흰 백, 밝을 백, 깨끗할 백, 아뢸 백), 匕(비수 비, 숟가락 비), 阝(고을 읍 방)

> **故鄕(고향)** '연고 있는 시골'로, 태어나 자란 곳. ↔ 타향(他鄕)
> **鄕愁(향수)** 고향이 그리워 느끼는 슬픔.

+ 故(연고 고, 옛 고), 他(다를 타, 남 타), 愁(근심 수)

---

3급Ⅱ / 총 22획 / 音

**시골(鄕)**에서 **소리(音)**치면 메아리가 울리듯 울리는 소리니 **울릴 향**

> **音響(음향)** 소리의 울림.
> **反響(반향)** ① (음파가 어떤 물체에 부딪혀) 반사하여 울림. 메아리. ② 어떤 일이나 현상이 세상에 영향을 미쳐 일어나는 반응.

6급 / 총 15획 / 木

(악기의 대표인) **북(白)**을 **작고(幺) 작은(幺)** 실로 **나무(木)** 받침대 위에 묶어 놓고 치며 노래 부르고 즐기며 좋아하니 **노래 악, 즐길 락, 좋아할 요**

+ 약 樂 – (악기의 대표인) 북(白)을 나무(木) 받침대 위에 올려 놓고 양손으로 두드리며(  )
　　노래 부르고 즐기며 좋아하니 '노래 악, 즐길 락, 좋아할 요'
+ 白('흰 백, 밝을 백, 깨끗할 백, 아뢸 백'이지만 여기서는 북의 모양으로 봄)

**樂器(악기)** 음악을 연주하기 위해 쓰이는 기구.
**娛樂(오락)** (놀이 · 노래 · 춤 등으로) 즐겁게 노는 일.
**樂山樂水(요산요수)** 산수(山水)의 자연을 즐기고 좋아함.

+ 器(그릇 기, 기구 기), 娛(즐거워할 오), 山(산 산), 水(물 수)

6급 / 총 19획 / 草(++)

**풀(++)** 중에 환자가 **좋아하는(樂)** 약이니 **약 약**

+ 약 藥
+ 옛날에는 대부분의 약을 풀에서 구했답니다.

**藥局(약국)** 약을 파는 곳.
**藥水(약수)** (먹거나 몸을 담그면) 약효가 있는 샘물.

+ 局(판 국, 관청 국, 상황 국)

3급 II / 총 11획 / 玄

**우두머리(亠)**가 **작은(幺)** 사람을 양쪽에 **둘(冫冫)**씩, 아래에 **열(十)**의 비율로 거느리니 **비율 률, 거느릴 솔**
또 잘 거느리려고 솔직하니 **솔직할 솔**

+ 亠(머리 부분 두)

**比率(비율)** 어떤 수나 양을 다른 수나 양에 견준 것.
**引率(인솔)** '끌어 거느림'으로, 데리고 어느 곳으로 가는 것.
**率直(솔직)** 거짓이나 숨김이 없이 바르고 곧음.

+ 比(나란할 비, 견줄 비), 引(끌 인), 直(곧을 직, 바를 직)

3급 II / 총 10획 / 田

**머리(亠)**가 **작은(幺)** 어린 짐승을 **밭(田)**에서 기르니 **기를 축**
또 이렇게 기르는 가축이니 **가축 축**

+ 田(밭 전, 논 전)

**家畜(가축)** 집에서 기르는 짐승.
**畜舍(축사)** 가축을 기르는 건물.

+ 家(집 가, 전문가 가), 舍(집 사)

**4급Ⅱ / 총 14획 / 草(++)**

### 풀(++)을 가축(畜)에게 먹이려고 모아 쌓으니 모을 축, 쌓을 축

> **貯蓄(저축)** (절약하여) 쌓아둠.
> **備蓄(비축)** (만약의 경우에) 대비하여 쌓아둠.

\+ 貯(쌓을 저), 備(갖출 비)

---

DAY

12

**3급Ⅱ / 총 5획 / 玄**

### 머리(亠) 아래 작은(幺) 것이 검고 오묘하니 검을 현, 오묘할 현, 성씨 현

\+ 오묘(奧妙)하다 - 심오하고 묘하다. 奧(속 오), 妙(묘할 묘, 예쁠 묘)

> **玄米(현미)** (껍질만 벗겨서 색이 약간) 검은 쌀. ↔ 백미(白米)
> **玄武巖(현무암)** 검고 단단한 화산암.

\+ 米(쌀 미), 白(흰 백, 밝을 백, 깨끗할 백, 아뢸 백), 武(군사 무, 무기 무), 巖(바위 암)

---

### 실(糸) 중 퉁기면 오묘한(玄) 소리가 나는 악기 줄이니 악기 줄 현

\+ 糸(실 사, 실 사 변)

> **絃樂器(현악기)** 현을 타거나 켜서 소리를 내는 악기.
> **管絃樂(관현악)** 관악기·현악기·타악기가 함께 연주하는 음악.

\+ 器(그릇 기, 기구 기), 管(대롱 관, 피리 관, 관리할 관)

---

**3급 / 총 11획 / 牛**

### 검은(玄) 고삐로 묶어(冖) 소(牛)를 끄니 끌 견

\+ 玄(검을 현, 아득할 현), 冖('덮을 멱'이지만 여기서는 묶은 모양으로 봄), 牛(소 우), 옛날에는 소의 코에 구멍을 뚫어 묶어 끌거나 부렸지요.

> **牽引(견인)** 끌어당김.
> **牽制(견제)** (지나치게 세력을 펴거나 자유행동을 하지 못하도록) 끌고 억제함.

\+ 引(끌 인), 制(제도 제, 억제할 제)

---

**3급 / 총 10획 / 玄**

### 검은(玄)빛 두 개가 겹쳐 더 검으니 검을 자
또 검으면 눈에 잘 보이니 가까운 것을 가리키는 지시 대명사로도 쓰여 이 자

\+ 위에 초 두(++)가 있는 것처럼 보이지만 실제는 검을 현(玄) 둘로 이루어진 글자.

> **念念在玆(염념재자)** '생각과 생각이 이에 있음'으로, 염념불망(念念不忘 - 자꾸 생각이 나서 잊지 못함).

\+ 念(생각 념), 在(있을 재), 不(아닐 불·부), 忘(잊을 망)

속이 **검게(玆)** 타도 변치 않는 **마음(心)**으로 사랑해 주는 어머니니
**사랑 자, 어머니 자**

+ 玆[검을 자, 이 자(玆)의 변형], 心(마음 심, 중심 심)

> **仁慈(인자)** 마음이 어질고 자애로움. 또는 그 마음.
> **慈堂(자당)** 남의 어머니를 높여 부르는 말.

+ 仁(어질 인), 堂(집 당, 당당할 당)

3급II / 총 13획 / 心

---

## 231 사사분종결[糸絲紛終結] – 糸로 된 한자

실을 감아놓은 실타래 모양을 본떠서 **실 사, 실 사 변**

+ 타래 – 사리어 뭉쳐 놓은 실이나 노끈 따위의 뭉치.

특급 / 총 6획 / 糸

---

실타래의 실이 겹쳐진 모양을 본떠서 **실 사**

+ 약 糸

> **鐵絲(철사)** 철로 된 실.
> **一絲不亂(일사불란)** '한 오리 실도 엉키지 아니함'으로, 질서가 정연하여 조금도 흐트러지지 아니함을 이르는 말.

+ 鐵(쇠 철), 亂(어지러울 란)

4급 / 총 12획 / 糸

---

**실(糸)**을 **나누면(分)** 헝클어져 어지러우니 **어지러울 분**

+ 分(나눌 분, 단위 분, 단위 푼, 신분 분, 분별할 분, 분수 분), 실을 나눠 놓으면 헝클어져 어지럽지요.

> **紛糾(분규)** 일이 어지럽게 얽혀 시끄러움.
> **紛爭(분쟁)** (어떤 말썽 때문에) 어지럽게 다툼.

+ 糾(얽힐 규), 爭(다툴 쟁)

3급II / 총 10획 / 糸

---

(누에 같은 벌레가) **실(糸)**을 뽑아 집 짓는 일은 **겨울(冬)**이 되기 전에 다하여 마치니 **다할 종, 마칠 종**

+ 冬(겨울 동) – 제목번호 367 참고

> **終結(종결)** 끝을 맺음.
> **終了(종료)** 끝마침.

+ 了(마칠 료)

5급 / 총 11획 / 糸

실(糸)로 좋게(吉) 맺으니 **맺을 결**

+ 吉(길할 길, 상서로울 길) - 제목번호 091 참고

**結論(결론)** 끝맺는 말이나 글.
**結果(결과)** ① 과실을 맺음. 또는 그 과실. ② 어떤 원인으로 생긴 결말.

+ 論(논할 론, 평할 론), 果(과실 과, 결과 과)-

5급 / 총 12획 / 糸

---

실(糸) 중 누에의 입(口)을 통해 몸(月)에서 나온 것으로 짠 비단이니
**비단 견**

+ 누에는 어느 정도 자라면 입으로 몸속에 있는 실을 뽑아 내 집을 짓는데, 이 실로 짠 천이
비단이지요.

**絹絲(견사)** 누에 고치실(명주실)을 원료로 하여 만든 비단실.
**人造絹(인조견)** 사람이 만든 비단.

+ 絲(실 사), 造(만들 조)

3급 / 총 13획 / 糸

---

많이(十) 꼬아서(冖) 만든 동아줄(糸)이니 **동아줄 삭**
또 동아줄로 묶어 두었다가 잃으면 찾으니 **찾을 색**
또 누구를 찾아야 할 정도로 쓸쓸하니 **쓸쓸할 삭**

+ 十(열 십, 많을 십), 冖('덮을 멱'이지만 여기서는 꼬는 모양으로 봄)

**索道(삭도)** 공중에 설치한 동아줄 길. 케이블카 길.
**搜索(수색)** '찾고 찾음'으로, 범인이나 증거물 따위를 찾으려고 조사함.
*索寞(삭막)* 쓸쓸하고 막막함.

+ 道(길 도, 도리 도, 말할 도, 행정 구역의 도), 搜(찾을 수), 寞(쓸쓸할 막)

3급Ⅱ / 총 10획 / 糸

---

실(絲)처럼 계속 말(言)과 마음(心)이 이어가며 사모하니 **사모할 련**

+ 약 恋 - 또(亦) 자꾸 마음(心)에 생각하며 사모하니 '사모할 련'
+ 絲(실 사), 言(말씀 언), 心(마음 심, 중심 심), 亦(또 역)

**戀人(연인)** (사랑하여) 사모하는 사람.
**戀情(연정)** 사모하는 정.

+ 情(뜻 정, 정 정)

3급Ⅱ / 총 23획 / 心

---

실(絲)처럼 길게 말하며(言) 치면(攵) 변하니 **변할 변**

+ 약 変 - 또(亦) 천천히(攵) 변하니 '변할 변'
+ 攵(칠 복, = 攴), 夊(천천히 걸을 쇠, 뒤져 올 치), 又(오른손 우, 또 우)

**變化(변화)** 변하여 다르게 됨.
**逢變(봉변)** '변화를 만남'으로, 뜻밖의 변이나 망신스러운 일을 당함. 또는 그 변.

+ 化(될 화, 변화할 화, 가르칠 화), 逢(만날 봉)

5급 / 총 23획 / 言

4급 / 총 7획 / 糸

### 하나(丿)의 실(糸)처럼 이어 매진 혈통이니 이어 맬 계, 혈통 계

+ 丿('삐침 별'이지만 여기서는 하나로 봄), 糸(실 사, 실 사 변)

系列(계열) '이어 벌임'으로, 관련 있는 계통이나 조직.
母系(모계) 어머니 쪽의 혈통.

+ 列(벌일 렬, 줄 렬), 母(어미 모, 어머니 모)

4급Ⅱ / 총 9획 / 人(亻)

### 사람(亻)들이 이어 매(系) 묶으니 맬 계, 묶을 계

因果關係(인과관계) 원인과 결과의 관계.
係員(계원) 어느 한 계(係)에서 일하는 사람.

+ 因(말미암을 인, 의지할 인), 果(과실 과, 결과 과), 關(빗장 관, 관계할 관), 員(관원 원, 사람 원)

6급 / 총 10획 / 子

### 아들(子)의 대를 이어주는(系) 손자니 손자 손, 성씨 손

+ 子(아들 자, 첫째 지지 자, 자네 자, 접미사 자)

孫子(손자) 아들이 낳은 아들.
子孫(자손) ① 자식과 손자를 아울러 이르는 말. ② 후손(後孫 - 자신의 세대에서 여러 세대가 지난 뒤의 자녀를 통틀어 이르는 말).

+ 後(뒤 후, 늦을 후)

3급 / 총 16획 / 糸

### 한 눈(目)에 덮어(乚) 바라볼 수 있는 작은(小) 혈통(系)들이 모여 사는 고을이니 고을 현

+ 약 県 – 한 눈(目)에 덮어(乚) 바라볼 수 있는 작은(小) 고을이니 '고을 현'
+ 目(눈 목, 볼 목, 항목 목), 乚(감출 혜, 덮을 혜, = 匸), 현(縣) – ① 지방 행정 구획의 하나. ② 우리나라 도에 해당하는 일본의 지방 행정 구획의 하나.

縣監(현감) (조선 왕조 때) 현(縣)의 원님.

+ 監(볼 감)

3급Ⅱ / 총 20획 / 心

### 고을(縣)에서 마음(心) 나쁜 자들을 매달고 멀리하니 매달 현, 멀 현

+ 心(마음 심, 중심 심)

懸賞金(현상금) 상으로 매단(거는) 돈.
懸垂幕(현수막) 선전문·구호문 따위를 적어 걸어 놓은 막.
懸隔(현격) (동떨어지게) 거리가 멀거나 차이가 큼.

+ 賞(상줄 상, 구경할 상), 金(쇠 금, 금 금, 돈 금, 성씨 김), 垂(드리울 수), 幕(장막 막), 隔(사이 뜰 격)

(옛날에는 거북 등껍데기를 불태워 갈라진 모양을 보고 점쳤으니)

거북 등껍데기가 갈라진 모양을 본떠서 **점 복, 성씨 복**

3급 / 총 2획 / 卜

> **卜居(복거)** 살 만한 곳을 가려서 정함.
> **卜債(복채)** 점을 쳐 준 값으로 점쟁이에게 주는 돈.

+ 居(살 거), 債(빚 채)

---

저녁(夕)에 점(卜)치러 나가는 밖이니 **밖 외**

+ 夕(저녁 석)

8급 / 총 5획 / 夕

> **外出(외출)** 밖에 나감.
> **外貌(외모)** 겉으로 나타난 모습.

+ 出(날 출, 나갈 출), 貌(모양 모)

---

나무(木)껍질이나 점(卜)칠 때 쓰는 거북 등처럼 갈라진 모양으로 순박하니
**순박할 박, 성씨 박**

6급 / 총 6획 / 木

> **素朴(소박)** 꾸밈이나 거짓이 없이 수수한 그대로임.
> *淳朴(순박) 순하고 꾸밈이 없음.
> **質朴(질박)** (꾸밈새 없이) 바탕이 순수함.

+ 素(흴 소, 바탕 소, 요소 소, 소박할 소), 淳(순박할 순), 質(바탕 질)

---

달려(走) 목적지에 다다라 점(卜)친 것을 알리니 **다다를 부, 알릴 부**

+ 走(달릴 주, 도망갈 주) - 제목번호 240 참고

> **赴任(부임)** (임명을 받아) 근무할 곳으로 감.
> **赴告(부고)** 사람의 죽음을 알림.

3급 / 총 9획 / 走

+ 任(맡을 임, 성씨 임), 告(알릴 고, 뵙고 청할 곡)

---

점(卜)치듯 요모조모 따져 재물(貝)을 씀이 곧으니 **곧을 정**

+ 貝(조개 패, 재물 패, 돈 패)

> **貞操(정조)** '곧게 잡음'으로, 성적 순결을 지키는 일.
> **貞潔(정결)** '곧고 깨끗함'으로, 정조가 곧고 행실이 깨끗함.

3급 II / 총 9획 / 貝

+ 操(잡을 조, 다룰 조), 潔(깨끗할 결)

DAY
12

占

4급 / 총 5획 / 卜

점(卜)쟁이에게 **말하며(口)** 점치니 **점칠 점**
또 **표지판(卜)을 땅(口)**에 세우고 점령하니 **점령할 점**

+ '점령할 점'의 어원 풀이에서는 卜을 표지판으로, 口를 땅으로 보았습니다.

> **占術(점술)** 점을 치는 꾀.
> **占領(점령)** 점령하여 거느림.

+ 術(재주 술, 기술 술), 領(거느릴 령, 우두머리 령)

---

店

5급 / 총 8획 / 广

**집(广)**에 **점령하듯(占)** 물건을 진열하여 파는 가게니 **가게 점**

+ 广(집 엄)

> **書店(서점)** 책을 파는 가게.
> **商店(상점)** 물건을 파는 가게.

+ 書(쓸 서, 글 서, 책 서), 商(헤아릴 상, 장사할 상)

---

從

4급 / 총 11획 / 彳

**걸어서(彳) 두 사람(人人)**이 **점(卜)**치는 **사람(人)**을 좇아 따르니
**좇을 종, 따를 종**

+ 약 从 - 걸어서(彳) 이쪽저쪽(丷)으로 아래(下)까지 사람(人)을 좇아 따르니
 '좇을 종, 따를 종'
 从 - 사람(人)이 사람(人)을 좇아 따르니 '좇을 종, 따를 종'
+ 彳(조금 걸을 척), 下(아래 하, 내릴 하), 옛날에는 점을 많이 쳐서 점과 관련된 한자가 많습니다.

> **順從(순종)** 순하게 따름.
> **追從(추종)** (아무런 목적이나 비판 없이) 따라서 좇음.

+ 順(순할 순), 追(쫓을 추, 따를 추)

---

縱

3급Ⅱ / 총 17획 / 糸

**실(糸)**을 **따라(從)** 세로로 놓으니 **세로 종, 놓을 종**

> **縱斷(종단)** ① 세로로 끊거나 길이로 자르는 것. ② 남북의 방향으로 지나가는 것. ↔ 횡단(橫斷)
> **放縱(방종)** 규범이나 규율을 무시하거나 절제함이 없이 제멋대로 행동하도록 놓아짐.

+ 斷(끊을 단, 결단할 단), 橫(가로 횡, 제멋대로 할 횡), 放(놓을 방)

# 黑

5급 / 총 12획 / 黑

**굴뚝(里)처럼 불(灬)때면 그을려 검으니 검을 흑**

+ 약 黑 – 마을(里)이 불(灬)에 그을려 검으니 '검을 흑'
+ 里(구멍 뚫린 굴뚝의 모양으로 봄), 灬(불 화 발)

**黑白(흑백)** 검은 빛과 흰 빛.
**黑字(흑자)** '검은 글자'로, 수입이 지출을 초과하여 이익이 생기는 일. ↔ 적자(赤字)

+ 白(흰 백, 밝을 백, 깨끗할 백, 아뢸 백), 字(글자 자), 赤(붉을 적, 벌거벗을 적)

---

# 點

4급 / 총 17획 / 黑

**검게(黑) 점령하듯(占) 찍은 점이니 점 점**
**또 점을 찍듯 불을 켜니 불 켤 점**

+ 약 点 – 점령하듯(占) 찍은 네 점(灬)이니 '점 점'
　　 奌 – 점령하듯(占) 크게(大) 찍은 점이니 '점 점'

**點檢(점검)** 점까지 검사함.
**點燈(점등)** 등불을 켬.

+ 檢(검사할 검), 燈(등불 등)

---

# 默

3급 II / 총 16획 / 黑

**캄캄하고(黑) 개(犬)도 짖지 않는 밤처럼 말없이 고요하니**
**말없을 묵, 고요할 묵**

+ 犬(개 견)

**默認(묵인)** '말없이 인정함'으로, 모르는 체하고 슬며시 승인함.
**默默不答(묵묵부답)** 말없이 대답하지 않음.

+ 認(알 인, 인정할 인), 不(아닐 불 · 부), 答(대답할 답, 갚을 답)

---

# 墨

3급 II / 총 15획 / 土

**검은(黑) 흙(土)으로 만든 먹이니 먹 묵**

+ 土(흙 토)

**墨畫(묵화)** 먹으로 그린 그림.
**水墨畫(수묵화)** 물과 먹의 짙고 옅음의 조화로 표현하는 그림.

+ 畫(그림 화, 그을 획)

7급 / 총 3획 / 一

일정한 **기준(一)**보다 위로 오르니 **위 상, 오를 상**

**上水道(상수도)** (먹거나 쓸) 윗물이 오는 길. ↔ 하수도(下水道)
**上京(상경)** (시골에서) 서울로 올라옴.

+ 道(길 도, 도리 도, 말할 도, 행정 구역의 도), 京(서울 경)

7급 / 총 3획 / 一

일정한 **기준(一)**보다 아래로 내리니 **아래 하, 내릴 하**

**下意上達(하의상달)** 아래의 뜻이 위에 전달됨. ↔ 상의하달(上意下達)
**下山(하산)** 산을 내려감.

+ 意(뜻 의), 達(이를 달, 통달할 달)

5급 / 총 4획 / 止

두 발이 그쳐 있는 모양에서 **그칠 지**

**防止(방지)** 막아 그치게 함.
**止血(지혈)** (나오던) 피가 그침.

+ 防(둑 방, 막을 방), 血(피 혈)

3급Ⅱ / 총 6획 / 人

**사람(人)**이 **멈추어(止)** 서서 무엇을 바라며 꾀하니 **바랄 기, 꾀할 기**

+ 꾀하다 - 어떤 일을 이루려고 뜻을 두거나 힘을 쓰다.

**企圖(기도)** 일을 꾸며 내려고 꾀함.
**企劃(기획)** '꾀하여 그음'으로, 일을 계획함.

+ 圖(그림 도, 꾀할 도), 劃(그을 획)

3급 / 총 8획 / 肉(月)

일을 **그치고(止) 몸(月)**을 쉬며 즐기니 **즐길 긍**
또 즐기며 그러하다고 긍정하니 **긍정할 긍**

+ 유 背(등 배, 등질 배) - 제목번호 347 참고
+ 月(달 월, 육 달 월)

**肯定(긍정)** (어떤 사실, 현상, 사태 따위를) 그러하다고 인정함.
**首肯(수긍)** '머리로 긍정함'으로, 옳다고 생각하여 머리를 끄덕임.

+ 定(정할 정), 首(머리 수, 우두머리 수)

**齒**

4급II / 총 15획 / 齒

그쳐(止) 윗니(人人)와 나란히(一) 아랫니(人人)가 입 벌린(凵) 속에 있는 이니 **이 치**

또 (옛날에) 이의 숫자로 알았던 나이니 **나이 치**

+ 약 齒 – 씹기를 그치고(止) 입 벌린(凵) 속에 있는 쌀 미(米) 자처럼 나눠진 이의 모양에서 '이 치'

또 (옛날에) 이의 숫자로 알았던 나이니 '나이 치'

+ 凵(입 벌릴 감, 그릇 감), 人('사람 인'이지만 여기서는 이로 봄)

+ 옛날에는 이(齒)의 숫자로 나이를 짐작했답니다.

> **齒牙(치아)** '이'를 점잖게 일컫는 말.
> **年齒(연치)** '나이'의 높임말. 연세(年歲).

+ 牙(어금니 아), 年(해 년, 나이 년), 歲(해 세, 세월 세)

---

**238** 무부 보섭[武賦 步涉] – 武, 步로 된 한자

**武**

4급II / 총 8획 / 止

하나(一)의 주살(弋)로도 적의 침략을 **그치게(止)** 하는 군사니 **군사 무**

또 군사들이 사용하는 무기니 **무기 무**

+ 弋(주살 익)

> **武力(무력)** 군사상의 힘.
> **非武裝(비무장)** 무기로 꾸미지 않음. 또는 그러한 상태.

+ 力(힘 력), 非(어긋날 비, 아닐 비, 나무랄 비), 裝(꾸밀 장)

**賦**

3급II / 총 15획 / 貝

재물(貝)을 **무력(武)**으로 세금 거두어 필요한 곳에 주니

**세금 거둘 부, 줄 부**

또 무슨 일에 써 주었던 옛날의 문체 이름이니 **문체 이름 부**

+ 貝(조개 패, 재물 패, 돈 패)

> **賦課(부과)** (세금이나 부담금 따위를) 매기어 부담하게 하는 것.
> **賦與(부여)** (나누어) 줌.

+ 課(부과할 과, 과목 과), 與(줄 여, 더불 여, 참여할 여)

**步**

4급II / 총 7획 / 止

**그쳤다가(止)** 조금씩(少) 발을 옮기며 걷는 걸음이니 **걸음 보**

+ 少[적을 소, 젊을 소(少)의 획 줄임], 한 발 한 발 걷는 모양을 생각하고 만들어진 글자.

> **步行(보행)** 걸어 다님.
> **速步(속보)** 빠른 걸음.

+ 行(다닐 행, 행할 행, 항렬 항), 速(빠를 속)

**涉**

3급 / 총 10획 / 水(氵)

물(氵)길을 **걸어(步)** 건너니 건널 **섭**

또 자기 역할의 범위를 건너 간섭하거나 섭렵하니 **간섭할 섭, 섭렵할 섭**

+ 涉獵(섭렵) - 많은 책을 널리 읽거나 여기저기 찾아다니며 경험함을 이르는 말.

> **涉外(섭외)** '밖으로 건넘'으로, 외부와 연락을 취하여 의논함.
> **干涉(간섭)** '건넘을 범함'으로, 부당하게 참견함.

+ 外(밖 외), 干(방패 간, 범할 간, 얼마 간, 마를 간), 獵(사냥할 렵)

---

**239** 연탄 정정[延誕 廷庭] - 延, 廷으로 된 한자

---

**延**

4급 / 총 7획 / 廴

삐뚤어져(丿) 하던 일을 **그치고(止)** 길게 걸으면서(廴) 끌고 늘이니

**끌 연, 늘일 연, 성씨 연**

+ 丿(삐침 별), 止[그칠 지(止)의 변형], 廴(길게 걸을 인)

> **延期(연기)** (정한) 기한을 늘임.
> **遲延(지연)** 늦어지고 늘여짐.

+ 期(기간 기, 기약할 기), 遲(늦을 지)

---

**誕**

3급 / 총 14획 / 言

**말(言)**을 늘이듯(延) 길게 울면서 태어나니 **태어날 탄**

+ 言(말씀 언), 아이가 울면서 태어남을 생각하고 만들어진 글자.

> **誕生(탄생)** ① 사람이 태어남. ② 어떤 기관이나 조직 따위가 새로 생겨남.
> **聖誕(성탄)** ① 임금의 탄생. 또는 성인(聖人)의 탄생. ② '성탄절'의 준말.

+ 生(날 생, 살 생, 사람을 부를 때 쓰는 접사 생), 聖(성인 성, 성스러울 성)

---

**廷**

3급 II / 총 7획 / 廴

**걸어가(廴)** 임무를 **맡는(壬)** 조정이나 관청이니 **조정 정, 관청 정**

+ 壬(간사할 임, 짊어질 임, 아홉째 천간 임) - 제목번호 100 참고

> **朝廷(조정)** 임금이 정사를 펴며 의식을 행하는 곳.
> **法廷(법정)** 송사를 심리, 판결하는 곳.

+ 朝(아침 조, 조정 조, 뵐 조), 法(법 법)

---

**庭**

6급 / 총 10획 / 广

**집(广)** 안에 **조정(廷)**처럼 가꾼 뜰이니 **뜰 정**

+ 广(집 엄)

> **家庭(가정)** '집의 뜰'로, 한 가족이 살림하고 있는 집안.
> **校庭(교정)** 학교의 뜰.

+ 家(집 가, 전문가 가), 校(학교 교, 교정볼 교, 장교 교)

4급 II / 총 7획 / 走

**땅(土)을 점(卜)치듯 사람(人)이 가려 디디며 달리고 도망가니**
**달릴 주, 도망갈 주**

+ 土(흙 토), 卜(점 복)

> **走行(주행)** 달려감.
> **逃走(도주)** 달아남.

+ 行(다닐 행, 행할 행, 항렬 항), 逃(달아날 도)

4급 / 총 10획 / 彳

**한갓 걷거나(彳) 달리는(走) 무리니 한갓 도, 걸을 도, 무리 도**

+ 彳(조금 걸을 척), 한갓 – 다른 것 없이 겨우.

> **無爲徒食(무위도식)** 하는 일 없이 한갓 먹기만 함.
> **徒步(도보)** (탈것을 타지 않고) 걸어 다님.
> **信徒(신도)** 종교를 믿는 무리.

+ 無(없을 무), 爲(할 위, 위할 위), 食(밥 식, 먹을 식, 먹이 사), 步(걸음 보), 信(믿을 신, 소식 신)

4급 II / 총 10획 / 走

**달리려고(走) 몸(己)이 일어나니 일어날 기**
**또 일어나 시작하니 시작할 기**

+ 己(몸 기, 자기 기)

> **起床(기상)** 평상(잠자리)에서 일어남.
> **起工(기공)** 공사를 시작함.

+ 床(평상 상), 工(장인 공, 만들 공, 연장 공)

越

3급 II / 총 12획 / 走

**달려가며(走) 도끼(戊)로 협박하면 달아나려고 뛰어 넘으니**
**넘을 월, 월나라 월**

+ 戊 – 창(戈)처럼 아래로 찍는(丿) 도끼니 '도끼 월'

> **移越(이월)** 옮기어 넘김.
> **追越(추월)** 앞지름.

+ 移(옮길 이), 追(쫓을 추, 따를 추)

# 구조로 한자 되짚어 보기

DAY 12

## 221 진 참(삼)참 육철[珍 參慘 育徹] – 珍과 參, 育으로 된 한자

사람 인[人]과 터럭 삼, 긴머리 삼[彡] 앞에 임금 왕, 으뜸 왕, 구슬 옥 변[王]이면 보배 진[珍], 위에 사사로울 사, 나 사 셋[厽]이면 참여할 참, 석 삼[參],

**참여할 참, 석 삼[參]** 앞에 마음 심 변[忄]이면 슬플 참[慘],

머리 부분 두[亠] 아래에 사사로울 사, 나 사[厶]와 달 월, 육 달 월[月]이면 기를 육[育],

**기를 육[育]** 앞에 조금 걸을 척[彳], 뒤에 칠 복[攵]이면 통할 철, 뚫을 철[徹]

## 222 지질치실[至姪致室] – 至로 된 한자

한 일[一] 아래에 사사로울 사, 나 사[厶]와 흙 토[土]면 이를 지, 지극할 지[至],

**이를 지, 지극할 지[至]** 앞에 여자 녀[女]면 조카 질[姪], 뒤에 칠 복[攵]이면 이룰 치, 이를 치[致], 위에 집 면[宀]이면 집 실, 방 실, 아내 실[室]

## 223 옥대 도도[屋臺 到倒] – 至, 到로 된 한자

**이를 지, 지극할 지[至]** 위에 주검 시, 몸 시[尸]면 집 옥[屋], 선비 사, 군사 사, 칭호나 직업 이름에 붙이는 말 사[土]와 입 구, 말할 구, 구멍 구[口], 덮을 멱[冖]이면 누각 대, 정자 대[臺], 이를 지, 지극할 지[至] 뒤에 칼 도 방[刂]이면 이를 도, 주도면밀할 도[到],

**이를 도, 주도면밀할 도[到]** 앞에 사람 인 변[亻]이면 넘어질 도, 거꾸로 도[倒]

## 224 요유유후습[幺幼幽後濕] – 幺로 된 한자

작고 어린 아기 모양을 본떠서 작을 요, 어릴 요[幺],

**작을 요, 어릴 요[幺]** 뒤에 힘 력[力]이면 어릴 유[幼], 작을 요, 어릴 요 둘[幺幺] 사이에 산 산[山]이면 숨을 유, 아득할 유[幽], 작을 요, 어릴 요[幺] 아래에 천천히 걸을 쇠, 뒤져 올 치[夂], 앞에 조금 걸을 척[彳]이면 뒤 후, 늦을 후[後], 작을 요, 어릴 요 둘[幺幺] 위에 해 일, 날 일[日], 아래에 불 화 발[灬], 앞에 삼 수 변[氵]이면 젖을 습[濕]

## 225 기기기 계단[幾機畿 繼斷] – 幾, 㡭로 된 한자

작을 요, 어릴 요 둘[幺幺] 사이에 창 과[戈]와 사람 인[人]이면 몇 기, 기미 기[幾],

**몇 기, 기미 기[幾]** 앞에 나무 목[木]이면 베틀 기, 기계 기, 기회 기[機], 몇 기, 기미 기[幾]의 획 줄임[幾] 아래에 밭 전[田]이면 경기 기[畿],

**상자 방[匚]의 변형[匸]과 작을 요, 어릴 요[幺] 둘 씩[幺幺 幺幺]** 앞에 실 사, 실 사 변[糸]이면 이을 계[繼], 뒤에 도끼 근, 저울 근[斤]이면 끊을 단, 결단할 단[斷]

## 226 해계계[奚溪鷄] – 奚로 된 한자

손톱 조[爫] 아래에 작을 요, 어릴 요[幺]와 큰 대[大]면 어찌 해, 종 해[奚],
**어찌 해, 종 해[奚]** 앞에 삼 수 변[氵]이면 시내 계[溪], 뒤에 새 조[鳥]면 닭 계[鷄]

## 227 향향[鄕響] – 鄕으로 된 한자

작을 요, 어릴 요[幺]의 변형[彑] 뒤에 흰 백, 밝을 백, 깨끗할 백, 아뢸 백[白]과 비수 비, 숟가락 비[匕], 고을 읍 방[阝]이면 시골
향, 고향 향[鄕],
**시골 향, 고향 향[鄕]** 아래에 소리 음[音]이면 울릴 향[響]

## 228 악(락·요)약[樂藥] – 樂으로 된 한자

작을 요, 어릴 요 둘[幺幺] 사이에 흰 백, 밝을 백, 깨끗할 백, 아뢸 백[白] 아래에 나무 목[木]이면 노래 악, 즐길 락, 좋아할 요[樂],
**노래 악, 즐길 락, 좋아할 요[樂]** 위에 초 두[艹]면 약 약[藥]

## 229 률(솔) 축축[率 畜蓄] – 率과 畜으로 된 한자

머리 부분 두[亠] 아래에 작을 요, 어릴 요[幺], 양쪽에 둘씩[ㅌ], 아래에 열 십, 많을 십[十]이면 비율 률, 거느릴 솔, 솔직할 솔
[率], 머리 부분 두[亠] 아래에 작을 요, 어릴 요[幺]와 밭 전[田]이면 기를 축, 가축 축[畜], **기를 축, 가축 축[畜]** 위에 초 두[艹]면
쌓을 축[蓄]

## 230 현현견 자자[玄絃牽 玆慈] – 玄, 玆로 된 한자

머리 부분 두[亠] 아래에 작을 요, 어릴 요[幺]면 검을 현, 오묘할 현[玄],
**검을 현, 오묘할 현[玄]** 앞에 실 사, 실 사 변[糸]이면 악기 줄 현[絃], 사이에 덮을 멱[冖], 아래에 소 우[牛]면 끌 견[牽],
검을 현, 오묘할 현[玄] 둘이면 검을 자, 이 자[玆],
**검을 자, 이 자[玆]** 아래에 마음 심, 중심 심[心]이면 사랑 자, 어머니 자[慈]

## 231 사사분종결[糸絲紛終結] – 糸로 된 한자

실을 감아놓은 실타래를 본떠서 실 사, 실 사 변[糸], **실 사, 실 사 변[糸]** 둘이면 실 사[絲],
실 사, 실 사 변[糸] 뒤에 나눌 분[分]이면 어지러울 분[紛], 겨울 동[冬]이면 다할 종, 마칠 종[終], 길할 길, 상서로울 길[吉]이면
맺을 결[結]

## 232 견삭(색) 련변[絹索 戀變] – 糸, 䜌으로 된 한자

**실 사, 실 사 변[糸]** 뒤에 입 구, 말할 구, 구멍 구[口]와 달 월, 육 달 월[月]이면 비단 견[絹], 위에 열 십, 많을 십[十]과 덮을 멱
[冖]이면 동아줄 삭, 찾을 색, 쓸쓸할 삭[索],
**실 사, 실 사 변 둘[糸糸] 사이에 말씀 언[言]** 아래에 마음 심, 중심 심[心]이면 사모할 련[戀], 천천히 걸을 쇠, 뒤져 올 치[夂]면
변할 변[變]

## 233 계계손 현현[系係孫 縣懸] – 系, 縣으로 된 한자

삐침 별[丿] 아래에 실 사, 실 사 변[糸]면 이을 계, 혈통 계[系],
**이을 계, 혈통 계[系]** 앞에 사람 인 변[亻]이면 맬 계, 묶을 계[係], 아들 자, 첫째 지지 자, 자네 자, 접미사 자[子]면 손자 손[孫],
눈 목, 볼 목, 항목 목[目]과 감출 혜, 덮을 혜[匸], 작을 소[小]면 고을 현[縣],
**고을 현[縣]** 아래에 마음 심, 중심 심[心]이면 매달 현, 멀 현[懸]

## 234 복외박부정[卜外朴赴貞] - 卜으로 된 한자

점치던 거북 등껍데기가 갈라진 모양을 본떠서 점 복[卜],
점 복[卜] 앞에 저녁 석[夕]이면 밖 외[外], 나무 목[木]이면 순박할 박, 성씨 박[朴], 달릴 주, 도망갈 주[走]면 다다를 부, 알릴 부[赴], 아래에 조개 패, 재물 패, 돈 패[貝]면 곧을 정[貞]

## 235 점점 종종[占店 從縱] - 占, 從으로 된 한자

점 복[卜] 아래에 입 구, 말할 구, 구멍 구[口]면 점칠 점, 점령할 점[占], 점칠 점, 점령할 점[占] 위에 집 엄[广]이면 가게 점[店], 조금 걸을 척[彳] 뒤에 사람 인 둘[人人], 아래에 점 복[卜]과 사람 인[人]이면 쫓을 종, 따를 종[從], 쫓을 종, 따를 종[從] 앞에 실 사, 실 사 변[糸]이면 세로 종, 놓을 종[縱]

## 236 흑점묵묵[黑點默墨] - 黑으로 된 한자

굴뚝의 모양[里] 아래에 불 화 발[灬]이면 검을 흑[黑],
검을 흑[黑] 뒤에 점칠 점, 점령할 점[占]이면 점 점, 불 켤 점[點], 개 견[犬]이면 말 없을 묵, 고요할 묵[默], 아래에 흙 토[土]면 먹 묵[墨]

## 237 상하 지기긍치[上下 止企肯齒] - 上下와 止로 된 한자

일정한 기준[一]보다 위로 오르니 위 상, 오를 상[上], 일정한 기준[一]보다 아래로 내리니 아래 하, 내릴 하[下],
두 발이 그쳐 있는 모양에서 그칠 지[止], 그칠 지[止] 위에 사람 인[人]이면 바랄 기, 꾀할 기[企], 아래에 달 월, 육 달 월[月]이면 즐길 궁, 긍정할 궁[肯], 사람 인 둘[人人], 한 일[一], 사람 인 둘[人人], 입 벌릴 감[凵]이면 이 치, 나이 치[齒]

## 238 무부 보섭[武賦 步涉] - 武, 步로 된 한자

그칠 지[止] 위에 한 일[一]과 주살 익[弋]이면 군사 무, 무기 무[武], 군사 무, 무기 무[武] 앞에 조개 패, 재물 패, 돈 패[貝]면 세금 거둘 부, 줄 부, 문체 이름 부[賦],
그칠 지[止] 아래에 적을 소, 젊을 소[少]의 획 줄임[少]이면 걸음 보[步], 걸음 보[步] 앞에 삼 수 변[氵]이면 건널 섭[涉]

## 239 연탄 정정[延誕 廷庭] - 延, 廷으로 된 한자

삐침 별[丿] 아래에 그칠 지[止]의 변형[㇄]과 길게 걸을 인[廴]이면 끌 연, 늘일 연[延], 끌 연, 늘일 연[延] 앞에 말씀 언[言]이면 태어날 탄[誕],
간사할 임, 짊어질 임, 아홉째 천간 임[壬] 아래에 길게 걸을 인[廴]이면 조정 정, 관청 정[廷], 조정 정, 관청 정[廷] 위에 집 엄[广]이면 뜰 정[庭]

## 240 주도기월[走徒起越] - 走로 된 한자

흙 토[土] 아래에 점 복[卜]과 사람 인[人]이면 달릴 주, 도망갈 주[走],
달릴 주, 도망갈 주[走] 앞에 조금 걸을 척[彳]이면 한갓 도, 걸을 도, 무리 도[徒], 뒤에 몸 기, 자기 기, 여섯째 천간 기[己]면 일어날 기, 시작할 기[起], 도끼 월[戉]이면 넘을 월, 월나라 월[越]

# 확인문제

**01~04** 다음 漢字의 훈(뜻)과 음(소리)를 쓰시오.

01. 慘 (                    )          02. 姪 (                    )

03. 幼 (                    )          04. 濕 (                    )

**05~08** 다음 훈음에 맞는 漢字를 쓰시오.

05. 혈통 계 (                    )          06. 따를 종 (                    )

07. 점칠 점 (                    )          08. 이 치 (                    )

**09~12** 다음 漢字語의 讀音을 쓰시오.

09. 幾微 (                    )          10. 畿湖 (                    )

11. 音響 (                    )          12. 玄米 (                    )

**13~14** 다음 문장에서 밑줄 친 낱말을 漢字로 쓰시오.

13. 공사로 보행에 불편을 드려 죄송합니다. (                    )

14. 부모를 모시는 정성이 지극하다.          (                    )

**15~16** 다음 문장에서 漢字로 표기된 낱말의 讀音을 쓰시오.

15. 나는 바다보다는 시원한 溪谷이 더 좋다. (                    )

16. 그는 자신의 잘못을 率直하게 고백했다. (                    )

**17~18** 다음 뜻풀이에 맞는 낱말을 漢字로 쓰시오.

17. 이어달리기. (                    )

18. 닭을 기름. (                    )

**19~20** 다음 漢字語의 뜻을 쓰시오.

19. 點燈 (                                        )

20. 仁慈 (                                        )

---

### 정답

| | | | | |
|---|---|---|---|---|
| 01. 참혹할 참 | 05. 系 | 09. 기미 | 13. 步行 | 17. 繼走 |
| 02. 조카 질 | 06. 從 | 10. 기호 | 14. 至極 | 18. 養鷄 |
| 03. 어릴 유 | 07. 占 | 11. 음향 | 15. 계곡 | 19. 불을 켬. |
| 04. 젖을 습 | 08. 齒 | 12. 현미 | 16. 솔직 | 20. 마음이 어질고 자애로움. 또는 그 마음. |

**241**
5정 증언[正征政定整 症焉] - 正으로 된 한자

7급 / 총 5획 / 止

**(무엇이나) 하나(一)에 그쳐(止) 열중해야 바르니 바를 정**

+ 止(그칠 지)

> **正直(정직)** (마음이) 바르고 곧음.
> **正正堂堂(정정당당)** 바르고 당당함.

+ 直(곧을 직, 바를 직), 堂(집 당, 당당할 당)

---

征

3급II / 총 8획 / 彳

**가서(彳) 불의를 바로(正)잡으려고 치니 칠 정**

+ 彳(조금 걸을 척)

> **征伐(정벌)** 무력을 써서 적이나 죄 있는 무리를 침.
> **遠征隊(원정대)** ① 멀리 적을 치러가는 군대. ② 먼 곳으로 경기나 조사·답사·탐험 따위를 하러 가는 단체.

+ 伐(칠 벌), 遠(멀 원), 隊(무리 대, 군대 대)

---

政

4급II / 총 8획 / 攵(攴)

**바르도록(正) 치며(攵) 다스리니 다스릴 정**

+ 攵(칠 복, = 攴)

> **政治(정치)** 나라를 다스리는 일.
> **善政(선정)** 잘 다스리는 정치.

+ 治(다스릴 치), 善(착할 선, 좋을 선, 잘할 선)

---

定

6급 / 총 8획 / 宀

**집(宀) 안의 물건도 바르게(疋) 자리를 정하니 정할 정**

+ '집(宀) 아래(下) 사람(人)이 잘 곳을 정하니 정할 정'이라고도 합니다.
+ 약 之 - 집(宀)에서 갈(之) 곳을 정하니 '정할 정'
+ 宀(집 면), 疋[바를 정(正)의 변형], 下(아래 하, 내릴 하), 之(갈 지, ~의 지, 이 지)

> **定價(정가)** 일정하게 매긴 값.
> **安定(안정)** 안전하게 자리를 정함(잡음).

+ 價(값 가, 가치 가), 安(어찌 안, 편안할 안)

---

# 整

4급 / 총 16획 / 攴(攵)

(개수가 많은 물건은 가운데를) **묶어(束)** 양끝을 **쳐서(攵)** **바르게(正)**하면 가지런하니 **가지런할 정**

+ 束(묶을 속) – 제목번호 064 참고

**整理(정리)** 가지런히 잡아서 다스림.
**調整(조정)** 고르게(알맞게) 정리함.

+ 理(이치 리, 다스릴 리), 調(고를 조, 어울릴 조, 가락 조)

# 症

3급Ⅱ / 총 10획 / 疒

**병(疒)**을 **바르게(正)** 진단하여 아는 증세니 **증세 증**

+ 疒(병들 녁)

**症狀(증상)** 병이나 상처의 상태.
**痛症(통증)** 아픔을 느끼는 상태나 증세.

+ 狀(모습 상, 문서 장), 痛(아플 통)

# 焉

3급 / 총 11획 / 火(灬)

**바른(正)** 모습으로 **새(灬)**는 어찌 나뭇가지에도 앉을 수 있을까 에서 **어찌 언, 어조사 언**

+ 灬 [새 조(鳥)의 획 줄임]

**焉敢生心(언감생심)** 어찌 감히 마음이라도 품겠는가?
**終焉(종언)** 어떤 일이나 상황이 다 끝남. 마지막.

+ 敢(용감할 감, 감히 감), 生(날 생, 살 생, 사람을 부를 때 쓰는 접사 생), 終(다할 종, 마칠 종)

---

**242** **시제제제[是提堤題] – 是로 된 한자**

# 是

4급Ⅱ / 총 9획 / 日

**해(日)**처럼 밝고 **바르면(正)** 옳으니 **옳을 시**
또 **해(日)**처럼 밝게 **바로(正)** 이것이라며 가리키니 **이 시**

+ 正[바를 정(正)의 변형]

**是認(시인)** 옳다고 인정함. ↔ 부인(否認)
**是非(시비)** ① 옳음과 그름. ② 옥신각신 다툼.

+ 認(알 인, 인정할 인), 否(아닐 부, 막힐 비), 非(어긋날 비, 아닐 비, 나무랄 비)

# 提

4급Ⅱ / 총 12획 / 手(扌)

**손(扌)**으로 **옳게(是)** 끌어 내놓으니 **끌 제, 내놓을 제**

**提高(제고)** 끌어 올려 높임.
**提出(제출)** (의견이나 서류 따위를 지정된 곳에) 내놓음.

+ 高(높을 고, 성씨 고), 出(날 출, 나갈 출)

# 堤

3급 / 총 12획 / 土

흙(土)으로 물이 옳게(是) 흐르도록 쌓은 둑이니 둑 제

+ 土(흙 토)

**堤防(제방)** 둑. 방축.
**防波堤(방파제)** 파도를 막기 위해 쌓은 둑.

+ 防(둑 방, 막을 방), 波(물결 파)

---

# 題

6급 / 총 18획 / 頁

내용을 옳게(是) 알 수 있는 글의 머리(頁)는 제목이니 제목 제
또 먼저 쓰는 제목처럼 먼저 내는 문제니 문제 제

+ 頁(머리 혈)

**題目(제목)** 글의 첫머리에 쓰는 글의 이름.
**主題(주제)** '주된 제목'으로, ① 대화나 연구 따위에서 중심이 되는 문제. ② 예술 작품에서 지은이가 나타내고자 하는 주된 사상.

+ 目(눈 목, 볼 목, 항목 목), 主(주인 주)

---

**243** 족촉착 필(소) 초초[足促捉 疋 楚礎] - 足으로 된 한자와 疋, 楚로 된 한자

# 足

7급 / 총 7획 / 足

무릎(口)부터 발(止)까지를 본떠서 발 족
또 발까지 편해야 마음이 넉넉하니 넉넉할 족

+ 口('입 구, 말할 구, 구멍 구'지만 여기서는 무릎으로 봄)

**手足(수족)** ① 손발. ② '손발처럼 마음대로 부리는 사람'을 비유하여 이르는 말.
**充足(충족)** 넉넉하게 채움.

+ 手(손 수, 재주 수, 재주 있는 사람 수), 充(가득 찰 충, 채울 충)

---

# 促

3급II / 총 9획 / 人(亻)

사람(亻)이 발(足) 구르며 재촉하니 재촉할 촉

**再促(재촉)** (어떤 일을) 빨리 하라고 다그침.
**促迫(촉박)** 어떤 기한이 바짝 다가와서 급함.

+ 再(다시 재, 두 번 재), 迫(닥칠 박)

---

# 捉

3급 / 총 10획 / 手(扌)

손(扌)으로 발(足)목을 잡으니 잡을 착

**捉送(착송)** 사람을 붙잡아서 보냄.
**捕捉(포착)** ① 꼭 붙잡음. ② 일의 요점이나 요령을 깨침. ③ 어떤 기회나 정세를 알아차림.

+ 送(보낼 송), 捕(잡을 포)

**疋**

1급 / 총 5획 / 疋

하나(一)씩 점(卜)치듯 가늠하여 **사람(人)**이 일정하게 묶어 베를 세는 단위인
필이니 **필 필**

또 무릎부터 발까지의 모양으로도 보아 **발 소**

+ 一[한 일(一)의 변형], 卜(점 복), 필(疋)은 일정한 길이로 말아 놓은 피륙을 세는 단위.
+ 匹(짝 필, 하나 필, 단위 필) – 말이나 소를 세는 단위. – 제목번호 121 참고

---

**楚**

2급 / 총 13획 / 木

**수풀(林)**의 **발(疋)**, 즉 밑 부분에서 자란 나무는 고우니
**고울 초**

또 곱게 자란 가지로 회초리를 만들어 쳐도 아프니

**회초리 초, 아플 초, 초나라 초**

+ 林(수풀 림), 초(楚)나라 – 중국의 춘추 전국 시대에 양자강 중류에 있었던 나라.

---

**礎**

3급Ⅱ / 총 18획 / 石

**돌(石)**로 **아프게(楚)** 받친 주춧돌이나 기초니 **주춧돌 초, 기초 초**

> **礎石(초석)** ① 주춧돌. ② 어떤 사물의 기초.
> **基礎(기초)** 사물의 기본이 되는 토대. 바탕.

+ 石(돌 석), 基(터 기, 기초 기)

---

| 244 | 경 량(냥)만 동동동(통)[冂 兩滿 同銅洞] – 冂과 兩, 同으로 된 한자 |

**冂**

총 2획 / 부수자

멀리 떨어져 윤곽만 보이는 성이니
**멀 경, 성 경**

---

**兩**

4급Ⅱ / 총 8획 / 入

**하나(一)**의 **성(冂)**을 **나누어( l )** 양쪽에 **들어(入)** 있는 둘이나 짝이니
**두 량, 짝 량**

또 화폐의 단위로도 쓰여 **냥 냥**

+ 유 雨(비 우) – 제목번호 290 참고
+ 약 両 – 하나(一)의 성(冂)이 산(山) 때문에 나뉜 둘이나 짝이니 '두 량, 짝 량'
+ l ('뚫을 곤'이지만 여기서는 나뉜 모양으로 봄), 入(들 입), 山(산 산)

> **兩分(양분)** 둘로 나눔.
> **兩者擇一(양자택일)** 둘 중 하나를 택함.

+ 分(나눌 분, 단위 분, 단위 푼, 신분 분, 분별할 분, 분수 분), 擇(가릴 택)

물(氵)이 여기저기 나는 **잡초(艹)**처럼 **양(兩)**쪽에 가득 차니 **찰 만**

+ [약]滿
+ 艹[초 두(艹)의 약자]

**滿期(만기)** 정한 기한이 다 참. 또는 그 기한.
**充滿(충만)** 가득 참.

+ 期(기간 기, 기약할 기), 充(가득 찰 충, 채울 충)

4급Ⅱ / 총 14획 / 水(氵)

**성(冂)**에서 **하나(一)**의 출입구(口)로 다닌 것처럼 한 가지로 같으니
**한가지 동, 같을 동**

**同一(동일)** (차이 없이) 똑같음.
**同行(동행)** 같이 감.

7급 / 총 6획 / 口

**금(金)**과 **같은(同)** 색의 구리니 **구리 동**

+ 색을 몇 가지로 밖에 구분하지 못하던 옛날에 구리와 금을 같은 색으로 보고 만들어진 글자.

**銅像(동상)** 구리로 만든 사람의 형상.
**銅錢(동전)** 구리로 만든 돈.

+ 像(모양 상, 본뜰 상), 錢(돈 전)

4급Ⅱ / 총 14획 / 金

**물(氵)**을 **같이(同)** 쓰는 마을이나 동굴이니 **마을 동, 동굴 동**
또 **물(氵) 같이(同)** 맑아 사리에 밝으니 **밝을 통**

**洞里(동리)** 마을. 동네. 부락.
*洞窟(동굴)* 굴.
**洞察(통찰)** '밝게 살핌'으로, 예리한 관찰력으로 사물을 꿰뚫어 봄.
+ 通察(통찰) 책이나 글을 처음부터 끝까지 모두 훑어봄.

+ 里(마을 리, 거리 리), 窟(굴 굴), 察(살필 찰), 通(통할 통)

7급 / 총 9획 / 水(氵)

---

| **245** | 내(나)납 병육 향상재[內納 丙肉 向尙再] – 內, 冂으로 된 한자 |

**성(冂)**으로 **들어(入)**간 안이니 **안 내**
또 궁궐 안에서 임금을 모시는 나인이니 **나인 나**

+ [속]内 – 성(冂) 안으로 사람(人)이 들어간 안이니 '안 내'
+ 나인 – 고려 · 조선 시대에, 궁궐 안에서 왕과 왕비를 가까이 모시는 내명부를 이르던 말.

**內容(내용)** '안 얼굴'로, 사물의 속내.
**內科(내과)** 몸 내부의 병을 치료하는 의술의 한 부분.

+ 容(얼굴 용, 받아들일 용, 용서할 용), 科(조목 과, 과목 과)

7급 / 총 4획 / 入

**332**

**納**

4급 / 총 10획 / 糸

실(糸)을 안(內)으로 들여 바치니 **들일 납, 바칠 납**

+ 糸(실 사, 실 사 변), 화폐가 없었던 옛날에는 곡식이나 천이나 실을 돈처럼 사용했지요.

**納稅(납세)** 세금을 바침.
**納付(납부)** (세금·공과금 따위를) 바침.

+ 稅(세낼 세, 세금 세), 付(줄 부, 부탁할 부)

---

**丙**

3급II / 총 5획 / 一

(우리가 사는 북반구의) 하늘(一)에서는 안쪽(內)이 남쪽이고 밝으니
**남쪽 병, 밝을 병, 셋째 천간 병**

+ 一('한 일'이지만 여기서는 하늘로 봄), 内[안 내, 나인 나(內)의 속자]

**丙種(병종)** (갑·을·병 등으로 차례를 매길 때) 그 셋째 등급.
**丙子胡亂(병자호란)** 병자년(1636)에 청나라가 침입한 난리.

+ 種(씨앗 종, 종류 종), 胡(오랑캐 호), 亂(어지러울 란)

---

**肉**

4급II / 총 6획 / 肉

덩어리(冂)에 근육이나 기름이 붙어(仌) 있는 고기니 **고기 육**
또 부수로 쓰일 때는 **육 달 월(月)**

+ 여기서 멀 경, 성 경(冂)은 고깃덩어리, 사람 인(人) 둘은 살에 붙은 기름이나 근육을 나타냅니다. 부수로 쓰일 때는 변형된 모양의 '月'로 쓰여 실제의 '달 월(月)'과 구분하기 위하여 '육 달 월'이라 부르는데, 글자의 좌측에 붙는 月은 대부분 '육 달 월(月)'이지요.

**血肉(혈육)** 피를 나눈 부모·형제·자매 등을 이르는 말.
**肉體(육체)** 사람의 몸.

+ 血(피 혈), 體(몸 체)

---

**向**

6급 / 총 6획 / 口

표시(丿)된 성(冂)의 입구(口) 쪽을 향하여 나아가니
**향할 향, 나아갈 향**

+ 丿('삐침 별'이지만 여기서는 안내 표시로 봄)

**趣向(취향)** 취미가 쏠리는 방향.
**向上(향상)** '위로 향함'으로, 생활이나 기술·학습 등의 수준이 나아짐.

+ 趣(재미 취, 취미 취), 上(위 상, 오를 상)

---

**尙**

3급II / 총 8획 / 小

조금(小)이라도 더 높이(冋) 쌓아 오히려 높으니 **오히려 상, 높을 상**
또 이런 일은 숭상하니 **숭상할 상**

+ 冋 [높을 고(高)의 획 줄임]
+ 尚은 변형된 尙 모양으로 다른 글자의 구성 요소에 쓰입니다.

**時機尙早(시기상조)** (어떤 일을 함에 있어서) 때, 즉 시기가 오히려 빠름.
**崇尙(숭상)** 높여 소중히 여김.

+ 時(때 시), 機(베틀 기, 기계 기, 기회 기), 早(일찍 조), 崇(높일 숭, 공경할 숭)

---

한(一) 개의 성(冂)처럼 흙(土)으로 다시 두 번씩 쌓아 올리니
**다시 재, 두 번 재**

+ 冂(멀 경, 성 경), 土(흙 토)

> **再建(재건)** (이미 없어졌거나 허물어진 것을) 다시 일으켜 세움.
> **再起(재기)** (능력이나 힘 따위를 모아서) 다시 일어남.

+ 建(세울 건), 起(일어날 기, 시작할 기)

5급 / 총 6획 / 冂

---

숭상하듯(尙) 수건(巾) 같은 천으로 옷을 만들어 입음은 항상 보통의 일이니
**항상 상, 보통 상**
또 항상 정직하게 살아 떳떳하니 **떳떳할 상**

+ 인간의 생존에 기본으로 필요한 것을 옷 의(衣)를 먼저 써서 '의식주(衣食住)'라고 함은 염치를 아는 인간에게 옷이 중요함을 강조한 것이지요.
+ 尙[오히려 상, 높을 상, 숭상할 상(尙)의 변형], 巾('수건 건'이지만 여기서는 옷의 뜻), 食 (밥 식, 먹을 식, 먹이 사), 住(살 주, 사는 곳 주)

> **常綠樹(상록수)** (나뭇잎이) 항상 푸른 나무. ↔ 낙엽수(落葉樹)
> **常識(상식)** (일반이 지녀야 할) 보통의 지식.
> **常理(상리)** 떳떳한 도리. 당연한 이치.

+ 綠(푸를 록), 樹(세울 수, 나무 수), 落(떨어질 락), 葉(잎 엽), 識(알 식, 기록할 지), 理(이치 리, 다스릴 리)

4급Ⅱ / 총 11획 / 巾

---

허리에 높이(尙) 묶어 입는 옷(衣)이 치마니 **치마 상**

> **衣裳(의상)** 저고리와 치마. 보통 '옷'이라는 뜻으로 많이 쓰임.
> **同價紅裳(동가홍상)** '같은 값이면 다홍치마'로, 이왕이면 좋은 것을 골라 가짐을 말함.

+ 衣(옷 의), 同(한 가지 동, 같을 동), 價(값 가, 가치 가), 紅(붉을 홍)

3급Ⅱ / 총 14획 / 衣

---

숭상하는(尙) 맛(旨)을 내려고 맛보니 **맛볼 상**
또 맛은 먹기 전에 일찍 보니 **일찍 상**

+ 약 甞 – 숭상하는(尙) 단(甘)맛을 내려고 맛보니 '맛볼 상'
　　　또 맛은 먹기 전에 일찍 보니 '일찍 상'
+ 旨(맛 지, 뜻 지), 甘(달 감, 기쁠 감)

> **嘗味(상미)** 맛보기 위하여 먹어봄.

+ 味(맛 미)

3급 / 총 14획 / 口

숭상하여(尚) 재물(貝)로 상도 주고 구경도 보내니 **상줄 상, 구경할 상**

+ 貝(조개 패, 재물 패, 돈 패)

**賞金(상금)** 상으로 주는 돈.
**賞春客(상춘객)** 봄 경치를 구경하는 사람들.

+ 金(쇠 금, 금 금, 돈 금, 성씨 김), 春(봄 춘), 客(손님 객)

5급 / 총 15획 / 貝

공을 세운 **사람(亻)**에게 **상(賞)**을 주어 갚고 보답하니
**갚을 상, 보답할 상**

**償還(상환)** ① 빚을 갚음. ② 다른 것으로 대신하여 돌려줌.
**補償(보상)** 남에게 끼친 손해를 갚음.

+ 還(돌아올 환), 補(기울 보)

3급II / 총 17획 / 人(亻)

---

**247** 당당당장[堂當黨掌] - 尚의 변형 尚으로 된 한자

높이(尚) 흙(土)을 다져 세운 집이니 **집 당**
또 집에서처럼 당당하니 **당당할 당**

+ 土(흙 토)

**講堂(강당)** 강의나 의식 때 쓰는 큰 방.
**堂堂(당당)** 남 앞에서 내세울 만큼 떳떳한 모습이나 태도.

+ 講(익힐 강, 강의할 강)

6급 / 총 11획 / 土

숭상하여(尚) 먹을거리를 생산하는 **전답(田)**을 잘 가꾸는 일처럼 마땅하니
**마땅할 당**
또 마땅하게 어떤 일을 당하니 **당할 당**

+ 약 当 - 작은(ㅛ) 손(ㅋ)길이라도 정성스럽게 대해야 함이 마땅하니 '마땅할 당'
+ 田(밭 전, 논 전), ㅛ[작을 소(小)의 변형], ㅋ(고슴도치 머리 계, 오른손 우)

**當然(당연)** 마땅히 그렇게 되어야 함.
**當番(당번)** 일할 차례에 당함. 또는 그 사람. ↔ 비번(非番)

+ 然(그러할 연), 番(차례 번, 번지 번), 非(어긋날 비, 아닐 비, 나무랄 비)

5급 / 총 13획 / 田

높은(尚) 뜻을 품고 **어두운(黑)** 현실을 개척하려고 모인 무리니 **무리 당**

+ 약 党 - (어떤 뜻을) 숭상하는(尚) 사람(儿)들의 무리니 '무리 당'
+ 黑(검을 흑), 儿(어진사람 인, 사람 인 발)

**黨派(당파)** 당의 갈래.
**朋黨(붕당)** 뜻이 같은 사람끼리 모인 단체.

+ 派(물갈래 파, 파벌 파), 朋(벗 붕, 무리 붕)

4급II / 총 20획 / 黑

## 掌

3급 II / 총 12획 / 手

**숭상하듯(尙) 손(手)에서 쥐어지는 손바닥이니 손바닥 장**

+ 유 拳(주먹 권) – 제목번호 385 참고
+ 手(손 수, 재주 수, 재주 있는 사람 수)

**合掌(합장)** 두 손바닥을 합침.
**掌握(장악)** '손바닥에 쥠'으로, 마음대로 하게 되거나 지배 아래 둠.

+ 合(합할 합, 맞을 합), 握(쥘 악)

---

**248**　**앙앙영영[央殃映英]** – 央으로 된 한자

## 央

3급 II / 총 5획 / 大

**성(冂)처럼 큰(大) 둘레의 가운데니 가운데 앙**

+ 冂(멀 경, 성 경)

**中央(중앙)** ① 사방에서 가운데 되는 곳. ② 서울.
**中央煖房(중앙난방)** 중심이 되는 곳에서 건물 각 부분으로 더운물을 보내는 난방.

+ 中(가운데 중, 맞힐 중), 煖(따뜻할 난), 房(방 방)

---

## 殃

3급 / 총 9획 / 歹

**죽음(歹) 가운데(央) 빠지는 재앙이니 재앙 앙**

+ 歹(뼈 부서질 알, 죽을 사 변) – 제목번호 343 列의 주 참고

**災殃(재앙)** 천재지변(天災地變)으로 말미암아 생긴 불행한 사고.
**殃及子孫(앙급자손)** 재앙이 자손에게 미침.

+ 災(재앙 재), 天(하늘 천), 地(땅 지, 처지 지), 變(변할 변), 及(이를 급, 미칠 급), 子(아들 자, 첫째 지지 자, 자네 자, 접미사 자), 孫(손자 손)

---

## 映

4급 / 총 9획 / 日

**해(日)가 가운데(央)서 비치니 비칠 영**

**映畫(영화)** '비친 그림'으로, 필름에 기록된 영상(映像)을 스크린에 비쳐 어떤 의미를 가지게 제작한 것.
**反映(반영)** ① 반사하여 비침. ② 어떤 영향이 다른 것에 미쳐 나타남.

+ 畫(그림 화, 그을 획), 像(모양 상, 본뜰 상), 反(거꾸로 반, 뒤집을 반)

풀(⺾)의 **가운데**(央)에서 핀 꽃부리니 **꽃부리 영**
또 꽃부리처럼 빛나는 업적을 쌓은 영웅이니 **영웅 영**

\+ ⺾(초 두), 꽃부리 – 꽃잎 전체를 이르는 말.

**英靈(영령)** '꽃다운 영령'으로, 죽은 이, 특히 전사자(戰死者)의 영혼을 높여 이르는 말.
**英雄(영웅)** 재능과 지혜가 뛰어나 대중을 슬기롭게 인도할 만한 사람.

\+ 靈(신령스러울 령, 신령 령), 戰(싸울 전, 무서워 떨 전), 死(죽을 사), 者(놈 자, 것 자),
雄(수컷 웅, 클 웅)

6급 / 총 9획 / 草(⺾)

---

| 249 | **쾌쾌결결결[夬快決缺訣] – 夬로 된 한자** |

DAY

13

**가운데 앙**(央)의 한 쪽이 터지니 **터질 쾌**

특급 / 총 4획 / 大

---

막혔던 **마음**(忄)이 **터진**(夬) 듯 쾌하니 **쾌할 쾌**

\+ 쾌(快)하다 – ① 마음이 유쾌하다. ② 병이 다 나은 상태에 있다. ③ 하는 짓이 시원스럽다.

\***爽快(상쾌)** 기분이 시원하고 거뜬함.
**快樂(쾌락)** 기분이 좋고 즐거움.
**明快(명쾌)** ① 말이나 글 따위의 내용이 명백하여 시원함. ② 명랑하고 쾌활함.

\+ 爽(시원할 상), 樂(노래 악, 즐길 락, 좋아할 요), 明(밝을 명)

4급Ⅱ / 총 7획 / 心(忄)

---

夬

**물**(氵)이 한쪽으로 **터지니**(夬) **터질 결**
또 **물**(氵)이 앞쪽으로 **터지듯**(夬) 무엇을 한쪽으로 결단하니 **결단할 결**

**決勝(결승)** (최후의) 승부를 정함.
**決裂(결렬)** '터져 찢어짐'으로, (교섭이나 회의 등에서 의견이 합쳐지지 않아) 갈라섬.

\+ 勝(이길 승, 나을 승), 裂(찢을 렬, 찢어질 렬, 터질 렬)

5급 / 총 7획 / 水(氵)

**缺**

4급II / 총 10획 / 缶

장군(缶)이 터지면(夬) 이지러지고 내용물이 빠지니
**이지러질 결, 빠질 결**

+ 약 欠 – 제목번호 130 참고
+ 缶(장군 부, 두레박 관) – 제목번호 324 참고

**缺陷(결함)** 이지러지고 빠져 흠이 되는 점. 결점. 흠.
**缺席(결석)** '자리에 빠짐'으로, 출석하지 않음.

+ 陷(함정 함, 빠질 함, 무너질 함), 席(자리 석)

---

**訣**

3급II / 총 11획 / 言

말(言)을 터놓고(夬) 다하며 이별하니 **이별할 결**
또 꽉 막혔던 **말(言)**을 비로소 **터지게(夬)** 하는 비결이니 **비결 결**

+ 言(말씀 언), 참고 지내다가도 막상 이별할 때는 할 말을 다 하지요.

**訣別(결별)** 관계나 교제를 끊음.
**秘訣(비결)** 남이 알지 못하는 가장 효과적인 방법.

+ 別(나눌 별, 다를 별), 秘(숨길 비, 신비로울 비)

---

**兩**

총 6획 / 부수자

뚜껑(ㅠ)을 덮으니(冂) **덮을 아**

+ ㅠ(뚜껑의 모양으로 봄), 冂['멀 경, 성 경'이지만 여기서는 덮을 멱(冖)의 변형으로 봄]

---

**粟**

3급 / 총 12획 / 米

껍질로 **덮인(襾) 쌀(米)**은 벼니 **벼 속**
또 벼처럼 식량으로 쓰는 조니 **조 속**

+ 襾[덮을 아(襾)의 변형], 米(쌀 미)

**粟米(속미)** 좁쌀(조의 열매를 찧은 쌀).
*滄海一粟(창해일속) '푸른 바다에 좁쌀 하나로, 큰 것 중의 아주 하찮은 것을 이르는 말.

+ 米(쌀 미), 滄(푸를 창), 海(바다 해)

---

**栗**

3급II / 총 10획 / 木

가시로 **덮인(襾) 나무(木)** 열매는 밤이니 **밤 률**

**栗木(율목)** 밤나무.
**生栗(생률)** (익히지 않은) 날밤.

+ 木(나무 목), 生(날 생, 살 생, 사람을 부를 때 쓰는 접사 생)

# 要

5급 / 총 9획 / 襾

덮듯(襾) 몸에 입는 옷이 **여자(女)**에게는 더욱 중요하고 필요하니
중요할 요, 필요할 요

**重要(중요)** 귀중하고 필요함.
**必要(필요)** 반드시 있어야 함.

+ 重(무거울 중, 귀중할 중, 거듭 중), 必(반드시 필)

# 腰

3급 / 총 13획 / 肉(月)

몸(月)에서 **중요한(要)** 허리니 허리 요

+ 月(달 월, 육 달 월)

**腰痛(요통)** 허리에 느끼는 통증.
**腰折腹痛(요절복통)** (몹시 우스워서) 허리가 끊어지고 배가 아플 지경임.

+ 痛(아플 통), 折(꺾을 절), 腹(배 복)

---

**251** 표표표 천[票標漂 遷] – 票로 된 한자와 遷

# 票

4급 II / 총 11획 / 示

덮인(襾) 것이 잘 **보이게(示)** 표시한 표니 표 **표**

+ 示(보일 시, 신 시)

**票決(표결)** 투표로 가부를 결정함.
**車票(차표)** 차를 탈 수 있는 표.

+ 決(터질 결, 결단할 결), 車(수레 거, 차 차)

# 標

4급 / 총 15획 / 木

나무(木)에 알리려고 **표시한(票)** 표니 표시할 표, 표 표

+ 票는 종이에 써서 만든 일반적 표시, 標는 나무로 드러나게 한 표시.

**標示(표시)** 표를 하여 외부에 드러내 보임.
 + 表示(표시) 겉으로 드러내 보임.
**標的(표적)** '표시한 과녁'으로, 목표가 되는 물건.

+ 示(보일 시, 신 시), 表(겉 표), 的(과녁 적, 맞힐 적, 밝을 적, 접미사 적)

# 漂

3급 / 총 14획 / 水(氵)

물(氵) 위에 **표(票)**나게 뜨니 뜰 표
또 물(氵)가에서 **표(票)**나게 앉아 빨래하니 빨래할 표

**漂流(표류)** 물에 떠서 흘러감.
**漂白(표백)** 빨아서 희게 함. 종이나 피륙 따위를 바래거나 화학 약품으로 탈색하여 희게 함.

+ 流(흐를 류, 번져나갈 류), 白(흰 백, 밝을 백, 깨끗할 백, 아뢸 백)

## 遷

3급II / 총 15획 / 辵(辶)

덮듯(襾) 크게(大) 무릎 꿇어(㔾) 항복하고 옮겨 가니(辶) **옮길 천**

+ 약 迁 – 많이(千) 옮겨 가니(辶) '옮길 천'
+ 㔾(무릎 꿇을 절, 병부 절, = 卩), 襾[덮을 아(襾)의 변형], 千(일천 천, 많을 천)

**遷都(천도)** 도읍을 옮김.
**變遷(변천)** (세월이 흐르는 동안에) 변하여 달라짐.

+ 都(도읍 도, 모두 도, 성씨 도), 變(변할 변)

---

## 几

1급 / 총 2획 / 几

안석이나 책상의 모양을 본떠서 **안석 궤, 책상 궤**

+ 안석(案席) – 앉을 때 몸을 기대는 방석.
+ 案(책상 안, 생각 안, 계획 안), 席(자리 석)

---

## 微

3급II / 총 13획 / 彳

걸어(彳) 산(山)에 가서 **한(一)** 개의 **안석(几)**을 만들기 위해 나무를
**치고(攵)** 보니 작다는 데서 **작을 미**
또 작으면 잘 숨으니 **숨을 미**

+ 彳(조금 걸을 척), 攵(칠 복, = 攴)

**微笑(미소)** 소리 내지 않고 작게 웃는 것.
**微行(미행)** 숨어서 몰래 다님.
+ 尾行(미행) 남의 뒤를 몰래 따라감.

+ 笑(웃을 소), 行(다닐 행, 행할 행, 항렬 항), 尾(꼬리 미, 끝 미)

---

## 徵

3급II / 총 15획 / 彳

신분이 비록 **미천하더라도(微)** 실력만 있으면 **왕(王)**이 부르니 **부를 징**
또 부르듯 소리 내는 음률 이름이니 **음률 이름 치**

+ 微[작을 미(微)의 획 줄임], 치(徵) – 동양 음악의 오음계 가운데 궁에서 넷째 음.

**徵兵(징병)** 병역 의무자를 강제로 모아 군무에 복무시키는 일.
**徵候(징후)** 겉으로 나타나는 낌새.

+ 兵(군사 병), 候(기후 후, 염탐할 후)

---

## 懲

3급 / 총 19획 / 心

불러서(徵) 뉘우치는 마음(心)이 들도록 징계하니 **징계할 징**

+ 心(마음 심, 중심 심)

**懲戒(징계)** ① 허물을 뉘우치도록 경계하고 나무람. ② 부당한 행위에 대하여 제재를 가함.
**勸善懲惡(권선징악)** 착한 일을 권장하고 악한 일을 징계함.

+ 戒(경계할 계), 勸(권할 권), 善(착할 선, 좋을 선, 잘할 선), 惡(악할 악, 미워할 오)

340

**凡**

3급II / 총 3획 / 几

(공부하는) **책상(几)**에 **점(丶)**이 찍힘은 무릇 보통이니 **무릇 범, 보통 범**

+ 丶(점 주, 불똥 주), 무릇 – 종합하여 살펴보건대. 헤아려 생각하건대. 대체로 보아.

**非凡(비범)** '보통이 아님'으로, 보통 수준보다 훨씬 뛰어남.
**平凡(평범)** 뛰어나거나 색다른 점이 없이 예사로움.

+ 非(어긋날 비, 아닐 비, 나무랄 비), 平(평평할 평, 평화 평)

---

**築**

4급II / 총 16획 / 竹(⺮)

**대(⺮)**로도 **장인(工)**은 **무릇(凡) 나무(木)**처럼 쌓아 지으니 **쌓을 축, 지을 축**

+ ⺮[대 죽(竹)이 부수로 쓰일 때의 모양]

**築臺(축대)** 높이 쌓아 올린 누각이나 터.
**建築(건축)** (집·성·다리 등을) 세워 지음.

+ 臺(대 대, 누각 대), 建(세울 건)

---

**風**

6급 / 총 9획 / 風

**무릇(凡) 벌레(虫)**를 옮기는 바람이니 **바람 풍**
또 바람으로 말미암은 **풍속 · 경치 · 모습 · 기질 · 병 이름 풍**

+ 虫(벌레 충), 작은 벌레는 바람을 타고 옮겨간다고 합니다.

**暴風(폭풍)** 몹시 사납게 부는 바람.
**美風良俗(미풍양속)** 아름답고 좋은 풍속.
**風景(풍경)** 경치.
**威風(위풍)** 위엄 있는 모습.
**中風(중풍)** 대체로 뇌내출혈로 인해 몸의 한 부분이 마비되는 병.

+ 暴(사나울 폭·포, 드러날 폭), 美(아름다울 미), 良(어질 량, 좋을 량), 俗(저속할 속, 속 세 속, 풍속 속), 景(볕 경, 경치 경, 클 경), 威(위엄 위), 中(가운데 중, 맞힐 중)

---

**楓**

3급II / 총 13획 / 木

**나뭇(木)**잎이 찬**바람(風)**에 물든 단풍이니 **단풍 풍**

**丹楓(단풍)** 기후 변화로 식물의 잎이 붉은빛이나 누런빛으로 변하는 현상. 또는 그렇게 변한 잎.
**楓林(풍림)** 단풍나무가 많은 숲.

+ 丹(붉을 단, 모란 란), 林(수풀 림)

---

**253** **연연연선[㕔沿鉛船]** – 㕔으로 된 한자

**㕔**

참고자 / 총 5획

**안석(几)**처럼 패인 **구멍(口)**에 물이 고인 늪이니 **늪 연**

+ 어원 풀이를 위한 참고용으로, 실제 쓰이는 한자는 아닙니다.
+ 几(안석 궤, 책상 궤), 口(입 구, 말할 구, 구멍 구)
+ 늪 – ① 땅바닥이 우묵하게 패이고 늘 물이 괴어 있는 곳. ② 빠져나오기 힘든 상태나 상 황을 비유적으로 이르는 말.

**沿**

3급II / 총 8획 / 水(氵)

물(氵) 따라가며 늪(㕣)이 이어지니 물 따라갈 **연**, 따를 **연**

**沿岸(연안)** 강이나 호수, 바다를 따라 잇닿아 있는 육지.
**沿道(연도)** '길 따라서'로 큰길의 좌우 근처.

+ 岸(언덕 안), 道(길 도, 도리 도, 말할 도, 행정 구역의 도)

---

**鉛**

4급 / 총 13획 / 金

쇠(金) 중 늪(㕣)의 물처럼 잘 녹는 납이니 납 **연**

+ 납은 낮은 온도에서도 잘 녹지요.

**鉛筆(연필)** 흑연 심을 나무에 박은 필기구의 한 가지.
**色鉛筆(색연필)** 심에 광물질의 물감을 섞어 빛깔이 나게 만든 연필.

+ 筆(붓 필, 글씨 필), 色(빛 색)

---

**船**

5급 / 총 11획 / 舟

배(舟) 중 늪(㕣)에도 다니도록 만든 배니 배 **선**

+ 舟(배 주) – 제목번호 259 참고

**船上(선상)** 배 위.
**船長(선장)** 배에 탄 승무원의 우두머리.

+ 上(위 상, 오를 상), 長(길 장, 어른 장)

---

| 254 | 괘(와)화과[咼禍過] – 咼로 된 한자 |
|---|---|

**咼**

급외자 / 총 9획 / 口

입(口)이 삐뚤어진 모양을 본떠서
입 삐뚤어질 **괘 · 와**

---

**禍**

3급II / 총 14획 / 示

신(示)에게 삐뚤어지게(咼) 행동하여 닥치는 재앙이니 재앙 **화**

+ 示(보일 시, 신 시) – 제목번호 111 참고

**禍根(화근)** 재앙의 뿌리.
**慘禍(참화)** 비참하고 끔찍한 재난이나 변고.

+ 根(뿌리 근), 慘(참혹할 참)

삐뚤어지게(咼) 지나가(辶) 지나치니 **지날 과, 지나칠 과**
또 지나쳐서 생기는 허물이니 **허물 과**

+ 過가 접두사로 쓰이면 영어로 over의 뜻이고, 뛰어넘을 초(超)가 접두사로 쓰이면 super
의 뜻입니다.

**過去(과거)** 지나간 때.
**過速(과속)** (일정한 표준에서) 지나친 속도.
**功過(공과)** 공로와 허물.

+ 去(갈 거, 제거할 거), 速(빠를 속), 功(공 공, 공로 공)

5급 / 총 13획 / 辶(辶)

---

DAY
13

안석(几) 같은 것을 손(又)에 들고 치니 **칠 수**
또 치려고 드는 창이나 몽둥이니 **창 수, 몽둥이 수**

+ 几(안석 궤, 책상 궤), 又(오른손 우, 또 우)

특급 / 총 4획 / 殳

---

말(言)로 상대의 주장을 치며(殳) 자기주장을 세우고 베푸니
**세울 설, 베풀 설**

+ 言(말씀 언)

**設立(설립)** '세움'으로, 기관이나 조직체 등을 새로 만듦.
**設備(설비)** (시설을) 베풀어 갖춤.

+ 立(설 립), 備(갖출 비)

4급Ⅱ / 총 11획 / 言

---

언덕(𠂆)을 치고(殳) 깎아서 일정한 간격으로 만든 계단이니 **계단 단**
또 계단 같은 차례니 **차례 단**

+ 𠂆[언덕 애(厓)의 변형]

**段階(단계)** 일이 나아가는 과정. 순서.
**一段落(일단락)** 일의 한 단계를 떨어뜨림(끝냄).

+ 階(섬돌 계, 계단 계, 계급 계), 落(떨어질 락)

4급 / 총 9획 / 殳

---

가도록(彳) 치면서(殳) 부리니 **부릴 역**

+ 彳(조금 걸을 척)

**兒役(아역)** (연극 등에서) 아이의 역.
**苦役(고역)** 몹시 힘들고 고되어 견디기 어려운 일.

+ 兒(아이 아), 苦(쓸 고, 괴로울 고)

3급Ⅱ / 총 7획 / 彳

---

**343**

# 投

4급 / 총 7획 / 手(扌)

손(扌)으로 창(殳)을 던져 버리니 **던질 투, 버릴 투**

投手(투수) (야구에서 타자가 칠 공을) 던지는 선수.
投棄(투기) 내던져 버림.

+ 手(손 수, 재주 수, 재주 있는 사람 수), 棄(버릴 기)

---

# 殺

4급Ⅱ / 총 11획 / 殳

베고(乂) 나무(木)로 찍고(丶) 쳐서(殳) 죽여 빨리 감하니
**죽일 살, 빠를 쇄, 감할 쇄**

+ 乂(벨 예, 다스릴 예, 어질 예), 丶('점 주, 불똥 주'지만 여기서는 찍는 모양으로 봄), 감(減 - 줄어들 감, 덜 감)하다 - 적어지다. 줄다. 줄이다.

殺蟲(살충) 벌레나 해충을 죽임.
殺到(쇄도) 한꺼번에 빠르게 몰려듦.
相殺(상쇄) 셈 등을 서로 비김.

+ 蟲(벌레 충), 到(이를 도, 주도면밀할 도), 相(서로 상, 모습 상, 볼 상, 재상 상)

---

# 毀

3급 / 총 13획 / 殳

절구(臼)처럼 만들어(工) 곡식을 넣고 치면(殳) 허니 **헐 훼**

+ 臼(절구 구), 工(장인 공, 만들 공, 연장 공)

毀損(훼손) ① 체면이나 명예를 손상함. ② 헐거나 깨뜨려 못 쓰게 만듦.
毀傷(훼상) 몸에 상처를 냄.

+ 損(덜 손, 잃을 손), 傷(상할 상)

---

# 般

3급Ⅱ / 총 10획 / 舟

옛날 배(舟)는 창(殳) 같은 노를 저어 옮겨감이 일반이었으니
**옮길 반, 일반 반**

+ 舟(배 주)

般出·搬出(반출) 운반하여 냄.
一般(일반) 특별한 것이 아니라 전체에 두루 해당되는 것.

+ 搬(옮길 반), 出(날 출, 나갈 출)

---

# 盤

3급Ⅱ / 총 15획 / 皿

물건을 옮길(般) 때 쓰는 그릇(皿) 같은 소반이니 **소반 반**

+ 皿(그릇 명)

小盤(소반) 자그마한 밥상.
基盤(기반) '기초가 되는 쟁반'으로, 기초가 되는 바탕. 또는 사물의 토대.
骨盤(골반) 허리 부분에 있는 크고 넓적한 뼈.

+ 基(터 기, 기초 기), 骨(뼈 골)

**4급 / 총 17획 / 手**

수레(車)가 산(山)길을 갈 때 부딪**치듯**(殳) 손(手)으로 치니 **칠 격**

+ 車(수레 거, 차 차), 手(손 수, 재주 수, 재주 있는 사람 수)

> **擊破(격파)** 쳐서 깨뜨림.
> **打擊(타격)** 때리어 침.

+ 破(깨질 파, 다할 파), 打(때릴 타)

---

**繫**

**3급 / 총 19획 / 糸**

수레(車)가 산(山)길을 갈 때 부딪**침**(殳)을 대비하여 **실**(糸)로 단단히 매니 **맬 계**

+ 糸(실 사, 실 사 변)

> **連繫(연계)** '이어 맴'으로, 서로 밀접한 관련을 가짐. 또는 그런 관계.
> **繫留(계류)** (어떤 사건이 해결되지 않고) 매여 머무름(있음).

+ 連(이을 련), 留(머무를 류)

---

**殼**

**1급 / 총 12획 / 殳**

군사(士)들이 **덮어**(冖) 지키듯 **하나**(一)의 **안석**(几)처럼 편안히 감싸 **쳐도**(殳) 끄떡없는 껍질이니 **껍질 각**

+ 士(선비 사, 군사 사, 칭호나 직업 이름에 붙이는 말 사), 冖(덮을 멱), 几(안석 궤, 책상 궤)

---

**穀**

**4급 / 총 15획 / 禾**

껍질(殼) 속에 여물어 차 있는 **벼**(禾) 같은 곡식이니 **곡식 곡**

+ 殼[껍질 각(殼)의 획 줄임], 禾(벼 화)

> **穀物(곡물)** 곡식.
> **雜穀(잡곡)** (쌀 이외의) 모든 곡식.

+ 物(물건 물), 雜(섞일 잡)

---

**2급 / 총 4획 / 亠**

머리(亠) 아래 **안석**(几)처럼 이어진 목이니 **목 항**
또 목처럼 높으니 **높을 항**

+ 亠(머리 부분 두), 几(안석 궤, 책상 궤)

DAY
13

손(扌)으로 높은(亢) 자와 겨루고 대항하니 **겨룰 항, 대항할 항**

**抵抗(저항)** (어떤 힘이나 권위 따위에) 막아서 대항함.
**抗議(항의)** 반대하는 뜻을 폄.

+ 抵(막을 저), 議(의논할 의)

**4급 / 총 7획 / 手(扌)**

---

(옛날 돛단배로 건너던 시절에는) **배(舟)** 중 **높이(亢)** 돛을 단 배로 건넜으니
**배 항, 건널 항**

+ 舟(배 주)

**航海(항해)** (배가) 바다 위를 감.
**航空(항공)** (항공기로) 공중을 건넘(비행함).

+ 海(바다 해), 空(빌 공, 하늘 공)

**4급 II / 총 10획 / 舟**

---

**259** 단(란)주 력(격)격헌[丹舟 鬲隔獻] - 丹舟와 鬲으로 된 한자

성(冂)안에 불똥(丶) 하나(一)가 붉으니 **붉을 단**
또 붉게 꽃피는 모란이니 **모란 란**

+ 丶(점 주, 불똥 주)

**丹心(단심)** '붉은 마음'으로, 뜨겁고 열성적인 마음.
**丹粧(단장)** '붉게 단장함'으로, 모양내어 꾸밈.
*牡丹(모란) 작약과의 낙엽 활엽 관목으로, 늦봄에 큰 꽃이 피고 뿌리껍질은 약재로 씀. [약초명은 목단(牡丹), 화초명은 모란(牡丹)]

+ 心(마음 심, 중심 심), 粧(단장할 장), 牡(수컷 모), 牧(기를 목)

**3급 II / 총 4획 / 丶**

---

통나무배를 본떠서 **배 주**

**舟遊(주유)** 뱃놀이.
*泛舟(범주) 배를 띄움.

+ 遊(놀 유, 여행할 유), 泛(뜰 범)

**3급 / 총 6획 / 舟**

---

하나(一)의 구멍(口)이 성(冂)처럼 패이고(八) 아래를 막은(丅) 솥의
모양에서 **솥 력, 막을 격**

+ 口(입 구, 말할 구, 구멍 구), 冂(멀 경, 성 경), 八(여덟 팔, 나눌 팔)

**특급 / 총 10획 / 鬲**

---

**언덕(阝)처럼 막으니(鬲) 막을 격**
또 막으면 사이가 뜨니 **사이 뜰 격**

+ 阝(언덕 부 변)

> **隔離(격리)** 서로 통하지 못하게 사이를 막거나 떼어놓음.
> **間隔(간격)** 공간적인 사이. 떨어진 거리. 틈.

+ 離(헤어질 리), 間(사이 간)

3급|| / 총 13획 / 阜(阝)

**범(虍) 대신 솥(鬲)에 개(犬)를 삶아 바치니 바칠 헌**

+ 약 獻 - 남쪽(南)에서 개(犬)를 삶아 바치니 '바칠 헌'
+ 虍(범 호 엄), 犬(개 견), 南(남쪽 남)

> **獻金(헌금)** 돈을 바침. 또는 그 돈.
> **獻身(헌신)** 몸과 마음을 바쳐 있는 힘을 다함.

+ 金(쇠 금, 금 금, 돈 금, 성씨 김), 身(몸 신)

3급|| / 총 20획 / 犬

---

**260** 철(초) 둔둔순 서 인연[屮 屯鈍純 西 垔煙] – 屮과 屯, 西와 垔으로 된 한자

---

풀의 싹이 돋아나는 모양을 본떠서
**싹 날 철, 풀 초**

급외자 / 총 3획 / 屮

**땅(丿)에 싹(屮)이 묻혀 있는 모양에서 묻힐 둔**
또 묻히듯이 숨어 병사들이 진 치니 **진 칠 둔**

+ 丿('삐침 별'이지만 여기서는 땅으로 봄), 屯[屮(싹 날 철, 풀 초)의 변형]

> **屯防(둔방)** 진을 치고 적을 막음.
> **駐屯(주둔)** (군대가 어떤 지역에) 머물러 진을 침

+ 防(둑 방, 막을 방), 駐(머무를 주)

3급 / 총 4획 / 屮

**무거운 쇠(金)에 묻힌(屯) 것처럼 무디고 둔하니 무딜 둔, 둔할 둔**

+ 金(쇠 금, 금 금, 돈 금, 성씨 김)

> **鈍感(둔감)** 감각이 무딤. 무딘 감각.
> **愚鈍(우둔)** 어리석고 둔함.

+ 感(느낄 감, 감동할 감), 愚(어리석을 우)

3급 / 총 12획 / 金

# 純

4급II / 총 10획 / 糸

깨끗한 흰 **실(糸)**과 아직 땅에 **묻혀(屯)** 올라오는 새싹처럼 순수하니
## 순수할 순

+ 糸(실 사, 실 사 변)

> **純潔(순결)** 순수하고 깨끗함.
> **純金(순금)** (잡물이 섞이지 않은) 순수한 금.

+ 潔(깨끗할 결), 金(쇠 금, 금 금, 돈 금, 성씨 김)

---

# 西

8급 / 총 6획 / 襾

## 지평선(一) 아래(口)로 해가 **들어가는(儿)** 서쪽이니 서쪽 서

+ 유 襾(덮을 아) – 제목번호 250 참고
+ 口[에운담, 나라 국(國)의 약자지만 여기서는 지평선 아래 땅으로 봄], 儿('사람 인 발, 어진사람 인'이지만 여기서는 들어가는 모양으로 봄)
+ 부수는 襾(덮을 아)네요.

> **西風(서풍)** 서쪽에서 부는 바람.
> **東西古今(동서고금)** '동양이나 서양이나 예나 지금이나'로, 언제 어디서나.

+ 風(바람 풍, 풍속 · 경치 · 모습 · 기질 · 병 이름 풍), 東(동쪽 동, 주인 동), 古(오랠 고, 옛 고), 今(이제 금, 오늘 금)

---

# 垔

급외자 / 총 9획 / 土

## 서쪽(西)을 흙(土)으로 막으니 막을 인

+ 덮을 아(襾)와 흙 토(土)의 구조로 보아 '덮어(襾) 흙(土)으로 막으니 막을 인(垔)'으로 풀기도 합니다.

---

# 煙

4급II / 총 13획 / 火

**불(火)**을 잘 타지 못하게 **막으면(垔)** 나는 연기니 **연기 연**
또 연기 내며 피우는 담배니 담배 연

+ 동 烟 – 불(火)로 말미암아(因) 나는 연기니 '연기 연'
　　　또 연기 내며 피우는 담배니 '담배 연' – 특급II
+ 火(불 화), 因(말미암을 인, 의지할 인)

> **煤煙(매연)** (연료가 탈 때 나는) 그을음과 연기.
> **禁煙(금연)** 담배 피우는 것을 금함.

+ 煤(그을음 매), 禁(금할 금)

# 구조로 한자 되짚어 보기

### 241 5정 증언[正征政定整 症焉] - 正으로 된 한자

한 일[一] 아래에 그칠 지[止]면 바를 정[正], 바를 정[正] 앞에 조금 걸을 척[彳]이면 칠 정[征], 뒤에 칠 복[攵]이면 다스릴 정[政], 바를 정[正]의 변형[疋] 위에 집 면[宀]이면 정할 정[定], 바를 정[正] 위에 묶을 속[束]과 칠 복[攵]이면 가지런할 정[整], 병들 녁[疒]이면 병세 증[症], 아래에 새 조[鳥]의 획 줄임[灬]이면 어찌 언, 어조사 언[焉]

### 242 시제제제[是提堤題] - 是로 된 한자

바를 정[正]의 변형[疋] 위에 해 일, 날 일[日]이면 옳을 시, 이 시[是],
옳을 시, 이 시[是] 앞에 손 수 변[扌]이면 끌 제, 내놓을 제[提], 흙 토[土]면 둑 제[堤], 뒤에 머리 혈[頁]이면 제목 제, 문제 제[題]

### 243 족촉착 필(소) 초초[足促捉 疋 楚礎] - 足으로 된 한자와 疋, 楚로 된 한자

무릎[口]부터 발까지를 본떠서 발 족[足], 또 발까지 편해야 마음이 넉넉하니 넉넉할 족[足],
발 족, 넉넉할 족[足] 앞에 사람 인 변[亻]이면 재촉할 촉[促], 손 수 변[扌]이면 잡을 착[捉], 한 일[一]의 변형[乛] 아래에 점 복[卜]과 사람 인[人]이면 필 필, 발 소[疋], 필 필, 발 소[疋] 위에 수풀 림[林]이면 고울 초, 회초리 초, 아플 초, 초나라 초[楚], 고울 초, 회초리 초, 아플 초, 초나라 초[楚] 앞에 돌 석[石]이면 주춧돌 초, 기초 초[礎]

### 244 경 량(냥)만 동동동(통)[冂 兩滿 同銅洞] - 冂과 兩, 同으로 된 한자

멀리 떨어져 윤곽만 보이는 성이니 멀 경, 성 경[冂], 한 일[一] 아래에 멀 경, 성 경[冂]과 뚫을 곤[丨], 들 입 둘[入入]이면 두 량, 짝 량, 냥 냥[兩],
두 량, 짝 량, 냥 냥[兩] 위에 초 두[艹]의 약자[卄], 앞에 삼 수 변[氵]이면 찰 만[滿],
멀 경, 성 경[冂] 안에 한 일[一]과 입 구, 말할 구, 구멍 구[口]면 한가지 동, 같을 동[同],
한가지 동, 같을 동[同] 앞에 쇠 금, 금 금, 돈 금, 성씨 김[金]이면 구리 동[銅], 삼 수 변[氵]이면 마을 동, 동굴 동, 밝을 통[洞]

### 245 내(나)납 병육 향상재[內納 丙肉 向尙再] - 內, 冂으로 된 한자

멀 경, 성 경[冂]에 들 입[入]이면 안 내, 나인 나[內], 안 내, 나인 나[內] 앞에 실 사, 실 사 변[糸]이면 들일 납, 바칠 납[納], 안 내, 나인 나[內]의 속자[內] 위에 한 일[一]이면 남쪽 병, 밝을 병, 셋째 천간 병[丙],
멀 경, 성 경[冂]에 사람 인 둘[人人]이면 고기 육[肉], 안에 입 구, 말할 구, 구멍 구[口], 위에 삐침 별[丿]이면 향할 향, 나아갈 향[向], 작을 소[小]면 오히려 상, 높을 상, 숭상할 상[尙], 위에 한 일[一] 안에 흙 토[土]면 다시 재, 두 번 재[再]

### 246 상상상 상상[常裳嘗 賞償] - 尙의 변형 尚, 賞으로 된 한자

오히려 상, 높을 상, 숭상할 상[尙]의 변형[尚] 아래에 수건 건[巾]이면 항상 상, 보통 상, 떳떳할 상[常], 옷 의[衣]면 치마 상[裳], 맛 지, 뜻 지[旨]면 맛볼 상, 일찍 상[嘗],
조개 패, 재물 패, 돈 패[貝]면 상줄 상, 구경할 상[賞], 상줄 상, 구경할 상[賞] 앞에 사람 인 변[亻]이면 갚을 상, 보답할 상[償]

## 247 당당당장[堂當黨掌] – 尙의 변형 尚으로 된 한자

오히려 상, 높을 상, 숭상할 상[尚]의 변형[尚] 아래에 흙 토[土]면 집 당, 당당할 당[堂], 밭 전[田]이면 마땅할 당, 당할 당[當], 검을 흑[黑]이면 무리 당[黨], 손 수, 재주 수, 재주 있는 사람 수[手]면 손바닥 장[掌]

## 248 앙앙영영[央殃映英] – 央으로 된 한자

멀 경, 성 경[冂]에 큰 대[大]면 가운데 앙[央], 가운데 앙[央] 앞에 뼈 부서질 알, 죽을 사 변[歹]이면 재앙 앙[殃], 해 일, 날 일[日]이면 비칠 영[映], 위에 초 두[艹]면 꽃부리 영, 영웅 영[英]

## 249 쾌쾌결결결[夬快決缺訣] – 夬로 된 한자

가운데 앙[央]의 앞쪽이 터지니 터질 쾌[夬],
터질 쾌[夬] 앞에 마음 심 변[忄]이면 상쾌할 쾌[快], 삼 수 변[氵]이면 터질 결, 정할 결[決], 장군 부, 두레박 관[缶]이면 이지러질 결, 빠질 결[缺], 말씀 언[言]이면 이별할 결, 비결 결[訣]

## 250 아속률 요요[两粟栗 要腰] – 两, 要로 된 한자

뚜껑[冖]을 덮으니[冂] 덮을 아[两], 덮을 아[两]의 변형[覀] 아래에 쌀 미[米]면 벼 속, 조 속[粟], 나무 목[木]이면 밤 률[栗], 여자 녀[女]면 중요할 요, 필요할 요[要],
중요할 요, 필요할 요[要] 앞에 달 월, 육 달 월[月]이면 허리 요[腰]

## 251 표표표 천[票標漂 遷] – 票로 된 한자와 遷

덮을 아[两]의 변형[覀] 아래에 보일 시, 신 시[示]면 표 표[票],
표 표[票] 앞에 나무 목[木]이면 표시할 표, 표 표[標], 삼 수 변[氵]이면 뜰 표, 빨래할 표[漂],
덮을 아[两]의 변형[覀] 아래에 큰 대[大]와 무릎 꿇을 절[㔾], 뛸 착, 갈 착[辶]이면 옮길 천[遷]

## 252 궤미 징(치)징 범축 풍풍[几微 徵懲 凡築 風楓] – 几, 徵, 凡, 風으로 된 한자

안석이나 책상의 모양을 본떠서 안석 궤, 책상 궤[几], 안석 궤, 책상 궤[几] 위에 산 산[山]과 한 일[一], 앞에 조금 걸을 척[彳], 뒤에 칠 복[攵]이면 작을 미, 숨을 미[微],
작을 미, 숨을 미[微]의 획 줄임[㣲]에 임금 왕, 으뜸 왕, 구슬 옥 변[王]이면 부를 징, 음률 이름 치[徵], 부를 징, 음률 이름 치[徵] 아래에 마음 심, 중심 심[心]이면 징계할 징[懲],
안석 궤, 책상 궤[几]에 점 주, 불똥 주[丶]면 무릇 범, 보통 범[凡], 무릇 범, 보통 범[凡] 앞에 장인 공, 만들 공, 연장 공[工], 위에 대 죽[竹], 밑에 나무 목[木]이면 쌓을 축, 지을 축[築],
무릇 범, 보통 범[凡] 안에 벌레 충[虫]이면 바람 풍, 풍속 풍, 경치 풍, 모습 풍, 기질 풍, 병 이름 풍[風], 바람 풍, 풍속 풍, 경치 풍, 모습 풍, 기질 풍, 병 이름 풍[風] 앞에 나무 목[木]이면 단풍 풍[楓]

## 253 연연연선[㕣沿鉛船] – 㕣으로 된 한자

안석 궤, 책상 궤[几] 밑에 입 구, 말할 구, 구멍 구[口]면 늪 연[㕣],
늪 연[㕣] 앞에 삼 수 변[氵]이면 물 따라갈 연, 따를 연[沿], 쇠 금, 금 금, 돈 금, 성씨 김[金]이면 납 연[鉛], 배 주[舟]면 배 선[船]

## 254 괘(와)화과[咼禍過] - 咼로 된 한자

입[口]이 비뚤어진 모양을 본떠서 입 비뚤어질 괘, 입 비뚤어질 와[咼],
입 비뚤어질 괘, 입 비뚤어질 와[咼] 앞에 보일 시, 신 시[示]면 재앙 화[禍], 아래에 뛸 착, 갈 착[辶]이면 지날 과, 지나칠 과, 허물 과[過]

## 255 수설단역투[殳設段役投] - 殳로 된 한자

안석 궤, 책상 궤[几] 아래에 오른손 우, 또 우[又]면 칠 수, 창 수, 몽둥이 수[殳],
칠 수, 창 수, 몽둥이 수[殳] 앞에 말씀 언[言]이면 세울 설, 베풀 설[設], 언덕 애[厓]의 변형[𠂤]이면 계단 단, 차례 단[段], 조금 걸을 척[彳]이면 부릴 역[役], 손 수 변[扌]이면 던질 투, 버릴 투[投]

## 256 살(쇄)훼 반반[殺毀 般盤] - 殳, 般으로 된 한자

칠 수, 창 수, 몽둥이 수[殳] 앞에 벨 예, 다스릴 예, 어질 예[乂]와 점 주, 불똥 주[丶], 나무 목[木]이면 죽일 살, 빠를 쇄, 감할 쇄[殺], 절구 구[臼]와 장인 공, 만들 공, 연장 공[工]이면 헐 훼[毀],
배 주[舟]면 옮길 반, 일반 반[般], 옮길 반, 일반 반[般] 아래에 그릇 명[皿]이면 소반 반[盤]

## 257 격계 각곡[擊繫 殼穀] - 毄, 㱿으로 된 한자

칠 수, 창 수, 몽둥이 수[殳] 앞에 수레 거, 차 차[車]와 산 산[山] 아래에 손 수, 재주 수, 재주 있는 사람 수[手]면 칠 격[擊], 실 사, 실 사 변[糸]이면 맬 계[繫],
선비 사, 군사 사, 칭호나 직업 이름에 붙이는 말 사[士] 아래에 덮을 멱[冖]과 한 일[一], 뒤에 칠 수, 창 수, 몽둥이 수[殳] 아래에 안석 궤, 책상 궤[几]면 껍질 각[殼],
껍질 각[殼]의 획 줄임[㱿]에 벼 화[禾]면 곡식 곡[穀]

## 258 항항항[亢抗航] - 亢으로 된 한자

머리 부분 두[亠] 아래에 안석 궤, 책상 궤[几]면 목 항, 높을 항[亢],
목 항, 높을 항[亢] 앞에 손 수 변[扌]이면 대항할 항[抗], 배 주[舟]면 건널 항[航]

## 259 단(란)주 력(격)격헌[丹舟 鬲隔獻] - 丹舟와 鬲으로 된 한자

멀 경, 성 경[冂]에 점 주, 불똥 주[丶]와 한 일[一]이면 붉을 단, 모란 란[丹], 붉을 단, 모란 란[丹] 아래에 점 주, 불똥 주[丶]이면 배 주[舟],
한 일[一] 아래에 입 구, 말할 구, 구멍 구[口], 멀 경, 성 경[冂] 안에 여덟 팔, 나눌 팔[八]과 막은 모양[丅]이면 솥 력, 막을 격[鬲], 솥 력, 막을 격[鬲] 앞에 언덕 부 변[阝]이면 막을 격, 사이 뜰 격[隔], 위에 범 호 엄[虍], 뒤에 개 견[犬]이면 바칠 헌[獻]

## 260 철(초) 둔둔순 서 인연[屮 屯鈍純 西 垔煙] - 屮과 屯, 西와 垔으로 된 한자

풀의 싹이 돋아나는 모양을 본떠서 싹 날 철, 풀 초[屮], 싹 날 철, 풀 초[屮]의 변형[屮] 위에 삐침 별[丿]이면 묻힐 둔, 진 칠 둔[屯], 묻힐 둔, 진 칠 둔[屯] 앞에 쇠 금, 금 금, 돈 금, 성씨 김[金]이면 둔할 둔[鈍], 실 사, 실 사 변[糸]이면 순수할 순[純],
한 일[一] 아래에 사람 인 발, 어진사람 인[儿]과 에운담[口]이면 서쪽 서[西], 서쪽 서[西] 아래에 흙 토[土]면 막을 인[垔], 막을 인[垔] 앞에 불 화[火]면 연기 연, 담배 연[煙]

# 확인문제

01~04 다음 漢字의 훈(뜻)과 음(소리)를 쓰시오.

01. 症 (                    )          02. 堤 (                    )

03. 捉 (                    )          04. 裳 (                    )

05~08 다음 훈음에 맞는 漢字를 쓰시오.

05. 쾌할 쾌 (                    )     06. 납 연     (                    )

07. 칠 격     (                    )   08. 순수할 순 (                    )

09~12 다음 漢字語의 讀音을 쓰시오.

09. 嘗味 (                )           10. 償還 (                )

11. 掌握 (                )           12. 腰痛 (                )

13~14 다음 문장에서 밑줄 친 낱말을 漢字로 쓰시오.

13. 그들은 사랑의 열기로 충만한 눈길이었다.     (                )

14. 대학 입시에서 내신의 반영 비율이 높아졌다. (                )

15~16 다음 문장에서 漢字로 표기된 낱말의 讀音을 쓰시오.

15. 이번 전시회에서는 의복의 變遷을 한눈에 볼 수 있다. (                )

16. 微笑 짓는 얼굴은 기쁨을 준다.                        (                )

17~18 다음 뜻풀이에 맞는 낱말을 漢字로 쓰시오.

17. (마음이) 바르고 곧음. (                )

18. 잘 다스리는 정치.     (                )

19~20 다음 漢字語의 뜻을 쓰시오.

19. 禍根 (                        )

20. 愚鈍 (                        )

---

**정답**

| | | | | |
|---|---|---|---|---|
| 01. 증세 증 | 05. 快 | 09. 상미 | 13. 充滿 | 17. 正直 |
| 02. 둑 제 | 06. 鉛 | 10. 상환 | 14. 反映 | 18. 善政 |
| 03. 잡을 착 | 07. 擊 | 11. 장악 | 15. 변천 | 19. 재앙의 뿌리. |
| 04. 치마 상 | 08. 純 | 12. 요통 | 16. 미소 | 20. 어리석고 둔함. |

| 261 | 유주추의[酉酒醜醫] - 酉로 된 한자 |

3급 / 총 7획 / 酉

술 담는 **그릇**(🍶)을 본떠서(酉) 술 그릇 유, 술 유
또 술 마시듯 고개를 쳐들고 물을 마시는 닭이니 **닭 유**
또 닭은 열째 지지니 **열째 지지 유**

+ 술과 관련된 한자에 부수로 많이 쓰입니다.

**酉時(유시)** 오후 5시부터 7시까지의 시간.

+ 時(때 시)

4급 / 총 10획 / 酉

물(氵)처럼 **술 그릇**(酉)에 있는 술이니 술 주

**酒店(주점)** 술을 파는 가게.
**酒量(주량)** 술을 마시는 분량.

+ 店(가게 점), 量(헤아릴 량, 용량 량)

3급 / 총 17획 / 酉

**술**(酉)을 많이 마신 **귀신**(鬼)처럼 용모가 추하니 **추할 추**

+ 鬼(귀신 귀) - 제목번호 220 참고

**醜聞(추문)** 추한(좋지 못한) 소문. 스캔들.
**醜雜(추잡)** (말이나 행동이) 더럽고 잡스러움.

+ 聞(들을 문), 雜(섞일 잡)

醫

6급 / 총 18획 / 酉

**상자**(匸)처럼 패이고 **화살**(矢)과 **창**(殳)에 다친 곳을 약**술**(酉)로 소독하고
치료하는 의원이니 **의원 의**

+ 醫 医 - 약상자(匸)를 들고 화살(矢)처럼 달려가 치료하는 의원이니 '의원 의'
+ 匸(상자 방), 矢(화살 시), 殳(칠 수, 창 수, 몽둥이 수), 소독약이 없으면 알코올 성분이
  있는 술로 소독하지요.

**醫師(의사)** 면허를 얻어 의술과 약으로 병을 진찰·치료하는 사람.
**醫術(의술)** 병이나 상처를 고치는 기술. 또는 의학에 관련되는 기술.

+ 師(스승 사, 전문가 사, 군사 사), 術(재주 술, 기술 술)

**353**

1급 / 총 9획 / 酉

나누어(八) 술(酉)까지 주는 우두머리니 **우두머리 추**

+ 八(여덟 팔, 나눌 팔)

3급Ⅱ / 총 12획 / 犬(犭)

개(犭) 같이 행동하면 **우두머리(酋)**라도 오히려 머뭇거리니
**같을 유, 오히려 유, 머뭇거릴 유**

+ 犭(큰 개 견, 개 사슴 록 변)

**過猶不及(과유불급)** 지나침(過)은 미치지 못함(不及)과 같음(猶).
**猶不足(유부족)** 오히려 부족함.
**猶豫(유예)** (할까 말까 하고) 망설임.

+ 過(지날 과, 지나칠 과, 허물 과), 不(아닐 불·부), 及(이를 급, 미칠 급), 足(발 족, 넉넉할 족), 豫(미리 예, 머뭇거릴 예)

4급Ⅱ / 총 12획 / 寸

우두머리(酋)에게처럼 말한 **마디(寸)**라도 높이니 **높일 존**

+ 寸(마디 촌, 법도 촌)

**尊敬(존경)** 높여서 공경함.
**尊稱(존칭)** 높여서 부르는 칭호.

+ 敬(공경할 경), 稱(일컬을 칭)

3급 / 총 16획 / 辵(辶)

높이는(尊) 사람을 따라**가며(辶)** 좇으니 **따라갈 준, 좇을 준**

+ 辶(뛸 착, 갈 착)

**遵法(준법)** 법을 지킴.
**遵守(준수)** 그대로 좇아 지킴.

+ 法(법 법), 守(지킬 수)

**354**

**門**

8급 / 총 8획 / 門

두 개의 문짝 있는 문을 본떠서 **문 문**

+ 한 짝으로 된 문을 본떠서는 '문 호, 집 호(戶)' – 제목번호 265 참고

> **大門(대문)** 큰 문. 집의 정문.
> **守門將(수문장)** 옛날 대궐문이나 성문을 지키던 장수.

+ 守(지킬 수), 將(장수 장, 장차 장, 나아갈 장)

---

**問**

7급 / 총 11획 / 口

문(門) 앞에서 **말하여(口)** 물으니 **물을 문**

+ 口(입 구, 말할 구, 구멍 구)

> **問答(문답)** 물음과 대답. 또는 서로 묻고 대답함.
> **問責(문책)** (잘못을) 묻고 꾸짖음.

+ 答(대답할 답, 갚을 답), 責(꾸짖을 책, 책임 책)

---

**聞**

6급 / 총 14획 / 耳

문(門)에 **귀(耳)** 대고 들으니 **들을 문**

+ 耳(귀 이)

> **見聞(견문)** 보고 들음. 또는 보고 들어서 얻은 지식.
> **新聞(신문)** '새로 들음'으로, 새로운 소식을 전달하는 정기 간행물을 부르는 말.

+ 見(볼 견, 뵐 현), 新(새로울 신)

---

**閑**

4급 / 총 12획 / 門

문(門) 안에서 **나무(木)**를 가꿀 정도로 한가하니 **한가할 한**

+ 원 閒 – 문(門) 안에서 달(月)을 볼 정도로 한가하니 '한가할 한'

> **閑暇(한가)** 겨를이 생기어 여유가 있음.
> **閑中忙(한중망)** 한가한 가운데 바쁨. ↔ 망중한(忙中閑)

+ 暇(겨를 가, 한가할 가), 中(가운데 중, 맞힐 중), 忙(바쁠 망)

---

**開**

6급 / 총 12획 / 門

문(門)이 빗장(一)을 풀고 **받쳐 들듯(廾)** 잡아 여니 **열 개**
또 문을 열고 시작하니 **시작할 개**

+ 一('한 일'이지만 여기서는 빗장으로 봄), 廾(받쳐 들 공)

> **開化(개화)** '열려짐'으로, 사람들의 지식이 깨어 문화가 진보함.
> **開花(개화)** 꽃이 핌.

+ 化(될 화, 변화할 화, 가르칠 화), 花(꽃 화)

**4급 / 총 11획 / 門**

### 문(門)에 빗장(才)을 끼워 닫으니 닫을 폐

+ 才('재주 재, 바탕 재'지만 여기서는 빗장의 모양으로 봄)

> **閉幕(폐막)** ① (연극을 마치고) 막을 내림. ② 어떤 일이 끝남의 비유. ↔ 개막(開幕)
> **閉會(폐회)** 집회나 회의를 마침. ↔ 개회(開會)

+ 幕(장막 막), 會(모일 회)

---

**5급 / 총 19획 / 門**

### 문(門)에 작고(幺) 작게(幺) 이쪽(从)저쪽(从)을 이어 닫는 빗장이니 빗장 관
### 또 빗장처럼 이어지는 관계니 관계 관

+ 약 関 – 문(門)의 양쪽(ᐦ)으로 나눠지는 문짝을 하나(一)로 크게(大) 막는 빗장이니 '빗장 관'
    또 빗장처럼 이어지는 관계니 '관계 관'
+ 幺(작을 요, 어릴 요), 빗장 – 문을 닫고 가로질러 잠그는 것.

> **關門(관문)** ① 옛날에 그곳을 지나야만 드나들 수 있는 중요한 길목에 설치했던 문. ② 어떤 일을 하려면 반드시 거쳐야 하는 중요한 대목.
> **關係(관계)** (두 가지 이상이 서로) 관련이 있음.

+ 係(맬 계, 묶을 계)

---

**3급 / 총 15획 / 心(忄)**

### 마음(忄)으로 대문(門)에 붙은 조문(文)을 보고 불쌍히 여기니 불쌍히 여길 민

+ 文(무늬 문, 글월 문, 성씨 문) – 제목번호 087 참고

> **憐憫(연민)** 불쌍하고 가련하게 여김.
> *憫惘(민망) (부끄러운 모습을 보거나 보이게 되어) 딱하고 거북한 상태임.

+ 憐(불쌍히 여길 련), 惘(멍할 망)

---

| 264 | 간간 윤윤[間簡 閏潤] – 間, 閏으로 된 한자 |

**7급 / 총 12획 / 門**

### 문(門)틈으로 햇(日)빛이 들어오는 사이니 사이 간

+ 日(해 일, 날 일)

> **間食(간식)** 끼니 사이에 먹는 음식. 새참.
> **間隔(간격)** 사이의 벌어진 틈.

+ 食(밥 식, 먹을 식, 먹이 사), 隔(막힐 격, 사이 뜰 격)

**簡**

4급/총 18획/竹(ᄊ)

(종이가 없던 옛날에) 대(ᄊ)쪽 사이(間)에 적은 편지니 대쪽 **간**, 편지 **간**
또 편지처럼 줄여 써 간략하니 **간략할 간**

+ ᄊ[대 죽(竹)이 부수로 쓰일 때의 모양]

**書簡(서간)** 편지.
**簡單(간단)** (사물의 모양새나 얼개 등이) 간략하고 단순함.

+ 書(쓸 서, 글 서, 책 서), 單(홑 단), 홑 − 겹이 아닌 '한 겹'이나 '외톨'의 뜻.

---

**閏**

3급 / 총 12획 / 門

(대궐 밖에 나가지 않고) 문(門) 안에만 왕(王)이 있었던 윤달이니 **윤달 윤**

+ 태양력에는 4년마다 한 번의 윤일이 있고(2월 29일), 태음력에서는 5년에 두 번의 비율로 1년을 13개월로 하지요.

**閏年(윤년)** 윤달이나 윤일이 드는 해. ↔ 평년(平年)
**閏月(윤월)** 윤년에 드는 달.

+ 年(해 년, 나이 년), 平(평평할 평, 평화 평), 月(달 월, 육 달 월)

---

**潤**

3급Ⅱ / 총 15획 / 水(氵)

물(氵)이 윤달(閏)처럼 남아돌면 잘 젖고 생활도 윤택하니
**젖을 윤, 윤택할 윤**

**潤澤(윤택)** ① 윤이 나서 번지르르함. ② 살림이 넉넉함.
**利潤(이윤)** 영업하여 붙은 이익.

+ 澤(연못 택, 은혜 택), 利(이로울 리, 날카로울 리)

---

| 265 | 호소계견루 창창창[戶所啓肩淚 倉創蒼] − 戶, 倉으로 된 한자 |

**戶**

4급Ⅱ / 총 4획 / 戶

한 짝으로 된 문을 본떠서 **문 호**
또 (옛날에는 대부분 문이 한 짝씩 달린 집이었으니) 집도 나타내어 **집 호**

+ 윤 尸(주검 시, 몸 시) − 제목번호 268 참고

**窓戶(창호)** 온갖 창문과 문을 통틀어 이르는 말.
**戶主(호주)** 한 집안의 주인으로서 가족을 거느리며 부양할 의무가 있는 사람.

+ 窓(창문 창), 主(주인 주)

---

**所**

7급 / 총 8획 / 戶

집(戶)에 도끼(斤)를 두는 장소니 **장소 소**
또 장소처럼 앞에서 말한 내용을 이어 받는 '바'로도 쓰여 **바 소**

+ 斤(도끼 근, 저울 근), 바 − ① 앞에서 말한 내용 그 자체나 일 따위를 나타내는 말. ② (어미 '∼을' 뒤에 쓰여) 일의 방법이나 방도.

**所望(소망)** 바라는 바.
**住所(주소)** 사는 곳.

+ 望(바랄 망, 보름 망), 住(살 주, 사는 곳 주)

# 啓

3급II / 총 11획 / 口

마음의 **문(戶)**이 열리도록 **치면서(攵) 말하여(口)** 열고 일깨우니
**열 계, 일깨울 계**

+ 攵(칠 복, = 攴), 口(입 구, 말할 구, 구멍 구), 문 같은 물질적인 것을 열면 열 개(開), 마음의 문이 열리도록 일깨우면 열 계, 일깨울 계(啓)

**啓導(계도)** 깨치어 이끌어 줌.
**啓發(계발)** 일깨워 더 나은 상태가 되게 함.

+ 導(인도할 도), 發(쏠 발, 일어날 발)

---

# 肩

3급 / 총 8획 / 肉(月)

**문(戶)**처럼 **몸(月)**에서 쩍 벌어진 어깨니 **어깨 견**

+ 月(달 월, 육 달 월)

**肩章(견장)** 제복의 어깨에 붙여 관직의 종류나 계급 따위를 나타내는 표장(標章).
**比肩(비견)** '어깨를 나란히 함'으로, 낫고 못함이 없이 서로 비슷함.

+ 章(문장 장), 標(표시할 표, 표 표), 比(나란할 비, 견줄 비)

---

# 淚

3급 / 총 11획 / 水(氵)

**물(氵)** 중 **집(戶)**의 **개(犬)**만도 못하다고 뉘우치며 흘리는 눈물이니
**눈물 루**

+ 犬(개 견)

**落淚(낙루)** 눈물을 떨어뜨림.
**催淚彈(최루탄)** 눈물을 재촉하는 물질을 넣은 탄환.

+ 落(떨어질 락), 催(재촉할 최), 彈(탄알 탄, 튕길 탄)

---

# 倉

3급II / 총 10획 / 人

**사람(人)**이 **문(戶)**을 **잠그고(一) 입(口)**에 먹을 식량을 저장해 두는 창고니
**창고 창**

또 창고에 저장한 것을 꺼내 써야 할 만큼 급하니 **급할 창**

+ 一('한 일'이지만 여기서는 잠근 모양으로 봄)

**倉庫(창고)** 물건을 저장하거나 보관하는 건물.
**倉卒間(창졸간)** 급작스러운 사이.

+ 庫(곳집 고, 창고 고), 卒(졸병 졸, 갑자기 졸, 죽을 졸, 마칠 졸), 間(사이 간)

---

# 創

4급II / 총 12획 / 刀(刂)

**창고(倉)** 짓는 일은 **칼(刂)**로 재목을 자르는 데서 비롯하여 시작하니
**비롯할 창, 시작할 창**

+ 刂(칼 도 방)

**創立(창립)** 비롯하여(처음으로) 설립함.
**草創期(초창기)** (어떤 사업을) 처음 시작하는 기간.

+ 立(설 립), 草(풀 초), 期(기간 기, 기약할 기)

## 蒼

3급II / 총 14획 / 草(艹)

풀(艹)로 덮인 **창고(倉)**처럼 푸르니 **푸를 창**

**蒼空(창공)** 푸른 공중.
**古色蒼然(고색창연)** '오래된 색처럼 푸름'으로, 오래 되어 예스러운 풍치가 그윽함.

+ 空(빌 공, 하늘 공), 古(오랠 고, 옛 고), 色(빛 색), 然(그러할 연, 형용사 뒤에 붙으면 앞 말의 뜻만 강조함), 예스럽다 – 옛것다운 맛이 있다.

---

4급 / 총 5획 / 冂

글을 적은 대 조각을 한 줄로 엮어서 만들었던 책이니 **책 책**
또 책을 세우듯 세우니 **세울 책**

+ 종이가 없던 옛날에는 대 조각에 글을 썼답니다.

**別冊(별책)** (따로) 나누어진 책.
**冊封(책봉)** '세워 봉함'으로, 왕세자나 왕세손 등을 세워 임명함.

+ 別(나눌 별, 다를 별), 封(봉할 봉)

특급II / 총 8획 / 人

사람(人)이 한(一) 권씩 **책(冊)**을 들고 둥글게 모이니
**둥글 륜, 모일 륜**

+ 冊 [책 책, 세울 책(冊)의 변형]

3급II / 총 10획 / 人(亻)

사람(亻)이 모이면(侖) 지켜야 할 인륜이니 **인륜 륜**

**人倫(인륜)** 군신 · 부자 · 형제 · 부부 따위 상하 존비의 인간관계나 질서.
**倫理(윤리)** 사람이 지켜야 할 도리와 규범.
**不倫(불륜)** 사람으로서 지켜야 할 도리에서 벗어난 데가 있음.

+ 理(이치 리, 다스릴 리), 不(아닐 불 · 부)

## 輪

4급 / 총 15획 / 車

수레(車)에서 둥근(侖) 바퀴니 **바퀴 륜**
또 바퀴는 둥글어 잘 도니 **둥글 륜, 돌 륜**

+ 車(수레 거, 차 차)

**三輪車(삼륜차)** 세 바퀴로 가는 차.
**輪廓(윤곽)** '둥근 둘레'로, 대강의 테두리나 모양.
**輪番(윤번)** 돌아가는 차례.

+ 廓(둘레 곽), 番(차례 번, 번지 번)

**論**

4급 II / 총 15획 / 言

말(言)로 모여서(侖) 논하고 평하니 **논할 론, 평할 론**

+ 言(말씀 언)

**論評(논평)** 논의하여 비평함.
**論爭(논쟁)** 사리를 따져서 말이나 글로 다툼.

+ 評(평할 평), 爭(다툴 쟁)

**扁**

2급 / 총 9획 / 戶

문(戶)에 책(冊)처럼 작게 만들어 건 현판이니
**작을 편, 현판 편**

+ 戶(문 호, 집 호) – 제목번호 265 참고

**偏**

3급 II / 총 11획 / 人(亻)

사람(亻)은 작은(扁) 이익에도 잘 치우치니 **치우칠 편**

**偏見(편견)** (공정하지 못하고 한쪽으로) 치우친 견해(생각).
**偏重(편중)** (한쪽으로) 치우쳐 무거움.

+ 見(볼 견, 뵐 현), 重(무거울 중, 귀중할 중, 거듭 중)

**編**

3급 II / 총 15획 / 糸

실(糸)로 작은(扁) 것들을 엮으니 **엮을 편**

+ 糸(실 사, 실 사 변)

**編成(편성)** (방송·영화 따위를) 엮어서 만듦.
**編輯(편집)** (여러 가지 재료를) 모아서 신문이나 책을 엮음.

+ 成(이룰 성), 輯(모을 집)

**篇**

4급 / 총 15획 / 竹(⺮)

(종이가 없던 옛날에) 대(⺮)를 작게(扁) 잘라 글을 써서 만든 책이니 **책 편**

+ ⺮[대 죽(竹)이 부수로 쓰일 때의 모양]

**玉篇(옥편)** '(한문을 배우는 데) 구슬처럼 귀중한 책'으로, 자전(字典 - 한자를 모아서 일정한 순서로 늘어놓고 글자 하나하나의 뜻과 음을 풀이한 책)을 달리 이르는 말.
**短篇(단편)** 짤막하게 지은 글.

+ 玉(구슬 옥), 字(글자 자), 典(법 전, 책 전, 전당잡힐 전), 短(짧을 단, 모자랄 단)

**遍**

3급 / 총 13획 / 辵(辶)

작은(扁) 곳까지 두루 가니(辶) **두루 편**

+ 辶(뛸 착, 갈 착)

**遍歷(편력)** (여러 가지 일을) 두루 겪음(경험함).
**普遍(보편)** ① 널리 두루 미침. ② 모든 것에 들어맞음.

+ 歷(지낼 력, 책력 력, 겪을 력), 普(넓을 보, 보통 보)

---

**268** 시 위위 척국[尸 尉慰 尺局] – 尸와 尉, 尺으로 된 한자

**尸**

특급 / 총 3획 / 尸

사람이 누워 있는 모양을 본떠서 **주검 시, 몸 시**

+ 사람이나 집과 관련된 한자에 부수로도 쓰입니다.

---

**尉**

2급 / 총 11획 / 寸

주검(尸)을 보아도(示) 두려워하지 않고 법도(寸)를 지켜 처리하는 벼슬이니 **벼슬 위**

+ 示(보일 시, 신 시), 寸(마디 촌, 법도 촌), 위(尉) – 조선 시대 의빈부에 딸린 벼슬의 하나. 옹주와 결혼한 사람에게 주던 벼슬로 정1품에서 종2품까지 있었음.

---

**慰**

4급 / 총 15획 / 心

벼슬(尉)아치가 마음(心)으로 위로하니 **위로할 위**

+ 心(마음 심, 중심 심)

**慰勞(위로)** 따뜻한 말이나 행동으로 괴로움이나 슬픔을 달래 줌.
**自慰(자위)** 스스로 위로함.

+ 勞(수고할 로, 일할 로), 自(자기 자, 스스로 자, 부터 자)

---

**尺**

3급Ⅱ / 총 4획 / 尸

몸(尸) 구부리고(乀) 길이를 재는 자니 **자 척**

+ 乀[파임 불(乀)의 변형이지만 여기서는 구부리는 모양으로 봄]. 1자는 30.3㎝.

**尺度(척도)** ① 자로 재는 길이의 표준. ② 무엇을 평가하거나 판단할 때의 기준.
*咫尺(지척) 아주 가까운 거리.

+ 度(법도 도, 정도 도, 헤아릴 탁), 咫(길이 지, 아주 짧은 거리 지)

## 局

**5급 / 총 7획 / 尸**

자(尺)로 재어 바둑판처럼 나눈 **부분(口)**이니 **판 국, 부분 국**

+ 尺[자 척(尺)의 변형], 口('입 구, 말할 구, 구멍 구'지만 여기서는 나눈 부분으로 봄)

**局限(국한)** 어떤 부분에만 한정함.
**局長(국장)** (관청이나 회사 등의) 한 국(局)의 우두머리.

+ 限(한계 한), 長(길 장, 어른 장)

---

**269**  거미쇄 전전[居尾刷 展殿] – 尸, 展으로 된 한자

## 居

**4급 / 총 8획 / 尸**

몸(尸)이 오래(古) 머물러 사니 **살 거**
또 몸(尸)이 오래(古) 머무르려고 앉으니 **앉을 거**

+ 古(오랠 고, 옛 고)

**居住(거주)** 일정한 곳에 자리를 잡고 머물러 삶. 또는 그곳.
**居室(거실)** 거처하는 방. 거처방.

+ 住(살 주, 사는 곳 주), 室(집 실, 방 실, 아내 실)

---

## 尾

**3급Ⅱ / 총 7획 / 尸**

짐승의 몸(尸)에서 털(毛)이 난 꼬리니 **꼬리 미**
또 꼬리처럼 무엇의 끝이니 **끝 미**

+ 毛(털 모)

**尾行(미행)** (감시·증거 포착 등을 위하여) 몰래 뒤를 밟음.
**末尾(말미)** 어떤 것의 끝부분.

+ 行(다닐 행, 행할 행, 항렬 항), 末(끝 말)

---

## 刷

**3급Ⅱ / 총 8획 / 刀(刂)**

나무의 몸(尸)을 수건(巾)으로 닦고 칼(刂)로 새겨서 인쇄하니
**닦을 쇄, 인쇄할 쇄**

+ 巾(수건 건), 刂(칼 도 방)

**刷新(쇄신)** 나쁜 폐단을 없애고 새롭게 함.
**印刷(인쇄)** 글이나 그림을 종이 등에 박아내는 일.

+ 新(새로울 신), 印(찍을 인, 도장 인, 성씨 인)

---

## 展

**3급Ⅱ / 총 10획 / 尸**

몸(尸) 앞에 풀(艹)이 쓰러져 펴지고 넓게 되니(𧰨) **펼 전, 넓을 전**

+ 艹[초 두(艹)의 약자], 𧰨[변화할 화, 될 화(化)의 변형]

**展示(전시)** 벌여 놓아 보이게 함.
**展開(전개)** '넓게 엶'으로, 내용을 진전시켜 펴 나감.

+ 示(보일 시, 신 시), 開(열 개)

**집(尸)** 중 여러 사람들이 **함께(共) 쳐서(殳)** 지은 대궐이나 큰 집이니
**대궐 전, 큰 집 전**

+ 중요한 분을 모시거나 울 안에서 제일 큰 집은 대궐 전, 큰 집 전(殿), 보통의 집은 집 당, 당당할 당(堂)이나 집 가, 전문가 가(家)입니다.
+ 尸('주검 시, 몸 시'지만 여기서는 집으로 봄), 共(함께 공), 殳(칠 수, 창 수, 몽둥이 수)

> **宮殿(궁전)** 임금이나 왕족이 사는 큰 건물.
> **大雄殿(대웅전)** 절에서, 본존불상(本尊佛像)을 모신 법당.

+ 宮(집 궁, 궁궐 궁), 雄(수컷 웅, 클 웅), 本(뿌리 본, 근본 본, 책 본), 尊(높일 존), 佛(부처 불), 像(모양 상, 본뜰 상), 본존 – 으뜸가는 부처로 '석가모니불'

3급Ⅱ / 총 13획 / 殳

---

**지붕(尸)**을 **두(二)** 번이나 **장인(ㄱ)의 손(又)**을 빌려 고쳐야 하는 허물이니
**빌릴 가, 허물 가**

+ 尸['주검 시, 몸 시(尸)'의 변형이지만 여기서는 지붕으로 봄], ㄱ[장인 공, 만들 공, 연장 공(工)의 변형], 又(오른손 우, 또 우)

급외자 / 총 9획 / 又

---

**사람(亻)**이 **빌려서(叚)** 꾸민 거짓이고 임시니 **거짓 가, 임시 가**

+ [약] 仮 – 사람(亻)이 거꾸로(反) 꾸민 거짓이고 임시니 '거짓 가, 임시 가'
+ 反(거꾸로 반, 뒤집을 반)

> **假飾(가식)** (언행을) 거짓으로 꾸밈.
> **假建物(가건물)** 임시로 지은 건물.

+ 飾(꾸밀 식), 建(세울 건), 物(물건 물)

4급Ⅱ / 총 11획 / 人(亻)

---

**날(日)**을 **빌려온(叚)** 듯 겨를이 있고 한가하니 **겨를 가, 한가할 가**

+ 日(해 일, 날 일)

> **餘暇(여가)** (일이 없어 한가하게) 남는 시간. 짬. 틈. 겨를.
> **閑暇(한가)** 겨를이 생기어 여유가 있음.

+ 餘(남을 여), 閑(한가할 한)

4급 / 총 13획 / 日

---

**물(氵)**이 **지붕(尸)**의 뚫린 틈으로 **비(雨)**만 오면 새니 **샐 루**

+ 尸('주검 시, 몸 시'지만 여기서는 지붕의 모양으로 봄), 雨(비 우)

> **漏水(누수)** 물이 물체의 틈으로 샘. 또는 그 물.
> **漏落(누락)** 기록에서 빠짐.

+ 落(떨어질 락)

3급Ⅱ / 총 14획 / 水(氵)

**屏**

3급 / 총 11획 / 尸

**몸(尸)의 여러 쪽을 아우르게(并) 만든 병풍이니 병풍 병**

+ 并 – 나란히(丿丿) 방패(干)를 아울러 합하니 '아우를 병, 합할 병' – 특급Ⅱ
+ 丿(삐침 별), 干(방패 간, 범할 간, 얼마 간, 마를 간), 아우르다 – 여럿을 모아 한 덩어리나 한 판이 되게 하다.

> **屏風(병풍)** 바람을 막거나 무엇을 가리거나 장식용으로 방 안에 치는 물건.
> **屏巖(병암)** 병풍을 쳐 놓은 것처럼 늘어선 바위.

+ 風(바람 풍, 풍속 · 경치 · 모습 · 기질 · 병 이름 풍), 巖(바위 암)

---

**周**

3급 / 총 8획 / 口

**성(冂) 안의 영토(土)를 입(口)으로 두루 둘레까지 설명하니**
**두루 주, 둘레 주, 성씨 주**

+ 冂(멀 경, 성 경)

> **周知(주지)** (여러 사람이 어떤 사실을) 두루 앎.
> **周圍(주위)** ① 어떤 곳의 바깥 둘레. ② 사물 · 인물 등을 둘러싼 환경.

+ 知(알 지), 圍(둘레 위, 에워쌀 위)

---

**調**

5급 / 총 15획 / 言

**말(言)을 두루(周) 듣고 고르게 잘 어울리니 고를 조, 어울릴 조**
**또 높낮음이 고르게 어울린 노래 가락이니 가락 조**

+ 言(말씀 언)

> **調和(조화)** 서로 고르게 잘 어울림.
> **曲調(곡조)** (음악적 통일을 이루는) 노래 가락.

+ 和(화목할 화, 화할 화), 曲(굽을 곡, 노래 곡)

---

**週**

5급 / 총 12획 / 辵(辶)

**각 요일을 두루(周) 뛰어(辶) 돌 듯 도는 주일이니 돌 주, 주일 주**

+ 辶(뛸 착, 갈 착)

> **週日(주일)** 월요일부터 일요일까지의 이레 동안.
> **週番(주번)** 한 주일마다 번갈아 하는 근무나 역할. 또는 그 사람.

+ 日(해 일, 날 일), 番(차례 번, 번지 번)

---

**用**

6급 / 총 5획 / 用

**성(冂)에서 두(二) 개의 송곳(丨)을 쓰니 쓸 용**

+ 丨('뚫을 곤'이지만 여기서는 송곳으로 봄)

> **善用(선용)** ① 좋은 일에 씀. ② 알맞게 잘 씀. ↔ 악용(惡用)
> **誤用(오용)** 잘못 씀.

+ 善(착할 선, 좋을 선, 잘할 선), 惡(악할 악, 미워할 오), 誤(그릇될 오)

**3급 / 총 11획 / 广**

자기 **집(广)**에서는 **손(⺕)**에 **송곳( l )** 하나라도 들고 **써도(用)** 떳떳하니
**떳떳할 용**

또 집에서만 떳떳하면 어리석으니 **어리석을 용**

+ 广(집 엄), ⺕[고슴도치 머리 계, 오른손 우(⺕)의 변형], l ('뚫을 곤'이지만 여기서는 송곳으로 봄)

> **中庸(중용)** 지나치거나 모자라지 않고 떳떳하며 알맞은 상태나 정도.
> **庸劣(용렬)** 어리석고 못남.

+ 中(가운데 중, 맞힐 중), 劣(못날 렬)

---

**4급 II / 총 12획 / 人(亻)**

짐승 기르는 **사람( 亻 )**은 **풀(艹)**을 **바위(厂)** 위에 말려 겨울에 **쓸(用)**
건초를 갖추니 **갖출 비**

+ 건초(乾草) – 베어서 말린 풀.
+ 艹[초 두(艹)의 약자], 厂(굴 바위 엄, 언덕 엄), 乾(하늘 건, 마를 건), 草(풀 초)

> **備蓄(비축)** (만약의 경우에 대비하여) 갖추어 쌓아 둠.
> **備品(비품)** 늘 갖추어 두고 쓰는 물건.

+ 蓄(모을 축, 쌓을 축), 品(물건 품, 등급 품, 품위 품)

---

---

**272** 보보포포[甫補捕浦] – 甫로 된 한자

**2급 / 총 7획 / 用**

**많이(十) 쓰이도록(用) 점(丶)**까지 찍어 가며 만들어
크고 넓으니 **클 보, 넓을 보**

+ 十(열 십, 많을 십), 用(쓸 용), 丶(점 주, 불똥 주)

---

**3급 II / 총 12획 / 衣(衤)**

**옷(衤)**에 난 **큰(甫)** 구멍을 기워 보충하니 **기울 보, 보충할 보**

+ 衤(옷 의 변)

> **補強(보강)** 보태고 채워서 더 굳게 함.
> **補缺(보결)** 빈자리나 결점을 메움.

+ 強(강할 강, 억지 강), 缺(이지러질 결, 빠질 결)

---

**3급 II / 총 10획 / 手(扌)**

**손(扌)**을 크게(甫) 벌려 잡으니 **잡을 포**

> **生捕(생포)** 산 채로 잡음.
> **逮捕(체포)** 형법에서, 사람의 신체에 대하여 직접적이고 현실적인 구속을 가하여 행동의
> 자유를 빼앗는 일.

+ 生(날 생, 살 생, 사람을 부를 때 쓰는 접사 생), 逮(미칠 체, 잡을 체)

**물(氵)이 크게(甫) 퍼진 물가니 물가 포**

浦口(포구) 배가 드나드는 물가의 어귀.
浦村(포촌) 갯마을(갯가에 자리 잡고 있는 마을).

+ 口(입 구, 말할 구, 구멍 구), 村(마을 촌)

3급Ⅱ / 총 10획 / 水(氵)

**널리(甫) 법도(寸)에 맞게 펴니 펼 부 · 포**

+ 유 專(오로지 전, 마음대로 할 전) - 제목번호 278 참고
+ 甫(클 보, 넓을 보), 寸(마디 촌, 법도 촌)

급외자 / 총 10획 / 寸

**많은(十) 방면에 두루 펴(尃) 넓으니 넓을 박**

+ 十(열 십, 많을 십)

博愛(박애) (모든 사람을) 널리 사랑함.
該博(해박) 여러 방면으로 학식이 넓음.

+ 愛(사랑 애, 즐길 애, 아낄 애), 該(넓을 해, 갖출 해, 그 해)

4급Ⅱ / 총 12획 / 十

**(가라앉지 않고) 풀(艹)처럼 물(氵) 위에 펴지도록(尃) 엷으니 엷을 박**

薄待(박대) (인격을 무시하고) 엷게(대충) 대함.
淺薄(천박) (지식이나 생각 따위가) 얕음.

+ 待(대접할 대, 기다릴 대), 淺(얕을 천)

3급Ⅱ / 총 17획 / 草(艹)

**(종이가 없던 옛날에) 대(竹) 조각을 물(氵)처럼 넓게 펴지도록(尃) 깎아 글을 적었던 문서니 문서 부**

帳簿(장부) (돈이나 물건의 출납 · 수지 계산 등을) 기록하는 문서.
家計簿(가계부) 집안 살림의 수입과 지출을 적는 장부.

+ 帳(장막 장, 장부 장), 家(집 가, 전문가 가), 計(셈할 계, 꾀할 계)

3급Ⅱ / 총 19획 / 竹(竹)

꽃봉오리가 부풀어 솟아오르는 모양을 본떠서
## 솟을 용

특급II / 총 7획 / 用

---

### 말(言)이 저절로 **솟아(甬)** 오르도록 외우니 **외울 송**

+ 言(말씀 언)

> **誦詩(송시)** 시를 외어 읊음.
> **朗誦(낭송)** 소리 내어 글을 욈.

+ 詩(시 시), 朗(밝을 랑)

3급 / 총 14획 / 言

---

### 솟는(甬) 힘(力)이 넘쳐 날래니 **날랠 용**

+ 力(힘 력)

> **勇敢(용감)** 씩씩하고 겁이 없으며 기운참.
> **勇退(용퇴)** 용기 있게(미련 없이) 물러남.

+ 敢(감히 감, 용감할 감), 退(물러날 퇴)

6급 / 총 9획 / 力

---

### 무슨 일이나 **솟을(甬)** 정도로 **뛰며(辶)** 열심히 하면 통하니 **통할 통**

> **通達(통달)** 막힘없이 환히 통함. 달통(達通).
> **窮卽通(궁즉통)** '궁하면 통함'으로, (정신 차리지 못하고 있다가도) 어려운 지경에 처하면 열심히 노력하여 통한다는 말.

+ 達(이를 달, 통달할 달), 窮(곤궁할 궁, 다할 궁), 卽(곧 즉)

6급 / 총 11획 / 辵(辶)

6급 / 총 7획 / 角

짐승의 뿔을 본떠서 **뿔 각**
또 뿔은 모나서 겨룰 때도 쓰이니 **모날 각, 겨룰 각**

**鹿角(녹각)** 사슴의 다 자란 뿔. 또는 그것을 가공한 한약재.
**三角(삼각)** 세모.
**角逐(각축)** 서로 이기려고 다툼.

+ 鹿(사슴 록), 逐(쫓을 축)

---

解

4급Ⅱ / 총 13획 / 角

**뿔(角)부터 칼(刀)로 소(牛)를 갈라 해부하니 해부할 해**
또 해부하듯 문제를 푸니 **풀 해**

+ 약 解 – 뿔(角)부터 양(羊)을 갈라 해부하니 '해부할 해'
      또 해부하듯 문제를 푸니 '풀 해'
+ 刀(칼 도), 牛(소 우), 羊(양 양)

*解剖(해부) (내부의 구조나 상태를 치료·관찰·연구하기 위해) 칼 따위로 쪼개거나 자르는 일.
**解決(해결)** (얽힌 일을) 풀어서 결정함.
**結者解之(결자해지)** '맺은 사람이 풀어야 함'으로, 자기가 저지른 일은 자기가 해결하여야 함을 이르는 말.

+ 剖(쪼갤 부), 決(터질 결, 결단할 결), 結(맺을 결), 者(놈 자, 것 자), 之(갈 지, ~의 지, 이 지)

---

觸

3급Ⅱ / 총 20획 / 角

**뿔(角)로 애벌레(蜀)는 촉감을 알려고 휘둘러 닿으니 닿을 촉**

+ 약 触 – 뿔(角)로 벌레(虫)는 촉감을 알려고 휘둘러 닿으니 '닿을 촉'
+ 蜀(애벌레 촉) – 제목번호 352 참고, 虫(벌레 충)

**觸感(촉감)** 무엇에 닿았을 때의 느낌.
**接觸(접촉)** 이어서 닿음.

+ 感(느낄 감, 감동할 감), 接(이을 접, 대접할 접)

---

7급 / 총 7획 / 車

수레 모양을 본떠서 **수레 거, 차 차**

+ 曰은 수레의 몸통, ㅣ은 바퀴의 축, 一과 一은 양쪽 바퀴.

**人力車(인력거)** 사람의 힘으로 끄는 수레.
**乘車(승차)** 차를 탐.

+ 人(사람 인), 力(힘 력), 乘(탈 승, 대 승, 곱할 승)

**4급 / 총 10획 / 阜(阝)**

언덕( 阝 ) 옆에 **수레(車)**들이 줄지어 진치니 **줄 진, 진칠 진**

+ 진(陣)치다 – 자리를 차지하다.

> **陣地(진지)** (전투 부대의 공격이나 방어를 위한 준비로) 구축해 놓은 지역.
> **長蛇陣(장사진)** '긴 뱀 같은 줄'로, 많은 사람이 줄지어 길게 늘어서 있는 모양.

+ 地(땅 지, 처지 지), 長(길 장, 어른 장), 蛇(뱀 사)

**3급 / 총 9획 / 車**

**수레(車)**도 다니도록 **크게(九)** 만들어 놓은 길이니 **길 궤**

또 길처럼 따라 가야할 법이니 **법 궤**

+ 九(아홉 구, 클 구, 많을 구)

> **軌道(궤도)** ① 기차나 전차가 다니는 길. ② 무슨 일이 정상적으로 진행되어 가는 길.
> **軌範(궤범)** 남의 본보기가 될 만한 기준. 모범.

+ 道(길 도, 도리 도, 말할 도, 행정 구역의 도), 範(법 범, 본보기 범)

**4급 / 총 10획 / 广**

집(广)에 **차(車)** 같은 물건을 넣어 두는 곳집(창고)이니 **곳집 고, 창고 고**

+ 广(집 엄), '곳집'은 창고로 쓰는 집이란 뜻으로 '고(庫) + 집'의 구조로 된 말.

> **車庫(차고)** 차를 넣어 두는 곳간.
> **寶庫(보고)** 보물처럼 귀중한 것이 저장되어 있는 곳.

+ 車(수레 거, 차 차), 寶(보배 보)

**4급Ⅱ / 총 11획 / 辵(辶)**

**차(車)**가 **지나간(辶)** 바퀴 자국처럼 이어지게 이으니 **이을 련**

+ 辶(뛸 착, 갈 착)

> **連結(연결)** ① 하나로 이어지게 함. ② 서로 관계가 있게 함.
> **連休(연휴)** 계속되는 휴일.

+ 結(맺을 결), 休(쉴 휴)

**3급Ⅱ / 총 15획 / 草(++)**

**풀(++)**뿌리가 **이어지듯(連)** 뻗어가며 자라는 연이니 **연 련**

> **蓮根(연근)** 연의 뿌리. 식용에 씀.
> **白蓮(백련)** 흰빛의 연꽃.

+ 根(뿌리 근), 白(흰 백, 밝을 백, 깨끗할 백, 아뢸 백)

**軍**

8급 / 총 9획 / 車

### 덮어서(冖) 차(車)까지 위장한 군사니 군사 군

+ 冖(덮을 멱)

**軍歌(군가)** 군인들이 부르는 노래.
**軍隊(군대)** (일정한 질서를 갖고 조직된) 군사의 집단.

+ 歌(노래 가), 隊(무리 대, 군대 대)

---

**揮**

4급 / 총 12획 / 手(扌)

### 손(扌) 휘둘러 군사(軍)를 지휘하여 흩어지게 하니
### 휘두를 휘, 지휘할 휘, 흩어질 휘

+ 군대는 모여 있으면 포탄 한 발에 모두 당할 수 있으니 흩어져 있어야 하지요.

**揮毫(휘호)** 붓을 휘둘러 글씨를 쓰거나 그림을 그림.
**指揮(지휘)** 지시해 일을 하도록 시킴.
**揮發(휘발)** 보통 온도에서 액체가 기체로 되어 날아 흩어지는 현상.

+ 毫(가는 털 호, 붓 호), 指(손가락 지, 가리킬 지), 發(쏠 발, 일어날 발)

---

**輝**

3급 / 총 15획 / 車

### 빛(光)에 군사(軍)의 계급장이 빛나니 빛날 휘

+ 光(빛 광)

**輝光(휘광)** 빛이 남. 또는 찬란한 빛.
*輝煌燦爛(휘황찬란) (정신을 빼앗길 만큼) 눈부시게 빛남.

+ 煌(빛날 황), 燦(빛날 찬), 爛(빛날 란, 무르익을 란)

---

**運**

6급 / 총 13획 / 辵(辶)

### 군사(軍)들이 갈(辶) 때는 차도 운전하여 옮기니 운전할 운, 옮길 운
### 또 삶을 옮기는 운수니 운수 운

+ 辶(뛸 착, 갈 착)

**運動(운동)** 옮겨 다니며 움직임.
**吉運(길운)** 좋은 운수.

+ 動(움직일 동), 吉(길할 길, 상서로울 길)

4급 / 총 11획 / 寸

삼가고(叀) 마디마디(寸) 살피며 오로지 하나에만 전념하니 **오로지 전**
또 오로지 자기 마음대로 하니 **마음대로 할 전**

+ 유 叀(펼 부, 두루 알릴 부) – 제목번호 273 참고
+ 叀 – 차(車)에 점(丶)찍는 일은 삼가니 '삼갈 전' – 실제 쓰이는 한자는 아닙니다.
+ 寸(마디 촌, 법도 촌), 叀[수레 거, 차 차(車)의 변형], 丶(점 주, 불똥 주)

**專念(전념)** (한 가지 일에만) 오로지 마음을 씀.
**專權(전권)** 마음대로 권력을 휘두름.

+ 念(생각 념), 權(권세 권)

5급 / 총 13획 / 人(亻)

사람(亻)들은 **오로지(專)** 자기 뜻을 전하니 **전할 전**
또 전하는 이야기니 **이야기 전**

+ 약 伝 – 사람(亻)이 자기 뜻을 말하여(云) 전하니 '전할 전'
　　　　또 전하는 이야기니 '이야기 전'
+ 云(이를 운, 말할 운)

**傳受(전수)** (기술이나 지식 따위를) 전하여 받음.
**自敍傳(자서전)** 자기가 쓴 자기의 이야기.

+ 受(받을 수), 自(자기 자, 스스로 자, 부터 자), 敍(차례 서, 펼 서)

4급 / 총 18획 / 車

수레(車) 바퀴처럼 **오로지(專)** 구르니 **구를 전**

+ 약 転 – 수레(車) 바퀴가 말하듯(云) 소리 내며 구르니 '구를 전'

**轉勤(전근)** '일을 굴림'으로, 근무처를 옮김.
**轉用(전용)** (예정되어 있는 곳에 쓰지 아니하고 다른 데로) 돌려서 씀.

+ 勤(부지런할 근, 일 근), 用(쓸 용)

5급 / 총 14획 / 口

에워싼(口) 듯 **오로지(專)** 하나로 둥글게 모이니 **둥글 단, 모일 단**

+ 약 団 – 에워싼(口) 듯 법도(寸)에 맞게 둥글게 모이니 '둥글 단, 모일 단'
+ 口[에운담, 나라 국(國)의 약자]

**集團(집단)** (여러 사람이 한데 모여 일정한 조직 관계를 이룬) 모임.
**團結(단결)** '모여서 맺음'으로, 많은 사람이 한데 뭉침.

+ 集(모일 집, 모을 집, 책 집), 結(맺을 결)

## 川

7급 / 총 3획 / 川

물 흐르는 내를 본떠서 **내 천**

**河川(하천)** 시내. 강.
**山川草木(산천초목)** '산과 내와 풀과 나무'로, 자연을 가리킴.

+ 河(내 하, 강 하), 山(산 산), 草(풀 초), 木(나무 목)

## 訓

6급 / 총 10획 / 言

**말(言)**을 **내(川)**처럼 길게 하며 가르치니 **가르칠 훈**

+ 言(말씀 언)

**訓練(훈련)** 가르쳐 익히게 함.
**訓戒放免(훈계방면)** 타이르고 경계하여 놓아줌.

+ 練(익힐 련), 戒(경계할 계), 放(놓을 방), 免(면할 면)

## 州

5급 / 총 6획 / 川

**내(川)** 사이에 **점들(ヽヽヽ)**처럼 집들이 있는 고을이니 **고을 주**

+ 나주(羅州), 충주(忠州)처럼 고을 이름에 주(州)가 들어가면 물가에 있습니다.

**州郡(주군)** '주(州)와 군(郡)'으로, 옛날 지방 행정구역의 명칭.
**濟州島(제주도)** 우리나라 서남쪽에 있는 섬으로 이루어진 도.

+ 郡(고을 군), 濟(건널 제, 구제할 제), 島(섬 도)

## 洲

3급 II / 총 9획 / 水(氵)

**물(氵)**로 둘러싸인 **고을(州)**이면 물가나 섬이니 **물가 주, 섬 주**

**三角洲(삼각주)** (물에 생긴) 삼각 모양의 모래 섬.
**六大洲(육대주)** 지구상의 여섯 개의 대륙인 아시아·아프리카·유럽·오세아니아·남아메리카·북아메리카를 아울러 이르는 말.

+ 角(뿔 각, 모날 각, 겨룰 각)

# 荒

3급Ⅱ / 총 10획 / 草(⺾)

**풀(⺾)까지 망가지게(亡) 냇(ㄼㄴ)물이 휩쓸어 거치니 거칠 황**

+ 亡(망할 망, 달아날 망, 죽을 망), ㄼㄴ[내 천(川)의 변형]

*荒蕪地(황무지) (버려 두어) 거칠어진 땅.
**荒廢(황폐)** ① (집·토지·삼림 따위가) 거칠어져 못 쓰게 됨. ② (정신이나 생활 따위가) 거칠어지고 메말라 감.

+ 蕪(거칠 무), 地(땅 지, 처지 지), 廢(부서질 폐, 폐할 폐)

---

# 流

5급 / 총 10획 / 水(氵)

**물(氵)이 소리 내며(云) 내(ㄼㄴ)를 이루어 흐르고 번져나가니**
**흐를 류, 번져나갈 류**

+ 云(이를 운, 말할 운) - 제목 번호 291 참고

**流失(유실)** 흘러가 잃어버림.
**流浪(유랑)** '물결처럼 흐름'으로, 정처 없이 떠돌아다님.
**流行(유행)** 널리 퍼짐.

+ 失(잃을 실), 浪(물결 랑, 함부로 랑), 行(다닐 행, 행할 행, 항렬 항)

---

# 疏

3급Ⅱ / 총 12획 / 疋

**발(疋)로 차며 소리치면(云) 막힘이 내(ㄼㄴ)처럼 트이니 트일 소**
**또 트인 듯 관계가 드물고 성기니 드물 소, 성길 소**

+ 동 疎 - 발(疋)을 묶어(束) 놓은 듯 왕래가 드무니 '드물 소'
　　　　또 왕래가 드물면 도로는 잘 트이니 '트일 소'
　　　　또 트인 듯 관계가 성기니 '성길 소' - 1급
+ 疋(발 소, 필 필), 束(묶을 속), 성기다 - ① 물건의 사이가 뜨다. ② 관계가 깊지 않고 서먹하다.

**疏通(소통)** 막히지 아니하고 잘 통함.
**親疏(친소)** 친함과 성김.

+ 通(통할 통), 親(어버이 친, 친할 친)

---

# 蔬

3급 / 총 16획 / 草(⺾)

**풀(⺾) 중 트인(疏) 듯 자주 먹는 나물이나 채소니 나물 소, 채소 소**

**菜蔬(채소)** 온갖 푸성귀.
**蔬飯(소반)** 변변치 않은 음식.

+ 菜(나물 채), 飯(밥 반)

---

# 구조로 한자 되짚어 보기

### 261 유주추의[酉酒醜醫] - 酉로 된 한자

술 담는 그릇을 본떠서 술그릇 유, 술 유[酉], 또 술 마시듯 고개를 쳐들고 물을 마시는 닭이니 닭 유[酉], 또 닭은 열째 지지니 열째 지지 유[酉],

술그릇 유, 술 유, 닭 유, 열째 지지 유[酉] 앞에 삼 수 변[氵]이면 술 주[酒], 뒤에 귀신 귀[鬼]면 추할 추[醜], 위에 상자 방[匚]과 화살 시[矢], 칠 수, 창 수, 몽둥이 수[殳]면 의원 의[醫]

### 262 추유 존준[酋猶 尊遵] - 酋, 尊으로 된 한자

술그릇 유, 술 유, 닭 유, 열째 지지 유[酉] 위에 여덟 팔, 나눌 팔[八]이면 우두머리 추[酋], 우두머리 추[酋] 앞에 큰 개 견, 개 사슴 록 변[犭]이면 같을 유, 오히려 유, 머뭇거릴 유[猶],

아래에 마디 촌, 법도 촌[寸]이면 높일 존[尊], 높일 존[尊] 아래에 뛸 착, 갈 착[辶]이면 따라갈 준[遵]

### 263 문문문한 개폐관민[門問聞閑 開閉關憫] - 門으로 된 한자

좌우 두 개의 문짝 있는 문을 본떠서 문 문[門],

문 문[門] 안에 입 구, 말할 구, 구멍 구[口]면 물을 문[問], 귀 이[耳]면 들을 문[聞], 나무 목[木]이면 한가할 한[閑], 한 일[一]과 받쳐 들 공[廾]이면 열 개[開], 재주 재, 바탕 재[才]면 닫을 폐[閉], 작을 요, 어릴 요 둘[幺幺]과 이쪽[丨] 저쪽[丨]의 모양이면 빗장 관, 관계 관[關], 무늬 문, 글월 문[文], 앞에 마음 심 변[忄]이면 불쌍히 여길 민[憫]

### 264 간간 윤윤[間簡 閏潤] - 間, 閏으로 된 한자

문 문[門] 안에 해 일, 날 일[日]이면 사이 간[間], 사이 간[間] 위에 대 죽[竹]이면 편지 간, 간단할 간[簡],

문 문[門] 안에 임금 왕, 으뜸 왕, 구슬 옥 변[王]이면 윤달 윤[閏], 윤달 윤[閏] 앞에 삼 수 변[氵]이면 윤택할 윤, 불을 윤[潤]

### 265 호소계견루 창창창[戶所啓肩淚 倉創蒼] - 戶, 倉으로 된 한자

한 짝으로 된 문을 본떠서 문 호[戶], 또 문이 한 짝씩 달린 집이니 집 호[戶],

문 호, 집 호[戶] 뒤에 도끼 근[斤]이면 장소 소, 바 소[所], 뒤에 칠 복[攵], 아래에 입 구, 말할 구, 구멍 구[口]면 열 계, 일깨울 계[啓], 아래에 달 월, 육 달 월[月]이면 어깨 견[肩], 아래에 개 견[犬], 앞에 삼 수 변[氵]이면 눈물 루[淚],

위에 사람 인[人]과 한 일[一]이나 점 주, 불똥 주[丶], 중간에 한 일[一], 아래에 입 구, 말할 구, 구멍 구[口]면 창고 창, 급할 창[倉], 창고 창, 급할 창[倉] 뒤에 칼 도 방[刂]이면 비롯할 창, 시작할 창[創], 위에 초 두[艹]면 푸를 창[蒼]

## 266 책 륜륜륜론[冊 侖倫輪論] – 冊과 侖으로 된 한자

글을 적은 대 조각을 한 줄로 엮어서 만들었던 책이니 책 책[冊], 또 책을 세우듯 세우니 세울 책[冊], **책 책, 세울 책[冊]**의 변형[冊] 위에 사람 인[人]과 한 일[一]이면 모일 륜[侖], **모일 륜[侖]** 앞에 사람 인 변[亻]이면 인륜 륜[倫], 수레 거, 차 차[車]면 바퀴 륜, 둥글 륜, 돌 륜[輪], 말씀 언[言]이면 논의할 론, 평할 론[論]

## 267 5편[扁偏編篇遍] – 扁으로 된 한자

문 호, 집 호[戶] 아래에 책 책[冊]의 변형[冊]이면 작을 편, 넓적할 편[扁], **작을 편, 넓적할 편[扁]** 앞에 사람 인 변[亻]이면 치우칠 편[偏], 실 사, 실 사 변[糸]이면 엮을 편[編], 위에 대 죽[竹]이면 책 편[篇], 아래에 뛸 착, 갈 착[辶]이면 두루 편[遍]

## 268 시 위위 척국[尸 尉慰 尺局] – 尸와 尉, 尺으로 된 한자

누워 있는 몸을 본떠서 주검 시, 몸 시[尸],
**주검 시, 몸 시[尸]** 아래에 보일 시, 신 시[示], 뒤에 마디 촌, 법도 촌[寸]이면 벼슬 위[尉], **벼슬 위[尉]** 아래에 마음 심, 중심 심[心]이면 위로할 위[慰],
주검 시, 몸 시[尸] 아래에 파임 불[乀]이면 자 척[尺], **자 척[尺]**의 변형[月] 아래에 입 구, 말할 구, 구멍 구[口]면 판 국, 관청 국, 상황 국[局]

## 269 거미쇄 전전[居尾刷 展殿] – 尸, 展으로 된 한자

**주검 시, 몸 시[尸]** 아래에 오랠 고, 옛 고[古]면 살 거[居], 털 모[毛]면 꼬리 미, 끝 미[尾], 수건 건[巾], 뒤에 칼 도 방[刂]이면 닦을 쇄, 인쇄할 쇄[刷],
초 두[艹]의 약자[艹]와 될 화, 변화할 화, 가르칠 화[化]의 변형[乀]이면 펼 전, 넓을 전[展], **펼 전, 넓을 전[展]** 뒤에 칠 수, 창 수, 몽둥이 수[殳]면 대궐 전, 큰 집 전[殿]

## 270 가가가 루병[叚假暇 漏屛] – 叚, 尸로 된 한자

주검 시, 몸 시[尸]의 변형[戶]에 둘 이[二], 장인 공, 만들 공, 연장 공[工]의 변형[コ], 아래에 오른손 우, 또 우[又]면 빌릴 가, 허물 가[叚], **빌릴 가, 허물 가[叚]** 앞에 사람 인 변[亻]이면 거짓 가, 임시 가[假], 해 일, 날 일[日]이면 겨를 가, 한가할 가[暇], **주검 시, 몸 시[尸]** 아래에 비 우[雨], 앞에 삼 수 변[氵]이면 샐 루[漏], 아래에 아우를 병[幷]이면 병풍 병[屛]

## 271 주조주 용용비[周調週 用庸備] – 周, 用으로 된 한자

멀 경, 성 경[冂] 안에 흙 토[土]와 입 구, 말할 구, 구멍 구[口]면 두루 주, 둘레 주[周], **두루 주, 둘레 주[周]** 앞에 말씀 언[言]이면 고를 조, 어울릴 조, 가락 조[調], 아래에 뛸 착, 갈 착[辶]이면 주일 주, 돌 주[週], 멀 경, 성 경[冂] 안에 둘 이[二]와 뚫을 곤[丨]이면 쓸 용[用], **쓸 용[用]** 위에 집 엄[广], 고슴도치 머리 계, 오른손 우[彐]의 변형[彐], 뚫을 곤[丨]이면 떳떳할 용, 어리석을 용[庸], 초 두[艹]의 약자[艹]와 굴 바위 엄, 언덕 엄[厂], 앞에 사람 인 변[亻]이면 갖출 비[備]

## 272 보보포포[甫補捕浦] – 甫로 된 한자

열 십, 많을 십[十]에 쓸 용[用]과 점 주, 불똥 주[丶]면 클 보, 넓을 보[甫], **클 보, 넓을 보[甫]** 앞에 옷 의 변[衤]이면 기울 보[補], 손 수 변[扌]이면 잡을 포[捕], 삼 수 변[氵]이면 물가 포[浦]

## 273 부(포)박박부[尃博薄簿] – 尃로 된 한자

클 보, 넓을 보[甫] 아래에 마디 촌, 법도 촌[寸]이면 펼 부, 펼 포[尃],
**펼 부, 펼 포[尃]** 앞에 열 십, 많을 십[十]이면 넓을 박[博], 앞에 삼 수 변[氵], 위에 초 두[艹]면 엷을 박[薄], 앞에 삼 수 변[氵],
위에 대 죽[⺮]이면 장부 부[簿]

## 274 용송용통[甬誦勇通] – 甬으로 된 한자

꽃봉오리가 부풀어 오르는 모양을 본떠서 솟을 용[甬],
**솟을 용[甬]** 앞에 말씀 언[言]이면 외울 송[誦], 아래에 힘 력[力]이면 날랠 용[勇], 뛸 착, 갈 착[辶]이면 통할 통[通]

## 275 각해촉[角解觸] – 角으로 된 한자

짐승의 뿔을 본떠서 뿔 각[角], 또 뿔은 모나서 겨룰 때도 쓰이니 모날 각, 겨룰 각[角],
**뿔 각, 모날 각, 겨룰 각[角]** 뒤에 칼 도[刀]와 소 우[牛]면 해부할 해, 풀 해[解], 애벌레 촉[蜀]이면 닿을 촉[觸]

## 276 거(차)진궤고 련련[車陣軌庫 連蓮] – 車, 連으로 된 한자

수레 모양을 본떠서 수레 거, 차 차[車], **수레 거, 차 차[車]** 앞에 언덕 부 변[阝]이면 진 칠 진, 줄 진[陣], 뒤에 아홉 구, 클 구, 많을 구[九]면 길 궤, 법 궤[軌], 위에 집 엄[广]이면 창고 고[庫], 아래에 뛸 착, 갈 착[辶]이면 이을 련[連], **이을 련[連]** 위에 초 두[艹]면 연 련[蓮]

## 277 군휘휘운[軍揮輝運] – 軍으로 된 한자

수레 거, 차 차[車] 위에 덮을 멱[冖]이면 군사 군[軍],
**군사 군[軍]** 앞에 손 수 변[扌]이면 휘두를 휘, 지휘할 휘[揮], 빛 광, 경치 광[光]이면 빛날 휘[輝], 아래에 뛸 착, 갈 착[辶]이면 운전할 운, 옮길 운, 운수 운[運]

## 278 전전전단[專傳轉團] – 專으로 된 한자

삼갈 전[叀] 아래에 마디 촌, 법도 촌[寸]이면 오로지 전, 마음대로 할 전[專],
**오로지 전, 마음대로 할 전[專]** 앞에 사람 인 변[亻]이면 전할 전, 이야기 전[傳], 수레 거, 차 차[車]면 구를 전[轉], 둘레에 에운담[囗]이면 둥글 단, 모일 단[團]

## 279 천훈 주주[川訓 州洲] – 川, 州로 된 한자

물 흐르는 내를 본떠서 내 천[川], **내 천[川]** 앞에 말씀 언[言]이면 가르칠 훈[訓],
내 천[川] 사이에 점 주, 불똥 주 셋[丶丶丶]이면 고을 주[州], **고을 주[州]** 앞에 삼 수 변[氵]이면 물가 주, 섬 주[洲]

## 280 황류 소소[荒流 疏蔬] – 巛, 疏로 된 한자

**내 천[川]의 변형[巛]** 위에 초 두[艹]와 망할 망, 달아날 망, 죽을 망[亡]이면 거칠 황[荒], 위에 말할 운[云]과 앞에 삼 수 변[氵]이면 흐를 류, 번져나갈 류[流],
말할 운[云]과 앞에 필 필, 발 소[疋]의 변형[疋]이면 트일 소, 드물 소, 성길 소[疏], **트일 소, 드물 소, 성길 소[疏]** 위에 초 두[艹]면 나물 소, 채소 소[蔬]

# 확인문제

**01~04** 다음 漢字의 훈(뜻)과 음(소리)를 쓰시오.

01. 醜 (                    )

02. 閏 (                    )

03. 肩 (                    )

04. 淚 (                    )

**05~08** 다음 훈음에 맞는 漢字를 쓰시오.

05. 구를 전 (                    )

06. 가르칠 훈 (                    )

07. 높일 존 (                    )

08. 한가할 한 (                    )

**09~12** 다음 漢字語의 讀音을 쓰시오.

09. 倉庫 (                    )

10. 蒼空 (                    )

11. 偏重 (                    )

12. 遍歷 (                    )

**13~14** 다음 문장에서 밑줄 친 낱말을 漢字로 쓰시오.

13. 제주도는 천연자원의 <u>보고</u>이다. (                    )

14. 대장의 <u>지휘</u>에 따라 행동하다. (                    )

**15~16** 다음 문장에서 漢字로 표기된 낱말의 讀音을 쓰시오.

15. 서로 비난하는 정치풍토를 刷新합시다. (                    )

16. 장부에 漏落이 없도록 철저히 점검해라. (                    )

**17~18** 다음 뜻풀이에 맞는 낱말을 漢字로 쓰시오.

17. (모든 사람을) 널리 사랑함. (                    )

18. 막힘없이 환히 통함. (                    )

**19~20** 다음 漢字語의 뜻을 쓰시오.

19. 庸劣 (                    )

20. 生捕 (                    )

## 정답

| | | | | |
|---|---|---|---|---|
| 01. 추할 추 | 05. 轉 | 09. 창고 | 13. 寶庫 | 17. 博愛 |
| 02. 윤달 윤 | 06. 訓 | 10. 창공 | 14. 指揮 | 18. 通達 |
| 03. 어깨 견 | 07. 尊 | 11. 편중 | 15. 쇄신 | 19. 어리석고 못남. |
| 04. 눈물 루 | 08. 閑 | 12. 편력 | 16. 누락 | 20. 산 채로 잡음. |

# 15 DAY

## 281~300

**천재순 뇌뇌렵**[巛災巡 腦惱獵] – 巛으로 된 한자

총 3획 / 부수자

내 천(川)이 부수로 쓰일 때의 모양으로 개미허리 같다 하여
**개미허리 천**

5급 / 총 7획 / 火

냇물(巛)이나 불(火)로 인하여 입는 재앙이니 **재앙 재**

> **災殃(재앙)** 뜻하지 아니하게 생긴 불행한 변고. 또는 천재지변으로 인한 불행한 사고.
> **災難(재난)** '재앙과 어려움'으로, 뜻밖의 불행한 일.

+ 殃(재앙 앙), 難(어려울 난, 비난할 난)

3급II / 총 7획 / 川(巛)

냇물(巛)이 아래로 방향을 찾아 흘러**가듯(辶)** 여기저기를 순행하며 도니
**순행할 순, 돌 순**

+ 辶(뛸 착, 갈 착)

> **巡行(순행)** 여행이나 공부, 또는 감독하거나 단속하기 위하여 여러 곳으로 돌아다님.
> **巡廻(순회)** (여러 곳으로) 돌아다님.
> **巡察(순찰)** 돌며 살핌.

+ 行(다닐 행, 행할 행, 항렬 항), 廻(돌 회), 察(살필 찰)

3급II / 총 13획 / 肉(月)

몸(月)에서 냇물(巛)처럼 쉴 새 없이 생각하는 정수리(囟)의 뇌니 **뇌 뇌**

+ 약 腦 – 몸(月)에서 점들(丷)처럼 흉한(凶) 모양으로 들어있는 뇌니 '뇌 뇌'
+ 囟(정수리 신), 정수리 – 머리 위에 있는 자리, 凶(흉할 흉, 흉년 흉)

> **腦裏(뇌리)** 머릿속.
> **腦炎(뇌염)** 뇌에 염증이 생긴 병.

+ 裏(속 리), 炎(더울 염)

**3급 / 총 12획 / 心(忄)**

어떤 **생각(忄)**이 **냇물(巛)**처럼 **정수리(囟)**에 계속 흘러 괴로워하니
**괴로워할 뇌**

+ 약 惱 – 마음(忄)에 점들(丷)처럼 흉한(凶) 것이 생각나 괴로워하니 '괴로워할 뇌'

**煩惱(번뇌)** 심신을 괴롭히는 노여움·욕망 따위의 생각.
**苦惱(고뇌)** 마음이 괴롭고 아픔.

+ 煩(괴로워할 번), 苦(쓸 고, 괴로울 고)

**3급 / 총 18획 / 犬(犭)**

**개(犭)**가 짐승의 **목 갈기(巤)**를 물며 사냥하니 **사냥할 렵**

+ 약 猟 – 개(犭)가 점들(丷)처럼 묻은 냄새를 이용하여(爪) 사냥하니 '사냥할 렵'
+ 巤 – 내(巛)처럼 흘러내린 목(囟)에 털이 난(巤) 갈기니 '목 갈기 렵'
+ 犭(큰 개 견, 개 사슴 록 변), 囟(목의 모양), 巤(털 난 모양), 爪[쓸 용(用)의 변형]

*狩獵(수렵) 야생의 짐승을 잡는 일. 사냥.
**獵銃(엽총)** 사냥총.

+ 狩(사냥 수), 銃(총 총)

---

**282** 　4경[巠輕經徑] – 巠으로 된 한자

**DAY**
**15**

**급외자 / 총 7획 / 川(巛)**

**하나(一)**의 **냇물(巛)**처럼 **만들어지는(工)** 물줄기니 **물줄기 경 (= 坙)**

+ 동 坙 – 또(又) 흙(土) 위에 생긴 물줄기니 '물줄기 경'
+ 工(장인 공, 만들 공, 연장 공), 又(오른손 우, 또 우), 土(흙 토)

---

**5급 / 총 14획 / 車**

**수레(車)**가 **물줄기(巠)**처럼 저절로 달리도록 가벼우니 **가벼울 경**

+ 약 軽

**輕減(경감)** 덜어서 가볍게 함.
**輕傷(경상)** 가볍게 다침.

+ 減(줄어들 감, 덜 감), 傷(상할 상)

---

**4급Ⅱ / 총 13획 / 糸**

**실(糸)**이 **물줄기(巠)**처럼 길게 지나가는 날실이니 **지날 경, 날실 경**
또 베를 짤 때 날실이 기본이듯이 사람 사는 기본을 적어 놓은 글이니 **글 경**

+ 약 経, 베를 짤 때 길게 늘어뜨린 쪽의 실을 날실(經), 좁은 쪽의 실을 씨실(緯 – 씨실
위)이라 합니다.

**經歷(경력)** 겪어 지내 온 일들.
**經緯(경위)** '날실과 씨실'로, 사건의 전말.
**經書(경서)** 옛 성현들의 사상과 교리를 써 놓은 책.

+ 歷(지날 력, 책력 력, 겪을 력), 緯(씨실 위), 書(쓸 서, 글 서, 책 서)

---

**379**

**徑**

3급II / 총 10획 / 彳

### 걸을(彳) 때 물줄기(巠)처럼 빨리 가는 지름길이니 지름길 경

+ 동 俓 – 사람(亻)이 물줄기(巠)처럼 빨리 가는 지름길이니 '지름길 경' – 특급II
+ 약 径
+ 彳(조금 걸을 척)

**捷徑(첩경)** 지름길.
**直徑(직경)** '곧은 길'로, 지름. [원이나 구 따위에서, 중심을 지나는 직선으로 그 둘레 위의 두 점을 이은 선분]

+ 捷(이길 첩, 빠를 첩), 直(곧을 직, 바를 직)

---

**兪**

2급 / 총 9획 / 入

### 병원에 들어가(入) 한(一) 달(月)에 걸쳐 흐르는 내(巛)처럼 계속 치료하면 대답하듯 병이 나으니 대답할 유, 병 나을 유, 성씨 유

+ 속 俞 – 사람(人)이 한(一) 달(月)에 걸쳐 칼(刂)로 수술도 하며 치료하면 대답하듯 병도 나으니 '대답할 유, 병 나을 유, 성씨 유'
+ 巛[내 천(川)의 부수인 개미허리 천(巛)이 줄어든 모양], 刂(칼 도 방)

---

**輸**

3급II / 총 16획 / 車

### 차(車)로 대답하듯(兪) 짐을 실어 보내고 나르니 보낼 수, 나를 수

**輸出入(수출입)** 수출과 수입.
**輸送(수송)** (사람이나 물건을) 실어 나름.

+ 出(날 출, 나갈 출), 送(보낼 송)

---

**愈**

3급 / 총 13획 / 心

### 병이 낫는다(兪)는 마음(心)이 들면 더욱 좋아 병이 더 잘 나으니 더욱 유, 좋을 유, 병 나을 유

**快愈(쾌유)** 병이 개운하게 나음.
**治愈(치유)** 치료를 받고 병이 나음.

+ 快(쾌할 쾌), 治(다스릴 치)

8급 / 총 4획 / 火

타오르는 불을 본떠서 **불 화**

+ 4획이니 한자의 아래에 붙는 부수인 발로 쓰일 때도 네 점을 찍어서 '불 화 발(灬)'입니다.

**火災(화재)** 불로 (인한) 재앙.
**火傷(화상)** 불에 (데어서) 상함.

+ 災(재앙 재), 傷(상할 상)

3급Ⅱ / 총 8획 / 火

**불(火)**과 **불(火)**이 타오르는 불꽃처럼 더우니 **불꽃 염, 더울 염**
또 덥게 열나면서 아픈 염증이니 **염증 염**

**暴炎(폭염)** 사나운(매우 심한) 더위.
**炎症(염증)** 붉게 붓고 아픈 병세.

+ 暴(사나울 폭·포, 드러날 폭), 症(증세 증)

5급 / 총 15획 / 言

**말(言)** 중 **따뜻한(炎)** 마음으로 하는 말씀이니 **말씀 담**

+ 言(말씀 언)

**情談(정담)** '정다운 말씀'으로, 정답게 주고받는 이야기.
**面談(면담)** 얼굴을 보며 말씀을 나눔.

+ 情(뜻 정, 정 정), 面(얼굴 면, 향할 면, 볼 면, 행정 구역의 면)

3급Ⅱ / 총 11획 / 水(氵)

**물(氵)**을 **덥게(炎)** 끓여 소독하면 맑고 깨끗하니 **맑을 담, 깨끗할 담**

**淡水(담수)** '맑은 물'로, 소금기 없는 물. 민물.
**淡白(담백)** 깨끗함.

+ 水(물 수), 白(흰 백, 밝을 백, 깨끗할 백, 아뢸 백)

DAY

**15**

## 螢

3급 / 총 16획 / 虫

**불(火)과 불(火)에 덮인(冖) 듯 벌레(虫)에서 빛나는 반딧불이니
반딧불 형**

+ 약 蛍 - 불꽃(灬)으로 덮인(冖) 듯 빛나는 벌레(虫)는 반딧불이니 '반딧불 형'
+ 冖(덮을 멱), 虫(벌레 충)

**螢光燈(형광등)** ① (켜질 때) 반딧불처럼 깜빡이는 등. ② 센스(sense)가 느린 사람. [형광
등의 불이 늦게 켜지는 데서 비롯됨.]

+ 光(빛 광), 燈(등불 등)

## 榮

4급Ⅱ / 총 14획 / 木

**불(火)과 불(火)에 덮인(冖) 듯 나무(木)에 꽃이 피어 성하니 성할 영
또 성하게 누리는 영화니 영화 영**

+ 약 栄 - 반짝이는 불꽃(灬)으로 덮인(冖) 듯 나무(木)에 꽃이 피어 성하니 '성할 영'
　　　　또 성하게 누리는 영화니 '영화 영'

**榮華(영화)** 권력과 부귀를 마음껏 누림.
**繁榮(번영)** 번성하고 영화롭게 잘됨.

+ 華(화려할 화, 빛날 화), 繁(번성할 번)

## 勞

5급 / 총 12획 / 力

**불(火)과 불(火)에 덮인(冖) 곳에서도 힘(力)써 수고하며 일하니
수고할 로, 일할 로**

+ 약 労 - 불꽃(灬)으로 덮인(冖) 속에서도 힘(力)써 수고하며 일하니 '수고할 로, 일할 로'

**勞苦(노고)** 수고스럽게 힘들이고 애씀.
**過勞(과로)** (몸이 고달플 정도로) 지나치게 일함. 또는 그로 말미암은 지나친 피로.

+ 苦(쓸 고, 괴로울 고), 過(지날 과, 지나칠 과, 허물 과)

## 營

4급 / 총 17획 / 火

**불(火)과 불(火)에 덮인(冖) 듯 열성으로 음률(呂)을 다스리고 일을 경영하니
다스릴 영, 경영할 영**

+ 약 営 - 불꽃(灬)으로 덮인(冖) 듯 열성으로 음률(呂)을 다루고 일을 경영하니 '경영할 영'
+ 머리카락을 휘날리며 열성적으로 악단을 지휘하거나 악기를 연주하는 모습처럼 무엇을
경영한다는 뜻입니다.
+ 呂(등뼈 려, 음률 려), 음률 - 음악. 음악의 곡조.

**營利(영리)** 재산의 이익을 다스림(도모함).
**營業(영업)** (영리를 목적으로) 사업을 경영함.

+ 利(이로울 리, 날카로울 리), 業(업 업, 일 업)

5급 / 총 7획 / 赤

흙(土)이 불(灬) 타듯이 붉으니 **붉을 적**
또 붉게 발가벗으니 **벌거벗을 적**

+ 土(흙 토), 灬[불 화(火)의 변형]

> **赤色(적색)** 붉은 색.
> **赤裸裸(적나라)** '붉게 벗은 모습'으로, 있는 그대로 숨김없이 다 드러냄.

+ 色(빛 색), 裸(벌거벗을 라)

3급Ⅱ / 총 6획 / 亠

머리(亠)가 불(灬) 타듯 또 고민하니 **또 역**

+ 亠(머리 부분 두)

> **亦是(역시)** 또한.
> **此亦(차역)** 이것도 역시.

+ 是(옳을 시, 이 시), 此(이 차)

3급Ⅱ / 총 13획 / 足(䞷)

발(䞷)로 밟으면 또(亦) 생기는 발자취니 **발자취 적**

> **人跡(인적)** 사람의 발자취.
> **遺跡(유적)** 남아 있는 자취. 유적(遺蹟).

+ 遺(남길 유, 잃을 유), 蹟(자취 적)

**DAY**

**15**

氷

총 5획 / 부수자

물 수(水)가 한자의 발 부분에 붙는 부수인 발로 쓰일 때의 모양으로
**물 수 발**

+ '발'은 부수명이기에 원래 한자이 독음으로 제목을 달았습니다.

**漆**

3급II / 총 14획 / 水(氵)

물(氵) 같은 진액이 나오도록 **나무(木)**를 **상처(人)**내어 뽑아 쓰는 **물(氺)** 같은 옻이니 **옻 칠**

또 옻처럼 검으니 **검을 칠**

+ 약 桼 − 물(氵)처럼 많이(七) 나무(木)에서 뽑아 쓰는 옻이니 '옻 칠'
+ 人('사람 인'이지만 여기서는 액을 뽑기 위해 낸 상처로 봄), 七('일곱 칠'에는 많다는 뜻도 있음)

**漆器(칠기)** 칠을 한 목기. 또는 옻칠과 같이 검은 잿물을 입힌 도자기.
**漆板(칠판)** (분필로 글씨를 쓰게 된) 흑색이나 녹색의 판. 흑판.

+ 器(그릇 기, 기구 기), 板(널빤지 판)

---

**遲**

3급 / 총 16획 / 辵(辶)

몸(尸)이 물(冫)에 젖어 소(牛)처럼 천천히 가(辶) 더디고 늦으니
**더딜 지, 늦을 지**

+ 尸(주검 시, 몸 시), 冫=[물 수 발(氺)의 변형], 辶(뛸 착, 갈 착)

**遲刻(지각)** 정한 시각에 늦음.
**遲遲不進(지지부진)** 몹시 더디어서 잘 나아가지 않음.

+ 刻(새길 각, 시각 각), 不(아닐 불·부), 進(나아갈 진)

---

**求**

4급II / 총 7획 / 水(氺)

하나(一)의 물(氺)방울(丶)이라도 구하니 **구할 구**

+ 丶('점 주, 불똥 주'지만 여기서는 물방울로 봄)

**求愛(구애)** 사랑을 구함.
**求職(구직)** 일자리를 구함.

+ 愛(사랑 애, 즐길 애, 아낄 애), 職(벼슬 직, 맡을 직)

---

**救**

5급 / 총 11획 / 攴(攵)

(나쁜 길에 빠진 사람을 쳐서라도) **구하기(求)** 위하여 **치며(攵)** 구원하고 도우니
**구원할 구, 도울 구**

+ 攵(칠 복, = 攴), 내가 필요해서 구하면 구할 구(求), 남을 도와주면 구원할 구, 도울 구(救)입니다.

**救援(구원)** (어려움이나 위험에 빠진 사람을) 구하여 도와줌.
**救急(구급)** (위급한 병이나 부상 환자를) 급하게 도움.

+ 援(당길 원, 도울 원), 急(급할 급)

---

**球**

6급 / 총 11획 / 玉(王)

구슬(王)처럼 재료를 **구해(求)** 만든 둥근 공이니 **둥글 구, 공 구**

+ 王(임금 왕, 으뜸 왕, 구슬 옥 변)
+ 대부분의 옥은 둥글게 가공함을 생각하고 만들어진 글자.

**地球(지구)** 인류가 사는 천체.
**球技(구기)** 공을 사용하는 운동 경기.

+ 地(땅 지, 처지 지), 技(재주 기)

총 8획 / 부수자

씻기 위하여 **손(⺕)**이 **물(氺)**에 이르러 미치니 **미칠 이·대**

+ ⺕[고슴도치 머리 계, 오른손 우(⺕)의 변형], 氺(물 수 발)
+ 여기서 '미치다'는 ① 정신에 이상이 생기다. ② 보통 때와는 달리 몹시 흥분하다. ③ 어떤 일에 자기를 잃을 만큼 열중하다. ④ (어느 곳에) 이르다. 닿다. 중 ④의 뜻.

3급 / 총 16획 / 隶

**선비(士)** 같은 주인이 **보이는(示)** 곳에 **미쳐(隶)** 있는 종처럼 붙으니 **종 례(예), 붙을 예**

+ 示(보일 시, 신 시)

**奴隸(노예)** ① 남의 소유물로 되어 부림을 당하는 사람. ② 인격의 존엄성마저 저버리면서까지 어떤 목적에 얽매인 사람.
**隸屬(예속)** 남의 지배 아래 매임.

+ 奴(종 노, 남을 흉하게 부르는 접미사 노), 屬(붙어살 속, 무리 속)

4급Ⅱ / 총 11획 / 广

일 끝내고 **집(广)**에서 **손(⺕)**을 **물(氺)**에 씻은 것처럼 편안하니 **편안할 강, 성씨 강**

+ 广(집 엄)

**健康(건강)** 심신이 탈이 없고 튼튼함. 또는 그런 상태.
**壽福康寧(수복강녕)** 오래 살고 복을 누리며 건강하고 마음이 편안함.

+ 健(건강할 건), 壽(목숨 수, 나이 수, 장수할 수), 福(복 복), 寧(어찌 녕, 편안할 녕)

DAY 15

3급 / 총 12획 / 辵(辶)

**미치도록(隶)** **가서(辶)** 잡으니 **미칠 체, 잡을 체**

**逮捕(체포)** 범인을 쫓아가서 잡음.
**被逮(피체)** 남에게 붙잡힘.

+ 捕(잡을 포), 被(입을 피, 당할 피)

特急II / 총 9획 / 크(彑)

### 엇갈려(彑) 돼지(豕)가 여기저기를 물어 끊으니 끊을 단

+ 豕(돼지 시) - 제목번호 378 참고
+ 원래는 彑와 豕로 나누어 부수가 彑입니다. 크(고슴도치 머리 계, 오른손 우)는 변형하여
  彑로도 쓰이니까요.

4급 / 총 15획 / 糸

### 실(糸)로 끊어진(彖) 곳을 잇듯이 서로를 이어주는 인연이니 인연 연

**因緣(인연)** 말미암은 내력.
**緣分(연분)** ① 서로 관계를 가지게 되는 인연. ② 부부가 되는 인연.

+ 因(말미암을 인, 의지할 인), 分(나눌 분, 단위 분, 단위 푼, 신분 분, 분별할 분, 분수 분)

特急 / 총 8획 / 크(彑)

### 엇갈리게(彑) 한(一)곳으로 물(水) 같은 진액이 나오도록 나무를 깎으니 깎을 록

### 또 나무를 깎아 새기니 새길 록

+ 원래는 彑와 氺로 나누어 부수가 彑입니다.

4급II / 총 16획 / 金

### 쇠(金)로 깎아(彔) 기록하니 기록할 록

+ 金(쇠 금, 금 금, 돈 금, 성씨 김)

**記錄(기록)** (어떤 사실을) 적음.
**錄音(녹음)** (영화 필름, 레코드 등에) 소리를 기록함.

+ 記(기록할 기, 기억할 기), 音(소리 음)

祿

3급II / 총 13획 / 示

### 신(示)에게 나무 깎아(彔) 만든 위패를 모시고 제사 지내면 복을 주듯 일하면 주는 녹(봉급)이니 녹 록, 봉급 록

+ 示(보일 시, 신 시)

*祿俸(녹봉) 벼슬아치에게 주는 곡식·피륙·돈 따위를 통틀어 이르는 말.
**福祿(복록)** ① 복과 록. ② 행복.

+ 俸(봉급 봉), 福(복 복)

**실(糸)이 나무 깎을(彔) 때 나오면 푸르니 푸를 록**

+ 糸(실 사, 실 사 변)

**綠茶(녹차)** 녹색이 나도록 말린 차.
**常綠樹(상록수)** (잎이) 항상 푸른 나무.

+ 茶(차 다 · 차), 常(항상 상, 보통 상, 떳떳할 상), 樹(세울 수, 나무 수)

6급 / 총 14획 / 糸

---

**290** 우로설상 령령뢰전[雨露雪霜 靈零雷電] – 雨로 된 한자

---

**하늘(一)의 구름(冂)에서 물(氺)로 내리는 비니 비 우**

+ 一('한 일'이지만 여기서는 하늘의 모양으로 봄), 冂('멀 경, 성 경'이지만 여기서는 구름의 모양으로 봄), 氺(물 수 발), 雨는 날씨와 관계되는 한자의 부수로도 쓰입니다.

*雨傘(우산) 비를 가리기 위하여 만든 것.
**暴雨(폭우)** (갑자기) 사납게 많이 쏟아지는 비.

+ 傘(우산 산), 暴(사나울 폭 · 포, 드러날 폭)

5급 / 총 8획 / 雨

---

**빗(雨)방울처럼 길(路)에 이슬이 어려 드러나니 이슬 로, 드러날 로**

+ 路(길 로) – 제목번호 012 참고

**結露(결로)** 이슬이 맺힘.
**露出(노출)** 겉으로 드러남.

+ 結(맺을 결), 出(날 출, 나갈 출)

3급Ⅱ / 총 21획 / 雨

---

**비(雨)가 얼어 고슴도치 머리(彐)처럼 어지럽게 내리는 눈이니 눈 설**
**또 눈처럼 깨끗하게 씻으니 씻을 설**

+ 彐[고슴도치 머리 계, 오른손 우(⺕)의 변형], 그릇 등을 씻는다는 '설거지'라는 말도 '雪+거지'의 구조로 된 말입니다.

**雪景(설경)** 눈이 내리거나 눈이 쌓인 경치.
**雪辱(설욕)** (상대를 이김으로써 지난번 패배의) 욕을 씻음(명예를 되찾음).

+ 景(볕 경, 경치 경, 클 경), 辱(욕될 욕, 욕 욕)

6급 / 총 11획 / 雨

---

**비(雨) 같은 습기가 서로(相) 얼어붙은 서리니 서리 상**

+ 相(서로 상, 모습 상, 볼 상, 재상 상) – 제목번호 068 참고

**秋霜(추상)** 가을의 찬 서리.
**風霜(풍상)** '바람과 서리'로, 많이 겪은 세상의 어려움과 고생을 비유적으로 이르는 말.

+ 秋(가을 추), 風(바람 풍, 풍속 · 경치 · 모습 · 기질 · 병 이름 풍)

3급Ⅱ / 총 17획 / 雨

DAY
15

**3급II / 총 24획 / 雨**

비(雨) 오게 해 달라고 여러 사람의 **입들(口口口)**이 **무당(巫)**처럼 비는 대상인 신령스러운 신령이니 **신령스러울 령, 신령 령**

+ 약 킃 – 머리(⺕)를 불(火)꽃처럼 나부끼며 나타난다는 신령스러운 신령이니
　　'신령스러울 령, 신령 령'
+ 巫 – 하늘(一)처럼 모시는 신과 연결하여(丨) 땅(一)에 사는 사람들(人人)의 악귀를 쫓는
　　무당이니 '무당 무' – 1급
+ 一('한 일'이지만 여기서는 하늘과 땅으로 봄), 신령하다 – 신기하고 영묘하다.

> **幽靈(유령)** '숨어 있는 신령'으로, ① 죽은 사람의 혼령이 생전의 모습을 나타낸 형상. ② 실제로 없고 헛된 것.
> **靈驗(영험)** 신령한 경험.

+ 幽(숨을 유, 아득할 유), 驗(경험할 험)

---

**3급 / 총 13획 / 雨**

비(雨)와 **명령(令)**은 위에서 아래로 떨어지니 **떨어질 령**
또 떨어지면 영이니 **영 령**

+ 令(하여금 령, 명령할 령) – 제목번호 366 참고

> **零細(영세)** '떨어져 작음'으로, 수입이 적어 생활이 어려움.
> **零下(영하)** 빙점(氷點 - 물이 어는 점) 이하.

+ 細(가늘 세), 氷(얼음 빙), 點(점 점, 불 켤 점)

---

**3급II / 총 13획 / 雨**

비(雨)올 때 **밭(田)**처럼 넓은 구름 사이에서 치는 천둥(우레)이니
**천둥 뢰, 우레 뢰**

+ 田(밭 전, 논 전), 천둥 – 뇌성과 번개를 동반하는 대기 중의 방전 현상. '우레'와 같은 말.

> **雷聲(뇌성)** 천둥치는 소리.
> **地雷(지뢰)** '땅의 천둥'으로, 땅에 묻어 그 위를 지나가면 폭발하도록 장치한 폭약.

+ 聲(소리 성), 地(땅 지, 처지 지)

---

**電**

**7급 / 총 13획 / 雨**

비(雨) 올 때 번쩍 빛을 **펼치는(电)** 번개니 **번개 전**
또 번개처럼 빛나는 전기니 **전기 전**

+ 电 [아뢸 신, 펼 신, 원숭이 신, 아홉째 지지 신(申)의 변형]

> **電擊(전격)** 번개처럼 (갑작스럽게) 들이침.
> **電燈(전등)** 전기로 빛을 내는 등불.

+ 擊(칠 격), 燈(등불 등)

3급 / 총 4획 / 二

### 둘(二)이 사사롭게(厶) 이르니(말하니) 이를 운, 말할 운

+ 厶(사사로울 사, 나 사), 이르다 – 무엇이라고 말하다.

**云云(운운)** ① 이러저러함. ② 여러 가지 말.
**云謂(운위)** 일러 말함.

+ 謂(이를 위)

5급 / 총 12획 / 雨

### 비(雨)가 오라리고 말해(云) 주는 구름이니 구름 운

+ 구름이 끼면 비가 올 것을 알게 되지요.

**雲集(운집)** 구름처럼 많이 모임.
**雲海(운해)** 바다처럼 널리 깔린 구름.

+ 集(모일 집, 모을 집, 책 집), 海(바다 해)

4급II / 총 11획 / 阜(阝)

### 언덕(阝) 아래는 지금(今)도 말하자면(云) 그늘이니 그늘 음

+ 약 陰 – 언덕(阝)처럼 생기는 사람(人)의 긴(镸) 그늘이니 '그늘 음'
+ 阝(언덕 부 변), 今(이제 금, 오늘 금), 镸[길 장, 어른 장(長)의 변형]

**陰地(음지)** 그늘진 곳. ↔ 양지(陽地)
**陰凶(음흉)** (마음이) 음침하고 흉악함.

+ 地(땅 지, 처지 지), 陽(볕 양, 드러날 양), 凶(흉할 흉, 흉년 흉)

DAY
15

**389**

4급 / 총 5획 / 工

ㄷ 자형의 큰 자를 손에 든 모양을 본떠서 **클 거**

+ 지금도 큰 작업을 하는 분들은 ㄷ 자나 T 자 모양의 큰 자를 사용하지요. 원래는 '큰 자'라는 뜻이었는데, 후대로 내려오면서 '크다'의 뜻으로 쓰이게 되었어요.

> **巨富(거부)** 큰 부자.
> **巨人(거인)** (몸이나 어느 분야에서 업적이) 큰 사람.

+ 富(부자 부, 넉넉할 부)

5급 / 총 6획 / 臣

임금 앞에 엎드려 눈을 크게 뜬 신하를 본떠서 **신하 신**

> **忠臣(충신)** 충성하는 신하.
> **功臣(공신)** 공을 세운 신하.

+ 忠(충성 충), 功(공 공, 공로 공)

3급 / 총 4획 / 二

새끼줄이 서로 번갈아 꼬이는 모양을 본떠서 **서로 호**

> **互換(호환)** 서로 바꿈.
> **互相(호상)** 서로. 상호(相互).

+ 換(바꿀 환), 相(서로 상, 모습 상, 볼 상, 재상 상)

3급 II / 총 5획 / 瓦

지붕에 엇갈리게 겹쳐놓은 기와 모양을 본떠서 **기와 와**
또 기와처럼 구워 만든 질그릇이나 실패니 **질그릇 와, 실패 와**

> **瓦屋(와옥)** 기와집.
> **靑瓦臺(청와대)** '푸른 기와로 만든 누각'으로, 현재 대통령이 있는 곳.

+ 屋(집 옥), 靑(푸를 청, 젊을 청), 臺(대 대, 누각 대)

4급 / 총 8획 / 手(扌)

손(扌)을 크게(巨) 벌려 막거나 물리치니 **막을 거, 물리칠 거**

> **拒否(거부)** 승낙하지 않고 물리침.
> **拒逆(거역)** (윗사람의 뜻이나 명령을) 물리쳐 거스름.

+ 否(아닐 부, 막힐 비), 逆(거스를 역, 배반할 역)

발(足)로 크게(巨) 걸어야 할 정도로 떨어진 거리니 **떨어질 거, 거리 거**

+ 足[발 족, 넉넉할 족(足)의 변형]

**距離(거리)** (두 곳 사이의) 떨어진 길이.
**長距離(장거리)** 먼 거리.

+ 離(헤어질 리), 長(길 장, 어른 장)

3급Ⅱ / 총 12획 / 足(足)

---

항상 몸을 굽히는 **신하(臣)**처럼 **사람(人)**이 엎드리거나 누우니
**엎드릴 와, 누울 와**

**臥病(와병)** 병들어 누워 있음.
**臥床(와상)** 눕는 침상(寢床).

+ 病(병 병, 근심할 병), 床(평상 상), 寢(잘 침)

3급 / 총 8획 / 臣

---

엎드려(臥) 물건(品)에 가까이 임하니 **임할 림**

+ 品(물건 품, 등급 품, 품위 품)

**臨迫(임박)** 어떤 시기가 가까이 닥침.
**臨終(임종)** '끝에 임함'으로, 죽게 된 때를 당함.

+ 迫(닥칠 박), 終(다할 종, 마칠 종)

3급Ⅱ / 총 17획 / 臣

---

**294** 감감람람 염[監鑑濫覽 鹽] - 監으로 된 한자와 鹽

(거울이 없던 옛날에는) 엎드려(臥) 물(一)이 있는 그릇(皿)에 비추어 보았으니
**볼 감**

+ 약 监 - 칼(刂)로 대(⺈)를 잘라 그릇(皿)을 만들려고 보니 '볼 감'
+ 臥[누울 와, 엎드릴 와(臥)의 변형], 一('한 일'이지만 여기서는 평평한 물의 모양으로 봄), 皿(그릇 명), 刂[칼 도 방(刂)의 변형], ⺈[대 죽(竹)의 축약형]
+ 한 일(一) 대신에 점 주, 불똥 주(丶)를 쓰기도 합니다.

**監督(감독)** 보살펴 단속함.
**監査(감사)** 감독하고 검사함.

+ 督(살필 독), 査(조사할 사)

4급Ⅱ / 총 14획 / 皿

---

쇠(金)를 갈아 잘 **보이도록(監)** 만든 거울이니 **거울 감**
또 거울을 보며 살피니 **볼 감, 살필 감**

+ 金(쇠 금, 금 금, 돈 금, 성씨 김), 옛날에는 쇠로 거울을 만들었답니다.

**龜鑑(귀감)** 거울로 삼아 본받을 만한 모범.
**鑑定(감정)** [사물의 좋고 나쁨이나 진위(眞僞) 등을] 살펴서 판정함.

+ 龜(거북 구·귀, 터질 균), 定(정할 정), 眞(참 진), 僞(거짓 위)

3급Ⅱ / 총 22획 / 金

---

**3급 / 총 17획 / 水(氵)**

물(氵)이 밖으로 **보이게(監)** 넘치니 **넘칠 람**

+ 약 滥

**濫用(남용)** (일정한 기준이나 한도를 넘어서) 함부로 씀.
**濫發(남발)** ① (화폐나 어음 따위를) 함부로 발행함. ② (어떤 말이나 행동을) 함부로 함.

+ 用(쓸 용), 發(쏠 발, 일어날 발)

---

**4급 / 총 21획 / 見**

보고(監) 또 보니(見) **볼 람**

+ 見(볼 견, 뵐 현)

**觀覽(관람)** (연극·영화·경기 따위를) 봄.
**要覽(요람)** 중요한 것만 간추려서 보게 한 책.

+ 觀(볼 관), 要(중요할 요, 필요할 요)

---

**3급Ⅱ / 총 24획 / 鹵**

엎드린(臣丶) 듯 허리 구부리고 **소금밭(鹵)**에서 만들어 **그릇(皿)**에 담는
소금이니 **소금 염**

+ 약 塩 – 흙(土)에서 사람(丶)이 입(口)에 먹을 것을 만들어 그릇(皿)에 담는 소금이니
　'소금 염'
+ 臣丶[누울 와, 엎드릴 와(臥)의 변형], 皿(그릇 명), 鹵 – 소금이 있는 소금밭을 본떠서 '소
　금 로, 소금밭 로', 土(흙 토), 丶[사람 인(人)의 변형]

**鹽分(염분)** 소금 성분.
**鹽田(염전)** (햇볕으로) 소금을 만드는 밭.

+ 分(나눌 분, 단위 분, 단위 푼, 신분 분, 분별할 분, 분수 분), 田(밭 전, 논 전)

---

**특급Ⅱ / 총 14획 / 臣**

장수(爿)가 **창(戈)**으로 **신하(臣)**를 보호하고 숨겨주는 마음이 착하니
**숨길 장, 착할 장**

+ 爿(나무 조각 장, 장수 장 변), 戈(창 과), 臣(신하 신)

---

**3급Ⅱ / 총 18획 / 草(艹)**

풀(艹)로 숨겨(臧) 감추니 **감출 장**
또 감추듯 저장해 두는 곳간이니 **곳간 장**

**死藏(사장)** '죽여 감춤'으로, 활용하지 않고 썩혀 둠.
**貯藏(저장)** '곳간에 쌓음'으로, 물건을 모아서 간수함. 갈무리.

+ 死(죽을 사), 貯(쌓을 저)

**392**

### 몸(月)속에 있는 곳간(藏) 같은 오장이니 오장 장

*五臟六腑(오장육부) 폐장, 심장, 비장, 간장, 신장의 다섯 가지 내장과 대장(大腸), 소장(小腸), 위(胃), 담(膽), 방광(膀胱), 삼초(三焦)의 총칭.

+ 腑(장부 부), 腸(창자 장), 胃(밥통 위), 膽(쓸개 담, 담력 담), 膀(오줌보 방), 胱(오줌보 광), 焦(탈 초, 볶을 초)

3급II / 총 22획 / 肉(月)

### 신하(臣)처럼 또(又) 흙(土)을 파는 힘이 굳고 강하니 굳을 견, 강할 견

+ 약 坚 - 칼(刂)을 손(又)으로 땅(土)에 꽂고 맹세함이 굳으니 '굳을 견'
+ 臣(신하 신), 又(오른손 우, 또 우), 土(흙 토), 刂[칼 도 방(刂)의 변형]

**堅固(견고)** 강하고 굳음.
**堅實(견실)** 튼튼하고 착실함.

+ 固(굳을 고, 진실로 고), 實(열매 실, 실제 실)

4급 / 총 11획 / 土

### 신하(臣)의 마음으로 또(又) 돈(貝) 벌어 베풂이 어지니 어질 현

+ 약 贤 - 칼(刂)을 손(又)에 들고 재물(貝)을 관리함이 어지니 '어질 현'

**賢明(현명)** 어질고 (영리하여 사리에) 밝음.
**賢淑(현숙)** (여자의 마음이) 어질고 깨끗함.

+ 明(밝을 명), 淑(맑을 숙)

4급II / 총 15획 / 貝

### 신하(臣)처럼 또(又) 실(糸)을 급하게 찾아 긴하게 쓰니 급할 긴, 긴할 긴

+ 약 紧 - 칼(刂)로 또(又) 실(糸)을 급하게 끊어 긴요하게 쓰니 '급할 긴, 긴요할 긴'
+ 糸(실 사, 실 사 변), 긴하다 - ① 꼭 필요하다. ② 매우 간절하다.

**緊急(긴급)** 긴요하고도 급함.
**緊密(긴밀)** (서로의 관계가) 긴요하게(몹시) 가까워 빈틈이 없음.

+ 急(급할 급), 密(빽빽할 밀, 비밀 밀)

3급II / 총 14획 / 糸

---

**296** 　공강홍 공공공[工江紅 功貢恐] – 工으로 된 한자

### 장인이 물건을 만들 때 쓰는 자를 본떠서 장인 공, 만들 공, 연장 공

+ 장인 - ① 匠人 - 물건 만듦을 직업으로 삼는 기술자. ② 丈人 - 아내의 친아버지. 여기서는 ①의 뜻.
+ 匠(장인 장), 丈(어른 장, 길이 장)

**木工(목공)** ① 나무를 다루어 물건을 만드는 일. ② 목수(木手).
**工作(공작)** ① (물건을) 만듦. ② (어떤 목적을 위하여 미리 일을) 만듦(꾸밈).
**工具(공구)** (기계 따위를 만들거나 조작하는 데 쓰이는) 기구.

+ 手(손 수, 재주 수, 재주 있는 사람 수), 作(지을 작), 具(갖출 구, 기구 구)

7급 / 총 3획 / 工

**江**

7급 / 총 6획 / 水(氵)

물(氵)이 흘러가며 **만들어지는(工)** 강이니 **강 강**

**江邊(강변)** 강가.
**江村(강촌)** 강가의 마을.

+ 邊(끝 변, 가 변), 村(마을 촌)

---

**紅**

4급 / 총 9획 / 糸

(붉은색을 좋아하는 중국에서) **실(糸)**을 **가공하면(工)** 주로 붉은색이니
**붉을 홍**

+ 지금도 중국인들은 붉은색을 좋아하여 환영, 찬양, 축하의 뜻으로 많이 사용합니다.

**紅顔(홍안)** '붉은 얼굴'로, 젊어 혈색이 좋은 얼굴.
**紅柿(홍시)** 붉게 익어 물렁물렁한 감.

+ 顔(얼굴 안), 柿(감 시)

---

**功**

6급 / 총 5획 / 力

**만드는(工)** 데 **힘(力)**들인 공(공로)이니 **공 공, 공로 공**

+ 力(힘 력), 공 – 힘들여 이루어 낸 결과.

**功過(공과)** 공과 허물.
**戰功(전공)** 전쟁에서 세운 공.
**功勞(공로)** 일에 애쓴 공적.

+ 過(지날 과, 지나칠 과, 허물 과), 戰(싸울 전, 무서워 떨 전), 勞(수고할 로, 일할 로)

---

**貢**

3급II / 총 10획 / 貝

**만든(工)** 재물(貝)을 바치니 **바칠 공**

+ 貝(조개 패, 재물 패, 돈 패)

**貢物(공물)** '바치는 물건'으로, 백성이 나라에 세금으로 바치던 특산물.
**貢獻(공헌)** 공물을 바침. 힘써서 이바지함.

+ 物(물건 물), 獻(바칠 헌)

---

**恐**

3급II / 총 10획 / 心

(잘 만드는) **장인(工)**도 **무릇(凡)** 실수할까봐 **마음(心)**으로는 두려우니
**두려울 공**

+ 凡(무릇 범, 보통 범), 心(마음 심, 중심 심)

**恐龍(공룡)** '두려운 용'으로, 중생대의 쥐라기와 백악기에 걸쳐 번성하였던 거대한 파충류의 총칭.
**可恐(가공)** 두려워하거나 놀랄 만함.

+ 龍(용 룡), 可(옳을 가, 가히 가, 허락할 가)

## 攻

4급 / 총 7획 / 攵(攵)

### 연장(工)으로 치며(攵) 닦으니 칠 공, 닦을 공

+ 攵(칠 복, = 攴)

**侵攻(침공)** 침범하여 침.
**專攻(전공)** 오로지 하나만 닦고 연구함.

+ 侵(침범할 침), 專(오로지 전, 마음대로 할 전)

## 敢

4급 / 총 12획 / 攵(攵)

### 적을 치고(攻) 감히 귀(耳)를 잘라옴이 용감하니 감히 감, 용감할 감

+ 옛날에는 잘라온 귀의 수로 그 공을 따졌으니 그것을 생각하고 만들어진 글자네요.
+ 감(敢)히 - ① 두려움이나 송구함을 무릅쓰고, ② 말이나 행동이 주제넘게.

**敢行(감행)** 용감하게 행함.
**焉敢生心(언감생심)** 어찌 감히 마음이라도 먹을 수 있으랴?

+ 行(다닐 행, 행할 행, 항렬 항), 焉(어찌 언), 生(날 생, 살 생, 사람을 부를 때 쓰는 접사 생), 心(마음 심, 중심 심)

## 嚴

4급 / 총 20획 / 口

### 소리소리(口口)치며 바위(厂)도 용감히(敢) 오르는 모양이 엄하니 엄할 엄, 성씨 엄

+ 약 厳 - 반짝이는 불꽃(⺍)처럼 바위(厂)도 용감히(敢) 오르는 모양이 엄하니
　　　'엄할 엄, 성씨 엄'
+ 口(입 구, 말할 구, 구멍 구)

**嚴命(엄명)** 엄한 명령.
**嚴選(엄선)** (어떤 대상을) 엄하고 철저하게 가려 뽑음.

+ 命(명령할 명, 목숨 명, 운명 명), 選(가릴 선, 뽑을 선)

## 巖

3급Ⅱ / 총 23획 / 山

### 산(山)에 엄한(嚴) 모양으로 서 있는 바위니 바위 암

+ 약 岩 - 산(山)에서 보이는 돌(石)은 바위니 '바위 암'
+ 石(돌 석), 바위는 바람에도 흔들리지 않고 무뚝뚝하게 있으니 엄한 모양이지요.

**巖壁(암벽)** 바위로 된 벽.
**巖盤(암반)** 쟁반처럼 넓은 바위로 이루어진 지층이나 지반.

+ 壁(벽 벽), 盤(쟁반 반)

DAY
15

**巧**

3급II / 총 5획 / 工

(예술을 하는) **장인(工)**은 **크게(丂)** 공교(교묘)하니 **공교할 교, 교묘할 교**

+ 丂['공교할 교, 교묘할 교'지만 여기서는 큰 대(大)의 변형으로 봄]
+ 丂[한(一) 번에 묶어 싸는(勹) 기술이 공교하고 교묘하니 '공교할 교, 교묘할 교']
+ 勹[쌀 포(勹)의 변형]

**工巧(공교)** 솜씨나 꾀 따위가 재치 있고 교묘함.
**巧妙(교묘)** 재치 있고 묘함.
**技巧(기교)** 솜씨가 아주 교묘함.

+ 工(장인 공, 만들 공, 연장 공), 妙(묘할 묘, 예쁠 묘), 技(재주 기)

---

**兮**

3급 / 총 4획 / 八

입김 **퍼져(八)** 나감이 **큰(丂)** 어조사니 **어조사 혜**

+ 유 分(나눌 분, 단위 분, 단위 푼, 신분 분, 분별할 분, 분수 분) - 제목번호 217 참고
+ 감동을 나타내는 어조사로 쓰입니다.

---

**聘**

3급 / 총 13획 / 耳

**귀(耳)**로 **말미암아(由)** 들리도록 **크게(丂)** 부르니 **부를 빙**
또 하객들을 불러 놓고 장가드니 **장가들 빙**

+ 耳(귀 이), 由(까닭 유, 말미암을 유)

**招聘(초빙)** (어떤 사람을 예를 갖추어) 부름.
**聘父(빙부)** 장인(丈人).

+ 招(부를 초), 父(아버지 부), 丈(어른 장, 길이 장)

---

**誇**

3급II / 총 13획 / 言

**말(言)**을 **크게(大) 한(一)** 번 하고도 또 **크게(丂)** 부풀려 자랑하니
**자랑할 과**

+ 言(말씀 언)

**誇張(과장)** (실제의 상태보다) 크거나 심하거나 대단한 것으로 나타냄.
**誇示(과시)** ① 자랑해 보임. ② 사실보다 크게 나타내 보임.

+ 張(벌릴 장, 베풀 장, 성씨 장), 示(보일 시, 신 시)

---

**汚**

3급 / 총 6획 / 水(氵)

**물(氵)**에 **한(一)** 번 **크게(丂)** 젖은 듯 더러우니 **더러울 오**

**汚水(오수)** 더러워진 물.
**汚點(오점)** 더러운 점.

+ 點(점 점, 불 켤 점)

## 斤
3급 / 총 4획 / 斤

### 도끼나 옛날 저울을 본떠서 **도끼 근, 저울 근**

+ 옛날의 저울은 물건을 들어 올린 한 쪽에 추를 달아 저울대를 평평하게 하여 무게를 달았지요.
+ 근(斤) - 재래식 척관법으로 나타내는 저울로 다는 무게 단위. 1근은 보통 약 600g이 원칙이나 약재 같은 것은 375g으로 잽니다.

**斤量(근량)** 저울에 단 무게.

+ 量(헤아릴 량, 용량 량)

## 析
3급 / 총 8획 / 木

### 나무(木)를 도끼(斤)로 쪼개고 가르니 **쪼갤 석, 가를 석**

+ 유 折(꺾을 절) - 제목번호 302 참고, 木(나무 목)

**解析(해석)** '해부하여 쪼갬'으로, 자세히 분석하여 이론적으로 연구함.
+ 解釋(해석) 풀어서 이해함. 또는 그것을 설명함.
**分析(분석)** 나누고 쪼개서 그 속의 개별적 성분·요소 따위를 찾아냄.

+ 解(해부할 해, 풀 해), 釋(풀 석), 分(나눌 분, 단위 분, 단위 푼, 신분 분, 분별할 분, 분수 분)

## 斯
3급 / 총 12획 / 斤

### 그(其) 도끼(斤)가 바로 이 도끼라는 데서 **이 사**

+ 其(그 기) - 제목번호 050 참고

**斯界(사계)** 이 방면의 사회.
**斯民(사민)** 이 백성. 또는 일반 백성.

+ 界(경계 계, 세계 계), 民(백성 민)

DAY 15

## 祈
3급Ⅱ / 총 9획 / 示

### 신(示) 앞에 두 손을 도끼(斤)날처럼 모으고 비니 **빌 기**

+ 示(보일 시, 신 시)

**祈禱(기도)** (바라는 바가 이루어지기를) 빎.
**祈願(기원)** 소원이 이루어지기를 빎.

+ 禱(빌 도), 願(원할 원)

## 斥
3급 / 총 5획 / 斤

### 도끼(斤)를 불똥(丶) 튀듯 휘둘러 물리치니 **물리칠 척**

**排斥(배척)** (반대하여) 밀어 내침.
**斥和(척화)** 화의(和議)하는 것을 물리침.

+ 排(물리칠 배, 배열할 배), 和(화목할 화, 화할 화), 議(의논할 의)

말(言)로 물리치기(斥) 위해 하소연하고 고소하니
**하소연할 소, 고소할 소**

+ 폭력으로 하지 않고 말로 물리치기 위하여 고소하지요.

**訴訟(소송)** 법률상의 판결을 법원에 요구하는 절차.
**呼訴(호소)** 자기 사정을 관청이나 남에게 하소연함.

+ 訟(소송할 송), 呼(부를 호)

3급 II / 총 12획 / 言

---

(저울에 물건을 달 때) 저울(斤)의 막대가 눈금에서 좌우로 옮겨 가는(辶)
거리처럼 가깝고 비슷하니 **가까울 근, 비슷할 근**

+ 辶(뛸 착, 갈 착), 저울에 물건을 달면 눈금을 가리키는 막대가 조금씩 좌우로 움직이지요.

**親近(친근)** (서로 사이가) 친하고 가까움.
**近似(근사)** 비슷하고 같음.

+ 親(어버이 친, 친할 친), 似(같을 사, 닮을 사)

6급 / 총 8획 / 辵(辶)

---

도끼(斤)와 도끼(斤)로 재물(貝)을 나누면 드러나는 바탕이니 **바탕 질**

+ 약 貭 - 도끼(斤)로 재물(貝)을 나눌 때 드러나는 바탕이니 '바탕 질'
+ 貝(조개 패, 재물 패, 돈 패), 斦[도끼 근(斤)의 변형]

**性質(성질)** 사물이나 현상이 본디부터 가지고 있는 고유의 특성.
**質問(질문)** '바탕을 물음'으로, 모르는 것을 물음.

+ 性(성품 성, 바탕 성, 성별 성), 問(물을 문)

5급 / 총 15획 / 貝

---

도끼(斤) 하나(一)씩 들고 지키는 언덕이니 **언덕 구, 성씨 구**

+ 언덕은 숨어서 적을 지켜보기 좋은 곳이지요. 무기가 별로 없었던 옛날에는 도끼로도 싸웠던가 봐요.

**丘陵(구릉)** 언덕.

+ 陵(임금 무덤 릉, 큰 언덕 릉)

3급 II / 총 5획 / 一

---

언덕(丘)처럼 넓게 솟은 큰 산(山)이니 **큰 산 악**

+ 원 嶽 - 산(山)이 감옥(獄)처럼 둘러싼 큰 산이니 '큰 산 악' - 특급 II
+ 獄(감옥 옥) - 제목번호 109 참고

**山岳(산악)** 높고 큰 산들.
**楓嶽山(풍악산)** 가을의 금강산을 달리 이르는 말.

+ 楓(단풍 풍)

3급 / 총 8획 / 山

5급 / 총 7획 / 八

**언덕(丘)** 밑에 **여덟(八)** 명씩 있는 군사니 **군사 병**

+ 八(여덟 팔, 나눌 팔), 지금도 군대의 작은 단위인 1개 분대는 약 8~9명으로 편성되지요.

**兵士(병사)** 군사.
**義兵(의병)** (나라를 위하여 스스로 일어난) 의로운 군사.

+ 士(선비 사, 군사 사, 칭호나 직업 이름에 붙이는 말 사), 義(옳을 의, 의로울 의)

DAY

15

**TIP**

〈한자어는 먼저 글자대로 직역(直譯)해 보세요.〉

한자어도 사전에는 의역만 되어 있어 한자를 알아도 잘 적용하지 못하고 단어 따로 뜻 따로 외는 경우가 많지요?

한자어는 먼저 글자대로 직역(直譯)해 보고, 다음에 의역(意譯)해 보는 습관을 들이세요. 처음에는 좀 힘들고 어렵겠지만 이런 습관을 들이면 얼마 되지 않아서 아주 쉬워지고 저절로 한자 박사, 단어 박사도 됩니다.

+ 직역(直譯) – 글자대로 충실히 번역함.
  의역(意譯) – 개개의 글자나 단어, 구절에 너무 구애되지 않고 전체의 뜻을 살리는 번역.
+ 直(곧을 직, 바를 직), 譯(번역할 역), 意(뜻 의)

〈앞에 *표가 붙은 단어는〉

각 한자마다 많이 쓰이는 활용 단어를 넣었으니 단어를 구성하는 한자대로 직접 해석해 보시면서 뜻도 보시면 보다 쉽게 익힐 수 있습니다.

앞에 *표가 붙은 단어는 3급 외 한자로 된 단어지만 많이 쓰이는 단어이기에 부득이 넣은 단어이지요.

# 구조로 한자 되짚어 보기

DAY 15

## 281 천재순 뇌뇌렵[巛災巡 腦惱獵] – 巛으로 된 한자

내 천[川]이 부수로 쓰일 때의 모양으로 개미허리 같다하여 개미허리 천[巛],
**개미허리 천[巛]** 아래에 불 화[火]면 재앙 재[災], 뛸 착, 갈 착[辶]이면 순행할 순, 돌 순[巡],
아래에 정수리 신[囟], 앞에 달 월, 육 달 월[月]이면 뇌 뇌[腦], 아래에 정수리 신[囟], 앞에 마음 심 변[忄]이면 괴로워할 뇌[惱],
목 갈기 렵[巤] 앞에 큰 개 견, 개 사슴 록 변[犭]이면 사냥할 렵[獵]

## 282 4경[巠輕經徑] – 巠으로 된 한자

한 일[一] 아래에 개미허리 천[巛]과 장인 공, 만들 공, 연장 공[工]이면 **물줄기 경[巠]**,
**물줄기 경[巠]** 앞에 수레 거, 차 차[車]면 가벼울 경[輕], 실 사, 실 사 변[糸]이면 지날 경, 날실 경, 경서 경[經], 조금 걸을 척[彳]
이면 지름길 경, 길 경[徑]

## 283 유수유[兪輸愈] – 兪로 된 한자

들 입[入] 아래에 한 일[一]과 달 월, 육 달 월[月], 개미허리 천[巛]의 획 줄임[巜]이면 대답할 유, 병 나을 유[兪], **대답할 유, 병 나**
**을 유[兪]** 앞에 수레 거, 차 차[車]면 보낼 수, 나를 수[輸], 아래에 마음 심, 중심 심[心]이면 더욱 유, 좋을 유, 병 나을 유[愈]

## 284 화 염담담[火 炎談淡] – 火와 炎으로 된 한자

타오르는 불을 본떠서 불 화[火],
**불 화[火]** 둘을 위아래로 써서 더울 염, 염증 염[炎], **더울 염, 염증 염[炎]** 앞에 말씀 언[言]이면 말씀 담[談], 삼 수 변[氵]이면 맑
을 담, 깨끗할 담[淡]

## 285 형영로영[螢榮勞營] – 𤇾으로 된 한자

**불 화 둘[火火]과 덮을 멱[冖]** 아래에 벌레 충[虫]이면 반딧불 형[螢], 나무 목[木]이면 성할 영, 영화 영[榮], 힘 력[力]이면 수고할
로, 일할 로[勞], 등뼈 려, 음률 려[呂]면 다스릴 영[營]

## 286 적 역적[赤 亦跡] – 赤과 亦으로 된 한자

불 화[火]의 변형[亦] 위에 흙 토[土]면 붉을 적, 발가벗을 적[赤],
머리 부분 두[亠]면 또 역[亦], **또 역[亦]** 앞에 발 족, 넉넉할 족[足]의 변형[足]이면 발자국 적[跡]

## 287 수칠지 구구구[氺漆遲 求球救] – 氺, 求로 된 한자

물 수[水]가 한자의 발 부분에 붙는 부수인 발로 쓰일 때의 모양으로 물 수 발[氺],
물 수 발[氺] 위에 나무 목[木]과 사람 인[人], 앞에 삼 수 변[氵]이면 옻 칠, 검을 칠[漆], 물 수 발[氺]의 변형[⺢] 위에 주검 시, 몸 시[尸], 아래에 소 우[牛]와 뛸 착, 갈 착[辶]이면 더딜 지, 늦을 지[遲],
한 일[一]과 물 수 발[氺]에 점 주, 불똥 주[丶]면 구할 구[求], 구할 구[求] 앞에 임금 왕, 으뜸 왕, 구슬 옥 변[王]이면 둥글 구, 공 구[球], 뒤에 칠 복[攵]이면 구원할 구, 도울 구[救]

## 288 이(대)예강체[隶隸康逮] – 隶로 된 한자

고슴도치 머리 계, 오른손 우[彐]의 변형[⺕]에 물 수 발[氺]이면 미칠 이, 미칠 대[隶],
미칠 이, 미칠 대[隶] 앞에 선비 사[士]와 보일 시, 신 시[示]면 종 예, 붙을 예[隸], 위에 집 엄[广]이면 편안할 강[康], 아래에 뛸 착, 갈 착[辶]이면 미칠 체, 잡을 체[逮]

## 289 단연 4록[彖緣 彔錄祿綠] – 彖, 彔으로 된 한자

엇갈린 모양[彑] 아래에 돼지 시[豕]면 끊을 단[彖], 끊을 단[彖] 앞에 실 사, 실 사 변[糸]이면 인연 연[緣],
엇갈린 모양[彑] 아래에 한 일[一]과 물 수 발[氺]이면 깎을 록, 새길 록[彔], 깎을 록, 새길 록[彔] 앞에 쇠 금, 금 금, 돈 금, 성씨 김[金]이면 기록할 록[錄], 보일 시, 신 시[示]면 봉급 록[祿], 실 사, 실 사 변[糸]이면 푸를 록[綠]

## 290 우로설상 령령뢰전[雨露雪霜 靈零雷電] – 雨로 된 한자

한 일[一] 아래에 멀 경, 성 경[冂]과 물 수 발[氺]이면 비 우[雨],
비 우[雨] 아래에 길 로[路]면 이슬 로, 드러날 로[露], 고슴도치 머리 계, 오른손 우[彐]의 변형[⺕]이면 눈 설, 씻을 설[雪], 서로 상, 모습 상, 볼 상, 재상 상[相]이면 서리 상[霜], 입 구, 말할 구, 구멍 구 셋[口口口]과 무당 무[巫]면 신령스러울 령, 신령 령[靈], 하여금 령, 명령할 령[令]이면 떨어질 령, 영 령[零], 밭 전[田]이면 천둥 뢰, 우레 뢰[雷], 펼 신, 아뢸 신, 원숭이 신, 아홉째 지지 신[申]의 변형[电]이면 번개 전, 전기 전[電]

## 291 운운음[云雲陰] – 云으로 된 한자

둘 이[二] 아래에 사사로울 사, 나 사[厶]면 말할 운[云],
말할 운[云] 위에 비 우[雨]면 구름 운[雲], 위에 이제 금, 오늘 금[今], 앞에 언덕 부 변[阝]이면 그늘 음[陰]

## 292 거신호와[巨臣互瓦] – 巨와 비슷한 한자

ㄷ자형의 큰 자를 손에 든 모양을 본떠서 클 거[巨], 임금 앞에 엎드려 눈을 크게 뜬 신하를 본떠서 신하 신[臣], 새끼줄이 서로 번갈아 꼬이는 모양을 본떠서 서로 호[互], 지붕에 엇갈리게 겹쳐놓은 기와 모양을 본떠서 기와 와[瓦], 또 기와처럼 구워 만든 질그릇이나 실패니 질그릇 와, 실패 와[瓦]

## 293 거거 와림[拒距 臥臨] – 巨, 臥로 된 한자

클 거[巨] 앞에 손 수 변[扌]이면 막을 거, 물리칠 거[拒], 발 족, 넉넉할 족[足]의 변형[⻊]이면 떨어질 거, 거리 거[距],
신하 신[臣] 뒤에 사람 인[人]이면 엎드릴 와, 누울 와[臥], 엎드릴 와, 누울 와[臥]의 변형[臥]에 물건 품, 등급 품, 품위 품[品]이면 임할 림[臨]

DAY 15

## 294 감감람람 염[監鑑濫覽 鹽] – 監으로 된 한자와 鹽

누울 와, 엎드릴 와[臥]의 변형[臣⼍] 아래에 한 일[一]과 그릇 명[皿]이면 볼 감[監],
**볼 감[監]** 앞에 쇠 금, 금 금, 돈 금, 성씨 김[金]이면 거울 감, 살필 감[鑑], 삼 수 변[氵]이면 넘칠 람[濫], 볼 감[監]의 변형[監]아래에 볼 견, 뵐 현[見]이면 볼 람[覽],
누울 와, 엎드릴 와[臥]의 변형[臣⼍] 아래에 소금밭 로[鹵]와 그릇 명[皿]이면 소금 염[鹽]

## 295 장 장장 견현긴[臧 藏臟 堅賢緊] – 臧과 藏, 臤으로 된 한자

나무 조각 장, 장수 장 변[爿]과 창 과[戈] 안에 신하 신[臣]이면 숨길 장, 착할 장[臧], 숨길 장, 착할 장[臧] 위에 초 두[艹]면 감출 장, 곳간 장[藏], **감출 장, 곳간 장[藏]** 앞에 달 월, 육 달 월[月]이면 오장 장[臟],
**신하 신[臣]과 오른손 우, 또 우[又]** 아래에 흙 토[土]면 굳을 견[堅], 조개 패, 재물 패, 돈 패[貝]면 어질 현[賢], 실 사, 실 사 변[糸]이면 급할 긴, 긴할 긴[緊]

## 296 공강홍 공공공[工江紅 功貢恐] – 工으로 된 한자

장인이 물건을 만들 때 쓰는 자를 본떠서 장인 공, 만들 공, 연장 공[工],
**장인 공, 만들 공, 연장 공[工]** 앞에 삼 수 변[氵]이면 강 강[江], 실 사, 실 사 변[糸]이면 붉을 홍[紅], 뒤에 힘 력[力]이면 공 공, 공로 공[功], 아래에 조개 패, 재물 패, 돈 패[貝]면 바칠 공[貢], 뒤에 무릇 범, 보통 범[凡], 아래에 마음 심, 중심 심[心]이면 두려울 공[恐]

## 297 공감 엄암[攻敢 嚴巖] – 攻, 嚴으로 된 한자

장인 공, 만들 공, 연장 공[工] 뒤에 칠 복[攵]이면 칠 공, 닦을 공[攻], **칠 공, 닦을 공[攻]** 아래에 귀 이[耳]면 용감할 감, 감히 감[敢],
용감할 감, 감히 감[敢] 위에 입 구, 말할 구, 구멍 구 둘[口口]과 굴 바위 엄, 언덕 엄[厂]이면 엄할 엄[嚴], **엄할 엄[嚴]** 위에 산 산[山]이면 바위 암[巖]

## 298 교혜빙과오[巧兮聘誇汚] – 丂로 된 한자

**큰 대[大]의 변형[丂]** 앞에 장인 공, 만들 공, 연장 공[工]이면 교묘할 교[巧], 위에 여덟 팔, 나눌 팔[八]이면 어조사 혜[兮], 위에 까닭 유, 말미암을 유[由], 앞에 귀 이[耳]면 부를 빙, 장가들 빙[聘], 위에 큰 대[大]와 한 일[一], 앞에 말씀 언[言]이면 자랑할 과[誇], 중간에 한 일[一], 앞에 삼 수 변[氵]이면 더러울 오[汚]

## 299 근석사기 척소[斤析斯祈 斥訴] – 斤, 斥으로 된 한자

도끼나 옛날 저울을 본떠서 도끼 근, 저울 근[斤], **도끼 근, 저울 근[斤]** 앞에 나무 목[木]이면 쪼갤 석[析], 그 기[其]면 이 사[斯], 보일 시, 신 시[示]면 빌 기[祈],
점 주, 불똥 주[丶]면 물리칠 척[斥], **물리칠 척[斥]** 앞에 말씀 언[言]이면 소송할 소[訴]

## 300 근질 구악병[近質 丘岳兵] – 斤, 丘로 된 한자

**도끼 근, 저울 근[斤]** 아래에 뛸 착, 갈 착[辶]이면 가까울 근, 비슷할 근[近], 도끼 근, 저울 근 둘[斤斤] 아래에 조개 패, 재물 패, 돈 패[貝]면 바탕 질[質],
도끼 근, 저울 근[斤] 아래에 한 일[一]이면 언덕 구[丘], **언덕 구[丘]** 아래에 산 산[山]이면 큰 산 악[岳], 여덟 팔, 나눌 팔[八]이면 군사 병[兵]

# 확인문제

**01~04** 다음 漢字의 훈(뜻)과 음(소리)를 쓰시오.

01. 腦 (                    )          02. 獵 (                    )
03. 徑 (                    )          04. 螢 (                    )

**05~08** 다음 훈음에 맞는 漢字를 쓰시오.

05. 인연 연 (                    )          06. 기록할 록 (                    )
07. 그늘 음 (                    )          08. 클 거 (                    )

**09~12** 다음 漢字語의 讀音을 쓰시오.

09. 巡察 (                    )          10. 苦惱 (                    )
11. 快愈 (                    )          12. 暴炎 (                    )

**13~14** 다음 문장에서 밑줄 친 낱말을 漢字로 쓰시오.

13. 부모의 뜻을 <u>거역</u>할 수 없었다.          (                    )
14. 그는 생각이 <u>견실</u>한 청년이다.          (                    )

**15~16** 다음 문장에서 漢字로 표기된 낱말의 讀音을 쓰시오.

15. 네가 좋다면 나도 亦是 좋다.          (                    )
16. 이곳에서 선사시대의 遺迹이 발견되었다.          (                    )

**17~18** 다음 뜻풀이에 맞는 낱말을 漢字로 쓰시오.

17. (잎이) 항상 푸른 나무.          (                    )
18. 구름처럼 많이 모임.          (                    )

**19~20** 다음 漢字語의 뜻을 쓰시오.

19. 遲刻 (                              )
20. 隸屬 (                              )

**정답**

| | | | | |
|---|---|---|---|---|
| 01. 뇌 뇌 | 05. 緣 | 09. 순찰 | 13. 拒逆 | 17. 常綠樹 |
| 02. 사냥할 렵 | 06. 錄 | 10. 고뇌 | 14. 堅實 | 18. 雲集 |
| 03. 지름길 경 | 07. 陰 | 11. 쾌유 | 15. 역시 | 19. 정한 시각에 늦음. |
| 04. 반딧불 형 | 08. 巨 | 12. 폭염 | 16. 유적 | 20. 남의 지배 아래 매임. |

**301** 참점참잠[斬漸慙暫] – 斬으로 된 한자

## 斬

2급 / 총 11획 / 斤

(옛날에는 죄인을) **수레(車)**에 매달거나 **도끼(斤)**로 베어 죽였으니

**벨 참, 죽일 참**

+ 車(수레 거, 차 차)

## 漸

3급Ⅱ / 총 14획 / 水(氵)

**물(氵)**로 **베인(斬)** 듯 점점 깎이니 **점점 점**

**漸漸(점점)** 조금씩 더하거나 덜하여지는 모양.
**漸減(점감)** 점점 줄어듦.

+ 減(줄어들 감, 덜 감)

## 慙

3급 / 총 15획 / 心

**베어(斬)** 버리고 싶도록 **마음(心)**에 부끄러우니 **부끄러울 참**

+ [동] 慚 – 마음(忄)에 베어(斬) 버리고 싶도록 부끄러우니 '부끄러울 참' – 급외자
+ 心(마음 심, 중심 심), 忄(마음 심 변)

**慙愧(참괴)** 매우 부끄러워함.
**慙悔(참회)** 부끄러워하며 후회함.

+ 愧(부끄러워할 괴), 悔(후회할 회)

## 暫

3급Ⅱ / 총 15획 / 日

무엇을 싹둑 **베듯(斬)** **해(日)**가 비치는 잠깐이니 **잠깐 잠**

**暫時(잠시)** 얼마 되지 않는 동안.
**暫間(잠간 → 잠깐)** 매우 짧은 동안.

+ 時(때 시), 間(사이 간)

4급 / 총 7획 / 手(扌)

### 손(扌)에 도끼(斤) 들고 찍어 꺾으니 꺾을 절

+ 斤(도끼 근, 저울 근) – 제목번호 299 참고

**折半(절반)** 반절로 꺾음(나눔). 또는 그 반.
*挫折(좌절) (마음과 기운이) 꺾임.

+ 半(반 반), 挫(꺾을 좌)

---

3급II / 총 10획 / 口

### (옳고 그름을 분명히) 꺾어서(折) 말할(口) 정도로 사리에 밝으니 밝을 철

+ 동 喆 – 길하고(吉) 길하도록(吉) 밝으니 '밝을 철' – 특급II
+ 口(입 구, 말할 구, 구멍 구), 吉(길할 길, 상서로울 길) – 제목번호 091 참고

**哲學(철학)** '밝은 학문'으로, 인생의 근본 원리를 연구하는 학문.
**明哲(명철)** (총명하여 사리에) 밝음. 명철보신(明哲保身).

+ 學(배울 학), 明(밝을 명), 保(지킬 보), 身(몸 신)

---

3급 / 총 11획 / 辵(辶)

### (생명이) 꺾어져(折) 가(辶) 죽으니 갈 서, 죽을 서

+ 辶(뛸 착, 갈 착)

**逝去(서거)** 상대방의 죽음을 정중하게 이르는 말.
**急逝(급서)** 급하게 죽음.

+ 去(갈 거, 제거할 거), 急(급할 급)

---

3급 / 총 14획 / 言

### 꺾듯이(折) 딱 잘라서 분명히 말(言)하며 맹세하니 맹세할 서

+ 言(말씀 언), 맹세하는 말은 대부분 짧고 단정적이지요.

**誓約(서약)** 맹세. 굳은 약속.
**盟誓(맹서 → 맹세)** (신이나 사람에게 하는) 굳은 약속.

+ 約(묶을 약, 약속할 약), 盟(맹세할 맹)

특급 II / 총 4획 / 无

(태초에는) **하늘과 땅(二)** 사이에 **사람(儿)**이 없었으니 **없을 무**

+ 동 旡 − 하나(一)도 숨은(乚) 사람(儿)이 없으니 '없을 무'
+ 없을 무(無)의 고자(古字)지만 현재는 약자로 쓰임.
+ 二('둘 이'지만 여기서는 하늘과 땅으로 봄), 儿[사람 인 발, 어진사람 인(儿)의 변형], 乚[감출 혜, 덮을 혜(乚, 匸)의 변형], 古(오랠 고, 옛 고), 字(글자 자)

3급 II / 총 15획 / 水(氵)

**물(氵)**에 자취 **없이(旡)** 소리 **없이(旡)** 말하지도(曰) 못하고 잠기니 **잠길 잠**
또 잠기도록 감추어 숨기니 **감출 잠, 숨길 잠**

+ 曰(가로 왈)

**潛水(잠수)** '물에 잠김'으로, 몸 전체가 잠기도록 물속에 들어감.
**潛跡(잠적)** (어디론가 사라져) 자취를 감춤.
**潛伏(잠복)** '숨어 엎드림'으로, ① 드러나지 않게 숨음. ② 감염되어 있으나 병의 증세가 겉으로 나타나지 않음.

+ 跡(자취 적), 伏(엎드릴 복)

旣

3급 / 총 11획 / 无

날이 **하얀(白) 비수(匕)**로 이미 **없애니(旡) 이미 기**

+ 약 既 − 그쳐(皀) 이미 없애니(旡) '이미 기'
+ 白(흰 백, 밝을 백, 깨끗할 백, 아뢸 백), 匕(비수 비, 숟가락 비), 旡[멈출 간, 어긋날 간(艮)의 변형]

**旣婚(기혼)** 이미 혼인한 상태.
**旣往之事(기왕지사)** 이미 지나간 일.

+ 婚(결혼할 혼), 往(갈 왕), 之(갈 지, ~의 지, 이 지), 事(일 사, 섬길 사)

慨

3급 / 총 14획 / 心(忄)

마음(忄)속으로 이미(旣) 때가 늦었음을 느끼며 슬퍼하니 **슬퍼할 개**

+ 忄(마음 심 변), 旣[이미 기(旣)의 변형]

**憤慨(분개)** 분하고 슬픔.
**感慨無量(감개무량)** 느낌과 슬픔을 헤아릴 수 없음.

+ 憤(성날 분), 感(느낄 감, 감동할 감), 無(없을 무), 量(헤아릴 량, 용량 량)

3급 II / 총 15획 / 木

**나무(木)**가 이미(旣) 다 자라면 대개 대강 살피니 **대개 개, 대강 개**

+ 대강(大綱) − (자세한 내용이 아닌) 큰 줄기.
+ 木(나무 목), 綱(벼리 강, 대강 강)

**大槪(대개)** 대체의 큰 사연. 줄거리.
**槪論(개론)** '대개의 의논'으로, (어떤 분야의 기초적인 내용을 추려) 대강 논하는 일.
**槪觀(개관)** 전체를 대강 살펴봄.

+ 論(논할 론, 평할 론), 觀(볼 관)

**406**

특급 / 총 3획 / 弋

주살을 본떠서 **주살 익**

+ 주살 - 줄을 매어 쏘는 화살.

6급 / 총 5획 / 人(亻)

(전쟁터에서) **사람(亻)**이 할 일을 **주살(弋)**이 대신하니 **대신할 대**
또 부모를 대신하여 이어가는 세대니 **세대 대**
또 물건을 대신하여 치르는 대금이니 **대금 대**

+ 화살이나 주살은 멀리 떨어져 있는 적을 향해 쏠 수도 있고 글이나 불을 묶어 보낼 수도 있으니 사람이 할 일을 대신하지요.

**代身(대신)** 남을 대리함.
**代代孫孫(대대손손)** 대대로 내려오는 자손.
**代金(대금)** 물건의 값으로 치르는 돈.

+ 身(몸 신), 孫(손자 손)

2급 / 총 4획 / 戈

몸체가 구부러지고 손잡이가 있는 창을 본떠서 **창 과**

4급Ⅱ / 총 6획 / 人(亻)

**사람(亻)**이 **창(戈)** 들고 적을 치니 **칠 벌**

**征伐(정벌)** 죄 있는 무리를 군대로 침.
**伐木(벌목)** 나무를 침(벰).

+ 征(칠 정), 木(나무 목)

6급 / 총 6획 / 弋

**주살(弋)**을 **만들(工)** 때 따르는 법과 의식이니 **법 식, 의식 식**

+ 工(장인 공, 만들 공, 연장 공)

**儀式(의식)** 예식을 갖추는 법식.
**正式(정식)** 올바른 격식이나 의식.
**卒業式(졸업식)** (소정의 과정을 마친 사람에게) 졸업장을 주는 의식.

+ 儀(거동 의), 正(바를 정), 卒(졸병 졸, 갑자기 졸, 죽을 졸, 마칠 졸), 業(업 업, 일 업)

### 말(言)이 법(式)에 맞는 지 시험하니 **시험할 시**

+ 言(말씀 언)

**試圖(시도)** (어떤 일을) 시험 삼아 꾀함.
**應試(응시)** 시험에 응함.

+ 圖(그림 도, 꾀할 도), 應(응할 응)

4급 II / 총 13획 / 言

---

### 창(戈)을 두 개나 들고 해치니 **해칠 잔**
또 해치면 적어도 원망이 쌓이고 찌꺼기가 남으니

### 적을 **전**, 쌓일 **전**, 나머지 **잔**

+ [속] 戋 – 하나(一)의 창(戈)을 들고 해치니 '해칠 잔'
　　또 해치면 적어도 원망이 쌓이고 찌꺼기가 남으니 '적을 전, 쌓일 전, 나머지 잔'
+ 戈(창 과), 戔이 들어간 한자를 약자로 쓸 때는 戔 부분을 戔의 속자인 戋가 아니라 戋으로 씁니다.

급외자 / 총 8획 / 戈

---

### 쇠(金)로 만들어 쌓아(戔) 두는 돈이니 **돈 전**

+ [약] 銭

**銅錢(동전)** 구리의 합금으로 동그랗게 만든 돈.
**紙錢(지전)** 종이로 만든 돈.

+ 銅(구리 동), 紙(종이 지)

4급 / 총 16획 / 金

---

### 죽도록(歹) 잔인하게 해쳐도(戔) 남는 나머지니
### 잔인할 **잔**, 해칠 **잔**, 나머지 **잔**

+ [약] 残
+ 歹(뼈 부서질 알, 죽을 사 변) – 제목번호 343 列의 주 참고

**殘忍(잔인)** 인정이 없고 모짐.
**同族相殘(동족상잔)** 동족끼리 서로 해침.
**殘金(잔금)** ① 쓰고 남은 돈. ② 갚다가 못다 갚은 돈.

+ 忍(참을 인, 잔인할 인), 族(겨레 족)

4급 / 총 12획 / 歹

---

### 발(⻊)을 해치도록(戔) 많이 밟고 행하니 **밟을 천, 행할 천**

+ [약] 践
+ ⻊[발 족, 넉넉할 족(足)의 변형]

**踐歷(천력)** 편력(遍歷 – ① 이곳저곳을 널리 돌아다님. ② 여러 가지 경험을 함).
**實踐(실천)** (마음먹은 것이나 말한 바를) 실제로 행함.

+ 歷(지낼 력, 책력 력, 겪을 력), 遍(두루 편), 實(열매 실, 실제 실)

3급 II / 총 15획 / 足(⻊)

---

재물(貝)을 해치도록(戔) 낭비하면 천하여 업신여기니
## 천할 천, 업신여길 천

+ 약 贱

**賤民(천민)** (지체가 낮고) 천한 백성.
**賤待(천대)** ① 천하게 대접함. ② 함부로 다룸.

+ 民(백성 민), 待(대접할 대, 기다릴 대)

---

물(氵)속에 돌이나 흙이 **쌓여(戔)** 얕으니 **얕을 천**

+ 약 浅

**淺薄(천박)** (학문이나 생각이) 얕고 얇음.
**深淺(심천)** 깊음과 얕음.

+ 薄(엷을 박), 深(깊을 심)

---

창(戈) 들고 **식구(口)**와 **땅(一)**을 지키며 혹시라도 있을지 모르는
적의 침입에 대비하니 **혹시 혹**

+ 口('입 구, 말할 구, 구멍 구'지만 여기서는 식구로 봄)

**或是(혹시)** 만일에. 행여나.
**或者(혹자)** 어떤 사람.

+ 是(옳을 시, 이 시), 者(놈 자, 것 자)

---

**땅(土)**에서 **혹시(或)**라도 있을지 모르는 분쟁을 막기 위하여 나눠 놓은
지경이나 구역이니 **지경 역, 구역 역**

+ 지경(地境) – ① 나라나 지역 따위의 구간을 가르는 경계. ② 일정한 테두리 안의 땅.

**區域(구역)** 일정한 기준에 의하여 잘라 놓은 지역.
**域內(역내)** (일정한) 구역의 안. ↔ 역외(域外)

+ 區(나눌 구, 구역 구), 內(안 내, 나인 나), 外(밖 외)

---

**혹시(或)**나 하는 **마음(心)**으로 유혹하면 미혹하니
**유혹할 혹, 미혹할 혹**

**誘惑(유혹)** 남을 꾀어서 정신을 어지럽게 함. 그릇된 길로 꾐.
**迷惑(미혹)** ① 무엇에 홀려 정신을 차리지 못함. ② 정신이 헷갈리어 갈팡질팡 헤맴.
**疑惑(의혹)** 의심하여 수상히 여김. 또는 그런 마음.

+ 誘(꾈 유), 迷(미혹할 미), 疑(의심할 의)

**409**

**國**

8급 / 총 11획 / 口

### 사방을 에워싸고(囗) 혹시(或)라도 쳐들어올 것을 지키는 나라니 **나라 국**

+ 약 国 – 사방을 에워싸고(囗) 구슬(玉)처럼 소중히 국민을 지키는 나라니 '나라 국'
+ 囗[에운담, 나라 국(國)의 약자]

> **愛國(애국)** 나라를 사랑함.
> **國利民福(국리민복)** 국가의 이익과 백성의 행복.

+ 愛(사랑 애, 즐길 애, 아낄 애), 利(이로울 리, 날카로울 리), 民(백성 민), 福(복 복)

**戈**

참고자 / 총 6획

### 많이(十) 창(戈)으로 찍어 끊으니 **끊을 재**

+ 이 한자가 쓰인 한자들을 참고하여 추정해 본 한자로 실제 쓰이지는 않음.
+ 十(열 십, 많을 십), 戈(창 과)

---

**栽**

3급 II / 총 10획 / 木

### 나무(木)를 잘라(戈) 심고 기르니 **심을 재, 기를 재**

+ 木(나무 목)

> **栽培(재배)** 나무를 심고 북돋워 가꿈.
> *盆栽(분재) (화초, 나무 등을) 동이(화분)에 기름.

+ 培(북돋을 배), 盆(동이 분)

---

**裁**

3급 II / 총 12획 / 衣

### 옷(衣)감을 잘라(戈) 마르듯 무슨 일을 결단하니 **마를 재, 결단할 재**

+ 衣(옷 의), 마르다 – 옷감이나 재목 따위의 재료를 치수에 맞게 자르다.

> **裁斷(재단)** (옷감 등을) 치수에 맞게 자르는 것. 우리말로 '마름질'이라 함.
> **裁判(재판)** (옳고 그름을) 헤아려 판단함.
> **獨裁(독재)** (모든 일을) 홀로 결단함.

+ 斷(끊을 단, 결단할 단), 判(판단할 판), 獨(홀로 독, 자식 없을 독)

---

**載**

3급 II / 총 13획 / 車

### 수레(車)에 물건을 잘라(戈) 나무를 실으니 **실을 재**
### 또 모든 것을 싣고 가는 해(年)의 뜻도 있어서 **해 재**

+ 車(수레 거, 차 차), 年(해 년, 나이 년)

> **積載(적재)** (수레 따위에 물건을) 쌓아 실음.
> **千載一遇(천재일우)** '천 년에 한 번 만남'으로, 아주 소중한 기회를 말함.

+ 積(쌓을 적), 千(일천 천, 많을 천), 遇(만날 우)

**끊어서(𢦏) 말할(口)** 때 쓰는 어조사니 **어조사 재**
또 **끊어서(𢦏)** 단정적으로 **말하며(口)** 비로소 일을 시작하니 **비로소 재**

3급 / 총 9획 / 口

+ 비로소 – 어느 한 시점을 기준으로 그 전까지 이루어지지 아니하였던 사건이나 사태가
이루어지거나 변화하기 시작함을 나타내는 말.

> **嗚呼痛哉(오호통재)** 아! 아프도다.
> **快哉(쾌재)** 즐겁도다.

+ 嗚(탄식할 오), 呼(부를 호), 痛(아플 통), 快(쾌할 쾌)

---

**쇠(金)** 중에 **비로소(哉) 왕(王)**이 된 철이니 **쇠 철**

5급 / 총 21획 / 金

+ **약** 鉄 – 쇠(金) 중 흔하여 잃어도(失) 되는 철이니 '쇠 철'
+ 金(쇠 금, 금 금, 돈 금, 성씨 김), 失(잃을 실), 철은 쇠 중에 제일 많이 쓰이니 쇠 중의 왕
인 셈이지요.

> **鐵石(철석)** '쇠와 돌'로, 굳고 단단함을 비유하여 이르는 말.
> **鐵面皮(철면피)** '쇠로 된 얼굴 가죽'으로, 뻔뻔스럽고 염치를 모르는 사람을 조롱하여 이르
> 는 말.

+ 石(돌 석), 面(얼굴 면, 향할 면, 볼 면, 행정 구역의 면), 皮(가죽 피)

---

| 308 | 이치야 련성섭[耳恥耶 聯聲攝] – 耳로 된 한자 |

**귀**를 본떠서 **귀 이**

5급 / 총 6획 / 耳

> **耳目口鼻(이목구비)** 귀·눈·입·코.
> **耳順(이순)** '귀가 순함'으로, 무슨 말을 들어도 거리낌 없고 순해진다는 뜻에서 60세의 나
> 이를 일컬음.

+ 目(눈 목, 볼 목, 항목 목), 口(입 구, 말할 구, 구멍 구), 鼻(코 비, 비롯할 비), 順(순할
순)

---

**잘못**을 **귀(耳)**로 들은 듯 **마음(心)**에 부끄러우니 **부끄러울 치**

3급Ⅱ / 총 10획 / 心

+ 心(마음 심, 중심 심)

> **廉恥(염치)** 청렴하고 (잘못을) 부끄러워함.
> **恥辱(치욕)** 수치와 모욕.

+ 廉(청렴할 렴, 값쌀 렴), 辱(욕될 욕, 욕 욕)

---

**耶**

3급 / 총 9획 / 耳

**귀(耳)**에 **고을( 阝 )**에서 들려오는 소문처럼 별 뜻이 없는 어조사니
**어조사 야**

+ 阝 (고을 읍 방)

> **有耶無耶(유야무야)** 있는 듯 없는 듯 흐지부지한 것.

+ 有(가질 유, 있을 유), 無(없을 무)

바늘 귀(耳)에 실을 꿰어 **작고(幺) 작게(幺) 이쪽(丬)저쪽(卝)**을
잇닿아 이으니 **잇닿을 련, 이을 련**

+ 약 联 – 귀(耳)처럼 양쪽(丷)으로 하나(一)같이 크게(大) 잇닿아 이으니 '잇닿을 련,이을 련'
+ 幺(작을 요, 어릴 요) – 제목번호 224 참고

**聯立(연립)** 둘 이상의 것이 어울리어 성립함.
**聯想(연상)** 이어서 생각함.

+ 立(설 립), 想(생각할 상)

**3급II / 총 17획 / 耳**

---

**선비(士)**가 놀라 **뱀(尸)**을 **칠(殳)** 때처럼 **귀(耳)**에 들려오는 소리니
**소리 성**

+ 약 声 – 선비(士)가 뱀(尸)처럼 길게 내는 소리니 '소리 성'
+ 士(선비 사, 군사 사, 칭호나 직업 이름에 붙이는 말 사), 尸[뱀 파(巴)의 변형], 殳(칠 수,
창 수, 몽둥이 수), 耳(귀 이)

**歡呼聲(환호성)** 기쁘거나 감격하여 부르짖는 소리.
**聲量(성량)** 소리가 크거나 작은 정도. 음량(音量).

+ 歡(기뻐할 환), 呼(부를 호), 量(헤아릴 량, 용량 량), 音(소리 음)

**4급II / 총 17획 / 耳**

---

**손(扌)**으로 **소곤거리는(聶)** 것을 끌어 잡아 알맞게 다스리니
**끌어 잡을 섭, 다스릴 섭**

+ 약 摂 – 손(扌)으로 귀(耳)의 이쪽(ㄱ)저쪽(乀)에서 들려오는 소리를 끌어 잡아 알맞게
다스리니 '끌어 잡을 섭, 다스릴 섭'
+ 聶 – 귀(耳)들을 대고 소곤거리니 '소곤거릴 섭'

**包攝(포섭)** (상대를 자기편으로) 끌어당김.
**攝生(섭생)** (건강을 위하여) 삶을 알맞게 조절함.

+ 包(쌀 포), 生(날 생, 살 생, 사람을 부를 때 쓰는 접사 생)

**3급 / 총 21획 / 手(扌)**

---

**309** 직직식(지)[職織識] – 戠로 된 한자

**귀(耳)**로 들은 상관의 **소리(音)**대로 **창(戈)** 들고 맡아 일하는 벼슬이니
**맡을 직, 벼슬 직**

+ 다른 종족과 싸움이 많던 옛날에는 항상 무기를 갖고 일했으니 한자에는 창 같은 당시
무기가 많이 나옵니다.

**天職(천직)** 하느님이 맡긴 직업.
**賤職(천직)** 천한 직업. 또는 자기 직업을 낮추어 이르는 말.
**遷職(천직)** 직업을 옮김.

+ 天(하늘 천), 賤(천할 천), 遷(옮길 천)

**4급II / 총 18획 / 耳**

**織**

4급 / 총 18획 / 糸

바디로 **실(糸)** 치는 **소리(音)**가 **창(戈)** 부딪치는 소리를 내며 베를 짜니
**짤 직**

+ 糸(실 사, 실 사 변), 베를 짤 때 날실에 씨실이 촘촘하게 박히도록 바디치는 소리가 나지요. '바디'는 베틀에서 날실에 씨실을 쳐서 베를 짜는 구실을 하는 도구.

**織物(직물)** '짠 물건'으로, 온갖 피륙의 총칭.
**組織(조직)** (실을) 짬.

+ 物(물건 물), 組(짤 조)

**識**

5급 / 총 19획 / 言

**말(言)**이나 **소리(音)**를 **창(戈)**으로 알게 기록하니 **알 식, 기록할 지**

+ 言(말씀 언)

**常識(상식)** (일반이 지녀야 할) 보통의 지식.
**標識(표지)** (무엇을 나타내기 위하여) 기록한 표.

+ 常(항상 상, 보통 상, 떳떳할 상), 標(표시할 표, 표 표)

---

**310** 정정타녕[丁訂打寧] – 丁으로 된 한자

**丁**

4급 / 총 2획 / —

고무래나 못을 본떠서 **고무래 정, 못 정**
또 고무래처럼 튼튼한 장정도 가리켜서
**장정 정, 넷째 천간 정, 성씨 정**

+ '고무래'는 곡식을 말릴 때 넓게 펴서 고르는 도구니, 단단한 나무로 튼튼하게 만들었지요.

**壯丁(장정)** 나이가 젊고 기운이 좋은 남자.
**兵丁(병정)** 병역에 복무하는 장정.

+ 壯(군셀 장, 장할 장), 兵(군사 병)

**訂**

3급 / 총 9획 / 言

**말(言)**을 **고무래(丁)**로 곡식을 펴듯 바로잡으니 **바로잡을 정**

+ 言(말씀 언)

**訂正(정정)** 잘못을 고쳐 바로잡음.
**改訂(개정)** 바르게 고침.

+ 正(바를 정), 改(고칠 개)

**打**

5급 / 총 5획 / 手(扌)

**손(扌)**에 망치 들고 **못(丁)**을 치듯이 치니 **칠 타**

+ 扌(손 수 변)

**打破(타파)** (규정이나 관습, 제도 등을) 쳐 깨뜨림.
**致命打(치명타)** 치명적인(죽을 지경에 이를 정도의) 타격.

+ 破(깨질 파, 다할 파), 致(이룰 치, 이를 치), 命(명령할 명, 목숨 명, 운명 명)

집(宀)에서 마음껏(心) 그릇(皿)에 음식을 담아 먹는 장정(丁)이니

어찌 편안하지 않을까에서 **어찌 녕, 편안할 녕**

+ 약 寍 – 집(宀)에서 마음껏(心) 그릇(皿)에 음식을 담아 먹을 수 있으니 어찌 편안하지 않을까에서 '어찌 녕, 편안할 녕'
+ 宀(집 면), 心(마음 심, 중심 심), 皿(그릇 명)

> **安寧(안녕)** 아무 탈 없이 건강하고 편안함.
> **寧日(영일)** (별다른 일이 없는) 평안한 날.

+ 安(어찌 안, 편안할 안), 日(해 일, 날 일)

3급Ⅱ / 총 14획 / 宀

---

장정(丁)처럼 씩씩하게 **말할(口)** 수 있는 것은 옳으니 **옳을 가**

또 옳으면 가히 허락하니 **가히 가, 허락할 가**

+ 가히 – ('~ㄹ 만하다', '~ㄹ 수 있다', '~ㅁ직하다' 따위와 함께 쓰여) '능히', '넉넉히'의 뜻을 나타내어, 영어의 can과 비슷한 뜻입니다.

> **可否(가부)** ① 옳고 그름의 여부. ② 찬성과 반대의 여부.
> **可能(가능)** '가히 능함'으로, 할 수 있거나 될 수 있는 것. ↔ 불가능(不可能)
> **認可(인가)** 인정하여 허락함.

+ 否(아닐 부, 막힐 비), 能(능할 능), 認(알 인, 인정할 인)

5급 / 총 5획 / 口

---

옳다(可) 옳다(可) 하며 **하품(欠)**하듯 입 벌리고 부르는 노래니 **노래 가**

+ 欠(하품 흠, 모자랄 흠) – 제목번호 130 참고

> **歌謠(가요)** (대중들이 부르는) 노래.
> **歌手(가수)** 노래 부르는 일을 직업으로 삼는 사람.

+ 謠(노래 요), 手(손 수, 재주 수, 재주 있는 사람 수)

7급 / 총 14획 / 欠

---

언덕(阝)에 오를 때처럼 허리 굽히고 **옳다(可)**고만 하며 아첨하니

**아첨할 아**

또 아첨하듯 구부러진 언덕이니 **언덕 아**

+ 阝(언덕 부 변)

> **阿諂(아첨)** (환심을 사려고) 알랑거리는 것.
> **阿丘(아구)** 어느 한쪽이 높은 언덕.

+ 諂(아첨할 첨), 丘(언덕 구)

3급Ⅱ / 총 8획 / 阜(阝)

**5급 / 총 8획 / 水(氵)**

물(氵)이 **가히(可)** 틀을 잡고 흘러가는 내나 강이니
**내 하, 강 하, 성씨 하**

**河川(하천)** 시내. 강.
**運河(운하)** 선박의 통행이나 농지에 물을 대기 위하여 육지를 파서 만든 수로.

+ 川(내 천), 運(운전할 운, 옮길 운, 운수 운)

---

**何**

**3급Ⅱ / 총 7획 / 人(亻)**

사람(亻)이 **옳은(可)** 일만 하는데 누가 무엇을 어찌 하겠는가에서
**어찌 하, 무엇 하**

**何時(하시)** 어느 때. 언제.
**何等(하등)** '무엇 등'으로, '아무, 아무런'의 뜻.

+ 時(때 시), 等(무리 등, 같을 등, 차례 등)

---

**荷**

**3급Ⅱ / 총 11획 / 草(++)**

풀(++) 중 **사람(亻)**에게 **가히(可)** 쓰이는 연이니 **연 하**
또 풀(++)을 **사람(亻)**이 **옳게(可)** 잘 묶어 메는 짐이니 **멜 하, 짐 하**

+ 연꽃은 뿌리나 줄기, 잎까지도 음식이나 차로 이용됩니다. 또 옛날에는 퇴비로 쓰거나 짐
승을 먹여 기르기 위하여 산과 들에 나가 풀을 베었는데, 풀은 짧아서 잘 묶어지지 않으
니 요령 있게 잘 묶어 짊어져야 했지요.

**荷香(하향)** 연의 향기.
**負荷(부하)** 짐을 멤. 또는 그 짐.
**荷重(하중)** 짐의 무게.

+ 香(향기 향), 負(질 부, 패할 부, 빚질 부), 重(무거울 중, 귀중할 중, 거듭 중)

---

**312** 기기기 사사[奇騎寄 司詞] – 奇, 司로 된 한자

**4급 / 총 8획 / 大**

**크게(大) 옳으면(可)** 기이하니 **기이할 기**
또 기이함이 짝도 없는 홀수니 **홀수 기, 성씨 기**

+ 大(큰 대)

**奇異(기이)** 기괴하고 이상함.
**好奇心(호기심)** 기이한 것을 좋아하는 마음.
**奇數(기수)** 홀수.

+ 異(다를 이), 好(좋을 호), 心(마음 심, 중심 심), 數(셀 수, 두어 수, 자주 삭, 운수 수)

---

**騎**

**3급Ⅱ / 총 18획 / 馬**

**말(馬)**을 **기이하게(奇)** 타니 **말 탈 기**

+ 馬(말 마)

**騎士(기사)** ① 말을 탄 무사. ② 중세 유럽의 무인(武人).
**騎馬隊(기마대)** 말을 타는 군인이나 경관의 무리.

+ 士(선비 사, 군사 사, 칭호나 직업 이름에 붙이는 말 사), 隊(무리 대, 군대 대)

**415**

**4급 / 총 11획 / 宀**

집(宀)에 **기이하게(奇)** 붙어사니 **붙어살 기**
또 붙어살도록 부치니 **부칠 기**

+ 宀(집 면), 부치다 – 편지나 물건 따위를 일정한 수단이나 방법을 써서 상대에게로 보내다.

> **寄生(기생)** (홀로 살 수 없는 생물이 다른 생물에) 붙어삶.
> **寄贈(기증)** (물품을) 부쳐 줌.

+ 生(날 생, 살 생, 사람을 부를 때 쓰는 접사 생), 贈(줄 증)

---

**司**

**3급Ⅱ / 총 5획 / 口**

허리 **구부리고(ㄱ) 한(一)** 사람의 **입(口)**에서 나온 명령을 맡으니
**맡을 사**
또 관청에서 일하는 벼슬이니 **벼슬 사**

+ 벼슬 – 관청에서 일을 맡아 다스리는 자리. 또는 그런 일.

> **司會(사회)** 회의 등을 맡아 진행하는 것.
> **上司(상사)** 자기보다 벼슬이 위인 사람.

+ 會(모일 회), 上(위 상, 오를 상)

---

**詞**

**3급Ⅱ / 총 12획 / 言**

말(言)을 **맡아서(司)** 하는 말이나 쓰는 글이니 **말 사, 글 사**

+ 言(말씀 언)

> **感歎詞(감탄사)** 감동이나 탄식을 나타내는 말.
> **作詞(작사)** 글(노랫말)을 지음.

+ 感(느낄 감, 감동할 감), 歎(탄식할 탄, 감탄할 탄), 作(지을 작)

---

## 313 무무술척[戊茂戌戚] – 戊로 된 한자

**3급 / 총 5획 / 戈**

초목(丿)이 **창(戈)**처럼 자라 무성하니 **무성할 무, 다섯째 천간 무**

+ 이 한자는 주로 다섯째 천간으로 쓰이고, '무성하다'의 뜻으로는 茂(무성할 무)를 많이 씁니다.
+ 丿('삐침 별'이지만 여기서는 서 있는 초목의 모양으로 봄), 戈(창 과)

---

**3급Ⅱ / 총 9획 / 草(++)**

풀(++)이 **무성하니(戊)** 무성할 무

> **茂盛(무성)** 초목이 우거짐.
> *松茂栢悅(송무백열) '소나무가 무성하면 잣나무가 기뻐함'으로, 벗이나 형제가 잘됨을 기뻐한다는 말.

+ 盛(성할 성), 松(소나무 송), 栢(잣 백, 측백나무 백), 悅(기쁠 열)

## 戌

3급 / 총 6획 / 戈

**무성하던(戊)** 잎 **하나(一)**까지 떨어지는 구월이니 **구월 술**
또 **무성하게(戊)** 잎 **하나(一)**를 보고도 짖는 개니 **개 술**
또 개는 열한 번째 지지니 **열한 번째 지지 술**

+ 한자 어원에 나오는 월일(月日)은 모두 음력이고, 7 · 8 · 9월이 가을이니 9월은 늦가을이지요.

---

## 戚

3급 II / 총 11획 / 戈

**무성한(戊) 콩(未)**이 한 줄기에 여러 개 열리듯이 같은 줄기에서 태어난 친척이고 겨레니 **친척 척, 겨레 척**

+ 未 - 위(上)부터 작게(小) 열매 맺는 콩이니 '콩 숙 (= 叔, 菽)' - 제목번호 193 참고

**親戚(친척)** 친족과 외척을 아울러 이르는 말.
**姻戚(인척)** 혼인을 통하여 이루어지는 친척.

+ 親(어버이 친, 친할 친), 姻(혼인 인)

---

**314** 4성[成城誠盛] – 成으로 된 한자

## 成

6급 / 총 6획 / 戈

**무성하게(戊) 장정(丁)**처럼 일하여 이루니 **이룰 성, 성씨 성**

+ 丁[고무래 정, 못 정, 장정 정, 넷째 천간 정(丁)의 변형]

**完成(완성)** 완전히 다 이룸.
**成果(성과)** (일이) 이루어진 결과.

+ 完(완전할 완), 果(과실 과, 결과 과)

DAY
16

## 城

4급 II / 총 9획 / 土

**흙(土)**을 쌓아 **이룬(成)** 재나 성이니 **재 성, 성 성**

+ 土(흙 토), 재 - 높은 산의 고개.

**山城(산성)** 산 위에 쌓은 성.
**不夜城(불야성)** '밤이 없는 성'으로, 등불이 많아 밤에도 대낮처럼 밝은 곳.

+ 山(산 산), 夜(밤 야)

---

## 誠

4급 II / 총 13획 / 言

**말(言)**한 대로 **이루려고(成)** 들이는 정성이니 **정성 성**

+ 言(말씀 언)

**誠金(성금)** 정성으로 내는 돈.
**至誠(지성)** 지극한 정성.

+ 金(쇠 금, 금 금, 돈 금, 성씨 김), 至(이를 지, 지극할지)

**盛**

4급II / 총 11획 / 皿

이루어진(成) 음식을 **그릇(皿)**에 많이 차려 성하니 **성할 성**

+ 皿(그릇 명), 성하다 – 한창 왕성하다.

> **盛大(성대)** 성하고 큼.
> **盛業(성업)** 사업이 썩 잘됨.

+ 業(업 업, 일 업)

---

**威**

4급 / 총 9획 / 女

개(戌)처럼 못난 사람이 **여자(女)** 같은 약자에게 보이는 위엄이니 **위엄 위**

> **威嚴(위엄)** 위세가 있어 의젓하고 엄숙한 태도.
> **威脅(위협)** 위력(威力)으로 으르고 협박함.

+ 嚴(엄할 엄), 脅(위협할 협, 협박할 협), 力(힘 력)

---

크기를 **그치고(止)** 개(戌)가 **작은(少)** 새끼를 낳으면 태어난 지 한 해가 된 세월이니 **해 세, 세월 세**

+ 止(그칠 지), 少[적을 소, 젊을 소(少)의 획 줄임으로 여기서는 작다는 뜻], 개는 태어난 지 1년쯤 되면 크기를 그치고(다 커서) 새끼를 낳는다는 데서 만들어진 글자.

> **歲拜(세배)** '해의 절'로, 섣달그믐이나 정초에 웃어른에게 하는 절.
> **歲月(세월)** ① 흘러가는 시간. ② 지내는 형편이나 사정 또는 재미. ③ 살아가는 세상.

+ 拜(절 배), 月(달 월, 육 달 월)

**歲**

5급 / 총 13획 / 止

---

**滅**

3급II / 총 13획 / 水(氵)

물(氵)을 개(戌)에 붙은 **불(火)**에 뿌리면 꺼지니 **꺼질 멸** 또 꺼지듯 멸하니 **멸할 멸**

> **滅菌(멸균)** 균을 죽임. 살균(殺菌).
> **滅亡(멸망)** (국가나 민족·종족 등이) 망하여 없어짐.

+ 菌(버섯 균, 세균 균), 殺(죽일 살, 빠를 쇄, 감할 쇄), 亡(망할 망, 달아날 망, 죽을 망)

# 咸

3급 / 총 9획 / 口

개(戌)는 한 마리만 짖어도(口) 다 짖으니 **다 함, 성씨 함**

**咸悅(함열)** 다 기뻐함.
**咸平(함평)** 모두가 평화로움.

+ 悅(기뻐할 열), 平(평평할 평, 평화 평)

# 減

4급II / 총 12획 / 水(氵)

물(氵)기가 **다하면(咸)** 줄어들 듯 더니 **줄어들 감, 덜 감**

+ 속 减 – 얼음(冫)이 다(咸) 녹으면 줄어드니 '줄어들 감'
+ 氵(삼 수 변), 冫(이 수 변)

**減員(감원)** 인원을 줄임.
**減速(감속)** 빠르기(속도)를 줄임.

+ 員(관원 원, 사람 원), 速(빠를 속)

# 感

6급 / 총 13획 / 心

(정성을) **다하여(咸)** 마음(心) 쓰면 느끼고 감동하니
**느낄 감, 감동할 감**

+ 心(마음 심, 중심 심)

**感情(감정)** 느끼어 일어나는 심정. 마음. 기분.
**感動(감동)** 깊이 느끼어 마음이 움직임.

+ 情(뜻 정, 정 정), 動(움직일 동)

DAY 16

# 弓

3급II / 총 3획 / 弓

등이 굽은 활()을 본떠서(弖) **활 궁**

**弓道(궁도)** ① 활을 쏘는 기술을 닦는 일. ② 활 쏘는 데 지켜야 할 도리.
**洋弓(양궁)** 서양식 활.

+ 道(길 도, 도리 도, 말할 도, 행정 구역의 도), 洋(큰 바다 양, 서양 양)

# 引

4급II / 총 4획 / 弓

활(弓)시위에 화살( ㅣ )을 걸고 잡아끄니 **끌 인**

+ ㅣ('뚫을 곤'이지만 여기서는 화살로 봄)

**引上(인상)** (물건값을) 끌어올림.
**引率(인솔)** (사람을) 이끌고 감.

+ 上(위 상, 오를 상), 率(비율 률, 거느릴 솔, 솔직할 솔)

**弔**

3급 / 총 4획 / 弓

(옛날 전쟁터에서 전우가 죽으면) **막대(丨)**에 **활(弓)**을 걸고 조문했으니
**조문할 조**

+ 속 吊 - 입(口)에 수건(巾)을 대고 슬퍼하며 조문하니 '조문할 조'
+ 丨('뚫을 곤'이지만 여기서는 막대로 봄), 巾(수건 건)

> **弔問(조문)** 상주(喪主)된 사람을 위문함.
> **弔文(조문)** 고인의 명복을 비는 글.

+ 問(물을 문), 喪(초상날 상, 잃을 상), 主(주인 주), 文(무늬 문, 글월 문)

---

**弟**

8급 / 총 7획 / 弓

**머리 땋고(丫) 활(弓)**과 **화살(丿)**을 가지고 노는 아이는 아우나 제자니
**아우 제, 제자 제**

+ 丫 - 나무줄기가 갈라지게 묶은 모양(가장귀)을 본떠서 만든 상형 문자로 '가장귀 아, 가장귀지게 묶은 머리 아'
+ 丿('삐침 별'이지만 여기서는 화살의 모양으로 봄), 가장귀 - 나뭇가지의 갈라진 부분. 또는 그렇게 생긴 나뭇가지.

> **兄弟(형제)** 형과 동생.
> **弟子(제자)** 스승의 가르침을 받거나 받은 사람.

+ 兄(형 형, 어른 형), 子(아들 자, 첫째 지지 자, 자네 자, 접미사 자)

---

**第**

8급 / 총 11획 / 竹(⺮)

**대(⺮) 마디나 아우(弟)**처럼 있는 차례니 **차례 제**

+ 弟[아우 제(弟)의 변형]

> **第三者(제삼자)** '차례로 세 번째 사람'으로, 직접 관계없는 남을 말함.
> **及第(급제)** '차례에 이름'으로, 과거나 시험에 합격됨. ↔ 낙제(落第 - 차례에 떨어짐)

+ 者(놈 자, 것 자), 及(이를 급, 미칠 급), 落(떨어질 락)

---

**318**　　약이 홍강[弱夷 弘強] - 弓, 弘으로 된 한자

**弱**

6급 / 총 10획 / 弓

한 번에 **활 두 개(弓弓)**에다 **화살 두 개(丿丿)**씩을 끼워 쏘면 힘이 약하니
**약할 약**

+ 丿('삐침 별'이지만 여기서는 화살로 봄)

> **弱點(약점)** 모자라서 남에게 뒤떨어지거나 떳떳하지 못한 점.
> **微弱(미약)** 미미하고 약함.

+ 點(점 점, 불 켤 점), 微(작을 미)

3급 / 총 6획 / 大

크게(大) 활(弓) 잘 쏘는 동쪽 민족이니 **동쪽 민족 이**
또 크게(大) 활(弓) 들고 싸우려고만 하는 오랑캐니 **오랑캐 이**

**東夷(동이)** '동쪽 오랑캐'로, 옛날 중국에서 그들의 동쪽에 사는 다른 민족을 얕잡아 이르던 말.
**以夷制夷(이이제이)** '오랑캐로 오랑캐를 무찌름'으로, 한 세력을 이용하여 다른 세력을 제어함을 이르는 말.

+ 東(동쪽 동, 주인 동), 以(써 이, 까닭 이), 制(제도 제, 억제할 제)

---

3급 / 총 5획 / 弓

활(弓)시위를 내(厶) 앞으로 당기면 넓게 커지니 **넓을 홍, 클 홍**

+ 厶(사사로울 사, 나 사)

**弘報(홍보)** 널리 알림. 또는 그 보도나 소식.
**弘益人間(홍익인간)** 널리 인간세계를 이롭게 함.

+ 報(알릴 보, 갚을 보), 益(더할 익, 유익할 익), 間(사이 간)

---

6급 / 총 11획 / 弓

큰(弘) 벌레(虫)는 강하니 **강할 강**
또 강하게 밀어붙이는 억지니 **억지 강**

+ [속] 強 - 활(弓)처럼 당겨 입(口)으로 벌레(虫)가 무는 힘이 강하니 '강할 강'
　　　또 강하게 밀어붙이는 억지니 '억지 강'
+ 虫(벌레 충)

**強弱(강약)** 강함과 약함.
**強賣(강매)** 억지로 팖.

+ 賣(팔 매)

---

**319** 불불불비[弗佛拂費] – 弗로 된 한자

---

2급 / 총 5획 / 弓

하나의 활(弓)로 동시에 **두 개의 화살(丿)은** 쏘지 않으니 **아닐 불**
또 글자가 미국 돈 달러($)와 비슷하니 **달러 불**

+ 弗이 들어간 한자를 약자로 쓸 때는 弗 부분을 사사로울 사, 나 사(厶)로 씁니다.
+ 丿('뚫을 곤'의 변형이지만 여기서는 화살로 봄), 한 활에 동시에 두 개의 화살을 쏘면 힘이 약하고 조준이 어려우니 잘 쏘지 않지요.

---

4급 II / 총 7획 / 人(亻)

보통 사람(亻)이 아닌(弗) 듯 도를 깨친 부처니 **부처 불**
또 발음이 프랑스와 비슷하니 **프랑스 불**

+ [약] 仏 - 사람(亻)이 사사로이(厶) 모시는 부처니 '부처 불'

**佛敎(불교)** 부처의 가르침.
**佛語(불어)** ① 프랑스 말. ② 부처님 말씀.

+ 敎(가르칠 교), 語(말씀 어)

**421**

**3급II / 총 8획 / 手(扌)**

손(扌)으로 아니라며(弗) 떨치니 **떨칠 불**

+ 약 払 – 손(扌)으로 사사로이(厶) 떨치니 '떨칠 불'

> \*拂拭(불식) 털고 닦아 깨끗이 함.
> **支拂(지불)** '갈라서 없앰'으로, 값을 치러 줌.

+ 拭(닦을 식), 支(다룰 지, 가를 지, 지출할 지)

---

귀하지 않게(弗) 재물(貝)을 쓰니 **쓸 비**

또 쓰는 비용이니 **비용 비**

**5급 / 총 12획 / 貝**

+ 貝(조개 패, 재물 패, 돈 패)

> **消費(소비)** 돈이나 물자·시간·노력 따위를 들이거나 써서 없앰.
> **旅費(여비)** 여행에 드는 비용.

+ 消(끌 소, 삭일 소, 물러설 소), 旅(군사 려, 나그네 려)

---

| 320 | 시실의 지지 후후[矢失矣 知智 侯候] – 矢, 知, 侯로 된 한자 |

**3급 / 총 5획 / 矢**

화살을 본떠서 **화살 시**

> **已發之矢(이발지시)** '이미 쏘아 놓은 화살'로, 이왕에 시작한 일이라 중도에 그만두기 어려운 형편을 비유적으로 이르는 말.
> \*嚆矢(효시) ① 우는살(예전에, 전쟁 때에 쓰던 화살의 하나). ② (화살을 쏘아 싸움을 시작하는 신호를 했다는 데서) 어떤 사물이나 현상이 시작되어 나온 맨 처음을 비유적으로 이르는 말.

+ 已(이미 이), 發(쏠 발, 일어날 발), 嚆(울 효)

---

**6급 / 총 5획 / 大**

화살 시(矢)의 위를 연장하여 이미 쏜 화살을 나타내어

(쏜 화살은 잃어버린 것이란 데서) **잃을 실**

> **失職(실직)** 직업을 잃음. 실업(失業). ↔ 취직(就職)
> **過失(과실)** 잘못함이나 허물. ↔ 고의(故意)

+ 職(벼슬 직, 맡을 직), 業(업 업, 일 업), 就(나아갈 취, 이룰 취), 過(지날 과, 지나칠 과, 허물 과), 故(연고 고, 옛 고), 意(뜻 의)

---

**3급 / 총 7획 / 矢**

내(厶)가 쏜 화살(矢)이 목표에 다다랐다는 데서,

문장의 끝에 쓰여 완료를 나타내는 어조사니 **어조사 의**

> **鮮矣仁(선의인)** 적도다! 인이. ["듣기만 좋게 꾸며서 말하고 얼굴색을 잘 꾸미는 사람치고 어진 이가 드물다"는 논어 구절 중 일부]
> **足且足矣(족차족의)** 아주 흡족하고 넉넉하여 기준에 차고도 남음.

+ 鮮(고울 선, 깨끗할 선, 싱싱할 선), 仁(어질 인), 足(발 족, 넉넉할 족), 且(또 차, 구차할 차)

# 知

5급 / 총 8획 / 矢

(과녁을 맞히는) **화살(矢)**처럼 사실에 맞추어 **말할(口)** 정도로 아니 **알 지**

**親知(친지)** 친하게 알고 지내는 사람.
**認知(인지)** (어떤 사실을) 인정하여 앎.

+ 親(어버이 친, 친할 친), 認(알 인, 인정할 인)

# 智

4급 / 총 12획 / 日

**아는(知)** 것을 응용하여 **해(日)**처럼 비추는 지혜니 **지혜 지**

**智慧(지혜)** 사물의 이치를 빨리 깨닫고 정확하게 처리하는 정신적 능력.
**衆智(중지)** 여러 사람의 생각이나 의지.
**智者 不失時(지자 불실시)** 지혜로운 사람은 때를 놓치지 않음.

+ 慧(밝을 혜, 지혜 혜), 衆(무리 중), 者(놈 자, 것 자), 失(잃을 실), 時(때 시)

# 侯

3급 / 총 9획 / 人(亻)

**사람(亻)**이 **만들어(ㄱ) 화살(矢)**을 쏘는 과녁이니 **과녁 후**
또 과녁을 잘 맞힌 사람이 되었던 제후니 **제후 후**

+ ㄱ[장인 공, 만들 공, 연장 공(工)의 변형]

**諸侯(제후)** 봉건 시대에 제왕으로부터 일정한 영토(領土)를 받아 영내의 백성을 다스리는 영주.
**侯爵(후작)** 다섯 작위(公·侯·伯·子·男) 중 둘째 벼슬.

+ 諸(모든 제, 여러 제), 領(거느릴 령, 우두머리 령), 爵(벼슬 작, 술잔 작), 伯(맏 백, 우두머리 백)

# 候

4급 / 총 10획 / 人(亻)

바람에 날릴까봐 **과녁(侯)**에 **화살(丨)**을 쏠 때는 기후를 염탐하니
**기후 후, 염탐할 후**

+ 丨('뚫을 곤'이지만 여기서는 화살로 봄)

**氣候(기후)** 기온, 비, 눈, 바람 따위의 대기(大氣) 상태.
**候補(후보)** '기움을 염탐함'으로, 어떤 자리에 등용될 수 있는 자격을 갖추고 그 자리를 염탐하고 있는 사람.

+ 氣(기운 기, 대기 기), 補(기울 보)

# 구조로 한자 되짚어 보기

### 301 참점참잠[斬漸慙暫] – 斬으로 된 한자

도끼 근, 저울 근[斤] 앞에 수레 거, 차 차[車]면 벨 참, 죽일 참[斬],
**벨 참, 죽일 참[斬]** 앞에 삼 수 변[氵]이면 점점 점[漸], 아래에 마음 심, 중심 심[心]이면 부끄러울 참[慙], 해 일, 날 일[日]이면 잠깐 잠[暫]

### 302 절철서서[折哲逝誓] – 折로 된 한자

도끼 근, 저울 근[斤] 앞에 손 수 변[扌]이면 꺾을 절[折],
**꺾을 절[折]** 아래에 입 구, 말할 구, 구멍 구[口]면 밝을 철[哲], 뛸 착, 갈 착[辶]이면 갈 서, 죽을 서[逝], 말씀 언[言]이면 맹세할 서[誓]

### 303 무잠 기개개[无(无)潛 旣慨槪] – 无(无), 旣로 된 한자

둘 이[二]에 사람 인 발, 어진사람 인[儿]의 변형[ㄥ]이면 없을 무[无], 한 일[一]과 감출 혜, 덮을 혜[匚]의 변형[ㄴ]에 사람 인 발, 어진사람 인[儿]의 변형[ㄥ]이면 **없을 무[无]**, 없을 무 둘[旡无]과 가로 왈[曰] 앞에 삼 수 변[氵]이면 잠길 잠, 감출 잠, 숨길 잠[潛], 없을 무[无] 앞에 흰 백, 밝을 백, 깨끗할 백, 아뢸 백[白]과 비수 비, 숟가락 비[匕]면 이미 기[旣], **이미 기[旣]**의 변형[旣] 앞에 마음 심 변[忄]이면 슬퍼할 개[慨], 나무 목[木]이면 대개 개, 대강 개[槪]

### 304 익대 과벌 식시[弋代 戈伐 式試] – 弋, 戈, 式으로 된 한자

주살을 본떠서 주살 익[弋], **주살 익[弋]** 앞에 사람 인 변[亻]이면 대신할 대, 세대 대[代],
주살 익[弋]에 삐침 별[丿]이면 창 과[戈], **창 과[戈]** 앞에 사람 인 변[亻]이면 칠 벌[伐],
주살 익[弋] 아래에 장인 공, 만들 공, 연장 공[工]이면 법 식, 의식 식[式], **법 식, 의식 식[式]** 앞에 말씀 언[言]이면 시험할 시[試]

### 305 잔(전)전잔 천천천[戔錢殘 踐賤淺] – 戔으로 된 한자

창 과[戈] 둘을 합쳐서 해칠 잔, 적을 전, 쌓일 전, 나머지 잔[戔], **해칠 잔, 적을 전, 쌓일 전, 나머지 전[戔]** 앞에 쇠 금, 금 금, 돈 금, 성씨 김[金]이면 돈 전[錢], 뼈 부서질 알, 죽을 사 변[歹]이면 잔인할 잔, 해칠 잔, 나머지 잔[殘], 발 족, 넉넉할 족[足]의 변형[⻊]이면 밟을 천, 행할 천[踐], 조개 패, 재물 패, 돈 패[貝]면 천할 천, 업신여길 천[賤], 삼 수 변[氵]이면 얕을 천[淺]

### 306 혹역혹국[或域惑國] – 或으로 된 한자

창 과[戈]에 입 구, 말할 구, 구멍 구[口]와 한 일[一]이면 혹시 혹[或],
**혹시 혹[或]** 앞에 흙 토[土]면 구역 역[域], 아래에 마음 심, 중심 심[心]이면 유혹할 혹, 어지러울 혹[惑], 둘레에 에운담[囗]이면 나라 국[國]

## 307 3재 재철[戈栽裁載 哉鐵] - 戈, 哉로 된 한자

끊을 재[戈] 아래에 나무 목[木]이면 심을 재, 기를 재[栽], 옷 의[衣]면 재단할 제, 헤아릴 제, 결단할 재[裁], 수레 거, 차 차[車]면 실을 재, 해 재[載],

입 구, 말할 구, 구멍 구[口]면 어조사 재, 비로소 재[哉], 어조사 재, 비로소 재[哉] 아래에 임금 왕, 으뜸 왕, 구슬 옥 변[王], 앞에 쇠 금, 금 금, 돈 금, 성씨 김[金]이면 쇠 철[鐵]

## 308 이치야 련성섭[耳恥耶 聯聲攝] - 耳로 된 한자

귀를 본떠서 귀 이[耳], 귀 이[耳] 뒤에 마음 심, 중심 심[心]이면 부끄러울 치[恥], 고을 읍 방[阝]이면 어조사 야[耶], 작을 요, 어릴 요 둘[幺幺]과 이쪽[丿] 저쪽[卜] 모양이면 잇닿을 련, 이을 련[聯],

위에 선비 사, 군사 사, 칭호나 직업 이름에 붙이는 말 사[士]와 뱀 파[巴]의 변형[冖]이면 칠 수, 창 수, 몽둥이 수[殳]면 소리 성[聲], 귀 이 셋[聶] 앞에 손 수 변[扌]이면 끌어당길 섭, 알맞게 할 섭[攝]

## 309 직직식(지)[職織識] - 戠로 된 한자

소리 음[音]과 창 과[戈] 앞에 귀 이[耳]면 맡을 직, 벼슬 직[職], 실 사, 실 사 변[糸]이면 짤 직[織], 말씀 언[言]이면 알 식, 기록할 지[識]

## 310 정정타녕[丁訂打寧] - 丁으로 된 한자

고무래나 못을 본떠서 고무래 정, 못 정[丁], 또 고무래처럼 튼튼한 장정도 가리켜서 장정 정, 넷째 천간 정[丁],

고무래 정, 못 정, 장정 정, 넷째 천간 정[丁] 앞에 말씀 언[言]이면 바로잡을 정[訂], 손 수 변[扌]이면 칠 타[打], 위에 집 면[宀]과 마음 심, 중심 심[心], 그릇 명[皿]이면 어찌 녕, 편안할 녕[寧]

## 311 가가아하 하하[可歌阿河 何荷] - 可, 何로 된 한자

고무래 정, 못 정, 장정 정, 넷째 천간 정[丁] 안에 입 구, 말할 구, 구멍 구[口]면 옳을 가, 가히 가, 허락할 가[可], 옳을 가, 가히 가, 허락할 가[可] 둘[哥] 뒤에 하품 흠, 모자랄 흠[欠]이면 노래 가[歌], 앞에 언덕 부 변[阝]이면 아첨할 아, 언덕 아[阿], 삼 수 변[氵]이면 내 하, 강 하[河],

사람 인 변[亻]이면 어찌 하, 무엇 하[何], 어찌 하, 무엇 하[何] 위에 초 두[艹]면 연 하, 멜 하, 짐 하[荷]

## 312 기기기 사사[奇騎寄 司詞] - 奇, 司로 된 한자

옳을 가, 가히 가, 허락할 가[可] 위에 큰 대[大]면 기이할 기, 홀수 기[奇], 기이할 기, 홀수 기[奇] 앞에 말 마[馬]면 말 탈 기[騎], 위에 집 면[宀]이면 붙어살 기, 부칠 기[寄], 허리 구부린 모양[ᄀ] 안에 한 일[一]과 입 구, 말할 구, 구멍 구[口]면 맡을 사, 벼슬 사[司], 맡을 사, 벼슬 사[司] 앞에 말씀 언[言]이면 말 사, 글 사[詞]

## 313 무무술척[戊茂戌戚] - 戊로 된 한자

삐침 별[丿]에 창 과[戈]면 무성할 무, 다섯째 천간 무[戊], 무성할 무, 다섯째 천간 무[戊] 위에 초 두[艹]면 무성할 무[茂], 무성할 무, 다섯째 천간 무[戊] 안에 한 일[一]이면 구월 술, 개 술, 열한 번째 지지 술[戌], 콩 숙[尗]이면 친척 척[戚]

## 314 4성[成城誠盛] – 成으로 된 한자

무성할 무, 다섯째 천간 무[戊] 안에 고무래 정, 못 정, 장정 정, 넷째 천간 정[丁]의 변형[丁]이면 이룰 성[成], 이룰 성[成] 앞에 흙 토[土]면 성 성[城], 말씀 언[言]이면 정성 성[誠], 아래에 그릇 명[皿]이면 성할 성[盛]

## 315 위세멸[威歲滅] – 戌로 된 한자

구월 술, 개 술, 열한 번 째지지 술[戌] 안에 여자 녀[女]면 위엄 위[威], 적을 소, 젊을 소[少]의 변형[少], 위에 그칠 지[止]면 해 세, 세월 세[歲], 안에 불 화[火], 앞에 삼 수 변[氵]이면 꺼질 멸, 멸할 멸[滅]

## 316 함감감[咸減感] – 咸으로 된 한자

구월 술, 개 술, 열한 번 째지지 술[戌] 안에 입 구, 말할 구, 구멍 구[口]면 다 함[咸],
다 함[咸] 앞에 삼 수 변[氵]이면 줄어들 감, 덜 감[減], 아래에 마음 심, 중심 심[心]이면 느낄 감, 감동할 감[感]

## 317 궁인조 제제[弓引弔 弟第] – 弓, 弟로 된 한자

등이 굽은 활을 본떠서 활 궁[弓], 활 궁[弓]에 뚫을 곤[丨]을 뒤에 붙이면 끌 인[引], 사이에 넣으면 조문할 조[弔],
가장귀 아, 가장귀지게 묶은 머리 아[丫]에 활 궁[弓]과 삐침 별[丿]이면 아우 제, 제자 제[弟], 아우 제, 제자 제[弟]의 변형[弟] 위에 대 죽[竹]이면 차례 제[第]

## 318 약이 홍강[弱夷 弘強] – 弓, 弘으로 된 한자

활 궁[弓]에 삐침 별 둘[丿丿], 활 궁[弓]에 삐침 별 둘[丿丿]이면 약할 약[弱], 큰 대[大] 중간에 활 궁[弓]이면 동쪽 민족 이, 오랑캐 이[夷],
활 궁[弓] 뒤에 사사로울 사, 나 사[厶]면 넓을 홍, 클 홍[弘], 넓을 홍, 클 홍[弘]에 벌레 충[虫]이면 강할 강, 억지 강[強]

## 319 불불불비[弗佛拂費] – 弗로 된 한자

활 궁[弓]에 뚫을 곤 둘[丨丨]이면 아닐 불, 달러 불[弗],
아닐 불, 달러 불[弗] 앞에 사람 인 변[亻]이면 부처 불, 프랑스 불[佛], 손 수 변[扌]이면 떨칠 불[拂], 아래에 조개 패, 재물 패, 돈 패[貝]면 쓸 비, 비용 비[費]

## 320 시실의 지지 후후[矢失矣 知智 侯候] – 矢, 知, 侯로 된 한자

화살을 본떠서 화살 시[矢], 화살 시[矢]의 위를 연장하여 잃을 실[失], 화살 시[矢] 위에 사사로울 사, 나 사[厶]면 어조사 의[矣],
뒤에 입 구, 말할 구, 구멍 구[口]면 알 지[知], 알 지[知] 아래에 해 일, 날 일[日]이면 지혜 지[智],
화살 시[矢] 위에 장인 공, 만들 공, 연장 공[工]의 변형[ㄱ], 앞에 사람 인 변[亻]이면 과녁 후, 제후 후[侯], 과녁 후, 제후 후[侯]에 뚫을 곤[丨]이면 기후 후, 염탐할 후[候]

# 확인문제

**01~04** 다음 漢字의 훈(뜻)과 음(소리)를 쓰시오.

01. 慙 (                )          02. 哲 (                )

03. 旣 (                )          04. 潛 (                )

**05~08** 다음 훈음에 맞는 漢字를 쓰시오.

05. 소리 성 (                )     06. 짤 직 (                )

07. 정성 성 (                )     08. 위엄 위 (                )

**09~12** 다음 漢字語의 讀音을 쓰시오.

09. 實踐 (                )        10. 賤待 (                )

11. 誘惑 (                )        12. 栽培 (                )

**13~14** 다음 문장에서 밑줄 친 낱말을 漢字로 쓰시오.

13. 비오는 날에는 자동차를 감속하여 운행해야 한다. (                )

14. 문화 유적에는 조상들의 정신과 지혜가 담겨 있다. (                )

**15~16** 다음 문장에서 漢字로 표기된 낱말의 讀音을 쓰시오.

15. 약속 시간이 漸漸 가까워진다.                (                )

16. 국민이 깨어 있으면 獨裁권력은 나타날 수 없다. (                )

**17~18** 다음 뜻풀이에 맞는 낱말을 漢字로 쓰시오.

17. 하느님이 맡긴 직업.        (                )

18. 여행에 드는 비용.          (                )

**19~20** 다음 漢字語의 뜻을 쓰시오.

19. 恥辱 (                            )

20. 聯想 (                            )

---

**정답**

01. 부끄러울 참    05. 聲      09. 실천    13. 減速    17. 天職
02. 밝을 철        06. 織      10. 천대    14. 知慧    18. 旅費
03. 이미 기        07. 誠      11. 유혹    15. 점점    19. 수치와 모욕.
04. 잠길 잠        08. 威      12. 재배    16. 독재    20. 이어서 생각함.

| 321 | 장편 장장[爿片 將獎] – 爿片과 將으로 된 한자 |

**爿**

나무를 세로로 나눈 왼쪽 조각을 본떠서 **나무 조각 장**
또 나무 조각이라도 들고 싸우는 장수니 **장수 장 변**

+ 약 丬

총 4획 / 부수자

**片**

나무를 세로로 나눈 오른쪽 조각을 본떠서 **조각 편**

> **破片(파편)** 깨어지거나 부서진 조각.
> **斷片(단편)** ① 끊어지거나 쪼개진 조각. ② 전반에 걸치지 않고 한 부분에만 국한된 조각.
> + **短篇(단편)** 짤막하게 지은 글.

+ 破(깨질 파, 다할 파), 斷(끊을 단, 결단할 단), 短(짧을 단, 모자랄 단), 篇(책 편)

3급II / 총 4획 / 片

**將**

(전쟁터에 나가기 전에) **나무 조각(爿)**에 **고기(夕)**를 차려 놓고 **법도(寸)**에 따라
제사 지내는 장수니 **장수 장**
또 장수는 장차 전쟁이 나면 나아가 싸워야 하니 **장차 장, 나아갈 장**

+ 약 将
+ 夕[달 월, 육 달 월(月)의 변형], 寸(마디 촌, 법도 촌)

> **將兵(장병)** 장교와 병사.
> **將次(장차)** '앞으로'로, 미래의 어느 때를 나타내는 말.
> **日就月將(일취월장)** '날로 나아가고 달로 나아감'으로, 계속 발전해 나아감.

+ 兵(병사 병), 次(다음 차, 차례 차, 번 차), 就(나아갈 취, 이룰 취)

4급II / 총 11획 / 寸

**獎**

**장차(將) 크게(大)** 되도록 권면하고 장려하니 **권면할 장, 장려할 장**

+ 본자는 큰 대(大) 대신 개 견(犬)을 쓴 奬입니다.
+ 권면(勸勉) – 알아듣도록 권하고 격려하여 힘쓰게 함.
+ 勸(권할 권), 勉(힘쓸 면)

> **獎勵(장려)** 힘써 권함.
> **勸獎(권장)** 권하여 장려함.

+ 勵(힘쓸 려)

4급 / 총 14획 / 大

**狀**
4급Ⅱ / 총 8획 / 犬(犭)

나무 조각(爿)에 그린 **개(犬)**의 모습이니 **모습 상**
또 (글자가 없었던 옛날에) 모습을 그려 작성했던 문서니 **문서 장**

+ 약 状
+ 犬(개 견), 犭[나무 조각 장, 장수 장 변(爿)의 약자]

**狀況(상황)** (일이 되어 가는) 과정이나 형편.
**案內狀(안내장)** 안내하는 내용을 적은 문서.

+ 況(상황 황, 하물며 황), 案(책상 안, 생각 안, 계획 안), 內(안 내, 나인 나)

---

**壯**
4급 / 총 7획 / 士

나무 조각(爿)이라도 들고 **군사(士)**가 싸우는 모습이 장하고 씩씩하니
**장할 장, 씩씩할 장**

+ 약 壮
+ 士(선비 사, 군사 사, 칭호나 직업 이름에 붙이는 말 사), 장하다 - ① 기상이나 인품이
훌륭하다. ② 크고 성대하다.

**壯士(장사)** (기개와 체질이) 굳센 사람.
**雄壯(웅장)** '크고 굳셈'으로, 규모 따위가 거대하고 성대함.

+ 雄(수컷 웅, 클 웅)

---

**莊**
3급Ⅱ / 총 11획 / 草(++)

초목(++)을 장하게(壯) 가꾸어 장엄하니 **장엄할 장**
또 초목(++)을 장하게(壯) 가꾼 곳에 지은 별장이니 **별장 장, 성씨 장**

+ 약 荘

**莊嚴(장엄)** 경건하고 엄숙함.
**別莊(별장)** 본집과 별도로 경치 좋은 곳에 마련한 집.

+ 嚴(엄할 엄), 別(나눌 별, 다를 별)

---

**裝**
4급 / 총 13획 / 衣

장하게(壯) 옷(衣)으로 꾸미니 **꾸밀 장**

+ 약 装
+ 衣(옷 의)

**裝飾(장식)** 치장하여 꾸밈. 또는 그 꾸밈새.
**非武裝(비무장)** 무기로 꾸미지 않음.

+ 飾(꾸밀 식), 非(어긋날 비, 아닐 비, 나무랄 비), 武(군사 무, 무기 무)

DAY
17

**429**

총 5획 / 부수자

### 머리 부분(亠)을 나무 조각( 丬 )에 기대야 할 정도로 병드니 **병들 녁**

+ 亠(머리 부분 두), 丬[나무 조각 장, 장수 장 변(爿)의 약자]

3급 II / 총 9획 / 疒

### 병(疒) 중 창(殳) 들고 쳐들어오듯이 빨리 전염되는 염병이니 **전염병 역, 염병 역**

+ 염병(染病) – ① '전염병(傳染病)'의 준말. ② '장티푸스'를 속되게 이르는 말.
+ 疒(병들 녁), 染(물들일 염), 病(병 병, 근심할 병), 傳(전할 전, 이야기 전)

> **檢疫(검역)** 전염병의 유무를 진단 검사하고, 소독하는 일.
> **防疫(방역)** 전염병을 소독이나 예방 주사 등으로 막음.

+ 檢(검사할 검), 防(둑 방, 막을 방)

---

病

6급 / 총 10획 / 疒

### 병들어(疒) 밤새 불 밝혀(丙) 놓고 간호하며 근심하니 **병 병, 근심할 병**

+ 丙(남쪽 병, 밝을 병, 셋째 천간 병), 병이 심하면 저녁에도 불을 켜 놓고 간호하며 근심하지요.

> **病苦(병고)** 병으로 인한 괴로움.
> **持病(지병)** (오랫동안 낫지 않아) 늘 가지고 있는 병.

+ 苦(쓸 고, 괴로울 고), 持(가질 지)

---

疾

3급 II / 총 10획 / 疒

### 병(疒) 중 화살(矢)처럼 빨리 번지는 병이니 **병 질, 빠를 질**

+ 疒(병들 녁), 병들 병(病)은 걸리기도 어렵고 낫기도 어려운 고질병을, 병 질(疾)은 화살 시(矢)가 들어갔으니 걸리기도 쉽고 낫기도 쉬운 가벼운 병을 뜻하지만 보통 같이 쓰입니다.

> **疾病(질병)** 몸의 온갖 병. 질환(疾患).
> **疾走(질주)** 빨리 달림.

+ 患(근심 환), 走(달릴 주, 도망갈 주)

---

痛

4급 / 총 12획 / 疒

### 병(疒) 기운이 솟은(甬) 듯 아프니 **아플 통**

+ 甬(솟을 용, 날랠 용) – 제목번호 274 참고

> **痛症(통증)** 아픈 증상.
> **痛感(통감)** (마음에 사무치도록) 아프게 느낌.

+ 症(증세 증), 感(느낄 감, 감동할 감)

**430**

## 缶

특급 II / 총 6획 / 缶

**사람(𠂉)**이 **하나(一)**의 **산(山)**처럼 길쭉하게 만든 장군이나 두레박이니
**장군 부, 두레박 관**

+ 두레박 관(罐)의 약자. – 특급 II
+ 장군 – 장군은 물이나 술·오줌 같은 액체를 담아 나르던 도구로, 달걀을 눕혀 놓은 모양입니다.

---

## 陶

3급 II / 총 11획 / 阜(阝)

**언덕(阝)**의 **가마(匋)**에서 구워 만든 질그릇이니 **질그릇 도**
또 질그릇으로 술을 마시며 즐기니 **즐길 도**

+ 匋 – 흙으로 싸서(勹) 장군(缶)처럼 만든 질그릇 가마니 '질그릇 가마 도'
　　　또 질그릇 가마에 구워 만든 질그릇이니 '질그릇 도'
+ 阝(언덕 부 변), 勹(쌀 포)

> **陶器(도기)** 질흙을 빚어서 비교적 낮은 온도로 구운 도자기.
> **陶醉(도취)** '즐겨 취함'으로, ① 무엇에 홀린 듯이 열중하거나 기분이 좋아짐. ② 거나하게 술이 취함.

+ 器(그릇 기, 기구 기), 醉(취할 취)

---

## 䍃

급외자 / 총 10획 / 缶

**고기(夕)** 등을 넣도록 **장군(缶)**처럼 만든 질그릇이니 **질그릇 요**

+ 夕[달 월, 육 달 월(月)의 변형]

---

## 搖

3급 / 종 13획 / 手(扌)

**손(扌)**으로 **질그릇(䍃)**을 흔드니 **흔들 요**

> **搖動(요동)** 흔들림.
> **搖亂(요란)** '흔들리고 어지러움'으로, 시끄럽고 떠들썩함.

+ 動(움직일 동), 亂(어지러울 란)

---

## 謠

4급 II / 총 17획 / 言

**말(言)**하듯 **질그릇(䍃)** 같은 술잔을 두드리며 부르는 노래니 **노래 요**

+ 言(말씀 언)

> **童謠(동요)** 어린이를 위하여 동심(童心)을 바탕으로 지은 노래.
> **民謠(민요)** (예로부터 내려오는) 민속 노래.

+ 童(아이 동), 民(백성 민)

**遙**

3급 / 총 14획 / 辵(辶)

(상점이 없었던 옛날에) **질그릇(㿟)**을 사러 **가는(辶)** 곳처럼 머니 **멀 요**
또 멀리까지 거니니 **거닐 요**

+ 辶(뛸 착, 갈 착), 교통수단이 좋지 않았던 옛날에 질그릇 굽는 가마는 질그릇의 재료인
진흙과 구울 때 쓰이는 땔나무가 많은 먼 산골에 있었음을 생각하고 만들어진 글자.

> **遙遠(요원)** 멀고도 멂.
> *逍遙(소요) '멀리 거닒'으로, 산책 삼아 자유롭게 거닒.

+ 遠(멀 원), 逍(거닐 소)

---

**刀**

3급Ⅱ / 총 2획 / 刀

옛날 칼을 본떠서 **칼 도**

+ 한자의 오른쪽에 붙는 부수인 방으로 쓰일 때는 '칼 도 방(刂)'입니다.

> **短刀(단도)** 짧은 칼.
> **面刀(면도)** 얼굴의 수염을 깎는 일. 또는 '면도칼'의 준말.

+ 短(짧을 단, 모자랄 단), 面(얼굴 면, 향할 면, 볼 면, 행정 구역의 면)

---

**刃**

2급 / 총 3획 / 刀

**칼 도(刀)**의 **날 부분(丿)**을 강조하려고 **점(丶)**을 찍어서 **칼날 인**

+ 한자에서는 점 주, 불똥 주(丶)나 삐침 별(丿)로 무엇이나 어떤 부분을 강조합니다.

---

**忍**

3급Ⅱ / 총 7획 / 心

**칼날(刃)**로 **심장(心)**을 위협하는 것과 같은 상황도 두려워 참으니 **참을 인**
또 **칼날(刃)**로 **심장(心)**을 위협하듯 잔인하니 **잔인할 인**

+ 心 - (마음이 가슴에 있는 심장에 있다고 생각하여) 심장을 본떠서 '마음 심'
　　또 심장이 있는 몸의 중심이니 '중심 심'

> **忍耐(인내)** 참고 견딤.
> **殘忍(잔인)** 인정이 없고 모짊.

+ 耐(참을 내, 견딜 내), 殘(잔인할 잔, 해칠 잔, 나머지 잔)

---

**認**

4급Ⅱ / 총 14획 / 言

남의 **말(言)**을 **참고(忍)** 들어 알고 인정하니 **알 인, 인정할 인**

> **認定(인정)** 확실히 그렇다고 정함(여김).
> **認可(인가)** 인정하여 허락함.

+ 定(정할 정), 可(옳을 가, 가히 가, 허락할 가)

---

**432**

## 那

3급 / 총 7획 / 邑(阝)

칼(刀) 두(二) 개로 **고을(阝)**을 어찌 지킬 것인가에서 **어찌 나**
또 칼(刀) 두(二) 개로 고을(阝)을 지키면 짧은 시간에 당하니 **짧은 시간 나**

> **那邊(나변)** ① 어느 곳 또는 어디. ② 그곳 또는 거기.
> *刹那(찰나) 매우 짧은 동안. 순간(瞬間). ↔ 겁(劫)

+ 邊(끝 변, 가 변), 刹(짧은 시간 찰, 절 찰), 瞬(눈 깜짝할 순), 間(사이 간), 劫(빼앗을 겁,
위협할 겁, 긴 시간 겁)

## 初

5급 / 총 7획 / 刀

옷(衤)을 만드는 데는 옷감을 칼(刀)로 자르는 일이 처음이니 **처음 초**

+ 衤(옷 의 변)

> **初期(초기)** (어떤 기간의) 처음 기간. ↔ 말기(末期)
> **今時初聞(금시초문)** 이제 처음 들음.

+ 期(기간 기, 기약할 기), 末(끝 말), 今(이제 금, 오늘 금), 時(때 시), 聞(들을 문)

## 切

5급 / 총 4획 / 刀

일곱(七) 번이나 칼(刀)질 하여 모두 끊으니 **모두 체, 끊을 절**
또 목숨이 끊어질 정도로 간절하니 **간절할 절**

+ 七(일곱 칠)

> **一切(일체)** 모두.
> **切斷(절단)** 끊어 자름.
> **懇切(간절)** 정성이나 마음 씀씀이가 더없이 정성스럽고 지극함.

+ 斷(끊을 단, 결단할 단), 懇(정성스러울 간, 간절할 간)

## 別

6급 / 총 7획 / 刀(刂)

입(口)으로 먹기 위해 칼(刀)과 칼(刂)로 나누어 다르니
**나눌 별, 다를 별**

+ 口(입 구, 말할 구, 구멍 구), 刀(칼 도), 刂(칼 도 방)

> **別居(별거)** 따로 나누어 삶. ↔ 동거(同居)
> **別名(별명)** (본이름 외의) 다른 이름.

+ 居(살 거), 同(한가지 동, 같을 동), 名(이름 명, 이름날 명)

## 班

6급 / 총 10획 / 玉(王)

구슬(王)과 구슬(王)을 칼(刂)로 나누니 **나눌 반**
또 옛날에 서민과 나누어 대접했던 양반이니 **양반 반**

+ 王(임금 왕, 으뜸 왕, 구슬 옥 변), 刂[칼 도 방(刂)의 변형]

> **班長(반장)** 반(班)을 대표하거나 지휘하는 사람.
> **兩班(양반)** ① 조선 시대에 문반(文班)과 무반(武班)을 아울러 이르던 말. 뒤에 가서 과
> 거 급제 여부와 상관없이 모든 선비를 가리키게 됨. ↔ 상민(常民) ② 점잖고 착한 사람. ③
> 자기 남편을 남에게 이르는 말.

+ 長(길 장, 어른 장), 兩(두 량, 짝 량, 냥 냥), 文(무늬 문, 글월 문), 武(군사 무, 무기 무),
常(항상 상, 보통 상, 떳떳할 상), 民(백성 민)

**DAY**
**17**

**召**

3급 / 총 5획 / 口

### 칼(刀)처럼 날카롭게 입(口)으로 부르니 부를 소

+ 口(입 구, 말할 구, 구멍 구)

> **召集(소집)** 불러서 모음.
> *召喚(소환) (관청에서) 부름.

+ 集(모일 집, 모을 집, 책 집), 喚(부를 환)

---

**招**

4급 / 총 8획 / 手(扌)

### 손(扌)으로 부르니(召) 부를 초

+ 扌(손 수 변)

> **招待(초대)** (손님을) 불러 대접함.
> **招來(초래)** (어떤 결과를) 불러옴.

+ 待(대접할 대, 기다릴 대), 來(올 래)

---

**超**

3급Ⅱ / 총 12획 / 走

### 달려가며(走) 급히 부르면(召) 빨리 오려고 이것저것을 뛰어넘으니 뛰어넘을 초

+ 走(달릴 주, 도망갈 주) – 제목번호 240 참고

> **超過(초과)** (사물의 한도를) 뛰어넘어 지남.
> **超越(초월)** (어느 한도나 기준을) 넘음.

+ 過(지날 과, 지나칠 과, 허물 과), 越(넘을 월, 월나라 월)

---

**昭**

3급 / 총 9획 / 日

### 해(日)를 불러(召) 온 듯 밝으니 밝을 소

> **昭詳(소상)** 분명하고 자세함.
> **昭陽江(소양강)** 강원도 춘천에 있는 강 이름.

+ 詳(자상할 상), 陽(볕 양, 드러날 양), 江(강 강)

---

**照**

3급Ⅱ / 총 13획 / 火(灬)

### 밝게(昭) 불(灬)로 비추니 비출 조

+ 灬(불 화 발)

> **照明(조명)** 밝게 비춤.
> **照度(조도)** '비추는 정도'로, 밝기의 단위.

+ 明(밝을 명), 度(법도 도, 정도 도, 헤아릴 탁)

434

## 力

7급 / 총 2획 / 力

### 팔에 힘줄이 드러난 모양에서 **힘 력**

**力說(역설)** 힘주어 말함.
**全心全力(전심전력)** 온 마음과 온 힘.

+ 說(달랠 세, 말씀 설, 기쁠 열), 全(온전할 전), 心(마음 심, 중심 심)

## 助

4급Ⅱ / 총 7획 / 力

### 또(且) 힘(力)써 도우니 **도울 조**

+ 且(또 차, 구차할 차) - 제목번호 005 참고

**內助(내조)** 아내가 남편을 도움.
**協助(협조)** 힘을 보태어 서로 도움.

+ 內(안 내, 나인 나), 協(도울 협)

## 劣

3급 / 총 6획 / 力

### 적은(少) 힘(力)이면 못나니 **못날 렬**

+ 少(적을 소, 젊을 소) - 제목번호 016 참고

**劣等(열등)** 낮은 등급. 등급이 떨어짐.
**劣勢(열세)** (힘이나 형세 따위가) 상대편보다 떨어짐. 또는 그런 형세. ↔ 우세(優勢)

+ 等(같을 등, 무리 등, 차례 등), 勢(형세 세, 권세 세), 優(우수할 우, 배우 우, 머뭇거릴 우)

## 努

4급Ⅱ / 총 7획 / 力

### 종(奴)처럼 힘(力)쓰니 **힘쓸 노**

+ 奴(종 노, 남을 흉하게 부르는 접미사 노) - 제목번호 139 참고

**努力(노력)** 힘을 다하여 씀.
**努力家(노력가)** 무엇을 이루려고 끈질기게 애를 쓰고 힘을 들이는 사람.

+ 家(집 가, 전문가 가)

DAY

17

## 竹

5급 / 총 6획 / 竹

### 잎이 붙은 대를 본떠서 **대 죽**

+ 부수로 쓰일 때는 ⺮처럼 내려 그은 획을 짧게 씁니다. 종이가 없었던 옛날에는 대쪽에 글을 썼기 때문에 책과 관련된 글자에 ⺮이 들어가지요.

**竹刀(죽도)** 대로 만든 칼.
*竹筍(죽순) 대의 어린 순.

+ 刀(칼 도), 筍(죽순 순)

# 筋

4급 / 총 12획 / 竹(⺮)

**대(⺮) 줄기처럼 질겨 몸(月)에서 힘(力)쓰는 힘줄이니 힘줄 근**

+ 月(달 월, 육 달 월)

**筋肉(근육)** 힘줄과 살을 아울러 이르는 말.
**筋力(근력)** 근육의 힘. 또는 그 힘의 지속성. 체력.

+ 肉(고기 육)

---

**329** 가가하 협협협[加架賀 劦協脅] - 加, 劦으로 된 한자

# 加

5급 / 총 5획 / 力

**힘(力)써 말하며(口) 용기를 더하니 더할 가**

+ 口(입 구, 말할 구, 구멍 구)

**加減(가감)** 더하고 뺌.
**加害(가해)** (남에게) 해를 더함(끼침).

+ 減(줄어들 감, 덜 감), 害(해칠 해, 방해할 해)

---

# 架

3급Ⅱ / 총 9획 / 木

**더하여(加) 나무(木)로 꾸민 시렁이니 꾸밀 가, 시렁 가**

+ 木(나무 목), 시렁 - 물건을 얹어 놓기 위해 벽에 붙여 만든 선반.

**架設(가설)** 꾸며 설치함.
**書架(서가)** 책을 얹어 두도록 꾸민 책꽂이.

+ 設(세울 설, 베풀 설), 書(쓸 서, 글 서, 책 서)

---

# 賀

3급Ⅱ / 총 12획 / 貝

**더하여(加) 재물(貝)을 주며 축하하니 축하할 하**

+ 貝(조개 패, 재물 패, 돈 패)

**祝賀(축하)** 기뻐하고 즐거워한다는 뜻으로 인사함. 또는 그런 인사.
**賀客(하객)** 축하하는 손님.

+ 祝(빌 축, 축하할 축), 客(손님 객)

---

# 劦

급외자 / 총 6획 / 力

**힘(力)을 셋이나 합하니 힘 합할 협**

+ 한자는 '많음'을 나타낼 경우에 같은 한자를 세 번 반복하여 만들었습니다.

# 協

4급Ⅱ / 총 8획 / 十

많은(十) 힘을 합하여(劦) 도우니 **도울 협**

**協助(협조)** (서로) 도움.
**協同(협동)** 같이 도움.

+ 助(도울 조), 同(한가지 동, 같을 동)

---

# 脅

3급Ⅱ / 총 10획 / 肉(月)

힘을 합하여(劦) 몸(月)을 위협하고 협박하니 **위협할 협, 협박할 협**

+ 동 脇

**威脅(위협)** 위엄으로 으르고 협박함.
**脅迫(협박)** (어떤 사람에게) 어떤 일을 행하도록 위협함.

+ 威(위엄 위), 迫(닥칠 박)

---

**330** 6방 어(오)유[方訪防妨芳房 於遊] – 方으로 된 한자

---

# 方

7급 / 총 4획 / 方

(쟁기로 갈아지는 흙이 모나고 넘어가는 방향이 일정하니)
쟁기 모양을 본떠서 **모 방, 방향 방**
또 쟁기질은 밭을 가는 중요한 방법이니 **방법 방**

**方圓(방원)** 모난 것과 둥근 것.
**方位(방위)** 어떤 방향의 위치.
**處方(처방)** '처리하는 방법'으로, 약재를 배합하는 방법.

+ 圓(둥글 원), 位(자리 위), 處(곳 처, 살 처, 처리할 처)

---

# 訪

4급Ⅱ / 총 11획 / 言

좋은 **말씀(言)**을 듣기 위해 어느 **방향(方)**으로 찾아 방문하니
**찾을 방, 방문할 방**

+ 言(말씀 언)

**訪問(방문)** '찾아서 물음'으로, 어떤 사람이나 장소를 찾아가서 만나거나 봄.
**巡訪(순방)** 돌면서 (차례로) 방문하는 것.

+ 問(물을 문), 巡(돌 순)

DAY
17

---

# 防

4급Ⅱ / 총 7획 / 阜(阝)

**언덕(阝)**처럼 일정한 **방향(方)**에 쌓은 둑이니 **둑 방**
또 둑을 쌓아 막으니 **막을 방**

+ 阝(언덕 부 변)

**堤防(제방)** (물이 다른 곳으로 흐르지 못하도록 쌓은) 둑.
**防犯(방범)** 범죄를 막음.

+ 堤(제방 제), 犯(범할 범)

---

437

# 妨

4급 / 총 7획 / 女

**여자(女)**가 여러 **방법(方)**으로 유혹하며 방해하니 **방해할 방**

**妨害(방해)** 해를 주는 행동이나 작용.
**無妨(무방)** 방해가 없음. 괜찮음.

+ 害(해칠 해, 방해할 해), 無(없을 무)

---

# 芳

3급 II / 총 8획 / 草(++)

**풀(++)** 향기가 **사방(方)**으로 퍼지며 꽃다우니 **꽃다울 방**

**芳年(방년)** (20세 전후 여자의) 꽃다운 나이.
**芳香(방향)** 꽃다운 향기, 또는 좋은 냄새.

+ 年(해 년, 나이 년), 香(향기 향)

---

# 房

4급 II / 총 8획 / 戶

**집(戶)**의 어떤 **방향(方)**에 설치한 방이니 **방 방, 성씨 방**

+ 戶(문 호, 집 호) – 제목번호 265 참고

**煖房(난방)** 방을 따뜻하게 함.
**獨房(독방)** 혼자서 쓰는 방.

+ 煖(따뜻할 난), 獨(홀로 독, 자식 없을 독)

---

# 於

3급 / 총 8획 / 方

**사방(方)**으로 **사람(人)** 둘(冫)씩 인연 맺어주듯 말과 말을 연결시켜주는 어조사니 **어조사 어**
또 어조사처럼 소리 내며 탄식하니 **탄식할 오**

**於焉間(어언간)** 어찌된 영문인지 모르는 사이에.
**於中間(어중간)** '중간에'로, 이러기에도 덜 맞고 저러기에도 덜 맞음.

+ 焉(어찌 언, 어조사 언), 間(사이 간), 中(가운데 중, 맞힐 중)

---

# 遊

4급 / 총 13획 / 辵(辶)

**사방(方)**으로 **사람(亻)**이 **아들(子)**을 데리고 **다니며(辶)** 놀고 여행하니 **놀 유, 여행할 유**

+ 亻[사람 인(人)의 변형], 子(아들 자, 첫째 지지 자, 자네 자, 접미사 자), 辶(뛸 착, 갈 착)

**遊興(유흥)** 흥겹게 놂.
**遊覽(유람)** 돌아다니며 구경함.

+ 興(흥할 흥, 흥겨울 흥), 覽(볼 람)

## 旅
5급 / 총 10획 / 方

**사방(方)**의 **사람(宀)**들이 **씨족(氏)**처럼 모인 군사니 **군사 려**
또 군사처럼 지나가는 나그네니 **나그네 려**

+ 宀[사람 인(人)의 변형], 氏[성 씨, 뿌리 씨(氏)의 변형]

**旅團(여단)** 군대 단위의 하나로, 사단 바로 아래 단위.
**旅館(여관)** 여행객을 묵게 하는 집.

+ 團(둥글 단, 모일 단), 館(객사 관, 집 관)

## 族
6급 / 총 11획 / 方

**사방(方)**에서 **사람(宀)**과 **사람(宀)**이 **크게(大)** 모여 이룬 겨레니
**겨레 족**

+ 겨레 – 같은 핏줄을 이어받은 민족.

**家族(가족)** 부부를 기초로 하여 이루는 사람들.
**氏族(씨족)** 공동의 조상을 가진 혈족 단체.

+ 家(집 가, 전문가 가), 氏(성 씨, 뿌리 씨)

## 施
4급 II / 총 9획 / 方

**사방(方)**에서 **사람(宀)**이 **또한(也)** 일을 행하며 은혜를 베푸니
**행할 시, 베풀 시**

+ 也(또한 야, 어조사 야) – 제목번호 384 참고

**施賞(시상)** 상을 줌.
**施行(시행)** 베풀어 행함.

+ 賞(상줄 상, 구경할 상), 行(다닐 행, 행할 행, 항렬 항)

## 旋
3급 II / 총 11획 / 方

**사방(方)**으로 **사람(宀)**들이 **발(疋)**을 움직여 도니 **돌 선**

+ 疋(필 필, 발 소) – 제목번호 243 참고

**旋回(선회)** ① 원을 그리며 돎. ② 항공기가 곡선을 그리듯 진로를 바꿈.
**旋風(선풍)** ① 회오리바람. ② 돌발적으로 일어나 세상을 뒤흔드는 사건을 비유적으로 이르는 말.

+ 回(돌 회, 돌아올 회, 횟수 회), 風(바람 풍, 풍속 · 경치 · 모습 · 기질 · 병 이름 풍)

**DAY**
**17**

## 旗
7급 / 총 14획 / 方

**사방(方) 사람(宀)**들이 알아보는 **그(其)**것은 기니 **기 기**

+ 其(그 기)

**旗手(기수)** '기를 드는 사람'으로, 앞장서는 사람을 비유하여 이르는 말.
**國旗(국기)** 국가의 상징으로 정하여진 기.

+ 手(손 수, 재주 수, 재주 있는 사람 수), 國(나라 국)

**439**

## 放

6급 / 총 8획 / 攵(攴)

### 어떤 **방향(方)**으로 가도록 **쳐(攵)** 놓으니 **놓을 방**

+ 攵(칠 복, = 攴)

**追放(추방)** 쫓아냄. 몰아냄.
**放牧(방목)** 놓아 기름.

+ 追(쫓을 추, 따를 추), 牧(기를 목)

## 倣

3급 / 총 10획 / 人(亻)

### 사람(亻)이 주체성을 **놓아버리고(放)** 남을 본뜨니 **본뜰 방**

**倣古(방고)** 옛것을 본뜸.
**模倣(모방)** 본뜨거나 본받는 것.

+ 古(오랠 고, 옛 고), 模(본뜰 모, 법 모, 모호할 모)

## 傲

3급 / 총 13획 / 人(亻)

### 사람(亻)을 **흙(土)**바닥에 **놓고(放)** 대함이 거만하니 **거만할 오**

**傲氣(오기)** 거만스러운 기운. 힘이 달리면서도 남에게 지기 싫어하는 마음.
**傲慢(오만)** 잘난 체하며 남을 업신여기는 데가 있음. 교만(驕慢). 거만(倨慢). ↔ 겸손(謙遜)

+ 氣(기운 기, 대기 기), 慢(게으를 만, 거만할 만), 驕(교만할 교), 倨(거만할 거), 謙(겸손할 겸), 遜(겸손할 손, 뒤떨어질 손)

## 激

4급 / 총 16획 / 水(氵)

### 물(氵)결이 **하얗게(白)** 일어나도록 격하게 **놓아(放)** 부딪치니 **격할 격, 부딪칠 격**

+ 白(흰 백, 밝을 백, 깨끗할 백, 아뢸 백)

**激勵(격려)** '쳐서 힘쓰도록 함'으로, 용기나 의욕을 북돋아 줌.
**激烈(격렬)** 매우 맹렬함.

+ 勵(힘쓸 려), 烈(사나울 렬, 매울 렬)

1급 / 총 2획 / 匕

비수를 본떠서 **비수 비**
또 비수처럼 입에 찔러 먹는 숟가락이니 **숟가락 비**

+ 비수(匕首) - 짧고 날이 날카로운 칼.
+ 首(머리 수, 우두머리 수)

2급 / 총 6획 / 日

비수(匕)로 햇(日)빛에 익은 과일을 잘라 먹어보는 맛이니 **맛 지**
또 말이나 글에 담긴 맛은 뜻이니 **뜻 지**

4급II / 총 9획 / 手(扌)

손(扌)으로 맛(旨)볼 때 쓰는 손가락이니 **손가락 지**
또 손가락으로 무엇을 가리키니 **가리킬 지**

**指壓(지압)** (질병의 치료나 건강을 위해) 손가락으로 누르거나 두드림.
**指示(지시)** 가리켜 보이거나 시킴.

+ 壓(누를 압), 示(보일 시, 신 시), 가리키다 - 손가락 따위로 어떤 방향이나 대상을 집어서 보이거나 말하거나 알리다. 가르치다 - ① 지식이나 기능, 이치 따위를 깨닫거나 익히게 하다. ② 그릇된 버릇 따위를 고치어 바로잡다.

4급 / 총 14획 / 疋

비수(匕)와 화살(矢)과 창(マ)으로 무장하고 점(卜)치며 사람(人)이
의심하니 **의심할 의**

+ 矢(화살 시), マ[창 모(矛)의 획 줄임], 卜(점 복)

**疑心(의심)** 믿지 못하는 마음.
**半信半疑(반신반의)** '반은 믿고 반은 의심함'으로, 얼마쯤 믿으면서도 한편으로는 의심함.

+ 半(반 반), 信(믿을 신, 소식 신)

3급 / 총 16획 / 氷(冫)

얼음(冫)인가 의심할(疑) 정도로 엉기니 **엉길 응**

+ 冫[얼음 빙(氷)이 부수로 쓰일 때의 모양으로 점이 둘이니 '이 수 변'이라 부름]
+ 엉기다 - 한 덩어리가 되면서 굳어지다.

**凝結(응결)** 한데 엉기어 뭉침. 엉김.
**凝集(응집)** 한군데에 엉겨서 모임.

+ 結(맺을 결), 集(모일 집, 모을 집, 책 집)

DAY
**17**

眞

4급 II / 총 10획 / 目

비수(匕)처럼 **눈(目)** 뜨고 **감추어진(ㄴ)** 것을 **나누고(八)** 파헤쳐 보아도 참되니 **참 진**

+ 약 真 – 많은(十) 눈(目)이 쳐다봐도 하나(一) 같이 팔(八)방에 통하도록 참되니 '참 진'
+ 目(눈 목, 볼 목, 항목 목), ㄴ(감출 혜, 덮을 혜, = 匸), 八 (여덟 팔, 나눌 팔), 十(열 십, 많을 십)

**眞價(진가)** 참된 가치.
**眞善美(진선미)** 참되고 착하고 아름다움.

+ 價(값 가, 가치 가), 善(착할 선, 좋을 선, 잘할 선), 美(아름다울 미)

鎭

3급 II / 총 18획 / 金

**쇠(金)**처럼 무거운 것으로 **참(眞)**되게 눌러 진압하니
**누를 진, 진압할 진**

+ 약 鎮
+ 金(쇠 금, 금 금, 돈 금, 성씨 김)

**鎭火(진화)** 불을 눌러 끔.
**鎭壓(진압)** '누르고 누름'으로, 눌러 진정시킴.

+ 火(불 화), 壓(누를 압)

愼

3급 II / 총 13획 / 心(忄)

**마음(忄)**까지 **참(眞)**되게 하려고 삼가니 **삼갈 신, 성씨 신**

+ 약 慎

**愼重(신중)** 삼가 무겁게 행함. 경솔하지 않음.
**謹愼(근신)** 삼가고 삼감.

+ 重(무거울 중, 귀중할 중, 거듭 중), 謹(삼갈 근)

## 化
5급 / 총 4획 / 匕

**사람(亻)이 비수(匕)** 같은 마음을 품고 일하면 안 되는 일도 되고 변화하니
**될 화, 변화할 화**

또 되도록 가르치니 **가르칠 화**

**化石(화석)** 변해서 돌처럼 된 것.
**淨化(정화)** (더러움을 털어 버리고) 깨끗하게 됨.

+ 石(돌 석), 淨(깨끗할 정)

## 花
7급 / 총 8획 / 草(艹)

**풀(艹)**의 일부가 **변하여(化)** 피는 꽃이니 **꽃 화**

+ 艹(초 두)

**生花(생화)** 살아 있는 꽃. ↔ 조화(造花)
*花盆(화분) 꽃을 심어 가꾸는 동이.

+ 生(날 생, 살 생, 사람을 부를 때 쓰는 접사 생), 造(지을 조, 만들 조), 盆(동이 분)

## 貨
4급Ⅱ / 총 11획 / 貝

**변하여(化) 돈(貝)**이 되는 재물이나 물품이니 **재물 화, 물품 화**

+ 貝(조개 패, 재물 패, 돈 패)

**金貨(금화)** 금으로 만든 돈.
**貨物(화물)** ① 물품. ② 차 따위로 옮기는 물건.

+ 金(쇠 금, 금 금, 돈 금, 성씨 김), 物(물건 물)

## 睘
특급 / 총 13획 / 目

**눈(罒)이 하나(一)의 입(口)**처럼 크게 **변하며(𢆶)** 휘둥그레지니
**눈 휘둥그레질 경**

+ 휘둥그레지다 – 놀래거나 두려워서 눈이 크고 둥그렇게 되다.
+ 罒['그물 망'이지만 여기서는 눈 목(目)을 눕혀놓은 모양으로 봄], 𢆶[될 화, 변화할 화, 가르칠 화(化)의 변형]

## 環
4급 / 총 17획 / 玉(王)

**옥(王)**으로 **눈 휘둥그레지듯이(睘)** 둥글게 만든 고리니 **고리 환**

또 고리처럼 두르니 **두를 환**

+ 王(임금 왕, 으뜸 왕, 구슬 옥 변)

**花環(화환)** 꽃으로 고리처럼 둥글게 만든 것.
**環境(환경)** '두른 경계'로, 생활하는 주위의 상태.

+ 花(꽃 화), 境(지경 경, 형편 경)

**還**

3급II / 총 17획 / 辵(辶)

놀라서 **눈이 휘둥그레졌다가(買)** 다시 제 위치로 돌아**오니(辶)**
돌아올 환

**還元(환원)** 원래 상태로 되돌림.
**還甲(환갑)** '(육십갑자의) 갑(甲)으로 돌아옴'으로, 예순 한 살을 이르는 말.

+ 元(원래 원, 으뜸 원), 甲(첫째 갑, 첫째 천간 갑, 갑옷 갑)

**喪**

3급II / 총 12획 / 口

**많은(十)** 사람의 **입들(口口)**이 **변하도록(ㄣ)** 울면 초상나
가족을 잃은 것이니 **초상날 상, 잃을 상**

+ 十(열 십, 많을 십), ㄣ[변화할 화, 될 화(化)의 변형]

**初喪(초상)** 사람이 죽어 장사 지낼 때까지의 일.
**喪失(상실)** 잃어버림.

+ 初(처음 초), 失(잃을 실)

---

**336** 능파태[能罷態] – 能으로 된 한자

**能**

5급 / 총 10획 / 肉(月)

곰은 **주둥이(厶)**와 **몸뚱이(月)**, 그리고 **네 발(匕)**로 재주 부림이 능하니
능할 능

+ 厶('사사로울 사, 나 사'지만 여기서는 곰의 주둥이로 봄), 月(달 월, 육 달 월), 匕('비수 비,
숟가락 비' 둘이지만 여기서는 곰의 네 발로 봄)

**能力(능력)** 어떤 일을 제대로 할 수 있는 힘.
**有能(유능)** 재능이 있음. ↔ 무능(無能)

+ 力(힘 력), 有(가질 유, 있을 유), 無(없을 무)

**罷**

3급 / 총 15획 / 网(罒)

**법망(罒)**에 걸리면 **유능한(能)** 사람도 파하여 마치니 **파할 파, 마칠 파**

+ 법망(法網) – 범죄자에 대한 제재를 물고기에 대한 그물로 비유하여 이르는 말.
+ 파(罷)하다 – 어떤 일을 마치거나 그만두다.
+ 罒(그물 망, = 网, 罓), 網(그물 망)

**罷免(파면)** 잘못을 저지른 사람에게 직무나 직업을 그만두게 함.
**罷業(파업)** 하던 일을 중지함.

+ 免(면할 면), 業(업 업, 일 업)

**態**

4급II / 총 14획 / 心

**능히(能)** 할 수 있다는 **마음(心)**이 얼굴에 나타나는 모양이나 태도니
**모양 태, 태도 태**

+ 윤 熊(곰 웅) – 2급

**世態(세태)** 세상이 돌아가는 모양.
**動態(동태)** (감시·조사 대상의) 움직이는 모양.

+ 世(세대 세, 세상 세), 動(움직일 동)

特급 / 총 6획 / 虫

벌레 충(蟲)이 속자나 부수로 쓰일 때의 모양으로,
벌레를 본떠서 **벌레 충**

---

蟲

4급II / 총 18획 / 虫

(벌레는 원래 한 마리가 아니니) 많은 벌레가 모인 모양을 본떠서 **벌레 충**

**蟲齒(충치)** 벌레 먹은 이.
**害蟲(해충)** (인간 생활에) 해를 끼치는 벌레. ↔ 익충(益蟲)

+ 齒(이 치, 나이 치), 害(해칠 해, 방해할 해), 益(더할 익, 유익할 익)

---

騷

3급 / 총 20획 / 馬

**말(馬)**이 **벼룩(蚤)**처럼 날뛰면 시끄러우니 **시끄러울 소**
또 시끄럽게 없던 일도 꾸며서 글 지으니 **글 지을 소**

+ 蚤 – 또(又) 자꾸 콕콕(ヽヽ) 쏘는 벌레(虫)는 벼룩이니 '벼룩 조' – 특급II
+ 馬(말 마), 又(오른손 우, 또 우), ヽ('점 주, 불똥 주'지만 여기서는 여기저기 콕콕 쏘는 모양으로 봄)

**騷音(소음)** 시끄러운 소리.
**騷人(소인)** 시인. 풍류객.

+ 音(소리 음)

---

蛇

3급II / 총 11획 / 虫

**벌레(虫)**처럼 **집(宀)**에서 **비수(匕)** 같은 혀를 날름거리는 뱀이니 **뱀 사**

+ 宀(집 면), 匕(비수 비, 숟가락 비)

**毒蛇(독사)** (이빨로 물 때) 독(毒)을 분비하는 뱀.
**長蛇陣(장사진)** '긴 뱀 같은 줄'로, 많은 사람이 줄지어 길게 늘어서 있는 모양.

+ 毒(독할 독, 독 독), 長(길 장, 어른 장), 陣(진칠 진, 줄 진)

---

3급II / 총 8획 / 水(氵)

**물(氵)**에 이겨 집의 **몸(尸)** 같은 벽에 **비수(匕)** 같은 흙손으로 바르는
진흙이니 **진흙 니**

**泥工(이공)** 미장이.
**泥路(이로)** 진흙길. 진창길.

+ 工(장인 공, 만들 공, 연장 공), 路(길 로)

**DAY**

**17**

**艮**

2급 / 총 6획 / 艮

눈(目)에 비수(ㄑ)를 품고 멈추어 바라볼 정도로 어긋나니
**멈출 간, 어긋날 간, 괘 이름 간**

+ 目[눈 목, 볼 목, 항목 목(目)의 변형], ㄑ[비수 비, 숟가락 비(匕)의 변형]

**恨**

4급 / 총 9획 / 心(忄)

항상 **마음(忄)**에 **머물러(艮)** 한하고 뉘우치니 **한할 한, 뉘우칠 한**

+ 한(恨) – ① 억울하고 원통한 일이 풀리지 못하고 응어리져 맺힌 마음. ② '한탄(恨歎)'의 준말.
+ 歎(탄식할 탄, 감탄할 탄)

> **怨恨(원한)** 원통하고 한스러운 생각.
> **悔恨(회한)** 뉘우치고 한탄함.

+ 怨(원망할 원), 悔(뉘우칠 회)

**限**

4급II / 총 9획 / 阜(阝)

**언덕(阝)**에 막혀 **멈춰야(艮)** 하는 한계니 **한계 한**

+ 阝(언덕 부 변)

> **限界(한계)** ① 땅의 경계. ② 사물의 정하여진 범위.
> **時限(시한)** 어떤 일을 하는 데 주어진 시간의 한계.

+ 界(경계 계, 세계 계), 時(때 시)

**根**

6급 / 총 10획 / 木

**나무(木)**를 **머물러(艮)** 있게 하는 뿌리니 **뿌리 근**

> **根幹(근간)** '뿌리와 줄기'로, 제일 중요한 부분을 일컬음.
> **事實無根(사실무근)** 사실이라는 근거가 없음. 전혀 사실과 다름.

+ 幹(간부 간, 줄기 간), 事(일 사, 섬길 사), 實(열매 실, 실제 실), 無(없을 무)

**退**

4급II / 총 10획 / 辶(辶)

(하던 일을) **멈추고(艮)** 물러**나니(辶)** **물러날 퇴**

+ 辶(뛸 착, 갈 착)

> **退勤(퇴근)** '일에서 물러남'으로, 직장에서 근무를 마치고 나옴.
> **後退(후퇴)** 뒤로 물러남.

+ 勤(부지런할 근, 일 근), 後(뒤 후, 늦을 후)

**金**

8급 / 총 8획 / 金

덮여 있는(人) 한(一) 곳의 흙(土) 속에 **반짝반짝(ヽヽ)** 빛나는
쇠나 금이니 **쇠 금, 금 금**
또 금처럼 귀한 돈이나 성씨니 **돈 금, 성씨 김**

+ 人('사람 인'이지만 여기서는 덮여 있는 모양으로 봄), ヽ('점 주, 불똥 주'지만 여기서는
반짝반짝 빛나는 모양), 土(흙 토)

> **金庫(금고)** (돈이나 재물을 넣어두는) 쇠로 만든 창고.
> **現金(현금)** ① 현재 가지고 있는 돈. ② 통용하는 화폐.

+ 庫(곳집 고, 창고 고), 現(이제 현, 나타날 현)

---

**銀**

6급 / 총 14획 / 金

금(金) 다음에 **머물러(艮)** 있는 은이니 **은 은**

+ 최고는 금이고 다음이 은이라는 데서 만들어진 글자.

> **銀塊(은괴)** 은 덩어리.
> **銀賞(은상)** 상(賞)의 등급을 금, 은, 동으로 나누었을 때 2등에 해당하는 상.

+ 塊(덩어리 괴), 賞(상줄 상, 구경할 상)

---

### 339 량낭랑랑 랑랑[良娘浪朗 郎廊] - 良, 郎으로 된 한자

**良**

5급 / 총 7획 / 艮

점(ヽ) 같은 작은 잘못도 **그치면(艮)** 좋고 어지니 **좋을 량, 어질 량**

> **良心(양심)** 사물의 선악을 판단하는 능력.
> + 兩心(양심) 두 마음. 겉 다르고 속 다른 마음.
> **改良(개량)** (나쁜 점을) 고쳐 좋게 함.

+ 心(마음 심, 중심 심), 兩(두 량, 짝 량, 냥 냥), 改(고칠 개)

---

**娘**

3급Ⅱ / 총 10획 / 女

여자(女) 중 젊어서 **좋게(良)** 보이는 아가씨니 **아가씨 낭**

> **娘子(낭자)** (옛날에) 젊은 여자를 친밀하게 일컫던 말. ↔ 낭군(郎君)
> **娘子軍(낭자군)** ① 여자로 조직된 단체. ② 여자들이 모여 이룬 무리.

+ 子(아들 자, 첫째 지지 자, 자네 자, 접미사 자), 郎(사내 랑), 君(임금 군, 남편 군, 그대
군), 軍(군사 군)

---

**浪**

3급Ⅱ / 총 10획 / 水(氵)

물(氵)이 보기 **좋게(良)** 출렁이는 물결이니 **물결 랑**
또 물결치듯 함부로 하니 **함부로 랑**

> **風浪(풍랑)** 바람으로 일어나는 물결.
> **浪費(낭비)** (돈이나 시간을) 함부로 씀.

+ 風(바람 풍, 풍속 · 경치 · 모습 · 기질 · 병 이름 풍), 費(쓸 비, 비용 비)

# 朗

5급 / 총 11획 / 月

**어질어(良)** 마음 씀이 **달빛(月)**처럼 밝으니 **밝을 랑**

+ 月(달 월, 육 달 월)

> **朗報(낭보)** 반가운 소식.
> **明朗(명랑)** (우울한 빛이 없이 활발하여) 밝음.

+ 報(알릴 보, 갚을 보), 明(밝을 명)

---

# 郎

3급Ⅱ / 총 10획 / 阝(阝)

**어짊(良)**이 **고을(阝)**에서 뛰어난 사내니 **사내 랑**

+ 阝(고을 읍 방)

> **郎君(낭군)** (젊은 아내가) '남편'을 정답게 일컫는 말. ↔ 낭자(娘子)
> **新郎(신랑)** ① 갓 결혼하였거나 결혼하는 남자. ② 신혼 초의 남편을 이르는 말.

+ 君(임금 군, 남편 군, 그대 군), 新(새로울 신)

---

# 廊

3급Ⅱ / 총 13획 / 广

**집(广)**에서 주로 **사내(郎)**가 거처하는 행랑이니 **행랑 랑**

+ 广(집 엄)

> **行廊(행랑)** 한옥에서 대문의 양쪽이나 문간 옆에 있는 방.
> **舍廊(사랑)** 바깥주인이 거처하며 손님을 접대하는 곳.

+ 行(다닐 행, 행할 행, 항렬 항), 舍(집 사)

7급 / 총 9획 / 食(飠)

### 사람(人)이 몸에 좋은(良) 밥을 먹으니 밥 식, 먹을 식
### 또 밥 같은 먹이니 먹이 사

+ 한자의 변으로 쓰일 때는 飠(밥 식, 먹을 식 변)입니다.

> **食堂**(식당) 밥을 파는 집(가게).
> **飲食**(음식) 마시고 먹는 것.

+ 堂(집 당, 당당할 당), 飲(마실 음)

3급 / 총 11획 / 食(飠)

### 밥(飠)을 못 먹어 힘없이 책상(几)에 기대야 할 정도로 굶주리니
### 굶주릴 기

+ 동 饑 – 먹을(飠) 기미(幾)만 살필 정도로 굶주리니 '굶주릴 기'
+ 几(안석 궤, 책상 궤), 幾(몇 기, 기미 기)

> **飢餓**(기아) 굶주림.
> *療飢(요기) '굶주림을 치료함'으로, 시장기를 겨우 면함.

+ 餓(주릴 아), 療(병 고칠 료)

6급 / 13획 / 食(飠)

### 먹을(飠) 때 하품(欠)하듯 입 벌리고 마시니 마실 음

+ 欠(하품 흠, 모자랄 흠) – 제목번호 130 참고

> **飲酒**(음주) 술을 마심.
> **過飲**(과음) (술을) 지나치게 마심.

+ 酒(술 주), 過(지날 과, 지나칠 과, 허물 과)

### 먹을(飠) 때 혀로 이리저리 뒤집으며(反) 씹는 밥이니 밥 반

+ 反(거꾸로 반, 뒤집을 반) – 제목번호 191 참고

> **飯饌**(반찬) 밥에 곁들여 먹는 반찬.
> **飯酒**(반주) 밥에 곁들여 먹는 술.

+ 饌(반찬 찬), 酒(술 주)

3급 II / 총 13획 / 食(飠)

DAY

17

### 밥(飠) 먹는 식탁을 사람(亻)이 수건(巾) 같은 천으로 꾸미니 꾸밀 식

+ 亻[사람 인(人)의 변형], 巾(수건 건)

> **裝飾**(장식) 치장하여 꾸밈. 또는 그 꾸밈새.
> **虛飾**(허식) 실속 없이 겉만 치레함.

+ 裝(꾸밀 장), 虛(빌 허, 헛될 허)

3급 II / 총 14획 / 食(飠)

# 구조로 한자 되짚어 보기

### 321 장편 장장[爿片 將獎] – 爿片과 將으로 된 한자

나무를 세로로 나눈 왼쪽 조각을 본떠서 나무 조각 장[爿], 또 나무 조각이라도 들고 싸우는 장수니 장수 장 변[爿], 나무를 세로로 나눈 오른쪽 조각을 본떠서 조각 편[片],
**나무 조각 장, 장수 장 변[爿]** 뒤에 달 월, 육 달 월[月]의 변형[夕]과 마디 촌, 법도 촌[寸]이면 장수 장, 장차 장, 나아갈 장[將],
**장수 장, 장차 장, 나아갈 장[將]** 아래에 큰 대[大]면 장려할 장[獎]

### 322 상(장) 장장장[狀 壯莊裝] – 狀과 壯으로 된 한자

나무 조각 장, 장수 장 변[爿] 뒤에 개 견[犬]이면 모양 상, 문서 장[狀],
선비 사, 군사 사, 칭호나 직업에 붙이는 말 사[士]면 굳셀 장, 씩씩할 장[壯], **굳셀 장, 장할 장[壯]** 위에 초 두[艹]면 장엄할 장, 별 장 장[莊], 아래에 옷 의[衣]면 꾸밀 장[裝]

### 323 녁역병질통[疒疫病疾痛] – 疒으로 된 한자

머리 부분 두[亠]에 나무 조각 장, 장수 장 변[爿]의 약자[丬]면 병들 녁[疒],
**병들 녁[疒]**에 칠 수, 창 수, 몽둥이 수[殳]면 염병 역, 전염병 역[疫], 남쪽 병, 밝을 병, 셋째 천간 병[丙]이면 병 병, 근심할 병[病], 화살 시[矢]면 병 질, 빠를 질[疾], 솟을 용, 날랠 용[甬]이면 아플 통[痛]

### 324 부(관)도 4요[缶陶 䍃搖謠遙] – 缶, 䍃로 된 한자

사람 인[人]의 변형[𠂉]에 한 일[一]과 산 산[山]이면 장군 부, 두레박 관[缶], **장군 부, 두레박 관[缶]** 위에 쌀 포[勹], 앞에 언덕 부 변[阝]이면 질그릇 도, 즐길 도[陶],
달 월, 육 달 월[月]의 변형[夕] 아래에 장군 부, 두레박 관[缶]이면 질그릇 요[䍃], **질그릇 요[䍃]** 앞에 손 수 변[扌]이면 흔들 요[搖], 말씀 언[言]이면 노래 요[謠], 아래에 뛸 착, 갈 착[辶]이면 멀 요[遙]

### 325 도인인인[刀刃忍認] – 刀에서 연결고리로 된 한자

칼을 본떠서 **칼 도[刀]**, 칼 도[刀]에 점 주, 불똥 주[丶]면 **칼날 인[刃]**, 칼날 인[刃] 아래에 마음 심, 중심 심[心]이면 **참을 인, 잔인할 인[忍]**, 참을 인, 잔인할 인[忍] 앞에 말씀 언[言]이면 **알 인, 인정할 인[認]**

### 326 나초체(절) 별반[那初切 別班] – 刀, 刂로 된 한자

**칼 도[刀]**에 둘 이[二], 뒤에 고을 읍 방[阝]이면 어찌 나, 짧은 시간 나[那], 칼 도[刀] 앞에 옷 의 변[衤]이면 처음 초[初], 일곱 칠[七]이면 모두 체, 끊을 절, 간절할 절[切],
**칼 도 방[刂]** 앞에 입 구, 말할 구, 구멍 구[口]와 힘 력[力]의 변형[刀]이면 나눌 별, 다를 별[別], 칼 도 방[刂]의 변형[刂] 앞뒤로 임금 왕, 으뜸 왕, 구슬 옥 변[王]이면 나눌 반, 양반 반[班]

## 327 소초초 소조[김招超 昭照] - 김, 昭로 된 한자

칼 도[刀] 아래에 입 구, 말할 구, 구멍 구[口]면 부를 소[김], **부를 소[김]** 앞에 손 수 변[扌]이면 부를 초[招], 달릴 주, 도망갈 주[走]면 뛰어넘을 초[超],
해 일, 날 일[日]이면 밝을 소[昭], **밝을 소[昭]** 아래에 불 화 발[灬]이면 비출 조[照]

## 328 력조렬노 죽근[力助劣努 竹筋] - 力, 竹으로 된 한자

팔에 힘줄이 드러난 모양에서 힘 력[力], **힘 력[力]** 앞에 또 차, 구차할 차[且]면 도울 조[助], 위에 적을 소, 젊을 소[少]면 못날 렬[劣], 종 노[奴]면 힘쓸 노[努],
잎이 붙은 대를 본떠서 대 죽[竹], **대 죽[竹]이 부수로 쓰일 때의 모양[⺮]** 아래에 달 월, 육 달 월[月]과 힘 력[力]이면 힘줄 근[筋]

## 329 가가하 협협협[加架賀 劦協脅] - 加, 劦으로 된 한자

힘 력[力] 뒤에 입 구, 말할 구, 구멍 구[口]면 더할 가[加],
**더할 가[加]** 아래에 나무 목[木]이면 꾸밀 가, 시렁 가[架], 조개 패, 재물 패, 돈 패[貝]면 축하할 하[賀], 힘 력[力] 셋이면 힘 합할 협[劦], **힘 합할 협[劦]** 앞에 열 십, 많을 십[十]이면 도울 협[協], 아래에 달 월, 육 달 월[月]이면 으를 협, 협박할 협[脅]

## 330 6방 어(오)유[方訪防妨芳房 於遊] - 方으로 된 한자

쟁기 모양을 본떠서 모 방, 방향 방[方], 또 쟁기는 밭을 가는 중요한 방법이니 방법 방[方], **모 방, 방향 방, 방법 방[方]** 앞에 말씀 언[言]이면 찾을 방, 방문할 방[訪], 언덕 부 변[阝]이면 둑 방, 막을 방[防], 여자 녀[女]면 방해할 방[妨], 위에 초 두[艹]면 꽃다울 방[芳], 문 호, 집 호[戶]면 방 방[房],
뒤에 사람 인[人]과 점 주, 불똥 주 둘[丶丶]이면 어조사 어, 탄식할 오[於], 사람 인[人]의 변형[𠂉]과 아들 자, 첫째 지지 자, 자네 자, 접미사 자[子], 아래에 뛸 착, 갈 착[辶]이면 놀 유, 여행할 유[遊]

## 331 려족시선기[旅族施旋旗] - 𪧀으로 된 한자

**모 방, 방향 방, 방법 방[方]과 사람 인[人]의 변형[𠂉]** 아래에 성 씨, 뿌리 씨[氏]의 변형[氐]이면 군사 려, 나그네 려[旅], 화살 시[矢]면 겨레 족[族], 또한 야, 어조사 야[也]면 행할 시, 베풀 시[施], 필 필, 발 소[疋]면 돌 선[旋], 그 기[其]면 기 기[旗]

## 332 방방오격[放倣傲激] - 放으로 된 한자

모 방, 방향 방, 방법 방[方] 뒤에 칠 복[攵]이면 놓을 방[放], **놓을 방[放]** 앞에 사람 인 변[亻]이면 모방할 방[倣], 사람 인 변[亻] 과 흙 토[土]면 거만할 오[傲], 삼 수 변[氵]과 흰 백, 밝을 백, 깨끗할 백, 아뢸 백[白]이면 격할 격, 부딪칠 격[激]

## 333 비 지지 의응[匕 旨指 疑凝] - 匕와 旨, 疑로 된 한자

비수를 본떠서 비수 비[匕], 또 비수처럼 찔러 먹는 숟가락이니 숟가락 비[匕], 비수 비, 숟가락 비[匕] 아래에 해 일, 날 일[日]이 면 맛 지, 뜻 지[旨], **맛 지, 뜻 지[旨]** 앞에 손 수 변[扌]이면 손가락 지, 가리킬 지[指], 비수 비, 숟가락 비[匕] 아래에 화살 시[矢],
뒤에 창 모[矛]의 획 줄임[マ]과 점 복[卜], 사람 인[人]이면 의심할 의[疑], **의심할 의[疑]** 앞에 이 수 변[冫]이면 엉길 응[凝]

## 334 진진신[眞鎭愼] - 眞으로 된 한자

비수 비, 숟가락 비[匕] 아래에 눈 목, 볼 목, 항목 목[目]과 감출 혜, 덮을 혜[匚], 여덟 팔, 나눌 팔[八]이면 참 진[眞], **참 진[眞]** 앞에 쇠 금, 금 금, 돈 금, 성씨 김[金]이면 누를 진, 진압할 진[鎭], 마음 심 변[忄]이면 삼갈 신[愼]

## 335 화화화 경환환 상[化花貨 睘環還 喪] - 化, 睘으로 된 한자

사람 인 변[亻] 뒤에 비수 비, 숟가락 비[匕]면 될 화, 변화할 화, 가르칠 화[化], <mark>될 화, 변화할 화, 가르칠 화[化]</mark> 위에 초 두[艹]면 꽃 화[花], 아래에 조개 패, 재물 패, 돈 패[貝]면 재물 화, 물품 화[貨],

눈 목, 볼 목, 항목 목[目]을 눕혀 놓은 모양[罒] 아래에 한 일[一]과 입 구, 말할 구, 구멍 구[口], 변화할 화, 될 화[化]의 변형[匕]이면 눈 휘둥그레질 경[睘], <mark>눈 휘둥그레질 경[睘]</mark> 앞에 임금 왕, 으뜸 왕, 구슬 옥 변[王]이면 고리 환, 두를 환[環], 아래에 뛸 착, 갈 착[辶]이면 돌아올 환[還],

열 십, 많을 십[十]과 입 구, 말할 구, 구멍 구 둘[口口], 아래에 변화할 화, 될 화[化]의 변형[匕]이면 <mark>초상날 상, 잃을 상[喪]</mark>

## 336 능파태[能罷態] - 能으로 된 한자

사사로울 사, 나 사[厶] 아래에 달 월, 육 달 월[月], 뒤에 비수 비, 숟가락 비 둘[匕匕]이면 능할 능[能], <mark>능할 능[能]</mark> 위에 그물 망[罒]이면 파할 파, 마칠 파[罷], 아래에 마음 심, 중심 심[心]이면 모양 태[態]

## 337 충충소사 니[虫蟲騷蛇 泥] - 虫으로 된 한자와 泥

벌레 충[蟲]이 속자나 부수로 쓰일 때의 모양으로, 벌레 모양을 본떠서 벌레 충[虫], <mark>벌레 충[虫]</mark> 셋이면 벌레 충[蟲], 말 마[馬] 뒤에 벼룩 조[蚤]면 시끄러울 소, 글 지을 소[騷], 벌레 충[虫] 뒤에 집 면[宀]과 비수 비, 숟가락 비[匕]면 뱀 사[蛇],

삼 수 변[氵] 뒤에 주검 시, 몸 시[尸], 아래에 비수 비, 숟가락 비[匕]면 진흙 니[泥]

## 338 간한한근퇴 금(김)은[艮恨限根退 金銀] - 艮, 金으로 된 한자

눈 목, 볼 목, 항목 목[目]의 변형[目] 에 비수 비, 숟가락 비[匕]의 변형[乀]이면 멈출 간, 어긋날 간, 괘 이름 간[艮], <mark>멈출 간, 어긋날 간, 괘 이름 간[艮]</mark> 앞에 마음 심 변[忄]이면 한할 한, 뉘우칠 한[恨], 언덕 부 변[阝]이면 한계 한[限], 나무 목[木]이면 뿌리 근[根], 아래에 뛸 착, 갈 착[辶]이면 물러날 퇴[退],

사람 인[人] 아래에 한 일[一]과 흙 토[土], 점 주, 불똥 주 둘[丶丶]이면 쇠 금, 금 금, 돈 금, 성씨 김[金], <mark>쇠 금, 금 금, 돈 금, 성씨 김[金]</mark> 뒤에 멈출 간, 어긋날 간, 괘 이름 간[艮]이면 은 은[銀]

## 339 량낭랑랑 랑랑[良娘浪朗 郎廊] - 良, 郎으로 된 한자

멈출 간, 어긋날 간, 괘 이름 간[艮] 위에 점 주, 불똥 주[丶]면 좋을 량, 어질 량[良], <mark>좋을 량, 어질 량[良]</mark> 앞에 여자 녀[女]면 아가씨 낭[娘], 삼 수 변[氵]이면 물결 랑, 함부로 랑[浪], 뒤에 달 월, 육 달 월[月]이면 밝을 랑[朗],

고을 읍 방[阝]이면 사내 랑[郎], <mark>사내 랑[郎]</mark> 위에 집 엄[广]이면 행랑 랑[廊]

## 340 식(사) 기음반식[食 飢飲飯飾] - 食과 飠으로 된 한자

사람 인[人] 아래에 좋을 량, 어질 량[良]이면 밥 식, 먹을 식, 먹이 사[食], <mark>밥 식, 먹을 식, 먹이 사[飠]</mark> 뒤에 안석 궤, 책상 궤[几]면 굶주릴 기[飢], 하품 흠, 모자랄 흠[欠]이면 마실 음[飲], 거꾸로 반, 뒤집을 반[反]이면 밥 반[飯], 사람 인[人]의 변형[𠆢] 과 수건 건[巾]이면 꾸밀 식[飾]

# 확인문제

01~04 다음 漢字의 훈(뜻)과 음(소리)를 쓰시오.

01. 片 (　　　　　)　　　　　02. 搖 (　　　　　)

03. 김 (　　　　　)　　　　　04. 劣 (　　　　　)

05~08 다음 훈음에 맞는 漢字를 쓰시오.

05. 한계 한 (　　　　　)　　　06. 물러날 퇴 (　　　　　)

07. 꾸밀 장 (　　　　　)　　　08. 아플 통　(　　　　　)

09~12 다음 漢字語의 讀音을 쓰시오.

09. 架設 (　　　　　)　　　　10. 賀客 (　　　　　)

11. 脅迫 (　　　　　)　　　　12. 芳香 (　　　　　)

13~14 다음 문장에서 밑줄 친 낱말을 漢字로 쓰시오.

13. 격렬한 논쟁이 시작되었다.　　　　　(　　　　　)

14. 우리는 각고의 노력 끝에 그 일을 해냈다. (　　　　　)

15~16 다음 문장에서 漢字로 표기된 낱말의 讀音을 쓰시오.

15. 공대도 반말도 아닌 於中間한 말투를 쓴다. (　　　　　)

16. 그가 만든 한자 책이 일대 旋風을 일으켰다. (　　　　　)

17~18 다음 문장에서 밑줄 친 낱말을 漢字로 쓰시오.

17. 불우한 환경 속에서도 좌절하지 않고 열심히 살았다. (　　　　　)

18. 요즘 드라마에는 세태를 신랄하게 풍자하는 내용이 많다. (　　　　　)

19~20 다음 漢字語의 뜻을 쓰시오.

19. 模倣 (　　　　　　　　　)

20. 遙遠 (　　　　　　　　　)

## 정답

01. 조각 편　　05. 限　　　09. 가설　　　13. 激烈　　　17. 環境
02. 흔들 요　　06. 退　　　10. 하객　　　14. 努力　　　18. 世態
03. 부를 소　　07. 裝　　　11. 협박　　　15. 어중간　　19. 본뜨거나 본받는 것.
04. 못날 렬　　08. 痛　　　12. 방향　　　16. 선풍　　　20. 멀고도 멂.

DAY
17

**453**

| 341 | 장장장 발발발[長張帳 犮拔髮] – 長, 犮로 된 한자 |

**長**

8급 / 총 8획 / 長

입(一)의 위아래에 난 긴 수염을 본떠서 **길 장**
또 수염이 길면 어른이니 **어른 장**

**長打(장타)** '길게 침'으로, 야구에서 이루타 이상의 안타를 이르는 말.
**校長(교장)** 학교의 우두머리.

+ 打(칠 타), 校(학교 교, 교정볼 교, 장교 교)

---

**張**

4급 / 총 11획 / 弓

활(弓)시위를 길게(長) 벌리니 **벌릴 장**
또 벌리듯 마음을 열고 베푸니 **베풀 장, 성씨 장**

+ 弓(활 궁)

**誇張(과장)** (실제의 상태보다) 크거나 심하거나 대단한 것으로 나타냄.
**擴張(확장)** (범위·규범·세력 등을) 늘여 넓힘.

+ 誇(자랑할 과), 擴(넓힐 확)

---

**帳**

4급 / 총 11획 / 巾

수건(巾) 같은 천으로 길게(長) 둘러 가린 장막이니 **장막 장**
또 장막처럼 가리고 쓰는 장부니 **장부 장**

+ 巾(수건 건)

**帳幕(장막)** ① (볕이나 비바람 따위를 막기 위해 치는) 막. ② 속을 보지 못하게 둘러치는 막.
**帳簿(장부)** 금품의 수입 지출을 기록하는 책.

+ 幕(장막 막), 簿(장부 부)

---

**犮**

급외자 / 총 5획 / 犬

개(犬)가 발을 쭉(丿) 뽑아 달리니 **뽑을 발, 달릴 발**

+ 犬(개 견)

**손(扌)으로 가려 빼 뽑으니(犮) 뺄 발, 뽑을 발**

3급II / 총 8획 / 手(扌)

選拔(선발) 가려 뽑음.
拔本塞源(발본색원) '뿌리를 뽑고 근원을 막음'으로, 좋지 않은 일의 근본 원인이 되는 요소를 완전히 없애 버려서 다시는 그러한 일이 생길 수 없도록 함.
＊拔萃(발췌) (필요한 부분을) 뽑아 모음.

+ 選(가릴 선, 뽑을 선), 本(뿌리 본, 근본 본, 책 본), 塞(막을 색, 변방 새), 源(근원 원), 萃(모일 췌)

**긴(镸) 털(彡)도 뽑을(犮) 수 있는 터럭이나 머리털이니**
**터럭 발, 머리털 발**

4급 / 총 15획 / 髟

+ 镸[길 장(長)의 옛 글자], 彡(터럭 삼, 긴 머리 삼), 터럭 – 몸에 난 길고 굵은 털.

短髮(단발) 머리털을 짧게 자름. 또는 그 머리털.
白髮(백발) 허옇게 센 머리털.

+ 短(짧을 단, 모자랄 단), 白(흰 백, 밝을 백, 깨끗할 백, 아뢸 백)

---

**342** 이내단 수유[而耐端 需儒] – 而, 需로 된 한자

**입(一) 아래(ノ) 이어진 수염(而)처럼 말이 이어지는 어조사니**
**말 이을 이, 어조사 이**

3급 / 총 6획 / 而

+ 一('한 일'이지만 여기서는 다문 입으로 봄)

似而非(사이비) '같은 것 같으나 아님'으로, 겉으로는 비슷하나 본질은 완전히 다른 것을 이르는 말.

+ 似(같을 사, 닮을 사), 非(어긋날 비, 아닐 비, 나무랄 비)

**이어지는(而) 고통도 법도(寸)에 따라 참고 견디니 참을 내, 견딜 내**

3급II / 총 9획 / 而

忍耐(인내) (괴로움이나 어려움을) 참고 견딤.
耐久性(내구성) 오래 견디는 성질.

+ 忍(참을 인, 잔인할 인), 久(오랠 구), 性(성품 성, 바탕 성, 성별 성)

**서(立) 있는 곳이 산(山)으로 이어진(而) 끝이니 끝 단**
**또 끝에 서면 마음이나 옷차림을 바르게 하여 찾는 실마리니**
**바를 단, 실마리 단**

4급II / 총 14획 / 立

+ 立(설 립)

尖端(첨단) ① (물체의) 뾰족한 끝. ② (유행이나 시대흐름 등의) 맨 앞장.
端整(단정) (흐트러진 데가 없이) 정돈되고 바른 상태.
端緒(단서) 어떤 일의 실마리.

+ 尖(뾰족할 첨), 整(가지런할 정), 緒(실마리 서)

## 需

**비(雨)가 이어져(而)** 내리면 구하여 쓰니 **구할 수, 쓸 수**

**需要(수요)** 필요해서 구함.
**婚需(혼수)** 결혼에 쓰이는 물건이나 비용.

+ 要(중요할 요, 필요할 요), 婚(결혼할 혼)

3급Ⅱ / 총 14획 / 雨

## 儒

**사람(亻)**에게 **쓰이는(需)** 도를 공부하고 가르치는 선비나 유교니
**선비 유, 유교 유**

+ 선비 - 학식이 있고 행동과 예절이 바르며 의리와 원칙을 지키고 관직과 재물을 탐내지 않는 고결한 인품을 지닌 사람을 이르는 말.

**儒生(유생)** 유교 사상을 닦는 사람.
**儒敎(유교)** 공자를 시조로 삼고 인의도덕(仁義道德)을 가르치는 유학(儒學)을 종교적인 관점에서 이르는 말.

+ 生(날 생, 살 생, 사람을 부를 때 쓰는 접사 생), 敎(가르칠 교), 仁(어질 인), 義(옳을 의, 의로울 의), 道(길 도, 도리 도, 말할 도, 행정 구역의 도), 德(덕 덕, 클 덕), 學(배울 학)

4급 / 총 16획 / 人(亻)

---

**343** **렬례렬렬 사장[列例烈裂 死葬]** - 列, 死로 된 한자

## 列

**뼈 앙상하게(歹) 칼(刂)**로 잘라 벌이니 **벌일 렬**
또 벌여 놓은 줄이니 **줄 렬**

+ 歹 - 하루(一) 저녁(夕) 사이에 뼈 앙상하게 말라 죽으니 '뼈 앙상할 알, 죽을 사 변 (= 歺)'
+ 图 歺 - 점(卜)쳐 나온 대로 저녁(夕)에 뼈 앙상하게 말라 죽으니 '뼈 앙상할 알, 죽을 사 변'
+ 刂(칼 도 방), 夕(저녁 석), 벌이다 - 여러 가지 물건을 늘어놓다.

**列擧(열거)** '벌여 듦'으로, (실례나 사실을) 죽 들어서 말함.
**列車(열차)** 여러 대를 연결하여 사람이나 화물을 싣는 차.
**系列(계열)** 서로 관련이 있거나 유사한 점이 있어서 한 갈래로 이어지는 계통이나 조직.

+ 擧(들 거, 행할 거, 일으킬 거), 車(수레 거, 차 차)

4급Ⅱ / 총 6획 / 刀(刂)

## 例

**사람(亻)**이 물건을 **벌여(列)** 놓는 법식과 보기니 **법식 례, 보기 례**

+ 법식(法式) - 법도와 양식.
+ 法(법 법), 式(법 식, 의식 식)

**例規(예규)** 관례로 되어 있는 규칙.
**例示(예시)** 예를 들어서 보임.

+ 規(법 규), 示(보일 시, 신 시)

6급 / 총 8획 / 人(亻)

# 烈

4급 / 총 10획 / 火(灬)

## 거세게 **퍼지는(列) 불(灬)**처럼 세차고 매우니 **세찰 렬, 매울 렬**

+ 灬(불 화 발)

> **強烈(강렬)** 강하고 맹렬함.
> **烈女(열녀)** 정조가 곧은 여자.

+ 強(강할 강, 억지 강)

# 裂

3급II / 총 12획 / 衣

## 벌려진(列) 옷(衣)처럼 찢어지고 터지니 **찢어질 렬, 터질 렬**

+ 衣(옷 의)

> **決裂(결렬)** (교섭이나 회의 등에서 의견이 합쳐지지 않아) 찢어짐(갈라섬).
> **破裂(파열)** 깨지거나 갈라져서 터짐.

+ 決(터질 결, 결단할 결), 破(깨질 파, 다할 파)

# 死

6급 / 총 6획 / 歹

## 죽도록(歹) 비수(匕)에 찔려 죽으니 **죽을 사**

+ 匕(비수 비, 숟가락 비)

> **死境(사경)** (병이나 부상 등으로 인해 목숨이) 위태로운 형편.
> *溺死(익사) 물에 빠져 죽음.

+ 境(지경 경, 형편 경), 溺(물에 빠질 익)

# 葬

3급II / 총 13획 / 草(++)

## 풀(++)로 **죽은(死)** 사람을 **받쳐 들고(廾)** 가 장사 지내니 **장사 지낼 장**

+ 廾(받쳐 들 공)

> **葬事(장사)** 죽은 사람을 땅에 묻거나 화장하는 일.
> **葬禮(장례)** 장사 지내는 일. 또는 그런 예식.

+ 事(일 사, 섬길 사), 禮(예도 례)

## 辰

3급II / 총 7획 / 辰

전갈자리 별 모양을 본떠서 **별 진, 날 신, 다섯째 지지 진**

**生辰(생신)** '생일'의 높임말.
**日辰(일진)** ① (갑자일·을축일·병신일 따위) 날의 육십갑자(六十甲子). ② 그날의 운세.

+ 生(날 생, 살 생, 사람을 부를 때 쓰는 접사 생), 日(해 일, 날 일)

---

## 振

3급II / 총 10획 / 手(扌)

손(扌)으로 만든 물건이 **별(辰)**처럼 빛나 이름을 떨치니 **떨칠 진**

**振作(진작)** 떨쳐 일으킴.
**振興(진흥)** (학술이나 산업 따위가) 떨쳐 일어남. 또는 떨쳐 일으킴.

+ 作(지을 작), 興(흥할 흥, 흥겨울 흥)

---

## 晨

3급 / 총 11획 / 日

해(日)는 뜨는데 아직 **별(辰)**도 있는 새벽이니 **새벽 신**

**晨明(신명)** 새벽녘(날이 샐 무렵).
**晨出夜歸(신출야귀)** 새벽에 나가 밤에 돌아옴.

+ 明(밝을 명), 出(날 출, 나갈 출), 夜(밤 야), 歸(돌아갈 귀, 돌아올 귀)

---

## 震

3급II / 총 15획 / 雨

비(雨) 올 때 **별(辰)**처럼 번쩍이며 치는 벼락이니 **벼락 진**
또 벼락이 치듯 천지가 진동하니 **진동할 진**

+ 雨(비 우)

**震怒(진노)** 벼락처럼 큰소리치며 몹시 노함.
**震動(진동)** (큰 물체가 무엇에) 울려서 흔들리거나 떨림.

+ 怒(성낼 노), 動(움직일 동)

---

## 農

7급 / 총 13획 / 辰

허리 **구부리고(曲) 별(辰)** 있는 새벽부터 짓는 농사니 **농사 농**

+ 曲(굽을 곡, 노래 곡), 농사는 힘든 육체노동이지요.

**農村(농촌)** 농부들이 모여 사는 마을.
**農繁期(농번기)** 농사일로 바쁜 시기.

+ 村(마을 촌), 繁(번성할 번), 期(기간 기, 기약할 기)

별(辰)처럼 빛나는 사람을 시기하여 한 **마디(寸)**씩 욕되게 하는 욕이니
**욕될 욕, 욕 욕**

+ 寸(마디 촌, 법도 촌)

**辱說(욕설)** 욕되는 말. 모욕적인 말.
**恥辱(치욕)** 부끄러움과 모욕.

+ 說(달랠 세, 말씀 설, 기쁠 열), 恥(부끄러울 치)

---

별(辰)처럼 **몸(月)**에서 붉게 빛나는 입술이니 **입술 순**

+ 月(달 월, 육 달 월)

**口脣(구순)** 입과 입술을 아울러 이르는 말.
**脣亡齒寒(순망치한)** '입술이 없으면 이가 시림'으로, 서로 이해관계가 밀접한 사이에 어느 한쪽이 망하면 다른 한쪽도 그 영향을 받아 온전하기 어려움을 이르는 말.

+ 口(입 구, 말할 구, 구멍 구), 亡(망할 망, 달아날 망, 죽을 망), 齒(이 치, 나이 치), 寒(찰 한)

---

**345** 비비혼 개계[比批混 皆階] – 比, 皆로 된 한자

두 사람을 나란히 앉혀 놓고 견주니
**나란할 비, 견줄 비**

+ [유] 北(등질 배, 달아날 배, 북쪽 북) – 제목번호 347 참고

*櫛比(즐비) 빗살처럼 빽빽하고 나란히 섬.
**比較(비교)** 견주어 봄.
**比率(비율)** 다른 수나 양에 대한 어떤 수나 양의 비(比).

+ 櫛(빗 즐), 較(견줄 교), 率(비율 률, 거느릴 솔, 솔직할 솔)

---

**손(扌)**으로 **견주어(比)** 비평하니 **비평할 비**

**批評(비평)** ① [사물의 미추(美醜)·선악(善惡)·장단(長短)·시비(是非)를] 평가하여 가치를 판단하는 것 ② 남의 결점을 드러내어 말하는 것
**批判(비판)** (사물의 옳고 그름이나 잘되고 못됨을) 검토하여 평가·판정하는 일.

+ 評(평할 평), 美(아름다울 미), 醜(추할 추), 善(착할 선, 좋을 선, 잘할 선), 惡(악할 악, 미워할 오), 長(길 장, 어른 장), 短(짧을 단, 모자랄 단), 是(옳을 시, 이 시), 非(어긋날 비, 아닐 비, 나무랄 비), 判(판단할 판)

---

**물(氵)**과 **햇(日)**빛이 적당히 **비례하는(比)** 곳에 동식물이 섞여 살듯 섞으니
**섞을 혼**

**混同(혼동)** ① 뒤섞여 하나가 됨. ② 구별하지 못하고 뒤섞어서 생각함.
**混亂(혼란)** 섞여 어지러움.
+ 昏亂(혼란) 어둡고 어지러움.

+ 同(한가지 동, 같을 동), 亂(어지러울 란), 昏(어두울 혼)

**3급 / 총 9획 / 白**

**나란히(比)** 앉아 **말하는(白)** 모두 다니 **다 개**

+ 白(흰 백, 밝을 백, 깨끗할 백, 아뢸 백)

**皆勤(개근)** '다 일함'으로, 하루도 빠짐없이 출석함.
**舉皆(거개)** 거의 모두.

+ 勤(부지런할 근, 일 근), 舉(들 거, 행할 거, 일으킬 거)

**4급 / 총 12획 / 阜(阝)**

**언덕(阝)**에 오르도록 **다(皆)** 같은 간격으로 만든 섬돌이나 계단이니
**섬돌 계, 계단 계**
또 계단처럼 단계가 있는 계급이니 **계급 계**

+ 阝(언덕 부 변), 섬돌 – 오르내릴 수 있게 놓은 돌충계.

**層階(층계)** 집의 층 사이를 오르내리기 위한 계단.
**階級(계급)** 사회적 지위나 관직 등의 등급.

+ 層(층 층), 級(등급 급)

---

| 346 | **록려 경천[鹿麗 慶薦]** – 鹿, 严으로 된 한자 |

**3급 / 총 11획 / 鹿**

사슴을 본떠서 **사슴 록**

**鹿角(녹각)** 사슴의 뿔.
*鹿茸(녹용) 사슴의 연한 뿔을 가공한 한약재.

+ 角(뿔 각, 모날 각, 겨룰 각), 茸(무성할 용, 녹용 용)

**4급Ⅱ / 총 19획 / 鹿**

**고운(丽)** 사슴(鹿)처럼 곱고 빛나니 **고울 려, 빛날 려**

+ 약 麗 – 하나(一) 하나(丨) 어울려 이리저리( ` ´ ) 다니는 사슴(鹿)처럼 곱고 빛나니 '고울 려, 빛날 려'
+ 丽 – 머리(一)부터 이쪽(冂) 머리(一)부터 저쪽(冂)을 꾸며 곱고 빛나니 '고울 려, 빛날 려' – 위의 一을 하나로 길게 하여 현재 麗의 중국 간체자로 쓰임.
+ 一('한 일'이지만 여기서는 머리로 봄)

**華麗(화려)** 번화하고 고움.
**美辭麗句(미사여구)** 아름답게 꾸민 말과 글귀.

+ 華(화려할 화, 빛날 화), 美(아름다울 미), 辭(말씀 사, 글 사, 물러날 사), 句(글귀 구, 굽을 구)

**慶**

4급II / 총 15획 / 心

사슴(声)처럼 하나(一)씩 기쁜 **마음(心)**으로 서서히(夂) 모여드는 경사니 **경사 경**

+ 声 [사슴 록(鹿)의 획 줄임], 一[한 일(一)의 변형], 夂(천천히 걸을 쇠, 뒤져 올 치), 경사 스러운 좋은 날에 많은 사람이 모이는 것을 사슴이 모여 사는 모양으로 나타냈네요.

> **慶事(경사)** 축하할 만한 기쁜 일.
> **慶祝(경축)** (어떤 일을) 경사스럽게 여겨 축하함.

+ 事(일 사, 섬길 사), 祝(빌 축, 축하할 축)

---

**薦**

3급 / 총 17획 / 草(艹)

약초(艹)와 **사슴(声)**과 **새(鳥)**를 잡아 천거하여 드리니 **천거할 천, 드릴 천**

+ 鳥 [새 조(鳥)의 획 줄임]

> **薦擧(천거)** 쓰도록 소개하거나 추천함.
> **推薦(추천)** 어떤 조건에 적합한 대상을 책임지고 소개함.
> **薦新(천신)** 그해에 새로 난 농산물을 신에게 먼저 올리는 일.

+ 擧(들 거, 행할 거, 일으킬 거), 推(밀 추, 밀 퇴), 新(새로울 신)

---

| 347 | 차자 배(북)배 괴승[此紫 北背 乖乘] – 此, 北, 乖로 된 한자 |
|---|---|

**此**

3급II / 총 6획 / 止

멈추어(止) **비수(匕)**로도 찌를 만한 가까운 이것이니 **이 차**

+ 止(그칠 지), 匕(비수 비, 숟가락 비 – '비수'는 날카롭고 짧은 칼)

> **彼此(피차)** 이것과 저것. 이쪽과 저쪽. 서로.
> **此日彼日(차일피일)** '이날저날'로, 오늘내일 하며 기한을 미룸.

+ 彼(저 피), 日(해 일, 날 일)

---

**紫**

3급II / 총 12획 / 糸

이(此) 세상에서 가장 아름다운 **실(糸)**의 색은 자줏빛이니 **자줏빛 자**

+ 중국 북경에 있는 명(明)·청(淸) 시대의 궁전을 자금성(紫禁城)이라 한 것처럼 중국에서는 옛날부터 붉은색을 좋아했답니다.

> **紫色(자색)** 자줏빛.
> **紫水晶(자수정)** 자줏빛 수정.

+ 色(빛 색), 晶(수정 정, 맑을 정)

---

**北**

8급 / 총 5획 / 匕

두 사람이 등지고 달아나는 모양에서 **등질 배, 달아날 배** 또 항상 남쪽을 향하여 앉았던 임금의 등진 북쪽이니 **북쪽 북**

+ 유 比(나란할 비, 견줄 비), 兆(조짐 조, 조 조) – 제목번호 348 참고

> **敗北(패배)** 싸움에 짐. 패하여 달아남.
> **北極(북극)** 지구의 북쪽 끝.

+ 敗(패할 패), 極(끝 극, 다할 극)

4급II / 총 9획 / 肉(月)

등진(北) 몸(月)의 등이니 **등질 배, 등 배**

+ 유 肯(즐길 긍, 긍정할 긍) - 제목번호 237 참고
+ 月(달 월, 육 달 월), 북쪽의 뜻으로는 北을, '등지다'의 뜻으로는 背를 많이 씁니다.

**背景(배경)** ① 뒤쪽의 경치. ② 사건이나 환경, 인물 따위를 둘러싼 주위의 정경. ③ 앞에 드러나지 아니한 채 뒤에서 돌보아 주는 힘.
**背信(배신)** 믿음을 등져 버림.

+ 景(볕 경, 경치 경, 클 경), 信(믿을 신, 소식 신)

---

1급 / 총 8획 / 丿

많이(千) 등져(北) 어긋나니 **어긋날 괴**

+ 千(일천 천, 많을 천)

---

3급II / 총 10획 / 丿

두발을 **어긋나게(乖)** 디디며 **사람(人)**이 타니 **탈 승**
또 수레를 세는 단위나 어긋나게 곱하는 뜻으로도 쓰여 **대 승, 곱할 승**

+ 약 乘 - 많은(千) 풀(艹)이 땅(一)을 뚫고(八) 올라오듯 올라타니 '탈 승'
　　　또 타는 수레를 세는 단위나 어긋나게 곱하는 뜻으로도 쓰여 '대 승, 곱할 승'
+ 나무에 오르거나 차를 탈 때는 두 발을 어긋나게 디디지요.

**乘車(승차)** 차에 탐.
**乘客(승객)** 배나 차에 타는 손님.

+ 車(수레 거, 차 차), 客(손님 객)

---

348　조4도[兆挑桃跳逃] - 兆로 된 한자

3급II / 총 6획 / 儿

옛날에 점치던 거북 등껍데기에 나타난 조짐이니 **조짐 조**
또 큰 숫자인 조를 나타내어 **조 조**

+ 옛날에는 거북 등껍데기를 불에 태워 갈라진 모양을 보고 길흉화복의 조짐을 점쳤답니다.

**兆朕(조짐)** 어떤 일이 일어날 기미가 미리 보이는 변화 현상.
**吉兆(길조)** 길한(좋은) 징조.

+ 朕(나 짐, 조짐 짐), 吉(길할 길, 상서로울 길)

---

3급 / 총 9획 / 手(扌)

손(扌)으로 **조짐(兆)**을 보이며 돋우고 끌어내니 **돋을 도, 끌어낼 도**

**挑出(도출)** (어떤 사실이나 일에서 결론을) 이끌어 냄.
**挑發(도발)** 상대를 자극함으로써 (전쟁 등을) 일으킴.

+ 出(날 출, 나갈 출), 發(쏠 발, 일어날 발)

# 桃

3급II / 총 10획 / 木

**나무(木)에 열린 조(兆)자 모양의 무늬가 있는 복숭아니 복숭아 도**

+ 木(나무 목), 복숭아나 앵두에는 조(兆)자 모양의 무늬가 있지요.

**桃花(도화)** 복숭아꽃.
**黃桃(황도)** 복숭아 품종의 하나. [과실의 속살이 노랗고 치밀하여 통조림을 만들 때 많이 이용함]

+ 花(꽃 화), 黃(누를 황)

---

# 跳

3급 / 총 13획 / 足(⻊)

**발(⻊)을 조(兆)자 모양으로 벌리며 뛰니 뛸 도**

+ ⻊[발 족, 넉넉할 족(足)의 변형]

**跳躍(도약)** 뛰어오름.
*棒高跳(봉고도)* 장대높이뛰기.

+ 躍(뛸 약), 棒(몽둥이 봉), 高(높을 고, 성씨 고)

---

# 逃

4급 / 총 10획 / 辵(辶)

**조짐(兆)을 알아차리고 뛰어(辶) 달아나니 달아날 도**

+ 辶(뛸 착, 갈 착)

**逃亡(도망)** 패하여 달아남.
**逃避(도피)** 도망하여 피함.

+ 亡(망할 망, 달아날 망, 죽을 망), 避(피할 피)

---

## 349 비배죄비배[非排罪悲輩] - 非로 된 한자

# 非

4급II / 총 8획 / 非

**양쪽으로 달린 새 날개처럼 어긋나니 어긋날 비**
**또 어긋나면 아니라고 나무라니 아닐 비, 나무랄 비**

**非行(비행)** 어긋난 행동.
**非凡(비범)** 보통이 아님.
**非難(비난)** (남의 잘못이나 흠 따위를) 책잡아 나쁘게 말함.

+ 行(다닐 행, 행할 행, 항렬 항), 凡(무릇 범, 보통 범), 難(어려울 난, 비난할 난)

DAY 18

---

# 排

3급II / 총 11획 / 手(扌)

**손(扌)으로 아니라며(非) 물리치거나 다시 배열하니**
**물리칠 배, 배열할 배**

**排斥(배척)** 반대하여 물리침.
**排列(배열)** 일정한 차례나 간격에 따라 벌여 놓음.

+ 斥(물리칠 척), 列(벌일 렬, 줄 렬)

법망(罒)에 걸리게 **어긋나(非)** 죄지은 허물이니 **죄지을 죄, 허물 죄**

5급 / 총 13획 / 网(罒)

+ 법망(法網) – 법의 그물. 罒(그물 망, = 网, 罓), 法(법 법), 網(그물 망)

**犯罪(범죄)** 죄를 범함(지음).
**罪囚(죄수)** 죄를 짓고 옥에 갇힌 사람.

+ 犯(범할 범), 囚(죄인 수)

---

**아니(非)** 된다고 느끼는 **마음(心)**은 슬프니 **슬플 비**

4급Ⅱ / 총 12획 / 心

+ '일이 어긋날(非) 때 느끼는 마음(心)은 슬프니 슬플 비(悲)'라고도 합니다.

**悲觀(비관)** 사물을 슬프게 봄.
**喜悲(희비)** 기쁨과 슬픔.

+ 觀(볼 관), 喜(기쁠 희)

---

**어긋날(非)** 정도로 **수레(車)**에 많이 탄 무리니 **무리 배**

3급Ⅱ / 총 15획 / 車

+ 車(수레 거, 차 차)

**先輩(선배)** ① (나이·학식 등이 자기보다) 앞선 사람. ② 자기 출신 학교를 먼저 나온 사람. ↔ 후배(後輩)
**暴力輩(폭력배)** 걸핏하면 폭력을 휘두르는 불량배.

+ 先(먼저 선), 後(뒤 후, 늦을 후), 暴(사나울 폭·포, 드러날 폭), 力(힘 력)

---

| **350** | 망벌서치라[罒罰署置羅] – 罒으로 된 한자 |

양쪽 기둥에 그물을 얽어 맨 모양을 본떠서 **그물 망 (= 网, 罓)**

총 5획 / 부수자

+ [동] 网, 罓
+ 罒은 5획, 网은 6획, 罓은 4획입니다.

---

법망(罒)에 걸린 사람을 **말(言)**로 꾸짖고 **칼(刂)**로 베어 벌하니 **벌할 벌**

4급Ⅱ / 총 14획 / 网(罒)

+ 言(말씀 언), 刂(칼 도 방)

**罰金(벌금)** 벌로 내는 돈.
**體罰(체벌)** 몸에 직접 고통을 주는 벌.

+ 金(쇠 금, 금 금, 돈 금, 성씨 김), 體(몸 체)

**署**

3급II / 총 14획 / 网(罒)

그물(罒) 같은 촘촘한 법으로 **사람(者)**을 다스리는 관청이니 **관청 서**
또 촘촘한 **그물(罒)**처럼 **사람(者)**이 철저히 책임진다고 서명하니
**서명할 서**

**署長(서장)** 서(署)로 끝나는 관청의 우두머리.
**署名(서명)** 서류 등에 책임을 밝히기 위해 직접 이름을 씀.

+ 長(길 장, 어른 장), 名(이름 명, 이름날 명)

**置**

4급II / 총 13획 / 网(罒)

그물(罒)을 **곧게(直)** 쳐 두니 **둘 치**

+ 直(곧을 직, 바를 직) − 제목번호 023 참고

**放置(방치)** 놓아(내버려) 둠.
**備置(비치)** 갖추어 둠.

+ 放(놓을 방), 備(갖출 비)

**羅**

4급II / 총 19획 / 网(罒)

그물(罒)을 **실(糸)**로 떠서 **새(隹)**를 잡으려고 벌이니 **벌일 라**
또 그물 같은 얇은 비단도 뜻하여 **비단 라, 성씨 라**

+ 隹(새 추) − 제목번호 389 참고

**羅列(나열)** 죽 벌여 놓음.
*綾羅(능라) 두꺼운 비단과 얇은 비단.

+ 列(벌일 렬, 줄 렬), 綾(비단 릉)

---

**351** 매 매독(두)속[買 賣讀續] − 買와 賣로 된 한자

**買**

5급 / 총 12획 / 貝

그물(罒)을 **돈(貝)** 주고 사니 **살 매**

+ 貝(조개 패, 재물 패, 돈 패)

**買收(매수)** 사들임.
**賣買(매매)** 사고 팖.

+ 收(거둘 수)

DAY

18

**賣**

5급 / 총 15획 / 貝

**선비(士)**가 원산지에서 물건을 **사다(買)** 파니 **팔 매**

+ **약** 売 − 선비(士)가 덮어(冖) 놓고 사람(儿)에게 물건을 파니 '팔 매'
+ 士(선비 사, 군사 사, 칭호나 직업 이름에 붙이는 말 사), 冖(덮을 멱), 儿(어진사람 인, 사람 인 발)

**賣物(매물)** 팔려고 내놓은 물건.
**賣惜(매석)** '파는 것을 아낌'으로, (물가 폭등에 의한 폭리를 목적으로 어떤 상품의) 판매를 꺼리는 일.

+ 物(물건 물), 惜(아낄 석)

465

# 讀

6급 / 총 22획 / 言

말(言)하여 물건을 팔(賣)듯 소리 내어 읽으니 **읽을 독**
또 띄어 읽는 글의 구절이니 **구절 두**

+ 약 読

**愛讀(애독)** 즐겨 읽음.
**句讀點(구두점)** 글의 뜻을 분명히 하기 위하여 찍는 쉼표와 마침표.

+ 愛(사랑 애, 즐길 애, 아낄 애), 句(글귀 구, 굽을 구), 點(점 점, 불 켤 점)

---

# 續

4급Ⅱ / 총 21획 / 糸

실(糸)을 팔려고(賣) 이으니 **이을 속**

+ 약 続

**續出(속출)** 잇달아 나옴.
**永續性(영속성)** 영원히 이어지는 성질.

+ 出(날 출, 나갈 출), 永(길 영, 오랠 영), 性(성품 성, 바탕 성, 성별 성)

---

**352** 촉촉독탁속[蜀燭獨濁屬] – 蜀으로 된 한자

# 蜀

2급 / 총 13획 / 虫

그물(罒) 같은 집에 싸여(勹) 있는 애벌레(虫)니 애벌레 **촉**
또 그물(罒) 같은 집에 싸여(勹) 있는 애벌레(虫)처럼 산과 물로 둘러싸여
있던 촉나라니 **촉나라 촉**

+ 勹(쌀 포), 虫(벌레 충), 촉(蜀)나라 – 촉한(蜀漢), 유비(劉備)가 세운 나라.

---

# 燭

3급 / 총 17획 / 火

불(火)꽃이 애벌레(蜀)가 꿈틀거리듯 흔들리는 촛불이니 **촛불 촉**

+ 火(불 화), 촛불은 불꽃이 바람에 흔들리지요.

**燭光(촉광)** ① 촛불의 빛. ② 빛의 세기를 나타내는 단위.
**華燭(화촉)** ① 화려한 촛불. ② 결혼.

+ 光(빛 광), 華(화려할 화, 빛날 화)

---

# 獨

5급 / 총 16획 / 犬(犭)

개(犭)와 애벌레(蜀)의 관계처럼 어울리지 못하고 홀로니 **홀로 독**
또 늙어서 홀로 지내게 자식이 없으니 **자식 없을 독**

+ 약 独 – 개(犭)와 벌레(虫)의 관계처럼 어울리지 못하고 홀로니 '홀로 독'
　　 또 늙어서 홀로 지내게 자식이 없으니 '자식 없을 독'
+ 犭(큰 개 견, 개 사슴 록 변)

**獨立(독립)** '홀로 섬'으로, 남에게 의존하지 않음.
**無男獨女(무남독녀)** 아들 없는 집의 외동딸.

+ 立(설 립), 無(없을 무), 男(사내 남), 女(여자 녀)

## 濁

3급 / 총 16획 / 水(氵)

**물(氵)속에 애벌레(蜀)가 꿈틀거린듯 흐리니 흐릴 탁**

**混濁(혼탁)** 섞여서 흐림.
**上濁下不淨(상탁하부정)** 위가 흐리면 아래도 깨끗하지 않음.

+ 混(섞일 혼), 不(아닐 불·부), 淨(깨끗할 정)

## 屬

4급 / 총 21획 / 尸

**몸(尸)에서 진액(=ㆍ=)을 빨아먹으려고 벌레(蜀)들이 붙어사니 붙어살 속**
**또 붙어사는 무리니 무리 속**

+ 약 属 – 몸(尸)에 비스듬히(丿) 붙어살며 가운데(中)를 발자국(内)처럼 파 먹는 벌레들의
  무리니 '붙어살 속, 무리 속'
+ 尸(주검 시, 몸 시), ㆍ=[물 수 발(水)의 변형], 内(발자국 유), 진액 – 생물의 몸 안에서 나
  오는 액체.

**從屬(종속)** 주되는 것에 딸려 붙음.
**專屬(전속)** 오로지 한곳에만 속함.

+ 從(좇을 종, 따를 종), 專(오로지 전, 마음대로 할 전)

---

**353** 간련련 란란란[柬練鍊 闌欄蘭] – 柬, 闌으로 된 한자

## 柬

특급Ⅱ / 총 9획 / 木

**나무(木)를 가려 그물(罒)처럼 촘촘하게 쓰는 편지니 가릴 간, 편지 간**

+ 木(나무 목), 종이가 없었던 옛날에는 나무나 대에 글자를 새겼답니다.

## 練

5급 / 총 15획 / 糸

**실(糸)을 가려(柬) 짜듯 무엇을 가려 익히니 익힐 련**

**練習(연습)** 익숙하도록 익힘
+ 演習(연습) (실지로 하는 것처럼) 펴 익힘.
**修練(수련)** (인격·기술·학문 등을) 닦고 익힘.

+ 習(익힐 습), 演(펼 연, 설명할 연), 修(닦을 수, 다스릴 수)

## 鍊

3급Ⅱ / 총 17획 / 金

**쇠(金)의 성질을 가려(柬) 쇠 불리며 단련하니 쇠 불릴 련, 단련할 련**

+ 쇠 불리다 – 쇠를 불에 달구어 불순물을 가려내고 성질을 변화시키다.

**鍊武(연무)** 무술을 단련함.
**敎鍊(교련)** 가르쳐 단련시킴.

+ 武(군사 무, 무기 무), 敎(가르칠 교)

문(門)을 가려(柬) 막으니 막을 란

+ 門(문 문)

특급 / 총 17획 / 門

---

(사람이 떨어지지 않도록) 나무(木)로 막은(闌) 난간이나 테두리니
난간 란, 테두리 란

欄干(난간) (층계·다리 등의 가장자리를) 방패처럼 막아 놓은 곳.
空欄(공란) (종이나 표 등의) 빈 곳.

+ 干(방패 간, 범할 간, 얼마 간, 마를 간), 空(빌 공, 하늘 공)

3급Ⅱ / 총 21획 / 木

---

풀(++) 중 문(門) 안에 장소를 가려(柬) 키우는 난초니 난초 란

+ 난초(蘭草)는 직사광선이 없는 반그늘 상태를 좋아합니다.

梅蘭菊竹(매란국죽) '매화와 난초와 국화와 대'로, '사군자'를 달리 이르는 말.
*芝蘭之交(지란지교) '지초와 난초의 사귐'으로, 벗 사이의 맑고도 높은 사귐.

+ 梅(매화 매), 菊(국화 국), 竹(대 죽), 芝(지초 지), 之(갈 지, ~의 지, 이 지), 交(사귈 교, 오고 갈 교)

3급Ⅱ / 총 21획 / 草(++)

---

**354** 회회괴 만만만[襄懷壞 曼慢漫] – 襄, 룅으로 된 한자

옷(衣)으로 그물(罒)처럼 가리고 눈물(ㅌ=ㅌ)을 흘릴 정도로 사연을 품으니
품을 회

+ 유 襄(도울 양, 오를 양) – 제목번호 374 참고
+ 약 襄 – 많이(十) 그물(罒)이나 옷(衣) 속에 품으니 '품을 회'
+ 衣(옷 의), ㅌ=ㅌ[물 수 발(氺)의 변형]

급외자 / 총 16획 / 衣

---

마음(忄)에 품고(襄) 생각하니 품을 회, 생각할 회

+ 약 懐

懷抱(회포) '품고 안음'으로, 마음속에 품은 생각.
懷疑(회의) 의심을 품음.

+ 抱(안을 포), 疑(의심할 의)

3급Ⅱ / 총 19획 / 心(忄)

468

**壞**

3급 II / 총 19획 / 土

흙(土)으로만 품으면(襄) 단단하지 못하여 무너지니 **무너질 괴**

+ 약 壊 유 壤(흙 양, 땅 양) – 제목번호 374 참고

**破壞(파괴)** 깨뜨림. 무너뜨림.
**崩壞(붕괴)** 허물어져 무너짐.

+ 破(깨질 파, 다할 파), 崩(무너질 붕)

**曼**

특급 II / 총 11획 / 日

말하면(曰) 그 말이 그물(罒)처럼 또(又) 길고 넓게 퍼지니
**길 만, 넓을 만**

+ 曰(가로 왈), 又(오른손 우, 또 우), 발 없는 말이 천리 간다는 속담도 있지요.

**慢**

3급 / 총 14획 / 心(忄)

마음(忄)이 넓게(曼) 늘어져 게으르고 거만하니 **게으를 만, 거만할 만**

**怠慢(태만)** 게으르고 느림.
**傲慢(오만)** 태도가 방자함.

+ 怠(게으를 태), 傲(거만할 오, 업신여길 오)

**漫**

3급 / 총 14획 / 水(氵)

물(氵)이 넓게(曼) 흩어져 질펀하니 **흩어질 만, 질펀할 만**
또 흩어지면 부질없으니 **부질없을 만**

+ 부질없다 – 대수롭지 않고 쓸모가 없다.

**散漫(산만)** 어수선하여 걷잡을 수 없음.
**漫評(만평)** 일정한 형식이나 체계 없이 생각나는 대로 비평함. 또는 그런 비평.

+ 散(흩어질 산), 評(평할 평)

---

**355** 회 4증승승층[會 曾增贈憎僧層] – 會와 曾으로 된 한자

**會**

6급 / 총 13획 / 日

사람(人)이 하나(一)같이 마음의 창(罒)을 열고 말하기(曰) 위해 모이니
**모일 회**

+ 약 会 – 사람(人)이 말하기(云) 위해 모이니 '모일 회'
+ 曰(가로 왈), 云(이를 운, 말할 운), 罒 – 창문의 모양을 본떠서 '창문 창' – 실제 쓰이는
 한자는 아니니 그물 망(罒)과 혼동하지 마세요.

**會談(회담)** (어떤 문제를 가지고 한 자리에) 모여서 말함.
**會食(회식)** (여러 사람이) 모여 음식을 먹음.

+ 談(말씀 담), 食(밥 식, 먹을 식, 먹이 사)

**열고(八) 창문(罒) 사이로 말하면(曰)** 일찍부터 거듭 만나던 사이니
**일찍 증, 거듭 증**

+ 약 曾 – 이쪽(丷)저쪽(丷)의 밭(田)에 날(日)마다 일찍 나가 거듭 일하니 '일찍 증, 거듭 증'

> **未曾有(미증유)** 아직까지 일찍 있지 않음.
> **曾孫(증손)** '거듭 손자'로, 손자의 아들.

+ 未(아닐 미, 아직 ~ 않을 미, 여덟째 지지 미), 有(가질 유, 있을 유), 孫(손자 손)

3급Ⅱ / 총 12획 / 日

---

**흙(土)을 거듭(曾)** 더하니 **더할 증**

+ 약 増

> **增資(증자)** 자본금을 늘림. ↔ 감자(減資)
> **割增(할증)** (일정한 값에) 얼마를 더함.

+ 資(재물 자), 減(줄어들 감, 덜 감), 割(벨 할, 나눌 할)

4급Ⅱ / 총 15획 / 土

---

**재물(貝)을 거듭(曾)** 주니 **줄 증**

> **贈呈(증정)** (선물·기념품 등을 성의의 표시로) 줌.
> **贈與(증여)** (물건을) 줌.

+ 呈(드릴 정), 與(줄 여, 더불 여, 참여할 여)

3급 / 총 19획 / 貝

---

**섭섭한 마음(忄)이 거듭(曾)** 쌓이도록 미워하니 **미워할 증**

> **憎惡(증오)** 몹시 미워함.
> **愛憎(애증)** 사랑과 미움.

+ 惡(악할 악, 미워할 오), 愛(사랑 애, 즐길 애, 아낄 애)

3급Ⅱ / 총 15획 / 心(忄)

---

**사람(亻) 중 거듭(曾)** 도를 닦는 중이니 **중 승**

> **僧侶(승려)** 출가하여 불도를 닦는 사람. ['중'보다 격식을 갖춘 말로 쓰임]
> **僧舞(승무)** '중의 춤'으로, 민속 무용의 하나.

+ 侶(짝 려), 舞(춤출 무)

3급Ⅱ / 총 14획 / 人(亻)

---

**지붕(尸) 아래에 거듭(曾)** 지은 층이니 **층 층**

+ 尸('주검 시, 몸 시'지만 여기서는 지붕의 모양으로 봄)

> **層階(층계)** 집의 층 사이를 오르내리기 위한 계단.
> **千層萬層(천층만층)** ① 매우 많은 사물의 구별되는 층. 또는 그런 모양. ② 수없이 많이 겹친 켜.

+ 階(섬돌 계, 계단 계, 계급 계), 千(일천 천, 많을 천), 萬(일만 만, 많을 만)

4급 / 총 15획 / 尸

2급 / 총 8획 / 山

**그물(冂) 친 것 같은 산(山)**등성이나 언덕이니 **산등성이 강, 언덕 강**

+ 동 崗 – 산(山)의 산등성이(岡)나 언덕이니 '산등성이 강, 언덕 강'
+ 冂[그물 망(网)의 변형], 山(산 산)

---

3급 II / 총 16획 / 金

**쇠(金) 중에 산등성이(岡)처럼 강한 강철이니 강철 강**

**鋼鐵(강철)** 강한 쇠.
**鋼板(강판)** 강철로 만든 판자.

+ 鐵(쇠 철), 板(널빤지 판)

---

綱

3급 II / 총 14획 / 糸

**실(糸) 중에 산등성이(岡)처럼 강한 벼리니 벼리 강**
**또 벼리처럼 중요한 것만 대강 처리하니 대강 강**

+ 벼리 – ① 그물코를 꿴 굵은 줄. ② 일이나 글의 뼈대가 되는 줄거리.

**要綱(요강)** 벼리가 되는 중요 사항. 기본적인 줄거리나 골자.
**大綱(대강)** (자세한 내용이 아닌) 큰 줄기. [우리말에 대강 처리한다는 말이 있는데 이 말은 대강(大綱), 즉 일의 중요한 큰 부분만 대충 처리한다는 뜻]

---

剛

3급 II / 총 10획 / 刀(刂)

**산등성이(岡)도 자를 만큼 칼(刂)이 굳세고 단단하니**
**굳셀 강, 단단할 강**

**剛健(강건)** 기상이나 뜻이 꼿꼿하고 건전함.
**剛直(강직)** 마음이 굳세고 곧음.

DAY
18

**471**

1급 / 총 5획 / 皿

받침 있는 그릇을 본떠서 **그릇 명**

---

4급II / 총 10획 / 皿

**나누고(八) 한(一) 번 더 나누어(八) 그릇(皿)에 더하니 더할 익**
또 더하면 유익하니 **유익할 익**

+ 약 益 - 양쪽(丷)으로 하나(一)씩 나누어(八) 그릇(皿)에 더하니 '더할 익'
  또 더하면 유익하니 '유익할 익'

**益甚(익심)** '더할수록 심해짐'으로, 갈수록 정도가 점점 심해짐.
**損益(손익)** 손해와 이익.

+ 甚(심할 심), 損(덜 손, 잃을 손)

---

4급 / 총 12획 / 皿

**침(氵) 흘리며 하품(欠)하듯 입 벌리고 그릇(皿)의 음식을 훔치는 도둑이니**
**훔칠 도, 도둑 도**

+ 氵('삼 수 변'이지만 여기서는 침으로 봄), 欠(하품 흠, 모자랄 흠)

**盜用(도용)** '훔쳐서 사용함'으로, 남의 이름이나 물건을 몰래 씀.
**盜聽(도청)** (금지하는 것을 몰래) 훔쳐 들음.

+ 用(쓸 용), 聽(들을 청)

---

4급II / 총 6획 / 血

**핏방울(ノ)이 그릇(皿)에 떨어지는 모양에서 피 혈**

+ ノ('삐침 별'의 축소형이지만 여기서는 떨어지는 핏방울로 봄), 皿(그릇 명)

**血統(혈통)** 같은 핏줄을 타고 태어난 계통.
**獻血(헌혈)** (수혈이 필요한 환자를 위하여 건강한 사람이) 피를 뽑아 제공하는 일.

+ 統(거느릴 통), 獻(바칠 헌)

---

4급II / 총 12획 / 血

**핏(血)줄 가까운 우두머리(ノ)를 따라(丨) 양쪽(乑)으로 모인 무리니**
**무리 중**

+ 유 象(코끼리 상, 모양 상, 본뜰 상) - 제목번호 380 참고
+ ノ('삐침 별'이지만 여기서는 우두머리로 봄)

**群衆(군중)** 떼를 지어 모여 있는 사람의 무리.
**觀衆(관중)** 구경꾼들.

+ 群(무리 군), 觀(볼 관)

# 貝

3급 / 총 7획 / 貝

아가미가 나온 **조개**(  →貝)를 본떠서**조개 패**
또 인쇄술이 발달하기 전에는 조개껍질을 돈 같은 재물로 썼으니
**재물 패, 돈 패**

+ 유 頁(머리 혈) – 제목번호 363, 見(볼 견, 뵐 현) – 제목번호 124 참고

**貝類(패류)** 조개의 종류.
*貝塚(패총) '조개 무덤'으로, 고대인이 조개를 까먹고 버린 껍질이 무덤처럼 쌓인 것. 조개무지.

+ 類(무리 류, 닮을 류), 塚(무덤 총)

# 具

5급 / 총 8획 / 八

**재물(貝)**을 **하나(一)**씩 갖추니 **갖출 구**
또 갖추어 놓고 쓰는 기구니 **기구 구, 성씨 구**

**具備(구비)** (빠짐없이) 갖춤.
**家具(가구)** 집안 살림에 쓰이는 기구.

+ 備(갖출 비), 家(집 가, 전문가 가)

# 俱

3급 / 총 10획 / 人(亻)

**사람(亻)**들이 장비를 **갖추어(具)** 함께하니 **함께 구**

**父母俱存(부모구존)** 부모가 함께 살아 계심.
**俱樂部(구락부)** '함께 즐기는 부서'로, 동아리(클럽)를 말함.

+ 父(아버지 부), 母(어미 모, 어머니 모), 存(있을 존), 樂(노래 악, 즐길 락, 좋아할 요), 部 (마을 부, 나눌 부, 거느릴 부)

# 則

5급 / 총 9획 / 刀(刂)

**재물(貝)**을 **칼(刂)**로 나눌 때 곧 있어야 하는 법칙이니
**곧 즉 (= 卽), 법칙 칙**

+ 卽 – 제목번호 150 참고
+ 刂 (칼 도 방)

**然則(연즉)** 그러한 즉.
**罰則(벌칙)** (규율을 위반할 때) 벌로 적용하는 규칙.

+ 然(그러할 연), 罰(벌줄 벌)

# 側

3급Ⅱ / 총 11획 / 人(亻)

**사람(亻)**이 **곧(則)**바로 알 수 있는 곁이니 **곁 측**

**兩側(양측)** 두 편. 양 편.
**側近(측근)** ① 곁의 가까운 곳. ② 측근자의 준말.

+ 兩(두 량, 짝 량, 냥 냥), 近(가까울 근, 비슷할 근)

물(氵)의 양을 법칙(則)에 따라 헤아리니 **헤아릴 측**

**測量(측량)** 양을 헤아림.
**觀測(관측)** 관찰하여 헤아림.

+ 量(헤아릴 량, 용량 량), 觀(볼 관)

4급II / 총 12획 / 水(氵)

---

**359** 원손운원[員損韻圓] – 員으로 된 한자

입(口)에 먹고 살기 위하여 **재물(貝)** 받고 일하는 관원이나 사람이니
**관원 원, 사람 원**

+ 옛날에는 취직할 곳이 관청밖에 없었으니 '관원 원'도 되지요.

**官員(관원)** 관청의 직원.
**滿員(만원)** (정한) 인원이 가득 참.

+ 官(관청 관, 벼슬 관), 滿(찰 만)

4급II / 총 10획 / 口

손(扌)으로 **사람(員)**이 물건을 덜어낸 듯 잃으니 **덜 손, 잃을 손**

**損害(손해)** 경제적으로 밑지는 일.
**破損(파손)** 깨어져 못 쓰게 됨.

+ 害(해칠 해, 방해할 해), 破(깨질 파, 다할 파)

4급 / 총 13획 / 手(扌)

소리(音)를 **사람(員)**이 운치 있게 내는 운이니 **운치 운, 운 운**

+ 운치 – 고상하고 우아한 멋, 운(韻) – 운자(韻字)의 준말로, 한시의 운으로 다는 글자.

**餘韻(여운)** (아직 가시지 않은) 남아있는 운치.
**韻文(운문)** '(언어 문자의 배열에 일정한) 운이 있는 글'로, 정형시를 가리킴.

+ 餘(남을 여), 文(무늬 문, 글월 문)

3급II / 총 19획 / 音

사람(員)을 에워싼(囗) 모양처럼 둥그니 **둥글 원**
또 옛날 돈은 둥글었으니 화폐 단위로도 쓰여 **화폐 단위 원**

+ 원(圓) – 1954년에 행한 통화 개혁 전의 화폐 단위의 하나. 1전(錢)의 100배.
+ 囗[에운담, 나라 국(國)의 약자], 錢(돈 전)

**圓滿(원만)** 둥글둥글하고 부족함이 없이 참.
**圓卓(원탁)** 둥근 탁자.

+ 卓(높을 탁, 뛰어날 탁, 탁자 탁)

4급II / 총 13획 / 囗

3급II / 총 11획 / 貝

(옛날 돈인 엽전은 구멍이 있어서 일정한 양만큼 꿰어 보관했으니)

**꿰어(毌) 놓은 돈(貝)의 무게 단위를 생각하여 꿸 관, 무게 단위 관**

+ 毌(꿰뚫을 관), 1관은 3.75kg.

> **貫通(관통)** (이쪽에서 저쪽 끝까지) 꿰뚫음.
> **尺貫法(척관법)** 길이의 단위는 척(尺), 양의 단위는 승(升), 무게의 단위는 관(貫)으로 했던 옛날의 도량형법.

+ 通(통할 통), 尺(자 척), 法(법 법), 升(되 승, 오를 승)

3급II / 총 14획 / 心(忄)

**마음(忄)에 꿰어져(貫) 버리지 못하는 버릇이니 버릇 관**

+ 忄(마음 심 변)

> **慣習(관습)** 버릇처럼 해오던 습관.
> **慣行(관행)** (예전부터) 버릇처럼 늘 행하는 일.

+ 習(익힐 습), 行(다닐 행, 행할 행, 항렬 항)

5급 / 총 14획 / 宀

**수확하여 집(宀)에 꿰어(貫) 놓은 열매니 열매 실**
**또 열매처럼 중요한 실제니 실제 실**

+ 약 實 – 집(宀)에 두(二) 개씩 크게(大) 꿰어 놓은 열매니 '열매 실'
　　　또 열매처럼 중요한 실제니 '실제 실'
+ 宀(집 면)

> **果實(과실)** (사람이 먹을 수 있는 나무의) '열매'로, 과일로 많이 부름.
> **實感(실감)** 실제로(체험하듯이) 느낌.

+ 果(과실 과, 결과 과), 感(느낄 감, 감동할 감)

**寶**

4급II / 총 20획 / 宀

**집(宀) 안의 구슬(王)과 장군(缶) 속에 간직한 재물(貝) 같은 보배니 보배 보**

+ 약 宝 – 집(宀)에 구슬(玉) 같은 보배니 '보배 보'
+ 王(임금 왕, 으뜸 왕, 구슬 옥 변), 缶(장군 부, 두레박 관), 玉(구슬 옥)

> **寶物(보물)** 보배로운 물건. 썩 드물고 귀한 물건.
> **國寶(국보)** '나라의 보배'로, 가치가 높아 국가가 보호 · 관리하는 문화재.

+ 物(물건 물), 國(나라 국)

DAY

18

# 구조로 한자 되짚어 보기

DAY 18

## 341 장장장 발발발[長張帳 犮拔髮] - 長, 犮로 된 한자

입[一]의 위아래에 난 긴 수염을 본떠서 길 장[長], 또 수염이 길면 어른이니 어른 장[長], 길 장, 어른 장[長] 앞에 활 궁[弓]이면
벌릴 장, 베풀 장, 성씨 장[張], 수건 건[巾]이면 장막 장, 장부 장[帳],
개 견[犬]에 삐침 별[丿]이면 뽑을 발, 달릴 발[犮], 뽑을 발, 달릴 발[犮] 앞에 손 수 변[扌]이면 뽑을 발[拔], 위에 길 장, 어른 장[長]의 약자[镸]와 터럭 삼, 긴 머리 삼[彡]이면 머리털 발[髮]

## 342 이내단 수유[而耐端 需儒] - 而, 需로 된 한자

입[一] 아래[丿] 이어진 수염[冊]처럼 말이 이어지는 어조사니 말 이을 이, 어조사 이[而],
말 이을 이, 어조사 이[而] 뒤에 마디 촌, 법도 촌[寸]이면 참을 내, 견딜 내[耐], 위에 산 산[山], 앞에 설 립[立]이면 끝 단, 바를
단, 실마리 단[端],
위에 비 우[雨]면 구할 수, 쓸 수[需], 구할 수, 쓸 수[需] 앞에 사람 인 변[亻]이면 선비 유, 유교 유[儒]

## 343 렬례렬렬 사장[列例烈裂 死葬] - 列, 死로 된 한자

뼈 부서질 알, 죽을 사 변[歹] 뒤에 칼 도 방[刂]이면 벌일 렬, 줄 렬[列], 벌일 렬, 줄 렬[列] 앞에 사람 인 변[亻]이면 법식 례, 보기 례[例], 아래에 불 화 발[灬]이면 사나울 렬, 매울 렬[烈], 옷 의[衣]면 찢어질 렬, 터질 렬[裂],
뼈 부서질 알, 죽을 사 변[歹] 뒤에 비수 비, 숟가락 비[匕]면 죽을 사[死], 죽을 사[死] 위에 초 두[艹], 아래에 받쳐 들 공[廾]이면
장사지낼 장[葬]

## 344 진(신)진 신진농 욕순[辰振 晨震農 辱脣] - 辰으로 된 한자

전갈자리별 모양을 본떠서 별 진, 날 신, 다섯째 지지 진[辰], 별 진, 날 신, 다섯째 지지 진[辰] 앞에 손 수 변[扌]이면 떨칠 진, 흔들 진[振], 위에 해 일, 날 일[日]이면 새벽 신[晨], 비 우[雨]면 벼락 진, 진동할 진[震], 굽을 곡, 노래 곡[曲]이면 농사 농[農], 아래에 마디 촌, 법도 촌[寸]이면 욕될 욕, 욕 욕[辱], 달 월, 육 달 월[月]이면 입술 순[脣]

## 345 비비혼 개계[比批混 皆階] - 比, 皆로 된 한자

두 사람이 나란히 앉은 모양을 본떠서 나란할 비[比], 또 나란히 앉혀놓고 견주니 견줄 비[比], 나란할 비, 견줄 비[比] 앞에 손 수
변[扌]이면 비평할 비[批], 위에 해 일, 날 일[日], 앞에 삼 수 변[氵]이면 섞을 혼[混],
아래에 흰 백, 밝을 백, 깨끗할 백, 아뢸 백[白]이면 다 개[皆], 다 개[皆] 앞에 언덕 부 변[阝]이면 계단 계, 계급 계[階]

## 346 록려 경천[鹿麗 慶薦] - 鹿, 严으로 된 한자

사슴 모양을 본떠서 사슴 록[鹿], 사슴 록[鹿] 위에 고울 려, 빛날 려[丽]면 고울 려, 빛날 려[麗],
사슴 록[鹿]의 획 줄임[严] 아래에 한 일[一]의 변형[一]과 마음 심, 중심 심[心], 천천히 걸을 쇠, 뒤져 올 치[夊]면 경사 경[慶], 위에 초 두[艹], 아래에 새 조[鳥]의 획 줄임[焉]이면 천거할 천, 드릴 천[薦]

## 347 차자 배(북)배 괴승[此紫 北背 乖乘] – 此, 北, 乖로 된 한자

그칠 지[止] 뒤에 비수 비, 숟가락 비[匕]면 이 차[此], **이 차[此]** 아래에 실 사, 실 사 변[糸]이면 자줏빛 자[紫],
두 사람이 등지고 달아나는 모양에서 등질 배, 달아날 배[北], 또 항상 남쪽을 향하여 앉는 임금의 등진 북쪽이니 북쪽 북[北], **등질 배, 달아날 배, 북쪽 북[北]** 아래에 달 월, 육 달 월[月]이면 등 배, 등질 배[背],
사이에 일천 천, 많을 천[千]이면 어긋날 괴[乖], **어긋날 괴[乖]**에 사람 인[人]이면 탈 승, 대 승, 곱할 승[乘]

## 348 조4도[兆挑桃跳逃] – 兆로 된 한자

거북 등껍데기의 갈라진 모양에 나타난 조짐이니 조짐 조[兆], 또 큰 숫자인 조를 나타내어 조 조[兆], **조짐 조, 조 조[兆]** 앞에 손 수 변[扌]이면 돋을 도, 끌어낼 도[挑], 나무 목[木]이면 복숭아 도[桃], 발 족, 넉넉할 족[足]의 변형[跇]이면 뛸 도[跳], 아래에 뛸 착, 갈 착[辶]이면 달아날 도[逃]

## 349 비배죄비배[非排罪悲輩] – 非로 된 한자

새의 날개가 서로 어긋나 있음을 본떠서 어긋날 비[非], 또 어긋나면 아니라고 나무라니 아닐 비, 나무랄 비[非], **어긋날 비, 아닐 비, 나무랄 비[非]** 앞에 손 수 변[扌]이면 물리칠 배, 배열할 배[排], 위에 그물 망[罒]이면 죄지을 죄, 허물 죄[罪], 아래에 마음 심, 중심 심[心]이면 슬플 비[悲], 수레 거, 차 차[車]면 무리 배[輩]

## 350 망벌서치라[罒罰署置羅] – 罒으로 된 한자

양쪽 기둥에 그물을 얽어 맨 모양을 본떠서 그물 망[罒], **그물 망[罒]** 아래에 말씀 언[言]과 칼 도 방[刂]이면 벌줄 벌[罰], 놈 자, 것 자[者]면 관청 서, 서명할 서[署], 곧을 직, 바를 직[直]이면 둘 치[置], 실 사, 실 사 변[糸]과 새 추[隹]면 벌일 라, 비단 라[羅]

## 351 매 매독(두)속[買 賣讀續] – 買와 賣로 된 한자

그물 망[罒] 아래에 조개 패, 재물 패, 돈 패[貝]면 살 매[買],
**살 매[買]** 위에 선비 사[士]면 팔 매[賣], **팔 매[賣]** 앞에 말씀 언[言]이면 읽을 독, 구절 두[讀], 실 사, 실 사 변[糸]이면 이을 속[續]

## 352 촉촉독탁속[蜀燭獨濁屬] – 蜀으로 된 한자

그물 망[罒] 아래에 쌀 포[勹]와 벌레 충[虫]이면 애벌레 촉, 촉나라 촉[蜀],
**애벌레 촉, 촉나라 촉[蜀]** 앞에 불 화[火]면 촛불 촉[燭], 큰 개 견, 개 사슴 록 변[犭]이면 홀로 독, 자식 없을 독[獨], 삼 수 변[氵]이면 흐릴 탁[濁], 위에 주검 시, 몸 시[尸]와 물 수 발[氺]의 변형[氺]이면 붙어살 속, 무리 속[屬]

DAY

18

## 353 간련련 란란란[柬練鍊 闌欄蘭] – 柬, 闌으로 된 한자

나무 목[木] 중간에 그물 망[罒]이면 가릴 간, 편지 간[柬], **가릴 간, 편지 간[柬]** 앞에 실 사, 실 사 변[糸]이면 익힐 련[練], 쇠 금, 금 금, 돈 금, 성씨 김[金]이면 단련할 련[鍊],
문 문[門] 안에 가릴 간, 편지 간[柬]이면 막을 란[闌], **막을 란[闌]** 앞에 나무 목[木]이면 난간 란, 테두리 란[欄], 위에 초 두[艹]면 난초 란[蘭]

477

## 354 회회괴 만만만[褱懷壞 曼慢漫] – 褱, 曼으로 된 한자

옷 의[衣] 가운데에 그물 망[罒]과 물 수 발[氺]의 변형[⺀]이면 품을 회[褱], **품을 회[褱]** 앞에 마음 심 변[忄]이면 품을 회, 생각할 회[懷], 흙 토[土]면 무너질 괴[壞],

가로 왈[曰] 아래에 그물 망[罒]과 오른손 우, 또 우[又]면 길 만, 넓을 만[曼], **길 만, 넓을 만[曼]** 앞에 마음 심 변[忄]이면 게으를 만, 거만할 만[慢], 삼 수 변[氵]이면 흩어질 만, 질펀할 만, 부질없을 만[漫]

## 355 회 4증승층[會 曾增贈憎僧層] – 會와 曾으로 된 한자

사람 인[人] 아래에 한 일[一]과 창문 창[罒], 가로 왈[曰]이면 모일 회[會],

여덟 팔, 나눌 팔[八] 아래에 창문 창[罒]과 가로 왈[曰]이면 일찍 증, 거듭 증[曾],

**일찍 증, 거듭 증[曾]** 앞에 흙 토[土]면 더할 증[增], 조개 패, 재물 패, 돈 패[貝]면 줄 증[贈], 마음 심 변[忄]이면 미워할 증[憎], 사람 인 변[亻]이면 중 승[僧], 위에 주검 시, 몸 시[尸]면 층 층[層]

## 356 4강[岡鋼綱剛] – 岡으로 된 한자

그물 망[网]의 변형[冂]에 산 산[山]이면 산등성이 강[岡],

**산등성이 강[岡]** 앞에 쇠 금, 금 금, 돈 금, 성씨 김[金]이면 강철 강, 굳셀 강[鋼], 실 사, 실 사 변[糸]이면 벼리 강, 대강 강[綱], 뒤에 칼 도 방[刂]이면 굳셀 강, 단단할 강[剛]

## 357 명익도 혈중[皿益盜 血衆] – 皿, 血로 된 한자

받침 있는 그릇을 본떠서 그릇 명[皿], **그릇 명[皿]** 위에 여덟 팔, 나눌 팔[八]과 한 일[一] 여덟 팔, 나눌 팔[八]이면 더할 익, 유익할 익[益], 삼 수 변[氵]과 하품 흠, 모자랄 흠[欠]이면 훔칠 도, 도둑 도[盜], 삐침 별[丿]이면 피 혈[血],

**피 혈[血]** 아래에 삐침 별[丿]과 뚫을 곤[丨], 양쪽으로 모인 무리[乑] 모양이면 무리 중[衆]

## 358 패 구구 즉(칙)측측[貝 具俱 則側測] – 貝와 具, 則으로 된 한자

아가미가 나온 조개를 본떠서 조개 패[貝], 또 인쇄술이 발달하기 전에는 조개껍데기를 재물이나 돈으로도 썼으니 재물 패, 돈 패[貝], **조개 패, 재물 패, 돈 패[貝]** 중간에 한 일[一]이면 갖출 구, 기구 구[具], **갖출 구, 기구 구[具]** 앞에 사람 인 변[亻]이면 함께 구[俱],

조개 패, 재물 패, 돈 패[貝] 뒤에 칼 도 방[刂]이면 곧 즉, 법칙 칙[則], **곧 즉, 법칙 칙[則]** 앞에 사람 인 변[亻]이면 곁 측[側], 삼 수 변[氵]이면 헤아릴 측[測]

## 359 원손운원[員損韻圓] – 員으로 된 한자

조개 패, 재물 패, 돈 패[貝] 위에 입 구, 말할 구, 구멍 구[口]면 관원 원, 사람 원[員],

**관원 원, 사람 원[員]** 앞에 손 수 변[扌]이면 덜 손, 잃을 손[損], 소리 음[音]이면 운치 운, 운 운[韻], 둘레에 에운담[口]이면 둥글 원, 화폐 단위 원[圓]

## 360 관관실 보(貫慣實 寶) – 貫으로 된 한자와 寶

조개 패, 재물 패, 돈 패[貝] 위에 꿰뚫을 관[毌]이면 꿸 관, 무게 단위 관[貫], **꿸 관, 무게 단위 관[貫]** 앞에 마음 심 변[忄]이면 버릇 관[慣], 위에 집 면[宀]이면 열매 실, 실제 실[實],

조개 패, 재물 패, 돈 패[貝] 위에 집 면[宀]과 임금 왕, 으뜸 왕, 구슬 옥 변[王], 장군 부, 두레박 관[缶]이면 보배 보[寶]

# 확인문제

**01~04** 다음 漢字의 훈(뜻)과 음(소리)를 쓰시오.

01. 晨 (　　　　　)　　　　　02. 脣 (　　　　　)

03. 皆 (　　　　　)　　　　　04. 鹿 (　　　　　)

**05~08** 다음 훈음에 맞는 漢字를 쓰시오.

05. 더할 증 (　　　　　)　　　06. 헤아릴 측 (　　　　　)

07. 보배 보 (　　　　　)　　　08. 비평할 비 (　　　　　)

**09~12** 다음 漢字語의 讀音을 쓰세요.

09. 乘客 (　　　　　)　　　　10. 挑發 (　　　　　)

11. 排列 (　　　　　)　　　　12. 華燭 (　　　　　)

**13~14** 다음 문장에서 밑줄 친 낱말을 漢字로 쓰시오.

13. 생산은 상업 자본에 종속한다. (　　　　　)

14. 관중들의 환호에 피곤한 줄도 몰랐다. (　　　　　)

**15~16** 다음 문장에서 漢字로 표기된 낱말의 讀音을 쓰시오.

15. 需要와 공급의 균형을 맞춘다. (　　　　　)

16. 직원들의 사기 振作을 위해 노력하였다. (　　　　　)

**17~18** 다음 문장에서 밑줄 친 낱말을 漢字로 쓰시오.

17. 그 일에 대한 손익은 아직 알 수 없다. (　　　　　)

18. 우리는 가문의 뛰어난 혈통을 지켜야 한다. (　　　　　)

DAY
18

**19~20** 다음 漢字語의 뜻을 쓰시오.

19. 紫色 (　　　　　　　　　)

20. 選拔 (　　　　　　　　　)

---

### 정답

| | | | | |
|---|---|---|---|---|
| 01. 새벽 신 | 05. 增 | 09. 승객 | 13. 從屬 | 17. 損益 |
| 02. 입술 순 | 06. 測 | 10. 도발 | 14. 觀衆 | 18. 血統 |
| 03. 다 개 | 07. 寶 | 11. 배열 | 15. 수요 | 19. 자줏빛. |
| 04. 사슴 록 | 08. 批 | 12. 화촉 | 16. 진작 | 20. 가려 뽑음. |

| 361 | 저적부뢰쇄[貯賊負賴鎖] – 貝로 된 한자 |

**5급 / 총 12획 / 貝**

**재물(貝)을 집(宀)에 고무래(丁)로 당기듯 모아 쌓으니 쌓을 저**

+ 宀(집 면), 丁(고무래 정, 못 정, 장정 정, 넷째 천간 정)

**貯金(저금)** (금융기관 등에) 돈을 쌓아(맡겨) 둠. 또는 그 돈.
**貯水池(저수지)** 물을 쌓아(모아) 두는 인공 못.

+ 金(쇠 금, 금 금, 돈 금, 성씨 김), 池(연못 지)

**4급 / 총 13획 / 貝**

**재물(貝)을 창(戈) 들고 많이(十) 훔치는 도둑이니 도둑 적**

+ 戈(창 과), 十(열 십, 많을 십)

**海賊(해적)** 해상에서 배를 습격하여 재물을 빼앗는 강도.
**逆賊(역적)** 나라나 임금에게 반역하는 사람.

+ 海(바다 해), 逆(거스를 역)

**負**

**4급 / 총 9획 / 貝**

**사람(ク)이 재물(貝)을 가져가려고 짊어지니 질 부**
**또 싸움에도 지고 빚도 지니 패할 부, 빚질 부**

+ ク[사람 인(人)의 변형], 貝(조개 패, 재물 패, 돈 패)

**負荷(부하)** 짐을 짐. 또는 그 짐.
**勝負(승부)** (경기나 경쟁 등에서) 이기고 지는 것.
**負債(부채)** (남에게) 진 빚.

+ 荷(연 하, 멜 하, 짐 하), 勝(이길 승, 나을 승), 債(빚 채)

**3급Ⅱ / 총 16획 / 貝**

**묶어(束) 놓은 칼(刀)과 재물(貝)에 힘입어 의지하니**
**힘입을 뢰, 의지할 뢰**

+ 束(묶을 속), 刀(칼 도)

**依賴(의뢰)** 남에게 의지함.
**信賴(신뢰)** (상대를) 믿고 의지함.

+ 依(의지할 의), 信(믿을 신, 소식 신)

**鎖**

3급II / 총 18획 / 金

쇠(金)로 작은(丷) 조개(貝)를 엮듯이 엮어 만든 쇠사슬이니 **쇠사슬 쇄**
또 쇠사슬처럼 걸어 채우는 자물쇠니 **자물쇠 쇄**

+ 丷[작을 소(小)의 변형]

**連鎖(연쇄)** 물건과 물건이 쇠사슬처럼 이어짐.
**閉鎖(폐쇄)** (어느 곳을 통행하지 못하게) 닫아 자물쇠를 채움.

+ 連(이을 련), 閉(닫을 폐)

---

### 362    귀유 고(가)가 대[貴遺 賈價 貸] - 貴, 賈로 된 한자와 貸

**貴**

5급 / 총 12획 / 貝

가운데(中) 있는 하나(一)의 재물(貝)이 귀하니 **귀할 귀**

+ 위험할 때는 물건들 사이에 귀한 것을 넣어 보관하지요.

**貴賤(귀천)** ① 부귀와 빈천. ② 귀함과 천함.
**富貴功名(부귀공명)** 재산이 많고 지위가 높으며, 공을 세워 이름남.

+ 賤(천할 천), 富(부자 부, 넉넉할 부), 功(공 공, 공로 공), 名(이름 명, 이름날 명)

---

**遺**

4급 / 총 16획 / 辶(辶)

귀한(貴) 물건을 가면서(辶) 남기거나 잃으니 **남길 유, 잃을 유**

**遺言(유언)** (죽음에 임하여) 남기는 말.
**遺失(유실)** (물건이나 돈을) 흘리거나 잃어버림.
+ 流失(유실) (홍수 따위로) 떠내려가 잃어버림.

+ 言(말씀 언), 失(잃을 실), 流(흐를 류, 번져나갈 류)

---

**賈**

2급 / 총 13획 / 貝

덮어(覀) 쌓아 놓고 재물(貝)을 파는 장사니 **장사 고, 성씨 가**

+ 覀[덮을 아(襾)의 변형]
+ 장사(事) - 물건 파는 일, 장수(手) - 물건 파는 사람.
+ 장사와 장수는 事(일 사, 섬길 사)와 手(손 수, 재주 수, 재주 있는 사람 수)로 구분하세요.

---

**價**

5급 / 총 15획 / 人(亻)

사람(亻)이 장사(賈)할 때 부르는 값이니 **값 가**
또 값을 매기는 가치니 **가치 가**

+ 약 価 - 사람(亻)이 덮어(覀) 놓고 파는 값이니 '값 가'
          또 값을 매기는 가치니 '가치 가'
+ 覀[덮을 아(襾)의 변형]

**定價(정가)** ① 정해진 값. ② 값을 정함.
**價値(가치)** ① 값. 값어치. ② 어떤 사물이 지니고 있는 의의나 중요성.

+ 定(정할 정), 値(값 치)

사는 대신(代) 돈(貝) 주고 빌리니 **빌릴 대**

+ 代(대신할 대, 세대 대) – 제목번호 304 참고

**貸與(대여)** 빌려줌.
**高利貸金(고리대금)** 높은 이자를 받고 돈을 빌려주는 돈놀이.

+ 與(줄 여, 더불 여, 참여할 여), 高(높을 고, 성씨 고), 利(이로울 리, 날카로울 리)

3급II / 총 12획 / 貝

---

머리(一)에서 이마(丿)와 눈(目) 있는 얼굴 아래 **목(八)**까지를 본떠서 **머리 혈**

+ 여기에 쓰인 한 일(一), 삐침 별(丿), 여덟 팔, 나눌 팔(八)은 원래의 뜻이 아니라 머리의 각 부분 모습을 나타냅니다.

특급II / 총 9획 / 頁

---

공(工) 자 모양으로 **머리(頁)** 아래 있는 목이니 **목 항**

+ 工(장인 공, 만들 공, 연장 공)

**項目(항목)** 일을 세분한 가닥.
**事項(사항)** 일의 조목.

+ 目(눈 목, 볼 목, 항목 목), 事(일 사, 섬길 사)

3급II / 총 12획 / 頁

---

머리털 없이 살가죽(皮)만 있는 **머리(頁)**처럼 자못 치우쳐 보이니 **자못 파, 치우칠 파**

+ 皮(가죽 피) – 제목번호 195 참고, 자못 – 생각보다 매우.

**頗多(파다)** 자못 많음. 아주 많음.
**偏頗(편파)** 치우쳐 공평하지 못함.

+ 多(많을 다), 偏(치우칠 편)

3급 / 총 14획 / 頁

---

집(宀) 재산을 사람 **머릿(頁)**수대로 **칼(刀)**로 나누면 몫이 적으니 **적을 과**
또 집(宀)의 **머리(頁)** 같은 남편이 **칼(刀)** 들고 전쟁터에 나가 죽으니 홀로된 과부를 뜻하여 **과부 과**

+ 宀(집 면), 刀(칼 도)

**獨寡占(독과점)** 독점과 과점을 아울러 이르는 말. [독점(獨占) - ① 독차지. ② 특정 자본이 생산과 시장을 지배하고 이익을 독차지함. 과점(寡占) - 어떤 상품 시장의 대부분을 소수의 기업이 독점하는 일.]
**寡婦(과부)** 남편이 죽어 혼자 사는 여자. 홀어미. 미망인.

+ 獨(홀로 독, 자식 없을 독), 占(점칠 점, 점령할 점), 婦(아내 부, 며느리 부)

3급II / 총 14획 / 宀

**3급 / 총 16획 / 頁**

걸을(步) 때도 **머리(頁)**에 자주 생각나니 **자주 빈**

+ 步(걸음 보) - 제목번호 238 참고

**頻度(빈도)** 잦은 도수.
**頻繁(빈번)** 매우 잦아 복잡함.

+ 度(법도 도, 정도 도, 헤아릴 탁), 繁(번성할 번)

---

**3급॥ / 총 18획 / 頁**

선비(彦)처럼 **머리(頁)**에서 빛나는 얼굴이니 **얼굴 안**

+ 彦(선비 언) - 머리(亠)를 받치고(丷) 바위(厂) 아래에서 털(彡)이 길게 자라도록 학문을 닦는 선비니 '선비 언' - 2급
+ 亠(머리 부분 두), 彡(터럭 삼, 긴 머리 삼)

**顔面(안면)** 얼굴. 서로 알만한 친분.
**紅顔(홍안)** '붉은 얼굴'로, 젊고 아름다운 얼굴.

+ 面(얼굴 면, 향할 면, 볼 면, 행정 구역의 면), 紅(붉을 홍)

---

**3급 / 총 21획 / 頁**

집(戶)에서 키우는 새(隹)의 **머리(頁)**처럼 자주 주인을 돌아보니 **돌아볼 고**

+ 戶(문 호, 집 호), 隹(새 추)

**回顧(회고)** 지난날을 돌이켜 봄.
**顧客(고객)** 단골손님.

+ 回(돌 회, 돌아올 회, 횟수 회), 客(손님 객)

---

**5급 / 총 19획 / 頁**

쌀(米)밥을 보고 달려오는 개(犬)들의 **머리(頁)**처럼 닮으니 **닮을 류**
또 닮은 것끼리 모인 무리니 **무리 류**

+ 米(쌀 미), 犬(개 견)

**類似(유사)** (서로) 비슷함.
**貝類(패류)** 조개의 무리(종류).

+ 似(같을 사, 닮을 사), 貝(조개 패, 재물 패, 돈 패)

---

**4급 / 총 18획 / 頁**

손님(客)의 **머리(頁)**에서 잘 드러나는 이마니 **이마 액**
또 손님(客)의 **머릿(頁)**수로 계산한 액수니 **액수 액**
또 이마처럼 드러나게 걸어 놓은 현판이니 **현판 액**

+ 현판(懸板) - 글자나 그림을 새겨 벽에 거는 널조각.
+ 客(손님 객), 懸(매달 현, 멀 현), 板(널조각 판)

**總額(총액)** 모은 전체의 액수.
**額子(액자)** 그림·글씨·사진 따위를 넣어 벽에 걸기 위한 틀.
**額字(액자)** 현판에 쓴 글자.

+ 總(모두 총, 거느릴 총), 子(아들 자, 첫째 지지 자, 자네 자, 접미사 자), 字(글자 자)

**DAY**

**19**

## 顯

4급 / 총 23획 / 頁

**햇(日)빛이나 작고(幺) 작은(幺) 불(灬)에도 머리(頁)는 드러나니**
**드러날 현**

+ 약 顕 – 해(日)와 같이(ㅣㅣ) 이쪽(丶)저쪽(丶)의 땅(一)에 머리(頁)가 드러나니 '드러날 현'
+ 幺(작을 요, 어릴 요), 灬(불 화 발)

**顯著(현저)** 뚜렷이 드러남.
**顯忠日(현충일)** (목숨 바쳐 나라를 지켜낸 이의) 충성을 드러내 기념하는 날.

+ 著(글 지을 저, 드러날 저, 붙을 착, 입을 착), 忠(충성 충), 日(해 일, 날 일)

---

**365** 순수번정 경경[順須煩頂 頃傾] – 頁, 頃으로 된 한자

## 順

5급 / 총 12획 / 頁

**(위에서 아래로 흐르는) 냇물(川)처럼 우두머리(頁)의 명령을 따름이 순하니**
**순할 순**

+ 川(내 천)

**順從(순종)** 순하게 따름.
**順産(순산)** 순조롭게 아이를 낳음.

+ 從(좇을 종, 따를 종), 産(낳을 산, 생산할 산)

## 須

3급 / 총 12획 / 頁

**터럭(彡)은 머리(頁)에 모름지기 필요하니 모름지기 수**
**또 터럭(彡) 중 머리(頁) 아래에서 잠깐 사이에 자라는 수염이니**
**잠깐 수, 수염 수**

+ 彡(터럭 삼, 긴 머리 삼), 모름지기 – 사리를 따져 보건대 마땅히. 또는 반드시.

**必須(필수)** 반드시 필요함. 없어서는 안 됨.
*須臾(수유) 잠시 동안.

+ 必(반드시 필), 臾(잠깐 유)

## 煩

3급 / 총 13획 / 火

**불(火)난 것처럼 머릿(頁)속이 번거로우니 번거로울 번**

**煩悶(번민)** 번거롭고 답답하여 괴로워함.
**煩惱(번뇌)** 마음이 시달려서 괴로움.

+ 悶(번민할 민), 惱(괴로워할 뇌)

3급II / 총 11획 / 頁

고무래(丁)처럼 굽은 **머리(頁)**의 정수리니 **정수리 정**

또 정수리가 있는 머리 꼭대기니 **꼭대기 정**

+ 정수리 – 머리 위의 숫구멍이 있는 자리로, 정문(頂門) 또는 뇌천(腦天)이라고도 함.
+ 門(문 문), 腦(뇌 뇌), 天(하늘 천)

> **頂門一針(정문일침)** '정수리에 한번 침을 놓음'으로, 간절하고 매서운 충고를 함.
> **頂上(정상)** 산꼭대기. 그 이상 더 없는 것.

+ 針(침 침), 上(위 상, 오를 상)

3급II / 총 11획 / 頁

비수(匕)처럼 번쩍 **머리(頁)**에 어떤 생각이 스치는 잠깐이니 **잠깐 경**

또 잠깐 사이의 어떤 즈음이나 잠깐 사이에 만들어지는 이랑이니

**즈음 경, 이랑 경**

+ 匕(비수 비, 숟가락 비), 이랑 – 갈아 놓은 밭의 한 두둑과 한 고랑을 아울러 이르는 말.

> **頃刻(경각)** 아주 짧은 시각. 눈 깜빡하는 사이.
> **萬頃蒼波(만경창파)** '만 이랑의 푸른 물결'로, 끝없이 너른 바다.

+ 刻(새길 각, 시각 각), 萬(일만 만, 많을 만), 蒼(푸를 창), 波(물결 파)

4급 / 총 13획 / 人(亻)

사람(亻)은 **잠깐(頃)** 사이에 어느 쪽으로 기우니 **기울 경**

> **傾斜(경사)** 비스듬히 기울어진 상태.
> **傾聽(경청)** 귀를 기울이고 들음.

+ 斜(기울 사, 비낄 사), 聽(들을 청)

5급 / 총 5획 / 人

**사람(人)**으로 하여금 **하나(一)**같이 **무릎 꿇게(卩)** 명령하니
**하여금 령, 명령할 령**

+ 卩[무릎 꿇을 절, 병부 절(卩, 㔾)의 변형]

**命令(명령)** 윗사람이 시키는 분부.
**傳令(전령)** 명령을 전함. 또는 전하는 사람.

+ 命(명령할 명, 목숨 명, 운명 명), 傳(전할 전, 이야기 전)

5급 / 총 7획 / 氷(冫)

**얼음(冫)**처럼 상관의 **명령(令)**은 차니 **찰 랭**

+ 冫(이 수 변)

**冷氣(냉기)** 찬 기운. ↔ 온기(溫氣)
**冷情(냉정)** 매정하고 쌀쌀한 마음. ↔ 온정(溫情)

+ 氣(기운 기, 대기 기), 溫(따뜻할 온, 익힐 온), 情(뜻 정, 정 정)

7급 / 총 8획 / 口

**입(口)**으로 **명령하니(令)** 명령할 명
또 명령으로 좌우되는 목숨이나 운명이니 **목숨 명, 운명 명**

+ 令은 문서로 내리는 명령, 令에 입 구(口)를 더한 명령할 명, 목숨 명(命)은 입으로 하는 명령으로 구분됩니다.

**命令(명령)** 윗사람이 시키는 분부.
**生命(생명)** 살아 있기 위한 힘의 바탕이 되는 것. 목숨.
**運命(운명)** 인간을 포함한 모든 것을 지배하는 초인간적인 힘. 또는 그것에 의하여 이미 정하여져 있는 목숨이나 처지.

+ 生(날 생, 살 생, 사람을 부를 때 쓰는 접사 생), 運(운전할 운, 옮길 운, 운수 운)

5급 / 총 14획 / 頁

**명령하며(令)** 거느리는 우두**머리(頁)**니 **거느릴 령, 우두머리 령**

+ 頁(머리 혈) – 제목번호 363 참고

**領導(영도)** 거느려 이끎. 앞장서 지도함.
**大統領(대통령)** 크게 거느린 우두머리.

+ 導(인도할 도), 統(거느릴 통)

3급Ⅱ / 총 17획 / 山

**산(山)**을 **거느린(領)** 것 같은 고개나 재니 **고개 령, 재 령**

+ 고개 아래로 산이 이어져 있으니 마치 고개가 산을 거느린 것 같지요.

**分水嶺(분수령)** '물이 나누어지는 고개'로, 일이 어떻게 될 것인가가 결정되는 고비를 비유하여 이르는 말.
*峻嶺(준령) 높고 험한 고개.

+ 分(나눌 분, 단위 분, 단위 푼, 신분 분, 분별할 분, 분수 분), 峻(높을 준)

**夊**

총 3획 / 부수자

**사람(ク)**이 다리를 **끌며(乀)** 천천히 걸어 뒤져오니
**천천히 걸을 쇠, 뒤져올 치**

+ ク[사람 인(人)의 변형], 乀[파임 불(乀)의 변형이지만 여기서는 다리를 끄는 모양으로 봄]

---

**夏**

7급 / 총 10획 / 夊

**(너무 더워서) 하나(一)**같이 **스스로(自)** 천천히 걸으려고(夊) 하는
여름이니 **여름 하**

+ 自(자기 자, 스스로 자, 부터 자)

**夏期(하기)** 여름의 시기.
**春夏秋冬(춘하추동)** 봄·여름·가을·겨울.

+ 期(기간 기, 기약할 기), 春(봄 춘), 秋(가을 추), 冬(겨울 동)

---

**冬**

7급 / 총 5획 / 氷(冫)

**(사철 중) 뒤에 와서(夊)** 물이 **어는(冫)** 겨울이니 **겨울 동**

+ 冫(이 수 변)

**冬至(동지)** 이십사절기의 하나로, 양력 12월 22일경임. [북반구에서는 연중 밤이 가장 긴 날]
**嚴冬雪寒(엄동설한)** 엄하게(몹시) 춥고 눈이 오는 겨울.

+ 至(이를 지, 지극할 지), 嚴(엄할 엄), 雪(눈 설, 씻을 설), 寒(찰 한)

---

**夋**

급외자 / 총 7획 / 夊

**믿음직스럽도록(允)** 의젓하게 **천천히 걸어(夊)** 가니
**의젓하게 걸을 준, 갈 준**

+ 의젓하다 - 말이나 행동 따위가 점잖고 무게가 있다.
+ 允 - 나(厶)는 사람(儿)을 진실로 믿으니 '진실로 윤, 믿을 윤'
+ 厶(사사로울 사, 나 사), 儿(사람 인 발, 어진사람 인)

---

**俊**

3급 / 총 9획 / 人(亻)

**사람(亻)**이 의젓하게 **걸을(夋)** 정도로 실력이 뛰어나니 **뛰어날 준**

+ 자신이 있으면 걸음걸이부터 의젓하지요.

**俊秀(준수)** 재주나 풍채가 뛰어남.
**俊才(준재)** 아주 뛰어난 재주. 또는 그런 재주를 가진 사람.

+ 秀(빼어날 수), 才(재주 재, 바탕 재)

DAY
**19**

## 复

급외자 / 총 9획 / 攵

**사람(宀)**들은 **해(日)**가 지면 **천천히 걸어(攵)** 날마다 집으로 돌아오기를 거듭하니 **돌아올 복, 거듭 복**

+ 宀 [사람 인(人)의 변형]

---

## 腹

3급II / 총 13획 / 肉(月)

**몸(月)**에서 **거듭(复)** 포개진 내장이 들어있는 배니 **배 복**

+ 月(달 월, 육 달 월)

**腹痛(복통)** 배가 아픔.
**腹案(복안)** '뱃속의 생각'으로, 속으로 품고 있는 생각.

+ 痛(아플 통), 案(책상 안, 생각 안, 계획 안)

---

## 複

4급 / 총 14획 / 衣(衤)

**옷(衤)**을 **거듭(复)** 입어 겹치니 **겹칠 복**

+ 衤(옷 의 변)

**複雜(복잡)** 겹치고 섞임.
**複寫(복사)** '겹쳐 베낌'으로, 원본을 베끼는 것.

+ 雜(섞일 잡), 寫(그릴 사, 베낄 사)

---

## 復

4급II / 총 12획 / 彳

**걸어서(彳)** 다시 **돌아오니(复) 다시 부, 돌아올 복**

+ 彳(조금 걸을 척)

**復活(부활)** 다시 살아남. 폐지하였던 것을 다시 씀.
**復舊(복구)** ① 옛날의 상태로 회복함. ② 손실을 회복함.

+ 活(살 활), 舊(오랠 구, 옛 구)

---

## 覆

3급II / 총 18획 / 襾(覀)

**덮어(覀)** 버리고 **다시(復)** 하도록 뒤집히니 **덮을 부, 다시 복, 뒤집힐 복**

+ 覀[덮을 아(襾)의 변형]

**天覆(천부)** ① 하늘이 덮은 그 아래. ② 하늘이 넓게 덮이듯이 널리 미침.
**覆蓋(복개)** 뚜껑. 덮개.
**飜覆(번복)** (지금까지 했던 말이나 행동을) 뒤집음.

+ 天(하늘 천), 蓋(덮을 개), 飜(뒤집을 번, 나부낄 번, 번역할 번)

몸(尸)이 가거나 **돌아올(復)** 때처럼 신을 신고 밟으니 **신 리, 밟을 리**

+ 尸(주검 시, 몸 시)

> *曳履聲(예리성) (땅에) 신을 끄는 소리.
> **履歷(이력)** ① 지금까지 거쳐 온 학업, 직업, 경험 등의 내력. ② 많이 겪어서 얻게 된 슬기.
> **履行(이행)** '밟음'으로, 말과 같이 함.

+ 曳(끌 예), 聲(소리 성), 歷(지낼 력, 책력 력, 겪을 력), 行(다닐 행, 행할 행, 항렬 항)

**언덕(阝)**에서 **천천히 걸어(夂) 소(牛)**처럼 내려오니 **내릴 강**
또 내려와 몸을 낮추고 항복하니 **항복할 항**

+ 阝(언덕 부 변), 夂(천천히 걸을 쇠, 뒤져올 치), 牛[소 우(牛)의 변형]

> **降雨(강우)** 비가 내림. 내린 비.
> **降伏·降服(항복)** 힘에 눌리어 적에게 굴복함.

+ 雨(비 우), 伏(엎드릴 복), 服(옷 복, 먹을 복, 복종할 복)

**언덕(阝)**도 **차분히(夂)** 오르며 **하나(一)**같이 잘 **살려고(生)** 노력하면
높고 성하니 **높을 륭, 성할 륭**

+ 生(날 생, 살 생, 사람을 부를 때 쓰는 접사 생)

> **隆起(융기)** ① 높이 솟아오름. ② 땅이 해면에 대하여 높아짐. 또는 그러한 자연현상.
> **隆盛(융성)** 매우 기운차게 일어나거나 대단히 번성함.

+ 起(일어날 기, 시작할 기), 盛(성할 성)

**언덕(阝)**처럼 **흙(土)**이 쌓여 **사람(儿)**이 **천천히 걸어야(夂)** 할
임금 무덤이나 언덕이니 **임금 무덤 릉, 언덕 릉**

+ 阝(언덕 부 변), 土(흙 토), 儿(사람 인 발, 어진사람 인)

> **王陵(왕릉)** 왕의 무덤
> **丘陵(구릉)** 언덕.

+ 王(임금 왕, 으뜸 왕, 구슬 옥 변), 丘(언덕 구)

**끈(丿)**으로 **게으름(夂)**을 **에워싸(囗)** 버린 **마음(心)**처럼 바쁘고 밝으니
**바쁠 총, 밝을 총**

+ 丿[삐침 별(丿)의 변형이지만 여기서는 끈으로 봄), 夂('천천히 걸을 쇠, 뒤져올 치'이지만 여기서는 게으름으로 봄), 囗[에운담, 나라 국(國)의 약자]

**實(糸)로 바쁘고(悤) 복잡한 것을 모두 묶어 거느리니**
모두 총, 거느릴 총

+ 약 総 – 실(糸)을 공평한(公) 마음(心)으로 모두 묶어 거느리니 '모두 총, 거느릴 총'
+ 糸(실 사, 실 사 변), 公(공평할 공, 대중 공, 귀공자 공)

> **總括(총괄)** (개별적인 여러 가지를) 모두 모아서 묶음.
> **總論(총론)** 전체를 거느리는(총괄하는) 이론. ↔ 각론(各論)

+ 括(묶을 괄), 論(논할 론, 평할 론), 各(각각 각)

---

**귀(耳) 밝아(悤) 말을 빨리 알아듣고 총명하니 귀 밝을 총, 총명할 총**

+ 耳(귀 이), 귀 밝을 총(聰)에 '총명하다'의 뜻도 있듯이, 귀머거리 롱(聾)에는 '어리석다, 어둡다'의 뜻도 있어요.

> **聰氣(총기)** 총명한 기운.
> **聰明(총명)** 영리하고 기억력이 좋음.

+ 氣(기운 기, 대기 기), 明(밝을 명)

---

**머리(百)에 걱정하는 마음(心)이 있어 천천히 걸으며(夂) 근심하니**
근심할 우

+ 百[머리 혈(頁)의 변형], 夂(천천히 걸을 쇠, 뒤져올 치)

> **憂愁(우수)** 근심 걱정.
> **憂患(우환)** 근심 걱정.

+ 愁(근심 수), 患(근심 환)

---

**사람(亻)이 근심하며(憂) 노력하여 우수하니 우수할 우**
또 **사람(亻)이 근심하며(憂) 머뭇거리니 머뭇거릴 우**
또 **사람(亻)이 근심하듯(憂) 주어진 대본을 생각하며 연기하는 배우니**
배우 우

> **優秀(우수)** 빼어나게 우수함.
> **優柔不斷(우유부단)** 머뭇거리며 딱 잘라 결단하지 못함.

+ 秀(빼어날 수), 柔(부드러울 유), 不(아닐 불·부), 斷(끊을 단, 결단할 단)

총 4획 / 부수자

### 이리(丿)저리(一) 어질게(乂) 치니 **칠 복**

+ 동 攴 – 점(卜)칠 때 오른손(又)에 회초리를 들고 툭툭 치니 '칠 복'
+ 유 夊(천천히 걸을 쇠, 뒤져올 치) – 제목번호 367 참고
+ 칠 복(攵, = 攴)은 4획, 천천히 걸을 쇠, 뒤져올 치(夊)는 3획.
+ 卜(점 복), 又(오른손 우, 또 우), 乂(벨 예, 다스릴 예, 어질 예)

---

故

4급Ⅱ / 총 9획 / 攵(攴)

### 오래된(古) 일이지만 하나씩 **짚으며(攵)** 묻는 연고 있는 옛날이니 **연고 고, 옛 고**

+ 오랠 고, 옛 고(古)는 단순히 시간상으로 옛날이고, 연고 고, 옛 고(故)는 연고 있는 옛날, 즉 사연 있는 옛날이라는 뜻입니다. 연고(緣故) – ① 사유(事由). ② 혈통·정분·법률 따위로 맺어진 관계. ③ 인연(因緣).
+ 緣(인연 연), 事(일 사, 섬길 사), 由(까닭 유, 말미암을 유)

> **故鄕(고향)** '연고 있는 시골'로, 자기가 태어나 자란 곳. ↔ 타향(他鄕)
> **故意(고의)** '연고 있는 뜻'으로, 일부러 하는 행동이나 생각. ↔ 과실(過失)

+ 鄕(시골 향, 고향 향), 他(다를 타, 남 타), 意(뜻 의), 過(지날 과, 지나칠 과, 허물 과), 失(잃을 실)

---

散

4급 / 총 12획 / 攵(攴)

### 풀(艹)이 난 땅(一)에 고기(月)를 놓고 **치면(攵)** 여러 조각으로 흩어지니 **흩어질 산**

+ 艹[초 두(艹)의 약자], 一('한 일'이지만 여기서는 땅으로 봄), 月(달 월, 육 달 월)

> **離散(이산)** 헤어져 흩어짐.
> **散在(산재)** 흩어져 있음.

+ 離(헤어질 리), 在(있을 재)

---

敗

5급 / 총 11획 / 攵(攴)

### 재물(貝) 때문에 **치고(攵)** 싸워서 패하니 **패할 패**

+ 貝(조개 패, 재물 패, 돈 패)

> **敗北(패배)** 싸움에 패하여 도망감.
> **敗因(패인)** (싸움·경쟁·경기 등에서) 지게 된 원인.

+ 北(등질 배, 달아날 배, 북쪽 북), 因(말미암을 인, 의지할 인)

---

教

8급 / 총 11획 / 攵(攴)

### 어질게(乂) 많이(丿) 자식(子)을 **치며(攵)** 가르치니 **가르칠 교**

+ 약 教 – 늙은이(耂)가 자식(子)을 치며(攵) 가르치니 '가르칠 교'
+ 乂(벨 예, 다스릴 예, 어질 예), 丿['열 십, 많을 십(十)'의 변형], 子(아들 자, 첫째 지지 자, 자네 자, 접미사 자), 耂(늙을 로 엄)

> **教育(교육)** 가르쳐서 기름.
> **教材(교재)** 가르치는 데에 쓰이는 재료.

+ 育(기를 육), 材(재목 재, 재료 재)

DAY
19

**소(牛)를 치며(攵) 기르니 칠 목, 기를 목**

+ 牛(소 우 변)

**牧場(목장)** (가축을) 기르는 마당(곳).
**牧畜(목축)** (가축을) 기름.

+ 場(마당 장, 상황 장), 畜(기를 축, 가축 축)

4급II / 총 8획 / 牛(牛)

---

**사람(亻)이 지팡이(丨)로 땅을 치면서(攵) 사라져 아득하니 아득할 유**

+ 丨('뚫을 곤'이지만 여기서는 지팡이로 봄)
+ 아득하다 - ① 보이는 것이나 들리는 것이 희미하고 매우 멀다. ② 까마득히 오래되다.

특급II / 총 7획 / 攴(攵)

---

**아득히(攸) 먼 앞날까지 마음(心)에 생각할 정도로 한가하니 한가할 유**
**또 아득하게(攸) 마음(心)에 느껴질 정도로 머니 멀 유**

**悠悠自適(유유자적)** '한가롭게 스스로 감'으로, 속세를 떠나 아무 속박 없이 조용하고 편안하게 삶.
**悠久(유구)** 연대가 아득히 오래 됨.

+ 自(자기 자, 스스로 자, 부터 자), 適(알맞을 적, 갈 적), 久(오랠 구)

3급II / 총 11획 / 心

---

**아득히(攸) 흘러가는 깨끗한 물에 머리(彡) 감듯이 마음을 닦고 다스리니**
**닦을 수, 다스릴 수**

+ 彡(터럭 삼, 긴머리 삼)

**修道(수도)** 도를 닦음.
**修理(수리)** (고장 나거나 허름한 데를) 다스려 고침.

+ 道(길 도, 도리 도, 말할 도, 행정 구역의 도), 理(이치 리, 다스릴 리)

4급II / 총 10획 / 人(亻)

---

**아득히(攸) 나무(木)에서 뻗어 가는 가지니 가지 조**
**또 가지처럼 나눠진 조목이니 조목 조**

+ [약] 条 - (본줄기보다) 뒤져서(夂) 나무(木)에 돋는 가지니 '가지 조'
　　　　또 가지처럼 나눠진 조목이니 '조목 조'
+ 木(나무 목), 夂(천천히 걸을 쇠, 뒤져올 치)

**條目(조목)** 낱낱이 들어 벌인 일의 가지(가닥).
**條約(조약)** 조목을 세워 맺은 언약.

+ 目(눈 목, 볼 목, 항목 목), 約(묶을 약, 약속할 약)

4급 / 총 11획 / 木

---

**492**

特급 / 총 12획 / 攴(攵)

작은(小) 성(冂)은 조금(小)만 쳐도(攵) 해지고 깨지니
**해질 폐, 깨질 폐**

+ 小(작을 소), 冂(멀 경, 성 경), 攵(칠 복, = 攴)

---

弊

3급Ⅱ / 총 15획 / 廾

깨져(敝) 아래를 **받쳐 들어야(廾)** 하는 폐단이니 **폐단 폐**

+ 廾(받쳐 들 공)

> **弊端(폐단)** 어떤 일이나 행동에서 나타나는 옳지 못한 경향이나 해로운 현상.
> **弊習(폐습)** 나쁜 습관.

+ 端(끝 단, 단정할 단, 실마리 단), 習(익힐 습)

---

幣

3급 / 총 15획 / 巾

(많이 써서) **해진(敝) 수건(巾)** 같은 돈이니 **돈 폐**
또 돈이나 선물을 넣어 보내는 폐백이니 **폐백 폐**

+ 巾(수건 건)

> **紙幣(지폐)** 종이돈.
> **幣帛(폐백)** 신부가 처음으로 시부모를 뵐 때 올리는 것.

+ 紙(종이 지), 帛(비단 백, 폐백 백)

---

蔽

3급 / 총 16획 / 草(艹)

**풀(艹)로 해진(敝)** 곳을 가리고 덮으니 **가릴 폐, 덮을 폐**

> **建蔽率(건폐율)** '건물이 가리는 비율'로, 대지 면적에 대한 건물의 바닥 면적의 비율.
> **隱蔽(은폐)** 숨기고 가림.

+ 建(세울 건), 率(비율 률, 거느릴 솔, 솔직할 솔), 隱(숨을 은, 은은할 은)

DAY
19

3급Ⅱ / 총 4획 / 二

나무로 엇갈리게 쌓아 만든 우물틀 모양을 본떠서 **우물 정, 우물틀 정**

+ 옛날에는 우물을 파고 흙이 메워지지 않도록 통나무를 井자 모양으로 짜서 쌓아 올렸답니다.

> **油井(유정)** 천연 석유를 채취하기 위해 땅속으로 판 우물.
> **井華水(정화수)** 이른 새벽에 길은 우물물. [가족들의 평안을 빌면서 정성을 들이거나 약을 달이는 데 씀]

+ 油(기름 유), 華(화려할 화, 빛날 화)

# 耕

3급II / 총 10획 / 耒

**가래(耒)로 우물(井)을 파듯 깊게 밭을 가니 밭갈 경**

+ 耒(가래 뢰 – 밭을 가는 농기구)

**耕作(경작)** 논밭을 갈아 농사를 지음.
**休耕(휴경)** 농사를 짓지 아니하고 얼마 동안 묵힘.

+ 作(지을 작), 休(쉴 휴)

---

# 形

6급 / 총 7획 / 彡

**우물(开)에 머리털(彡)이 비친 모양이니 모양 형**

+ 开[우물 정, 우물틀 정(井)의 변형], 彡(터럭 삼, 긴머리 삼), 거울이 없던 옛날에는 우물에 자기의 모습을 비추어 보기도 했지요.

**成形(성형)** ① 일정 형체를 만듦. ② 신체의 어떤 부분을 고치거나 만듦.
**形形色色(형형색색)** '모양과 색이 각각임'으로, 가지각색의 사물을 말함.

+ 成(이룰 성), 色(빛 색)

---

# 刑

4급 / 총 6획 / 刀(刂)

**우물틀(开) 같은 형틀에 매어 칼(刂)로 집행하는 형벌이니 형벌 형**

+ [유] 刊(책 펴낼 간) – 제목번호 032 참고.
+ 刂(칼 도 방)

**火刑(화형)** 불살라 죽이는 형벌.
**終身刑(종신형)** 죽을 때까지 사는 형.

+ 火(불 화), 終(다할 종, 마칠 종), 身(몸 신)

---

# 寒

5급 / 총 12획 / 宀

**집(宀) 우물(井) 하나(一)에서 나뉘어(八) 나온 물이 얼음(冫)처럼 차니 찰 한**

+ 宀(집 면), 八(여덟 팔, 나눌 팔), 冫(이 수 변)

**寒氣(한기)** 찬 기운. 추위. ↔ 서기(暑氣)
*酷寒(혹한)* 독한 추위. ↔ 혹서(酷暑)

+ 氣(기운 기, 대기 기), 暑(더울 서), 酷(심할 혹)

---

# 塞

3급II / 총 13획 / 土

**집(宀)의 벽을 우물틀(井)처럼 하나(一)씩 나누어(八) 흙(土)으로 막으니 막을 색**

**또 출입을 막고 지키는 변방이니 변방 새**

+ 土(흙 토)

**要塞(요새)** 국방상 중요한 곳에 구축하여 놓은 방어 시설.
**窮塞(궁색)** 아주 가난함. 곤궁하고 궁색함.

+ 要(중요할 요, 필요할 요), 窮(곤궁할 궁, 다할 궁)

## 襄

2급 / 총 17획 / 衣

(드러나지 않게) **옷(衣)** 속에 **입들(口口)**을 가리고 **우물틀(井)**처럼 얽혀 **한(一)**결같이 도우니 **도울 양**

+ 유 裵(품을 회) - 제목번호 354 참고
+ 약 襄 - 옷(衣)을 나누어(八) 싸고 우물틀(井)처럼 얽혀 한(一)결같이 도우니 '도울 양'
+ 衣(옷 의)

---

## 讓

3급II / 총 24획 / 言

**말(言)** 한 마디라도 **도움(襄)** 되게 사양하고 겸손하니 **사양할 양, 겸손할 양**

+ 약 讓
+ 言(말씀 언)

**讓渡(양도)** (권리나 이익 따위를 남에게) 넘겨줌.
**辭讓(사양)** 응하지 않거나 받지 않음.

+ 渡(건널 도), 辭(말씀 사, 글 사, 물러날 사)

---

## 壤

3급II / 총 20획 / 土

**흙(土)**이 일을 **도와주려는(襄)** 듯 고운 흙으로 된 땅이니 **흙 양, 땅 양**

+ 약 壌
+ 고운 흙이 곡식의 생육에 도움을 주지요.

**土壤(토양)** 흙.
**天壤之差(천양지차)** 하늘과 땅 사이와 같이 엄청난 차이.

+ 土(흙 토), 天(하늘 천), 之(갈 지, ~의 지, 이 지), 差(다를 차, 어긋날 차)

---

## 冓

급외자 / 총 10획 / 冂

**우물틀(井)**처럼 **다시(再)** 쌓으니 **쌓을 구**

+ 원래는 冓인데 변형된 冓로 많이 씁니다.
+ 再(다시 재, 두 번 재) - 제목번호 245 참고

---

## 構

4급 / 총 14획 / 木

**나무(木)**를 **쌓아(冓)** 얽으니 **얽을 구**

+ 木(나무 목)

**構成(구성)** 얽어서 만듦.
**虛構性(허구성)** 비게(사실에 벗어나게) 얽어매는(만들어진) 성질.

+ 成(이룰 성), 虛(빌 허, 헛될 허), 性(성품 성, 바탕 성, 성별 성)

DAY
19

**495**

**講**

4급II / 총 17획 / 言

말(言)을 쌓듯이(冓) 여러 번 익혀 강의하니 **익힐 강, 강의할 강**

+ 言(말씀 언)

> **講習(강습)** (일정 기간 동안 학문, 기예, 실무 따위를) 배우고 익힘.
> **講師(강사)** 강의를 하는 사람.

+ 習(익힐 습), 師(스승 사, 전문가 사, 군사 사)

---

4급II / 총 6획 / 羊

앞에서 바라본 양을 본떠서 **양 양**

+ 양은 성질이 온순하여 방목하거나 길들이기 좋으며, 부드럽고 질긴 털과 가죽과 고기를 주는 이로운 짐승이니, 양(羊)이 부수로 쓰이면 대부분 좋은 의미의 한자입니다.

> **山羊(산양)** 산에서 크는 양.
> **綿羊(면양)** 털을 이용할 목적으로 기르는 양.

+ 山(산 산), 綿(솜 면, 자세할 면, 이어질 면)

---

6급 / 총 9획 / 水(氵)

물결(氵)이 수만 마리 양(羊) 떼처럼 출렁이는 큰 바다니 **큰 바다 양**
또 큰 바다 건너편에 있는 서양이니 **서양 양**

> **太平洋(태평양)** '크게 평평한 바다'로, 세계에서 가장 큰 오대양의 하나.
> **洋食(양식)** 서양식 음식.

+ 太(클 태), 平(평평할 평, 평화 평), 食(밥 식, 먹을 식, 먹이 사)

---

3급 / 총 11획 / 示

보임(示)이 양(羊)처럼 좋은 상서로운 조짐이니 **상서로울 상, 조짐 상**

+ 조짐(兆朕) – 어떤 일이 생길 기미가 보이는 현상.
+ 示(보일 시, 신 시), 兆(조짐 조, 조 조), 朕(조짐 짐)

> **祥瑞(상서)** 경사로운 일이 있을 징조.
> **不祥事(불상사)** 상서롭지 못한 일. 좋지 아니한 일.
> **發祥地(발상지)** '조짐이 일어난 땅'으로, 역사적인 일 따위가 처음 일어난 곳.

+ 瑞(상서로울 서), 事(일 사, 섬길 사), 發(쏠 발, 일어날 발), 地(땅 지, 처지 지)

---

**詳**

3급II / 총 13획 / 言

말(言)을 양(羊)처럼 순하고 좋게 하며 자상하니 **자상할 상**

> *仔詳(자상) 자세하고 찬찬함.
> **詳細(상세)** 자상하고 세밀함.
> **未詳(미상)** 아직 자상하지 않음.

+ 仔(자세할 자, 새끼 자), 細(자세할 세), 未(아닐 미, 아직 ~ 않을 미, 여덟째 지지 미)

# 樣

4급 / 총 15획 / 木

## 나무(木) 옆에 양(羊) 떼가 길게(永) 늘어선 모양이니 모양 양

+ 약 様 – 나무(木) 옆에 양(羊)이 물(氺) 먹는 모양이니 '모양 양'
+ 木(나무 목), 羊[양 양(羊)의 변형], 永(길 영, 오랠 영)

**貌樣·模樣(모양)** ① 겉으로 본 생김새나 현상. ② (차림새나 단장 따위를) 곱게 꾸민 꾸밈새. ③ 어떤 형편이나 상태. 또는 되어 가는 꼴.
**多樣(다양)** '많은 모양'으로, 종류가 여러 가지로 많음.

+ 貌(모양 모), 模(본뜰 모, 법 모, 모호할 모), 多(많을 다)

---

# 達

4급Ⅱ / 총 13획 / 辵(辶)

## 흙(土)에만 살던 양(羊)도 뛰어서(辶) 풀밭에 잘도 이르니 이를 달
## 또 이르도록 익혀 통달하니 통달할 달

+ 辶(뛸 착, 갈 착)

**達成(달성)** (뜻한 바를) 이르러 이룸.
**通達(통달)** (어떤 일에) 막힘없이 통하여 훤히 앎.
**達辯(달변)** '통달한 말'로, 매우 능란한 말.

+ 成(이룰 성), 通(통할 통), 辯(말 잘할 변, 따질 변)

---

## 376  미선양 착차[美善養 着差] – 羊의 변형(羊)으로 된 한자

---

# 美

6급 / 총 9획 / 羊(羊)

## 양(羊)이 커가는(大) 모양처럼 아름다우니 아름다울 미

+ 羊 [양 양(羊)의 변형]

**美人(미인)** 아름다운 사람.
**審美眼(심미안)** 아름다움을 살펴 찾을 수 있는 눈(안목).

+ 審(살필 심), 眼(눈 안)

---

# 善

5급 / 총 12획 / 口

## 양(羊)처럼 풀(丷)만 입(口)으로 먹는 짐승은 순하고 착하니 착할 선
## 또 착하면 좋고 시키는 일도 잘하니 좋을 선, 잘할 선

+ 丷[초 두(艹)의 약자(艹)의 변형]
+ 초식 동물은 대부분 순하지요. 초 두(艹)는 원래 4획이지만 여기서는 3획의 약자 형태(艹)를 변형한 것이네요.

**善良(선량)** (행실이) 착하고 어짊.
**改善(개선)** (나쁜 점을) 고쳐 좋게 함.
**善防(선방)** 잘 막아냄.

+ 良(어질 량, 좋을 량), 改(고칠 개), 防(둑 방, 막을 방)

**養**

5급 / 총 15획 / 食

### 양(羊)을 먹여(食) 기르니 **기를 양**

+ 食(밥 식, 먹을 식, 먹이 사) – 제목번호 340 참고

**養成(양성)** 길러냄. 가르쳐 이루게 함.
**養鷄(양계)** 닭을 기름.

+ 成(이룰 성), 鷄(닭 계)

**着**

5급 / 총 12획 / 目

### 털에 가린 양(羊)의 붙은(丿) 눈(目)처럼 붙으니 **붙을 착**

+ 目(눈 목, 볼 목, 항목 목)
+ 丿('삐침 별'이지만 여기서는 붙은 모양으로 봄)

**接着(접착)** 이어 붙음. 또는 붙임.
**定着(정착)** (일정한 곳을) 정하여 붙어삶.

+ 接(이을 접, 대접할 접), 定(정할 정)

**差**

4급 / 총 10획 / 工

### (붙어 다니는) 양(羊)처럼 붙어(丿)서서 똑같이 만들어도(工) 다르고 어긋나니 **다를 차, 어긋날 차**

+ 工(장인 공, 만들 공, 연장 공)

**差別(차별)** 다르게 구별함.
**誤差(오차)** 참값과 근삿값과의 차이.

+ 別(나눌 별, 다를 별), 誤(그르칠 오)

---

| 377 | 아아 의의의[我餓 義議儀] – 我, 義로 된 한자 |

**我**

3급Ⅱ / 총 7획 / 戈

### 손(手)에 창(戈) 들고 지켜야 할 존재는 바로 나니 **나 아**

+ 手(손 수, 재주 수, 재주 있는 사람 수), 戈(창 과), 조금만 방심하면 잡념이 생기고 엉뚱한 짓을 하게 되고, 남에게 침입 받게 되지요.

**我軍(아군)** 우리 편의 군대.
**無我境(무아경)** (정신이 한곳에 온통 쏠려) 스스로를 잊고 있는 경지.

+ 軍(군사 군), 無(없을 무), 境(지경 경, 형편 경)

**餓**

3급 / 총 16획 / 食(飠)

### 밥(飠)이 나(我)에게 제일 생각나도록 굶주리니 **굶주릴 아**

+ 飠(밥 식, 먹을 식 변)

**餓死(아사)** 굶어 죽음.
**飢餓(기아)** '굶주림'으로, 먹을 것이 없어 제대로 먹지 못하고 지내는 상태.

+ 死(죽을 사), 飢(굶주릴 기)

**義**

4급II / 총 13획 / 羊(羊)

양(羊)처럼 내(我)가 행동함이 옳고 의로우니 **옳을 의, 의로울 의**

+ 羊 [양 양(羊)의 변형]

**義擧(의거)** 옳은 일로 일어남.
**正義(정의)** '바르고 의로움'으로, 올바른 도리.

+ 擧(들 거, 행할 거, 일으킬 거), 正(바를 정)

**議**

4급II / 총 20획 / 言

(좋은 결론을 위해) 말(言)로 의롭게(義) 의논하니 **의논할 의**

**議決(의결)** 의논하여 결정함.
**會議(회의)** 모여서 의논함.

+ 決(터질 결, 결단할 결), 會(모일 회)

**儀**

4급 / 총 15획 / 人(亻)

사람(亻)이 의리(義)에 맞게 움직이는 거동이나 법도니
**거동 의, 법도 의**

+ 거동(擧動) – 몸을 움직임. 또는 그런 짓이나 태도.
+ 動(움직일 동)

**儀式(의식)** 예식을 갖추는 법식.
**儀禮(의례)** 법도에 맞는(형식을 갖춘) 예의.

+ 式(법 식, 의식 식), 禮(예도 례)

---

**豕**

특급II / 총 7획 / 豕

서 있는 돼지를 본떠서 **돼지 시**

**豚**

3급 / 총 11획 / 豕

(다른 짐승에 비하여) 살(月)이 많은 돼지(豕)니 **돼지 돈**

+ 月(달 월, 육 달 월), 돼지는 다른 짐승에 비해 살이 많기 때문에 돼지 시(豕)에 육 달 월(月)을 붙여 만들어진 글자.

**豚肉(돈육)** 돼지고기.
**養豚(양돈)** 돼지를 기름.

+ 肉(고기 육), 養(기를 양)

**隊**

4급II / 총 12획 / 阜(阝)

언덕(阝)에 **여덟(八)** 마리의 **돼지(豕)**처럼 모인 무리니 **무리 대**
또 무리를 이루는 군대도 뜻하여 **군대 대**

+ 阝(언덕 부 변), 八(여덟 팔, 나눌 팔)

> **隊員(대원)** 무리의 인원.
> **入隊(입대)** 군대에 들어감.

+ 員(관원 원, 인원 원), 入(들 입)

---

**家**

7급 / 총 10획 / 宀

**지붕(宀)** 아래 **돼지(豕)**처럼 먹고 자는 집이니 **집 가**
또 하나의 집처럼 어느 분야에 일가를 이룬 전문가니 **전문가 가**

+ 宀(집 면), 일가(一家) - ① 한집안. ② 성(姓)과 본이 같은 겨레붙이. ③ 학문ㆍ기술ㆍ예술 등의 분야에서 독자적인 경지나 체계를 이루는 상태. 여기서는 ③의 뜻.

> **家族(가족)** 한 가정을 이루는 사람들.
> **作家(작가)** (시ㆍ소설 등 예술품을) 창작하는 일에 종사하는 사람.

+ 族(겨레 족), 作(지을 작)

---

**蒙**

3급II / 총 14획 / 草(艹)

**풀(艹)**에 **덮인(冖) 한(一)** 마리 **돼지(豕)**처럼 어리석고 어리니
**어리석을 몽, 어릴 몽**

> **啓蒙(계몽)** '어리석음을 엶'으로, 지식수준이 낮거나 인습적 편견에 젖어 있는 사람이 바른 생각을 가지도록 깨우쳐 줌.
> **無知蒙昧(무지몽매)** 아는 것이 없고 (사리에) 어두움.

+ 啓(열 계, 일깨울 계), 無(없을 무), 知(알 지), 昧(어두울 매)

---

**逐**

3급 / 총 11획 / 辵(辶)

**멧돼지(豕)**를 **뛰어가(辶)** 쫓으니 **쫓을 축**

+ 辶(뛸 착, 갈 착), 지금도 농촌에는 멧돼지의 피해가 심하답니다.

> **逐出(축출)** 쫓아냄.
> **角逐(각축)** 서로 쫓으려고 다툼.

+ 出(날 출, 나갈 출), 角(뿔 각, 모날 각, 겨룰 각)

---

**遂**

3급 / 총 13획 / 辵(辶)

**팔(八)**방으로 **쫓아(逐)**다니며 정성 들여 드디어 이루니 **드디어 수, 이룰 수**

> **遂行(수행)** (계획한 대로) 이루어 냄.
> **完遂(완수)** (목적한 바를) 완전히 이룸.

+ 行(다닐 행, 행할 행, 항렬 항), 完(완전할 완)

**500**

풀(++)로 만든 **그물(罒)** 같은 이불을 **덮고(冖)** 자는 **저녁(夕)**에 꾸는 꿈이니 **꿈 몽**

+ 罒(그물 망, = 网, 罓), 冖(덮을 멱), 夕(저녁 석)

**吉夢(길몽)** (좋은 일이 생길 징조의) 길한 꿈.
*胎夢(태몽) 임신할 징조의 꿈.

+ 吉(길할 길, 상서로울 길), 胎(아기 밸 태)

3급 II / 총 14획 / 夕

---

**379** 치모간 연혁[豸貌懇 燕革] – 豸로 된 한자와 燕革

먹이를 잡기 위해 몸을 웅크린 사나운 짐승을 본떠서
**사나운 짐승 치**
또 지렁이 같은 발 없는 벌레의 총칭으로
**발 없는 벌레 치**

급외자 / 총 7획 / 豸

**사나운 짐승(豸)**이 **흰(白)** 탈을 쓴 **사람(儿)** 모양이니 **모양 모**

+ 얍 皃 – 흰(白) 탈을 쓴 사람(儿) 모양이니 '모양 모'
+ 白(흰 백, 밝을 백, 깨끗할 백, 아뢸 백), 儿(사람 인 발, 어진사람 인)

**面貌(면모)** ① 얼굴의 모양. ② 사물의 모습이나 상태.
**外貌(외모)** 겉으로 나타난 모습.

+ 面(얼굴 면, 향할 면, 볼 면, 행정 구역의 면), 外(밖 외)

3급 II / 총 14획 / 豸

**발 없는 벌레(豸)**가 계속 **머물러(艮)** 먹이를 구하는 **마음(心)**처럼
정성스럽고 간절하니 **정성스러울 간, 간절할 간**

+ 艮(멈출 간, 어긋날 간, 괘 이름 간) – 제목번호 338 참고

**懇切(간절)** ① (태도가) 정성스럽고 간곡함. ② (바람이나 욕망 등이) 강하고 절실함.
**懇求(간구)** 간절히 구함.

+ 切(모두 체, 끊을 절, 간절할 절), 求(구할 구)

3급 II / 총 17획 / 心

제비의 **주둥이(艹)**에 먹이를 문 **양 날개(北)**와 **몸통(口)**과
갈라진 **꼬리 모양(灬)**을 본떠서 **제비 연, 연나라 연**
또 제비처럼 떠들며 즐기는 잔치니 **잔치 연**

+ 北(등질 배, 달아날 배, 북쪽 북), 口(입 구, 말할 구, 구멍 구), 灬(불 화 발) 모두 원래의
뜻이 아닌 제비의 몸 일부 모양을 나타냅니다.

**燕尾服(연미복)** 제비 꼬리처럼 길게 갈라진 검은 모직물로 지은 남자용 서양식 예복.
*燕雀(연작) ① 제비나 참새. 또는 그런 작은 새. ② '도량이 좁은 사람, 곧 옹졸한 사람'을 비유하여 이르는 말.

+ 尾(꼬리 미, 끝 미), 服(옷 복, 먹을 복, 복종할 복), 雀(참새 작)

3급 II / 총 16획 / 火(灬)

DAY
19

**501**

걸어 놓은 짐승 가죽의 **머리(ㅛ)**와 **몸통(口)**과 **다리(一)**와 **꼬리(丨)**를 본떠서 **가죽 혁**
또 가죽으로 무엇을 만들려고 고치니(가공하니) **고칠 혁**

4급 / 총 9획 / 革

**革帶(혁대)** 가죽 띠.
**革新(혁신)** (제도나 방법, 조직이나 풍습 따위를) 고치거나 버리고 새롭게 함.

+ 帶(찰 대, 띠 대), 新(새로울 신)

380 **상상예 마독[象像豫 馬篤]** - 象, 馬로 된 한자

코끼리 모양을 본떠서 **코끼리 상, 모양 상, 본뜰 상**

4급 / 총 12획 / 豕

+ 유 衆(무리 중) - 제목번호 357 참고
+ 원래는 '코끼리 상'인데 뜻이 확대되어 '모양 상, 본뜰 상'으로도 쓰입니다.

**象牙(상아)** 코끼리의 어금니.
**森羅萬象(삼라만상)** 우주 사이에 벌여 있는 온갖 사물과 현상.
**象形(상형)** (어떤 물건의) 모양을 본뜸.

+ 牙(어금니 아), 森(나무 빽빽할 삼, 엄숙할 삼), 羅(벌일 라, 비단 라, 성씨 라), 萬(일만 만, 많을 만), 形(모양 형)

**사람(亻)**이 **코끼리(象)** 모양을 본떠 그리니 **모양 상, 본뜰 상**

3급Ⅱ / 총 14획 / 人(亻)

**佛像(불상)** 부처의 모습을 표현한 조각이나 그림.
**受像機(수상기)** '모습을 받는 기계'로, 텔레비전을 말함.

+ 佛(부처 불), 受(받을 수), 機(베틀 기, 기계 기, 기회 기)

**자기(予)**가 할 일을 **코끼리(象)**는 미리 아니 **미리 예**

4급 / 총 16획 / 豕

+ 약 予[줄 여, 나 여, 미리 예(豫)의 약자] - 제목번호 145 참고
+ 묻기도 전에 대답하는 글자는? 미리 예(豫) - 미리 '예'하고 대답하므로.

**豫告(예고)** 미리 알림.
**豫備(예비)** 미리 준비함.

+ 告(알릴 고, 뵙고 청할 곡), 備(갖출 비)

## 馬

5급 / 총 10획 / 馬

서 있는 말을 본떠서 **말 마**

> **騎馬隊(기마대)** 말을 타는 군인이나 경관의 무리.
> **乘馬(승마)** 말을 탐.

+ 騎(말 탈 기), 隊(무리 대, 군대 대), 乘(탈 승, 대 승, 곱할 승)

## 篤

3급 / 16획 / 竹(⺮)

대(⺮)로 말(馬)을 타고 놀던 어린 시절 친구처럼 정이 도타우니 **도타울 독**

+ ⺮[대 죽(竹)이 부수로 쓰일 때의 모양], 도탑다 – 사랑이나 인정이 많고 깊다.
+ 놀이기구가 없던 옛날에는 여럿이 말을 타듯 두 다리 사이에 대나무를 끼우고 놀았다는
  데서 어린 시절의 친구를 죽마고우(竹馬故友)라 하지요.

> **篤實(독실)** '두텁고 실함'으로, 인정이 두텁고 하는 일에 정성스러움.
> **敦篤(돈독)** 정이 깊고 두터움.

+ 實(열매 실, 실제 실), 敦(도타울 돈), 竹(대 죽), 故(연고 고, 옛 고), 友(벗 우)

---

DAY

19

# 구조로 한자 되짚어 보기

## 361 저적부뢰쇄[貯賊負賴鎖] – 貝로 된 한자

조개 패, 재물 패, 돈 패[貝] 뒤에 집 면[宀]과 고무래 정, 못 정, 장정 정, 넷째 천간 정[丁]이면 쌓을 저[貯], 창 과[戈]와 열 십, 많을 십[十]이면 도둑 적[賊], 위에 사람 인[人]의 변형[勹]이면 질 부, 패할 부, 빚질 부[負], 위에 칼 도[刀], 앞에 묶을 속[束]이면 힘입을 뢰, 의지할 뢰[賴], 위에 작을 소[小]의 변형[ᅵᅵ], 앞에 쇠 금, 금 금, 돈 금, 성씨 김[金]이면 쇠사슬 쇄, 자물쇠 쇄[鎖]

## 362 귀유 고(가)가 대[貴遺 賈價 貸] – 貴, 賈로 된 한자와 貸

조개 패, 재물 패, 돈 패[貝] 위에 가운데 중, 맞힐 중[中]과 한 일[一]이면 귀할 귀[貴], 귀할 귀[貴] 아래에 뛸 착, 갈 착[辶]이면 남길 유, 잃을 유[遺],
조개 패, 재물 패, 돈 패[貝] 위에 덮을 아[襾]의 변형[襾]이면 장사 고, 성씨 가[賈], 장사 고, 성씨 가[賈] 앞에 사람 인 변[亻]이면 값 가, 가치 가[價],
조개 패, 재물 패, 돈 패[貝] 위에 대신할 대, 세대 대[代]면 빌릴 대[貸]

## 363 혈항파과[頁項頗寡] – 頁로 된 한자 1

한 일[一] 아래에 삐침 별[丿]과 눈 목, 볼 목, 항목 목[目], 여덟 팔, 나눌 팔[八]이면 머리 혈[頁], 머리 혈[頁] 앞에 장인 공, 만들 공, 연장 공[工]이면 목 항[項], 가죽 피[皮]면 자못 파, 치우칠 파[頗], 위에 집 면[宀], 아래에 칼 도[刀]면 적을 과, 과부 과[寡]

## 364 빈안고류 액현[頻顔顧類 額顯] – 頁로 된 한자 2

머리 혈[頁] 앞에 걸음 보[步]면 자주 빈[頻], 선비 언[彦]이면 얼굴 안[顔], 문 호, 집 호[戶]와 새 추[隹]면 돌아볼 고[顧], 쌀 미[米]와 개 견[犬]이면 닮을 류, 무리 류[類], 손님 객[客]이면 이마 액, 액수 액, 현판 액[額], 해 일, 날 일[日], 작을 요, 어릴 요 둘[幺幺]과 불 화 발[灬]이면 드러날 현[顯]

## 365 순수번정 경경[順須煩頂 頃傾] – 頁, 頃으로 된 한자

머리 혈[頁] 앞에 내 천[川]이면 순할 순[順], 터럭 삼, 긴 머리 삼[彡]이면 반드시 수, 잠깐 수, 수염 수[須], 불 화[火]면 번거로울 번[煩], 고무래 정, 못 정, 장정 정, 넷째 천간 정[丁]이면 정수리 정, 꼭대기 정[頂], 비수 비, 숟가락 비[匕]면 잠깐 경, 즈음 경, 이랑 경[頃],
잠깐 경, 즈음 경, 이랑 경[頃] 앞에 사람 인 변[亻]이면 기울 경[傾]

## 366 령랭명 령령[令冷命 領嶺] – 令, 領으로 된 한자

사람 인[人] 아래에 한 일[一]과 무릎 꿇을 절, 병부 절[卩]의 변형[ᄀ]이면 하여금 령, 명령할 령[令], 하여금 령, 명령할 령[令] 앞에 이 수 변[冫]이면 찰 랭[冷], 입 구, 말할 구, 구멍 구[口]면 명령할 명, 목숨 명, 운명 명[命], 뒤에 머리 혈[頁]이면 거느릴 령, 우두머리 령[領],
거느릴 령, 우두머리 령[領] 위에 산 산[山]이면 고개 령, 재 령[嶺]

## 367 쇠(치)하동 준준[夊夏冬 夋俊] - 夊, 夋으로 된 한자

사람 인[人]의 변형[ク]에 파임 불[乀]이면 천천히 걸을 쇠, 뒤져 올 치[夊], 천천히 걸을 쇠, 뒤져 올 치[夊] 위에 한 일[一]과 자기 자, 스스로 자, 부터 자[自]면 여름 하[夏], 아래에 이 수 변[冫]이면 겨울 동[冬], 위에 진실로 윤, 믿을 윤[允]이면 의젓하게 걸을 준, 갈 준[夋], 의젓하게 걸을 준, 갈 준[夋] 앞에 사람 인 변[亻]이면 뛰어날 준[俊]

## 368 복복복 부(복)부(복)리[复腹複 復覆履] - 复, 復으로 된 한자

사람 인[人]의 변형[⺈] 아래에 해 일, 날 일[日]과 천천히 걸을 쇠, 뒤져 올 치[夊]면 돌아올 복, 거듭 복[复], 돌아올 복, 거듭 복[复] 앞에 달 월, 육 달 월[月]이면 배 복[腹], 옷 의 변[衤]이면 겹칠 복[複], 조금 걸을 척[彳]이면 다시 부, 돌아올 복[復], 다시 부, 돌아올 복[復] 위에 덮을 아[襾]의 변형[覀]이면 덮을 부, 다시 복, 뒤집힐 복[覆], 주검 시, 몸 시[尸]면 신 리, 밟을 리[履]

## 369 강(항)륭릉 총총총 우우[降隆陵 悤總聰 憂優] - 阝, 悤, 憂로 된 한자

언덕 부 변[阝] 뒤에 천천히 걸을 쇠, 뒤져 올 치[夊]와 소 우[牛]의 변형[牛]이면 내릴 강, 항복할 항[降], 천천히 걸을 쇠, 뒤져 올 치[夊] 아래에 한 일[一]과 날 생, 살 생, 사람을 부를 때 쓰는 접사 생[生]이면 높을 륭, 성할 륭[隆], 흙 토[土]와 사람 인 발, 어진 사람 인[儿], 천천히 걸을 쇠, 뒤져 올 치[夊]면 임금 무덤 릉, 큰 언덕 릉[陵],
삐침 별[丿] 아래에 에운담[囗], 천천히 걸을 쇠, 뒤져 올 치[夊], 마음 심, 중심 심[心]이면 바쁠 총, 밝을 총[悤], 바쁠 총, 밝을 총[悤] 앞에 실 사, 실 사 변[糸]이면 모두 총, 거느릴 총[總], 귀 이[耳]면 귀 밝을 총, 총명할 총[聰],
한 일[一]과 자기 자, 스스로 자, 부터 자[自], 덮을 멱[冖] 아래에 마음 심, 중심 심[心]과 천천히 걸을 쇠, 뒤져 올 치[夊]면 근심할 우[憂], 근심할 우[憂] 앞에 사람 인 변[亻]이면 우수할 우, 머뭇거릴 우, 배우 우[優]

## 370 복고산 패교목[攵(攴)故散 敗敎牧] - 攵으로 된 한자

삐침 별[丿]과 한 일[一]에 벨 예, 다스릴 예, 어질 예[乂]면 칠 복[攵, = 攴],
칠 복[攵] 앞에 오랠 고, 옛 고[古]면 연고 고, 옛 고[故], 초 두[艹]의 약자[艹]와 한 일[一], 달 월, 육 달 월[月]이면 흩어질 산[散], 조개 패, 재물 패, 돈 패[貝]면 패할 패[敗], 벨 예, 다스릴 예, 어질 예[乂] 아래에 열 십, 많을 십[十]의 변형[𠂤], 아들 자, 첫째 지지 자, 자네 자, 접미사 자[子]면 가르칠 교[敎], 소 우 변[牛]이면 칠 목, 기를 목[牧]

## 371 유유수조[攸悠修條] - 攸로 된 한자

칠 복[攵] 앞에 사람 인 변[亻]과 뚫을 곤[丨]이면 아득할 유[攸],
아득할 유[攸] 아래에 마음 심, 중심 심[心]이면 한가할 유, 멀 유[悠], 터럭 삼, 긴 머리 삼[彡]이면 닦을 수, 다스릴 수[修], 나무 목[木]이면 가지 조, 조목 조[條]

## 372 4폐[敝蔽弊幣] - 敝로 된 한자

칠 복[攵] 앞에 작을 소[小]와 멀 경, 성 경[冂], 작을 소[小]면 해칠 폐, 깨질 폐[敝],
해칠 폐, 깨질 폐[敝] 위에 초 두[艹]면 덮을 폐[蔽], 아래에 받쳐 들 공[廾]이면 폐단 폐[弊], 수건 건[巾]이면 돈 폐, 폐백 폐[幣]

## 373 정경형형 한색(새)[井耕形刑 寒塞] - 井, 寒으로 된 한자

나무로 엇갈리게 쌓아 만든 우물이나 우물 틀 모양을 본떠서 우물 정, 우물 틀 정[井],
우물 정, 우물 틀 정[井] 앞에 가래 뢰[耒]면 밭갈 경[耕], 우물 정, 우물 틀 정[井]의 변형[开] 뒤에 터럭 삼, 긴 머리 삼[彡]이면 모양 형[形], 칼 도 방[刂]이면 형벌 형[刑],
우물 정, 우물틀 정[井] 위에 집 면[宀], 아래에 한 일[一]과 여덟 팔, 나눌 팔[八]에 이 수 변[冫]이면 찰 한[寒], 흙 토[土]면 막을 색, 변방 새[塞]

DAY
19

**505**

## 374 양양양 구구강[襄讓壤 冓構講] - 襄, 冓로 된 한자

옷 의[衣] 중간에 입 구, 말할 구, 구멍 구 둘[口口]과 우물 정, 우물틀 정[井], 한 일[一]이면 도울 양[襄], 도울 양[襄] 앞에 말씀 언[言]이면 사양할 양, 겸손할 양[讓], 흙 토[土]면 흙 양, 땅 양[壤], 우물 정, 우물틀 정[井] 아래에 다시 재, 두 번 재[再]면 쌓을 구[冓], 쌓을 구[冓] 앞에 나무 목[木]이면 얽을 구[構], 말씀 언[言]이면 익힐 강, 강의할 강[講]

## 375 양양상상 양달[羊洋祥詳 樣達] - 羊으로 된 한자

앞에서 바라본 양을 본떠서 양 양[羊], 양 양[羊] 앞에 삼 수 변[氵]이면 큰 바다 양, 서양 양[洋], 보일 시, 신 시[示]면 상서로울 상, 조짐 상[祥], 말씀 언[言]이면 자세할 상[詳],
양 양[羊]의 변형[羊] 아래에 길 영, 오랠 영[永], 앞에 나무 목[木]이면 모양 양[樣], 양 양[羊] 위에 흙 토[土], 아래에 뛸 착, 갈 착[辶]이면 이를 달, 통달할 달[達]

## 376 미선양 착차[美善養 着差] - 羊의 변형(羊)으로 된 한자

양 양[羊]의 변형[羊] 아래에 큰 대[大]면 아름다울 미[美], 초 두[艹] 약자의 변형[丷]과 입 구, 말할 구, 구멍 구[口]면 착할 선, 좋을 선, 잘할 선[善], 밥 식, 먹을 식, 먹이 사[食]면 기를 양[養], 삐침 별[丿]과 눈 목, 볼 목, 항목 목[目]이면 붙을 착[着], 삐침 별[丿]과 장인 공, 만들 공, 연장 공[工]이면 다를 차, 어긋날 차[差]

## 377 아아 의의의[我餓 義議儀] - 我, 義로 된 한자

손 수, 재주 수, 재주 있는 사람 수[手] 뒤에 창 과[戈]면 나 아[我], 나 아[我] 앞에 밥 식, 먹을 식 변[飠]이면 굶주릴 아[餓], 위에 양 양[羊]의 변형[羊]이면 옳을 의, 의로울 의[義], 옳을 의, 의로울 의[義] 앞에 말씀 언[言]이면 의논할 의[議], 사람 인 변[亻]이면 거동 의, 법도 의[儀]

## 378 시돈대가몽 축수 몽[豕豚隊家蒙 逐遂 夢] - 豕, 逐으로 된 한자와 夢

서 있는 돼지를 본떠서 돼지 시[豕], 돼지 시[豕] 앞에 달 월, 육 달 월[月]이면 돼지 돈[豚], 위에 여덟 팔, 나눌 팔[八], 앞에 언덕 부 변[阝]이면 무리 대, 군대 대[隊], 돼지 시[豕] 위에 집 면[宀]이면 집 가, 전문가 가[家], 초 두[艹]와 덮을 멱[冖], 한 일[一]이면 어리석을 몽, 어릴 몽[蒙],
아래에 뛸 착, 갈 착[辶]이면 쫓을 축[逐], 쫓을 축[逐] 위에 여덟 팔, 나눌 팔[八]이면 드디어 수, 이룰 수[遂],
초 두[艹]와 그물 망[罒], 아래에 덮을 멱[冖]과 저녁 석[夕]이면 꿈 몽[夢]

## 379 치모간 연혁[豸貌懇 燕革] - 豸로 된 한자와 燕革

먹이를 잡기 위해 몸을 웅크린 사나운 짐승을 본떠서 사나운 짐승 치[豸], 또 지렁이 같은 발 없는 벌레의 총칭으로 발 없는 벌레 치[豸], 사나운 짐승 치, 발 없는 벌레 치[豸] 뒤에 흰 백, 밝을 백, 깨끗할 백, 아뢸 백[白]과 사람 인 발, 어진사람 인[儿]이면 모양 모[貌], 멈출 간, 어긋날 간[艮], 아래에 마음 심, 중심 심[心]이면 간절할 간[懇],
먹이를 문 부리[廿]와 양 날개[北]와 몸통[口]과 갈라진 꼬리 모양[灬]을 본떠서 제비 연, 연나라 연[燕], 또 제비처럼 떠들며 즐기는 잔치니 잔치 연[燕],
걸어 놓은 짐승 가죽의 머리[廿]와 몸통[口]과 다리[一]와 꼬리[丨]를 본떠서 가죽 혁[革], 또 가죽으로 무엇을 만들려고 고치니(가공하니) 고칠 혁[革]

## 380 상상예 마독[象像豫 馬篤] - 象, 馬로 된 한자

코끼리 모양을 본떠서 코끼리 상, 모양 상, 본뜰 상[象], 코끼리 상, 모양 상, 본뜰 상[象] 앞에 사람 인 변[亻]이면 모양 상, 본뜰 상[像], 나 여, 줄 여, 미리 예[豫]의 약자[予]면 미리 예[豫],
서있는 말을 본떠서 말 마[馬], 말 마[馬] 위에 대 죽[竹]이면 도타울 독[篤]

**506**

# 확인문제

**01~04** 다음 漢字의 훈(뜻)과 음(소리)를 쓰시오.

01. 貸 (              )　　　02. 項 (              )

03. 煩 (              )　　　04. 傾 (              )


**05~08** 다음 훈음에 맞는 漢字를 쓰시오.

05. 형벌 형 (              )　　06. 얽을 구 (              )

07. 모양 양 (              )　　08. 의논할 의 (              )


**09~12** 다음 漢字語의 讀音을 쓰시오.

09. 頻繁 (              )　　　10. 顔面 (              )

11. 顧客 (              )　　　12. 遵守 (              )


**13~14** 다음 문장에서 밑줄 친 낱말을 漢字로 쓰시오.

13. 계획은 한 치의 <u>오차</u>도 없이 진행되었다. (              )

14. 우리 앞에는 자유와 <u>정의</u>와 진리가 있다. (              )


**15~16** 다음 문장에서 漢字로 표기된 낱말의 讀音을 쓰시오.

15. 정해진 방침을 마음대로 飜覆할 수는 없다. (              )

16. 할아버지 대부터 가문이 크게 隆盛하였다. (              )


**17~18** 다음 뜻풀이에 맞는 낱말을 漢字로 쓰시오.

17. 군대에 들어감. (              )

18. 미리 알림. (              )


**19~20** 다음 漢字語의 뜻을 쓰시오.

19. 弊習 (              )

20. 聰氣 (              )

DAY

19

### 정답

| | | | | |
|---|---|---|---|---|
| 01. 빌릴 대 | 05. 刑 | 09. 빈번 | 13. 誤差 | 17. 入隊 |
| 02. 목 항 | 06. 構 | 10. 안면 | 14. 正義 | 18. 豫告 |
| 03. 번거로울 번 | 07. 樣 | 11. 고객 | 15. 번복 | 19. 나쁜 습관. |
| 04. 기울 경 | 08. 議 | 12. 준수 | 16. 융성 | 20. 총명한 기운. |

381 **아아사아[牙雅邪芽] – 牙로 된 한자**

---

**牙**

3급II / 총 4획 / 牙

코끼리 어금니를 본떠서 **어금니 아**

**象牙(상아)** 코끼리 어금니.
**齒牙(치아)** '이'를 점잖게 일컫는 말.

+ 象(코끼리 상, 모양 상, 본뜰 상), 齒(이 치, 나이 치)

---

**雅**

3급II / 총 12획 / 隹

어금니(牙)를 가는 것처럼 내는 **새(隹)** 소리는 맑고 바르고 아름다우니
**맑을 아, 바를 아, 아름다울 아**

+ 隹(새 추)

**清雅(청아)** (속된 티가 없이) 맑고 아담함.
**雅淡(아담)** (눈부시지는 않아도) 맑고 깨끗함. 조촐하고 산뜻함.

+ 清(맑을 청), 淡(맑을 담, 깨끗할 담)

---

**邪**

3급II / 총 7획 / 邑(阝)

입속의 **어금니(牙)**처럼 구석진 **고을(阝)**에 숨어서 간사하니 **간사할 사**

+ 阝(고을 읍 방)

**奸邪(간사)** 성질이 간교하고 행실이 바르지 못함.
**邪惡(사악)** 도리에 어긋나고 악독함.

+ 奸(간사할 간, 간음할 간), 惡(악할 악, 미워할 오)

---

**芽**

3급II / 총 8획 / 草(艹)

풀(艹) 중 **어금니(牙)**처럼 돋아나는 싹이니 **싹 아**

**發芽(발아)** (초목이나 씨앗에서) 싹이 나옴.
**麥芽(맥아)** '보리 싹'으로, 엿기름을 말함.

+ 發(쏠 발, 일어날 발), 麥(보리 맥)

---

**虍**

총 6획 / 부수자

범 가죽 무늬를 본떠서 **범 호 엄**

+ 범과 관련된 한자에 부수로 쓰임. '엄'은 부수 이름이고 이 한자를 독음으로 찾으려면 '호'로 찾아야 하니 제목을 '호'로 했습니다.

---

**虛**

4급 II / 총 12획 / 虍

범(虍)이 **이쪽(ㅣ)저쪽(ㅐ)**으로 다니는 **땅(一)**은 다른 동물이 모두 도망가 비니 **빌 허**

또 비어 아무것도 못 잡아 헛되니 **헛될 허**

+ 약 虚 - 범(虍) 같이(ㅣㅣ) 사나운 짐승이 이쪽(ㅣ)저쪽(ㅐ)으로 다니는 땅(一)은 다른 동물이 모두 도망가 비니 '빌 허'

**虛空(허공)** (아무것도 없는) 빈 공간.
**虛費(허비)** 헛되이 써 버림.

+ 空(빌 공, 하늘 공), 費(쓸 비, 비용 비)

---

**戲**

3급 II / 총 17획 / 戈

범(虍) 무늬를 **제기(豆)** 위에 놓고 **창(戈)**으로 찌르는 시늉을 하며 놀고 희롱하니 **놀 희, 희롱할 희**

+ 속 戏 - 헛된(虛), 즉 거짓 창(戈)으로 놀라게 하며 놀고 희롱하니 '놀 희, 희롱할 희' - 특급 II
+ 戈(창 과), 豆(제기 두, 콩 두)

**戲劇(희극)** (사실이 아닌 내용을) 꾸며서 노는 극.
+ 喜劇(희극) '기쁜 연극'으로, 내용이 경쾌하고 관객의 웃음을 많이 유발하며 행복한 결말을 가지는 연극. 코미디.
**戲弄(희롱)** 말이나 행동으로 실없이 놀리는 짓.

+ 劇(심할 극, 연극 극), 喜(기쁠 희), 弄(희롱할 롱, 가지고 놀 롱)

---

**虎**

3급 II / 총 8획 / 虍

범(虍)은 사람처럼 영리하니 **사람 인 발(儿)**을 붙여서 **범 호**

+ 儿(사람 인 발, 어진사람 인), 범 - 호랑이.

**猛虎(맹호)** 사나운 호랑이.
**虎皮(호피)** 호랑이 가죽.

+ 猛(사나울 맹), 皮(가죽 피)

입(口)을 크게(丂) 벌리고 **범(虍)**처럼 부르짖는 이름이나 부호니
**부르짖을 호, 이름 호, 부호 호**

+ 약 号 – 입(口)을 크게(丂) 벌리고 부르짖는 이름이나 부호니
　　'부르짖을 호, 이름 호, 부호 호'
+ 丂['공교할 교, 교묘할 교'지만 여기서는 큰 대(大)의 변형으로 봄]

**號令(호령)** 부르짖듯이 큰소리로 명령하거나 꾸짖음.
**國號(국호)** 국명(國名 – 나라의 이름).
**等號(등호)** (두 식, 또는 두 수가) 같음을 나타내는 부호.

+ 令(하여금 령, 명령할 령), 國(나라 국), 名(이름 명, 이름날 명), 等(같을 등, 무리 등, 차
례 등)

6급 / 총 13획 / 虍

---

언덕(厂)을 **범(虍)**이 왔다**갔다(辶)**하듯 갈마들며 전하니
**갈마들 체, 전할 체**

+ 약 逓 – 언덕(厂)을 두(二) 번이나 수건(巾) 두르고 왔다갔다(辶)하듯 갈마들며 전하니
　　'갈마들 체, 전할 체'
+ 厂(굴 바위 엄, 언덕 엄), 辶(뛸 착, 갈 착), 갈마들다 – 서로 번갈아들다. 교대하다.

**遞信(체신)** (여러 곳을 다니며) 소식이나 편지를 전함.
**郵遞局(우체국)** 우편 업무를 맡아보는 기관.

+ 信(믿을 신, 소식 신), 郵(우편 우), 局(판 국, 관청 국, 상황 국)

3급 / 총 14획 / 辵(辶)

---

| 383 | 처려 로로 거극[處慮 盧爐 據劇] – 虍, 盧, 豦로 된 한자 |

---

**범(虍)**처럼 천천히 걸으며(夂) 안석(几) 같이 편한 곳에 사니
**곳 처, 살 처**
또 살면서 많은 일을 처리하니 **처리할 처**

+ 약 処 – 천천히 걸으며(夂) 안석(几)처럼 편한 곳에 사니 '곳 처, 살 처'
　　또 살면서 많은 일을 처리하니 '처리할 처'
+ 夂(천천히 걸을 쇠, 뒤져 올 치), 几(안석 궤 – 앉을 때 편안하게 기대는 도구)

**傷處(상처)** 다친 곳.
**處世(처세)** '세상에 삶'으로, 남들과 사귀면서 살아가는 일.
**處方(처방)** (병을) 처리하는 방법.

+ 傷(상할 상), 世(세대 세, 세상 세), 方(모 방, 방향 방, 방법 방)

4급Ⅱ / 총 11획 / 虍

---

**범(虍)**처럼 무서운 것을 자꾸 **생각하고(思)** 염려하니
**생각할 려, 염려할 려**

+ 思(생각할 사)

**考慮(고려)** 헤아려 생각함.
**憂慮(우려)** 근심과 걱정.

+ 考(살필 고, 생각할 고), 憂(근심할 우)

4급 / 총 15획 / 心

**盧**

2급 / 총 16획 / 皿

범(虍)처럼 입이 크고 밭(田)처럼 가운데가 넓은 밥**그릇(皿)**이나 목로니
**밥그릇 로, 목로 로, 성씨 로**

+ 田(밭 전, 논 전), 皿(그릇 명), 목로 – 주로 선술집에서 술잔을 놓기 위하여 쓰는, 널빤지로 좁고 기다랗게 만든 상.

---

**爐**

3급Ⅱ / 총 20획 / 火

불(火)을 담는 **그릇(盧)** 같은 화로니 **화로 로**

+ 약 炉 – 불(火)을 담는 집(戶) 같은 화로니 '화로 로'
+ 火(불 화), 戶(문 호, 집 호)

> **火爐(화로)** 불을 담아 두는 그릇.
> **煖爐(난로)** 따뜻하게 하는 화로. 스토브.

+ 煖(따뜻할 난)

---

**據**

4급 / 총 16획 / 手(扌)

손(扌)으로 범(虍)이나 **돼지(豕)**를 잡으려고 도구에 의지하니 **의지할 거**
또 의지하는 증거니 **증거 거**

+ 약 拠 – 손(扌)으로 어느 곳(処)을 잡고 의지하니 '의지할 거'
+ 扌(손 수 변), 豕(돼지 시)

> **據點(거점)** 활동의 근거로 삼는 곳.
> **證據(증거)** (어떤 사실을) 증명할 수 있는 근거.

+ 點(점 점, 불 켤 점), 證(증명할 증)

---

**劇**

4급 / 총 15획 / 刀(刂)

범(虍)과 **돼지(豕)**를 잡으려고 **칼(刂)**로 찌르는 것이 심하니 **심할 극**
또 심하게 실제와 똑같이 하는 연극이니 **연극 극**

> **劇藥(극약)** '심한 약'으로, ① 독약보다는 약하나, 적은 분량으로도 사람이나 동물에게 위험을 주는 약품. 산토닌·카페인 따위. ② 극단적인 해결 방법을 비유하여 이르는 말.
> **悲劇(비극)** ① 내용이 슬프고 불행한 결말을 가지는 연극. ② 매우 비참한 사건.

+ 藥(약 약), 悲(슬플 비)

---

**384** 을지걸 야지지타[乙之乞 也地池他] – 乙, 也로 된 한자

---

**乙**

3급Ⅱ / 총 1획 / 乙

목과 가슴 사이가 굽은 **새 모양(🐦)**을 본떠서(乙) **새 을**
또 **십간(十干)**의 둘째 천간으로도 쓰여 **둘째 천간 을, 둘째 을**
또 새 모양처럼 굽으니 **굽을 을**

+ 부수로 쓰일 때는 변형된 모양(乚)으로도 쓰입니다.

> **甲乙(갑을)** ① 갑과 을. ② 순서나 우열을 나타낼 때 첫째와 둘째.
> **甲男乙女(갑남을녀)** '갑이란 남자와 을이란 여자'로, 평범한 사람들을 이르는 말.

+ 甲(첫째 갑, 첫째 천간 갑, 갑옷 갑), 男(사내 남), 女(여자 녀)

**之**

3급II / 총 4획 / ノ

초목의 싹이 움터서 자라 나가는 **모양(之)**을 본떠서(之) 갈 **지**
또 가듯이 무엇에 속하는 '~의'니 ~의 **지**
또 향하여 가듯이 향하여 가리키는 이것이니 이 **지**

**之東之西(지동지서)** '동으로 갔다가 서로 갔다가'로, 줏대 없이 이리저리 갈팡질팡함.
**上之上(상지상)** '위의 위'로, 더할 수 없이 좋음을 이르는 말.

+ 東(동쪽 동, 주인 동), 西(서쪽 서), 上(위 상, 오를 상)

**乞**

3급 / 총 3획 / 乙

**사람(人)**이 **새 을(乙)** 자처럼 몸 구부리고 비니 빌 **걸**

+ 人 [사람 인(人)의 변형]

**乞人(걸인)** 빌어먹는 사람. 거지.
**求乞(구걸)** 구하려고 빎.

+ 求(구할 구)

**也**

3급 / 총 3획 / 乙

**힘껏(也)** 새(乙) 같은 힘도 또한 보태는 어조사니 또한 **야**, 어조사 **야**

+ 也[힘 력(力)의 변형]

**獨也靑靑(독야청청)** '홀로 푸름'으로, 홀로 높은 절개를 드러내고 있음.
**及其也(급기야)** 그것에 이르러서는. 필경에는. 마침내.

+ 獨(홀로 독, 자식 없을 독), 靑(푸를 청, 젊을 청), 及(이를 급, 미칠 급), 其(그 기)

**地**

7급 / 총 6획 / 土

**흙(土) 또한(也)** 온 누리에 깔린 땅이니 땅 **지**
또 어떤 땅 같은 처지니 처지 **지**

**地面(지면)** 땅의 표면. 땅바닥.
**處地(처지)** 처하여 있는 사정이나 형편

+ 面(얼굴 면, 향할 면, 볼 면, 행정 구역의 면), 處(살 처, 곳 처, 처리할 처)

**池**

3급II / 총 6획 / 水(氵)

**물(氵) 또한(也)** 넓게 고인 못이니 못 **지**, 성씨 **지**

**電池(전지)** '전기의 못'으로, 배터리.
**貯水池(저수지)** 물을 모아 두는 못.

+ 電(번개 전, 전기 전), 貯(쌓을 저)

**他**

5급 / 총 5획 / 人(亻)

**사람(亻) 또한(也)** 모두 다르고 남이니 다를 **타**, 남 **타**

**他鄕(타향)** (자기 고향이 아닌) 다른 고장.
**排他(배타)** 남을 배척함.

+ 鄕(시골 향, 고향 향), 排(물리칠 배, 배열할 배)

참고자 / 총 6획

팔(八)자 걸음으로 **사내(夫)**가 걷는 모양처럼 구부정하게 구부리니
**구부릴 권**

+ 어원 해설을 위해 가정해 본 한자로 실제 쓰이는 한자는 아님.

---

卷

4급 / 총 8획 / 卩(㔾)

허리 **구부리고(龹) 무릎 꿇고(㔾)** 앉아 읽는 책이니 **책 권**

+ 㔾(무릎 꿇을 절, 병부 절, = 卩)

**卷頭言(권두언)** 책의 첫머리 말.
**卷數(권수)** 책의 수효.

+ 頭(머리 두, 우두머리 두), 言(말씀 언), 數(셀 수, 두어 수, 자주 삭, 운수 수)

---

券

4급 / 총 8획 / 刀

**구부리고(龹)** 앉아 **칼(刀)**로 새겨 만든 문서니 **문서 권**

+ 刀(칼 도), 옛날에는 나무 조각에 칼로 글자를 새겨서 문서를 펴냈지요.
+ 칼(刀)로 새겨 만든 문서면 '문서 권(券)', 무릎 꿇고 앉아 읽으면 '책 권(卷)'으로 구분하세요.

**旅券(여권)** '여행 문서'로, 해외 여행자의 신분과 국적을 증명하며 그 나라의 보호를 의뢰하는 문서.
**福券(복권)** '복 문서'로, 당첨되면 상금이나 그 밖의 이득을 받게 되는 문서.

+ 旅(군사 려, 나그네 려), 福(복 복)

---

拳

3급Ⅱ / 총 10획 / 手

**구부려(龹) 손(手)**가락을 말아 쥔 주먹이니 **주먹 권**

+ 유 掌(손바닥 장) – 제목번호 247 참고
+ 手(손 수, 재주 수, 재주 있는 사람 수)

**拳鬪(권투)** 주먹으로 싸움.
*跆拳(태권) 발로 차고 주먹으로 치는 우리나라 무예의 하나.

+ 鬪(싸울 투), 跆(밟을 태)

---

勝

6급 / 총 12획 / 力

**몸(月) 구부려(龹) 힘(力)**써 이기니 **이길 승**
또 이기면 뭔가 나으니 **나을 승**

+ 月(달 월, 육 달 월), 力(힘 력)

**必勝(필승)** 반드시 이김.
**勝景(승경)** 뛰어나게 좋은 경치.

+ 必(반드시 필), 景(볕 경, 경치 경, 클 경)

**몸(月)을 구부려(关) 말(馬)에 뛰어 오르니 오를 등**

+ 馬(말 마)

> **騰落(등락)** (물가, 주가 등의) 오름과 내림.
> **反騰(반등)** (내려가던 시세가 다시) 거꾸로 오름.

+ 落(떨어질 락), 反(거꾸로 반, 뒤집을 반)

3급 / 총 20획 / 馬

---

**386** 기기기[气汽氣] – 气로 된 한자

**사람(ノ) 입에서 입김(一)이 나오는(乀) 기운이니 기운 기**

+ ノ[사람 인(人)의 변형], 一('한 일'이지만 여기서는 입김으로 봄)
+ 기운 – ① 살아 움직이는 힘. ② 눈에 보이지는 않으나 느껴지는 현상.

총 4획 / 부수자

---

**물(氵)이 끓으면서 기운(气)차게 올라가는 김이니 김 기**

> **汽笛(기적)** (기차나 배 따위에서) 증기를 내뿜는 힘으로 경적 소리를 내는 장치. 또는 그 소리.
> **汽船(기선)** 증기 기관을 동력으로 하여 항해하는 배.

+ 笛(피리 적), 船(배 선)

5급 / 총 7획 / 水(氵)

---

**기운(气)이 쌀(米) 밥을 지을 때처럼 올라가는 기운이니 기운 기**
**또 이런 기운으로 이루어지는 대기니 대기 기**

+ 약 气 – 기운(气)이 교차하는(x) 모양에서 '기운 기'
　　　　또 이런 기운으로 이루어지는 대기니 '대기 기'
+ 米(쌀 미)

> **氣力(기력)** 기운과 힘.
> **大氣(대기)** 공기를 달리 이르는 말.
> **氣溫(기온)** 대기의 온도.

+ 力(힘 력), 溫(따뜻할 온, 익힐 온)

7급 / 총 10획 / 气

**升**

2급 / 총 4획 / 十

천(千), 십(十) 등의 숫자로 곡식의 양을 헤아리는 되니 **되 승**
또 (되로 곡식의 양을 헤아릴 때) 되에 곡식을 퍼 올리듯 오르니 **오를 승**

+ 千[일천 천, 많을 천(千)의 변형], '되'나 '말'은 옛날에 곡식의 양을 헤아렸던 도구로, 되나 말에 퍼 올려 '한 되 두 되, 한 말 두 말' 등으로 그 양을 헤아렸지요.

---

**昇**

3급Ⅱ / 총 8획 / 日

해(日)가 떠**오르듯이**(升) 오르니 **오를 승**

> **昇降機(승강기)** 오르고 내리는 기계. 엘리베이터.
> **昇進(승진)** 직위가 오름.

+ 降(내릴 강, 항복할 항), 機(베틀 기, 기계 기, 기회 기), 進(나아갈 진)

---

**飛**

4급 / 총 9획 / 飛

새가 날개 치며(⟨飛⟩) 날아**오르는**(升) 모양을 본떠서 **날 비**
또 날면 높고 빠르니 **높을 비, 빠를 비**

> **飛行(비행)** 공중으로 날아감.
> **飛躍(비약)** ① 높이 뛰어오름. ② 급격히 발전하거나 향상됨.
> **飛虎(비호)** 나는 듯이 날쌘 범.

+ 行(다닐 행, 행할 행, 항렬 항), 躍(뛸 약), 虎(범 호)

---

**飜**

3급 / 총 21획 / 飛

차례(番)로 날아(飛)오르며 뒤집어 나부끼니 **뒤집을 번, 나부낄 번**
또 말을 뒤집어 번역하니 **번역할 번**

+ 番(차례 번, 번지 번) - 제목번호 072 참고

> **飜覆(번복)** (이미 한 말이나 결정이나 판단 등을) 고치거나 바꿈.
> **飜譯(번역)** (다른 나라의 언어로) 바꾸어 옮김.

+ 覆(덮을 복, 뒤집을 복), 譯(번역할 역)

DAY
**20**

4급II / 총 11획 / 鳥

앉아 있는 새의 옆모양을 본떠서 **새 조**

**鳥獸(조수)** 새와 짐승.
**候鳥(후조)** 철새.

+ 獸(짐승 수), 候(기후 후, 염탐할 후)

---

鳴

4급 / 총 14획 / 鳥

입(口)으로 새(鳥)처럼 우니 **울 명**

**悲鳴(비명)** '슬프게 욺'으로, 다급할 때 지르는 소리.
**自鳴鐘(자명종)** (시간에 맞추어) 스스로 종을 울리는 시계.

+ 悲(슬플 비), 自(자기 자, 스스로 자, 부터 자), 鐘(쇠북 종, 종치는 시계 종)

---

3급II / 총 10획 / 火(灬)

(너무 검어 눈이 구분되지 않아) 새 조(鳥)에서 눈(一)을 빼서 **까마귀 오**
또 까마귀처럼 검으니 어찌할까에서 **검을 오, 어찌 오**

+ 一('한 일'이지만 여기서는 눈으로 봄)

**烏飛梨落(오비이락)** '까마귀 날자 배 떨어짐'으로, 일이 공교롭게 같이 일어나 남의 의심을 받게 됨을 말함.
**烏竹(오죽)** 겉이 검은 대.

+ 飛(날 비, 높을 비, 빠를 비), 梨(배 리), 落(떨어질 락), 竹(대 죽)

---

嗚

3급 / 총 13획 / 口

입(口)으로 까마귀(烏) 울음처럼 슬프게 탄식하니 **탄식할 오**

+ 탄식(歎息) - 한탄하며 한숨을 쉼.
+ 歎(탄식할 탄, 감탄할 탄), 息(쉴 식, 숨 쉴 식, 자식 식)

*嗚咽(오열) 목이 메어 욺.
**嗚呼痛哉(오호통재)** 아아! 아프도다(슬프도다)..

+ 咽(목구멍 인, 목멜 열, 삼킬 연), 呼(부를 호), 痛(아플 통), 哉(어조사 재)

**隹**

급외자 / 총 8획 / 隹

꼬리 짧은 새를 본떠서 **새 추**

---

**進**

4급Ⅱ / 총 12획 / 辵(辶)

(앞으로만 나아가는) **새(隹)**처럼 나아**가니(辶) 나아갈 진**

+ 새는 앞으로만 나아가지요.

> **進度(진도)** 일이 진행되는 속도.
> **行進(행진)** (여럿이 줄을 지어) 앞으로 나아감.

+ 度(법도 도, 정도 도, 헤아릴 탁), 行(다닐 행, 행할 행, 항렬 항)

---

**維**

3급Ⅱ / 총 14획 / 糸

**실(糸)**로 엮어 **새(隹)**를 잡는 그물의 벼리니 **벼리 유**
또 벼리처럼 튼튼한 끈으로 묶으니 **끈 유, 묶을 유**

+ 벼리 – ① 그물코를 꿴 굵은 줄. ② 일이나 글의 뼈대가 되는 줄거리.

> *纖維(섬유) 가는 실 모양의 물질.
> **維持(유지)** 묶어(지탱하여) 나감. 또는 지탱하여 가짐.
> **維新(유신)** '새롭게 묶음'으로, 정치 체제나 어떤 일이 새롭게 혁신되는 것을 말함.

+ 纖(가늘 섬), 持(가질 지), 新(새로울 신)

---

**惟**

3급 / 총 11획 / 心(忄)

**마음(忄)**이 앞으로만 가는 **새(隹)**처럼 오직 한 방향으로만 생각하니
**생각할 유, 오직 유**

> **思惟(사유)** (논리적으로) 생각함.
> **惟獨(유독)** 오직. 홀로.

+ 思(생각할 사), 獨(홀로 독, 자식 없을 독)

---

**唯**

3급 / 총 11획 / 口

**입(口)**으로 **새(隹)**가 지저귐은 뜻을 알 수 없는 오직 소리뿐이니 **오직 유**
또 **입(口)**으로 **새(隹)** 지저귀듯 대답하니 **대답할 유**

+ 입으로 대답하니 입 구(口)면 대답할 유(唯), 마음으로 생각하니 마음 심 변(忄)이면 생각할 유(惟), 실로 묶으니 실 사(糸)면 벼리 유, 끈 유, 묶을 유(維), 그리고 대답할 유(唯)와 생각할 유(惟)는 '오직 유'로도 쓰입니다.

> **唯物(유물)** 오직 물질만을 위주로 생각함.
> **唯一(유일)** 오직 그 하나밖에 없음.

+ 物(물건 물)

# 推

4급 / 총 11획 / 手(扌)

(놓아주려고) **손(扌)**으로 **새(隹)**를 미니 **밀 추·퇴**

+ '밀 퇴'로는 퇴고(推敲)에만 쓰입니다.

**推進(추진)** 앞으로 밀고 나감.
*推敲(퇴고) '밀고 두드림'으로, 글을 지을 때 여러 번 생각하여 고치고 다듬음.

+ 進(나아갈 진), 敲(두드릴 고)

# 稚

3급Ⅱ / 총 13획 / 禾

**벼(禾)**가 작은 **새(隹)**만큼 겨우 자라 어리니 **어릴 치**

+ 禾(벼 화)

**稚拙(치졸)** 유치하고 졸렬함.
**幼稚(유치)** ① 나이가 어림. ② 행동이나 지식의 정도가 낮음.

+ 拙(못날 졸), 幼(어릴 유)

# 誰

3급 / 총 15획 / 言

**말(言)**을 **새(隹)**처럼 하니 누가 알아들을까에서 **누구 수**

+ 言(말씀 언)

**誰何(수하)** ① 누구. ② (야간이나 시계가 흐릴 때 경비를 하는 군인이 상대편의 정체를 파악하기 위해 일정한 절차에 따라) 누구냐고 소리쳐 물음. 또는 소리쳐 묻는 그 일.

+ 何(어찌 하, 무엇 하)

# 雛

3급 / 총 17획 / 隹

**입(口)**에 **벌레(虫)**를 문 **새(隹)**는 비록 작아도 새끼를 기르니 **비록 수**

+ 口(입 구, 말할 구, 구멍 구), 虫(벌레 충)

**雖乞食厭拜謁(수걸식염배알)** 비록 빌어먹을망정 절하고 뵙기는 싫음.

+ 乞(빌 걸), 食(밥 식, 먹을 식, 먹이 사), 厭(싫어할 염), 拜(절 배), 謁(뵐 알, 아뢸 알)

# 雄

5급 / 총 12획 / 隹

**열(十)** 마리를 **사사로이(厶)** 거느린 **새(隹)**는 수컷이며 크니
**수컷 웅, 클 웅**

+ 厶(사사로울 사, 나 사), 보통 수컷 한 마리에 암컷 열 마리의 비율로 짐승을 기르지요.

**雌雄(자웅)** ① 암컷과 수컷. ② 이김과 짐.
**雄辯(웅변)** 유창하고 당당하게 말함.
**英雄(영웅)** 지혜와 재능이 뛰어나고 용맹하여 보통 사람이 하기 어려운 일을 해내는 사람.

+ 雌(암컷 자), 辯(말 잘할 변, 따질 변), 英(꽃부리 영, 영웅 영)

# 雜

4급 / 총 18획 / 隹

우두**머리(ㅗ)** 아래 모인 **사람(人)**과 **사람(人)**들이 **나무(木)**에 여러 종류의
**새(隹)**들처럼 섞이니 **섞일 잡**

+ 약 雜 - 많이(九) 나무(木)에 여러 종류의 새(隹)들처럼 섞이니 '섞일 잡'
+ ㅗ(머리 부분 두), 木(나무 목), 九(아홉 구, 클 구, 많을 구)

**雜技(잡기)** 여러 가지 재주.
**雜務(잡무)** 여러 가지 잔일.

+ 技(재주 기), 務(일 무, 힘쓸 무)

# 携

3급 / 총 13획 / 手(扌)

**손(扌)**으로 **새(隹)**를 **곧(乃)** 끌어 가지니 **끌 휴, 가질 휴**

+ 乃(곧 내, 이에 내) - 제목번호 074 참고

**携帶(휴대)** 가지거나 참.
**提携(제휴)** (행동을 함께 하기 위하여) 서로 끌어들임.

+ 帶(찰 대, 띠 대), 提(끌 제)

# 舊

5급 / 총 18획 / 臼

**풀(艹)**로 **새(隹)**들이 **절구(臼)** 같은 둥지를 만듦은 오래된 옛날부터이니
**오랠 구, 옛 구**

+ 약 旧 - 일(丨) 일(日)만 지났어도 오래된 옛날이니 '오랠 구, 옛 구'
+ 艹(초 두), 臼(절구 구), 丨('뚫을 곤'이지만 여기서는 숫자 1로 봄)

**親舊(친구)** 친하게 오래 사귄 사람.
**舊式(구식)** ① 예전의 방식. ② 시대에 뒤떨어진 것.

+ 親(어버이 친, 친할 친), 式(법 식, 의식 식)

# 準

4급 II / 총 13획 / 水(氵)

**물(氵)** 위에 **새(隹) 열(十)** 마리가 평평하게 법도에 준하여 날아가니
**평평할 준, 법도 준, 준할 준**

+ 약 凖 - 얼음(冫)처럼 추운 하늘에 새(隹) 열(十) 마리가 평평하게 법도에 준하여
          날아가니 '평평할 준, 법도 준, 준할 준'
+ 준하다 - 어떤 본보기에 비추어 그대로 좇다.
+ 새들은 법도에 준하듯 일정한 대열을 이루며 날아가요.

**平準化(평준화)** 모두가 평평하도록 조정함.
**基準(기준)** 기본이 되는 법도.
**準決勝(준결승)** 결승에 준하는 경기.

+ 平(평평할 평, 평화 평), 化(될 화, 변화할 화, 가르칠 화), 基(터 기, 기초 기), 決(터질
  결, 결단할 결), 勝(이길 승, 나을 승)

DAY

20

**崔**

2급 / 총 11획 / 山

산(山)에 새(隹)가 나는 것처럼 높으니 **높을 최, 성씨 최**

+ 평지에서 날 때보다 산에서 날 때가 더 높겠지요.

---

**催**

3급Ⅱ / 총 13획 / 人(亻)

사람(亻)에게 높이(崔) 오르라고 재촉하며 열고 베푸니
**재촉할 최, 열 최, 베풀 최**

+ 새가 평지에서 날 때보다 산에서 날 때가 더 높겠지요.

**催告(최고)** 재촉하는 뜻으로 알림.
**開催(개최)** 모임이나 회의 따위를 주최하여 엶.
**催淚彈(최루탄)** 눈물을 재촉하는 탄.

+ 告(알릴 고, 뵙고 청할 곡), 開(열 개), 淚(눈물 루), 彈(탄알 탄, 튕길 탄)

---

**集**

6급 / 총 12획 / 隹

새(隹)가 나무(木) 위에 모이듯 모으니 **모일 집, 모을 집**
또 여러 내용을 모아 만든 책이니 **책 집**

**集合(집합)** (물건 등을 한 군데로) 모음.
**雲集(운집)** 구름처럼 많이 모임.

+ 合(합할 합, 맞을 합), 雲(구름 운)

---

**隻**

2급 / 총 10획 / 隹

새(隹) 한 마리만 또(又) 날아가는 홀로니 **홀로 척**
또 홀로 한 척씩 배를 세는 단위니 **외짝 척**

+ 又(오른손 우, 또 우), 척(隻) − 배의 수효를 세는 단위.

---

**雙**

3급Ⅱ / 총 18획 / 隹

새 두 마리(隹隹)가 손(又) 위에 있는 쌍이니 **쌍 쌍**

+ 약 双 − 손(又)과 손(又)이 둘로 쌍이니 '쌍 쌍'

**雙方(쌍방)** 이쪽과 저쪽.
**雙頭馬車(쌍두마차)** 두 마리의 말로 끄는 마차.

+ 方(모 방, 방향 방, 방법 방), 頭(머리 두, 우두머리 두), 馬(말 마), 車(수레 거, 차 차)

## 擁

3급 / 총 16획 / 手(扌)

### 손(扌)으로 머리(亠)까지 작은(幺) 새(隹)처럼 안으니 안을 옹

+ 扌(손 수 변), 亠(머리 부분 두), 幺[작을 요, 어릴 요(幺)의 변형]

**擁立(옹립)** 임금으로 받들어 세움(모심).
**抱擁(포옹)** 품에 껴안음. 얼싸안음.

+ 立(설 립), 抱(안을 포)

## 懼

3급 / 총 21획 / 心(忄)

### 마음(忄)이 두 눈(目目) 두리번거리는 새(隹)처럼 두려워하니 두려워할 구

+ 忄(마음 심 변)

**疑懼(의구)** 의심하여 두려워함.
*悚懼(송구)* 두려워서 마음이 몹시 거북함.

+ 疑(의심할 의), 悚(두려워할 송)

## 禽

3급Ⅱ / 총 13획 / 内

### 그물(人)로 씌워 잡는 짐승(离)은 날짐승이니 날짐승 금

+ 离 – 머리 부분(亠)에 베인(乂) 듯 입 벌리고(凵) 성(冂) 같은 발자국을 남기고 사사로이(厶) 떠나는 짐승이니 '떠날 리, 짐승 리'
+ 人('사람 인'이지만 여기서는 그물로 봄), 날짐승 – 날아다니는 짐승. 亠(머리 부분 두), 凵(흉할 흉, 흉년 흉), 冂(멀 경, 성 경), 厶(사사로울 사, 나 사)
+ 총이 없었던 옛날에는 날짐승을 그물로 잡았답니다.

**禽獸(금수)** '날짐승과 길짐승'으로, ① 모든 짐승. 조수(鳥獸). ② 무례하고 추잡한 행실을 하는 사람을 비유하여 이르는 말.
**禽獸魚蟲(금수어충)** '날짐승과 길짐승과 물고기와 벌레'로, 모든 동물을 이르는 말.

+ 獸(짐승 수), 鳥(새 조), 魚(물고기 어), 蟲(벌레 충), 길짐승 – 기어 다니는 짐승.

## 離

4급 / 총 19획 / 隹

### 짐승(离)이나 새(隹)처럼 기약 없이 헤어지니 헤어질 리

**離別(이별)** 서로 갈려 떨어짐.
**離散(이산)** 헤어져 흩어짐.

+ 別(나눌 별, 다를 별), 散(흩어질 산)

3급 / 총 17획 / 鳥

**강(江)**에 사는 **새(鳥)** 중 기러기니 **기러기 홍**

+ 江(강 강) – 제목번호 296 참고

> **鴻功(홍공)** 크나큰 공로.
> **鴻基(홍기)** 큰 사업을 이루는 기초. 홍기(洪基).

+ 功(공 공, 공로 공), 基(터 기, 기초 기), 洪(넓을 홍, 홍수 홍, 성씨 홍)

---

3급Ⅱ / 총 14획 / 鳥

(신성하게 여겨) **안석(几)**에 새기는 **하나(一)**의 **새(鳥)**는 봉황새니
**봉황새 봉**

+ 几(안석 궤, 책상 궤), 봉황새는 신성하게 여겨 귀한 분의 의자나 안석, 상장의 테두리 등에 새기지요. 봉황새 봉(鳳)은 수컷, 봉황새 황(凰)은 암컷입니다.

> **鳳凰(봉황)** 봉황새.
> **龍味鳳湯(용미봉탕)** '용과 봉황으로 만든 음식'으로, 맛이 매우 좋은 음식을 비유적으로 이르는 말.

+ 凰(봉황새 황), 龍(용 룡, 성씨 용), 味(맛 미), 湯(끓일 탕, 국 탕)

---

5급 / 총 10획 / 山

(바다에서) **새(鳥)**들이 사는 **산(山)**처럼 높은 섬이니 **섬 도**

+동 嶋 – (바다에서) 산(山)처럼 높아 새(鳥)가 사는 섬이니 '섬 도'
+鳥[새 조(鳥)의 획 줄임]

> **群島(군도)** 무리를 이루고 있는 크고 작은 섬들.
> **列島(열도)** 길게 줄을 지은 모양으로 늘어서 있는 여러 개의 섬.
> **半島(반도)** '반이 섬'으로, 삼면이 바다로 둘러싸이고 한 면은 육지에 이어진 땅.

+ 群(무리 군), 列(벌릴 렬, 줄 렬), 半(반 반)

---

3급 / 총 12획 / 隹

**바위(厂)**틈에 살며 **사람(亻)**처럼 예의 바른 **새(隹)**는 기러기니
**기러기 안**

+원 鴈
+厂(굴 바위 엄, 언덕 엄), 기러기 안(雁)은 작은 기러기, 기러기 홍(鴻)은 큰 기러기.

> **雁柱(안주)** 기러기 발. [거문고, 가야금, 아쟁 등의 줄밑에 괴어 소리를 고르게 함]
> **雁行(안항)** '기러기의 행렬'로, 남의 형제를 높여 이르는 말.

+ 柱(기둥 주, 기러기 발 주), 行(다닐 행, 행할 행, 항렬 항)

---

應

4급Ⅱ / 총 17획 / 心

**집(广)**에서 **사람(亻)**이 키운 **새(隹)**처럼 주인의 **마음(心)**에 응하니
**응할 응**

+약 応 – 집(广)에 적응하는 마음(心)처럼 무엇에 응하니 '응할 응'
+广(집 엄), 心(마음 심, 중심 심), 대답하는 소리인 '응'도 이 글자에서 유래되었지요.

> **應急(응급)** 급한 것에 응하여 우선 처리함.
> **應試(응시)** 시험에 응함.

+ 急(급할 급), 試(시험할 시)

## 奮

3급Ⅱ / 총 16획 / 大

**큰(大) 새(隹)가 밭(田)에서 먹이를 찾으려고 다른 일은 떨치고 힘쓰니 떨칠 분, 힘쓸 분**

+ 田(밭 전, 논 전), 떨치다 – ① 위세나 명성 같은 것이 널리 알려지다. ② 세게 떨어지게 하다. 여기서는 ②의 뜻.

**奮發(분발)** 떨쳐 일어남.
**奮鬪(분투)** 있는 힘을 다하여 싸우거나 노력함.

+ 發(쏠 발, 일어날 발), 鬪(싸울 투)

## 奪

3급Ⅱ / 총 14획 / 大

**큰(大) 새(隹)가 발 마디(寸)를 굽혀 잡듯 남의 것을 빼앗으니 빼앗을 탈**

+ 寸(마디 촌, 법도 촌)

**奪取(탈취)** 빼앗아 가짐.
**强奪(강탈)** 억지로 빼앗음.

+ 取(취할 취, 가질 취), 强(강할 강, 억지 강)

## 確

4급Ⅱ / 총 15획 / 石

**돌(石)로 덮으면(冖) 새(隹)도 날지 못함이 굳게 확실하니 굳을 확, 확실할 확**

+ 石(돌 석), 冖(덮을 멱)

**確答(확답)** 확실한 답.
**確固不動(확고부동)** 확실하게 굳어 움직이지 않음.

+ 答(대답할 답, 갚을 답), 固(굳을 고, 진실로 고), 動(움직일 동)

## 鶴

3급Ⅱ / 총 21획 / 鳥

**목이 길어 하늘(一)을 찌르는 모양(丿)으로 날아가는 작은 새(隹)나 큰 새(鳥)는 모두 학이니 학 학**

+ 一('덮을 멱'이지만 여기서는 하늘의 모양으로 봄), 丿('삐침 별'이지만 여기서는 찌르는 모양으로 봄), 鳥(새 조)

**鶴髮(학발)** 학의 깃처럼 흰 머리털.
**鶴首苦待(학수고대)** 학의 머리처럼 목을 빼고 애타게 기다림.

+ 髮(터럭 발, 머리털 발), 首(머리 수, 우두머리 수), 苦(쓸 고, 괴로울 고), 待(대접할 대, 기다릴 대)

護

4급 II / 총 21획 / 言

**말(言)** 못하는 **풀(++)** 속의 **새(隹)**들도 **또(又)**한 보호하니 **보호할 호**

+ 言(말씀 언), 又(오른손 우, 또 우)

> **護國(호국)** 나라를 보호함.
> **看護(간호)** (환자나 부상자를) 보살펴 보호함.

+ 國(나라 국), 看(볼 간)

---

穫

3급 / 총 19획 / 禾

**벼(禾)**를 **풀(++)** 속의 **새(隹)**들이 **또(又)** 먹을까 염려되어 거두니 **거둘 확**

+ 禾(벼 화), ++(초 두)

> **收穫(수확)** (곡식을) 거두어들임.
> **多收穫(다수확)** 많은 수확.

+ 收(거둘 수), 多(많을 다)

---

獲

3급 II / 총 17획 / 犬(犭)

**개(犭)**가 **풀(++)** 속에 있는 **새(隹)**를 **또(又)** 잡아와 얻으니 **얻을 획**

+ 犭(큰 개 견, 개 사슴 록 변), 又(오른손 우, 또 우)

> **獲得(획득)** 얻음.
> **濫獲(남획)** (짐승·물고기 따위를) 넘치게 마구 잡음.

+ 得(얻을 득), 濫(넘칠 람)

# 雚
급외자 / 총 18획 / 隹

풀(++) 속에 입(口)과 입(口)을 넣어 먹이를 찾는 새(隹)는 황새니
## 황새 관

+ 황새는 물가에서 고기나 여러 생물을 잡아먹고 사니 다리도 길고 목과 부리도 길지요.
+ 雚이 들어간 한자를 약자로 쓸 때는 雚 부분을 隹이나 오른손 우, 또 우(又)로 씁니다.

---

# 權
4급Ⅱ / 총 22획 / 木

나무(木)에 앉은 황새(雚)처럼 의젓해 보이는 권세니 **권세 권, 성씨 권**

+ [약] 権, 权

> **權勢(권세)** 권력과 세력.
> **執權(집권)** 권세를 잡음. 또는 정권을 잡음.

+ 勢(형세 세, 권세 세), 執(잡을 집)

---

# 勸
4급 / 총 20획 / 力

황새(雚)처럼 의젓하도록 힘(力)써 권하니 **권할 권**

+ [유] 勤(부지런할 근, 일 근) – 제목번호 081 참고
+ [약] 勧, 劝

> **勸學(권학)** 학문을 권함.
> **勸誘(권유)** (상대편이 어떤 일을 하도록) 권하거나 달램.

+ 學(배울 학), 誘(꾈 유)

---

# 觀
5급 / 총 25획 / 見

황새(雚)처럼 목을 늘이고 보니(見) **볼 관**

+ [약] 観, 观
+ 見(볼 견, 뵐 현)

> **觀光(관광)** (다른 나라나 다른 지방의) 문화 · 풍광 등을 봄.
> **觀察(관찰)** 보고 살핌.

+ 光(빛 광, 풍광 광), 察(살필 찰)

---

# 歡
4급 / 총 22획 / 欠

황새(雚)가 하품(欠)하듯 입 벌려 기뻐하니 **기뻐할 환**

+ [약] 歓, 欢
+ 欠(하품 흠, 모자랄 흠) – 제목번호 130 참고

> **歡談(환담)** 기쁘게 이야기함.
> **歡迎(환영)** 기쁘게 맞이함. ↔ 환송(歡送)

+ 談(말씀 담), 迎(맞이할 영), 送(보낼 송)

DAY
20

3급Ⅱ / 총 6획 / 羽

새의 양쪽 날개와 깃을 본떠서 **날개 우, 깃 우**

**羽角(우각)** 새의 머리에 뿔 모양으로 솟은 털.
**羽毛(우모)** 깃털(조류의 몸 표면을 덮고 있는 털).

+ 角(뿔 각, 모날 각, 겨룰 각), 毛(털 모)

---

習

6급 / 총 11획 / 羽

아직 **깃(羽)**이 **흰(白)** 어린 새가 나는 법을 익히니 **익힐 습**

+ 白(흰 백, 밝을 백, 깨끗할 백, 아뢸 백), 새는 종류에 관계없이 아주 어릴 때는 깃이 모두 흰색이고, 처음부터 나는 것이 아니고 익혀서 낢을 생각하고 만들어진 글자.

**習慣(습관)** '익힌 버릇'으로, 오랫동안 되풀이하여 규칙처럼 되는 일.
**復習(복습)** 배운 것을 다시 익혀 공부함.

+ 慣(버릇 관), 復(다시 부, 돌아올 복)

---

曜

3급Ⅱ / 총 18획 / 日

**해(日)** 뜨면 **날개(羽)**치는 **새(隹)**들처럼 빛나게 활동하는 요일이니
**빛날 요, 요일 요**

**曜日(요일)** 1주일의 각 날을 이르는 말.

+ 日(해 일, 날 일)

---

躍

3급 / 총 21획 / 足(⻊)

**발(⻊)**로 다닐 때 **날개(羽)** 가진 **새(隹)**는 팔짝팔짝 뛰니 **뛸 약**

+ ⻊[발 족, 넉넉할 족(足)의 변형]

**躍動(약동)** (생기 있고 활발하게) 뛰며 움직임.
**躍進(약진)** (힘차게 앞으로) 뛰어 나아감.

+ 動(움직일 동), 進(나아갈 진)

---

3급 / 총 17획 / 水(氵)

**물(氵)**속에 **날개(羽)**를 넣고 **새(隹)**들도 몸을 씻으니 **씻을 탁**
또 씻어 빠니 **빨 탁**

**濯足(탁족)** '발을 씻음'으로, 세속을 벗어남.
**洗濯(세탁)** 빨래.

+ 洗(씻을 세)

## 禺

급외자 / 총 9획 / 内

밭(田)에 기른 농작물을 **발자국(内)** 남기며 훔쳐 먹는 원숭이니 **원숭이 우**

+ 内 - 성(冂)처럼 사사로이(厶) 남긴 발자국이니 '발자국 유'
+ 田(밭 전, 논 전), 冂(멀 경, 성 경), 厶(사사로울 사, 나 사)

## 偶

3급II / 총 11획 / 人(亻)

사람(亻)이 **원숭이(禺)**를 닮음은 우연이니 **우연 우**
또 우연히 서로 닮은 짝이나 허수아비니 **짝 우, 허수아비 우**

**偶然(우연)** 아무 인과 관계없이, 또는 뜻하지 않게 일어난 일.
**配偶者(배우자)** 부부의 한쪽에서 본 다른 쪽.
**偶像(우상)** 숭배의 대상이 되는 물건이나 사람.

+ 然(그러할 연), 配(나눌 배, 짝 배), 像(모양 상, 본뜰 상)

## 遇

4급 / 총 13획 / 辵(辶)

**원숭이(禺)**처럼 **뛰어가(辶)** 만나서 대접하니 **만날 우, 대접할 우**

**不遇(불우)** ① (포부나 재능은 있어도) 좋은 때를 만나지 못함. ② 살림이나 형편이 딱하고 어려움.
**禮遇(예우)** 예의를 지켜 정중히 대접함.

+ 不(아닐 불·부), 禮(예도 례)

## 愚

3급II / 총 13획 / 心

**원숭이(禺)**의 **마음(心)** 정도로 어리석으니 **어리석을 우**

**愚鈍(우둔)** 어리석고 둔함.
**愚直(우직)** 어리석고 고지식함.

+ 鈍(무딜 둔, 둔할 둔), 直(곧을 직, 바를 직)

## 萬

8급 / 총 13획 / 草(艹)

**풀(艹)**밭에는 **원숭이(禺)**도 많으니 **많을 만**
또 많은 숫자인 일만이니 **일만 만**

+ 약 万 - 하늘(一) 아래에는 싸여(勹) 있는 물건도 많으니 '많을 만'
  또 많은 숫자인 일만이니 '일만 만'
+ 一('한 일'이지만 여기서는 하늘로 봄), 勹(쌀 포), 한자가 만들어진 중국에는 원숭이도 많답니다.

**萬能(만능)** 많은 일에 능숙함.
**萬歲(만세)** 바람이나 경축, 환호 따위를 나타내기 위하여 두 손을 높이 들면서 외치는 소리.

+ 能(능할 능), 歲(해 세, 세월 세)

**DAY**
**20**

**527**

**勵**

3급II / 총 17획 / 力

굴 바위(厂) 밑에서 **많은(萬)** 사람들이 **힘(力)** 쓰니 **힘쓸 려**

+ 약 励
+ 厂(굴 바위 엄, 언덕 엄), 力(힘 력)

> **獎勵(장려)** 권하여 힘쓰도록 함.
> **督勵(독려)** 감독하여 힘쓰도록 함.

+ 獎(권할 장), 督(감독할 독)

---

**400** 어어선소[魚漁鮮蘇] – 魚로 된 한자

**魚**

5급 / 총 11획 / 魚

물고기 모양을 본떠서 **물고기 어, 성씨 어**

+ ク는 머리, 田은 몸통, 灬는 지느러미와 꼬리로 봅니다.

> **活魚(활어)** 살아 있는 물고기.
> **魚種(어종)** 물고기 종류.

+ 活(살 활), 種(씨앗 종, 종류 종)

**漁**

5급 / 총 14획 / 水(氵)

**물(氵)**에서 **물고기(魚)**를 잡으니 **고기 잡을 어**

+ 물고기 모양을 본떠서 '물고기 어(魚)', 물에서 물고기를 잡으니 물을 뜻하는 삼 수 변(氵) 을 붙여서 '고기 잡을 어(漁)'로 구분하세요.

> **漁夫(어부)** 물고기를 잡는 사람. '어부(漁父)'로도 씀.
> **豊漁(풍어)** 물고기가 많이 잡힘.

+ 夫(사내 부, 남편 부), 父(아버지 부), 豊(풍년 풍, 풍성할 풍)

**鮮**

5급 / 총 17획 / 魚

**물고기(魚)**가 **양(羊)**처럼 고와 깨끗하고 싱싱하니 **고울 선, 깨끗할 선, 싱싱할 선**

+ 羊(양 양)이 들어가면 대부분 좋은 의미의 한자입니다.

> **鮮明(선명)** 깨끗하고 밝음.
> **生鮮(생선)** (잡은 그대로의) 싱싱한 물고기.

+ 明(밝을 명), 生(살 생, 날 생, 사람을 부를 때 쓰는 접사 생)

**蘇**

3급II / 총 20획 / 草(++)

(못 먹어 영양실조에 걸린 사람은) **채소(++)**와 **물고기(魚)**와 **벼(禾)** 같은 곡식을 먹이면 깨어나 소생하니 **깨어날 소, 소생할 소, 성씨 소**

+ 동 甦 – 다시(更) 살아나(生) 소생하니 '소생할 소' – 1급
+ ++(초 두), 禾('벼 화'로 곡식의 대표), 更(고칠 경, 다시 갱)

> **蘇生(소생)** 거의 죽어 가다가 다시 살아남.
> **回蘇(회소)** 소생(蘇生).

+ 回(돌 회, 돌아올 회, 횟수 회)

# 구조로 한자 되짚어 보기

**381 아아사아[牙雅邪芽] – 牙로 된 한자**

코끼리 어금니를 본떠서 어금니 아[牙], 어금니 아[牙] 뒤에 새 추[隹]면 맑을 아, 우아할 아[雅], 고을 읍 방[阝]이면 간사할 사[邪], 위에 초 두[艹]면 싹 아[芽]

**382 호 호호체 허희(虍 虎號遞 虛戲) – 虍와 虎로 된 한자와 虛戲**

범 가죽 무늬를 본떠서 범 호 엄[虍],
범 호 엄[虍] 아래에 사람 인 발, 어진사람 인[儿]이면 범 호[虎], 범 호[虎] 앞에 입 구, 말할 구, 구멍 구[口]와 큰 대[大]의 변형
[丂]이면 부르짖을 호, 이름 호, 부호 호[號], 위에 굴 바위 엄, 언덕 엄[厂], 아래에 뛸 착, 갈 착[辶]이면 전할 체[遞],
범 호 엄[虍] 아래에 이쪽[丿] 저쪽[丬]모양과 한 일[一]이면 빌 허, 헛될 허[虛],
제기 두, 콩 두[豆], 뒤에 창 과[戈]면 놀 희, 희롱할 희[戲]

**383 처려 로로 거극[處慮 盧爐 據劇] – 虍, 盧, 豦로 된 한자**

범 호 엄[虍] 아래에 천천히 걸을 쇠, 뒤져 올 치[夂]와 안석 궤, 책상 궤[几]면 곳 처, 살 처, 처리할 처[處], 생각할 사[思]면 생각
할 려, 염려할 려[慮],
밭 전[田]과 그릇 명[皿]이면 밥그릇 로[盧], 밥그릇 로[盧] 앞에 불 화[火]면 화로 로[爐]
범 호 엄[虍]과 돼지 시[豕] 앞에 손 수 변[扌]이면 의지할 거, 증거 거[據], 뒤에 칼 도 방[刂]이면 심할 극, 연극 극[劇]

**384 을지걸 야지지타[乙之乞 也地池他] – 乙, 也로 된 한자**

목과 가슴 사이가 굽은 새 모양 본떠서 새 을[乙], 또 십간[十干]의 둘째 천간으로도 쓰여 둘째 천간 을, 둘째 을[乙], 또 새 모양처
럼 굽으니 굽을 을[乙] 위에 점 주, 불똥 주[丶]면 갈 지, ~의 지, 이 지[之], 사람 인
[人]의 변형[丿]이면 빌 걸[乞].
힘 력[力]의 변형[力]에 새 을[乙]이 부수로 쓰일 때의 모양[乚]이면 또한 야, 어조사 야[也],
또한 야, 어조사 야[也] 앞에 흙 토[土]면 땅 지, 처지 지[地], 삼 수 변[氵]이면 연못 지[池], 사람 인 변[亻]이면 다를 타, 남 타[他]

**385 권권권 승등[卷券拳 勝騰] – 龹, 朕으로 된 한자**

구부릴 권[龹] 아래에 무릎 꿇을 절, 병부 절[卩]이면 책 권[卷], 칼 도[刀]면 문서 권[券], 손 수, 재주 수, 재주 있는 사람 수[手]면
주먹 권[拳],
달 월, 육 달 월[月]과 구부릴 권[龹] 아래에 힘 력[力]이면 이길 승, 나을 승[勝], 말 마[馬]면 오를 등[騰]

## 386 기기기[气汽氣] – 气로 된 한자

사람[丿] 입에서 입김[一]이 나오는[乀] 기운이니 기운 기[气],
**기운 기[气]** 앞에 삼 수 변[氵]이면 김 기[汽], 아래에 쌀 미[米]면 기운 기, 대기 기[氣]

## 387 승승 비번[升昇 飛飜] – 升, 飛로 된 한자

일천 천, 많을 천[千]의 변형[丿]에 열 십, 많을 십[十]이면 되 승, 오를 승[升], **되 승, 오를 승[升]** 위에 해 일, 날 일[日]이면 오를 승[昇],
새가 날개 치며 날아오르는[升] 모양을 본떠서 날 비[飛], 또 날면 높고 빠르니 높을 비, 빠를 비[飛], **날 비, 높을 비, 빠를 비[飛]** 앞에 차례 번, 번지 번[番]이면 뒤집을 번, 나부낄 번, 번역할 번[飜]

## 388 조명 오오[鳥鳴 烏嗚] – 鳥, 烏로 된 한자

앉아있는 새의 옆모양을 본떠서 새 조[鳥],
**새 조[鳥]** 앞에 입 구, 말할 구, 구멍 구[口]면 울 명[鳴],
새 조[鳥]에서 한 일[一]을 빼면 까마귀 오, 검을 오, 어찌 오[烏],
**까마귀 오, 검을 오, 어찌 오[烏]** 앞에 입 구, 말할 구, 구멍 구[口]면 탄식할 오[嗚]

## 389 추진 유유유[隹進 維惟唯] – 隹로 된 한자 1

꼬리 짧은 새를 본떠서 새 추[隹], **새 추[隹]** 아래에 뛸 착, 갈 착[辶]이면 나아갈 진[進],
앞에 실 사, 실 사 변[糸]이면 벼리 유, 끈 유, 묶을 유[維], 마음 심 변[忄]이면 생각할 유, 오직 유[惟], 입 구, 말할 구, 구멍 구[口]면 오직 유, 대답할 유[唯]

## 390 추(퇴)치 수수웅[推稚 誰雖雄] – 隹으로 된 한자 2

**새 추[隹]** 앞에 손 수 변[扌]이면 밀 추, 밀 퇴[推], 벼 화[禾]면 어릴 치[稚],
말씀 언[言]이면 누구 수[誰], 입 구, 말할 구, 구멍 구[口]와 벌레 충[虫]이면 비록 수[雖], 열 십, 많을 십[十]의 변형[𠂇]과 사사로울 사, 나 사[厶]면 수컷 웅, 클 웅[雄]

## 391 잡휴구준[雜携舊準] – 隹로 된 한자 3

**새 추[隹]** 앞에 머리 부분 두[亠]와 사람 인 둘[人人], 나무 목[木]이면 섞일 잡[雜], 아래에 이에 내, 곧 내[乃], 앞에 손 수 변[扌]이면 끌 휴, 가질 휴[携], 위에 초 두[卄], 아래에 절구 구[臼]면 오랠 구, 옛 구[舊], 앞에 삼 수 변[氵], 아래에 열 십, 많을 십[十]이면 평평할 준, 법도 준, 준할 준[準]

## 392 최최 집척쌍[崔催 集隻雙] – 崔, 隹로 된 한자

새 추[隹] 위에 산 산[山]이면 높을 최, 성씨 최[崔], **높을 최, 성씨 최[崔]** 앞에 사람 인 변[亻]이면 재촉할 최, 열 최, 베풀 최[催],
**새 추[隹]** 아래에 나무 목[木]이면 모일 집, 모을 집, 책 집[集], 오른손 우, 또 우[又]면 홀로 척, 외짝 척[隻], **홀로 척, 외짝 척[隻]**에 새 추[隹]면 둘 쌍[雙]

## 393 옹구 금리[擁懼 禽離] - 隹, 禽으로 된 한자

새 추[隹] 앞에 작을 요, 어릴 요[幺]의 변형[彡], 위에 머리 부분 두[亠], 앞에 손 수 변[扌]이면 안을 옹[擁],
새 추[隹] 위에 눈 목, 볼 목, 항목 목 둘[目目], 앞에 마음 심 변[忄]이면 두려워할 구[懼],
짐승 리, 떠날 리[离] 위에 사람 인[人]이면 날짐승 금[禽], 뒤에 새 추[隹]면 헤어질 리[離]

## 394 홍봉 도 안응[鴻鳳 島(嶋) 雁應] - 鳥로 된 한자와 雁應

새 조[鳥] 앞에 강 강[江]이면 기러기 홍[鴻], 위에 안석 궤, 책상 궤[几]와 한 일[一]이면 봉황새 봉[鳳], 새 조[鳥]의 획 줄임[鸟] 아래에 산 산[山]이면 섬 도[島],
굴 바위 엄, 언덕 엄[厂] 아래에 사람 인 변[亻]과 새 추[隹]면 기러기 안[雁],
집 엄[广] 아래에 사람 인 변[亻]과 새 추[隹], 마음 심, 중심 심[心]이면 응할 응[應]

## 395 분탈 확학[奮奪 確鶴] - 奞, 雀로 된 한자

큰 대[大]와 새 추[隹] 아래에 밭 전[田]이면 떨칠 분, 힘쓸 분[奮], 마디 촌, 법도 촌[寸]이면 빼앗을 탈[奪],
덮을 멱[冖]과 새 추[隹] 앞에 돌 석[石]이면 굳을 확, 확실할 확[確], 뒤에 새 조[鳥]면 학 학[鶴]

## 396 호확획[護穫獲] - 蒦으로 된 한자

초 두[艹]와 새 추[隹] 오른손 우, 또 우[又] 앞에 말씀 언[言]이면 보호할 호[護], 벼 화[禾]면 거둘 확[穫], 큰 개 견, 개 사슴 록 변[犭]이면 얻을 획[獲]

## 397 관권 권관환[萑權 勸觀歡] - 雚으로 된 한자

초 두[艹] 아래에 입 구, 말할 구, 구멍 구 둘[口口]과 새 추[隹]면 황새 관[萑],
황새 관[萑] 앞에 나무 목[木]이면 권세 권[權], 뒤에 힘 력[力]이면 권할 권[勸], 볼 견, 뵐 현[見]이면 볼 관[觀], 하품 흠, 모자랄 흠[欠]이면 기뻐할 환[歡]

## 398 우습 요약탁[羽習 曜躍濯] - 羽, 翟로 된 한자

새의 양쪽 날개와 깃을 본떠서 날개 우, 깃 우[羽], 날개 우, 깃 우[羽] 아래에 흰 백, 밝을 백, 깨끗할 백, 아뢸 백[白]이면 익힐 습[習],
날개 우, 깃 우 둘[羽羽]과 새 추[隹] 앞에 해 일, 날 일[日]이면 요일 요[曜], 발 족, 넉넉할 족[足]의 변형[𧾷]이면 뛸 약[躍], 삼 수 변[氵]이면 씻을 탁, 빨 탁[濯]

## 399 4우 만려[禺偶遇愚 萬勵] - 禺, 萬으로 된 한자

밭 전[田]에 발자국 유[禸]면 원숭이 우[禺], 원숭이 우[禺] 앞에 사람 인 변[亻]이면 우연 우, 짝 우, 허수아비 우[偶], 아래에 뛸 착, 갈 착[辶]이면 만날 우, 대접할 우[遇], 마음 심, 중심 심[心]이면 어리석을 우[愚],
위에 초 두[艹]면 많을 만, 일만 만[萬], 많을 만, 일만 만[萬] 위에 굴 바위 엄, 언덕 엄[厂], 뒤에 힘 력[力]이면 힘쓸 려[勵]

## 400 어어선소[魚漁鮮蘇] - 魚로 된 한자

물고기 모양을 본떠서 물고기 어[魚], 물고기 어[魚] 앞에 삼 수 변[氵]이면 고기 잡을 어[漁], 뒤에 양 양[羊]이면 고울 선, 깨끗할 선, 싱싱할 선[鮮], 뒤에 벼 화[禾] 위에 초 두[艹]면 깨어날 소, 소생할 소[蘇]

# 확인문제

01~04 다음 漢字의 훈(뜻)과 음(소리)를 쓰시오.

01. 牙 (                    )

02. 虎 (                    )

03. 爐 (                    )

04. 乞 (                    )

05~08 다음 훈음에 맞는 漢字를 쓰시오.

05. 헤어질 리 (                    )

06. 응할 응 (                    )

07. 보호할 호 (                    )

08. 권할 권 (                    )

09~12 다음 漢字語의 讀音을 쓰시오.

09. 電池 (                    )

10. 拳鬪 (                    )

11. 騰落 (                    )

12. 昇進 (                    )

13~14 다음 문장에서 밑줄 친 낱말을 漢字로 쓰시오.

13. 역 광장은 환영 인파로 발 디딜 틈이 없었다. (                    )

14. 어린 시절의 기억이 너무도 선명하다.           (                    )

15~16 다음 문장에서 漢字로 표기된 낱말의 讀音을 쓰시오.

15. 이 책은 이미 독일어와 일본어로 飜譯되었다. (                    )

16. 오늘따라 바람이 惟獨 심하게 분다.           (                    )

17~18 다음 뜻풀이에 맞는 낱말을 漢字로 쓰시오.

17. 깊이 헤아려 생각함. (                    )

18. 공중으로 날아감. (                    )

19~20 다음 漢字語의 뜻을 쓰시오.

19. 稚拙 (                    )

20. 携帶 (                    )

## 정답

| | | | | |
|---|---|---|---|---|
| 01. 어금니 아 | 05. 離 | 09. 전지 | 13. 歡迎 | 17. 考慮 |
| 02. 범 호 | 06. 應 | 10. 권투 | 14. 鮮明 | 18. 飛行 |
| 03. 화로 로 | 07. 護 | 11. 등락 | 15. 번역 | 19. 유치하고 졸렬함. |
| 04. 빌 걸 | 08. 勸 | 12. 승진 | 16. 유독 | 20. 가지거나 참. |

# 3편

## 한자 응용하기

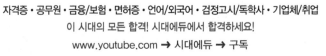

# 고사성어(故事成語)

**CHAPTER 01**

고사성어는 단 몇 글자로 말하고 싶은 내용을 명료하게 표현할 수 있다는 장점이 있어 각종 시험은 물론 일상생활에도 많이 쓰입니다.

고사성어를 학습할 때에는 무조건 외우기 보다는 먼저 글자대로 해석해 보고 다음에 의역을 하여 뜻을 분명히 알아 두었다가, 일상생활에서 자주 사용해 보세요. 고사성어가 자신도 모르게 익혀집니다.

시험에서는 ① 고사성어를 제시하고 그 뜻을 고르라거나, ② 뜻을 제시하고 그 뜻에 맞는 고사성어를 쓰라던가, ③ 뜻을 제시하고 고사성어의 일부 빈칸을 채우라는 식으로 출제되는데 어문회에서는 주로 ③으로 많이 출제됩니다.

**家家戶戶(가가호호)** 집집마다.

+ 家(집 가, 전문가 가), 戶(문 호, 집 호), 한자는 두 번 반복하면 강조의 뜻이 됩니다.

**刻骨難忘(각골난망)** (입은 은혜에 대한 고마운 마음이) 뼈에까지 새겨져 잊히기 어려움. = 白骨難忘(백골난망), 飯 背恩忘德(배은망덕)

+ 刻(새길 각, 시각 각), 骨(뼈 골), 難(어려울 난, 비난할 난), 忘(잊을 망), 白(흰 백, 밝을 백, 깨끗할 백, 아뢸 백), 背(등 배, 등질 배), 恩(은혜 은), 德(덕 덕, 클 덕)

**角者無齒(각자무치)** '뿔 있는 자는 이가 없음'으로, 한 사람이 모든 재주나 복을 다 가질 수 없음을 말함.

+ 角(뿔 각, 모날 각, 겨룰 각), 者(놈 자, 것 자), 無(없을 무), 齒(이 치, 나이 치)

**刻舟求劍(각주구검)** '(배가 가는 줄은 모르고) 배에 새겨 칼을 구함'으로, 사리에 어둡고 융통성 없음을 말함.

+ 초(楚)나라 어떤 사람이 배로 강을 건너다가 물속에 칼을 떨어뜨렸다. 그 사람은 뱃전에 칼을 떨어뜨린 자리를 표시해 두고는 배가 멈춘 뒤 찾고자 했으나 배는 이미 지나왔고 칼은 강 속에 가라앉아 찾을 수가 없었다는 데서 유래. = 守株待兔(수주대토)

+ 刻(새길 각, 시각 각), 舟(배 주), 求(구할 구), 劍(칼 검), 守(지킬 수), 株(그루터기 주, 그루 주, 주식 주), 待(대접할 대, 기다릴 대), 兔(토끼 토)

**甘言利說(감언이설)** '(남의 비위에 맞도록) 달콤한 말과 이로운 조건을 내세워 꾀는 말.

+ 甘(달 감, 기쁠 감), 言(말씀 언), 利(이로울 리, 날카로울 리), 說(달랠 세, 말씀 설, 기쁠 열)

**甲男乙女(갑남을녀)** '갑이라는 남자와 을이라는 여자'로, 평범한 사람들을 일컫는 말. = 張三李四(장삼이사), 匹夫匹婦(필부필부)

+ 甲(첫째 갑, 첫째 천간 갑, 갑옷 갑), 男(사내 남), 乙(새 을, 둘째 천간 을, 둘째 을, 굽을 을), 女(여자 녀), 張(벌릴 장, 베풀 장, 성씨 장), 李(오얏 리, 성씨 리), 匹(짝 필, 하나 필, 단위 필), 夫(사내 부, 남편 부), 婦(아내 부, 며느리 부)

**改過遷善(개과천선)** 허물을 고치고 선한 길로 옮김.

+ 改(고칠 개), 過(지날 과, 지나칠 과, 허물 과), 遷(옮길 천), 善(착할 선, 좋을 선, 잘할 선)

**擧案齊眉(거안제미)** '밥상을 눈썹과 가지런하도록 (공손히) 듦'으로, 남편을 깍듯이 공경함.

+ 擧(들 거, 행할 거, 일으킬 거), 案(책상 안, 생각 안, 계획 안), 齊(가지런할 제), 眉(눈썹 미)

**格物致知(격물치지)** 사물의 이치를 헤아리면 앎에 이름.

+ 格(격식 격, 헤아릴 격), 物(물건 물), 致(이를 치, 이룰 치), 知(알 지)

**牽強附會(견강부회)** (이치에 맞지 않은 말을) 억지로 끌어다 붙여 자기에게 유리하게 함.

+ 牽(끌 견), 強(힘셀 강, 억지 강), 附(붙을 부, 가까이 할 부), 會(모일 회)

**見利思義(견리사의)** '이로움을 보면 의를 생각함'으로, 이로움을 보면 그것이 의에 맞는가 어떤가를 먼저 생각하라는 말.

+ 見(볼 견, 뵐 현), 利(이로울 리, 날카로울 리), 思(생각할 사), 義(옳을 의, 의로울 의)

**犬馬之勞(견마지로)** '개와 말 정도의 수고'로, 윗사람에게 충성을 다하는 자신의 수고를 낮추어 이르는 말.

+ 犬(개 견), 馬(말 마), 之(갈 지, ~의 지, 이 지), 勞(수고할 로, 일할 로)

**見物生心(견물생심)** 물건을 보면 욕심이 생김.

+ 物(물건 물), 生(날 생, 살 생, 사람을 부를 때 쓰는 접사 생), 心(마음 심, 중심 심)

**見危致命(견위치명)** '위험을 보면 목숨을 이룸(바침)'으로, 나라가 위태로울 때 자기의 몸을 나라에 바침. = 見危授命(견위수명)

+ 危(위험할 위), 致(이룰 치, 이를 치), 命(명령할 명, 목숨 명, 운명 명), 授(줄 수, 가르칠 수)

**結者解之(결자해지)** '맺은 사람이 그것을 풂'으로, 자기가 저지른 일은 자기가 해결함.

+ 結(맺을 결), 者(놈 자, 것 자), 解(해부할 해, 풀 해), 之(갈 지, ~의 지, 이 지), 여기서 之는 대명사로 '그것'의 뜻임.

**結草報恩(결초보은)** '풀을 묶어 은혜를 갚음'으로, 죽은 후에라도 은혜를 잊지 않고 갚음을 말함.

+ 중국 춘추 시대에 진나라 위과(魏顆)가 아버지의 유언을 어기고 서모(庶母)를 개가(改嫁)시켜 순사(殉死)하지 않게 했더니, 그 뒤 그 서모 아버지의 혼령이 적군의 앞길에 풀을 묶어 적을 넘어뜨려 위과가 공을 세울 수 있도록 하였다는 고사에서 유래.

+ 草(풀 초), 報(알릴 보, 갚을 보), 恩(은혜 은), 庶(여러 서, 백성 서, 첩의 아들 서), 母(어미 모), 改(고칠 개), 嫁(시집갈 가), 殉(따라 죽을 순), 死(죽을 사), 서모(庶母) – 아버지의 첩.

**輕擧妄動(경거망동)** '가볍게 들고 망령되이 움직임'으로, 경솔하고 분수없이 행동함.

+ 輕(가벼울 경), 擧(들 거, 행할 거, 일으킬 거), 妄(망령들 망), 動(움직일 동)

**驚天動地(경천동지)** '하늘이 놀라고 땅이 움직임'으로, 세상을 몹시 놀라게 함.

+ 驚(놀랄 경), 天(하늘 천), 動(움직일 동), 地(땅 지, 처지 지)

**敬天愛人(경천애인)** 하늘을 공경하고 사람을 사랑함.

+ 敬(공경할 경), 天(하늘 천), 愛(사랑 애, 즐길 애, 아낄 애), 人(사람 인)

**鷄卵有骨(계란유골)** '달걀에 뼈가 있음'으로, 운수 나쁜 사람은 모처럼 좋은 기회를 만나도 역시 잘 안됨을 말함. 속 안 되는 놈은 뒤로 자빠져도 코가 깨진다.

+ 鷄(닭 계), 卵(알 란), 有(가질 유, 있을 유), 骨(뼈 골), 본문 풀이에서 속은 '속자'를 말했으나 고사성어에서 속은 '속담'을 말함.

**孤軍奮鬪(고군분투)** '외로운 군사로 힘써 싸움'으로, 남의 도움을 받지 않고 힘에 벅찬 일을 잘해 냄.

+ 孤(외로울 고, 부모 없을 고), 軍(군사 군), 奮(떨칠 분, 힘쓸 분), 鬪(싸울 투)

**孤立無援(고립무원)** (의지할 곳 없이) 외톨이가 되어 도와주는 사람이 없음.

+ 立(설 립), 無(없을 무), 援(당길 원, 도울 원)

**姑息之計(고식지계)** '잠깐 쉼의 꾀'로, (항구적으로 대책을 세워 처리하지 못하고) 우선 당장 편한 것만을 택하는 꾀나 방법. = 下石上臺(하석상대), 凍足放尿(동족방뇨)

+ 姑(시어미 고, 할미 고, 잠깐 고), 息(쉴 식, 숨 쉴 식, 자식 식), 計(셈할 계, 꾀할 계), 臺(대 대, 누각 대), 凍(얼 동), 足(발 족, 넉넉할 족), 放(놓을 방), 尿(오줌 뇨)

**苦肉之計(고육지계)** '괴로운 몸의 꾀'로, 적을 속이기 위하여 제 몸을 돌보지 않고 꾸미는 계책. = 苦肉之策(고육지책)

+ 苦(쓸 고, 괴로울 고), 肉(고기 육), 之(갈 지, ~의 지, 이 지), 計(셈할 계, 꾀할 계), 策(채찍 책, 꾀 책)

**孤掌難鳴(고장난명)** '외손바닥(한 손바닥)은 울리기 어려움'으로, (상대 없이는 무슨 일이나 이루기 어렵다는 데서) 협동의 중요성이나 모두 잘못이 있을 때 쓰는 말.

속 외손뼉이 울랴?

+ 掌(손바닥 장), 難(어려울 난, 비난할 난), 鳴(울 명)

**苦盡甘來(고진감래)** '쓴 것이 다하면 단 것이 옴'으로, 고생 끝에 즐거움이 온다는 말. 반 興盡悲來(흥진비래)

+ 盡(다할 진), 甘(달 감, 기쁠 감), 來(올 래), 興(흥할 흥, 흥겨울 흥), 悲(슬플 비)

**曲學阿世(곡학아세)** '배운 것을 구부려 세상에 아부함'으로, 왜곡된 학문으로 세상에 아첨함.

+ 曲(굽을 곡, 노래 곡), 學(배울 학), 阿(아첨할 아, 언덕 아), 世(세대 세, 세상 세)

**骨肉相殘(골육상잔)** 뼈와 살이(가까운 친족끼리) 서로 해침. = 骨肉相爭(골육상쟁)

+ 骨(뼈 골), 肉(고기 육), 相(서로 상, 모습 상, 볼 상, 재상 상), 殘(잔인할 잔, 해칠 잔, 나머지 잔), 爭(다툴 쟁)

**空中樓閣(공중누각)** '공중에 세운 누각'으로, 허황되고 이루어질 수 없는 일.

+ 空(빌 공, 하늘 공), 中(가운데 중, 맞힐 중), 樓(다락 루, 누각 루, 층 루), 閣(누각 각, 내각 각)

**過恭非禮(과공비례)** 지나친 공손은 예의가 아님.

+ 過(지날 과, 지나칠 과, 허물 과), 恭(공손할 공), 非(어긋날 비, 아닐 비, 나무랄 비), 禮(예도 례)

**過猶不及(과유불급)** '(정도를) 지나침은 미치지 못함과 같음'으로, 중용(中庸)이 중요함을 이르는 말.

+ 猶(오히려 유, 같을 유, 머뭇거릴 유), 及(미칠 급), 中(가운데 중, 맞힐 중), 庸(떳떳할 용, 어리석을 용), 중용(中庸) – 지나치거나 모자라지 아니하고 한쪽으로 치우치지도 아니한, 떳떳하며 변함이 없는 상태나 정도.

**九曲肝腸(구곡간장)** '많이 구부러진 간과 창자'로, 굽이굽이 서린 창자처럼 시름이 쌓인 속마음을 비유할 때 쓰는 말.

+ 九(아홉 구, 클 구, 많을 구), 曲(굽을 곡, 노래 곡), 肝(간 간), 腸(창자 장)

**口蜜腹劍(구밀복검)** '입에는 꿀, 배에는 칼'로, 겉으로는 달콤한 태도로 상대를 유혹하면서 속으로는 상대를 해칠 생각을 가짐. = 面從腹背(면종복배), 表裏不同(표리부동)

+ 口(입 구, 말할 구, 구멍 구), 蜜(꿀 밀), 腹(배 복), 劍(칼 검), 面(얼굴

면, 향할 면, 볼 면, 행정구역의 면), 從(좇을 종, 따를 종), 腹(배 복), 背(등 배, 등질 배), 表(겉 표), 裏(속 리), 同(한 가지 동, 같을 동)

**九死一生(구사일생)** 여러 번 죽을 고비를 넘기고 간신히 살아남.

+ 九(아홉 구, 클 구, 많을 구), 死(죽을 사), 生(날 생, 살 생, 사람을 부를 때 쓰는 접사 생)

**口尙乳臭(구상유취)** '입에서 오히려(아직) 젖내가 남'으로, 아직 어리고 유치한 짓을 하는 사람을 비유한 말.

+ 尙(오히려 상, 높을 상, 숭상할 상), 乳(젖 유), 臭(냄새 취), 유치하다 – ① 나이가 어리다. ② 학문 기술 등이 미숙하다.

**九牛一毛(구우일모)** '많은 소에 한 가닥의 털'로, 많은 가운데 극히 적은 부분.

+ 牛(소 우), 毛(털 모)

**九折羊腸(구절양장)** '많이 꺾인 양의 창자'로, 꾸불꾸불한 양의 창자처럼 일이나 앞길이 매우 험난함을 비유한 말.

+ 折(꺾을 절), 羊(양 양), 腸(창자 장)

**國泰民安(국태민안)** 나라가 태평하고 백성이 편안함.

+ 國(나라 국), 泰(클 태, 편안할 태), 民(백성 민), 安(어찌 안, 편안할 안)

**群鷄一鶴(군계일학)** '닭 무리 가운데 한 마리 학'으로, 여러 평범한 사람 가운데 유독 뛰어난 사람을 이르는 말. = 白眉(백미), 出衆(출중), 拔群(발군)

+ 群(무리 군), 鷄(닭 계), 鶴(학 학), 白(흰 백, 밝을 백, 깨끗할 백, 아뢸 백), 眉(눈썹 미), 出(날 출, 나갈 출), 衆(무리 중), 拔(뽑을 발), 群(무리 군)

**窮餘之策(궁여지책)** '궁한 나머지 생각해 낸 꾀'로, 막다른 처지에서 그 국면을 타개하려고 생각다 못해 짜낸 꾀.

+ 窮(곤궁할 궁, 다할 궁), 餘(남을 여), 之(갈 지, ~의 지, 이 지), 策(채찍 책, 꾀 책)

**權謀術數(권모술수)** (목적을 위해서 인정이나 도덕을 가리지 않고) 권세와 모략중상 등 온갖 수단 방법을 쓰는 술책.

+ 權(권세 권, 저울질할 권), 謀(꾀할 모, 도모할 모), 術(재주 술, 기술 술), 數(셀 수, 두어 수, 자주 삭, 운수 수)

**權不十年(권불십년)** '권세는 10년을 가지 못함'으로, 권력이나 세도는 오래가지 못하고 늘 변함을 이르는 말. = 花無十日紅(화무십일홍 – 꽃은 십일 동안 붉지 않음)

+ 權(권세 권), 年(해 년, 나이 년), 花(꽃 화), 紅(붉을 홍)

**勸善懲惡(권선징악)** 착한 행실을 권장하고 악한 행실을 징계함.

+ 勸(권할 권), 善(착할 선, 좋을 선, 잘할 선), 懲(부를 징, 징계할 징), 惡(악할 악, 미워할 오)

**克己復禮(극기복례)** 자기(사욕)를 이기고 예(禮)로 돌아감.

+ 克(이길 극, 다할 극), 己(몸 기, 자기 기), 復(다시 부, 회복할 복), 禮(예도 례)

**近墨者黑(근묵자흑)** '먹을 가까이하는 사람은 검어짐'으로, 나쁜 친구를 사귀면 나빠지기 쉬움. = 近朱者赤(근주자적)

+ 近(가까울 근), 墨(먹 묵), 者(놈 자, 것 자), 黑(검을 흑), 朱(붉을 주), 赤(붉을 적, 벌거벗을 적)

**金科玉條(금과옥조)** '금 같은 과목, 옥 같은 조목'으로, 아주 귀중한 법칙이나 제도를 이르는 말.

+ 金(쇠 금, 금 금, 돈 금, 성씨 김), 科(과목 과, 조목 과), 玉(구슬 옥), 條(가지 조, 조목 조)

**錦上添花(금상첨화)** '비단 위에 꽃무늬를 더함'으로, 좋은 일에 또 좋은 일이 더해짐을 말함. 📖 雪上加霜(설상가상)

+ 錦(비단 금), 上(높을 상, 오를 상), 添(더할 첨), 花(꽃 화), 雪(눈 설, 씻을 설), 加(더할 가), 霜(서리 상)

**錦衣還鄕(금의환향)** '비단옷 입고 고향으로 돌아옴'으로, 객지에서 성공하여 고향으로 돌아옴을 말함.

+ 衣(옷 의), 還(돌아올 환), 鄕(시골 향, 고향 향)

**金枝玉葉(금지옥엽)** '금과 같은 가지와 옥과 같은 잎'으로, 임금의 자손이나 집안의 귀한 자손을 이르는 말.

+ 枝(가지 지), 玉(구슬 옥), 葉(잎 엽)

**氣高萬丈(기고만장)** '기운의 높이가 만 장'으로, 일이 뜻대로 잘될 때 우쭐하여 뽐내는 기세.

+ 氣(기운 기, 대기 기), 高(높을 고), 萬(일만 만, 많을 만), 丈(어른 장, 길이 장)

**奇奇妙妙(기기묘묘)** '기이하고 묘함'을 강조하여 이르는 말.

+ 奇(기이할 기, 홀수 기), 妙(묘할 묘, 예쁠 묘), 한자는 두 번 반복하면 강조의 뜻이 됨

**起死回生(기사회생)** '죽음에서 일어나 다시 살아남'으로, 다 죽게 되었다가 어렵게 다시 살아남을 말함.

+ 起(일어날 기, 시작할 기), 死(죽을 사), 回(돌 회, 돌아올 회, 횟수 회), 生(날 생, 살 생, 사람을 부를 때 쓰는 접사 생)

**奇想天外(기상천외)** '기이한 생각이 하늘 밖'으로, 보통 사람이 쉽게 짐작할 수 없을 정도로 엉뚱하고 기발한 생각.

+ 奇(기이할 기, 홀수 기), 想(생각할 상), 天(하늘 천), 外(밖 외)

**難攻不落(난공불락)** '공격하기 어려워 함락되지 아니함'으로, 공격하여 정복하기 어려움.

+ 難(어려울 난, 비난할 난), 攻(칠 공, 닦을 공), 落(떨어질 락)

**難兄難弟(난형난제)** '(누구를) 형이라 하기도 어렵고

동생이라 하기도 어려움'으로, 우열을 가리기 어렵게 서로 비슷함을 말함. [속] 도토리 키 재기. = 막상막하(莫上莫下), 五十步百步(오십보백보), 大同小異(대동소이)

+ 兄(형 형, 어른 형), 弟(아우 제, 제자 제), 莫(없을 막, 말 막, 가장 막), 步(걸음 보), 百(일백 백, 많을 백), 同(한 가지 동, 같을 동), 異(다를 이)

**內憂外患(내우외환)** '안으로 근심과 밖으로 근심'으로, 나라 안팎의 근심 걱정.

+ 內(안 내, 나인 나), 憂(근심 우), 外(밖 외), 患(근심 환)

**怒發大發(노발대발)** '성을 내고 크게 일어남'으로, 몹시 노하여 펄펄 뛰며 성을 냄.

+ 怒(성낼 노), 發(쏠 발, 일어날 발)

**勞心焦思(노심초사)** '마음을 수고롭게 하고 생각을 태움'으로, 몹시 마음을 졸임.

+ 勞(일할 로, 수고로울 로), 焦(탈 초), 思(생각할 사)

**累卵之勢(누란지세)** '알을 쌓아 놓은 것 같은 형세'로, 매우 위태로운 형세를 말함. = 風前燈火(풍전등화), 累卵之危(누란지위), 危機一髮(위기일발), 一觸卽發(일촉즉발)

+ 累(여러 루, 쌓일 루, 폐 끼칠 루), 卵(알 란), 勢(형세 세, 권세 세), 風(바람 풍, 풍속·경치·모습·기질·병 이름 풍), 前(앞 전), 燈(등불 등), 危(위험할 위), 機(베틀 기, 기계 기, 기회 기), 髮(터럭 발, 머리털 발), 觸(닿을 촉), 卽(곧 즉), 發(쏠 발, 일어날 발)

**多多益善(다다익선)** 많으면 많을수록 더욱 좋음.

+ 多(많을 다), 益(더할 익, 유익할 익), 善(착할 선, 좋을 선, 잘할 선)

**單刀直入(단도직입)** '단칼로 바로 들어감'으로, 본론을 바로 말함.

+ 單(홑 단), 刀(칼 도), 直(곧을 직, 바를 직), 入(들 입)

**大驚失色(대경실색)** 크게 놀라 얼굴빛을 잃음(하얗게 변함).

+ 驚(놀랄 경), 失(잃을 실), 色(빛 색)

**大器晚成(대기만성)** '큰 그릇은 늦게 이루어짐'으로, 큰일이나 큰 인물은 오랜 세월 꾸준한 노력 끝에 이루어짐을 말함.

+ 器(그릇 기, 기구 기), 晚(늦을 만), 成(이룰 성)

**大同小異(대동소이)** '크게 같고 조금 다름'으로, 큰 차이가 없이 거의 같음.

+ 同(한 가지 동, 같을 동), 異(다를 이)

**獨不將軍(독불장군)** '혼자서는 장군이 아님'으로, 혼자 잘난 척 뽐내다가 따돌림 받는 외로운 사람을 말함.

+ 獨(홀로 독, 자식 없을 독), 將(장수 장, 장차 장, 나아갈 장), 軍(군사 군)

**突然變異(돌연변이)** '갑자기 변하여 다르게 됨'으로, 생물체에서 어버이의 계통에 없던 새로운 형질이 나타나 유전하는 현상.

+ 突(갑자기 돌, 부딪칠 돌, 내밀 돌, 굴뚝 돌), 然(그러할 연), 變(변할 변), 異(다를 이)

**同價紅裳(동가홍상)** '같은 값이면 다홍치마'로, 이왕이면 좋은 것을 골라 가짐을 말함.

+ 同(한 가지 동, 같을 동), 價(값 가, 가치 가), 紅(붉을 홍), 裳(치마 상)

**同苦同樂(동고동락)** '같이 고생하고 같이 즐거워함'으로, 고락(苦樂)을 같이 하며 함께 삶.

+ 苦(쓸 고, 괴로울 고), 樂(노래 악, 즐길 락, 좋아할 요)

**東問西答(동문서답)** '동쪽을 묻는데 서쪽을 대답함'으로, 묻는 말에 엉뚱하게 대답함.

+ 東(동쪽 동, 주인 동), 問(물을 문), 西(서쪽 서), 答(대답할 답, 갚을 답)

**同病相憐(동병상련)** '같은 병을 가진 환자끼리 서로 가엽게 여김'으로, 비슷한 처지에 있는 사람끼리 더욱 상대를 잘 이해하고 동정함. [속] 홀아비 사정 과부가 안다.

+ 病(병 병, 근심할 병), 相(서로 상, 모습 상, 볼 상, 재상 상), 憐(불쌍히 여길 련)

**東奔西走(동분서주)** '동쪽으로 뛰고 서쪽으로 달림'으로, 이리저리 바쁘게 돌아다님.

+ 奔(바쁠 분, 달아날 분), 走(달릴 주, 도망갈 주)

**同床異夢(동상이몽)** '같은 평상에서 다른 꿈을 꿈'으로, 겉으로는 같은 행동을 하면서도 속으로는 딴 생각을 가짐.

+ 同(한 가지 동, 같을 동), 床(평상 상), 異(다를 이), 夢(꿈 몽)

**凍足放尿(동족방뇨)** '언 발에 오줌 누기'로, (언 발에 오줌을 누면 한때는 따뜻하나 곧 더 나빠진다는 데서) 항구대책이 아닌 임시대책을 말함.

+ 凍(얼 동), 足(발 족, 넉넉할 족), 放(놓을 방), 尿(오줌 뇨)

**燈下不明(등하불명)** '등잔 밑이 어두움'으로, 가까이 있는 것을 오히려 잘 모름.

+ 燈(등불 등), 下(아래 하, 내릴 하), 明(밝을 명)

**馬耳東風(마이동풍)** '말의 귀에 동풍'으로, 다른 사람의 말을 조금도 귀담아 듣지 않음을 말함. = 牛耳讀經(우이독경), 牛耳誦經(우이송경)

+ 馬(말 마), 耳(귀 이), 東(동쪽 동, 주인 동), 風(바람 풍, 풍속·경치·모습·기질·병 이름 풍), 牛(소 우), 讀(읽을 독, 구절 두), 經(지날 경, 날실 경, 글 경), 誦(욀 송)

**莫上莫下(막상막하)** 어느 것이 위이고 아래인지 구별할 수 없음, 즉 우열의 차이가 없음. = 難兄難弟(난형난제)

+ 莫(없을 막, 말 막, 가장 막), 難(어려울 난, 비난할 난), 兄(형 형, 어른 형), 弟(아우 제, 제자 제)

**莫逆之間(막역지간)**　거스름이 없는 아주 친한 사이.
+ 逆(거스를 역), 間(사이 간)

**莫逆之友(막역지우)**　'거역할 수 없는 벗'으로, 서로 뜻이 맞는 친한 벗을 말함.
+ 友(벗 우)

**萬頃蒼波(만경창파)**　'많은 이랑의 푸른 바다'로, 한없이 넓고 푸른 바다.
+ 萬(일만 만, 많을 만), 頃(잠깐 경, 즈음 경, 이랑 경), 蒼(푸를 창), 波(물결 파)

**萬古風霜(만고풍상)**　'많은 세월 동안 바람과 서리'로, 오랫동안 겪은 많은 고생을 말함.
+ 古(오랠 고, 옛 고), 風(바람 풍, 풍속·경치·모습·기질·병 이름 풍), 霜(서리 상)

**萬事亨通(만사형통)**　모든 일이 순탄하게 진행됨.
+ 事(일 사, 섬길 사), 亨(형통할 형), 通(통할 통)

**晩時之歎(만시지탄)**　때가 늦었음을 안타까워하는 탄식.
+ 晩(늦을 만), 時(때 시), 歎(탄식할 탄, 감탄할 탄)

**面從腹背(면종복배)**　얼굴(겉)로는 좇는 척하나 뱃(마음)속으로는 배반함. = 口蜜腹劍(구밀복검)
+ 面(얼굴 면, 향할 면, 볼 면, 행정구역의 면), 從(좇을 종, 따를 종), 腹(배 복), 背(등 배, 등질 배), 蜜(꿀 밀), 劍(칼 검)

**滅私奉公(멸사봉공)**　사사로운 것을 희생하면서 공적인 것을 받들음.
+ 滅(꺼질 멸, 멸할 멸), 私(사사로울 사), 奉(받들 봉), 公(공정할 공, 대중 공, 귀공자 공)

**明明白白(명명백백)**　'밝고 밝음'으로, 더할 나위 없이 명백함.
+ 明(밝을 명), 白(흰 백, 밝을 백, 깨끗할 백, 아뢸 백)

**名不虛傳(명불허전)**　'이름(명성이나 명예)은 헛되이 전해지지 않음'으로, 이름날 만한 까닭이 있음.
+ 名(이름 명, 이름날 명), 不(아니 불·부), 虛(빌 허, 헛될 허), 傳(전할 전, 이야기 전)

**名實相符(명실상부)**　이름과 실상이 꼭 들어맞음. = 名不虛傳(명불허전), 凰 名實相反(명실상반), 名過其實(명과기실)
+ 實(열매 실, 실제 실), 相(서로 상, 모습 상, 볼 상, 재상 상), 符(부절 부, 들어맞을 부), 反(거꾸로 반, 뒤집을 반), 過(지날 과, 지나칠 과, 허물 과), 其(그 기)

**銘心不忘(명심불망)**　마음에 새겨서 잊지 않음.
+ 銘(새길 명), 忘(잊을 망)

**明若觀火(명약관화)**　'밝기가 불을 보는 것 같음'으로, 더 말할 나위 없이 명백함을 말함. = 不問可知(불문가지)
+ 若(만약 약, 같을 약, 반야 야), 觀(볼 관), 問(물을 문), 可(옳을 가,

가히 가, 허락할 가), 知(알 지)

**命在頃刻(명재경각)**　'목숨이 잠깐의 시각에 있음(달림)'으로, 금방 숨이 끊어질 지경에 이름을 말함.
+ 命(명령할 명, 목숨 명, 운명 명), 在(있을 재), 頃(잠깐 경, 요즈음 경, 이랑 경), 刻(새길 각, 시각 각)

**明哲保身(명철보신)**　'밝고 밝게 몸을 보호함'으로, 재주가 있어 몸을 잘 보전함.
+ 哲(밝을 철, = 喆), 保(지킬 보, 보호할 보), 身(몸 신)

**謀利之輩(모리지배)**　이익만 꾀하는 무리.
+ 謀(꾀할 모, 도모할 모), 利(이로울 리, 날카로울 리), 之(갈 지, ~지, 이 지), 輩(무리 배)

**目不識丁(목불식정)**　'눈으로 정(丁) 자와 같은 쉬운 글자도 모름'으로, 아주 무식한 사람을 비유하여 쓰는 말. 俗 낫 놓고 기역자도 모른다. = 一字無識(일자무식)
+ 目(눈 목, 볼 목, 항목 목), 識(알 식, 기록할 지), 丁(고무래 정, 못 정, 장정 정), 字(글자 자), 無(없을 무), 識(알 식, 기록할 지)

**目不忍見(목불인견)**　'눈 뜨고 차마 볼 수 없음'으로, 차마 볼 수 없는 매우 끔찍한 상황을 말함.
+ 忍(참을 인, 잔인할 인), 見(볼 견, 뵐 현)

**無不通知(무불통지)**　'통하여 알지 못할 바가 없음'으로, 무슨 일이던지 훤히 알 수 있다는 말.
+ 無(없을 무), 通(통할 통), 知(알 지)

**無爲徒食(무위도식)**　하는 일 없이 한갓 먹기만 함.
+ 爲(할 위, 위할 위), 徒(한갓 도, 걸을 도, 무리 도), 食(밥 식, 먹을 식, 먹이 사)

**文房四友(문방사우)**　'글 쓰는 방(房)'에서의 4가지 벗'으로, 종이·붓·벼루·먹 네 가지를 일컬음.
+ 房(방 방), 友(벗 우)

**聞一知十(문일지십)**　'하나를 들으면 열을 앎'으로, 매우 총명함.
+ 聞(들을 문), 知(알 지)

**門前成市(문전성시)**　'문 앞이 시장을 이룸'으로, 어떤 집의 문 앞이 방문객으로 붐빔.
+ 門(문 문), 前(앞 전), 成(이룰 성), 市(시장 시, 시내 시)

**物我一體(물아일체)**　외물(外物)과 자아, 객관과 주관, 또는 물질계와 정신계가 어울려 하나가 됨.
+ 物(물건 물), 我(나 아), 體(몸 체), 外(밖 외)

**美風良俗(미풍양속)**　아름답고 좋은 풍속.
+ 美(아름다울 미), 風(바람 풍, 풍속·경치·모습·기질·병 이름 풍), 良(좋을 량, 어질 량), 俗(저속할 속, 속세 속, 풍속 속)

**薄利多賣(박리다매)**　엷은 이익으로(이익을 조금 남기고) 많이 판매함.
+ 薄(엷을 박), 利(이로울 리, 날카로울 리), 多(많을 다), 賣(팔 매)

**博而不精(박이부정)** 넓게 알고 있으나 정밀하지는 못함.
+ 博(넓을 박), 而(말 이을 이), 精(찧을 정, 정밀할 정)

**拍掌大笑(박장대소)** 손뼉을 치며 크게 웃음.
+ 拍(칠 박), 掌(손바닥 장), 笑(웃을 소)

**博學多識(박학다식)** 널리 배우고 많이 앎.
+ 學(배울 학), 識(알 식, 기록할 지)

**拔本塞源(발본색원)** '근본을 뽑고 근원을 막음'으로, 좋지 않은 일의 근본 원인을 완전히 없애 다시는 생길 수 없도록 함.
+ 拔(뽑을 발), 本(뿌리 본, 근본 본, 책 본), 塞(막을 색, 변방 새), 源(근원 원)

**發奮忘食(발분망식)** '분발하여 밥까지 잊음'으로, 끼니까지도 잊을 정도로 어떤 일에 열중하여 노력함.
+ 發(쏠 발, 일어날 발), 奮(떨칠 분, 힘쓸 분), 忘(잊을 망), 食(밥 식, 먹을 식, 먹이 사)

**背水之陣(배수지진)** '물을 등지고 치는 진(陣)'으로, 어떤 일을 성취하기 위하여 더 이상 물러설 수 없음을 비유적으로 이르는 말. = 背水陣(배수진)
+ 背(등 배, 등질 배), 陣(진칠 진)

**背恩忘德(배은망덕)** (남에게 받은) 은혜와 덕을 잊고 배반함.
+ 恩(은혜 은), 忘(잊을 망), 德(덕 덕, 클 덕)

**白骨難忘(백골난망)** 죽어서 백골(白骨)이 되어도 은덕을 잊기가 어려움. = 刻骨難忘(각골난망)
+ 白(흰 백, 밝을 백, 깨끗할 백, 아뢸 백), 骨(뼈 골), 難(어려울 난, 비난할 난), 忘(잊을 망), 刻(새길 각, 시각 각)

**百年佳約(백년가약)** '백 년의 아름다운 약속'으로, 결혼하여 평생을 같이 지낼 약속.
+ 百(일백 백, 많을 백), 年(해 년, 나이 년), 佳(아름다울 가), 約(묶을 약, 약속할 약), 사람의 일평생을 백년으로 보고 한 말.

**百年大計(백년대계)** '백 년의 큰 꾀'로, 먼 장래를 내다보는 원대한 계획.
+ 年(해 년, 나이 년), 計(셈할 계, 꾀할 계)

**白面書生(백면서생)** '흰 얼굴에 글만 읽은 사람'으로, 한갓 글만 읽고 세상일에 경험이 없는 사람.
+ 面(얼굴 면, 향할 면, 볼 면, 행정구역의 면), 書(쓸 서, 글 서, 책 서), 生(날 생, 살 생, 사람을 부를 때 쓰는 접사 생)

**百發百中(백발백중)** '백 번 쏘아 백 번 다 맞힘'으로, 무슨 일이나 꼭꼭 들어맞거나 잘 됨.
+ 發(쏠 발, 일어날 발), 中(가운데 중, 맞힐 중)

**百藥無效(백약무효)** '온갖 약이 다 효험이 없음'으로, 온갖 방법을 다 써 봐도 아무 소용이 없음을 이르는 말.
+ 藥(약 약), 無(없을 무), 效(본받을 효, 효험 효)

**白衣從軍(백의종군)** '흰옷을 입고 군사를 따름'으로, 벼슬이 없는 사람이 군대를 따라 전쟁터로 나감을 말함.
+ 衣(옷 의), 從(좇을 종, 따를 종), 軍(군사 군)

**百戰老卒(백전노졸)** ① 수많은 싸움을 치른 노련한 병사. ② 백전노장(百戰老將 - 온갖 어려운 일을 많이 겪은 노련한 사람).
+ 戰(싸울 전, 무서워 떨 전), 老(늙을 로), 卒(졸병 졸, 갑자기 졸, 마칠 졸, 죽을 졸), 將(장수 장, 장차 장, 나아갈 장)

**百戰百勝(백전백승)** '백 번 싸워 백 번 다 이김'으로, 전쟁에 능해서 싸움마다 이김.
+ 勝(이길 승, 나을 승)

**百折不屈(백절불굴)** '백 번 꺾어도 굴하지 않음'으로, 어떠한 어려움에도 굽히지 않음.
+ 折(꺾을 절), 屈(굽을 굴, 굽힐 굴)

**伯仲之勢(백중지세)** '첫째나 둘째의 형세'로, 서로 비슷하여 우열을 가리기 어려움. = 伯仲之間(백중지간)
+ 伯(맏 백), 仲(버금 중, 중개할 중), 勢(형세 세, 권세 세), 間(사이 간)

**百害無益(백해무익)** '백 가지가 해롭고 이로울 것은 없음'으로, 해롭기만 하고 하나도 이로울 것이 없음.
+ 害(해칠 해, 방해할 해), 無(없을 무), 益(더할 익, 유익할 익)

**富國强兵(부국강병)** 나라를 부유하게 하고 병력을 강하게 함.
+ 富(부자 부, 넉넉할 부), 國(나라 국), 强(강할 강, 억지 강), 兵(군사 병)

**父傳子傳(부전자전)** '아버지가 전하고 자식이 전함'으로, 대대로 이어져 감.
+ 父(아비 부), 傳(전할 전, 이야기 전)

**附和雷同(부화뇌동)** '붙어서 화하여 우레 같이 소리침'으로, 확실한 주관도 없이 남의 의견이나 행동에 덩달아 따름.
+ 附(붙을 부, 가까이 할 부), 和(화목할 화, 화할 화), 雷(천둥 뢰, 우레 뢰), 同(한 가지 동, 같을 동)

**不可思議(불가사의)** 가히 생각하거나 의론할 수 없음.
+ 不(아닐 불 · 부), 可(옳을 가, 가히 가, 허락할 가), 思(생각할 사), 議(의론할 의)

**不可抗力(불가항력)** '가히 저항할 힘이 없음'으로, 천재지변(天災地變) 같은 것을 말함.
+ 抗(막을 항), 力(힘 력), 天(하늘 천), 災(재앙 재), 地(땅 지, 처지 지), 變(변할 변)

**不可形言(불가형언)** '가히 말로 형용할 수가 없음'으로, 말로 어떻게 표현해야 좋을지 알 수 없다는 말.
+ 形(모양 형), 言(말씀 언)

**不狂不及(불광불급)** '미치지 않으면 이르지 못함'으로, 어떤 일에 미치듯 열심히 하지 않으면 이룰 수 없다는 말.

+ 狂(미칠 광), 及(미칠 급, 이룰 급)

**不立文字(불립문자)** '문자로 세우지(쓰지) 않음'으로, 불도의 깨달음은 마음에서 마음으로 전하는 것이므로 말이나 글에 의지하지 않는다는 말. = 以心傳心(이심전심), 敎外別傳(교외별전), 心心相印(심심상인)

+ 立(설 립), 文(무늬 문, 글월 문), 字(글자 자), 以(써 이, 까닭 이), 心(마음 심, 중심 심), 傳(전할 전, 이야기 전), 敎(가르칠 교), 外(밖 외), 別(나눌 별, 다를 별), 相(서로 상, 모습 상, 볼 상, 재상 상), 印(찍을 인, 도장 인)

**不問可知(불문가지)** 묻지 않아도 가히 앎.

+ 問(물을 문), 可(옳을 가, 가히 가, 허락할 가), 知(알 지)

**不問曲直(불문곡직)** '굽고 곧음을 묻지 않음'으로, 잘잘못을 따지지 않고 함부로 일을 처리함.

+ 問(물을 문), 曲(굽을 곡, 노래 곡), 直(곧을 직, 바를 직)

**不偏不黨(불편부당)** (어느 쪽으로) 치우치지도 않고 무리 짓지도 않음. = 無偏無黨(무편무당)

+ 偏(치우칠 편), 黨(무리 당)

**非夢似夢(비몽사몽)** '꿈 같기도 하고 아닌 것 같기도 함'으로, 어렴풋한 상태를 이르는 말.

+ 非(어긋날 비, 아닐 비, 나무랄 비), 夢(꿈 몽), 似(같을 사)

**非一非再(비일비재)** '하나도 아니고 둘도 아님'으로, 아주 많음.

+ 再(다시 재, 두 번 재)

**貧賤之交(빈천지교)** 가난하고 천할 때의 사귐. 또는 그런 벗.

+ 貧(가난할 빈), 賤(천할 천), 交(사귈 교, 오고 갈 교)

**四顧無親(사고무친)** '사방을 둘러보아도 친한 사람이 없음'으로, 믿고 의지할 만한 사람이 주위에 없음.

+ 顧(돌아볼 고), 無(없을 무), 親(어버이 친, 친할 친)

**士氣衝天(사기충천)** 하늘을 찌를 듯이 사기가 높음.

+ 士(선비 사, 군사 사, 칭호나 직업 이름에 붙이는 말 사), 氣(기운 기, 대기 기), 衝(찌를 충), 天(하늘 천)

**四分五裂(사분오열)** '넷으로 나뉘고 다섯으로 찢김'으로, 여러 쪽으로 찢어짐.

+ 分(나눌 분, 단위 분, 단위 푼, 신분 분, 분별할 분, 분수 분), 裂(찢어질 렬, 터질 렬)

**邪不犯正(사불범정)** 간사한 것은 정당한 것을 침범하지 못함.

+ 邪(간사할 사), 犯(범할 범), 正(바를 정)

**四捨五入(사사오입)** (숫자에 끝수가) 사(四) 이하는 버리고 오(五) 이상은 십으로 올려 계산하는 셈법. 반올림.

+ 捨(버릴 사), 入(들 입)

**沙上樓閣(사상누각)** '모래 위의 누각'으로, 어떤 일

이나 사물의 기초가 견고하지 못함을 이르는 말. = 空中樓閣(공중누각)

+ 沙(모래 사, = 砂), 樓(다락 루, 누각 루, 층 루), 閣(누각 각, 내각 각), 空(빌 공, 하늘 공)

**事必歸正(사필귀정)** 일은 반드시 바른 데로 돌아옴.

+ 事(일 사, 섬길 사), 必(반드시 필), 歸(돌아올 귀, 돌아갈 귀), 正(바를 정)

**山紫水明(산자수명)** '산은 (꽃이 피거나 단풍들어) 붉고 물은 (맑아서) 밝음'으로, 아름다운 자연의 경치를 말함.

+ 紫(붉을 자), 明(밝을 명)

**山戰水戰(산전수전)** '산에서의 싸움과 물에서의 싸움'으로, 세상의 험한 일에 경험이 많음을 이르는 말.

+ 戰(싸울 전, 무서워 떨 전)

**山海珍味(산해진미)** '산과 바다의 진귀한 맛'으로, 온갖 귀한 재료로 만든 맛좋은 음식.

+ 海(바다 해), 珍(보배 진), 味(맛 미)

**殺身成仁(살신성인)** '자신의 몸을 죽여(희생하여) 어짊을 이룸'으로, 몸을 바쳐 옳은 도리를 행함.

+ 殺(죽일 살, 빠를 쇄, 감할 쇄), 身(몸 신), 成(이룰 성), 仁(어질 인)

**森羅萬象(삼라만상)** 우주 사이에 벌여 있는 수많은 사물과 현상.

+ 森(삼림 삼, 나무 빽빽할 삼), 羅(벌일 라, 비단 라)

**三三五五(삼삼오오)** 서너 명 또는 대여섯 명씩 떼를 지은 모양을 말함.

**三尺童子(삼척동자)** 키가 석 자 밖에 되지 않는 오륙세 가량의 어린아이.

+ 尺(자 척, 1자는 약 30.3cm), 童(아이 동), 子(아들 자, 첫째 지지 자, 자네 자, 접미사 자)

**三遷之敎(삼천지교)** '세 번 옮김의 가르침'으로, [맹자(孟子) 어머니가 아들의 교육을 위하여 집을 세 번이나 옮기며 교육했다는 데서] 어린아이 교육에는 환경이 매우 중요함을 말함.

+ 遷(옮길 천), 敎(가르칠 교)

**桑田碧海(상전벽해)** '뽕나무밭이 푸른 바다'로, 세상이 엄청나게 변함을 말함. 䐐 십 년이면 강산도 변한다.

+ 桑(뽕나무 상), 田(밭 전), 碧(푸를 벽), 海(바다 해)

**上通下達(상통하달)** '위로 통하고 아래로 이름'으로, 위아래로 명령이나 의사가 잘 통함.

+ 通(통할 통), 達(이를 달, 통달할 달)

**塞翁之馬(새옹지마)** '변방에 사는 늙은이의 말'로, 인생에 있어서 길흉화복은 항상 바뀌어 미리 예측할 수가 없음을 말함. 䐐 음지가 양지되고 양지가 음지된다.

+ 변방에 사는 한 노인이 기르던 말이 오랑캐 땅으로 달아나서 슬펐는데 얼마 뒤에 그 말이 한 필의 준마를 데리고 돌아와 기뻤고, 노인의 아들이 그 말을 타고 놀다가 떨어져 절름발이가 되어 슬펐는

데, 때마침 난리가 일어나 성한 젊은이들은 모두 전쟁터에 끌려가 죽었으나 노인의 아들은 절름발이였기 때문에 목숨을 보전하여 기뻤다는 데서 유래.

+ 塞(막을 색, 변방 새), 翁(늙은이 옹), 之(갈 지, ~의 지, 이 지), 馬(말 마)

**生面不知(생면부지)** '나면서부터 낯을 알지 못함'으로, 한 번도 만나본 일이 없어 전연 모르는 사람.

+ 生(날 생, 살 생, 남을 부를 때 쓰는 접사 생), 面(얼굴 면, 향할 면, 볼 면, 행정구역의 면), 知(알 지)

**生不如死(생불여사)** '사는 것이 죽는 것만 같지 못함'으로, 몹시 곤란한 지경에 빠져 있음을 뜻함.

+ 如(같을 여, 만일 여), 死(죽을 사), 'A 不如 B' 구문은 'A는 B만 같지 못하다'로 해석합니다.

**先公後私(선공후사)** 공적인 일을 먼저하고 사적인 일은 뒤로 미룬다는 말.

+ 처음에는 公을 위한 척하지만 결국은 私로 돌아간다는 뜻으로도 쓰임.
+ 先(먼저 선), 公(공정할 공, 대중 공, 귀공자 공), 後(뒤 후), 私(사사로울 사)

**先見之明(선견지명)** '앞날을 봄의 밝음'으로, 앞일을 미리 내다보는 총명을 말함.

+ 見(볼 견, 뵐 현), 明(밝을 명)

**善男善女(선남선녀)** '좋은 남자와 좋은 여자'로, ① 순결하고 마음씨가 착한 남자와 여자. ② 불법(佛法)에 귀의한 남자와 여자를 이르는 말.

+ 善(착할 선, 좋을 선, 잘할 선), 男(사내 남), 女(여자 녀), 佛(부처 불, 프랑스 불), 法(법 법)

**先發制人(선발제인)** '먼저 일어나면 사람을 제압함'으로, 먼저 하면 남을 이기고 뒤져 기회를 잃으면 남에게 제압당한다는 말.

+ 發(쏠 발, 일어날 발), 制(제도 제, 억제할 제)

**雪上加霜(설상가상)** '눈 위에 서리가 덮임'으로, 불행한 일이 연거푸 일어남을 말함. 속 엎친 데 덮친 격. 반 금상첨화(錦上添花)

+ 눈이 오면 구름층이 내려와 날씨는 따뜻한데 그러지 않고 서리까지 내리니 더 춥다는 데서 유래.
+ 雪(눈 설, 씻을 설), 加(더할 가), 霜(서리 상), 錦(비단 금), 添(더할 첨), 花(꽃 화)

**說往說來(설왕설래)** '말이 가고 옴'으로, 무슨 일의 시비를 따지느라 말로 옥신각신함.

+ 說(달랠 세, 말씀 설, 기쁠 열), 往(갈 왕), 來(올 래)

**聲東擊西(성동격서)** '동쪽에서 소리를 내고 서쪽을 침'으로, 적을 유인하여 이쪽을 공격하는 체하다가 그 반대쪽을 치는 전술.

+ 聲(소리 성), 東(동쪽 동, 주인 동), 擊(칠 격), 西(서쪽 서)

**騷人墨客(소인묵객)** 시문(詩文)과 서화(書畫)를 일삼는 사람.

+ 騷(떠들 소, 글 지을 소), 墨(먹 묵), 客(손님 객), 詩(시 시), 文(무늬

문, 글월 문), 書(쓸 서, 글 서, 책 서), 畫(그림 화, 그을 획)

**小貪大失(소탐대실)** 작은 것을 탐내다가 큰 것을 잃음. 속 멧돼지 잡으려다 집돼지 잃는다.

+ 小(작을 소), 貪(탐낼 탐), 大(큰 대), 失(잃을 실)

**束手無策(속수무책)** '손이 묶여 꾀가 없음'으로, 어떤 일을 당하여 그것을 처리할 방도가 없음.

+ 束(묶을 속), 手(손 수, 재주 수, 재주 있는 사람 수), 無(없을 무), 策(채찍 책, 꾀 책)

**速戰速決(속전속결)** '빨리 싸워서 빨리 결정함'으로, 재빠르게 싸워서 손쉽게 끝내는 것을 말함.

+ 速(빠를 속), 戰(싸울 전, 무서워 떨 전), 決(정할 결, 터질 결)

**送舊迎新(송구영신)** '묵은 것을 보내고 새로운 것을 맞이함'으로, 지난해를 보내고 새해를 맞이함.

+ 送(보낼 송), 舊(오랠 구, 옛 구), 迎(맞이할 영), 新(새로울 신)

**手不釋卷(수불석권)** '손에서 책을 놓지 않음'으로, 항상 글을 읽음.

+ 手(손 수, 재주 수, 재주 있는 사람 수), 釋(풀 석), 卷(책 권)

**修身齊家(수신제가)** (먼저 자기) 몸과 마음을 닦아 수양하고 (다음에) 집안을 가지런히 함(다스림).

+ 修(닦을 수), 身(몸 신), 齊(가지런할 제), 家(집 가, 전문가 가)

**水魚之交(수어지교)** '물과 물고기의 사귐'으로, (물고기가 물을 떠나서 살 수 없듯이) 떨어질 수 없는 아주 가까운 사이를 말함.

+ 촉(蜀)나라 유비(劉備)가 "내게 제갈공명이 있는 것은 물고기가 물을 만난 것과 같다."라고 하였다는 데서 유래.
+ 水(물 수), 魚(물고기 어), 交(사귈 교, 오고갈 교)

**守株待兔(수주대토)** '그루터기를 지키며 토끼를 기다림'으로, 고지식하고 융통성 없이 구습과 전례만 지킴을 비유한 말.

+ 송나라 사람이 밭을 갈다가 토끼가 그루터기에 부딪쳐 죽는 것을 보고 농사짓는 일을 그만두고 그루터기를 지키면서 토끼가 걸려 죽기만 기다렸다는 데서 유래.
+ 守(지킬 수), 株(그루터기 주, 그루 주, 주식 주), 待(대접할 대, 기다릴 대), 兔(토끼 토)

**熟習難防(숙습난방)** '(오래되어) 익숙한 습관은 막기 어려움'으로, 나쁜 습관은 처음부터 들이지 말아야 한다는 말.

+ 熟(익을 숙, 익숙할 숙), 習(익힐 습), 難(어려울 난, 비난할 난), 防(둑 방, 막을 방)

**脣亡齒寒(순망치한)** '입술이 없어지면 이가 시림'으로, 이해관계가 서로 밀접하여 한쪽이 망하면 다른 한쪽도 위태로워짐을 이르는 말.

+ 脣(입술 순), 亡(망할 망, 달아날 망, 죽을 망), 齒(이 치, 나이 치), 寒(찰 한)

**乘勝長驅(승승장구)** 이긴 기세를 타고 길게(계속) 몰아침.

+ 乘(탈 승), 勝(이길 승, 나을 승), 長(길 장, 어른 장), 驅(몰 구, 달릴

**是是非非(시시비비)** '옳은 것을 옳다고 하고 그른 것을 그르다고 함'으로, 옳고 그름을 분명히 가림.

+ 是(옳을 시, 이 시, be동사 시), 非(어긋날 비, 아닐 비, 나무랄 비)

**始終一貫(시종일관)** '처음부터 끝까지 하나로 꿰'으로, 시작부터 끝까지 한결같이 함. = 首尾一貫(수미일관), 終始一貫(종시일관)

+ 始(처음 시), 終(다할 종, 마칠 종), 貫(꿸 관, 무게 단위 관), 首(머리 수, 우두머리 수), 尾(꼬리 미)

**食少事煩(식소사번)** 먹을 것은 적고 할 일은 많음.

+ 食(밥 식, 먹을 식, 먹이 사), 少(적을 소, 젊을 소), 事(일 사, 섬길 사), 煩(번거로울 번)

**信賞必罰(신상필벌)** '믿을(상을 줄 만한) 사람에게는 상을 주고, 벌을 줄만한 사람에게 반드시 벌을 줌'으로, 상벌을 규정대로 분명하게 시행함을 말함.

+ 信(믿을 신), 賞(상줄 상, 구경할 상), 必(반드시 필), 罰(벌줄 벌)

**身外無物(신외무물)** '몸 밖에 물건이 없음'으로, 다른 어떤 것보다도 몸이 가장 귀하다는 말.

+ 身(몸 신), 外(밖 외), 物(물건 물)

**神出鬼沒(신출귀몰)** 귀신처럼 자유자재로 나타났다 사라졌다 함.

+ 神(귀신 신, 신비할 신), 出(날 출, 나갈 출), 鬼(귀신 귀), 沒(빠질 몰, 다할 몰, 없을 몰)

**晨出夜歸(신출야귀)** 새벽에 나가서 밤에 돌아옴.

+ 晨(새벽 신), 夜(밤 야), 歸(돌아올 귀, 돌아갈 귀)

**實事求是(실사구시)** '실제의 일에서 옳은 것을 구함'으로, 사실에 근거하여 진리를 탐구함.

+ 實(열매 실, 실제 실), 事(일 사, 섬길 사), 求(구할 구), 是(옳을 시, 이 시, be동사 시)

**十年減壽(십년감수)** '십 년이 줄어든 목숨'으로, 심한 고생이나 큰 위험을 겪어 놀랐을 때 쓰는 말.

+ 年(해 년, 나이 년), 減(줄어들 감), 壽(목숨 수, 나이 수, 장수할 수)

**十伐之木(십벌지목)** '열 번 침의 나무'로, 여러 번 도전하면 언젠가는 성공할 수 있다는 말. 〔속〕 열 번 찍어서 안 넘어가는 나무 없다.

+ 伐(칠 벌), 木(나무 목)

**ㅇ**

**我田引水(아전인수)** '제 논에 물 대기'로, 자기에게만 이롭도록 생각하거나 행동함.

+ 我(나 아), 田(밭 전), 引(끌 인), 水(물 수)

**惡戰苦鬪(악전고투)** '악하게 싸우고 괴롭게 싸움'으로, 매우 어려운 조건을 무릅쓰고 힘을 다하여 고생스럽게 싸움.

+ 惡(악할 악, 미워할 오), 戰(싸울 전, 무서워 떨 전), 苦(쓸 고, 괴로울 고), 鬪(싸울 투)

**眼高手卑(안고수비)** '눈은 높으나 재주가 낮음'으로, 이상은 높으나 재주가 없어 행동이 따르지 못함. = 眼高手低(안고수저)

+ 眼(눈 안), 高(높을 고), 手(손 수, 재주 수, 재주 있는 사람 수), 卑(낮을 비), 低(낮을 저)

**安貧樂道(안빈낙도)** 가난해도 마음 편히 생각하며 도를 즐김.

+ 安(어찌 안, 편안할 안), 貧(가난할 빈), 樂(노래 악, 즐길 락, 좋아할 요), 道(길 도, 도리 도, 말할 도, 행정구역의 도)

**眼下無人(안하무인)** '눈 아래 사람이 없음'으로, 성질이 방자하고 교만하여 모든 사람을 업신여김.

+ 下(아래 하, 내릴 하), 無(없을 무)

**愛之重之(애지중지)** 매우 사랑하여 소중히 여김.

+ 愛(사랑 애, 즐길 애, 아낄 애), 之(갈 지, ~의 지, 이 지), 重(무거울 중, 귀중할 중, 거듭 중)

**藥房甘草(약방감초)** '약방의 감초'로, (한약에 항상 감초가 들어간다는 데서) 무슨 일에나 빠짐없이 끼는 사람이나 사물을 이르는 말.

+ 藥(약 약), 房(방 방), 甘(달 감, 기쁠 감), 草(풀 초)

**弱肉強食(약육강식)** '약자의 살은 강자의 밥이 됨'으로, 약한 것은 강한 것에게 먹힘.

+ 弱(약할 약), 肉(고기 육), 強(강할 강, 억지 강), 食(밥 식, 먹을 식, 먹이 사)

**羊頭狗肉(양두구육)** '양 머리에 개고기'로, (양의 머리를 내걸어 놓고 실제로는 개고기를 판다는 데서), 겉으로는 그럴 듯하게 내세우나 속에는 음흉한 딴생각이 있음을 말함. 〔속〕 빛 좋은 개살구. 웃음 속에 칼이 있다. = 表裏不同(표리부동), 口蜜腹劍(구밀복검), 面從腹背(면종복배)

+ 羊(양 양), 頭(머리 두, 우두머리 두), 狗(개 구), 肉(고기 육), 表(겉 표), 裏(속 리), 同(한 가지 동, 같을 동), 蜜(꿀 밀), 腹(배 복), 劍(칼 검), 面(얼굴 면, 향할 면, 볼 면, 행정구역의 면), 從(좇을 종, 따를 종), 背(등 배, 등질 배)

**養虎遺患(양호유환)** '범을 길러 근심거리를 남김'으로, 화근이 될 것을 길러 나중에 화를 당하게 됨.

+ 養(기를 양), 虎(범 호), 遺(남길 유, 잊을 유), 患(근심 환)

**漁夫之利(어부지리)** '어부의 이익'으로, 싸움은 남이 하고 이익은 제삼자가 봄을 이르는 말.

+ 조(趙)나라 혜왕(惠王)이 연(燕)나라를 치려 하자, 소대(蘇代)가 혜왕에게 "제가 일전에 역수(易水)를 건너가다 보니 조개가 입을 벌리고 있는데 황새가 쪼아대자 조개가 입을 오므려 놓지 않으므로 그 곁을 지나던 어부가 힘들이지 않고 한 번에 둘을 다 잡았습니다."라고 비유하면서 조나라와 연나라가 서로 싸우면 진(秦)나라가 어부가 될 것이라 설득하였다는 데서 유래.

+ 漁(고기 잡을 어), 夫(사내 부, 남편 부), 利(이로울 리, 날카로울 리)

**語不成說(어불성설)** 말이 조금도 사리에 맞지 않음.

+ 語(말씀 어), 成(이룰 성), 說(달랠 세, 말씀 설, 기쁠 열)

**抑强扶弱(억강부약)** 강한 자를 누르고 약한 자를 도움.

+ 抑(누를 억), 强(강할 강, 억지 강), 扶(도울 부), 弱(약할 약)

**言語道斷(언어도단)** '언어에 도리가 끊김'으로, (매우 심하거나 나쁘거나 하여) 어이가 없어 말로써 나타낼 수가 없음을 말함.

+ 言(말씀 언), 語(말씀 어), 道(길 도, 도리 도, 말할 도, 행정구역의 도), 斷(끊을 단, 결단할 단)

**言中有骨(언중유골)** '말 가운데 뼈가 있음'으로, 예사로운 말 속에 단단한 속뜻이 들어 있음.

+ 中(가운데 중, 맞힐 중), 有(가질 유, 있을 유), 骨(뼈 골)

**言行相反(언행상반)** 말과 행실이 서로 반대. 廚 言行一致(언행일치)

+ 行(다닐 행, 행할 행, 항렬 항), 相(서로 상, 모습 상, 볼 상, 재상 상), 反(거꾸로 반, 뒤집을 반), 致(이룰 치, 이를 치)

**嚴冬雪寒(엄동설한)** 엄하게(몹시) 추운 겨울의 눈 내리고 차가운 날씨.

+ 嚴(엄할 엄), 冬(겨울 동), 雪(눈 설, 씻을 설), 寒(찰 한)

**如履薄氷(여리박빙)** '살얼음을 밟는 것과 같음'으로, 처세에 극히 조심함을 말함. = 如臨深泉(여림심천)

+ 如(같을 여), 履(신 리, 밟을 리), 薄(엷을 박), 氷(얼음 빙), 臨(임할 림), 深(깊을 심), 泉(샘 천)

**與民同樂(여민동락)** (임금이) 백성과 더불어 즐거움을 같이함.

+ 與(줄 여, 더불 여, 참여할 여), 民(백성 민), 同(한 가지 동, 같을 동), 樂(노래 악, 즐길 락, 좋아할 요)

**如拔痛齒(여발통치)** '앓던 이를 뽑은 것 같음'으로, 괴로운 일에서 벗어나 시원함.

+ 拔(뽑을 발), 痛(아플 통), 齒(이 치, 나이 치)

**與受同罪(여수동죄)** (뇌물을) 주고받은 것이 다 같이 죄가 됨.

+ 受(받을 수), 同(한 가지 동, 같을 동), 罪(허물 죄)

**易地思之(역지사지)** '처지를 바꾸어 생각함'으로, 상대방의 처지에서 생각함.

+ 易(쉬울 이, 바꿀 역), 地(땅 지, 처지 지), 思(생각할 사)

**緣木求魚(연목구어)** '나무에 인연하여(올라가) 물고기를 구함'으로, 목적과 수단이 일치하지 않아 성공이 불가능함을 비유적으로 이르는 말. = 上山求魚(상산구어)

+ 緣(인연 연), 求(구할 구), 魚(물고기 어), 上(위 상, 오를 상)

**連戰連勝(연전연승)** '이어진 싸움에 이어 이김'으로, 싸울 때마다 승리함. 廚 連戰連敗(연전연패)

+ 連(이을 련), 戰(싸울 전, 무서워 떨 전), 勝(이길 승, 나을 승), 敗(패할 패)

**炎涼世態(염량세태)** '뜨겁고 차가운 세상 모습'으로, 세력이 있을 때는 아첨하여 쫓고 권세가 없어지면 푸대접하는 세속의 인심을 말함.

+ 炎(불꽃 염, 더울 염, 염증 염), 涼(서늘할 량), 世(세대 세, 세상 세), 態(모양 태)

**五里霧中(오리무중)** '오리(五里)가 안개 속'으로, 무슨 일에 대하여 방향이나 갈피를 잡을 수 없음을 이르는 말.

+ 里(마을 리, 거리 리), 霧(안개 무), 오리(五里) – 원래 2㎞이나 여기서는 가까운 부근을 말함.

**吾鼻三尺(오비삼척)** '내 코(콧물)가 석 자'로, 내 사정이 급하여 남을 돌볼 겨를이 없음을 말함.

+ 吾(나 오), 鼻(코 비, 비롯할 비), 尺(자 척)

**烏合之卒(오합지졸)** '까마귀를 모아 놓은 듯한 군사'로, 갑자기 모여 훈련도 받지 않고 무질서한 병졸.

+ 烏(까마귀 오), 合(합할 합, 맞을 합), 卒(졸병 졸, 갑자기 졸, 마칠 졸)

**溫故知新(온고지신)** 옛것을 익히고 그것을 미루어 새 것을 앎.

+ 溫(따뜻할 온, 익힐 온), 故(연고 고, 옛 고), 知(알 지), 新(새로울 신)

**外柔內剛(외유내강)** 겉보기에는 부드러우나 속은 굳셈.

+ 外(밖 외), 柔(부드러울 유), 內(안 내, 나인 나), 剛(굳셀 강)

**樂山樂水(요산요수)** 산을 좋아하고 물을 좋아함.

+ 仁者樂山(인자요산) 智者樂水(지자요수)의 준말.

+ 樂(노래 악, 즐길 락, 좋아할 요), 仁(어질 인), 智(지혜 지)

**搖之不動(요지부동)** (아무리 건드리고) 흔들어도 움직이지 않음.

+ 搖(흔들 요), 動(움직일 동)

**龍頭蛇尾(용두사미)** '용머리에 뱀 꼬리'로, 처음은 야단스럽게 시작되었지만 끝이 흐지부지됨을 이르는 말.

+ 龍(용 룡), 頭(머리 두, 우두머리 두), 蛇(뱀 사), 尾(꼬리 미)

**龍蛇飛騰(용사비등)** '용과 뱀이 날아오름'으로, 구불구불한 용과 뱀처럼 매우 잘 쓴 글씨를 이르는 말.

+ 飛(날 비, 높을 비, 빠를 비), 騰(오를 등)

**愚公移山(우공이산)** '우공(愚公)이 산을 옮김'으로, 어떤 일이나 끈기 있게 노력하면 마침내 성공하게 됨을 이르는 말.

+ 우공이 자신의 집 앞에 가로놓인 큰 산을 옮기려하자 지수(智叟)가 그 어리석음을 비웃었다. 그러자 우공이 "이 일은 비록 내가 죽더라도 아들이 있고, 아들이 손자를 낳고, 손자가 또 그 아들을 두어 자자손손(子子孫孫) 이어질 것이나, 산은 더 커지지 않을 것이니 어찌 이루지 못 하리오?"라고 질책하였다는 데서 유래.

+ 愚(어리석을 우), 公(공정할 공, 대중 공, 귀공자 공), 移(옮길 이)

**愚問愚答(우문우답)** 어리석은 질문에 어리석은 대답.

+ 問(물을 문), 答(대답할 답, 갚을 답)

**雨順風調(우순풍조)** '비가 순하게 오고 바람이 조화롭게 붊'으로, 농사에 알맞게 기후가 순조로움.

+ 順(순할 순), 風(바람 풍, 풍속·경치·모습·기질·병 이름 풍), 調(고를 조, 어울릴 조, 가락 조)

**優劣難分(우열난분)** (서로 비슷하여) 우열이 가려지지 않음. = 莫上莫下(막상막하), 難兄難弟(난형난제)

+ 優(우수할 우, 배우 우, 머뭇거릴 우), 劣(못날 렬), 難(어려울 난, 비난할 난), 分(나눌 분, 단위 분, 단위 푼, 분별할 분, 분수 분), 莫(없을 막, 말 막, 가장 막), 兄(형 형, 어른 형), 弟(아우 제, 제자 제)

**右往左往(우왕좌왕)** '오른쪽으로 가고 왼쪽으로 감'으로, 방향을 정하지 못하고 오락가락함을 비유한 말.

+ 右(오른쪽 우), 往(갈 왕), 左(왼쪽 좌)

**優柔不斷(우유부단)** '많이 부드러워 결단성이 없음'으로, 이럴까 저럴까 어물어물하여 딱 잘라서 결단을 내리지 못함.

+ 優(우수할 우, 배우 우, 머뭇거릴 우), 柔(부드러울 유), 斷(끊을 단, 결단할 단)

**牛耳讀經(우이독경)** '쇠귀에 경 읽기'로, 아무리 가르치고 일러 주어도 알아듣지 못함. = 牛耳誦經(우이송경)

+ 牛(소 우), 耳(귀 이), 讀(읽을 독, 구절 두), 經(지날 경, 날실 경, 글 경), 誦(욀 송)

**遠禍召福(원화소복)** 화를 멀리 물리치고 복을 불러 들임.

+ 遠(멀 원), 禍(재앙 화), 召(부를 소), 福(복 복)

**危機一髮(위기일발)** '위기가 한 가닥의 머리털 사이'로, 거의 여유가 없는 위급한 순간.

+ 危(위험할 위), 機(베틀 기, 기계 기, 기회 기), 髮(터럭 발)

**有口無言(유구무언)** '입은 있으나 말이 없음'으로, 변명할 말이 없거나 변명을 못함.

+ 有(가질 유, 있을 유), 口(입 구, 말할 구, 구멍 구), 無(없을 무), 言(말씀 언)

**有名無實(유명무실)** '이름만 있고 실제가 없음'으로, 이름만 요란하고 실제 알맹이는 없음.

+ 名(이름 명, 이름날 명), 實(열매 실, 실제 실)

**流芳百世(유방백세)** '꽃다움이 백 세까지 흐름'으로, 꽃다운 이름이 후세에 길이 전함.

+ 流(흐를 류, 번져 나갈 류), 芳(꽃다울 방), 百(일백 백, 많을 백), 世(세대 세, 세상 세)

**有備無患(유비무환)** (사전에 미리) 갖추어져 있으면 근심이 없음.

+ 備(갖출 비), 患(근심 환)

**類類相從(유유상종)** 같은 무리끼리 서로 따르며 사귐. [속] 가재는 게 편. = 草綠同色(초록동색)

+ 類(무리 류, 닮을 류), 相(서로 상, 모습 상, 볼 상, 재상 상), 從(좇을 종, 따를 종), 草(풀 초), 綠(푸를 록), 同(한 가지 동, 같을 동), 色(빛 색)

**遺臭萬年(유취만년)** '냄새가 만 년에까지 남겨짐'으로, 더러운 이름이 후세에까지 전해짐. [반] 流芳百世(유방백세)

+ 遺(남길 유, 잃을 유), 臭(냄새 취), 萬(일만 만, 많을 만), 年(해 년, 나이 년)

**陰德陽報(음덕양보)** 남모르게 덕행을 쌓은 사람은 드러나게 보답을 받게 됨.

+ 陰(그늘 음), 德(덕 덕, 클 덕), 陽(볕 양, 드러날 양), 報(알릴 보, 갚을 보)

**意氣揚揚(의기양양)** '뜻과 기운을 떨침'으로, 일이 뜻대로 될 때 으쓱한 패기가 얼굴에 나타나고 기세가 당당하여짐.

+ 意(뜻 의), 氣(기운 기, 대기 기), 揚(떨칠 양, 오를 양)

**意氣衝天(의기충천)** '뜻과 기운이 하늘을 찌름'으로, (뜻한 바를 이루어) 만족한 마음이 하늘을 찌를 듯함.

+ 意(뜻 의), 衝(부딪칠 충, 찌를 충), 天(하늘 천)

**意氣投合(의기투합)** 마음이나 뜻이 서로 맞음.

+ 氣(기운 기, 대기 기), 投(던질 투), 合(합할 합, 맞을 합)

**異口同聲(이구동성)** '다른 입에 같은 소리'로, 여러 사람의 말이 한결같음.

+ 異(다를 이), 同(한 가지 동, 같을 동), 聲(소리 성)

**以卵擊石(이란격석)** '계란으로 돌을 침'으로, 약한 것으로 강한 것을 당해 내려는 어리석음을 비유한 말. = 以卵投石(이란투석)

+ 以(써 이, 까닭 이), 卵(알 란), 擊(칠 격), 石(돌 석), 投(던질 투)

**以民爲天(이민위천)** '백성으로 써 하늘을 삼음'으로, 백성을 하늘같이 소중히 여김.

+ 民(백성 민), 爲(할 위, 위할 위), 天(하늘 천)

**以實直告(이실직고)** 실제로써 바르게 알림.

+ 實(열매 실, 실제 실), 直(곧을 직, 바를 직), 告(알릴 고)

**以心傳心(이심전심)** (말이나 글로 전하지 않고) 마음으로써 마음을 전함.

+ 心(마음 심, 중심 심), 傳(전할 전, 이야기 전)

**以熱治熱(이열치열)** 열로써 열을 다스림.

+ 곧 열이 날 때에 땀을 낸다든지, 더위를 뜨거운 차를 마셔서 이긴다든지, 힘은 힘으로 물리친다는 따위를 이를 때에 쓰는 말.

+ 熱(더울 열), 治(다스릴 치)

**二律背反(이율배반)** '두 가지 법률이 서로 등지고 거꾸로 임'으로, 서로 모순되는 사실이 한 행동이나 사건 속에 주장되는 일.

+ 律(법률 률, 가락 률), 背(등 배, 등질 배), 反(거꾸로 반, 뒤집을 반)

**離合集散(이합집산)** 떨어지고 합치고 모이고 흩어짐.

+ 離(헤어질 리), 合(합할 합, 맞을 합), 集(모일 집, 모을 집, 책 집), 散(흩어질 산)

**利害得失(이해득실)** 이익과 손해와 얻음과 잃음을 아울러 이르는 말.

+ 利(이로울 리, 날카로울 리), 害(해칠 해, 방해할 해), 得(얻을 득),

失(잃을 실)

**利害打算(이해타산)** 이해관계를 따져 셈함.
+ 打(칠 타), 算(셈할 산)

**因果應報(인과응보)** '원인과 결과가 응하여 갚음'으로, 좋은 일에는 좋은 결과가, 나쁜 일에는 나쁜 결과가 따름.
+ 因(말미암을 인, 의지할 인), 果(과실 과, 결과 과), 應(응할 응), 報(알릴 보, 갚을 보)

**人面獸心(인면수심)** '사람 얼굴에 짐승 마음'으로, 사람의 탈을 쓴 짐승. 인륜을 모르는 짐승 같은 사람.
= 表裏不同(표리부동)
+ 面(얼굴 면, 향할 면, 볼 면, 행정구역의 면), 獸(짐승 수), 表(겉 표), 裏(속 리), 同(한 가지 동, 같을 동)

**人命在天(인명재천)** '사람의 목숨은 하늘에 매여 있음'으로, 사람의 목숨은 태어날 때 정해져서 사람 마음대로 되지 않는다는 말.
+ 命(명령할 명, 목숨 명, 운명 명), 在(있을 재), 天(하늘 천)

**人事不省(인사불성)** '사람의 일을 살피지 못함'으로, 사람들 사이에 지켜져야 할 예의범절이 전혀 되지 않음.
+ 事(일 사, 섬길 사), 省(살필 성, 줄일 생)

**人山人海(인산인해)** '사람이 산을 이루고 바다를 이룸'으로, 사람이 헤아릴 수 없이 많이 모인 모양.
+ 海(바다 해)

**因人成事(인인성사)** '사람으로 인하여 일을 이룸'으로, 자기가 직접 하지 못하고 남의 힘으로 일을 성사시킴.
+ 因(말미암을 인, 의지할 인), 成(이룰 성), 事(일 사, 섬길 사)

**仁者無敵(인자무적)** 어진 사람은 (모든 사람이 사랑하므로 세상에) 적이 없음.
+ 仁(어질 인), 者(놈 자, 것 자), 無(없을 무), 敵(원수 적)

**忍之爲德(인지위덕)** 참는 것이 덕이 됨.
+ 忍(참을 인), 爲(할 위, 위할 위), 德(덕 덕, 클 덕)

**人之常情(인지상정)** 사람이라면 누구나 가지는 보통의 마음.
+ 常(항상 상, 보통 상, 떳떳할 상), 情(뜻 정, 정 정)

**一擧兩得(일거양득)** 한 가지 일을 하여 두 가지 이득을 봄. 〔속〕 꿩 먹고 알 먹기. 배 먹고 이 닦기. 도랑 치고 가재 잡기. 마당 쓸고 돈 줍기. = 一石二鳥(일석이조)
+ 擧(들 거, 행할 거, 일으킬 거), 兩(두 량, 짝 량, 냥 냥), 得(얻을 득), 石(돌 석), 鳥(새 조)

**一口二言(일구이언)** (한 가지 일에 대하여) 한 입으로 두 가지 말을 함.
+ 言(말씀 언)

**一網打盡(일망타진)** '한 그물에 두들겨 다 잡음'으로, 한꺼번에 모조리 잡아들임을 말함.

+ 網(그물 망), 打(칠 타), 盡(다할 진)

**一脈相通(일맥상통)** '하나의 맥이 서로 통함'으로, 내용이 한줄기 맥락으로 통함.
+ 脈(맥 맥), 相(서로 상, 모습 상, 볼 상, 재상 상), 通(통할 통)

**一罰百戒(일벌백계)** '한 사람을 벌주어 백 사람을 경계함'으로, (다른 사람들에게 경각심을 불러일으키기 위하여) 본보기로 하는 처벌.
+ 罰(벌줄 벌), 百(일백 백, 많을 백), 戒(경계할 계)

**一絲不亂(일사불란)** '하나의 실처럼 어지럽지 않음'으로, 질서나 체계가 정연하여 조금도 어지러운 데가 없음.
+ 絲(실 사), 亂(어지러울 란)

**一石二鳥(일석이조)** '하나의 돌로 두 마리 새를 잡음'으로, 한 가지 일로 두 가지의 이득을 얻음. = 一擧兩得(일거양득)
+ 鳥(새 조), 擧(들 거, 행할 거, 일으킬 거), 兩(두 량, 짝 량, 냥 냥), 得(얻을 득)

**一心同體(일심동체)** '한마음 같은 몸'으로, 서로 굳게 결합함.
+ 同(한 가지 동, 같을 동), 體(몸 체)

**一魚濁水(일어탁수)** '한 마리 물고기가 물을 흐림'으로, 한 사람의 잘못으로 여러 사람이 그 해를 입게 됨을 말함.
+ 魚(물고기 어), 濁(흐릴 탁)

**一言半句(일언반구)** '하나의 말과 반 구절'로, 아주 짧은 말. = 一言半辭(일언반사)
+ 半(반 반), 句(구절 구), 辭(말씀 사, 글 사, 물러날 사)

**一葉片舟(일엽편주)** '하나의 나뭇잎 같은 조각배'로, 아주 작은 조각배.
+ 葉(잎 엽), 片(조각 편), 舟(배 주)

**一字無識(일자무식)** ① 글자를 한 자도 모를 정도로 무식함. 또는 그런 사람. ② 어떤 분야에 대하여 아는 바가 하나도 없음.
+ 字(글자 자), 無(없을 무), 識(알 식, 기록할 지)

**一長一短(일장일단)** '하나의 장점과 하나의 단점'으로, 장점도 있고 단점도 있음. = 一短一長(일단일장)
+ 長(길 장, 어른 장), 短(짧을 단, 모자랄 단)

**一場春夢(일장춘몽)** '한 마당(바탕)의 봄꿈'으로, 헛된 영화나 덧없는 일을 비유하여 이르는 말.
+ 場(마당 장), 春(봄 춘), 夢(꿈 몽)

**一朝一夕(일조일석)** '하루 아침 하루 저녁'으로, 아주 짧은 시간을 말함.
+ 朝(아침 조, 조정 조, 뵐 조), 夕(저녁 석)

**一觸卽發(일촉즉발)** '한 번만 닿아도 곧 폭발함'으로, 매우 아슬아슬한 형세를 말함.
+ 觸(닿을 촉), 卽(곧 즉), 發(쏠 발, 일어날 발)

一寸光陰(일촌광음)  '한 마디 빛과 그늘'로, 매우 짧은 동안의 시간.

+ 寸(마디 촌, 법도 촌), 光(빛 광), 陰(그늘 음)

日就月將(일취월장)  '날로 나아가고 달로 나아감'으로, 계속 발전해 나아감. = 日新又日新(일신우일신), 日進月步(일진월보)

+ 就(나아갈 취, 이룰 취), 將(장수 장, 장차 장, 나아갈 장), 新(새로울 신), 又(오른손 우, 또 우), 進(나아갈 진), 步(걸음 보)

一片丹心(일편단심)  '한 조각 붉은 마음'으로, 진심에서 우러나오는 변치 아니하는 마음.

+ 片(조각 편), 丹(붉을 단, 꽃 이름 란)

一筆揮之(일필휘지)  '한 번에 붓을 휘두름'으로, 단숨에 글씨나 그림을 쓰거나 그림.

+ 筆(붓 필, 글씨 필), 揮(휘두를 휘, 지휘할 휘, 흩어질 휘)

一喜一悲(일희일비)  한편으로는 기쁘고 한편으로는 슬픔. 또는 기쁘고 슬픈 일이 번갈아 일어남.

+ 喜(기쁠 희), 悲(슬플 비)

臨機應變(임기응변)  '기회에 임하고 변화에 응함'으로, 그때그때의 형편에 따라 융통성 있게 처리함.

+ 臨(임할 림), 機(베틀 기, 기계 기, 기회 기), 應(응할 응), 變(변할 변)

臨戰無退(임전무퇴)  싸움에 임하면 물러섬이 없음.

+ 戰(싸울 전, 무서워 떨 전), 退(물러날 퇴)

立身揚名(입신양명)  몸을 세워(출세하여) 이름을 날림.

+ 立(설 립), 身(몸 신), 揚(오를 양, 떨칠 양), 名(이름 명, 이름날 명)

入鄕循俗(입향순속)  고을에 들어가서는 그 고을의 풍속에 따라야 함.

+ 入(들 입), 鄕(시골 향, 고을 향), 循(돌 순, 좇을 순), 俗(풍속 속)

自強不息(자강불식)  스스로 힘쓰며 쉬지 않음.

+ 自(자기 자, 스스로 자, 부터 자), 強(강할 강, 억지 강), 息(쉴 식, 숨 쉴 시, 자식 식)

自激之心(자격지심)  '스스로 부딪침의 마음'으로, 자기가 한 일에 대하여 스스로 미흡하게 여기는 마음.

+ 激(물 부딪칠 격), 心(마음 심, 중심 심)

自古以來(자고이래)  '예로부터 써 오는 동안'으로, 예로부터 지금까지의 동안. = 自古(자고), 古來(고래)

+ 古(오랠 고, 옛 고), 以(써 이, 까닭 이), 來(올 래)

自給自足(자급자족)  '스스로 주고 스스로 만족함'으로, 필요한 물자를 스스로 생산하여 충당함.

+ 給(줄 급), 足(발 족, 넉넉할 족)

自力更生(자력갱생)  '자기 힘으로 다시 살아남'으로, 자기의 어려웠던 환경을 딛고 다시 재기함.

+ 力(힘 력), 更(고칠 경, 다시 갱)

自問自答(자문자답)  '스스로 묻고 스스로 답함'으로, 의심나는 곳을 자기의 마음으로 진단해서 스스로 판단함.

+ 問(물을 문), 答(대답할 답, 갚을 답)

自手成家(자수성가)  (물려받은 재산이 없이) 자기 혼자의 손(힘)으로 집안을 일으키고 재산을 모음.

+ 手(손 수, 재주 수, 재주 있는 사람 수), 成(이룰 성), 家(집 가, 전문가 가)

自業自得(자업자득)  자기가 저지른 일의 결과를 자기가 받음.

+ 業(일 업, 업 업), 得(얻을 득)

子子孫孫(자자손손)  자손의 여러 대대.

+ 子(아들 자, 첫째 지지 자, 자네 자, 접미사 자), 孫(손자 손)

自中之亂(자중지란)  '자기 가운데의 어지러움'으로, 자기편끼리 하는 싸움.

+ 中(가운데 중, 맞힐 중), 亂(어지러울 란)

自初至終(자초지종)  처음부터 끝까지.

+ 初(처음 초), 至(이를 지, 지극할 지), 終(끝 종, 마칠 종)

自暴自棄(자포자기)  '스스로를 사납게 하고 스스로를 버림'으로, 절망에 빠져 자신을 포기하여 돌아보지 아니함.

+ 暴(사나울 폭·포, 드러날 폭), 棄(버릴 기)

自畫自讚(자화자찬)  '스스로를 그리고 스스로를 칭찬함'으로, 자기가 한 일을 스스로 자랑함.

+ 畫(그림 화, 그을 획), 讚(칭찬할 찬, 기릴 찬)

作心三日(작심삼일)  '한 번 작정한 마음이 사흘을 못 감'으로, 결심이 굳지 못함을 말함.

+ 作(지을 작)

張三李四(장삼이사)  '장씨의 삼남과 이씨의 사남'으로, 평범한 사람을 일컫는 말.

+ 張(베풀 장, 키울 장, 성씨 장), 李(오얏 리, 성씨 리)

才子佳人(재자가인)  재주 있는 남자와 아름다운 여자를 아울러 이르는 말.

+ 佳(아름다울 가)

積小成大(적소성대)  작은 것이 쌓여 큰 것을 이룸. = 積土成山(적토성산), 塵合泰山(진합태산)

+ 積(쌓을 적), 成(이룰 성), 塵(티끌 진), 合(합할 합, 맞을 합), 泰(클 태, 편안할 태)

適者生存(적자생존)  '알맞은 것만 살아 존재함'으로, 생존경쟁의 결과 그 환경에 적응하는 것만 살아남음.

+ 適(알맞을 적, 갈 적), 者(놈 자, 것 자), 生(날 생, 살 생, 사람을 부를 때 쓰는 접사 생), 存(있을 존)

電光石火(전광석화)  번갯불이나 부싯돌의 불이 번쩍거리는 것과 같이 매우 짧은 시간이나 매우 재빠른 움직임을 이르는 말.

+ 電(번개 전, 전기 전), 光(빛 광), 石(돌 석), 火(불 화)

**前代未聞(전대미문)** '앞선 대에서 아직 듣지 못함'으로, 이제까지 들어 본 적이 없음.
+ 代(대신할 대, 세대 대), 未(아닐 미, 아직 ~않을 미), 聞(들을 문)

**前無後無(전무후무)** '전에도 없었고 후에도 있을 수 없음'으로, 좀처럼 있기 어려운 일을 말함. = 空前絶後(공전절후)
+ 無(없을 무), 後(뒤 후), 空(빌 공, 하늘 공), 前(앞 전), 絶(끊을 절, 죽을 절, 가장 절)

**轉禍爲福(전화위복)** '화가 바뀌어 복이 됨'으로, 어려움을 극복하고 이용하여 오히려 복으로 만듦.
+ 轉(구를 전), 禍(재앙 화), 爲(할 위, 위할 위), 福(복 복)

**絶世美人(절세미인)** 세상에서 가장 아름다운 사람.
+ 絶(끊을 절, 죽을 절, 가장 절), 世(세대 세, 세상 세), 美(아름다울 미)

**絶處逢生(절처봉생)** '끊어진 곳에서 살길을 만남'으로, 아주 막다른 골목에서 살길을 찾음.
+ 絶(끊을 절, 죽을 절, 가장 절), 處(곳 처, 살 처, 처리할 처), 逢(만날 봉)

**切齒腐心(절치부심)** (몹시 분하여) 이를 끊고(갈고) 마음(속)을 썩임.
+ 切(모두 체, 끊을 절, 간절할 절), 齒(이 치, 나이 치), 腐(썩을 부), 心(마음 심, 중심 심)

**漸入佳境(점입가경)** 점점 아름다운(재미있는) 경지로 들어감.
+ 漸(점점 점), 入(들 입), 佳(아름다울 가), 境(지경 경, 형편 경)

**正正堂堂(정정당당)** '바르고 당당함'으로, 태도나 수단이 공정하고 떳떳함.
+ 正(바를 정), 堂(집 당, 당당할 당)

**朝得暮失(조득모실)** '아침에는(처음에는) 얻었다가 저녁에는(끝에는) 잃음'으로, 얻은 지 얼마 안 되어서 곧 잃어버림을 말함.
+ 朝(아침 조, 조정 조, 뵐 조), 得(얻을 득), 暮(저물 모), 失(잃을 실)

**朝令暮改(조령모개)** '아침에 내린 명령이 저녁에 바뀜'으로, 법령이 빈번하게 바뀜.
+ 令(하여금 령, 명령할 령), 改(고칠 개)

**朝變夕改(조변석개)** '아침에 변한 것을 저녁에 다시 고침'으로, 일을 자주 뜯어 고침.
+ 變(변할 변), 夕(저녁 석)

**朝三暮四(조삼모사)** '아침에 셋, 저녁에 넷'으로, 간사한 꾀로 남을 속이고 농락함을 말함.
+ 송(宋)나라 저공(狙公 : 원숭이를 기르는 전설상의 인물)이 원숭이를 기를 때, 어느 날 아침 원숭이들에게 먹이인 도토리를 아침에 3개 주고 저녁에 4개 주겠다고 하니 원숭이들이 화를 내다가, 그러면 아침에 4개 주고 저녁에 3개 주겠다 하니 기뻐하였다는 데서 유래. 결국 주는 개수는 같은데 얄팍한 꾀로 어리석은 사람을 농락함을 말함.

**鳥足之血(조족지혈)** '새 발의 피'로, 매우 적은 분량

을 비유적으로 이르는 말.
+ 鳥(새 조), 足(발 족, 넉넉할 족), 血(피 혈)

**足脫不及(족탈불급)** '발 벗고 나서도 미치지 못함'으로, 능력·역량·재질 따위가 두드러져 도저히 다른 사람이 따라가지 못할 정도임.
+ 脫(벗을 탈), 及(미칠 급)

**種豆得豆(종두득두)** '콩 심으면 콩을 얻음'으로, 원인에 따라 결과를 얻는다는 말. = 種豆得豆(종두득두), 種瓜得瓜(종과득과) 속 콩 심은 데 콩 나고 팥 심은 데 팥 난다. 뿌린 대로 거둔다.
+ 種(씨앗 종, 종류 종), 豆(제기 두, 콩 두), 得(얻을 득), 瓜(오이 과)

**坐不安席(좌불안석)** '앉은 자리가 편안하지 못함'으로, 한군데 오래 앉아 있지 못함.
+ 坐(앉을 좌), 安(어찌 안, 편안할 안), 席(자리 석)

**左之右之(좌지우지)** '왼쪽으로 가게하고 오른쪽으로 가게 함'으로, 어떤 일을 이리저리 제 마음대로 다루거나 휘두름을 말함.
+ 左(왼쪽 좌), 之(갈 지, ~의 지), 右(오른쪽 우)

**左衝右突(좌충우돌)** '왼쪽으로 찌르고 오른쪽으로 부딪침'으로, 이리저리 마구 치고 받음.
+ 衝(부딪칠 충, 찌를 충), 突(갑자기 돌, 부딪칠 돌, 내밀 돌, 굴뚝 돌)

**晝耕夜讀(주경야독)** '낮에는 밭을 갈고 밤에는 글을 읽음'으로, 어려운 여건 속에서도 꿋꿋이 공부함.
+ 晝(낮 주), 耕(밭갈 경), 夜(밤 야), 讀(읽을 독, 구절 두)

**走馬看山(주마간산)** '달리는 말 위에서 산을 봄'으로, 바쁘게 대충 보며 지나감을 말함. 속 수박 겉핥기. 처삼촌 묘 벌초하기.
+ 走(달릴 주, 도망갈 주), 馬(말 마), 看(볼 간), 山(산 산)

**晝夜不息(주야불식)** '낮이나 밤이나 쉬지 않음'으로, 열심히 일함.
+ 息(쉴 식, 숨 쉴 식, 자식 식)

**竹馬故友(죽마고우)** '대말을 타고 놀던 옛 친구'로, 어릴 때부터 같이 놀던 오래된 친구. 소꿉친구.
+ 놀이기구가 없던 옛날에는 대를 말 타듯이 가랑이 사이에 끼고 놀았던 데서 유래.
+ 竹(대 죽), 馬(말 마), 故(연고 고, 옛 고), 友(벗 우)

**衆寡不敵(중과부적)** 많은 무리를 적은 수로써 대적할 수 없음.
+ 衆(무리 중), 寡(적을 과, 과부 과), 敵(원수 적)

**衆口難防(중구난방)** (마구 지껄이는) 여러 사람들의 입은 막기 어려움.
+ 難(어려울 난, 비난할 난), 防(둑 방, 막을 방)

**重言復言(중언부언)** '거듭 말하고 다시 말함'으로, 거듭 되풀이하여 말함.
+ 重(무거울 중, 귀중할 중, 거듭 중), 言(말씀 언), 復(다시 부, 회복할 복)

**知己之友(지기지우)** 자기를 알아주는 친구. = 知己(지기)

+ 知(알 지), 己(몸 기, 자기 기), 友(벗 우)

**知路問行(지로문행)** 아는 길도 물어서 감.

+ 路(길 로), 問(물을 문), 行(다닐 행, 행할 행, 항렬 항)

**指鹿爲馬(지록위마)** '사슴을 가리켜 말이라고 함'으로, 윗사람을 농락하여 권세를 마음대로 휘두름을 이르는 말.

+ 진(秦)나라 조고(趙高)가 세력을 휘두르고 싶으나 여러 신하들이 반항하지 않을까 염려하여 우선 시험하였는데, 사슴을 2세 황제(二世皇帝)에게 바치며 말이라 속이고 군신(君臣) 가운데 말이 아니라고 하는 자에게 벌을 줌으로써 그의 정책에 반기를 들지 못하게 하였다는 데서 유래.

+ 指(손가락 지, 가리킬 지), 鹿(사슴 록), 爲(할 위, 위할 위), 馬(말 마)

**支離滅裂(지리멸렬)** '갈라지고 헤어지고 멸하고 찢어짐'으로, 이리저리 갈라지고 흩어져 갈피를 잡을 수 없음.

+ 支(다룰 지, 가를 지, 지출할 지), 離(헤어질 리), 滅(꺼질 멸, 멸할 멸), 裂(찢을 렬)

**至誠感天(지성감천)** '지극한 정성은 하늘도 감동시킴'으로, 지극한 정성으로 하면 어려운 일도 해결됨을 말함.

+ 至(이를 지, 지극할 지), 誠(정성 성), 感(느낄 감, 감동할 감), 天(하늘 천)

**智者樂水(지자요수)** 지혜로운 사람은 (사리에 밝아 막힘이 없는 것이 흐르는 물과 같아서) 물을 좋아함.

+ 智(지혜 지), 樂(노래 악, 즐길 락, 좋아할 요)

**知彼知己(지피지기)** '저 사람을 알고 자기도 앎'으로, 적과 나의 세력이나 강약을 자세히 살펴 안다는 말.

+ 彼(저 피), 己(몸 기, 자기 기)

**指呼之間(지호지간)** '손짓하여 부를 수 있는 사이'로, 가까운 거리.

+ 指(손가락 지, 가리킬 지), 呼(부를 호), 間(사이 간)

**進退兩難(진퇴양난)** '나아가기도 물러나기도 둘 다 어려움'으로, 꼼짝할 수 없는 궁지에 몰린 경우.

+ 進(나아갈 진), 退(물러날 퇴), 兩(두 량, 짝 량, 냥 냥), 難(어려울 난, 비난할 난)

**進退維谷(진퇴유곡)** '나아가기나 물러서기가 골짜기에 묶임'으로, 앞뒤가 다 함정이라 이러지도 저러지도 못하는 경우.

+ 維(벼리 유, 끈 유, 묶을 유), 谷(골짜기 곡)

**天高馬肥(천고마비)** '하늘이 높고 말이 살찜'으로, 가을이 썩 좋은 계절임을 일컫는 말.

+ 天(하늘 천), 高(높을 고), 馬(말 마), 肥(살찔 비)

**千慮一得(천려일득)** '천 번을 생각하다 보면 한 번은 얻음'으로, 어리석은 사람이라도 많은 생각을 하다 보면 한 가지쯤은 좋은 생각이 있다는 말.

+ 智者(지자)도 千慮一失(천려일실)이요, 愚者(우자)도 千慮一得(천려일득)이라는 말에서 유래.

+ 千(일천 천, 많을 천), 慮(생각할 려), 得(얻을 득), 智(지혜 지), 者(놈 자, 것 자), 失(잃을 실), 愚(어리석을 우)

**千慮一失(천려일실)** '천 번을 생각해도 한 번의 실수는 있음'으로, 지혜로운 사람의 생각에도 간혹 잘못이 있을 수 있다는 말.

**天崩之痛(천붕지통)** '하늘이 무너지는 아픔'으로, 울타리가 되어 주던 임금이나 아버지, 또는 남편이 죽었을 때의 슬픔을 말함. = 崩城之痛(붕성지통)

+ 天(하늘 천), 崩(무너질 붕), 痛(아플 통), 城(재 성, 성 성)

**天生緣分(천생연분)** 하늘이 낸(정하여 준) 인연.

+ 生(날 생, 살 생, 사람을 부를 때 쓰는 접사 생), 緣(인연 연), 分(나눌 분, 단위 분, 단위 푼, 신분 분, 분별할 분, 분수 분)

**千辛萬苦(천신만고)** '천 번의 고생과 만 번의 괴로움'으로, 온갖 고생을 겪음을 말함.

+ 辛(매울 신, 고생할 신), 萬(일만 만, 많을 만), 苦(쓸 고, 괴로울 고)

**天壤之差(천양지차)** '하늘과 땅 차이'로, 아주 엄청난 차이를 말함. = 天壤之判(천양지판)

+ 壤(고운 흙 양, 땅 양), 差(다를 차, 어긋날 차), 判(판단할 판)

**千紫萬紅(천자만홍)** '천 가지 자주빛과 만 가지 붉음'으로, 온갖 꽃이 피어 울긋불긋함.

+ 紫(자줏빛 자), 萬(일만 만, 많을 만), 紅(붉을 홍)

**千載一遇(천재일우)** '천 년에 한 번 만남'으로, 좀처럼 얻기 어려운 아주 좋은 기회를 말함.

+ 載(실을 재, 해 재), 遇(만날 우)

**天災地變(천재지변)** '하늘의 재앙과 땅의 이변'으로, 홍수, 태풍 따위의 자연현상으로 인한 재앙.

+ 災(재앙 재), 地(땅 지, 처지 지), 變(변할 변)

**天井不知(천정부지)** '천장을 알지 못함'으로, 물가 따위가 한없이 오르기만 함을 비유적으로 이르는 말. 俗 하늘 높은 줄 모른다.

+ 天井(천정) – 천장(天障)의 잘못. 井(우물 정, 우물틀 정), 知(알 지), 障(막을 장)

**千差萬別(천차만별)** '천 가지 차이와 만 가지 다름'으로, 여러 가지 물건이 모두 차이가 있고 구별이 있다는 말.

+ 差(다를 차, 어긋날 차), 萬(일만 만, 많을 만), 別(나눌 별, 다를 별)

**千態萬象(천태만상)** '천 가지 모양과 만 가지 모양'으로, 세상 사물이 한결같지 아니하고 각각 모습이 다름.

+ 態(모양 태), 象(코끼리 상, 모습 상, 본뜰 상)

**549**

**千篇一律(천편일률)** '많은 책이 한결같음'으로, 많은 사물이 한결같고 비슷비슷함.

　+ 篇(책 편), 律(법률 률, 가락 률)

**徹頭徹尾(철두철미)** '머리에서 꼬리까지 통함'으로, 처음부터 끝까지 철저함.

　+ 徹(통할 철, 뚫을 철), 頭(머리 두, 우두머리 두), 尾(꼬리 미)

**徹天之恨(철천지한)** '하늘도 뚫음의 한'으로, 하늘에까지 사무치는 크나큰 원한.

　+ 天(하늘 천), 恨(한할 한)

**靑山流水(청산유수)** '청산에 흐르는 물'로, 거침없이 잘 하는 말을 비유하여 씀. = 懸河之辯(현하지변)

　+ 靑(푸를 청, 젊을 청), 流(흐를 류, 번져나갈 류), 懸(매달 현, 멀 현), 河(내 하, 강 하), 辯(말 잘할 변)

**淸心寡慾(청심과욕)** 마음이 깨끗하여 욕심이 적음.

　+ 淸(맑을 청), 寡(적을 과, 과부 과), 慾(욕심 욕)

**靑雲之志(청운지지)** '푸른 구름의 뜻'으로, 푸른 구름같이 높은 하늘처럼 입신출세하려는 높은 꿈을 말함.

　+ 雲(구름 운), 志(뜻 지), 청운(靑雲) – 푸른 빛깔의 구름.

**草露人生(초로인생)** '풀에 맺힌 이슬 같은 인생'으로, (해만 뜨면 사라지는 이슬처럼) 사람 사는 것이 순간적이고 덧없음을 이르는 말.

　+ 草(풀 초), 露(이슬 로)

**草綠同色(초록동색)** '풀색과 녹색은 같은 색'으로, 처지가 같은 사람들끼리 한패가 되는 경우를 비유하여 이르는 말. 속 가재는 게 편. = 類類相從(유유상종)

　+ 綠(푸를 록), 同(한 가지 동, 같을 동), 色(빛 색), 類(무리 류, 닮을 류), 相(서로 상, 모습 상, 볼 상, 재상 상), 從(좇을 종, 따를 종)

**初志一貫(초지일관)** '처음 품은 뜻을 한결같이 뚫음'으로, 처음 계획을 끝까지 밀고 나감.

　+ 初(처음 초), 志(뜻 지), 貫(꿸 관, 무게 단위 관)

**寸鐵殺人(촌철살인)** '조그만 쇳덩어리로 사람을 죽일 수 있음'으로, 간단한 말로도 남을 감동시키거나 남의 약점을 찌를 수 있음.

　+ 寸(마디 촌, 법도 촌), 鐵(쇠 철), 殺(죽일 살, 빠를 쇄, 감할 쇄)

**秋毫不犯(추호불범)** 가을의 털만큼도(조금도) 범하지 않음.

　+ 毫(가는 털 호), 犯(범할 범)

**逐條審議(축조심의)** '조목을 쫓아서 살피고 의논함'으로, 조목의 순서에 따라 차례대로 하나씩 심사함.

　+ 逐(쫓을 축), 條(가지 조), 審(찾을 심), 議(의논할 의)

**出將入相(출장입상)** '나가서는 장수, 들어와서는 재상'으로, 문무를 겸비한 사람을 일컬음.

　+ 出(날 출, 나갈 출), 將(장수 장, 장차 장, 나아갈 장), 相(서로 상, 모습 상, 볼 상, 재상 상)

**忠言逆耳(충언역이)** 충고의 말은 귀에 거슬림.

　+ 忠(충성 충), 言(말씀 언), 逆(거스를 역), 耳(귀 이)

**取捨選擇(취사선택)** 취할(쓸) 것과 버릴 것을 가림.

　+ 取(취할 취, 가질 취), 捨(버릴 사), 選(뽑을 선), 擇(가릴 택)

**快刀亂麻(쾌도난마)** '쾌한 칼(잘 드는 칼)로 복잡하게 헝클어진 삼실을 벰'으로, 어지럽게 뒤얽힌 사물을 강력한 힘으로 명쾌하게 처리함.

　+ 快(쾌할 쾌), 刀(칼 도), 亂(어지러울 란), 麻(삼 마, 마약 마)

**他山之石(타산지석)** '다른(남의) 산의 돌'로, 남의 하찮은 언행(言行)도 자기의 지덕(知德)을 연마하는 데 도움이 될 수 있음을 말함.

　+ 他山之石 可以攻玉(타산지석 가이공옥 – 남의 산의 돌이라도 가히 옥돌을 가는 데에 쓰임)에서 유래.

　+ 他(다를 타, 남 타), 山(뫼 산), 石(돌 석), 言(말씀 언), 行(다닐 행, 행할 행, 항렬 항), 知(알 지), 德(덕 덕, 클 덕), 功(칠 공, 닦을 공), 玉(구슬 옥)

**卓上空論(탁상공론)** '탁상(책상) 위에서 헛된 의논'으로, 전혀 실현성이 없는 허황한 이론이나 논의를 말함.

　+ 卓(탁자 탁, 높을 탁), 空(빌 공, 하늘 공), 論(논할 론, 평할 론)

**貪官汚吏(탐관오리)** 탐욕이 많고 행실이 깨끗하지 못한 벼슬아치.

　+ 貪(탐낼 탐), 官(관청 관, 벼슬 관), 汚(더러울 오), 吏(관리 리)

**泰山北斗(태산북두)** ① 태산(泰山)과 북두칠성. ② (태산과 북두칠성을 여러 사람이 우러러 보는 것처럼) 남에게 존경받는 뛰어난 사람을 비유하여 이르는 말.

　+ 泰(클 태, 편안할 태), 北(등질 배, 달아날 배, 북쪽 북), 斗(국자 두, 말 두), 泰山(태산) – 중국 산동성에 있는 산으로, 옛날에는 세상에서 제일 높은 산으로 여겼음.

**破邪顯正(파사현정)** 간사한 것을 깨뜨리고 바른 것을 드러냄.

　+ 破(깨질 파, 다할 파), 邪(사악할 사), 顯(드러날 현), 正(바를 정)

**破竹之勢(파죽지세)** '대를 깨는(쪼개는) 기세'로, 적을 거침없이 물리치고 쳐들어가는 기세를 이르는 말.

　+ 竹(대 죽), 勢(형세 세, 권세 세), 대를 쪼갤 때 힘을 주면 한 번에 전체가 쭉 쪼개짐을 생각하고 만든 말.

**八方美人(팔방미인)** ① 어느 모로 보나 아름다운 미인. ② 여러 방면에 능통한 사람. ③ 한 가지 일에 정통하지 못하고 온갖 일에 조금씩 손대는 사람을 놀림조로 이르는 말. ④ 주관이 없이 누구에게나 잘 보이도록 처세하는 사람을 낮잡아 이르는 말.

　+ 八(여덟 팔, 나눌 팔), 方(모 방, 방향 방, 방법 방), 美(아름다울 미)

**敗家亡身(패가망신)** 가문을 욕되게 하고 신세를 망쳐 망신당함.

+ 敗(패할 패), 家(집 가, 전문가 가), 亡(망할 망, 달아날 망, 죽을 망), 身(몸 신)

**平地風波(평지풍파)** '평화로운 땅에 바람과 파도'로, (평온한 땅에 느닷없이 풍파가 일어나는 것처럼) 뜻밖에 불행이 일어남을 비유한 말.

+ 平(평평할 평, 평화 평), 地(땅 지, 처지 지), 風(바람 풍, 풍속·경치·모습·기질·병 이름 풍), 波(물결 파)

**飽食暖衣(포식난의)** '배불리 먹고 따뜻하게 옷을 입음'으로, 의식이 넉넉하여 편히 지냄.

+ 飽(배부를 포), 食(밥 식, 먹을 식, 먹이 사), 暖(따뜻할 난), 衣(옷 의)

**表裏不同(표리부동)** 겉과 속이 같지 않음.

+ 表(겉 표), 裏(속 리, = 裡), 同(한 가지 동, 같을 동)

**風前燈火(풍전등화)** '바람 앞의 등불'로, 위태로운 상태를 말함.

+ 前(앞 전), 燈(등불 등), 火(불 화)

**被害妄想(피해망상)** 해를 입었다고 믿는 망령된 생각.

+ 被(입을 피, 당할 피), 害(해칠 해, 방해할 해), 妄(망령들 망), 想(생각할 상)

**下石上臺(하석상대)** '아랫돌 빼서 윗돌 괴기'로, 임시로 어려운 일을 처리함.

+ 下(아래 하, 내릴 하), 石(돌 석), 上(위 상, 오를 상), 臺(대 대, 누각 대)

**下學上達(하학상달)** '아래부터 배워서 위에 이름'으로, 쉬운 것을 깨쳐 어려운 이치에 통함.

+ 學(배울 학), 達(이를 달, 통달할 달)

**鶴首苦待(학수고대)** 학의 머리처럼 길게 늘여 애타게 기다림.

+ 鶴(학 학), 首(머리 수, 우두머리 수), 苦(쓸 고, 괴로울 고), 待(대접할 대, 기다릴 대)

**漢江投石(한강투석)** '한강에 돌 던지기'로, 아무리 많이 주워 넣어 봤자 한강을 메울 수 없듯이 작은 도움으로는 효과가 없음을 비유한 말.

+ 漢(한나라 한, 남을 흉하게 부르는 접미사 한), 江(강 강), 投(던질 투), 石(돌 석)

**含憤蓄怨(함분축원)** 분을 머금고 원망을 쌓음.

+ 含(머금을 함), 憤(분할 분), 蓄(쌓을 축), 怨(원망할 원)

**咸興差使(함흥차사)** '함흥으로 심부름 간 사신'으로, 심부름 간 사람이 돌아오지 않을 때 하는 말.

+ 조선 시대(朝鮮時代) 태조(太祖) 이성계(李成桂)가 태종(太宗)에게 왕위를 물려주고 함흥에 가 있을 때 태조의 노여움을 풀기 위해 여러 번 사신을 보냈으나 그 때마다 사신이 죽고 돌아오지 않았다는 데서 유래.

+ 咸(다 함), 興(흥할 흥, 흥겨울 흥), 差(다를 차, 어긋날 차, 사사 차, 부릴 사, 차사(差使) – 임금이 중요한 임무를 위하여 파견하던 임시 벼슬, 또는 그런 벼슬아치.

**恒茶飯事(항다반사)** '항상 차 마시고 밥 먹는 일'로, 항상 있어서 이상하거나 신통할 것이 없는 일. = 茶飯事(다반사)

+ 恒(항상 항), 茶(차 다·차), 飯(밥 반), 事(일 사, 섬길 사)

**降者不殺(항자불살)** 항복한 자는 죽이지 않음.

+ 降(내릴 강, 항복할 항), 者(놈 자, 것 자), 殺(죽일 살, 빠를 쇄, 감할 쇄)

**虛禮虛飾(허례허식)** '빈 예도로 비게 꾸밈'으로, 정성이 없이 겉으로만 번드르르하게 꾸밈. 또는 그런 예절이나 법식.

+ 虛(빌 허, 헛될 허), 禮(예도 례), 飾(꾸밀 식)

**虛張聲勢(허장성세)** '헛되이 소리와 세력만 키움'으로, 실력이 없으면서 허세 부림.

+ 張(베풀 장, 넓힐 장), 聲(소리 성), 勢(형세 세, 권세 세)

**賢母良妻(현모양처)** 어진 어머니이면서 착한 아내.

+ 賢(어질 현), 母(어미 모), 良(좋을 량, 어질 량), 妻(아내 처)

**螢雪之功(형설지공)** '반딧불과 눈의 공'으로, 고생하면서 공부하여 얻은 보람. = 螢窓雪案(형창설안)

+ 중국(中國) 진(晋)나라의 차윤(車胤)이 비단 주머니에 반딧불을 잡아넣고 그 빛을 비춰서 책을 읽어 벼슬이 상서랑(尙書郞)에 이르렀고, 또 손강(孫康)은 겨울에 눈(雪)에 비춰서 책을 읽어 벼슬이 어사대부(御史大夫)에 이르렀다는 데서 유래.

+ 螢(반딧불 형), 雪(눈 설, 씻을 설), 功(공 공, 공로 공), 窓(창문 창), 案(책상 안, 생각 안, 계획 안)

**互角之勢(호각지세)** '서로 뿔을 대고 있는 기세'로, 역량이 서로 비슷비슷한 위세.

+ 互(서로 호), 角(뿔 각, 모날 각, 겨룰 각), 勢(형세 세, 권세 세)

**虎死留皮(호사유피)** '호랑이는 죽으면 가죽을 남김'으로, 사람은 죽어서 명예를 남겨야 함을 이르는 말.

+ 虎(범 호), 死(죽을 사), 留(머무를 류), 皮(가죽 피)

**浩然之氣(호연지기)** '넓고 큰 기운'으로, ① 하늘과 땅 사이에 가득 찬 넓고 큰 원기. ② 거침없이 넓고 큰 기개.

+ 浩(클 호, 넓을 호), 然(그러할 연), 氣(기운 기, 대기 기)

**好衣好食(호의호식)** '좋은 옷과 좋은 음식'으로, 잘 입고 잘 먹음.

+ 好(좋을 호), 衣(옷 의), 食(밥 식, 먹을 식, 먹이 사)

**呼兄呼弟(호형호제)** '형이라 부르고 동생이라 부름'으로, 형이니 아우니 할 정도로 썩 가까운 친구 사이를 가리키는 말.

+ 呼(부를 호), 兄(형 형, 어른 형), 弟(아우 제, 제자 제)

**昏定晨省(혼정신성)** '저녁에는 부모의 잠자리를 보아 드리고 이른 아침에는 부모의 밤새 안부를 살핌'으로, 부모를 잘 섬기고 효성을 다함.

+ 昏(저물 혼), 定(정할 정), 晨(새벽 신), 省(살필 성, 줄일 생)

**畫蛇添足(화사첨족)** '뱀을 그리는데 발을 더 그려 넣음'으로, 쓸데없는 것을 덧붙이다가 도리어 실패함을 이르는 말. ≒ 蛇足(사족)

+ 畫(그림 화, 그을 획), 蛇(뱀 사), 添(더할 첨), 足(발 족, 넉넉할 족)

**花容月態(화용월태)** '꽃같이 아름다운 얼굴과 달같이 우아한 자태'로, 아름다운 여인의 얼굴과 태도, 또는 미인을 상징하는 말.

+ 花(꽃 화), 容(얼굴 용, 받아들일 용, 용서할 용), 月(달 월), 態(모양 태)

**確固不動(확고부동)** 확실하고 튼튼하여 마음이 움직이지 않음.

+ 確(굳을 확, 확실할 확), 固(굳을 고, 진실로 고), 動(움직일 동)

**灰色分子(회색분자)** '잿빛 신분의 사람'으로, 소속이나 사상, 노선 등이 뚜렷하지 못한 사람을 일컫는 말.

+ 灰(재 회), 色(빛 색), 分(나눌 분, 단위 분, 단위 푼, 신분 분, 분별할 분, 분수 분), 子(아들 자, 첫째 지지 자, 자네 자, 접미사 자)

**回心向道(회심향도)** '마음 돌려 도를 향함'으로, 좋지 못한 마음을 고쳐먹고 올바른 길로 방향을 바꾸어 들어감.

+ 回(돌 회, 돌아올 회, 횟수 회), 向(향할 향), 道(길 도, 도리 도, 말할 도, 행정구역의 도)

**會者定離(회자정리)** '만남에는 이별이 정해짐'으로, 만나는 사람은 반드시 헤어질 운명에 있음.

+ 會(모일 회), 者(놈 자, 것 자), 定(정할 정), 離(헤어질 리)

**後生可畏(후생가외)** '후배가 가히 두려움'으로, 후배는 나이가 젊고 기력(氣力)이 좋으므로 학문을 쌓으면 어떤 역량(力量)을 나타낼지 모르기 때문에 후배가 두려움.

+ 後(뒤 후), 生(날 생, 살 생, 사람을 부를 때 쓰는 접사 생), 可(옳을 가, 가히 가, 허락할 가), 畏(두려울 외)

**厚顔無恥(후안무치)** 얼굴이 두꺼워 부끄러움을 모름.

+ 厚(두터울 후), 顔(얼굴 안), 無(없을 무), 恥(부끄러울 치)

**興亡盛衰(흥망성쇠)** 흥하고 망하고 번성하고 쇠함.

+ 興(흥할 흥, 흥겨울 흥), 亡(망할 망, 달아날 망, 죽을 망), 盛(성할 성), 衰(쇠할 쇠)

**興盡悲來(흥진비래)** '즐거운 일이 다하면 슬픈 일이 옴'으로, 세상일은 순환되는 것임.

+ 盡(다할 진), 悲(슬플 비), 來(올 래)

**喜怒哀樂(희노애락)** 기쁨과 성냄과 슬픔과 즐거움.

+ 喜(기쁠 희), 怒(성낼 노), 哀(슬플 애), 樂(노래 악, 즐길 락, 좋아할 요)

# 약자(略字)

약자(略字)는 원 글자를 간략하게 줄여 쓰는 글자를 말합니다. 바쁜 현대로 오면서 약자로 쓰는 경향이 있으니 약자도 알아두어야 하지요. 약자도 어원으로 익히면 보다 쉽게 익힐 수 있어 약자가 나온 본문 제목번호도 표시했으니 참고하세요(여기 나오는 약자는 속자, 동자, 고자, 이체자 일부도 포함됨).

+ 略(대략 략, 간략할 략, 빼앗을 략), 字(글자 자)

價(값 가, 가치 가) → 価 제목번호 362

假(거짓 가, 임시 가) → 仮 제목번호 270

覺(깨달을 각) → 覚 제목번호 089

監(볼 감) → 監 제목번호 294

減(덜 감) → 減 제목번호 316

蓋(덮을 개) → 盖 제목번호 219

據(의지할 거, 증거 거) → 拠 제목번호 383

擧(들 거, 행할 거, 일으킬 거) → 挙 제목번호 090

傑(뛰어날 걸, 호걸 걸) → 杰 제목번호 181

儉(검소할 검) → 倹 제목번호 116

劍(칼 검) → 剣 제목번호 116

檢(검사할 검) → 検 제목번호 116

堅(굳을 견) → 堅 제목번호 295

缺(이지러질 결, 빠질 결) → 欠 제목번호 249

經(지날 경, 날실 경, 글 경) → 経 제목번호 282

輕(가벼울 경) → 軽 제목번호 282

徑(지름길 경) → 径 제목번호 282

繼(이을 게) → 継 제목번호 225

關(빗장 관, 관계 관) → 関 제목번호 264

觀(볼 관) → 観, 观 제목번호 397

館(객사 관, 집 관) → 舘 제목번호 165

寬(너그러울 관) → 寛 제목번호 124

廣(넓을 광) → 広 제목번호 083

鑛(쇳돌 광) → 鉱 제목번호 083

壞(무너질 괴) → 壊 제목번호 354

教(가르칠 교) → 教 제목번호 370

舊(오랠 구, 옛 구) → 旧 제목번호 391

區(나눌 구, 구역 구) → 区 제목번호 045

驅(몰 구, 달릴 구) → 駆 제목번호 045

龜(거북 구·귀, 터질 균) → 亀 제목번호 202

國(나라 국) → 国 제목번호 306

勸(권할 권) → 勧, 劝 제목번호 397

權(권세 권) → 権, 权 제목번호 397

歸(돌아올 귀, 돌아갈 귀) → 帰 제목번호 206

氣(기운 기, 대기 기) → 気 제목번호 386

棄(버릴 기) → 弃 제목번호 068

旣(이미 기) → 既 제목번호 303

緊(급할 긴, 긴할 긴) → 緊 제목번호 295

寧(어찌 녕, 편안할 녕) → 寍 제목번호 310

惱(괴로워할 뇌) → 悩 제목번호 281

腦(뇌 뇌) → 脳 제목번호 281

斷(끊을 단, 결단할 단) → 断 제목번호 225

單(홑 단) → 単 제목번호 021

團(둥글 단, 모일 단) → 団 제목번호 278

擔(멜 담) → 担 제목번호 129

當(마땅할 당, 당할 당) → 当 제목번호 247

黨(무리 당) → 党 제목번호 247

對(상대할 대, 대답할 대) → 対 제목번호 159

臺(대 대, 누각 대) → 台 제목번호 223

圖(그림 도, 꾀할 도) → 図 제목번호 170

獨(홀로 독, 자식 없을 독) → 独 제목번호 352

讀(읽을 독, 구절 두) → 読 제목번호 351

燈(등불 등) → 灯 제목번호 168

亂(어지러울 란) → 乱 제목번호 213

濫(넘칠 람) → 滥 제목번호 294　　　　　狀(모습 상, 문서 장) → 状 제목번호 322

來(올 래) → 来 제목번호 066　　　　　敍(차례 서, 펼 서, 베풀 서) → 叙, 敍 제목번호 118

兩(두 량, 짝 량, 냥 냥) → 両 제목번호 244　　　釋(풀 석) → 釈 제목번호 161

涼(서늘할 량) → 凉 제목번호 177　　　　攝(끌어 잡을 섭, 알맞게 할 섭) → 摂 제목번호 308

麗(고울 려, 빛날 려) → 麗 제목번호 346　　　聲(소리 성) → 声 제목번호 308

勵(힘쓸 려) → 励 제목번호 399　　　　燒(불사를 소) → 焼 제목번호 093

聯(잇닿을 련, 이을 련) → 联 제목번호 308　　續(이을 속) → 続 제목번호 351

戀(사모할 련) → 恋 제목번호 232　　　屬(붙어살 속, 무리 속) → 属 제목번호 352

獵(사냥할 렵) → 猟 제목번호 281　　　收(거둘 수) → 収 제목번호 077

靈(신령스러울 령, 신령 령) → 灵 제목번호 290　數(셀 수, 두어 수, 자주 삭, 운수 수) → 数 제목번호 142

禮(예도 례) → 礼 제목번호 169　　　獸(짐승 수) → 獣 제목번호 109

勞(수고할 로, 일할 로) → 労 제목번호 285　壽(목숨 수, 나이 수, 장수할 수) → 寿 제목번호 188

爐(화로 로) → 炉 제목번호 383　　　隨(따를 수) → 随 제목번호 200

龍(용 룡) → 竜 제목번호 154　　　　肅(엄숙할 숙) → 粛 제목번호 208

樓(다락 루, 누각 루, 층 루) → 楼 제목번호 142　乘(탈 승) → 乗 제목번호 347

萬(일만 만, 많을 만) → 万 제목번호 399　　實(열매 실, 실제 실) → 実 제목번호 360

滿(찰 만) → 満 제목번호 244　　　雙(둘 쌍) → 双 제목번호 392

賣(팔 매) → 売 제목번호 351　　　兒(아이 아) → 児 제목번호 121

脈(혈관 맥, 줄기 맥) → 脉 제목번호 071　亞(버금 아, 다음 아) → 亜 제목번호 042

麥(보리 맥) → 麦 제목번호 066　　　惡(악할 악, 미워할 오) → 悪 제목번호 042

貌(모양 모) → 皃 제목번호 379　　　樂(노래 악, 즐길 락, 좋아할 요) → 楽 제목번호 228

夢(꿈 몽) → 梦 제목번호 378

廟(사당 묘) → 庙 제목번호 198　　　巖(바위 암) → 岩 제목번호 297

無(없을 무) → 无. 無 제목번호 182　　壓(누를 압) → 圧 제목번호 110

默(말 없을 묵, 고요할 묵) → 黙 제목번호 236　藥(약 약) → 薬 제목번호 228

發(쏠 발, 일어날 발) → 発 제목번호 168　壤(고운 흙 양, 땅 양) → 壌 제목번호 374

變(변할 변) → 変. 変 제목번호 232　　讓(사양할 양) → 譲 제목번호 374

邊(끝 변, 가 변) → 辺. 边 제목번호 025　樣(모양 양) → 様 제목번호 375

竝(나란히 설 병) → 並 제목번호 153　　嚴(엄할 엄) → 厳 제목번호 297

寶(보배 보) → 宝 제목번호 360　　　餘(남을 여) → 余 제목번호 118

佛(부처 불, 프랑스 불) → 仏 제목번호 319　與(줄 여, 더불 여, 참여할 여) → 与 제목번호 090

拂(떨칠 불) → 払 제목번호 319　　　譯(번역할 역) → 訳 제목번호 161

師(스승 사, 전문가 사, 군사 사) → 師 제목번호 165　驛(역 역) → 駅 제목번호 161

絲(실 사) → 糸 제목번호 231　　　研(갈 연, 연구할 연) → 研 제목번호 201

辭(말씀 사, 글 사, 물러날 사) → 辞 제목번호 213　鹽(소금 염) → 塩 제목번호 294

寫(그릴 사, 베낄 사) → 写 제목번호 089　榮(영화 영, 성할 영) → 栄 제목번호 285

嘗(맛볼 상) → 甞 제목번호 246

桑(뽕나무 상) → 桒 제목번호 191

동음이의어는 두 개 이상의 낱말이 우연히 소리만 같을 뿐 전혀 관련이 없는 서로 다른 낱말을 말합니다.

| 가계 | 家系 | 대대로 이어져 내려온 한 집안의 혈통. |
|---|---|---|
| | 家計 | 한 집안 살림의 수입과 지출의 상태. |
| 가구 | 家具 | 집안 살림에 쓰는 기구. |
| | 家口 | 집안 식구. |
| 가공 | 架空 | 이유나 근거가 없음. 공중에 가설함. |
| | 加功 | 원자재나 반제품에 손을 더 대어 새로운 제품을 만들거나 제품의 질을 높임. |
| 가산 | 家産 | 집안의 재산. |
| | 加算 | 더하여 셈함. |
| 가설 | 假說 | 아직 증명되지 않은 이론. |
| | 架設 | 공중에 건너질러 설치함. |
| | 街說 | 세상의 평판. |
| | 加設 | 덧붙이거나 추가하여 설치함. |
| 가세 | 家勢 | 집안의 형세. |
| | 加勢 | 힘을 보태거나 거듦. |
| | 加稅 | 세금을 올림. |
| 가연 | 可燃 | 불에 잘 탈 수 있음. |
| | 佳緣 | 좋은 인연. |
| 가장 | 假葬 | 거짓으로 꾸밈. |
| | 家長 | 한 집안을 이끌어 나가는 사람. |
| 가정 | 假定 | 분명하지 않은 것을 임시로 인정함. |
| | 家庭 | 한 가족이 생활하는 집. |
| 감사 | 感謝 | 고마움을 느낌. 또는 그런 마음. |
| | 監査 | 감독하고 검사함. |
| | 監事 | 단체의 서무에 관한 일을 맡아봄. |

| 감산 | 減算 | 빼어 셈함. |
|---|---|---|
| | 減産 | 생산을 줄임. |
| 결단 | 決斷 | 결정적인 판단을 하거나 단정을 내림. |
| | 結團 | 단체를 결성함. |
| 결사 | 決死 | 죽기를 각오하고 있는 힘을 다할 것을 결심함. |
| | 結社 | 여러 사람이 공동의 목적을 이루기 위하여 단체를 조직함. |
| 결연 | 結緣 | 인연을 맺음. |
| | 決然 | 결심이 확고함. |
| 경계 | 警戒 | 뜻밖의 사고가 생기지 않도록 조심함. |
| | 境界 | 사물이 어떤 기준에 의해 분간되는 한계. |
| 경기 | 景氣 | 경제 활동 상태. |
| | 競技 | 일정한 규칙 아래 기량과 기술을 겨룸. |
| | 京畿 | 경기도. |
| 경로 | 徑路 | 지나는 길. |
| | 敬老 | 노인을 공경함. |
| 경비 | 經費 | 일을 하는 데 드는 비용. |
| | 警備 | 경계하고 지킴. |
| 경주 | 競走 | 일정한 거리를 달려 빠르기를 겨루는 일. |
| | 慶州 | 경상북도의 남동부에 있는 시. |
| 경향 | 傾向 | 현상이나 사상, 행동 따위가 어떤 방향으로 기울어짐. |
| | 京鄉 | 서울과 시골. |
| 계기 | 契機 | 어떤 일이 일어나는 결정적인 원인이나 기회. |
| | 計器 | 셈하는(재는) 기구. |

| | | |
|---|---|---|
| 계절 | 季節 | 봄·여름·가을·겨울. 네 계절. |
| | 繼絶 | 끊어진 것을 다시 이음. |
| 고가 | 高價 | 비싼 가격. |
| | 高架 | 높이 건너질러 가설하는 것. |
| 고도 | 高度 | 높은 정도. |
| | 古都 | 옛 도읍. |
| | 孤島 | 육지에서 멀리 떨어진 외딴 섬. |
| 고려 | 考慮 | 생각하고 헤아려 봄. |
| | 高麗 | 918년. 왕건이 개성에 도읍하여 세운 나라. |
| 고문 | 古文 | 옛글. |
| | 顧問 | 전문적인 의견을 말하는 직책. |
| 고사 | 故事 | 유래가 있는 옛날의 일. |
| | 考査 | 자세히 생각하고 조사함. |
| 고소 | 告訴 | 고하여 하소연함. |
| | 苦笑 | 쓴 웃음. |
| 고수 | 固守 | 굳게 지킴. |
| | 高手 | 바둑이나 장기 따위에서 수가 높은 사람. |
| 고인 | 故人 | 죽은 사람. |
| | 古人 | 옛날 사람. |
| 고해 | 告解 | 고백 성사. |
| | 苦海 | 괴로움이 끝이 없는 인간 세상. |
| 공기 | 工期 | 공사하는 기간. |
| | 公器 | 공공의 물건. |
| | 空氣 | 지구를 둘러싸고 있는 색깔도 없고 냄새도 없는 기체. |
| 공동 | 共同 | 일을 함께 함. |
| | 空洞 | 텅 빈 굴. 동굴. |
| 공론 | 公論 | 여럿이 의논함. |
| | 空論 | 실속이 없는 빈 논의. |
| 공모 | 公募 | 공개하여 모집함. |
| | 共謀 | 공동 모의. |
| 공사 | 公私 | 공공의 일과 사사로운 일. |
| | 工事 | 토목이나 건축 따위의 일. |
| 공수 | 攻守 | 공격과 수비. |
| | 空手 | 빈 손. |

| | | |
|---|---|---|
| 공약 | 公約 | 공중에 대한 약속. |
| | 空約 | 헛된 약속. |
| 공인 | 公認 | 국가나 공공 단체 또는 사회단체 등이 어느 행위나 물건에 대하여 인정함. |
| | 公人 | 공적인 일에 종사하는 사람. |
| 공중 | 公衆 | 사회의 대부분의 사람들. |
| | 空中 | 하늘과 땅 사이의 빈 곳. |
| 공포 | 公布 | 일반에게 널리 알림. |
| | 空砲 | 실탄을 넣지 않고 소리만 나게 하는 총질. |
| 과거 | 科擧 | 관리를 뽑을 때 실시하던 시험. |
| | 過去 | 이미 지나간 때. |
| 과장 | 誇張 | 사실보다 지나치게 불려서 나타냄. |
| | 課長 | 한 과의 운영을 책임지는 직책. |
| 과정 | 課程 | 해야 할 일의 정도. |
| | 科程 | 일이 되어 가는 경로. |
| 관계 | 關係 | 서로 관련을 맺거나 관련이 있음. |
| | 官界 | 국가의 각 기관. |
| 관대 | 寬大 | 너그럽게 용서함. |
| | 冠帶 | 벼슬아치가 입던 공복. |
| 관례 | 冠禮 | 아이가 어른이 될 때 올리던 예식. |
| | 慣例 | 전례가 관습으로 굳어진 것. |
| 관리 | 管理 | 어떤 일의 사무를 맡아 처리함. |
| | 官吏 | 관직에 있는 사람. |
| 관장 | 館長 | 도서관, 박물관의 최고 책임자. |
| | 管掌 | 일을 맡아서 주관함. |
| 관철 | 貫徹 | 어려움을 뚫고 나아가 목적을 이룸. |
| | 觀徹 | 사물을 속속들이 꿰뚫어 봄. |
| 광산 | 鑛山 | 유용한 광물을 캐내는 곳. |
| | 鑛産 | 광산업의 생산이나 그 생산물. |
| 교감 | 交感 | 접촉에 따라 움직이는 느낌. |
| | 校監 | 학교의 일을 관리하는 직책. |
| 교단 | 敎壇 | 강의할 때 올라서는 단. |
| | 敎團 | 종교 단체. |

| | | |
|---|---|---|
| 교정 | 校庭 | 학교의 뜰이나 운동장. |
| | 矯正 | 잘못된 것을 바로잡음. |
| | 交情 | 서로 사귀는 정분. 교분. |
| | 校正 | 교정쇄와 원고를 대조하여 오자, 오식, 배열, 색 따위를 바르게 고침. |
| | 校訂 | 남의 문장 또는 출판물의 잘못된 글자나 글귀 따위를 바르게 고침. |
| 구도 | 構圖 | 그림에서 모양, 색깔, 위치 따위의 짜임새. |
| | 求道 | 종교적인 깨달음의 경지를 구함. |
| | 舊都 | 옛 도읍. |
| 구상 | 具象 | 예술 작품 따위가 직접 경험하거나 지각할 수 있도록 일정한 형태와 성질을 갖춤. |
| | 求償 | 배상 또는 상환을 요구함. |
| | 構想 | 예술 작품의 내용이나 형식 등의 생각을 정리함. |
| 구설 | 口舌 | 시비하거나 헐뜯는 말. |
| | 舊說 | 이전에 있던 이론이나 이야기. |
| 구전 | 口錢 | 구문(口文). 흥정을 붙이고 받는 돈. |
| | 口傳 | 말로 전함. |
| 구조 | 構造 | 부분이나 요소가 어떤 전체를 짜 이룸. |
| | 救助 | 재난을 당한 사람을 구함. |
| 구축 | 構築 | 시설물을 쌓아 올려 만듦. |
| | 驅逐 | 세력 따위를 몰아서 쫓아냄. |
| 구출 | 救出 | 위험에서 구해 냄. |
| | 驅出 | 쫓아냄(驅逐). |
| 구현 | 具現 | 구체적인 모습으로 나타냄. |
| | 俱現 | 내용이 속속들이 다 드러남. |
| 구호 | 救護 | 재난으로 어려움에 처한 사람을 도와 보호함. |
| | 口號 | 주장 따위를 간결한 형식으로 표현한 문구. |
| 귀중 | 貴重 | 매우 소중함. |
| | 貴中 | 상대편을 높이는 말. |

| | | |
|---|---|---|
| 극단 | 劇團 | 연극을 상연하는 단체. |
| | 極端 | 맨 끝. |
| 근간 | 近刊 | 최근에 출판되었거나 출판될 간행물. |
| | 近間 | 가까운 사이. 요사이. |
| | 根幹 | 사물의 바탕이나 중심. |
| 기계 | 機械 | 동력을 써서 움직이거나 일을 하는 장치. |
| | 器械 | 연장, 연모, 그릇, 기구 따위를 통틀어 이르는 말. |
| | 奇計 | 기묘한 계책. |
| 금방 | 今方 | 이제 곧. 방금(方今). |
| | 禁方 | 함부로 남에게 전하지 않는 약방문. |
| 급보 | 急報 | 겨를 없이 서둘러 알림. |
| | 急步 | 급하게 걸음. |
| 급수 | 給水 | 물을 공급함. |
| | 級數 | 우열에 따라 매긴 등급. |
| 기관 | 機關 | 역할과 목적을 위하여 설치한 사회 기구. |
| | 器官 | 일정한 모양과 생리 기능을 가진 생물체의 부분. |
| 기구 | 機構 | 목적을 위하여 구성한 조직의 구성 체계. |
| | 器具 | 세간, 도구, 기계 따위. |
| 기능 | 機能 | 하는 구실이나 작용. |
| | 技能 | 기술상의 재능. |
| 기력 | 汽力 | 증기의 힘. 증기력. |
| | 氣力 | (사람의 몸으로 활동할 수 있는) 기운의 힘. |
| 기사 | 技士 | 기술계 기술 자격 등급. |
| | 技師 | 특별한 기술 업무를 맡아보는 사람. |
| | 奇事 | 기이한 일. |
| | 記事 | 사실을 적음. 또는 그런 글. 신문·잡지 등에 실린 글. |
| | 飢死 | 굶어 죽음. |
| | 騎士 | 말을 탄 무사. |

| 기상 | 氣象 | 대기 중에서 일어나는 물리적인 현상. |
| | 氣像 | 사람이 타고난 기개나 마음씨. |
| | 起床 | 잠자리에서 일어남. |
| 기서 | 寄書 | 편지를 부침. 또는 그 편지. |
| | 奇書 | (내용이) 기이한 책. |
| 기선 | 機先 | 운동 경기에서 상대편의 기세를 억누르기 위하여 먼저 행동하는 것. |
| | 汽船 | 증기 기관의 동력으로 움직이는 배. |
| 기수 | 旗手 | 기를 드는 일을 맡은 사람. |
| | 奇數 | 홀수. |
| | 機首 | 비행기의 앞부분. |
| | 騎手 | 말을 타는 사람. |
| | 旣遂 | 이미 일을 끝냄. |
| 기술 | 技術 | 사물을 잘 다룰 수 있는 방법이나 능력. |
| | 記述 | 사물이나 내용을 기록하여 서술함. |
| | 奇術 | '교묘한 솜씨'로, 잠시 눈을 속여 재미있게 부리는 재주. 요술. |
| | 旣述 | 이미 서술함. |
| 기원 | 紀元 | 연대를 계산하는 데에 기준이 되는 해. |
| | 起源 | 사물이 처음으로 생김. |
| | 祈願 | 바라는 일이 이루어지기를 빎. |
| 기지 | 基地 | 활동의 기점이 되는 근거지. |
| | 機智 | 재치 있게 대응하는 지혜. |
| 기한 | 期限 | 미리 한정하여 놓은 시기. |
| | 飢寒 | 굶주리고 헐벗어 배고프고 추움. |
| 기행 | 紀行 | 여행하는 동안에 겪은 것을 적은 것. |
| | 奇行 | 기이한 행동. |
| 기호 | 記號 | 어떠한 뜻을 나타내기 위하여 쓰이는 부호. |
| | 畿湖 | 경기도와 충청도를 이르는 말. |
| 난색 | 暖色 | 따뜻한 느낌을 주는 색. |
| | 難色 | 곤란해 하는 기색. |

| 내부 | 內部 | 안쪽의 부분. |
| | 內附 | 속에 들어와 따름. |
| 내수 | 內需 | 국내에서의 수요. |
| | 內水 | 한 나라 영토 안의 바다를 제외한 하천·호수 따위. |
| | 耐水 | 물이 묻어도 젖거나 배지 않음. |
| 내용 | 內容 | 사물의 속내. 또는 실속. |
| | 耐用 | 기계·시설 따위가 오래 견더냄. |
| 노비 | 奴婢 | 사내종과 여자 종. |
| | 勞費 | 노동자를 부린 비용. |
| 노숙 | 老宿 | 나이가 많아 경험이 풍부한 사람. |
| | 露宿 | 한데에서 자는 잠. |
| | 老熟 | 오래 경험으로 익숙함. |
| 녹음 | 綠陰 | 나무의 그늘. |
| | 錄音 | 소리를 기록함. |
| 농담 | 弄談 | 실없이 놀리거나 장난으로 하는 말. |
| | 濃淡 | 색깔이나 명암의 짙음과 옅음. |
| 누적 | 累積 | 포개어 여러번 쌓음. |
| | 漏籍 | 호적, 병적, 학적 따위의 기록에서 빠뜨림. |
| 단가 | 單價 | 물건 한 단위의 가격. |
| | 短歌 | 시조. |
| 단결 | 團結 | 많은 사람이 마음과 힘을 한데 뭉침. |
| | 斷決 | 판단하여 확실히 결정함. 결단. |
| 단계 | 段階 | 일이 나아가는 과정. 순서. |
| | 短計 | 짧은(얕은) 꾀. 졸렬한 꾀. |
| 단기 | 檀紀 | 단군기원. |
| | 短期 | 단기간. |
| 단서 | 端緒 | 문제를 해결하는 방향으로 이끌어 가는 일의 첫 부분. |
| | 但書 | 조건이나 예외 따위를 나타내는 글. |
| 단선 | 單線 | 외줄. |
| | 斷線 | 줄이 끊어짐. |
| 단신 | 單身 | 홀몸. |
| | 短身 | 작은 키의 몸. |

| | | |
|---|---|---|
| 단장 | 斷腸 | 몹시 슬퍼서 창자가 끊어지는 듯함. |
| | 端裝 | 단정하게 차림. |
| 단정 | 端正 | 얌전하고 깔끔함. |
| | 斷定 | 판단하여 분명히 결정함. |
| | 斷情 | 정이나 사랑을 끊음. |
| 단지 | 團地 | 주택이나 공장 같은 시설을 조성한 지역. |
| | 但只 | 다만. |
| 답사 | 答辭 | 환영사나 환송사에 답하는 일. |
| | 踏査 | 현장에 가서 직접 보고 조사함. |
| 당도 | 當到 | 어떤 곳에 다다름. |
| | 糖度 | 음식물에 들어 있는 단맛의 탄수화물 양을 그 음식물에 대하여 백분율로 나타낸 것. |
| 대기 | 待期 | 때나 기회를 기다림. |
| | 大氣 | 공기(空氣). |
| 대비 | 對比 | 차이를 밝히기 위해 서로 맞대어 비교함. |
| | 對備 | 미리 준비함. |
| 대사 | 大師 | '중'을 높여 이르는 말. |
| | 大使 | 외교를 맡아보는 최고 직급. |
| | 大事 | 큰 일. |
| | 臺詞 | 배우가 무대 위에서 하는 말. |
| 대상 | 團結 | 많은 사람이 마음과 힘을 한데 뭉침. |
| | 斷決 | 판단하여 확실히 결정함. 결단. |
| 대지 | 大地 | 넓고 큰 땅. |
| | 大志 | 큰 뜻. |
| | 貸地 | 세를 받고 빌려주는 땅. |
| | 大智 | 뛰어난 지혜. |
| 대장 | 大將 | 한 무리의 우두머리. |
| | 大腸 | 큰 창자. |
| 대치 | 對置 | 마주 놓음. |
| | 代置 | 다른 것으로 대신하여 놓음. |
| | 大治 | 치안이 잘 유지됨. |
| 도표 | 圖表 | 그림으로 나타낸 표. |
| | 導標 | 도로의 방향이나 이정(里程) 따위를 표시하여 길에 세운 푯말. |

| | | |
|---|---|---|
| 독자 | 獨子 | 외아들. 형제자매가 없는 사람. |
| | 獨自 | 남에게 기대지 아니하는 자기 한 몸. 또는 자기 혼자. |
| | 讀者 | (책·신문 등 출판물을) 읽는 사람. |
| 동기 | 動機 | 행동을 일으키게 하는 계기. |
| | 同期 | 같은 시기. |
| | 冬期 | 겨울철. |
| | 同氣 | 형제와 자매, 남매를 통틀어 이르는 말. |
| 동시 | 同時 | 같은 때. |
| | 同視 | 똑같은 것으로 봄. 똑같이 대우함. |
| | 童詩 | 어린이가 지은 시. 또는 어린이를 위한 시. |
| 동선 | 銅線 | 구리줄. |
| | 動線 | 움직이는 자취나 방향을 나타내는 선. |
| | 同船 | 배를 같이 탐. |
| 동요 | 動搖 | 물체 따위가 흔들리고 움직임. |
| | 童謠 | 어린이들의 심리를 표현한 노래. |
| 동정 | 動靜 | 상황이 전개되는 상태. |
| | 同情 | 남의 불행을 위로함. |
| | 東庭 | 집안의 동쪽 뜰. |
| | 東征 | 동방을 점령함. |
| 동지 | 同志 | 뜻을 같이함. |
| | 冬至 | 24절기의 하나. |
| 동향 | 動向 | 사람들의 사상, 활동이나 일의 형세가 움직여 가는 방향. |
| | 東向 | 동쪽으로 향함. |
| | 同鄉 | 고향이 같음. |
| 동화 | 童話 | 어린이를 위한 이야기. |
| | 同化 | 다르던 것이 같게 됨. |
| 매장 | 每場 | 장날마다. 시장마다. |
| | 賣場 | 물건을 파는 장소. 판매장. |
| | 埋葬 | 죽은 사람을 땅에 묻음. |
| | 埋藏 | 묻어서 감춤. 광물 따위가 묻혀 있음. |
| 매표 | 買票 | 차표나 입장권 따위의 표를 삼. |
| | 賣票 | 표를 팖. |

**561**

| | | | | | | |
|---|---|---|---|---|---|---|
| 면직 | 免職 | 일정한 직무에서 물러나게 함. | | 박학 | 薄學 | 학식이 얕고 좁음. |
| | 綿織 | 면직물. | | | 博學 | 학식이 매우 넓고 많음. |
| 면책 | 面責 | 마주 대하여 책망함. | | 반감 | 反感 | 반대하거나 반항하는 감정. |
| | 免責 | 책임이나 책망을 면함. | | | 半減 | 절반으로 줆. 또는 그렇게 줄임. |
| 명명 | 命名 | 이름을 지어 붙임. | | 발전 | 發電 | 전기를 일으킴. |
| | 明命 | 신령이나 임금의 명령. | | | 發展 | 더 나은 관계로 나아감. |
| | 明明 | 매우 밝음. 분명하여 의심할 여지가 없음. | | 방문 | 訪問 | 남을 찾아가서 만나거나 봄. |
| | | | | | 房門 | 방으로 드나드는 문. |
| | 冥冥 | 겉으로 나타남이 없이 아득하고 그윽함. | | | 方文 | 약의 처방을 적은 글. |
| | | | | 방위 | 防衛 | 적의 공격을 막아서 지킴. |
| 명성 | 名聲 | 세상에 널리 퍼져 평판이 높은 이름. | | | 方位 | 동서남북을 기준으로 하여 정한 방향. |
| | 明星 | 샛별. | | | 防圍 | 적을 막아서 에워쌈. |
| 모사 | 謀事 | 일을 꾀함. | | 방토 | 方土 | 어느 한 지방의 땅. |
| | 模寫 | 어떤 그림을 그것과 똑같이 그림. | | | 邦土 | 국토(國土). |
| | 毛絲 | 털실. | | | 防土 | 흙이 무너져 내리는 것을 방지하기 위하여 만들어 놓은 시설. |
| | 謀士 | 계책을 세우는 사람. | | 방한 | 防寒 | 추위를 막음. |
| 무기 | 武器 | 전쟁에 사용되는 기구. | | | 訪韓 | 한국을 방문함. |
| | 無期 | 무기한. | | 배부 | 配付 | 출판물이나 서류 따위를 나누어 줌. |
| 무명 | 武名 | 무용이 탁월하여 난 이름. | | | | |
| | 無名 | 이름이 세상에 널리 알려지지 않음. | | | 背部 | 사람이나 동물의 몸통에서 등이나 면(面)의 뒤쪽. |
| 무성 | 無性 | 암컷과 수컷의 구별이 없음. | | | 配賦 | 나누어 줌. |
| | 茂盛 | 풀이나 나무가 우거져 있음. | | 변경 | 變更 | 다르게 바꾸어 새롭게 고침. |
| 문호 | 文豪 | 크게 뛰어난 문학가. | | | 邊境 | 나라의 경계가 되는 변두리의 땅. |
| | 門戶 | 집으로 출입하는 문. | | 변사 | 變死 | 뜻밖의 재난으로 죽음. |
| 미명 | 微明 | 희미하게 밝음. | | | 辨似 | 비슷한 것을 구별함. |
| | 未明 | 날이 채 밝지 않음. | | | 辯士 | 입담이 좋아서 말을 잘하는 사람. |
| | 美名 | 그럴 듯하게 내세운 명목이나 상징. | | 병난 | 兵難 | 전쟁으로 인해 입는 재난. |
| | | | | | 病難 | 병으로 인한 재난. |
| 미수 | 未收 | 아직 다 거두지 못함. | | 보강 | 補強 | 보태거나 채워서 본디보다 더 튼튼하게 함. |
| | 未遂 | 목적한 바를 시도하였으나 이루지 못함. | | | | |
| | 米壽 | 여든여덟 살. | | | 補講 | 빠진 강의를 보충함. |
| 밀어 | 密語 | 남이 못 알아듣게 은밀히 하는 말. | | 보고 | 寶庫 | 귀중한 물건을 보관하는 곳. |
| | | | | | 報告 | 일의 결과를 알림. |
| | 蜜語 | 꿀처럼 달콤한 말. | | 보급 | 補給 | 물자나 자금을 계속해서 대어 줌. |
| | | | | | 普及 | 널리 퍼서 알리거나 사용하게 함. |

**562**

| | | |
|---|---|---|
| 보도 | 步道 | 사람이 다니는 길. |
| | 報道 | 새로운 소식을 알림. |
| | 保導 | 보호하여 지도함. |
| 보석 | 寶石 | 빛깔과 광택이 아름다우며 희귀한 광물. |
| | 步石 | 디딤돌. 섬돌. |
| | 保釋 | 보석 보증금을 받고 형사 피고인을 구류에서 풀어주는 일. |
| 보선 | 保線 | 철도 선로를 관리, 보호하여 안전을 유지함. |
| | 補選 | 모자라는 인원을 채우려고 뽑음. 보궐선거의 줄임말. |
| 보수 | 保手 | 보증수표의 준말. |
| | 保守 | 보전하여 지킴. 묵은 그대로 지킴. |
| | 補修 | 낡은 것을 보충하여 수선함. |
| 보안 | 保安 | 안전을 유지함. |
| | 保眼 | 눈을 보호함. |
| 보조 | 步調 | 걸음걸이의 속도나 모양 따위의 상태. 여럿이 함께 일을 할 때의 진행 속도나 조화. |
| | 補助 | 모자라는 것을 보충하여 도와줌. |
| 복운 | 復運 | 운세가 회복됨. 또는 그 운세. |
| | 福運 | 복과 운을 아울러 이르는 말. 좋은 운수. |
| 봉사 | 奉仕 | 남을 위하여 애씀. |
| | 奉祀 | 조상의 제사를 받들어 모심. |
| 부결 | 否決 | 의논한 안건을 받아들이지 않기로 결정함. |
| | 剖決 | 일의 옳고 그름을 판단하여 결정함. |
| 부상 | 負傷 | 상처를 입음. |
| | 副賞 | 상장 외에 덧붙여 주는 상금이나 상품. |
| | 浮上 | 물 위로 떠오름. 어떤 현상이 관심의 대상이 되거나 어떤 사람이 훨씬 좋은 위치로 올라섬. |
| | 富商 | 밑천이 넉넉한 부유한 상인. |
| | 負商 | 등에 짊어지고 다니는 장수. 등짐장수. |

| | | |
|---|---|---|
| 부인 | 夫人 | 남의 아내. |
| | 婦人 | 결혼한 여자. |
| | 否認 | 옳다고 인정하지 않음. |
| 부자 | 富者 | 재물이 많아 살림이 넉넉한 사람. |
| | 父子 | 아버지와 아들. |
| 부정 | 否定 | 그렇지 않다고 함. |
| | 不正 | 바르지 않음. |
| | 不定 | 일정하지 아니함. |
| | 不淨 | 깨끗하지 못함. |
| 분식 | 分食 | 나누어 먹거나 나누어 가짐. |
| | 粉食 | 가루음식. |
| 분실 | 分室 | 작게 나뉜 방. |
| | 紛失 | 자기도 모르는 사이에 물건 따위를 잃어버림. |
| 불경 | 不敬 | 무례함. |
| | 佛經 | 불교의 교리를 밝혀 놓은 전적(典籍). |
| 불화 | 佛畫 | 불교의 내용을 그린 종교화. |
| | 不和 | 서로 화합하지 못함. |
| 비명 | 悲鳴 | 매우 다급할 때 지르는 소리. |
| | 碑銘 | 비석에 새긴 글. |
| | 非命 | 제명대로 다 살지 못하고 죽음. |
| 비보 | 飛報 | 급한 통지. |
| | 悲報 | 슬픈 소식. |
| 비행 | 飛行 | 하늘을 날아다님. |
| | 非行 | 도리에 어긋나는 행위. |
| 사고 | 事故 | 뜻밖에 일어난 사건. |
| | 思考 | 생각하고 궁리함. |
| 사기 | 史記 | 역사적 사실을 기록한 책. |
| | 士氣 | 의욕이나 자신감으로 충만한 기세. |
| | 詐欺 | 나쁜 꾀로 남을 속임. |
| 사경 | 四經 | 시경·서경·역경·춘추의 네 경서. |
| | 四境 | 사방의 경계 또는 지경. |
| | 死境 | 죽을 지경. 또는 죽음에 임박한 경지. |

| | | |
|---|---|---|
| 사관 | 史官 | 역사편찬을 맡아보던 벼슬. 또는 그런 벼슬아치. |
| | 史觀 | 역사관. |
| | 仕官 | 관리가 되어 종사함. |
| | 士官 | 장교를 통틀어 이르는 말. |
| | 私館 | 정부 고관의 개인 소유의 저택. |
| | 史館 | 역사를 편수하던 관청. '춘추관'의 옛 명칭. |
| | 査官 | 검사하는 일을 맡아보던 관원. |
| 사례 | 謝禮 | 언행이나 선물로 상대에게 고마운 뜻을 나타냄. |
| | 事例 | 어떤 일이 전에 실제로 일어난 예. |
| 사료 | 史料 | 역사 연구에 필요한 문헌이나 유물. |
| | 思料 | 깊이 생각하여 헤아림. |
| | 飼料 | 가축에게 주는 먹을거리. |
| 사변 | 事變 | 사람의 힘으로는 피할 수 없는 천재(天災)나 그 밖의 큰 사건. |
| | 斜邊 | 도리에 어긋나는 행위. |
| 사상 | 死傷 | 죽거나 다침. |
| | 思想 | 사물에 대한 구체적인 사고나 생각. |
| 사설 | 私設 | 어떤 시설을 개인이 사사로이 설립함. 또는 그 시설. |
| | 社說 | 신문이나 잡지 따위에서 그 사(社)의 주장으로 게재하는 논설. |
| | 辭說 | 늘어놓는 말이나 이야기. 잔소리나 푸념을 길게 늘어놓음. 또는 그 잔소리와 푸념. |
| | 私說 | 한 개인의 의견. |
| | 師說 | 스승의 의견이나 학설. |
| | 邪說 | 그릇되고 간사한 말. 또는 올바르지 않은 논설. |
| 사수 | 射手 | 대포나 총, 활 따위를 쏘는 사람. |
| | 死守 | 죽음을 무릅쓰고 지킴. |
| 사용 | 使用 | 일정한 목적이나 기능에 맞게 씀. |
| | 私用 | 개인의 사사로운 소용이나 용건. |

| | | |
|---|---|---|
| 사유 | 私有 | 개인이 사사로이 소유함. 또는 그런 소유물. |
| | 事由 | 일의 까닭. 또는 연고. 연유. |
| | 思惟 | 논리적으로 생각함. |
| | 師儒 | 사람에게 도를 가르치는 유자. |
| 사원 | 寺院 | 종교의 교당. |
| | 社員 | 회사원. |
| 사인 | 死因 | 사망의 원인. |
| | 私人 | 개인 자격으로서의 사람. |
| | 邪人 | 사심(邪心)을 품은 사람. |
| | 社印 | 회사의 인장. |
| | 私印 | 개인의 인장. |
| 사은 | 師恩 | 스승의 은혜. |
| | 謝恩 | 받은 은혜에 대하여 감사히 여겨 사례함. |
| | 私恩 | 사사로이 입은 은혜. |
| 사전 | 事典 | 여러 가지 사항을 모아 일정한 순서로 배열하고 해설을 붙인 책. |
| | 辭典 | 낱말을 모아서 일정한 순서로 배열하고 받음. 의미, 용법 등을 해설한 책. |
| | 事前 | 일이 일어나기 전. |
| 사절 | 使節 | 나라를 대표하여 외국에 파견되는 사람. |
| | 謝絶 | 요구나 제의를 받아들이지 않고 사양하여 물리침. |
| 사정 | 事情 | 일의 형편이나 까닭. |
| | 査定 | 조사하거나 심사하여 결정함. |
| | 査正 | 조사하여 그릇된 것을 바로잡음. |
| | 司正 | 공직에 있는 사람의 규율과 질서를 바로 잡는 일. |
| | 邪正 | 그릇됨과 올바름. |
| | 私情 | 사사로운 정. |
| 사제 | 私製 | 개인이 사사로이 만듦. |
| | 師弟 | 스승과 제자. |
| 사죄 | 謝罪 | 지은 죄나 잘못에 대하여 용서를 빎. |
| | 死罪 | 죽어 마땅한 큰 죄. |

| | | |
|---|---|---|
| 사지 | 四知 | 두 사람 사이의 비밀을 알고 있는 네 가지 존재. |
| | 死地 | 도저히 살아날 길이 없는 매우 위험한 곳. |
| | 私智 | 자기 혼자만의 작은 지혜. |
| | 沙地 | 모래 땅. |
| | 邪智 | 간사한 지혜. |
| | 私地 | 개인 소유의 땅. |
| 사표 | 辭表 | 사임하겠다는 뜻을 적어 내는 문서. |
| | 師表 | 학식과 덕행이 높은 모범적인 인물. |
| 사형 | 師兄 | 나이나 학덕(學德)이 자기보다 높은 사람을 높여 이르는 말. |
| | 死刑 | 수형자의 목숨을 끊음. 또는 그 형벌. |
| 산발 | 散髮 | 머리를 풀어 헤침. |
| | 散發 | 때때로 일어남. |
| 산수 | 山水 | 산과 물, 경치. |
| | 算數 | 수의 성질. 셈의 기초를 가르치는 학과목. |
| 산적 | 山賊 | 산속에 근거지를 두고 드나드는 도둑. |
| | 散積 | 용기에 넣지 않고 그대로 쌓거나 실음. |
| 산촌 | 山村 | 산속에 있는 마을. |
| | 散村 | 인가가 흩어져서 이루어진 마을. |
| 상가 | 商街 | 상점들이 늘어서 있는 거리. |
| | 喪家 | 사람이 죽어 장례를 치르는 집. |
| 상기 | 想起 | 지난 일을 돌이켜 생각해 냄. |
| | 上氣 | 흥분이나 부끄러움으로 얼굴이 붉어짐. |
| 상도 | 常道 | 항상 변하지 않는 떳떳한 도리. |
| | 商道 | 상업을 하는 데 지켜야 할 도덕. |
| 상론 | 相論 | 서로 의논함. |
| | 常論 | 별다른 차이가 없는 보통의 논의. |
| | 詳論 | 자세하게 의논함. 또는 그런 논의. |
| 상술 | 商術 | 장사하는 재주나 꾀. |
| | 詳述 | 자세하게 설명하여 말함. |

| | | |
|---|---|---|
| 상용 | 常用 | 일상적으로 씀. |
| | 商用 | 상업상의 볼일. |
| | 相容 | 서로 상대편의 말이나 행동을 너그러운 마음으로 받아들임. |
| 상품 | 上品 | 질이 좋은 물품. |
| | 商品 | 사고파는 물품. |
| | 賞品 | 상으로 주는 물품 |
| 상호 | 商號 | 상점이나 회사의 이름. |
| | 相互 | 상대가 되는 이쪽과 저쪽 모두. |
| 선도 | 善導 | 올바르고 좋은 길로 이끎. |
| | 先導 | 앞장서서 이끌거나 안내함. |
| 선승 | 先勝 | 여러번 하는 경기에서 먼저 이김. |
| | 禪僧 | 선종의 중. 참선하는 중. |
| 선전 | 宣傳 | 잘 설명하여 널리 알림. |
| | 善戰 | 있는 힘을 다하여 잘 싸움. |
| | 宣戰 | 한 나라가 다른 나라에 대해 싸움의 시작을 알림. |
| 설화 | 雪花 | 굵게 엉겨 꽃송이 같이 보이는 눈(눈송이). 나뭇가지에 꽃처럼 붙은 눈발. |
| | 舌禍 | 말을 잘못하여 입게 되는 해. |
| 성대 | 盛大 | 아주 성하고 큼. |
| | 聲帶 | 소리를 내는 기관. |
| 성문 | 成文 | 문장으로 나타냄. 또는 그 문장이나 조문. |
| | 城門 | 성의 출입구에 만든 문. |
| | 聲聞 | 명성, 소문. |
| | 聲問 | 안부, 소식, 용무 따위를 적어 보내는 글. |
| | 聖聞 | 임금이 듣는 일을 높여 이르는 말. |
| | 聖文 | 훌륭한 사람이나 임금의 글을 높여 이르는 말. |
| 성상 | 聖像 | 성인이나 임금의 초상. |
| | 性狀 | 사물의 성질과 상태. |
| 성원 | 成員 | 모임이나 단체를 구성하는 인원. |
| | 聲援 | 소리를 질러 응원함. |
| 성인 | 成人 | 자라서 어른이 된 사람. |
| | 聖人 | 지혜와 덕이 뛰어나 본받을 만한 사람. |

| | | | | | | |
|---|---|---|---|---|---|---|
| 성전 | 成典 | 정해진 법칙. 성문의 법전. | | 수난 | 水難 | 물로 인하여 생기는 재난. |
| | 聖典 | 성경(聖經). 성인의 말씀으로 이루어진 책. | | | 受難 | 견디기 힘든 어려운 일을 당함. |
| | 盛典 | 성대한 의식. | | 수도 | 水道 | 상수도. |
| | 聖殿 | 신성한 전당. 교회. 성당. | | | 首都 | 한 나라의 중앙 정부가 있는 도시. |
| | 聖戰 | 신성한 전쟁. | | | 修道 | 도를 닦음. |
| 성좌 | 聖座 | '성한 자리'로, 성인(聖人)이나 임금이 앉는 자리. | | | 水稻 | 논에 물을 대어 심는 벼. |
| | 星座 | 별자리. | | | 水都 | 강과 호수가 있는 경치 좋은 도시. |
| 성행 | 盛行 | 매우 성하게 유행함. | | 수리 | 受理 | 서류를 받아서 처리함. |
| | 性行 | 성품과 행실. | | | 修理 | 고장 난 데를 손보아 고침. |
| 세계 | 世系 | 조상으로부터 대대로 내려오는 계통. | | | 數理 | 수학의 이론이나 이치. |
| | 世界 | 지구상의 모든 나라. | | 수면 | 水面 | 물의 겉면. |
| 세입 | 稅入 | 조세의 수입. | | | 睡眠 | 잠을 자는 일. |
| | 歲入 | 한 회계 연도의 모든 수입. | | 수미 | 首尾 | 사물의 머리와 꼬리. |
| 소동 | 小童 | 열 살 안팎의 어린아이. | | | 秀眉 | 뛰어나게 아름다운 눈썹. |
| | 騷動 | 놀라거나 흥분하여 소란을 일으키는 일. | | 수사 | 手寫 | 손으로 직접 베껴 씀. |
| 소복 | 素服 | 하얗게 차려입은 옷. 흰옷. | | | 搜査 | 찾아서 조사함. |
| | 小腹 | 아랫배. | | | 水使 | 수군절도사. |
| 소원 | 所願 | 바라고 원함. | | 수상 | 受賞 | 상을 받음. |
| | 疏遠 | 지내는 사이가 거리가 있어서 서먹서먹함. | | | 首相 | 내각의 우두머리. |
| 소재 | 素材 | 어떤 것을 만드는 데 바탕이 되는 재료. | | | 手相 | 손금. |
| | 所在 | 있는 곳. | | | 水上 | 물 위. 또는 물의 상류. |
| 속간 | 續刊 | 정지되었던 신문·잡지를 다시 간행함. | | | 受傷 | 상처를 입음. |
| | 俗間 | 민간. 세속. | | | 樹上 | 나무의 위. |
| 속성 | 屬性 | 사물의 특징이나 성질. | | | 隨想 | 그때그때 떠오르는 생각이나 느낌. |
| | 速成 | 빨리 이루어짐. | | | 愁傷 | 몹시 슬퍼함. |
| 속행 | 速行 | 빨리 행함. | | 수석 | 首席 | 등급이나 직위 따위에서 맨 윗자리. |
| | 續行 | 계속하여 행함. | | | 壽石 | 관상용의 자연석. |
| 수간 | 數間 | 집의 두 서너 칸. | | | 水石 | 물과 돌. 물과 돌로 이루어진 경치. |
| | 手簡 | 손수 글이나 편지를 씀. 또는 그 글이나 편지. | | 수습 | 修習 | 학업이나 실무 따위를 배워 익힘. |
| | 樹幹 | 나무의 줄기. | | | 收拾 | 흩어진 물건을 정돈함. |
| | | | | 수신 | 受信 | 통신을 받음. |
| | | | | | 修身 | 마음과 행실을 바르게 닦아 수양함. |
| | | | | | 守身 | 불의에 빠지지 않도록 자신의 몸을 지킴. |
| | | | | | 水神 | 물을 맡아 다스리는 신. |

| | 收養 | 다른 사람의 자식을 맡아 제 자식처럼 기름. |
|---|---|---|
| 수양 | 修養 | 몸과 마음을 닦아 품성이나 지식, 도덕을 높은 경지로 끌어올림. |
| 수용 | 收用 | 거두어들여 사용함. |
| | 受容 | 어떠한 것을 받아들임. |
| 수업 | 修業 | 기술이나 학업을 익히고 닦음. |
| | 授業 | 교사가 학생에게 지식이나 기능을 가르쳐 줌. |
| 수입 | 收入 | 돈이나 물품 따위를 거두어들임. |
| | 輸入 | 다른 나라로부터 물품을 사들임. |
| 수재 | 秀才 | 머리가 좋고 재주가 뛰어난 사람. |
| | 水災 | 홍수나 장마 따위의 물로 입는 피해. |
| 수행 | 修行 | 행실, 학문, 기예 따위를 닦음. |
| | 遂行 | 생각하거나 계획한 대로 일을 해냄. |
| 수호 | 守護 | 지키고 보호함. |
| | 修好 | 나라와 나라가 서로 사이좋게 지냄. |
| 숙원 | 宿怨 | 오래 묵은 원한. |
| | 宿願 | 오랫동안 품어온 바람이나 소원. |
| 숙면 | 熟眠 | 잠이 깊이 듦. |
| | 熟面 | 여러번 보아서 낯이 익은 사람. |
| 숙청 | 肅淸 | 어지러운 세상을 바로잡음. |
| | 淑廳 | 행동이나 성품이 정숙하고 깨끗함. |
| 순종 | 純種 | 다른 계통과 섞이지 아니한 순수한 종. |
| | 順從 | 순순히 따름. |
| 순직 | 殉職 | 직무를 다하다가 목숨을 잃음. |
| | 純直 | 마음이 순진하고 곧음. |
| 습득 | 拾得 | 주워서 얻음. |
| | 習得 | 학문·기술을 배워 자기 것으로 함. |
| 승복 | 承服 | 납득하여 따름. |
| | 僧服 | 중의 옷. |
| 승인 | 承認 | 어떤 사실을 마땅하다고 받아들임. |
| | 勝因 | 승리의 원인. |

| 시가 | 市街 | 도시의 큰 길거리. |
|---|---|---|
| | 市價 | 시장에서 상품이 매매되는 가격. |
| | 時價 | 일정한 시기의 물건 값. |
| | 詩歌 | 가사를 포함한 시문학을 통틀어 이르는 말. |
| | 詩家 | 시를 짓는 사람. 시인(詩人). |
| 시각 | 時刻 | 시간의 어느 한 시점. |
| | 視覺 | 눈을 통해 빛의 자극을 받아들이는 감각 작용. |
| | 視角 | 무엇을 보는 각도. |
| 시계 | 視界 | 일정한 자리에서 바라볼 수 있는 범위. |
| | 時計 | 시각을 나타내는 기계나 장치. |
| 시도 | 試圖 | 무엇을 이루기 위해 계획하거나 행동함. |
| | 市道 | 행정 구역으로 나눈 시와 도. |
| 시비 | 是非 | 옳음과 그름. |
| | 詩碑 | 시를 새긴 비석. |
| 시사 | 時事 | 그 당시에 생긴 여러 가지 세상일. |
| | 試寫 | 영화를 개봉하기에 앞서 시험적으로 특정인에 상영해 보임. |
| | 詩史 | 시의 발생·변천·발달 과정에 관한 역사. 또는 그것에 관한 저술. |
| 시상 | 施賞 | 상장이나 상품, 상금 등을 줌. |
| | 詩想 | 시를 짓기 위한 착상이나 구상. |
| 시인 | 是認 | 옳다고 인정함. |
| | 詩人 | 시를 전문적으로 짓는 사람. |
| 시정 | 是正 | 잘못된 것을 바로 잡음. |
| | 詩情 | 시적인 정취. |
| 시청 | 市廳 | 시의 행정 사무를 맡아보는 기관. |
| | 視聽 | 눈으로 보고 귀로 들음. |
| 식사 | 式辭 | 식장(式場)에서 주최자가 하는 인사말. |
| | 食事 | 끼니로 음식을 먹음. |
| 신고 | 申告 | 일정한 사실을 진술·보고함. |
| | 辛苦 | 어려운 일을 당하여 몹시 애씀. |
| 신축 | 伸縮 | 늘고 줆, 또는 늘이고 줄임. |
| | 新築 | 건물 따위를 새로 만듦. |

| | | |
|---|---|---|
| 실례 | 失禮 | 언행이 예의에 벗어남. |
| | 實例 | 실제의 예. |
| 실수 | 失手 | 조심하지 아니하여 잘못함. |
| | 實數 | 실제의 수효. |
| | 實收 | 실제의 수입이나 수확. |
| | 實需 | 실수요(實需要)의 준말. |
| 실정 | 失政 | 정치를 잘못함. |
| | 實情 | 실제의 사정이나 정세. |
| 심려 | 心慮 | 마음속으로 걱정함. |
| | 深慮 | 마음을 써서 깊이 생각함. |
| 심성 | 心性 | 마음과 성품. |
| | 深省 | 깊이 반성함. |
| 안전 | 安全 | 사고가 날 염려가 없는 상태. |
| | 眼前 | 눈 앞. |
| 약자 | 弱者 | 힘이나 세력이 약한 사람이나 생물. |
| | 略字 | 복잡한 글자의 일부를 생략하여 간략하게 한 글자. |
| 양식 | 糧食 | 생존을 위하여 필요한 사람의 먹을거리. |
| | 樣式 | 일정한 모양이나 형식. |
| | 洋食 | 서양요리. |
| | 養殖 | 물고기·굴·김 등을 기르고 번식시키는 일. |
| 양친 | 兩親 | 부친과 모친. |
| | 養親 | 길러 준 부모. |
| 양호 | 良好 | 매우 좋음. |
| | 養護 | 기르고 보호함. |
| 어구 | 語句 | 말의 마디나 구절. |
| | 漁具 | 고기잡이에 쓰는 여러 가지 도구. |
| 여권 | 女權 | 여자의 사회적·정치적·법률적 권리. |
| | 旅券 | 외국을 여행하는 사람의 신분이나 국적을 증명하는 문서. |
| 여의 | 如意 | 일이 뜻대로 됨. |
| | 餘意 | 말끝에 함축되어 있는 속뜻. |
| 여장 | 女裝 | 남자가 여자처럼 차림. |
| | 旅裝 | 여행할 때의 차림. |

| | | |
|---|---|---|
| 역경 | 逆境 | 일이 순조롭지 않아 매우 어렵게 된 처지나 환경. |
| | 譯經 | 경전을 번역하는 일. |
| 역설 | 力說 | 자기의 뜻을 힘주어 말함. |
| | 逆說 | 어떤 주의나 주장에 반대되는 이론이나 말. |
| 역전 | 力戰 | 힘을 다하여 싸움. |
| | 逆戰 | 역습하여 나아가 싸움. |
| | 驛前 | 정거장 앞. |
| | 逆轉 | 형세가 뒤집혀짐. |
| 연기 | 演技 | 배우가 무대에서 하는 몸짓이나 말. |
| | 煙氣 | 무엇이 불에 탈 때에 생겨나는 기체. |
| | 延期 | 정해진 기한을 늘림. |
| | 連記 | 잇대어 적음. 둘 이상의 것을 나란히 적음. |
| 연대 | 年代 | 지나간 시간을 일정한 햇수로 나눈 것. |
| | 連帶 | 여럿이 함께 무슨 일을 하거나 책임을 짐. |
| 연소 | 年少 | 나이가 어림. |
| | 燃燒 | 물질이 산소와 화합할 때에 많은 빛과 열을 내는 현상. |
| 연장 | 年長 | 서로 비교하여 나이가 많은 사람. |
| | 延長 | 시간이나 거리를 길게 늘임. |
| 열차 | 列車 | 기차. |
| | 列次 | 죽 벌려 놓은 차례. |
| 염증 | 炎症 | 생체 조직이 손상을 입었을 때의 반응. |
| | 厭症 | 싫증. 싫은 생각. |
| 영광 | 榮光 | 빛나고 아름다운 영예. |
| | 靈光 | 신령스럽고 성스러운 빛. |
| 영세 | 零細 | 살림이 보잘것없고 몹시 가난함. |
| | 永世 | 오랜 세월이나 세대. |
| 요리 | 要理 | 긴요한 이치나 도리. |
| | 料理 | 음식을 일정한 방법으로 만듦. 또는 그 음식. |
| 용기 | 容器 | 물건을 담는 그릇. |
| | 勇氣 | 씩씩하고 굳센 기운. |

| | | |
|---|---|---|
| 용의 | 用意 | 어떤 일을 하려고 마음을 먹음. |
| | 容疑 | 범죄의 혐의. |
| 우수 | 優秀 | 여럿 가운데 뛰어남. |
| | 憂愁 | 근심과 걱정. |
| | 偶數 | 짝수. |
| | 雨水 | 빗물. 24절기의 하나. |
| | 右手 | 오른손. |
| 우열 | 愚劣 | 어리석고 못남. |
| | 優劣 | 나음과 못함. |
| 우의 | 雨衣 | 비옷. |
| | 友誼 | 우정. 우애. |
| 원망 | 怨望 | 남이 한 일을 억울하게 여겨 탓함. |
| | 願望 | 원하고 바람. |
| | 遠望 | 멀리 바라봄. |
| 원수 | 元首 | 국가 원수. 가장 높은 사람. |
| | 元帥 | 장성 계급의 하나. 대장의 위로 가장 높은 계급. |
| | 怨讐 | 원한이 맺힐 정도로 해를 끼친 사람. |
| 원주 | 圓周 | 원둘레. |
| | 原州 | 강원도 남서쪽에 있는 시. |
| 원형 | 原形 | 본디의 꼴. |
| | 圓形 | 둥근 모양. |
| 위장 | 胃腸 | 위(胃)와 장(腸). |
| | 僞裝 | 거짓으로 꾸밈. |
| 유기 | 遺棄 | 내다 버림. |
| | 有機 | 생명을 가지며, 생활 기능이나 생활력을 갖추고 있음. |
| | 遺記 | 죽은 뒤에 남은 기록. |
| 유도 | 誘導 | 사람이나 물건을 목적한 장소나 방향으로 이끎. |
| | 柔道 | 두 사람이 맨손으로 맞잡고 상대편이 공격해 오는 힘을 이용하여 던져 넘어뜨리거나 조르거나 눌러 승부를 겨루는 운동. |
| 유사 | 遺事 | 후세에 전하는 사적. |
| | 幽思 | 깊은 생각. |
| | 有司 | 단체의 사무를 맡아보는 직무. |

| | | |
|---|---|---|
| 유언 | 遺言 | 죽음에 이르러 남기는 말. |
| | 流言 | 떠도는 말. |
| 유전 | 遺傳 | 물려받아 내려옴. |
| | 油田 | 석유가 나는 곳. |
| 유지 | 油脂 | 동물 또는 식물에서 채취한 기름. |
| | 維持 | 어떤 상태나 상황을 그대로 보존함. |
| | 有志 | 마을이나 지역에서 명망 있고 영향력을 가진 사람. 어떤 일에 뜻이 있거나 관심이 있는 사람. |
| | 油紙 | 기름종이. |
| 유치 | 留置 | 남의 물건을 맡아 둠. |
| | 幼稚 | 나이가 어림. |
| 유학 | 遊學 | 외국에서 공부함. |
| | 儒學 | 유교의 학문. |
| 유형 | 有形 | 모양이나 형체가 있음. |
| | 類型 | 성질이 공통적인 것끼리 묶은 틀. |
| | 流刑 | 오형(五刑) 가운데 죄인을 귀양 보내던 형벌. |
| 육성 | 肉聲 | 사람의 입에서 직접 나오는 소리. |
| | 育成 | 길러 자라게 함. |
| 은인 | 恩人 | 자신에게 은혜를 베푼 사람. |
| | 隱人 | 속세를 떠나 숨어 사는 사람. |
| 의거 | 依據 | 어떤 사실이나 원리 따위에 근거함. |
| | 義擧 | 정의를 위하여 개인이나 집단이 의로운 일을 도모함. |
| 의구 | 依舊 | 옛날과 다름이 없음. |
| | 疑懼 | 의심하고 두려워함. |
| 의병 | 義兵 | 외적의 침입을 물리치기 위하여 백성들이 자발적으로 조직한 군대. 또는 그 군대의 병사. |
| | 疑兵 | 적의 눈을 속이기 위하여 거짓으로 군사를 꾸밈. 또는 그런 군대 시설. |
| 의사 | 意思 | 무엇을 하고자 하는 생각. |
| | 義士 | 지조를 지키는 사람. |
| | 醫師 | 병을 치료하는 것을 직업으로 삼는 사람. |
| | 議事 | 회의에서 어떤 일을 의논함. |

| | | |
|---|---|---|
| 의식 | 儀式 | 행사를 치르는 일정한 법식. |
| | 意識 | 깨어 있는 상태에서 사물에 대하여 인식하는 작용. |
| 의지 | 依支 | 다른 것에 몸을 기댐. |
| | 意志 | 어떠한 일을 이루고자 하는 마음. |
| 이상 | 理想 | 생각할 수 있는 범위 안에서 가장 완전하다고 여겨지는 상태. |
| | 以上 | 수량이나 정도가 일정한 기준보다 더 많음. |
| 이설 | 異說 | 통용되는 것과는 다른 주장이나 의견. |
| | 移設 | 다른 곳으로 옮기어 설치함. |
| 이성 | 異性 | 성(性)이 다른 것. |
| | 異姓 | 성씨(姓氏)가 다름. |
| | 理性 | 개념적으로 사유하는 능력. |
| 이전 | 以前 | 이제보다 전. |
| | 移轉 | 장소나 주소 따위를 다른 데로 옮김. |
| 이해 | 理解 | 사리를 분별하여 해석함. |
| | 利害 | 이익과 손해. |
| 인가 | 人家 | 사람이 사는 집. |
| | 認可 | 인정하여 허가함. |
| 인도 | 人道 | 사람으로서 마땅히 지켜야 할 도리. |
| | 引渡 | 사물이나 권리 따위를 넘겨줌. |
| | 引導 | 이끌어 지도함. |
| 인명 | 人命 | 사람의 목숨. |
| | 人名 | 사람의 이름. |
| 인상 | 引上 | 값을 올림. |
| | 印象 | 어떤 대상에 대하여 마음속에 새겨지는 느낌. |
| 인수 | 引受 | 물건이나 권리를 건네받음. |
| | 引水 | 물을 끌어다 댐. |
| 인성 | 人聲 | 사람의 소리. |
| | 引性 | 끌어당기는 성질. |
| 인정 | 人情 | 사람이 본래 가지고 있는 감정. |
| | 仁情 | 어진 마음씨. |
| | 認定 | 확실히 그렇다고 여김. |

| | | |
|---|---|---|
| 인증 | 引證 | 인용하여 증거로 삼음. |
| | 認證 | 문서나 행위가 정당한 절차로 이루어졌음을 공적 기관이 증명함. |
| 일정 | 一定 | 크기, 모양, 범위 등이 하나로 정해짐. |
| | 日程 | 정해진 기간 동안 할 일을 짜 놓은 것. |
| 임지 | 任地 | 임무를 받아 근무하는 곳. |
| | 林地 | 나무가 많이 자라고 있는 땅. 숲을 이룬 땅. |
| 입각 | 立脚 | 어떤 사실이나 주장 따위에 근거를 두어 그 입장에 섬. |
| | 入閣 | 내각(內閣)의 한 사람이 됨. |
| 자격 | 字格 | 글자를 쓰는 법칙. |
| | 資格 | 어떤 임무를 맡거나 일을 하는 데 필요한 조건. |
| 자원 | 資源 | 경제 생산에 이용되는 광물, 산림 등. |
| | 自願 | 자기 스스로 하고자 하여 나섬. |
| 자정 | 子正 | 자시(子時)의 한가운데. 밤 12시. |
| | 自淨 | 저절로 깨끗해짐. |
| 자형 | 姉兄 | 매형. |
| | 字形 | 글자꼴. |
| 잡기 | 雜技 | 잡다한 놀이의 기술이나 재주. |
| | 雜記 | 여러 가지 일을 질서 없이 기록함. |
| 장관 | 壯觀 | 훌륭하고 장대한 광경. |
| | 長官 | 국무를 보는 행정 각 부의 우두머리. |
| 장부 | 丈夫 | 다 자란 씩씩한 남자. |
| | 帳簿 | 금품의 수입과 지출을 적어 두는 책. |
| 장책 | 長策 | 원대하고 좋은 계책이나 대책. |
| | 粧冊 | 책을 꾸미어 만듦. |
| 장편 | 長篇 | 내용이 긴 작품. |
| | 掌篇 | 매우 짧은 산문. |
| 재고 | 再考 | 다시 생각함. |
| | 在庫 | 창고 따위에 쌓여 있음. |

| | | |
|---|---|---|
| 재기 | 才氣 | 재주가 있는 기질. |
| | 再起 | 역량이나 능력을 모아 다시 일어섬. |
| 재력 | 才力 | 재주와 능력. |
| | 財力 | 재물의 힘. 재산상의 능력. |
| 재배 | 再拜 | 두 번 절함. |
| | 栽培 | 식물을 심어 가꿈. |
| 재수 | 再修 | 한번 배웠던 학과 과정을 다시 배움. |
| | 財數 | 재물이 생기거나 좋은 일이 있을 운수. |
| | 在囚 | 교도소에 갇혀 있음. |
| 재청 | 在廳 | 관리나 공무원이 관청 안에서 근무함. |
| | 再請 | 거듭 청함. |
| 재화 | 財貨 | 사람이 바라는 바를 충족시켜주는 모든 물건. |
| | 災禍 | 재앙(災殃)과 화난(禍難). |
| 저속 | 低俗 | 품위가 낮고 속됨. |
| | 低速 | 낮은 속도. |
| 적기 | 敵機 | 적군의 비행기. |
| | 適期 | 알맞은 시기. |
| | 摘記 | 요점만 뽑아 기록함. |
| | 赤旗 | 붉은 기. |
| 적선 | 積善 | 착한 일을 많이 함. |
| | 賊船 | 해적의 배 |
| 전경 | 前景 | 앞쪽에 보이는 경치. |
| | 戰警 | 전투 경찰. |
| | 全景 | 전체의 경치. |
| 전공 | 專攻 | 어느 한 분야를 전문적으로 연구함. |
| | 戰功 | 전투에서 세운 공로. |
| | 前功 | 전에 세운 공로나 공적. |
| | 電工 | 전기공업. 전기공. |
| | 全功 | 모든 공로. 결점이 없는 공로. |

| | | |
|---|---|---|
| 전기 | 傳記 | 한 사람의 일생 동안의 행적을 적은 기록. |
| | 電氣 | 전류의 현상. |
| | 前記 | 어떤 대목을 기준으로 하여 그 앞부분에 씀. |
| | 前期 | 일정 기간을 몇 개로 나눈 첫 시기. |
| | 傳奇 | 기이한 일을 내용으로 한 이야기. |
| | 戰記 | 전쟁의 기록. |
| | 轉機 | 전환점을 이루는 기회나 고비. |
| | 轉記 | 한 장부에서 다른 장부로 옮겨 적음. |
| 전력 | 全力 | 모든 힘. |
| | 電力 | 전류가 단위 시간에 하는 일. |
| 전례 | 前例 | 이전부터 있었던 사례. |
| | 典例 | 전거가 되는 선례. |
| 전반 | 全般 | 어떤 일이나 부문에 대하여 그것에 관계되는 전체. |
| | 前半 | 전체를 둘로 나누었을 때의 앞부분. |
| 전승 | 戰勝 | 전쟁이나 경기 따위에서 싸워 이김. |
| | 傳承 | 문화, 풍속, 제도 따위를 이어받아 계승함. |
| 전시 | 展示 | 여러 가지 물품을 한 곳에 벌려 놓고 보임. |
| | 戰時 | 전쟁이 벌어진 때. |
| 전업 | 前業 | 이전에 종사하였던 직업. |
| | 專業 | 전문으로 하는 직업이나 사업. |
| | 轉業 | 직업을 바꿈. |
| 전용 | 專用 | 혼자서만 씀. |
| | 轉用 | 예정되어 있는 곳에 쓰지 아니하고 다른 데로 돌려서 씀. |
| 전원 | 田園 | 도시에서 떨어진 시골이나 교외(郊外). |
| | 全員 | 소속된 인원의 전체. |
| | 電源 | 전류가 오는 원천. |

| 전임 | 前任 | 이전에 그 업무를 맡음. 또는 그런 사람. |
|---|---|---|
| | 專任 | 어떤 일을 전문적으로 맡거나 맡김. |
| 전적 | 全的 | 하나도 남김없이 모두 다인 것. |
| | 戰跡 | 전쟁을 한 흔적. |
| 전직 | 前職 | 전에 가졌던 직업이나 직위. |
| | 轉職 | 직업이나 직무를 바꾸어 옮김. |
| 전파 | 電波 | 도체 중의 전류가 진동함으로써 방사되는 전자기파. |
| | 傳播 | 전하여 널리 퍼뜨림. |
| 전후 | 前後 | 앞뒤. |
| | 戰後 | 전쟁이 끝난 뒤. |
| 절감 | 節減 | 절약하고 줄임. |
| | 切感 | 절실하게 느낌. 통감(痛感)함. |
| 절제 | 節制 | 알맞게 조절하여 제한함. |
| | 切除 | 잘라냄. |
| 절조 | 絶調 | 아주 뛰어난 곡조. |
| | 節操 | 절개와 지조. |
| 접수 | 接收 | 권력으로써 다른 사람의 소유물을 일방적으로 수용함. 받아서 거둠. |
| | 接受 | 신청이나 신고 따위를 구두(口頭)나 문서로 받음. 돈이나 물건 따위를 받음. |
| 정기 | 精氣 | 천지 만물을 생성하는 원천이 되는 기운. |
| | 定期 | 일정한 기간이나 기한. |
| 정교 | 正敎 | 사교가 아닌 바른 종교. |
| | 情交 | 매우 가깝게 사귐. |
| | 政敎 | 정치와 종교. 정치와 교육 |
| | 正校 | 대한제국 때 무관 계급의 하나. |
| | 精巧 | 정밀하고 교묘함. |
| 정당 | 正當 | 바르고 마땅함. |
| | 政黨 | 정치적인 단체. |

| 정도 | 精度 | 사물의 성질이나 가치를 양부(良否), 우열 등으로 본 분량이나 수준. |
|---|---|---|
| | 正道 | 올바른 길. 또는 정당한 도리. |
| | 程度 | 얼마의 분량이나 어떠한 한도. |
| | 定道 | 이미 정하여진 제도나 법도. |
| | 定都 | 도읍을 정함. |
| | 征途 | 정벌하려 가는 길. 여행하는 길. |
| 정리 | 情理 | 인정과 도리. |
| | 整理 | 흐트러진 것을 한데 모으거나 치워서 질서 있는 상태가 되게 함. |
| 정부 | 政府 | 국가를 다스리는 기관. |
| | 正否 | 바름과 바르지 못함. 옳고 그름. |
| | 正副 | 주장되는 으뜸과 그의 버금. |
| 정사 | 正邪 | 바른 일과 간사한 일. |
| | 正史 | 정확한 사실을 바탕으로 한 역사. |
| | 精舍 | 학문을 가르치기 위하여 마련한 집. 정신을 수양하는 곳. |
| | 精査 | 자세히 조사함. |
| | 政事 | 정치에 관한 일. 행정상의 사무. |
| | 靜思 | 고요히 생각함. |
| 정상 | 正常 | 특별한 변동이나 탈이 없이 제대로인 상태. |
| | 情狀 | 있는 그대로의 사정과 형편. |
| 정세 | 情勢 | 일이 되어가는 형편. |
| | 政勢 | 정치상의 동향이나 형세. |
| 정수 | 淨水 | 물을 깨끗하고 맑게 함. |
| | 整數 | 자연수, 음수 및 영을 통틀어 이르는 말. |
| 정원 | 定員 | 일정한 규정에 의하여 정한 인원. |
| | 庭園 | 집 안에 있는 뜰. |
| 정전 | 停電 | 전기가 끊어짐. |
| | 停戰 | 교전 중에 합의하여 일시적으로 전투를 중단하는 일. |
| | 正殿 | 왕이 나와서 조회를 하던 궁전. |
| 정통 | 正統 | 바른 계통. |
| | 精通 | 어떤 사물에 대하여 깊고 자세히 통하여 앎. |

| | 精華 | 깨끗하고 순수한 부분. |
|---|---|---|
| 정화 | 淨化 | 불순하거나 더러운 것을 깨끗하게 함. |
| 제기 | 提起 | 의견이나 문제를 내어 놓음. |
| | 祭器 | 제사에 쓰는 그릇. |
| 제도 | 制度 | 규범이나 사회 구조의 체계. |
| | 製圖 | 기계, 건축물, 공작물의 도면이나 도안을 그림. |
| 제명 | 帝命 | 황제의 명령. |
| | 除名 | 명부에서 성명을 빼어 버림. |
| | 題名 | 책, 시문 등의 표제나 제목의 이름. |
| 제약 | 制約 | 조건을 붙여 내용을 제한함. |
| | 製藥 | 약재를 섞어서 약을 만듦. |
| 제재 | 題材 | 예술작품이나 학술연구의 주제가 되는 재료. |
| | 制裁 | 일정한 규칙이나 관습의 위반에 대하여 제한하거나 금지함. 또는 그런 조치. |
| | 製材 | 베어 낸 나무로 재목(材木)을 만듦. |
| 제지 | 制止 | 말려서 못하게 함. |
| | 製紙 | 종이를 만듦. |
| 제창 | 提唱 | 어떤 일을 처음 내놓아 주장함. |
| | 齊唱 | 여러 사람이 다 같이 소리를 질러 부름. |
| 조류 | 潮流 | 밀물과 썰물 때문에 일어나는 바닷물의 흐름. |
| | 鳥類 | 조강의 척추동물을 통틀어 이르는 말. 새무리. |
| 조리 | 條理 | 앞뒤가 들어맞고 체계가 서는 갈피. |
| | 調理 | 먹을 것을 만듦. |
| 조반 | 早飯 | 아침 끼니를 먹기 전에 간단하게 먹는 음식. |
| | 朝飯 | 아침밥. |
| 조선 | 造船 | 배를 설계하여 만듦. |
| | 朝鮮 | 1392년, 이성계가 고려를 무너뜨리고 세운 나라. |

| | 助成 | 도와서 이루게 함. |
|---|---|---|
| 조성 | 造成 | 무엇을 만들어서 이룸. |
| | 組成 | 조직하여 성립시킴. |
| | 早成 | 빨리 이루어짐. |
| | 鳥聲 | 새가 우는 소리. |
| 조정 | 朝廷 | 나라의 정치를 의논, 집행하던 곳. |
| | 調整 | 어떤 기준이나 실정에 맞게 정돈함. |
| | 調定 | 조사하여 확정함. |
| | 調停 | 분쟁을 중간에 서서 화해시킴. |
| 조수 | 潮水 | 아침에 밀려들었다가 나가는 바닷물. |
| | 助手 | 어떤 일을 도와주는 사람. |
| 조화 | 造化 | 만물을 창조하고 기르는 대자연의 이치. |
| | 調和 | 서로 잘 어울림. |
| | 造花 | 인공적으로 만든 꽃. |
| | 弔花 | 조의를 표하는 데 쓰는 꽃. |
| 존속 | 存續 | 계속하여 존재함. |
| | 尊屬 | 부모와 같은 항렬 이상의 혈족. |
| 종묘 | 種苗 | 식물의 씨나 싹을 심어서 가꿈. |
| | 宗廟 | 역대 임금과 왕비의 위패를 모시던 왕실의 사당. |
| 종신 | 宗臣 | 나라에 큰 공을 세운 신하. |
| | 終身 | 죽을 때까지. |
| 종전 | 從前 | 지금보다 이전. |
| | 終戰 | 전쟁이 끝남. |
| 좌우 | 左右 | 왼쪽과 오른쪽. |
| | 座右 | 좌석의 오른쪽. 또는 그 옆. |
| 주간 | 晝間 | 낮. 낮 동안. |
| | 週刊 | 한 주일마다의 발간. 또는 그 간행물. |
| | 週間 | 한 주일 동안. |
| 주관 | 主管 | 어떤 일을 책임지고 맡아 관리함. |
| | 主觀 | 자기만의 견해나 관점. |
| 주도 | 主導 | 주동적인 처지가 되어 이끎. |
| | 周到 | 주의가 두루 미쳐서 빈틈없이 찬찬함. |

| | | |
|---|---|---|
| 주부 | 主婦 | 한 가정의 살림살이를 맡아 꾸려 가는 안주인. |
| | 主部 | 중요한 부분. |
| 주식 | 主食 | 끼니에 주로 먹는 음식. |
| | 株式 | 주식회사의 자본을 구성하는 단위. |
| 주연 | 主演 | 연극이나 영화의 주인공으로 출연함. |
| | 酒宴 | 술잔치. 술을 마시며 즐겁게 노는 간단한 잔치. |
| 주장 | 主張 | 자기의 의견이나 주의를 굳게 내세움. |
| | 主將 | 팀을 대표하는 선수. |
| 준수 | 俊秀 | 재주, 지혜, 풍채가 뛰어남. |
| | 遵守 | 규칙, 명령 따위를 그대로 좇아서 지킴. |
| 준용 | 準用 | 표준으로 삼아 적용함. |
| | 遵用 | 그대로 좇아서 씀. |
| 중복 | 中伏 | 삼복(三伏)의 하나. |
| | 重複 | 거듭하거나 겹침. |
| 중세 | 中世 | 고대에 이어 근대에 선행하는 시기. |
| | 重稅 | 부담하기에 너무 무거운 세금. |
| 중점 | 中點 | 가운뎃점. |
| | 重點 | 가장 중요하게 여겨야 할 점. |
| 중지 | 中止 | 하던 일을 중도에서 그만둠. |
| | 中指 | 가운뎃손가락. |
| | 衆智 | 여러 사람의 지혜. |
| | 中智 | 보통의 지혜. 평범한 지혜. |
| 지각 | 知覺 | 알아서 깨닫는 능력. |
| | 遲刻 | 정한 시각보다 늦음. |
| | 地角 | 멀리 구석지게 떨어져 있는 곳. |
| 지구 | 持久 | 어떤 상태를 오래 버티어 견딤. |
| | 地球 | 인류가 사는 천체. |
| 지급 | 支給 | 돈이나 물품 따위를 정하여진 몫만큼 내줌. |
| | 至急 | 매우 급함. |

| | | |
|---|---|---|
| 지대 | 至大 | 더할 수 없이 아주 큼. |
| | 地帶 | 자연적, 또는 인위적으로 한정된 일정한 구역. |
| | 地代 | 남의 토지를 사용하는 대가로 토지 소유자에게 지급하는 금전이나 그 외의 물건. |
| 지도 | 地圖 | 지구 표면의 상태를 일정한 비율로 줄여 평면에 나타낸 그림. |
| | 指導 | 어떤 목적이나 방향으로 남을 가르쳐 이끎. |
| 지력 | 地力 | 농작물을 길러 낼 수 있는 땅의 힘. |
| | 地歷 | 지리와 역사. |
| | 知力 | 지식의 능력. 지식의 힘. |
| | 智力 | 슬기의 힘. 사물을 헤아리는 능력. |
| 지사 | 支社 | 본사의 관할 아래 일정한 지역에서 본사의 일을 대신 맡아 하는 곳. |
| | 志士 | 나라와 민족을 위하여 일하려는 뜻을 가진 사람. |
| | 指事 | 한자 제자원리인 육서의 하나로 뜻을 합하는 방법. |
| | 知事 | 도지사(道知事)의 준말. |
| 지상 | 地上 | 땅의 위. |
| | 紙上 | 종이의 위. 신문의 지면. |
| | 至上 | 더할 수 없이 가장 높은 위. |
| 지성 | 知性 | 생각하고 판단하는 능력. |
| | 至誠 | 지극한 정성. |
| | 至性 | 더할 수 없이 착한 성질. |
| | 至聖 | 슬기와 덕행이 뛰어난 성인. |
| 지원 | 支援 | 지지하여 도움. |
| | 志願 | 어떤 일이나 조직에 뜻을 두어 한 구성원이 되기를 바람. |
| 지적 | 指摘 | 꼭 집어서 가리킴. 잘못을 들추어 냄. |
| | 地積 | 땅의 넓이. |
| | 地籍 | 토지에 관한 여러 가지 사항을 기재한 기록. |
| | 指笛 | 손가락으로 부는 피리. 또는 손가락으로 부는 휘파람. |

| | | |
|---|---|---|
| 지주 | 支柱 | 물건이 쓰러지지 않도록 버티어 괴는 기둥. |
| | 地主 | 토지의 소유자. |
| 직선 | 直線 | 곧은 선. |
| | 直選 | 직접 선거. |
| 진가 | 眞假 | 진짜와 가짜. |
| | 眞價 | 참된 값어치. |
| 진부 | 眞否 | 참됨과 거짓됨. |
| | 陳腐 | 케케묵고 낡음. |
| 진심 | 盡心 | 마음을 다함. |
| | 眞心 | 거짓이 없는 참된 마음. |
| 진정 | 眞正 | 거짓이 없이 참되고 바름. |
| | 陳情 | 실정이나 사정을 진술함. |
| | 鎭靜 | 시끄럽고 요란한 일이나 상태를 조용하게 가라앉힘. 흥분되거나 격앙된 마음을 차분하게 가라앉힘. |
| 진화 | 進化 | 일이나 사물 따위가 점점 발달하여 감. |
| | 鎭火 | 화재를 끔. 화재가 꺼짐. |
| 집중 | 集中 | 한곳을 중심으로 하여 모임. 한 가지 일에 모든 힘을 쏟아 부음. |
| | 執中 | 지나치거나 모자람이 없이 또는 한쪽으로 치우침이 없이 마땅하고 떳떳한 도리를 취함. |
| 차도 | 差度 | 병이 조금씩 나아가는 정도. |
| | 車道 | 찻길. |
| 차등 | 差等 | 차이가 나는 등급. |
| | 次等 | 다음가는 등급. |
| 착근 | 着近 | 친근하게 굴거나 달라붙음. |
| | 着根 | 옮겨 심은 식물이 뿌리를 내림. |
| 채유 | 採油 | 기름을 채취함. |
| | 菜油 | 채소의 씨로 짠 기름. 배추씨로 짠 기름. |
| 천재 | 天才 | 선천적으로 타고난 남보다 훨씬 뛰어난 재주. 또는 그런 재능을 가진 사람. |
| | 天災 | 재난, 태풍, 홍수, 지진 등과 같이 자연의 변화로 일어나는 재앙. |

| | | |
|---|---|---|
| 천직 | 天職 | 타고난 직업이나 직분. |
| | 賤職 | 낮고 천한 직업. |
| 청사 | 靑史 | 역사상의 기록. |
| | 廳舍 | 관청의 사무실로 쓰는 건물. |
| 청산 | 靑山 | 풀과 나무가 무성한 푸른 산. |
| | 淸算 | 채무나 채권 관계를 셈하여 깨끗이 해결함. |
| 초대 | 初代 | 차례로 이어 나가는 자리나 지위에서 첫 번째에 해당하는 사람. |
| | 招待 | 어떤 모임에 참가해 줄 것을 청함. |
| 초상 | 肖像 | 사진·그림 따위에 나타낸 사람의 얼굴이나 모습. |
| | 初喪 | 사람이 죽어서 장사 지낼 때까지의 일. |
| | 初霜 | 첫서리. |
| 초연 | 初演 | 연극이나 음악 등의 최초의 상연. |
| | 招宴 | 연회에 초대함. |
| | 超然 | 어떤 현실 속에서 벗어나 그 현실에 아랑곳하지 않고 의젓하게. 보통 수준보다 훨씬 뛰어나게. |
| 최고 | 最古 | 가장 오래됨. |
| | 最高 | 가장 높음. 제일임. |
| | 催告 | 재촉하는 뜻을 알림. |
| 추계 | 秋季 | 가을의 시기. |
| | 推計 | 일부를 가지고 전체를 미루어 계산함. |
| 추산 | 推算 | 짐작으로 미루어 셈함. 또는 그런 셈. |
| | 秋山 | 가을철의 산. |
| 추상 | 秋霜 | 가을에 내리는 서리. |
| | 追想 | 지나간 일을 돌이켜 생각함. |
| | 推想 | 앞으로 올 일을 미루어서 생각함. 또는 그 생각. |
| | 抽象 | 사물이나 현상에서 일반적으로 공통된 속성을 뽑아내어 파악함. |
| 축사 | 祝辭 | 축하하는 인사의 글이나 말. |
| | 縮寫 | 원형보다 작게 줄여 씀. 사진을 줄여서 다시 찍음. |

| | | |
|---|---|---|
| 축전 | 祝電 | 축하하기 위하여 보내는 전보. |
| | 祝典 | 축하하는 뜻으로 행하는 의식이나 행사. |
| | 蓄電 | 축전기나 축전지에 쓰지 않는 전기를 모아둠. |
| 충성 | 忠誠 | 마음에서 우러나는 정성. |
| | 蟲聲 | 벌레 우는 소리. |
| 치부 | 致富 | 재물을 모아 부자가 됨. |
| | 恥部 | 남에게 알리고 싶지 않은 부끄러운 부분. |
| | 置簿 | 금전이나 물건 따위가 들어오고 나감을 기록함. 또는 그런 장부. 마음속으로 그러하다고 보거나 여김. |
| 친서 | 親書 | 친히 글씨를 씀. 친히 쓴 편지. |
| | 親署 | 임금이 몸소 서명함. |
| 침략 | 侵略 | 남의 나라 땅을 침범하여 빼앗음. |
| | 侵掠 | 남의 나라를 불법으로 쳐들어가서 약탈함. |
| 타도 | 他道 | 행정 구역상의 다른 도. |
| | 打倒 | 때리거나 쳐서 부수어 버림. |
| 타력 | 他力 | 다른 힘. 남의 힘. |
| | 打力 | 치는 힘. 또는 치는 능력. |
| 탄성 | 歎聲 | 몹시 한탄하거나 탄식하는 소리. |
| | 彈性 | 어떤 힘을 받아 변형된 물체가 본래대로 되돌아가려고 하는 성질. |
| 탈취 | 脫臭 | 냄새를 빼어 없앰. |
| | 奪取 | 남의 것을 억지로 빼앗아 가짐. |
| 탐문 | 探聞 | 알려지지 않은 사실이나 소식 따위를 알아내기 위하여 더듬어 찾아가서 들음. |
| | 探問 | 알려지지 않은 사실이나 소식 따위를 알아내기 위하여 더듬어 찾아가서 물음. |
| 택일 | 擇一 | 여럿 가운데에서 하나를 고름. |
| | 擇日 | 어떤 일을 치를 때 운수가 좋은 날을 가려서 고름. |
| 택지 | 宅地 | 집터. 집을 지을 땅. |
| | 擇地 | 좋은 땅을 고름. |

| | | |
|---|---|---|
| 통계 | 統計 | 한데 몰아쳐서 셈함. |
| | 通計 | 전부를 통틀어 계산함. 통산(通算). |
| 통상 | 通常 | 특별하지 않고 보통으로 흔히 있는 일. |
| | 通商 | 나라들 사이에 서로 물품을 사고팖. |
| 통풍 | 通風 | 바람을 통하게 함. 공기를 잘 드나들 수 있게 함. |
| | 痛風 | 손. 발의 관절이 붓고 아픈 요산성(尿酸性)의 관절염. |
| 통화 | 通話 | 전화로 말을 주고받음. |
| | 通貨 | 유통 수단·지불 수단으로 기능하는 화폐. |
| 퇴축 | 退逐 | 보낸 것을 받지 않고 쫓아 보냄. |
| | 退縮 | 움츠리고 물러남. |
| 특수 | 特殊 | 특별히 다름. |
| | 特需 | 특별한 수요. |
| 투기 | 鬪技 | 재주를 서로 다툼. |
| | 投棄 | 내던져 버림. |
| 투사 | 鬪士 | 싸움터나 경기장에서 싸우거나 싸우려고 나선 사람. |
| | 投射 | 어떤 상황에 대한 해석, 판단, 표현에 심리 상태나 성격이 반영되는 일. |
| 투지 | 鬪志 | 싸우고자 하는 의지. |
| | 投止 | 발을 붙이고 섬. 여관, 호텔 따위의 숙박 시설에 들어서 묵음. 투숙(投宿) |
| | 透知 | 속속들이 잘 앎. 익숙하게 또는 충분히 잘 앎. |
| 파계 | 派系 | 같은 갈래에서 갈려나온 계통. |
| | 破戒 | 계율을 깨뜨려 지키지 않음. |
| 파다 | 頗多 | 아주 많음. 매우 많음. |
| | 播多 | 소문 등이 널리 알려진 상태에 있음. |

| | | | | | | |
|---|---|---|---|---|---|---|
| 파문 | 波紋 | 수면에 이는 물결. 물결 모양의 무늬. 어떤 일이 다른 데에 미치는 영향. | | 항구 | 港口 | 배가 안전하게 드나들도록 강가나 바닷가에 부두 따위를 설비한 곳. |
| | 破門 | 사제(師弟)의 의리를 끊고 문하에서 내쫓음. | | | 恒久 | 변하지 않고 오래감. |
| 편도 | 片道 | 가고 오는 길 중 어느 한 쪽. | | 항적 | 航跡 | 항공기가 지나간 흔적을 연결한 선. |
| | 便道 | 편리한 길. 지름길. | | | 抗敵 | 적과 맞섬. 버티어 맞겨룸. |
| 평가 | 平價 | 물건의 값이 싸지도 않고 비싸지도 않은 값. | | 해금 | 解禁 | 하지 못하게 하던 것을 풀어 줌. |
| | 評價 | 물건 값을 헤아려 매김. 또는 그 값. 사람이나 사물의 가치를 판단함. | | | 奚琴 | 향악기에 속하는 찰현 악기의 하나. |
| 폭발 | 暴發 | 속에 쌓여 있던 감정 따위가 갑작스럽게 터짐. | | 해독 | 害毒 | 좋고 바른 것을 망치거나 손해를 끼침. |
| | 爆發 | 불이 일어나며 갑작스럽게 터짐. | | | 解讀 | 어려운 문구 따위를 읽어 이해하거나 해석함. |
| 폭주 | 暴走 | 매우 빠른 속도로 난폭하게 달림. | | 해산 | 解散 | 모였던 사람이 흩어짐. |
| | 暴酒 | 술을 한꺼번에 많이 마심. | | | 解産 | 아이를 낳음. |
| 표결 | 表決 | 의안에 대한 가부 의사를 표시하여 결정하는 일. | | 향수 | 香水 | 액체 화장품의 하나. |
| | 票決 | 투표를 하여 결정함. | | | 鄕愁 | 고향을 그리워하는 마음이나 시름. |
| 표지 | 表紙 | 책의 맨 앞뒤의 겉장. | | | 享受 | 어떤 혜택을 받아 누림. |
| | 標識 | 어떤 사물을 다른 것과 구별하게 하는 표시나 특징. | | 허상 | 虛想 | 헛된 생각. 부질없는 생각. |
| 풍설 | 風雪 | 눈바람. 눈 위로 불어오는 차가운 바람. | | | 虛像 | 실제 없는 것이 있는 것처럼 나타나 보이거나 실제와는 다른 것으로 드러나 보이는 모습. |
| | 風說 | 바람처럼 떠도는 소문. | | | 許上 | 지위가 높고 귀한 자리에 있는 사람에게 무엇을 바치는 일. |
| 풍속 | 風俗 | 옛날부터 그 사회에 전해 오는 생활 전반에 걸친 습관. | | 현상 | 現想 | 보고 듣는데 관련하여 일어나는 생각. |
| | 風速 | 바람의 속도. | | | 現象 | 눈앞에 나타나 보이는 사물의 형상. |
| 필사 | 必死 | 반드시 죽음. 또는 살 가망이 없음. 죽을힘을 다함. | | | 現像 | 사진술에서 촬영한 필름이나 인화지를 약품으로 처리하여 영상이 드러나게 하는 일. 어떠한 형상으로 나타냄. 또는 그 형상. |
| | 筆寫 | 베끼어 씀. | | | 現狀 | 나타나 보이는 현재의 상태. |
| 필적 | 匹敵 | 능력이나 세력이 엇비슷하여 서로 맞섬. | | | 懸賞 | 어떤 목적을 위하여 상금을 걸고 찾거나 모집함. |
| | 筆跡 | 글씨의 모양이나 솜씨. | | 협약 | 協約 | 협상에 의하여 조약을 맺음. 협상조약의 준말. |
| 한중 | 閑中 | 한가한 동안. | | | 脅約 | 위협으로 이루어진 약속이나 조약. |
| | 寒中 | 소한부터 대한까지의 사이. 가장 추운 계절. | | | | |
| | 韓中 | 한국과 중국. | | | | |

| | 戶口 | 호적상 집의 수효와 식구 수. |
|---|---|---|
| 호구 | 護具 | 검도, 태권도 등에서 몸을 보호하기 위하여 착용하는 기구. |
| | 好期 | 좋은 시기. |
| | 好機 | 좋은 기회. |
| 호기 | 豪氣 | 씩씩하고 호방한 기상. 꺼드럭거리는 기운. |
| | 號旗 | 신호로 쓰는 기. |
| | 好奇 | 신기한 것을 좋아함. |
| | 浩氣 | 넓은 기운. 호연지기. |
| 호적 | 戶籍 | 호수와 식구별로 기록한 장부. |
| | 號笛 | 신호로 부는 피리. |
| 혹시 | 或是 | 만일에. 어떤 경우에. |
| | 或時 | 어쩌다가. 어떠한 때에 |
| 혼수 | 昏睡 | 정신없이 잠이 듦. 의식을 잃고 인사불성이 되는 일. |
| | 婚需 | 혼인에 드는 물품. |
| 화단 | 花壇 | 꽃을 심기 위하여 흙을 한층 높게 하여 꾸며 놓은 꽃밭. |
| | 畫壇 | 화가들의 사회. |
| 환불 | 換拂 | 돈이나 물건을 바꾸어 지불함. |
| | 還拂 | 이미 지불한 돈을 되돌려 줌. |
| | 會期 | 개회로부터 폐회까지의 기간. 집회나 회의 따위가 열리는 시기. |
| 회기 | 回期 | 돌아올 시기. |
| | 回忌 | 사람이 죽은 뒤 해마다 돌아오는 제삿날. |
| 회색 | 灰色 | 잿빛. |
| | 悔色 | 잘못을 뉘우치는 태도나 얼굴빛. |
| 회수 (횟수) | 回收 | 도로 거두어들임. |
| | 回數 | 돌아오는 차례의 수효. |
| 회유 | 回遊 | 두루 돌아다니면서 구경하거나 놂. |
| | 懷柔 | 어루만지고 잘 달래어 시키는 말을 듣도록 함. |
| | 會議 | 여럿이 모여 의논함. |
| | 懷疑 | 마음속에 품은 의심. |
| 회의 | 會意 | 한자 제자원리인 육서의 하나로 뜻을 합하는 방법. 뜻을 알아챔. 마음에 맞음. |

| | 厚待 | 아주 잘 대접함. |
|---|---|---|
| 후대 | 後代 | 뒤에 오는 세대나 앞으로 오는 시대. |
| | 厚謝 | 후하게 사례함. |
| 후사 | 後事 | 어떤 일이 있은 뒤에 생기거나 일어날 일. 죽은 뒤의 일. |
| 후생 | 厚生 | 사람들의 생활을 넉넉하고 윤택하게 하는 일. |
| | 後生 | 뒤에 태어나거나 뒤에 생김. |
| 흉조 | 凶兆 | 불길한 조짐. |
| | 凶鳥 | 흉측스러운 새. |
| 흡수 | 吸收 | 빨아서 거두어들임. 외부에 있는 사람이나 사물 따위를 내부로 모아들임. |
| | 吸水 | 물을 빨아들임. |
| 희극 | 喜劇 | 내용이 경쾌하고 흥미 있게 다룬 연극이나 극 형식. |
| | 戲劇 | 실없이 익살을 부려 관객을 웃기는 장면이 많은 연극. |
| 희수 | 喜壽 | 나이 일흔일곱 살을 일컬음. |
| | 稀壽 | 나이 일흔 살을 일컬음. |

# CHAPTER 04

# 일자다음자(一字多音字)

한 글자가 둘 이상의 음(音)을 가진 한자입니다. 각 발음으로 쓰인 예는 제2편 한자 익히기에 있으니 단어로도 알아 두세요.

| 降 | 更 | 車 | 見 | 契 | 告 | 金 | 奈 | 內 | 茶 |
|---|---|---|---|---|---|---|---|---|---|
| 내릴 강<br>항복할 항 | 고칠 경<br>다시 갱 | 수레 거<br>차 차 | 볼 견<br>뵐 현 | 맺을 계<br>애쓸 결<br>부족 이름 글 | 알릴 고<br>뵙고 청할 곡 | 쇠 금<br>금 금<br>돈 금<br>성씨 김 | 어찌 내<br>어찌 나 | 안 내<br>나인 나 | 차 다<br>차 차 |

| 丹 | 糖 | 宅 | 度 | 讀 | 洞 | 率 | 北 | 復 | 否 |
|---|---|---|---|---|---|---|---|---|---|
| 붉을 단<br>꽃 이름 란 | 사탕 당<br>사탕 탕 | 집 택<br>집 댁 | 법도 도<br>정도 도<br>헤아릴 탁 | 읽을 독<br>구절 두 | 마을 동<br>동굴 동<br>밝을 통 | 비율 률<br>거느릴 솔<br>솔직할 솔 | 등질 배<br>달아날 배<br>북쪽 북 | 회복할 복<br>다시 부 | 아닐 부<br>막힐 비 |

| 不 | 寺 | 殺 | 狀 | 塞 | 索 | 省 | 說 | 數 | 宿 |
|---|---|---|---|---|---|---|---|---|---|
| 아닐 불<br>아닐 부 | 절 사<br>관청 시 | 죽일 살<br>빠를 쇄<br>감할 쇄 | 모습 상<br>문서 장 | 막을 색<br>변방 새 | 동아줄 삭<br>찾을 색<br>쓸쓸할 삭 | 살필 성<br>줄일 생 | 달랠 세<br>말씀 설<br>기쁠 열 | 셀 수<br>두어 수<br>운수 수<br>자주 삭 | 잘 숙<br>오랠 숙<br>별자리 수 |

| 拾 | 識 | 食 | 樂 | 惡 | 若 | 於 | 易 | 刺 | 著 |
|---|---|---|---|---|---|---|---|---|---|
| 주을 습<br>열 십 | 알 식<br>기록할 지 | 밥 식<br>먹을 식<br>먹이 사 | 노래 악<br>즐길 락<br>좋아할 요 | 악할 악<br>미워할 오 | 만약 약<br>같을 약<br>반야 야 | 어조사 어<br>탄식할 오 | 쉬울 이<br>바꿀 역 | 찌를 자<br>찌를 척<br>수라 라 | 글 지을 저<br>드러날 저<br>붙을 착<br>입을 착 |

| 辰 | 則 | 徵 | 差 | 參 | 切 | 推 | 便 | 布 | 暴 |
|---|---|---|---|---|---|---|---|---|---|
| 별 진<br>날 신 | 곧 즉<br>법칙 칙 | 부를 징<br>음률 이름 치 | 다를 차<br>어긋날 치 | 참여할 참<br>석 삼 | 모두 체<br>끊을 절<br>간절할 절 | 밀 추<br>퇴고할 퇴 | 편할 편<br>똥오줌 변 | 베 포<br>펼 포<br>보시 보 | 사나울 폭<br>사나울 포<br>드러날 폭 |

| 行 | 畫 |
|---|---|
| 다닐 행<br>행할 행<br>항렬 항 | 그림 화<br>그을 획 |

글자는 다른데 뜻이 비슷한 글자들입니다. 앞에서 익힌 내용을 바탕으로 읽어보시면 정리가 잘 됩니다.

▶ 歌(노래 가) - 曲(굽을 곡, 노래 곡) - 謠(노래 요) - 樂(노래 악, 즐길 락, 좋아할 요)

▶ 價(값 가, 가치 가) - 値(값 치)

▶ 佳(아름다울 가) - 美(아름다울 미)

▶ 假(거짓 가, 임시 가) - 僞(거짓 위)

▶ 家(집 가, 전문가 가) - 屋(집 옥) - 宅(집 택·댁) - 堂(집 당, 당당할 당) - 舍(집 사) - 院(집 원, 관청 원) - 戶(문 호, 집 호) - 館(객사 관, 집 관) - 宇(집 우) - 宙(집 주, 하늘 주) - 軒(난간 헌, 추녀 헌, 집 헌) - 閣(누각 각, 내각 각) - 室(집 실, 방 실, 아내 실)

▶ 覺(깨달을 각) - 悟(깨달을 오) - 警(경계할 경, 깨우칠 경)

▶ 間(사이 간) - 隔(사이 뜰 격)

▶ 簡(편지 간, 간단할 간) - 略(대략 략, 간략할 략, 빼앗을 략)

▶ 減(줄어들 감) - 損(덜 손, 줄일 손) - 除(제거할 제, 덜 제, 나눗셈 제) - 省(살필 성, 줄일 생) - 殺(죽일 살, 빠를 쇄, 감할 쇄)

▶ 鑑(거울 감) - 鏡(거울 경)

▶ 綱(벼리 강, 대강 강) - 紀(벼리 기, 질서 기, 해 기, 기록할 기)

▶ 改(고칠 개) - 更(고칠 경, 다시 갱)

▶ 皆(다 개) - 咸(다 함) - 總(모두 총, 거느릴 총)

▶ 蓋(덮을 개) - 覆(덮을 복, 뒤집을 복) - 蔽(덮을 폐)

▶ 開(열 개) - 啓(열 계, 일깨울 계)

▶ 慨(슬플 개) - 悲(슬플 비) - 哀(슬플 애) - 嗚(탄식할 오)

▶ 客(손님 객) - 旅(군사 려, 나그네 려) - 賓(손님 빈)

▶ 更(고칠 경, 다시 갱) - 復(다시 부, 회복할 복)

▶ 居(살 거) - 住(살 주)

▶ 拒(막을 거, 물리칠 거) - 防(둑 방, 막을 방) - 障(막을 장) - 抵(거스를 저, 막을 저, 당할 저)

▶ 建(세울 건) - 立(설 립)

▶ 健(건강할 건) - 康(편안할 강)

▶ 乾(하늘 건, 마를 건) - 枯(마를 고, 죽을 고) - 燥(탈 조, 마를 조)

▶ 劍(칼 검) - 刀(칼 도)

▶ 犬(개 견) - 狗(개 구) - 戌(구월 술, 개 술, 열한 번째 지지 술)

▶ 見(볼 견, 뵐 현) - 示(보일 시, 신 시) - 視(볼 시) - 看(볼 간) - 監(볼 감) - 觀(볼 관) - 覽(볼 람) - 目(눈 목, 볼 목, 항목 목) - 閱(검열할 열)

▶ 堅(굳을 견) - 固(굳을 고, 진실로 고) - 硬(단단할 경)

▶ 遣(보낼 견) - 送(보낼 송) - 輸(보낼 수, 나를 수)

▶ 絹(비단 견) - 錦(비단 금)

▶ 牽(끌 견) - 引(끌 인) - 携(끌 휴)

▶ 結(맺을 결) - 約(묶을 약, 약속할 약)

▶ 缺(이지러질 결, 빠질 결) - 陷(빠질 함) - 沒(빠질 몰, 다할 몰, 없을 몰)

▶ 竟(마침내 경, 다할 경) - 畢(마칠 필)

▶ 境(지경 경, 형편 경) - 域(구역 역) - 界(경계 계, 세계 계) - 區(나눌 구, 구역 구)

▶ 競(겨룰 경) - 爭(다툴 쟁) - 戰(싸울 전, 두려워 떨 전)

▶頃(잠깐 경, 요즈음 경, 이랑 경) – 暫(잠깐 잠)

▶卿(벼슬 경) – 官(관청 관, 벼슬 관) – 吏(관리 리) – 爵(벼슬 작, 술잔 작)

▶計(셈할 계, 꾀할 계) – 算(셈할 산) – 數(셀 수, 두어 수, 자주 삭)

▶階(계단 계, 계급 계) – 段(계단 단, 차례 단) – 層(층 층, 겹칠 층)

▶繼(이을 계) – 續(이을 속) – 連(이을 련) – 絡(이을 락) – 承(이을 승) – 接(이을 접, 대접할 접) – 聯(이을 련)

▶繫(맬 계) – 系(이어 맬 계, 혈통 계)

▶鷄(닭 계) – 酉(술 그릇 유, 술 유, 닭 유, 열째 지지 유)

▶古(오랠 고, 옛 고) – 故(연고 고, 옛 고) – 舊(오랠 구, 옛 구) – 昔(옛 석)

▶高(높을 고) – 卓(높을 탁, 뛰어날 탁, 탁자 탁) – 崇(높일 숭, 공경할 숭) – 尊(높일 존) – 隆(높을 륭, 성할 륭)

▶孤(외로울 고, 부모 없을 고) – 獨(홀로 독, 자식 없을 독) – 單(홑 단)

▶哭(울 곡) – 泣(울 읍) – 鳴(울 명)

▶空(빌 공, 하늘 공) – 虛(빌 허, 헛될 허)

▶共(함께 공) – 同(한 가지 동, 같을 동)

▶恭(공손할 공) – 敬(공손할 경)

▶恐(두려울 공) – 懼(두려워할 구) – 畏(두려울 외)

▶果(과실 과, 결과 과) – 實(열매 실, 실제 실)

▶過(지날 과, 지나칠 과, 허물 과) – 去(갈 거, 제거할 거) – 歷(지낼 력, 책력 력, 겪을 력) – 經(지날 경, 날실 경, 글 경) – 往(갈 왕) – 之(갈 지, ~의 지, 이 지)

▶過(지날 과, 지나칠 과, 허물 과) – 失(잃을 실) – 誤(그릇될 오)

▶寡(적을 과, 과부 과) – 小(작을 소) – 少(적을 소, 젊을 소) – 微(작을 미)

▶貫(꿸 관, 무게 단위 관) – 通(통할 통) – 徹(통할 철, 뚫을 철)

▶愧(부끄러워할 괴) – 慙(부끄러울 참) – 恥(부끄러울 치)

▶敎(가르칠 교) – 訓(가르칠 훈)

▶橋(다리 교) – 梁(다리 량, 들보 량)

▶矯(바로잡을 교) – 訂(바로잡을 정)

▶具(갖출 구) – 備(갖출 비) – 該(넓을 해, 갖출 해, 그 해)

▶救(구원할 구, 도울 구) – 濟(건널 제, 구제할 제)

▶拘(잡을 구) – 執(잡을 집, 집행할 집) – 捉(잡을 착) – 逮(잡을 체) – 捕(잡을 포) – 把(잡을 파) – 攝(끌어 잡을 섭, 알맞게 할 섭)

▶丘(언덕 구) – 陵(임금 무덤 릉, 큰 언덕 릉) – 阿(아첨할 아, 언덕 아) – 岸(언덕 안)

▶國(나라 국) – 邦(나라 방)

▶群(무리 군) – 衆(무리 중) – 隊(무리 대, 군대 대) – 等(같을 등, 무리 등, 차례 등) – 類(무리 류, 닮을 류) – 徒(한갓 도, 걸을 도, 무리 도) – 黨(무리 당) – 輩(무리 배)

▶君(임금 군, 남편 군, 그대 군) – 王(임금 왕) – 帝(임금 제) – 皇(임금 황)

▶屈(굽을 굴, 굽힐 굴) – 曲(굽을 곡, 노래 곡) – 折(꺾을 절)

▶券(문서 권) – 籍(서적 적, 문서 적) – 狀(모습 상, 문서 장)

▶卷(책 권) – 篇(책 편) – 冊(책 책)

▶鬼(귀신 귀) – 神(귀신 신, 신비할 신)

▶歸(돌아올 귀, 돌아갈 귀) – 回(돌 회, 돌아올 회, 횟수 회)

▶均(고를 균) – 平(평평할 평, 평화 평) – 調(고를 조, 어울릴 조, 가락 조)

▶劇(심할 극, 연극 극) – 甚(심할 심)

▶根(뿌리 근) – 本(뿌리 본, 근본 본, 책 본)

▶謹(삼갈 근) – 愼(삼갈 신)

▶金(쇠 금, 금 금, 돈 금, 성씨 김) – 鐵(쇠 철) – 鋼(강철 강, 굳셀 강)

▶禽(날짐승 금) – 乙(새 을) – 鳥(새 조)

▶急(급할 급) – 速(빠를 속) – 敏(민첩할 민)

▶技(재주 기) – 術(재주 술, 기술 술) – 才(재주 재, 바탕 재) – 藝(재주 예, 기술 예)

▶ 記(기록할 기) – 錄(기록할 록) – 識(알 식, 기록할 지) – 誌(기록할 지, 책 지)

▶ 豈(어찌 기) – 奈(어찌 내·나) – 那(어찌 나, 짧은 시간 나) – 焉(어찌 언, 어조사 언) – 奚(어찌 해)

▶ 飢(주릴 기, = 饑) – 餓(주릴 아)

▶ 旣(이미 기) – 已(이미 이)

▶ 棄(버릴 기) – 捨(버릴 사) – 廢(부서질 폐, 폐할 폐)

▶ 緊(급할 긴, 긴요할 긴) – 要(중요할 요, 필요할 요)

▶ 男(사내 남) – 郎(사내 랑)

▶ 南(남쪽 남) – 丙(남쪽 병, 밝을 병, 셋째 천간 병)

▶ 女(여자 녀) – 娘(아가씨 낭)

▶ 年(해 년, 나이 년) – 歲(해 세, 세월 세)

▶ 努(힘쓸 노) – 務(일 무, 힘쓸 무) – 勉(힘쓸 면) – 勵(힘쓸 려)

▶ 斷(끊을 단, 결단할 단) – 絶(끊을 절, 죽을 절, 가장 절)

▶ 旦(아침 단, 으뜸 단) – 朝(아침 조)

▶ 但(다만 단) – 只(다만 지)

▶ 踏(밟을 답) – 踐(밟을 천) – 履(신 리, 밟을 리)

▶ 大(큰 대) – 太(클 태) – 巨(클 거) – 偉(클 위, 훌륭할 위) – 弘(넓을 홍, 클 홍) – 泰(클 태, 편안할 태)

▶ 貸(빌릴 대) – 借(빌릴 차) – 賃(품삯 임, 빌릴 임)

▶ 擔(멜 담) – 任(맡을 임, 맡길 임)

▶ 道(길 도, 도리 도, 말할 도) – 路(길 로) – 街(거리 가) – 巷(거리 항) – 徑(지름길 경, 길 경, = 逕) – 途(길 도)

▶ 圖(그림 도, 꾀할 도) – 畫(그림 화, 그을 획)

▶ 盜(훔칠 도) – 賊(도둑 적) – 竊(훔칠 절)

▶ 渡(물 건널 도) – 涉(건널 섭) – 濟(건널 제, 구제할 제)

▶ 跳(뛸 도) – 躍(뛸 약)

▶ 逃(도망할 도) – 亡(망할 망, 달아날 망, 죽을 망) – 走(달릴 주, 도망할 주) – 北(등질 배, 달아날

배, 북쪽 북) – 奔(바쁠 분, 달아날 분) – 避(피할 피)

▶ 到(이를 도) – 達(이를 달, 통달할 달) – 着(붙을 착) – 致(이룰 치, 이를 치) – 到(이를 도, 주도면밀할 도)

▶ 度(법도 도, 정도 도, 헤아릴 탁) – 量(헤아릴 량, 용량 량) – 料(헤아릴 료, 재료 료, 값 료) – 測(헤아릴 측)

▶ 陶(질그릇 도, 즐길 도) – 器(그릇 기, 기구 기)

▶ 敦(도타울 돈) – 篤(도타울 독)

▶ 豚(돼지 돈) – 亥(돼지 해)

▶ 突(갑자기 돌, 부딪칠 돌, 내밀 돌, 굴뚝 돌) – 忽(문득 홀, 소홀할 홀)

▶ 頭(머리 두, 우두머리 두) – 首(머리 수, 우두머리 수)

▶ 登(오를 등, 기재할 등) – 騰(오를 등) – 昇(오를 승)

▶ 羅(벌일 라, 비단 라) – 列(벌일 렬, 줄 렬)

▶ 落(떨어질 락) – 零(떨어질 령, 제로 영) – 墮(빠질 타, 떨어질 타)

▶ 麗(고울 려) – 鮮(고울 선, 깨끗할 선, 싱싱할 선)

▶ 戀(사모할 련) – 慕(사모할 모)

▶ 綠(푸를 록) – 碧(푸를 벽) – 蒼(푸를 창)

▶ 雷(천둥 뢰) – 震(벼락 진, 진동할 진)

▶ 論(논할 론, 평할 론) – 議(의론할 의)

▶ 累(여러 루, 쌓일 루, 폐 끼칠 루) – 屢(여러 루) – 庶(여러 서, 백성 서, 첩의 아들 서) – 頻(자주 빈)

▶ 柳(버들 류, 성씨 류) – 楊(버들 양)

▶ 里(마을 리, 거리 리) – 村(마을 촌) – 府(관청 부, 마을 부, 창고 부)

▶ 末(끝 말) – 尾(꼬리 미) – 端(끝 단, 단정할 단, 실마리 단)

▶ 脈(혈관 맥, 줄기 맥) – 幹(줄기 간)

▶ 孟(맏 맹, 맹자 맹) – 伯(맏 백)

▶ 猛(사나울 맹) – 暴(사나울 폭·포, 드러날 폭)

▶ 盟(맹세할 맹) – 誓(맹서할 서)

▶ 滅(꺼질 멸, 멸할 멸) – 亡(망할 망, 달아날 망, 죽을 망) – 廢(부서질 폐, 폐할 폐)

▶ 明(밝을 명) - 朗(밝을 랑) - 洞(마을 동, 동굴 동, 밝을 통)

▶ 銘(새길 명) - 刻(새길 각, 시각 각)

▶ 毛(털 모) - 髮(터럭 발, 머리털 발) - 毫(가는 털 호, 붓 호)

▶ 模(본보기 모, 본뜰 모, 모호할 모) - 倣(모방할 방)

▶ 謀(꾀할 모, 도모할 모) - 策(채찍 책, 꾀 책)

▶ 卯(왕성할 묘, 넷째 지지 묘, 토끼 묘) - 兎(토끼 토)

▶ 苗(싹 묘) - 芽(싹 아)

▶ 茂(무성할 무) - 盛(성할 성) - 昌(빛날 창) - 興(흥할 흥, 흥겨울 흥)

▶ 無(없을 무) - 莫(없을 막, 말 막, 가장 막) - 罔(없을 망)

▶ 文(무늬 문, 글월 문) - 章(문장 장) - 書(쓸 서, 글 서, 책 서)

▶ 物(물건 물) - 品(물건 품, 등급 품, 품위 품) - 件(물건 건, 사건 건)

▶ 迷(헷갈릴 미) - 惑(유혹할 혹, 어지러울 혹)

▶ 博(넓을 박) - 普(널리 보, 두루 보) - 廣(넓을 광) - 浩(클 호, 넓을 호) - 洪(홍수 홍, 넓을 홍)

▶ 傍(곁 방) - 側(곁 측)

▶ 排(물리칠 배) - 斥(물리칠 척) - 却(물리칠 각)

▶ 配(나눌 배, 짝 배) - 匹(짝 필, 하나 필, 단위 필) - 伴(짝 반, 따를 반) - 偶(우연 우, 짝 우, 허수아비 우)

▶ 飜(뒤집을 번, 번역할 번) - 譯(번역할 역)

▶ 保(지킬 보, 보호할 보) - 護(보호할 호) - 守(지킬 수) - 衛(지킬 위)

▶ 分(나눌 분, 단위 분, 단위 푼, 신분 분, 분별할 분, 분수 분) - 班(나눌 반, 양반 반) - 別(나눌 별, 다를 별, 구별할 별) - 配(나눌 배, 짝 배) - 析(쪼갤 석)

▶ 番(차례 번, 번지 번) - 序(먼저 서, 차례 서) - 第(차례 제) - 次(다음 차, 차례 차, 번 차) - 秩(차례 질)

▶ 法(법 법) - 式(법 식) - 範(법 범, 본보기 범) -

度(법도 도, 정도 도, 헤아릴 탁) - 例(법식 례, 조목 례, 보기 례) - 則(곧 즉, 법칙 칙) - 規(법 규) - 律(법률 률, 가락 률) - 模(본보기 모, 본뜰 모, 모호할 모) - 典(법 전, 책 전, 저당잡힐 전) - 憲(법 헌)

▶ 變(변할 변) - 化(변화할 화, 될 화)

▶ 兵(병사 병) - 卒(졸병 졸, 갑자기 졸, 마칠 졸, 죽을 졸) - 士(선비 사, 군사 사, 칭호나 직업 이름에 붙이는 말 사) - 軍(군사 군)

▶ 報(알릴 보, 갚을 보) - 告(알릴 고, 뵙고 청할 곡)

▶ 報(알릴 보, 갚을 보) - 償(갚을 상, 보상할 상)

▶ 奉(받들 봉) - 仕(벼슬할 사, 섬길 사)

▶ 扶(도울 부) - 助(도울 조) - 援(당길 원, 도울 원) - 護(보호할 호) - 佐(도울 좌) - 贊(도울 찬, 찬성할 찬)

▶ 副(예비 부, 버금 부) - 次(다음 차, 번 차) - 亞(버금 아) - 仲(버금 중, 중개할 중)

▶ 附(붙을 부, 가까이 할 부) - 屬(붙어살 속, 무리 속) - 着(붙을 착, 입을 착)

▶ 府(관청 부, 마을 부, 창고 부) - 廳(관청 청)

▶ 不(아닐 불·부) - 未(아닐 미, 아직 ~ 않을 미) - 非(어긋날 비, 아닐 비, 나무랄 비) - 否(아닐 부, 막힐 비)

▶ 負(짐질 부, 패할 부, 빚질 부) - 敗(패할 패)

▶ 憤(성날 분) - 怒(성낼 노)

▶ 墳(무덤 분) - 墓(무덤 묘)

▶ 奮(떨칠 분, 힘쓸 분) - 拂(떨칠 불) - 振(떨칠 진)

▶ 朋(벗 붕, 무리 붕) - 友(벗 우)

▶ 崩(무너질 붕) - 壞(무너질 괴)

▶ 比(나란할 비, 견줄 비) - 較(견줄 교)

▶ 卑(낮을 비) - 賤(천할 천)

▶ 批(비평할 비) - 評(평할 평)

▶ 貧(가난할 빈) - 窮(곤궁할 궁, 다할 궁) - 困(곤란할 곤)

▶ 思(생각할 사) - 念(생각 념) - 想(생각할 상) - 慮(생각할 려) - 惟(생각할 유, 오직 유) - 考(살필 고, 생각할 고) - 憶(기억할 억, 생각할 억)

▶士(선비 사, 군사 사, 칭호나 직업 이름에 붙이는 말 사) - 儒(선비 유)

▶社(토지신 사, 모일 사) - 會(모일 회) - 集(모일 집, 모을 집, 책 집)

▶詐(속일 사) - 欺(속일 기)

▶巳(뱀 사) - 蛇(뱀 사)

▶使(하여금 사, 부릴 사) - 役(부릴 역)

▶祀(제사 사) - 祭(제사 제, 축제 제)

▶斯(이 사) - 是(옳을 시, 이 시, be동사 시) - 此(이 차)

▶散(흩어질 산) - 漫(흩어질 만, 부질없을 만)

▶山(산 산) - 岳(큰 산 악)

▶殺(죽일 살, 감할 쇄, 빠를 쇄) - 除(제거할 제, 덜 제, 나눗셈 제)

▶三(석 삼) - 參(참여할 참, 석 삼)

▶尙(오히려 상, 높을 상, 숭상할 상) - 猶(같을 유, 오히려 유, 머뭇거릴 유)

▶喪(초상날 상, 잃을 상) - 失(잃을 실)

▶塞(막을 색, 변방 새) - 滯(막힐 체, 머무를 체)

▶生(날 생, 살 생, 사람을 부르는 접사 생) - 活(살 활)

▶敍(차례 서, 펼 서, 베풀 서) - 伸(늘일 신) - 宣(펼 선, 베풀 선) - 述(말할 술, 책 쓸 술)

▶徐(천천히 할 서) - 緩(느릴 완) - 遲(늦을 지)

▶暑(더울 서) - 熱(더울 열)

▶宣(펼 선, 베풀 선) - 張(베풀 장, 키울 장, 성씨 장) - 設(세울 설, 베풀 설) - 施(행할 시, 베풀 시)

▶先(먼저 선) - 前(앞 전)

▶選(뽑을 선) - 擇(가릴 택) - 別(나눌 별, 다를 별, 구별할 별)

▶旋(돌 선) - 巡(돌 순) - 循(돌 순, 좇을 순)

▶省(살필 성, 줄일 생) - 察(살필 찰)

▶星(별 성) - 辰(별 진, 날 신, 다섯째 지지 진)

▶洗(씻을 세) - 濯(씻을 탁, 빨 탁)

▶素(흴 소, 바탕 소, 요소 소, 소박할 소) - 白(흰 백, 밝을 백, 깨끗할 백, 아뢸 백)

▶素(흴 소, 바탕 소, 요소 소, 소박할 소) - 朴(순박

할 박, 성씨 박)

▶昭(밝을 소) - 朗(밝을 랑) - 哲(밝을 철, = 喆)

▶樹(나무 수) - 木(나무 목)

▶授(줄 수, 가르칠 수) - 與(줄 여, 더불 여, 참여할 여) - 給(줄 급) - 賜(줄 사) - 贈(줄 증)

▶壽(목숨 수, 나이 수, 장수할 수) - 命(명령할 명, 목숨 명, 운명 명)

▶需(구할 수, 쓸 수) - 費(쓸 비)

▶收(거둘 수) - 穫(거둘 확)

▶隨(따를 수) - 追(쫓을 추, 따를 추)

▶誰(누구 수) - 孰(누구 숙)

▶淑(맑을 숙) - 淡(맑을 담, 깨끗할 담) - 雅(맑을 아, 아담할 아) - 淸(맑을 청) - 潔(깨끗할 결) - 淨(깨끗할 정)

▶純(순수할 순) - 潔(깨끗할 결)

▶勝(이길 승, 나을 승) - 克(능할 극, 이길 극)

▶始(처음 시) - 初(처음 초)

▶試(시험할 시) - 驗(시험할 험)

▶食(밥 식, 먹을 식, 먹이 사) - 飯(밥 반)

▶植(심을 식) - 栽(심을 재, 기를 재)

▶身(몸 신) - 體(몸 체) - 己(몸 기, 자기 기)

▶辛(고생할 신, 매울 신) - 烈(세찰 렬, 매울 렬)

▶申(펼 신, 아뢸 신, 원숭이 신, 아홉째 지지 신) - 告(알릴 고, 뵙고 청할 곡)

▶晨(새벽 신) - 曉(새벽 효)

▶心(마음 심, 중심 심) - 情(뜻 정, 정 정)

▶尋(찾을 심, 보통 심) - 訪(찾을 방) - 探(찾을 탐) - 索(동아줄 삭, 찾을 색, 쓸쓸할 삭) - 搜(찾을 수)

▶十(열 십, 많을 십) - 拾(주을 습, 열 십)

▶我(나 아) - 吾(나 오) - 余(나 여) - 予[나 여, 줄 여, 미리 예(預)의 약자]

▶兒(아이 아) - 童(아이 동)

▶眼(눈 안) - 目(눈 목, 볼 목, 항목 목)

▶安(어찌 안, 편안할 안) - 寧(어찌 녕, 편안할 녕) - 康(편안할 강) - 逸(숨을 일, 뛰어날 일, 편안할 일)

584

▶雁(기러기 안) – 鴻(기러기 홍)

▶暗(어두울 암) – 冥(어두울 명, 저승 명, 아득할 명) – 昏(저물 혼)

▶愛(사랑 애, 즐길 애, 아낄 애) – 慈(사랑 자, 어머니 자)

▶野(들 야, 거칠 야) – 郊(들 교, 교외 교)

▶養(기를 양) – 育(기를 육)

▶抑(누를 억) – 押(누를 압)

▶言(말씀 언) – 語(말씀 어) – 談(말씀 담) – 話(말씀 화) – 說(달랠 세, 말씀 설, 기쁠 열) – 辭(말씀 사, 글 사, 물러날 사) – 辯(말 잘할 변)

▶餘(남을 여) – 遺(남길 유, 잊을 유) – 殘(잔인할 잔, 해칠 잔, 나머지 잔)

▶如(같을 여) – 若(만약 약, 같을 약, 반야 야) – 肖(작을 소, 같을 초) – 似(같을 사, 닮을 사)

▶亦(또 역) – 又(또 우) – 且(또 차)

▶易(바꿀 역) – 替(바꿀 체) – 換(바꿀 환)

▶研(갈 연, 연구할 연) – 究(연구할 구)

▶硏(갈 연, 연구할 연) – 磨(갈 마)

▶演(펼 연, 설명할 연) – 發(쏠 발, 일어날 발) – 展(펼 전, 넓을 전)

▶永(길 영, 오랠 영) – 遠(멀 원) – 久(오랠 구) – 遙(멀 요) – 悠(한가할 유, 멀 유)

▶午(말 오, 일곱째 지지 오, 낮 오) – 晝(낮 주)

▶傲(거만할 오) – 慢(게으를 만, 오만할 만)

▶溫(따뜻할 온, 익힐 온) – 暖(따뜻할 난)

▶用(쓸 용) – 費(쓸 비, 비용 비)

▶容(얼굴 용, 받아들일 용, 용서할 용) – 顔(얼굴 안) – 面(얼굴 면, 향할 면, 볼 면, 행정구역의 면)

▶庸(떳떳할 용, 어리석을 용) – 常(항상 상, 보통 상, 떳떳할 상)

▶牛(소 우) – 丑(소 축, 추할 추, 둘째 지지 축)

▶羽(날개 우, 깃 우) – 翼(날개 익)

▶遇(만날 우) – 逢(만날 봉)

▶憂(근심 우) – 愁(근심 수) – 患(근심 환)

▶優(우수할 우, 배우 우, 머뭇거릴 우) – 秀(빼어날 수) – 俊(뛰어날 준) – 傑(뛰어날 걸, 호걸 걸)

▶云(이를 운) – 謂(이를 위)

▶幼(어릴 유) – 稚(어릴 치)

▶圓(둥글 원, 화폐 단위 원) – 團(둥글 단, 모일 단) – 丸(둥글 환, 알 환)

▶怨(원망할 원) – 恨(한할 한)

▶委(맡길 위, 의지할 위) – 任(맡을 임, 맡길 임) – 托(받칠 탁, 맡길 탁)

▶恩(은혜 은) – 惠(은혜 혜)

▶吟(읊을 음) – 詠(읊을 영)

▶音(소리 음) – 聲(소리 성)

▶飮(마실 음) – 吸(숨 들이쉴 흡, 마실 흡)

▶意(뜻 의) – 志(뜻 지) – 情(뜻 정, 정 정)

▶衣(옷 의) – 服(옷 복)

▶義(옳을 의, 의로울 의) – 可(옳을 가, 가히 가, 허락할 가)

▶宜(옳을 의, 마땅할 의) – 當(마땅할 당, 당할 당)

▶議(의론할 의) – 論(논할 론, 평할 론)

▶二(둘 이) – 再(다시 재, 두 번 재) – 兩(두 량, 짝 량, 냥 냥) – 雙(둘 쌍)

▶移(옮길 이) – 運(운전할 운, 옮길 운, 운수 운) – 遷(옮길 천)

▶寅(삼갈 인, 범 인, 셋째 지지 인) – 虎(범 호)

▶忍(참을 인) – 耐(참을 내, 견딜 내)

▶引(끌 인) – 導(인도할 도) – 提(끌 제, 들 제)

▶仁(어질 인) – 良(어질 양, 좋을 양)

▶姿(모습 자) – 態(모양 태) – 樣(모양 양) – 形(모양 형) – 貌(모양 모) – 像(모습 상)

▶長(길 장) – 永(길 영, 오랠 영)

▶帳(장막 장, 장부 장) – 幕(장막 막)

▶將(장수 장, 장차 장, 나아갈 장) – 帥(장수 수)

▶粧(단장할 장) – 裝(꾸밀 장) – 飾(꾸밀 식)

▶財(재물 재) – 貨(재물 화, 물품 화) – 資(재물 자)

▶災(재앙 재) – 殃(재앙 앙) – 禍(재앙 화)

▶貯(쌓을 저) – 蓄(쌓을 축)

▶跡(발자국 적) – 蹟(자취 적)

▶戰(싸울 전, 두려워 떨 전) – 爭(다툴 쟁) – 鬪(싸울 투)

▶錢(돈 전) – 幣(비단 폐, 돈 폐)

▶ 節(마디 절, 절개 절, 계절 절) − 寸(마디 촌, 법도 촌)

▶ 停(머무를 정) − 留(머무를 류) − 止(그칠 지) − 泊(배댈 박, 묵을 박, 산뜻할 박)

▶ 正(바를 정) − 直(곧을 직, 바를 직)

▶ 貞(곧을 정) − 直(곧을 직, 바를 직)

▶ 整(가지런할 정) − 齊(가지런할 제)

▶ 政(다스릴 정) − 治(다스릴 치) − 理(이치 리, 다스릴 리)

▶ 精(찧을 정, 정밀할 정) − 誠(정성 성)

▶ 靜(고요할 정) − 寂(고요할 적)

▶ 製(지을 제) − 作(지을 작) − 造(지을 조)

▶ 組(짤 조) − 織(짤 직) − 績(짤 적)

▶ 調(고를 조, 어울릴 조, 가락 조) − 和(화목할 화, 화할 화) − 睦(화목할 목)

▶ 照(비칠 조) − 映(비칠 영)

▶ 租(세금 조) − 稅(세낼 세, 세금 세) − 賦(세금 거둘 부, 줄 부)

▶ 存(있을 존) − 在(있을 재) − 有(가질 유, 있을 유)

▶ 拙(못날 졸) − 劣(못날 렬)

▶ 終(마칠 종) − 了(마칠 료) − 卒(졸병 졸, 갑자기 졸, 마칠 졸, 죽을 졸) − 極(끝 극, 다할 극) − 端(끝 단, 단정할 단, 실마리 단) − 罷(파할 파, 마칠 파) − 畢(마칠 필)

▶ 座(자리 좌, 위치 좌) − 席(자리 석) − 位(자리 위)

▶ 朱(붉을 주) − 紅(붉을 홍) − 赤(붉을 적, 벌거벗을 적) − 丹(붉을 단)

▶ 珠(구슬 주) − 玉(구슬 옥)

▶ 舟(배 주) − 船(배 선)

▶ 州(고을 주) − 郡(고을 군) − 邑(고을 읍) − 縣(고을 현)

▶ 中(가운데 중, 맞힐 중) − 央(가운데 앙)

▶ 卽(곧 즉) − 則(곧 즉, 법칙 칙)

▶ 增(더할 증) − 加(더할 가) − 益(더할 익, 유익할 익) − 添(더할 첨)

▶ 憎(미워할 증) − 惡(악할 악, 미워할 오)

▶ 知(알 지) − 識(알 식, 기록할 지) − 認(인정할 인)

▶ 智(지혜 지) − 慧(지혜 혜)

▶ 至(이를 지, 지극할 지) − 極(다할 극)

▶ 持(가질 지, 잡을 지) − 取(취할 취, 가질 취)

▶ 進(나아갈 진) − 就(나아갈 취)

▶ 陣(진칠 진, 줄 진) − 屯(묻힐 둔, 진칠 둔)

▶ 珍(보배 진) − 寶(보배 보)

▶ 盡(다할 진) − 窮(곤궁할 궁, 다할 궁) − 極(끝 극, 다할 극)

▶ 疾(병 질, 빠를 질) − 病(병 병, 근심할 병) − 疫(염병 역)

▶ 差(다를 차, 어긋날 차) − 異(다를 이) − 別(나눌 별, 다를 별, 구별할 변) − 他(다를 타, 남 타) − 殊(다를 수)

▶ 錯(섞일 착, 어긋날 착) − 違(어길 위)

▶ 讚(칭찬할 찬, 기릴 찬) − 頌(기릴 송) − 譽(기릴 예)

▶ 參(참여할 참, 석 삼) − 與(줄 여, 더불 여, 참여할 여)

▶ 倉(창고 창, 급할 창) − 庫(곳집 고, 창고 고)

▶ 菜(나물 채) − 蔬(나물 소, 채소 소)

▶ 處(곳 처, 살 처, 처리할 처) − 所(바 소, 장소 소)

▶ 天(하늘 천) − 乾(하늘 건, 마를 건)

▶ 聽(들을 청) − 聞(들을 문)

▶ 招(부를 초) − 呼(부를 호) − 唱(노래 부를 창) − 召(부를 소) − 聘(부를 빙, 장가들 빙) − 徵(부를 징, 음률 이름 치)

▶ 超(뛰어넘을 초) − 越(넘을 월)

▶ 催(재촉할 최) − 促(재촉할 촉)

▶ 抽(뽑을 추) − 拔(뽑을 발) − 抄(뽑을 초, 베낄 초) − 募(모집할 모)

▶ 追(쫓을 추, 따를 추) − 從(좇을 종, 따를 종) − 逐(쫓을 축)

▶ 蓄(쌓을 축) − 積(쌓을 적) − 貯(쌓을 저) − 築(쌓을 축)

▶ 出(날 출, 나갈 출) − 生(날 생, 살 생, 사람을 부르는 접사 생) − 産(낳을 산) − 誕(태어날 탄)

▶沈(잠길 침) – 潛(잠길 잠)

▶寢(잠잘 침) – 宿(잘 숙, 오랠 숙, 별자리 수) – 眠(잘 면)

▶打(칠 타) – 擊(칠 격) – 討(칠 토) – 伐(칠 벌) – 攻(칠 공) – 拍(칠 박) – 征(칠 정)

▶土(흙 토) – 地(땅 지) – 坤(땅 곤)

▶統(거느릴 통) – 領(거느릴 령, 우두머리 령) – 率(비율 률, 거느릴 솔, 솔직할 솔) – 御(막을 어, 다스릴 어)

▶退(물러날 퇴) – 去(갈 거, 제거할 거)

▶波(물결 파) – 浪(물결 랑)

▶遍(두루 편) – 周(두루 주, 둘레 주)

▶疲(피곤할 피) – 困(곤란할 곤)

▶皮(가죽 피) – 革(가죽 혁, 고칠 혁)

▶河(내 하, 강 하) – 川(내 천) – 溪(시내 계)

▶寒(찰 한) – 冷(찰 랭)

▶恒(항상 항) – 常(항상 상, 보통 상, 떳떳할 상)

▶海(바다 해) – 洋(큰 바다 양, 서양 양)

▶解(해부할 해, 풀 해) – 釋(풀 석) – 放(놓을 방)

▶許(허락할 허) – 諾(허락할 낙)

▶賢(어질 현) – 良(좋을 량, 어질 량)

▶玄(검을 현) – 黑(검을 흑)

▶現(이제 현, 나타날 현) – 顯(드러날 현)

▶號(부르짖을 호, 이름 호, 부호 호) – 名(이름 명, 이름날 명)

▶互(서로 호) – 相(서로 상, 모습 상, 볼 상, 재상 상)

▶混(섞일 혼) – 雜(섞일 잡)

▶婚(결혼할 혼) – 姻(시집갈 인)

▶禾(벼 화) – 稻(벼 도)

▶和(화목할 화, 화할 화) – 睦(화목할 목)

▶歡(기뻐할 환) – 喜(기쁠 희) – 樂(노래 악, 즐길 락, 좋아할 요) – 肯(즐길 긍, 긍정할 긍) – 娛(즐거워할 오) – 悅(기쁠 열)

▶劃(그을 획) – 畫(그림 화, 그을 획)

▶獲(얻을 획) – 得(얻을 득)

▶休(쉴 휴) – 息(쉴 식, 숨 쉴 식, 자식 식)

▶希(바랄 희) – 望(바랄 망) – 願(원할 원)

# 반대자(反對字) / 상대자(相對字)

뜻이 서로 반대인 한자입니다. 어문회 시험에서는 대개 한자를 제시하고 빈칸에 그와 반대되는 한자를 쓰는 방식으로 출제됩니다.

| | | | |
|---|---|---|---|
| 아름다울 가 | 佳 | 醜 | 추할 추 |
| 더할 가 | 加 | 減 | 줄어들 감 |
| 더할 증 | 增 | 省 | 살필 성, 줄일 생 |
| 더할 익, 유익할 익 | 益 | 殺 | 죽일 살, 빠를 쇄, 감할 쇄 |
| | | 除 | 제거할 제, 덜 제, 나눗셈 제 |
| 옳을 가, 가히 가, 허락할 가 | 可 | 否 | 아닐 부, 막힐 비 |
| 방패 간, 범할 간, 얼마 간, 마를 간 | 干 | 滿 | 찰 만 |
| 달 감 | 甘 | 苦 | 쓸 고, 괴로울 고 |
| 강 강 | 江 | 山 | 산 산 |
| 강할 강, 억지 강 | 強 | 弱 | 약할 약 |
| 건강할 건 | 健 | | |
| 굳셀 강 | 剛 | 柔 | 부드러울 유 |
| 열 개 | 開 | 閉 | 닫을 폐 |
| 갈 거, 제거할 거 | 去 | 來 | 올 래 |
| 하늘 건, 마를 건 | 乾 | 濕 | 젖을 습 |
| 마를 조 | 燥 | | |
| 하늘 건, 마를 건 | 乾 | 坤 | 땅 곤 |
| 하늘 천 | 天 | 地 | 땅 지, 처지 지 |
| 끌 견 | 牽 | 推 | 밀 추 · 퇴 |
| 굳을 견, 강할 견 | 堅 | 軟 | 부드러울 연, 연할 연 |
| 단단할 경 | 硬 | | |
| 굳을 고, 진실로 고 | 固 | | |
| 깨끗할 결 | 潔 | 汚 | 더러울 오 |
| 깨끗할 정 | 淨 | | |
| 지날 경, 날실 경, 글 경 | 經 | 緯 | 씨실 위 |
| 가벼울 경 | 輕 | 重 | 무거울 중, 귀중할 중, 거듭 중 |
| 서울 경 | 京 | 鄉 | 시골 향, 고향 향 |
| 겨룰 경 | 競 | 和 | 화목할 화, 화할 화 |
| 경사 경 | 慶 | 弔 | 조문할 조 |

| | | | |
|---|---|---|---|
| 이을 계 | 繼 | 絶 | 끊을 절, 죽을 절, 가장 절 |
| 이을 연 | 連 | 斷 | 끊을 단, 결단할 단 |
| 이을 속 | 續 | 切 | 모두 체, 끊을 절, 간절할 절 |
| 이을 승 | 承 | 折 | 꺾을 절 |
| 이을 접, 대접할 접 | 接 | | |
| 이을 락 | 絡 | | |
| 이을 련 | 聯 | | |
| 쓸 고, 괴로울 고 | 苦 | 樂 | 노래 악, 즐길 락, 좋아할 요 |
| 높을 고 | 高 | 低 | 낮을 저 |
| 오랠 고, 옛 고 | 古 | 今 | 이제 금, 오늘 금 |
| 오랠 구, 옛 구 | 舊 | 新 | 새로울 신 |
| 옛 석 | 昔 | | |
| 시어미 고, 할미 고 | 姑 | 婦 | 아내 부, 며느리 부 |
| 마를 고, 죽을 고 | 枯 | 濕 | 젖을 습 |
| 굽을 곡, 노래 곡 | 曲 | 直 | 곧을 직, 바를 직 |
| 굽을 굴, 굽힐 굴 | 屈 | 貞 | 곧을 정 |
| 뼈 골 | 骨 | 肉 | 고기 육 |
| 공 공, 공로 공 | 功 | 過 | 허물 과, 지날 과, 지나칠 과 |
| 칠 공 | 攻 | 防 | 막을 방 |
| 칠 토 | 討 | 守 | 지킬 수 |
| 칠 벌 | 伐 | 保 | 지킬 보 |
| 칠 타 | 打 | | |
| 칠 격 | 擊 | | |
| 칠 박 | 拍 | | |
| 칠 정 | 征 | | |
| 공정할 공, 대중 공, 귀공자 공 | 公 | 私 | 사사로울 사 |
| 창 과 | 戈 | 干 | 방패 간, 범할 간, 얼마 간, 마를 간 |
| 관청 관, 벼슬 관 | 官 | 民 | 백성 민 |
| 관리 리 | 吏 | | |

**588**

| | | | |
|---|---|---|---|
| 가르칠 교 | 敎 | 學 | 배울 학 |
| 잡을 구 | 拘 | 解 | 풀 해, 해부할 해 |
| 잡을 집, 집행할 집 | 執 | 釋 | 풀 석 |
| 잡을 착 | 捉 | 放 | 놓을 방 |
| 잡을 체 | 逮 | | |
| 잡을 포 | 捕 | | |
| 잡을 파 | 把 | | |
| 잡을 조 | 操 | | |
| 끌어 잡을 섭, 알맞게 할 섭 | 攝 | | |
| 얽을 구 | 構 | 解 | 해부할 해, 풀 해 |
| 맺을 결 | 結 | 釋 | 풀 석 |
| 묶을 속 | 束 | | |
| 묶을 약, 약속할 약 | 約 | | |
| 곤궁할 궁, 다할 궁 | 窮 | 裕 | 넉넉할 유 |
| 주릴 기 | 飢 | 飽 | 배부를 포 |
| 주릴 아 | 餓 | | |
| 일어날 기, 시작할 기 | 起 | 寢 | 잠잘 침 |
| | | 伏 | 엎드릴 복 |
| 길할 길, 상서로울 길 | 吉 | 凶 | 흉년 흉, 흉할 흉 |
| 어려울 난, 비난할 난 | 難 | 易 | 쉬울 이, 바꿀 역 |
| 남쪽 남 | 南 | 北 | 등질 배, 달아날 배, 북쪽 북 |
| 사내 남 | 男 | 女 | 여자 녀 |
| 사내 랑 | 郞 | 娘 | 아가씨 낭 |
| 안 내, 나인 나 | 內 | 外 | 밖 외 |
| 종 노 | 奴 | 婢 | 계집종 비 |
| 짙을 농 | 濃 | 淡 | 맑을 담, 깨끗할 담 |
| 많을 다 | 多 | 少 | 적을 소, 젊을 소 |
| 홀 단 | 單 | 複 | 겹칠 복 |
| 마땅할 당, 당할 당 | 當 | 落 | 떨어질 락 |
| 큰 대 | 大 | 小 | 작을 소 |
| 클 태 | 太 | 微 | 작을 미 |
| 클 거 | 巨 | | |
| 클 위, 훌륭할 위 | 偉 | | |
| 넓을 홍, 클 홍 | 弘 | | |
| 클 태, 편안할 태 | 泰 | | |
| 홀로 독, 자식 없을 독 | 獨 | 等 | 같을 등, 무리 등, 차례 등 |
| 외로울 고, 부모 없을 고 | 孤 | 類 | 닮을 류, 무리 류 |
| | | 群 | 무리 군 |
| | | 黨 | 무리 당 |
| | | 隊 | 무리 대, 군대 대 |

| | | | |
|---|---|---|---|
| | 徒 | | 한갓 도, 걸을 도, 무리 도 |
| | 俱 | | 함께 구 |
| | 輩 | | 무리 배 |
| 동쪽 동, 주인 동 | 東 | 西 | 서쪽 서 |
| 움직일 동 | 動 | 靜 | 고요할 정 |
| 겨울 동 | 冬 | 夏 | 여름 하 |
| 오를 등, 기재할 등 | 登 | 降 | 내릴 강, 항복할 항 |
| 오를 등 | 騰 | | |
| 대략 략, 간략할 략, 빼앗을 략 | 略 | 詳 | 자상할 상 |
| 간단할 간, 편지 간 | 簡 | | |
| 올 래 | 來 | 往 | 갈 왕 |
| 늙을 로 | 老 | 少 | 적을 소, 젊을 소 |
| 수고할 로, 일할 로 | 勞 | 使 | 하여금 사, 부릴 사 |
| 여러 루, 쌓일 루, 폐 끼칠 루 | 累 | 稀 | 드물 희 |
| 여러 루 | 屢 | | |
| 여러 서, 백성 서, 첩의 아들 서 | 庶 | | |
| 자주 빈 | 頻 | | |
| 빽빽할 밀, 비밀 밀 | 密 | | |
| 육지 륙 | 陸 | 海 | 바다 해 |
| 이로울 리, 날카로울 리 | 利 | 害 | 해칠 해, 방해할 해 |
| | | 損 | 덜 손 |
| 늦을 만 | 晚 | 早 | 일찍 조 |
| 팔 매 | 賣 | 買 | 살 매 |
| 팔 판 | 販 | | |
| 바쁠 망 | 忙 | 閑 | 한가할 한. = 閒 |
| 잊을 망 | 忘 | 憶 | 기억할 억, 생각할 억 |
| 면할 면 | 免 | 委 | 맡길 위 |
| | | 任 | 맡을 임, 맡길 임 |
| | | 司 | 맡을 사, 벼슬 사 |
| | | 托 | 맡길 탁, 받칠 탁 |
| 밝을 명 | 明 | 暗 | 어두울 암 |
| 마을 동, 동굴 동, 밝을 통 | 洞 | 冥 | 어두울 명, 저승 명, 아득할 명 |
| 밝을 랑 | 朗 | 昏 | 저물 혼 |
| 밝을 소 | 昭 | | |
| 울 명 | 鳴 | 笑 | 웃을 소 |
| 울 곡 | 哭 | | |
| 울 읍 | 泣 | | |
| 어미 모 | 母 | 父 | 아비 부 |
| 창 모 | 矛 | 盾 | 방패 순 |

| | | | |
|---|---|---|---|
| 빠질 몰, 다할 몰, 없을 몰 | 沒 | 浮 | 뜰 부 |
| | | 出 | 날 출, 나갈 출 |
| 말 없을 묵, 고요할 묵 | 黙 | 騷 | 떠들 소, 글 지을 소 |
| 무늬 문, 글월 문 | 文 | 武 | 군사 무, 무기 무 |
| 물을 문 | 問 | 答 | 대답할 답, 갚을 답 |
| 물건 물 | 物 | 心 | 마음 심, 중심 심 |
| 꼬리 미 | 尾 | 首 | 머리 수, 우두머리 수 |
| 아름다울 미 | 美 | 醜 | 추할 추 |
| 엷을 박 | 薄 | 厚 | 두터울 후 |
| 나눌 반, 양반 반 | 班 | 常 | 항상 상, 보통 상, 떳떳할 상 |
| 쏠 발, 일어날 발 | 發 | 着 | 붙을 착 |
| 배 복 | 腹 | 背 | 등 배 |
| 뿌리 본, 근본 본, 책 본 | 本 | 末 | 끝 말 |
| 사내 부, 남편 부 | 夫 | 婦 | 아내 부, 며느리 부 |
| | | 妻 | 아내 처 |
| 나눌 분, 단위 분, 단위 푼, 신분 분, 분별할 분, 분수 분 | 分 | 合 | 합할 합, 맞을 합 |
| 나눌 반, 양반 반 | 班 | | |
| 나눌 별, 다를 별 | 別 | | |
| 헤어질 리 | 離 | | |
| 각각 각 | 各 | | |
| 낮을 비 | 卑 | 高 | 높을 고 |
| 낮을 저 | 低 | 卓 | 높을 탁, 뛰어날 탁, 탁자 탁 |
| | | 崇 | 높일 숭, 공경할 숭 |
| | | 尊 | 높일 존 |
| | | 隆 | 높일 륭, 성할 륭 |
| 가난할 빈 | 貧 | 富 | 넉넉할 부, 부자 부 |
| 얼음 빙 | 氷 | 炭 | 숯 탄 |
| 스승 사, 전문가 사, 군사 사 | 師 | 弟 | 동생 제, 제자 제 |
| 기울 사, 비낄 사 | 斜 | 平 | 평평할 평, 평화 평 |
| 산 산 | 山 | 川 | 내 천 |
| | | 河 | 내 하, 강 하 |
| 죽일 살, 감할 쇄, 빠를 쇄 | 殺 | 活 | 살 활 |
| 죽을 사 | 死 | 生 | 날 생, 살 생, 사람을 부를 때 쓰는 접사 생 |
| 위 상, 오를 상 | 上 | 下 | 아래 하, 내릴 하 |
| 상줄 상, 구경할 상 | 賞 | 罰 | 벌줄 벌 |
| 먼저 선 | 先 | 後 | 뒤 후 |
| 착할 선, 좋을 선, 잘할 선 | 善 | 惡 | 악할 악, 미워할 오 |
| 눈 설, 씻을 설 | 雪 | 雨 | 비 우 |

| | | | |
|---|---|---|---|
| 이룰 성 | 成 | 敗 | 패할 패 |
| 이길 극, 다할 극 | 克 | | |
| 성할 성 | 盛 | 衰 | 쇠할 쇠 |
| | | 亡 | 망할 망, 달아날 망, 죽을 망 |
| 트일 소, 드물 소, 성길 소 | 疏 | 親 | 어버이 친, 친할 친 |
| 작을 소 | 小 | 大 | 큰 대 |
| | | 太 | 클 태 |
| 흴 소, 바탕 소, 요소 소, 소박할 소 | 素 | 黑 | 검을 흑 |
| 빠를 속 | 速 | 徐 | 천천히 할 서 |
| 급할 급 | 急 | 緩 | 느릴 완 |
| 민첩할 민 | 敏 | 遲 | 늦을 지, 더딜 지 |
| 덜 손, 줄일 손 | 損 | 益 | 더할 익, 유익할 익 |
| 보낼 송 | 送 | 迎 | 맞이할 영 |
| 보낼 견 | 遣 | 受 | 받을 수 |
| 받을 수 | 受 | 授 | 줄 수, 가르칠 수 |
| | | 與 | 줄 여, 더불 여, 참여할 여 |
| | | 給 | 줄 급 |
| | | 賜 | 줄 사 |
| | | 贈 | 줄 증 |
| 물 수 | 水 | 火 | 불 화 |
| 손 수, 재주 수, 재주 있는 사람 수 | 手 | 足 | 발 족, 넉넉할 족 |
| 구할 수, 쓸 수 | 需 | 給 | 줄 급 |
| 거둘 수 | 收 | 支 | 다룰 지, 가를 지, 지출할 지 |
| 맑을 숙 | 淑 | 濁 | 흐릴 탁 |
| 맑을 아, 아담할 아 | 雅 | | |
| 순할 순 | 順 | 逆 | 거스를 역, 배반할 역 |
| 주을 습, 열 십 | 拾 | 捨 | 버릴 사 |
| | | 棄 | 버릴 기 |
| | | 廢 | 부서질 폐, 폐할 폐 |
| | | 失 | 잃을 실 |
| 오를 승 | 昇 | 降 | 내릴 강, 항복할 항 |
| 오를 등, 기재할 등 | 登 | | |
| 나을 승, 이길 승 | 勝 | 負 | 짐질 부, 패할 부, 빚질 부 |
| | | 敗 | 패할 패 |
| 옳을 시, 이 시, be동사 시 | 是 | 非 | 어긋날 비, 아닐 비, 나무랄 비 |
| 늘일 신 | 伸 | 縮 | 줄일 축 |
| 마음 심, 중심 심 | 心 | 身 | 몸 신 |
| | | 體 | 몸 체 |
| | | 己 | 몸 기, 자기 기 |

| | | | |
|---|---|---|---|
| 나 아 | 我 | 彼 | 저 피 |
| 나 오 | 吾 | 汝 | 너 여 |
| 나 여 | 余 | | |
| 나 여. 줄 여, 미리 예(預)의 약자 | 予 | | |
| 어찌 안, 편안할 안 | 安 | 危 | 위험할 위 |
| 편안할 강 | 康 | | |
| 어찌 녕, 편안할 녕 | 寧 | | |
| 숨을 일, 뛰어날 일, 편안할 일 | 逸 | | |
| 사랑 애, 즐길 애, 아낄 애 | 愛 | 惡 | 미워할 오, 악할 악 |
| 사랑 자, 어머니 자 | 慈 | 憎 | 미워할 증 |
| 슬플 애 | 哀 | 歡 | 기뻐할 환 |
| 슬플 비 | 悲 | 喜 | 기쁠 희 |
| 슬플 개 | 慨 | 樂 | 노래 악, 즐길 락, 좋아할 요 |
| 탄식할 오 | 鳴 | 肯 | 즐길 긍, 긍정할 긍 |
| | | 娛 | 즐거워할 오 |
| | | 悅 | 기쁠 열 |
| 누를 억 | 抑 | 揚 | 날릴 양, 높일 양 |
| 누를 억 | 抑 | 釋 | 풀 석 |
| 말씀 언 | 言 | 行 | 다닐 행, 행할 행, 항렬 항 |
| 줄 여, 더불 여, 참여할 여 | 與 | 野 | 들 야, 거칠 야 |
| 같을 여 | 如 | 別 | 다를 별, 나눌 별, 구별할 변 |
| 한 가지 동, 같을 동 | 同 | 異 | 다를 이 |
| 만약 약, 같을 약, 반야 야 | 若 | 差 | 다를 차, 어긋날 차 |
| 작을 소, 같을 초 | 肖 | 他 | 다를 타, 남 타 |
| 같을 사, 닮을 사 | 似 | 殊 | 다를 수 |
| 영화 영, 성할 영 | 榮 | 枯 | 마를 고, 죽을 고 |
| | | 辱 | 욕 욕, 욕될 욕 |
| 구슬 옥 | 玉 | 石 | 돌 석 |
| 따뜻할 온, 익힐 온 | 溫 | 冷 | 찰 랭 |
| 더울 열 | 熱 | 寒 | 찰 한 |
| 더울 서 | 暑 | 凉 | 서늘할 량 |
| 따뜻할 난 | 煖 | | |
| 느릴 완 | 緩 | 急 | 급할 급 |
| 더딜 지 | 遲 | | |
| 임금 왕 | 王 | 民 | 백성 민 |
| 임금 군 | 君 | 臣 | 신하 신 |
| 임금 제 | 帝 | | |
| 임금 황 | 皇 | | |
| 갈 왕 | 往 | 來 | 올 래 |

| | | | |
|---|---|---|---|
| 갈 지, ~의 지, 이 지 | 之 | | |
| 갈 왕 | 往 | 復 | 회복할 복, 돌아올 복, 다시 부 |
| 어리석을 우 | 愚 | 賢 | 어질 현 |
| 우수할 우, 배우 우, 머뭇거릴 우 | 優 | 劣 | 못날 렬 |
| 빼어날 수 | 秀 | 拙 | 못날 졸 |
| 뛰어날 준 | 俊 | | |
| 뛰어날 걸, 호걸 걸 | 傑 | | |
| 멀 원 | 遠 | 近 | 가까울 근 |
| 어릴 유 | 幼 | 長 | 길 장, 어른 장 |
| 어릴 치 | 稚 | 丈 | 어른 장, 길이 장 |
| 아이 동 | 童 | 翁 | 늙은이 옹 |
| 아이 아 | 兒 | | |
| 가질 유, 있을 유 | 有 | 無 | 없을 무 |
| 있을 존 | 存 | 莫 | 없을 막, 말 막, 가장 막 |
| 있을 재 | 在 | 罔 | 없을 망 |
| 숨을 은, 은은할 은 | 隱 | 現 | 이제 현, 나타날 현 |
| 끌 소, 삭일 소, 물러설 소 | 消 | 顯 | 드러날 현 |
| | | 著 | 글 지을 저, 드러날 저 |
| 은혜 은 | 恩 | 怨 | 원망할 원 |
| 그늘 음 | 陰 | 陽 | 볕 양, 드러날 양 |
| 말미암을 인, 의지할 인 | 因 | 果 | 과실 과, 결과 과 |
| 끌 인 | 引 | 推 | 밀 추·퇴 |
| 끌 제 | 提 | | |
| 해 일, 날 일 | 日 | 月 | 달 월 |
| 들 입 | 入 | 出 | 날 출, 나갈 출 |
| 손위 누이 자 | 姉 | 妹 | 손아래 누이 매 |
| 자기 자, 스스로 자, 부터 자 | 自 | 他 | 다를 타, 남 타 |
| 암컷 자 | 雌 | 雄 | 수컷 웅, 클 웅 |
| 길 장, 어른 장 | 長 | 短 | 짧을 단, 모자랄 단 |
| 장수 장, 장차 장, 나아갈 장 | 將 | 兵 | 병사 병 |
| | | 卒 | 졸병 졸, 갑자기 졸, 마칠 졸, 죽을 졸 |
| | | 士 | 군사 사, 선비 사, 칭호나 직업 이름에 붙이는 말 사 |
| 재앙 재 | 災 | 福 | 복 복 |
| 재앙 앙 | 殃 | | |
| 재앙 화 | 禍 | | |
| 밭 전 | 田 | 畓 | 논 답 |
| 앞 전 | 前 | 後 | 뒤 후 |
| 바를 정 | 正 | 誤 | 그릇될 오 |

| | | |
|---|---|---|
| 바를 정 | 正 | 反 거꾸로 반, 뒤집을 반 |
| 아침 조, 조정 조, 뵐 조 | 朝 | 夕 저녁 석 |
| 아침 단, 으뜸 단 | 旦 | |
| 조상 조, 할아버지 조 | 祖 | 孫 손자 손 |
| 있을 존 | 存 | 亡 망할 망, 달아날 망, 죽을 망 |
| 있을 존 | 存 | 廢 부서질 폐, 폐할 폐 |
| 세로 종 | 縱 | 橫 가로 횡, 제멋대로 할 횡 |
| 왼쪽 좌 | 左 | 右 오른쪽 우 |
| 낮 주 | 晝 | 夜 밤 야 |
| 주인 주 | 主 | 客 손님 객 |
| | | 旅 군사 려, 나그네 려 |
| | | 賓 손님 빈 |
| 주인 주 | 主 | 從 좇을 종 |
| 무리 중 | 衆 | 寡 적을 과, 과부 과 |
| 많을 다 | 多 | 少 적을 소, 젊을 소 |
| 참 진 | 眞 | 假 거짓 가, 임시 가 |
| 참 진 | 眞 | 僞 거짓 위 |
| 나아갈 진 | 進 | 退 물러날 퇴 |
| 나아갈 취 | 就 | |
| 모일 집, 모을 집, 책 집 | 集 | 散 흩어질 산 |
| 모일 회 | 會 | 漫 흩어질 만, 부질없을 만 |
| 쌓을 축 | 畜 | 配 나눌 배, 짝 배 |
| 토지신 사, 모일 사 | 社 | |
| 찬성할 찬 | 贊 | 反 거꾸로 반, 뒤집을 반 |
| 얕을 천 | 淺 | 深 깊을 심 |
| 천할 천 | 賤 | 貴 귀할 귀 |
| 더할 첨 | 添 | 削 깎을 삭 |
| | | 減 줄어들 감 |
| | | 省 살필 성, 줄일 생 |
| 날갤 청 | 晴 | 雨 비 우 |
| 처음 초 | 初 | 終 마칠 종 |
| 처음 시 | 始 | 了 마칠 료 |
| | | 卒 졸병 졸, 갑자기 졸, 마칠 졸, 죽을 졸 |
| | | 極 끝 극, 다할 극 |
| | | 端 끝 단, 단정할 단, 실마리 단 |
| | | 罷 파할 파, 마칠 파 |
| | | 畢 마칠 필 |
| 모두 총, 거느릴 총 | 總 | 個 낱 개 |
| 모두 체, 끊을 절, 간절할 절 | 切 | |

| | | |
|---|---|---|
| 다 개 | 皆 | |
| 다 함 | 咸 | |
| 봄 춘 | 春 | 秋 가을 추 |
| 날 출, 나갈 출 | 出 | 缺 빠질 결 |
| 날 출, 나갈 출 | 出 | 納 들일 납, 바칠 납 |
| 게으를 태 | 怠 | 勤 부지런할 근 |
| 거만할 만, 게으를 만 | 慢 | |
| 특별할 특 | 特 | 普 널리 보, 두루 보 |
| 겉 표 | 表 | 裏 속 리, = 裡 |
| 풍성할 풍, 풍년 풍 | 豊 | 凶 흉할 흉, 흉년 흉 |
| 저 피 | 彼 | 此 이 차 |
| 축하할 하 | 賀 | 弔 조문할 조 |
| 배울 학 | 學 | 訓 가르칠 훈 |
| 헛될 허, 빌 허 | 虛 | 滿 찰 만 |
| 하늘 공, 빌 공 | 空 | 實 열매 실, 실제 실 |
| 형 형, 어른 형 | 兄 | 弟 동생 제, 제자 제 |
| 좋아할 호 | 好 | 惡 악할 악, 미워할 오 |
| 화목할 화, 화할 화 | 和 | 戰 싸울 전, 무서워 떨 전 |
| | | 爭 다툴 쟁 |
| | | 鬪 싸울 투 |
| 얻을 획 | 獲 | 失 잃을 실 |
| 얻을 득 | 得 | 喪 잃을 상 |
| 검을 흑 | 黑 | 白 흰 백, 밝을 백, 깨끗할 백, 아뢸 백 |
| 검을 현 | 玄 | |
| 흥할 흥, 흥겨울 흥 | 興 | 亡 망할 망, 달아날 망, 죽을 망 |
| 무성할 무 | 茂 | 滅 꺼질 멸, 멸할 멸 |
| 성할 성 | 盛 | 廢 부서질 폐, 폐할 폐 |
| | | 衰 쇠할 쇠 |
| 기쁠 희 | 喜 | 怒 성낼 노 |

뜻이 서로 반대인 한자어입니다. 어문회 시험에서는 대개 한자어를 제시하고 빈칸에 그와 반대되는 한자어를 쓰는 방식으로 출제됩니다.

| 可決 가결 | 否決 부결 | 架空 가공 | 實在 실재 | 加入 가입 | 脫退 탈퇴 | 簡單 간단 | 複雜 복잡 |
|---|---|---|---|---|---|---|---|

| 感情 감정 | 理性 이성 | 剛健 강건 | 柔弱 유약 | 强硬 강경 | 柔和 유화 | 個別 개별 | 全體 전체 |
|---|---|---|---|---|---|---|---|

| 客觀 객관 | 主觀 주관 | 客體 객체 | 主體 주체 | 巨富 거부 | 極貧 극빈 | 乾燥 건조 | 濕潤 습윤 |
|---|---|---|---|---|---|---|---|

| 結合 결합 | 分離 분리 | 結婚 결혼 | 離婚 이혼 | 輕減 경감 | 加重 가중 | 輕率 경솔 | 愼重 신중 |
|---|---|---|---|---|---|---|---|

| 輕視 경시 | 重視 중시 | 硬化 경화 | 軟化 연화 | 繼續 계속 | 中斷 중단 | 高尙 고상 | 低俗 저속 |
|---|---|---|---|---|---|---|---|

| 高雅 고아 | 卑俗 비속 | 固定 고정 | 流動 유동 | 高調 고조 | 低調 저조 | 公開 공개 | 秘密 비밀 |
|---|---|---|---|---|---|---|---|

| 供給 공급 | 需要 수요 | 空想 공상 | 現實 현실 | 共用 공용 | 專用 전용 | 空虛 공허 | 充實 충실 |
|---|---|---|---|---|---|---|---|

| 過去 과거 | 未來 미래 | 官學 관학 | 私學 사학 | 光明 광명 | 暗黑 암흑 | 巧妙 교묘 | 拙劣 졸렬 |
|---|---|---|---|---|---|---|---|

| 郊外 교외 | 都心 도심 | 拘禁 구금 | 釋放 석방 | 拘束 구속 | 放免 방면 | 求心 구심 | 遠心 원심 |
|---|---|---|---|---|---|---|---|

| 君子 | 小人 | 權利 | 義務 | 閨秀 | 總角 | 僅少 | 過多 |
|---|---|---|---|---|---|---|---|
| 군자 | 소인 | 권리 | 의무 | 규수 | 총각 | 근소 | 과다 |

| 及第 | 落第 | 肯定 | 否定 | 旣決 | 未決 | 奇拔 | 平凡 |
|---|---|---|---|---|---|---|---|
| 급제 | 낙제 | 긍정 | 부정 | 기결 | 미결 | 기발 | 평범 |

| 飢餓 | 飽食 | 緊密 | 疎遠 | 吉兆 | 凶兆 | 樂觀 | 悲觀 |
|---|---|---|---|---|---|---|---|
| 기아 | 포식 | 긴밀 | 소원 | 길조 | 흉조 | 낙관 | 비관 |

| 濫讀 | 精讀 | 濫用 | 節約 | 浪費 | 儉約 | 內容 | 外觀 |
|---|---|---|---|---|---|---|---|
| 남독 | 정독 | 남용 | 절약 | 낭비 | 검약 | 내용 | 외관 |

| 內容 | 外樣 | 內在律 | 外在律 | 內包 | 外延 | 冷却 | 加熱 |
|---|---|---|---|---|---|---|---|
| 내용 | 외양 | 내재율 | 외재율 | 내포 | 외연 | 냉각 | 가열 |

| 濃厚 | 稀薄 | 能動 | 受動 | 多樣 | 劃一 | 多元 | 一元 |
|---|---|---|---|---|---|---|---|
| 농후 | 희박 | 능동 | 수동 | 다양 | 획일 | 다원 | 일원 |

| 單純 | 複雜 | 單式 | 複式 | 單一 | 複合 | 短縮 | 延長 |
|---|---|---|---|---|---|---|---|
| 단순 | 복잡 | 단식 | 복식 | 단일 | 복합 | 단축 | 연장 |

| 大乘 | 小乘 | 大丈夫 | 拙丈夫 | 對話 | 獨白 | 動機 | 結果 |
|---|---|---|---|---|---|---|---|
| 대승 | 소승 | 대장부 | 졸장부 | 대화 | 독백 | 동기 | 결과 |

| 同議 | 異議 | 登場 | 退場 | 漠然 | 確然 | 慢性 | 急性 |
|---|---|---|---|---|---|---|---|
| 동의 | 이의 | 등장 | 퇴장 | 막연 | 확연 | 만성 | 급성 |

| 忘却 | 記憶 | 滅亡 | 隆盛 | 名譽 | 恥辱 | 模倣 | 獨創 |
|---|---|---|---|---|---|---|---|
| 망각 | 기억 | 멸망 | 융성 | 명예 | 치욕 | 모방 | 독창 |

| 母音 | 子音 | 無能 | 有能 | 黙讀 | 朗讀 | 文語 | 口語 |
|---|---|---|---|---|---|---|---|
| 모음 | 자음 | 무능 | 유능 | 묵독 | 낭독 | 문어 | 구어 |

**594**

| 門外漢 | 專門家 | 物質 | 精神 | 未備 | 完備 | 微笑 | 巨大 |
|--------|--------|------|------|------|------|------|------|
| 문외한 | 전문가 | 물질 | 정신 | 미비 | 완비 | 미소 | 거대 |

| 未熟 | 老鍊 | 敏速 | 遲鈍 | 敏感 | 鈍感 | 密集 | 散在 |
|------|------|------|------|------|------|------|------|
| 미숙 | 노련 | 민속 | 지둔 | 민감 | 둔감 | 밀집 | 산재 |

| 反抗 | 服從 | 發達 | 退步 | 傍系 | 直系 | 放心 | 操心 |
|------|------|------|------|------|------|------|------|
| 반항 | 복종 | 발달 | 퇴보 | 방계 | 직계 | 방심 | 조심 |

| 背恩 | 報恩 | 凡人 | 超人 | 別居 | 同居 | 保守 | 進步 |
|------|------|------|------|------|------|------|------|
| 배은 | 보은 | 범인 | 초인 | 별거 | 동거 | 보수 | 진보 |

| 普通 | 特別 | 複數 | 單數 | 服從 | 反抗 | 服從 | 抗拒 |
|------|------|------|------|------|------|------|------|
| 보통 | 특별 | 복수 | 단수 | 복종 | 반항 | 복종 | 항거 |

| 本業 | 副業 | 部分 | 全體 | 富者 | 貧者 | 不實 | 充實 |
|------|------|------|------|------|------|------|------|
| 본업 | 부업 | 부분 | 전체 | 부자 | 빈자 | 부실 | 충실 |

| 富裕 | 貧窮 | 否認 | 是認 | 分斷 | 連結 | 分擔 | 專擔 |
|------|------|------|------|------|------|------|------|
| 부유 | 빈궁 | 부인 | 시인 | 분단 | 연결 | 분담 | 전담 |

| 紛爭 | 和解 | 不文 | 成文 | 不法 | 合法 | 不幸 | 幸福 |
|------|------|------|------|------|------|------|------|
| 분쟁 | 화해 | 불문 | 성문 | 불법 | 합법 | 불행 | 행복 |

| 不運 | 幸運 | 非番 | 當番 | 非凡 | 平凡 | 悲哀 | 歡喜 |
|------|------|------|------|------|------|------|------|
| 불운 | 행운 | 비번 | 당번 | 비범 | 평범 | 비애 | 환희 |

| 貧賤 | 富貴 | 死後 | 生前 | 削減 | 添加 | 相對 | 絶對 |
|------|------|------|------|------|------|------|------|
| 빈천 | 부귀 | 사후 | 생전 | 삭감 | 첨가 | 상대 | 절대 |

| 詳述 | 略述 | 喪失 | 獲得 | 生食 | 火食 | 生花 | 造花 |
|------|------|------|------|------|------|------|------|
| 상술 | 약술 | 상실 | 획득 | 생식 | 화식 | 생화 | 조화 |

| 先天 | 後天 | 成功 | 失敗 | 成熟 | 未熟 | 消極 | 積極 |
|------|------|------|------|------|------|------|------|
| 선천 | 후천 | 성공 | 실패 | 성숙 | 미숙 | 소극 | 적극 |

| 所得 | 損失 | 消費 | 生産 | 騷亂 | 靜肅 | 疎遠 | 親近 |
|------|------|------|------|------|------|------|------|
| 소득 | 손실 | 소비 | 생산 | 소란 | 정숙 | 소원 | 친근 |

| 損失 | 利得 | 收入 | 支出 | 順行 | 逆行 | 承諾 | 拒絶 |
|------|------|------|------|------|------|------|------|
| 손실 | 이득 | 수입 | 지출 | 순행 | 역행 | 승낙 | 거절 |

| 勝利 | 敗北 | 實質 | 形式 | 惡用 | 善用 | 惡意 | 善意 |
|------|------|------|------|------|------|------|------|
| 승리 | 패배 | 실질 | 형식 | 악용 | 선용 | 악의 | 선의 |

| 安全 | 危險 | 暗示 | 明示 | 暗黑 | 光明 | 約婚 | 破婚 |
|------|------|------|------|------|------|------|------|
| 안전 | 위험 | 암시 | 명시 | 암흑 | 광명 | 약혼 | 파혼 |

| 連結 | 斷絶 | 連結 | 絶斷 | 連敗 | 連勝 | 靈魂 | 肉體 |
|------|------|------|------|------|------|------|------|
| 연결 | 단절 | 연결 | 절단 | 연패 | 연승 | 영혼 | 육체 |

| 溫情 | 冷情 | 緩行 | 急行 | 容易 | 困難 | 偶數 | 奇數 |
|------|------|------|------|------|------|------|------|
| 온정 | 냉정 | 완행 | 급행 | 용이 | 곤란 | 우수 | 기수 |

| 偶然 | 必然 | 友好 | 敵對 | 韻文 | 散文 | 原因 | 結果 |
|------|------|------|------|------|------|------|------|
| 우연 | 필연 | 우호 | 적대 | 운문 | 산문 | 원인 | 결과 |

| 怨恨 | 恩惠 | 緯度 | 經度 | 違法 | 適法 | 流動 | 固定 |
|------|------|------|------|------|------|------|------|
| 원한 | 은혜 | 위도 | 경도 | 위법 | 적법 | 유동 | 고정 |

| 唯物 | 唯心 | 肉身 | 靈魂 | 肉體 | 心靈 | 恩惠 | 怨恨 |
|------|------|------|------|------|------|------|------|
| 유물 | 유심 | 육신 | 영혼 | 육체 | 심령 | 은혜 | 원한 |

| 依他 | 自立 | 異端 | 正統 | 理想 | 現實 | 離脫 | 接近 |
|------|------|------|------|------|------|------|------|
| 의타 | 자립 | 이단 | 정통 | 이상 | 현실 | 이탈 | 접근 |

| 利益 | 損失 | 人爲 | 自然 | 入金 | 出金 | 立體 | 平面 |
|------|------|------|------|------|------|------|------|
| 이익 | 손실 | 인위 | 자연 | 입금 | 출금 | 입체 | 평면 |

| 自動 | 手動 | 自動 | 他動 | 自立 | 依存 | 自律 | 他律 |
|------|------|------|------|------|------|------|------|
| 자동 | 수동 | 자동 | 타동 | 자립 | 의존 | 자율 | 타율 |

| 自然 | 人爲 | 自意 | 他意 | 抵抗 | 屈服 | 抵抗 | 服從 |
|------|------|------|------|------|------|------|------|
| 자연 | 인위 | 자의 | 타의 | 저항 | 굴복 | 저항 | 복종 |

| 敵對 | 友好 | 絶對 | 相對 | 漸進 | 急進 | 正當 | 不當 |
|------|------|------|------|------|------|------|------|
| 적대 | 우호 | 절대 | 상대 | 점진 | 급진 | 정당 | 부당 |

| 正常 | 異常 | 正午 | 子正 | 弔客 | 賀客 | 拙作 | 傑作 |
|------|------|------|------|------|------|------|------|
| 정상 | 이상 | 정오 | 자정 | 조객 | 하객 | 졸작 | 걸작 |

| 終末 | 始作 | 增加 | 減少 | 增進 | 減退 | 支出 | 收入 |
|------|------|------|------|------|------|------|------|
| 종말 | 시작 | 증가 | 감소 | 증진 | 감퇴 | 지출 | 수입 |

| 直接 | 間接 | 質疑 | 應答 | 質疑 | 答辯 | 質的 | 量的 |
|------|------|------|------|------|------|------|------|
| 직접 | 간접 | 질의 | 응답 | 질의 | 답변 | 질적 | 양적 |

| 差別 | 平等 | 慘敗 | 快勝 | 慘敗 | 樂勝 | 債權 | 債務 |
|------|------|------|------|------|------|------|------|
| 차별 | 평등 | 참패 | 쾌승 | 참패 | 낙승 | 채권 | 채무 |

| 清潔 | 不潔 | 抽象 | 具體 | 出席 | 缺席 | 稱讚 | 非難 |
|------|------|------|------|------|------|------|------|
| 청결 | 불결 | 추상 | 구체 | 출석 | 결석 | 칭찬 | 비난 |

| 快樂 | 苦痛 | 統合 | 分離 | 退院 | 入院 | 退化 | 進化 |
|------|------|------|------|------|------|------|------|
| 쾌락 | 고통 | 통합 | 분리 | 퇴원 | 입원 | 퇴화 | 진화 |

| 破壞 | 建設 | 敗北 | 勝利 | 閉鎖 | 開放 | 漂流 | 定着 |
|------|------|------|------|------|------|------|------|
| 파괴 | 건설 | 패배 | 승리 | 폐쇄 | 개방 | 표류 | 정착 |

| 被動 | 能動 | 被害 | 加害 | 下山 | 登山 | 虛僞 | 眞實 |
|------|------|------|------|------|------|------|------|
| 피동 | 능동 | 피해 | 가해 | 하산 | 등산 | 허위 | 진실 |

| 革新 | 保守 | 形式 | 內容 | 好材 | 惡材 | 好轉 | 逆轉 |
|------|------|------|------|------|------|------|------|
| 혁신 | 보수 | 형식 | 내용 | 호재 | 악재 | 호전 | 역전 |

| 好況 | 不況 | 紅顔 | 白髮 | 擴大 | 縮小 | 後退 | 前進 |
|------|------|------|------|------|------|------|------|
| 호황 | 불황 | 홍안 | 백발 | 확대 | 축소 | 후퇴 | 전진 |

| 凶年 | 豊年 | 興奮 | 安靜 | 興奮 | 鎭靜 | 希望 | 絶望 |
|------|------|------|------|------|------|------|------|
| 흉년 | 풍년 | 흥분 | 안정 | 흥분 | 진정 | 희망 | 절망 |

# 한자음(漢字音)의 장단(長短)

중국어에는 글자마다 4성이 있지만 우리말에는 4성이 어울리지 않아 오직 장단(長短)으로만 쓰이는데 이마저도 없어지고 있습니다. 長短으로 의미를 구분하는 것이 아니라 말하는 상황으로 의미를 구분하니까요. 그러나 아직까지는 급수 문제에 나오니 무시할 수도 없는 일이네요.

한자음(漢字音)의 長音과 短音을 구별하는 기준은 없습니다. 글자마다 다르고, 같은 글자라도 경우에 따라 달라지는 것(반장음)이 있으니까요. 그래도 구분하는 기준을 찾아본다면 長音은 어두(語頭), 즉 단어의 첫 글자에만 나타난다는 것과 글자의 받침이 ㄱ, ㄹ, ㅂ로 발음되면 단음이라는 것 정도가 있습니다.

다음은 '한국어문회'와 '전통문화연구회'가 선정해서 발표한 〈敎育漢字 代表訓音 選定〉 책자에 나온 자료입니다.

## 장음

| | | | |
|---|---|---|---|
| 可 : 옳을 가 | 去 : 갈 거 | 警 : 경계할 경 | 攻 : 칠 공 |
| 假 : 거짓 가 | 巨 : 클 거 | 癸 : 헤아릴 계 | 恐 : 두려울 공 |
| 架 : 시렁 가 | 擧 : 들 거 | 季 : 계절 계 | 貢 : 바칠 공 |
| 暇 : 겨를 가 | 距 : 떨어질 거 | 界 : 경계 계 | 果 : 과실 과 |
| 肝 : 간 간 | 拒 : 막을 거 | 計 : 셈할 계 | 過 : 지날 과 |
| 簡 : 편지 간 | 據 : 의거할 거 | 系 : 혈통 계 | 誇 : 자랑할 과 |
| 懇 : 간절할 간 | 建 : 세울 건 | 係 : 맬 계 | 寡 : 적을 과 |
| 減 : 덜 감 | 健 : 건강할 건 | 戒 : 경계할 계 | 廣 : 넓을 광 |
| 感 : 느낄 감 | 儉 : 검소할 검 | 械 : 기계 계 | 鑛 : 쇳돌 광 |
| 敢 : 감히 감 | 劍 : 칼 검 | 繼 : 이을 계 | 愧 : 부끄러울 괴 |
| 降 : 내릴 강 | 檢 : 검사할 검 | 契 : 계약할 계 | 壞 : 무너질 괴 |
| 講 : 강의할 강 | 憩 : 쉴 게 | 桂 : 계수나무 계 | 校 : 학교 교 |
| 改 : 고칠 개 | 見 : 볼 견 | 啓 : 열 계 | 敎 : 가르칠 교 |
| 個 : 낱 개 | 遣 : 보낼 견 | 古 : 옛 고 | 矯 : 바로잡을 교 |
| 介 : 끼일 개 | 敬 : 공경할 경 | 告 : 알릴 고 | 救 : 구원할 구 |
| 慨 : 슬플 개 | 慶 : 경사 경 | 困 : 곤란할 곤 | 久 : 오랠 구 |
| 概 : 대개 개 | 競 : 겨룰 경 | 共 : 함께 공 | 舊 : 옛 구 |
| 蓋 : 덮을 개 | 竟 : 마침내 경 | 孔 : 구멍 공 | 苟 : 진실로 구 |
| 更 : 다시 갱 | 鏡 : 거울 경 | 供 : 이바지할 공 | 郡 : 고을 군 |

| | | | |
|---|---|---|---|
| 勸 : 권할 권 | 鈍 : 둔할 둔 | 漫 : 퍼질 만 | 叛 : 배반할 반 |
| 拳 : 주먹 권 | 等 : 무리 등 | 望 : 바랄 망 | 訪 : 찾을 방 |
| 貴 : 귀할 귀 | 亂 : 어지러울 란 | 妄 : 망령될 망 | 倣 : 모방할 방 |
| 歸 : 돌아갈 귀 | 爛 : 빛날 란 | 罔 : 없을 망 | 拜 : 절 배 |
| 鬼 : 귀신 귀 | 濫 : 넘칠 람 | 買 : 살 매 | 倍 : 갑절 배 |
| 近 : 가까울 근 | 浪 : 물결 랑 | 賣 : 팔 매 | 培 : 북돋울 배 |
| 僅 : 겨우 근 | 朗 : 밝을 랑 | 妹 : 여동생 매 | 配 : 짝 배 |
| 謹 : 삼갈 근 | 冷 : 찰 랭 | 孟 : 맏 맹 | 輩 : 무리 배 |
| 禁 : 금할 금 | 兩 : 두 량 | 猛 : 사나울 맹 | 背 : 등 배 |
| 錦 : 비단 금 | 慮 : 생각 려 | 免 : 면할 면 | 犯 : 범할 범 |
| 肯 : 즐길 긍 | 勵 : 힘쓸 려 | 勉 : 힘쓸 면 | 範 : 모범 범 |
| 那 : 어찌 나 | 練 : 익힐 련 | 面 : 얼굴 면 | 汎 : 넓을 범 |
| 內 : 안 내 | 鍊 : 단련할 련 | 命 : 목숨 명 | 變 : 변할 변 |
| 乃 : 이에 내 | 戀 : 그리워할 련 | 母 : 어미 모 | 辯 : 말씀 변 |
| 耐 : 참을 내 | 例 : 본보기 례 | 暮 : 저물 모 | 辨 : 분별할 변 |
| 念 : 생각 념 | 禮 : 예도 례 | 某 : 아무 모 | 丙 : 남쪽 병 |
| 怒 : 성낼 노 | 路 : 길 로 | 慕 : 사모할 모 | 病 : 병 병 |
| 濃 : 짙을 농 | 老 : 늙을 로 | 夢 : 꿈 몽 | 竝 : 아우를 병 |
| 但 : 다만 단 | 弄 : 희롱할 롱 | 卯 : 토끼 묘 | 步 : 걸음 보 |
| 短 : 짧을 단 | 了 : 마칠 료 | 妙 : 묘할 묘 | 報 : 갚을 보 |
| 斷 : 끊을 단 | 屢 : 여러 루 | 苗 : 싹 묘 | 普 : 넓을 보 |
| 談 : 말씀 담 | 累 : 포갤 루 | 廟 : 사당 묘 | 譜 : 족보 보 |
| 淡 : 맑을 담 | 淚 : 눈물 루 | 墓 : 무덤 묘 | 補 : 기울 보 |
| 代 : 대신할 대 | 漏 : 샐 루 | 戊 : 다섯째 천간 무 | 寶 : 보배 보 |
| 待 : 기다릴 대 | 柳 : 버들 류 | 茂 : 무성할 무 | 奉 : 받들 봉 |
| 對 : 대할 대 | 類 : 무리 류 | 武 : 군사 무 | 鳳 : 새 봉 |
| 帶 : 띠 대 | 里 : 마을 리 | 務 : 힘쓸 무 | 富 : 부자 부 |
| 貸 : 빌릴 대 | 理 : 다스릴 리 | 舞 : 춤출 무 | 否 : 아닐 부 |
| 到 : 이를 도 | 利 : 이로울 리 | 貿 : 무역할 무 | 付 : 부칠 부 |
| 度 : 법도 도 | 李 : 오얏 리 | 霧 : 안개 무 | 附 : 붙을 부 |
| 道 : 길 도 | 吏 : 아전 리 | 問 : 물을 문 | 府 : 관청 부 |
| 倒 : 거꾸러질 도 | 離 : 헤어질 리 | 聞 : 들을 문 | 腐 : 썩을 부 |
| 途 : 길 도 | 裏 : 속 리 | 未 : 아닐 미 | 負 : 짐질 부 |
| 導 : 인도할 도 | 履 : 밟을 리 | 尾 : 꼬리 미 | 副 : 버금 부 |
| 洞 : 고을 동 | 馬 : 말 마 | 迷 : 헷갈릴 미 | 簿 : 문서 부 |
| 童 : 아이 동 | 萬 : 일만 만 | 反 : 거꾸로 반 | 赴 : 다다를 부 |
| 動 : 움직일 동 | 晚 : 늦을 만 | 半 : 반 반 | 賦 : 세금 거둘 부 |
| 凍 : 얼 동 | 慢 : 거만할 만 | 返 : 돌아올 반 | 憤 : 성날 분 |

**600**

奮 : 떨칠 분     性 : 성품 성     眼 : 눈 안     瓦 : 기와 와

比 : 견줄 비     盛 : 성할 성     岸 : 언덕 안     臥 : 누울 와

悲 : 슬플 비     聖 : 성인 성     雁 : 기러기 안     緩 : 느릴 완

鼻 : 코 비     世 : 세대 세     暗 : 어두울 암     往 : 갈 왕

備 : 갖출 비     洗 : 씻을 세     仰 : 우러를 앙     外 : 바깥 외

批 : 비평할 비     稅 : 세금 세     愛 : 사랑 애     畏 : 두려울 외

卑 : 낮을 비     細 : 가늘 세     也 : 어조사 야     用 : 쓸 용

婢 : 계집종 비     勢 : 형세 세     夜 : 밤 야     勇 : 날랠 용

肥 : 살찔 비     歲 : 해 세     野 : 들 야     宇 : 집 우

秘 : 숨길 비     小 : 작을 소     養 : 기를 양     右 : 오른쪽 우

費 : 쓸 비     少 : 적을 소     讓 : 사양할 양     友 : 벗 우

四 : 넉 사     所 : 바 소     壤 : 흙덩이 양     雨 : 비 우

巳 : 뱀 사     笑 : 웃음 소     語 : 말씀 어     又 : 또 우

士 : 선비 사     損 : 덜 손     御 : 말 몰 어     遇 : 만날 우

史 : 역사 사     送 : 보낼 송     汝 : 너 여     羽 : 깃 우

使 : 하여금 사     頌 : 기릴 송     與 : 더불 여     偶 : 짝 우

謝 : 사례할 사     訟 : 소송할 송     輿 : 수레 여     運 : 운전할 운

死 : 죽을 사     誦 : 외울 송     硏 : 갈 연     韻 : 소리 운

事 : 일 사     刷 : 인쇄할 쇄     硯 : 벼루 연     願 : 원할 원

捨 : 버릴 사     鎖 : 자물쇠 쇄     宴 : 잔치 연     遠 : 멀 원

賜 : 줄 사     數 : 셀 수     軟 : 연할 연     怨 : 원망할 원

似 : 같을 사     順 : 순할 순     演 : 펼 연     援 : 도울 원

産 : 낳을 산     市 : 시장 시     染 : 물들일 염     有 : 있을 유

散 : 흩을 산     示 : 보일 시     永 : 길 영     裕 : 넉넉할 유

算 : 셈할 산     是 : 이 시     泳 : 헤엄칠 영     愈 : 나을 유

上 : 위 상     視 : 볼 시     詠 : 읊을 영     閏 : 윤달 윤

想 : 생각 상     施 : 베풀 시     影 : 그림자 영     潤 : 윤택할 윤

序 : 차례 서     試 : 시험할 시     藝 : 재주 예     飮 : 마실 음

暑 : 더울 서     始 : 처음 시     豫 : 미리 예     應 : 응할 응

敍 : 베풀 서     矢 : 화살 시     譽 : 기릴 예     義 : 옳을 의

徐 : 천천히 할 서     侍 : 모실 시     銳 : 날카로울 예     意 : 뜻 의

庶 : 무리 서     信 : 믿을 신     五 : 다섯 오     二 : 둘 이

恕 : 용서할 서     愼 : 삼갈 신     悟 : 깨달을 오     貳 : 둘 이

署 : 관청 서     甚 : 심할 심     午 : 낮 오     以 : 써 이

緖 : 실마리 서     審 : 살필 심     誤 : 그릇될 오     已 : 이미 이

善 : 착할 선     我 : 나 아     汚 : 더러울 오     耳 : 귀 이

選 : 가릴 선     餓 : 주릴 아     娛 : 즐거워할 오     異 : 다를 이

姓 : 성씨 성     案 : 책상 안     傲 : 거만할 오     引 : 끌 인

刃 : 칼날 인
壬 : 북방 임
賃 : 품삯 임
恣 : 방자할 자
刺 : 찌를 자
壯 : 씩씩할 장
丈 : 어른 장
帳 : 장막 장
奬 : 장려할 장
葬 : 장사지낼 장
掌 : 손바닥 장
藏 : 감출 장
臟 : 오장 장
在 : 있을 재
栽 : 심을 재
再 : 두 번 재
載 : 실을 재
著 : 나타날 저
貯 : 쌓을 저
低 : 낮을 저
底 : 밑 저
抵 : 막을 저
典 : 법 전
展 : 펼 전
戰 : 싸울 전
電 : 번개 전
錢 : 돈 전
轉 : 구를 전
店 : 가게 점
漸 : 점점 점
定 : 정할 정
整 : 가지런할 정
弟 : 동생 제
第 : 차례 제
祭 : 제사 제
帝 : 임금 제
製 : 지을 제
制 : 제도 제

際 : 즈음 제
濟 : 건널 제
早 : 일찍 조
造 : 지을 조
助 : 도울 조
弔 : 조문할 조
照 : 비칠 조
左 : 왼쪽 좌
坐 : 앉을 좌
佐 : 도울 좌
座 : 자리 좌
罪 : 허물 죄
注 : 물댈 주
住 : 살 주
宙 : 집 주
準 : 법도 준
俊 : 뛰어날 준
遵 : 좇을 준
重 : 무거울 중
衆 : 무리 중
進 : 나아갈 진
盡 : 다할 진
振 : 떨칠 진
鎭 : 누를 진
且 : 또 차
借 : 빌릴 차
贊 : 도울 찬
讚 : 기릴 찬
唱 : 부를 창
創 : 비롯할 창
暢 : 화창할 창
菜 : 나물 채
採 : 캘 채
彩 : 빛날 채
債 : 빚 채
處 : 곳 처
悽 : 슬플 처
淺 : 얕을 천

賤 : 천할 천
踐 : 밟을 천
遷 : 옮길 천
薦 : 추천할 천
寸 : 마디 촌
村 : 마을 촌
總 : 모두 총
最 : 가장 최
取 : 가질 취
吹 : 불 취
就 : 나아갈 취
臭 : 냄새 취
醉 : 취할 취
趣 : 뜻 취
致 : 이룰 치
置 : 둘 치
針 : 바늘 침
浸 : 젖을 침
寢 : 잘 침
沈 : 잠길 침
枕 : 베개 침
打 : 칠 타
妥 : 온당할 타
墮 : 떨어질 타
炭 : 숯 탄
歎 : 탄식할 탄
彈 : 탄알 탄
湯 : 끓을 탕
態 : 모양 태
吐 : 토할 토
統 : 거느릴 통
痛 : 아플 통
退 : 물러갈 퇴
破 : 깨뜨릴 파
播 : 뿌릴 파
罷 : 파할 파
貝 : 조개 패
敗 : 패할 패

評 : 평론할 평
閉 : 닫을 폐
肺 : 허파 폐
廢 : 폐할 폐
弊 : 폐단 폐
蔽 : 가릴 폐
幣 : 폐백 폐
抱 : 안을 포
飽 : 배부를 포
捕 : 잡을 포
品 : 물건 품
彼 : 저 피
被 : 입을 피
避 : 피할 피
下 : 아래 하
夏 : 여름 하
賀 : 축하할 하
恨 : 한할 한
限 : 막을 한
漢 : 한나라 한
旱 : 가물 한
汗 : 땀 한
陷 : 빠질 함
巷 : 거리 항
港 : 항구 항
項 : 목 항
抗 : 대항할 항
航 : 건널 항
害 : 해칠 해
海 : 바다 해
亥 : 돼지 해
解 : 풀 해
幸 : 행복할 행
向 : 향할 향
響 : 울릴 향
享 : 누릴 향
憲 : 법 헌
獻 : 드릴 헌

602

險 : 험할 험     戶 : 문 호     禍 : 재앙 화     效 : 본받을 효

驗 : 시험할 험     好 : 좋을 호     患 : 근심 환     曉 : 새벽 효

現 : 이제 현     互 : 서로 호     換 : 바꿀 환     後 : 뒤 후

縣 : 고을 현     浩 : 넓을 호     還 : 돌아올 환     厚 : 두터울 후

懸 : 매달 현     護 : 지킬 호     況 : 하물며 황     候 : 기후 후

顯 : 드러날 현     混 : 섞일 혼     會 : 모일 회     訓 : 가르칠 훈

惠 : 은혜 혜     貨 : 재물 화     悔 : 뉘우칠 회     毁 : 헐 훼

慧 : 지혜 혜     畫 : 그림 화     孝 : 효도 효

---

**반장음**    상황에 따라 장음도 되고 단음도 되는 글자

| | |
|---|---|
| 街( : ) 거리 가 | 一 : 道, 一 : 頭行進 / 一路燈 |
| 間( : ) 사이 간 | 一 : 諜, 一 : 食 / 一隔, 一隙 |
| 強( : ) 강할 강 | 一 : 制, 一 : 盜 / 一力, 一化 |
| 景( : ) 경치 경, 클 경 | 一 : 品, 一 : 福宮 / 一槪, 一致 |
| 故( : ) 연고 고 | 一 : 國, 一 : 障 / 一鄕 |
| 考( : ) 생각할 고 | 一 : 古學, 一 : 試 / 一案, 一察 |
| 貫( : ) 꿸 관 | 一 : 珠, 一 : 革 / 一徹, 一通 |
| 怪( : ) 괴이할 괴 | 一 : 物, 一 : 變 / 一狀, 一異 |
| 口( : ) 입 구 | 一 : 號, 一 : 頭 / 一文, 一錢 |
| 卷( : ) 책 권 | 一 : 數 / 一帙 |
| 難( : ) 어려울 난 | 一 : 處 / 一境 |
| 大( : ) 큰 대 | 一 : 家, 一 : 將 / 一邱, 一田 |
| 盜( : ) 훔칠 도 | 一 : 掘 / 一用 |
| 冬( : ) 겨울 동 | 一 : 期, 一眠 / 一至 |
| 令( : ) 하여금 령 | 一 : 監 / 一旗 |
| 露( : ) 이슬 로 | 一 : 積 / 一骨 |
| 料( : ) 헤아릴 료 | 一 : 金, 一 : 給 / 一理, 一量 |
| 滿( : ) 찰 만 | 一 : 堂, 一 : 場 / 一足, 一員 |
| 每( : ) 항상 매 | 一 : 月, 一 : 時 / 一樣, 一日 |
| 美( : ) 아름다울 미 | 一 : 人, 一 : 文 / 一國 |
| 放( : ) 놓을 방 | 一 : 送 / 一課, 一學 |
| 保( : ) 지킬 보 | 一 : 健, 一 : 留 / 一證 |
| 符( : ) 부절 부 | 一 : 籍, 一 : 號 / 一節 |
| 分( : ) 나눌 분 | 一 : 量, 一 : 數 / 一家 |
| 粉( : ) 가루 분 | 一 : 紅 / 一骨碎身 |
| 非( : ) 어긋날 비, 아닐 비 | 一 : 行, 一 : 情 / 一但 |
| 仕( : ) 벼슬 사 | 一 : 宦 / 一官 |

| | |
|---|---|
| 射( : ) 쏠 사 | 一 : 場, 一 : 亭 / 一擊, 一手 |
| 尙( : ) 오히려 상 | 一 : 古 / 一宮, 一今 |
| 喪( : ) 잃을 상 | 一 : 配, 一 : 妻 / 一家, 一主 |
| 燒( : ) 불사를 소 | 一 : 紙 / 一却, 一失 |
| 掃( : ) 쓸 소 | 一 : 除 / 一蕩 |
| 孫( : ) 손자 손 | 一 : 子 / 一女, 一子 |
| 手( : ) 손 수 | 一 : 巾 / 一段, 一足 |
| 受( : ) 받을 수 | 一 : 苦 / 一講, 一信 |
| 雅( : ) 맑을 아 | 一 : 俗, 一 : 趣 / 一淡 |
| 亞( : ) 버금 아 | 一 : 流, 一 : 聖 / 一細亞, 一鉛 |
| 沿( : ) 물 따를 연 | 一 : 革 / 一道, 一岸 |
| 映( : ) 비칠 영 | 一 : 窓 / 一寫, 一畫 |
| 爲( : ) 할 위, 위할 위 | 一 : 人(사람을 위하다) / 一始, 一人(사람 됨됨이) |
| 任( : ) 맡길 임 | 一 : 務, 一 : 員 / 一氏 |
| 紫( : ) 자줏빛 자 | 一 : 色 / 一朱 |
| 暫( : ) 잠깐 잠 | 一 : 時 / 一定 |
| 長( : ) 길 장 | 一 : 者, 一 : 官 / 一久, 一篇 |
| 將( : ) 장수 장 | 一 : 兵, 一 : 校 / 一軍, 一次 |
| 占( : ) 점칠 점 | 一 : 領, 一 : 據 / 一卦, 一卜 |
| 點( : ) 점 점 | 一 : 心 / 一檢, 一數 |
| 井( : ) 우물 정 | 一 : 邑詞 / 一華水, 一底蛙 |
| 正( : ) 바를 정 | 一 : 當, 一 : 直 / 一月, 一初 |
| 操( : ) 잡을 조 | 一 : 心, 一 : 鍊 / 一業, 一作 |
| 種( : ) 씨앗 종, 종류 종 | 一 : 類, 一 : 目 / 一犬, 一子 |
| 從( : ) 좇을 종 | 一 : 弟, 一 : 祖 / 一軍, 一事 |
| 酒( : ) 술 주 | 一 : 酊 / 一店 |
| 仲( : ) 버금 중 | 一 : 氏, 一 : 兄 / 一媒 |
| 陳( : ) 베풀 진 | 一 : 設, 一 : 列 / 一外家 |
| 昌( : ) 창성할 창 | 一 : 寧, 一 : 德宮 / 一平 |
| 倉( : ) 창고 창 | 一 : 卒問 / 一庫 |
| 討( : ) 칠 토 | 一 : 論, 一 : 議 / 一伐 |
| 便( : ) 편할 편 | 一 : 紙 / 一利, 一安 |
| 布( : ) 베 포, 펼 포 | 一 : 敎, 一 : 告 / 一木, 一衣 |
| 包( : ) 쌀 포 | 一 : 容, 一 : 括 / 一含, 一包裝 |
| 胞( : ) 태 포 | 一 : 胎 / 一子, 一衣 |
| 荷( : ) 멜 하, 연 하 | 一 : 役 / 一香, 一花 |
| 韓( : ) 나라 이름 한 | 一 : 國, 一 : 服 / 一山, 一氏 |
| 行( : ) 다닐 행, 행할 행 | 一 : 實 / 一動, 一政 |
| 虎( : ) 범 호 | 一 : 患, 一 : 口 / 一班 |

**604**

| 號(:) 부르짖을 호, 이름 호 | 一:哭, 一:令 / 一氏 |
| 火(:) 불 화 | 一:氣, 一:力 / 一曜日 |
| 化(:) 될 화 | 一:石, 一:身 / 一學, 一粧 |
| 興(:) 흥할 흥, 흥겨울 흥 | 一:味, 一:趣 / 一亡, 一業 |

不患人之不己知, 患其無能也

남이 나를 알아주지 않음을 걱정하지 말고, 내가 능력이 없음을 걱정하라.

– ≪논어≫, 〈학이(學而)〉

# 4편

## 실전 모의고사

# 漢字能力檢定試驗 3級 問題紙

정답 554쪽

## 3급 실전 모의고사 제1회

[問 1-20] 다음 문장에서 밑줄 친 漢字語의 讀音을 쓰시오.

○ [1]慾望에는 대가를 치러야 하고 희생에는 대가가 따른다.

○ 그것은 [2]苟且스러운 [3]辨明이요, 약자의 궤변일 뿐이다.

○ 이 항구는 일찍부터 대외 [4]貿易이 [5]繁昌하던 곳이다.

○ 젊은이들은 실패를 무릅쓰고 [6]冒險을 [7]敢行하였다.

○ 혼신의 힘을 기울인 그의 연주에 [8]聽衆들은 모두 [9]感銘하였다.

○ 죽음을 [10]覺悟하고 나선 그에게는 쉽게 범할 수 없는 [11]威風까지 풍기고 있었다.

○ 현대는 정보화 시대, 그리고 [12]尖端 과학의 시대다.

○ [13]枝葉적인 문제에만 [14]執着하지 말자.

○ 시간의 흐름에 따라 사건이 [15]循次적으로 [16]展開되었다.

○ 화분에 심었넌 [17]苗木을 정원으로 [18]移植하였다.

○ 우리 정부는 새해에 [19]大幅적인 내각 [20]改編이 있을 전망이다.

[問 21-45] 다음 漢字語의 독음을 쓰시오.

[21] 畏驚    [22] 埋沒    [23] 押收
[24] 抽出    [25] 寅時    [26] 睡眠
[27] 竊盜    [28] 傳播    [29] 梨花
[30] 終乃    [31] 絶叫    [32] 今昔
[33] 擴張    [34] 蝶舞    [35] 墳墓
[36] 輿論    [37] 曉得    [38] 掛念
[39] 生涯    [40] 避暑    [41] 快晴
[42] 移替    [43] 應募    [44] 歲暮
[45] 尤妙

[問 46-72] 다음 漢字의 訓과 音을 쓰시오.

[46] 詐    [47] 冠    [48] 銳
[49] 閱    [50] 枕    [51] 恣
[52] 厥    [53] 殉    [54] 渴
[55] 抱    [56] 飽    [57] 賜
[58] 暢    [59] 妥    [60] 妾
[61] 屢    [62] 敏    [63] 侮
[64] 了    [65] 霧    [66] 忌
[67] 巷    [68] 把    [69] 厄
[70] 卿    [71] 竝    [72] 泣

[問 73-77] 다음 漢字語 중 첫음절이 長音으로 발음되는 것의 번호를 쓰시오.

[73] ① 水利    ② 數理
[74] ① 婦人    ② 否認
[75] ① 憂愁    ② 右手
[76] ① 鄉愁    ② 享受
[77] ① 故事    ② 固辭

[問 78-107] 다음 문장에서 밑줄 친 漢字語를 漢字(正字)로 쓰시오.

○ 눈에 보이는 것은 [78]굴곡진 산봉우리와 계곡의 [79]연속이었다.

○ 미움이 [80]용서와 [81]화해의 감정으로 승화되었다.

○ 어머니의 [82]정성 어린 [83]간호로 나는 병에서 빨리 회복되었다.

○ 밝고 [84]명랑한 사회 분위기 [85]조성에 다함께 동참합시다.

○ [86]소득 수준이 높아지면서 주거비가 크게 [87]증가하고 있다.

○ 해가 갈수록 [88]이동 통신기기의 가격이 [89]인하되고 있다.

○ [90]관중은 선수들의 [91]묘기에 감탄사를 연발하였다.

○ 우리는 [92]수입을 생각하면서 [93]지출을 하여야 한다.

○ 그는 언제 보아도 [94]활기차고 [95]탄력이 넘친다.

○ 피로 [96]회복에는 충분한 [97]휴식이 최고다.

○ [98]해변을 따라 [99]송림이 울창하게 우거져 있다.

○ 상을 받는 사람에게 [100]찬사와 [101]박수가 쏟아졌다.

○ 이 작품은 산업 [102]품평회에 [103]출품되어 우등상을 받았다.

○ 선생님이 그를 [104]호명하자 큰소리로 [105]대답하며 일어섰다.

○ 새 역사의 [106]창조 대열에 [107]참여하겠다는 의사를 밝혔다.

[問 108-112] 다음 밑줄 친 漢字와 비슷한 뜻을 가진 漢字(正字)를 ( ) 안에 써서 문장에 적합한 漢字語가 되게 하시오.

[108] 그 작품은 상당히 수준 높은 미적 ( )値를 지녔다고 평가한다.

[109] 그는 ( )居가 일정하지 않다.

[110] 규칙적인 생활은 ( )康에 좋다.

[111] 열심히 일한 뒤의 休( )보다 더 달콤한 꿀맛은 없다.

[112] 하늘을 恭( )하고 백성을 사랑하다.


[問 113-117] 다음 漢字와 뜻이 反對 또는 相對되는 漢字(正字)를 써서 漢字語를 完成하시오.

[113] 두 사람의 영어 실력은 ( )劣을 가리기가 어렵다.

[114] 그 일에 대한 損( ) 계산은 해보지 않았다.

[115] 그 집과 우리 집 사이는 별 ( )來가 없다.

[116] 잘하고 못함에 따른 ( )罰 없이 교육이 이루어지기는 힘들다.

[117] 인간의 본성은 善( )을 공유한다고 한다.


[問 118-122] 다음 漢字語의 反對語 또는 相對語를 2음절로 된 漢字(正字)로 쓰시오.

[118] 可決 ↔ ( )
[119] 客體 ↔ ( )
[120] 權利 ↔ ( )
[121] 樂觀 ↔ ( )
[122] 能動 ↔ ( )

[問 123-127] 다음 漢字語의 同音異議語를 漢字(正字)로 쓰되, 제시된 뜻에 맞는 것으로 하시오.

[123] 大地 - (　　　) : 큰 뜻.

[124] 大使 - (　　　) : 큰 일.

[125] 同期 - (　　　) : 같은 시기.

[126] 每場 - (　　　) : 물건을 파는 곳.

[127] 反感 - (　　　) : 절반으로 줆.

[問 128-137] 다음 (　) 안에 알맞은 漢字(正字)를 써서 四字成語를 완성하시오.

[128] (　　)耳讀經 - '쇠귀에 경 읽기'로, 아무리 가르쳐도 알아듣지 못함을 비유하여 이르는 말.

[129] 見(　　)生心 - 물건을 보면 욕심이 생김.

[130] 過恭非(　　) - 지나친 공손은 예의가 아님.

[131] 多多(　　)善 - 많으면 많을수록 더욱 좋음.

[132] 莫(　　)之間 - 거스름이 없는 아주 친한 사이.

[133] 萬事(　　)通 - 모든 일이 순탄하게 진행됨.

[134] (　　)心不忘 - 마음에 새겨서 잊지 않음.

[135] 不問可(　　) - 묻지 않아도 가히 앎.

[136] 貧(　　)之交 - 가난하고 천할 때의 사귐. 또는 그런 벗.

[137] 事必歸(　　) - 일은 반드시 바른 데로 돌아옴.

[問 138-142] 다음 漢字의 部首를 쓰시오.

[138] 冥

[139] 吟

[140] 貪

[141] 塗

[142] 僚

[問 143 -145] 다음 漢字의 略字를 쓰시오.

[143] 價

[144] 舊

[145] 臺

[問 146-150] 다음 漢字語의 뜻을 쓰시오.

[146] 卓越

[147] 吉運

[148] 都心

[149] 思慕

[150] 陳腐

3급 실전 모의고사 제2회

[問 1-20] 다음 문장에서 밑줄 친 漢字語의 讀音을 쓰시오.

○ [1]恐龍으로 [2]推定되는 거대한 화석이 발견되었다.

○ 이번 [3]旅行은 평생 잊지 못할 추억으로 [4]記憶될 것이다.

○ 겨울에도 비닐하우스에서 [5]菜蔬를 [6]栽培한다.

○ 해당 관청에 자신의 [7]過誤를 [8]辨明하였다.

○ 한 점 차로 [9]辛勝을 하여 가까스로 본선에 [10]進出하였다.

○ 현대 기계 문명의 [11]惠澤으로 현대인들은 [12]便利한 생활을 누리고 있다.

○ 그 사건의 배경을 놓고 [13]解釋이 [14]紛紛하였다.

○ [15]後退도 전진도 [16]停滯보다는 낫다.

○ 이번 답사에서 [17]稀貴한 식물과 곤충이 다수 [18]採集되었다.

○ 그는 컴퓨터 분야에서는 타의 [19]追從을 [20]不許한다.

[問 21-45] 다음 漢字語의 독음을 쓰시오.

[21] 舟遊　　[22] 隔離　　[23] 獻金
[24] 鈍感　　[25] 醜雜　　[26] 猶豫
[27] 遵法　　[28] 憐憫　　[29] 閏年
[30] 潤澤　　[31] 肩章　　[32] 偏重
[33] 編輯　　[34] 遍歷　　[35] 尺度

[36] 尾行　　[37] 刷新　　[38] 漏落
[39] 屛風　　[40] 周圍　　[41] 觸感
[42] 朗誦　　[43] 軌道　　[44] 蓮根
[45] 輝光

[問 46-72] 다음 漢字의 訓과 音을 쓰시오.

[46] 紛　　[47] 絹　　[48] 戀
[49] 縣　　[50] 貞　　[51] 墨
[52] 涉　　[53] 誕　　[54] 征
[55] 症　　[56] 堤　　[57] 促
[58] 捉　　[59] 裳　　[60] 掌
[61] 央　　[62] 殃　　[63] 栗
[64] 腰　　[65] 遷　　[66] 懲
[67] 禍　　[68] 毁　　[69] 疫
[70] 盤　　[71] 役　　[72] 繫

[問 73-77] 다음 漢字語 중 첫음절이 長音으로 발음되는 것의 번호를 쓰시오.

[73] ① 婦人　② 否認
[74] ① 赦免　② 斜面
[75] ① 電柱　② 前奏
[76] ① 注射　② 主事
[77] ① 告祀　② 故事

[問 78-107] 다음 문장에서 밑줄 친 漢字語를 漢字(正字)로 쓰시오.

○ 공공연한 [78]비밀은 이미 비밀이 아니며, 공공연한 [79]범죄는 범죄가 아니란 말인가.

○ 경제적 [80]빈곤보다도 [81]정신적 빈곤이 나를 더 괴롭게 했다.

○ [82]행복은 [83]성적순이 아니잖아요.

○ 대통령은 정부에 대한 건설적 비판과 [84]충고는 겸허히 [85]수용할 것이라고 밝혔다.

○ [86]애견은 우리와 함께 살아가는 반려동물이자 [87]가족이다.

○ 합격자가 [88]발표되면 그야말로 [89]희비가 엇갈린다.

○ [90]후덕하고 원만하게 생긴 얼굴에는 [91]인품이 넘쳐흘렀다.

○ 경찰은 주민의 [92]신고를 받고 긴급 [93]출동하였다.

○ 그는 본업보다 [94]부업에서 더 짭짤한 [95]수입을 얻는다.

○ [96]남매가 모두 화순하고 착한 [97]성품을 가졌다.

○ [98]보건 복지부는 식품 위생 감시를 [99]강화하였다.

○ [100]과학과 [101]종교의 모순적인 관계를 생각해 보았다.

○ 우리 [102]학교 앞의 [103]분식점은 학생들이 많이 드나든다.

○ 실무자 간의 [104]이견 조정을 위한 [105]회의가 열렸다.

○ 민주화 [106]운동은 국민이 주인이라는 [107]자각을 갖게 하였다.

[問 108-112] 다음 밑줄 친 漢字와 비슷한 뜻을 가진 漢字(正字)를 ( ) 안에 써서 문장에 적합한 漢字語가 되게 하시오.

[108] 독서를 통하여 즐거움과 ( )訓을 얻는다.

[109] 역 광장에 수만 群( )이 모였다.

[110] 통일을 위한 ( )議가 한창 진행 중이다.

[111] 이 家( )의 구조는 매우 튼튼하게 되어 있다.

[112] 예고편은 영화의 내용을 ( )略하게 예시해 준다.

[問 113-117] 다음 漢字와 뜻이 反對 또는 相對되는 漢字(正字)를 써서 漢字語를 完成하시오.

[113] 지난달에는 생필품의 균형 있는 需( )이 이루어졌다.

[114] 이 고무줄은 ( )縮성이 뛰어나다.

[115] 사랑이란 때로는 ( )憎으로 영원히 가슴에 남을 수 있다.

[116] 합격자 발표장은 그야말로 喜( )가 엇갈렸다.

[117] 삶의 ( )辱을 함께 나눌 배필을 맞이하다.

[問 118-122] 다음 漢字語의 反對語 또는 相對語를 2음절로 된 漢字(正字)로 쓰시오.

[118] 公開 ↔ ( )
[119] 共用 ↔ ( )
[120] 不實 ↔ ( )
[121] 名譽 ↔ ( )
[122] 消極 ↔ ( )

[問 123-127] 다음 漢字語의 同音異議語를 漢字(正字)로 쓰되, 제시된 뜻에 맞는 것으로 하시오.

[123] 步道 – ( ) : 새로운 소식을 알림.
[124] 不正 – ( ) : 일정하지 아니함.
[125] 事故 – ( ) : 생각하고 궁리함.
[126] 私有 – ( ) : 일의 까닭. 또는 연고. 연유.
[127] 商品 – ( ) : 상으로 주는 물품.

[問 128-137] 다음 ( ) 안에 알맞은 漢字 (正字)를 써서 四字成語를 완성하시오.

[128] 森羅(  )象 – 우주 사이에 벌여 있는 수 많은 사물과 현상.

[129] 桑田碧(  ) – '뽕나무밭이 푸른 바다'로, 세상이 엄청나게 변함을 말함.

[130] 小(  )大失 – 작은 것을 탐내다가 큰 것을 잃음.

[131] (  )手無策 – '손이 묶여 꾀가 없음'으로, 어떤 일을 당하여 그것을 처리할 방도가 없음.

[132] 手不釋(  ) – '손에서 책을 놓지 않음'으로, 항상 글을 읽음.

[133] 食少(  )煩 – 먹을 것은 적고 할 일은 많음.

[134] 語不(  )說 – 말이 조금도 사리에 맞지 않음.

[135] 言行相(  ) – 말과 행실이 서로 반대임.

[136] 與民同(  ) – (임금이) 백성과 더불어 즐거움을 같이함.

[137] (  )地思之 – '처지를 바꾸어 생각함'으로, 상대방의 처지에서 생각함.

[問 138-142] 다음 漢字의 部首를 쓰시오.

[138] 迎
[139] 泣
[140] 特
[141] 窮
[142] 督

[問 143 –145] 다음 漢字의 略字를 쓰시오.

[143] 萬
[144] 無
[145] 寶

[問 146-150] 다음 漢字語의 뜻을 쓰시오.

[146] 和睦
[147] 收縮
[148] 勤勉
[149] 難解
[150] 燃燒

**614**

# 漢字能力檢定試驗 3級 問題紙

정답 564쪽

## 3급 실전 모의고사 제3회

**[問 1-20]** 다음 문장에서 밑줄 친 漢字語의 讀音을 쓰시오.

○ 본사에서 [1]派遣된 직원들이 시장 [2]調査를 했다.

○ 부정행위가 [3]摘發되어 시험에서 [4]失格되었다.

○ 대형 마트가 생기면서 [5]周邊 자영업자들이 소형 점포를 [6]閉業하고 있다.

○ 독도를 자기네 땅이라 우기는 일본 관리의 [7]妄言에 대해 우리 정부는 강력히 [8]抗議하였다.

○ 한글의 [9]普及과 더불어 [10]文盲률이 급격히 떨어졌다.

○ 변경 사항이 생기면 [11]該當 관청에 [12]申告하세요.

○ 우리 잡지에 [13]投稿된 작품들은 예년보다 [14]水準이 높았다.

○ 당신께서 새로 시작하는 사업의 [15]亨通을 간절히 [16]祈願합니다.

○ [17]熟達된 조교가 [18]示範을 보였다.

○ 무더운 날씨가 계속되면서 [19]淸涼음료 소비량이 [20]急增하고 있다.

**[問 21-45]** 다음 漢字語의 독음을 쓰시오.

[21] 影響　　[22] 添削　　[23] 矯導

[24] 哀歡　　[25] 衰弱　　[26] 瞬間

[27] 善隣　　[28] 可憐　　[29] 友邦

[30] 討伐　　[31] 付託　　[32] 附錄

[33] 符號　　[34] 腐敗　　[35] 蜂起

[36] 逢着　　[37] 契約　　[38] 割引

[39] 又況　　[40] 怪物　　[41] 販路

[42] 背反　　[43] 返還　　[44] 貞淑

[45] 靜寂

**[問 46-72]** 다음 漢字의 訓과 音을 쓰시오.

[46] 緯　　[47] 衡　　[48] 廟

[49] 佐　　[50] 隨　　[51] 碧

[52] 兼　　[53] 謙　　[54] 浮

[55] 菜　　[56] 僞　　[57] 淫

[58] 稻　　[59] 怠　　[60] 只

[61] 訟　　[62] 翁　　[63] 却

[64] 脚　　[65] 鬼　　[66] 塊

[67] 魂　　[68] 姪　　[69] 濕

[70] 畿　　[71] 絃　　[72] 牽

**[問 73-77]** 다음 漢字語 중 첫음절이 長音으로 발음되는 것의 번호를 쓰시오.

[73] ① 奮起　② 分岐

[74] ① 詩人　② 是認

[75] ① 好機　② 呼氣

[76] ① 變更　② 邊境

[77] ① 政街　② 正歌

[問 78-107] 다음 문장에서 밑줄 친 漢字語를 漢字(正字)로 쓰시오.

○ 남녀가 [78]결혼하고 가정을 꾸리는 것은 무척 [79]숭고한 일이다.

○ [80]축제 공연장에 청중들이 가득 [81]운집해 있었다.

○ 그녀는 매우 [82]검소하고 [83]간결하게 살고 있다.

○ 조금만 더 참으면 이 [84]험난한 고비를 넘기고 [85]안락하게 살 수 있다.

○ 약의 [86]효능을 증명하기 위해서는 과학적인 [87]실험이 필요하다.

○ 나의 어머니는 [88]인자하면서도 [89]엄격하셨다.

○ 사람들의 [90]개성을 특징짓는 요소는 매우 [91]다양하다.

○ 인간은 자연과 [92]조화를 이루면서 [93]공존하고 있다.

○ 정보화 사회에서는 [94]경험적 지식보다 이론적 지식이 더 [95]중시될 것이다.

○ 남과 북의 평화 [96]통일은 우리의 [97]소원이다.

○ 그는 평생을 진리 [98]탐구에 [99]진력했다.

○ 우리 반 학생들은 매사에 [100]성실하고 [101]근면하였다.

○ 외국에 [102]거주하고 있는 [103]동포들이 조국을 찾아왔다.

○ 판매 [104]실적이 [105]경이적으로 향상되었다.

○ 청소년의 체력이 [106]평균적으로 [107]향상되었다.

[問 108-112] 다음 밑줄 친 漢字와 비슷한 뜻을 가진 漢字(正字)를 ( ) 안에 써서 문장에 적합한 漢字語가 되게 하시오.

[108] 당사자가 없는 자리에서 하는 ( )評은 정당하지 못하다.

[109] 이번 협상으로 우리는 큰 ( )穫을 거두었다.

[110] 대학 입학 試( )을 앞둔 친구를 격려했다.

[111] 친구는 물건을 고르는 眼( )이 뛰어나다.

[112] 아내는 자녀 ( )育에 전념하고 있다.

[問 113-117] 다음 漢字와 뜻이 反對 또는 相對되는 漢字(正字)를 써서 漢字語를 完成하시오.

[113] 이곳은 교통의 요지라 사람의 往( )가 빈번하다.

[114] 많은 사람들이 그를 만나기 위해 ( )近에서 달려왔다.

[115] 우리는 서로 아무런 ( )怨도 없는 사이였다.

[116] 증언의 眞( ) 여부를 알아볼 필요가 있다.

[117] 그는 ( )裏가 없는 진실한 사람이다.

[問 118-122] 다음 漢字語의 反對語 또는 相對語를 2음절로 된 漢字(正字)로 쓰시오.

[118] 保守 ↔ ( )

[119] 暗示 ↔ ( )

[120] 自意 ↔ ( )

[121] 正常 ↔ ( )

[122] 偶然 ↔ ( )

[問 123-127] 다음 漢字語의 同音異議語를 漢字(正字)로 쓰되, 제시된 뜻에 맞는 것으로 하시오.

[123] 家産 – (          ) : 더하여 셈함.

[124] 高度 – (          ) : 옛 도읍.

[125] 空氣 – (          ) : 공사하는 기간.

[126] 動機 – (          ) : 같은 시기.

[127] 內附 – (          ) : 안쪽의 부분.


[問 128-137] 다음 (    ) 안에 알맞은 漢字(正字)를 써서 四字成語를 완성하시오.

[128] 搖之不(    ) – (아무리 건드리고) 흔들어도 움직이지 않음.

[129] (    )故知新 – 옛 것을 익히고 그것미루어 새 것을 앎.

[130] 風前(    )火 – '바람 앞의 등불'로, 위태로운 상태를 말함.

[131] 以心(    )心 – (말이나 글로 전하지 않고,) 마음으로써 마음을 전함.

[132] (    )母良妻 – 어진 어머니이면서 착한 아내.

[133] 臨(    )無退 – 싸움에 임하면 물러섬이 없음.

[134] 立身揚(    ) – 몸을 세워(출세하여) 이름을 날림.

[135] 自業自(    ) – 자기가 저지른 일의 결과를 자기가 받음.

[136] 轉(    )爲福 – '화가 바뀌어 복이 됨'으로, 어려움을 극복하고 이용하여 오히려 복으로 만듦.

[137] 知(    )問行 – 아는 길도 물어서 감.

[問 138-142] 다음 漢字의 部首를 쓰시오.

[138] 怠

[139] 只

[140] 翁

[141] 臺

[142] 濕


[問 143 -145] 다음 漢字의 略字를 쓰시오.

[143] 雙

[144] 豫

[145] 傳


[問 146-150] 다음 漢字語의 뜻을 쓰시오.

[146] 冒險

[147] 判決

[148] 尖銳

[149] 固守

[150] 移植

# 漢字能力檢定試驗 3級 正答

1 [정답] 욕망
[풀이] 慾 욕심 욕, 望 바랄 망

2 [정답] 구차
[풀이] 苟 진실로 구, 且 또 차

3 [정답] 변명
[풀이] 辨 분별할 변, 明 밝을 명

4 [정답] 무역
[풀이] 貿 무역할 무, 易 바꿀 역

5 [정답] 번창
[풀이] 繁 번성할 번, 昌 창성할 창

6 [정답] 모험
[풀이] 冒 무릅쓸 모, 險 험할 험

7 [정답] 감행
[풀이] 敢 감히/구태여 감, 行 다닐/행할 행

8 [정답] 청중
[풀이] 聽 들을 청, 衆 무리 중

9 [정답] 감명
[풀이] 感 느낄 감, 銘 새길 명

10 [정답] 각오
[풀이] 覺 깨달을 각, 悟 깨달을 오

11 [정답] 위풍
[풀이] 威 위엄 위, 風 바람 풍

12 [정답] 첨단
[풀이] 尖 뾰족할 첨, 端 끝 단

13 [정답] 지엽
[풀이] 枝 가지 지, 葉 잎 엽

14 [정답] 집착
[풀이] 執 잡을 집, 着 붙을 착

15 [정답] 순차
[풀이] 循 돌 순, 次 버금 차

16 [정답] 전개
[풀이] 展 펼 전, 開 열 개

17 [정답] 묘목
[풀이] 苗 모 묘, 木 나무 목

18 [정답] 이식
[풀이] 移 옮길 이, 植 심을 식

19 [정답] 대폭
[풀이] 大 큰 대, 幅 폭 폭

20 [정답] 개편
[풀이] 改 고칠 개, 編 엮을 편

21 [정답] 외경
[풀이] 畏 두려워할 외, 驚 놀랄 경

22 [정답] 매몰
[풀이] 埋 묻을 매, 沒 빠질 몰

23 [정답] 압수
[풀이] 押 누를 압, 收 거둘 수

24 [정답] 추출
[풀이] 抽 뽑을 추, 出 날 출

25 [정답] 인시
[풀이] 寅 범/ 동방 인, 時 때 시

26 [정답] 수면
[풀이] 睡 졸음 수, 眠 잘 면

27 [정답] 절도
[풀이] 竊 훔칠 절, 盜 도둑 도

28 [정답] 전파
[풀이] 傳 전할 전, 播 뿌릴 파

29 [정답] 이화
[풀이] 梨 배 리 (이), 花 꽃 화

30 정답 종내
풀이 終 마칠 종, 乃 이에 내

31 정답 절규
풀이 絶 끊을 절, 叫 부르짖을 규

32 정답 금석
풀이 今 이제 금, 昔 예 석

33 정답 확장
풀이 擴 넓힐 확, 張 베풀 장

34 정답 접무
풀이 蝶 나비 접, 舞 춤출 무

35 정답 분묘
풀이 墳 무덤 분, 墓 무덤 묘

36 정답 여론
풀이 輿 수레 여, 論 논할 론

37 정답 효득
풀이 曉 새벽 효, 得 얻을 득

38 정답 괘념
풀이 掛 걸 괘, 念 생각 념

39 정답 생애
풀이 生 날 생, 涯 물가 애

40 정답 피서
풀이 避 피할 피, 暑 더울 서

41 정답 쾌청
풀이 快 쾌할 쾌, 晴 갤 청

42 정답 이체
풀이 移 옮길 이, 替 바꿀 체

43 정답 응모
풀이 應 응할 응, 募 모을/ 뽑을 모

44 정답 세모
풀이 歲 해 세, 暮 저물 모

45 정답 우묘
풀이 尤 더욱 우, 妙 묘할 묘

46 속일 사

47 갓 관

48 날카로울 예

49 볼/검열할 열

50 베개 침

51 마음대로/ 방자할 자

52 그 궐

53 따라죽을 순

54 목마를 갈

55 안을 포

56 배부를 포

57 줄 사

58 화창할 창

59 온당할 타

60 첩 첩

61 여러/자주 루

62 민첩할 민

63 업신여길 모

64 마칠 료

65 안개 무

66 꺼릴 기

67 거리 항

68 잡을 파

69 액/재앙 액

70 벼슬 경

71 나란히 병

72 울 읍

73 ❷

74 ❷

75 ❷

**619**

76 ❷

77 ❶

78 정답 屈曲
풀이 屈 굽힐 굴, 曲 굽을 곡

79 정답 連續
풀이 連 이을 련(연), 續 이을 속

80 정답 容恕
풀이 容 얼굴 용, 恕 용서할 서

81 정답 和解
풀이 和 화할 화, 解 풀 해

82 정답 精誠
풀이 精 정할 정, 誠 정성 성

83 정답 看護
풀이 看 볼 간, 護 도울 호

84 정답 明朗
풀이 明 밝을 명, 朗 밝을 랑

85 정답 造成
풀이 造 지을 조, 成 이룰 성

86 정답 所得
풀이 所 바 소, 得 얻을 득

87 정답 增加
풀이 增 더할 증, 加 더할 가

88 정답 移動
풀이 移 옮길 이, 動 움직일 동

89 정답 引下
풀이 引 끌 인, 下 아래 하

90 정답 觀衆
풀이 觀 볼 관, 衆 무리 중

91 정답 妙技
풀이 妙 묘할 묘, 技 재주 기

92 정답 收入
풀이 收 거둘 수, 入 들 입

93 정답 支出
풀이 支 지탱할 지, 出 날 출

94 정답 活氣
풀이 活 살 활, 氣 기운 기

95 정답 彈力
풀이 彈 탄알 탄, 力 힘 력

96 정답 回復
풀이 回 돌아올 회, 復 회복할 복

97 정답 休息
풀이 休 쉴 휴, 息 쉴 식

98 정답 海邊
풀이 海 바다 해, 邊 가 변

99 정답 松林
풀이 松 소나무 송, 林 수풀 림

100 정답 讚辭
풀이 讚 기릴 찬, 辭 말씀 사

101 정답 拍手
풀이 拍 칠 박, 手 손 수

102 정답 品評
풀이 品 물건 품, 評 평할 평

103 정답 出品
풀이 出 날 출, 品 물건 품

104 정답 呼名
풀이 呼 부를 호, 名 이름 명

105 정답 對答
풀이 對 대할 대, 答 대답 답

106 정답 創造
풀이 創 비롯할 창, 造 지을 조

107 정답 參與
풀이 參 참여할 참, 與 더불/ 줄 여

108 정답 價
풀이 價 값 가, 值 값 치

109 정답 住
풀이 住 살 주, 居 살 거

110 정답 健
풀이 健 굳셀 건, 康 편안 강

111 정답 息
풀이 休 쉴 휴, 息 쉴 식

112 정답 敬
풀이 恭 공손할 공, 敬 공경 경

113 정답 優
풀이 優 넉넉할 우, 劣 못할 렬(열)

114 정답 益
풀이 損 덜 손, 益 더할 익

115 정답 往
풀이 往 갈 왕, 來 올 래

116 정답 賞
풀이 賞 상줄 상, 罰 벌할 벌

117 정답 惡
풀이 善 착할 선, 惡 악할 악

118 정답 否決
풀이 可決(가결) ↔ 否決(부결)

119 정답 主體
풀이 客體(객체) ↔ 主體(주체)

120 정답 義務
풀이 權利(권리) ↔ 義務(의무)

121 정답 悲觀
풀이 樂觀(낙관) ↔ 悲觀(비관)

122 정답 受動
풀이 能動(능동) ↔ 受動(수동)

123 정답 大志
풀이 大地(대지) – 넓고 큰 땅
大志(대지) – 큰 뜻

124 정답 大事

풀이 大使(대사) – 외교를 맡아보는 최고
직급
大事(대사) – 큰 일
臺詞(대사) – 배우가 무대 위에서 하
는 말

125 정답 同期
풀이 動機(동기) – 행동을 일으키게 하는
계기
同期(동기) – 같은 시기
冬期(동기) – 겨울철

126 정답 賣場
풀이 每場(매장) – 판매소
賣場(매장) – 물건을 파는 곳

127 정답 半減
풀이 反感(반감) – 반대하거나 반항하여
품는 나쁜 감정
半減(반감) – 절반으로 줆

128 정답 牛
풀이 牛 소 우, 耳 귀 이,
讀 읽을 독, 經 지날 경

129 정답 物
풀이 見 볼 견, 物 물건 물,
生 날 생, 心 마음 심

130 정답 禮
풀이 過 지날 과, 恭 공손할 공,
非 아닐 비, 禮 예도 례

131 정답 益
풀이 多 많을 다, 多 많을 다,
益 더할 익, 善 착할 선

132 정답 逆
풀이 莫 없을 막, 逆 거스릴 역,
之 갈 지, 間 사이 간

133 정답 亨
풀이 萬 일만 만, 事 일 사,
亨 형통할 형, 通 통할 통

134 정답 銘

풀이 銘 새길 명, 心 마음 심,
不 아닐 불, 忘 잊을 망

135 정답 知

풀이 不 아닐 불, 問 물을 문,
可 옳을 가, 知 알 지

136 정답 賤

풀이 貧 가난할 빈, 賤 천할 천
之 갈 지, 交 사귈 교

137 정답 正

풀이 事 일 사, 必 반드시 필
歸 돌아갈 귀, 正 바를 정

138 一

139 口

140 貝

141 土

142 亻

143 価

144 旧

145 台

146 정답 남보다 월등히 뛰어남

풀이 탁월 – 卓 높을 탁, 越 넘을 월

147 정답 좋은 운수

풀이 길운 – 吉 길할 길, 運 옮길 운

148 정답 도시의 중심부

풀이 도심 – 都 도읍 도, 心 마음 심

149 정답 생각하고 그리워함

풀이 사모 – 思 생각 사, 慕 그릴 모

150 정답 '묵어서 썩음'으로, 케케묵고 낡음

풀이 진부 – 陳 베풀/묵을 진, 腐 썩을 부

# 漢字能力檢定試驗 3級 正答

## 3급 실전 모의고사 제2회 정답

1 정답 공룡
풀이 恐 두려울 공, 龍 용 룡

2 정답 추정
풀이 推 밀 추, 定 정할 정

3 정답 여행
풀이 旅 나그네 려(여), 行 다닐 행

4 정답 기억
풀이 記 기록할/기억할 기, 憶 기억할 억

5 정답 채소
풀이 菜 나물 채, 蔬 나물 소

6 정답 재배
풀이 栽 심을 재, 培 북돋울 배

7 정답 과오
풀이 過 지나칠 과, 誤 그르칠 오

8 정답 변명
풀이 辨 분별할 변, 明 밝을 명

9 정답 신승
풀이 辛 매울 신, 勝 이길 승

10 정답 진출
풀이 進 나아갈 진, 出 날 출

11 정답 혜택
풀이 惠 은혜 혜, 澤 못/은혜 택

12 정답 편리
풀이 便 편할 편, 利 이로울 리

13 정답 해석
풀이 解 풀 해, 析 쪼갤 석

14 정답 분분
풀이 紛 어지러울 분, 紛 어지러울 분

15 정답 후퇴
풀이 後 뒤 후, 退 물러날 퇴

16 정답 정체
풀이 停 머무를 정, 滯 막힐 체

17 정답 희귀
풀이 稀 드물 희, 貴 귀할 귀

18 정답 채집
풀이 採 캘 채, 集 모을 집

19 정답 추종
풀이 追 쫓을/따를 추, 從 좇을 종

20 정답 불허
풀이 不 아닐 불, 許 허락할 허

21 정답 주유
풀이 舟 배 주, 遊 놀 유

22 정답 격리
풀이 隔 사이 뜰 격, 離 떠날 리

23 정답 헌금
풀이 獻 바칠 헌, 金 쇠/돈 금

24 정답 둔감
풀이 鈍 무딜 둔, 感 느낄 감

25 정답 추잡
풀이 醜 추할 추, 雜 섞일 잡

26 정답 유예
풀이 猶 오히려/머뭇거릴 유, 豫 미리 예

27 정답 준법
풀이 遵 좇을 준, 法 법 법

28 정답 연민
풀이 憐 불쌍히 여길 련(연), 憫 민망할 민

29 정답 윤년
풀이 閏 윤달 윤, 年 해 년

**624**

| 76 | ❶ |
|----|---|

| 77 | ❷ |
|----|---|

| 78 | 정답 秘密 |
|----|---|
| | 풀이 秘 숨길 비, 密 빽빽할 밀 |

| 79 | 정답 犯罪 |
|----|---|
| | 풀이 犯 범할 범, 罪 허물 죄 |

| 80 | 정답 貧困 |
|----|---|
| | 풀이 貧 가난할 빈, 困 곤할 곤 |

| 81 | 정답 精神 |
|----|---|
| | 풀이 精 정할 정, 神 귀신 신 |

| 82 | 정답 幸福 |
|----|---|
| | 풀이 幸 다행 행, 福 복 복 |

| 83 | 정답 成績 |
|----|---|
| | 풀이 成 이룰 성, 績 쌓을 적 |

| 84 | 정답 忠告 |
|----|---|
| | 풀이 忠 충성 충, 告 알릴 고 |

| 85 | 정답 受容 |
|----|---|
| | 풀이 受 받을 수, 容 얼굴 용 |

| 86 | 정답 愛犬 |
|----|---|
| | 풀이 愛 사랑 애, 犬 개 견 |

| 87 | 정답 家族 |
|----|---|
| | 풀이 家 집 가, 族 겨레 족 |

| 88 | 정답 發表 |
|----|---|
| | 풀이 發 필 발, 表 겉 표 |

| 89 | 정답 喜悲 |
|----|---|
| | 풀이 喜 기쁠 희, 悲 슬플 비 |

| 90 | 정답 厚德 |
|----|---|
| | 풀이 厚 두터울 후, 德 덕 덕 |

| 91 | 정답 人品 |
|----|---|
| | 풀이 人 사람 인, 品 물건 품 |

| 92 | 정답 申告 |
|----|---|
| | 풀이 申 납 신, 告 알릴 고 |

| 93 | 정답 出動 |
|----|---|
| | 풀이 出 날 출, 動 움직일 동 |

| 94 | 정답 副業 |
|----|---|
| | 풀이 副 버금 부, 業 업 업 |

| 95 | 정답 收入 |
|----|---|
| | 풀이 收 거둘 수, 入 들 입 |

| 96 | 정답 男妹 |
|----|---|
| | 풀이 男 사내 남, 妹 누이 매 |

| 97 | 정답 性品 |
|----|---|
| | 풀이 性 성품 성, 品 물건 품 |

| 98 | 정답 保健 |
|----|---|
| | 풀이 保 지킬 보, 健 굳셀 건 |

| 99 | 정답 强化 |
|----|---|
| | 풀이 强 강할 강, 化 될/변화할 화 |

| 100 | 정답 科學 |
|-----|---|
| | 풀이 科 과목 과, 學 배울 학 |

| 101 | 정답 宗教 |
|-----|---|
| | 풀이 宗 마루 종, 教 가르칠 교 |

| 102 | 정답 學校 |
|-----|---|
| | 풀이 學 배울 학, 校 학교 교 |

| 103 | 정답 粉食 |
|-----|---|
| | 풀이 粉 가루 분, 食 밥 식 |

| 104 | 정답 異見 |
|-----|---|
| | 풀이 異 다를 이, 見 볼 견 |

| 105 | 정답 會議 |
|-----|---|
| | 풀이 會 모일 회, 議 의논할 의 |

| 106 | 정답 運動 |
|-----|---|
| | 풀이 運 옮길 운, 動 움직일 동 |

| 107 | 정답 自覺 |
|-----|---|
| | 풀이 自 스스로 자, 覺 깨달을 각 |

| 108 | 정답 教 |
|-----|---|
| | 풀이 教 가르칠 교, 訓 가르칠 훈 |

109 정답 衆
　풀이 群 무리 군, 衆 무리 중

110 정답 論
　풀이 論 논할 론(논), 議 의논할 의

111 정답 屋
　풀이 家 집 가, 屋 집 옥

112 정답 簡
　풀이 簡 편지/간략할 간, 略 간략할 략

113 정답 給
　풀이 需 구할 수, 給 줄 급

114 정답 伸
　풀이 伸 펼 신, 縮 줄일 축

115 정답 愛
　풀이 愛 사랑 애, 憎 미워할 증

116 정답 悲
　풀이 喜 기쁠 희, 悲 슬플 비

117 정답 榮
　풀이 榮 영화 영, 辱 욕될 욕

118 정답 秘密
　풀이 公開(공개) ↔ 秘密(비밀)

119 정답 專用
　풀이 共用(공용) ↔ 專用(전용)

120 정답 充實
　풀이 不實(부실) ↔ 充實(충실)

121 정답 恥辱
　풀이 名譽(명예) ↔ 恥辱(치욕)

122 정답 積極
　풀이 消極(소극) ↔ 積極(적극)

123 정답 報道
　풀이 步道(보도) – 사람이 다니는 길
　　　 報道(보도) – 새로운 소식을 알림

124 정답 不定
　풀이 不正(부정) – 바르지 않음

不定(부정) – 일정하지 아니함
否定(부정) – 그렇지 않다고 함

125 정답 思考
　풀이 事故(사고) – 뜻밖에 일어난 사건
　　　 思考(사고) – 생각하고 궁리함

126 정답 事由
　풀이 私有(사유) – 개인이 사사로이 소유
　　　　　　 함 또는 그런 소유물
　　　 事由(사유) – 일의 까닭 또는 연고.
　　　　　　 연유

127 정답 賞品
　풀이 商品(상품) – 사고파는 물품
　　　 賞品(상품) – 상으로 주는 물품
　　　 上品(상품) – 질이 좋은 물품

128 정답 萬
　풀이 森 삼림 삼, 羅 벌릴 라,
　　　 萬 일만 만, 象 코끼리/모습 상

129 정답 海
　풀이 桑 뽕나무 상, 田 밭 전,
　　　 碧 푸를 벽, 海 바다 해

130 정답 貪
　풀이 小 작을 소, 貪 탐낼 탐,
　　　 大 큰 대, 失 잃을 실

131 정답 束
　풀이 束 묶을 속, 手 손 수,
　　　 無 없을 무, 策 꾀 책

132 정답 卷
　풀이 手 손 수, 不 아닐 불,
　　　 釋 풀 석, 卷 책 권

133 정답 事
　풀이 食 밥 식, 少 적을 소,
　　　 事 일 사, 煩 번거로울 번

134 정답 成
　풀이 語 말씀 어, 不 아닐 불,
　　　 成 이룰 성, 說 말씀 설

135 정답 反
　　풀이 言 말씀 언, 行 다닐/행할 행,
　　　　相 서로 상, 反 돌이킬/돌아올 반

136 정답 樂
　　풀이 與 더불/줄 여, 民 백성 민,
　　　　同 한 가지 동, 樂 즐길 락

137 정답 易
　　풀이 易 바꿀 역, 地 땅 지,
　　　　思 생각 사, 之 갈 지

138 辶

139 氵

140 牜

141 穴

142 目

143 万

144 无

145 宝

146 정답 뜻이 맞고 정다움
　　풀이 화목 – 和 화할 화, 睦 화목할 목

147 정답 오그라들거나 줄어듦
　　풀이 수축 – 收 거둘 수, 縮 줄어들 축

148 정답 부지런하게 힘씀
　　풀이 근면 – 勤 부지런할 근, 勉 힘쓸 면

149 정답 풀기 어려움
　　풀이 난해 – 難 어려울 난, 解 풀 해

150 정답 불에 탐
　　풀이 연소 – 燃 불탈 연, 燒 불사를 소

# 漢字能力檢定試驗 3級 正答

## 3급 실전 모의고사 제3회 정답

1 정답 파견
풀이 派 갈래 파, 遣 보낼 견

2 정답 조사
풀이 調 고를 조, 査 조사할 사

3 정답 적발
풀이 摘 딸 적, 發 필 발

4 정답 실격
풀이 失 잃을 실, 格 격식 격

5 정답 주변
풀이 周 두루/둘레 주, 邊 가 변

6 정답 폐업
풀이 閉 닫을 폐, 業 업 업

7 정답 망언
풀이 妄 망령될 망, 言 말씀 언

8 정답 항의
풀이 抗 겨룰 항, 議 의논할 의

9 정답 보급
풀이 普 넓을 보, 及 이를 급

10 정답 문맹
풀이 文 글월 문, 盲 소경/눈멀 맹

11 정답 해당
풀이 該 갖출 해, 當 마땅 당

12 정답 신고
풀이 申 납 신, 告 알릴 고

13 정답 투고
풀이 投 던질 투, 稿 원고 고

14 정답 수준
풀이 水 물 수, 準 준할 준

15 정답 형통
풀이 亨 형통할 형, 通 통할 통

16 정답 기원
풀이 祈 빌 기, 願 원할 원

17 정답 숙달
풀이 熟 익을 숙, 達 이를 달

18 정답 시범
풀이 示 보일 시, 範 법 범

19 정답 청량
풀이 淸 맑을 청, 涼 서늘할 량

20 정답 급증
풀이 急 급할 급, 增 더할 증

21 정답 영향
풀이 影 그림자 영, 響 울릴 향

22 정답 첨삭
풀이 添 더할 첨, 削 깎을 삭

23 정답 교도
풀이 矯 바로잡을 교, 導 인도할 도

24 정답 애환
풀이 哀 슬플 애, 歡 기쁠 환

25 정답 쇠약
풀이 衰 쇠할 쇠, 弱 약할 약

26 정답 순간
풀이 瞬 눈 깜짝일 순, 間 사이 간

27 정답 선린
풀이 善 착할 선, 隣 이웃 린

28 정답 가련
풀이 可 옳을 가, 憐 불쌍히 여길 련

29 정답 우방
풀이 友 벗 우, 邦 나라 방

30 정답 토벌
   풀이 討 칠 토, 伐 칠 벌

31 정답 부탁
   풀이 付 부칠 부, 託 부탁할 탁

32 정답 부록
   풀이 附 붙을 부, 錄 기록할 록

33 정답 부호
   풀이 符 부호 부, 號 이름 호

34 정답 부패
   풀이 腐 썩을 부, 敗 패할 패

35 정답 봉기
   풀이 蜂 벌 봉, 起 일어날 기

36 정답 봉착
   풀이 逢 만날 봉, 着 붙을 착

37 정답 계약
   풀이 契 맺을 계, 約 맺을 약

38 정답 할인
   풀이 割 벨 할, 引 끌 인

39 정답 우황
   풀이 又 또 우, 況 상황 황

40 정답 괴물
   풀이 怪 괴이할 괴, 物 물건 물

41 정답 판로
   풀이 販 팔 판, 路 길 로

42 정답 배반
   풀이 背 등 배, 反 돌이킬/돌아올 반

43 정답 반환
   풀이 返 돌이킬 반, 還 돌아올 환

44 정답 정숙
   풀이 貞 곧을 정, 淑 맑을 숙

45 정답 정적
   풀이 靜 고요할 정, 寂 고요할 적

46 씨 위

47 저울대 형

48 사당 묘

49 도울 좌

50 따를 수

51 푸를 벽

52 겸할 겸

53 겸손할 겸

54 뜰 부

55 나물 채

56 거짓 위

57 음란할 음

58 벼 도

59 게으를 태

60 다만 지

61 송사할 송

62 늙은이 옹

63 물리칠 각

64 다리 각

65 귀신 귀

66 덩어리 괴

67 넋 혼

68 조카 질

69 젖을 습

70 경기 기

71 줄 현

72 이끌/끌 견

73 ❶

74 ❷

75 ❶

**629**

76 ❶

77 ❶

78 정답 結婚
풀이 結 맺을 결, 婚 결혼할 혼

79 정답 崇高
풀이 崇 높일 숭, 高 높을 고

80 정답 祝祭
풀이 祝 빌 축, 祭 제사 제

81 정답 雲集
풀이 雲 구름 운, 集 모일 집

82 정답 儉素
풀이 儉 검소할 검, 素 소박할 소

83 정답 簡潔
풀이 簡 간단할 간, 潔 깨끗할 결

84 정답 險難
풀이 險 험할 험, 難 어려울 난

85 정답 安樂
풀이 安 편안할 안, 樂 즐길 락

86 정답 效能
풀이 效 본받을 효, 能 능할 능

87 정답 實驗
풀이 實 열매 실, 驗 시험 험

88 정답 仁慈
풀이 仁 어질 인, 慈 사랑 자

89 정답 嚴格
풀이 嚴 엄할 엄, 格 격식 격

90 정답 個性
풀이 個 낱 개, 性 성품 성

91 정답 多樣
풀이 多 많을 다, 樣 모양 양

92 정답 調和
풀이 調 고를 조, 和 화할 화

93 정답 共存
풀이 共 함께 공, 存 있을 존

94 정답 經驗
풀이 經 지날/글 경, 驗 경험할 험

95 정답 重視
풀이 重 무거울 중, 視 볼 시

96 정답 統一
풀이 統 거느릴 통, 一 한 일

97 정답 所願
풀이 所 바 소, 願 원할 원

98 정답 探究
풀이 探 찾을 탐, 究 연구할 구

99 정답 盡力
풀이 盡 다할 진, 力 힘 력

100 정답 誠實
풀이 誠 정성 성, 實 열매 실

101 정답 勤勉
풀이 勤 부지런할 근, 勉 힘쓸 면

102 정답 居住
풀이 居 살 거, 住 살 주

103 정답 同胞
풀이 同 한 가지 동, 胞 세포 포

104 정답 實積
풀이 實 열매 실, 積 쌓을 적

105 정답 驚異
풀이 驚 놀랄 경, 異 다를 이

106 정답 平均
풀이 平 평평할 평, 均 고를 균

107 정답 向上
풀이 向 향할 향, 上 위 상

108 정답 批
풀이 批 비평할 비, 評 평할 평

109 정답 收

풀이 收 거둘 수, 穫 거둘 확

110 정답 驗
풀이 試 시험 시, 驗 시험 험

111 정답 目
풀이 眼 눈 안, 目 눈 목

112 정답 養
풀이 養 기를 양, 育 기를 육

113 정답 來
풀이 往 갈 왕, 來 올 래

114 정답 遠
풀이 遠 멀 원, 近 가까울 근

115 정답 恩
풀이 恩 은혜 은, 怨 원망할 원

116 정답 僞
풀이 眞 참 진, 僞 거짓 위

117 정답 表
풀이 表 겉 표, 裏 속 리

118 정답 進步
풀이 保守(보수) ↔ 進步(진보)

119 정답 明示
풀이 暗示(암시) ↔ 明示(명시)

120 정답 他意
풀이 自意(자의) ↔ 他意(타의)

121 정답 異常
풀이 正常(정상) ↔ 異常(이상)

122 정답 必然
풀이 偶然(우연) ↔ 必然(필연)

123 정답 加算
풀이 家産(가산) 집안의 재산
加算(가산) 더하여 셈함

124 정답 古都
풀이 高度(고도) - 높은 정도
古都(고도) -옛 도읍

125 정답 工期
풀이 空氣(공기) - 지구를 둘러싸고 있는
색깔도 없고 냄새도 없
는 기체
空器(공기) - 빈 그릇
工期(공기) - 공사하는 기간

126 정답 同期
풀이 動機(동기) - 행동을 일으키게 하는
계기
同期(동기) - 같은 시기

127 정답 內部
풀이 內附(내부) - 은밀하게 내부에서 적
에게 들러붙음
內部(내부) - 안쪽의 부분

128 정답 動
풀이 搖 흔들 요, 之 갈 지,
不 아닐 부, 動 움직일 동

129 정답 溫
풀이 溫 따뜻할 온, 故 옛 고,
知 알 지, 新 새 신

130 정답 燈
풀이 風 바람 풍, 前 앞 전,
燈 등불 등, 火 불 화

131 정답 傳
풀이 以 써 이, 心 마음 심,
傳 전할 전, 心 마음 심

132 정답 賢
풀이 賢 어질 현, 母 어미 모,
良 어질 량(양), 妻 아내 처

133 정답 戰
풀이 臨 임할 림(임), 戰 싸울 전,
無 없을 무, 退 물러날 퇴

134 정답 名
풀이 立 설 립(입), 身 몸 신,
揚 떨칠 양, 名 이름 명

135 정답 得
　　풀이 自 자기 자, 業 업 업,
　　　　自 자기 자, 得 얻을 득

136 정답 禍
　　풀이 轉 구를 전, 禍 재앙 화,
　　　　爲 하/할 위, 福 복 복

137 정답 路
　　풀이 知 알 지, 路 길 로,
　　　　問 물을 문, 行 다닐/행할 행

138 心

139 口

140 羽

141 至

142 氵

143 双

144 予

145 伝

146 정답 위험을 무릅쓰고 도전함
　　풀이 모험 – 冒 무릅쓸 모, 險 험할 험

147 정답 판단하여 결정함
　　풀이 판결 – 判 판단할 판, 決 결단할 결

148 정답 날카롭고 뾰족함
　　풀이 첨예 – 尖 뾰족할 첨, 銳 날카로울 예

149 정답 (차지한 물건이나 형세 따위를) 굳게
　　　　지킴
　　풀이 고수 – 固 굳을 고, 守 지킬 수

150 정답 옮겨 심음
　　풀이 이식 – 移 옮길 이, 植 심을 식

# 부록

## 한자 찾아보기

**638**

찾아보기 (뒤의 숫자는 제목번호)

**639**

**642**

**643**

**644**

찾아보기 (뒤의 숫자는 제목번호)

**645**

**646**

往者不可諫, 來者猶可追
지나간 일은 되돌릴 수 없으나, 다가올 일은 결정할 수 있다.

− ≪논어≫, 〈미자(微子)〉

좋은 책을 만드는 길, 독자님과 함께하겠습니다.

2024 어문회 한자능력검정시험 3급  한 권으로 끝내기

| | |
|---|---|
| 개정6판1쇄 발행 | 2024년 02월 20일 (인쇄 2023년 12월 27일) |
| 초 판 인 쇄 | 2017년 07월 10일 (인쇄 2017년 05월 30일) |
| 발 행 인 | 박영일 |
| 책 임 편 집 | 이해욱 |
| 편 저 | 박원길 · 박정서 |
| 편 집 진 행 | 한자문제연구소 |
| 표지디자인 | 김도연 |
| 본문디자인 | 조은아 · 윤준호 |
| 발 행 처 | (주)시대고시기획 |
| 출 판 등 록 | 제10-1521호 |
| 주 소 | 서울시 마포구 큰우물로 75 [도화동 538 성지 B/D] 9F |
| 전 화 | 1600-3600 |
| 팩 스 | 02-701-8823 |
| 홈 페 이 지 | www.sdedu.co.kr |
| I S B N | 979-11-383-6466-9 (13710) |
| 정 가 | 26,000원 |

# 한자능력검정시험 3급 실전 모의고사 제1회 답안지(1)

| 번호 | 정답 | 번호 | 정답 | 번호 | 정답 |
|---|---|---|---|---|---|
| 1 | | 24 | | 47 | |
| 2 | | 25 | | 48 | |
| 3 | | 26 | | 49 | |
| 4 | | 27 | | 50 | |
| 5 | | 28 | | 51 | |
| 6 | | 29 | | 52 | |
| 7 | | 30 | | 53 | |
| 8 | | 31 | | 54 | |
| 9 | | 32 | | 55 | |
| 10 | | 33 | | 56 | |
| 11 | | 34 | | 57 | |
| 12 | | 35 | | 58 | |
| 13 | | 36 | | 59 | |
| 14 | | 37 | | 60 | |
| 15 | | 38 | | 61 | |
| 16 | | 39 | | 62 | |
| 17 | | 40 | | 63 | |
| 18 | | 41 | | 64 | |
| 19 | | 42 | | 65 | |
| 20 | | 43 | | 66 | |
| 21 | | 44 | | 67 | |
| 22 | | 45 | | 68 | |
| 23 | | 46 | | 69 | |

# 한자능력검정시험 3급 실전 모의고사 제1회 답안지(2)

| 번호 | 정답 | 번호 | 정답 | 번호 | 정답 |
|------|------|------|------|------|------|
| 70 | | 97 | | 124 | |
| 71 | | 98 | | 125 | |
| 72 | | 99 | | 126 | |
| 73 | | 100 | | 127 | |
| 74 | | 101 | | 128 | |
| 75 | | 102 | | 129 | |
| 76 | | 103 | | 130 | |
| 77 | | 104 | | 131 | |
| 78 | | 105 | | 132 | |
| 79 | | 106 | | 133 | |
| 80 | | 107 | | 134 | |
| 81 | | 108 | | 135 | |
| 82 | | 109 | | 136 | |
| 83 | | 110 | | 137 | |
| 84 | | 111 | | 138 | |
| 85 | | 112 | | 139 | |
| 86 | | 113 | | 140 | |
| 87 | | 114 | | 141 | |
| 88 | | 115 | | 142 | |
| 89 | | 116 | | 143 | |
| 90 | | 117 | | 144 | |
| 91 | | 118 | | 145 | |
| 92 | | 119 | | 146 | |
| 93 | | 120 | | 147 | |
| 94 | | 121 | | 148 | |
| 95 | | 122 | | 149 | |
| 96 | | 123 | | 150 | |

# 한자능력검정시험 3급 실전 모의고사 제2회 답안지(1)

| 번호 | 정답 | 번호 | 정답 | 번호 | 정답 |
|---|---|---|---|---|---|
| 1 | | 24 | | 47 | |
| 2 | | 25 | | 48 | |
| 3 | | 26 | | 49 | |
| 4 | | 27 | | 50 | |
| 5 | | 28 | | 51 | |
| 6 | | 29 | | 52 | |
| 7 | | 30 | | 53 | |
| 8 | | 31 | | 54 | |
| 9 | | 32 | | 55 | |
| 10 | | 33 | | 56 | |
| 11 | | 34 | | 57 | |
| 12 | | 35 | | 58 | |
| 13 | | 36 | | 59 | |
| 14 | | 37 | | 60 | |
| 15 | | 38 | | 61 | |
| 16 | | 39 | | 62 | |
| 17 | | 40 | | 63 | |
| 18 | | 41 | | 64 | |
| 19 | | 42 | | 65 | |
| 20 | | 43 | | 66 | |
| 21 | | 44 | | 67 | |
| 22 | | 45 | | 68 | |
| 23 | | 46 | | 69 | |

한자능력검정시험 3급 실전 모의고사 제2회 답안지(1)

# 한자능력검정시험 3급 실전 모의고사 제2회 답안지(2)

| 번호 | 정답 | 번호 | 정답 | 번호 | 정답 |
|---|---|---|---|---|---|
| 70 |  | 97 |  | 124 |  |
| 71 |  | 98 |  | 125 |  |
| 72 |  | 99 |  | 126 |  |
| 73 |  | 100 |  | 127 |  |
| 74 |  | 101 |  | 128 |  |
| 75 |  | 102 |  | 129 |  |
| 76 |  | 103 |  | 130 |  |
| 77 |  | 104 |  | 131 |  |
| 78 |  | 105 |  | 132 |  |
| 79 |  | 106 |  | 133 |  |
| 80 |  | 107 |  | 134 |  |
| 81 |  | 108 |  | 135 |  |
| 82 |  | 109 |  | 136 |  |
| 83 |  | 110 |  | 137 |  |
| 84 |  | 111 |  | 138 |  |
| 85 |  | 112 |  | 139 |  |
| 86 |  | 113 |  | 140 |  |
| 87 |  | 114 |  | 141 |  |
| 88 |  | 115 |  | 142 |  |
| 89 |  | 116 |  | 143 |  |
| 90 |  | 117 |  | 144 |  |
| 91 |  | 118 |  | 145 |  |
| 92 |  | 119 |  | 146 |  |
| 93 |  | 120 |  | 147 |  |
| 94 |  | 121 |  | 148 |  |
| 95 |  | 122 |  | 149 |  |
| 96 |  | 123 |  | 150 |  |

# 한자능력검정시험 3급 실전 모의고사 제1회 답안지(1)

| 번호 | 정답 | 번호 | 정답 | 번호 | 정답 |
|------|------|------|------|------|------|
| 1 |  | 24 |  | 47 |  |
| 2 |  | 25 |  | 48 |  |
| 3 |  | 26 |  | 49 |  |
| 4 |  | 27 |  | 50 |  |
| 5 |  | 28 |  | 51 |  |
| 6 |  | 29 |  | 52 |  |
| 7 |  | 30 |  | 53 |  |
| 8 |  | 31 |  | 54 |  |
| 9 |  | 32 |  | 55 |  |
| 10 |  | 33 |  | 56 |  |
| 11 |  | 34 |  | 57 |  |
| 12 |  | 35 |  | 58 |  |
| 13 |  | 36 |  | 59 |  |
| 14 |  | 37 |  | 60 |  |
| 15 |  | 38 |  | 61 |  |
| 16 |  | 39 |  | 62 |  |
| 17 |  | 40 |  | 63 |  |
| 18 |  | 41 |  | 64 |  |
| 19 |  | 42 |  | 65 |  |
| 20 |  | 43 |  | 66 |  |
| 21 |  | 44 |  | 67 |  |
| 22 |  | 45 |  | 68 |  |
| 23 |  | 46 |  | 69 |  |

# 한자능력검정시험 3급 실전 모의고사 제2회 답안지(2)

| 번호 | 정답 | 번호 | 정답 | 번호 | 정답 |
|---|---|---|---|---|---|
| 70 | | 97 | | 124 | |
| 71 | | 98 | | 125 | |
| 72 | | 99 | | 126 | |
| 73 | | 100 | | 127 | |
| 74 | | 101 | | 128 | |
| 75 | | 102 | | 129 | |
| 76 | | 103 | | 130 | |
| 77 | | 104 | | 131 | |
| 78 | | 105 | | 132 | |
| 79 | | 106 | | 133 | |
| 80 | | 107 | | 134 | |
| 81 | | 108 | | 135 | |
| 82 | | 109 | | 136 | |
| 83 | | 110 | | 137 | |
| 84 | | 111 | | 138 | |
| 85 | | 112 | | 139 | |
| 86 | | 113 | | 140 | |
| 87 | | 114 | | 141 | |
| 88 | | 115 | | 142 | |
| 89 | | 116 | | 143 | |
| 90 | | 117 | | 144 | |
| 91 | | 118 | | 145 | |
| 92 | | 119 | | 146 | |
| 93 | | 120 | | 147 | |
| 94 | | 121 | | 148 | |
| 95 | | 122 | | 149 | |
| 96 | | 123 | | 150 | |

# SD에듀와 함께하는

# 상공회의소 한자

## 易知 상공회의소 한자 1급 기본서

- 1급 최신 기출 동형 모의고사 수록
- 자세하고 정확한 '1급 배정한자'
- 시험 유형이 한눈에 보이는 '출제 유형별 한자'
- 빈출순으로 정리한 빅데이터 합격 한자 '특별부록'
- '60일 완성 플랜' 수록

## 易知 상공회의소 한자 2급 기본서

- 2급 최신 기출 동형 모의고사 수록
- 깔끔하고 정확한 '2급 배정한자'
- 고급 시험에 맞춘 풍부한 어휘 '출제 유형별 한자'
- 빈출순으로 정리한 빅데이터 합격 한자 '특별부록'
- '55일 완성 플랜' 수록

## 易知 상공회의소 한자 3급 기본서

- 3급 최신 기출 동형 모의고사 수록
- 쉽고 정확한 '3급 배정한자'
- 실제 유형 완벽 대비 '출제 유형별 한자'
- 빈출순으로 정리한 빅데이터 합격 한자 '특별부록'
- '3주 완성, 50일 완성 플랜' 수록

※ 도서의 이미지는 변동될 수 있습니다.

# SD에듀와 함께하는

# 어문회 한자

## 어문회 한자능력검정시험 2급 한 권으로 끝내기

어문회 2급을 '한자 3박자 연상 학습법'으로 쉽고 확실하게!

- 한자능력검정시험 2급 배정한자 2,355자 수록
- 다양한 시험 유형에 맞추어 정리한 '한자 응용하기'
- 출제경향을 완벽 분석한 기출 동형 '실전 모의고사' 4회 수록
- 빅데이터를 기반으로 최근 기출문제를 분석한 '합격 한자 특별부록'

## 어문회 한자능력검정시험 3급 한 권으로 끝내기

어문회 3급을 '한자 3박자 연상 학습법'으로 쉽고 재미있게!

- 한자능력검정시험 3급 배정한자 1,817자 수록
- 출제 유형별로 깔끔하게 정리한 '한자 응용하기'
- 기출문제와 동일한 유형의 '실전 모의고사' 3회 수록
- 빅데이터를 기반으로 최근 기출문제를 분석한 '합격 한자 특별부록'

※ 도서의 이미지는 변동될 수 있습니다.

## 진흥회 한자자격시험 2급 한 권으로 끝내기

### 한자자격시험 2급 독학으로 단기완성!

- 한 권으로 끝내기 : 2급 선정 한자 2,300자 수록
- 독학 가능한 구성 : 이해가 바탕이 되는 완전학습
- 단기간에 완성하기 : 필수 암기 '합격 한자 750'
- 출제 유형 완벽 반영 : 실용한자어/한자성어+기출문제

## 진흥회 한자자격시험 3급 한 권으로 끝내기

### 한자자격시험 3급 독학으로 쉽게 따기!

- 한 권으로 끝내기 : 3급 선정 한자 1,800자 수록
- 독학 가능한 구성 : 한자 3박자 연상 암기법 적용
- 초단기 완성하기 : 필수 암기 '합격 한자 450'
- 출제 유형 완벽 반영 : 교과서 한자어/한자성어+기출문제

# SD에듀

# 한자 도서 시리즈

| | |
|---|---:|
| 易知 상공회의소 한자 1급 기본서 | 23,000원 |
| 易知 상공회의소 한자 2급 기본서 | 22,000원 |
| 易知 상공회의소 한자 3급 기본서 | 19,000원 |
| 易知 상공회의소 한자 2급 최종모의고사 | 17,000원 |
| 易知 상공회의소 한자 3급 최종모의고사 | 16,000원 |
| 易知 중국어와 한자 | 15,000원 |
| 진흥회 한자자격시험 2급 한 권으로 끝내기 | 26,000원 |
| 진흥회 한자자격시험 3급 한 권으로 끝내기 | 21,000원 |
| 어문회 한자능력검정시험 2급 한 권으로 끝내기 | 28,000원 |
| 어문회 한자능력검정시험 3급 한 권으로 끝내기 | 26,000원 |
| 어문회 한자능력검정시험 4급 한 권으로 끝내기 | 18,000원 |
| 어문회 한자능력검정시험 5급 한 권으로 끝내기 | 17,000원 |
| 어문회 한자능력검정시험 6급 한 권으로 끝내기 | 16,000원 |
| 한자암기박사 1권/쓰기 훈련 노트 | 17,000원/10,000원 |
| 한자암기박사 2권 | 20,000원 |
| 일본어 한자암기박사 1권/쓰기 훈련 노트 | 18,000원/9,000원 |
| 일본어 한자암기박사 2권/쓰기 훈련 노트 | 20,000원/9,000원 |
| 중국어 한자암기박사 1권 | 18,000원 |
| 중국어 한자암기박사 2권 | 23,000원 |

※도서 가격은 변동될 수 있습니다.

빈 출 한 자 만 모 아 정 리 한

# 빅데이터
# 합격한자

## 최신 정기 시험
## 기출분석

**합격 한자 500자 Ⅰ 합격 한자어 300개 Ⅰ 합격 사자성어 100개**

**SD에듀**
(주)시대고시기획

빈 출 한 자 만 모 아 정 리 한

# 빅데이터
# 합격한자

## 최신 정기 시험
## 기출분석

**합격 한자 500자 ㅣ 합격 한자어 300개 ㅣ 합격 사자성어 100개**

**SD에듀**
(주)시대고시기획

※ 빈칸을 채워서 나만의 합격 한자책을 완성해 보세요.

| | 한자 | 훈·음 | | 훈·음 | 한자 |
|---|---|---|---|---|---|
| 1 | 之 | | 1 | 갈 지 | |
| 2 | 不 | | 2 | 아닐 불(부) | |
| 3 | 行 | | 3 | 다닐 행 | |
| 4 | 人 | | 4 | 사람 인 | |
| 5 | 同 | | 5 | 한가지 동 | |
| 6 | 大 | | 6 | 큰 대 | |
| 7 | 事 | | 7 | 일 사 | |
| 8 | 一 | | 8 | 한 일 | |
| 9 | 明 | | 9 | 밝을 명 | |
| 10 | 絕 | | 10 | 끊을 절 | |
| 11 | 添 | | 11 | 더할 첨 | |
| 12 | 棄 | | 12 | 버릴 기 | |
| 13 | 惡 | | 13 | 악할 악 / 미워할 오 | |
| 14 | 無 | | 14 | 없을 무 | |
| 15 | 薄 | | 15 | 엷을 박 | |
| 16 | 海 | | 16 | 바다 해 | |
| 17 | 天 | | 17 | 하늘 천 | |
| 18 | 自 | | 18 | 스스로 자 | |
| 19 | 地 | | 19 | 땅 지 | |
| 20 | 心 | | 20 | 마음 심 | |

| | 한자 | 훈 · 음 |
|---|---|---|
| 21 | 雇 | |
| 22 | 結 | |
| 23 | 田 | |
| 24 | 上 | |
| 25 | 難 | |
| 26 | 動 | |
| 27 | 馬 | |
| 28 | 源 | |
| 29 | 性 | |
| 30 | 戴 | |
| 31 | 亂 | |
| 32 | 重 | |
| 33 | 外 | |
| 34 | 水 | |
| 35 | 理 | |
| 36 | 膽 | |
| 37 | 僻 | |
| 38 | 削 | |
| 39 | 端 | |
| 40 | 和 | |
| 41 | 發 | |
| 42 | 爲 | |
| 43 | 國 | |
| 44 | 字 | |
| 45 | 魅 | |

| | 훈 · 음 | 한자 |
|---|---|---|
| 21 | 품팔 고 | |
| 22 | 맺을 결 | |
| 23 | 밭 전 | |
| 24 | 윗 상 | |
| 25 | 어려울 난 | |
| 26 | 움직일 동 | |
| 27 | 말 마 | |
| 28 | 근원 원 | |
| 29 | 성품 성 | |
| 30 | 일 대 | |
| 31 | 어지러울 난 | |
| 32 | 무거울 중 | |
| 33 | 바깥 외 | |
| 34 | 물 수 | |
| 35 | 다스릴 리 | |
| 36 | 쓸개 담 | |
| 37 | 궁벽할 벽 | |
| 38 | 깎을 삭 | |
| 39 | 끝 단 | |
| 40 | 화할 화 | |
| 41 | 필 발 | |
| 42 | 할 위 | |
| 43 | 나라 국 | |
| 44 | 글자 자 | |
| 45 | 매혹할 매 | |

| | 한자 | 훈·음 | | 훈·음 | 한자 |
|---|---|---|---|---|---|
| 46 | 壞 | | 46 | 무너질 괴 | |
| 47 | 柔 | | 47 | 부드러울 유 | |
| 48 | 放 | | 48 | 놓을 방 | |
| 49 | 食 | | 49 | 밥 식 | |
| 50 | 衣 | | 50 | 옷 의 | |
| 51 | 道 | | 51 | 길 도 | |
| 52 | 利 | | 52 | 이로울 리 | |
| 53 | 山 | | 53 | 산 산 | |
| 54 | 蔑 | | 54 | 업신여길 멸 | |
| 55 | 破 | | 55 | 깨뜨릴 파 | |
| 56 | 纖 | | 56 | 가늘 섬 | |
| 57 | 揭 | | 57 | 높이 들 게 | |
| 58 | 手 | | 58 | 손 수 | |
| 59 | 塞 | | 59 | 막힐 색 | |
| 60 | 分 | | 60 | 나눌 분 | |
| 61 | 生 | | 61 | 날 생 | |
| 62 | 氣 | | 62 | 기운 기 | |
| 63 | 化 | | 63 | 될 화 | |
| 64 | 悼 | | 64 | 슬퍼할 도 | |
| 65 | 酷 | | 65 | 심할 혹 | |
| 66 | 耽 | | 66 | 즐길 탐 | |
| 67 | 葛 | | 67 | 칡 갈 | |
| 68 | 落 | | 68 | 떨어질 락 | |
| 69 | 赦 | | 69 | 용서할 사 | |
| 70 | 急 | | 70 | 급할 급 | |

| | 한자 | 훈·음 | | 훈·음 | 한자 |
|---|---|---|---|---|---|
| 71 | 待 | | 71 | 기다릴 대 | |
| 72 | 解 | | 72 | 풀 해 | |
| 73 | 虐 | | 73 | 모질 학 | |
| 74 | 償 | | 74 | 갚을 상 | |
| 75 | 情 | | 75 | 뜻 정 | |
| 76 | 思 | | 76 | 생각 사 | |
| 77 | 間 | | 77 | 사이 간 | |
| 78 | 擴 | | 78 | 넓힐 확 | |
| 79 | 斷 | | 79 | 끊을 단 | |
| 80 | 言 | | 80 | 말씀 언 | |
| 81 | 握 | | 81 | 쥘 악 | |
| 82 | 深 | | 82 | 깊을 심 | |
| 83 | 融 | | 83 | 녹을 융 | |
| 84 | 瑞 | | 84 | 상서 서 | |
| 85 | 塵 | | 85 | 티끌 진 | |
| 86 | 勵 | | 86 | 힘쓸 려 | |
| 87 | 興 | | 87 | 흥할 흥 | |
| 88 | 頭 | | 88 | 머리 두 | |
| 89 | 降 | | 89 | 내릴 강 | |
| 90 | 厚 | | 90 | 두터울 후 | |
| 91 | 盛 | | 91 | 성할 성 | |
| 92 | 體 | | 92 | 몸 체 | |
| 93 | 風 | | 93 | 바람 풍 | |
| 94 | 定 | | 94 | 정할 정 | |
| 95 | 殺 | | 95 | 죽일 살 | |

| | 한자 | 훈·음 | | 훈·음 | 한자 |
|---|---|---|---|---|---|
| 96 | 正 | | 96 | 바를 정 | |
| 97 | 問 | | 97 | 물을 문 | |
| 98 | 學 | | 98 | 배울 학 | |
| 99 | 語 | | 99 | 말씀 어 | |
| 100 | 尿 | | 100 | 오줌 뇨 | |
| 101 | 惹 | | 101 | 이끌 야 | |
| 102 | 濃 | | 102 | 짙을 농 | |
| 103 | 抛 | | 103 | 던질 포 | |
| 104 | 狗 | | 104 | 개 구 | |
| 105 | 哀 | | 105 | 슬플 애 | |
| 106 | 報 | | 106 | 갚을 보 | |
| 107 | 月 | | 107 | 달 월 | |
| 108 | 進 | | 108 | 나아갈 진 | |
| 109 | 視 | | 109 | 볼 시 | |
| 110 | 政 | | 110 | 정사 정 | |
| 111 | 金 | | 111 | 쇠 금 | |
| 112 | 辭 | | 112 | 말씀 사 | |
| 113 | 高 | | 113 | 높을 고 | |
| 114 | 機 | | 114 | 틀 기 | |
| 115 | 率 | | 115 | 비율 률 | |
| 116 | 度 | | 116 | 법도 도 | |
| 117 | 口 | | 117 | 입 구 | |
| 118 | 相 | | 118 | 서로 상 | |
| 119 | 家 | | 119 | 집 가 | |
| 120 | 坑 | | 120 | 구덩이 갱 | |

| | 한자 | 훈·음 |
|---|---|---|
| 121 | 溺 | |
| 122 | 衷 | |
| 123 | 苦 | |
| 124 | 沮 | |
| 125 | 汚 | |
| 126 | 銳 | |
| 127 | 福 | |
| 128 | 木 | |
| 129 | 草 | |
| 130 | 名 | |
| 131 | 遮 | |
| 132 | 網 | |
| 133 | 琢 | |
| 134 | 敷 | |
| 135 | 緩 | |
| 136 | 免 | |
| 137 | 縮 | |
| 138 | 抑 | |
| 139 | 腐 | |
| 140 | 干 | |
| 141 | 起 | |
| 142 | 過 | |
| 143 | 獨 | |
| 144 | 慢 | |
| 145 | 揚 | |

| | 훈·음 | 한자 |
|---|---|---|
| 121 | 빠질 닉 | |
| 122 | 속마음 충 | |
| 123 | 쓸 고 | |
| 124 | 막을 저 | |
| 125 | 더러울 오 | |
| 126 | 날카로울 예 | |
| 127 | 복 복 | |
| 128 | 나무 목 | |
| 129 | 풀 초 | |
| 130 | 이름 명 | |
| 131 | 가릴 차 | |
| 132 | 그물 망 | |
| 133 | 다듬을 탁 | |
| 134 | 펼 부 | |
| 135 | 느릴 완 | |
| 136 | 면할 면 | |
| 137 | 줄일 축 | |
| 138 | 누를 억 | |
| 139 | 썩을 부 | |
| 140 | 방패 간 | |
| 141 | 일어날 기 | |
| 142 | 지날 과 | |
| 143 | 홀로 독 | |
| 144 | 거만할 만 | |
| 145 | 날릴 양 | |

| | 한자 | 훈·음 | | 훈·음 | 한자 |
|---|---|---|---|---|---|
| 146 | 牽 | | 146 | 이끌 견 | |
| 147 | 喪 | | 147 | 잃을 상 | |
| 148 | 恩 | | 148 | 은혜 은 | |
| 149 | 輕 | | 149 | 가벼울 경 | |
| 150 | 路 | | 150 | 길 로 | |
| 151 | 經 | | 151 | 지날 경 | |
| 152 | 勢 | | 152 | 형세 세 | |
| 153 | 得 | | 153 | 얻을 득 | |
| 154 | 有 | | 154 | 있을 유 | |
| 155 | 說 | | 155 | 말씀 설 | |
| 156 | 時 | | 156 | 때 시 | |
| 157 | 插 | | 157 | 꽂을 삽 | |
| 158 | 焦 | | 158 | 탈 초 | |
| 159 | 謬 | | 159 | 그르칠 류 | |
| 160 | 呈 | | 160 | 드릴 정 | |
| 161 | 唆 | | 161 | 부추길 사 | |
| 162 | 乾 | | 162 | 하늘 건 | |
| 163 | 轉 | | 163 | 구를 전 | |
| 164 | 寒 | | 164 | 찰 한 | |
| 165 | 沒 | | 165 | 빠질 몰 | |
| 166 | 誤 | | 166 | 그르칠 오 | |
| 167 | 刻 | | 167 | 새길 각 | |
| 168 | 齒 | | 168 | 이 치 | |
| 169 | 査 | | 169 | 조사할 사 | |
| 170 | 用 | | 170 | 쓸 용 | |

| | 한자 | 훈·음 | | | 훈·음 | 한자 |
|---|---|---|---|---|---|---|
| 171 | 然 | | | 171 | 그럴 연 | |
| 172 | 示 | | | 172 | 보일 시 | |
| 173 | 流 | | | 173 | 흐를 류 | |
| 174 | 的 | | | 174 | 과녁 적 | |
| 175 | 意 | | | 175 | 뜻 의 | |
| 176 | 教 | | | 176 | 가르칠 교 | |
| 177 | 見 | | | 177 | 볼 견 | |
| 178 | 長 | | | 178 | 길 장 | |
| 179 | 殖 | | | 179 | 불릴 식 | |
| 180 | 掘 | | | 180 | 팔 굴 | |
| 181 | 怠 | | | 181 | 게으를 태 | |
| 182 | 散 | | | 182 | 흩을 산 | |
| 183 | 曲 | | | 183 | 굽을 곡 | |
| 184 | 衍 | | | 184 | 넓을 연 | |
| 185 | 鬱 | | | 185 | 답답할 울 | |
| 186 | 巢 | | | 186 | 새집 소 | |
| 187 | 惑 | | | 187 | 미혹할 혹 | |
| 188 | 張 | | | 188 | 베풀 장 | |
| 189 | 足 | | | 189 | 발 족 | |
| 190 | 器 | | | 190 | 그릇 기 | |
| 191 | 制 | | | 191 | 절제할 제 | |
| 192 | 失 | | | 192 | 잃을 실 | |
| 193 | 物 | | | 193 | 물건 물 | |
| 194 | 飼 | | | 194 | 기를 사 | |
| 195 | 硯 | | | 195 | 벼루 연 | |

| | 한자 | 훈·음 | | 훈·음 | 한자 |
|---|---|---|---|---|---|
| 196 | 退 | | 196 | 물러날 퇴 | |
| 197 | 日 | | 197 | 날 일 | |
| 198 | 補 | | 198 | 기울 보 | |
| 199 | 骨 | | 199 | 뼈 골 | |
| 200 | 加 | | 200 | 더할 가 | |
| 201 | 推 | | 201 | 밀 추 | |
| 202 | 城 | | 202 | 성 성 | |
| 203 | 造 | | 203 | 지을 조 | |
| 204 | 躍 | | 204 | 뛸 약 | |
| 205 | 需 | | 205 | 쓰일 수 | |
| 206 | 沈 | | 206 | 잠길 침 | |
| 207 | 域 | | 207 | 지경 역 | |
| 208 | 新 | | 208 | 새 신 | |
| 209 | 花 | | 209 | 꽃 화 | |
| 210 | 面 | | 210 | 낮 면 | |
| 211 | 祥 | | 211 | 상서 상 | |
| 212 | 狀 | | 212 | 형상 상 | |
| 213 | 固 | | 213 | 굳을 고 | |
| 214 | 客 | | 214 | 손 객 | |
| 215 | 要 | | 215 | 요긴할 요 | |
| 216 | 記 | | 216 | 기록할 기 | |
| 217 | 萬 | | 217 | 일만 만 | |
| 218 | 送 | | 218 | 보낼 송 | |
| 219 | 肉 | | 219 | 고기 육 | |
| 220 | 表 | | 220 | 겉 표 | |

| | 한자 | 훈·음 | | 훈·음 | 한자 |
|---|---|---|---|---|---|
| 221 | 書 | | 221 | 글 서 | |
| 222 | 年 | | 222 | 해 년 | |
| 223 | 樂 | | 223 | 즐길 락 | |
| 224 | 窒 | | 224 | 막힐 질 | |
| 225 | 駐 | | 225 | 머무를 주 | |
| 226 | 傭 | | 226 | 품팔 용 | |
| 227 | 款 | | 227 | 항목 관 | |
| 228 | 劣 | | 228 | 못할 렬 | |
| 229 | 却 | | 229 | 물리칠 각 | |
| 230 | 獵 | | 230 | 사냥 렵 | |
| 231 | 詐 | | 231 | 속일 사 | |
| 232 | 拙 | | 232 | 옹졸할 졸 | |
| 233 | 靜 | | 233 | 고요할 정 | |
| 234 | 怖 | | 234 | 두려워할 포 | |
| 235 | 搜 | | 235 | 찾을 수 | |
| 236 | 指 | | 236 | 가르킬 지 | |
| 237 | 官 | | 237 | 벼슬 관 | |
| 238 | 眞 | | 238 | 참 진 | |
| 239 | 通 | | 239 | 통할 통 | |
| 240 | 主 | | 240 | 주인 주 | |
| 241 | 厭 | | 241 | 싫어할 염 | |
| 242 | 矛 | | 242 | 창 모 | |
| 243 | 餓 | | 243 | 주릴 아 | |
| 244 | 背 | | 244 | 등 배 | |
| 245 | 擧 | | 245 | 들 거 | |

| | 한자 | 훈·음 |
|---|---|---|
| 246 | 實 | |
| 247 | 服 | |
| 248 | 合 | |
| 249 | 洗 | |
| 250 | 者 | |
| 251 | 感 | |
| 252 | 暴 | |
| 253 | 産 | |
| 254 | 謄 | |
| 255 | 膠 | |
| 256 | 雌 | |
| 257 | 浮 | |
| 258 | 崩 | |
| 259 | 嫌 | |
| 260 | 置 | |
| 261 | 設 | |
| 262 | 輔 | |
| 263 | 腎 | |
| 264 | 臺 | |
| 265 | 憐 | |
| 266 | 侮 | |
| 267 | 忘 | |
| 268 | 優 | |
| 269 | 損 | |
| 270 | 內 | |

| | 훈·음 | 한자 |
|---|---|---|
| 246 | 열매 실 | |
| 247 | 옷 복 | |
| 248 | 합할 합 | |
| 249 | 씻을 세 | |
| 250 | 놈 자 | |
| 251 | 느낄 감 | |
| 252 | 사나울 폭 | |
| 253 | 낳을 산 | |
| 254 | 베낄 등 | |
| 255 | 아교 교 | |
| 256 | 암컷 자 | |
| 257 | 뜰 부 | |
| 258 | 무너질 붕 | |
| 259 | 싫어할 혐 | |
| 260 | 둘 치 | |
| 261 | 말씀 설 | |
| 262 | 도울 보 | |
| 263 | 콩팥 신 | |
| 264 | 대 대 | |
| 265 | 불쌍히 여길 련 | |
| 266 | 업신여길 모 | |
| 267 | 잊을 망 | |
| 268 | 넉넉할 우 | |
| 269 | 덜 손 | |
| 270 | 안 내 | |

| | 한자 | 훈·음 | | 훈·음 | 한자 |
|---|---|---|---|---|---|
| 271 | 趨 | | 271 | 달아날 추 | |
| 272 | 巧 | | 272 | 공교할 교 | |
| 273 | 愼 | | 273 | 삼갈 신 | |
| 274 | 邊 | | 274 | 가 변 | |
| 275 | 修 | | 275 | 닦을 수 | |
| 276 | 雄 | | 276 | 수컷 웅 | |
| 277 | 夜 | | 277 | 밤 야 | |
| 278 | 使 | | 278 | 하여금 사 | |
| 279 | 濕 | | 279 | 젖을 습 | |
| 280 | 裝 | | 280 | 꾸밀 장 | |
| 281 | 本 | | 281 | 근본 본 | |
| 282 | 死 | | 282 | 죽을 사 | |
| 283 | 門 | | 283 | 문 문 | |
| 284 | 釋 | | 284 | 풀 석 | |
| 285 | 觀 | | 285 | 볼 관 | |
| 286 | 窟 | | 286 | 굴 굴 | |
| 287 | 縫 | | 287 | 꿰맬 봉 | |
| 288 | 購 | | 288 | 살 구 | |
| 289 | 刹 | | 289 | 절 찰 | |
| 290 | 診 | | 290 | 진찰할 진 | |
| 291 | 還 | | 291 | 돌아올 환 | |
| 292 | 燥 | | 292 | 마를 조 | |
| 293 | 聘 | | 293 | 부를 빙 | |
| 294 | 拔 | | 294 | 뽑을 발 | |
| 295 | 飢 | | 295 | 주릴 기 | |

| | 한자 | 훈·음 | | 훈·음 | 한자 |
|---|---|---|---|---|---|
| 296 | 偏 | | 296 | 치우칠 편 | |
| 297 | 察 | | 297 | 살필 찰 | |
| 298 | 健 | | 298 | 굳셀 건 | |
| 299 | 養 | | 299 | 기를 양 | |
| 300 | 撤 | | 300 | 거둘 철 | |
| 301 | 峽 | | 301 | 골짜기 협 | |
| 302 | 蟾 | | 302 | 두꺼비 섬 | |
| 303 | 賠 | | 303 | 물어줄 배 | |
| 304 | 翰 | | 304 | 편지 한 | |
| 305 | 鈍 | | 305 | 둔할 둔 | |
| 306 | 獻 | | 306 | 드릴 헌 | |
| 307 | 稀 | | 307 | 드물 희 | |
| 308 | 腹 | | 308 | 배 복 | |
| 309 | 錦 | | 309 | 비단 금 | |
| 310 | 臟 | | 310 | 오장 장 | |
| 311 | 辱 | | 311 | 욕할 욕 | |
| 312 | 捕 | | 312 | 잡을 포 | |
| 313 | 禍 | | 313 | 재앙 화 | |
| 314 | 求 | | 314 | 구할 구 | |
| 315 | 境 | | 315 | 지경 경 | |
| 316 | 價 | | 316 | 값 가 | |
| 317 | 土 | | 317 | 흙 토 | |
| 318 | 白 | | 318 | 흰 백 | |
| 319 | 締 | | 319 | 맺을 체 | |
| 320 | 橫 | | 320 | 가로 횡 | |

| | 한자 | 훈·음 | | 훈·음 | 한자 |
|---|---|---|---|---|---|
| 321 | 毁 | | 321 | 헐 훼 | |
| 322 | 論 | | 322 | 논할 론 | |
| 323 | 資 | | 323 | 재물 자 | |
| 324 | 從 | | 324 | 좇을 종 | |
| 325 | 公 | | 325 | 공평할 공 | |
| 326 | 遠 | | 326 | 멀 원 | |
| 327 | 出 | | 327 | 날 출 | |
| 328 | 子 | | 328 | 아들 자 | |
| 329 | 下 | | 329 | 아래 하 | |
| 330 | 越 | | 330 | 넘을 월 | |
| 331 | 悲 | | 331 | 슬플 비 | |
| 332 | 前 | | 332 | 앞 전 | |
| 333 | 民 | | 333 | 백성 민 | |
| 334 | 讀 | | 334 | 읽을 독 | |
| 335 | 賣 | | 335 | 팔 매 | |
| 336 | 拉 | | 336 | 끌 랍 | |
| 337 | 措 | | 337 | 둘 조 | |
| 338 | 哨 | | 338 | 망볼 초 | |
| 339 | 輯 | | 339 | 모을 집 | |
| 340 | 託 | | 340 | 부탁할 탁 | |
| 341 | 欺 | | 341 | 속일 기 | |
| 342 | 糾 | | 342 | 얽힐 규 | |
| 343 | 凝 | | 343 | 엉길 응 | |
| 344 | 遷 | | 344 | 옮길 천 | |
| 345 | 伸 | | 345 | 펼 신 | |

| | 한자 | 훈·음 |
|---|---|---|
| 346 | 津 | |
| 347 | 彫 | |
| 348 | 幻 | |
| 349 | 涉 | |
| 350 | 眉 | |
| 351 | 載 | |
| 352 | 奏 | |
| 353 | 把 | |
| 354 | 引 | |
| 355 | 勤 | |
| 356 | 聲 | |
| 357 | 鳴 | |
| 358 | 約 | |
| 359 | 集 | |
| 360 | 特 | |
| 361 | 卑 | |
| 362 | 醉 | |
| 363 | 守 | |
| 364 | 復 | |
| 365 | 止 | |
| 366 | 善 | |
| 367 | 案 | |
| 368 | 目 | |
| 369 | 入 | |
| 370 | 懇 | |

| | 훈·음 | 한자 |
|---|---|---|
| 346 | 나루 진 | |
| 347 | 새길 조 | |
| 348 | 헛보일 환 | |
| 349 | 건널 섭 | |
| 350 | 눈썹 미 | |
| 351 | 실을 재 | |
| 352 | 아뢸 주 | |
| 353 | 잡을 파 | |
| 354 | 끌 인 | |
| 355 | 부지런할 근 | |
| 356 | 소리 성 | |
| 357 | 울 명 | |
| 358 | 맺을 약 | |
| 359 | 모을 집 | |
| 360 | 특별할 특 | |
| 361 | 낮을 비 | |
| 362 | 취할 취 | |
| 363 | 지킬 수 | |
| 364 | 회복할 복 | |
| 365 | 그칠 지 | |
| 366 | 착할 선 | |
| 367 | 책상 안 | |
| 368 | 눈 목 | |
| 369 | 들 입 | |
| 370 | 간절할 간 | |

| | 한자 | 훈·음 | | 훈·음 | 한자 |
|---|---|---|---|---|---|
| 371 | 陷 | | 371 | 빠질 함 | |
| 372 | 龍 | | 372 | 용 룡 | |
| 373 | 類 | | 373 | 무리 류 | |
| 374 | 知 | | 374 | 알 지 | |
| 375 | 令 | | 375 | 하여금 령 | |
| 376 | 美 | | 376 | 아름다울 미 | |
| 377 | 期 | | 377 | 기약할 기 | |
| 378 | 交 | | 378 | 사귈 교 | |
| 379 | 省 | | 379 | 살필 성 | |
| 380 | 三 | | 380 | 석 삼 | |
| 381 | 史 | | 381 | 역사 사 | |
| 382 | 順 | | 382 | 순할 순 | |
| 383 | 音 | | 383 | 소리 음 | |
| 384 | 旌 | | 384 | 기 정 | |
| 385 | 藤 | | 385 | 등나무 등 | |
| 386 | 碩 | | 386 | 클 석 | |
| 387 | 憂 | | 387 | 근심 우 | |
| 388 | 閱 | | 388 | 볼 열 | |
| 389 | 熟 | | 389 | 익을 숙 | |
| 390 | 拘 | | 390 | 잡을 구 | |
| 391 | 貪 | | 391 | 탐낼 탐 | |
| 392 | 麗 | | 392 | 화려할 려 | |
| 393 | 衆 | | 393 | 무리 중 | |
| 394 | 脫 | | 394 | 벗을 탈 | |
| 395 | 欽 | | 395 | 공경할 흠 | |

| | 한자 | 훈·음 | | 훈·음 | 한자 |
|---|---|---|---|---|---|
| 396 | 膜 | | 396 | 꺼풀 막 | |
| 397 | 弼 | | 397 | 도울 필 | |
| 398 | 諜 | | 398 | 염탐할 첩 | |
| 399 | 剛 | | 399 | 굳셀 강 | |
| 400 | 蛇 | | 400 | 뱀 사 | |
| 401 | 濫 | | 401 | 넘칠 람 | |
| 402 | 維 | | 402 | 벼리 유 | |
| 403 | 桑 | | 403 | 뽕나무 상 | |
| 404 | 尖 | | 404 | 뾰족할 첨 | |
| 405 | 妥 | | 405 | 온당할 타 | |
| 406 | 盜 | | 406 | 도둑 도 | |
| 407 | 密 | | 407 | 빽빽할 밀 | |
| 408 | 嚴 | | 408 | 엄할 엄 | |
| 409 | 調 | | 409 | 고를 조 | |
| 410 | 談 | | 410 | 말씀 담 | |
| 411 | 買 | | 411 | 살 매 | |
| 412 | 權 | | 412 | 권세 권 | |
| 413 | 延 | | 413 | 늘일 연 | |
| 414 | 減 | | 414 | 덜 감 | |
| 415 | 暖 | | 415 | 따뜻할 난 | |
| 416 | 受 | | 416 | 받을 수 | |
| 417 | 雪 | | 417 | 눈 설 | |
| 418 | 戈 | | 418 | 창 과 | |
| 419 | 享 | | 419 | 누릴 향 | |
| 420 | 程 | | 420 | 한도 정 | |

| | 한자 | 훈·음 |
|---|---|---|
| 421 | 成 | |
| 422 | 西 | |
| 423 | 文 | |
| 424 | 會 | |
| 425 | 力 | |
| 426 | 繕 | |
| 427 | 繩 | |
| 428 | 盾 | |
| 429 | 頓 | |
| 430 | 篤 | |
| 431 | 騷 | |
| 432 | 了 | |
| 433 | 滯 | |
| 434 | 踏 | |
| 435 | 繁 | |
| 436 | 謁 | |
| 437 | 縱 | |
| 438 | 襲 | |
| 439 | 防 | |
| 440 | 態 | |
| 441 | 認 | |
| 442 | 孤 | |
| 443 | 請 | |
| 444 | 氷 | |
| 445 | 致 | |

| | 훈·음 | 한자 |
|---|---|---|
| 421 | 이룰 성 | |
| 422 | 서녘 서 | |
| 423 | 글월 문 | |
| 424 | 모일 회 | |
| 425 | 힘 력 | |
| 426 | 기울 선 | |
| 427 | 노끈 승 | |
| 428 | 방패 순 | |
| 429 | 조아릴 돈 | |
| 430 | 도타울 독 | |
| 431 | 떠들 소 | |
| 432 | 마칠 료 | |
| 433 | 막힐 체 | |
| 434 | 밟을 답 | |
| 435 | 번성할 번 | |
| 436 | 뵐 알 | |
| 437 | 세로 종 | |
| 438 | 엄습할 습 | |
| 439 | 막을 방 | |
| 440 | 모습 태 | |
| 441 | 알 인 | |
| 442 | 외로울 고 | |
| 443 | 청할 청 | |
| 444 | 얼음 빙 | |
| 445 | 이를 치 | |

| | 한자 | 훈·음 | | 훈·음 | 한자 |
|---|---|---|---|---|---|
| 446 | 圖 | | 446 | 그림 도 | |
| 447 | 炊 | | 447 | 불땔 취 | |
| 448 | 胎 | | 448 | 아이 밸 태 | |
| 449 | 影 | | 449 | 그림자 영 | |
| 450 | 衰 | | 450 | 쇠할 쇠 | |
| 451 | 弔 | | 451 | 조상할 조 | |
| 452 | 衝 | | 452 | 찌를 충 | |
| 453 | 醜 | | 453 | 추할 추 | |
| 454 | 飛 | | 454 | 날 비 | |
| 455 | 助 | | 455 | 도울 조 | |
| 456 | 婦 | | 456 | 며느리 부 | |
| 457 | 望 | | 457 | 바랄 망 | |
| 458 | 淸 | | 458 | 맑을 청 | |
| 459 | 式 | | 459 | 법 식 | |
| 460 | 陽 | | 460 | 볕 양 | |
| 461 | 劑 | | 461 | 약제 제 | |
| 462 | 眠 | | 462 | 잘 면 | |
| 463 | 普 | | 463 | 넓을 보 | |
| 464 | 可 | | 464 | 옳을 가 | |
| 465 | 德 | | 465 | 덕 덕 | |
| 466 | 命 | | 466 | 목숨 명 | |
| 467 | 齊 | | 467 | 가지런할 제 | |
| 468 | 索 | | 468 | 찾을 색 | |
| 469 | 假 | | 469 | 거짓 가 | |
| 470 | 妙 | | 470 | 묘할 묘 | |

| | 한자 | 훈·음 | | 훈·음 | 한자 |
|---|---|---|---|---|---|
| 471 | 賞 | | 471 | 상줄 상 | |
| 472 | 身 | | 472 | 몸 신 | |
| 473 | 信 | | 473 | 믿을 신 | |
| 474 | 電 | | 474 | 번개 전 | |
| 475 | 識 | | 475 | 알 식 | |
| 476 | 作 | | 476 | 지을 작 | |
| 477 | 泉 | | 477 | 샘 천 | |
| 478 | 數 | | 478 | 셈 수 | |
| 479 | 易 | | 479 | 바꿀 역 | |
| 480 | 廻 | | 480 | 돌 회 | |
| 481 | 諮 | | 481 | 물을 자 | |
| 482 | 療 | | 482 | 병 고칠 료 | |
| 483 | 疆 | | 483 | 지경 강 | |
| 484 | 肝 | | 484 | 간 간 | |
| 485 | 谷 | | 485 | 골 곡 | |
| 486 | 滅 | | 486 | 꺼질 멸 | |
| 487 | 尾 | | 487 | 꼬리 미 | |
| 488 | 翁 | | 488 | 늙은이 옹 | |
| 489 | 渴 | | 489 | 목마를 갈 | |
| 490 | 盤 | | 490 | 소반 반 | |
| 491 | 掌 | | 491 | 손바닥 장 | |
| 492 | 愚 | | 492 | 어리석을 우 | |
| 493 | 獲 | | 493 | 얻을 획 | |
| 494 | 頗 | | 494 | 자못 파 | |
| 495 | 微 | | 495 | 작을 미 | |

| | 한자 | 훈·음 | | | 훈·음 | 한자 |
|---|---|---|---|---|---|---|
| 496 | 泥 | | | 496 | 진흙 니 | |
| 497 | 迎 | | | 497 | 맞을 영 | |
| 498 | 紅 | | | 498 | 붉을 홍 | |
| 499 | 師 | | | 499 | 스승 사 | |
| 500 | 榮 | | | 500 | 영화로울 영 | |

# 합격 한자어 300

| | 한자어 | 독음 | | 독음 | 한자어 |
|---|---|---|---|---|---|
| 1 | 祥瑞 | | 1 | 상서 | |
| 2 | 詐欺 | | 2 | 사기 | |
| 3 | 抛棄 | | 3 | 포기 | |
| 4 | 腎臟 | | 4 | 신장 | |
| 5 | 賠償 | | 5 | 배상 | |
| 6 | 葛藤 | | 6 | 갈등 | |
| 7 | 惹起 | | 7 | 야기 | |
| 8 | 破壞 | | 8 | 파괴 | |
| 9 | 魅了 | | 9 | 매료 | |
| 10 | 誤謬 | | 10 | 오류 | |
| 11 | 需要 | | 11 | 수요 | |
| 12 | 崩壞 | | 12 | 붕괴 | |
| 13 | 搜査 | | 13 | 수사 | |
| 14 | 牽引 | | 14 | 견인 | |
| 15 | 跳躍 | | 15 | 도약 | |
| 16 | 雇傭 | | 16 | 고용 | |
| 17 | 侮蔑 | | 17 | 모멸 | |
| 18 | 傲慢 | | 18 | 오만 | |
| 19 | 把握 | | 19 | 파악 | |
| 20 | 敦篤 | | 20 | 돈독 | |

| | 한자어 | 독음 | | 독음 | 한자어 |
|---|---|---|---|---|---|
| 21 | 敷衍 | | 21 | 부연 | |
| 22 | 矛盾 | | 22 | 모순 | |
| 23 | 耽溺 | | 23 | 탐닉 | |
| 24 | 飢餓 | | 24 | 기아 | |
| 25 | 揭載 | | 25 | 게재 | |
| 26 | 締結 | | 26 | 체결 | |
| 27 | 哀悼 | | 27 | 애도 | |
| 28 | 彫琢 | | 28 | 조탁 | |
| 29 | 措置 | | 29 | 조치 | |
| 30 | 緩急 | | 30 | 완급 | |
| 31 | 毁損 | | 31 | 훼손 | |
| 32 | 喪失 | | 32 | 상실 | |
| 33 | 巢窟 | | 33 | 소굴 | |
| 34 | 建設 | | 34 | 건설 | |
| 35 | 推戴 | | 35 | 추대 | |
| 36 | 赦免 | | 36 | 사면 | |
| 37 | 輔弼 | | 37 | 보필 | |
| 38 | 愼重 | | 38 | 신중 | |
| 39 | 揭揚 | | 39 | 게양 | |
| 40 | 示唆 | | 40 | 시사 | |
| 41 | 魅惑 | | 41 | 매혹 | |
| 42 | 乾燥 | | 42 | 건조 | |
| 43 | 供給 | | 43 | 공급 | |
| 44 | 塵埃 | | 44 | 진애 | |
| 45 | 攝政 | | 45 | 섭정 | |

| | 한자어 | 독음 | | | 독음 | 한자어 |
|---|---|---|---|---|---|---|
| 46 | 普遍 | | | 46 | 보편 | |
| 47 | 添削 | | | 47 | 첨삭 | |
| 48 | 濕潤 | | | 48 | 습윤 | |
| 49 | 琢磨 | | | 49 | 탁마 | |
| 50 | 痲醉 | | | 50 | 마취 | |
| 51 | 縱橫 | | | 51 | 종횡 | |
| 52 | 纖維 | | | 52 | 섬유 | |
| 53 | 興奮 | | | 53 | 흥분 | |
| 54 | 虐待 | | | 54 | 학대 | |
| 55 | 被拉 | | | 55 | 피랍 | |
| 56 | 謁見 | | | 56 | 알현 | |
| 57 | 鎭靜 | | | 57 | 진정 | |
| 58 | 陳腐 | | | 58 | 진부 | |
| 59 | 雌雄 | | | 59 | 자웅 | |
| 60 | 憐憫 | | | 60 | 연민 | |
| 61 | 硯滴 | | | 61 | 연적 | |
| 62 | 陷沒 | | | 62 | 함몰 | |
| 63 | 凝固 | | | 63 | 응고 | |
| 64 | 刹那 | | | 64 | 찰나 | |
| 65 | 尖端 | | | 65 | 첨단 | |
| 66 | 岐路 | | | 66 | 기로 | |
| 67 | 忘却 | | | 67 | 망각 | |
| 68 | 折衷 | | | 68 | 절충 | |
| 69 | 明晳 | | | 69 | 명석 | |
| 70 | 歪曲 | | | 70 | 왜곡 | |

| | 한자어 | 독음 | | 독음 | 한자어 |
|---|---|---|---|---|---|
| 71 | 濃厚 | | 71 | 농후 | |
| 72 | 災殃 | | 72 | 재앙 | |
| 73 | 特殊 | | 73 | 특수 | |
| 74 | 獎勵 | | 74 | 장려 | |
| 75 | 稀薄 | | 75 | 희박 | |
| 76 | 網膜 | | 76 | 망막 | |
| 77 | 記憶 | | 77 | 기억 | |
| 78 | 購買 | | 78 | 구매 | |
| 79 | 贈呈 | | 79 | 증정 | |
| 80 | 踏襲 | | 80 | 답습 | |
| 81 | 靺鞨 | | 81 | 말갈 | |
| 82 | 拉致 | | 82 | 납치 | |
| 83 | 籠城 | | 83 | 농성 | |
| 84 | 趨勢 | | 84 | 추세 | |
| 85 | 享有 | | 85 | 향유 | |
| 86 | 肥沃 | | 86 | 비옥 | |
| 87 | 伸縮 | | 87 | 신축 | |
| 88 | 修辭 | | 88 | 수사 | |
| 89 | 厭症 | | 89 | 염증 | |
| 90 | 嫌惡 | | 90 | 혐오 | |
| 91 | 師傅 | | 91 | 사부 | |
| 92 | 招聘 | | 92 | 초빙 | |
| 93 | 敎唆 | | 93 | 교사 | |
| 94 | 斬新 | | 94 | 참신 | |
| 95 | 模倣 | | 95 | 모방 | |

| | 한자어 | 독음 | | | 독음 | 한자어 |
|---|---|---|---|---|---|---|
| 96 | 欽慕 | | | 96 | 흠모 | |
| 97 | 歡喜 | | | 97 | 환희 | |
| 98 | 濊貊 | | | 98 | 예맥 | |
| 99 | 焦燥 | | | 99 | 초조 | |
| 100 | 燦爛 | | | 100 | 찬란 | |
| 101 | 瞬間 | | | 101 | 순간 | |
| 102 | 穩健 | | | 102 | 온건 | |
| 103 | 編輯 | | | 103 | 편집 | |
| 104 | 調和 | | | 104 | 조화 | |
| 105 | 謄寫 | | | 105 | 등사 | |
| 106 | 貢獻 | | | 106 | 공헌 | |
| 107 | 超越 | | | 107 | 초월 | |
| 108 | 阿膠 | | | 108 | 아교 | |
| 109 | 飽食 | | | 109 | 포식 | |
| 110 | 駐屯 | | | 110 | 주둔 | |
| 111 | 煉獄 | | | 111 | 연옥 | |
| 112 | 幻影 | | | 112 | 환영 | |
| 113 | 憎惡 | | | 113 | 증오 | |
| 114 | 洗濯 | | | 114 | 세탁 | |
| 115 | 運搬 | | | 115 | 운반 | |
| 116 | 研究 | | | 116 | 연구 | |
| 117 | 偏頗 | | | 117 | 편파 | |
| 118 | 僻巷 | | | 118 | 벽항 | |
| 119 | 勤怠 | | | 119 | 근태 | |
| 120 | 名譽 | | | 120 | 명예 | |

| | 한자어 | 독음 | | | 독음 | 한자어 |
|---|---|---|---|---|---|---|
| 121 | 嫌疑 | | | 121 | 혐의 | |
| 122 | 思考 | | | 122 | 사고 | |
| 123 | 恐怖 | | | 123 | 공포 | |
| 124 | 慙愧 | | | 124 | 참괴 | |
| 125 | 抑鬱 | | | 125 | 억울 | |
| 126 | 抵抗 | | | 126 | 저항 | |
| 127 | 拘束 | | | 127 | 구속 | |
| 128 | 挑戰 | | | 128 | 도전 | |
| 129 | 排斥 | | | 129 | 배척 | |
| 130 | 搜索 | | | 130 | 수색 | |
| 131 | 携帶 | | | 131 | 휴대 | |
| 132 | 枯渴 | | | 132 | 고갈 | |
| 133 | 涉獵 | | | 133 | 섭렵 | |
| 134 | 深淺 | | | 134 | 심천 | |
| 135 | 滑降 | | | 135 | 활강 | |
| 136 | 獲得 | | | 136 | 획득 | |
| 137 | 睡眠 | | | 137 | 수면 | |
| 138 | 紊亂 | | | 138 | 문란 | |
| 139 | 脈絡 | | | 139 | 맥락 | |
| 140 | 菜蔬 | | | 140 | 채소 | |
| 141 | 蔑視 | | | 141 | 멸시 | |
| 142 | 融資 | | | 142 | 융자 | |
| 143 | 診療 | | | 143 | 진료 | |
| 144 | 諜報 | | | 144 | 첩보 | |
| 145 | 輕率 | | | 145 | 경솔 | |

| | 한자어 | 독음 | | 독음 | 한자어 |
|---|---|---|---|---|---|
| 146 | 遵守 | | 146 | 준수 | |
| 147 | 銳利 | | 147 | 예리 | |
| 148 | 閱覽 | | 148 | 열람 | |
| 149 | 麒麟 | | 149 | 기린 | |
| 150 | 殺到 | | 150 | 쇄도 | |
| 151 | 廢棄 | | 151 | 폐기 | |
| 152 | 晚餐 | | 152 | 만찬 | |
| 153 | 槿域 | | 153 | 근역 | |
| 154 | 汚染 | | 154 | 오염 | |
| 155 | 釣臺 | | 155 | 조대 | |
| 156 | 貿易 | | 156 | 무역 | |
| 157 | 讀音 | | 157 | 독음 | |
| 158 | 交涉 | | 158 | 교섭 | |
| 159 | 促進 | | 159 | 촉진 | |
| 160 | 偏僻 | | 160 | 편벽 | |
| 161 | 僑胞 | | 161 | 교포 | |
| 162 | 公平 | | 162 | 공평 | |
| 163 | 勉勵 | | 163 | 면려 | |
| 164 | 匪賊 | | 164 | 비적 | |
| 165 | 厚薄 | | 165 | 후박 | |
| 166 | 叔姪 | | 166 | 숙질 | |
| 167 | 坑儒 | | 167 | 갱유 | |
| 168 | 埋沒 | | 168 | 매몰 | |
| 169 | 妥協 | | 169 | 타협 | |
| 170 | 姻戚 | | 170 | 인척 | |

| | 한자어 | 독음 | | 독음 | 한자어 |
|---|---|---|---|---|---|
| 171 | 威脅 | | 171 | 위협 | |
| 172 | 峽谷 | | 172 | 협곡 | |
| 173 | 干戈 | | 173 | 간과 | |
| 174 | 彌縫 | | 174 | 미봉 | |
| 175 | 影響 | | 175 | 영향 | |
| 176 | 懇請 | | 176 | 간청 | |
| 177 | 抑制 | | 177 | 억제 | |
| 178 | 抱擁 | | 178 | 포옹 | |
| 179 | 捕捉 | | 179 | 포착 | |
| 180 | 捕繩 | | 180 | 포승 | |
| 181 | 推薦 | | 181 | 추천 | |
| 182 | 未熟 | | 182 | 미숙 | |
| 183 | 柔軟 | | 183 | 유연 | |
| 184 | 棟樑 | | 184 | 동량 | |
| 185 | 構造 | | 185 | 구조 | |
| 186 | 沐浴 | | 186 | 목욕 | |
| 187 | 派遣 | | 187 | 파견 | |
| 188 | 浮沈 | | 188 | 부침 | |
| 189 | 渤海 | | 189 | 발해 | |
| 190 | 眞僞 | | 190 | 진위 | |
| 191 | 竊盜 | | 191 | 절도 | |
| 192 | 紹介 | | 192 | 소개 | |
| 193 | 繁殖 | | 193 | 번식 | |
| 194 | 纖細 | | 194 | 섬세 | |
| 195 | 背恩 | | 195 | 배은 | |

| | 한자어 | 독음 | | 독음 | 한자어 |
|---|---|---|---|---|---|
| 196 | 艮峴 | | 196 | 간현 | |
| 197 | 薰陶 | | 197 | 훈도 | |
| 198 | 虐政 | | 198 | 학정 | |
| 199 | 表裏 | | 199 | 표리 | |
| 200 | 逮捕 | | 200 | 체포 | |
| 201 | 遮陽 | | 201 | 차양 | |
| 202 | 配慮 | | 202 | 배려 | |
| 203 | 酷毒 | | 203 | 혹독 | |
| 204 | 酷評 | | 204 | 혹평 | |
| 205 | 鍛鍊 | | 205 | 단련 | |
| 206 | 關鍵 | | 206 | 관건 | |
| 207 | 騷亂 | | 207 | 소란 | |
| 208 | 老鍊 | | 208 | 노련 | |
| 209 | 掠奪 | | 209 | 약탈 | |
| 210 | 廬幕 | | 210 | 여막 | |
| 211 | 醴泉 | | 211 | 예천 | |
| 212 | 類似 | | 212 | 유사 | |
| 213 | 契機 | | 213 | 계기 | |
| 214 | 擁護 | | 214 | 옹호 | |
| 215 | 攻擊 | | 215 | 공격 | |
| 216 | 範疇 | | 216 | 범주 | |
| 217 | 絕妙 | | 217 | 절묘 | |
| 218 | 謹愼 | | 218 | 근신 | |
| 219 | 閉鎖 | | 219 | 폐쇄 | |
| 220 | 飼育 | | 220 | 사육 | |

| | 한자어 | 독음 | | 독음 | 한자어 |
|---|---|---|---|---|---|
| 221 | 問答 | | 221 | 문답 | |
| 222 | 啓蒙 | | 222 | 계몽 | |
| 223 | 歷史 | | 223 | 역사 | |
| 224 | 乾坤 | | 224 | 건곤 | |
| 225 | 事故 | | 225 | 사고 | |
| 226 | 伽倻 | | 226 | 가야 | |
| 227 | 低俗 | | 227 | 저속 | |
| 228 | 依託 | | 228 | 의탁 | |
| 229 | 依賴 | | 229 | 의뢰 | |
| 230 | 保護 | | 230 | 보호 | |
| 231 | 俳優 | | 231 | 배우 | |
| 232 | 借款 | | 232 | 차관 | |
| 233 | 健康 | | 233 | 건강 | |
| 234 | 價値 | | 234 | 가치 | |
| 235 | 儉約 | | 235 | 검약 | |
| 236 | 優劣 | | 236 | 우열 | |
| 237 | 內包 | | 237 | 내포 | |
| 238 | 冀願 | | 238 | 기원 | |
| 239 | 剛健 | | 239 | 강건 | |
| 240 | 創造 | | 240 | 창조 | |
| 241 | 匈奴 | | 241 | 흉노 | |
| 242 | 卑俗 | | 242 | 비속 | |
| 243 | 危機 | | 243 | 위기 | |
| 244 | 均衡 | | 244 | 균형 | |
| 245 | 埋葬 | | 245 | 매장 | |

| | 한자어 | 독음 | | | 독음 | 한자어 |
|---|---|---|---|---|---|---|
| 246 | 壯麗 | | | 246 | 장려 | |
| 247 | 外延 | | | 247 | 외연 | |
| 248 | 奏請 | | | 248 | 주청 | |
| 249 | 奔忙 | | | 249 | 분망 | |
| 250 | 尖銳 | | | 250 | 첨예 | |
| 251 | 巡廻 | | | 251 | 순회 | |
| 252 | 干涉 | | | 252 | 간섭 | |
| 253 | 庠序 | | | 253 | 상서 | |
| 254 | 庭園 | | | 254 | 정원 | |
| 255 | 彼此 | | | 255 | 피차 | |
| 256 | 徽章 | | | 256 | 휘장 | |
| 257 | 恥辱 | | | 257 | 치욕 | |
| 258 | 恩惠 | | | 258 | 은혜 | |
| 259 | 慈悲 | | | 259 | 자비 | |
| 260 | 態度 | | | 260 | 태도 | |
| 261 | 憂慮 | | | 261 | 우려 | |
| 262 | 憩息 | | | 262 | 게식 | |
| 263 | 批准 | | | 263 | 비준 | |
| 264 | 拘禁 | | | 264 | 구금 | |
| 265 | 排尿 | | | 265 | 배뇨 | |
| 266 | 撤去 | | | 266 | 철거 | |
| 267 | 擴張 | | | 267 | 확장 | |
| 268 | 斷絕 | | | 268 | 단절 | |
| 269 | 旺盛 | | | 269 | 왕성 | |
| 270 | 昇降 | | | 270 | 승강 | |

| | 한자어 | 독음 | | | 독음 | 한자어 |
|---|---|---|---|---|---|---|
| 271 | 暗黑 | | | 271 | 암흑 | |
| 272 | 杜絕 | | | 272 | 두절 | |
| 273 | 槪念 | | | 273 | 개념 | |
| 274 | 殉職 | | | 274 | 순직 | |
| 275 | 比較 | | | 275 | 비교 | |
| 276 | 沮喪 | | | 276 | 저상 | |
| 277 | 沮止 | | | 277 | 저지 | |
| 278 | 添加 | | | 278 | 첨가 | |
| 279 | 溶解 | | | 279 | 용해 | |
| 280 | 獨創 | | | 280 | 독창 | |
| 281 | 琴瑟 | | | 281 | 금슬 | |
| 282 | 甕器 | | | 282 | 옹기 | |
| 283 | 畢竟 | | | 283 | 필경 | |
| 284 | 盛衰 | | | 284 | 성쇠 | |
| 285 | 碩座 | | | 285 | 석좌 | |
| 286 | 窒息 | | | 286 | 질식 | |
| 287 | 窮僻 | | | 287 | 궁벽 | |
| 288 | 端緒 | | | 288 | 단서 | |
| 289 | 糾察 | | | 289 | 규찰 | |
| 290 | 糾彈 | | | 290 | 규탄 | |
| 291 | 組織 | | | 291 | 조직 | |
| 292 | 肝膽 | | | 292 | 간담 | |
| 293 | 脫帽 | | | 293 | 탈모 | |
| 294 | 膠漆 | | | 294 | 교칠 | |
| 295 | 苦衷 | | | 295 | 고충 | |

| | 한자어 | 독음 |
|---|---|---|
| 296 | 茂盛 | |
| 297 | 覆蓋 | |
| 298 | 解雇 | |
| 299 | 誇示 | |
| 300 | 認識 | |

| | 독음 | 한자어 |
|---|---|---|
| 296 | 무성 | |
| 297 | 복개 | |
| 298 | 해고 | |
| 299 | 과시 | |
| 300 | 인식 | |

**MEMO** I wish you the best of luck!

| | 성어 | 독음 | 뜻풀이 |
|---|---|---|---|
| 1 | 塞翁之馬 | 새옹지마 | 인생의 길흉화복은 변화가 많아서 예측하기가 어렵다는 말. |
| 2 | 桑田碧海 | 상전벽해 | 뽕나무밭이 변하여 푸른 바다가 된다는 뜻으로, 세상일의 변천이 심함. |
| 3 | 貪官汚吏 | 탐관오리 | 백성의 재물을 탐내어 빼앗는, 행실이 깨끗하지 못한 관리. |
| 4 | 拔本塞源 | 발본색원 | 좋지 않은 일의 근본 원인이 되는 요소를 완전히 없애 버려서 다시는 그러한 일이 생길 수 없도록 함. |
| 5 | 轉禍爲福 | 전화위복 | 재앙과 근심, 걱정이 바뀌어 오히려 복이 됨. |
| 6 | 如履薄氷 | 여리박빙 | 살얼음을 밟는 것과 같다는 뜻으로, 아슬아슬하고 위험한 일. |
| 7 | 孤掌難鳴 | 고장난명 | 외손뼉만으로는 소리가 울리지 아니한다는 뜻으로, 혼자의 힘만으로 어떤 일을 이루기 어려움. 맞서는 사람이 없으면 싸움이 일어나지 아니함. |
| 8 | 指鹿爲馬 | 지록위마 | 윗사람을 농락하여 권세를 마음대로 함. 모순된 것을 끝까지 우겨서 남을 속이려는 짓. |
| 9 | 擧案齊眉 | 거안제미 | 밥상을 눈썹과 가지런하도록 공손히 들어 남편 앞에 가지고 간다는 뜻으로, 남편을 깍듯이 공경함을 이르는 말. |
| 10 | 泥田鬪狗 | 이전투구 | 진흙탕에서 싸우는 개라는 뜻으로, 강인한 성격의 함경도 사람을 말함. 자기의 이익을 위하여 비열하게 다툼. |
| 11 | 同價紅裳 | 동가홍상 | 같은 값이면 다홍치마라는 뜻으로, 같은 값이면 좋은 물건을 가짐. |
| 12 | 結草報恩 | 결초보은 | 죽은 뒤에라도 은혜를 잊지 않고 갚음. |
| 13 | 緣木求魚 | 연목구어 | 나무에 올라가서 물고기를 구한다는 뜻으로, 도저히 불가능한 일을 굳이 하려 함. |
| 14 | 羊頭狗肉 | 양두구육 | 양의 머리를 걸어 놓고 개고기를 판다는 뜻으로, 겉보기만 그럴듯하게 보이고 속은 변변하지 아니함. |

| | 성어 | 독음 | 뜻풀이 |
|---|---|---|---|
| 15 | 切齒腐心 | 절치부심 | 몹시 분하여 이를 갈며 속을 썩임. |
| 16 | 堂狗風月 | 당구풍월 | 서당에서 기르는 개가 풍월을 읊는다는 뜻으로, 그 분야에 대하여 경험과 지식이 전혀 없는 사람이라도 오래 있으면 얼마간의 경험과 지식을 가짐. |
| 17 | 肝膽相照 | 간담상조 | 서로 속마음을 털어놓고 친하게 사귐. |
| 18 | 丹脣皓齒 | 단순호치 | 붉은 입술과 하얀 치아라는 뜻으로, 아름다운 여자를 말함. |
| 19 | 抱腹絕倒 | 포복절도 | 배를 안고 넘어진다는 뜻으로, 몹시 우스워서 배를 안고 몸을 가누지 못할 만큼 웃음. |
| 20 | 改過遷善 | 개과천선 | 지난날의 잘못을 고치어 착하게 됨. |
| 21 | 朝令暮改 | 조령모개 | 아침에 명령을 내렸다가 저녁에 다시 고친다는 뜻으로, 법령을 자꾸 고쳐서 갈피를 잡기가 어려움을 이르는 말. |
| 22 | 矯角殺牛 | 교각살우 | 소의 뿔을 바로잡으려다가 소를 죽인다는 뜻으로, 잘못된 점을 고치려다가 그 방법이나 정도가 지나쳐 오히려 일을 그르침. |
| 23 | 脣亡齒寒 | 순망치한 | 입술이 없으면 이가 시리다는 뜻으로, 서로 이해관계가 밀접한 사이에 어느 한쪽이 망하면 다른 한쪽도 그 영향을 받아 온전하기 어려움. |
| 24 | 錦上添花 | 금상첨화 | 비단 위에 꽃을 더한다는 뜻으로, 좋은 일 위에 또 좋은 일이 더하여짐. |
| 25 | 龍頭蛇尾 | 용두사미 | 용의 머리와 뱀의 꼬리라는 뜻으로, 처음은 왕성하나 끝이 부진한 현상을 이르는 말. |
| 26 | 三顧草廬 | 삼고초려 | 인재를 맞아들이기 위하여 참을성 있게 노력함. |
| 27 | 乘勝長驅 | 승승장구 | 싸움에 이긴 형세를 타고 계속 몰아침. |
| 28 | 刻舟求劍 | 각주구검 | 융통성 없이 현실에 맞지 않는 낡은 생각을 고집하는 어리석음. |
| 29 | 刻骨難忘 | 각골난망 | 남에게 입은 은혜가 뼈에 새길 만큼 커서 잊히지 아니함. |
| 30 | 勸善懲惡 | 권선징악 | 착한 일을 권장하고 악한 일을 징계함. |
| 31 | 同病相憐 | 동병상련 | 같은 병을 앓는 사람끼리 서로 가엾게 여긴다는 뜻으로, 어려운 처지에 있는 사람끼리 서로 가엾게 여김. |
| 32 | 咸興差使 | 함흥차사 | 심부름을 가서 오지 아니하거나 늦게 온 사람을 이르는 말. |

| | 성어 | 독음 | 뜻풀이 |
|---|---|---|---|
| 33 | 外柔內剛 | 외유내강 | 겉으로는 부드럽고 순하게 보이나 속은 곧고 굳셈. |
| 34 | 守株待兔 | 수주대토 | 한 가지 일에만 얽매여 발전을 모르는 어리석은 사람. |
| 35 | 手不釋卷 | 수불석권 | 손에서 책을 놓지 아니하고 늘 글을 읽음. |
| 36 | 漸入佳境 | 점입가경 | 가면 갈수록 경치가 더해진다는 뜻으로, 일이 점점 더 재미가 있음. |
| 37 | 烏飛梨落 | 오비이락 | 까마귀 날자 배 떨어진다는 뜻으로, 아무 관계도 없이 한 일이 공교롭게도 때가 같아 억울하게 의심을 받거나 난처한 위치에 서게 됨. |
| 38 | 牽强附會 | 견강부회 | 이치에 맞지 않는 말을 억지로 끌어 붙여 자기에게 유리하게 함. |
| 39 | 破邪顯正 | 파사현정 | 불교에서, 부처의 가르침에 어긋나는 사악한 도리를 깨뜨리고 바른 도리를 드러낸다는 뜻으로, 그릇된 생각을 버리고 올바른 도리를 행함. |
| 40 | 群鷄一鶴 | 군계일학 | 닭의 무리 가운데에서 한 마리의 학이란 뜻으로, 많은 사람 가운데서 뛰어난 인물. |
| 41 | 錦衣夜行 | 금의야행 | 비단옷을 입고 밤길을 다닌다는 뜻으로, 자랑삼아 하지 않으면 생색이 나지 않음. 아무 보람이 없는 일을 함. |
| 42 | 錦衣還鄕 | 금의환향 | 비단옷을 입고 고향에 돌아온다는 뜻으로, 출세를 하여 고향에 돌아가거나 돌아옴. |
| 43 | 面從腹背 | 면종복배 | 겉으로는 복종하는 체하면서 내심으로는 배반함. |
| 44 | 信賞必罰 | 신상필벌 | 공이 있는 자에게는 반드시 상을 주고, 죄가 있는 사람에게는 반드시 벌을 준다는 뜻으로, 상과 벌을 공정하고 엄중하게 하는 일. |
| 45 | 吟風弄月 | 음풍농월 | 맑은 바람과 밝은 달을 대상으로 시를 짓고 흥취를 자아내어 즐겁게 놂. |
| 46 | 唯我獨尊 | 유아독존 | 이 세상에 나보다 존귀한 사람은 없다는 말. 또는 자기만 잘났다고 자부하는 독선적인 태도의 비유. |
| 47 | 左衝右突 | 좌충우돌 | 이리저리 닥치는대로 부딪침. 아무에게나 또는 아무 일에나 함부로 맞닥뜨림. |
| 48 | 恒茶飯事 | 항다반사 | 차를 마시고 밥을 먹는 일이라는 뜻으로, 보통 있는 예사로운 일을 이르는 말. |
| 49 | 換骨奪胎 | 환골탈태 | 뼈대를 바꾸어 끼고 태를 바꾸어 쓴다는 뜻으로, 고인의 시문의 형식을 바꾸어서 그 짜임새와 수법이 먼저 것보다 잘되게 함. 사람이 보다 나은 방향으로 변하여 전혀 딴사람처럼 됨. |

| | 성어 | 독음 | 뜻풀이 |
|---|---|---|---|
| 50 | 昏定晨省 | 혼정신성 | 밤에는 부모의 잠자리를 보아 드리고 이른 아침에는 부모의 밤새 안부를 묻는다는 뜻으로, 부모를 잘 섬기고 효성을 다함. |
| 51 | 晝耕夜讀 | 주경야독 | 낮에는 농사짓고, 밤에는 글을 읽는다는 뜻으로, 어려운 여건 속에서도 꿋꿋이 공부함. |
| 52 | 武陵桃源 | 무릉도원 | 이 세상을 떠난 별천지를 이르는 말. |
| 53 | 深思熟考 | 심사숙고 | 깊이 잘 생각함. |
| 54 | 群雄割據 | 군웅할거 | 여러 영웅이 각기 한 지방씩 차지하고 위세를 부림. |
| 55 | 街談巷說 | 가담항설 | 거리나 항간에 떠도는 소문. |
| 56 | 表裏不同 | 표리부동 | 겉으로 드러나는 언행과 속으로 가지는 생각이 다름. |
| 57 | 輕擧妄動 | 경거망동 | 경솔하여 생각 없이 망령되게 행동하거나 또는 그런 행동. |
| 58 | 進退維谷 | 진퇴유곡 | 이러지도 저러지도 못하고 꼼짝할 수 없는 궁지. |
| 59 | 過猶不及 | 과유불급 | 정도를 지나침은 미치지 못함과 같다는 뜻으로, 중용이 중요함. |
| 60 | 靑出於藍 | 청출어람 | 쪽에서 뽑아낸 푸른 물감이 쪽보다 더 푸르다는 뜻으로, 제자나 후배가 스승이나 선배보다 나음. |
| 61 | 飽食暖衣 | 포식난의 | 배부르게 먹고 따뜻하게 입는다는 뜻으로, 의식(衣食)이 넉넉하여 불편함이 없이 편하게 지냄. |
| 62 | 鵬程萬里 | 붕정만리 | 산을 넘고 내를 건너 아주 멂. 사람의 앞날이 매우 요원한 장래. |
| 63 | 一觸卽發 | 일촉즉발 | 한 번 건드리기만 해도 폭발할 것같이 몹시 위급한 상태. |
| 64 | 不俱戴天 | 불구대천 | 하늘을 함께 이지 못한다는 뜻으로, 이 세상에서 같이 살 수 없을 만큼 큰 원한을 가짐. |
| 65 | 五里霧中 | 오리무중 | 오 리나 되는 짙은 안개 속에 있다는 뜻으로, 무슨 일에 대하여 방향이나 갈피를 잡을 수 없음. |
| 66 | 人面獸心 | 인면수심 | 사람의 얼굴을 하고 있으나 마음은 짐승과 같다는 뜻으로, 마음이나 행동이 몹시 흉악함. |
| 67 | 修身齊家 | 수신제가 | 몸과 마음을 닦아 수양하고 집안을 다스림. |
| 68 | 克己復禮 | 극기복례 | 자기의 욕심을 누르고 예의범절을 따름. |
| 69 | 口蜜腹劍 | 구밀복검 | 입에는 꿀이 있고 배 속에는 칼이 있다는 뜻으로, 말로는 친한 듯하나 속으로는 해칠 생각이 있음. |

| | 성어 | 독음 | 뜻풀이 |
|---|---|---|---|
| 70 | 四面楚歌 | 사면초가 | 아무에게도 도움을 받지 못하는, 외롭고 곤란한 지경에 빠진 형편. |
| 71 | 坐井觀天 | 좌정관천 | 우물 속에 앉아서 하늘을 본다는 뜻으로, 사람의 견문이 매우 좁음. |
| 72 | 塗炭之苦 | 도탄지고 | 진구렁에 빠지고 숯불에 타는 괴로움. |
| 73 | 天佑神助 | 천우신조 | 하늘이 돕고 신령이 도움. |
| 74 | 宗廟社稷 | 종묘사직 | 왕실과 나라를 통틀어 이르는 말. |
| 75 | 巧言令色 | 교언영색 | 아첨하는 말과 알랑거리는 태도. |
| 76 | 感慨無量 | 감개무량 | 마음속에서 느끼는 감동이나 느낌이 끝이 없음. |
| 77 | 支離滅裂 | 지리멸렬 | 이리저리 흩어지고 찢기어 갈피를 잡을 수 없음. |
| 78 | 日就月將 | 일취월장 | 나날이 다달이 자라거나 발전함. |
| 79 | 曲學阿世 | 곡학아세 | 바른길에서 벗어난 학문으로 세상 사람에게 아첨함. |
| 80 | 有備無患 | 유비무환 | 미리 준비가 되어 있으면 걱정할 것이 없음. |
| 81 | 朝三暮四 | 조삼모사 | 간사한 꾀로 남을 속여 희롱함. |
| 82 | 杜門不出 | 두문불출 | 문을 닫고 나가지 않는다는 뜻으로, 집에만 틀어박혀 사회의 일이나 관직에 나아가지 않음. |
| 83 | 東奔西走 | 동분서주 | 동쪽으로 뛰고 서쪽으로 뛴다는 뜻으로, 사방으로 이리저리 몹시 바쁘게 돌아다님. |
| 84 | 氣高萬丈 | 기고만장 | 펄펄 뛸 만큼 대단히 성이 남. 일이 뜻대로 잘될 때, 우쭐하여 뽐내는 기세가 대단함. |
| 85 | 滄海一粟 | 창해일속 | 넓고 큰 바닷속의 좁쌀 한 알이라는 뜻으로, 아주 많거나 넓은 것 가운데 있는 매우 하찮고 작은 것. |
| 86 | 瓜田李下 | 과전이하 | 오이밭에서 신을 고쳐 신지 말고 자두나무 밑에서 갓을 고쳐 쓰지 말라는 뜻으로, 의심받기 쉬운 행동은 피하는 것이 좋음. |
| 87 | 甘言利說 | 감언이설 | 귀가 솔깃하도록 남의 비위를 맞추거나 이로운 조건을 내세워 꾀는 말. |
| 88 | 男負女戴 | 남부여대 | 남자는 지고 여자는 인다는 뜻으로, 가난한 사람들이 살 곳을 찾아 이리저리 떠돌아다님. |
| 89 | 畫蛇添足 | 화사첨족 | 뱀을 다 그리고 나서 있지도 아니한 발을 덧붙여 그려 넣는다는 뜻으로, 쓸데없는 군짓을 하여 도리어 잘못되게 함. |

| | 성어 | 독음 | 뜻풀이 |
|---|---|---|---|
| 90 | 登高自卑 | 등고자비 | 높은 곳에 오르려면 낮은 곳에서부터 오른다는 뜻으로, 일을 순서대로 하여야 함. 지위가 높아질수록 자신을 낮춤. |
| 91 | 百年河淸 | 백년하청 | 중국의 황허강이 늘 흐려 맑을 때가 없다는 뜻으로, 아무리 오랜 시일이 지나도 어떤 일이 이루어지기 어려움. |
| 92 | 縱橫無盡 | 종횡무진 | 자유자재로 행동하여 거침이 없는 상태. |
| 93 | 興亡盛衰 | 흥망성쇠 | 흥하고 망함과 성하고 쇠함. |
| 94 | 萬頃蒼波 | 만경창파 | 만 이랑의 푸른 물결이라는 뜻으로, 한없이 넓고 넓은 바다. |
| 95 | 虛張聲勢 | 허장성세 | 실속은 없으면서 큰소리치거나 허세를 부림. |
| 96 | 螢雪之功 | 형설지공 | 반딧불·눈과 함께 하는 노력이라는 뜻으로, 고생을 하면서 부지런하고 꾸준하게 공부하는 자세. |
| 97 | 角者無齒 | 각자무치 | 뿔이 있는 짐승은 이가 없다는 뜻으로, 한 사람이 모든 복을 겸하지는 못함. |
| 98 | 足脫不及 | 족탈불급 | 발 벗고 뛰어도 따라가지 못한다는 뜻으로, 능력이나 재질 등의 차이가 두드러짐. |
| 99 | 身體髮膚 | 신체발부 | 머리끝부터 발끝까지의 몸 전체. |
| 100 | 附和雷同 | 부화뇌동 | 줏대 없이 남의 의견에 따라 움직임. |

빈출 한자만 모아 정리한

# 빅데이터
# 합격한자